京师刑事法文库(44)　刑事法学研究述评系列(2)

XINGFAXUE GELUN YANJIU SHUPING

刑法学各论研究述评

(1978—2008)

学术顾问　高铭暄　储槐植
主　　编　赵秉志

北京师范大学出版集团
BEIJING NORMAL UNIVERSITY PUBLISHING GROUP
北京师范大学出版社

图书在版编目(CIP)数据

刑法学各论研究述评(1978—2008)/赵秉志主编.—北京：北京师范大学出版社，2009.7
(刑事法学研究述评系列)
ISBN 978-7-303-09916-0

Ⅰ.刑… Ⅱ.赵… Ⅲ.刑法-法的理论-研究-中国 Ⅳ.D924.01

中国版本图书馆 CIP 数据核字(2009)第 053094 号

营销中心电话　010-58802181 58808006
北师大出版社高等教育分社网　http://gaojiao.bnup.com.cn
电子信箱　beishida168@126.com

出版发行：北京师范大学出版社 www.bnup.com.cn
北京新街口外大街 19 号
邮政编码：100875
印　刷：北京新丰印刷厂
经　销：全国新华书店
开　本：184 mm × 250 mm
印　张：45.5
字　数：925 千字
版　次：2009 年 7 月第 1 版
印　次：2009 年 7 月第 1 次印刷
定　价：82.00 元

策划编辑：周彩云　　责任编辑：周彩云
美术编辑：高　霞　　装帧设计：高　霞
责任校对：李　菡　　责任印制：李　丽

京师刑事法文库(44)
刑事法学研究述评系列(2)

刑法学各论研究述评(1978—2008)

学术顾问 高铭暄 储槐植
主　　编 赵秉志
副 主 编 卢建平 王志祥
编 辑 部 王志祥(主任) 黄晓亮 李山河
撰稿人(以编写章节先后为序)
楼伯坤 王君祥 方加亮 涂龙科 姚龙兵 陈　捷
刘　科 王志祥 姚　兵 郭晓红 赵秉志 魏昌东
徐光华 吴之欧 刘春花 王东阳 吕华红 吴林生
卢建平 田兴洪 李长兵 左袖阳 谢治东 黄晓亮
李山河

前 言

自1978年至2008年，伴随着国家的昌盛、民族的振兴和社会的繁荣，我国的刑事法治事业取得了长足的进展，刑事法学研究事业也取得了丰硕的成果。可以说，过去的30年，是中国刑事立法逐步走向稳定和成熟的30年，也是刑事法学研究逐步迈向繁荣和辉煌的30年。刑事法学由此得以成为众多法学学科中繁荣发展、令人瞩目的主要法学学科。其间理论中许多基本的、重要的和疑难的问题，都在刑事法理论界和实务界进行了不同程度的研讨。一些问题经过讨论基本上形成了共识，不少问题仍在继续研讨之中。面对30年来我国刑事法学丰硕的研究成果，总结其成就，反思其得失，并为刑事法学研究的进一步发展提供导向，就显得异常迫切和必要。

为此，北京师范大学刑事法律科学研究院经研究决定组织力量编写出版刑事法学研究述评系列（包括《刑法学总论研究述评（1978—2008）》、《刑法学各论研究述评（1978—2008）》、《国际刑法学研究述评（1978—2008）》和《刑事诉讼法学研究述评（1978—2008）》）。本书作为其中之一，目的在于较为全面和客观地总结30年来我国刑法学各论研究的成果，便于广大理论工作者和实务工作者系统地了解与掌握30年来我国刑法学各论研究中的主要问题、争议观点及其论据，理清我国刑法学各论研究的状况，剖析利弊得失，把握研究经验，明确研究方向和重点。为了保证本书的质量和及时出版，北京师范大学刑事法律科学研究院组织了精干学术队伍（均由北师大刑科院的教师和博士生、博士后组成），由中国法学会刑法学研究会名誉会长、北京师范大学刑事法律科学研究院名誉院长高铭暄教授和中国法学会刑法学研究会顾问、北京师范大学刑事法律科学研究院特聘教授储槐植先生担任学术顾问，中国法学会刑法学研究会会长、北京师范大学刑事法律科学研究院暨法学院院长赵秉志教授担任主编，中国法学会刑法学研究会常务理事、北京师范大学刑事法律科学研究院常务副院长卢建平教授和北京师范大学刑事法律科学研究院王志祥教授担任副主编，并专门成立了以王志祥教授为主任的编辑部负责书稿组织和编务工作。

本书所选择的24个专题，均为刑法学各论研究中成果显著且内容重要的问题，基本上可以涵盖我国刑法学各论研究的进展与现状、广度与深度。对于每个专题的探讨一般分为三个部分：第一部分为研究概况，介绍各专题研究的发展过程，包括对该专题研究发展的脉络和每个时期研究的主要问题，并视情况概括其研究特点，力求反映出研究的阶段性问题，以明晰该专题在30年间理论研究的进展轨迹；第二部分系研究观点综述，力求客观、准确、全面地介绍各专题主要涉及的问题特别是争议问题的观点，该部分是全书的重点和主要篇幅所在；第三部分为整体评论，力求以客观、公正的态度对各专题研究状况进行简要评价。

本书编写的具体分工如下（以编写章节先后为序）：

楼伯坤（北京师范大学刑事法律科学研究院刑法专业博士研究生、浙江工商大学法学院教授）：撰写第一、三章；

王君祥（北京师范大学刑事法律科学研究院刑法专业博士研究生、河南科技大学法学院讲师）：撰写第二章；

方加亮（北京师范大学刑事法律科学研究院刑法专业博士研究生、河南财经学院法学院讲师）：撰写第四章；

涂龙科（北京师范大学刑事法律科学研究院刑法专业博士研究生、上海社会科学院法学研究所科研人员）：撰写第五章；

姚龙兵（北京师范大学刑事法律科学研究院刑法专业博士研究生）：撰写第六章；

陈捷（北京师范大学刑事法律科学研究院刑法专业博士研究生、中国人民银行干部）：撰写第七章；

刘科（北京师范大学刑事法律科学研究院讲师、法学博士）：撰写第八章；

王志祥（北京师范大学刑事法律科学研究院教授、法学博士、博士生导师）：合写第九章；

姚兵（北京师范大学刑事法律科学研究院刑法专业博士研究生）：合写第九章，撰写第十六章；

郭晓红（北京师范大学刑事法律科学研究院刑法专业博士研究生、江西财经大学法学院讲师）：撰写第十章；

赵秉志（北京师范大学刑事法律科学研究院院长、教授、法学博士、博士生导师）：合写第十一章；

魏昌东（北京师范大学刑事法律科学研究院博士后研究人员、南京审计学院法政学院副教授）：合写第十一章；

徐光华（北京师范大学刑事法律科学研究院博士后研究人员、法学博士、江西财经大学法学院讲师）：撰写第十二章；

吴之欧（北京师范大学刑事法律科学研究院刑法专业博士研究生、温州大学法政学院讲师）：合写第十三章；

刘春花（北京师范大学刑事法律科学研究院刑法专业博士研究生）：合写第十三章，撰写第二十三章；

王东阳（北京师范大学刑事法律科学研究院博士后研究人员、法学博士）：撰写第十四章；

吕华红（北京师范大学刑事法律科学研究院刑法专业博士研究生、郑州市中原区人民检察院检察官）：撰写第十五章；

吴林生（北京师范大学刑事法律科学研究院刑法专业博士研究生、河南检察职业学院讲师）：撰写第十七章；

卢建平（北京师范大学刑事法律科学研究院常务副院长、教授、法学博士、博士生导师）：合写第十八章；

田兴洪（北京师范大学刑事法律科学研究院刑法专业博士研究生、长沙理工大学法学院副教授）：合写第十八章；

李长兵（北京师范大学刑事法律科学研究院刑法专业博士研究生）：撰写第十九章；

左袖阳（北京师范大学刑事法律科学研究院博士后研究人员、法学博士、北京社会科学院首都社会治安综合治理研究所助理研究员）：撰写第二十章；

谢治东（北京师范大学刑事法律科学研究院刑法专业博士研究生、浙江工商大学法学院副教授）：撰写第二十一章；

黄晓亮（北京师范大学刑事法律科学研究院讲师、法学博士）：撰写第二十二章；

李山河（北京师范大学刑事法律科学研究院讲师、法学博士）：撰写第二十四章。

需要说明的是，本书是在总结我国广大学者自 1978 年至 2008 年刑法各论学术研究成果的基础上编写而成的，是他们的辛勤劳动和丰硕成果奠定了我国今日刑法学各论研究的繁荣，在此对他们表示崇高的敬意。受编写者的学术、概括以及分析能力的制约，以及编写和出版时间等因素的限制，本书中对于原作者观点的概括、理解和评价难免有不妥之处，请广大作者与读者予以理解和宽容，更欢迎大家批评和指正。本书的出版得到了北京师范大学出版社有关领导的鼎力支持，责任编辑周彩云女士为本书的编辑出版付出了辛勤的劳动，在此一并致以衷心的谢意。

中国法学会刑法学研究会会长
北京师范大学刑事法律科学研究院院长　赵秉志教授谨识

2009 年 5 月于北师大刑科院

目 录

第一章

刑法各论基本问题

一、研究概况

自1978年至2008年，我国刑法学界对刑法各论基本问题的研究，经历了从教科书引导到专著探索，从个别问题的研究到整体结构研究的过程。由此，理论研究的内容也由浅入深，由零碎到系统。从研究成果的情况来看，对刑法各论基本问题的研究大致可以分为以下三个阶段。

（一）初创阶段：自1979年《刑法》的颁布至1991年

刑法学界对刑法各论基本问题的研究，是随着1979年《刑法》的颁行而展开的。为了配合《刑法》的学习和贯彻，根据刑法分则立法的特点，论者们在中国刑法学的教材中，率先对刑法分则涉及的基本问题进行了阐述。其中，较早提出刑法各论基本问题的是1982年出版的高等学校法学试用教材《刑法学》，该书在第23章用四节分别阐述了"研究罪刑各论的意义、犯罪的分类、罪状和罪名、法定刑"。①随后，大多数教材遵循了这一模式对刑法各论基本问题进行编写，如李文芳主编的《中国刑法学》② 就是完全按此模式进行编排的。

① 参见高铭暄主编：《刑法学》，307～316页，北京，法律出版社，1982。

② 参见李文芳主编：《中国刑法学》，200～209页，北京，警官教育出版社，1991。

由于论者们对刑法各论基本问题所涵盖的范围还没有统一的认识，因此，在刑法学教材的具体阐述中侧重点不尽一致。但大多数论者均对罪名和法定刑进行了阐述；也有论者除阐述罪名、法定刑外，还阐述了罪状。

在这一阶段，对刑法各论基本问题的专项研究主要集中在罪名设置和罪名确定的合理性、科学性上，如1989年赵秉志、张智辉、王勇合著的《中国刑法的运用与完善》就以专题的形式研究了“罪名问题”。①

（二）确立框架阶段：自1992年至2004年

由陈兴良主编的在1992年出版的《刑法各论的一般理论》创立了一个刑法各论一般理论的体系，该体系的内容包括：犯罪分类、刑法分则条文、罪名、罪状、法定刑、犯罪情节、犯罪数额、法条竞合、单行刑法分则规范、附属刑法分则规范。这些内容都是以往的刑法总则理论未能涉及而分则理论又点到为止、缺乏深入研究的问题，是刑法分则中一些带有共性的问题。② 上述理论体系在编排体例中的创新之一，是将法条竞合纳入刑法各论的基本问题而加以阐述。

由高铭暄主编的在1993年出版的《刑法学》（中央广播电视大学教材）在第23章“刑法各论概述”中，将刑法各论基本问题的内容改为三部分：一是刑法各论与刑法总论的关系；二是刑法分则的体系；三是具体犯罪条文的结构。③ 由高铭暄主编的在1998年出版的《新编中国刑法学》在第23章“刑法各论概述”中加了一节“法条竞合”的内容。至此，较为完整的阐述刑法各论基本问题的框架在刑法学教材中得以确立。

不仅如此，在这一阶段，关于刑法各论基本问题的专题研究的专著业已问世，其中，代表性的成果有：陈兴良等所著的《法条竞合论》（复旦大学出版社1993年版）；刘艳红所著的《罪名研究》（中国方正出版社2000年版）；周光权所著的《法定刑研究——罪刑均衡的建构与实现》（中国方正出版社2000年版）；刘树德所著的《罪状建构论》（中国方正出版社2002年版）；刘树德所著的《空白罪状——界定·追问·解读》（人民法院出版社2002年版）。这些专题研究的成果使刑法各论基本问题相关领域的研究达到了相当高的理论水准。

（三）完善内容阶段：2005年至今

进入2005年以后，刑法学界对刑法各论基本问题的研究范围有所扩大。如屈学武主编的《刑法各论》在绪论部分除论述刑法各论与刑法总论的关系、刑法总则与刑法分则的关系以外，还论述了“基本的犯罪构成”与“犯罪成立”的关系、刑法

① 参见赵秉志、张智辉、王勇：《中国刑法的运用与完善》，37～46页，北京，法律出版社，1989。

② 参见陈兴良主编：《刑法各论的一般理论》，前言，6页，呼和浩特，内蒙古大学出版社，1992。

③ 参见高铭暄主编：《刑法学》，422～440页，北京，中央广播电视大学出版社，1993。

各论的理论体系及内容特征以及刑法各论的基本体例。① 魏东所著的《刑法各论若干前沿问题要论》在其导论篇用三章研究了刑法各论的基础理论，具体内容包括刑法各论的研究对象、刑法分则条文竞合、现代刑事司法中的人文观念。② 周光权所著的《刑法各论》在“导论”部分用四节分别阐述了刑法分则条文的构造、刑法各论的意义、刑法各论的研究对象以及刑法各论的体系。③ 陈浩然所著的《应用刑法学分论》在“绪论”部分用四节分别阐述了刑法学分论的学术地位和研究对象、刑法学分论的研究方法、刑法解释论以及罪状、罪名与法定刑。④ 陈建清、王学沛主编的《刑法分论》在第1章“本书概述”部分，除阐述刑法分论的体系、罪状与罪名外，还论及了法定刑、宣告刑与执行刑。⑤

二、观点综述

（一）刑法总则与刑法分则的关系

关于刑法总则与刑法分则的关系问题，理论上一般认为，刑法总则与刑法分则之间是一种一般与特殊、抽象与具体的关系。如有论者认为，刑法总则与刑法分则之间是抽象与具体的关系。刑法总则的基本内容是从刑法分则的具体内容中抽象和概括出来的，对刑法分则具有指导作用。⑥ 有论者指出，刑法总则与刑法分则有着密不可分的联系，它们之间存在普遍性和特殊性、抽象和具体的关系。一方面，刑法总则阐述一般原理、原则，对于刑法分则的具体运用有指导作用；另一方面，分则是总则的具体化，是总则原理的具体运用。⑦ 有论者提出，刑法分则作为刑法的组成部分，与刑法总则具有不可分割的联系。一方面，刑法分则规范只有以刑法总则规范为指导并与其结合，才能正确实施；另一方面，离开刑法分则关于各种具体犯罪及其法定刑的规范，刑法总则规定的原则、原理就无法实现。⑧ 有论者主张，刑法分则与总则的关系，概言之，是一种密切联系、缺一不可、相互作用的关系。一方面，刑法分则贯彻、体现刑法总则；促进刑法总则的实践效应；丰富、发展刑法总则。另一方面，刑法总则对分则有概括、指导和制约作用。⑨

而有论者则认为，刑法总则规定犯罪与刑罚的一般原则、原理，刑法分则规定

---

① 参见屈学武主编：《刑法各论》，目录，北京，社会科学文献出版社，2005。

② 参见魏东：《刑法各论若干前沿问题要论》，1页，北京，人民法院出版社，2005。

③ 参见周光权：《刑法各论》，目录，北京，中国人民大学出版社，2008。

④ 参见陈浩然：《应用刑法学分论》，目录，广州，华南理工大学出版社，2007。

⑤ 参见陈建清、王学沛主编：《刑法分论》，目录，267～269页，北京，科学出版社，2008。

⑥ 参见杨春洗、杨敦先主编：《中国刑法论》，北京，北京大学出版社，1994。

⑦ 参见赵长青主编：《新编刑法学》，345页，重庆，西南师范大学出版社，1997。

⑧ 参见何秉松主编：《刑法教科书》，633～634页，北京，中国法制出版社，2000。

⑨ 参见高铭暄、马克昌主编：《刑法学》，329～330页，北京，北京大学出版社、高等教育出版社，2000。

具体的犯罪及其法定刑。所以，总的说来，刑法总则规定与刑法分则规定大体上是一般与特殊、抽象与具体的关系。但严格来说，一般与特殊、抽象与具体的关系并不是对刑法总则与刑法分则关系的完整表述。因为总则的大部分规定并没有抽象出分则的全部内容，或者说没有全面抽象分则的规定。因此，应当认为，刑法总则是关于犯罪与刑罚的共通规定，分则原则上是关于犯罪与刑罚的具体或特别规定。因为刑法总则是共通规定，所以，它一方面指导分则，另一方面也补充分则。由于分则是具体或特别规定，所以，它完全可能在总则要求之外另设特别或例外规定。因而，不能要求分则规定完全“符合”总则规定。分则没有规定某种构成要件要素时，解释者不能简单地否定该要素，而应考察在总则中是否存在一般性规定。分则规定不同于总则的一般规定时，应当认为是分则的特别或例外规定，而不能简单地否认分则的规定。①

（二）刑法分则体系

1. 刑法分则体系的特点

刑法分则体系，是指刑法分则对各种犯罪进行科学的分类，并按照一定的次序排列而形成的有机整体。理论上一般认为，我国刑法分则体系具有如下特点：以同类客体为标准对犯罪进行分类，由此形成分则的十章犯罪；各类犯罪大体上是根据各类犯罪同类客体的重要性程度，亦即各类犯罪的社会危害性质和程度，按照由重到轻的顺序进行排列；在每一类犯罪中，具体犯罪原则上也是按照各罪的社会危害性质和程度，以及各罪之间的关系由重到轻排列的。② 也有论者认为，我国刑法分则体系除了具有上述特点以外，还有一个特点，即依据犯罪的主要客体对复杂客体的犯罪进行归类。复杂客体的犯罪侵犯了两种以上的合法权益，刑法分则根据该犯罪的主要（较为重要的）客体将其归入不同的类罪。如将抢劫罪归入侵犯财产罪，将合同诈骗罪归入破坏社会主义市场经济秩序罪等。③

对于各类犯罪的排列顺序，论者们一般认为，不能机械地理解分则各章的排列原则，以为排在后面的犯罪的社会危害性一定比前面的犯罪小。例如，最后一类罪即军人违反职责罪，有 11 条罪处死刑，可见其并非危害性最小，排在最后只是因为其主体是现役军人，是一类性质十分特殊的犯罪（有的国家制定有专门的军事刑法典）。又如危害公共安全罪的过失犯罪，就显然轻于侵犯人身权利、民主权利罪中的故意杀人、强奸妇女等犯罪。④

对于刑法分则每一章犯罪中具体犯罪的排列，理论上一般认为，虽然大体上是根据社会危害程度由重到轻进行排列的，但也并非绝对，对有的犯罪的排列，还照

---

① 参见张明楷：《刑法分则的解释原理》，38～39 页，北京，中国人民大学出版社，2004。

② 参见高铭暄、马克昌主编：《刑法学》（下编），570～572 页，北京，中国法制出版社，1999。

③ 参见张明楷：《刑法学》（下），516 页，北京，法律出版社，1997。

④ 参见赵秉志主编：《刑法新教程》，437 页，北京，中国人民大学出版社，2001。

顾到犯罪性质和相互间的逻辑联系。例如，故意杀人罪排在侵犯公民人身权利、民主权利罪之首，紧接其后的是过失致人死亡罪，而社会危害性显然大于过失致人死亡罪的强奸罪却排在后面，这种排列是因为故意杀人罪和过失致人死亡罪都是侵犯公民生命权利的犯罪，因此将它们排在一起，这样既照顾到犯罪的性质，也与逻辑相符。在重婚罪之后规定破坏军人婚姻罪，也是照顾到它们之间的内在联系。①

2. 我国刑法分则是否统一以同类客体为标准对犯罪进行分类

对此，一种观点认为，刑法分则所规定的十章犯罪，均是根据同类客体进行划分的结果；② 另一种观点则认为，刑法分则只是原则上根据同类客体进行分类，而对于有些犯罪是否作为独立的一类犯罪规定，还要考虑其他因素，如对于渎职罪和军人违反职责罪的划分，不仅因为它们具有不同于其他各类犯罪的同类客体，而且因为它们的主体都是特殊主体。1979 年《刑法》分则第 7 章“妨害婚姻、家庭罪”，在 1997 年《刑法》分则中却并入侵犯公民人身权利、民主权利罪一章中，其原因只是考虑到这部分犯罪条文太少，如作为独立一章与前后包含条文较多的章不够协调，而且它们也包含对公民人身权利的侵犯。③ 支持后一种观点的论者指出，将妨害婚姻家庭的犯罪归入“侵犯公民人身权利、民主权利罪”，将“贪污贿赂罪”独立规定为一类罪，就难以说是按同类客体进行的分类。④

（三）刑法分则条文的设立模式

从理论上看，刑法分则中具体条文的设置有两种可能的模式，即犯罪既遂模式和犯罪成立模式。所谓犯罪既遂模式，是指在刑法分则条文中只规定犯罪既遂的构成要件，与分则罪状相对应的法定刑是犯罪既遂形态的法定刑，至于犯罪的未完成形态，则在总则中规定其构成的基本规格与刑罚适用原则，再结合分则规定的行为界定各未完成形态的构成要件。在犯罪既遂模式下，各未完成形态犯罪的罪与刑的规定均以既遂为基点进行。所谓犯罪成立模式，是指刑法分则条文的规定中，不仅包含着既遂形态的犯罪构成，而且包含着未完成形态的犯罪构成；与此相适应，与刑法分则罪的规定相对应的法定刑，也是不仅适用于既遂的犯罪形态，而且适用于犯罪的未完成形态。⑤ 那么，我国刑法分则的条文究竟是以犯罪既遂还是以犯罪成立为模式而设立的？

我国刑法理论的通说对此持肯定态度。如 21 世纪法学创新系列教材《刑法学》一书主张，犯罪既遂是犯罪的完成形态，刑法分则对各种犯罪是以犯罪既遂为标本

① 参见赵秉志主编：《刑法新教程》，438 页，北京，中国人民大学出版社，2001；张明楷：《刑法学》（下），516 页，北京，法律出版社，1997。

② 参见赵秉志主编：《刑法新教程》，436～437 页，北京，中国人民大学出版社，2001。

③ 参见高铭暄、马克昌主编：《刑法学》（下编），571 页，北京，中国法制出版社，1999；高铭暄主编：《新编中国刑法学》（上），473 页，北京，中国人民大学出版社，1998。

④ 参见张明楷：《刑法学》（下），516 页，北京，法律出版社，1997。

⑤ 参见李洁：《犯罪既遂形态研究》，63～64 页，长春，吉林大学出版社，1999。

加以规定的。① 而有的论者则认为，规定具体犯罪的分则条文，不是针对犯罪既遂，而是针对犯罪成立的，犯罪成立并不限于犯罪既遂，而且包含了其他可能出现的形态。② 以反革命罪一章为例，它既不是以既遂为模式规定的，也不是以未遂为模式规定的，立法者只是根据各种反革命罪的危害大小，规定了犯罪成立的条件和应处刑罚的轻重，其中包括了犯罪的未遂与既遂的情况在内。③

有论者站在维护通说的立场上指出，尽管“犯罪成立模式说”持之有据，但细究起来，其很难在现行刑法理论中站稳脚跟：首先，如果承认刑法分则的具体犯罪以犯罪成立为标准进行设定，就面临着“多元”标准的难题，这意味着以犯罪成立作为标本是缺乏可行性的；其次，如果承认刑法分则的具体犯罪以犯罪成立为标准进行设定，就会抹杀预备行为与实行行为的界限，使得预备行为与实行行为的区别无从把握；最后，如果承认刑法分则的具体犯罪以犯罪成立为标准进行设定，就很难落实刑法总则所规定的未完成罪的从宽处罚原则。④

（四）罪状

1. 罪状的定义问题

对于如何给罪状下定义，理论上并未达成共识。根据有的论者的归纳，⑤ 下列几种表述较有代表性。罪状，即刑法分则条文中规定某种犯罪行为的名称或者叙述某种犯罪行为的特征；⑥ 罪状，指犯罪行为的具体状况，是刑法分则和其他刑事法规中每个具体条文的基本组成部分；⑦ 罪状是分则罪刑规范对犯罪具体状况的描述，指明适用该罪刑规范的条件，行为只有符合罪刑规范的罪状，才能适用该规范；⑧ 罪状是法律条文对犯罪行为具体状况的规定和描述，是具体犯罪构成的法律表现形式；⑨ 罪状，是指犯罪行为的具体状况，是对犯罪构成要件特征的叙述，它是刑法分则和其他刑事法规中每个具体条文的基本组成部分；⑩ 罪状，是叙述和确定引起刑事惩罚的行为的具体状况，通常是刑法分则条文的基本组成部分；⑪ 罪状，是指罪刑式法条对某种具体犯罪构成特征的描述；⑫ 罪状，是指刑法分则包含罪刑关系

---

① 参见马克昌主编：《刑法学》，140 页，北京，高等教育出版社，2003。
② 参见张明楷：《犯罪论原理》，466～467 页，武汉，武汉大学出版社，1991。
③ 参见段立文：《犯罪既遂与未遂的宏观研究》，载《法律科学》，1996（5）。
④ 参见王志祥：《“犯罪成立模式说”否定论》，载《中国监狱学刊》，2008（1）。
⑤ 参见刘树德：《罪状建构论》，9～10 页，北京，中国方正出版社，2002。
⑥ 参见杨春洗等：《刑法总论》，67 页，北京，北京大学出版社，1981。
⑦ 参见周其华：《刑法分则教本》，8 页，长春，吉林省政法管理干部学院，1984。
⑧ 参见苏惠渔主编：《刑法学》（修订版），376 页，北京，中国政法大学出版社，1997。
⑨ 参见王作富：《刑法分则要义》，8 页，北京，中央广播电视大学出版社，1989。
⑩ 参见刘志正主编：《刑法教程》，263 页，南京，南京大学出版社，1987。
⑪ 参见曾庆敏主编：《刑事法学词典》，865 页，上海，上海辞书出版社，1992。
⑫ 参见陈兴良主编：《刑法各论的一般理论》，177 页，呼和浩特，内蒙古大学出版社，1992。

的条文对具体犯罪及其构成要件的描述；① 罪状，系指立法者就各种犯罪行为之构成犯罪事实，经过类型化、抽象化与条文化而规定于刑法分则或其他具有刑事法律效果的条款中，作为可罚行为的前提条件。②

2. 罪状的分类问题

对此，理论上有以下几种不同的分类方法。

第一种分类是刑法理论上通行的做法，即根据罪状对具体犯罪描述的方式及繁简程度的不同，将罪状分为以下四种。叙明罪状，即在罪状中对具体犯罪构成的主要特征作出较为具体的描述；简单罪状，即在罪状中对具体犯罪构成的主要特征进行简单描述而没有超出罪名的概括；引证罪状，即引用同一法律中的其他条款来说明或确定某一具体犯罪构成的特征；空白罪状，即在罪状中仅规定某种犯罪行为，但其具体特征要参照其他有关法律、法规的规定来确定。③

第二种分类是将罪状分为五种，即叙明罪状、简单罪状、引证罪状、空白罪状和混合罪状。所谓混合罪状，是指在刑法规范中同时用两种或者两种以上罪状来描述某一犯罪的构成要件。④

第三种分类是将罪状分为三种，即叙明罪状、简单罪状和引证罪状。这种分类的主张者认为，通说所称的空白罪状实际上并没有超出叙明罪状、简单罪状和引证罪状的范畴之外，它要么属于简单罪状，要么属于叙明罪状。⑤

第四种分类是根据罪状所描述的犯罪构成的不同，将罪状分为基本罪状、加重罪状、减轻罪状。基本罪状即基本犯的罪状，是指描述具体犯罪的独立的犯罪构成特征的罪状。基本罪状可进一步分为简单罪状、叙明罪状、引证罪状和空白罪状。加重罪状即加重犯的罪状，是指描述某一具体犯罪的加重的犯罪构成特征的罪状。减轻罪状即减轻犯的罪状，是指描述某一犯罪的减轻的犯罪构成特征的罪状。⑥ 与第四种分类相类似的观点认为，罪状可以分为两大类：一类是对具体犯罪构成特征的描述（基本罪状），另一类是对加重或减轻法定刑的适用条件的描述（加重、减轻罪状）。刑法分则对加重罪状的规定有三种情况：一是设专条规定加重罪状与法定刑，如第 119 条；二是设专款规定加重罪状与法定刑，如第 257 条第 2 款；三是在基本罪状与法定刑之后，紧接着在同款内规定加重罪状与法定刑，如第 254 条。刑法分则对减轻罪状的规定，一般设立在规定基本罪状与法定刑的同一条款内，而没

---

① 参见高铭暄主编：《新编中国刑法学》（上），475 页，北京，中国人民大学出版社，1998。

② 参见杨春洗主编：《刑法基础论》，50 页，北京，北京大学出版社，1999。

③ 参见高铭暄、马克昌主编：《刑法学》（下编），573～576 页，北京，中国法制出版社，1999；高铭暄主编：《中国刑法学》，332～333 页，北京，中国人民大学出版社，1989。

④ 参见何秉松主编：《刑法教科书》，509～513 页，北京，中国法制出版社，1993。

⑤ 参见刘艳红：《罪名研究》，74～75 页，北京，中国方正出版社，2000。

⑥ 参见陈兴良主编：《刑法各论的一般理论》，183～186 页，呼和浩特，内蒙古大学出版社，1992。

有设立专条或专款。减轻罪状的内容都是"情节较轻"。①

第五种分类的主张者提出，对罪状可以根据两个不同的标准进行分类：根据刑法分则罪刑式条文对罪状的描述方式不同，可以将罪状分为叙明罪状、简单罪状、引证罪状和空白罪状；根据刑法分则罪刑式条文对罪状描述方式的单复，可以将罪状分为单一罪状和混合罪状。论者认为，罪状是刑法分则罪刑式条文所描述的具体犯罪构成的基本要件，一种犯罪只能有一个罪状，将罪状分为基本罪状、加重罪状和减轻罪状，实际上是肯定一种犯罪有几个罪状、几个犯罪构成，这是不正确的。另外，加重、减轻是量刑的问题，而不是构成犯罪的问题。叙明罪状、简单罪状、引证罪状和空白罪状的分类标准，是罪状的描述方式，而混合罪状则是刑法规范采取了两种或者两种以上的描述方式所描述的罪状，其分类标准是描述方式的单复。将混合罪状与前四种罪状并列，在逻辑上是不能成立的。②

第六种分类的主张者提出，罪状按照其类型化的对象不同，可分为两大类：一类是对具体犯罪构成特殊要件的类型化表述，即基本罪状；另一类是对法定刑升降条件的类型化表述，即离差罪状。其中，基本罪状又可分为简单罪状、叙明罪状、引证罪状和空白罪状，离差罪状又可分为正离罪状和负离罪状。离差罪状，在我国刑法分则条文中比较普遍，凡是条文中存在两档或以上法定刑的，必然就存在着离差罪状。离差罪状又可作进一步的分类。按偏离基本法定刑的方向的不同，可分为正离罪状和负离罪状。正离罪状，就是对法定刑正向偏离条件的类型化表述，在我国刑法中具体存在加重罪状、再加重罪状和超加重罪状。负离罪状，就是对法定刑负向偏离条件的类型化表述，在我国刑法中具体表现为减轻罪状、再减轻罪状。离差罪状的类型化对象只是法定刑升降的条件，但是无疑与具体犯罪构成的有关要件有着密切的联系。换言之，法定刑升降的条件也都是基本罪状中要素的进一步特殊化。

此外，对罪状除按照其类型化的对象不同所作的基本分类之外，还可根据不同的标准进行分类。具体有以下几种。①按照同一刑法条文中罪状类型化的具体行为数目的不同，罪状可分为单集罪状和复集罪状。单集罪状，是指罪状类型化的具体行为具有单一性，不能再作相对细分的罪状。我国刑法分则中绝大多数罪状属于单集罪状。复集罪状，是指罪状类型化的具体行为具有复合性，尚可再作相对细分的罪状。我国刑法分则中少数条文的罪状属于复集罪状。②按照罪状类型化的对象的特殊性程度的不同，罪状可分为普通罪状和特殊罪状。普通罪状和特殊罪状，只是同一罪名之罪状的两种形态。如《刑法》③ 第 127 条第 1 款之罪状"盗窃、抢夺枪支、弹药、爆炸物的"，属于普通罪状；第 2 款之罪状"盗窃、抢夺国家机关、军警人员、民兵的枪支、弹药、爆炸物的"，属于特殊罪状。③按罪状的表述方式的不

① 参见张明楷：《刑法学》（下），517～519 页，北京，法律出版社，1997。

② 参见李希慧：《罪状、罪名的定义与分类新论》，载《法学评论》，2000（6）。

③ 在本书以下部分，对 1997 年系统修订的《中华人民共和国刑法》以《刑法》指称。

同，罪状可分为明示式罪状、定义式罪状和隐含式罪状。明示式罪状是指刑法分则条文采用“……的，处……”表述方式中的罪状。我国刑法分则条文中的罪状绝大多数表现为明示式罪状。定义式罪状是指刑法分则条文采用“……是……罪”表达方式中的罪状。我国刑法分则条文中的罪状有少数是定义式罪状。隐含式罪状是指刑法分则条文未对具体犯罪构成要件作出明确的表述，尚需加以理论推导的罪状。我国刑法分则条文中的极少数罪状属于隐含式罪状。④按罪状类型化的具体行为的共犯属性的不同，罪状可分为分则性罪状、总则性罪状和混合性罪状。分则性罪状是指刑法分则条文类型化的具体行为从自然意义上而言属于实行行为的罪状。我国刑法分则中的罪状绝大多数属于分则性罪状。总则性罪状是指刑法分则条文类型化的具体行为从自然意义上而言属于非实行行为（如教唆行为、帮助行为、组织行为）的罪状。我国刑法分则中的罪状少数属于总则性罪状。混合性罪状是指刑法分则条文类型化的具体行为从自然意义上而言既包括实行行为也包括非实行行为的罪状。我国刑法分则中的罪状少数属于混合性罪状。⑤按照罪状类型化的具体行为的阶段属性的不同，罪状可分为预备性罪状和实行性罪状。预备性罪状，是指刑法分则类型化的具体行为从自然意义而言属于预备行为的罪状。由于我国刑法实行预备犯原则上都处罚的总则性规定，刑法分则并未规定独立的预备犯，因此，预备性罪状在我国刑法分则中不是实然的范畴，而是应然的范畴。⑥按照罪状是否反映具体行为的犯罪性，罪状可分为积极罪状和消极罪状。积极罪状是指刑法分则条文类型化的各个构成要件都是积极地提示了行为的犯罪性的罪状。消极罪状，是指刑法条文类型化的构成要件是否定某种行为的犯罪性的罪状。在我国刑法分则中，也存在消极罪状。例如，《刑法》第243条第3款之规定“不是有意诬告，而是错告，或者检举失实的，不适用前两款的规定”，第389条第3款之规定“因被勒索给予国家工作人员以财物，没有获得不正当利益的”。⑦按罪状类型化的具体行为是否存在独立的罪名，罪状分为有名罪状和无名罪状。有名罪状，是指刑法分则条文类型化的具体行为存在对应的独立罪名的罪状。我国刑法分则中绝大多数罪状属于有名罪状。无名罪状是指刑法分则条文类型化的具体行为未存在对应的独立罪名的罪状。例如，根据《刑法》第289条的规定，聚众“打砸抢”，致人伤残、死亡的，依照《刑法》第234条、第232条的规定定罪处罚。毁坏或者抢走公私财物的，除判令退赔外，对首要分子，依照《刑法》第263条的规定定罪处罚。该条文未有独立的罪名，而是根据具体结果形态将被概括为“故意伤害罪”、“故意杀人罪”和“抢劫罪”。⑧按罪状是否存在相应的法定刑的不同，罪状分为有刑罪状和无刑罪状。有刑罪状是指刑法分则条文中配置有相应法定刑的罪状。我国刑法中绝大多数罪状属于有刑罪状。无刑罪状，是指刑法分则条文中不存在相应法定刑的罪状。例如，《刑法》第155条第（三）项之规定“逃避海关监管将境外固体废物运输进境的”，就是因立法技术的原因而出现的没有独立的法定刑的罪状。⑨按罪状是否构成单一的罪刑结构的不同，罪状分为“独居”罪状和“合住”罪状。“独居”罪状是刑法分则条文只对单个的具体犯罪构成要件予以类型化的罪状。我国刑法分则条文中绝大多数的罪状属于“独居”罪状。“合住”罪状是指刑法分则条文对多个具体犯罪构成要件予以类型化的罪状。我国刑法分则条文中少数罪状属于“合住”罪状。⑩按罪状是否类型化了所有具体犯罪构成的要件要素的不同分为封闭罪状和开放罪状。封闭罪状是指刑法分则已经将具体犯罪构成要件的所有要素给予类型化的罪状。我国刑法分则中的罪状绝大部分属于封闭罪状。开放罪状是指刑法分则只对具体犯罪构成要件的部分要素予以类型化的罪状。我国刑法分则中规定过失犯和不纯正不作为犯的条文中的罪状就属于开放罪状。①

3. 空白罪状问题

关于空白罪状的表现形式，有论者指出，依据我国《刑法》关于空白罪状具体描述方式的不同，可以将相应条文归纳为四种主要类型：①明确指明需要参照的具体法律、法规，同时简单地描述具体犯罪的客观方面特征，如《刑法》第128条规定“违反枪支管理规定，非法持有、私藏枪支、弹药的”；②不仅明确指明需要参照的具体法律、法规，同时又用叙明式描述方式具体描述犯罪客观方面特征，如《刑法》第244条规定“用人单位违反劳动管理法规，以限制人身自由方法强迫职工劳动，情节严重的”；③虽然采取“违反国家规定”这一高度概括的空白性描述方式，但同时又用叙明式描述方式具体展现犯罪客观方面特征，如《刑法》第190条规定“国有公司、企业或其他国有单位，违反国家规定，擅自将外汇存放境外，或者将境内外汇非法转移到境外，情节严重的”；④采取高度概括的空白罪状与高度抽象的简单罪状相结合的模式。最典型的例子是《刑法》第225条第三项之规定。如果将该项条文单独列出，内容为：“违反国家规定，有其他严重扰乱市场秩序的非法经营行为，情节严重的，处……”② 有论者认为，从表现形态上看，空白罪状存在以下两种情形：一是刑法分则性条文仅指明“违反××××规定”之类似表述，不再对犯罪构成行为要件有任何表述，此种情形可以称之为完全空白罪状（或绝对空白罪状）；二是刑法分则条文对具体犯罪构成的行为要件作出类型化表述，但仍须参照其他有关规范或制度才能予以确定，此种情形可以称之为不完全空白罪状（或相对空白罪状）。③

关于空白罪状存在的必然性问题，有论者认为，空白罪状和空白刑法规范是成文法系国家中较普遍的立法现象，有着必然性的生成机理，也体现出其特有的功能。空白罪状存在的必然性在于：刑法所调整的社会关系的广泛性促使许多情况下刑法的启动要以其他法律法规的前置性判断为基础；法律法规所调整领域的专业化与复杂性使空白刑法规范应运而生；刑法立法容量有限。空白罪状的存在有利于协调通识性与专业性，满足严密《刑法》法网的需要，并且促使刑法变得简洁。④

---

① 参见刘树德：《罪状建构论》，98～112页，北京，中国方正出版社，2002。

② 参见王瑞君：《空白罪状研究——以司法分析为视角》，载《法学论坛》，2008（4）。

③ 参见刘树德：《空白罪状之“梳”议》，载《国家检察官学院学报》，2002（4）。

④ 参见王瑞君：《刑事违法性判断前提条件：空白罪状的现状与反思》，载《政法论丛》，2006（4）。

关于空白罪状与罪刑法定原则的关系，有论者认为，空白罪状作为基本罪状的下属概念，在1997年《刑法》中被大量加以采用。对空白罪状在刑法分则中的存在，应从民主法治原则、法律专属性原则、法律明确性原则等角度加以追问。空白罪状的存在一定程度上都有违上述三原则之嫌疑。因此，立法者应当采取相应的措施来提高空白罪状的“合法性”。① 而有论者则指出，人权保障是罪刑法定原则的核心，而罪刑法定之人权保障的要义在于法律的专属性和明确性。空白罪状在刑法已将罪刑关系确定之后，指示参照其他法律法规来补充适用，这并未违背刑事立法权只能由最高立法机关行使的民主、法治原则，并不妨碍人权的实现。罪刑法定之明确性是相对的明确，空白罪状之“空白”有明确的授权和范围界限，人们据此可预测自己的行为范围，知悉自己的权利界限，实现刑法的人权保障机能。② 还有论者认为，空白罪状与罪刑法定原则并不存在冲突；空白罪状能够发挥刑法保障人权和保护社会的机能，符合罪刑法定原则所强调的民主、法治原则。罪刑法定原则强调的是罪与刑在形式上的规定问题，犯罪与刑罚只能由法律来规定，而不能在行政法规、规章制度中规定犯罪。如果将刑罚法规的内容完全委任于行政机关，是违背罪刑法定原则的。但是，在法律制定后，法律适用者根据什么对法律条文予以解释、适用，则是如何将法律适用于具体个案的问题，也就是说，法律的补充适用与谁制定法律不是一层次的问题。两者不能混为一谈。论者还从法律的超前性和灵活性的角度出发，认为空白罪状符合罪刑法定原则明确性的要求。③

关于空白罪状与刑法谦抑性的冲突问题，有论者就审判实践中出现的“非法经营罪”变为“口袋罪”的现象提出，空白罪状除与刑法的法定性存在冲突外，还与刑法的谦抑性存在严重冲突。刑法的谦抑性要求立法者应力求少用甚至不用刑罚有效地预防和规制犯罪。刑法调控范围是有限的，犯罪圈应尽可能小，但空白罪状的包容性使得刑法的调控范围存在扩张甚至无限膨胀的趋势，而这与刑法谦抑性的内在要求是相悖的。空白罪状在刑法中不应广泛使用，而应严格限制。④

刑法中空白罪状部分与其惩罚部分相分离，由此导致两者的变更往往不具有同步性，从而产生补充规范的变更是否导致刑法变更以及该变更是否具有溯及力的疑问。对此，有论者认为，对补充规范发生变更，新的补充规范对其生效以前未经审判或者判决尚未确定的行为是否有溯及既往的效力问题，应同样适用从旧兼从轻原则，即原则上应适用行为时的补充规范，只有当变更后的补充规范的规定导致某种

---

① 参见刘树德：《罪刑法定原则中空白罪状的追问》，载《法学研究》，2001（2）。

② 参见邓文莉：《空白罪状并不妨碍刑法人权保障机能之实现》，载《中国人民公安大学学报》（社会科学版），2007（1）。

③ 参见汪红飞：《论空白刑法中补充规范的范围——以重大责任事故罪为视角》，载《太原师范学院学报》（社会科学版），2006（6）。

④ 参见陆焕强、沈琳梅：《从非法经营罪的设置评析空白罪状的缺陷》，载《法治论丛》，2006（6）。

犯罪不成立或罪轻时，才能适用变更后的补充规定。①

4. 寄宿罪状问题

有论者为了解决不纯正不作为犯罪的立法化问题，提出了制定“寄宿罪状”的立法主张。所谓寄宿罪状，是指借助于刑法分则中相对应的作为犯罪所规定的部分罪状为其部分罪状，同时以刑法总则概括性规定的、不纯正不作为犯罪特有的特征为另一部分罪状而组合而成的罪状。寄宿罪状应属于不纯正不作为犯罪的特有罪状。

引证罪状与寄宿罪状极易混淆，因此，有必要划清两者的界限。通过比较寄宿罪状和引证罪状的特征可知，两者既有共同点，也有区别。具体而言，两者相同之处为：两者均由两部分条款所描述的罪状有机组合而成；两者均须借助其他罪的部分构成特征作为其罪状的内容；两者都可以在立法上避免条文之间的文字重复，使立法科学化。两者不同之处是：用于有机组合的两部分罪状的来源不同。构成寄宿罪状的两部分罪状分别来自总则条款和分则条款，而构成引证罪状的两部分罪状均来自分则条款，而且一般为同一条文下的两款；用于有机组合的两部分罪状的组合方式不同。寄宿罪状中的总则部分罪状可分别与若干个相对应的作为犯罪的罪状组合，而构成若干种不纯正不作为犯罪的罪状，而对于引证罪状而言，每一种罪的引证罪状的两部分罪状一般是固定组合的；适用对象不同。寄宿罪状只适用于不纯正不作为犯罪，而引证罪状一般适用于在犯罪客体、犯罪客观要件和犯罪主体上与某故意犯罪基本相同，而其犯罪主观要件却为过失的犯罪。

一旦在刑法上明文规定寄宿罪状，就可以使不纯正不作为犯罪与罪刑法定原则融合，而不纯正不作为犯罪与罪刑法定原则融合则意味着，不纯正不作为犯罪已经立法化，且符合罪刑法定原则，当然，它包括科学地解决了构成要件的明确性问题。它还意味着，不纯正不作为犯罪的立法化可以使司法机关处罚不纯正不作为犯罪符合罪刑法定原则。

寄宿罪状的具体设计如下：

“第×条　对于本法分则规定的、以作为形式出现的犯罪，负有防止法定构成要件之危害结果发生之特定义务者，因不履行义务而导致一定危害结果发生的，构成独立的、与该种作为犯罪对应的不作为犯罪。但是，情节显著轻微，危害不大的，不认为是犯罪。

前款所称的不作为犯罪，其构成要件以前款规定的构成要素为基础，同时，借助于相对应的作为犯罪的构成要素（指除与不作为犯罪相异的那部分要素以外的其他要素）结合而成。其罪名是在相对应的作为犯罪的罪名之前加‘准’字后而形成的名称。

该类不作为犯罪的法定刑与相对应的作为犯罪的法定刑相同，但是，可以从轻

---

① 参见冯江菊：《浅析空白刑法中的补充规范及其溯及力》，载《华北水利水电学院学报》（社会科学版），2006（1）。

或减轻处罚。”①

5. **罪状与犯罪构成的关系问题**

对此，有论者指出，罪状与犯罪构成是两个既有联系，又有区别的概念。罪状是犯罪构成的住所，犯罪构成是罪状的描述对象。任何一个具体犯罪构成都必须有特定的罪状加以规定，没有罪状便没有犯罪构成，但是，任何一个罪状都不可能包容某一具体犯罪构成的全部内容。要确定某具体犯罪构成的全部内容，必须根据刑法总则以及其他法律的有关规定，对罪状所规定的内容进行必要的分析、解释与补充。具体地说，罪状与犯罪构成之间的相互联系与区别，主要体现在以下两个方面：①一个犯罪构成只能由一个罪状规定，这是立法简明性的必然结果，因为某一具体犯罪构成在某一罪状被规定之后，便无须其他罪状再作不必要的重复；一个罪状可以规定数个不同罪质的具体犯罪构成，则是因为不同罪质的数个犯罪构成在犯罪性质和社会危害程度上极为相近，故而规定于一个罪状，共用一个法定刑；一个罪状不能同时规定罪质相同的普通构成、加重构成和减轻构成，则是因为三种犯罪构成所反映的社会危害程度根本不同，而不能共用一个法定刑。②具体犯罪构成由罪状加以规定。没有罪状便没有犯罪构成。但是，罪状并不能规定某一犯罪的全部构成要件，也就是说，罪状所规定的内容总是少于某一具体犯罪构成所实际包含的内容。这是因为，罪状总是规定作为某一具体犯罪构成的特殊要件；作为犯罪构成的一般要件，已被抽象出来，作为刑法总则条文所规定的内容，或者已经在民商、经济、行政法规中作了规定，而无须再由罪状加以规定。②

（五）罪名

1. **罪名的定义**

对于罪名的定义这个看似简单的问题，在理论上同样存在着不同的答案。

第一种观点认为，罪名，顾名思义就是犯罪的名称。③

第二种观点认为，罪名是对某种犯罪行为的最本质特征的简明概括。④

第三种观点认为，罪名是犯罪的名称或者称谓，是对具体犯罪本质的或主要特征的高度概括。⑤

第四种观点认为，所谓罪名，是指高度概括某类犯罪、某类罪中某节犯罪或者某种犯罪本质特征，是某类犯罪、某节犯罪或者某种犯罪的称谓。⑥

第五种观点认为，罪名，是国家立法机关以法律的形式规定的或者国家最高司

---

① 欧锦雄：《“寄宿罪状”之提出》，载《中国刑事法杂志》，2003（5）。

② 参见曲新久：《略论罪状》，载《政法论坛（中国政法大学学报）》，1992（2）。

③ 参见周圣言：《罪名探讨》，载《法学评论》，1985（5）。

④ 参见高铭暄主编：《中国刑法学》，336页，北京，中国人民大学出版社，1989；何秉松主编：《刑法教科书》（2000年修订），642页，北京，中国法制出版社，2000。

⑤ 参见张明楷：《刑法学》（下），521页，北京，法律出版社，1997。

⑥ 参见李希慧：《罪名、罪状的定义与分类新论》，载《法学评论》，2000（6）。

法机关依据法律规定的罪状，确定的犯罪的名称。①

2. 罪名的分类

理论上根据不同的分类标准，对罪名进行了多种类型的划分。

第一，学理罪名与司法罪名。学理罪名，是指对现行刑法规定的各种犯罪，以直接客体为基本依据，行为的社会危害性质相同，但在某个或某些构成要件上具有多项内容或形式，法律将它们并列规定并允许选择的犯罪，经过理论概括而形成的罪名。司法罪名，是指以刑法分则对具体犯罪的规定为依据，按法条列举的犯罪主体、罪过形式、行为方式或犯罪对象等主要事实特征，结合具体案情，在起诉和判决书中，对被告人确切地使用的罪名。②

第二，类罪名、节罪名与具体罪名。类罪名是概括某一类犯罪本质特征而形成的罪名。节罪名是根据某一类犯罪中某一节犯罪本质特征而形成的罪名。具体罪名是概括具体犯罪的本质特征而形成的罪名。③

第三，单一罪名与选择罪名、概括罪名。单一罪名，是指所包含的犯罪构成的具体内容单一，只能反映一个犯罪行为，不能分解拆开使用的罪名。选择罪名，是指所包含的犯罪构成的具体内容复杂，反映出多种犯罪行为，既可概括使用，也可分解使用的罪名。概括罪名是指其包含的犯罪构成的具体内容复杂，反映出多种犯罪行为，但只能概括使用，不能分解拆开使用的罪名。④

第四，确定罪名与不确定罪名。确定罪名，是指法律有明确、特定表述的罪名。不确定罪名，是指法律没有特定表述，定罪时必须根据行为的具体状况来确定的罪名。⑤

第五，立法罪名、司法罪名和学理罪名。立法罪名，是指立法机关在刑法分则条文中明确规定的罪名。类罪名和节罪名都是立法罪名，具体罪名也有的属于立法罪名，如贪污罪、受贿罪、行贿罪、挪用公款罪等。立法罪名具有普遍的法律效力。司法罪名是指最高司法机关通过司法解释所确定的罪名。司法罪名只能是具体罪名。最高人民法院《关于执行〈中华人民共和国刑法〉确定罪名的规定》所确定为413个罪名都是司法罪名。司法罪名对司法机关办案具有法律约束力。学理罪名是理论上根据刑法分则的有关规定对具体犯罪所概括出的罪名。学理罪名没有法律约束力，但对司法实践确定罪名具有理论上的参考作用。⑥

第六，基本罪名与修正罪名。基本罪名是刑法分则中所表现出来的罪名的原始状态，即反映了犯罪的既遂状态或具备完整犯罪构成的状态。修正罪名是指审判实

---

① 参见张明之：《论定罪》，载《锦州师范学院学报》（哲学社会科学版），1998（2）。

② 参见赵廷光主编：《中国刑法原理》（各论卷），20页，武汉，武汉大学出版社，1992。

③ 参见李希慧：《罪名、罪状的定义与分类新论》，载《法学评论》，2000（6）。

④ 参见张明楷：《刑法学》（下），523页，北京，法律出版社，1997。

⑤ 同上书，524页。

⑥ 参见李希慧：《罪名、罪状的定义与分类新论》，载《法学评论》，2000（6）。

践中，从案件的具体情况出发，根据刑法总则的有关规定，对某些非既遂或不具备完整犯罪构成的犯罪行为所确定的罪名。修正罪名可分为形态修正罪名、共犯修正罪名。前者如强奸（预备）罪、强奸（未遂）罪、强奸（中止）罪；后者如抢劫（组织）罪、抢劫（帮助）罪、抢劫（教唆）罪。①

第七，现行罪名与历史罪名。现行罪名是为现行法律文件确认且在司法实践中通用的罪名，它的特点是现行性与有效性。历史罪名则是以前曾经使用过而现在业已失效的罪名，其特点是历史性和失效性。②

3. 罪名的功能

罪名的功能是罪名本身所具有的、通过司法应用所可能产生的影响。根据论者们的观点，罪名具有以下功能。

概括的功能，即概括某一犯罪的罪状，乃至犯罪构成，帮助人们认识罪犯所犯之罪的基本内容。③

评价的功能。罪名不仅揭示了犯罪的内容，而且还代表了一种评价，即国家对某种行为给予的政治上和法律上的否定评价。④

威慑的功能。威慑功能是从评价功能中引申出来的，但又不是后者所能代替的。一方面，罪名是国家根据刑法对某种行为所作的否定评价，具有权威性和严肃性；另一方面，罪名是同法定刑联系在一起的，触犯罪名是适用法定刑的前提，适用法定刑是触犯罪名的自然结果。⑤

区分功能，即通过罪名所表达的内容，人们可以大致地区分罪与非罪、此罪与彼罪、重罪与轻罪、一罪与数罪的界限。⑥

教育预防功能。罪名的确立与公布，对教育人们规范行为与预防犯罪起到重要作用，而且还会鼓励人们积极同犯罪行为作斗争，并警诫某些人不要铤而走险，以身试法危害社会。这都是罪名应该起到的教育预防犯罪的积极作用。⑦

4. 确定罪名的原则

对此，理论上有不同的看法。

第一种观点主张，确定罪名时应坚持两个原则：第一，合法性原则。罪名的确定要以罪状为根据，符合立法的原意；第二，规范性原则。罪名的表示必须符合用词规范。⑧

---

① 参见陈兴良主编：《刑法各论的一般理论》，107页，呼和浩特，内蒙古大学出版社，1992。

② 参见张永艾：《关于罪名理论与实践的若干问题》，载《铁道警官高等专科学校学报》，2003（2）。

③④ 参见王勇：《论罪名》，载《中国法学》，1988（3）。

⑤ 参见何秉松主编：《刑法教科书》（2000年修订），645～646页，北京，中国法制出版社，2000。

⑥⑦ 参见樊凤林：《论罪名》，载《法学杂志》，1999（6）。

⑧ 参见何秉松主编：《刑法教科书》（2000年修订），646页，北京，中国法制出版社，2000。

第二种观点主张，确定罪名时应坚持三个原则：第一，合法性原则。确定罪名时必须严格根据刑法分则规定具体犯罪的条文所描述的罪状，既不得超出罪状的内容，也不得片面地反映罪状的内容；第二，概括性原则。确定罪名必须是对罪状的高度概括，表述应力求简明；第三，科学性原则。罪名要在合法性、概括性的基础上，明确地反映出犯罪行为最本质的特征以及此罪与彼罪的主要区别。①

第三种观点认为，确定罪名时应坚持两个原则。第一，合法性原则。罪名设置的合法性原则应分解为：一是合宪法规定；二是合其他相关法律规定；三是合刑法罪刑条文规定本身。第二，简明性原则。简明，即简单明了。设置罪名若是遵循了合法性原则和简明性原则，则必然同时符合科学性的要求。科学性不应视为设置罪名的一项原则，而应视为设置罪名的总要求。②

第四种观点认为，确定罪名时应坚持四个原则。第一，法定原则，确定罪名必须以刑法规定为依据，综合刑法反映具体条文的规定；罪名的内容必须在罪状中明确规定或是罪状必须内含的。第二，准确原则，即确定罪名要名副其实，在内容与形式上都要正确、全面地反映法律条文规定的内涵与外延，同时还要符合罪名自身内在的矛盾特殊性，展示出罪名与罪名之间的区别性。第三，明确简洁原则，即罪名的文字表述尽可能做到诠文生义，明确无误，没有歧义，便于操作。罪名的语词必须简洁洗练，不宜冗长烦琐，面面俱到。第四，协调原则，即罪名之间要合理分工，协调一致。③

第五种观点认为，为使司法实务中罪名更能反映犯罪行为的特征，在确定罪名时应遵守五大原则：第一，法定原则，即必须从罪状中选定罪名；第二，本质原则，即罪名必须反映出犯罪的本质特征；第三，周延原则，即罪名必须注意把所有的内涵都包含在其中；第四，简练原则，即罪名必须简明扼要；第五，准确原则，即罪名中所包含的犯罪主体、客体、主观方面、客观方面，都必须与实际犯罪相符合。④

第六种观点认为，确定罪名时应当坚持六个原则：第一，本质原则，即所起的罪名必须能够反映出某一犯罪的本质。第二，独特原则，即每个罪名都必须反映出该种犯罪的独特之处。第三，周延原则，即罪名中所包含的内容必须正好是犯罪中所包含的内容，既不能扩大，也不能缩小。凡是罪状中包含多项内容的犯罪，在确定罪名时，必须注意把所有的内容都包含在罪名之中。第四，简练原则，即确定的罪名必须简明扼要，不能烦琐、累赘。第五，法定原则，即罪名必须根据法律的规定来确定，也就是必须从罪状中选择罪名。第六，准确原则，即罪名中所包含的犯

① 参见高铭暄、马克昌主编：《刑法学》，337～338页，北京，北京大学出版社、高等教育出版社，2000。

② 参见马荣春：《论罪名》，载《云南大学学报》（法学版），2004（5）。

③ 参见樊凤林：《论罪名》，载《法学杂志》，1999（6）。

④ 参见刘丽君、陈东平：《略论中国刑法中罪名的确定》，载《河北北方学院学报》，2006（3）。

罪主体、客体、罪过、行为、手段、对象等，都必须与实际犯罪相符合。[①]

第七种观点认为，对确定罪名的原则，要根据具体情况作具体要求。

首先，在规定和确定罪名活动中共同遵守的基本原则是：突出犯罪对象的原则，即以犯罪对象为主要依据确定和规定罪名；突出犯罪行为的原则，即在犯罪对象相同的情况下，坚持以犯罪行为性质为主要依据规定或确定罪名；突出罪过形式原则，即在犯罪对象和犯罪行为性质相同的情况下，一般坚持以罪过形式为主要依据规定或确定罪名。

其次，司法机关确定罪名时应当遵守的特定原则是：依照法定职权确定罪名的原则，即国家最高司法机关在确定罪名时，要严格依照宪法和法律或国家立法机关的授权进行，不得超越行使司法权的范围滥定罪名，破坏国家立法机关的立法秩序；依照法定罪状中的罪名成分确定罪名的原则，即国家最高司法机关在确定罪名时，在法律没有直接规定罪名的情况下，必须依照法定罪状中的罪名成分确定应当适用的罪名，不得脱离具体罪状中的罪名成分确定罪名；比照刑法分则中有关条款规定的罪名确定罪名的原则。国家最高司法机关在对法律条文中所叙述的引证罪状确定罪名时，必须以被引证的条款中所规定的罪状所体现的罪名为主，加以必要的限定，进而确定应当适用的罪名。

最后，司法机关在实践中认定罪名应当遵守的原则如下。①适用法定罪名的原则。司法机关在对具体刑事案件定罪量刑时，必须适用国家立法机关以法律直接规定的罪名。在国家立法机关没有规定罪名的情况下，必须适用国家最高司法机关以法律解释文件确定的罪名。无论在任何情况下，地方各级司法机关都不得擅自确定罪名。②适用具体罪名的原则。司法机关在对具体刑事案件定罪量刑时，必须适用个罪名，不得适用类罪名和种罪名。③罪名与罪状相符原则。司法机关在对具体刑事案件定罪量刑时，必须坚持实事求是，依据该案的具体案情，决定适用相应的罪名。[②]

关于罪名确定的科学性问题，有论者进行了专门论述。论者指出，罪名的确定是否具有科学性，直接关涉到刑法领域中的一系列重大问题，具有重要的实践意义和深远的理论意义。一方面，罪名的确定是否具有科学性，直接影响刑法的权威性和刑事司法活动的严肃性；另一方面，罪名的确定是否具有科学性，直接影响罪名功能的发挥和刑罚目的的实现。科学确定罪名，必须掌握以下具体标准。①准确反映犯罪本质。确定罪名时一定要力求准确地反映犯罪的本质，具体要求如下：以犯罪的本质特征为核心确定罪名，而不能以犯罪行为次要的、非本质的特征为核心确定罪名；罪名应反映犯罪的基本结构，而不能使犯罪的基本结构发生混乱；以犯罪的基本要素为根据确定罪名，而不要轻易以犯罪的手段、情节等为直接根据确定罪名。②全面反映犯罪外延。全面反映犯罪外延，要求做到以下两点：要准确反映犯罪的内容，不要涵盖非罪行为；要能涵盖相关条文所规定的全部犯罪行为，而不能

① 参见侯国云：《论确定罪名的原则和方法》，载《中国法学》，1997（5）。

② 参见张明之：《论定罪》，载《锦州师范学院学报》（哲学社会科学版），1998（2）。

只反映部分犯罪行为。③明确反映相关界限。具体而言要做到以下两点：反映此罪与彼罪的区别；反映一罪与数罪的区别。④力求表述简短、通俗。⑤尽量使用法条文字。①

5. 罪名个数确定的标准问题

对此，有论者进行了专门论述。论者指出，罪名辨定的总的标准是犯罪构成个数。为了准确确定犯罪构成个数，严格贯彻犯罪构成个数标准，应该做到以下几点：数行为或对象具有属种关系的法条应确定为一个罪名；援引法定刑条款一般应单独定罪；准确区分选择性罪名与排列式罪名。确定罪名的其他标准包括：遵循刑事立法指导思想；尽量避免罪名过分细化；保持罪名体系协调一致。② 还有论者认为，罪名与犯罪构成有着不可分割的联系，甚至可以说，罪名就是犯罪构成的浓缩。然而，学者们在谈论确定罪名的原则时，却忽略了犯罪构成对于正确确定罪名的重要性。其实，根据犯罪构成来确定罪名，才能使罪名达到法定性、准确性等要求；罪名的内涵符合犯罪构成，是罪名科学性最基本的表现。③

6. 罪名立法模式问题

对此，有论者进行了专门论述。论者指出，罪名立法模式是根据各种罪名立法例本身所具有的同态性原理，对这些立法例的表象所反映出来的共同性的一种形式上的抽象、概括和归纳。世界各国刑法关于罪名的立法模式可以分为明示式和暗示式两种。所谓明示式，是指刑法分则条文对具体犯罪的名称作出了明确规定的罪名立法方式。其特点是，罪名的名称已经在分则条文中作出了明白无误的规定，司法实践中适用刑法分则条文，只需要依照条文所规定的罪名并结合刑事案件的具体情况，对号入座确定该案的名称，不需对条文规定的罪状进行概括。根据各个国家采用的具体形式不同，明示式又可分为如下几种模式。其一，标题明示式，即在刑法分则条文规定的罪状之前，有一个醒目的标题，指明这一犯罪的名称；其二，定义明示式，即刑法分则条文对某种犯罪的基本特征通过定义的方式作了明确规定，并且在定义之前或者在定义之后规定了该种犯罪的名称；其三，双重明示式。即在刑法分则的条文之前用一个标题明确规定了犯罪的名称，同时又以定义的方式对罪名作了进一步规定。所谓暗示式，是指刑法分则条文只描述了犯罪行为的特征，对具体犯罪的罪名则没有明确规定，需要根据刑法规定的罪状抽象、概括出相应的名称。这种条文的罪名是暗含在条文规定的罪状之中的，所以被称为暗示式；又因为这类条文的罪名需要根据其所规定的罪状进行概括、推断才能得出，所以又可称为暗含推理式。明示式罪名立法模式较之暗示式的立法模式更见其长。具体来说，体现在以下几方面：统一性、权威性、系统性、便利性。

论者进而认为，在1997年《刑法》颁行前，虽然人们几乎一致主张新刑法采用

① 参见刘艳红：《罪名确定的科学性》，载《法学研究》，1998（6）。

② 参见刘艳红：《罪名辨定标准论略》，载《法学家》，2000（4）。

③ 参见赵延光：《论犯罪构成与罪名确定》，载《法学》，1999（5）。

明示式的罪名立法模式，然而，令人遗憾的是，新刑法基本延续了旧刑法的罪名立法模式，仍然采用的是暗示式。而且，较之旧刑法，这一罪名立法模式给新刑法罪名确定所带来的问题要严重得多。这是因为，此次刑法修订的重点在分则。为了彻底解决罪名确定的难题，1997 年 12 月，最高人民法院、最高人民检察院分别颁布了关于 1997 年《刑法》的罪名的司法解释。这一解释模式实际上是在新刑法采用暗示式罪名立法模式并由此导致了罪名确定严重混乱的情况之下，为了补救立法遗留问题的一种无奈之举，而非长久之计。因为，从性质上看，罪名是个立法问题而不是司法问题。要想彻底的实现法治，从根本上解决罪名的有关问题，以更好地完善罪名理论和罪名立法，使我国的罪名规定制度化，我们应该在总结罪名解释化模式的基础之上，采用明示式的罪名立法模式。①

（六）法定刑

1. 法定刑的定义

对此，理论上尚未达成共识。以下几种表述较有代表性。①法定刑是刑法分则对特定犯罪所规定的量刑幅度；② ②法定刑是刑法分则对具体犯罪所规定的量刑标准，这种标准包括刑罚适用的种类和量刑幅度；③ ③法定刑是刑法分则及其他刑事法律中的分则性规范对各种具体犯罪所规定的刑种与刑度（刑罚的幅度）；④ ④法定刑有广义、狭义之分。某罪广义的法定刑就是刑法分则规定的该罪的刑罚幅度。狭义的法定刑，是指与某一具体犯罪的社会危害性大小相适应的某一刑罚幅度。通常所说的在“法定刑以内”或“法定刑以下”量刑的法定刑，追诉时效的“法定最高刑”，都是指狭义的法定刑。如果某些罪的法定刑本身只有一个幅度，这种情况就是广义法定刑和狭义法定刑的重合。⑤

2. 法定刑的种类

理论上一般将法定刑的类型分为以下三种。①绝对确定法定刑，即刑法对某种犯罪或者对具备某种情节的犯罪规定的刑种和刑度，审判机关没有自由裁量的余地。我国现行刑法中存在少量的绝对确定法定刑。②绝对不确定的法定刑，即在条文上只规定对某种犯罪应予惩处，却不规定具体刑种和刑度。例如，笼统规定对某种犯罪行为应“依法制裁”、“依法严惩”等。在我国刑法上，不采用这种法定刑。③相对确定的法定刑，即刑法分则条文针对不同犯罪的不同性质和不同的社会危害性，分别规定一个或数个主刑、一个或数个刑罚幅度。审判机关可以根据具体案件的具体情节，在法定幅度内决定判处适当程度的刑罚。这是当代各国刑法普遍采用的法定刑。

---

① 参见张文、刘艳红：《罪名立法模式论要》，载《中国法学》，1999（4）。

② 参见高铭暄等编：《中国刑法词典》，411 页，上海，学林出版社，1989。

③ 参见赵秉志、吴振兴主编：《刑法学通论》，498 页，北京，高等教育出版社，1993。

④ 参见张明楷：《刑法学》（下），527 页，北京，法律出版社，1997。

⑤ 参见刘兆法、刘勉：《浅议法定刑》，载《山东审判》，1998（5）。

我国刑法中的相对确定法定刑，有以下几种表现形式：①分则条文只规定一种刑罚，并且只规定最高期限；②分则条文规定两种以上刑罚，其中对有期徒刑只规定最低期限；③分则条文规定两种以上主刑，两个以上刑罚幅度，或同时规定附加刑，其中对有期徒刑只规定最低期限，其最高期限，依照刑法总则的有关规定执行；④分则条文规定两种以上主刑，两个以上刑罚幅度，或同时规定附加刑，其中有的幅度对有期徒刑规定有最高和最低期限；⑤规定援引法定刑，即分则条文规定，对某罪援引其他条文或同条的另一款的法定刑处罚。例如，《刑法》第 144 条规定，对生产、销售有毒有害食品，致人死亡或者对人体健康造成特别严重危害的，依照《刑法》第 141 条的规定处罚。采用这种形式的法定刑，是为了简化分则条文，但是，被援引的条文所规定的犯罪，必须是与本罪的性质近似。①

还有的论者认为，除以上三种法定刑外，还存在浮动法定刑。所谓浮动法定刑，是指法定刑的具体期限或具体数量并非确定，而是根据一定的标准升降，处于一种相对不确定的游移状态。浮动法定刑具有以下特点：第一，只见之于罚金刑；第二，只适用于经济犯罪、财产犯罪；第三，刑罚（罚金）的具体幅度（数量）要根据案件的一定事实确定。这是浮动法定刑与相对确定法定刑的重要区别。②

另有论者认为，法定刑可以分为绝对确定的法定刑、相对确定的法定刑和援引法定刑。论者的理由是：将援引法定刑归入相对确定的法定刑，是以否认我国刑法中存在绝对确定的法定刑为依据的。而我国刑法中有绝对确定的法定刑，贪污罪的法定刑就是个例证。在可以援引绝对确定的法定刑的情况下，把援引法定刑简单归类于相对确定的法定刑，是不适当的。③

还有论者则主张将法定刑分为绝对确定的法定刑和相对确定的法定刑。论者认为，这样分类既符合历史发展的基本脉络，也符合科学分类的基本要求。法定刑是刑法发展到一定历史阶段才产生的，是罪刑法定主义思想的产物。当今所谓法定刑，正是资产阶级反对刑罚擅断斗争的胜利成果。其历史发展，与罪刑法定原则由绝对转向相对是一脉相承的，所以，二分法符合历史真实。从分类标准的同一性上看，也是符合科学要求的。法定刑作为国家对具体犯罪的评价标准而存在，是审判人员据以对具体犯罪量定刑罚的标准。作为标准而存在的法定刑，必然规定一定的刑种和刑度。因此，所谓“绝对不确定的法定刑”显然缺乏法定刑应有的内涵。而如果把“援引法定刑”与“绝对确定的法定刑”和“相对确定的法定刑”同列，就势必走到科学分类的反面。所谓“援引”，是相对“不援引”而言的，正如“绝对”是“相对”的对称一样。现在将它们编入同一序列，就等于同时运用了两个分类标准。

---

① 参见高铭暄、马克昌主编：《刑法学》（下编），577～579 页，北京，中国法制出版社，1999；王作富主编：《刑法》，236～238 页，北京，中国人民大学出版社，1999。

② 参见张明楷：《刑法学》（下），531～532 页，北京，法律出版社，1997。

③ 参见何秉松主编：《刑法教科书》（2000 年修订）（下卷），648～650 页，北京，中国法制出版社，2000。

从世界范围看，所谓“援引法定刑”，要么属于“绝对确定的法定刑”，要么属于“相对确定的法定刑”，超越此二者的“援引法定刑”根本就不存在。在我国，“援引法定刑”是相对确定的法定刑的一种表现形式。因此，“援引法定刑”完全可以在二分法中找到它的位置，二分法一点也没有否认其构成内容的各自特色。①

3. 法定刑的设定问题

对此，有论者进行了专门论述。论者认为，只有社会危害性程度才能作为法定刑的设定根据。法定刑最低刑与最高刑的设定，决不是可以随意进行的，它应该根据犯罪的社会危害性可能程度来设定，而社会危害性程度的判断又必须依据相应的价值观念来进行。我国刑法法定刑设定存在以下问题：一是存在同罪异罚与同罚异害现象；二是存在法定最高刑与最低刑过高现象；三是不同犯罪法定刑之不平衡。②还有论者指出，现代法治国家的刑法，按照犯罪行为对社会的危害程度配置法定刑是一个基本要求。对某种重罪配置轻刑或者对某种轻罪适用重刑，都会对其他犯罪或个罪本身的法定刑确定产生不良影响，导致刑罚攀比。刑罚攀比，是指刑法分则某种罪的法定刑对其他罪的法定刑的攀附和追随，它使得犯罪所受到的惩罚与行为社会危害之间发生偏离，也使法定刑配置违背公正刑法价值目标。刑罚攀比是法定刑配置的不合理的最集中体现，它的存在导致刑法个罪之间出现观摩效应，罪与刑失衡，极大地冲击着罪刑相当原则；同时，也使司法实践中出现重罪轻判、轻罪重判的局面，影响法制的统一性和权威性。从立法技术角度看，要抗制刑罚攀比，一方面应确定重罪、轻罪的区分标准。有了界定重罪轻罪的一般标准，立法者对个罪的社会危害性就有了粗略的印象，就在心中划定了法定刑配置的大致范围。所以重罪轻罪的区分是构筑法定刑配置合理化的第一道防线，可以在很大程度上减少法定刑配置的偏差和制止刑罚攀比。至于重罪轻罪区分的一般标准，应当采取通行的见解，根据对犯罪所采用的刑罚的种类、程度来确立。结合我国犯罪发案率高的实际，可以把3年有期徒刑作为区分重罪与轻罪的标准。另一方面，在刑罚一般化观念指导下，应确立典型立法方法，进一步抗制刑罚攀比现象。典型立法的方法，就是强调要以已然之罪的社会危害性为标准，针对一般人为个罪配置法定刑。这就要求我们摒弃法定刑配置上的刑罚个别化，进而反对特例立法方法。因为根据特例，针对个别人对刑法分则个罪配置法定刑显然是不恰当的，违背了法律普遍性的原则。③

（七）法条竞合

1. 称谓之争

对于法条竞合，称呼各异。有的称法律竞合；有的称法规竞合；有的称规范竞合；有的称法条竞合。对此，有论者认为，虽然以上名称所指的都是同一事物，但

① 参见刘远：《试论法定刑及其分类》，载《河北法学》，1994（6）。

② 参见李洁：《法定刑设定根据与设定技巧研究》，载《江苏行政学院学报》，2006（4）。

③ 参见周光权：《法定刑配置的合理性探讨——刑罚攀比及其抗制》，载《法律科学》，1998（4）。

在给一个现象概括名称时，应力求使这一名称准确。法律、法规是集合名词，是所有法律文件的总称，法条是组成法律、法规的基本单位。法律、法规与法条的关系犹如森林与树木的关系。顾名思义，法律竞合、法规竞合即法律与法律之间的竞合、法规与法规之间的竞合，这样的称谓容易使人误解竞合只发生在不同的法律之间、法规之间。但实际上同一法律、法规的法条之间也存在竞合。因此，法律竞合、法规竞合的称呼不可取。规范是内存于法条之中的，法条是规范的外在表现形式，法条竞合实质上是不同规范之间的竞合。从这一点上讲，称为规范竞合并无不妥。但考虑到法条竞合最终解决的是法条的适用问题，法官在判决时直接引用的也是具体的法律条文，称为法条竞合更为合适。① 有论者指出，把法律适用竞合理解为法条竞合，有以偏概全之不足，它没有揭示出法律适用竞合的本质内容，也没有囊括法律适用竞合的各种情况。法律适用竞合并不是指刑事法律规范内容的表现形式——法条的竞合，而是指刑事法律规范内容即犯罪构成及其法定制裁的竞合，是法律规范的竞合。② 有论者主张，刑法规范是行为规范与裁判规范的统一。审判机关对具体案件定罪量刑要援引刑法条文，但其适用的并不是刑法条文本身，而是其中的刑法规范。将法律规范（而不是法律条文）运用于具体案件的活动才是法律适用，因此，发生竞合，给刑事司法造成障碍的只能是法律规范，而不是法律条文，刑法理论应当研究的正是这种竞合现象。将法规竞合界定为法条竞合，不但以形式掩盖了实质，还会扩大法规竞合的形成范围。称法条竞合的学者认为，某一犯罪行为触犯同一罪名的不同情节的数个法条也是法条竞合，而这种“同一罪名的不同情节的数个法条”，由于只有一个刑法规范，自无法规竞合之可能。由此看来，并不是所有的“法条竞合”都包含“法规竞合”，而研究与刑法规范和刑法适用无关的纯“法条竞合”，除了徒增理论负担之外，毫无实际意义。“法规竞合”中之“法规”，是刑事法律规范的简称，而非指不同的规范性刑事法律文件。称法条竞合的学者认为，法规竞合就意味着不同刑事法律之间的竞合，而不是具体法律规范之间的竞合，这完全是对“法规”一词含义的误解。法律竞合说将法律适用竞合归结为“刑事法律规范的竞合”，可谓抓住了本质，但是这种称谓也不可取。首先，法律和法律规范不是同一概念，将法律规范的竞合称为法律竞合词不达意，易引起误解；其次，该观点主张法律竞合不仅指犯罪构成的竞合，还包括法律制裁的竞合，这违背法规竞合的基本含义。因此，对刑法中的法规竞合现象应当称为刑事法律规范的竞合，简称法规竞合。这一称谓用语规范，表意准确。③ 另有论者提出，使用“规范竞合”这一术语，更为贴切。因为规范可视作法律、法规的基本单位，规范是法条所表述的行为规则，而我们所要表述的正是这种作为刑法基本单位的刑法规范的竞合。④ 而有论

① 参见苏彩霞：《法条竞合新探》，载《贵州省政法干部管理学院学报》，2000（4）。

② 参见田禾、戴绍泉：《试论我国刑法中的法律竞合》，载《社会科学战线》，1989（2）。

③ 参见刘士心：《法规竞合争论分析与概念重构》，载《国家检察官学院学报》，2002（2）。

④ 参见张小虎：《规范竞合之理论分析》，载《广东社会科学》，2002（1）。

者则认为，法条竞合，亦称法规竞合、规范竞合、法律单数、法律竞合。①

2. 法条竞合的理论定位

对此，有以下几种不同的观点。

法条形态说认为，法条竞合属于法条形态。② 人们是否实施了犯罪行为，对于法规竞合本身并无影响，犯罪行为不是法规竞合的前提条件。③ 法条竞合是揭示刑法不同条文（款）所规定的犯罪构成要件在内涵和外延上有重合交叉关系的一个概念，说明的是刑法分则体系的某种特殊结构，法条竞合不是一种犯罪形态。④

犯罪形态说认为，法条竞合只有体现在具体犯罪行为的时候才有意义，否则无从界定法条竞合的适用范围。法条竞合是一种犯罪形态。因而，应以"法条竞合犯"一词取代"法条竞合"，以与其他犯罪形态相适应。⑤

罪数形态与法条适用统一说认为，法规竞合不光是个罪数的单复问题，还是个法条适用问题，而且法条适用问题比较突出。因此，法规竞合应是罪数形态与法条适用的统一。⑥

区别说既不赞同单纯法条关系说，也不赞同单纯犯罪形态说。区别说认为，法条关系说将法规竞合视为一种与犯罪行为无关的立法现象，只强调了法规竞合的立法方面，而忽略了它的司法方面。完全撇开犯罪行为，逻辑上必然将法规竞合问题局限在立法领域，使法规竞合的司法适用无从谈起。犯罪形态说则强调了法规竞合的司法方面，而忽略了它的立法方面。这种观点将法规竞合在司法中的体现解释为一种新型的犯罪形态，冲破了传统理论单纯"刑法适用论"的羁绊，为确立法规竞合的体系地位提供了理论根据，但是将法规竞合等同于法规竞合犯（法条竞合犯），甚至以法规竞合犯（法条竞合犯）取代法规竞合，则有失偏颇。因而，区别说主张将传统法规竞合概念的立法方面与司法方面一分为二，立法方面仍称为法规竞合，司法方面称为法规竞合犯。法规竞合是立法中产生的不同罪名犯罪构成间的横向关系，这种竞合关系的存在不以犯罪行为的发生为必要。法规竞合犯是一个犯罪行为触犯存在法规竞合关系的数罪名的竞合部分，而形成的"一行为触犯数罪名"的犯罪形态；它以现实的危害行为为存在实体，具有形式数罪的特征。在理论归属上，法规竞合属于刑法分则的一般理论问题，法规竞合犯则属于罪数论问题。⑦

---

① 参见周建军：《法条竞合犯抑或想象竞合犯——法条竞合犯与想象竞合犯的界限之争》，载陈兴良主编：《刑事法评论》第22卷，473页，北京，北京大学出版社，2008；刘明祥：《论法条竞合的范围和适用原则》，载《检察理论研究》，1996（4）。

② 参见陈兴良：《刑法适用总论》（上卷），731页，北京，法律出版社，1999；黄京平、陈毅坚：《法条竞合犯的类型及其法律适用》，载《中国刑事法杂志》，2007（4）。

③ 参见魏克家：《刑事法条竞合及其适用》，载《广东法学》，1991（5）。

④ 参见肖中华：《也论法条竞合犯》，载《法学论坛》，2000（5）。

⑤ 参见姜伟：《法条竞合初探》，载《西北政法学院学报》，1985（4）。

⑥ 参见吴振兴：《罪数形态论》，162页，北京，中国检察出版社，1996。

⑦ 参见刘士心：《法规竞合论证分析与概念重构》，载《国家检察官学院学报》，2002（2）。

3. 法条竞合的定义

对此，理论上有以下不同的观点。

第一种观点认为，法条竞合是指一个犯罪行为同时触犯两个法律条文，其中一个法律条文的内容为另一个法律条文的内容所包括。①

第二种观点认为，法条竞合是指一个犯罪行为同时触犯数个法律条文，其中一个法律条文与另一个法律条文之间有着包容或者交叉关系，只能适用其中一个法条定罪量刑的情形。②

第三种观点认为，法条竞合是指规定不同的犯罪构成和法定制裁的数个刑事法律规范的竞合。③

第四种观点认为，法条竞合是指同一犯罪行为因刑事法律对法条的错综规定，出现数个法条所规定的构成要件在其内容上具有从属或者交叉关系的情形。④

第五种观点认为，法条竞合是指行为人的一个犯罪行为同时触犯数个刑法分则条文，而这些法律条文因相互重合，只能适用其中一个条文定罪量刑的情形。⑤

第六种观点认为，法条竞合是数个法条在主观形式一致下，行为客观状况（方法、本原行为、对象）三个要素的分别重合。⑥

第七种观点认为，法条竞合是由于不同性质的犯罪在构成要件上的重合，而使规定这些犯罪的刑法分则性条文之间发生的在内容上的包容或交叉关系。⑦

第八种观点认为，法条竞合是指一个犯罪行为因为法律的错综规定，而同时符合了数个在构成要件上存在着交叉关系或从属关系的刑法分则条文，但只能适用其中一个条文而排斥其他条文适用的情形。⑧

第九种观点认为，法条竞合是指一个犯罪行为同时符合了数个法条规定的犯罪构成，但从数个法条之间的逻辑关系来看，只能适用其中一个法条，当然排除适用其他法条的情况。⑨

第十种观点认为，法条竞合是指一个危害行为同时符合数个刑法条文规定的犯罪构成，但从法条之间的逻辑关系来看，数个法条之间存在着包容或交叉关系从而只能适用其中一个法条，而排除适用其他法条的情况。⑩

---

① 参见马克昌：《想象的数罪与法规竞合》，载《法学》，1982（1）。

② 参见王作富主编：《中国刑法适用》，295～296页，北京，中国人民大学出版社，1987。

③ 参见田禾、戴绍泉：《论我国刑法中的法律竞合》，载《社会科学战线》，1989（2）。

④ 参见陈兴良等：《法条竞合论》，13页，上海，复旦大学出版社，1993。

⑤ 参见姜伟：《法条竞合初探》，载《西北政法学院学报》，1985（4）。

⑥ 参见李奇路、秦一禾：《法条竞合的成立条件及运用规则》，载《山西大学学报》（哲学社会科学版），1993（2）。

⑦ 参见冯凡英、曹艳芝：《法条竞合新探》，载《法学评论》，1995（4）。

⑧ 参见苏彩霞：《法条竞合新探》，载《贵州省政法干部管理学院学报》，2000（4）。

⑨ 参见张明楷：《刑法学》（下），531～532页，北京，法律出版社，1997。

⑩ 参见梁晟源：《试论法条竞合》，载《北京人民警察学院学报》，2005（5）。

第十一种观点认为，法条竞合是由于一行为所疑似该当的数个犯罪构成在逻辑上有重合关系而产生外观上的竞合，但因为立法者对此数犯罪构成所包含的犯罪情形已有了明确划分，最终只能使用单一规范而排除其他规范评价及适用的情况。①

第十二种观点认为，法条竞合是指一行为侵害一法益，在形式上表现为同时触犯了属于从属关系的数个法条或者在法律上明示或默示之交叉关系的数个法条，为了避免数次评价而选择一个法条加以适用的制度。②

4. 法条竞合的本质

对此，理论上有以下不同的观点。

法律条文重合说认为，法条的重合关系是法规竞合的本质特征，没有法条的重合即没有法规竞合。③ 法条竞合是关于法条之间关系的理论，所要解决的是一种行为在数个法条的情况下该适用哪个法条的问题。④

罪名竞合说认为，法条竞合的本质是一个犯罪行为涉及数个罪名。⑤

社会关系竞合说认为，从本质上说法条竞合是犯罪所侵犯而为刑法所保护的社会关系的竞合。⑥

犯罪构成竞合说认为，法条竞合的实质是不完整的犯罪构成的竞合。⑦

社会关系与犯罪构成要件竞合说认为，从法条竞合的社会本质和法律本质两个角度分析，其社会本质是犯罪所侵犯而为刑法所保护的社会关系的竞合，因为刑法所调整的社会关系的复杂性奠定了法条竞合得以存在的客观基础；其法律本质是犯罪构成要件的竞合，因为法条竞合在逻辑结构上是犯罪构成要件的交叉或从属关系，犯罪构成是法条竞合的存在基础。⑧

5. 法条竞合的类型

关于法条竞合的类型，或者说法条之间究竟存在什么关系，才能构成法条竞合这一问题，目前理论上主要有以下几种观点。

二类型说认为，法规竞合分为两种：全包含关系的法规竞合，即两法条的犯罪构成在性质上具有同一性，一法条的全部内容为它法条的内容的一部分；互为交叉重合的法规竞合，即一法条的内容的一部分为它法条内容的一部分。⑨ 与此相类似的观点认为，由于法律条文之间相互重合的关系不同，法条竞合可分为二类：一是

① 参见陈庆安：《从规范关系试论法条竞合》，载《郑州大学学报》（哲学社会科学版），2008（1）。

② 参见罗翔：《法条竞合的另一种诠释》，载赵秉志主编：《刑法评论》，第4卷，89页，北京，法律出版社，2004。

③ 参见马克昌主编：《犯罪通论》，603页，武汉，武汉大学出版社，1997。

④ 参见陈兴良：《我国刑法中的法条竞合及适用》，载《法学杂志》，1986（6）。

⑤ 参见陈兴良等：《法条竞合论》，14～15页，上海，复旦大学出版社，1993。

⑥ 参见吴振兴：《罪数形态论》，162页，北京，中国检察出版社，1996。

⑦ 参见冯凡英、曹艳芝：《法条竞合新探》，载《法学评论》，1995（4）。

⑧ 参见朱飞：《论法条竞合的本质》，载《政法学刊》，2004（2）。

⑨ 参见马克昌主编：《犯罪通论》，602～609页，武汉，武汉大学出版社，1995。

无条件竞合，也叫绝对的竞合，即两个法条（甚至更多）有整体和部分的关系，这是典型的法条竞合；二是附条件竞合，也叫相对的竞合，即两个法条有交叉重合的关系，这是特殊的法条竞合。① 有论者对二类型说进行了限制。论者认为，法条间具有从属或法律规定的交叉关系时，即在存在包容与被包容的从属关系的法条之间以及法条已明确存在交叉关系或从立法目的上分析属于对同一法益呈阶段性保护的存在交叉关系的法条之间，成立法条竞合。交叉关系中的经验交叉，即法条未明示具有交叉关系，但从社会经验上看数个法条有交叉的可能，且法律也没有表明发生交叉应当如何适用的情形，应排除在法条竞合之外，此情形属于一行为侵害数法益的想象竞合。②

四类型说认为，竞合法条之间最基本的关系形态为从属关系（即前两种观点所称之包容或包含关系）和交叉关系。所谓从属关系，表现为一法条的构成要件在整体上包含了另一法条的构成要件；所谓交叉关系，表现为甲法条规定的犯罪构成的某一要件在逻辑上包含了乙法条相应的构成要件，而乙法条的另一要件又包含了甲法条与之相应的构成要件，且两法条在整体上互不从属。在此基础上，该说将从属关系进一步分为独立竞合与包容竞合，将交叉关系进一步分为交互竞合与偏一竞合。独立竞合表现为一个法条所包含的构成要件在范围上为另一法条所包括，数法条对竞合上的内容在逻辑上都可以评价。如包庇罪与包庇毒品犯罪分子罪的法条之间、盗窃罪与盗伐林木罪的法条之间，即是独立竞合关系。包容竞合则表现为一法条所包含的构成要件在内容上为另一法条构成要件包容，内涵大的法条可全面评价所竞合的内容。按照该说，杀人罪与伤害罪的法条之间、交通肇事罪与过失致人死亡罪的法条之间就是包容竞合关系。交叉关系的竞合也分为两种，即交互竞合与偏一竞合。交互竞合是指两法条交叉重合，所竞合的正是法条间交叉重合部分的情形，从形式上两法条对所竞合的内容都可以评价。如诈骗罪与招摇撞骗罪法条之间的关系即是交互竞合关系。偏一竞合则是指两法条交叉重合，具体竞合的内容超出交叉部分而偏向内涵丰富的法条的情形，只有一个法条可对行为予以全面评价。如杀人既遂罪与杀人预备的法条之间，拐卖妇女、儿童罪与拐骗儿童罪，非法搜查罪与非法侵入住宅罪的法条之间的关系，就是偏一竞合关系。③

单一类型说认为，法条竞合只有一种类型。在该说的内部，也有不同的意见：一种意见认为，一个法律条文的内容为另一个法律条文的内容所包括，即法条间存在包容关系，才可能构成法条竞合。具体地说，当一个犯罪行为同时触犯两个法律条文时，只有其中一法律条文的全部内容为另一个法律条文的内容的一部分时，才能视为法条竞合；如果某一法律条文内容的一部分为其他法律条文内容的一部分时，

---

① 参见姜伟：《法条竞合初探》，载《西北政法学院学报》，1985（4）。

② 参见罗翔：《法条竞合的另一种诠释》，载赵秉志主编：《刑法评论》，第4卷，83～89页，北京，法律出版社，2004。

③ 参见陈兴良等：《法条竞合论》，13、84～118页，上海，复旦大学出版社，1993。

不是法条竞合，而是想象竞合。① 另一种意见认为，所谓竞合的刑事法律法条，是指以同一危害行为为其所规定的犯罪构成要件的必要要件之一的两个或两个以上的刑事法律规范。所有竞合的刑事法律规范各自之间的横向关系，都是建立在为其所规范的危害行为的相同性的基础上的关系。法条竞合中不存在上述观点中所谓的独立竞合、包容竞合和偏一竞合，只有交叉关系的竞合，其竞合点就是同样的危害行为。②

6. 法条竞合的形成原因

理论上一般认为，从我国刑法的规定看，因特殊法的制定而形成的法条竞合，是基于多种特殊的事实。

第一，因犯罪主体特殊形成的法条竞合。例如，《刑法》第 378 条的战时造谣扰乱军心罪和第 433 条的战时造谣惑众罪。二者的行为都是战时造谣惑众，扰乱军心，不同的是后者的主体是现役军人，前者的主体是一般主体，前者可以包容后者。

第二，因犯罪对象特殊形成的法条竞合。例如，《刑法》第 116 条的破坏交通工具罪与第 275 条的故意毁坏财物罪的竞合，主要因为前者破坏的对象是特殊财物，即交通工具，后者是一般财物，后者可以包容前者。

第三，因犯罪目的特殊形成的法条竞合。例如，《刑法》第 363 条的制作、复制、出版、贩卖、传播淫秽物品牟利罪和第 364 条的传播淫秽物品罪、组织播放淫秽音像制品罪的竞合，主要因为前者是基于特殊的目的，即营利，后者可以是基于任何目的，后者可以包容前者。

第四，因犯罪方式或手段特殊形成的法条竞合。例如，《刑法》第 192 条的集资诈骗罪与第 266 条的诈骗罪的竞合，主要因为前者是用特殊的方式诈骗，即非法集资，后者可以用各种欺骗手段，后者可以包容前者。

第五，因犯罪时间特殊形成的法条竞合。例如，《刑法》第 424 条的临阵脱逃罪与第 435 条的逃离部队罪的竞合，主要因为前者犯罪的时间是“战时”，后者可以在任何时间，后者可以包容前者。

第六，因数个特殊要件形成的法条竞合。例如，《刑法》第 438 条的盗窃武器装备、军用物资罪与第 264 条的盗窃罪形成竞合，是因为前者的主体是特殊主体，即现役军人，犯罪对象是特殊财物，即武器装备和军用物资，而后者的主体是一般主体，犯罪对象是一般财物，后者可以包容前者。③

7. 法条竞合犯的法条适用原则

对此，目前理论上主要有以下几种观点。

---

① 参见马克昌：《想象的数罪与法规竞合》，载《法学》，1982(1)；王勇：《定罪导论》，163 页，北京，中国人民大学出版社，1990。

② 参见魏琼：《论刑事法律规范的竞合》，载《中国刑事法杂志》，1999 (2)。

③ 参见高铭暄、马克昌《刑法学》（下编），582～583 页，北京，中国法制出版社，1999；赵秉志主编：《刑法新教程》，446 页，北京，中国人民大学出版社，2001。

第一种观点是我国刑法学界的主流观点，认为在法条竞合的情况下适用法律，应遵循以下原则。①特殊法优于一般法的原则。在特殊法与一般法竞合时，一般应实行特殊法优于一般法的原则。因为，正是由于某种行为具有某一方面事实的特殊性，侵犯某一特定的社会关系，立法者才将其制定为特殊法，以别于一般法，并且与其特殊的危害性相适应，规定或重或轻或相同的刑罚。例如，现役军人的某一行为既符合刑法分则第 10 章军人违反职责罪的某一条文，也符合刑法分则其他的条文，那么，就应适用军人违反职责罪的条文处理。因为军人违反职责罪的设立，旨在表明立法者对这类犯罪的特别关注，因此，对于军人违反职责的犯罪行为，即使符合其他普通条文的规定，也不能适用普通条文处理。②重法优于轻法的原则。对特殊法与一般法竞合，在法律有特别规定时，可以实行重法优于轻法的原则，即适用一般法。例如，刑法分则第 3 章第 1 节第 149 条第 2 款规定：生产、销售本节第 141 条至第 148 条所列产品，构成各该条规定的犯罪，同时又构成本节第 140 条规定之罪的，依照处罚较重的规定定罪处罚。由于第 140 条是关于生产、销售一般伪劣产品犯罪的规定，第 141 条至第 148 条是关于生产、销售特定伪劣产品犯罪的规定，因此，上述规定打破了特殊法优于一般法的原则，体现的是重法优于轻法的原则。①

第二种观点认为，对法条竞合情况下的法条选择的问题，应该本着以下原则。①特殊法优于一般法的原则。这一原则适用于以下几种情况：一行为同时符合不同法律的条文，而其中一部法律是普通法，另一部法律是特别法；一行为同时符合同一法律中的不同条文，而该法律中的相关条文明确指出适用特殊规定处理；一行为同时符合同一法律中的不同条文，相关条文虽没有明确规定适用特殊规定处理，通常也应适用特别法，即在适用特殊规定处理是立法原意所在或者适用特殊规定并不明显违背罪责刑相适应原则的情况下，应适用特别法。②重法优于轻法的原则。这一原则适用于以下两种情况：一行为同时符合同一法律中的不同条文，相关条文明确规定按处罚较重的条文处理；一行为同时符合同一法律中的不同条文，相关条文虽没有明确规定适用特殊规定处理，但适用处罚较轻的条文明显背离了罪责刑相适应原则。② 有论者虽然也主张对法条竞合适用上述两个原则处理，但对重法优于轻法原则的适用附加了限制条件。论者认为，从我国刑法的规定来看，许多特别条款规定的犯罪并不轻，但其法定刑轻于普通条款的法定刑。如果绝对地采取特别法优于普通法的原则定罪量刑，则会造成罪刑不均衡的现象。在这种情况下，只要刑法没有禁止适用重法，或者说只要刑法没有指明适用轻法，为了贯彻罪刑相适应的基本原则，就应按照重法优于轻法的原则定罪量刑。③

第三种观点认为，针对不同类型的法条竞合，应当确定不同的法条适用原则。

---

① 参见高铭暄、马克昌主编：《刑法学》（下编），583～584 页，北京，中国法制出版社，1999；赵秉志主编：《刑法新教程》，447～448 页，北京，中国人民大学出版社，2001。

② 参见李希慧主编：《刑法各论》，17～18 页，北京，中国人民大学出版社，2007。

③ 参见张明楷：《刑法学》（下），538 页，北京，法律出版社，1997。

①在实害法与危险法竞合的情况下，应根据实害法优于危险法的原则，适用实害法，而排除危险法；②在基本法与补充法竞合的情况下，应根据基本法优于补充法的原则，适用基本法，而排除补充法；③在特别法和普通法竞合的情况下，应根据特别法优于普通法的原则，适用特别法，而排除普通法；④在法条交叉的情况下，应根据复杂法优于简单法的原则，适用复杂法，而排除简单法；⑤在特殊情况下，即当适用特别法或复杂法（轻法）不能做到罪刑相适应的情况下，可以适用普通法或简单法（重法）。重法优于轻法是上述法条竞合适用法条基本原则的必不可少的补充原则。①

第四种观点认为，同一犯罪构成的不同形态之间是不存在法条竞合关系的，因而所谓竞合之间的实害法和危险法竞合、基本法和补充法竞合（或主要条款和补充条款）等竞合类型本身并不存在，所谓实害法优于危险法、基本法优于补充法（或主要条款优于补充条款）的法条竞合适用原则，也无从谈起。另外，所谓存在吸收关系的法条之竞合，实为吸收犯形态，因为这种情况下行为人具有数行为，而数行为成立的数罪之法条间并无必然的重合与交叉关系，故不成立法条竞合犯。从科学性的角度出发，在法条竞合的情形下，“特别法优于普通法”、“复杂法优于简单法”是法条适用的原则，“重法优于轻法”不应作为法条竞合适用的主要原则或者补充原则。既然一个行为同时符合特别法和普通法、或同时符合复杂法和简单法，而特别法和复杂法又是立法者设置了更为特别或复杂的构成要件的法条，给予了更多的不法内涵评价，那么对行为就应当适用所规定构成要件更为复杂、不法内涵更为丰富的法条，否则，立法者设置特别法和复杂法还有什么意义呢？在罪刑无法实现相适应时采用重法优于轻法的原则，只是在表面上不违背罪刑法定原则，但是在实质上，这种司法运作是与罪刑法定原则的要求格格不入的。因为立法者既然设立具有特别与普通关系或复杂与简单关系的法条，就应当考虑到与构成要件设置相协调的法定刑合理设置问题，出现特别法（复杂法）所定法定刑比普通法（简单法）所定法定刑轻的不合理现象，应由立法者负责，立法中的不合理设置，也应通过立法途径来解决，而不能由司法越俎代庖、违背刑法的法治精神反常地适用法条、确定罪名，否则，也只能是以“不当罪名评价”的代价换得对犯罪人的所谓适当的刑罚。就微观而论，确立生产、销售伪劣商品犯罪中法条竞合的“重法优于轻法”原则，有利于弥补特别法条优于普通法条原则的不足，但从全局考虑，刑事立法中今后不宜以这种方式对法条竞合犯的定罪处刑作规定，而应当通过更合理的罪刑结构方式的设置来避免刑罚的倒置。因为，确立一个“重法优于轻法”的司法适用原则，实为求司法实践一时之用，而破坏立法与司法的协调发展之举。②

第五种观点主张根据法条竞合的四种类型来确定相应的适用原则：对于独立竞合，适用特别法优于一般法原则；对于包容竞合，适用全部法优于部分法原则；对

① 参见陈兴良：《当代中国刑法新理念》，478～480页，北京，中国政法大学出版社，1996。

② 参见肖中华：《也论法条竞合犯》，载《法律科学》，2000（5）。

于交互竞合，适用重法优于轻法原则；对于偏一竞合，适用基本法优于补充法原则。①

第六种观点认为，不同法律间的法条竞合时，应严格适用特别法优先原则；同一法律的法条竞合时，可分为从属竞合和交叉竞合，对前者适用特别法条优先原则，对后者适用全面法优先原则。当特别法条、全面法条不能做到罚当其罪时，适用重法优先原则，法律如有特殊规定的，依规定。②

第七种观点认为，在重合关系的法条竞合形态下，应当适用"特别法优于一般法"或"特殊法优于普通法"的处理原则。在交叉关系的法条竞合形态下，应当适用"复杂法优于简单法"的处理原则。论者反对将"重法优于轻法"作为法条竞合的适用原则。论者认为，在法律没有规定的情况下，仅仅因为适用特别法不能做到罪刑相适应，就以"重法优于轻法"原则来取代"特别法优于一般法"原则或"复杂法优于简单法"原则，是违背罪刑法定原则的。③

第八种观点认为，应当排除特别法优于普通法作为法条竞合的适用原则；重法优于轻法原则由于有悖罪刑法定主义，且与刑罚的谦抑性相违背，也应予以排除；应当将轻法优于重法作为法条竞合的适用原则。论者指出，首先，在法条竞合的情况下，普通法与特别法的关系只存在于竞合法条之间是从属关系以及部分交叉关系的场合，而在其他具有交叉关系的法条之间很难判定哪一个是普通法，哪一个是特别法，特别法优于普通法的原则也就无从谈起。其次，当特别法优于普通法、重法优于轻法同时作为法条竞合的原则予以适用时，势必发生原则本身之间的竞合。特别法优于普通法不作为法条竞合的原则，并不代表发生特别法与普通法竞合时司法将无所适从。刑事立法对某一犯罪行为在普通法已有规定的情况下，又通过特别法予以再次规定，意味着已将普通法规定的普通性中的某一现象独立出来，成为一种例外。特别法与普通法的关系一目了然；在发生二者竞合时，直接依照法律的特别规定处理即可。最后，法条竞合实质是刑法规范的竞合，而规范作为一种价值形式，其选择适用首先取决于规范体系的总的精神，而体现刑法总的精神的灵魂是罪刑法定主义。从这个意义上讲，对法条竞合适用重法优于轻法原则，违反了罪刑法定原则。而轻法优于重法作为法条竞合的适用原则，既符合罪刑法定主义的要求，又符合刑罚轻缓化的世界趋势。④

第九种观点认为，对于从属关系的法条竞合，从外延分析，应以特殊法优于普通法原则处理，而从内涵分析，则应适用全部法优于部分法的原则，但从处理结果上讲，二者是殊途同归的；对于交叉关系的法条竞合，若属法律明示的交叉，则按

① 参见陈兴良：《刑法适用总论》（下卷），746页，北京，法律出版社，1999。

② 参见孙杨：《试论刑法中的法条竞合》，载《消费导刊》，2008（1）。

③ 参见楼伯坤主编：《刑法学》，300页，杭州，浙江大学出版社，2007。

④ 参见刘远、张新玲：《论法条竞合》，载齐延平主编：《山东大学法律评论》，60～64页，济南，山东人民出版社，2004。

照明示的法律规定来处理，而若属法律暗示的交叉，则按高度行为吸收低度行为的原则来处理。①

三、整体评论

在对自1978年至2008年我国刑法学界关于刑法各论基本问题的研究观点进行综述之后，我们试作出以下简要的评论。

（一）刑法各论基本问题研究的成就

对刑法各论基本问题的研究，既对刑法总论问题研究的深入发展起到了明显的推动作用，也对刑法分则中具体犯罪的认定与处罚起到了积极的指导作用，其意义是重大的。

一方面，由于刑法总论与刑法各论之间具有指导与被指导的关系，当在刑法各论基本问题研究中出现了某些突破时，必然要求刑法总论作出回应。比如，在刑法各论基本问题的研究中对于法定刑中的绝对确定的法定刑的利弊得失进行全面权衡之后，在刑法总论研究中对于我国死刑立法中的绝对确定的死刑的规定之弊端，就自然会有清醒的认识。而对于刑法各论基本问题的研究中暂未涉及的问题，则有赖于刑法总论开展相应的研究。比如，在法条竞合尚未在刑法各论基本问题的研究中取得一席之地时，不少论者已将其作为刑法总论的问题加以探讨。

另一方面，由于对刑法各论基本问题的研究涉及刑法各论中的共性问题，科学的研究成果的问世必然会对刑法分则中具体犯罪的认定与处罚产生积极的影响。比如，对法条竞合的深入研究，就大大促进了对具体犯罪认定时所面临的法条选择问题的解决。对刑法分则具体犯罪的设立模式的研究，就有助于《刑法》第239条“杀害被绑架人”司法认定时所面临的疑难问题的合理解决。关于“杀害被绑架人”，在司法认定中存在着两种不同的观点。一种观点认为，就其实质而言，“杀害被绑架人”就是故意杀人的行为；② 另一种观点则认为，“杀害被绑架人”仅限于杀害被绑架人既遂，而不包括未造成被绑架人死亡结果的故意杀人行为。③ 而如果承认刑法分则条文是以犯罪既遂为标本进行设定的，将《刑法》第239条所规定的“杀害被绑架人”理解为故意杀人既遂，便是顺理成章的认识结果。

（二）刑法各论基本问题研究的不足

在对刑法各论基本问题的研究中所取得的成就予以充分肯定的同时，我们也应该清醒地认识到，30年间，在刑法各论中，我国刑法学界对类罪与个罪的研究表现

---

① 参见罗翔：《法条竞合的另一种诠释》，载赵秉志主编：《刑法评论》，第4卷，89～90页，北京，法律出版社，2004。

② 参见曾亚杰：《如何理解“杀害被绑架人”》，载《人民法院报》，2004-09-20。

③ 参见宋翔、张太范：《“杀害被绑架人”不等于故意杀人行为》，载《人民法院报》，2005-03-23。

出很高的热情，而对于罪名、罪状、法定刑、法条竞合等带有共性的刑法各论基本问题，则未给予充分的关注。这对类罪与个罪研究的深入构成了极大的阻碍。直到2000年后，关于罪名、罪状、法定刑的专题研究著作陆续问世，这种状况才有所改观。但是，与迄今在常见、多发个罪的研究中所取得的丰硕成果相比，刑法学界对刑法各论基本问题的研究就要逊色很多。我们认为，刑法各论中重常见、多发个罪的研究而轻刑法各论基本问题研究的状况亟待从根本上得到改观。

第二章

恐怖主义犯罪

一、研究概况

恐怖主义犯罪是当前国际社会关注的焦点问题之一。与国外对恐怖主义犯罪的研究相比，我国刑法学界对该问题的研究起步较晚。根据目前资料，自 1978 年至 2008 年，我国刑法学界对恐怖主义犯罪的研究呈现出以下几个时期。

第一，1997 年《刑法》颁行前的萌芽时期。这一时期，刑法学界对恐怖主义犯罪的研究长期处在空白状态，研究成果屈指可数。尽管理论上对恐怖主义犯罪有了初步关注，但大都并非立足于刑法学的视角。根据中国期刊网提供的资料，较早从刑法学角度探究恐怖主义犯罪相关问题的论文是孙万怀、沈伟的《国际恐怖主义犯罪和我国刑事法的补足》（载《河北法学》1996 年第 5 期）。

第二，自 1997 年《刑法》颁行后至 2001 年“9·11”事件前的发展时期。1997 年《刑法》在保留《关于惩治劫持航空器犯罪分子的决定》中的劫持航空器罪的基础上，增加了组织、领导、参加恐怖组织罪。立法的规定在一定程度上推动了刑法学界对恐怖主义犯罪的研究。这一时期，研究恐怖主义犯罪的论文接近 200 篇，大多是对国际恐怖主义犯罪的一般性介绍，而且大都立足于政治学、社会学角度来探讨，从法律层面研究恐怖主义犯罪的成果则较少，其中有代表性的论文是：钊作俊的《试论组织、领导、参加恐怖活动组织罪》（载《法学评论》1998 年第 1 期）；陈家林的《“恐怖活动组织”界定问题初探》（载《法律科学》1998 年第 2 期）；刘凌梅的《国际反恐怖犯罪与我国刑事立法》（载《法学评论》2001年第2期）等。

第三，2001年的“9·11”事件后至今的繁荣时期。为严厉打击恐怖活动犯罪，全国人大常委会于2001年12月29日通过了《中华人民共和国刑法修正案（三）》。《刑法修正案（三）》的出台，将刑法学界对恐怖主义犯罪的研究带入一个全新的阶段，研究成果呈现井喷之势。其中，特别值得一提的是，立足于刑法学角度探讨恐怖主义犯罪的专题著作（赵秉志主编的由中国人民公安大学出版社于2007年出版的《中国反恐立法专论》、阮传胜所著的由北京大学出版社于2007年出版的《恐怖主义犯罪研究》、王燕飞所著的由中国人民公安大学出版社于2007年出版的《恐怖主义犯罪立法比较研究》）在这一时期问世。这标志着刑法学界对恐怖主义犯罪的研究已达到了一个新的高度。

二、观点综述

（一）恐怖主义犯罪的概念

1. 关于“恐怖主义”的词语来源问题

关于“恐怖主义”一词的来源，论者较为一致的意见是来源于法语。如有论者指出，“恐怖主义”（terrorism）是18世纪后从法语“terreur”一词演变而来的。①有论者认为，从词源学的角度考察，“恐怖主义（terrorism）”源于法语“terrorisme”。就“恐怖主义”的实际内涵与外延而言，其是一个内容不断演进的概念。现代意义上的“恐怖主义”有三项基本含义：①专指18世纪法国大革命中的雅各宾派执政时期（1793－1794年）对反对派实行的暴力专政，这是该词的最原始含义；②泛指国家纯粹依赖暴力来维持政权的统治方式，即今天人们所说的国家恐怖主义，这种意义的恐怖主义是该词原始意义的自然延伸；③自1934年法国外交部长巴都和南斯拉夫国王亚历山大一世在巴黎被纳粹匪徒暗杀以来，恐怖主义的主体开始由掌握政权的国家机关向进行地下活动的组织或个人转移。法律用语中的“恐怖主义”，也开始指那些由非国家的组织或个人通过制造社会恐怖来实现某种社会目的的行为方式。②

至于“Terrorism”一词的含义究竟如何，论者在认识上则有分歧。有论者指出英文中“Terrorism”的含义为恐怖主义、恐怖分子与恐怖行为。③ 也有论者通过对类似于“Terrorism”的英语词语的构词法的比较考察和英语文献中对“Terrorism”的解释的介绍，批评把“Terrorism”译成“恐怖主义”是一种见到“-ism”后缀就会条件反射地翻译成“主义”的“懒汉翻译”，认为“Terrorism”乃法律概念，应

① 参见王秀梅：《论恐怖主义犯罪的惩治及我国立法的发展完善》，载《中国法学》，2002（3）。
② 参见陈忠林：《我国刑法中“恐怖活动犯罪”的认定》，载《现代法学》，2002（5）。
③ 参见王大伟：《对恐怖主义定义的困惑》，载《中国人民公安大学学报》，2002（3）。

译为“恐怖行为”。①

2. **关于几个概念的区别问题**

“恐怖主义”、“恐怖活动”、“恐怖主义活动”、“恐怖行为”、“恐怖主义犯罪”、“国际恐怖主义”等是学界研究恐怖主义犯罪概念时经常提到的术语。对于这几个概念，有论者将其等同起来。论者指出，“恐怖活动”、“恐怖行为”、“恐怖主义活动”、“恐怖主义犯罪”、“国际恐怖主义犯罪”这几个语词组成的概念，尽管在语义上有所区别，但是在刑法学上应当可以被视为同一概念，即将恐怖主义行为视为一种应当在国际法上予以犯罪化的严重国际不法行为——国际犯罪。因为，在上述词组中，尽管基本语义上有所区别，但是这种区别并不妨碍将概念的“规范”意义同一化，即以不同的词组表达相同的规范概念。而且，在刑法规范意义上，“恐怖犯罪”或“恐怖活动”应当理解为一种体现恐怖主义犯罪所具有的恐怖性的类罪。② 还有论者明确指出，恐怖活动，又称恐怖行为、恐怖主义等。③

与此相反，许多论者主张将上述概念予以区分。有论者认为，应将“恐怖主义”和“恐怖主义活动”进行区分。两者是两个既相互联系又相互区别的概念。恐怖主义是一种宣扬可以通过使用暴力（包括劫持人质或交通工具、暗杀、爆炸、纵火、投毒、使用武器等）或威胁使用暴力等破坏手段的方式，制造社会恐慌来达到某种政治目的或社会目的的主张或理论；恐怖主义活动则是有预谋、有组织地使用或威胁使用暴力等破坏手段，制造社会恐慌来达到某种政治或社会目的的犯罪行为。前者属于理论范畴，后者属于实践范畴。“如果不将作为理论形态的‘恐怖主义’与作为实践形态的‘恐怖主义活动’加以区分，就无法说明恐怖主义理论对恐怖主义活动的催发作用。‘恐怖主义’产生的根源与‘恐怖主义活动’产生的根源在某些方面可能会有交叉，但不应将两者等同。”④ 有论者指出，“恐怖活动”的外延比“恐怖主义”要宽泛，前者是后者的属概念，“恐怖主义”是“恐怖活动”的一个基本类别，两者的区别在于“恐怖主义”有政治信仰并受制于严密的组织结构，而“恐怖活动”除包括基于政治目的的“恐怖主义”外，还包括那些属于非政治性的具有暴力特征的刑事犯罪活动。⑤ 还有论者认为，恐怖行为较之恐怖主义犯罪的范围稍大。在普遍奉行罪刑法定原则的今天，恐怖行为是实质意义上的概念，表现的是社会危害性；而恐怖主义犯罪则是形式意义上的概念，是以法定性及规范确认为前提的。⑥

① 参见陈忠诚：《读书杂感：“恐怖主义”乃“懒汉”翻译论》，载官本欣主编：《法学家茶座》，第1辑，154～156页，济南，山东人民出版社，2002。

② 参见阮传胜：《恐怖主义犯罪研究》，37～38页，华东政法学院2005年博士学位论文。

③ 参见于志刚主编：《热点犯罪法律疑难问题解析》，第1集，258页，北京，中国人民公安大学出版社，2001；高一飞：《有组织犯罪问题专论》，32页，北京，中国政法大学出版社，2000。

④ 杨明杰：《恐怖主义根源探析》，载《现代国际关系》，2002（1）。

⑤ 参见王树友：《恐怖主义概念体系研究》，载《武警学院学报》，2002（6）。

⑥ 参见陈忠林、张有胜：《恐怖主义犯罪论略》，载《政法论丛》，2002（6）。

另有论者以上述概念中“恐怖”之外的元素作为切入点进行了分析。论者认为，主义是一种思想体系和信念，“恐怖主义”是一种植根于某一信仰基础之上的世界观或意识形态；“恐怖主义行为”与恐怖主义紧密相关，是恐怖主义的表现形式；“恐怖主义犯罪”则主要是一个犯罪学概念，是在恐怖主义理念支配下实施的犯罪；而“恐怖犯罪”则无论实施恐怖行为主体的动机和目的如何，只要恐怖行为损害了法律所保护的权益，违反了刑事法律的规定，具备了犯罪的条件即可构成。① 还有论者指出，恐怖主义犯罪和恐怖犯罪具有许多共同之处：例如，在犯罪手段上，两者均以暴力性为主要特征；其犯罪行为的实施，往往都会造成不特定的人身、财产损失，引起社会震荡和不安，具有一定的恐怖性；两者都不是一个具体罪名，而是都属于类罪名。因而长期以来，恐怖主义犯罪与恐怖犯罪被人们不加区别地使用，即使在刑事立法上，两个概念也是相互代替使用的。实际上，恐怖主义犯罪与恐怖犯罪无论在内涵还是外延上，均有很大的不同。② 关于“恐怖主义犯罪”和“恐怖活动犯罪”的关系，有论者认为，二者并不是同义语，它们之间有联系，但又有所区别。恐怖主义犯罪属于国际犯罪的范畴，恐怖活动犯罪则属于国内犯罪的范畴。虽然全国人大常委会颁布的《刑法修正案（三）》所称的恐怖活动犯罪主要源于有关国际公约，但将其转换为国内立法，则需根据我国的具体情况而定，各国对恐怖活动犯罪的规定亦是如此。③

3. 关于恐怖主义犯罪概念的界定

对此，国外学界早已做了较为详尽的探讨，但并未取得一致的认识。仅在 1981 年之前，西方理论界有影响的关于恐怖主义犯罪定义的代表性主张就有 109 种之多。④ 在国外既有研究成果的影响下，我国学界也至少存在几十种有关恐怖主义犯罪的定义。其中，从刑法学层面界定恐怖主义犯罪概念的有代表性的观点如下。

第一，恐怖活动犯罪是指个人或单位基于意识形态方面的政治目的，针对不特定对象或某些具有政治、民族、宗教等象征意义的特定对象，以足以引起极大的社会恐慌的手段实施的危害行为。⑤

第二，恐怖主义犯罪是指直接反对一个国家而其目的和性质是在个别人士、个人团体或公众中制造恐怖的犯罪行为。⑥

第三，恐怖主义犯罪是由刑法规定的，由恐怖主义组织或个人实施的，旨在引起社会恐怖气氛，危害国家安全或公共安全以及社会管理秩序的暴力或其他破坏行

---

① 参见李希慧、童伟华：《恐怖主义犯罪及其惩治》，载张智辉主编：《国际刑法问题研究（2002）》（《刑法问题与争鸣》特刊），72～73 页，北京，中国方正出版社，2002。

② 参见田宏杰：《恐怖主义犯罪的界定》，载《法律科学》，2003（6）。

③ 参见李恩慈：《论恐怖活动犯罪的概念及其本质》，载《中国人民公安大学学报》，2004（2）。

④ 参见胡联合：《当代世界恐怖主义与对策》，16 页，北京，东方出版社，2001。

⑤ 参见高铭暄、张杰：《我国刑法中“恐怖活动犯罪”定义的思考》，载《法学杂志》，2006（5）。

⑥ 参见陈兴良：《刑法疏议》，233 页，北京，中国人民大学出版社，1997。

为，以及为进行恐怖主义犯罪而实施的组织、预备行为或其他相关行为。①

第四，恐怖主义犯罪，是指对特定目标的不确定公众及财物使用爆炸、杀人或者其他危险行为，或威胁使用上述手段制造社会恐怖气氛，以实现政治、宗教或者其他社会目的的行为。但是，个人实施的恐怖活动不是恐怖主义犯罪。②

第五，恐怖主义犯罪，是指为实现一定的政治目的，通过暴力或暴力威胁以及其他非暴力手段制造社会恐怖，侵害他人生命、财产的犯罪行为。③

第六，恐怖主义犯罪，是指个人、组织、集团或国家为实现非法目的，用放火、爆炸、暗杀、绑架等恐怖手段，对特定目标而实施给社会、民众造成严重后果的一种犯罪。④

第七，恐怖活动犯罪，是指组织或个人，基于某种社会原因的性质和背景，为了恐吓居民、破坏公共安全或强制政权机关或国际组织以实施或不实施某种行为，采用极端手段，制造恐怖事件，殃及无辜平民，危害公共安全、人身安全以及公共秩序的行为。⑤

第八，恐怖主义犯罪，是指任何个人、团体、组织为制造社会恐慌，有组织、有预谋地使用胁迫手段或危险方法随意危害不特定多数人的生命、健康、财产安全的行为。⑥

4. 对恐怖主义犯罪概念界定方式的评价

概念是反映对象特有属性或者本质属性的思维形式，是认识事物的常用手段之一。对于恐怖主义犯罪的概念。一般的讲，研究恐怖主义犯罪的著述都给出了一个自认为恰当的定义。但是，也有论者反对这种做法。如有论者认为，国际社会到目前为止签署的打击恐怖主义犯罪的国际公约都只是列举一些具体的恐怖主义犯罪行为，而没有对恐怖主义犯罪的定义作统一规定。这样做，是为了建立和加强各国在反恐怖主义斗争中的合作，使恐怖主义犯罪受到应有的惩处。由于一扯到“恐怖主义”概念，各种基于政治观念的解释就使人陷入分歧之中，因而各国在开创对恐怖主义犯罪的“非政治化”进程时，宁愿先不去探究恐怖主义的定义，而是以列举的方式，指出应予以共同打击的恐怖主义犯罪的罪状。⑦ 有论者赞同该观点，认为国际恐怖主义犯罪并非由某种单一性质的实施行为构成，而是一种具有共性特征的暴力行为的集合体。因此，不能简单地就其中某一行为特征片面概括界定恐怖主义犯

---

① 参见童伟华：《论恐怖主义犯罪的界定》，载《甘肃政法学院学报》，2002（4）。

② 参见田宏杰：《恐怖主义犯罪的界定》，载《法律科学》，2003（6）。

③ 参见喻义东：《论恐怖主义犯罪在刑法分则中的地位》，载《法学》，2005（2）。

④ 参见王立民：《反恐立法述评》，载《犯罪研究》，2003（1）。

⑤ 参见李恩慈：《论恐怖活动犯罪的概念及其本质》，载《中国人民公安大学学报》，2004（2）。

⑥ 参见陈蕾：《恐怖主义犯罪的刑法学概念》，载《江苏警官学院学报》，2004（1）。

⑦ 参见黄风：《引渡制度》（增订本），185～186页，北京，法律出版社，1997。

罪的内涵，采用列举的表述方式更能直接触及恐怖主义犯罪的本质内容。①

（二）恐怖主义犯罪的构成要件

1. 恐怖主义犯罪的主体

关于恐怖主义犯罪的主体，有以下四种观点。

第一种观点认为，恐怖主义犯罪的主体可以是个人、组织甚至包括国家。这是多数论者的观点。② 如有论者认为，恐怖主义的主体，即恐怖主义的策划者和实行者。恐怖主义的主体应当包括个人、集团和国家。在实践中，个人成为恐怖主义的主体很少，大量的主体是集团，即各种各样的恐怖主义组织，它们的种类繁多，危害很大，而且有的组织背后还有国家的支持。卷入恐怖主义的国家过去和现在都有，有的国家直接实施恐怖主义，有的国家只是通过暗中指使、支持、帮助恐怖主义组织来实现自己的政治目的。③ 有论者主张，恐怖主义行为是由具有行为能力的主体实施的，该行为主体既可以是个人，也可以是团体、组织，甚至是国家。当然，恐怖主义犯罪主体以组织和团体居多。④ 还有的论者指出，由于传统刑法理论认为，国际犯罪以个人犯罪为基础，国际犯罪刑事责任以个人刑事责任为基本原则，因而国际反恐公约在规定犯罪主体时，一直没有涉及国家。不过，这一传统理论近年来屡屡受到质疑。如巴西奥尼在其负责起草的《国际刑法典草案》中，将国际犯罪刑事责任分为个人的刑事责任和国家的刑事责任，明确指出国家应当承担国际犯罪刑事责任。1991 年，联合国国际法委员会起草的《恐怖主义条款法典草案》指出：恐怖主义包括“作为一国的机构或代表承担、组织、帮助、资助、鼓励、容忍反对另一国家的行为，该行为直接针对他人或财产，并赞成该国公众心目中的恐怖气氛……”这一规定明确适用对象是指国家的机构或者代表，无疑已经点明国家恐怖主义问题。⑤ 就国家能否作为恐怖主义犯罪主体的问题，有论者还进行了专门论述。论者指出，恐怖主义主体是否包含国家的问题是困惑恐怖主义法律定义的一个现实障碍。对此问题，发展中国家与西方发达国家认识不一。从历史看，国家恐怖主义是个人或组织团体恐怖主义的根源，而且国家恐怖主义的危害与当量是个人及团体恐怖主义所无法比拟的；学者的学说、国家和联合国内的反国家恐怖主义的努力也说明了国家恐怖主义犯罪的存在；国家的恐怖主义刑事责任追究可依公约以特殊方式进行；国际关系与国际政治行为的民主化与文明化，也要求坚持公理、正义与法律，要求反国家恐怖主义。⑥

第二种观点认为，恐怖主义犯罪的主体只能是个人或者国家以外的组织，而国

---

① 参见赵秉志、王秀梅：《国际恐怖主义犯罪及其惩治理念》，载《江海学刊》，2002 (4)。
② 参见金宜久、吴云贵：《伊斯兰与国际热点》，713 页，北京，东方出版社，2001。
③ 参见何秉松、廖斌：《恐怖主义概念比较研究》，载《比较法研究》，2003 (4)。
④ 参见童伟华：《论恐怖主义犯罪的界定》，载《甘肃政法学院学报》，2002 (4)。
⑤ 参见田宏杰：《恐怖主义犯罪的界定》，载《法律科学》，2003 (6)。
⑥ 参见王国飞：《析国家作为恐怖主义的主体问题》，载《法律科学》，2004 (3)。

家不能成为恐怖主义犯罪的主体。①

第三种观点认为，恐怖主义犯罪的主体只能是组织、团体，个人不是恐怖主义犯罪的主体。② 如有论者认为，“主义”应是指一种系统的、持续的和有组织的行为。在这个意义上，恐怖主义实际上与“恐怖的体系”（a system of terror）是相对应的，而“system”无疑有“制度”、“组织”等含义。据此，个人不是恐怖主义犯罪的主体，孤立的个人行动，即使是带有政治性的恐怖活动，也不能视为恐怖主义犯罪，至多只能称为恐怖犯罪。③

第四种观点认为，恐怖活动犯罪的主体是个人或单位。在恐怖活动犯罪中，个人所具有的某种身份，如是否是民族激进分子、是否属于某些恐怖活动组织的成员等，常常可以辅助性地印证行为人主观上是否具有某种意识形态方面的政治目的。但特殊身份并不是个人构成恐怖活动犯罪的必要条件；行为人即使不具有某种特殊身份，也同样可以成立恐怖活动犯罪。相反，立足于国内刑法的角度，我国刑法从来也不可能将国家界定为一种犯罪的主体。因而，一些学者所讨论的国家能否成为国际恐怖主义犯罪主体的问题，在我国国内刑法视域中，不成为问题。结合刑法分则的规定看，《刑法修正案（三）》已对一些典型的恐怖活动犯罪如资助恐怖活动罪规定了单位负刑事责任的情形。因此，立足于我国现行刑法的规定，单位可以成为恐怖活动犯罪的主体。当然，如果某些已经被我国政府或国际社会宣布为恐怖组织、邪教组织的“单位”，以“单位”名义，出于“单位”利益实施恐怖活动犯罪，则不能认为成立单位犯罪，只能作为有组织犯罪或犯罪集团追究相关个人的刑事责任。④

2. 恐怖主义犯罪的主观方面

（1）恐怖主义犯罪的目的问题

对于恐怖主义犯罪是否需要具有特定的目的，以及在具有特定目的的情况下，其目的内容是什么的问题，理论上有较大分歧。多数论者认为恐怖主义犯罪具备特定的目的。但也有论者认为，恐怖主义对主观目的并无特别要求。⑤

关于恐怖主义犯罪的目的的内容问题，比较有代表性的观点如下。

第一种观点认为，恐怖主义犯罪必须基于特定的政治目的。如有论者认为，政治性是恐怖主义犯罪的本质特征。恐怖主义虽日益受到国际社会的广泛关注，但还尚未严重到对其采取非政治化的绝对性原则的程度。在当今的历史条件下，如果否认恐怖主义犯罪的政治性，势必模糊恐怖主义犯罪与恐怖犯罪的界限，这既不利于

---

① 参见黄肇炯：《国际刑法概论》，166页，成都，四川大学出版社，1992。

② 参见刘华：《当代恐怖主义犯罪研究》，载陈兴良主编：《刑事法评论》，第12卷，586页，北京，中国政法大学出版社，2003。

③ 参见田宏杰：《恐怖主义犯罪的界定》，载《法律科学》，2003（6）。

④ 参见高铭暄、张杰：《关于我国刑法中“恐怖活动犯罪”定义的思考》，载《法学杂志》，2006（5）。

⑤ 参见王秀梅：《论恐怖主义犯罪的惩治及我国立法的发展与完善》，载《中国法学》，2002(3)。

打击真正的恐怖主义犯罪，也不利于保护人权。恐怖主义犯罪的目标可以分为具体犯罪目标、制造社会恐怖目标、实现政治目的三个层次。① 有论者指出，对恐怖活动犯罪的目的，必须结合《刑法修正案（三）》通过的宏观立法背景和整个刑法体系协调的微观立法结构进行思考。而立足这两个方面，恐怖活动犯罪必须具有特定的犯罪目的，并且，这种犯罪目的应当是一种意识形态方面的政治目的。②

第二种观点认为，恐怖主义犯罪的目的实际上包括两个层面：一是直接目的，即制造社会恐怖；二是终极目的，即通过制造社会恐怖实现其政治、宗教或者其他社会目的。从目前活跃于世界各地的形形色色的恐怖活动组织所实施的恐怖主义犯罪来看，可以说没有哪一个恐怖活动组织所实施的恐怖主义犯罪不是具有某种政治目的、宗教目的或者其他社会目的的。但无论是政治目的、宗教目的抑或其他社会目的，都是通过恐怖活动，在社会上制造恐怖气氛来实现的。尽管恐怖主义犯罪在人们的传统意识中带有很强的政治性色彩，其在某种程度上，已几乎成为一个纯粹的政治学术语，但当今国际社会对恐怖主义犯罪的评价越来越呈现出"非政治化"的趋势。③ 与此类似的观点认为，恐怖主义以制造社会恐慌，进而实现政治、民族、宗教等社会要求为目的。随着社会的发展，环境、生物等新型恐怖主义层出不穷，淡化其政治性已是大势所趋，恐怖主义正是通过制造社会恐慌来恐吓公众、要挟政府，以实现深层次的政治、民族、宗教等社会要求。④

第三种观点认为，"制造社会恐怖"是所有恐怖活动犯罪都共同追求的犯罪目的。这里所谓"社会恐怖"，是指由恐怖活动犯罪所造成的，在犯罪行为直接受害人以外的一般社会公众中普遍存在的，以严重担心、害怕类似的犯罪会继续发生为主要内容的恐怖心理。恐怖活动犯罪这种特有的"制造社会恐怖的目的"，意味着恐怖活动犯罪主观要件的内容不像一般刑事犯罪那样，仅以行为人希望或放任被害人的人身或重大公私财产安全的实际侵害或威胁为限，而必须以追求这种实际侵害或威胁造成的社会恐怖效果为内容。⑤

第四种观点认为，国际恐怖主义犯罪具有政治目的，而国内刑法上的恐怖主义犯罪，主要是以是否引起人们严重的普遍恐惧，是否恐吓、要挟社会为特质性标准进行区分的，因而是不以政治目的为必要条件的。换言之，有政治目的的国内刑法上的恐怖主义行为，可能是恐怖主义犯罪行为；没有政治目的而通过制造恐怖气氛，严重扰乱公共秩序，危害不特定或特定多数人的生命、健康，毁损公私财物的行为，

---

① 参见喻义东：《论恐怖主义犯罪在刑法分则中的地位》，载《法学》，2005（2）。

② 参见高铭暄、张杰：《我国刑法中"恐怖活动犯罪"定义的思考》，载《法学杂志》，2006（5）。

③ 参见田宏杰：《恐怖主义犯罪的界定》，载《法律科学》，2003（6）。

④ 参见赵秉志、杜邈：《我国反恐怖主义立法完善研讨》，载《法律科学》，2006（3）。

⑤ 参见陈忠林：《我国刑法中"恐怖活动犯罪"的认定》，载《现代法学》，2002（5）。

也可能是恐怖主义犯罪行为。①

第五种观点认为，恐怖主义犯罪行为只是恐怖主义分子为实现其某种目的的手段，此目的既可以是政治目的，也可以是政治目的以外的经济目的或是其他目的。恐怖分子直接追求的目的就是强迫第三方为或不为某种行为，进而满足其最终目的。②

（2）恐怖主义犯罪的动机问题

有论者就恐怖主义犯罪的动机的性质特征和范围特征展开论述。该论者指出，国际社会就恐怖主义犯罪的动机存在“动机性质邪恶论”和“动机性质不限定论”的争议。但是，行为动机的合法性并不决定行为的合法性，即便是民族解放运动也必须与国际法相符合。因此，恐怖主义犯罪的动机本身的性质并无限制；不管是由合法动机还是非法动机导致，都不影响恐怖主义犯罪性质的认定。就恐怖主义犯罪动机的范围而言，也存在狭义主义动机（政治动机）、广义主义动机（政治和其他社会动机）和无限主义动机（任何动机）的争议。③ 有论者强调了恐怖主义犯罪的动机的复杂性。该论者认为，政治动机只是推动犯罪分子实施恐怖活动的内心起因之一，行为人实施恐怖活动的内心起因是复杂的，有的从事恐怖活动是为了谋取非法的经济利益，有的是为了支持某一项特殊事业。④ 还有论者认为，由于进行恐怖活动犯罪的组织或个人一般都以“实现特定社会价值”为最终目的，这就在更深的层次上决定了恐怖活动犯罪的动机通常都具有社会性的特点。这里的“社会性”，也称“非利己性”或广义的“政治性”，是指行为人实施恐怖活动犯罪的主要动因一般都是基于维护自己所属的社会群体的团体利益或实现自己所追求的某种“社会理想”，而不像一般的刑事犯罪（包括有组织的犯罪）那样，主要是为了满足某种纯个人的、利己性需要（如追求个人的财富、权势、名誉地位，满足个人的肉欲，或基于个人恩怨的报复、嫉妒等）。⑤

3. 恐怖主义犯罪的客观方面

恐怖主义犯罪的客观方面是指在恐怖主义犯罪的实施过程中的危害社会利益的行为、危害后果及其因果关系等客观事实特征。各种不同的恐怖主义犯罪的客观事实特征是不同的。有的恐怖主义犯罪需要危害结果，有的则不需要。但是，任何恐怖主义犯罪都必须存在危害行为作为犯罪构成的客观要件。恐怖主义的危害行为是指恐怖主义犯罪主体直接作用于特定客体，从而导致危害社会利益的结果的行为。

---

① 参见陈忠林、张有胜：《恐怖主义犯罪论略》，载《政法论丛》，2002（6）；陈忠林：《我国刑法中“恐怖活动犯罪”的认定》，载《现代法学》，2002（5）。

② 参见齐文远、郭泽强：《国际恐怖主义犯罪新论》，载《杭州师范学院学报》，2005（5）。

③ 参见简基松：《论恐怖主义犯罪的动机特征》，载赵秉志主编：《中国反恐立法专论》，286页，北京，中国人民公安大学，2007。

④ 参见刘凌梅：《国际反恐怖犯罪与我国刑事立法》，《法学评论》，2001（2）。

⑤ 参见陈忠林：《我国刑法中“恐怖活动犯罪”的认定》，载《现代法学》，2002（5）。

它是任何恐怖主义犯罪成立必须具备的基本条件，是恐怖主义犯罪主体活动的外在表现。①

（1）恐怖主义犯罪的危害行为的内容

对此，存在以下不同看法。

第一种观点认为，恐怖主义犯罪的危害行为主要包括直接危害行为、胁迫行为、组织、策划、教唆、煽动、帮助等行为。②

第二种观点认为，恐怖主义犯罪的危害行为十分复杂，包括暴力行为、暴力威胁行为、非暴力行为；它不仅包括实行行为，而且包括预备行为、帮助行为和未遂行为。③

第三种观点认为，恐怖主义犯罪的危害行为包括以暴力等方式侵犯他人人身或财产并制造恐怖气氛的行为，或者是为恐怖主义活动作准备的组织或预备行为，抑或是与恐怖主义犯罪相关联的行为。恐怖主义关联行为是指其本身并不是恐怖主义行为，但与恐怖主义行为紧密相关，或对恐怖主义活动给予促进和帮助的行为。单纯的侵犯人身或财产的行为，并不是恐怖主义犯罪；只有在侵犯人身或财产的同时，制造恐怖主义气氛、危害公共秩序或公共安全的行为，才可能是恐怖主义犯罪。④

第四种观点认为，根据各种与恐怖主义犯罪有关的国际公约的规定，恐怖主义犯罪的客观要件包括：直接施加于犯罪对象的危害行为、胁迫行为、预谋行为、参与行为、国家的“不作为”行为。⑤

第五种观点认为，恐怖活动犯罪由本体行为、预备行为和资助行为共同构成。本体行为是恐怖活动犯罪的主要内容和行为表现。本体行为涉及5种类型的犯罪：其一，故意以危险方法实施恐怖活动的犯罪，包括放火罪、决水罪、爆炸罪、投放危险物质罪以及以危险方法危害公共安全罪；其二，以破坏公共设备、设施实施恐怖活动的犯罪，包括破坏交通工具罪、破坏交通设施罪、破坏易燃易爆设备罪、破坏电力设备罪；其三，以劫持交通工具，危及飞行和运输安全的方式，实施恐怖活动的犯罪，包括劫持航空器罪，劫持船只、汽车罪，暴力危及飞行安全罪；其四，以危害他人的人身安全和制造公众心理恐慌的方式，实施恐怖活动的犯罪，包括故意杀人罪，故意伤害罪，绑架罪（绑架人质罪），投放虚假危险物质罪，编造、故意传播虚假恐怖信息罪；其五，在计算机网络领域实施的恐怖活动犯罪，包括非法侵入计算机信息系统罪和破坏计算机系统罪。预备行为和资助行为则是关系恐怖活动

---

① 参见阮传胜：《恐怖主义犯罪研究》，84页，北京，北京大学出版社，2007。

② 参见王媛：《恐怖主义犯罪的构成分析》，载《广西警官高等专科学校学报》，2004（3）。

③ 参见喻义东：《关于我国恐怖主义犯罪刑事化的思考》，载《湘潭师范学院学报》（社会科学版），2005（4）。

④ 参见童伟华：《论恐怖主义犯罪的界定》，载《甘肃政法学院学报》，2002（4）。

⑤ 参见罗刚、陆以全：《国际恐怖主义犯罪的界定问题研究》，载《云南大学学报》（法学版），2003（4）。

犯罪兴衰的两个重要的推动行为。预备行为和资助行为均构成既遂形态中的独立犯。恐怖活动犯罪的独立犯主要有两种情况：一是预备犯，包括组织、领导、参加恐怖组织罪和非法制造、买卖、运输、邮寄、储存枪支、弹药、爆炸物罪，非法制造、买卖、运输、储存危险物质罪，盗窃、抢夺枪支、弹药、爆炸物、危险物质罪，抢劫枪支、弹药、爆炸物、危险物质罪；二是帮助犯，即资助恐怖活动罪。①

(2) 恐怖主义犯罪的手段

关于恐怖主义犯罪的手段问题，有论者认为，目的和对象是定义恐怖主义犯罪的决定性因素，而手段则只具有参考意义而非绝对标准，因为任何手段都不为恐怖主义犯罪所独有，而且所谓恐怖手段与战争手段之间的界限也日趋模糊，所以难以凭借手段来认定某一行为是否是恐怖主义行为。②

而多数论者则将犯罪手段作为恐怖主义犯罪的特征之一。但是，关于恐怖主义犯罪的手段的具体内容，则存在不同的理解。

第一种观点认为，恐怖活动犯罪的手段只能是暴力或暴力威胁。如有论者认为，在正常情况下，一个人只有在自己的人身或重大的财产利益受到严重威胁时才可能产生恐怖的心理。因此，一切恐怖活动犯罪所共有的“制造社会恐怖”的目的，在客观上必然以严重危害公民人身或重大公私财产安全的暴力性犯罪为表现形式。恐怖活动犯罪的“暴力性”，是指作为恐怖活动犯罪的客观方面应该具有使用暴力或以使用暴力相威胁的内容。一个行为在客观方面是否具有“使用或威胁使用严重危及人身或公私财产安全的暴力”的性质，是认定该行为是否具有恐怖活动犯罪特有的“制造社会恐怖目的”的必要条件之一。③

第二种观点认为，虽然恐怖活动犯罪，特别是国际恐怖主义势力，通常采用暴力性质的放火、爆炸、暗杀、绑架等手段，但还有相当部分的恐怖犯罪，却完全可能采用非暴力的手段实施。例如，行为人出于对现行政府不满，采用谣言传播散布恐怖信息；近年来行为人采用在网络上传播计算机病毒的方式实施恐怖主义行为。这些方式都不失为恐怖活动犯罪。因此，仅仅从暴力或非暴力的角度，尚不能确定恐怖活动犯罪手段的最根本特征，必须撇开暴力或非暴力的困扰，转而寻找其他思路。恐怖活动犯罪，之所以被称为“恐怖”，从最表层的意义看，就在于这种行为足以引起人们极大的恐慌。而之所以能产生这种社会效果，其客观方面的犯罪手段显然具有非常重大的作用。因此，可以将恐怖活动犯罪的手段界定为“足以引起极大的社会恐慌的手段”。一种犯罪手段要足以引起人们极大的恐慌，须有下面三个特征：其一，足以引起人们极大的恐慌，意味着这种犯罪手段针对的对象，应当是人们的生命、健康、人身安全、巨额公私财产、社会秩序等重大利益；其二，足以引起人们极大恐慌的犯罪手段，波及的范围应当是极为广泛的。例如，行为人采用在

---

① 参见李恩慈：《论恐怖活动犯罪的概念及其本质》，载《中国人民公安大学学报》，2004 (2)。

② 参见石斌：《试析美国政府对恐怖主义的定义》，载《世界经济与政治》，2002 (4)。

③ 参见陈忠林：《我国刑法中“恐怖活动犯罪”的认定》，载《现代法学》，2002 (5)。

网络上传播病毒制造恐怖事件的行为，可能波及的范围，是全球或某些地区所有的计算机用户；其三，在暴力犯罪的情况下，足以引起人们极大恐慌的犯罪手段，常常是极为凶残、泯灭人性的。①

第三种观点认为，恐怖主义犯罪一般采取暴力或暴力威胁手段，较多的方式是爆炸、袭击和伏击、暗杀、绑架和扣押人质、劫持飞机和其他交通工具、投毒。可以预见的是，随着新科技革命的发展、现代科技知识的普及以及核生化武器技术的扩散，恐怖主义犯罪会逐步摆脱传统的暴力手段而走向智能化和非暴力化。②

第四种观点认为，恐怖主义主张采取暴力、威胁或其他破坏手段。在恐怖主义者看来，采用何种方式、侵害何种对象具有最大的威慑效应，能制造更大的社会恐慌，就会毫不犹豫地采用。暴力手段直接侵害人们的生命、健康、财产安全，能够对人们心理产生最大的威慑效应，因而是恐怖主义的首选。但恐怖主义又决不仅限于暴力手段，何种方式能制造强烈的社会恐惧感，恐怖主义者就会毫不犹豫地采纳，例如金融恐怖主义、网络恐怖主义等。③

（3）恐怖主义犯罪的危害结果

对此，有论者认为，恐怖主义犯罪的危害结果是指恐怖主义犯罪行为所造成的实际危害以及潜在危险、威胁等。它包括人的损害和公共财产损失、私人财产损失等财物的损失。恐怖主义犯罪的危害后果还包括恐怖主义犯罪实施后所引起的恐怖气氛与社会的不安和恐惧的后果。④ 有论者从抽象角度展开对恐怖主义犯罪的危害后果的阐述，认为恐怖主义犯罪所造成的恐怖后果，基本意义就是恐慌、惧怕，它一般是指人们在自己的生命、健康面临严重威胁时产生的恐怖心理，更是指不特定或多数社会成员出于对该犯罪的直接威胁而产生的恐怖心理。⑤

4. 恐怖主义犯罪的客体和对象

（1）恐怖主义犯罪的客体

对此，存在以下不同看法。

第一种观点认为，恐怖主义犯罪的客体涉及国家安全、公共安全或社会管理秩序等方面。如我国刑法规定的组织、领导、参加恐怖活动组织罪，根据立法之旨趣，视为侵犯了公共安全。德国刑法规定的建立恐怖组织罪，由于其规定在妨害公共秩序犯罪一章，因而其客体是公共秩序。此外，多数国家的刑法也是在侵犯上述客体的类罪中规定恐怖主义犯罪的。同时，恐怖主义犯罪还可能侵犯了其他客体，如为

---

① 参见高铭暄、张杰：《关于我国刑法中“恐怖活动犯罪”定义的思考》，载《法学杂志》，2006（5）。

② 参见童伟华：《论恐怖主义犯罪的界定》，载《甘肃政法学院学报》，2002（4）。

③ 参见赵秉志、杜邈：《我国反恐怖主义立法完善研讨》，载《法律科学》，2006（3）。

④ 参见阮传胜：《恐怖主义犯罪研究》，84～90页，北京，北京大学出版社，2007。

⑤ 参见刘志伟主编：《危害公共安全犯罪疑难问题司法对策》，140页，长春，吉林人民出版社，2001。

进行民族分裂而实施恐怖主义杀人，就既危害了国家安全，又侵犯了人的生命权益。但无论如何，恐怖主义犯罪不可能只是侵犯了个人的生命或财产权益，因为恐怖主义犯罪中制造恐怖事件本身就已经侵犯了公共秩序或公共安宁，否则无以称其为恐怖主义。①

第二种观点认为，恐怖主义犯罪作为一类犯罪，不仅侵害了不特定多数人的生命权，侵害公共财产权和私人财产权，而且破坏公共安全和社会秩序。②

第三种观点认为，恐怖主义犯罪侵犯的客体是公共安全，包括国际社会和平与安宁、国家安全与发展以及人（不特定多数人或针对特定的个人）的生命、健康和重大财产安全。③

第四种观点认为，恐怖主义犯罪是一种以侵害国家安全为主要客体的政治犯罪。恐怖主义犯罪应属于刑法分则中危害国家安全罪的犯罪。④

（2）恐怖主义犯罪的对象

关于恐怖主义犯罪的对象，存在以下不同观点。

第一种观点认为，恐怖活动犯罪的对象是非武装人员及民用设施等非战斗性目标，这是恐怖活动犯罪与战争的区别。⑤

第二种观点认为，如果立足刑法的角度，将恐怖活动犯罪视为恐怖主义在刑法领域的一种体现，它的犯罪对象的特点在于：犯罪对象，在一般情况下是不特定的；如果是特定的，这种对象一定具有政治、宗教等象征意义。行为人可能通过侵害不特定的对象来达到制造社会恐慌的效果，例如，持枪屠杀无辜。同时，行为人也可能通过侵害某些具有象征意义的人物如民族友好人士、外交官、新闻记者等，或某些具有政治、宗教、民族等象征意义的建筑如寺庙、碑塔、大使馆、领事馆等来实施恐怖主义行为，并实现造成社会恐慌的效果。因此，总体而言，恐怖活动犯罪的犯罪对象既可能是不特定的，又可能是特定的且具有某种象征意义。⑥

第三种观点认为，恐怖主义犯罪的袭击目标是特定的，但侵害对象却是不特定的。随心所欲地滥杀无辜是恐怖主义犯罪的特征。袭击目标的有选择性与实际受害对象的不确定性和广泛性之间并不矛盾，相反，两者密切联系、相辅相成，使得恐怖主义犯罪在对象特征上显著有别于其他犯罪。⑦

---

① 参见童伟华：《论恐怖主义犯罪的界定》，载《甘肃政法学院学报》，2002（4）。

② 参见刘华：《当代恐怖主义犯罪研究》，载陈明华等主编：《刑法热点问题与西部地区犯罪研究》，1051页，北京，中国政法大学出版社，2003。

③ 参见王秀梅：《论恐怖主义犯罪的惩治及我国立法的发展完善》，载《中国法学》，2002（3）。

④ 参见喻义东：《论恐怖主义犯罪在刑法分则中的地位》，载《法学》，2005（2）。

⑤ 参见张旭、金玲玲：《国际恐怖主义犯罪再探》，载高铭暄、赵秉志主编：《当代国际刑法的理论与实践》，298页，长春，吉林人民出版社，2001。

⑥ 参见高铭暄、张杰：《关于我国刑法中“恐怖活动犯罪”定义的思考》，载《法学杂志》，2006（6）。

⑦ 参见田宏杰：《恐怖主义犯罪的界定》，载《法律科学》，2003（6）。

第四种观点认为，恐怖活动犯罪所指向的对象通常都具有以下两个典型的特点。其一，犯罪对象与犯罪行为对象相分离。恐怖组织或个人进行恐怖活动犯罪的目的是为了在一般社会成员，即非犯罪的直接受害人中造成害怕、恐惧或者极度担心的恐怖气氛。因此，在恐怖活动犯罪中直接受到犯罪行为所侵害或威胁的被害人（即犯罪行为直接指向的对象），并不是行为人真正希望影响的对象（即真正的犯罪对象）。这样，恐怖活动犯罪必然有独立于“犯罪行为对象（即犯罪行为直接加害的被害人）”之外单独存在的“犯罪对象（即犯罪人通过加害犯罪行为对象所希望影响的其他社会成员）”。其二，犯罪的直接受害人与犯罪人之间一般不具有个人利害冲突。如何才能最大限度地实现制造社会恐怖的目的，是行为人实施恐怖活动犯罪时选择加害对象的主要标准，而行为人与被害人之间个人的利害冲突，一般都不是恐怖活动犯罪的直接被害人成为加害对象的原因。所以，恐怖活动犯罪直接加害的对象一般都具有与实施恐怖活动犯罪的组织或个人没有直接利害冲突的特点。①

（三）恐怖活动、恐怖活动组织的理解与认定问题

1. 关于恐怖活动的理解问题

对恐怖活动的理解直接关系到对恐怖组织的理解。对此，理论上存在不同认识：

第一种观点认为，恐怖活动，又称恐怖主义，指为达到某种政治目的（如反对国家政权、引起战争或国际纠纷），通过有组织的团体或小组对国家政权的代表、社会团体成员或者他人实施杀害、绑架或其他恐怖行为，以制造恐怖及不安定因素，并进行暴力犯罪的活动。② 第二种观点认为，恐怖活动，通常是指为了达到一定目的特别是政治目的，而对他人的生命、身体、自由、财产等使用暴力、胁迫等手段以造成社会恐惧的犯罪行为的总称。③ 第三种观点认为，恐怖活动，根据国际公约，属于国际犯罪范畴，是指直接反对一个国家而其目的和性质是在个别人士、个人团体或公众中制造恐怖的犯罪活动。④ 第四种观点认为，恐怖活动是指基于某种动机，特别是基于政治或报复社会的动机使用或威胁使用杀人、放火、爆炸、投放危险物质、绑架、劫持航空器、自杀性攻击、传播计算机病毒等危险手段，制造恐怖气氛，以恐吓、威胁、要挟政府、社会、公众的行为，具有目的的明确性、行为方式的危险性、行为对象的不特定性的特点。⑤ 第五种观点认为，恐怖活动可以分为国际恐怖活动和国内恐怖活动，国际恐怖活动一般具有政治目的，而国内恐怖活动则不一定必须具有政治目的。恐怖活动在客观上必须是制造了恐怖气氛或引起了社会的不

---

① 参见陈忠林：《我国刑法中“恐怖活动犯罪”的认定》，载《现代法学》，2002（5）。

② 参见鲍遂献、雷东生：《危害公共安全罪》，174页，北京，中国人民公安大学出版社，2003。

③ 参见张明楷：《刑法学》，2版，551页，北京，法律出版社，2003。

④ 参见陈兴良：《刑法疏议》，233页，北京，中国人民公安大学出版社，1997。

⑤ 参见贺小电、翟玉华：《刑法修正罪名精解》，177～181页，北京，法律出版社，2003。

安和恐惧。①

2. 关于恐怖活动组织的理解与认定问题

（1）关于恐怖组织的理解问题

对此，理论上亦存在不同见解。

第一种观点认为，恐怖活动组织是指以制造社会恐怖为目的，以渲染恐怖效果的犯罪工具为犯罪主要手段，3人以上成员较为固定的、结构紧凑的共同犯罪组织。② 第二种观点认为，恐怖组织是指3人以上，出于政治或恐吓、要挟社会的目的，为实施恐怖活动而结成的具有一定稳定性的犯罪组织。③ 第三种观点认为，恐怖活动组织是具有严密的组织性、相对的稳定性，旨在实施恐怖活动而由多人组成的犯罪组织。④ 第四种观点认为，恐怖活动组织是指3人以上出于政治或者报复社会的动机，为实施绑架、杀人、爆炸的恐怖性的犯罪活动而结成的具有稳定性的犯罪组织。⑤ 第五种观点认为，恐怖活动组织是指3人或3人以上，出于政治目的、社会目的或其他目的，为实施恐怖活动而结成的具有一定稳定性的犯罪组织。⑥

（2）关于恐怖组织的认定问题

对此，有论者认为，恐怖活动组织与黑社会性质组织的相似或相同之处甚多，如都属于特殊的犯罪集团，犯罪的组织性十分严密，犯罪手段均具有多样性以及暴力性，社会危害性都较大，刑法都将组织、领导、参加行为直接单独规定为犯罪，对其单独定性处罚，即使尚未利用该组织实施其他犯罪活动，而且一旦行为人利用该组织实施了其他与该犯罪组织有关的犯罪行为，都采取数罪并罚的立法模式。但是，两者仍然有一定的区别。其一，二者的主观目的不同。黑社会性质组织最根本的目的是追求非法的经济利益；而恐怖活动组织则是以恐吓、要挟社会的目的作为其生存目的。其二，黑社会性质组织所进行的活动本身并不一定都是犯罪行为，还包括那些虽不构成犯罪，但仍然具有欺压群众、为非作歹的其他非法行为。即使实施的是犯罪活动，其手段也不一定都是暴力性的，即不一定具有恐怖性；而恐怖组织实施的活动都属于犯罪行为，而且均具有严重的暴力性，并以不特定的或多数人为侵犯目标，具有恐怖性。其三，黑社会性质组织所实施的行为常常具有隐蔽性、地下性，从表面上看似乎合法的行为如经济交易等，而恐怖组织所实施的犯罪活动常常是公开的，是明火执仗的。⑦ 有论者指出，黑社会性质组织与恐怖活动组织两

---

① 参见刘志伟、左坚卫主编：《危害公共安全犯罪疑难问题司法对策》，138～141页，长春，吉林人民出版社，2001。

② 参见赵长青主编：《新编刑法学》，410页，重庆，西南师范大学出版社，1997。

③ 参见陈家林：《“恐怖活动组织”界定问题初探》，载《法律科学》，1998（2）。

④ 参见钊作俊：《试论组织、领导参加恐怖活动组织罪》，载《法学评论》，1998（1）。

⑤ 参见高铭暄、马克昌主编：《刑法学》（下编），634页，北京，中国法制出版社，1999。

⑥ 参见高一飞：《有组织犯罪问题专论》，38页，北京，中国政法大学出版社，2000。

⑦ 参见叶高峰主编：《危害公共安全罪的定罪与量刑》，230页，北京，人民法院出版社，2000。

者都具有一定的组织性、隐蔽性，组织成员数量较多，且一般都以惯犯、累犯为核心，犯罪行为均对社会有着极大的危害性。并且，黑社会性质组织可能为了逃避追惩而向社会施加压力，或对政府官员和执法人员乃至于一般公民采取恐怖行动，而恐怖活动组织也可能为从事恐怖活动打好经济基础创造条件，而通过非法方式筹集资金等等。因而两者完全有可能合作，从而走上“共同发展”的道路。尽管如此，两者的区别界限也是十分明显的。具体说来，主要有以下几点。其一，社会危害不同。黑社会性质犯罪危害的主要是社会公共秩序，而恐怖主义犯罪危害的主要是国内社会的公共安全或者国际社会的安全与文明发展秩序。其二，存在目的不同。黑社会性质组织的最终和最根本的目的是追求非法的经济利益，因而争取更多的非法或合法的市场份额是黑社会性质组织所实施的违法犯罪活动的核心；而恐怖活动组织则以政治、宗教或者其他社会目的作为其生存的宗旨，这一最终目的是通过实施恐怖犯罪活动、制造社会恐怖气氛从而引起社会动荡来实现的。其三，意识形态倾向不同。即便在黑社会性质组织与恐怖活动组织都出于政治目的的情况下，黑社会性质组织也多是为了独霸一方，争夺势力范围，意识形态倾向往往并不明显。并且，黑社会性质组织虽然可能与境外黑社会组织相勾结，但一个合法政权尤其是一个国家出面支持黑社会组织却是极为少见的；而恐怖活动组织的社会背景则比较复杂，往往有海外、国外的政治势力甚至有某个或某几个外国国家支持，其意识形态倾向往往比较明显，一般带有强烈的政治性色彩。其四，犯罪手段及其涉及领域不同。黑社会性质组织进行违法犯罪活动的手段往往多种多样，常常是暴力、威胁、欺骗、腐蚀等各种手段同时使用，而其所涉足的违法犯罪领域也十分广泛，一般集多种犯罪活动于一身；而恐怖活动组织的犯罪手段则比较单一，通常是采取暴力或以暴力相威胁，所犯的罪行也往往是爆炸、放火、投毒、劫持、绑架、杀人等会引起社会公众普遍恐惧感的犯罪。可见，黑社会性质组织是以其组织形态所达到的程度为依据来界定的，而恐怖活动组织是以犯罪组织所实施的犯罪内容来界定的。两者尽管有着显著的差异，但并不是非此即彼、截然对立的。实际上，作为有组织犯罪的两种形式，两者往往相互转化和包容。恐怖活动组织发展到一定程度，可以成为黑社会性质组织；而黑社会性质组织的犯罪活动如果以进行恐怖活动为主，也就成为恐怖活动组织，世界上有些犯罪组织就是从事恐怖活动的黑社会组织，如意大利黑手党即是典型事例。①

（四）反恐的刑事政策问题

有论者探讨了宽严相济的刑事政策在反恐中的应用问题。论者指出，宽严相济的刑事政策是我国一项基本刑事政策，它对惩治包括恐怖主义犯罪在内的一切犯罪均具有指导性意义。“严”是惩治恐怖主义犯罪的基调，但亦不应忽视“宽”的一面，注重“相济”才能达到最优的反恐效果。宽严相济的刑事政策与我国反恐基本

① 参见田宏杰：《恐怖主义犯罪的界定》，载《法律科学》，2003（6）。

政策、两少一宽的刑事政策之间均存在密切联系。宽严相济的刑事政策不仅指导刑法立法，而且对刑事司法也存在指导作用，具体包括依法从重从快、突出重点、区别对待、保障人权等。①

（五）反恐怖主义犯罪立法的完善问题

1. 完善我国反恐怖主义立法的必要性

有论者从以下三个层次论述了完善我国反恐立法的必要性。②

第一，完善反恐怖主义立法具备现实基础。首先，在恐怖主义驱动下，民族分裂势力和宗教极端势力已对我国构成现实威胁；其次，随着改革开放的深化，西方国家在我国的利益增多，国际恐怖组织在我国境内实施恐怖活动的可能性也随之上升；最后，随着我国对外交往的日益增多，恐怖主义对我国海外利益的危害明显增大，普通公民也可能成为恐怖分子袭击的目标。

第二，完善反恐怖主义立法有利于保障公民的合法权益。在当前的反恐实践中，往往是政策或措施占据主导地位，而缺乏相关的法律依据。事实上，绝大多数的措施都是“有旨向”的，它们只是对某个多少能够被明确辨别出来的群体有利，而不是平等地有利于每一个公民。从长远来看，单纯依靠措施是存在较大风险的，这容易导致有关机关出现急功近利思想，为打击恐怖主义而将公民权利置若罔闻。法律具有明确性、权威性。完善反恐怖主义立法，就有助于克服当前反恐实践中政策、措施的不稳定性，从而保障公民的合法权益。

第三，完善反恐怖主义立法有利于国际合作的开展。

2. 关于反恐立法依据和格局问题

有论者认为，应在宪法中增设反对恐怖主义的明确依据，具体而言，可以考虑在我国宪法序言第12自然段中，增加反对恐怖主义的内容，即“坚持反对帝国主义、霸权主义、殖民主义、恐怖主义，加强同世界各国人民的团结……”综观我国反恐怖主义立法现状可知，刑法中存在绝大多数的专门反恐怖主义内容。鉴于刑法的重要地位与集中性规定，就使得我国反恐怖主义立法呈现一种“以刑为主，诸法配合”的格局。但是，“以刑为主，诸法配合”的反恐怖主义立法格局实有不足。首先，刑法是规定犯罪与刑罚的法律，而为一个法律制度所承认的制裁形式，通常都具有多样化的特征。就反恐怖主义立法而言，刑事制裁不是制裁的全部内容，更不能涵盖预防、处置和恢复等重要环节，刑法的刑事制裁性决定其不可能成为反恐怖主义立法的核心。其次，“以刑为主”的立法格局不符合我国的反恐怖主义实践。“以刑为主”容易给人造成我国注重制裁，轻视其他环节的印象，这同反恐怖主义实践中“标本兼治”、“打防结合”的宗旨是背道而驰的。最后，“以刑为主”的立法格局有悖于国际立法趋势。完善我国反恐怖主义立法的关键，就在于建构“以宪法为依据，以

---

① 参见杜邈、徐雨衡：《宽严相济在惩治恐怖主义犯罪中的运用》，载《政法论坛》，2008（1）。

② 参见赵秉志、杜邈：《我国反恐怖主义立法完善研讨》，载《法律科学》，2006（3）。

反恐怖法为主导，诸法配合”的反恐怖主义立法新格局。具体而言，我国反恐怖主义立法应以宪法的明确规定为依据，各法律、行政法规、部门规章围绕反恐怖法中的专门规定，相互衔接、相互补充，形成一个有机联系的整体。在该法律体系内部要达成两个衔接：从效力等级来看，应当是法律、行政法规、部门规章的相互衔接；从反恐职能来看，应当是预防法、处置法、制裁法、恢复法的相互衔接。①

（六）组织、领导、参加恐怖组织罪

1. 组织、领导、参加恐怖组织罪的性质问题

刑法将组织、领导、参加恐怖组织罪规定在危害公共安全罪之中。对此，有论者认为，只有恐怖活动所实施的犯罪才直接侵害公共安全，组织、领导和参加该组织本身并不能直接危及公共安全，公共安全对于恐怖活动组织来说具有客体上的间接性。而且，恐怖活动组织本身的形成只是体现了对国家禁止非法组织存在的禁止性规定的违反上，表现为直接对社会管理秩序的侵犯上。因此，从本质上说，本罪侵犯的直接客体应当是社会管理秩序，而公共安全则是由组成恐怖活动的各具体犯罪所直接侵害的，组织、领导、参加恐怖组织本身一般不会直接造成对公共安全的危害。因此，将此罪归类到危害公共安全罪中，确实值得研究。②

2. 本罪是否须出于“以进行恐怖活动为目的”

对此，有论者持肯定态度。③ 而有论者则认为，本罪的主观要素不必包含“进行恐怖活动的目的”。本罪行为方式的不一决定了其犯罪结果的表现形态的不同，也决定了追求这一结果的各自行为的具体目的的差别。就组织、领导恐怖活动组织而言，行为人确实具有进行恐怖活动的“目的”，但这只是其最终目的、间接目的，其直接目的是追求行为结果的实现，即恐怖组织建立起来或者在该组织中居于领导地位。其实，进行恐怖活动不过是推动行为人组织、领导恐怖活动组织的内心起因，显然属于犯罪动机的问题。而对于参加者而言，情况就比较复杂，有积极参加的，有随波逐流的，还有被迫参加的。积极参加的，尽管具有进行恐怖活动的“目的”，但其直接目的则是成为该组织的一员；而对于其他参加者，很难说他们就具有进行恐怖活动的目的，有的则可能具有这一目的（尽管这一目的是间接的），有的则可能具有其他目的或者动机，如为了利用该组织实现、满足自己个人不能实现的愿望、要求等。因此，一概认为构成本罪须行为人出于恐怖活动的目的，混淆了犯罪目的和犯罪动机的界限，并不符合实际情况。④

3. 本罪的成立是否要求行为人具有违法性意识

对此，有论者认为，组织、领导、参加恐怖活动组织罪从表面上看，是出于行政取缔目的而予以特别规定的一种犯罪，属法定犯范围，但它组建以后必然要进行

---

① 参见赵秉志、杜邈：《我国反恐怖主义立法完善研讨》，载《法律科学》，2006（3）。

② 参见钊作俊：《试论组织、领导、参加恐怖活动组织罪》，载《法学评论》，1998（1）

③ 参见陈兴良：《刑法疏议》，233页，北京，中国人民公安大学出版社，1997。

④ 参见钊作俊：《试论组织、领导、参加恐怖活动组织罪》，载《法学评论》，1998（1）。

各种恐怖性犯罪，而从事的这些犯罪如杀人、爆炸等又大多属自然犯之范围，故它可以被认为是意在实施“自然犯”的所谓“法定犯”。对之应当采取违法性意识必要说，即行为人主观上要具有对自己行为的违法性的意识。实际上，在通讯设施、传播媒介甚为发达的今天，法律普及的范围越来越大，程度也越来越高，加上新《刑法》又是在公布半年以后才实施，从社会一般人的角度看，对之进行“行为人所属的常人领域的平行性评价”，完全可以推定行为人知道组织、领导和参加恐怖活动组织是违法的。只有对那些参加该组织的人，如果真正没有意识到其违法性，而在法律又没有处罚过失犯的规定的情况下，就不妨允许其最初的违法行为，在重复实施同样的行为时，再说不知道其违法性就说不过去了，就容易作为故意犯来处罚。尽管允许了其最初的违法行为，也不会给实现行政取缔的目的带来大的障碍。① 而有论者则指出，绝大多数恐怖主义组织没有谁宣称自己就是恐怖主义组织，特别是带有宗教色彩、民族主义色彩、社会主义、共产主义革命色彩的极端组织，他们的宗旨就是通过实施暴力作为实现组织最终目的的手段。在这些组织的生存地，他们还以该组织的名义进行许多慈善活动，因此他们公开的正当的身份使许多民众认为这是一个代表他们利益的好的组织。在这种情况下，许多加入者就不会认为自己加入的组织是一个恐怖主义组织，即使他们知道要从事恐怖活动。当然这种没有违法性认识的前提是加入者一直在遭受着不平等的民族、宗教压迫，生存权利面临着巨大的威胁，他们之所以采取这种行动就是要改变这种不平等的局面，是一种被迫的积极的行为。如果在他们的生存权利没有受到剥夺，宗教、民族权利没有受到不平等政策对待的情况下，为了所谓的极端民族自由而对敌对目标进行恐怖主义攻击，该恐怖主义组织以及其参加者无论是否承认自己是不是恐怖主义组织或者恐怖主义分子都不影响其违法性认识。②

4. 关于本罪客观方面的理解问题

对此，有论者认为，可以从这样两个角度来看待“组织”：一是为了成立一个新恐怖组织而进行组织；二是为了补充、维持恐怖活动的正常进行而继续招募人员，即一个形式上的组织已经成立，但是由于一些因素的干扰导致原组织不能正常运转，于是在此基础上进行新的招募活动。组织的方式有多种具体表现形式，如策划、指挥、招揽、引诱、拉拢、安排、调配等足以把分散的个人或资金有机聚集起来的方式。领导行为对于一个恐怖主义组织来说应是一个集体行为，或者说是一种合成行为。一个完善的恐怖主义组织一般都有一个金字塔似的领导层，所有居于金字塔领导层范围内的领导成员的指挥策划行为共同构成了该恐怖主义组织的领导行为。领导行为不限于对于恐怖主义活动的直接指挥、决策行为，它还应包括整个组织的具体管理行为，如武器的采购、研制计划、恐怖资金的管理、使用、组织目的的宣传活动管理、后勤管理等支撑恐怖主义组织生存以及顺利实施恐怖主义活动的各项管

---

① 参见钊作俊：《试论组织、领导、参加恐怖活动组织罪》，载《法学评论》，1998 (1)。

② 参见翟金鹏：《组织、领导、参加恐怖活动组织罪研究》，载《犯罪研究》，2004 (3)。

理工作。参加行为可分为积极参加与其他参加两类。积极参加，是指自愿加入恐怖组织，并且积极参加谋划、实施恐怖活动。其他参加，是指行为人虽然不是恐怖组织的组织者、领导者或积极参加者，却经过一定方式，加入了恐怖组织，成为恐怖组织的一名成员。"积极参加"反映了参加者参加恐怖主义组织的强烈的积极的主动的心理状态，"参加"反映了参加者对于加入恐怖主义组织这一行为不太积极或者可能是被迫参加的主观心理状态。正是由于二者在主观心理状态上的差异，所以《刑法》规定了不同的量刑幅度。① 有论者指出，所谓组织，即是指在恐怖活动组织未建立之前，通过策划、指挥、招揽、引诱、拉拢、安排、调配等行为使分散的个人聚集起来以促使恐怖活动组织的建立；所谓领导是指在恐怖活动组织建立以后，起组织、指挥、策划作用从而居于统率、支配地位；所谓积极参加是指明知是恐怖活动组织而以积极的态度通过中介或者直接加入该组织之中；其他参加者是指除积极参加者以外的该组织的成员，有随声附和者，有消极对待者，甚至还有被迫参加者。关于组织行为和领导行为的认定及其关系问题，该论者认为，实际上，组织行为和领导行为多有交叉，组织者在恐怖组织建立以后往往成为领导者，领导者往往又须实施组织行为，可谓是在组织过程之中有领导，在领导过程中又有组织，二者的区分有一定的难度。但似应以恐怖组织建立前后而论，即建立前为促使组织的建立而实行的组织、领导行为称为组织，建立以后的组织、领导行为称为领导，如在组建恐怖活动组织过程中起领导、统率作用的，应当作组织行为。因为，在该恐怖组织尚未建立起来以前，就不存在领导的可能性，而在该组织建立以后，其组织本身又是一种领导。②

（七）资助恐怖活动罪

2001 年 12 月 29 日，全国人大常委会通过的《刑法修正案（三）》规定了"资助恐怖活动罪"。关于该罪的研究主要涉及以下问题。

1. 关于资助行为的主观要素问题

对此，有论者认为，从国际社会的整体立法选择来看，基本上倾向于既包括直接故意也包括间接故意的立法模式。"资助"之故意，是独立的故意，不是共犯故意。1999 年《制止向恐怖主义提供资助的国际公约》并不要求企图用资金资助的恐怖主义行为已经实际发生或试图发生。只要有以下事实就已足够：即犯罪嫌疑人意图将资金用于资助恐怖主义行为，或者该人明知资金将被用于该目的。因此，资助恐怖主义罪行与恐怖主义罪行是相互分离和独立的。③

2. 关于资助行为的客观表现问题

对此，有论者认为，关于资助行为，在汉语中就是用财物帮助的意思，即向帮

---

① 参见翟金鹏：《组织、领导、参加恐怖活动组织罪研究》，载《犯罪研究》，2004（3）。

② 参见钊作俊：《试论组织、领导、参加恐怖活动组织罪》，载《法学评论》，1998（1）。

③ 参见于志刚：《恐怖活动犯罪中资助行为之内涵——从国际社会立法差异性角度进行的分析》，载《云南大学学报》（法学版），2006（2）。

助的对象提供金钱、财物、器材、设备、场所等物质条件予以支持协助、提供某种便利。这种帮助一般发生在恐怖活动组织的组建过程中以及实施恐怖活动的个人在实施恐怖活动行为之前或实施过程之中，其作用是便利这些犯罪的着手实行或者在实行过程中促使其顺利完成。资助行为应当是用有形的物质性利益进行帮助，即只能是提供经费、活动场所、训练基地、各种通讯设备、设施等。如果行为人不是提供物质上的帮助，而是在精神上、舆论宣传等方面给予支持，则不能视为资助行为。至于资助是主动提供的，还是在对方或其他人要求下提供的，均不影响本罪的成立。① 有论者指出，资助的基本行为模式包括提供或者募集资金。资助行为的新类型表现为管理。在法国刑事立法中，“管理”（经营）恐怖组织或者个人的资产，成为一种新的资助方式。这是一种合理的、可供借鉴的立法探索。对于“招募人员、提供培训和供应武器”的行为，在有关国际文件中，已经被区别在外而不再属于“资助”行为的类型。根据联合国安全理事会第1373（2001）号《决议》，会员国必须采取措施不仅打击资助恐怖主义的行为，而且打击其他支持方式，例如，招募人员和供应武器。但是，司法实践中，如果实施此类“其他支持方式”的人员，其本身不属于恐怖分子或者恐怖组织的，则对其行为仍然可以以资助恐怖活动罪追究刑事责任，毕竟，在实质上，此类“其他支持方式”，依然是一种物质化的资助行为。就资助是否必须无偿的问题，该论者强调，按一般的理解，“资助”恐怖主义犯罪的行为，应当是指无偿提供或者义务型的募集。但是，客观地讲，“资助”行为在本质上要求的是对恐怖主义在物质上的支持和帮助，而不一定绝对要求物质帮助上的无偿性。如果过于强求提供资助等的无偿性，则可能导致有罪不能罚。②

3．关于资助对象范围的界定问题

有论者认为，对“实施恐怖活动的个人”不宜做扩大化解释，应当将其限定为恐怖活动组织的某一或某些成员。对于资助具有恐怖性质的普通犯罪活动，符合共同犯罪的特征的，可以作为这些犯罪行为的帮助犯处理，没有必要以资助恐怖活动罪论处。③ 而有论者则认为，对于实施恐怖主义行为的“个人”和“组织”的选择，中国目前的立法模式具有可取性。其一，“恐怖分子”的范围过于狭窄，因而立法上将资助的“个人”型对象加以拓展，法定化为可能实施恐怖主义行为的任何个人，即“实施恐怖活动的个人”而非“恐怖分子”；其二，“恐怖组织”的范围过于狭窄，因而立法上将资助的“组织”型对象加以拓展，法定化为可能实施、参与、从事乃

---

① 参见芦伟、王迪生：《恐怖活动罪若干问题探析》，载《郑州经济管理干部学院学报》，2004（1）。

② 参见于志刚：《恐怖活动犯罪中资助行为之内涵——从国际社会立法差异性角度进行的分析》，载《云南大学学报》（法学版），2006（2）。

③ 参见芦伟、王迪生：《恐怖活动罪若干问题探析》，载《郑州经济管理干部学院学报》，2004（1）。

至企图实施恐怖主义行为的任何组织，即“恐怖活动组织”而非“恐怖组织”。①

4. 资助恐怖活动罪与共同犯罪的关系问题

对此，有论者认为，资助恐怖活动罪从主客观等方面，完全符合刑法总则中共同犯罪的特征，其在客观方面实施的是帮助行为，在主观方面具有帮助故意，也就是说，本罪具有共同犯罪中帮助犯罪的性质。在 2001 年 12 月 29 日《刑法修正案（三）》出台之前，对这种资助行为，一般也是作为组织、领导、参加恐怖活动组织罪的共犯论处的。但鉴于对恐怖活动犯罪进行帮助行为的严重性和出于防范恐怖活动犯罪的考虑，《刑法修正案（三）》将这种危害公共安全的帮助行为予以单独规定，并配有独立的法定刑，从而使得这种帮助行为在性质上成为一种相对独立的实行行为。类似于这种原本属于共同犯罪中的帮助行为但立法上并未作为共犯处理，而是作为一个独立罪名、有自己独立的罪刑规范的现象，在现行《刑法》中还有其他的几个典型立法例，如第 107 条规定的资助危害国家安全犯罪活动罪、第 358 条第 2 款规定的协助组织卖淫罪等。因此，尽管资助恐怖活动的行为在一定意义上具有共同犯罪中的帮助行为的特征，但由于刑事立法上明确将其规定为一种独立的犯罪，对其就不能按处理共同犯罪的原则定罪量刑。②

三、整体评论

在对 1978 年至 2008 年我国刑法学界关于恐怖主义犯罪的研究观点进行综述的基础上，我们试图简要地对其作出以下评价。

第一，恐怖主义犯罪的概念。关于恐怖主义犯罪概念的界定，在论者中并没有取得一致意见；对于在法律上应不应当给恐怖主义犯罪下定义，同样存在分歧意见。尽管如此，绝大多数研究者还是试图对恐怖主义犯罪的概念作出界定。具体定义的角度各不相同，概括起来主要涉及主体、目的、手段、对象四个方面的内容，但在具体内容上存在较大的分歧。实际上，对恐怖主义犯罪的界定应当满足一定阶段惩治恐怖主义犯罪的需要，应当立足于国家或者国际反恐斗争的实际。就我国当前的反恐而言，防范和打击新疆“三股势力”是重点，因而，在对恐怖主义犯罪的概念进行界定时应当充分反映“三股势力”的活动规律、特点，从而在刑事立法上作出一个恰当的回应。

第二，恐怖主义犯罪的构成特征。其一，对国家能否成为恐怖主义犯罪主体的问题，目前并无定论。实际上，国家能否承担刑事责任也一直是国家责任理论中争议较大的问题。从国内恐怖主义犯罪立法看，我国是不承认国家可以实施恐怖主义犯罪的。其二，恐怖主义犯罪是否必须具有政治目的是学界争议较大的问题。从国际反恐经验看，由于国家之间对政治犯罪认识有很大差异，而政治犯罪不引渡是国

---

① 参见于志刚：《恐怖活动犯罪中资助行为之内涵——从国际社会立法差异性角度进行的分析》，载《云南大学学报》（法学版），2006（2）。

② 参见卢建平主编：《有组织犯罪比较研究》，336 页，北京，法律出版社，2004。

家司法合作一条重要原则，所以，如果坚持认为恐怖主义犯罪具有政治目的，就不利于国际反恐的刑事合作。其三，随着科学技术的发展，通过网络制造恐怖、借助生物病毒制造社会恐怖都是不容回避的问题，因此，如果坚持恐怖主义犯罪的手段只能是暴力或以暴力相威胁，则显然不切合实际。其四，恐怖主义犯罪侵害的对象应当是不特定的，这样才能反映其危害公共秩序、在社会公众中引起恐惧的本质。其五，关于恐怖主义犯罪客体的研究将直接决定恐怖主义犯罪在刑法分则体系中的地位，而论者对恐怖主义犯罪本质的认识会影响他们对恐怖主义犯罪复杂客体孰轻孰重的认识。如果肯定恐怖主义犯罪具有政治性质，就容易得出恐怖主义犯罪主要侵犯了国家安全的结论，而如果认为恐怖主义犯罪具有非政治性，那么就可能容易理解恐怖主义犯罪主要侵犯了公共安全的观点。对此问题，尚值得深入研究。

第三，反恐立法。这是打击恐怖主义犯罪的法律依据。《刑法修正案（三）》尽管没有对恐怖主义犯罪的性质作出明确的解释，但是以列举方式指出了恐怖活动罪所包括的罪名。这些罪名主要包括《刑法》第 114 条、第 115 条、第 120 条、第 125 条、第 127 条、第 191 条、第 291 条所规定的犯罪。论者们在考察国际恐怖主义犯罪的基础上，来思考我国恐怖主义犯罪的立法问题。概括地讲，我国反恐立法的研究成果颇为丰硕，其中既有从宏观上考虑反恐立法的基本原则、人权保障和刑事政策等问题的，也有从中观上对我国刑事实体和程序立法体系展开论证的，更有从微观层面对我国恐怖主义犯罪的构成要件进行探讨的。对我国今后反恐立法而言，应当在借鉴国际社会反恐经验的基础上，制定一部符合我国实际的综合性的反恐法律。

总之，到目前为止，尽管学界对恐怖主义犯罪的研究已经非常深入，对恐怖主义犯罪的概念、构成特征、反恐立法和对策等问题展开了有价值的论述，但是，在我国刑事法律中，并没有出现“恐怖主义”这一用语，而是代之以“恐怖活动”、“恐怖活动犯罪”。而恐怖主义犯罪的概念是研究恐怖主义犯罪的出发点。所以，如何在刑法中界定恐怖主义犯罪概念还是论者们的一个重要任务。此外，如何将我国参加的反恐国际公约的内容转化为国内刑法的规定也是一个值得关注的问题，这不仅关系到我国承担条约义务，更重要的是能有效地完善我国反恐刑事立法体系，促进对恐怖主义犯罪的打击和防范。另外，恐怖主义犯罪研究的视角今后还有待扩展；关于恐怖主义犯罪与刑法中其他犯罪之间关系的比较研究还较为薄弱，有待加以强化。在恐怖主义犯罪研究中如何应用实证的分析方法也是以后值得探讨的问题。

第三章

交通肇事罪

一、研究概况

交通肇事罪是一种常见的犯罪。刑法理论对交通肇事罪的研究是与该罪的立法变动过程交替进行的。一方面，理论研究的成果推动立法的修改和完善；另一方面，立法的新规定又促进了理论研究的深化。

我国对交通肇事罪的立法和司法解释，大致分为两个阶段：第一个阶段是 1979 年《刑法》颁布到 1997 年《刑法》修订，在这一阶段出台了两个关于交通肇事罪的法条，即 1979 年《刑法》第 113 条①和 1997 年《刑法》第 133 条。② 第二个阶段是 1997 年《刑法》修订以后至今。在这一阶段没有新的关于交通肇事罪的立法规定出台，但出现了一个司法解释，即 2000 年 11 月 10 日最高人民法院《关于审理交通肇事刑事案件具体应用法律若干问题的解释》（本章以下简称《交通肇事刑事案件解释》），该司法解释的影响是深远的。

---

① 该条规定，“从事交通运输的人员违反规章制度，因而发生重大事故，致人重伤、死亡或者使公私财产遭受重大损失的，处三年以下有期徒刑或者拘役；情节特别恶劣的，处三年以上七年以下有期徒刑。”“非交通运输人员犯前款罪的，依照前款规定处罚。”

② 该条规定，“违反交通运输管理法规，因而发生重大事故，致人重伤、死亡或者使公私财产遭受重大损失的，处三年以下有期徒刑或者拘役；交通运输肇事后逃逸或者有其他特别恶劣情节的，处三年以上七年以下有期徒刑；因逃逸致人死亡的，处七年以上有期徒刑。”

与交通肇事罪的立法变化相呼应，自1978年至2008年，刑法学界对交通肇事罪的研究大体上分为三个阶段。

第一阶段：自1979年《刑法》的颁行至1988年8月1日《中华人民共和国道路交通管理条例》[1] 的实施。

在这一阶段，刑法学界对交通肇事罪的构成要件的理解基本上一致，理论上没有太多的争议，有影响的论文也比较少。在中国法学会刑法学研究会组织编写的《全国刑法硕士论文荟萃》（1981－1988届）中，只有一篇论文是关于交通肇事罪的。[2] 这一阶段对交通肇事罪的研究主要集中在对刑法规定的应用性研究上，侧重于对交通肇事罪的具体构成特征的把握，研究范围相对较窄。研究的问题主要是：非司机交通肇事的刑事责任；交通肇事罪与过失杀人罪（现已经改为过失致人死亡罪）、间接故意杀人罪、以驾车撞人的危险方法危害公共安全罪的界限；厂矿、企业、学校、居民区内道路事故是否构成交通肇事罪。[3]

第二阶段：自1988年8月1日《中华人民共和国道路交通管理条例》的实施至1997年《刑法》颁行以前。

这一阶段对交通肇事罪的研究具有以下特点。

第一，对交通肇事罪的研究视野有了拓宽：一是对交通运输范围的理解有了扩张的解释，它不仅包括以运输为业的专职驾驶人员的活动，也包括日常生活中普通百姓的驾驶活动；二是理论研究的对象不仅仅限于对刑法条文规定的理解和执行，也包括根据现实需要对立法的修改讨论；三是对交通肇事罪既从业务过失的角度进行研究，又从责任事故的角度进行研究，以求得理论的完整性。

第二，理论研究与立法修改协同进行。相对于第一阶段的研究，这一阶段针对刑法立法的完善提出了许多有建设性的意见。在对交通肇事罪的立法修订中，每一个修改稿的提出，都是以相关理论研究成果为支撑的。

第三阶段：自1997年《刑法》颁行至今。

1997年《刑法》对1979年《刑法》中的交通肇事罪进行了较大幅度的修改。立法的变动，大大激发了刑法学界对交通肇事罪进行研究的热情。在1997年《刑法》颁行之初，理论上围绕交通肇事罪的立法变动的理解，进行了热烈讨论。为了配合1997年《刑法》的实施，2000年11月10日，最高人民法院颁布了《交通肇事刑事案件解释》，试图解决立法中不明确和容易造成误解的问题。然而，《交通肇事刑事案件解释》的出台不仅没有平息理论分歧，反而由于其规定一味追求操作性而引起了更多的疑惑。由此，在刑法学界掀起了交通肇事罪研究的热潮。在公开的学术刊

---

① 该条例已经被2004年5月1日生效的《中华人民共和国道路交通安全法》所取代。

② 参见刘华：《论交通肇事罪》，载赵秉志等编：《全国刑法硕士论文荟萃》（1981－1988届），584～586页，北京，中国人民公安大学出版社，1989。

③ 参见赵汝昆、王运声主编：《刑事犯罪案例丛书（交通肇事罪）》，103～107页，北京，中国检察出版社，1992。

物上发表的有关交通肇事罪的论文有三百余篇，特别是围绕“因逃逸致人死亡”的研究所发表的论文占了重要分量。①

① 中国期刊发表的论文主要有：吴学斌、王声：《浅析交通肇事罪中“因逃逸致人死亡”的含义》，载《法律科学—西北政法学院学报》，1998（6）；李洁：《析交通肇事罪的罪过形式》，载《人民检察》，1998（11）；黄祥青：《浅析新刑法中的交通肇事罪》，载《政治与法律》，1998（4）；吴学斌、王声：《析交通肇事罪中“因逃逸致人死亡”的含义》，载《法律科学》，1998（6）；李晓龙、李立众：《试析交通肇事罪中的“因逃逸致人死亡”》，载《法学》，1999（8）；张波：《交通肇事罪“逃逸”的定性分析》，载《中国刑事法杂志》，1999（5）；邢曼媛、侯海龙：《论交通肇事罪》，载《山西警官高等专科学校学报》，1999（2）；林亚刚：《犯罪过失的理论分类中若干问题的探讨》，载《法学评论》，1999（3）；李晓龙、李立众：《试析交通肇事罪中的“因逃逸致人死亡”》，载《法学》，1999（8）；汪鸿滨：《“交通肇事后逃逸和因逃逸致人死亡”析》，载《湖南省政法管理干部学院学报》，1999（6）；刘艳红：《论交通肇事罪中“因逃逸致人死亡”的法律性质》，载《当代法学》，2000（3）；曹勇：《简析交通肇事犯罪案件的审理》，载《法律适用》，2000（3）；吕伟男、李孝忠：《浅析交通肇事犯罪中的自首情节——兼与曹勇同志商榷》，载《法律适用》，2000（5）；王俊平：《论交通肇事不救助的问题》，载《法学》，2000（1）；于文湖：《析交通肇事逃逸致人死亡的定罪问题》，载《滨州师专学报》，2001（3）；周雪艳：《中外交通肇事犯罪立法比较研究》，载《贵州警官职业学院学报》，2002（2）；王红兵、王璐：《关于交通肇事罪中的几个问题》，载《河南省政法管理干部学院学报》，2002（6）；侯国云：《交通肇事罪司法解释缺陷分析》，载《法学》，2002（7）；周雪艳：《中外交通肇事犯罪立法比较研究》，载《山东公安专科学校学报》，2002（2）；王晓兰：《试论交通肇事罪中因逃逸致人死亡的问题》，载《法律适用》，2002（3）；侯国云：《有关交通肇事罪的几个疑难问题》，载《中国法学》，2003（1）；黎宏：《论交通肇事罪的若干问题——以最高人民法院有关司法解释为中心》，载《法律科学》，2003（4）；魏在军：《交通肇事罪中“因逃逸致人死亡”问题探究》，载《齐齐哈尔大学学报》（哲学社会科学版），2003（6）；韩锦霞：《肇事后“逃逸致人死亡”的定罪分析》，载《当代法学》，2003（10）；陈迎秋：《论交通肇事罪》，载《铜仁师范高等专科学校学报》，2003（3）；孙振江：《关于交通肇事罪“因逃逸致人死亡”问题的思考》，载《理论界》，2003（3）；冯金根：《交通肇事罪认定中的几个问题》，载《政法论坛》，2004（4）；殷磊：《论交通肇事罪的立法完善》，载《云南大学学报》（法学版），2004（4）；张晶、赵静：《交通肇事后因逃逸致人死亡案件探讨》，载《安徽大学学报》（哲社版），2004（5）；杨惠梅、谢沁：《析交通肇事罪的“因逃逸致人死亡”》，载《学术探索》，2004（9）；程和友：《浅析交通肇事后逃逸行为的犯罪化》，载《武汉交通职业学院学报》，2004（4）；刘文莉、黄润恒：《交通肇事逃逸与司法实践》，载《求索》，2004（10）；刘立杰：《浅析〈刑法〉第133条中的“逃逸”和“因逃逸致人死亡”——兼论交通肇事罪的罪过形式》，载《理论界》，2006年（S1）；李娜玲、乔昆：《交通肇事因逃逸致人死亡的再思考》，载《甘肃农业》，2006（2）；刘东根：《道路交通事故责任与交通肇事罪的构成》，载《中国人民公安大学学报》，2005（2）；丁凡、王庆亮：《对交通肇事罪中“因逃逸致人死亡”问题的理解》，载《山东科技大学学报》（社会科学版），2005（1）；黄伟明：《交通肇事罪构成中结果标准的数量因素分析》，载《法学杂志》，2005（2）；梅丽华：《交通肇事逃逸罪立法可行性研究》，载《江汉大学学报》（人文科学版），2006（3）；周建军：《试谈交通肇事逃逸致人死亡的认定》，载《安全与健康》，2005（18）；林贵文：《交通肇事罪的“因逃逸致人死亡”罪过形式论析》，载《福建政法管理干部学院学报》，2006（1）；王军明：《交通肇事罪中“逃逸致人死亡”问题研究》，载郎胜等主编：《中国刑法学年会文集刑法实践热点问题探索》（2008年度·下卷），738页，北京，中国人民公安大学出版社，2008；杨凯：《交通肇事罪中“因逃逸致人死亡”的罪过形式检讨》，载郎胜等主编：《中国刑法学年会文集刑法实践热点问题探索》（2008年度·下卷），741页，北京，中国人民公安大学出版社，2008；张亚军、包雯：《也谈交通肇事“因逃逸致人死亡”之界定》，载郎胜等主编：《中国刑法学年会文集刑法实践热点问题探索》（2008年度·下卷），756页，北京，中国人民公安大学出版社，2008；罗猛：《交通肇事罪若干疑难问题研究》，载郎胜等主编：《中国刑法学年会文集刑法实践热点问题探索》（2008年度·下卷），629页，北京，中国人民公安大学出版社，2008；等等。

二、观点综述

（一）交通肇事罪的主体

1.1979 年《刑法》第 113 条中的“非交通运输人员”的理解问题

1979 年《刑法》第 113 条规定的交通肇事罪主体有两类。一类是从事交通运输的人员，另一类是非交通运输人员。对于前者，理论上争议不大，主要的争议点在后者。对此，有三种不同的观点。第一种观点认为，“非交通运输人员”包括无证驾驶人员和非机动车的使用人。这类人员只要从事了交通运输活动，发生了交通事故，都可以成为交通肇事罪的主体。① 第二种观点认为，“非交通运输人员”除了包括机动车驾驶人员以及非机动车驾驶人员以外，还包括行人。② 第三种观点认为，“非交通运输人员”是指非交通运输人员但从事正当运输工作的人，而不能将之理解为造成交通事故的任何人员。③

2.1997 年《刑法》中交通肇事罪的主体是一般主体还是特殊主体的问题

对此，理论上主要有两种观点。一种观点认为，立法上未对犯罪主体明确加以限定，即交通肇事罪的主体应为一般主体，包括从事交通运输的人员和非从事交通运输的人员。④ 在主张一般主体的论者中，对非交通运输人员的界定也有不同认识。有论者认为，非交通运输人员，是指没有合法手续却从事正常交通运输的人员；⑤ 也有论者认为，非交通运输人员，是指交通运输人员以外的人员。⑥ 另一种观点认为，交通肇事罪的主体是特殊主体，即航空人员、铁路人员以外的一切从事交通运输的人员。⑦

3. 从事交通运输管理和指挥工作的人员能否成为交通肇事罪的主体

对此，第一种观点认为，从事交通运输的人员，不能完全包括也不能限于交通运输部门的所有职工，而是指与交通运输安全有直接关系的业务人员，包括交通工

---

① 参见赵汝昆、王运生主编：《刑事犯罪案例丛书（交通肇事罪）》，97 页，北京，中国检察出版社，1992。

② 参见韩长泰：《关于交通肇事罪的几个问题》，载《法学杂志》，1996（1）。

③ 参见赵秉志：《刑法各论问题研究》，714 页，北京，中国法制出版社，1996；高格：《论交通肇事罪》，载《河北法学》，1988（4）；包明华：《试论交通肇事罪的认定》，载《内蒙古电大学刊》，1991（S2）。

④ 参见王作富主编：《刑法分则实务研究》（上），3 版，194 页，北京，中国方正出版社，2007。

⑤ 参见鲍遂献、雷东升主编：《危害公共安全罪》，341 页，北京，中国人民公安大学出版社，1999。

⑥ 参见张明楷：《刑法学》，3 版，504 页，北京，法律出版社，2007；罗猛：《交通肇事罪若干疑难问题研究》，载郎胜等主编：《中国刑法学年会文集刑法实践热点问题探索》（2008 年度·下卷），629 页，北京，中国人民公安大学出版社，2008。

⑦ 参见齐文远主编：《刑法学》，424 页，北京，法律出版社，1999。

具的驾驶人员，同保证交通运输安全有直接关系的人员，如调度员、扳道员、交通警察等，还包括交通运输生产直接指挥人员。① 第二种观点认为，从事交通指挥和管理工作的人员，如调度员、扳道员、交通警察等客观上也存在着违反交通运输管理法规的可能性，当这种违反交通运输管理法规的可能性变成现实，并实际造成了重大事故时，也同样会对公共安全造成极大的危害。这种失职行为无论从客观后果上比较还是从主观恶性上分析，同驾驶人员违反交通运输管理法规而致重大事故发生的肇事行为并无质的区别。而且从义务的角度衡量，交通警察、调度员、扳道员等交通运输管理指挥人员负有维护交通运输的正常有序运转的职责，理应更加谨慎小心地履行义务，然而却因过失违规致重大事故发生，其主观恶性比一个普通的驾驶人员交通肇事的主观恶性更大，更应承担罪责。由于交通警察、调度员、扳道员违反交通运输管理法规导致重大事故发生的行为侵犯的客体更主要的是不特定多数人的生命、财产安全，在法条竞合时，根据特别法条优于普通法条的原则，认定为交通肇事罪更加符合这类行为的本质特征，所以这类从事交通指挥和管理工作的人员也应纳入交通肇事罪的主体范围。② 第三种观点认为，交通运输人员只能是指操纵或协助操纵交通工具使其行驶，以将货物或者人员从一个地方运到另一个地方作为专业工作的人员。③

4. 非机动车驾驶人员能否成为交通肇事罪主体的问题

对此，主要有三种观点。

第一种观点认为，虽然非机动车辆肇事的危害不如大型机动交通运输工具那样大，但不能因此而否定它具有危害公共安全性质的事实。④ 在我国，自行车是主要交通工具之一，使用范围极广，马车、人力车、帆船等落后的交通工具还未完全淘汰，有些地区还大量使用。这些非机动性交通工具造成的交通事故在交通事故总数中占有相当比重，其对交通安全的危害实际存在。⑤ 因此，对于使用自行车、三轮车、兽力车等交通运输工具发生严重事故，造成人身伤亡的，应按交通肇事罪

---

① 参见赵秉志主编：《疑难刑事问题司法对策》，第 7 集，377 页，长春，吉林人民出版社，1999。

② 参见冯春：《论交通肇事罪的主体》，载《重庆交通学院学报》（社会科学版），2003（3）。

③ 参见刘志伟主编：《危害公共安全犯罪疑难问题司法对策》，344 页，长春，吉林人民出版社，2001。

④ 参见高铭暄主编：《中国刑法学》，391 页，北京，中国人民大学出版社，1989；王作富：《中国刑法研究》，435 页，北京，中国人民大学出版社，1988；赵秉志主编：《中国刑法案例与学理研究》，第 2 卷，209 页，北京，法律出版社，2004；何秉松主编：《刑法教程》，246 页，北京，法律出版社，1987。

⑤ 参见袁文峰：《论交通肇事罪立法与司法的完善》，载《法律学习与研究》，1990（6）。

处理。①

第二种观点认为，驾驶非机动车辆者不能成为交通肇事罪的主体，理由在于：非机动车不足以危害公共安全，而且，如果认定为交通肇事罪，则在量刑上较普通过失罪轻，因而应按照过失重伤、过失杀人罪追究刑事责任。②

第三种观点认为，不应一概而论。当非机动车辆被用来从事交通运输活动即非机动车辆的用途被纳入与机动车辆用途相同的情况下，或者非机动车辆的驾驶与正在进行的有关交通运输活动有直接关联的情况下，行为人驾驶非机动车辆，违章肇事，危害公共安全的，应以交通肇事罪论处。③

5. 行人能否成为交通肇事罪主体的问题

对此，主要有以下两种观点。

一种观点认为，从1979年《刑法》第113条第2款的“非交通运输人员”可构成交通肇事罪的规定来看，此处的“非交通运输人员”自然也包含行人。④并且，行人违反交通法规，在一定意义上的确会造成严重后果。⑤1997年《刑法》颁布后，也有论者认为，交通肇事罪的主体为一般主体，行人当然可以构成交通肇事罪。⑥对行人违章是否按交通肇事罪处理，关键在于考察行人的行为是否具有危害公共安全的性质。对于客观上不可能，也没有造成不特定多数人的生命、健康及重大公私财产损害的行为，不应以交通肇事罪认定。如行人在通常没有车辆来往的公路上违章致人重伤或死亡，只危及特定人的健康与生命，以过失致人重伤罪或过失致人死亡罪处理即可。⑦

---

① 参见杨春洗主编：《中国刑法论》，312页，北京，北京大学出版社，1994；高铭暄、马克昌主编：《中国刑法解释》（上卷），1053页，北京，中国社会科学出版社，2005；张明楷：《刑法学》，3版，540页，北京，法律出版社，2007。

② 参见赵秉志：《刑法各论问题研究》，715页，北京，中国法制出版社，1996；周振想主编：《中国新刑法释论与罪案》（上），555页，北京，中国方正出版社，1997；张炳明：《谈谈交通肇事罪的认定和处罚》，载《现代法学》，1988（3）。

③ 参见高铭暄主编：《刑法专论》（下编），649页，北京，高等教育出版社，2002。类似观点，可参见赵秉志、肖中华：《关于交通肇事、绑架、贪污犯罪司法疑难问题的对话》，载游伟主编：《华东刑事司法评论》，第3卷，111页，北京，法律出版社，2003；苏惠渔主编：《刑法学》（修订版），454页，北京，中国政法大学出版社，1997；李希慧：《略论与交通肇事罪相关的几个问题》，载中国人民大学刑事法律科学研究中心编写：《刑事法学的当代展开》（下），855页，北京，中国检察出版社，2008。

④ 参见赵秉志主编：《刑事疑难问题司法对策》，第7辑，508页，长春，吉林人民出版社，1999。

⑤ 参见韩长泰：《关于交通肇事罪的几个问题》，载《法学杂志》，1996（1）。

⑥ 参见何秉松主编：《刑法教科书》，508页，北京，中国法制出版社，1997；周振想主编：《中国新刑法释论与罪案》（上），666页，北京，中国方正出版社，1997；李朝晖：《交通肇事罪犯罪主体辨析》，载《郑州大学学报》（哲学社会科学版），2005（4）。

⑦ 参见喻红粉：《交通肇事犯罪疑难问题探讨》，载《南都学坛》（人文社会科学学报），2004（2）。

另一种观点主张，应把公路交通管理中的交通事故与刑法中的交通肇事罪区分开来，行人不能成为交通肇事罪的主体。① 否则，会失去判断是非的标准，造成逻辑上的混乱。② 从行为侵害的客体分析，行人参与交通活动，其行为本身不存在危及公共安全的危险性，其危险来源仍是交通工具，所以，行人违章的行为不具有危害公共安全的性质，致人重伤、死亡的，只符合一般的过失致人重伤、死亡犯罪的犯罪构成，而不是危害公共安全的交通肇事罪的犯罪构成。因行人违反交通规则发生重大交通事故，可以免除交通工具的驾驶人员的刑事责任，这即刑法理论上所讲的信赖原则问题，但不能要求行人对违章行为造成他人死亡、伤害的承担交通肇事罪的刑事责任。③

6. 对车辆或驾驶者有支配权的人员能否成为交通肇事罪主体的问题

对此，1987 年最高人民法院、最高人民检察院《关于严格依法处理道路交通肇事案件的通知》（本章以下简称《通知》）第 1 条第 5 项④以及《交通肇事刑事案件解释》第 7 条⑤分别都规定了对于交通工具或者驾驶人员具有一定支配力的主体，在一定情形下可成为交通肇事罪的主体。但理论上对此有不同看法。

第一，针对此种情况下驾驶人员是否构成交通肇事罪的问题，学界有不同的看法。在《交通肇事刑事案件解释》第 7 条规定的情形下，对“单位主管人员、机动车辆所有人或者机动车承包人”构成交通肇事罪基本上没有很大的争议，问题在于《交通肇事刑事案件解释》并没有明确在此情形下驾驶人员是否也构成交通肇事罪。对此，有论者认为，被指使者，作为被教唆行为的实行犯，其行为当然构成犯罪；即便是被强令者，按照《刑法》第 28 条有关胁从犯的规定，同样要构成犯罪，只是在处罚上应当减轻或者免除处罚而已。而且这些人员必须是持过失态度，否则应为故意犯罪。⑥ 另有论者则认为，应当区别不同情形分别对待。当驾驶人员在单位主管人员、机动车辆所有人或机动车辆承包人指使、强令下并未失去其意志自由，违章驾驶造成重大交通事故的，应以交通肇事罪认定；反之，若不具有期待可能性，则不能认定为交通肇事罪。⑦ 还有论者认为，对此问题必须联系单位主管人员、机动车辆所有人或者机动车辆承包人指使、强令驾驶人违章驾驶的强度进行分析，从

---

① 参见赵秉志：《刑法各论问题研究》，715 页，北京，中国法制出版社，1996。

② 参见赵秉志主编：《刑法争议问题研究》（下卷），106～108 页，郑州，河南人民出版社，1996。

③ 参见苏青：《论行人不是交通肇事罪的主体》，载《湖南公安高等专科学校学报》，2007（5）。

④ 该项规定：单位主管负责人或车主强令本单位人员或雇佣人员违章驾车造成重大道路交通事故的，应按照 1979 年《刑法》的规定，追究其刑事责任。

⑤ 该条规定：单位主管人员、机动车辆所有人或者机动车辆承包人指使、强令他人违章驾驶造成重大交通事故，具有本解释第 2 条规定情形之一的，以交通肇事罪定罪处罚。

⑥ 参见张明楷、黎宏、周光权：《刑法新问题探究》，146～147 页，北京，清华大学出版社，2003。

⑦ 参见冯春：《论交通肇事罪的主体》，载《重庆交通学院学报》（社会科学版），2003（3）。

而进一步确定双方的责任：如果单位主管人员、机动车辆所有人或者机动车辆承包人指使、强令驾驶人违章驾驶的强度极大，则他对重大事故所承担的责任自然也较重，驾驶人在此情况下可以根据期待可能性理论免责；如果单位主管人员、机动车辆所有人或者机动车辆承包人指使、强令驾驶人违章驾驶的强度极微弱，重大事故的发生主要是驾驶人相对主动的违法驾驶行为所致，则驾驶人所应当承担的责任自然也较重，指使、强令者则不应当承担本罪之刑事责任；如果指使、强令者的指使、强令行为与驾驶人的违法驾驶行为对重大事故发生的原因力大致相当，则两者均应当承担本罪的刑事责任。在此情况下，驾驶人之所以仍然应当承担刑事责任，根据在于驾驶人的行为是在其相对意志自由的支配下实施的，具备承担刑事责任的基础。①

第二，针对乘车人是否也可以参照车辆所有人等因"指使"、"强制"驾驶人员而构成交通肇事罪，理论上有不同观点：一种观点认为，参照《交通肇事刑事案件解释》第5条第2款有关交通肇事共犯的规定，《解释》第7条遗漏了乘车人，因为乘车人强令汽车司机违章驾驶并引起重大事故的，并非鲜见。② 另一种观点认为，《交通肇事刑事案件解释》对指使、强令违章驾驶者的范围不是随意确定的，其理论根据是狭义的监督过失。即在法律上，对直接操纵交通工具者不具有监督关系的人是不能指使、强令司机违章驾驶的。即使在实践中，乘车人实施了所谓"指使、强令"的行为，司机言听计从而致重大交通事故的，乘车人也不构成交通肇事罪。③

7. 交通肇事罪主体中的共犯问题

根据《交通肇事刑事案件解释》第5条第2款的规定，交通肇事后，单位主管人员、机动车辆所有人、承包人或者乘车人指使肇事人逃逸，致使被害人因得不到救助而死亡的，以交通肇事罪的共犯论处。该规定的初衷是为了解决实践中大量存在的其他人指使肇事人肇事后逃逸的问题，但却在理论层面和司法层面引起了广泛的讨论。对此，主要有肯定论、否定论和折中论三种观点。

第一，共犯肯定论。有论者认为，司机肇事引发交通事故是过失的，对肇事行为不存在按照共犯处罚的问题。但是，鉴于《刑法》第133条将逃逸这种故意实施的行为规定为交通肇事罪加重处罚的情节，而且在肇事后逃逸的问题上，肇事人主观上是故意的，其他人指使其逃逸，具有共同的故意，而且逃逸行为与被害人死亡具有因果关系，符合共犯的构成条件。④ 也有论者以复合罪过的理论来解释交通肇事罪的共犯问题。论者认为，肇事人对因逃逸致使被害人死亡这一结果的心态已经

---

① 参见赫兴旺：《交通肇事罪若干问题研究》，载《中国公共安全》（学术版），2007（3）。

② 参见侯国云：《交通肇事罪司法解释缺陷》，载《法学》，2002（7）。

③ 参见黄河：《析交通肇事罪司法解释对犯罪主体的特殊规定》，载《云南大学学报》（法学版），2004（2）。

④ 参见孙军工：《正确适用法律严惩交通肇事犯罪——〈关于审理交通肇事刑事案件具体应用法律若干问题的解释〉的理解与适用》，载《人民司法》，2000（12）。

不是过失，而是故意（一般为间接故意）。肇事人将他人撞伤，这一行为导致产生救助被害人的法律责任，因逃跑而不履行此义务便构成了刑法上的不作为；逃跑时由于逃避法律追究心切而置被害人的死活于不顾，被害人因得不到救助而死亡，肇事人对死亡结果持放任心态是毫无疑义的。因逃逸致人死亡，是不作为形式的故意犯罪。有关人员出于不同动机指使肇事人逃逸时，对被害人的死亡结果实际上也是持放任态度。在客观上，肇事人逃跑行为是在有关人员“指使”下产生的，两者之间存在因果关系。有共同故意和共同行为，当然可以构成共同犯罪。① 还有论者认为，“交通肇事后逃逸”的行为不仅仅是一个量刑情节，特定情况下，它还是定罪情节。尽管先前的致人重伤的肇事结果是由驾车者的行为所引起的，但是，此时尚不构成交通肇事罪。只有在行为人还具有逃逸而致使被害人死亡的情况下，才构成犯罪。即在这种场合下，行为人之所以构成交通肇事罪，主要是因为行为人故意实施了不作为行为。因此，“单位主管人员、机动车辆所有人、承包人或者乘车人”在他人交通肇事后，教唆他人逃逸，致使被害人死亡的场合，他们之间具有共同的逃逸行为和逃逸故意，完全具备成立共同犯罪的条件，可以成立共同犯罪。②《交通肇事刑事案件解释》中所称的“共犯”也应当是在此意义上而言的。③ 更有论者认为，交通肇事罪是一种包容犯，《刑法》第133条及《交通肇事刑事案件解释》对于交通肇事逃逸致人死亡方面的规定在实践及理论上都有其存在的正当性根据，相应的，交通肇事逃逸致人死亡可以成立共犯，甚至还可能出现共犯竞合的情况。④

第二，共犯否定论。论者们从不同的角度对自己的观点进行了论证。①由于共同犯罪的特点是两人以上通过共同的犯罪故意实施的，而在共同过失犯罪的场合，双方缺乏意思联络，并且不存在主犯、从犯、教唆犯的区分，只存在过失责任大小的差别，因而只需根据个人的过失犯罪情况分别追究刑事责任即可。⑤ ②共犯是两人以上共同故意犯罪，且成立共同犯罪，必须有共同的行为；此处肇事者和指使逃逸者之间没有共同引起交通肇事结果的行为，只是在事后的逃逸行为这一点上，有共同的行为，但是，交通肇事之后的逃逸行为，在现行刑法中，只是一个量刑情节，本身并没有被单独看作为交通肇事罪。⑥“因逃逸致人死亡”实质上是交通肇事罪的

① 参见储槐植：《读“因逃逸致人死亡”司法解释》，载《人民法院报》，2001-01-23。

② 参见黎宏：《论交通肇事罪的若干问题——以最高人民法院司法解释为中心》，载《法律科学》，2003（4）。

③ 参见赫兴旺：《交通肇事罪若干问题研究》，载中国人民大学刑事法律科学研究中心组织编写：《刑事法学的当代展开》（下），871～872页，北京，中国检察出版社，2008。

④ 参见王立志：《交通肇事罪包容犯立法模式及其共犯定性》，载郎胜等主编：《中国刑法学年会文集刑法实践热点问题探索》（2008年度·下卷），613页，北京，中国人民公安大学出版社，2008。

⑤ 参见高铭暄、马克昌主编：《刑法学》，170页，北京，北京大学出版社、高等教育出版社，2000。

⑥ 参见张明楷、黎宏、周光权：《刑法新问题探究》，148页，北京，清华大学出版社，2003。

量刑情节，“逃逸”为非罪行为，因此，“指使逃逸”不构成交通肇事罪的共犯。[①]交通肇事逃逸的共同犯罪并不等同于交通肇事的共同犯罪。在我国刑法中，“逃逸”是不能单独构成犯罪的，其本身就没有定罪层面的意义。导致“指使人”构成犯罪的，并不是“逃逸”的行为，而是指使肇事人逃逸从而导致被害人死亡的情形。[②]③将单位主管人员、机动车辆所有人、承包人或者乘车人指使逃逸的行为认定为窝藏罪或遗弃罪，更为合理。这种行为要么属于帮助犯罪人逃逸的行为，要么属于遗弃行为。[③] ④仅有指使逃逸行为，但没有其他妨碍司法的行为的，不作为犯罪处理；有指使逃逸行为，在公安机关向其调查时，不如实作证或故意作假证明的，可以认定为包庇罪；指使他人逃逸，并在刑事诉讼中，指使者对与案件有重要关系的情节，故意作虚假证明的，可以认定为伪证罪。[④] ⑤交通肇事后，单位主管人员、机动车辆所有人、承包人或者乘车人指使肇事人逃逸，行为人不是指使驾驶人员违反交通运输管理法规肇事，而是使驾驶人员在肇事后逃逸，这是一种事后行为，与肇事人没有共同的肇事行为，行为人指使逃逸时的心理状态也不是交通肇事的过失，因而与肇事人在主观上也不具有共同肇事的共同过失，所以，不能成立交通肇事的共同犯罪。[⑤] ⑥在单位主管人员、机动车辆所有人、承包人以及乘车人指使肇事人逃逸的情况下，单位主管人员、机动车辆所有人、承包人以及乘车人与肇事人只有“逃逸”的共同故意和“逃逸”的共同行为，而没有“肇事”的共同故意和“肇事”的共同行为，因为肇事是由肇事人自己违章驾驶所导致的，与单位主管人员、机动车辆所有人、承包人以及乘车人并无关系，即他们对肇事人违反交通运输管理法规并发生重大事故，主观上既无故意又无过失，客观上也没有教唆、帮助行为或共同的实行行为，对“肇事”是不应承担责任的；然而，在肇事后，正是由于指使肇事人逃逸的教唆行为，让肇事人产生了逃逸的故意，并进而实施了逃逸行为，最后导致被害人因得不到救助而死亡，所以单位主管人员、机动车辆所有人、承包人以及乘车人应对肇事人的逃逸行为和被害人的死亡结果承担责任。但是否应对其认定为交通肇事罪的共犯呢？这里应分为两种情况来认定：第一种情况，当单位主管人员、机动车辆所有人、承包人以及乘车人逃逸时对被害人的死亡结果持过失的心态时，应分别定罪，对肇事人定为交通肇事罪，对单位主管人员、机动车辆所有人、承包人以及乘车人可定为过失致人死亡罪；第二种情况，当单位主管人员、机动车辆所有人、承包人以及乘车人指使肇事人逃逸，对被害人的死亡结果持放任态度时，对

---

① 参见姚兵：《“因逃逸致人死亡”法条分析——兼评交通肇事罪共犯》，载《山西警官高等专科学校学报》，2003（4）。

② 参见陶妍：《论交通肇事罪的主体》，载《高等教育与学术研究》，2007（3）。

③ 参见张明楷：《刑法学》，3版，544页，北京，法律出版社，2007。

④ 参见冯金银：《交通肇事罪认定中的几个问题》，载《政法论坛》，2004（4）。

⑤ 参见李希慧：《略论与交通肇事罪相关的几个问题》，载中国人民大学刑事法律科学研究中心组织编写：《刑事法学的当代展开》（下），862页，北京，中国检察出版社，2008。

单位主管人员、机动车辆所有人、承包人以及乘车人更不应认定为交通肇事罪，而应以间接故意杀人罪处理，对肇事人则以交通肇事罪和间接故意杀人罪并罚。由上述分析可见，无论哪种情况下，单位主管人员、机动车辆所有人、承包人以及乘车人指使肇事人逃逸而致被害人因得不到及时救助而死亡的，都不应以交通肇事罪的共犯论处。① ⑦司法解释规定指使者与受指使逃逸的交通肇事者构成交通肇事罪的共犯，因违背共识性的共犯理论而不具有合理性。认为指使者构成窝藏罪的观点，只是对事故发生时的受伤结果及相应司法机关追诉活动的妨害进行了刑法评价，而遗漏了对“因逃逸致人死亡”结果的评价，因此不具有合理性和必要性。根据被害人是否存在被救助的可能性的情况，肇事者还可能构成遗弃罪或不作为的故意杀人罪，指使者相应构成遗弃罪或故意杀人罪的教唆犯。交通肇事罪的加重情节已经对正犯的遗弃行为或不作为的故意杀人行为进行了刑罚评价，对肇事者无须另以遗弃罪或不作为的故意杀人罪定罪处罚。②

第三，共犯折中论。持该主张的论者有三种不同的理由。第一种理由是，对《刑法》第133条之规定应区分为不同情况，前两种刑档的交通肇事罪是过失犯罪，不能成立共犯，而第三刑档的交通肇事罪是故意犯罪，因逃逸致人死亡，是不作为形式的故意犯罪，因而可成立共犯。③ 第二种理由是，交通肇事罪在理论上可以成立共同犯罪，但应将这种共同犯罪限制为过失共同正犯。即不宜将指使逃逸行为简单地认定为交通肇事罪，更不能认定为共同犯罪。只有直接参与实施造成危害结果的过失行为人之间才成立过失共同犯罪，过失的教唆行为或过失的帮助行为不属于过失共同犯罪。④ 第三种理由是，应当全面确立交通肇事共同过失犯罪形态，《刑法》第133条本身隐含着共同过失犯罪，但《交通肇事刑事案件解释》第5条第2款中的相关规定值得商榷，指使者难以构成共犯，而应以（间接）故意杀人罪处罚。⑤

（二）交通肇事罪的主观方面

关于交通肇事罪的罪过形式，通行的主张认为只能是过失，但在1997年《刑法》颁布以前，就有论者认为，交通肇事罪的罪过同时包括故意和过失。⑥ 还有论

① 参见冯春：《论交通肇事罪的主体》，载《重庆交通学院学报》（社会科学版），2003（3）。

② 参见陈洪兵：《指使交通肇事者逃逸构成遗弃罪或者故意杀人罪的教唆犯——兼质疑周光权老师提出的“窝藏罪”说》，载《政治与法律》，2008（5）。

③ 参见储槐植：《读“因逃逸致人死亡”司法解释》，载《人民法院报》，2001-01-23。

④ 参见周雪艳，《交通肇事逃逸行为研究》，载于志刚主编：《刑法问题与争鸣》，第7辑，159～170页，北京，中国方正出版社，2003。

⑤ 参见张利兆：《交通肇事共同过失犯罪的两个争议问题研究》，载郎胜等主编：《中国刑法学年会文集刑法实践热点问题探索》（2008年度·下卷），644～650页，北京，中国人民公安大学出版社，2008。

⑥ 参见刘志正主编：《刑法教程》，321页，南京，南京大学出版社，1987。

者认为，交通肇事罪属于过失犯罪，行为人主观上具有过失的罪过。这种罪过既可以表现为疏忽大意的过失，也可以表现为过于自信的过失。但在特殊情况下，交通肇事罪的主观罪过也可以表现为间接故意。该论者所讲的特殊情况，是指行为人第一次交通肇事后，在逃跑过程中再次肇事，其主观罪过已由过失转化为间接故意的情况。① 1997 年《刑法》对交通肇事罪作了重大修改，尤其是增加了第 3 个量刑阶段，即“因逃逸致人死亡的，处七年以上有期徒刑”，这样，对于其罪过形式是故意还是过失的问题，就引起了争论。对此，主要有以下几种不同的观点。第一种观点认为，交通肇事罪只能由过失构成，包括疏忽大意过失和过于自信过失。② 根据我国刑法总则的规定，犯罪的故意和犯罪的过失均是针对行为人对危害结果的态度而不是针对行为的心理状态。在刑法理论中，行为人虽然对自己行为的实施是故意的，但是这种故意往往并不是刑法意义上犯罪的故意，而仅仅是日常生活中的故意。我们所研究的罪过，仅仅是犯罪的主观内容；如果其本身并不是犯罪的主观内容，自然也不能纳入罪过的范畴之内。在交通肇事犯罪中，行为人违反交通管理法规的故意并不是交通肇事犯罪的故意，它只是行为人犯罪过失存在的前提。从总体上考察，本罪的主观方面并不是混合罪过，行为人对于重大事故结果的态度仍然应当界定为犯罪的过失。③ 第二种观点结合行为无价值与结果无价值理论以及原因自由行为等学说，论证在某些特定情形下，交通肇事罪的罪过形式还应当包括间接故意。④ 第三种观点认为，按照最高法院的《交通肇事刑事案件解释》的理解，交通肇事罪并不完全是一个过失犯罪，在一定条件下，也可能成为故意犯罪。即在过失引起了一定结果（过失致 1 人以上重伤，负事故全部或者主要责任）的场合，如果又故意逃逸（即出于逃避法律追究的目的）的话，就构成交通肇事罪。这种场合下，显然就不好说交通肇事罪纯粹属于过失犯罪了，因为，这种情况下着重强调的是为了逃避法律追究而故意逃逸的不作为行为，应当为故意犯罪。⑤

有论者认为，尽管交通肇事罪的犯罪主体是一般主体，但是仍然可以将其分为两类：一类是从事交通运输的人员，另一类是进入交通干线违反交通运输管理法规的非交通运输人员。前者的交通肇事显然属于业务过失，后者为一般过失。根据普

---

① 参见侯国云：《过失犯罪论》，375 页，北京，人民出版社，1996。

② 参见张明楷、黎宏、周光权：《刑法新问题探究》，150 页，北京，清华大学出版社，2003；赫兴旺：《交通肇事罪若干问题研究》，载中国人民大学刑事法律科学研究中心组织编写：《刑事法学的当代展开》（下），864 页，北京，中国检察出版社，2008。

③ 参见赫兴旺：《交通肇事罪若干问题研究》，载《中国公共安全》（学术版），2007 (3)。

④ 参见杜江：《论交通肇事罪的罪过形式——以行为无价值与结果无价值理论为基度》，载《四川警察学院学报》，2008 (6)。

⑤ 参见黎宏：《论交通肇事罪的若干问题——以最高人民法院司法解释为中心》，载《法律科学》，2003 (4)。

通过失和业务过失不同的社会危害性，应对其设置不同的法定刑。①

（三）交通肇事罪的客观方面

《刑法》第133条明确、具体地规定了交通肇事罪客观方面的内容，即“违反交通运输管理法规，因而发生重大事故，致人重伤、死亡或者使公私财产遭受重大损失的”。

1. 交通肇事罪的危害行为

交通肇事罪的危害行为，是指行为人实施的违反交通运输管理法规的行为。对此，有论者指出，违反交通、运输管理法规是导致重大交通事故的原因，也是构成本罪的前提条件；如果事故发生的时间、空间不适用交通运输管理法规，或者行为人没有违反交通运输管理法规，即使机动交通工具发生了重大事故，也不能构成本罪。因此，查明行为人是否违反了交通运输管理法规，是认定本罪的一个关键。据此，发生在非公共交通领域的交通事故或者虽然发生在公共交通领域，但是行为人所违反的不是交通运输法规时，均不能以交通肇事罪论处。例如，发生在停车场、小的居民小区、企事业单位内部等非公共交通领域的事故，致人重伤、死亡的，应当以过失致人死亡罪或者过失致人重伤罪论处；运输危险物品的司机违反危险物品的运输规章而发生事故的，就应当以危险物品肇事罪论处；在厂区、车间内驾驶交通工具从事劳动作业而发生事故的，则应当以重大责任事故罪处罚。② 有论者认为，“违反交通运输管理法规”的行为，并不是包括所有的违反交通运输管理法规的行为，而仅限于能够危及公共安全的违章行为。因为有的行为虽然违章，但是并不会导致交通事故，那么这样的违章行为就不应包括在交通肇事罪客观方面的违章行为之内。③

2. 交通肇事罪的危害结果

交通肇事罪的危害结果，是指因违章行为发生重大事故，致人重伤、死亡或者使公私财产遭受重大损失。根据最高人民法院《交通肇事刑事案件解释》第2条的规定，交通肇事具有下列情形之一的，即属于重大事故：死亡1人或者重伤3人以上，负事故全部或者主要责任的；死亡3人以上，负事故同等责任的；造成公共财产或者他人财产直接损失，负事故全部或者主要责任，无能力赔偿数额在30万元以上的。交通肇事致1人以上重伤，负事故全部或者主要责任，并具有下列情形之一的，也应以交通肇事罪定罪处罚：酒后、吸食毒品后驾驶机动车辆的；无驾驶资格驾驶机动车辆的；明知是安全装置不全或者安全机件失灵的机动车辆而驾驶的；明知是无牌证或者已报废的机动车辆而驾驶的；严重超载驾驶的；为逃避法律追究逃离事故现场的。

---

① 参见向本阳：《交通肇事罪基本犯若干问题检讨》，载《福建政法管理干部学院学报》，2006（1）。

② 参见赫兴旺：《交通肇事罪若干问题研究》，载《中国公共安全》（学术版），2007（3）。

③ 参见李文峰：《交通肇事罪研究》，28页，北京，中国检察出版社，2008。

其一，关于“致人重伤”。

对此，有论者认为，《刑法》并没有对死亡人数和重伤人数作出任何限定，那么当然可以解释为：只要有人死亡或者重伤的，不论人数多少，都构成犯罪。将重伤人数限定在3人以上，明显有超越立法之嫌。也有人认为，死亡的结果较之重伤的结果要重得多，因此，将死亡和重伤的结果规定在同一个量刑幅度之下有罪刑不相适应之嫌。死亡的危害结果要重于重伤，也许最高人民法院认为死亡1人大抵可以相当于重伤3人，但这应当是司法机关对交通肇事致人死亡或重伤的案件进行量刑时应当考虑的问题，即是量刑问题而非定罪的标准。似乎不能当然地认为，只有在致人死亡的情况下才能构成犯罪而在致人重伤的情况下不能构成犯罪。就如同过失致人重伤罪一样，法律并没有规定只有致3人以上重伤的才能构成过失重伤罪。反观《交通肇事刑事案件解释》第2条第2款的规定，交通肇事致1人以上要构成交通肇事罪，还要具备其他情节。《交通肇事刑事案件解释》的规定实际上已经修正《刑法》对交通肇事罪构成要件的规定，无疑是在行使“立罪”的权力，而非是在解释法律。这种做法严重违反《立法法》，是对法律权威的践踏。①

其二，关于“无能力赔偿数额”。

最高人民法院《交通肇事刑事案件解释》将“无能力赔偿数额”作为交通肇事罪的定罪标准。从司法解释的规定来看，对于发生重大财产损失的交通事故，其定罪的依据并不是具体造成损失的数额，而是肇事者最终的支付能力。也就是说，即使肇事者造成了极其严重的财产损失，只要其具有偿付能力，则不予定罪；而对于其他造成一般重大损失的肇事者，如果没有偿付能力，就按照交通肇事罪处罚。这一规定引起了学界较大的争议。

肯定说认为，这一规定大有积极意义：符合现代刑法的谦抑原则，既弥补受害人的损失，又化解肇事者和被害人之间的恩怨，而且避免限制人身自由；让赔偿了他人损失的肇事者不承担刑事责任，不存在不平等问题。肇事者以自身的劳动补偿被害人的劳动，是公平的；让赔不起的肇事者承担责任，不存在不平等的问题，赔偿也是一种惩罚；如果赔偿不起，就应当变换惩罚的方式，即承担刑事责任。承担刑事责任和赔偿损失只是惩罚形式的不同而已，并无实质的区别；符合过失损坏公私财物不构成犯罪的基本原理；对赔偿了他人损失的交通肇事者不以犯罪论处，对肇事者、被害人、国家和社会都是有利的。②

否定说认为，将赔偿数额作为定罪标准，有失妥当：违背罪刑法定的基本原则；无能力赔偿的时间界定不明确，并且难以界定；有以罚代刑之嫌；有违法律面前人

---

① 参见向本阳：《交通肇事罪基本犯若干问题检讨》，载《福建政法管理干部学院学报》，2006（1）。

② 参见侯国云：《交通肇事罪司法解释缺陷分析》，载《法学》，2002（7）。

人平等原则；易使犯罪嫌疑人轻易逃避法律的追究。① 将“无能力赔偿数额在30万元以上”作为交通肇事罪的定罪标准，有“以钱赎罪”之嫌。这种做法，没有考虑实行行为的有无，违反刑法客观主义的立场，违反罪刑相适应原则的要求，会造成有罪不罚，同时也与刑法面前人人平等的原则相抵触。② 这一规定实际上确立了一个刑法适用所从未有过的规则，即刑事案件中行为人对于刑事责任的承担，可以在一定条件下转换为仅仅对于民事赔偿责任的承担，实际上表明刑事责任和民事责任可以转换。这种转换缺乏法理的有力支撑，没有法律上的依据，所产生的积极意义小于不可避免的伴随而来的负面影响。刑事责任与民事责任不可相互转换、不可相互替代。在交通肇事刑事案件中，行为人违反交通运输管理法规的肇事行为一旦造成了受害人财产的重大损失，实际上已经基于同一侵害事实产生了既必须承担刑事责任同时又应当承担民事责任的法律要求。③ 刑事案件中民事赔偿责任的积极履行状态，可以有限度影响到刑事案件的量刑，这是可以接纳的刑事责任微调。但是，无能力赔偿而导致的由民事侵权向刑事犯罪的转化，即由非罪向罪的转化，是一种必须加以遏制的逆向转化。④ 这一规定实际上是将易科制度引进到我国的刑事司法实践中，而易科制度应该是刑事立法所赋予的权力，而不是司法解释自身定制的权力。⑤

折中说认为，此规定的积极意义在于符合以被害人利益为导向的刑事政策，符合现代刑法的谦抑原则，符合对交通肇事罪刑事政策的发展趋势，符合过失损毁财物不负刑事责任的刑法基本原理，暗合了恢复性司法的精神。但是，这个规定由于将金钱与犯罪直接联系起来，对传统司法观念的冲击过大。其存在的问题也是不容忽视的：有超越司法解释权限之嫌；“无能力”一词语义不准确；没有规定无能力赔偿的期限，在司法实践中不易操作；没有和案件的其他情节结合起来，可能会给实践造成不良的影响；将有无赔偿被害人损失直接作为罪与非罪的界限，对现行法律制度和观念冲击过大，不仅在我国刑事立法中是首创，就是在其他国家刑法中也是很少见的。⑥

---

① 参见向本阳：《交通肇事罪基本犯若干问题检讨》，载《福建政法管理干部学院学报》，2006（1）。

② 参见陈兴良、周光权：《刑法学的现代展开》，456～457页，北京，中国人民大学出版社，2006；张明楷：《刑法学》，3版，542页，北京，法律出版社，2007。

③ 参见杨忠民：《刑事责任与民事责任不可转换——对一项司法解释的质疑》，载《法学研究》，2002（4）。

④ 参见于志刚：《关于民事责任能否转换为刑事责任的研讨》，载《云南大学学报》（法学版），2006（6）。

⑤ 参见苏惠渔：《现实与理念之间——过失交通犯罪研究》，载高铭暄、赵秉志主编：《过失犯罪的基础理论》，61页，北京，法律出版社，2002。

⑥ 参见刘东根：《论刑事责任与民事责任的转换——兼对法释［2000］33号相关规定的评述》，载《中国刑事法杂志》，2004（6）。

3. **交通肇事罪的成立场所**

对此，有以下几种观点。

第一种观点认为，国家制定交通管理法规，主要是规范人员、车辆来往较多的公共道路上的交通运输活动，以维护公共安全。在有些地方，如机关大院、停车场、建筑工地等，虽然也有机动车辆出入，但是，进入这个领域的车辆，与在公共道路上行驶的车辆具有不同的性质和特点，一般不具有公共危险性。因此，在这个范围内操纵车辆，不慎致人伤亡，不宜按交通肇事论处；构成犯罪的，应分别定为过失重伤罪或过失致人死亡罪。①

第二种观点认为，能够成为交通肇事罪发生地点——“道路”的，不完全取决于某个场所是否属于公共交通的地方，也不取决于政府是否已经采取了交通运输的行政管理措施，而应当看它在发生交通事故时是否是允许公众经常或临时自由通行的场所。只有这样的场所，才充满着行人、驾驶员、乘客和各种交通工具等公共交通要素，形成一个复杂的社会技术关系，涉及不特定人和物的安全。为了确保通行安全，法律要求参与者必须遵守道路交通规则和交通工具的使用规则。矿区、厂区、林区、农场等单位自建的、不允许社会车辆通行的专用道路、乡间小道、田野机耕道、城市楼群或者楼房之间的甬道、机关、学校、单位大院内的甬道以及渡口区的道路，从其权属性质上讲，不属于公共交通的道路。但是，如果上述场所被临时允许社会车辆或者公众通行，具有公共通行性时，就应当被认为是道路交通管理法规中的“道路”。这种界定主要基于两个方面的考虑：一是公众享有合法的自由通行权；二是具有公共危险性。②

第三种观点认为，空中、铁路、水上、公路、城市道路以及可以用于进行交通运输的非公共场所等所有可以凭借作为任何交通工具进行运输活动的场所，均可因违章肇事并造成不特定对象安全侵害而作为认定交通肇事罪的发生场所，即不应把交通肇事罪成立的交通场所限定于“实行公共交通管理的范围内”。因为，首先，从刑法条文规定看，不管是1979年《刑法》，还是1997年《刑法》，都没有把交通运输活动仅限于公共交通运输中，当然就不能把交通肇事罪成立的交通场所限定于“实行公共交通管理的范围内”；其次，交通肇事罪侵犯的客体最基本的特征是侵犯对象的不特定，至于在何种交通场所造成不特定对象安全侵害，并不影响本罪性质的认定；最后，在工厂、矿山、林场、建筑工地、企业事业单位、院落内大多数的情况下也有向外或内部运送物资的活动。如果仅将本罪之成立限于公共交通运输的场所，势必将一些在上述空间范围内发生违章肇事并造成不特定对象安全侵害的情况排除在外，而这却有悖于刑法设立交通肇事罪的旨意。③

---

① 参见高铭暄主编：《刑法专论》（下编），647～648页，北京，高等教育出版社，2002。

② 参见刘德法：《论交通肇事罪的发生空间》，载《山东警察学院学报》，2008（5）。

③ 参见黄明儒、蒋小燕：《浅析交通肇事罪的范围——从交通肇事罪的客体着手》，载《国家检察官学院学报》，2000（4）。

第四种观点认为，从空间上讲，交通肇事必须发生在公共交通管理范围内的公路、城镇道路和水路上。①

（四）交通肇事罪的客体

关于交通肇事罪的客体，理论上存在以下不同的观点："交通安全说"认为，交通肇事罪侵犯的客体是"交通运输安全"；② 或认为是"交通安全，即与交通有关的不特定人的生命、健康和公私财产的安全"；③ 或认为是与交通运输有关的不特定人的生命健康、财产安全、重大公共财产安全和其他公共利益的安全。④ "交通运输安全与秩序说"认为，交通肇事罪侵犯的客体是"交通运输的正常秩序和安全"。⑤ "交通运输秩序与人民生命、财产安全说"认为，交通肇事罪侵犯的客体是"交通运输的正常秩序和人民生命、财产的安全。"⑥

1979年《刑法》规定的交通肇事罪包含了铁路、水路、公路、航空等运输，对此学界并无争议。而1997年《刑法》除规定了交通肇事罪以外，还规定了铁路运营安全事故罪和重大飞行事故罪。因此，对交通肇事罪中"交通运输"的范围，在认识上就出现了分歧。对此，主要有以下观点。一种观点认为，交通运输，是指与一定的交通设备相联系的公路、水上交通运输，而不包括铁路和空中交通运输。⑦ 另一种观点则认为，交通运输包括铁路、水上、公路、航空等运输。论者认为，针对铁路交通运输和航空交通运输中发生的重大事故而特别规定的铁路运营安全事故罪和重大飞行事故罪的刑法规范，与规定本罪的刑法规范之间存在着规范竞合关系，前者是特别规范，后者是一般规范，两者属于包容型规范竞合。⑧ 还有论者提出了进一步的理由，认为从立法分工上看，虽然重大飞行事故罪与铁路营运安全事故罪处罚了部分发生在此两个领域的过失犯罪行为，但是并没有穷尽所有发生在该两个领域的肇事行为。因为此两个犯罪所规定的主体是航空人员和铁路职工，只有很小的适用范围；对于非特殊主体实施的发生在此两个领域的交通肇事行为，此两条是不能适用的，而仍然应当以交通肇事罪处罚。因此，交通肇事罪是可以存在于所有

---

① 参见何秉松主编：《刑法教科书》（根据1997年刑法修订），655页，北京，中国法制出版社，1997。

② 参见高铭暄、马克昌主编：《刑法学》（下编），655页，北京，中国法制出版社，1998。

③ 赵廷光主编：《中国刑法原理》（各论卷），223～224页，武汉，武汉大学出版社，1992。

④ 参见黄明儒、蒋小燕：《浅析交通肇事罪的范围——从交通肇事罪的客体着手》，载《国家检察官学院学报》，2000（4）

⑤ 参见刘家琛主编：《刑法新罪与疑难案例评析》，120页，北京，中国民主法制出版社，1989。

⑥ 参见余剑主编：《危害公共安全罪》，306页，北京，法律出版社，1999。

⑦ 参见赵秉志主编：《疑难刑事问题司法对策》，第9集，110～120页，长春，吉林人民出版社，1999。

⑧ 参见张小虎：《罪刑分析》（上），83页，北京，北京大学出版社，2002；张明楷：《刑法学》，2版，566页，北京，法律出版社，2003。

交通肇事领域的。①

（五）交通肇事逃逸问题

关于交通肇事逃逸问题，早在1997年《刑法》颁行以前，学界对此已有所讨论。但在此期间，我国刑法并未规定有关交通肇事逃逸的情形，司法实践通常采取从重处罚来处置此类情形。② 其间，学界的主要观点如下。第一种观点认为，肇事后不救助而逃跑，从犯罪构成角度来说具有两种罪过形式，存在两种行为情况，构成了交通肇事罪和故意杀人罪或故意伤害罪。基于两罪的关联性，论者认为应当采取重罪吸收轻罪的原则，按一重罪处罚，而不宜并罚。③ 第二种观点认为，交通肇事现场逃逸者构成独立的犯罪（间接故意杀人罪、间接故意伤害罪、间接故意毁坏财物罪），并且应该并罚。④ 第三种观点认为，立法机关应对交通肇事逃逸单独论处，对逃逸而造成死亡的更应加重刑罚，以从重从严打击肇事逃逸犯罪。⑤

在论者讨论的基础上，1997年《刑法》第133条将交通肇事逃逸以及逃逸致人死亡确立为交通肇事罪法定刑升格的情节。这在一定程度上弥补了立法的缺陷。然而，由于交通肇事逃逸问题的特殊性，以及其与交通肇事罪的基本罪在主观方面上的冲突，理论上围绕对第133条中逃逸的理解又展开了新一轮的讨论。最高人民法院《交通肇事刑事案件解释》第3条和第5条分别界定了交通肇事逃逸以及逃逸致人死亡的相关定义，以期解决论者们的争议。⑥ 然而，对于第3条和第5条的规定，学界仍有众多疑虑，有论者指出该解释是越权解释，实际上是创制和修改法律，违背了我国的罪刑法定原则。⑦ 因此，"逃逸"问题至今仍是交通肇事罪的主要难题。

---

① 参见赫兴旺：《交通肇事罪若干问题研究》，载中国人民大学刑事法律科学研究中心组织编写：《刑事法学的当代展开》（下），864页，北京，中国检察出版社，2008；宣炳昭、王远伟：《交通肇事罪若干问题研究》，载郎胜等主编：《中国刑法学年会文集刑法实践热点问题探索》（2008年度·下卷），623页，北京，中国人民公安大学出版社，2008。

② 最高人民法院、最高人民检察院1987年在《关于严格依法处理道路交通肇事案件的通知》中，把"犯交通肇事罪，畏罪潜逃"列为"情节特别恶劣"之一，在重于基本犯的量刑幅度内处刑。

③ 参见韩长泰：《关于交通肇事罪的几个问题》，载《法学杂志》，1996（1）；陈卉：《交通肇事逃逸案应按吸收原则处理》，载《人民检察》，1996（4）。

④ 参见程竹汝：《论交通肇事现场逃逸者的犯罪形态和法律责任》，载《山西师大学报》（社会科学版），1993（2）。

⑤ 参见何伟才：《交通肇事逃逸案件多发的成因和对策》，载《广东公安科技》，1995（3）。

⑥ 第3条规定的内容是："交通运输肇事后逃逸"，是指行为人具有本解释第2条第1款规定和第2款第1至5项规定的情形之一，在发生交通事故后，为逃避法律追究而逃跑的行为。第5条规定的内容是："因逃逸致人死亡"，是指行为人在交通肇事后为逃避法律追究而逃跑，致使被害人因得不到救助而死亡的情形。交通肇事后，单位主管人员、机动车辆所有人、承包人或者乘车人指使肇事人逃逸，致使被害人因得不到救助而死亡的，以交通肇事罪的共犯论处。

⑦ 参见宣炳昭、王远伟：《交通肇事罪若干问题研究》，载郎胜等主编：《中国刑法学年会文集刑法实践热点问题探索》（2008年度·下卷），627页，北京，中国人民公安大学出版社，2008。

1. “交通肇事后逃逸”的内涵

对此，理论上主要有以下几种观点。第一种观点认为，“交通肇事后逃逸”，是指行为人明知自己的行为造成了重大交通事故，为逃避法律追究逃离事故现场的行为。① 第二种观点认为，“交通肇事后逃逸”，是指行为人明知自己的行为造成了重大交通事故，为了逃避法律追究而不依法报警、保护现场、等候处理等，私自逃离现场的行为。② 第三种观点认为，逃逸的本质是指以不作为的方式来逃避抢救的义务。③ 第四种观点认为，从法律设置事故发生后行为人负有义务的角度说，“逃逸”是指在发生交通事故后，行为人没有履行法律所规定的、对于受害人或受毁损的财物作必要的救治或处理的义务，未按法律规定向公安机关报告，而逃离现场，使交通事故所引起的刑事、民事、行政责任无法确定和追究的行为。④ 第五种观点认为，“交通肇事后逃逸”是指行为人明知发生了交通事故，能履行而不履行救助伤者的义务的行为，或为了逃避法律追究而不保护现场、不报警以及逃避事故责任认定的行为。⑤ 第六种观点认为，刑法意义上的逃逸是指行为人背离了法律所设定的最基础性条件，逃避法律的责任。这种责任以法律规定为限，具体可有三种情况：法律规定行为人不能离开现场，离开了，就是逃逸；法律规定行为人不仅不能离开现场，还要进行救助，不救助就被认定为逃逸；不管行为人是否实际离开了现场，也不管其是否实施救助行为，只要是客观上规避了法律责任，就是逃逸。⑥

2. 交通肇事罪基本犯中的逃逸

根据最高人民法院《交通肇事刑事案件解释》第 2 条第 2 款第 6 项的规定，在致 1 人以上重伤，负事故全部或者主要责任的情况下，行为人的行为尚不构成犯罪，而如果行为人“为逃避法律追究逃离事故现场”，则可以使其行为达到犯罪的程度，即逃逸是该交通肇事行为构成犯罪的一个构成要件。

对此，有论者认为，不能将交通肇事后的“逃逸”从量刑情节上升为犯罪的构成要件。因为：第一，刑法只是将交通肇事后逃逸作为第二档法定刑的加重情节加以规定的，并未把它作为犯罪的构成要件，这种解释不符合立法原意；第二，刑法上的犯罪行为论认为犯罪行为终了之后，随后发生的行为不能与终了前的行为并列作为犯罪构成的要件。肇事行为终了之后的逃跑行为与肇事行为具有完全不同的法律属性，它根本不可能作为肇事行为的一部分而成为交通肇事罪的构成要件。更何

① 参见赵秉志主编：《新刑法教程》，447 页，北京，中国人民大学出版社，1997。

② 参见鲍遂献、雷东生：《危害公共安全罪》，349 页，北京，中国人民公安大学出版社，1999；陈明华主编：《刑法学》，421 页，北京，中国政法大学出版社，1999。

③ 参见何霞：《关于交通肇事罪的逃逸行为的司法认定》，载《法制与社会》，2007（10）。

④ 参见林亚刚：《危害公共安全罪新论》，393 页，武汉，武汉大学出版社，2001。

⑤ 参见龙在先：《交通肇事逃逸行为及其相关问题研究》，载邱兴隆、杨凯主编：《刑法分论研究》，53～54 页，北京，中国检察出版社，2005。

⑥ 参见楼伯坤：《对〈刑法〉第 133 条“逃逸”的逻辑解释——以加重犯为视角》，载《河北法学》，2008（1）。

况交通肇事在前，逃逸在后。根据因果法则，逃逸行为不可能成为交通肇事行为的原因行为，即重大的交通事故不是由于行为人的逃逸所致。根据本罪的客观构成要件来看，既然逃逸行为不是重大的交通事故的原因，它就不可能作为本罪犯罪构成的客观要件。因此，这种解释与刑法上的犯罪行为论和因果关系论也不符合。不可否认，作为事后行为的交通肇事后的逃逸在一定程度上的确能够反映出行为人主观恶性的大小，但该事后行为对其先前行为是否构成犯罪不起决定作用，也就是说交通肇事后的逃逸行为不能作为交通肇事罪的构成要件。不能因为日常生活中交通肇事后为逃避法律追究逃离事故现场的情形比较普遍，为了加强打击力度就随意将逃逸的行为上升为本罪的客观构成要件，而置立法意图和刑法理论于不顾。①

3．交通肇事罪情节加重犯中的“逃逸”

《刑法》将“交通运输肇事后逃逸”作为情节加重犯规定，处3年以上7年以下有期徒刑。有论者指出，根据最高人民法院《交通肇事刑事案件解释》第3条的规定，构成本罪“逃逸”的第二档情节加重犯，需要具备以下三个条件。①行为人交通肇事行为的有罪性。即行为人逃逸之前的交通肇事行为已经符合基本犯罪的构成要件；交通肇事但尚未达到犯罪标准的，即使逃逸，亦不属于其范围。换言之，如果行为人逃逸之前的交通肇事行为不符合基本犯罪的构成要件而逃逸的，最多只可能符合基本犯罪的构成要件，构成本罪的基本犯，而不可能构成本罪的情节加重犯。②行为人明知发生了交通事故而逃逸。如果行为人不明知发生了交通事故，很难说行为人的行为构成“逃逸”，而顶多只能够归属于事实上离开了犯罪现场而已。③行为人主观上具有“逃避法律追究”的目的。另外，从立法意图上看，对“交通运输肇事后逃逸”中的“逃逸”应理解为未出现因逃逸致被害人死亡的结果，即在结果方面，逃逸后的结果并未达到本罪最高一档法定刑所要求的结果。②

有论者将“交通运输肇事后逃逸”总结为以下几种情形：①交通肇事当场致人死亡的，或者当场致人重伤后逃逸而未发生死亡的；②被害人已当场死亡，行为人误以为没有死亡，而逃离现场，逃避法律追究的；③行为人致他人重伤后逃逸，不论其是否了解伤情，以及被害人是否可能死亡，也不论行为人主观上是否放任被害人死亡，最终被害人是由于与行为人的逃逸无关的其他原因而死亡的，即死亡与逃逸行为没有因果关系的；④行为人给被害人造成无可挽回的致命伤后，逃离现场，虽然他人立即将被害人送入医院，经抢救无效死亡，或者在送往医院途中死亡，亦即死亡是由交通肇事行为造成的（该种情况下只能构成本罪的基本犯），与行为人的逃逸行为没有因果关系的。③

4．交通肇事罪中的“因逃逸致人死亡”

（1）逃逸致人死亡中“人”的范围

“因逃逸致人死亡”中的“人”是只限于先前的肇事行为中的被撞者，还是仅指

---

①② 参见喻贵英：《交通肇事罪中四种“逃逸”行为之认定》，载《法律科学》，2005（1）。

③ 参见高铭暄主编：《刑法专论》（下编），667页，北京，高等教育出版社，2002。

逃逸过程中再次发生交通事故被撞死的其他人，抑或是二者兼而有之？学界对此有三种观点：第一种观点认为，这里的“人”既包括先前肇事中的被撞伤者，也包括肇事者逃逸过程中致死的其他人；① 第二种观点认为，这里的“人”是指已经发生的交通事故中的被害人，而不是行为人在交通事故发生之后，逃逸过程中再次发生的交通事故的被害人；② 第三种观点认为，这里的“人”是指已经发生交通事故后，行为人在逃逸过程中又发生的交通事故的被害人，显然刑法针对同种数罪规定了一个法定刑。③

(2)“因逃逸致人死亡”的罪过形式问题

针对逃逸致人死亡中的“致人死亡”的结果，具体包含哪些主观心态，是仅限于过失，还是包含故意？学界对此也有很大争议，主要有以下一些观点。

第一种观点认为，“因逃逸致人死亡”只适用于因过失致人死亡的情况，而不包括故意致人死亡的情况。④ “因逃逸致人死亡”应当严格限定在过失犯罪的范围之内，否则，就与交通肇事罪系业务过失犯罪的本质相悖。论者进一步指出，在交通肇事案件中，行为人的罪过心理态度常有发生转化的情况，即由过失转化为故意犯罪，常见现象如：肇事以后在行人较多的马路上逃逸，对撞死撞伤其他行人采取放任的罪过态度，结果在逃逸中造成新的伤亡后果；又如撞伤被害人后，故意把被害人转移、丢弃至较为偏僻、难于被人发觉的地方，以致造成了被害人的最终死亡。在这些情况下，因行为人肇事后的罪过态度发生了明显转化，继而在新的罪过支配下实施了新的犯罪行为，理应以（间接）故意杀人罪或者以危险方法危害公共安全罪予以定罪，切不可将这种转化了的故意犯罪与“因逃逸致人死亡”混为一谈。⑤《刑法》第133条规定“因逃逸致人死亡”的法定刑为7年以上有期徒刑，这与故意杀人罪的最高法定刑——死刑也相去甚远。从罪责刑相适应原则考察，该规定只限于过失致人死亡的情形，应将“因逃逸致人死亡”构成故意杀人罪的情形排除在《刑法》第133条之外。假如将“因逃逸致人死亡”的情节本身认定为具有故意杀人性质，则会出现严重的故意犯罪反而成为性质相对很轻的交通肇事罪的加重处罚情节，这样的结果显然不合理。而且，根据刑法的基本原理，交通肇事罪的过失罪过表现在行为人对交通肇事行为引起的直接结果的认识和态度上，而“因逃逸致人死

① 参见赵秉志：《刑法分则问题专论》，52～53页，北京，法律出版社，2004；齐文远主编：《刑法学》，426页，北京，法律出版社，1999；郭泽强：《交通肇事逃逸致人死亡问题中基本范畴的界定》，载郎胜等主编：《中国刑法学年会文集刑法实践热点问题探索》（2008年度·下卷），724页，北京，中国人民公安大学出版社，2008。

② 参见高铭暄、马克昌主编：《刑法学》，337页，北京，北京大学出版社、高等教育出版社，2000；张明楷、黎宏、周光权：《刑法新问题探究》，154页，北京，清华大学出版社，2003。另外，最高人民法院的司法解释也持此观点。

③ 参见张明楷：《刑法学》（下），586页，北京，法律出版社，1997。

④ 参见邹楠：《交通肇事逃逸致人死亡论析》，载《法学论坛》，2000（4）。

⑤ 参见黄祥青：《浅析新刑法中的交通肇事罪》，载《政治与法律》，1998（4）。

亡”涉及的是行为人对逃逸行为致人死亡的认识和态度，致人死亡既非交通肇事罪基本犯的构成要件的结果，亦非情节加重犯的结果，这一结果的出现并不能改变交通肇事罪整体的过失性质。①

第二种观点认为，“因逃逸致人死亡”仅限于间接故意的情形，不包括直接故意。② 考虑到逃逸致人死亡的最高法定刑，与过失致人死亡罪的法定刑比较，将其心态包含过失，明显不具合理性。而直接故意主观上表现为希望被害人死亡，也不符合立法用意。③

第三种观点认为，“因逃逸致人死亡”的罪过形式包含了过失以及间接故意。论者认为，《刑法》第133条规定的前两种刑档的交通肇事罪是过失犯罪，第三刑档的交通肇事罪是故意犯罪。这在理论上属于“复合罪过形式”的罪名，即同一罪名既有过失犯又有故意犯。④

第四种观点认为，“因逃逸致人死亡”只能适用于由交通肇事转化成的故意犯罪，这意味着因逃逸致人死亡的罪过形式只能是故意。⑤ 交通肇事逃逸人“希望”或“放任”死亡结果发生的心理态度都可能存在。它是事故发生后行为人“逃逸”行为时的心理态度。而这种逃跑故意根本不是犯罪心理态度，不能以其犯罪后的态度而改变其前一行为的罪过形式。⑥

第五种观点认为，逃逸致人死亡的主观罪过形式既包括过失，也包括故意。⑦即无论行为人的主观罪过是故意还是过失，只要行为人的客观行为仅仅表现为逃逸，并且由于逃逸的行为致使被害人得不到及时救助而死亡，一律认定为因逃逸致人死亡。相反，如果行为人在逃逸过程中又实施了排他性的支配行为的，犯罪的性质就发生了改变，由因逃逸致人死亡转化为不作为的故意杀人。⑧

第六种观点认为，“因逃逸致人死亡”，作为客观上处罚条件的规定，只是涉及行为人“逃逸”行为的直接后果。只要“因逃逸”而造成“致人死亡”结果的，就

---

① 参见喻贵英：《交通肇事罪中四种“逃逸”行为之认定》，载《法律科学》，2005（1）。

② 参见周振想主编：《中国新刑法释论与罪案》（上），667页，北京，中国方正出版社，1997。

③ 参见张小虎：《罪刑分析》（上），85页，北京，北京大学出版社，2002。

④ 参见储槐植：《读“因逃逸致人死亡”司法解释》，载《人民法院报》，2001-01-23。

⑤ 参见侯国云、白岫云：《新刑法疑难问题解析与适用》，349页，北京，中国政法大学出版社，1998。

⑥ 参见陈兴良主编：《罪名指南》（上），2版，184页，北京，中国人民大学出版社，2008。

⑦ 参见李希慧：《略论与交通肇事罪相关的几个问题》，载中国人民大学刑事法律科学研究中心组织编写：《刑事法学的当代展开》（下），858页，北京，中国检察出版社，2008；陈洪兵：《指使交通肇事者逃逸构成遗弃罪或者故意杀人罪的教唆犯——兼质疑周光权老师提出的“窝藏罪”说》，载《政治与法律》，2008（5）。

⑧ 参见韩哲：《交通肇事“因逃逸致人死亡”的罪过形式与司法认定》，载《人民检察》，2005（5）。

符合法律规定的处罚条件。虽然主观罪过形式和内容对刑罚轻重有影响，但其主观罪过的形式和内容对适用该规定并不发生影响。①

（3）“因逃逸致人死亡”的法律性质

“因逃逸致人死亡”是交通肇事罪的加重处罚情节。对于究竟是什么性质的加重处罚情节的问题，学界主要以下几种观点。

第一种观点认为，交通肇事后“因逃逸致人死亡”是交通肇事罪的结果加重犯。②

第二种观点认为，“逃逸致人死亡”是基本罪的结果加重犯。其中，在基本罪无死亡结果情形下的“逃逸”又导致死亡结果时，为基本罪的（行为结果的）复合加重犯。“逃逸致人死亡”是以“逃逸”为原因的结果加重犯。③

第三种观点认为，交通肇事后“因逃逸致人死亡”是交通肇事罪的情节加重犯，④ 而非结果加重犯。⑤

第四种观点认为，这是一种复杂情节加重犯，“因逃逸致人死亡”不同于单纯逃逸行为的情节加重犯。“因逃逸致人死亡”情形是带有一定结果加重色彩，并且其死亡结果本身又是该构成要件结果的这样一种复杂情节加重犯。⑥

5. 对交通肇事逃逸的立法改革建议

从《刑法》第133条规定的结构来看，可将交通肇事罪分为基本构成、加重构成和特别加重构成。其中“交通运输肇事后逃逸或者有其他特别恶劣情节”属于加重构成的情节，⑦“因逃逸致人死亡”属于特别加重情节。目前，学界对于《刑法》第133条有关逃逸的规定有不同的见解，认为将交通肇事逃逸认定为交通肇事罪的加重情节，会导致交通肇事罪的混乱，包括主观上交通肇事行为的过失罪过和逃逸故意心态的融合以及刑法评价上的冲突。如有论者认为，交通肇事逃逸由于主观罪过的特殊性，应当独立成罪，而不应该包含在交通肇事罪的加重情节里面。最为彻

---

① 参见高铭暄、马克昌主编：《刑法学》，2版，403页，北京，北京大学出版社、高等教育出版社，2005。

② 参见张波：《交通肇事“逃逸”的定性分析》，载《中国刑事法杂志》，1999（5）。

③ 参见楼伯坤：《对〈刑法〉第133条“逃逸”的逻辑解释——以加重犯为视角》，载《河北法学》，2008（1）。

④ 参见刘艳红：《交通肇事逃逸致人死亡的个案研究》，载陈兴良主编：《刑事法判解》，第2卷，432页，北京，法律出版社，2000。

⑤ 参见姚兵：《“因逃逸致人死亡”法条分析——兼评交通肇事罪共犯》，载《山西警官高等专科学校学报》，2003（4）。

⑥ 参见林维：《交通肇事逃逸行为研究》，载陈兴良主编：《刑事法判解》，第1卷，265页，北京，法律出版社，1999。

⑦ 有论者将其中的“逃逸”区分为结果意义的逃逸和行为意义的逃逸，前者构成结果（情节）加重犯，后者构成行为加重犯。参见楼伯坤：《行为加重犯研究》，178页，北京，知识产权出版社，2006。

底的做法是改变目前的立法模式，将交通肇事后的逃逸行为规定为独立的纯正不作为犯罪，如不救助罪。① 有论者认为“逃逸”可以成为独立的定罪要素，建议增设逃逸罪。② 另有论者认为，交通肇事“因逃逸致人死亡”这种情况应视为交通肇事罪的转化犯，即定为间接故意杀人罪。《刑法》第 133 条将这种情况规定为交通肇事罪的加重处罚情节，是立法上的失误，因而应删除此条款或做出修改。③ 还有论者在对《刑法》第 133 条规定的“因逃逸致人死亡”这一行为的性质、罪过等方面进行法律分析的基础上，指出对这种行为仍定交通肇事罪，是不恰当的；交通肇事后“因逃逸致人死亡的”应成立一个新的罪名，即“交通肇事逃逸致人死亡罪”。④

（六）交通肇事罪的关联问题

1. 交通肇事罪中的交通事故责任认定问题

（1）责任程度与定罪的关系问题

从最高人民法院《交通肇事刑事案件解释》第 2 条、第 4 条的规定看，行为人违反交通运输管理法规，发生交通事故的，需要追究行为人的刑事责任；致人死亡时，行为人的责任程度限定在同等责任、主要责任或全部责任三种，不包括次要责任；致人重伤或者造成公私财产重大损失时，行为人的责任程度限定在主要责任或全部责任两种，不包括同等责任和次要责任。

有论者则指出，交通肇事行为是否构成犯罪，其认定标准应当是行为的严重社会危害性程度；肇事者对发生事故所负的责任大小，主要是解决民事赔偿或行政责任的根据，它对于说明行为的社会危害性程度具有一定意义，但不是其中的决定性因素，因而不能单独作为认定本罪的前提条件或标准。易言之，有些肇事者虽然只对事故负有次要或同等责任，但因其危害后果特别严重或者具有其他特别严重情节，从总体上评价，肇事行为的社会危害性达到了相当严重程度的，也应认定为本罪。由此可见，以肇事者所承担的责任类型界定交通肇事罪的认定范围，显然是有失偏颇的。⑤

（2）行政责任认定是否可以直接作为认定当事人构成犯罪的依据的问题

在实践中，交通管理部门对行为人责任的认定与对行为人是否违反交通运输管理法规及其违反程度的认定，几乎是完全一致的。换言之，在发生交通事故后，交通管理部门只是根据行为人是否违反交通运输管理法规及其违反程度，确定行为人

---

① 参见周雪艳：《交通肇事逃逸行为研究》，载于志刚主编：《刑法问题与争鸣》，第 7 辑，149 页，北京，中国方正出版社，2003。

② 参见楼伯坤：《对〈刑法〉第 133 条“逃逸”的逻辑解释——以加重犯为视角》，载《河北法学》，2008（1）。

③ 参见侯国云、白岫云：《新刑法疑难问题解析与适用》，350～357 页。

④ 参见朱建华、都龙元：《“交通肇事逃逸致人死亡”应为独立罪名》，载《广西社会科学》，2003（5）。

⑤ 参见黄祥青：《浅析新刑法中的交通肇事罪》，载《政治与法律》，1998（2）。

负有何种责任。[①] 对此，多数论者认为，对行政责任与刑事责任的认定标准应当予以区分。尤其是针对1991年9月22日国务院颁布的《交通事故处理办法》第20条、第21条[②]以及《道路交通安全法实施条例》第92条[③]规定的交通肇事责任的强行推定，更是引起学界的广泛讨论。学界普遍认为这种做法不合理。比如在肇事者逃逸的情形下，如果事故责任事后很容易查明，而且能够确定逃逸者责任很小的场合，不能违反事实，强行“推定”肇事者负全部责任。另外，交通行政管理上的责任和刑法上的责任，不是同一层次的概念。在确定交通肇事罪是否成立时，对行为人是否负有责任，必须从刑法角度进行责任的实质判断，这种判断要严格依照犯罪的构成要件进行，而不是直接采纳交通管理部门的事故认定结论。[④]

关于道路交通管理法上的责任与交通肇事罪刑事责任的关系，有论者认为主要表现为以下几种情形：有的道交法责任基本上导致刑事责任；有的道交法责任根本不可能导致刑事责任；有的道交法责任只是在行为构成交通肇事罪的前提下影响法定刑的选择与量刑，而不能成为行为人应当承担交通肇事罪刑事责任的根据。换言之，有的道交法责任只能在定罪的前提下影响量刑，而不能影响定罪；有的道交法责任是否导致交通肇事罪的刑事责任，不可一概而论，取决于违章行为是否发生结果的原因，以及行为人对行为与结果是否存在刑法上的过失。论者进而指出，刑事司法机关在认定刑事责任时，不能仅以交通管理部门的责任认定为根据，而应以交通肇事罪的构成要件为依据认定行为人是否承担交通肇事罪的刑事责任。特别应注意以下几点。第一，在交通管理部门认定行为人负事故全部责任或者主要责任的情况下，刑事司法机关必须分析行为人的违章行为是否是造成伤亡结果的原因。换言之，行为违反了道路交通安全法且在道交法上全部责任，但如果该违章行为并不是伤亡结果原因的，行为人不承担交通肇事罪的刑事责任。第二，在交通管理部门认定行为人负事故全部责任或者主要责任的情况下，刑事司法机关必须判断行为人对伤亡结果是否存在过失。换言之，即使违章行为造成了伤亡结果，且行为人负有道交法责任，但如果行为人对伤亡结果没有过失的，也不承担交通肇事罪的刑事责任。

---

① 参见张明楷：《交通肇事的刑事责任认定》，载《人民检察》，2008（2）。

② 第20条规定的内容是：当事人逃逸或者故意破坏、伪造现场、毁灭证据，使交通事故责任无法认定的，应当负全部责任。第21条规定的内容是：当事人一方有条件报案而未报案或者未及时报案，使交通事故责任无法认定的，应当负全部责任。当事人各方有条件报案而均未报案或者未及时报案，使交通事故责任无法认定的，应当负同等责任。但机动车与非机动车、行人发生交通事故的，机动车一方应当负主要责任，非机动车、行人一方负次要责任。

③ 第92条规定的内容是：发生交通事故后当事人逃逸的，逃逸的当事人承担全部责任。但是，有证据证明对方当事人也有过错的，可以减轻责任。当事人故意破坏、伪造现场、毁灭证据的，承担全部责任。

④ 参见周光权：《交通肇事罪疑难问题研究》，载张仲芳主编：《刑事司法指南》，第3集，36～37页，北京，法律出版社，2006；郑才城：《严格责任在交通肇事罪中的适用》，载《政法学刊》，2007（1）。

第三，在交通管理部门根据行为人的多项违章行为认定行为人负事故全部责任或者主要责任的情况下，刑事司法机关必须判断各项违章行为在刑法上的意义与作用。换言之，即使违章行为造成了伤亡结果，且行为人在道交法上负全部责任或主要责任，但如果行为人在刑法上对伤亡结果仅负次要责任的，也不应承担交通肇事罪的刑事责任。第四，交通管理部门基于推定所认定的道交法责任，不能作为认定交通肇事罪的刑事责任的根据。换言之，在刑法上，虽然可以基于客观事实推定行为人主观上具有某种认识，但只能基于证据认定存在某种客观事实，而不应推定存在某种客观事实。①

2. 交通肇事罪中的自首

对于交通肇事案件有无自首的问题，学界存在以下观点：第一种观点认为，在交通肇事案件中，肇事者在事后主动报告司法机关是其法定义务，故不存在自首问题；第二种观点认为，要区别对待，对肇事后没有逃跑，主动向公安机关报告的，属于履行义务，不成立自首，但在逃逸后又向司法机关投案，并如实供述自己罪行的，应视为自首；第三种观点认为，在交通肇事案件中，无论是当场投案还是逃逸后投案，都可以认定为自首。②

在司法实践中如何判定肇事者成立自首，尤其是交通肇事逃逸情形下自首的认定，是论者较为关注的。总体上看来，学界普遍认同在交通肇事罪的场合存在自首问题。论者们主要考察了以下几种情形。

第一，交通肇事潜逃后又自动投案的，是否认定为自首？学界有不同的看法。1979年《刑法》中有关交通肇事罪的规定并没有涉及“逃逸”的问题。针对潜逃后又自动归案的，学界基本一致的观点认为可成立自首，但在量刑处罚上与没有潜逃的自首要有所区别。③ 1997年《刑法》颁布后，学界有以下三种主要观点：第一种观点认为，交通肇事后自动投案的，应一律按照自首的处理原则，从轻或减轻处罚，其中罪行较轻的，可免除处罚。④ 第二种观点认为，在逃逸情形下可以成立自首，但在量刑上要与未逃逸的自首予以区别。⑤ 第三种观点认为，对交通肇事后能逃跑而不逃跑的，不应一律认定为自首。如果不具备自首的其他条件，不能对其认定为

---

① 参见张明楷：《交通肇事的刑事责任认定》，载《人民检察》，2008（2）。

② 参见宣炳昭、王远伟：《交通肇事罪若干问题研究》，载郎胜等主编：《中国刑法学年会文集刑法实践热点问题探索》（2008年度·下卷），627页，北京，中国人民公安大学出版社，2008。

③ 参见林准主编：《中国刑法教程》，203页，北京，人民法院出版社，1989；夏其淦：《试论交通肇事罪》，载《政法学刊》，1994（1）。

④ 参见叶高峰主编：《危害公共安全罪的定罪与量刑》，405页，北京，人民法院出版社，2000。

⑤ 参见陈兴良主编：《罪名指南》（上），2版，187页，北京，中国人民大学出版社，2008；龙在先：《交通肇事逃逸行为及其相关问题研究》，载邱兴隆、杨凯主编：《刑法分论研究》，58～59页，北京，中国检察出版社，2005。

自首，而只能按照交通肇事罪的基本犯定罪量刑。①

第二，交通肇事后不逃跑的，是否均可认定为自首？对此，一种观点认为不成立自首，因为肇事者“停车、保护现场以及及时向公安机关报告事故情况”属于肇事者应尽的义务，且《刑法》第133条对于此类肇事者仅以基本罪处刑，已经是从宽处理了，包含了对自首的评价，因此不应再以自首对之进行重复评价。②另一种观点认为，依据刑法总则有关自首的规定，自首不仅仅要主动投案，还要如实交代犯罪事实。仅仅不潜逃还够不上自首，要看肇事者是否符合其他有关自首的条件才可最终认定是否为自首。③

3. 交通肇事罪中一罪与数罪的界限

对于行为人交通肇事后，为逃避责任，不顾他人安危，继续驾车超速行驶，以致又撞伤、撞死他人或者造成公私财产重大损失的情形的定性问题，理论上有以下几种不同的观点。

第一种观点认为，行为人肇事后为逃避罪责，不顾他人的生命、财产安全，横冲直撞又造成危害结果，这里出现主观罪过的转化，即由过失转化为故意，对行为人应定为故意杀人罪或故意伤害罪或其他相关犯罪。④

第二种观点认为，对行为人的行为可划分为前后两段，前一段行为人构成交通肇事罪，后一段行为人对撞伤撞死他人的主观罪过为故意，构成故意杀人罪或者故意伤害罪，总起来对之以交通肇事罪与故意杀人罪或故意伤害罪实行并罚。⑤

第三种观点认为，把行为人的行为划分两个阶段是正确的，但后一阶段是出于逃避罪责的目的，驾驶汽车在公共场所横冲直撞，已构成了对不特定多数人的安全的危害，对行为人应以交通肇事罪与以其他危险方法危害公共安全罪进行处罚。⑥

第四种观点认为，第三种观点过于片面，没有涵盖其他情形。该观点认为可以分两种情况来探讨。①行为人交通肇事后，为逃避责任而逃逸，在逃逸中又违反交通法规而过失致人重伤、死亡或者造成公私财产重大损失的。这种情况下，成立交通肇事罪的同种数罪。当然，对此不按数罪并罚，而按一罪处理。②行为人交通肇事后，为躲避他人的拦截，横冲直撞对他人生命、财产安全的可能丧失持放任态度，

---

① 参见龙在先：《交通肇事逃逸行为及其相关问题研究》，载邱兴隆、杨凯主编：《刑法分论研究》，61页，北京，中国检察出版社，2005。

② 参见赵天红：《论交通肇事罪的司法适用》，载《吉林师范大学学报》（人文社会科学版），2004（5）。

③ 参见楼伯坤：《论交通肇事罪司法认定中的几个难点问题》，载郎胜等主编：《中国刑法学年会文集刑法实践热点问题探索》（2008年度·下卷），670页，北京，中国人民公安大学出版社，2008。

④ 参见何秉松主编：《刑法教科书》，592页，北京，中国法制出版社，1994。

⑤ 参见高铭暄主编：《中国刑法学》，393～394页，北京，中国人民大学出版社，1989。

⑥ 参见甘雨沛主编：《刑法学专论》，558页，北京，北京大学出版社，1989；赵秉志主编：《疑难刑事问题司法对策》，第2集，39页，长春，吉林人民出版社，1999。

以致又撞伤、撞死他人或者造成公私财产重大损失的。这种情况下，行为人横冲直撞危及的是公共安全，不仅仅是他人的生命、健康权，并且行为人对公共安全的破坏持一种放任态度。所以，行为人后一阶段的行为构成以其他方法危害公共安全罪，而不是故意杀人罪或故意伤害罪。对此，应以交通肇事罪和以其他危险方法危害公共安全罪实行数罪并罚。另外，还有两种情况应以交通肇事罪和故意杀人罪实行数罪并罚：一种情况是行为人交通肇事致人重伤后，为逃避罪责或减轻赔偿责任而将被害人杀死的。杀死的手段可以是用车轧死或其他方法；另一种情况是行为人交通肇事致人重伤后，为逃避责任，将被害人遗弃荒郊野外等不易被人发现的地方。①

三、整体评论

综上所述，本专题所涉及的问题，反映了中国交通肇事罪立法规定和理论研究的历史过程和演变轨迹。总的说来，我国刑法学界关于交通肇事罪的研究，经历了从 1979 年《刑法》颁行后的零星研究、应用研究，到《刑法》修订过程中系统研究、立法技术研究，再到 1997 年《刑法》颁布后的专题重点研究的过程。在这一过程中，由立足于不同角度、不同背景甚至不同立场的学术争论所呈现出来的百家争鸣的局面，对于交通肇事罪的立法修订乃至进一步完善，是颇有裨益的。

通过研读论者关于交通肇事罪的研究成果，可以窥见，我国刑法学界对交通肇事罪的研究是逐步深入的。大量的刑法学基本原理在研究成果中得以运用，这反映了学术探索时应有的态度。在本专题的论述中，论者们运用信赖原则、期待可能性理论、加重犯理论、罪责自负原则、监督过失原则等来阐述交通肇事罪规定的合理之处及存在的不足。这使得刑法理论对交通肇事罪的研究达到了较高的水平。

然而，从应然层面讲，无论对交通肇事罪的理论研究如何繁荣，我们都不能回避这样的事实：目前刑法学界对交通肇事罪的研究实际上主要是围绕道路交通肇事犯罪而展开的，而对于水路交通肇事的情况则很少涉及。既然立法把水路也纳入了交通肇事罪成立的空间范围，那么，在研究交通肇事罪的时候，便既要考虑道路交通的特点及刑法规范应用的可行性，也要考虑水路交通的特点及刑法规范应用的可行性。如果把现在刑法学界的研究成果和相关观点，尤其是“因逃逸致人死亡”的观点，放到水路交通的场合检验一下，不少观点能否站得住脚，就颇有疑问了。

---

① 参见王作富主编：《刑法分则实务研究》（上），166 页，北京，中国方正出版社，2000。

第四章

责任事故犯罪

一、研究概况

我国刑法学界对责任事故犯罪的系统研究，从现有资料来看，始于1979年《刑法》颁行之后。该领域的研究可以明显地分为三个阶段。

第一个阶段是从1979年《刑法》颁行后至1997年《刑法》颁行以前。1979年《刑法》中规定的责任事故犯罪有三个罪名，即交通肇事罪①、重大责任事故罪和危险物品肇事罪。立法的规定激发了刑法学界研究责任事故犯罪的热情。此阶段最早研究责任事故犯罪的两篇文章是刘海波的《试论重大责任事故罪》（载《北京政法学院学报》1980年第3期）和许丽生的《必须严重处理重大责任事故犯罪》（载《人民司法》1980年第8期）。此后，截至1997年《刑法》颁行之前，共有20余篇关于责任事故犯罪的论文，其中，系统研究重大责任事故罪的硕士论文有3篇。不过，总体而言，这一阶段关于责任事故犯罪的研究还较为粗疏。

第二阶段是从1997年《刑法》颁行以后至2006年6月《刑法修正案（六）》出台之前。根据社会发展变化的需要，1997年《刑法》在重大责任事故罪以外，又增设了重大飞行事故罪、铁路运营安全事故罪、重大劳动安全事故罪、工程重大安全事故罪、教育设施重大安全事故罪、消防责任事故罪等责任事故犯罪。这一阶段的

① 对交通肇事罪已另设专章予以述评，本章不再述及。

论文较前一阶段在质上有较大提高，在量上有大幅度的增长，共有论文90余篇，其中硕士论文就有6篇。这期间有关责任事故犯罪的专著有：陈孝平等著的《工程建设领域违法犯罪的惩治与防范》(1999年)、王章学著的《重大责任事故调查与定罪量刑》(2002年)、孟庆华著的《重大责任事故犯罪的认定与处理》(2003年)。由于罪刑法定原则作为刑法的基本原则得以确立，此阶段的责任事故犯罪研究多注重依据罪刑法定原则以及现实需要对具体各罪特别是新增罪名的构成特征进行了深入分析与检讨，并且注重对司法实践中疑难问题的探讨。

第三阶段是从2006年6月《刑法修正案（六)》出台之后至今。此阶段共有论文60余篇问世，其中包括6篇硕士论文。由于《刑法修正案（六)》对责任事故犯罪进行了较大的修改，并新增强令违章冒险作业罪、大型群众性活动重大安全事故罪、不报、谎报安全事故罪等三个罪名，此阶段责任事故犯罪的研究主要是围绕《刑法修正案（六)》的立法意义、理解、执行乃至有关内容的完善问题进行的。其中，尤为值得一提的是，“责任事故犯罪研究”被列为中国法学会刑法学研究会2008年学术研讨会的三个议题之一。

二、观点综述

（一）责任事故犯罪的概念和特征

有论者认为，责任事故犯罪是指行为人在从事生产、作业、运输或管理的活动中，违反国家有关安全生产或管理的法律法规或规章制度，因主观上的过失而导致了具有严重社会危害性的危害结果，触犯刑律，应当受到刑罚惩罚的行为。责任事故犯罪具有过失性、复杂性、起伏性、严重性等几个基本特征。具体而言：①责任事故犯罪的行为人对责任事故的发生主观上只能出于过失；②责任事故犯罪案件的案情以及因果关系比较复杂，此外区分这类案件的罪与非罪、此罪与彼罪的界限有时也相当复杂；③与责任事故有起有伏的发展态势相一致，责任事故犯罪的发展趋势也呈现出鲜明的起伏性；④责任事故犯罪造成的危害后果以及带来的社会危害性相对比较严重。①

（二）责任事故犯罪立法所存在的问题

有论者对我国刑法中的责任事故犯罪立法进行了检视。论者认为，我国刑法中的责任事故犯罪的罪名体系存在着如下的问题：诸法条之间的关系混乱，以致形成不合理的竞合关系，并进而产生了适用解释上的困难；诸法条规制的范围不适当，以致存在着法律的真空地带。就责任事故犯罪而言，其构成要件的立法存在着以下问题：关于规章制度和管理规定发布的机关之级别有无限制，不易把握；缺乏关于过失危险犯的规定；《刑法》第134条规定的重大责任事故罪存在犯罪主体的范围太窄、罪状表述不科学等问题。责任事故犯罪的法定刑的设置存在着结构性的缺损，

① 参见彭新林：《略论责任事故犯罪的概念与特征》，载《学术交流》，2008（7）。

主要表现在以下的几个方面：刑种单一，法定刑结构处于相对完全的封闭状态；责任事故犯罪的法定刑往往要轻于普通过失犯罪。①

（三）重大责任事故罪

1. 罪名表述

1979年《刑法》第114条规定了重大责任事故罪。1997年《刑法》颁行后，理论上对于《刑法》第134条的规定应如何确定罪名存在诸种不同的见解。但1997年12月最高人民法院、最高人民检察院关于罪名的司法解释均将《刑法》第134条的罪名确定为“重大责任事故罪”，由此使得该条款的罪名表述得以统一。

2006年6月29日通过的《刑法修正案（六）》对原来的重大责任事故罪作了较大的修改。有观点认为，由于本罪在修改后，其本质特征是在生产、作业中违反安全管理规定造成重大事故，因此将其定名为“生产、作业安全事故罪”比用“重大责任事故罪”的罪名更能揭示本罪的本质。② 但也有观点认为修正后的《刑法》第134条在罪质上并无变化，主张仍然适用“重大责任事故罪”的罪名。③ 且有观点认为《刑法》第134条第1款是一般规定，而第2款是特殊规定，两者是一般法和特殊法的关系。④

2. 构成特征

1997年《刑法》原第134条规定，“工厂、矿山、林场、建筑企业或者其他企业、事业单位的职工，由于不服管理、违反规章制度，或者强令工人违章冒险作业，因而发生重大伤亡事故或者造成其他严重后果的，处……”在《刑法修正案（六）》出台之前，理论上对重大责任事故罪进行了较为深入的研究。

（1）犯罪主体

1979年《刑法》第114条以及1997年《刑法》第134条均规定，重大责任事故罪的主体是特殊主体，即工厂、矿山、林场、建筑企业或者其他企业、事业单位的职工。理论上主要对以下问题进行了研讨。

其一，“职工”中的非生产性人员能否构成本罪？

对此，存在以下三种不同的观点。

第一种观点认为，重大责任事故罪是犯罪主体在生产、作业过程中违章从而导致法定的严重危害后果出现的过失行为。只有亲自参加了生产作业和直接指挥生产作业的人员才可能在生产或指挥生产的过程中有因违章而导致法定危害结果的过失

---

① 参见王俊平：《我国刑法中的责任事故犯罪立法之检视》，载《国家检察官学院学报》，2002（6）。

② 参见刘明祥：《〈刑法修正案（六）〉对安全事故犯罪的修改与补充》，载《人民检察》，2006（22）。

③ 参见刘艳红：《〈中华人民共和国刑法修正案（六）〉之解读》，载《法商研究》，2006（6）。

④ 参见黎宏：《重大责任事故罪相关问题探析》，载郎胜等主编：《中国刑法学年会文集刑法实践热点问题探索》（2008年度·下卷），771页，北京，中国人民公安大学出版社，2008。

行为，而非生产性人员由于不直接从事生产活动或指挥生产活动，就不可能在生产、作业过程中违章作业，造成重大伤亡事故或其他严重后果，因而不可能成为重大责任事故罪的主体。①

第二种观点认为，在一般情况下，重大责任事故的主体只能是直接从事生产或指挥生产的管理人员，但非生产性的工作人员在特定情形下也能够能为本罪的主体。在特定情形下，非生产性人员有直接从事生产活动的可能性。因此，是否能够成为本罪主体，主要应看其是否直接从事了生产活动。②

第三种观点认为，上述两种观点都可以称为“形式生产性职务说”，即都是以是否具有名义上的生产性职务这一错误标准来区分生产人员与非生产人员，两种观点都有不足之处。该观点主张“实质生产性职务说”，即只要从事生产活动的就是生产人员，无论其是否具有名义上的非生产性职务。不从事生产活动的，就是非生产人员，无论是否具有名义上的生产性职务。③

其二，本罪中的“企业、事业单位”是否仅限于从事生产、作业活动的企业、事业单位。

对此，理论中存在两种截然相反的观点。

一种观点认为，《刑法》第134条规定的企业、事业单位仅限于从事生产、作业活动的企业、事业单位。其理由是，从逻辑结构上分析，“其他企业、事业单位”是对前面所列举的事项的补充和归纳，“其他企业”应是“工厂、矿山、林场、建筑企业”之外，但应属于同一种类、具有相似性的企业。④

另一种观点则认为，“其他企业、事业单位”是“工厂、矿山、林场、建筑企业”之外的所有企业、事业单位，不存在种类的限制。因为从逻辑结构上看，“工厂、矿山、林场、建筑企业”是从属于“其他企业、事业单位”这一种概念的属概念，因此，前者的性质受制于后者的性质。⑤

其三，私营企业的从业人员、合资及外资企业的职工、未经有关部门批准和登记的群众合作经营组织和个体经营户的从业人员能否成为本罪的主体。

---

① 参见高铭暄主编：《中国刑法学》，394页，北京，中国人民大学出版社，1989；王作富：《中国刑法研究》，444～445页，北京，中国人民大学出版社，1989；赵秉志、吴振兴主编：《刑法学通论》，549～550页，北京，高等教育出版社，1993。

② 参见叶高峰主编：《危害公共安全罪新探》，229页，郑州，河南人民出版社，1989；侯国云：《过失犯罪论》，315～316页，北京，人民出版社，1993；赵秉志主编：《刑法争议问题研究》（下卷），119～121页，郑州，河南人民出版社，1996；刘家琛主编：《刑法（分则）及配套规定新释新解》，314页，北京，人民法院出版社，2004。

③ 参见陈兴良：《重大责任事故罪研究》，载高铭暄、赵秉志主编：《过失犯罪的基础理论》，107～108页，北京，法律出版社，2002。

④ 参见谢治东：《重大责任事故罪立法完善之探讨》，载《行政与法》，2004（4）。

⑤ 参见刘志伟、梁剑：《重大责任事故罪若干疑难问题研讨》，载《河南省政法干部管理学院学报》，2002（2）。

对上述人员能否成为重大责任事故罪主体的问题，《刑法》未作规定，司法解释中也未作解答。有论者认为，根据法律规定及司法解释来推论，以“与特定生产作业过程相联系”这一本质特征来衡量，上述人员都可以成为本罪的主体。① 也有观点提出，应对 1979 年《刑法》第 114 条进行修改，扩大重大责任事故罪的主体，从而将私营企业、中外合营企业、外商独资企业的职工，甚至未经有关部门批准和登记的群众合作经营组织和个体经营户的从业人员均纳入本罪的主体范围。②

其四，利用工余承揽“私活”的职工能否成为本罪的主体？

对此，理论上有三种不同的观点：第一种观点认为，此类人员可以成为本罪的主体。理由是他们属于企事业单位的职工，符合《刑法》第 114 条的规定。第二种观点认为，此类人员不能成为本罪的主体。理由是他们外出揽活，是以普通人的名义，而不是职工的身份，与本职工作没有联系。第三种观点认为，此类人员利用工余时间向其他企事业单位承揽工作的，可以成为本罪的主体。理由是此类人员受聘于其他企业，在法律上就应视为所聘企业的职工。但是，此类人员如果是向私人承揽工作的，则不能成为本罪的主体。理由是，由于受聘于私人，其在受聘的工作中不具备职工的身份。③

（2）罪过形式

对此，存在以下几种观点。

第一种观点（通说）认为，重大责任事故罪的罪过形式只能是过失。这种过失是针对行为人对自己的行为所引起的重大事故后果而言的，不能把行为人对自己的违章行为的认识和态度，与行为人对自己违章行为所可能引起的重大事故的认识和态度相混淆；同时，刑法对重大责任事故罪规定的较轻的法定刑，表明其主观罪过形式只能是过失。④

第二种观点认为，本罪的罪过形式只能是间接故意，因为重大责任事故罪的行为是违反规章制度，事故只是违反规章制度所造成的后果而已，而违反规章制度大都属于明知故犯。行为人主观方面应是明知自己的行为会发生危害社会的结果而放任发生这种结果的间接故意，而不应认为是过失。⑤

第三种观点认为，重大责任事故罪的罪过形式既可表现为过失，也可表现为间接故意。理由是：实践中确实存在不采取积极措施，放任事故发生的情形；造成严重后果的原因是违章行为，而违章行为既可能出于故意也可能出于过失。论者认为，

① 参见侯国云：《过失犯罪论》，318～322 页，北京，人民出版社，1993。

② 参见张金龙：《论重大责任事故罪的主体》，载《中国法学》，1988（5）。

③ 参见侯国云：《过失犯罪论》，322～323 页，北京，人民出版社，1993。

④ 参见侯国云：《过失犯罪论》，324～327 页，北京，人民出版社，1993；赵秉志主编：《新刑法教程》，448 页，北京，中国人民大学出版社，1997；蒲全方：《关于重大责任事故罪的几个问题》，载《中国法学》，1988（1）。

⑤ 参见冯亦彦：《论有关罪名的几个问题》，载《法学》，1986（4）。

由于本罪主体的心理态度包括“违章心理”和“后果心理”两个方面，从而决定了本罪的罪过形式既可能是间接故意，也可能是过失。① 也有论者将这种罪过形式称之为“复合罪过”。②

(3) 犯罪客观方面

其一，“不服管理”。在理论上，对重大责任事故罪条款中“不服管理”含义的理解，主要有如下两种观点：一种观点认为，对“不服管理”应当理解为不遵守有关安全生产的规章制度，而不是仅仅指某个具体工作人员的管理。③ 另一种观点认为，“不服管理”是指企业、事业单位的职工不服从本单位管理人员的管理，或者不服从单位领导出于安全生产考虑对工作的安排。④

其二，“违反规章制度”。一般认为，“违反规章制度”是指违反有关生产安全方面的操作规程、劳动纪律和劳动保护等规定。⑤ 在司法实践中，一般认为本罪中的“规章制度”，是指国家颁发的各种法规性文件和企业、事业单位及其上级管理机关制定的反映安全生产客观规律的各种规章制度，包括工艺技术、生产操作、技术监督、劳动保护、安全管理等方面的规程、规则、章程、条例、办法和制度等，它们都具有不同的约束力和法律效力。同时还包括那些虽无明文规定，但却反映了生产、科研、设计、施工中安全操作的客观规律与要求，长期为群众所公认的行之有效的正确的操作习惯与惯例。⑥ 有论者则认为，将操作惯例作为注意义务的根据，蕴涵着罪刑擅断的危险，有不恰当地扩大责任事故犯罪成立范围之虞。⑦

其三，“不服管理”与“违反规章制度”的关系。对此，有以下两种不同的观点。一种观点认为，刑法把“不服管理”与“违反规章制度”共同规定为重大责任事故罪客观行为的一种形式，并用顿号分开，表明两者之间是一种并列的关系。这就意味着认定职工的行为构成重大责任事故罪，在客观上必须同时具备“不服管理”

---

① 参见李光灿主编：《中华人民共和国刑法论》（上），225页，长春，吉林人民出版社，1984；刘昌国：《重大责任事故罪罪过形式的再思考》，载《云南法学》，1995（3）。

② 参见储槐植、杨书文：《复合罪过形式探析——刑法理论对现行刑法内含的新法律现象之解读》，载《法学研究》，1999（1）；白建军：《罪刑均衡实证研究》，350页，北京，法律出版社，2004。

③ 参见陈兴良：《重大责任事故罪研究》，载高铭暄、赵秉志主编：《过失犯罪的基础理论》，107页，北京，法律出版社，2002。

④ 参见郎胜主编：《中华人民共和国刑法释解》，151页，北京，群众出版社，1997。

⑤ 参见王作富主编：《刑法分则实务研究》（上），170页，北京，中国方正出版社，2001。

⑥ 参见最高人民检察院发言人：《就〈刑法〉第114条的有关规定答中国法制报记者问》，载《中国法制报》，1986-07-04。

⑦ 参见王俊平：《责任事故犯罪构成要件之比较》，载高铭暄、赵秉志主编：《刑法论丛》，第7卷，319页，北京，法律出版社，2003。

和“违反规章制度”两种情况。① 另一种观点则认为，在许多情况下，本条规定的不服管理与违反规章制度可能是同一种行为，因为许多管理活动都是按照规章制度进行的；不服从管理，也就同时违反了规章制度。②

其四，“强令工人违章冒险作业”。有论者对“强令工人违章冒险作业”的含义进行了较为深入的研究。论者认为，第一，这里的“强令”，就是强行要求他人实施或不实施某种行为的意思。实施这种行为的主体必须是和工人处于同一单位的人员，但不限于从事生产、作业指挥、管理的人员，也可以是一般工人；第二，行为人没有认识到自己要求工人实施的行为是违章冒险行为时，应当根据行为人主观上是否存在过失，来认定其行为是否属于强令行为；第三，行为人的强令行为不限于利用职权进行威胁，也可以是采用暴力、暴力威胁或其他与职权无关的威胁；第四，只要是强令工人实施违反规章制度而作业的行为，就是强令工人实施违章冒险作业的行为，不要求强令行为具有发生危害结果的具体危险；第五，“强令”行为以工人感受到被强迫的意思为必要。③

其五，“重大伤亡事故或者其他严重后果”。1997 年《刑法》将 1979 年《刑法》第 114 条中规定的“因而发生重大伤亡事故，造成严重后果的”修改为“因而发生重大伤亡事故或者造成其他严重后果的”。关于“重大伤亡事故”或者“其他严重后果”的认定问题，理论上主要有以下两种观点。

第一种观点认为，根据 1989 年 11 月 30 日发布的《人民检察院直接受理的侵犯公民民主权利、人身权利和渎职案件立案标准的规定》，所谓“重大伤亡事故”是指死亡 1 人以上或者重伤 3 人以上；“造成严重后果”是指直接损失 5 万元以上，或者直接经济损失不足 5 万元，但是情节严重，使生产、工作受到重大损害的。④

第二种观点认为，最高人民检察院 1999 年 9 月 16 日颁布的《关于人民检察院直接受理立案侦查案件立案标准的规定（试行）》对玩忽职守罪的立案标准重新作出了规定。因此，对重大责任事故罪中的“重大伤亡事故”和“其他严重后果”应作如下理解：其一，造成死亡 1 人以上，或者重伤 3 人以上，或者轻伤 10 人以上的，可以视为“重大伤亡事故”；其二，具有下列情形之一的，可以视为“其他严重后果”。第一，造成直接经济损失 30 万元以上的，或者直接经济损失不满 30 万元，但间接经济损失超过 100 万元的；第二，经济损失虽不足以上数额，但造成有关企业、事业单位停工、停产，或者严重亏损的严重后果的；第三，严重影响人民群众的工

---

① 参见刘志伟主编：《危害公共安全犯罪疑难问题司法对策》，404 页，长春，吉林人民出版社，2001。

② 参见腾伟、黄太云主编：《中华人民共和国新刑法实务全书》，147 页，北京，警官教育出版社，1997。

③ 参见刘志伟、梁剑：《重大责任事故罪若干疑难问题研讨》，载《河南省政法干部管理学院学报》，2002（2）。

④ 参见王作富主编：《刑法分则实务研究》（上），172 页，北京，中国方正出版社，2001。

作、生活秩序，影响社会稳定的。①

对于上述两种观点，有论者认为均有不妥。第一种观点采取的标准有些过时，门槛过低；第二观点直接将“玩忽职守罪中的轻伤10人以上”的标准应用到重大责任事故罪的认定上，似乎不妥。理由是重大责任事故罪中的“重大伤亡事故”不应包括轻伤。②

（4）犯罪客体

重大责任事故罪属于危害公共安全的犯罪。对其侵害的客体属于公共安全，并无异议，但就本罪的直接客体而言，理论上存在三种观点：其一，本罪的客体是厂矿等企业、事业单位的生产秩序以及广大群众人身和重大公私财产安全；③ 其二，本罪客体是企事业单位的公共安全；④ 其三，本罪的客体是厂矿等企业、事业单位正常的生产安全。⑤

3. 法定刑问题

1979年《刑法》以及1997年《刑法》对重大责任事故罪法定刑的规定比较低，即最低是拘役，最高是7年有期徒刑。之所以这样规定，据最初立法时考虑，主要是认为这种犯罪“毕竟属于工作上的失误，是过失犯罪，不是故意破坏，因此处罚不宜太重”。⑥ 那么，《刑法》对重大责任事故罪规定的法定刑究竟是否合理？

对此，一种观点认为，这是合理的。理由是：本罪的发生往往与多方面的客观因素有关，因此在客观上存在着一些从轻处罚的理由；对此类业务上的过失犯罪的行为人用刑罚加以处罚虽是完全必要的，但要预防和减少这类犯罪的发生，主要还是应依靠加强对职工进行教育，提高企业的管理水平；现代技术革命使工作节奏加快，加重了人们的心理负荷，使产生差错的机会也大大增多；对造成重大责任事故的，如一味强调严惩和重判，有失偏颇。⑦

另一种观点则认为，本罪法定刑的规定不合理。其理由是：其一，本罪作为危害公共安全的犯罪，其法定刑轻于过失杀人罪，这有悖刑罚的均衡原则；其二，从根本上说，本罪是行为人违反安全生产的规章制度造成的。引发责任事故发生的客观因素不能成为本罪法定刑设置过低的理由；其三，现代科技的发展，要求从业人员具有较高的注意能力，其预见能力不能低于一般人，在事故责任的承担上，显不

---

① 参见曾芳文、段启俊主编：《个罪法定情节研究与适用》，124～125页，北京，人民法院出版社，2002。

② 参见孟庆华：《重大责任事故犯罪的认定与处理》，38页，北京，人民法院出版社，2003。

③ 参见胡驰主编：《国家工作人员失职犯罪界限与定罪量刑》（修订版），229页，北京，中国方正出版社，2000。

④ 参见李益前、倪寿明主编：《刑法简明读本》（修订），166页，北京，经济科学出版社，1997。

⑤ 参见王作富主编：《刑法分则实务研究》（上），170页，北京，中国方正出版社，2001。

⑥ 高铭暄编：《中华人民共和国刑法的孕育诞生》，157～158页，北京，法律出版社，1981。

⑦ 参见顾肖荣：《我国刑法中业务上过失犯罪的特征》，载《法学》，1986（4）。

能过轻于普通过失杀人罪；其四，重大责任事故罪的客观危害性相当严重，如仅仅考虑其主观恶性不恶劣，不考虑造成严重危害而决定其法定刑幅度，亦有失偏颇；其五，法定刑幅度规定得过低，导致威慑力不足，很难使重大责任事故罪得到有效的预防。因此，论者主张，在生产不断发展，重大责任事故罪不断增多且危害日益严重的情况下，应提高重大责任事故罪的法定刑。①

4. 重大责任事故罪与交通肇事罪的区分

对此，有以下几种观点。

第一种观点认为，当交通肇事事故发生在工厂、矿山、林场、建筑企业等区域时，如果这些单位的从事交通运输的人员，在这些单位的区域内，在为生产、作业进行运输的工作中发生了事故，应按重大责任事故罪定罪；如果交通运输人员在从事运输的工作中，途经上述单位的区域内，发生了事故，则应按交通肇事罪定罪。②

第二种观点认为，对于既有运行功能又有生产、作业功能的工具，应该根据行为人肇事时这一工具是处于运行过程还是处于生产、作业过程进行区别。对于以生产、作业功能为主的工具，行为人操作时肇事的，一般定重大责任事故罪，而不定交通肇事罪。③

第三种观点认为，区分两罪，除了严格掌握各自的构成要件外，还应着重考察事故是不是发生在特定的生产线上。发生在特定的生产线上的，应定重大责任事故罪；不是发生在特定的生产线上而是发生在交通线上的，则应定交通肇事罪。④

5. 重大责任事故罪的立法完善

（1）本罪的主体范围

有论者指出，1997 年《刑法》第 134 条的规定将重大责任事故罪的主体限定为企业、事业单位的职工，这使得本罪的适用范围过窄，不必要地造成实践认定的混乱。论者因而建议把“工厂、矿山、林场、建筑企业或者其他企业、事业单位的职工”的表述删除，对本罪的主体不作限制，即只要其在生产、经营过程中违反相关安全生产、经营规章制度，造成重大事故的，就可成为本罪的主体。⑤

另有观点针对我国现行立法将重大责任事故罪的主体限定为自然人，单位不构成重大责任事故罪的问题，认为应将单位增设为重大责任事故罪的主体。理由是：其一，对重大责任事故的发生，单位往往负有监督过失责任；其二，实践中，单位

---

① 参见蒲全方：《关于重大责任事故罪的几个问题》，载《中国法学》，1988（1）。

② 参见蒋慧玲：《论重大责任事故罪》，载赵秉志等编：《全国刑法硕士论文荟萃》（1981—1988 届），595 页，北京，中国人民大学出版社，1989。

③ 参见刘华：《论交通肇事罪》，载赵秉志等编：《全国刑法硕士论文荟萃》（1981—1988 届），586 页，北京，中国人民大学出版社，1989。

④ 参见侯国云：《过失犯罪论》，341～342 页，北京，人民出版社，1993。

⑤ 参见谢治东：《重大责任事故罪立法完善之探讨》，载《行政与法》，2004（4）；申柳华：《重大责任事故罪自然人主体研究》，载《重庆工商大学学报》（社会科学版），2006（2）。

重大责任事故犯罪现象现实存在；其三，为严密法网、预防重大责任事故的发生，应确立单位对此类犯罪的刑事责任。①

（2）过失危险犯的增设

根据现行刑法的规定，只有发生法定的实害结果，才能成立本罪。有观点则提出，为了更好地控制和预防重大责任事故犯罪的发生，有必要增设本罪的危险犯，将刑法的干预范围提前至实害结果发生之前，具体的危险状态发生之后，从而使刑法由事后预防、消极惩罚转变为事先预防、积极惩罚。②

（3）法定刑的配置

第一，刑罚种类。

目前，在国内关于重大责任事故罪的研究中，普遍认为存在着刑种结构单一、完全封闭的弊端。法官在量刑时，除了适用自由刑外，再也没有其他刑种可供选择。因此，不少观点主张增设罚金刑和资格刑，③ 以保证重大责任事故罪的刑罚适用不仅与犯罪主体的各种具体情状相适应，而且也与犯罪的社会危害性相适应，实现刑罚目的。

第二，刑罚强度。

我国刑法中的责任事故犯罪的法定刑往往要轻于普通过失犯罪，但无论从社会危害性程度上看，还是从发案率的高低来看，对责任事故犯罪设定的法定刑都不应低于普通的过失犯罪。有观点主张调整责任事故犯罪的法定刑，提出将重大责任事故罪的第二个刑罚幅度调整为首选的幅度，同时规定情节较轻的重大责任事故罪，将现行的第一个刑罚幅度适用于情节较轻的重大责任事故罪。④

此外，也有观点根据对危害结果的“认识标准”和“关系类型”的不同，在将本罪的罪过形式区分为无认识的过失、有认识的过失、直接过失、管理过失和监督过失等不同类型的基础上，主张立法上应针对不同的过失类型配置相应的法定刑。⑤

2006 年 6 月 29 日通过的《刑法修正案（六）》在充分吸收理论研究成果的基础上，对重大责任事故罪作了较大的修改：取消了重大责任事故罪犯罪主体的行业、身份限制，即只要是在生产、作业中，任何违反有关安全管理规定的人，都可成为

---

① 参见申柳华：《单位作为重大责任事故罪主体研究》，载《河南公安高等专科学校学报》，2006（5）。

② 参见王俊平：《我国刑法中的责任事故犯罪立法之检视》，载《国家检察官学院学报》，2002（3）；刘守芬、申柳华：《重大责任事故罪过失危险犯探讨》，载《贵州警官职业学院学报》，2006（6）。

③ 参见谢治东：《重大责任事故罪立法完善之探讨》，载《行政与法》，2004（4）；陈兴良：《重大责任事故罪研究》，载高铭暄、赵秉志主编：《过失犯罪的基础理论》，107 页，北京，法律出版社，2002。

④ 参见王俊平：《责任事故犯罪刑事责任之比较》，载《中国刑事法杂志》，2002（4）；谢治东：《重大责任事故罪立法完善之探讨》，载《行政与法》，2004（4）。

⑤ 参见刘守芬，申柳华：《重大责任事故罪罪过形式研究》，载《法学论坛》，2006（1）。

本罪的主体；将原来的“不服管理、违反规章制度”的规定修改为“违反有关安全管理的规定”，这样既进一步扩大了法律调整的行为范围，又进一步明确了什么性质的行为属于违法，便于司法实践的掌握；同时又将“强令他人违章冒险作业”的行为从本罪中分离出来，另行独立成立“强令违章冒险作业罪”，并规定了更重的法定刑。

对于修正后的重大责任事故罪，有论者认为，由于本罪是危害公共安全的犯罪，因此，本罪中的“生产、作业”并非一定是具有营利性质或者合法的生产、作业活动，只要是在社会生活上反复实施的，具有威胁他人生命、身体性质的事务即可。① 关于本罪成立的空间范围问题，有论者指出，由于刑法将本罪的发生空间限定在“在生产、作业中”，以致本罪无法涵盖商场、影院等第三产业活动中所发生的责任事故，因此建议将本罪中的“在生产、作业中”修改为“在生产、经营中”。②

（四）强令违章冒险作业罪

1. 罪名问题

2006 年 6 月 29 日通过的《刑法修正案（六）》将 1997 年《刑法》原第 134 条中的“强令工人违章冒险作业”修改为“强令他人违章冒险作业”，并将其作为《刑法》第 134 条第 2 款单列出来，还规定了更重的法定刑。那么，是否应当将强令工人违章冒险作业的行为作为独立的犯罪来看待呢？对此，理论上有两种不同观点。

一种观点认为，《刑法》第 134 条第 2 款中的“强令他人违章冒险作业”并非独立的行为，而是与第 1 款相同的违反安全管理规定的行为，只不过将其法定刑提高了而已，对其罪状并未作修改。因此，仍应以“重大责任事故罪”命名。同时，如果对“强令他人违章冒险作业”单独确定罪名，则会导致罪名的过分细化，可能造成对行为人不适当地数罪并罚。③ 也有论者认为，《刑法修正案（六）》只是对重大责任事故罪的构成要件作了部分修改，区分为两款的规定，实际上是根据犯本罪的主体身份和行为表现的不同，将本罪的刑事责任分为了轻重不同的两类，但罪名无须变更。④

另一种观点认为，应将“强令他人违章冒险作业”的行为视为独立的犯罪即“强令违章冒险作业罪”。主要理由是：①“强令他人违章冒险作业”导致重大事故发生的，危害性更大。将其作为独立的犯罪处更重的刑罚，与立法精神一致；②“强令他人违章冒险作业”，在其他安全事故犯罪中都有可能出现。将其视为独立

---

① 参见黎宏：《重大责任事故罪相关问题探析》，载郎胜等主编：《中国刑法学年会文集刑法实践热点问题探索》（2008 年度·下卷），773 页，北京，中国人民公安大学出版社，2008。

② 参见谢治东：《〈刑法修正案（六）〉中重大责任事故犯罪立法探析》，载郎胜等主编：《中国刑法学年会文集刑法实践热点问题探索》（2008 年度·下卷），753 页，北京，中国人民公安大学出版社，2008。

③ 参见刘艳红：《〈中华人民共和国刑法修正案（六）〉之解读》，载《法商研究》，2006（6）。

④ 参见何泽宏：《解读〈刑法修正案（六）〉》，载《现代法学》，2006（6）。

犯罪，有利于运用法条竞合的原理，避免处刑不均衡现象；③“强令他人违章冒险作业”并非是与重大责任事故罪中的“情节特别恶劣的”并列规定的一种特别严重的更重法定刑的情节，而是单独规定了比重大责任事故罪更重的法定刑。① 但也有观点指出，从刑法规定来看，“强令他人违章冒险作业，因而发生重大伤亡事故或者造成其他严重后果的”情形属于立法上设置的独立罪名，但这种设置不具有合理性。因为其与重大责任事故罪在构成要件上没有本质上的差异。该观点主张将“强令他人违章冒险作业”作为重大责任事故罪的法定从重情节。②

2007年10月最高人民法院、最高人民检察院通过司法解释，将《刑法》第134条第2款中的“强令他人违章冒险作业”的行为确立为独立的犯罪，即“强令违章冒险作业罪”。但有论者认为，“强令违章冒险作业罪”这一罪名，未能反映出本罪作为过失责任事故的本质。论者主张将罪名确定为“强令违章冒险作业事故罪”。③也有论者将其称为“强令冒险作业事故罪”④ 或“强令违章作业事故罪”。⑤

2. 本罪的主体

对本罪的主体是否仅限于指挥、管理人员的问题，理论上存在不同意见。有观点认为，“强令工人违章冒险作业”必须是生产、作业中的管理者、指挥者实施的强令行为。工人与工人之间的强令不符合立法的精神。⑥ 但也有观点认为，本罪主体一般是对生产、作业具有组织、指挥或者管理权限的负责人、管理人员、实际控制人、投资人等人员，但也不排除其他直接从事生产、作业的人员。⑦ 因为后者也可以强力或其他与职权无关的威胁，强令他人违章冒险作业。⑧

关于被强令者能否构成本罪的问题，有观点认为，如果发生重大伤亡事故或其他严重后果，应当追究强令违章作业的人的刑事责任，而不是被强令违章作业的工人的刑事责任。⑨ 但也有观点对此提出异议，认为只要被强令者没有因强令而丧失意志自由，仍具有行为选择能力，仍有能力预见到自己的行为可能造成严重后果，

---

① 参见刘明祥：《〈刑法修正案（六）〉对安全事故犯罪的修改与补充》，载《人民检察》，2006（22）。

② 参见谢治东：《〈刑法修正案（六）〉中重大责任事故犯罪立法探析》，载郎胜等主编：《中国刑法学年会文集刑法实践热点问题探索》（2008年度·下卷），790～792页，北京，中国人民公安大学出版社，2008。

③ 同上书，789页。

④ 参见刘树德、梁洁：《刑法罪名：按什么标准确立》，载《检察日报》，2006-08-03。

⑤ 参见史丹如：《聚焦重大责任事故型犯罪之修正》，载《中国人民公安大学学报》（社会科学版），2007（5）。

⑥ 参见张耀嵩：《重大责任事故罪研究》，载《法制与社会》，2007（9）。

⑦ 参见张明楷：《刑法学》，3版，545页，北京，法律出版社，2007。

⑧ 参见周铭川：《强令违章冒险作业罪初探》，载郎胜等主编：《中国刑法学年会文集刑法实践热点问题探索》（2008年度·下卷），801页，北京，中国人民公安大学出版社，2008。

⑨ 参见黄太云：《刑法修正案（六）的理解与适用》（上），载《人民检察》，2006（14）。

就应构成重大责任事故罪或者其他责任事故犯罪。被强令只是刑事责任的减轻理由。对此，也不能以期待可能性理论予以出罪。①

3. 本罪的客观行为

本罪的客观行为是强令他人违章冒险作业。

关于本罪客观行为的理解问题，有论者指出，强令者必须是和他人处于同一单位的人员，而不能是主管该单位的上级国家机关工作人员；强令行为的内容，既包括利用职权而命令他人，也包括利用与职权无关的其他威胁来要求他人从事某种冒险行为；对违章冒险作业中的"章"，应当做广义上的理解，即有关安全方面的规定；违章冒险作业中的"险"，是一种客观具体的危险。②

关于"强令"的程度，一般理解为强令者发出的信息内容所产生的影响，应当达到使工人不得不违心继续生产、作业的心理强制程度。③ 此外，有论者指出，由于本罪发生于与安全生产、作业有关的业务活动中，故还应注意"强令"与非发生于生产、作业中的"胁迫"的区别。④

4. 本罪与相关犯罪的界限

（1）本罪与重大责任事故罪的区分

有论者基于监督过失的理论，认为在有权限者强令他人违章冒险作业的情况下，至少三个过失行为（因为有权限者可能同时具有监督过失和管理过失）共同导致了严重后果发生。行为人同时构成本罪和重大责任事故罪两个罪。这种情形，既不属于法条竞合犯，也不是想象竞合犯，但通常都认为行为人应仅构成本罪，不再构成重大责任事故罪。对于无命令权限的其他直接从事生产、作业的人员，强令他人违章冒险作业，造成严重后果的，不构成重大责任事故罪，应直接按本罪论处。⑤

（2）本罪与其他责任事故犯罪的界限

有论者认为，任何责任事故犯罪中都可能存在有权限者强令他人违章冒险作业情况，因此应就其强令行为承担加重罪责，从而应构成本罪，不再以相应的责任事故犯罪论处。至于无命令权限者强令他人违章冒险作业的，由于其并不构成相应责任事故犯罪，应直接构成本罪。⑥

（3）本罪与强迫职工劳动罪的区别

两罪一般不难区分。但是在用人单位以限制人身自由的方法强迫职工违章冒险

---

① 参见周铭川：《强令违章冒险作业罪初探》，载郎胜等主编：《中国刑法学年会文集刑法实践热点问题探索》（2008 年度·下卷），807 页，北京，中国人民公安大学出版社，2008。

② 参见黎宏：《重大责任事故罪相关问题探析》，载郎胜等主编：《中国刑法学年会文集刑法实践热点问题探索》（2008 年度·下卷），775 页，北京，中国人民公安大学出版社，2008。

③ 黄太云：《刑法修正案（六）的理解与适用》（上），载《人民检察》，2006（14）。

④ 参见周铭川：《强令违章冒险作业罪初探》，载郎胜等主编：《中国刑法学年会文集刑法实践热点问题探索》（2008 年度·下卷），803 页，北京，中国人民公安大学出版社，2008。

⑤ 同上书，804 页。

⑥ 同上书，805 页。

作业，因而造成严重后果的情况下，由于限制人身自由是强令的表现形式之一，故此种情况属于想象竞合犯，应以本罪论处。但如果没有造成严重后果的，则只构成强迫职工劳动罪。①

5. **法定刑**

由于“强令他人违章冒险作业”的情形较之一般的重大责任事故罪具有更大的社会危害性，《刑法修正案（六）》将其作为独立的罪名予以规定，并配置了较高的法定刑。但有论者认为，对本罪配置高达15年有期徒刑的法定刑，过于严厉，有悖罪刑均衡原则以及过失犯罪的法定刑节俭和法定刑趋轻的配置原则和立法趋势。②

（五）重大飞行事故罪

重大飞行事故罪是1997年《刑法》增加的新罪名，是指航空人员违反规章制度，致使发生重大飞行事故，造成严重后果的行为。理论上主要就重大飞行责任事故罪中的“发生重大飞行事故”、“造成严重后果”的认定及其相互关系进行了较为深入地分析。

1. **“发生重大飞行事故”的认定标准**

关于对“发生重大飞行事故”的认定能否适用民航飞行事故的标准的问题，理论上有不同的观点。

第一种观点是否定说。该观点认为，根据民航飞行事故的划分标准，“重大飞行事故”已经包含了致人死亡的严重后果。这与重大飞行事故罪中的第二个量刑档次即“造成飞机坠毁或者人员死亡的，处三年以上七年以下有期徒刑”相矛盾。从立法本意来看，只有未致人死亡的或未造成飞机坠毁的，才能适用第一个量刑档次。因此，对这里的“重大飞行事故”不能适用民航飞行事故的划分标准。论者由此建议立法机关对这里的“重大飞行事故”作出专门解释或在立法上删去“重大飞行事故”一词。③

第二种观点是肯定说。该观点认为，对重大飞行事故罪中的“发生重大飞行事故”，可以根据民航飞行事故的划分标准来认定。“造成严重后果”加上“造成飞机坠毁或者人员死亡的”，就是重大飞行事故罪的“重大飞行事故”的完整含义。④

第三种观点是修正说。该观点认为，在立法机关和司法机关尚未作出有效解释

---

① 参见周铭川：《强令违章冒险作业罪初探》，载郎胜等主编：《中国刑法学年会文集刑法实践热点问题探索》（2008年度·下卷），806页，北京，中国人民公安大学出版社，2008。

② 参见谢治东：《〈刑法修正案（六）〉中重大责任事故犯罪立法探析》，载郎胜等主编：《中国刑法学年会文集刑法实践热点问题探索》（2008年度·下卷），791页，北京，中国人民公安大学出版社，2008。

③ 参见侯国云、白岫云：《新刑法疑难问题解析与适用》，320页，北京，中国检察出版社，1998。

④ 参见孟庆华：《重大责任事故犯罪的认定与处理》，90页，北京，人民法院出版社，2003；叶高峰主编：《危害公共安全罪的定罪与量刑》，358页，北京，人民法院出版社，2000。

之前，对重大飞行事故的确定，只能以行业标准为依据。根据民航飞行事故的划分标准，“重大飞行事故”已经包括了“造成航空器严重损坏”这样的后果，这明显地与刑法规定相悖。刑法将发生重大飞行事故与造成严重后果并行规定，表明发生重大飞行事故与造成严重后果具有不同的内涵。因此，该观点主张“重大飞行事故”应仅限于一定范围的人员伤亡。①

2. “造成严重后果”的认定标准

对“造成严重后果”的标准，目前既无有权解释，也无行业规定，对此理论上也有颇多解释。归纳起来，主要有以下两种观点。

第一种观点认为，所谓“造成严重后果”，实践中一般是指：造成航空器或者航空设施遭受重大损失，被迫中途迫降或者坠毁的；导致乘客、机组人员重伤、死亡的严重事件的；致使公私财物遭受重大损失的；等等。②

第二种观点认为，这里的“严重后果”，不包括人员死亡，仅指造成人员重伤或者航空器严重损坏以及承运的货物毁坏等重大损失的情形。③

3. “发生重大飞行事故”与“造成严重后果”的关系

关于“发生重大飞行事故”与“造成严重后果”是否必须同时具备才构成本罪的问题，理论上存在不同观点。

第一种观点认为，两者之间是选择关系，即二者居其一便可构成重大飞行事故罪。④

第二种观点认为，两者之间是并列关系，即二者都是犯罪构成的必要要件，缺一不可。⑤

第三种观点认为，两者之间是整体关系，即“发生重大飞行事故”与“造成严重后果”不可分割。“发生重大飞行事故”是“造成严重后果”的前提条件；“造成严重后果”是“发生重大飞行事故”的具体化。⑥

（六）铁路运营安全事故罪

铁路运营安全事故罪是1997年《刑法》增设的罪名，是指铁路职工违反规章制度，致使发生铁路运营安全事故，造成严重后果的行为。就本罪而言，由于立法上

---

① 参见曲伶俐：《重大飞行事故罪几个问题质疑》，载《政法论丛》，1999（6）。

② 参见叶高峰主编：《危害公共安全罪的定罪与量刑》，358页，北京，人民法院出版社，2000。

③ 参见李淳、王尚新主编：《中国刑法修订的背景与适用》，134页，北京，法律出版社，1998；王金彪主编：《新刑法通论》，217页，北京，警官教育出版社，1997；孟庆华：《重大责任事故犯罪的认定与处理》，91页，北京，人民法院出版社，2003；曲伶俐：《重大飞行事故罪几个问题质疑》，载《政法论丛》，1999（6）。

④ 参见曲伶俐：《重大飞行事故罪几个问题质疑》，载《政法论丛》，1999（6）。

⑤ 参见张文学主编：《刑法条文案例释解》，235页，北京，法律出版社，1997。

⑥ 参见孟庆华：《重大责任事故犯罪的认定与处理》，93页，北京，人民法院出版社，2003。

没有明确"严重后果"的内涵，理论上对其认定标准存在不同的见解。

第一种观点认为，应以1987年最高人民检察院《关于正确认定和处理玩忽职守罪的若干意见》中关于玩忽职守罪中"造成重大损失"的立案标准的司法解释为依据，即"严重后果"是指造成人员重伤、死亡或者造成直接经济损失巨大等。①

第二种观点主张，应以1993年最高人民法院《关于执行〈中华人民共和国铁路法〉中刑事罚则若干问题的解释》中对"重大事故"的司法解释为依据，即把严重后果等同于情节严重。②

第三种观点认为，应参照1987年最高人民法院、最高人民检察院《关于严格依法处理道路交通肇事案件的通知》中的有关"重大事故"的司法解释执行。③

第四种观点主张，可以根据本罪行为的特征，参照2000年铁道部《铁路行车事故处理规定》中"重大事故的分类及构成条件"的规定执行。④

第五种观点认为，应根据铁路运营工作的特点，对"严重后果"分别不同情形认定：①行车重大事故。可参照2000年铁道部《铁路行车事故处理规定》中的"重大事故"加以认定；②货运重大事故。可参照《铁路货运事故处理规定》中的"重大事故"和"大事故"认定；③客运重大事故。客运重大事故中的行包事故达到"重大事故"和"大事故"等级时，可认定为铁路运营安全事故罪中的"严重后果"；④军运重大事故。《铁路军事运输管理办法》中规定的一级军运事故，可以视为铁路运营安全事故罪中的"严重后果"。⑤

（七）重大劳动安全事故罪

重大劳动安全事故罪是1997年《刑法》增设的罪名。在2006年《刑法修正案(六)》颁布之前，理论上对本罪进行了较为深入的研究。

关于本罪的直接客体，理论上存在不同的观点：第一种观点认为，本罪的直接客体是工厂、矿山、林场、建筑企业或者其他企业、事业单位的劳动安全，即劳动者的生命、健康和重大公私财产的安全。⑥ 第二种观点认为，本罪实质上是一种侵害劳动者劳动权的劳动犯罪，直接侵害的是劳动者的职业安全权。本罪是单位犯罪，其直接客体是劳动者的职业安全和用人单位的财产安全。⑦ 第三种观点认为，本罪的直接客体是劳动者的劳动安全，即劳动者的生命、健康安全，而重大公私财产的

---

① 参见鲍遂献、雷东生：《危害公共安全罪》，332页，北京，中国人民大学出版社，1999。

② 参见高格：《定罪与量刑》（上卷），385页，北京，中国方正出版社，1999。

③ 参见叶高峰主编：《危害公共安全罪的定罪与量刑》，372页，北京，人民法院出版社，2000。

④ 参见曾芳文、段启俊主编：《个罪法定情节研究与适用》，117～118页，北京，人民法院出版社，2002。

⑤ 参见孟庆华：《重大责任事故犯罪的认定与处理》，114～116页，北京，人民法院出版社，2003。

⑥ 参见王作富主编：《刑法分则实务研究》（上），217页，北京，中国方正出版社，2003。

⑦ 参见冯彦君：《重大劳动安全事故罪若干问题探析》，载《国家检察官学院学报》，2001（2）。

安全不是本罪侵犯的客体。①

在本罪构成要件的具体理解与适用方面，有论者从法理与司法实践相结合的角度，对本罪的主体范围、主观方面的内容、“劳动安全不符合国家规定”的含义、“提出”的含义、“对事故隐患仍不采取措施”的含义等若干疑难问题进行了深入探讨。②

关于重大劳动安全事故罪的罪过形式，理论上存在以下几种不同的观点。

第一种观点认为，本罪的主观方面是过失。过失是针对发生的重大伤亡事故或者造成其他严重后果而言的，对事故隐患不采取措施则可能是明知故犯。③ 有论者认为，就“事故”而言，应当理解为只能是出于过失；如果是出于故意（包括间接故意），则超出了对“事故”的界定，应属于“破坏”的范畴。④ 第二种观点认为，对结果是出于过失，对不作为行为则是出于故意。劳动安全设施不符合国家规定，对事故隐患不采取措施，系出于故意，但对其危害后果的发生所持的则是过失的心理态度。⑤ 第三种观点认为，对结果是出于过失，对不作为行为可能是出于故意，也可能是出于过失。⑥ 第四种观点认为，该罪的罪过是复合罪过。所谓复合罪过形式，是指同一罪名的犯罪心态既有故意（限于间接故意），也有过失的罪过形式。本罪中行为人在有关部门或者单位职工提出劳动安全设施存在事故隐患后，本应积极采取防范措施，然而行为人却无动于衷，熟视无睹，不采取措施，终致重大伤亡事故或者其他严重后果的发生，此间行为人对自己不作为将导致的后果的态度既可能是出于过失，也可能是间接故意。因此，本罪的主观方面是复合罪过。⑦

本罪与重大责任事故罪的界限一般情况下并不难区分。但当有关负责劳动安全设施管理、维护的人员在接到有关部门或者单位职工提出的消除事故隐患的意见后，仍不采取措施消除事故的隐患，并强令工人违章冒险作业，由此造成重大伤亡事故或者其他严重后果时，应如何处理？对此，理论上有以下不同观点。

第一种观点认为，这种情况构成重大责任事故罪与重大劳动安全事故罪的想象竞合犯，应定一罪而非数罪。因为行为人上只实施了一个行为，即强令工人违章冒险作业的行为。此行为既是重大责任事故罪中的强令工人违章作业的行为，也是重

---

① 参见周铭川、黄丽勤：《论重大劳动安全事故罪》，载《法学论坛》，2006（6）。

② 参见左坚卫、刘志伟：《重大劳动安全事故罪若干疑难问题探讨》，载《法学论坛》，2002（1）。

③ 参见邓又天主编：《中华人民共和国刑法释义与司法适用》，201页，北京，中国人民公安大学出版社，1997。

④ 参见高铭暄、马克昌主编：《刑法学》，380页，北京，北京大学出版社、高等教育出版社，2000。

⑤ 参见欧阳涛等主编：《新刑法注释与适用》，252页，北京，人民法院出版社，1997。

⑥ 参见曹子丹、侯国云主编：《中华人民共和国刑法精解》，117页，北京，中国政法大学出版社，1997。

⑦ 参见储槐植、杨书文：《复合罪过形式探析》，载《法学研究》，1999（1）；王作富主编：《刑法分则实务研究》（上），2版，219页，北京，中国方正出版社，2004。

大劳动安全事故罪中的不采取措施的不作为。①

第二种观点认为，这种情况下行为人有两个行为（一个不作为与一个作为），主观上也存在两个过失，似乎应数罪并罚。但是，只发生了一个结果，而将一个结果作为两个过失犯罪的构成要件事实，也有不妥之处，故应从一重罪论处。由于两者的法定刑相同，应按情节轻重确定罪名。②

第三种观点认为，上述情况仅是单纯的一罪，应当直接作为重大劳动安全事故罪处理。理由是，这种情况下，虽然在客观上表现为两个行为，即一个是不采取措施消除事故隐患的不作为行为，另一个是强令工人违章冒险作业的作为行为，但实质上属于实行了一个不作为的犯罪行为，即重大劳动安全事故罪。③

第四种观点认为，上述情况属于一行为同时触犯两个法条的法条竞合犯。理由是，在重大劳动安全事故罪中，“强令工人违章冒险作业”是“仍不采取措施消除事故的隐患”的具体表现；同时，“有关负责劳动安全设施管理、维护的人员在接到有关部门或者单位职工提出的消除事故隐患的意见后，仍不采取措施消除事故的隐患”又是重大责任事故罪中“违反规章制度”的具体表现。根据“特别法优于普通法”的一般原则，对上述情况应以重大劳动安全事故罪定罪处理。

有论者对本罪的立法规定进行了检讨，认为：①本罪主体的范围过窄，极易形成刑法漏洞；②本罪将劳动卫生条件排除在外，缩小了刑法的保护范围；③“经有关部门或者单位职工提出”的限制性要件设置不当，从而使法益得不到应有的保护；④本罪应是单位犯罪，在法定刑设置上应采“两罚制”，即在对直接责任者的刑罚规定之外，增加对单位判处罚金的规定。④

由于《刑法修正案（六）》对本罪的客观方面及主体作出了较大的修改，理论上对修正后的本罪罪名存在不同的见解：一种观点认为，由于本罪客观方面及主体方面的内容修改较大，原《刑法》第 135 条罪名“重大劳动安全事故罪”现已不再适合修改后的犯罪构成的特征，因此建议将罪名改为“重大安全生产事故罪”；⑤ 另一种观点则认为，由于以上修改并未涉及《刑法》第 135 条的本质要件，因此，本条罪名无须变动，仍为“重大劳动安全事故罪”。⑥

（八）大型群众性活动重大安全事故罪

《刑法修正案（六）》增设了大型群众性活动重大安全事故罪，作为《刑法》第

---

① 参见赵秉志主编：《刑法相邻罪名界定与运用》（上），156 页，长春，吉林人民出版社，2000；刘艳红：《〈中华人民共和国刑法修正案（六）〉之解读》，载《法商研究》，2006（6）。

② 参见张明楷：《刑法学》，2 版，573 页，北京，法律出版社，2003。

③ 参见刘志伟主编：《危害公共安全犯罪疑难问题司法对策》，437～438 页，长春，吉林人民出版社，2001。

④ 参见冯彦君：《重大劳动安全事故罪若干问题探析》，载《国家检察官学院学报》，2001（2）。

⑤ 参见史丹如：《聚焦重大责任事故型犯罪之修正》，载《中国人民公安大学学报》（社会科学版），2007（5）。

⑥ 参见刘艳红：《〈中华人民共和国刑法修正案（六）〉之解读》，载《法商研究》，2006（6）。

135条之一。本罪是指举办大型群众性活动违反安全管理规定，因而发生重大伤亡事故或者造成其他严重后果的行为。

关于本罪的主体，在理论上有不同的看法。有观点认为，本罪的主体为一般主体；① 有观点则认为，本罪的主体为特殊主体，即因举办大型群众性活动而造成重大责任事故的直接负责的主管人员和其他直接责任人员；② 也有观点认为，本罪的主体不仅可以是单位，还包括自然人，但只追究直接负责的主管人员和其他直接责任人员的刑事责任。③

关于“大型群众性活动”的界定，一般认为，根据国务院《大型群众性活动安全管理条例》第2条的规定，大型群众性活动，是指法人或者其他组织面向社会公众举办的每场次预计参加人数达到1000人以上的活动。但对“大型群众性活动”的类型，有观点指出，面向社会公众举办或非面向社会公众举办的大型群众性活动的情形均应包括在内。理由是，《刑法》第135条之一并没有对大型群众性活动的类型进行限制；另外，国务院《大型群众性活动安全管理条例》并没有涵盖所有的大型群众性活动类型，不能作为认定本罪大型群众性活动类型或者范围的依据。但自然人举办的大型群众性活动只能是面向社会公众的类型。④

（九）危险物品肇事罪

危险物品肇事罪是在1979年《刑法》中就已规定的罪名，1997年《刑法》对其未作改动。

在理论上，本罪存在较多争议的是其主体问题。对此，理论上有以下不同观点：第一种观点认为，本罪的主体是一般主体，但实践中，大多是从事生产、储存、运输、使用此类危险物品的职工；⑤ 第二种观点也认为本罪的主体是一般主体，但同时认为，除自然人主体外，企事业单位、国家机关、社会团体等单位也可成为本罪的主体；⑥ 第三种观点认为，本罪的主体是特殊主体，即只能是从事生产、保管、运输、使用上述危险物品的职工。⑦

---

① 参见高铭暄、马克昌主编：《刑法学》，409页，北京，北京大学出版社、高等教育出版社，2007。

② 参见孟庆华、赵军：《举办大型群众性活动重大责任事故罪适用解读》，载《中国检察官》，2006（10）。

③ 参见孟昭武：《大型群众性活动重大安全事故罪若干问题探析》，载郎胜等主编：《中国刑法学年会文集刑法实践热点问题探索》（2008年度·下卷），834页，北京，中国人民公安大学出版社，2008。

④ 同上书，833页。

⑤ 参见高铭暄、马克昌主编：《刑法学》，380页，北京，北京大学出版社、高等教育出版社，2000。

⑥ 参见周振想主编：《中国刑法释论与罪案》（上），673页，北京，中国方正出版社，1997。

⑦ 参见赵长青主编：《新编刑法学》，442页，重庆，西南师范大学出版社，1997。

（十）工程重大安全事故罪

工程重大安全事故罪是 1997 年《刑法》增设的罪名，是指建设单位、设计单位、施工单位、工程监理单位违反国家规定，降低工程质量标准，造成重大安全事故的行为。

在本罪的主体问题上，理论中有以下不同的观点。

第一种观点认为，本罪是单位犯罪，主体是建设单位、设计单位、施工单位、工程监理单位。在刑罚适用上，本罪采取的是单罚制中的转嫁制，只对单位里的直接负责的主管人员和其他直接责任人员判处相应的刑罚。①

第二种观点认为，本罪属于自然人主体犯罪，其主体是建设单位、设计单位、施工单位和工程监理单位的直接责任人员。②

第三种观点认为，本罪的主体既包括特定的单位，即建设单位、设计单位、施工单位和工程监理单位，同时，也包括建设单位、设计单位、施工单位和工程监理单位中对发生的工程重大安全事故负有直接责任的人员。③

尽管对本罪的主体存在争议，但根据现行刑法的规定，理论上大多认为，本罪属于单位犯罪，并只处罚直接责任人员。有观点指出，本罪的主体范围存在立法缺陷：本罪主体中的单位未能包括所有工程建设中的单位，致使勘察单位、施工材料检测单位、验收单位以及政府监管部门等单位的行为被排除在本罪的规制之外；将本罪的主体限定为单位，不利于对不具有合法资格的单位以及个人从事工程设计、施工、监理的活动追究刑事责任；将本罪的受刑主体限定为“直接责任人员”，从而把“直接负责的主管人员”排除在外，不符合单位犯罪的理论。针对上述缺陷，论者建议将本罪的主体由特殊主体修改为一般主体，单位犯罪的受刑主体由直接责任人员扩大到单位及单位中的主管人员和直接责任人员。④

本罪以造成重大安全事故为必要，理论上有论者就如何认定本罪中“重大安全事故”的问题进行了深入的探讨。⑤ 有观点认为，从刑法一般预防的角度看，将工程重大安全事故罪限定为结果犯，不利于有效震慑潜在的各种违法承接工程的行为，建议将本罪设定为危险犯，即将本罪的“造成重大安全事故”要件改为“有造成重

---

① 参见田宏杰主编：《单位犯罪适用中疑难问题研究》，71 页，长春，吉林人民出版社，2001。

② 参见孟庆华：《重大责任事故犯罪的认定与处理》，220～221 页，北京，人民法院出版社，2003。

③ 参见刘志伟、王晶：《工程重大安全事故罪构成要件中的疑难问题》，载《中国刑事法杂志》，2001 (6)。

④ 参见张兆松：《工程重大安全事故罪的立法重构》，载郎胜等主编：《中国刑法学年会文集 刑法实践热点问题探索》（2008 年度・下卷），846～851 页，北京，中国人民公安大学出版社，2008。

⑤ 参见孟庆华：《重大责任事故犯罪的认定与处理》，217～218 页，北京，人民法院出版社，2003。

大安全事故客观危险”和“造成重大安全事故”两种情形，并分别规定相应的法定刑。①

此外，一般认为，本罪的主观罪过形式是过失，但在理论上也有本罪是否存在间接故意这一罪过形式的争论。②

（十一）教育设施重大安全事故罪

教育设施重大安全事故罪是1997年《刑法》增设的罪名，是指明知校舍或者教育教学设施有危险，而不采取措施或者不及时报告，致使发生重大伤亡事故的行为。

一般认为，本罪的主体是特殊主体，即对学校及其他教育机构的校舍或者教育教学设施的安全负有直接责任的人员。但对于本罪主体的具体范围，看法则不尽相同：第一种观点认为，本罪的主体是指政府、教育主管部门、学校的直接责任人员；③ 第二种观点认为，本罪的主体是指政府中分管教育的领导、教育行政部门、学校的领导及学校的直接责任人员等；④ 第三种观点认为，本罪的主体是指学校的校长和学校上级机关、有关房管部门的主管人员以及其他对教育教学设施的安全负有责任的人员。⑤

针对本罪客观方面的要件，有论者对“校舍或者教育教学设施”的范围、“不采取措施或者不及时报告”的含义详细进行了解析，并就本罪实践中的疑难问题进行了较为深入的探讨。⑥

本罪的罪过形式，一般认为是过失；法条中的“明知”，只是表明行为人已经预见到发生侵害结果的危险。⑦ 但也有观点认为，本罪的罪过属于复合罪过，行为人的罪过形式一般表现为过失，但有时也表现为故意。⑧

（十二）消防责任事故罪

消防责任事故罪是1997年《刑法》增设的罪名，是指违反消防法律法规，经公安消防机构通知采取改正措施而拒绝执行，造成严重后果的行为。

关于消防责任事故罪的主体，理论上主要存在三种不同的看法：第一种观点认为，本罪的主体属于特殊主体，即那些对消防监督机构采取改正措施的通知负有采

---

① 参见沈新康、曹坚：《论工程重大安全事故罪的若干疑难问题》，载《华东政法学院学报》，2004（1）。

② 参见毕志强：《工程重大安全事故罪之探析》，载《国家检察官学院学报》，2001（4）。

③ 参见苏惠渔主编：《刑法学》，463～464页，北京，中国政法大学出版社，1999。

④ 参见鲍遂献、雷东生：《危害公共安全罪》，403页，北京，中国人民公安大学出版社，1999。

⑤ 参见郎胜主编：《〈中华人民共和国刑法〉释解》，156页，北京，群众出版社，1997。

⑥ 参见赵秉志、刘志伟：《教育设施重大安全事故罪客观要件中的疑难问题研讨》，载《法商研究》，2001（1）。

⑦ 参见张明楷：《刑法学》，3版，547页，北京，法律出版社，2007。

⑧ 参见苏惠渔主编：《刑法学》，463～464页，北京，中国政法大学出版社，1999。

取改正措施责任的人；[①] 第二种观点认为，本罪的主体为一般主体，即凡是达到刑事责任年龄、具备刑事责任能力的自然人均可成为本罪的主体；[②] 第三种观点认为，本罪的主体为一般主体，既包括自然人，也包括单位。[③]

对于本罪客观要件中的“经公安消防机构通知采取改正措施而拒绝执行”，理论上也存在不同的认识：一种观点认为，本罪将“经公安消防机构通知采取改正措施而拒绝执行”作为构成犯罪的要件之一，一方面是为了限定犯罪的范围，防止打击面过宽，另一方面也是为了强化消防监督的重要性；[④] 另一种观点则认为，将“经公安消防机构通知采取改正措施而拒绝执行”作为本罪的前置条件，削弱了本罪的适用性和震慑力，在立法上对此要件应予以删除。[⑤]

此外，关于本罪与大型群众性活动重大安全事故罪的竞合问题，有观点认为，二者之间存在法条竞合关系，消防责任事故罪是特别法，大型群众性活动重大安全事故罪是一般法，应当按照特别法优于一般法的原则，以消防责任事故罪定罪处罚。[⑥] 有观点则认为，大型群众性活动重大安全事故罪涵盖了消防责任事故罪构成要件的全部内容，二者之间是法条包容竞合中整体法与部分法的关系，按照整体法优于部分法的原则，在二者出现竞合时应以大型群众性活动重大安全事故罪论处。[⑦] 还有观点认为，二者之间存在法条竞合中的交叉关系，对此应从一重罪论处。[⑧]

（十三）不报、谎报安全事故罪

《刑法修正案（六）》增设了不报、谎报安全事故罪，作为《刑法》第 139 条之一。本罪是指在安全事故发生后，负有报告职责的人员不报或者谎报事故情况，贻误事故抢救，情节严重的行为。关于本罪的理解与适用，理论上存在较多的争议。

1. 犯罪主体

一般认为，本罪的主体是特殊主体，即对安全事故“负有报告职责的人员”。但

---

① 参见王章学编：《重大责任事故犯罪的定罪与量刑》，277 页，北京，中国民主法制出版社，2003。

② 参见赵秉志主编：《中国刑法案例与学理研究·分则篇（一）》，283 页，北京，法律出版社，2001。

③ 参见刘家琛主编：《新刑法条文释义》（新编本·上），565 页，北京，人民法院出版社，2001。

④ 参见胡康生、李福成主编：《中华人民共和国刑法释义》，160 页，北京，法律出版社，1997。

⑤ 参见陈欢：《浅析消防责任事故罪客观要件的瑕疵》，载《消防科学与技术》，2008（2）。

⑥ 参见方淑梅：《试论大型群众性活动重大安全事故罪的构成要件及认定》，载《传承》，2008（6）。

⑦ 参见王海涛：《刑法修正案（六）》，30 页，北京，中国法制出版社，2006。

⑧ 参见吴林生：《消防责任事故罪与相近事故犯罪的区别和竞合》，载郎胜等主编：《中国刑法学年会文集刑法实践热点问题探索》（2008 年度·下卷），893 页，北京，中国人民公安大学出版社，2008。

对其具体范围，理论上则存在明显分歧。

第一种观点认为，本罪的主体包括生产经营单位的主要负责人，对安全生产、作业负有组织、监督、管理职责的部门的监督检查人员，地方政府负有安全生产监督管理职责的部门直接负责的主管人员以及直接造成安全事故的责任人员，但所在单位的普通工人不能成为本罪的主体。①

第二种观点认为，本罪的主体包括安全事故的直接责任人员以及单位的相关负责人。由于本罪与渎职犯罪存在法条竞合关系，国家机关工作人员不是本罪的主体。②

第三种观点认为，本罪的主体只包括在事故现场且负有安全生产、作业职责的人员，不在事故现场的事故单位的负责人和负有生产、作业的管理、指挥、监督职责的人员。③

第四种观点认为，根据相关司法解释的精神，本罪的主体包括生产经营单位的负责人、实际控制人、负责生产经营管理的投资人以及其他负有报告职责的人员。该观点将对安全事故本身负有责任的人员（即行为已经构成相关安全事故犯罪的人员）排除在本罪的主体之外。④

2. 罪过形式

关于本罪的罪过形式，在理论上也有不同的观点。第一种观点认为，本罪的罪过是过失；⑤ 第二种观点认为，本罪的责任形式是故意，即明知不报或者谎报事故情况的行为会发生贻误事故抢救的结果，并且希望或放任这种结果的发生；⑥ 第三观点认为，本罪的罪过形式，既可以是过失，也可以是间接故意，即复合罪过。⑦

3. 客观行为

（1）本罪的行为方式

对此，有观点认为，本罪属于（纯正）不作为犯。即从表面上看不报事故情况是不作为，谎报事故情况则是作为，但从实质而言，不报与谎报只有形式上的差异，在实质上都是不如实报告事故情况，而法律和规章要求行为人如实申报，正是由于

---

① 参见陈孝祥：《不报、谎报安全事故罪》，载《法制与社会》，2007（5）。

② 参见王剑波：《不报、谎报事故罪的理解与适用》，载《河南司法警官职业学院学报》，2007（9）。

③ 参见刘志伟、侯庆奇：《不报、谎报安全事故罪立法的研析》，载《中国刑事法杂志》，2007（6）。

④ 参见张明楷：《刑法学》，3版，547～548页，北京，法律出版社，2007。

⑤ 参见刘艳红：《〈中华人民共和国刑法修正案（六）〉之解读》，载《法商研究》，2006（6）。

⑥ 参见张明楷：《刑法学》，3版，548页，北京，法律出版社，2007。

⑦ 参见陈孝祥：《不报、谎报安全事故罪》，载《法制与社会》，2007（5）。

行为人有如实申报的义务而不如实申报，因而贻误了事故的抢救，才要求行为人负刑事责任。① 有观点则认为，本罪的行为方式是作为与不作为的结合。即“不报”是不作为，而“谎报”则是作为。②

（2）“贻误事故抢救”的理解

对此，第一种观点认为，贻误事故抢救，是指由于不报或者谎报事故，导致失去抢救时机，使事故后果进一步扩大；③ 第二种观点认为，贻误事故抢救主要是指不报或者谎报事故情况的行为导致贻误了事故抢救的最佳时机；④ 第三种观点认为，应将“贻误事故抢救”理解为造成事故抢救不及时。⑤

4. 犯罪客体

对于本罪的犯罪客体问题，目前主要有两种观点。

一种观点认为，本罪侵犯的是单一客体。立法者将本罪置于危害公共安全罪一章，表明其侵害的客体是公共安全。⑥ 另一种观点则认为，本罪侵犯的是复杂客体，但是，在这种观点的内部，又有不同的看法：有论者认为，本罪侵害的客体不仅仅为公共安全，也包括特定人的生命与健康；⑦ 也有论者认为，本罪的主要客体是公共安全，次要客体是国家对重大安全事故的管理制度。⑧

5. 本罪的犯罪形态

（1）本罪是结果犯还是危险犯

根据本罪的构成要件，不报、谎报事故情况的行为，只有“贻误事故抢救”且“情节严重”时才成立犯罪，因此，就本罪属于结果犯还是危险犯的问题，理论认识上存在分歧：一种观点认为，本罪是结果犯。本罪的危害结果是贻误抢救的结果。行为人不报、谎报事故情况的行为，必须与贻误事故抢救后果之间存在直接的因果关系；⑨ 另一种观点则认为，本罪以“情节严重”作为犯罪成立的要件。从相关司法解释对“情节严重”或“特别严重”的描述来看，其内涵既包括导致伤亡人数或

---

① 参见刘明祥：《〈刑法修正案（六）〉对安全事故犯罪的修改与补充》，载《人民检察》，2006（11）。

② 参见孟庆华：《不报、谎报安全事故罪若干疑难问题探讨》，载郎胜等主编：《中国刑法学年会文集刑法实践热点问题探索》（2008 年度・下卷），918 页，北京，中国人民公安大学出版社，2008。

③ 参见刘明祥：《〈刑法修正案（六）〉对安全事故罪的修改与补充》，载《人民检察》，2006（11）。

④ 参见刘艳红：《〈中华人民共和国刑法修正案（六）〉之解读》，载《法商研究》，2006（6）。

⑤ 刘志伟：《不报、谎报安全事故罪若干问题研讨》，载李洁等主编：《和谐社会的刑法现实问题》，1389 页，北京，中国人民公安大学出版社，1997。

⑥ 参见陈孝祥：《不报、谎报安全事故罪》，载《法制与社会》，2007（5）。

⑦ 参见刘超捷：《论安全事故不报、谎报罪》，载《法学杂志》，2007（5）。

⑧ 参见王剑波：《不报、谎报事故罪的理解与适用》，载《河南司法警官职业学院学报》，2007（9）。

⑨ 参见刘超捷：《论安全事故不报、谎报罪》，载《法学杂志》，2007（5）。

者直接经济损失增加的实害后果，也包括实施特定行为“致使不能及时有效开展事故抢救的”危险结果。因此，本罪既可能是结果犯，也可能是危险犯。①

（2）罪数形态

在本罪的罪数问题上，争议较大的是，在安全事故犯罪发生后，本应承担刑事责任的行为人不报或者谎报事故情况的，应如何处理？对此，主要有如下两种观点：

一种观点认为，按一罪从重处罚。行为人先实施了责任事故犯罪的行为，造成了严重的安全事故，其瞒报、谎报安全事故的行为属于事后的不可罚行为，对行为人应以重大责任事故罪或其他安全事故犯罪论处，对事后的瞒报、谎报安全事故的行为不再另行单独评价，但可以在量刑时将其考虑为一个从重处罚的情节。②

另一种观点则认为，对这种情形应当实行数罪并罚。理由是：其一，将重大责任事故罪或其他安全事故犯罪的主体在安全事故发生后的不报、谎报行为视为事后不可罚行为，不符合刑法的基本理论；其二，行为人先行行为构成重大责任事故罪等罪之后，又有后续不报、谎报事故行为而构成不报、谎报事故罪的，属于数行为构成的数个异种罪名，理应数罪并罚；其三，司法实践中对此情形一般是依照数罪并罚处理的。③

三、整体评论

通过以上对我国刑法学界自1978年至2008年对责任事故犯罪有关研究成果的综述，可以看出，在责任事故犯罪的理论研究方面，具有以下特点。

（一）理论研究与现实需要及立法变化紧密结合

1979年《刑法》颁行后，我国经济不发达，生产设备落后，规章制度不健全，实践中较少对责任事故作为犯罪加以惩处，理论上对责任事故犯罪的研究也不够重视，在刑法实施后的近5年时间里只有两篇关于责任事故犯罪的论文。随着经济体制改革的推进与深入，理论上开始密切关注新的经济形势下责任事故犯罪构成特征的理解与适用问题，并根据现实需要对责任事故犯罪的规定进行了检讨。1997年《刑法》的颁行以及2006年《刑法修正案（六）》的出台，更为刑法理论界提供了研究文本，掀起了责任事故犯罪的研究热潮，一大批论文和相关著作由此得以问世。

---

① 参见高秀东：《不报、谎报安全事故罪疑难三解》，载郎胜等主编：《中国刑法学年会文集刑法实践热点问题探索》（2008年度·下卷），931～932页，北京，中国人民公安大学出版社，2008。

② 参见王海涛主编：《刑法修正案（六）罪名图解与案例参考》，46页，北京，中国法制出版社，2006。

③ 参见孟庆华：《不报、谎报安全事故罪若干疑难问题探讨》，载郎胜等主编：《中国刑法学年会文集刑法实践热点问题探索》（2008年度·下卷），923～924页，北京，中国人民公安大学出版社，2008。

（二）注重对外国刑法理论的合理借鉴与吸收

我国责任事故犯罪的研究，最初主要是根据我国的刑事立法特点和司法实践的需要对具体个罪进行注释性研究。随着对外开放及文化交流的深入，论者们在责任事故犯罪的研究中注重对外国刑法理论的合理借鉴与吸收；业务过失、监督过失、过失危险犯、不作为因果关系等理论在责任事故犯罪研究的中运用，大大提升了责任事故犯罪研究的理论品格。另外，在对具体个罪进行深入研究的同时，也逐步开始对责任事故犯罪进行整体性研究。通过对国外相关责任事故犯罪立法的研究，检讨我国刑事立法上的得失，促进了我国责任事故犯罪理论研究的深化以及相关刑事立法的科学发展。

（三）注重刑事司法与刑事立法的完善

我国刑法学界关于责任事故犯罪的研究在注重理论分析的同时，又密切结合刑事司法实践和实践中出现的疑难问题对责任事故犯罪的概念、构成要件、刑罚适用进行了详尽的剖析，由此鲜明地体现了刑法学研究的实践品格。同时，理论上又根据社会经济的发展，针对现有的责任事故犯罪立法不断地进行反思与检讨，并从立法完善的角度提出了一些富有建设性的建议。

（四）学术争鸣气氛浓厚

30年间关于责任事故犯罪的研究涉及责任事故犯罪中的各类犯罪，并在诸如主体范围、单位犯罪、罪过形式等一些具体问题上进行了集中而热烈的研讨，学术争鸣气氛非常浓厚。这些争鸣一般都能摆事实、讲道理，各抒己见，相互启发，相互促进，由此使责任事故犯罪的理论研究得以大大推进。

第五章

经济犯罪

一、研究概况

自1978年至2008年，是一个固有的“刑法帝国”逐渐瓦解，刑法日益溶进整个法治体系中，回归自己应有的地位并发挥不可替代作用的时期，也是经济犯罪研究逐渐成为刑法学研究的重要组成部分，演变为刑法学研究中热门研究领域的时期。30年间，经济犯罪的基础理论研究经历了从空泛到实在、从宏观到具体的过程。

（一）从《关于严惩严重破坏经济的罪犯的决定》（本章以下简称《决定》）的颁行到1992年提出建立社会主义市场经济体制之前

1978年之后，随着我国工作重心由“以阶级斗争为纲”转到“以经济建设为中心”，刑法逐步开始从主要作为维护政权的专政工具转变到为社会主义法治提供全面的保障作用，以适应社会主义经济建设的需要。随着国家工作重心的转移，社会经济生活全面蓬勃发展，经济犯罪显著增加，对经济犯罪的研究日益受到重视。在此背景下，我国经济犯罪的基础理论研究逐步展开。

1. 对《决定》的呼应和阐释

在1982年3月8日全国人大常委会的《决定》中，官方首次正式提出了“经济犯罪”的概念。但是，受当时历史条件的限制，《决定》把经济犯罪定性为“我国社会主义社会在新的历史条件下阶级斗争在经济领域内的重要表现”①。可以说，《决定》并没有突破阶级斗争的樊篱。

《决定》出台之后，学界立刻掀起对《决定》进行呼应性阐释的热潮。很多论者纷纷发表文章，以表达对《决定》的认识。② 这类文章的一个共同特点是：把经济犯罪定位为政治问题，并且用政治性的语言论述经济犯罪问题。这种现象主要出现在20世纪80年代初期；在80年代中期以后，此类现象基本上不复存在。

2. 经济犯罪的刑事政策

受当时历史条件的限制，主张对经济犯罪从严处罚在理论上成为共识。有论者甚至主张：对极少数罪大恶极的经济犯罪分子如果不适用死刑，就不利于打击犯罪分子的嚣张气焰，也不利于教育和挽救更多的人，因而增加对严重经济犯罪适用死刑的条款是完全必要的。③

3. 构建经济犯罪学说体系的初步努力

在这期间，有不少论者已经敏锐地发现“经济刑法学”这一块有待开掘的学术沃土，并为“经济刑法学”理论体系的构建做出了一些开创性的努力。例如，陈兴良教授主编的《经济刑法学》就是经济刑法学的开创之作。

（二）从1992年提出建立社会主义市场经济体制至1997年《刑法》颁行前

1992年，中央提出要建立社会主义市场经济体制，这为经济犯罪的理论研究提供了巨大的历史契机。经济犯罪研究逐渐成为刑法学研究中的“显学”，经济犯罪的基础理论研究也开始被学界重视。其中的典型例证是，中国法学会刑法学研究会1995年在江西南昌大学举行学术讨论会，其中心议题就是“当前经济犯罪问题”。

1. 市场经济与新刑法观

有论者指出，要建立具有中国特色的市场经济新体制，就必须率先实现社会价值观念的转变，必须对传统的刑法观念进行一次全面清理、革新和超越。而这种观念性变革的基点及突破口，便是确立与新的市场经济体制相适应的经济犯罪观和经济犯罪刑罚观。④

市场经济下刑法新观念包括：第一，市场经济的犯罪现的根本内容就是要科学地确立犯罪的认定标准。在犯罪的认定上，坚持生产力标准；第二，市场经济刑罚观的根本内容就是追求刑罚的社会效果；第三，市场经济刑法观的根本内容就是注

---

① 参见《关于严惩严重破坏经济的罪犯的决定》。

② 参见马克昌：《打击严重经济犯罪的锐利武器》，载《法学评论》，1982（Z1）；雷云：《对打击严重经济犯罪活动的斗争的一些认识》，载《浙江学刊》，1982（3）；吴安清、张明楷：《论打击经济犯罪与无产阶级专政的历史任务》，载《中南政法学院学报》，1982（3）。

③ 参见马克昌：《打击严重经济犯罪的锐利武器》，载《法学评论》，1982（Z1）；李济铃：《关于惩办和防范经济犯罪的刍议》，载《法学》，1984（2）。

④ 参见游伟：《论市场经济与经济刑法观》，载《法学》，1993（4）。

重刑法的社会保护机能与人权保障机能的统一；① 第四，应确立刑法是对付危害性行为的“最后手段”的观念，坚决摒弃在刑罚运用上的“优先原则”。②

2. 经济犯罪的认定标准

经济犯罪的认定标准是这一时期经济犯罪基础理论研究的重大热点。归纳起来，主要有三种主张：“生产力标准说”、“法律标准说”、“双重标准说”。③ 与此相呼应的是在当时轰动一时的对“能人犯罪”如何处理的学术大讨论。

3. 打击经济犯罪是否刑法的首要任务的问题

在市场经济条件下，刑法的首要任务是提供良好的稳定的社会治安环境，还是打击严重违反经济规范、破坏市场经济发展的行为？对此，一种观点认为，目前应当以打击治安犯罪为首要任务。④ 另一种观点认为，应把打击重点转移到经济领域中严重破坏经济运作及财产安全的犯罪上来。⑤

4. 刑法介入社会经济生活的适度性的问题

在市场经济环境中，针对实践中出现的新的经济现象，刑法是否应介入、如何介入以及如何发挥刑法对市场经济的保障作用，防止刑法因过度介入而变为市场发展的阻碍等问题，逐渐为论者所关注。对此，形成了扩张刑法对经济生活的介入⑥、限制刑法对经济生活的干预⑦以及在立法中应当犯罪化和非犯罪化双管齐下⑧三种观点。

5. 经济犯罪的立法建议

随着市场经济的发展，1979 年《刑法》已经不能适应社会经济发展的需要，而对《刑法》进行修改已显得迫在眉睫。不少论者提出了修改《刑法》的具体建议。刑法的立法修改建议成为这一时期经济犯罪研究的一个重要热点。其中，论者所提出的较有影响的经济犯罪基础理论方面的建议包括经济刑法的立法模式、犯罪化与非犯罪化以及经济犯罪立法的原则等。

6. 单位犯罪

在这一时期，对于单位能否成为犯罪主体的问题在学界的讨论非常激烈。而单位犯罪绝大部分是经济犯罪。由此，单位能否成为经济犯罪主体的问题也是该时期

---

① 参见高铭暄、陈兴良：《挑战与机遇：面对市场经济的刑法学研究》，载《中国法学》，1993（6）；刘宪权：《市场经济体制的确立与刑法观的转变》，载《法律科学》，1993（4）。

② 参见游伟：《论市场经济与经济刑法观》，载《法学》，1993（4）。

③ 参见高铭暄等：《刑法学研究的回顾与展望》，载《法学家》，1994（1）。

④ 参见马克昌、丁慕英主编：《刑法的修改与完善》，26 页，北京，人民法院出版社，1995。

⑤ 参见马克昌、丁慕英主编：《刑法的修改与完善》，27 页，北京，人民法院出版社，1995；王宗光、张玉琴：《论经济犯罪的刑事立法政策》，载《宁夏社会科学》，1996（2）；周农：《论经济犯罪的刑事立法对策》，载《公安大学学报》，2000（3）。

⑥ 参见游伟：《经济犯罪立法中值得研究的问题》，载《东吴法学内刊》，1996（11）。

⑦ 参见陈泽宪：《论市场经济的刑法调控原则》，载《法学》，1994（3）。

⑧ 参见王宗光、张玉琴：《论经济犯罪的刑事立法政策》，载《宁夏社会科学》，1996（2）。

经济犯罪研究的一个热点。与此同时，我国一些法律、法规开始对单位犯罪作出特别规定。这使得单位可以成为经济犯罪主体的观点逐渐成为学界的主流。

7. 经济犯罪的学科体系建设

在这一时期，有不少论者开始致力于经济犯罪的学科体系建设。正如有的论者所言，就目前经济刑法学的研究状况而言，尽管取得了骄人的成绩，但还远未达到理论完善、体系科学完整、特色突出的标准。①

（三）从1997年《刑法》颁行至今

1997年《刑法》颁行之后，我国迎来了经济犯罪基础理论研究的一个新的历史阶段。有关经济犯罪基础理论方面的研究全面深化，并朝着逐步体系化、学科化的方向迈进。

1. 对1997年《刑法》中有关经济犯罪立法的理论解读

1997年《刑法》颁行之后，对《刑法》中经济犯罪立法的解读，成为一段时期内研究的热点。有论者对《刑法》中关于经济犯罪的规定持肯定态度，认为《刑法》实现了由传统刑法观的政治功能观向新时期刑法观的经济功能观的转变。② 有论者认为，《刑法》中有关经济犯罪的规定，在立法技术上作了较大改进，增强了法律规范的明确性和可操作性。③

2. 经济犯罪的立法模式

经济犯罪的立法模式，一直是经济犯罪研究的热点问题。对于经济犯罪采用哪一种立法模式是我国的较优选择的问题，一直以来，见仁见智，众说纷纭。在该问题上，目前还不存在学界的通说。

3. 单位经济犯罪

1997年《刑法》将单位犯罪立法化之后，有一些论著开始论及"单位经济犯罪"。④ 但就目前的研究状况而言，在"单位经济犯罪"的研究中尚未充分顾及经济犯罪的特殊性。

4. 经济犯罪中死刑的废除

经济犯罪中死刑的废除问题是这一时期学界研究的热点之一。在学界，赵秉志教授高举限制、废除死刑的大旗，并提出在经济犯罪中率先废除死刑的具体步骤。⑤

---

① 参见李培泽：《经济犯罪与经济刑法学研究之前瞻》，载《法律科学》，1996（2）。

② 参见赵秉志主编：《新刑法全书》，135～138页，北京，中国人民公安大学出版社，1997。

③ 参见刘仁文、刘淼：《破坏社会主义市场经济秩序罪若干问题探讨》，载《中国法学》，1997（4）；李建华、刘雪松：《刑法修改与经济犯罪立法的完善》，载《行政与法》，1997（3）。

④ 参见刘德法、孔德琴：《单位经济犯罪的特征》，载《平原大学学报》，2002（3）；刘宪权：《单位经济犯罪中的共同犯罪问题研究》，载顾肖荣主编：《经济刑法（5）》，3～15页，上海，上海人民出版社，2007。

⑤ 参见赵秉志：《中国逐步废止死刑论纲》，载《法学》，2005（1）；赵秉志：《我国现阶段死刑制度改革的难点及对策——从刑事实体法视角的考察》，载《中国法学》，2007（2）。

5. **经济犯罪的罪数形态**

这一领域的研究成果较少，只有为数不多的论者略有论及。在涉及经济犯罪罪数形态的已有研究中，基本上没有体现出经济犯罪研究的特殊性。

6. **经济犯罪中的空白罪状**

对于经济犯罪中的空白罪状是否违反罪刑法定原则的问题，学界有肯定说①和否定说②两种不同的观点。该问题上的研究并没有体现经济犯罪的特殊性，甚至并不是在经济犯罪的语境里进行讨论的。

7. **经济犯罪的规范解释**

有论者超越具体的刑法条文，对经济犯罪规范的解释理念、一般规则进行了有益的探索，为经济犯罪研究的具体化、学科化、体系化做出了努力。③

8. **经济犯罪的刑事政策**

在这一时期，学界开始对20世纪80年代将经济犯罪从总体上作为重罪对待的刑事政策进行反思，认为这种政策是不明智的，应当恢复经济犯罪本来从总体上属于轻罪的性质。④反对经济犯罪中的重刑主义、主张在经济犯罪的惩治中应当秉承刑法谦抑主义的观点，逐渐被论者所提倡，并成为学界的主流意见。

9. **经济犯罪的违法性**

经济犯罪的违法性，是近年来论者们开始关注的一个问题。这也是构建经济的学科体系，使经济犯罪具有不同于其他刑法分支学科的特殊性的一个重要问题。

二、观点综述

（一）经济犯罪的概念及其演变

根据现有的资料，在学术研究领域，经济犯罪的概念最早出现在《略论经济犯罪与经济违法》一文（载《内蒙古社会科学》1981年第3期）之中。一般认为，对经济犯罪概念的普遍使用，肇始于《决定》的颁布。《决定》的出台引起了学界的普遍关注，并引发了经济犯罪概念的争论。

对经济犯罪概念的探究贯穿于30年间我国学界对经济犯罪研究的始终。不同的论者从不同的研究角度，甚至同一论者在不同时期，都提出了不同的经济犯罪概念。在经济犯罪的内涵与外延问题上，观点聚讼，莫衷一是，以至于关于经济犯罪概念的表述多达几十种。对经济犯罪概念的界定，一度成为经济犯罪研究领域的“哥德巴赫猜想”。

已有研究中提出的经济犯罪的概念，举其要者，包括以下几类。

---

① 参见刘树德：《罪刑法定原则中空白罪状的追问》，载《法学研究》，2001（2）。

② 参见刘艳红：《空白刑法规范的罪刑法定机能》，载《中国法学》，2004（4）。

③ 参见肖中华：《经济犯罪的规范解释》，载《法学研究》，2006（5）。

④ 参见顾肖荣等：《经济刑法总论比较研究》，5页，上海，上海社会科学院出版社，2008。

1. 以外延的大小为标准所界定的经济犯罪概念

第一，最广义的经济犯罪概念。该观点认为，经济犯罪是指违反国家工业、农业、财政、金融、税收、价格、海关、工商、森林、水产、矿山等经济管理法规，或者盗窃、侵吞、骗取、哄抢、非法占有公共财物和公民的合法财物，破坏社会主义经济秩序和经济建设，使国家、集体和人民的利益受到严重损失，依法应受刑罚处罚的行为。①

第二，较广义的经济犯罪的概念。该观点认为，经济犯罪是指在市场经济运行领域中或者在实施组织、领导、管理、监督职务活动中，从谋取不法经济利益出发，违反国家法律规定，破坏经济秩序和廉政制度，依照刑法应负刑事责任的行为。②

第三，广义的经济犯罪概念。该观点认为，经济犯罪是指在商品经济的运行领域中，为谋取不法利益，违反国家法律规定，严重侵犯国家管理制度，破坏社会经济秩序，依照刑法应当受刑罚处罚的行为。③ 同时，必须划清经济犯罪与传统的财产犯罪和其他贪利性犯罪的界限。凡是经济犯罪都必须具备下列特征：侵害的客体是社会经济秩序；主观方面是故意，并且具有谋取非法利益的目的；行为的前提是违反了经济法规，并且发生在商品经济运行领域中。④ 该观点所界定的经济犯罪概念的外延包括破坏社会主义经济运行秩序的犯罪、在经济行政管理中发生的渎职型经济犯罪（如发生在经济管理活动中的受贿罪、贪污罪、玩忽职守罪、滥用职权罪）以及破坏自然资源、危害环境的犯罪。⑤

第四，狭义的经济犯罪概念。该观点认为，经济犯罪是侵害一定范围的经济关系（包括经济管理关系和经济协调关系）的犯罪。⑥ 该观点所界定的经济犯罪概念的外延是破坏社会主义市场经济秩序罪和有关经济管理的渎职犯罪。

第五，最狭义的经济犯罪概念。该观点认为，目前的经济犯罪是与市场经济活动相联系的，本质上是一种存在于市场经济的财产流转过程中，故意违反国家经济管理法规，严重破坏社会主义市场经济秩序的行为。⑦ 该观点所界定的经济犯罪概念的外延仅限于我国刑法分则第三章规定的破坏社会主义市场经济秩序的犯罪。

---

① 参见梁华仁、裴广川主编：《新刑法通论》，196页，北京，红旗出版社，1997。

② 参见赵长青主编：《经济刑法学》，52、72页，北京，法律出版社，1999。

③ 参见高铭暄、王作富主编：《中国惩治经济犯罪全书》，36～37页，北京，中国政法大学出版社，1995。

④ 参见高铭暄、[法] 米海依尔·戴尔玛斯一马蒂主编：《经济犯罪和侵犯人身权利犯罪研究》，8页，北京，中国人民公安大学出版社，1995。

⑤ 参见高铭暄、[法] 米海依尔·戴尔玛斯一马蒂主编：《经济犯罪和侵犯人身权利犯罪研究》，8～9页，北京，中国人民公安大学出版社，1995；刘杰主编：《经济刑法概论》，6页、9～10页，北京，中国人民公安大学出版社，2003。

⑥ 参见黄京平主编：《破坏社会主义市场经济秩序罪研究》，9～10页，北京，中国人民大学出版社，1999；张天虹：《经济犯罪新论》，5页，北京，法律出版社，2004。

⑦ 参见马克昌主编：《经济犯罪新论》，1～4页，武汉，武汉大学出版社，1998。

2. 以经济犯罪的某一方面的特征为标准所界定的经济犯罪概念

第一，“经济领域说”。该观点认为，经济犯罪就是经济方面的犯罪或者经济领域里的犯罪。①

第二，“经济法规说”。该观点认为，经济犯罪是指一切违反我国刑事法规、经济法规，破坏社会主义经济秩序，危害我国经济制度及公共财产关系，情节严重，依法应追究刑事责任的行为。②

第三，“主体行为方式说”。该观点认为，经济犯罪，是指行为人为了谋取不法利益，滥用经济交易所允许的经济活动方式，违反所有直接、间接规定经济活动的有关法规，足以危害正常的社会主义商品经济活动、干扰经济生活秩序的行为。③

第四，“主观图利说”。该观点认为，经济犯罪是以图利为目的，破坏国家经济管理活动，侵犯公私财产所有权，妨害国家机关正常职能或社会管理秩序，应受刑罚处罚的行为。④

第五，“经济关系说”。该观点认为，经济犯罪是侵犯我国社会主义经济关系，依照法律应当受到刑罚处罚的行为。

第六，“经济领域与犯罪客体混合说”。该观点认为，经济犯罪，是指在经济领域中，破坏社会主义经济，侵害我国刑法所保护的社会关系的行为。⑤

细观30年间经济犯罪概念及外延的演变，经济犯罪的概念是一个不断回归经济犯罪轻罪本质的过程，⑥ 也是一个其外延不断缩小的过程。⑦

（二）经济刑法学的研究体系

在学界，已经多达几十部的有关经济犯罪研究的著作构建了大同小异的经济刑法学研究体系。其中，比较具有代表性的有以下两种。

第一种研究体系将经济刑法学分为总论和分论。总论又可分为上篇和下篇。上篇的内容为经济刑事立法，具体包括经济刑事立法原则、经济刑事立法方式、经济刑事立法内容、经济刑事立法技术等。下篇内容为经济刑事司法，具体包括经济犯罪的认定、经济犯罪的量刑、经济犯罪数额与定罪量刑、法人经济犯罪与定罪量刑、共同经济犯罪与定罪量刑、经济刑事诉讼。⑧

第二种研究体系把经济刑法学同样分为总论和分论。但总论的内容具体包括经济刑法学概述、经济刑事立法的原则和方式、经济犯罪的概念和特征、经济犯罪的

---

① 参见赵国强、陈兴良：《论经济犯罪的内在结构》，载《法学评论》，1989（6）。

② 参见马立等主编：《经济犯罪与经济刑法》，7页，长春，吉林出版事业管理局，1988。

③ 参见王银主编：《经济犯罪探因》，10页，兰州，兰州大学出版社，1988。

④ 参见赵长青：《确立经济犯罪的新概念》，载《现代法学》，1989（2）。

⑤ 参见魏平雄：《论新时期经济犯罪的原因》，载《政法论坛》，1987（2）。

⑥ 参见顾肖荣等：《经济刑法总论比较研究》，1～7页，上海，上海社会科学院出版社，2008。

⑦ 参见唐稷尧：《论经济犯罪行为的界定》，9页，西南政法大学2005年博士学位论文。

⑧ 参见陈兴良主编：《经济刑法学》（总论），18页，北京，中国社会科学出版社，1990。

构成与认定以及经济犯罪的处罚。①

（三）经济犯罪的刑事政策

有论者总结了自1978年以来，我国经济犯罪刑事政策的四个特点：急剧犯罪化，不断扩大经济领域的犯罪圈；崇尚重刑，法定刑设置偏重；以“运动”方式严打整治经济犯罪；功利色彩浓厚，突破法治界限。② 有论者指出，经济犯罪的实际成因已变得日趋复杂和多元；仍然寄希望于通过单纯加重刑罚或者进行集中打击的方法去遏制经济犯罪，无疑是一种乌托邦式的幻想。③

对现行的经济犯罪刑事政策进行调整已成为学界的共识。关于具体的调整内容，学界的一般主张是：减轻自由刑配置，改善财产刑配置，扩大罚金刑的适用，同时减少死刑的适用，增加资格刑的适用，完善法人犯罪的刑罚配置。④

（四）“能人经济犯罪”的处理

对“能人经济犯罪”应如何处理？这是一个在特定的历史时期产生的问题，曾经在法学和实务界引起巨大争论。在这个问题上，曾经存在着三种不同的观点。

第一种观点主张，本着在法律面前人人平等的原则，对已构成的犯罪，应当依照法律的规定作出统一的评价，以确保法律的权威性、严肃性不受动摇。但在适用刑罚上，则又应本着刑罚个别化、刑罚经济性的原则，对不同的对象可以分别采取不同的灵活处理方法，以避免经济活动的运行受到不应有的影响。⑤

第二种观点指出，能人犯罪能否从宽处理，这一命题本身就是欠科学的。因为何谓“能人”本来就无法界定，除非能建立一个“能人鉴定委员会”的超能人专门机构。对能人犯罪无原则地从宽处理，就意味着我们在刑法领域公开地承认不平等。⑥

第三种观点认为，对“能人犯罪”，既要坚持在法律面前人人平等的原则，又要做到区别对待，兼顾经济原则。对于改革开放中出现的新情况、新问题，法律没有规定为犯罪，社会危害性不大的，一般以不定罪为宜。对“能人犯罪”在处理时兼顾经济原则，并非属于网开一面。因为兼顾经济原则仍然是在法律规定的范围内进

---

① 参见赵长青主编：《经济刑法学》，12～13页，北京，法律出版社，1999。

② 参见万国海：《经济犯罪的刑事政策研究》，2～4页，华东政法大学2007年博士学位论文。

③ 参见储槐植：《市场经济与刑法》，载《中外法学》，1993（3）。

④ 参见郭立新：《论经济犯罪的刑罚调整》，载《国家检察官学院学报》，1997（1）；唐福齐：《论经济犯罪刑罚的立法完善》，载《政治与法律》，2008（3）；刘华：《论经济犯罪的刑事政策》，载《法学》，2003（11）。

⑤ 参见杨兴培：《“罪人兼能人”的司法对策》，载《法学》，1992（5）；朱华荣：《树立司法的经济原则》，载《法学》，1992（5）；吴逸：《慎重区别对待经济犯罪》，载《法学》，1992（5）。

⑥ 参见赵秉志、吴宝林：《“能人经济犯罪”的司法对策》，载《法学》，1992（10）；徐士英：《净化经济环境必须严惩经济犯罪》，载《法学》，1992（5）；鲍遂献、徐淑芹：《对犯罪的“能人”决不能法外施恩》，载《法学》，1992（7）。

行的，它既体现了依法办案的严肃性，又体现了为经济服务的能动性。①

（五）经济犯罪的立法模式

对此，理论上主要有以下几种观点。

1. 附属经济刑法模式

论者主张采用附属经济刑法立法模式的理由是：附属经济刑法能够及时适应惩治和打击各种行业和专业经济犯罪的需要；能够弥补刑法典立法形式的欠缺；能够弥补经济单行刑法立法形式的不足；能够强化经济法律、法规的效力性和强制性，更好地发挥其调整特定经济关系的作用；能够把对一般经济违法行为的预防与对经济犯罪的预防巧妙地结合起来，突出其预防经济犯罪的作用。②

反对附属经济刑法立法模式的论者认为，从刑事立法的系统性、权威性和有效性角度而言，附属型立法模式的大量出现和存在，实际上弊大于利。③ 附属经济刑法立法模式的弊端在于：第一，过于分散，不像刑法典、单行经济刑法规定的经济犯罪内容那样集中、系统，不利于对其内容的了解和掌握，对其适用也造成了一定的困难。第二，立法权难于控制。经济法立法主体很可能滥用附属经济刑法立法权，出现不享有附属经济刑法立法权的立法主体进行附属经济刑法立法活动或者在不应该规定附属经济刑法内容的经济法律、法规中却规定附属经济刑法内容的现象。④第三，附属经济刑法以经济法律、法规为基础、依托，同时也不能脱离普通经济刑法而独立存在，因为这种非刑事法律中的刑法规范大都补充刑法典中某些经济犯罪的空白罪状，缺乏独立适用的基础。⑤

2. 经济犯罪统一法

有论者在分析其他类型的立法模式利弊的基础上，提倡要制定一部相对独立的《经济犯罪法》，俗称经济刑法。理由是：①为了维护刑法整体稳定性的需要。②为了着重惩治经济犯罪的需要。通过制定单独的经济刑法，就可以在不动《刑法》全身的情况下，对各种市场经济犯罪进行专门的研究，作出专门的规定。如有形势需要，及时进行补充修改，从而使这种刑法的规定更具有针对性，更能起到遏制、打击和预防的作用，也不会影响到整个刑法的稳定性。③为了适应市场经济犯罪本身发展变化的需要。当经济犯罪从一般的刑法规定中独立出来后，针对这类犯罪的复杂多变性，对经济刑法比较容易进行单独的调整变动，以适应这类犯罪的发展变化。⑥

---

① 孙立泉：《对“能人”经济犯罪能否从宽的看法》，载《法学》，1992（7）。

② 参见郝守才：《附属刑法立法模式的比较与优化》，载《现代法学》，1996（4）。

③ 参见杨兴培：《经济犯罪的刑事立法模式研究》，载《政治与法律》，2006（2）。

④ 参见李建华：《经济附属刑法的立法形式——一种惩治和打击经济犯罪的重要补充形式》，载《当代法学》，1999（6）。

⑤ 参见孙国祥：《经济刑法原理与适用》，11页，南京，南京大学出版社，1999。

⑥ 参见杨兴培：《经济犯罪的刑事立法模式研究》，载《政治与法律》，2006（2）。

3.《刑法》十附属刑法模式

有论者主张采用“集中”与“分散”相结合的经济犯罪立法模式，即把一部分较为常见并且相对稳定的犯罪集中规定在《刑法》的“破坏社会主义市场经济秩序罪”专章中，而将那些“非典型”的或者变动性较大的犯罪分散规定到相关的经济及经济管理法律的附属刑法规范中。其优点是：可以避免单一的法典型立法的诸种弊端，较好地实现罪刑法定原则所要求的罪与刑的具体化、明确化要求；防止因经济犯罪形式变化及新型经济犯罪形态的出现所带来的“朝令夕改”，保持《刑法》的长久稳定；具有更强的预防特种行业犯罪的警示功能，因为专业人员对行业法律的熟悉程度往往要高于对《刑法》的了解。①

4. 附属刑法十《刑法》模式

有论者认为，对经济犯罪的立法模式应该采取以附属刑法规范为核心、辅之以《刑法》的模式。② 还有论者认为，对我国金融刑法立法模式应当改以《刑法》为辅、以特别刑法为主。理由是：首先，我国金融体系将在未来几年内爆发入世效应，这表现为大规模金融创新和金融立法的到来，金融刑法不能不及时应对由金融创新和金融立法所引发的复杂的金融犯罪；其次，我国将在未来几年建立起金融犯罪综合预防机制。与此相适应，刑法文化注重于刑法扩张性、强制性、惩罚性而相对忽视其最后性、正当性、预防性的状况将得到进一步改观，这为采取以特别刑法为主的模式提供了文化上的基础条件。③

5.《刑法》和附属刑法为主、单行刑法为辅的模式

有论者认为，我国金融刑法采用了以《刑法》为主、兼采单行刑法的立法模式。这种立法模式存在较大的局限性，其弊端在于：难以保持《刑法》的稳定性；缺乏直接的可操作性；未能体现金融犯罪的特点。该论者主张，对具有自然犯性质的货币犯罪、金融诈骗罪及伪造、变造有价证券和金融票证犯罪等传统金融犯罪，仍采用《刑法》的模式；而对具有法定犯性质的证券、期货、外汇及金融机构管理的犯罪等现代金融犯罪，宜采用附属刑法的模式，并在附属刑法中规定具体的罪状及明确的法定刑；对于不完全适合归属于金融犯罪的洗钱犯罪，可采用《刑法》与单行刑法相结合的模式。④

6.《刑法》十单行刑法十附属刑法的模式

有论者主张，把《刑法》、单行刑法和附属刑法三种形式有机结合起来，相互配

---

① 参见游伟：《经济犯罪立法对策之研究》，载《法学》，1997（7）；唐稷尧：《论我国经济犯罪的立法模式选择——兼谈空白罪状内涵的解释与补充》，载《四川师范大学学报》（社会科学版），2006（6）。

② 参见唐稷尧：《论我国经济犯罪的立法模式选择——兼谈空白罪状内涵的解释与补充》，载《四川师范大学学报》（社会科学版），2006（6）。

③ 参见刘远：《关于我国金融刑法立法模式的思考》，载《法商研究》，2006（2）。

④ 参见卢勤忠：《中国金融刑法改革研究》，1～3页，华东政法大学2004年博士学位论文。

合，取长补短，以构筑科学的惩治和打击经济犯罪的法律体系。①

（六）经济犯罪规范的解释

有论者从理论上提炼了经济犯罪规范解释的理念和一般规则。

其一，注重刑法价值的独立判断，防止规范解释的从属性。

①经济犯罪构成要件的用语即使与非刑事法律法规用语相同，也应进行独立评价；②空白罪状下，经济不法行为的刑事责任之承担，虽然以违反非刑事法律法规之规定为前提条件，但不以非刑事法律法规中存在刑事责任条款为必要条件；③经济不法行为的刑事责任之归咎，未必以经济、行政责任的确定为直接依据，而应进行独立评判。

其二，注重构成要件的实质解释，防止规范解释的形式化。

①当某种经济不法行为不具有经济犯罪规范所指向的特定的社会危害性而刑法条文的字面又能够将该种行为包含其中时，规范的实质内容应当优先；②当值得处罚的经济不法行为在实质上具有某个刑法规范所禁止的性质，但刑法用语在形式上对其无法予以包含的，亦应当从实质上解释经济犯罪的规范；③有些经济犯罪规范在形式上可以描述应当由其他刑法规范评价的行为，此时也应从实质上解释规范，以准确地界定此罪与彼罪的界限。

其三，注重构成要件的体系解释，防止规范解释的片面性。②

（七）共同经济犯罪

1. 单位与其内部成员能否成立共同经济犯罪的问题

对此，有两种不同的观点。

一种观点认为，单位成员作为单位犯罪的直接责任人员，其行为具有单位犯罪的特征，同时，其具有为自己牟利的目的，其主观方面和行为均超出了单位犯罪的要素，具有相对独立性，对此可按单位犯罪的共犯处理。③

另一种观点持否定的态度，认为肯定的观点“一方面认为其行为属于单位犯罪的性质，另一方面又认为由于其具有为自己牟利的目的，具有独立性，可按共犯处理。那么，究竟如何处理为好？而且依该观点，为单位牟利的部分属于单位犯罪，为自己牟利的部分属于自然人犯罪，这便人为地割裂了单位犯罪直接责任人员行为的整体性。另外，在司法实践中，单位主管人员或者直接责任人员在实施单位犯罪的同时，为自己牟利的情况是广泛存在的。这也是单位犯罪的一种常见现象。如果将这种情况都认定为自然人和单位之间的共同犯罪，是不切实际的。这种处理方式

---

① 参见李建华：《经济附属刑法的立法形式——一种惩治和打击经济犯罪的重要补充形式》，载《当代法学》，1999（6）。

② 参见肖中华：《经济犯罪的规范解释》，载《法学研究》，2006（5）。

③ 参见喻伟、聂立泽：《单位犯罪若干问题研究》，载《浙江社会科学》，2000（4）。

违背了刑法上‘禁止重复评价’的原则。”①

2. 共同经济犯罪中从犯定罪数额的认定

对此，现行法律没有作出规定，理论上争论的意见颇多。主要的几种观点如下：

第一，分赃数额说。该说主张各共同犯罪人只对自己实际分得赃物的数额承担责任。②

第二，分担数额说。该说主张各共同犯罪人对本人应当分担的数额承担责任。③

第三，参与数额说。该说主张各共同犯罪人应对本人实际参与的数额承担责任。④

第四，犯罪总额说。该说主张以共同经济犯罪的财物总额作为确定各共同犯罪人刑事责任的标准。⑤

第五，综合说。该说主张应根据具体案件的具体情况，着重以刑法中有关共犯成员刑事责任的原则为基础，结合共同经济犯罪的特点进行具体分析。⑥

其中，综合说是学界的通说。有论者认为，其他学说的不足之处在于：①“分赃数额说”将犯罪行为终了之后赃物的处理行为这一后果行为作为刑法上否定性评价的本罪行为，这是不正确的。②“分担数额说”一方面缺乏操作性，另一方面它仍强调各共同犯罪人刑事责任的独立性，忽视共同犯罪刑事责任的整体性，把共同犯罪视为数个单独犯罪的简单相加。③“参与数额说”对于从犯中共同实行犯是适用的，但对于帮助犯则不能直接适用。因此，有必要将“参与数额”与“犯罪总额”相结合来共同处理从犯数额的认定。⑦

（八）经济犯罪的死刑适用

现行刑法分则第三章设置了16个可判处死刑的经济犯罪罪名。⑧ 学界通说认为，我国经济犯罪的死刑配置不合理，限制和减少死刑应先从经济犯罪入手，但在究竟采取限制态度还是废除态度的问题上，理论上存在不同的意见：

持限制态度的论者认为，对经济犯罪配置的死刑过多过宽，应该适当地加以限制。至于如何限制，仍有不同意见。有的论者主张对金融诈骗罪和虚开增值税专用

---

① 阴建峰、周加海主编：《共同犯罪适用中疑难问题研究》，97页，长春，吉林人民出版社，2001。

② 参见单长宗、欧阳涛：《谈谈经济领域中严重犯罪案件的定罪和量刑问题》，载《法学研究》，1983（3）。

③ 参见裴洪泉：《如何确认共同盗窃案件中各被告人承担的盗窃数额》，载《法学与实践》，1986（1）。

④ 参见陈兴良：《共同犯罪论》，36页，中国社会科学出版社，1992。

⑤ 参见郭立新、杨迎泽主编：《刑法分则适用疑难问题解》，79页，北京，中国检察出版社，2000。

⑥ 同上书，80页。

⑦ 参见沈惠娣：《共同经济犯罪中从犯数额的认定》，载《华东政法学院学报》，2002（4）。

⑧ 参见高铭暄：《刑法肄言》，484页，北京，法律出版社，2004。

发票罪不应废除死刑，因为它们会给国家造成巨额损失。① 有的论者则认为，除对生产、销售假药罪和生产、销售有毒有害食品罪因可能致人死亡而可以选择适用死刑外，对其余的经济犯罪均可废除死刑。②

持废除态度的论者认为，“经济犯罪的特征、危害和发生机理都明显有别于普通刑事犯罪。”③ 从长远来看，我国应该废除经济犯罪的死刑。对经济犯罪适用死刑，不仅缺乏报应性的正当根据，而且，对经济犯罪者来说，死刑的威慑效果甚微，这也不符合死刑的功利要求。④ 对经济犯罪在现阶段限制并废除死刑的适用最具可行性。废止经济犯罪中的死刑，也易为公众接受，不至于引起较大的负面社会影响。⑤ 从实证的角度看，对经济犯罪来说，死刑的威慑力是何等无效！死刑并不能预防和抗制经济犯罪的发生。⑥ 对经济犯罪大量规定死刑，不符合死刑的发展趋势及国际人权公约的基本精神。对经济犯罪规定死刑，会给犯罪人的引渡带来障碍，难以真正实现罚当其罪。对经济犯罪废除死刑，有助于减少我国死刑适用的数量，改善我国国际形象。⑦

三、整体评论

综观自 1978 年至 2008 年我国刑法学界对经济犯罪基础理论的研究，其整体状况、特点如下。

（一）进步显著，成果丰硕

30 年间，我国刑法学界在经济犯罪基础理论研究方面取得了巨大的进步，获得了丰硕的学术成果。就 30 年间经济犯罪基础理论的发展来看，该领域的研究经历以下几个历程和转变。

1. 从无到有，从有到多

1978 年之后，党和国家工作的重点逐步转移到“以经济建设为中心”上。《决

① 参见王明、康瑛：《在理想与现实之间——刑罚轻缓化的正当化根据》，载陈兴良、胡云腾主编：《中国刑法学年会文集（2004 年度）第 1 卷：实务问题研究》（下），846 页，北京，中国人民公安大学出版社，2004。

② 参见余松龄：《试论实现最终在中国废除死刑的伟大目标》，载陈兴良、胡云腾主编：《中国刑法学年会文集（2004 年度）第 1 卷：实务问题研究》（上），351 页，北京，中国人民公安大学出版社，2004；刘冀民、王永励：《重构刑罚体系，限制死刑适用》，载陈兴良、胡云腾主编：《中国刑法学年会文集（2004 年度）第 1 卷：实务问题研究》（上），505 页，北京，中国人民公安大学出版社，2004。

③④ 参见梁根林、张文：《对经济犯罪适用死刑的理性思考》，载《法学研究》，1997（1）。

⑤ 参见赵秉志：《关于中国逐步废止非暴力犯罪死刑的研讨》，载赵秉志主编：《刑法评论》，第 3 卷，6 页，北京，法律出版社，2004。

⑥ 参见谢望原、杨家庆：《走私犯罪死刑问题之实证研究》，载《政治与法律》，2005（3）。

⑦ 参见林亚刚、何荣功：《试论我国经济犯罪废止死刑的必要性与可行性》，载《河南政法管理干部学院学报》，2005（2）。

定》的出台给经济犯罪研究带来了历史性的契机。经济犯罪逐步开始成为刑法领域的热门研究方向，成为刑法论者们重点关注的领域。在此前提下，经济犯罪的基础理论研究也相应被学界所关注和重视，一批有质量、高水平的学术论著得以出版。经济犯罪基础理论研究由此实现了从无到有、从有到多的过程。

2. 从传统的经济犯罪观到现代的经济犯罪观

在改革开放开始之初，学界基本上还是把经济犯罪视为“阶级斗争在经济领域的表现”。经济犯罪由此被蒙上一层浓厚的政治面纱，失去其本来的色彩。随着社会经济的发展，人们思想观念的进步，学界对传统的经济犯罪观开始反思，整个社会关于经济犯罪的观念也悄然发生变革。1992年中央提出要建立社会主义市场经济体制，这为经济犯罪观念向现代化转型提供了另一个重大的历史机遇。论者们明确提出要变革传统的经济犯罪观，确立与市场经济相适应的现代的经济犯罪观。

（二）关注立法，切合实践

1. 研究成果与立法紧密联系，是本领域研究的一个鲜明特点

对这一点可以通过我国在经济犯罪领域的几次立法实践与学界在该领域的研究工作的变化之间的对应关系加以证明。通过考察，可以明显发现，在每一次立法上对经济犯罪的规定进行完善后，学界便对立法规定开始新一轮的集中研究。最明显的例子是，1982年《决定》出台之后，学界对该规定进行了集中的研究，其中涉及基础理论研究。又如1997年《刑法》颁布之后，对《刑法》中有关经济犯罪立足于基础理论所做的评价、褒奖、批评的论著立刻如雨后春笋般地涌现。这些都生动说明，刑法学界对于经济犯罪基础理论的研究能与立法实践紧密结合。

2. 本领域研究的另一个突出而鲜明的特点是，研究总是和社会实践紧密联系

对这一特点可以从两个方面进行阐述。一方面，在宏观上，从新中国成立以来，到改革开放，再到如今，实践中经济犯罪行为呈现出从少到多甚至逐渐泛滥的趋势。与此同时，学界在该领域的研究，也存在一个从无到有、从少到多、由浅至深、由粗而精的过程。由此可以看出，学界总体上能根据社会实践中犯罪的变化进行跟踪研究，发现、分析问题，并试图解决问题。另一方面，从微观上考察，学界对本领域的研究也显现出研究紧密联系社会实践的特点。以经济犯罪研究领域中轰动一时的“能人犯罪如何处理大讨论”为例。这次讨论针对的是改革开放之初，实践中反复出现的“能人”违法犯罪现象。讨论背后反映的是学界对刑法应当如何恰当介入社会经济生活以及如何实现罪刑法定原则与法律面前人人平等原则的思考。

（三）学科构建，体系初成

30年间，从事经济犯罪基础理论研究的论者们为构建相对独立的经济犯罪学体系付出了巨大的努力。经过30年的积累，尤其是1997年《刑法》颁行后，可以认为，我国经济犯罪的学说体系已经具备初步的理论框架。具体表现在：对经济犯罪的概念和范围有了一定的共识，不再是各说各话的局面；总结归纳出经济犯罪的特征；开始深入讨论经济犯罪的立法模式；总结提炼出经济犯罪规范区别于一般刑法规范的特殊性，并提炼出经济犯罪规范解释的理念和一般规则；针对经济犯罪的特点，提出经济犯罪的刑事政策，并在经济犯罪的刑罚配置问题上，形成了广泛的共识。

总之，30年间，刑法学界在经济犯罪基础理论研究方面取得了丰硕的成果，实现了历史性的跨越。但是，毋庸讳言，整个经济犯罪的理论体系还很不完善；很多名为经济犯罪领域的研究，只是挂有经济犯罪的名称，而没有探究经济犯罪领域本身特有的规律。例如，就单位经济犯罪研究而言，单位经济犯罪是否有不同于其他类型的单位犯罪的特殊规律、是否需要对单位经济犯罪作出不同于一般单位犯罪的理论阐释等问题都没有得到很好的解决。因此，经济犯罪基础理论研究的工作仍然任重而道远。要实现经济犯罪基础理论研究的进一步发展，尚需要刑法学界持之以恒的努力。

第六章

走私犯罪

一、研究概况

综观1979年《刑法》颁布以来我国走私犯罪的立法历程，可以发现以下几个特点：第一，修改次数频繁，自1979年《刑法》规定走私罪开始，在30年的时间内走私犯罪历经八次修改；第二，修改幅度极大，经过数次修改，走私犯罪从1979年《刑法》最初规定的1个罪名发展到12个罪名，法定最高刑从最初的10年有期徒刑提高到死刑；第三，立法形式繁多，其中既有刑法典的规定，也有单行刑法、附属刑法的规定，因而涵盖了全部的刑法立法形式；第四，走私犯罪开我国单位犯罪立法之先河；第五，刑事立法对走私犯罪在我国所有经济犯罪中率先规定了死刑。

与刑事立法的发展相呼应，刑法学界对走私犯罪的研究也经历了一个由简到繁的过程。在20世纪80年代，论者主要关注走私犯罪的基本犯罪构成、罪与非罪及此罪与彼罪的界定等问题。进入90年代，理论界逐渐开始讨论走私罪的单位犯罪、停止形态、共同犯罪、罪数形态等共性问题，以及各种具体走私犯罪的认定与处理。1997年《刑法》颁布以后，主张修改、完善走私罪立法的呼声一直存在，而且很多论者都提出了全面而具体的建议。进入21世纪以后，在呼吁限制和逐步废止死刑的大环境下，理论上出现了要求废除走私罪中死刑规定的呼声。

二、观点综述

（一）1997年《刑法》第151条的罪名

对此，有以下四种不同的观点。

第一种观点认为，本条包括3个罪名，即第1款的走私武器、弹药、核材料或者伪造的货币罪，第2款的走私文物、珍贵动物及其制品、黄金、白银或者其他贵重金属罪，第3款的走私珍稀植物及其制品罪。①

第二种观点认为，本条包括4个罪名，即走私武器、弹药、核材料罪，走私伪造的货币罪，走私文物、珍贵动物、贵重金属罪，走私珍稀植物罪。②

第三种观点认为，本条包括5个罪名，即走私武器、弹药、核材料罪，走私伪造的货币罪，走私国家禁止进出口的文物罪，走私国家禁止进出口的珍贵动物、珍稀植物及其制品罪，走私黄金、白银和其他贵重金属罪。③

第四种观点认为，就走私罪来说，应根据不同的走私对象来确定罪名，由此本条包括7个罪名，即走私武器、弹药罪，走私核材料罪，走私假币罪，走私文物罪，走私贵重金属罪，走私珍贵动物、珍贵动物制品罪，走私珍稀植物、珍稀植物制品罪。④

（二）走私罪的构成要件

1. 走私罪的主观方面

（1）故意类型之争

对此，有以下两种不同的观点。

一种观点认为，走私犯罪均为直接故意犯罪，是一种故意逃避海关监管、破坏国家对外贸易管制的行为。这种直接故意心态实际上包括两种类型：一是典型的直接故意心态，即明知自己的行为会发生危害社会的结果（包括危害结果必然发生和可能发生两种情形），而希望危害结果发生的一种故意犯罪心态；二是非典型的直接故意心态，即行为人明知危害结果必然发生而持放任态度的一种故意心态。⑤

另一种观点认为，走私犯罪的主观故意不仅具有间接故意的类型，而且实践中不乏此种类型。从查处的走私案件的案情来看，许多走私当事人虽不具有欺瞒海关的走私情节，但却参与其中，利用自身从事外贸经营、报关代理等便利条件与走私

---

① 参见陈兴良：《刑法疏议》，274页，北京，中国人民公安大学出版社，1997。

② 参见曹子丹、侯国云主编：《中华人民共和国刑法精解》，133页，北京，中国政法大学出版社，1997。

③ 参见欧阳涛主编：《中华人民共和国新刑法注释与适用》，289页，北京，人民法院出版社，1997。

④ 参见罗欣、刘镇强：《关于走私罪若干疑难问题的探讨》，载《华东政法学院学报》，1999（5）。

⑤ 参见甘伟宏、余辉胜：《走私犯罪若干疑难问题之探析——兼评〈关于办理走私刑事案件适用法律有关问题的意见〉》，载《国家检察官学院学报》，2003（5）。

分子做交易以获取非法利益，在明知自己的行为会导致走私违法犯罪的情况下，仍放任这种危害结果的发生。①

（2）牟利目的之争

学界探讨了走私罪是否要求以牟利为目的这一问题。肯定论认为，走私罪的主观方面由直接故意构成，以获取非法利润或牟利为目的。否定论认为，是否具有谋取非法利润的目的并不能反映走私罪的本质特征，以牟利为目的并非走私罪的必备要件。②

2. 走私罪的客体

对此，有以下三种不同的观点。

第一种观点认为，走私罪的客体是国家的外贸管理制度。对外贸易管制包括对违禁品的进出口的严格禁止。③

第二种观点认为，走私罪的客体是国家的海关管理。国家通过海关管制的关税调节，禁止或限制一些货物、物品出口或通过关税调节进口量。走私罪是破坏上述国家管理的严重行为。④

第三种观点认为，对外贸易管制所指向的对象均是违禁品。走私既破坏了国家的对外贸易管制，又对海关违禁品进出境的监管活动构成了侵犯。而不管是对外贸易管制，还是对违禁品等物品的进出境的监管，都是国家海关进出境监管制度所规定的内容。因而，走私罪的客体是海关对货物、物品进出境的监管制度。⑤

（三）走私罪的形态

1. 走私罪的停止形态

（1）走私罪的既遂形态

对此，有以下不同的观点。

其一，绕关走私的既遂。

一种观点认为，若是绕关走私，以是否进入我国关境为标准，如在境内抓获的，均构成既遂。⑥ 如果是从空路绕关走私，应从航空器降至我国领土，货物、物品被卸下航空器时构成既遂。在绕关走私出境的情况下，以走私的货物、物品携运出我

---

① 参见曹坚：《以主客观相一致的视角检视走私犯罪的主观故意》，载《政治与法律》，2007（2）。

② 参见高铭暄主编：《新中国刑法科学简史》，232页，北京，中国人民公安大学出版社，1993。

③ 参见马克昌主编：《经济犯罪新论》，110页，武汉，武汉大学出版社，1998。

④ 参见王作富主编：《经济活动中的罪与非罪的界限》，74页，北京，中国政法大学出版社，1996。

⑤ 参见赵秉志主编：《刑法争议问题研究》（下卷），140～141页，郑州，河南人民出版社，1996。

⑥ 参见陈晖：《走私犯罪论》，99页，北京，法律出版社，2002。

国国（边）境为既遂标准。[①] 另一种观点认为，经由陆路绕关走私入境或出境的，只要走私物品越过国境线，就认定为既遂；经由海路绕关走私入境的，在走私船只为了卸下走私物品而靠岸时认定为既遂，自海路绕关出境的，以走私物品离开海岸线作为走私罪既遂的标志；经由空路绕关走私入境的，航空器在本国陆地着陆时认定为既遂，自空路绕关走私出境的，以走私物品离开陆地作为既遂的标志。[②]

其二，通关走私的既遂。

对此，有以下三种不同的观点。第一种观点认为，在通关走私出境和入境的情况下，都以是否逃避海关监管作为划分走私罪既遂与未遂的标准。如果是在逃避海关监管后抓获的，为既遂；在通关现场被查获的，应认定为未遂。第二种观点认为，对在通关现场查获的案件一律认定为未遂，有失妥当；应当区分海关是否接受申报和查验。如果海关已经接受申报和查验，表明已实施海关监管，此后查验的案件应当定既遂；对于海关尚未接受申报并查验的，或者在查验过程中查获的走私案件，应当定未遂。[③] 第三种观点认为，走私行为人在海关申报，经查验放行后在海关当场被发现的，成立走私既遂。申报之前或者申报没有完成被查获的，成立未遂。[④]

其三，邮寄走私的既遂。

对此，有论者认为，对于向我国邮寄走私物品的走私罪的既遂与未遂，就邮寄一方来说，应按是否逃避海关检查为认定标准。就接收邮寄物品的一方来说，如果接收一方与邮寄一方事先没有通谋，即不是走私罪的共犯，对接收者一般可不按犯罪处理；如果接收一方与邮寄一方事前有通谋，即是走私罪的共犯，对接收者应自收到包裹领取单或其他类似的单据之时为走私罪的既遂，在此之前被查获的，仍只构成走私罪未遂。邮寄用于走私的物品出我国国（边）境的，对于邮寄者，以其邮寄的物品逃避海关检查为既遂。[⑤]

其四，后续走私的既遂。

对此，有以下三种不同的观点。第一种观点认为，从货物、物品交付买方起成立既遂。[⑥] 第二种观点认为，应以行为人实际是否牟利为既遂与未遂的区分标准。[⑦] 第三种观点认为，应区别情况分别对待：一是对“先销售、后骗核销”的情形，应从货物、物品交付给买方时成立既遂；二是对“先骗核销、后销售”的情形，理论上行为人骗取核销之后即成立既遂；不过实践中应以交付买方时成立既遂；三是对

---

① 参见钱舫、许道明：《走私罪的认定与处理》，99～101页，北京，中国检察出版社，2001。

② 参见张大春：《走私罪研究》，142～143页，北京，中国海关出版社，2004。

③ 参见陈晖：《走私犯罪论》，99页，北京，法律出版社，2002。

④ 参见张大春：《走私罪研究》，141页，北京，中国海关出版社，2004。

⑤ 参见王永昌：《走私罪的既遂与未遂》，载《政治与法律》，1986（4）。

⑥ 参见钱舫、许道明：《走私罪的认定与处理》，97页，北京，中国检察出版社，2001。

⑦ 参见陈晖：《走私犯罪论》，101页，北京，法律出版社，2002。

行为人非法出卖报关单证以牟利的情形，应以交付说为准。①

其五，准走私的既遂。

对此，有以下两种不同的观点。一种观点认为，对于准走私犯罪，凡直接向走私人非法大量收购国家禁止进口的物品，或者向走私人非法收购走私进口的其他物品的，从货物、物品交付买方起构成走私既遂；凡在内海、领海、界河、界湖运输、贩卖国家禁止进口物品或者运输、收购、贩卖国家限制进出口货物、物品而无合法证明的，一经查获，均以走私既遂论处。② 另一种观点认为，以运输方式进行准走私犯罪的，以运输行为的完成为既遂的标志；以收购方式进行准走私犯罪的，以卖方将货物、物品交付给走私行为人时成立既遂；以贩卖方式进行准走私犯罪的，以走私行为人将货物、物品交付给买方时，成立既遂。③

（2）走私罪的预备形态

其一，通关走私、绕关走私预备的开始点。

对此，有论者认为，行为人意欲向我国走私而准备走私物品的行为应当构成走私罪的预备行为。行为人在走私故意支配下获得走私物品的时间，可以作为走私犯罪预备开始的一个参考点。④

其二，后续走私预备的开始点。

对此，有人认为：第一，对于“先销售，后骗核销”和“直接销售，不核销”的，以企业为在国内擅自销售而开始搬运所进口货物以运输到目的地之时作为后续走私罪预备开始的标志；第二，对于“先骗核销，后销售”的，以申报的出口货物与实际出口的货物不符，或者向海关出示的进口手册与实际进口的货物不符作为走私罪预备的标志；第三，对于“倒卖报关单证走私牟利”的，可以把单证交付给走私人作为走私罪预备的标志。⑤

（3）走私罪“着手”的认定

第一，对通关走私，以行为人在海关虚假申报作为认定着手的标志。第二，对绕关走私出境，以行为人携带欲走私的货物、物品达到国境线、海岸线或所欲乘坐的航空器时，为认定着手的标志。对绕关走私入境，以行为人携带欲走私的货物、物品到达国境线作为着手的标志。第三，对后续走私，“先销售，后骗核销”、“直接销售，不核销”和“先骗核销，后销售”的，以企业为了在国内销售而将所进口的保税货物运输到海关保税监管线时为着手的标志。对于倒卖报关单证走私牟利的情

---

① 参见张大春：《走私罪研究》，143～145页，北京，中国海关出版社，2004。

② 参见钱舫、许道明：《走私罪的认定与处理》，97页，北京，中国检察出版社，2001。

③ 参见张大春：《走私罪研究》，145页，北京，中国海关出版社，2004。

④ 同上书，149～150页。

⑤ 同上书，150～151页。

形，以购买报关单证的走私犯罪行为人实际接受了进口的货物为着手的标志。①

2. 走私罪的共犯形态

对于海关工作人员与走私行为人通谋，放纵走私的情形，学界的意见主要有以下三种。

第一种观点认为，根据《刑法》第156条的规定，与走私罪犯通谋，为其提供贷款、资金、账号、发票、证明或者为其提供运输、保管、邮寄或者其他方便的，以走私罪的共犯论处。既然法律对此已作出了明确规定，因此，海关工作人员事前与走私罪犯通谋为走私罪犯提供方便的，应认定为走私罪的共犯，而不能认定为放纵走私罪。②

第二种观点认为，上述情形是想象竞合。根据共犯理论，海关工作人员的行为一方面构成走私罪的共犯，另一方面也符合放纵走私罪的构成要件，属于一行为触犯两个罪名，在理论上符合想象竞合犯的特征，对之应根据想象竞合犯的处罚原则择一重罪处断。这也符合罪责刑相适应原则和刑法从严治吏的立法精神。③

第三种观点认为，海关工作人员与走私分子通谋，在放纵走私过程中以积极行为配合走私分子逃避海关监管或者在放纵走私之后分得赃款的行为，既符合放纵走私罪的构成要件，又符合走私罪共犯的构成要件，系法条竞合。海关工作人员只要利用职权，徇私情、私利，故意违背事实和法律，弄虚作假，隐瞒事实，放纵走私，情节严重的，均应根据《刑法》第411条的规定认定为放纵走私罪。④

3. 走私罪的罪数形态

对于在走私普通货物、物品的过程中，同时走私其他国家禁止进出口的货物的情形如何处理的问题，理论上有以下四种不同的观点。

第一种观点认为，如果走私人一次性既走私普通货物、物品又走私其他特定物品，则属于一行为触犯数罪，成立想象数罪，应按其中一个重罪定罪处罚，不实行数罪并罚。⑤

第二种观点认为，对一人既走私普通货物物品又走私其他特定物品的案件，应按数罪实行并罚。⑥

第三种观点认为，对于一人既走私普通货物物品又走私其他特定物品的案件，不能一律按数罪实行并罚，应分别情况作不同处理。如果走私人一次性既走私普通

---

① 参见张大春：《走私罪研究》，158～160页，北京，中国海关出版社，2004。

② 参见张明楷：《刑法学》（下），952页，北京，法律出版社，1997。

③ 参见杜国强：《渎职罪共犯及其相关问题研究》，载《法学》，2005（12）。

④ 参见沈宇峻：《放纵走私罪与走私罪共犯认定中的若干疑难问题》，载《华东政法学院学报》，2003（4）。

⑤ 参见刘士心：《想象竞合犯概念与类型再研究》，载《国家检察官学院学报》，2003（2）。

⑥ 参见刘仁文、刘淼：《破坏社会主义市场经济秩序罪若干问题探讨》，载《中国法学》，1997（4）。

货物物品，又走私其他特定物品的，属于一行为触犯数罪，成立想象数罪，应按其中的一个重罪定罪处罚；如果走私人一次走私普通货物物品，另一次走私其他特定物品的，则应按走私普通货物、物品罪和有关的走私特定物品的犯罪实行数罪并罚。①

第四种观点认为，对于走私人一次走私的该类案件，根据我国刑法通行的理论，该走私行为属于一行为触犯数罪，成立想象数罪，应按照其中的一个重罪定罪处罚，不实行数罪并罚；对于走私人多次走私的该类案件，应进一步区分为多次走私行为触犯相同罪名和触犯不同罪名两种情况：对于多次走私行为触犯相同罪名的案件，根据我国司法实践通行的做法，不实行数罪并罚；对于多次走私行为触犯不同罪名的案件，根据我国数罪并罚制度，应实行数罪并罚。当然，对于该类案件，如果走私人的多次走私行为只能成立一个罪名的，则不存在数罪并罚问题。②

（四）单位走私

1. 单位走私中主、从犯的认定

第一，单位犯罪中责任人员之间主、从犯的认定。实践中的一般做法是：将在单位犯罪中起组织、决策作用的单位负责人员认定为主犯，而将为主实施单位犯罪的部门负责人员认定为从犯。第二，单位与其他单位或个人共同犯罪中主、从犯的认定。在区分主、从犯时，应考虑下列因素。一是犯意的发起。发起犯意的单位或个人在共同犯罪中的作用显然要大。二是出资的大小。出资较多的单位或个人在共同犯罪中的作用也要大一些。三是分赃的情况。分赃数量与其在共同犯罪中的作用往往是成正比的。那些在共同犯罪中出力较大的，往往分赃数量也多。③

2. 单位走私犯罪的处罚

第一，单位单独犯走私普通货物罪的，对单位判处偷逃应缴税额 1 倍以上 5 倍以下的罚金；单位与其他单位或个人共同犯走私普通货物罪的，总共判处共同偷逃应缴税额 1 倍以上 5 倍以下的罚金，而后根据各被告单位和被告人在共同犯罪中的作用确定各自应承担的份额。第二，起诉指控被告单位单独走私，但经查实在案被告单位确与其他单位或个人构成共同犯罪的，或者虽然起诉指控被告单位与其他单位或个人构成共同犯罪，但未并案起诉其他单位或个人的，依照前述做法处理，对在案被告单位根据其在共同犯罪中的地位、作用判处适当罚金。第三，对于犯罪后自首的单位，可以从轻或者减轻处罚，其中，犯罪较轻的，可以免除处罚。单位被免除处罚的，对直接负责的主管人员和其他直接责任人员也应当免除处罚。第四，对于犯罪未遂的单位，可以比照既遂犯从轻或者减轻处罚。对于属于从犯的单位，应当从轻、减轻或免除处罚。第五，对责任人员判刑时，要考虑到不同性质的单位，

---

① 参见李希慧：《走私普通货物、物品罪若干问题之探讨》，载《法商研究》，2001（4）。

② 参见聂立泽、肖鹏：《走私罪若干疑难问题探讨》，载《云南大学学报》（法学版），2003（1）。

③ 参见黄益群、黄应生：《审理单位走私案件若干疑难问题探讨》，载《法律适用》，2001（12）。

由于犯罪所得归属不同，其犯罪目的以及给社会公共利益造成的损害后果也不同，因此，对于为了国有企业的生存和发展而实施犯罪，没有损公肥私、中饱私囊的主管人员和直接责任人员，可从宽处理。①

3. 单位走私犯罪中的责任人员又构成个人走私犯罪的处理

对此，实践中有三种意见：第一种意见认为，同种数罪不得并罚。应从犯罪数额、危害后果等方面区分主次，按主要的犯罪处理；如果单位走私是主要的，全案均认定为单位犯罪，反之则全案认定为个人犯罪。量刑时按相加后的数额确定刑罚。如果按单位犯罪处罚的，应当酌情从重，反之则酌情从轻。第二种意见认为，同种数罪不得并罚只是一条理论原则，不是刑法上的禁止性规定。应允许有例外。单位走私犯罪和个人走私犯罪虽触犯的罪名相同，但却是两回事，故应实行数罪并罚。第三种意见认为，应客观认定其在单位走私和个人走私中的犯罪数额和情节，确定刑罚时择一重罪从重处罚。②

4. 单位走私犯罪中的责任人员私分走私犯罪所得赃款的定性

对此，有论者认为，应主要从赃款是否已入账及私分的赃款数额两个方面来分析：第一，走私犯罪所得赃款进入单位账户后，再将其中部分赃款取出私分的，对该责任人员应按走私罪和贪污罪数罪并罚；第二，走私犯罪所得赃款全部或大部分未进入单位账户，而是直接被私分的，这就不属于“违法所得归单位所有”，应直接认定为个人走私犯罪。③

5. 单位为了销售走私货物而虚开增值税专用发票的行为的定性

对此，有两种不同的意见。

第一种意见认为，应定虚开增值税专用发票罪。主要理由是，走私是目的行为，虚开是手段行为，两者是牵连关系，应择一重罪处罚，而单位虚开增值税专用发票罪的处刑比单位走私普通货物罪的处刑重。

第二种意见认为，应定走私普通货物罪。主要理由是，走私是主行为，是目的行为，而虚开是次行为，是为走私犯罪服务的，且只是针对销售的部分走私货物虚开增值税专用发票，故只有定走私普通货物罪才能反映案件全貌及其本质特征。④

6. 单位和个人共同实施走私犯罪的定性

单位走私犯罪和个人走私犯罪的起刑点往往不一致。当单位和个人共同犯罪的数额达到自然人犯罪的起刑点，而未达到单位犯罪的起刑点时，如单位和个人共同走私偷逃应缴税额在 5 万元以上不满 25 万元的，应如何处理？对此，论者认为，应当根据各自在共同犯罪中所起的作用区别处理：单位起主要作用的，对单位和个人均不追究刑事责任；个人起主要作用的，对个人追究刑事责任，对单位不追究刑事责任。此外，当单位和个人共同走私偷逃应缴税额人民币 25 万元以上不满 75 万元的，也应当根据各自在共同犯罪中所起的作用区别处理：单位起主要作用的，对单

---

①②③④ 参见黄益群、黄应生：《审理单位走私案件若干疑难问题探讨》，载《法律适用》，2001 (12)。

位认定为情节一般，对个人也应认定为情节一般；个人起主要作用的，对单位认定为情节一般，而对个人则根据其走私数额分别认定为数额巨大或者数额特别巨大，并处以相应刑罚。①

7. 单位多次走私的，其直接责任人员承担刑事责任是否要求其参与的走私数额达到起刑点

对此，有论者认为，单位走私罪的直接责任人员承担刑事责任的前提是其代表单位实施走私的数额达到单位走私罪的起刑点，这个起刑点是25万元。当然，在对单位走私罪的直接责任人员适用法定刑时，也应以其代表单位实施的走私偷逃税款额来适用法定刑，只有这样才符合罪责刑相适应的原则和罪责自负的原则。②

8. 对多次在不同的单位作为直接责任人员走私并未经处理的，是否应对该直接责任人员按照累计走私货物、物品的偷逃应缴税款额处罚

对此，有论者认为，同样性质的多次行为未经处理的，应当累计处罚，但这种处罚不能脱离其单位行为这一性质，处理的标准也只能依据单位犯罪的标准。因此，直接责任人员在不同的单位实施走私行为的，应累计其在不同单位走私货物偷逃应缴税款额并依据单位犯罪的标准处罚。③

（五）走私文物罪

1. 走私兼具文物性质的珍贵动物制品的行为认定

对此，有两种不同的观点。一种观点认为，从犯罪构成的角度出发，对此类行为定罪处罚，并无不妥。携带的物品是文物的同时，又属于珍贵动物制品，入境时未申报的，仍应以走私珍贵动物制品罪定罪；出于自用目的的，在量刑时可酌情从轻处罚。④ 另一种观点认为，对走私具有文物性质的珍贵动物制品入境的行为，在一定情况下可考虑不予定罪，这样更符合刑法分则设置走私珍贵动物制品罪与走私文物罪的立法目的。建议在符合如下条件之一时，对携带具有文物性质的珍贵动物制品入境的行为可不以犯罪论处：一是珍贵动物制品购买地允许交易，入境人员通过拍卖等正常方式取得珍贵动物制品的；二是入境人员出于收集流失文物、收藏等非牟利目的而携带此类物品入境的。⑤

2. 走私文物罪的犯罪对象

有论者指出，修改后的文物保护法将文物区分为国有文物和非国有文物两类。国有文物不分文物的具体性质，都可以成为走私文物罪的犯罪对象；非国有文物中的珍贵文物和国家规定禁止进出境的其他文物可成为走私文物罪的犯罪对象。这表明，对走私非国有文物中的一般文物的行为原则上不能再认定为走私文物罪；如果

---

① 参见黄益群、黄应生：《审理单位走私案件若干疑难问题探讨》，载《法律适用》，2001（12）。

②③ 参见冯先美：《在不同公司实施单位走私可否累计数额追究其刑事责任》，载《人民检察》，2007（11）。

④ 参见曹坚：《走私珍贵动物、珍贵动物制品犯罪的认定》，载《法学》，2007（3）。

⑤ 参见刘正强：《走私文物犯罪的司法认定》，载《人民检察》，2008（8）。

构成走私犯罪的，可考虑以走私普通货物、物品罪追究刑事责任。①

3. 走私文物罪犯罪故意的认定

有论者认为，对走私文物犯罪在法律上的认识错误，不影响走私文物犯罪主观方面的成立。在多层代理的走私案件中，对其中知情行为人走私文物犯罪的主观故意应予认定；在行为对象原因导致的走私未遂案件中，行为人在主观方面具备走私文物的犯罪故意；行为人故意走私文物赝品的、多层代理中部分行为人确不知情的、不以营利为目的以夹带、夹藏方式运输、携带、邮寄少量一般禁止出境的文物出境的，应排除其走私文物犯罪的主观故意。②

（六）走私普通货物、物品罪

1. "货物"与"物品"的含义

有论者认为，应当以是否用于销售作为区别"货物"与"物品"的标准；是否经货运通道运输，仅仅是进一步确认所运物品可能用于销售的一个参考因素。如果行为人将本应托运的货物随身携带，仍应将其认定为"货物"；如果不能证明行为人随身携带的物品系用于销售，即使其价值较大，依据刑法的谦抑精神，亦只能就认定为"物品"，即使无法达到定罪的数额要求，也不能变通认定为"货物"；当然，如果依据物品本身的属性是不可能用于自用，只具有商业使用价值，即使无确凿证据证明该物品系用于销售，亦应认定是"货物"。③

2. "未经处理"的理解

《刑法》第153条第2款规定，"对多次走私未经处理的，按照累计走私货物、物品的偷逃应缴税额处罚。"对于这里的"未经处理"，理论上有以下四种不同的观点。

第一种观点认为，"未经处理"是指走私普通货物、物品的行为未经行政机关或者司法机关处理。④

第二种观点认为，"未经处理"是指走私普通货物、物品的行为既没有受到行政处罚也没有受到刑事处罚；走私普通货物物品行为经过行政机关或者司法机关处理，但被错误处理的，也是"未经处理"。⑤

---

① 参见刘正强：《走私文物犯罪的司法认定》，载《人民检察》，2008（8）。

② 参见杨涛：《走私文物犯罪主观方面认定问题研究》，载《公安研究》，2007（2）。

③ 参见曹坚：《走私普通货物、物品罪罪名的认定问题》，载《北京人民警察学院学报》，2005（3）。

④ 参见周道鸾、张军主编：《刑法罪名精释》，214页，北京，人民法院出版社，1998。

⑤ 参见胡康生、李福成主编：《中华人民共和国刑法释义》，183页，北京，法律出版社，1997。

第三种观点认为，“未经处理”是指走私普通货物、物品行为未经刑事处理。①

第四种观点认为，“未经处理”包括走私普通货物、物品的行为未经追究刑事责任和“错误追究刑事责任”已经被撤销两种情况。②

3. 本罪与骗取出口退税罪的界限

根据《刑法》第204条的规定，骗取出口退税罪，是指以假报出口或者其他欺骗手段，骗取国家出口退税，数额较大的行为。本罪与该罪都是故意犯罪；犯罪主体都是一般主体，包括自然人和单位；都涉及出口和国家税收。二者的区别表现在：第一，客体不同，本罪的客体是国家对普通货物、物品进出口监管、征税的制度；后罪的客体则是国家的出口退税制度；第二，客观方面不同，本罪的客观方面表现为违反海关法规，逃避海关监管，走私货物、物品进出境，偷逃应缴税额较大的行为；而后罪的客观方面则表现为采取假报出口或者其他欺骗手段，骗取国家出口退税款，数额较大的行为。③

（七）走私废物罪

1. 走私固体废物罪与相关犯罪的区别

第一，走私固体废物罪与非法处置进口的固体废物罪的区别。

首先，走私固体废物罪侵犯国家对外贸易管制中对固体废物进口的管理制度；而非法处置进口的固体废物罪在侵犯国家对外贸易管制的同时，更主要的是侵犯国家关于环境保护和污染防治的管理秩序。其次，走私固体废物罪中的“固体废物”包括国家禁止进口的固体废物和国家限制进口的可用做原料的固体废物；而非法处置进口的固体废物罪中的“固体废物”只能是国家禁止进口的固体废物。再次，只要有逃避海关监管，将境外固体废物运输进境的行为即构成走私固体废物罪，其犯罪构成较为简单；而非法处置进口的固体废物罪则须同时具备违反国家规定，将境外固体废物运输进境（实质也是走私）和将已入境的固体废物非法倾倒、堆放、处置的行为，其犯罪构成较为复杂，属于刑法理论上的“二行为犯”。最后，走私国家禁止进口的固体废物，构成走私固体废物罪，无数额限制，走私多少都构成犯罪；走私国家限制进口的可用做原料的固体废物，偷逃应纳税额5万元以上，方构成走私固体废物罪。而非法处置进口的固体废物罪的构成无数额限制，只要实施该行为即构成犯罪。④

---

① 参见李希慧：《走私普通货物、物品罪若干问题之探讨》，载《法商研究》，2001（4）。
② 参见聂立泽、肖鹏：《走私罪若干疑难问题探讨》，载《云南大学学报》（法学版），2003（1）。
③ 参见李希慧：《走私普通货物、物品罪若干问题之探讨》，载《法商研究》，2001（4）。
④ 参见何立荣：《走私罪若干司法问题探析》，载《广西社会科学》，2002（3）。

第二，走私固体废物罪与擅自进口固体废物罪的区别。

首先，走私固体废物罪的主观方面只能是故意，擅自进口固体废物罪的主观方面是过失；其次，走私固体废物罪的犯罪对象包括国家禁止进口的固体废物和国家限制进口的固体废物，而擅自进口固体废物罪的犯罪对象只能是国家限制进口的可用做原料的固体废物；最后，走私固体废物罪是行为犯，而擅自进口固体废物罪是结果犯。①

2. 走私废物罪的认定与量刑

第一，情节严重与情节特别严重的认定。

有论者认为，有下列情形之一的，可以认定为“情节严重”：一是所走私的废物足以导致1987年国家环境保护局发布的《报告环境污染和破坏事故的暂行办法》中规定的“重大环境污染事故”的；二是走私废物数量巨大的；三是多次走私废物，屡教不改的；四是走私废物，造成恶劣的社会影响的；五是走私废物，导致其他严重后果或引发其他犯罪的。有下列情形之一，可以认定为“情节特别严重”：一是所走私的废物足以导致上述《报告环境污染和破坏事故的暂行办法》中规定的“特大环境污染事故”的；二是走私废物数量特别巨大的；三是具有犯罪集团的首要分子或者利用特种运输工具进行走私的情节的。②

第二，走私废物罪的量刑。

有论者认为，走私废物罪属于行为犯，但废物数量的多少对客体造成的危害也会明显不同，因此以数量为标准来划分量刑档次是比较科学的。故论者建议有关部门对以情节为标准的两个量刑档次，参照走私废物的具体数量作出明确的解释，以减少司法操作中的分歧。③

（八）武装掩护走私

1. 关于《刑法》第157条第1款的理解

《刑法》第157条第1款规定，“武装掩护走私的，依照本法第一百五十一条第一款、第四款的规定从重处罚。”对此规定，理论上有以下三种不同的观点。

第一种观点认为，凡是武装掩护走私，无论所掩护的走私行为是否构成走私犯罪，也无论所构成的是何种犯罪，一律都按走私武器、弹药、核材料或者伪造的货币罪从重处罚。④

第二种观点认为，应将武装掩护走私理解为一个独立的罪名，否则将武装掩护走私淫秽物品或者一般货物、物品的行为仍按《刑法》第151条第1款定走私武器、

---

① 参见何立荣：《走私罪若干司法问题探析》，载《广西社会科学》，2002（3）。

② 参见周振杰、刘仁文：《论走私废物罪》，载《检察实践》，2003（2）。

③ 参见徐德高、陈学武、李平：《走私犯罪案件法律适用问题思考》，载《人民检察》，2006（22）。

④ 参见邓又天主编：《中华人民共和国刑法释义与司法适用》，243页，北京，中国人民公安大学出版社，1997。

弹药、核材料或者伪造的货币罪，就会显得非常牵强，而且难逃尴尬局面。①

第三种观点认为，武装掩护走私既不能一律定为走私武器、弹药、核材料或者伪造的货币罪，也不能定武装掩护走私罪，而应当根据走私的货物、物品的性质确定罪名，把武装掩护作为加重处罚的一个情节。②

2. “武装掩护走私”的含义

对此，理论上有以下三种不同的观点。

第一种观点认为，武装掩护走私是指走私分子或其雇佣人员携带武器用以保护走私活动的行为，是否使用武器不影响武装掩护走私的成立。③

第二种观点认为，武装掩护走私是指以武器装备或武装力量，采用警戒、钳制、压制等手段保障走私活动安全的行为。④

第三种观点认为，武装掩护走私是指行为人携带武器用以保护、掩饰走私活动的行为。⑤

3. 武装掩护走私与暴力、威胁方法抗拒缉私的区别

对此，理论上有以下五种不同的观点。

第一种观点认为，两者的区别主要在于使用手段强度上的不同，一个是采用除武装掩护以外的暴力、威胁方法，一个是采用武器装备掩护走私。以暴力、威胁方法抗拒缉私，是指除武装掩护走私以外的，行为人以暴力、威胁方法抗拒海关、边防缉私人员依法对进出境的货物、物品行使监督、检查的行为。⑥

第二种观点认为，武装掩护走私主要表现为行为人在走私中携带武器、弹药等装备以掩护走私，但并未使用这些武器；后行为表现为不仅携带武器装备，而且使用了它们以抗拒缉私者或未携带武器装备但使用了暴力，后行为可能是前行为的继续。即没有使用武器，定前者；使用了武器且针对缉私者的情况下，定后者。⑦

第三种观点认为，区分二者，主要看掩护走私时所使用的武器装备针对的对象是否为缉私者。如果不是针对缉私活动使用武器的，定前者；如果是针对缉私活动的，则其性质为以暴力抗拒缉私。⑧

第四种观点认为，在不发生重合的情况下，两者的区别明显；在发生重合的情

---

① 参见陈兴良：《刑法疏议》，286页，北京，中国人民公安大学出版社，1997。

② 参见侯国云、白岫云：《新刑法疑难问题解析与适用》，257页，北京，中国检察出版社，1998。

③ 参见高铭暄、马克昌主编：《刑法学》，401页，北京，北京大学出版社、高等教育出版社，2000。

④ 参见何秉松主编：《刑法教科书》，696页，北京，中国法制出版社，1997。

⑤ 参见胡康生、李福成主编：《中华人民共和国刑法释义》，188页，北京，法律出版社，1997。

⑥ 参见马克昌主编：《经济犯罪新论》，144～145页，武汉，武汉大学出版社，1998。

⑦ 参见张穹主编：《刑法适用手册》，624页，北京，中国人民公安大学出版社，1997。

⑧ 参见郭立新、杨迎泽：《刑法分则适用疑难问题解》，67页，北京，中国检察出版社，2000。

况下，两者不存在区别的问题，既要定相应的走私罪（武装掩护），又要与妨害公务罪并罚。①

第五种观点认为，应综合考察上述几种观点所考虑的因素，全面具体地分析两者的区别。首先，在使用手段上，武装掩护走私要求必须携带武器装备或动用武装力量掩护走私，而以暴力、威胁方法抗拒缉私在这方面没有要求；其次，在行为程度上，在以暴力、威胁方法抗拒缉私时必须实际使用了暴力或者以暴力相威胁，而在武装掩护走私时是否真正使用武器装备，则在所不问；最后，在针对对象上，以暴力、威胁方法抗拒缉私针对的对象必须是缉私活动，而武装掩护走私在对象上没有限制。对此可以分为两种情况加以处理：在行为人的基本走私行为达到构成犯罪的程度时，对行为人一连串的行为应以暴力、威胁方法抗拒缉私论，即构成相应的走私罪和妨害公务罪，实行并罚，但是，在这种情况下不能再将武装掩护走私当作相关走私犯罪的从重处罚情节；如果行为人的基本走私行为尚未达到构成犯罪的程度，则只成立武装掩护的具体走私罪与妨害公务罪之间的竞合，两相比较，显然前者的法定刑更重一些，所以应定武装掩护的具体走私罪。②

（九）走私罪的立法完善

1. 关于走私罪的整体修改

有论者认为，可以对走私罪做如下修改。

将《刑法》第151至157条、第347条关于走私毒品罪的规定，第350条关于走私制毒物品罪的规定合为一条，作为第151条，修改为：违反海关法及有关法律、行政法规，逃避海关监管，偷逃应纳税款、逃避国家有关进出境的禁止性或者限制性管理，有下列情形之一的，是走私：①运输、携带、邮寄国家禁止或者限制进出境的货物、物品或者依法应当缴纳税款的货物、物品进出境的；②未经海关许可并且未缴纳应纳税款、交验有关许可证件，擅自将保税货物、特定减免税货物以及其他海关监管的货物、物品、进境的运输工具，在境内销售的。

有下列行为之一的，以走私论处：①直接向走私人非法收购走私进口的货物、物品的；②在内海、领海、界河、界湖、船舶运输、收购、贩卖国家禁止或者限制出境的货物、物品，或者运输、收购、贩卖依法应当缴纳税款的货物，没有合法证明的。

走私国家禁止进出境或者限制进出境的物品或者走私普通货物、物品，偷逃应纳税额在5万元以上的，处5年以下有期徒刑，并处罚金；走私国家禁止进出境或者限制进出境的物品，情节严重的，或者走私普通货物、物品，偷逃应纳税额在10万元以下的，处5年以上10年以下有期徒刑，并处罚金或者没收财产；走私国家禁止进出境或者限制进出境的物品，情节特别严重的，或者走私普通货物、物品，偷

① 参见杨向华：《武装掩护走私若干问题探讨》，载《湖南公安高等专科学校学报》，2002（1）。

② 参见周蓝蓝：《武装掩护走私争点探微》，载《上海海关高等专科学校学报》，2005（2）。

逃应纳税额在50万元以上的，处10年以上有期徒刑、无期徒刑或者死刑，并处没收财产。

与走私人通谋，为其提供贷款、资金、账号、发票、证明、海关单证，或者为其提供运输、保管、邮寄或者其他方便的，以走私罪的共犯论处。

武装掩护走私的，从重处罚。以暴力、威胁非法抗拒缉私的，以走私罪和《刑法》第277条规定的妨害公务罪，依照数罪并罚的规定处罚。

单位犯走私罪的，对单位判处罚金，并对其直接负责的主管人员和其他直接责任人员，依照本条各款的规定处罚。

同时，应当删除《刑法》第152至157条，删除《刑法》第347条关于走私毒品罪、第350条关于走私制毒物品罪的规定。①

2. 取消特定目的的规定

有论者建议取消走私淫秽物品罪中的“以牟利或者传播为目的”这一特定犯罪目的的规定。因为只有行为人走私淫秽物品数量多的，才可能具有“牟利或者传播的目的”，才体现了严重的社会危害性；如果行为人携带、邮寄、运输的淫秽物品的数量较少，则可能是用于欣赏、赠送他人等，社会危害性显然较小，就不必要入罪。同时，对《刑法》第154条“未经海关许可并且未补缴应缴税额，擅自将批准进口的来料加工、来件装配、补偿贸易的原材料、零件、制成品、设备等保税货物和将特定减税、免税进口的货物、物品，在境内销售牟利的”规定中“在境内销售牟利的”也应取消。②

3. 根据犯罪对象分类规定走私犯罪

第一，走私应税货物、物品罪，走私限制进出境货物、物品罪和走私禁止进出境货物、物品罪。

有论者认为，1979年《刑法》第116条对走私罪规定采用概括的方法，仅规定违反海关法规，进行走私，情节严重的，就是走私罪，这严重影响法的安定性。现行刑法在“破坏社会主义市场经济秩序罪”中将走私罪单列一节，按走私对象不同，区分了10个走私个罪，恰恰又犯了列举过细、谨慎拘泥及与社会生活脱离的毛病，事倍功半，效果适得其反。改变现行立法弊端的唯一途径就是重新确立走私犯罪类型立法途径，抛弃过于抽象或过于具体这两种模式，采用例示法，设立走私应税货物、物品罪，走私限制进出境货物、物品罪和走私禁止进出境货物、物品罪。这种立法模式涵盖了走私所有的对象。对走私应税货物、物品的，以偷逃税额来定罪处罚；对走私限制进出境货物、物品的，区分涉税和非涉税，涉税的按偷逃税额来定罪处罚，非涉税的以走私货物物品数量来定罪处罚；走私禁止进出境货物、物品的，

---

① 参见李昌林：《论走私罪及其立法完善》，载《天津市政法管理干部学院学报》，2002 (1)。

② 参见胡平：《试论走私犯罪的立法疏漏及其完善》，载《黑龙江省政法管理干部学院学报》，2007 (3)。

一般以走私货物、物品的数量来定罪处罚。①

第二，走私普通货物、物品罪和走私禁止进出口货物、物品罪。

有论者建议，根据贸易管制措施的不同，设置走私普通货物、物品罪和走私禁止进出口货物、物品罪。前者以自由和限制类进出口货物、物品为走私对象，根据偷逃关税或者货值划定起刑点和量刑幅度，对于既逃证又逃税的，则按照“就高不就低”的原则量刑；设置走私禁止进出口货物、物品罪，走私对象为禁止进出口货物、物品，按照数量或者货值划定起刑点和量刑幅度。对 11 种主要走私货物、物品分别划定不同起刑点和量刑幅度，对其他禁止类货物、物品则按照种类划定统一的起刑点和量刑幅度。偷逃税额应由海关计核，货值由海关按照审价办法审定，走私货物、物品的性质以外贸主管部门颁布的目录为准。②

4. 修改单位走私的刑罚规定

有论者认为，对单位犯罪判处的罚金刑应予以具体化，对其直接负责的主管人员和其他直接责任人员的处刑应适当提高。单位走私普通货物、物品构成犯罪的，可处偷逃应缴税额 1 倍以上 5 倍以下罚金，以便与自然人犯罪处罚相一致。对直接负责的主管人员和其他直接责任人员的处罚，鉴于其是为单位谋取非法利益，个人利益不明显，责任分散，因此可比照自然人犯罪的不同处罚情节降一档处罚，不宜按现行刑法降两档处罚。因为单位走私毕竟对国家的危害比自然人走私危害更大，后果更严重。③

5. 关于走私普通货物、物品罪的修改

第一，降低起刑点。

有论者认为，将《刑法》第 153 条所规定的偷逃应缴税额 5 万元以上作为构成走私普通货物、物品罪的起点改为 2 万元以上作为起点，比较合适。走私普通货物、物品以偷逃应缴税额 5 万元以上作为构成犯罪的起点，要求太高，不利于有效惩罚该犯罪。④

第二，扩大后续走私犯罪的涵盖范围。

有论者建议，将《刑法》第 154 条修改为，“下列走私行为，根据本节规定构成犯罪的，依照本法第一百五十三条的规定定罪处罚：（一）未经海关许可擅自将批准进口的来料加工、来件装配、补偿贸易的原材料、零件、制成品、设备等保税货物，在境内销售、抵押、赠与或者以其他方式转让，偷逃税款的；（二）未经海关许可擅自将特定减税、免税进口的货物、物品，在境内销售、抵押、赠与或者以其他方式

---

① 参见陈晖：《论走私罪的犯罪对象》，载《上海海关高等专科学校学报》，2007（2）。

② 参见吴红艳：《我国走私罪立法的缺陷及其完善》，载《上海海关高等专科学校学报》，2005（1）。

③④ 参见徐跃飞：《试论走私罪之法律规制缺陷及完善》，载《湖南公安高等专科学校学报》，2003（4）。

转让，偷逃税款的。”①

6. **关于走私固体废物罪的修改**

有论者认为，对走私固体废物罪可作如下修改：①应把固体废物视为特殊走私对象，在《刑法》第151条第3款后面增加一款规定走私固体废物罪；②对走私固体废物罪规定独立的法定刑。考虑到固体废物的重要性以及走私固体废物的危害性低于第1款至第3款各罪，法定刑应比第1款至第3款低一些；③考虑到固体废物的重要程度，可以规定，走私固体废物情节严重的，才构成犯罪。②

7. **修改武装掩护走私的规定**

有论者认为大致可以作这样的修改：①对武装掩护走私行为单独设立一罪名，即武装掩护走私；②对武装掩护走私罪的处罚，应分为两种情况：武装掩护走私同时构成走私罪的各具体罪名时，依照走私罪的各有关规定从重处罚，即把武装掩护走私作为一个从重情节（但仍定武装掩护走私罪）；武装掩护走私，因其偷逃税额未达到法定数额而未构成走私普通货物、物品罪的，另行设置一个法定刑，法定刑的轻重可以参照《刑法》第151条、第152条。③

8. **关于走私罪死刑的修改**

有论者认为，对走私犯罪除司法上要严格限制死刑的实际适用外，立法上也应当努力减少，甚至应当考虑废除走私犯罪的死刑规定。这是因为：第一，这种立法上使死刑呈扩大化的趋势，同中国保留死刑但限制死刑适用的政策是相违背的；第二，统计数字表明，死刑无助于减少走私犯罪，对其他犯罪人也不能产生足够的威慑作用；第三，走私犯罪没有具体的被害人，其侵害的是国家利益，而被侵害的国家相对于具体被害人来说更加理智，从而更多的是着眼于犯罪的控制，而非仅仅立足于报应，因而对走私罪的犯罪人应侧重于适用自由刑、财产刑或者资格刑。④ 有论者指出，用刑法的威慑力来遏制走私犯罪是不可能的。虽然我们目前没有确切的证据能证明将死刑适用于走私犯罪会导致走私犯罪率上升，但是我们有数据证明，用死刑预防走私犯罪是徒劳的。⑤ 有论者建议，现阶段，从危害程度上而言，对走私文物罪，走私贵重金属罪，走私珍贵动物、珍贵动物制品罪，走私普通货物、物品罪应当首先取消死刑规定。随后，在与其他非暴力犯罪的死刑废除相平衡的基础上，可以考虑再取消刑法中其他走私犯罪的死刑规定。⑥

---

① 参见吴红艳：《我国走私罪立法的缺陷及其完善》，载《上海海关高等专科学校学报》，2005（1）。

②③ 参见何立荣：《论走私罪的立法缺陷与完善》，载《学术论坛》，2002（3）。

④ 参见赵秉志：《中国逐步废止死刑之建言——以废止非暴力犯罪死刑为中心》，载赵秉志主编：《刑事法治发展研究报告》（2004年卷），14页，北京，中国人民公安大学出版社，2005。

⑤ 参见谢望原、杨家庆：《走私犯罪死刑问题之实证研究》，载《政治与法律》，2005（3）。

⑥ 参见赵秉志、王东阳：《我国刑法中走私犯罪的特征及其惩治》，载《南都学坛》，2006（3）。

三、整体评论

总的来看，刑法学界在早期对走私犯罪的研究，主要运用了注释性的方法，而缺乏有深度的研究。原因在于，走私犯罪涉及进出境管理、关税征收等相关法律法规，因此要深入研究走私犯罪，必须了解相关的行政法规，并且熟悉海关业务。随着经济全球化的发展，我国的走私犯罪形势一直不容乐观，司法实践也遇到了一定的困难。面对这种局面，刑法学界一直对走私犯罪保持高度关注，特别是一些在实践部门工作、熟悉海关业务的同志加入研究的行列，不仅为走私犯罪的研究注入了更多的专业色彩，而且增加了研究的实用性。以走私犯罪停止形态的研究为例，早期的研究只区分绕关走私、通关走私。随着走私犯罪活动不断复杂化以及相关刑事立法的跟进，有论者进一步区分走私的类型，结合实践中具体的走私行为，提出了更具针对性的观点。我国加入世界贸易组织后，走私活动中出现了很多新情况、新问题；理论界在不断深化走私犯罪基本理论研究的同时，紧紧抓住实践中出现的问题，为司法实践认定和处理走私犯罪提供了有力指导。此外，学界提出的关于修改走私犯罪罪刑条款的建议，对进一步完善刑法中的相关规定具有重要的参考价值。

第七章

金融犯罪

一、研究概况

随着建立社会主义市场经济体制目标的确立，金融作为一种重要的经济工具愈来愈显示出它的重要性。但由于与经济的紧密联系，它也成为犯罪分子窥视的目标，由此导致的金融犯罪给国家经济带来了极大的危害，并引起立法者和理论界的密切关注。刑法学界关于金融犯罪的研究，大致可以划分为三个阶段；在每一个阶段都有不同的研究重点和特点。

（一）《关于惩治破坏金融秩序犯罪的决定》颁行后

全国人大常委会于1995年6月30日通过了《关于惩治破坏金融秩序犯罪的决定》(本章以下简称《决定》)。这一《决定》的颁布为惩治破坏金融秩序犯罪、保证社会主义市场经济秩序的正常运转提供了法律保障。《决定》对1979年《刑法》的有关条文作了较大的补充和修改，并增设了不少新的罪名；如何正确理解并加以执行是当时司法实践中亟待解决的问题。因此，不少论者基于《决定》中的法律规定，探讨了关于金融犯罪的理论与实践方面的问题。这是金融犯罪研究的第一个阶段。在这一阶段，刑法理论研究的焦点主要集中于对金融犯罪概念的探讨以及立法完善方面的对策。

（二）1997年《刑法》颁行后

在1997年《刑法》新增加的一百多个罪名中，金融犯罪占据了相当大的比重。

在学术研究领域，金融犯罪业已成为研究重点。2000 年 11 月，中国法学会刑法学研究会年会在海口召开，金融犯罪成为此次会议最热门的议题。在代表提交的 160 多篇论文中，有 90 余篇文章围绕这一议题展开。其中大多数文章以个罪为研究视角，关注刑事立法在实践中的实现问题，意图以注释的方式引领司法进入这一尚显陌生的领域。少数文章则对金融犯罪的一般性问题进行了研究。① 在这一阶段，刑法理论研究的重点主要集中在对 1997 年《刑法》所增加的新罪名的探讨以及金融犯罪的分类问题上。

（三）2006 年《刑法修正案（六）》颁行后

2006 年 6 月 29 日全国人大常委会颁布了《中华人民共和国刑法修正案（六）》（以下简称《刑法修正案（六）》）。《刑法修正案（六）》共 21 条，其中第 10 条至第 16 条是对破坏金融管理秩序罪的修正。此次修改补充内容之多，居历次刑法修正案之首。因此，系统研究《刑法修正案（六）》中破坏金融管理秩序罪的修改背景和修改内容，对从整体上把握金融犯罪以及具体金融犯罪的准确定罪与量刑具有重要意义。《刑法修正案（六）》是继 2006 年 1 月 1 日起施行的《公司法修订案》和《证券法修订案》之后又一部规范金融市场的重要法律（法案）。该法案的一大特点是与新公司法和新证券法相呼应，为规范证券市场和金融市场、惩治金融犯罪和证券犯罪进一步提供了法律保障。在《刑法修正案（六）》颁布的前后，刑法理论界针对当下金融犯罪的热点问题展开了热烈的讨论。为推动金融犯罪与金融刑法研究，适应同金融犯罪作斗争的需要，2005 年 6 月 18 日至 19 日，山东大学法学院与《中国刑事法杂志》杂志社在泉城济南共同举办了“全国金融犯罪与金融刑法理论研讨会”。来自中国人民大学、北京大学、武汉大学、中国社科院、上海社科院、最高人民法院、最高人民检察院、公安部等 25 家单位的 56 名专家、学者出席了会议。会议共收到学术论文 57 篇。此次学术会议分别讨论了金融刑法的立法问题、金融犯罪的司法问题和金融犯罪的预防问题，提出了许多建设性意见，取得了重要学术成果，受到了有关各方和与会代表的高度评价。近年来，有关金融犯罪预防和研究的国际合作问题逐渐引起学者们的关注。2007 年 8 月 25 日至 26 日，中国人民大学刑事法律科学研究中心主办的全球化背景下的金融犯罪问题国际学术研讨会在北京举行。来自司法界和学术界的中外专家、学者一百余人出席了本次会议。与会代表就刑法如何在化解全球化背景下的金融风险中发挥作用等问题展开了探讨。

二、观点综述

（一）金融犯罪中的共性问题

1. 金融犯罪的概念

刑法理论界将金融犯罪作为专题研究始于 20 世纪 90 年代。在研究过程中，关

---

① 参见马滔、李玉花：《金融犯罪研究综述》，载《人民检察》，2001（2）。

于金融犯罪定义的表述可谓繁多。分析这些定义，对我们现今探讨金融犯罪的概念具有积极意义。

据有关论者统计，目前关于金融犯罪定义的观点有13种以上。总体上看，这些概念涉及如下要素：违法性、行为、客体、可罚性、领域、主体、过程和目的。对这些要素的不同取舍就构成了金融犯罪的不同概念。如一种观点可概括为“主体＋违法性＋行为＋客体＋可罚性”。依照此公式，金融犯罪是指行为人（包括自然人和单位）违反有关金融法律法规，危害国家有关货币、贷款、金融票证、外汇、保险、金融业务专营（包括集资）、证券等方面的金融管理制度，扰乱金融管理秩序，严重危害社会，依照刑法应当加以处罚的行为。针对以上纷争，有论者提出，对金融犯罪概念的界定，应当把握以下几个原则。一是相关性原则，即金融犯罪由于其本身的特性，只能指与金融业务领域有关的犯罪。有些犯罪尽管与金融部门有关，但不是发生在金融业务领域中，故不是金融犯罪。二是抽象性原则，即金融犯罪是指作为一类犯罪的概念，不是对有关金融犯罪的各种具体行为的简单罗列，而是在对每一种具体的金融犯罪进行分析的基础上，根据其共同的本质作出的高度概括。高度抽象的同类客体有助于鲜明地揭示金融犯罪的本质特征，同时也可以使金融犯罪的表述显得简明扼要。三是可罚性原则，即某种破坏金融秩序的行为只有在刑法上达到了应受刑罚处罚的程度，才能视为金融犯罪。基于以上三个原则，该论者将金融犯罪定义为：金融犯罪是指自然人或者单位在金融领域中侵犯金融管理，破坏金融秩序，依照刑法的规定应当受到刑罚处罚的行为。这些行为有：破坏金融管理秩序罪、金融诈骗罪、骗购外汇罪。①

有的论者则认为，金融犯罪的实质在于危害我国的金融管理秩序，金融犯罪的行为特征是违法从事金融活动或其相关活动。违法从事金融活动或其相关活动，因而危害金融秩序，这是金融犯罪区别于其他犯罪的根本所在。根据逻辑学的定义方法，金融犯罪的定义应当为：违法从事金融活动或其相关活动，危害金融秩序，依法应受刑罚处罚的行为。以往的金融犯罪定义存在三种错误：形式主义方法论错误、定义过宽的逻辑错误和定义过窄的逻辑错误。② 同时，论者认为，对已往金融犯罪定义的分析，可以分为三个阶段进行。

第一阶段：1995年6月30日全国人大常委会《决定》以前的金融犯罪定义。

在《决定》颁布以前，刑法对金融犯罪的规定还不完善，人们对金融犯罪的研究还处于试探阶段。在此阶段，人们主要从行为主体或者行为对象的角度给金融犯罪下定义，姑且称其为主体定义法和对象定义法。

主体定义法者认为，金融犯罪即金融系统工作人员在金融活动中，侵犯社会主义经济关系，依照法律应当受到刑罚处罚的行为。属于其范围的犯罪包括：贪污罪、挪用公款罪、贿赂罪、盗窃罪、诈骗罪、投机倒把罪、走私罪，伪造国家货币罪、

---

① 参见马滔、李玉花：《金融犯罪研究综述》，载《人民检察》，2001（2）。

② 参见胡启忠：《金融犯罪定义辩论》，载《西南民族学院学报》（哲学社会科学版），1999（1）。

贩运伪造国家货币罪、玩忽职守罪。①

对象定义法者认为，金融犯罪就是以金融机构或相关主体为被侵害对象的财产欺诈行为。其范围涉及走私罪；投机倒把罪；逃套外汇罪；伪造有价证券罪；挪用特定款物罪；隐瞒境外存款不报罪；盗窃罪；冒充国家工作人员招摇撞骗罪；妨害公文、证件、印章罪；玩忽职守罪；诈骗罪；贪污罪；挪用公款罪；贿赂罪；巨额财产来源不明罪。②

第二阶段：《决定》颁布后、1997年《刑法》公布前的金融犯罪定义。

《决定》是1997年《刑法》公布前专门规定金融犯罪的单行刑事法律，它提供了研究金融犯罪（包括金融犯罪定义）的法律依据。此后，人们开始根据《决定》从金融犯罪的危害实质（从犯罪构成理论讲是犯罪客体）入手去表述金融犯罪的定义。在这一阶段，人们对金融犯罪定义的表述大同小异，但对金融犯罪外延的理解仍有分歧。下列两种表述具有较为广泛的代表性。

第一种是"罗列手段＋危害实质＋应受刑罚处罚"的表述模式。如，有人认为，金融犯罪是指伪造货币和金融票据诈骗、信用证诈骗、非法集资诈骗等破坏金融秩序的，依法应受刑罚处罚的行为。其外延包括《决定》规定的所有犯罪。③ 第二种是"危害实质＋应受刑罚处罚"的表述模式。如，有人认为，金融犯罪就是指侵犯金融管理，破坏金融管理秩序，依法应受刑罚处罚的行为。其外延不仅包括《决定》所列各罪，而且还包括贪污、侵占、挪用、行贿受贿等方式破坏金融秩序的犯罪（具体有：贪污罪、侵占罪、挪用公款罪、行贿罪、受贿罪，介绍贿赂罪、隐瞒境外存款不报罪、巨额财产来源不明罪、套汇罪、逃汇罪）。④

第三阶段：1997年《刑法》颁布后的金融犯罪定义。1997年《刑法》对金融犯罪的规定相较于已往更为集中和完善。

1997年《刑法》公布后，关于金融犯罪的定义，较为流行的表述是沿袭"罗列手段＋危害实质＋应受刑罚处罚"的模式。"金融犯罪是指以欺诈、伪造或其他方法破坏金融管理秩序，依法应受刑罚处罚的行为"就是这种表述模式的代表。⑤

在此阶段，关于金融犯罪的定义，理论上有代表性的表述有：①金融犯罪是指违反金融刑事法规，侵犯金融管理制度，破坏金融管理秩序，依法应受刑事处罚的行为；⑥ ②金融犯罪是自然人或单位违反金融法律规范，侵犯或者主要侵犯金融交

---

① 参见谭秉学、王绪祥主编：《金融犯罪学概论》，9页，北京，中国社会科学出版社，1993。

② 参见白建军：《金融欺诈及预防》，245～251页，北京，中国法制出版社，1994。

③ 参见高格、咎起鹰：《论金融犯罪》，载杨春洗、高格主编：《我国当前经济犯罪研究》，350～357页，北京，北京大学出版社，1996。

④ 参见秦醒民主编：《金融犯罪的惩治与预防》，3页，北京，中国检察出版社，1996。

⑤ 参见王新：《危害金融犯罪的概念分析》，载《中外法学》，1997（5）。

⑥ 参见利子平、胡祥福主编：《金融犯罪新论》，5页，北京，群众出版社，2005。

易秩序或金融管理秩序的一类犯罪；① ③金融犯罪是指发生在金融业务活动领域中的，违反金融管理法律法规及有关规定，危害国家有关货币、银行、信贷、票据、外汇、保险、证券期货等金融管理制度，破坏金融管理秩序，情节严重，依照刑法应受刑罚处罚的行为；② ④金融犯罪，是指违反金融法律制度，严重破坏金融秩序或者金融关系，造成严重的社会危害，依照金融刑法应当受到刑罚处罚的行为。③

2. 金融犯罪的分类

问题之一：金融犯罪的理论分类。

根据有的论者的归纳，对金融犯罪所作的分类最具代表性的主要是以下几种：①客体分类法。所谓客体分类法，是指以金融犯罪所侵犯的客体（或法益）为标准，对金融犯罪进行进一步分类和排列的方法。从广义上来说，所有的金融犯罪均构成对国家金融管理秩序的破坏，金融犯罪的同类客体是金融管理秩序。但是，由于金融管理发生的领域有所不同，所形成的管理制度以及具体的金融管理秩序有所不同，因此，可以从具体的金融制度角度对所有金融犯罪加以进一步分类。②行为分类法。所谓行为分类法，是指在刑法分则中，以犯罪行为的某种特征为根据，对金融犯罪进行分类和排列的方法。有的论者从金融行为方式的角度进行分类，将金融犯罪分为诈骗型金融犯罪、伪造型金融犯罪、利用便利型金融犯罪、规避型金融犯罪。③混合分类法。所谓混合分类法，是指既以犯罪行为侵犯的客体，又以犯罪行为的某种特征作为金融犯罪的分类根据。这是我国目前理论界通行的划分方法。④

该论者认为，应当以混合分类为基本的分类方法，以我国《刑法》第二编第三章第四节、第五节所规定的犯罪为分类对象，做进一步的划分。刑法以行为表现为标准单独列出的第五节"金融诈骗罪"包括的犯罪种类并不多，它们所侵犯的客体从本质上都是金融管理秩序，在行为表现上都是通过诈骗的手段，只不过诈骗的方式或工具不同，可以仍然将其作为一类，以便于司法部门的定罪量刑。第四节"破坏金融管理秩序罪"涉及金融管理的各个领域。应当依据不同金融犯罪所侵害的不同金融管理领域的秩序，以及兼顾犯罪方法的特殊性，在参考理论界混合分类法已经作出的具体分类的基础上，将破坏金融管理秩序的犯罪作进一步分类细化。按照论者的看法，破坏金融管理秩序罪的类型包括：危害货币管理制度的犯罪；危害外汇管理制度的犯罪；危害信贷管理制度的犯罪；危害证券、期货市场管理的犯罪；危害股票、有价证券管理的犯罪；危害金融业务经营管理制度的犯罪；危害票据管理结算管理的犯罪。⑤

还有论者根据不同的标准，对金融犯罪进行了分类。例如，从客体上分，金融犯罪包括：侵犯货币管理制度的犯罪、侵犯信贷管理制度的犯罪、侵犯金融票证管

---

① 参见刘远、赵玮：《论金融犯罪的概念与地位》，载《河北法学》，2005（7）。

② 参见刘宪权：《金融犯罪刑法理论与实践》，3页，北京，北京大学出版社，2008。

③ 参见王凤垒：《金融犯罪研究》，9页，北京，中国检察出版社，2008。

④⑤ 参见王群、杨月斌：《金融犯罪分类问题探究》，载《南方金融》，2007（9）。

理制度的犯罪、侵犯证券及其管理制度的犯罪、侵犯外汇管理制度的犯罪、侵犯保险管理制度的犯罪、侵犯金融业务管理制度的犯罪，等等。从犯罪手段上，金融犯罪包括：伪造、变造型金融犯罪、渎职型金融犯罪、欺诈型金融犯罪、其他类型的金融犯罪。从犯罪目的上，金融犯罪包括：以牟利为目的的金融犯罪、以非法占有为目的的金融犯罪、以扰乱金融秩序为目的的金融犯罪。从触犯的法律上，金融犯罪包括：违反银行法的金融犯罪、违反货币法的金融犯罪、违反证券法的金融犯罪、违反票据法的金融犯罪、违反保险法的金融犯罪。①

问题之二：金融犯罪的刑法分类。

对此，有的论者认为，1997年《刑法》将金融犯罪分为两节，第四节“破坏金融管理秩序罪”是按照客体标准进行的分类，而第五节金融诈骗罪则是按照行为方式做的分类，实际上第五节规定的犯罪侵犯的客体也是广义的金融管理秩序。1997年《刑法》既考虑了犯罪行为所侵犯的客体，又考虑诈骗类的金融犯罪的行为特征具有明显的共性，将诈骗类的金融犯罪单独列为一节。这一规定模式具有一定的科学性和合理性。② 而有的论者则认为，我国刑法中有关金融诈骗罪的分类具有相当的特殊性，其独立设节的归类标准明显是对传统刑法理论的突破，并从根本上颠覆了刑法基本理论的分类标准。但是，这种突破在诸多方面显然存在问题，其既与1997年《刑法》的体例结构不协调，也暴露了刑法本身立法思路的不一致，同时亦与世界各国和地区有关金融犯罪的立法现状和发展趋势不相吻合。总体而言，我国刑法将金融诈骗罪独立设节既无理论上的可行性，也无实践中的必要性，在某种程度上是立法中的一个败笔。从完善刑事立法的角度看，完全可以将金融诈骗罪一节归入破坏金融管理秩序罪一节之中。③

3. 金融犯罪的立法理念

有论者认为，我国刑法中金融犯罪的立法模式技术、构成设计技术、刑罚配置技术之背后分别是法典主义、事后主义、重刑主义立法理念，这些理念使我国金融刑法对国家本位的传统金融体系具有保护金融机构主义、保护管理秩序主义、片面刑事规制主义的适应性特征。论者强调，应更新我国金融刑法的立法观念及模式，以适应金融领域发展和惩治金融犯罪的需要。①变法典主义立法为以特别刑法为主的立法。法典主义试图将全部刑法规范纳入《刑法》之中，但金融刑法语言的技术化、专业化给普通国民强烈的陌生感，会冲淡他们对《刑法》“公共典籍”之情感体验。同时，不断出现的新罪名，也对法典主义的立法模式产生冲击。特别刑法具有临时制法、专业性强、特事特办的特点，有助于实现刑法的稳定性与适应性的有机统一，增强刑法的权威。②注重事后惩罚向注重事前预防转变。金融犯罪“乘数化效应”、“慢发化效应”、“国际化效应”决定了对金融犯罪的预防是一个综合预防机

① 参见马滔、李玉花：《金融犯罪研究综述》，载《人民检察》，2001（2）。

② 参见王群、杨月斌：《金融犯罪分类问题探究》，载《南方金融》，2007（9）。

③ 参见刘宪权：《我国金融犯罪刑法分类质疑》，载《法学评论》，2007（4）。

制逐步完善的过程，应将更多的刑事司法资源分配到对危害行为本身的防控上。③重刑主义立法向轻刑化立法转变。立法程序的民主化会自然而然地引起刑法观的变化，刑法逐渐成为社会自身的一种存在要求，而不是贯彻国家政策的某种工具。①

4. 金融犯罪的立法模式

有论者认为，我国金融刑法的立法模式应以特别刑法为主，理由是：①我国金融体系将在未来几年内爆发"入世"效应，大规模金融创新和金融立法会随之产生，这意味着特别刑法的立法模式而不是法典式的金融刑法立法模式能及时应对由金融创新和金融立法所引发的复杂的金融犯罪；②与我国未来建立完善的金融犯罪综合预防机制相适应，注重刑法扩张性、强制性、惩罚性等的传统刑法文化将转变为重视刑法最后性、正当性、预防性等的刑法文化，这为改采以特别刑法为主的模式提供了文化上的基础条件；③威权政体向民主政体转变，权威主义刑法向"服务型"刑法即民主主义刑法过渡，即从以事后惩罚为主的机制逐步转变为以事前预防为主的机制的转变。而特殊刑法的立法模式最易于使人们以最便捷的途径了解他们最需要了解的刑法信息，有助于事前预防为主的机制效用的发挥。② 有论者指出，国外金融犯罪的立法模式不外乎刑法典、单行刑法和非刑事法律三种。我国现行金融犯罪的立法模式也是如此。但是，我国非刑事法律中的附属金融刑事条款在内容上没有明确的罪状和法定刑，这是与国外的不同所在。这决定了我国的附属金融刑事条款有适用上的缺陷，因而需要改革其立法内容。借鉴国外，办法有二：一是直接指明定罪量依据的刑法典或单行刑法条文；二是直接创设新罪名并规定相应处罚。③

5. 金融犯罪的刑罚配置

有论者认为，金融犯罪之惩罚方法应随着金融形势发展而发展，随着犯罪情况的变化而变化。针对现代金融犯罪的性质和特点，借鉴国外成功的立法经验，应确立"以适用和扩大资格刑、加重财产刑、创设劳务刑为主，灵活掌握多刑种并科、易科，适当运用自由刑为辅，审慎适用生命刑为补，逐步废止死刑设置"的现代金融刑罚理念和新型刑罚配刑模式，以真正实现金融刑法惩治、预防、保障等综合功能，切实维护市场经济金融管理秩序。④ 有论者指出，根据以预防犯罪为目的的理性刑罚观，金融犯罪的刑罚设置理念应当是"依罪设刑"。我国现行金融刑事立法规定的刑罚体系基本适应预防金融犯罪的需要，但还存在三个主要问题：个人金融犯罪的资格刑不完善；对金融犯罪单位的罚金刑规定不完善；对金融犯罪单位的处罚单一。为此，论者提出了"对金融犯罪个人完善资格刑"、"对金融犯罪单位完善罚

---

① 参见刘远、赵玮：《金融刑法立法理念的宏观分析》，载《河北法学》，2006（9）。

② 参见刘远：《关于我国金融刑法立法模式的思考》，载《法商研究》，2006（2）。

③ 参见胡启忠：《论金融犯罪的立法模式——金融犯罪立法研究（三）》，载《西南民族学院学报》（哲学社会科学版），2002（5）。

④ 参见杨月斌：《金融刑罚配刑模式之改革与完善》，载《上海金融》，2006（12）。

金刑”和“增加解散单位的刑罚方法”的改进意见。① 有论者提出，从经济学的角度看，应鼓励对金融犯罪适用资格刑，而不只是监禁刑。理由是：监禁刑不能为国家创造收入，其社会成本要高于资格刑，建筑、维修、管理监狱存在着成本花费，还存在被监禁的个人在监狱期间的合法生产损失及对其产生的负效用，这些损害不是由定罪的耻辱引起的，而是由监禁期间的技能贬值和联络损失引起的。基于对金融犯罪的经济学分析，剥夺特定职业从业资格的处罚方式应成为我国刑法处罚方式的必要选择。②

6. 金融犯罪的立法完善

在立法方面，结合新的情况，我国学者从不同角度提出了完善的建议。

第一种观点从金融犯罪罪名体系的内外结构出发，提出完善金融犯罪的措施。论者认为，我国金融犯罪立法在内外部结构方面都存在不足之处。金融刑法罪名体系外部结构的形成应该符合三个原则：重点性原则、全面性原则和协调性原则，而金融犯罪的外部体系恰恰违背了这三个原则。论者提出的解决途径为：重构经、纬线。具体的解决办法为：首先，破坏金融交易秩序的行为应该作为金融刑法罪名设置的切入点与核心点；其次，破坏金融管理秩序罪的设置重心由市场准入阶段转向市场交易阶段；再次，考虑适当扩大犯罪主体范围，增设欺诈客户罪和虚假理赔罪等；最后，注重对信息型犯罪的设置，尤其要加强对公有信息犯罪的规制。金融犯罪构成形态的立法设计为：非目的性的行为犯。行为犯不仅契合主观主义立场，有利于维护市场经济这一社会伦理规范，而且也可以降低证明难度，提高诉讼效率，有利于对金融犯罪的惩治。从现实层面看，以非目的性行为犯作为金融犯罪构成的基本形态，采用“抽象的危险构成要件”和“堵截的构成要件”构成模式，不仅可以满足金融犯罪综合预防机制的需要，也可以提高司法效率，因而是金融市场发展与刑事司法实践的必然要求。③

第二种观点从金融犯罪惩治的国际化出发，提出完善的立法建议。论者认为，当前金融犯罪呈现出国际化的特征，这也带来了金融犯罪惩治规制的国际化。从规则层面看，大体有四类：一是与防治金融犯罪有关的国际公约；二是对防治金融犯罪有指导意义的国际性文件；三是区域性的防治金融犯罪的规范性文件；四是国际警务合作、国际刑事司法协助等方面的法律规范。从制度和机制层面看，国际组织、区域性组织或各国政府在惩治金融犯罪的组织、机制层面上主要采取以下三种形式：一是组建专门的国际机构打击某种金融犯罪；二是扩展某个原有国际组织的功能，

---

① 参见胡启忠：《论金融犯罪的刑罚设置——金融犯罪立法研究（二）》，载《西南民族学院学报》（哲学社会科学版），2002（3）。

② 参见刘瑞瑞等：《论金融犯罪的刑罚配置》，载《行政与法》，2006（1）。

③ 参见刘远、赵玮：《金融犯罪构成形态的立法设计》，载《人民检察》（上），2005（8）。另有论者从法益保护和立法模式出发，提出了相似的改进意见。详见张惠芳：《金融诈骗罪立法评析——从法益保护和立法模式谈起》，载《河南司法警官职业学院学报》，2005（2）。

赋予其打击某些金融犯罪活动的任务；三是成立地区性的打击某些金融犯罪的机构。由此，论者提出完善我国金融犯罪的立法建议：一是完善若干金融犯罪的构成要件，如洗钱罪和信用卡诈骗罪等；二是改比例罚金制为普通罚金制；三是对金融犯罪引进资格刑并加强处罚力度；四是进一步明确规定“域外管辖权”；五是将属地原则和保护国家法益原则明确规定为第一级次的管辖原则，再补充规定代理处罚原则和代理原则。①

第三种观点认为，中国加入世界贸易组织之后，金融罪种的调适主要涉及两个方面：一是对金融违法行为的适度犯罪化；二是对现行有关金融罪种构成要件的适度修改和补充。在金融刑事立法模式方面，应当适度借鉴西方以金融法附设金融刑事犯罪为主的立法模式。在我国已经步入WTO后时代的今天，采取倒置我国金融刑事立法的现行构架——变以《刑法》为主的金融刑法立法模式为以附属金融刑法规范为主的立法模式。同时，对金融犯罪法定刑的设置进行调整，取消死刑的设置，对财产刑重新加以设计，并增设针对实施了金融犯罪的法人、非法人单位的资格刑。②

第四种观点认为，金融犯罪立法修改中存在如下问题：对金融犯罪的修改过于频繁，针对同一个条文在短时期内反复修改；修改的内容过于庞杂，会破坏刑法的稳定性，影响刑法的权威；相对于前五个修正案，《刑法修正案（六）》修改的内容比较多，仍然沿用之前修正案的生效方式似有不妥。论者提出如下改进建议：立法修改应该具有一定的前瞻性；完善金融犯罪的罪状表述方式。单独采用刑法典或者附属刑法都是不全面的，应采用二者结合的方式，在金融法律中明确规定金融犯罪的具体罪状，而《刑法》中对金融犯罪的罪状可以采取空白罪状的表述方式，其法定刑在《刑法》中可以详细规定。在出现新型金融犯罪的时候，可以在金融法律中直接规定其罪状，法定刑可以采用空白法定刑的方式，或者先在金融法律中规定罪状，然后附加上“构成犯罪的，依法追究刑事责任”；法律生效的方式应当灵活。如果修改的内容较少，应当采用自公布之日起生效的方式，如果对原来的规定作了大面积的修改，应当采用自公布之后过一段时间生效的方式；罚金刑适用标准应当统一；单位犯罪中直接责任人员的刑事责任应该轻于单独的自然人犯罪。③

（二）破坏金融管理秩序罪

1. 货币犯罪

（1）伪造货币罪

问题之一：伪造货币罪的主观特征。

---

① 参见顾肖荣、倪瑞平主编：《金融犯罪惩治规制国际化研究》，1～39页，北京，法律出版社，2005。

② 参见屈学武：《金融刑事立法改革构想》，载《人民检察》（上），2005（8）。

③ 参见卢勤忠：《〈刑法修正案（六）〉与我国金融犯罪立法的思考》，载《暨南学报》（哲学社会科学版），2007（1）。

对此，主要的争议问题是本罪主观方面是否包含特定目的。一种意见认为，本罪是目的犯，至于目的的具体内容，则又包括三种观点：营利目的说认为，伪造货币罪的主观方面是直接故意，并且必须以营利为目的；① 获取非法利益目的说认为，伪造货币罪的主观方面须具有使他人或自己获取非法利益的目的；② 流通目的说认为，本罪在主观上必须要有犯罪的直接故意，并且具有使伪造的货币进入流通的目的。③ 另一种意见认为本罪不是目的犯，不应将特定的犯罪目的作为犯罪的构成要件之一。有的论者认为，《刑法》第170条的规定并未将特定的犯罪目的作为本罪的构成要件之一；不管出于什么目的，只要有伪造货币的行为，都必然会对国家的货币管理制度造成侵犯，并且会对其他货币犯罪提供前提条件。所以，伪造货币罪在主观方面只需出于故意即可，而不必要求有特定的目的。④ 还有的论者认为，我国刑法鉴于伪造货币行为的严重危害程度，没有要求行为人主观上具有特定目的。而且，对仅伪造货币并不使用伪造的货币的行为，也以本罪论处。事实上不以使用为目的而伪造货币的行为，也会侵犯货币的公共信用。因此，从解释论上而言，不应认为本罪为目的犯。⑤ 伪造货币罪的法益既可以是货币的公共信用，也可以是货币发行权，二者是一种选择关系，而不是并列关系，即只要行为侵犯了其中之一，就侵犯了刑法所要保护的法益，因而成立本罪。所以伪造货币罪不以具有特定目的为要件。⑥ 不过，论者又指出，对伪造货币罪，德国、日本等诸多国家的刑法都明确规定必须“以行使为目的”，但是我国刑法没有明文规定。如果认为我国刑法中的伪造货币罪也应“以行使为目的”，那么，伪造货币罪则属于短缩的二行为犯。⑦

问题之二：伪造货币是否以“真币”的存在为前提。

对此，有两种观点。一种观点认为，不是以真币为蓝本，仅凭行为人自己的主观臆断而“伪造”出来的货币，由于国家根本没有发行这种货币，不存在损害货币信誉的可能，也不可能对国家货币发行秩序造成实际的损害。对这种行为应依照诈骗罪定罪处罚。⑧ 另一种观点认为，伪造货币罪的行为不必要以真币的存在为前提。因为，一方面，行为人不仅可以伪造国内的货币，而且还可以伪造本国人根本就不认识的外国货币，从而让人信以为真；另一方面，此罪的法益是货币的发行权与货币公共信用，由于二者是选择关系，即使没有侵犯到国家的货币的发行权，但难以

---

① 参见高铭暄主编：《中国刑法学》，427页，北京，中国人民大学出版社，1989。

② 参见高铭暄等编：《中国刑法词典》，594页，上海，学林出版社，1989。

③ 参见陈兴良主编：《经济刑法学（各论）》，165页，北京，中国社会科学出版社，1990。

④ 参见高铭暄、马克昌《刑法学》（下编），715页，北京，中国法制出版社，1999。

⑤ 参见张明楷：《刑法学》，2版，607页，北京，法律出版社，2003。

⑥ 参见张明楷：《刑法分则的解释原理》，144页，北京，中国人民大学出版社，2004。

⑦ 参见张明楷：《论缩短的二行为犯》，载《中国法学》，2004（3）。

⑧ 参见赵秉志、杨诚主编：《金融犯罪比较研究》，21～22页，北京，法律出版社，2004；郑丽萍：《货币犯罪研究》，177～178页，北京，中国方正出版社，2004。

否认伪造行为侵犯了国家货币的公共信用。①

问题之三：伪造货币罪的成立是否要求假币达到一定的逼真程度。

对此，一种观点认为，伪造的货币必须在外观上与真币极为相似，即必须具有真币的外观，大体上能够达到蒙骗普通人的程度。如果行为人制造出来的假币没有达到使普通人误认为是真币的程度，甚至完全不可能被认为是货币的，由于假币无法进入流通领域，当然不能认定为伪造货币罪。② 另一种观点则认为，判断行为是否构成犯罪，只要行为人实施了伪造货币的行为即可，而不论所伪造货币的逼真程度。即只要实施了伪造货币的行为，就构成本罪。③

（2）货币犯罪的立法完善

有论者从我国金融犯罪惩治规制的国际化出发，论述了我国货币犯罪完善的建议和意见。首先，是总则的立法完善，包括以下几点：一是要完善章节体系，将货币犯罪作为专章或者专节予以规定；二是要完善犯罪形态，对于伪造、变造假币的预备行为和伪造、变造、使用假币的未遂行为作出需要处罚的特殊规定，其他货币犯罪的预备和未遂由于犯罪性质和程度较轻，可不处罚其预备和未遂行为；三是完善刑事责任，摒弃重刑化倾向。其次，是完善罪名设置，包括以下几点：一是走私假币犯罪的重新定位。为使以货币管理制度为客体的一类犯罪更为集中，应将走私假币罪归入妨害货币类犯罪中。同时，应增补走私“变造”货币的行为；二是增设“取得假币罪”，取消“购买假币罪”，因为“取得”的外延大于“购买”；三是增设“交付假币罪”，取消“出售假币罪”，因为“交付”的外延大于“出售”；四是取消现有刑法中的“金融工作人员购买假币、以假币换取货币罪”，增加一款内容即“金融工作人员犯前款罪的，从重处罚”；五是增加“故意损毁人民币罪”和“非法买卖、运输、持有、使用变造的人民币罪”。最后，要完善保留罪名的构成要件。对于伪造货币罪，增加单位犯罪主体的规定；增加“以行使或流通为目的”为主观目的要素；增加“数额较大”客观要件；取消死刑设置；完善对外币的保护。对于使用货币罪，增加“变造”货币的内容；补充规定使用货币的不同情况等。④ 有的论者认为，从金融全球化、法律全球化态势存在的必然趋势和中国加入 WTO 的国情出发，作为法律组成部分的刑事法律也应该呈现出与全球法律趋同化的特点。我国的货币刑法存在部分不合理之处，与域外刑法相比，仍需要进一步的完善和改进。这些方面包括：章节体系不规范、罪名设置不周延、客体定位单一化、主观目的不明确、外币保护不到位、犯罪形态未专列和刑事责任重刑化。论者进而提出，设立单独的“妨害货币管理秩序罪”专节；对走私假币罪重新归类，并取消个别的罪名；

---

① 参见韩金柱等：《伪造货币罪实行行为探析》，载《长春师范学报学报》，2004（5）。

② 参见杨毓显：《伪造货币罪之疑难问题新探》，载《学术探索》，2003（7）。

③ 参见杨文书：《伪造货币罪若干疑难问题例解》，载《公安法治研究》，2004（3）。

④ 参见顾肖荣、倪瑞平主编：《金融犯罪惩治规制国际化研究》，101～112页，北京，法律出版社，2005。

修改部分货币犯罪；增设新的货币犯罪。论者重点论述了伪造货币罪和使用货币罪的完善，建议刑法明确规定“以进入流通为目的”或“意图进入流通”为主观目的要件；在客观上增加“数额较大”的要件；取消死刑等。对于使用假币罪，提出要增加使用“变造”的货币的内容，并增加不同情节的规定。建议在刑法总则中设置关于货币犯罪处罚未遂和预备的规定，并提议设立对外国货币犯罪的规定。① 还有的论者指出，现行货币犯罪的刑事立法需要检讨和改进之处突出表现在缺乏超前性、完备性、协调性和针对性等方面。论者主张，在借鉴国际社会货币犯罪刑事立法经验的同时，结合中国货币犯罪的现状及其未来发展趋势，至少应做好以下几个方面的工作：增设有关货币犯罪的新罪，使刑法有适度的超前性；补充修改现有的货币犯罪的罪状，增强刑事立法的科学性；对货币犯罪增设资格刑，以确保刑罚适用目的的实现。②

2. 内幕交易、泄露内幕信息罪

（1）本罪的主体是一般主体还是特殊主体

对此，大致有以下四种不同的观点。其一，特殊主体说。该说认为，本罪的主体是证券、期货内幕信息的知情人员和非法获取内幕信息的人员，并非任何自然人或单位都能构成，只有具备法定条件的自然人或单位才能构成本罪。③ 其二，一般主体说。该说认为，尽管内幕交易大多由内幕人员实施，但现实中也有不少非内幕人员通过某种途径获得内幕信息，并根据该信息进行内幕交易行为。凡是知悉内幕信息的人，不论是否为内幕人员，不论是合法还是非法知悉内幕信息，在该信息公开前，都应当被禁止从事相关的交易。从这个意义上说，内幕交易的主体归根到底仍是一般主体。④ 其三，混合说。该说认为，本罪的主体既有一般主体，又有特殊主体。即对于本罪的主体应区别情况而定：本罪中的证券交易的知情人员即内幕人员应视为特殊主体，而本罪中的非法获取证券交易内幕信息的人员则应视为一般主体。⑤ 其四，立法完善说。有论者指出，就本罪而言，无论认为其主体是一般主体抑或是特殊主体，都存在不妥之处，造成这种两难局面的原因在于立法的不周延，即对“非法获取证券、期货内幕信息的人员”中的“非法”的规定。统一认识的解决方法就是将本罪中对主体的表述删去，并把“证券、期货内幕信息的知情人员”利用、泄露内幕信息的情况作为从重处罚的情节予以规定。即无论是合法知悉内幕

---

① 参见卢勤忠：《金融全球化视角下我国货币刑法的改革》，载《法律科学》，2004（2）。

② 参见赵秉志、杨诚主编：《金融犯罪比较研究》，54～56页，北京，法律出版社，2004。

③ 参见魏东：《关于内幕交易、泄露内幕信息罪司法认定的若干问题再研究》，载赵秉志主编：《新千年刑法热点问题研究与适用》（下），854页，北京，中国检察出版社，2001；郭立新、杨迎泽主编：《刑法分则适用疑难题解》，88页，北京，中国检察出版社，2000；马克昌：《论内幕交易、泄露内幕信息罪》，载《中国刑法杂志》，1998（1）。

④ 参见郑顺炎、陈洁：《证券内幕交易犯罪构成要件刍议》，载《人民司法》，1998（2）。

⑤ 参见郦毓贝：《内幕交易泄露内幕信息罪主体特征研析》，载赵秉志主编：《新千年刑法热点问题研究与适用》（下），819～820页，北京，中国检察出版社，2001。

信息人员，还是非法获取内幕信息的人员，或者既不是合法也不违法而获取内幕信息的人员，只要其利用该内幕信息进行交易，或者将该内幕信息予以泄露，其所具有的对证券市场交易管理秩序和其他投资者合法权益损害的本质是相同的。①

（2）本罪主体的范围

根据《刑法》第180条的规定，本罪的主体包括两种：一是证券、期货交易内幕信息的知情人员；二是非法获取证券、期货交易内幕信息的人员。单位亦可构成本罪。这里的关键问题是，如何对非法获取证券、期货交易内幕信息的人员作出准确的界定。有的论者认为，所谓非法知情人员，是指故意获取证券交易内幕信息的各种人员，包括以窃取或者其他方式故意取得内幕信息的人员。窃取者，为明知取得信息为不法却采取积极手段获得该内幕信息者；以其他方式故意获得内幕信息者，为明知无权接触内幕信息而接触者。② 有的论者则不同意该种观点，认为这样的界定虽然从打击内幕交易的犯罪方面来讲是必要的，但有过于严厉之嫌，故认为，非法获取证券交易内幕信息，是指故意地通过非法途径、非法方法或非法手段获取证券交易内幕信息。具体来讲有如下几种情况：其一，以骗取、窃取、窃听、监听等非法手段获取内幕信息；其二，利用行贿的非法方法获取内幕信息；其三，从“知情人员”处索取或者刺探内幕信息，或者利用胁迫“知情人员”的方式获取内幕信息；其四，通过私下交易等不正当途径获取内幕信息。基于这样的认识，如果行为人在偶然的情况下直接得知或间接得知内幕信息，则不属于“非法获取证券交易内幕信息的人员”。③ 有的论者亦持同样观点，认为凡主动积极探寻到内幕信息的，不论其是直接获得还是间接获得，都可以成立本罪。④

（3）本罪的主观特征

一般认为，本罪的主观方面表现为故意。⑤ 而有的论者则认为，内幕交易罪的主观方面是故意，并且是以为自己或者他人谋取非法利益为目的。泄露内幕信息罪的主观方面可以是故意，也可以是过失。⑥ 针对该种观点，有的论者指出，根据《刑法》第15条第2款的规定，对于泄露内幕信息罪，《刑法》第180条并没有规定过失泄露内幕信息的行为，所以，泄露内幕信息罪的主观罪过不包括过失。⑦

针对是否要求行为人主观上具备特定目的的问题，有两种不同的观点。一种观点认为必须具有特定的目的，即必须是为了获利或避免损失。⑧ 另一种观点从罪刑

① 参见马松建：《内幕交易、泄露内幕信息罪主体比较研究》，载《云南大学学报》（法学版），2004（2）。

② 参见叶林编：《中国证券法》，411页，北京，中国审计出版社，1999。

③ 参见王作富主编：《刑法分则实务研究》（上），468页，北京，中国方正出版社，2000。

④ 参见黄京平主编：《破坏市场经济秩序罪研究》，428页，北京，中国人民大学出版社，1998。

⑤ 参见高铭暄、马克昌主编：《刑法学》（下编），729页，北京，中国法制出版社，1999。

⑥ 参见周道鸾等主编：《刑法的修改与适用》，397页，北京，人民法院出版社，1997。

⑦ 参见王作富主编：《刑法分则实务研究》（上），469页，北京，中国方正出版社，2001。

⑧ 参见郝银钟、王莉君：《证券违法与犯罪研究》，363页，北京，人民法院出版社，2004。

法定主义的角度出发，认为在犯罪的主观目的上不能任意推测，因为在内幕交易行为中不能完全排除一些犯罪人以获取利益或减少损失为目的利用内幕信息进行证券交易活动。实践中，无论其是否有目的，社会危害性同样严重。因此，在“故意”的主观要件下，应采取“过错推定原则”，即知情人员或非法获取内幕信息人员只要进行了证券交易，即应认定为是有主观故意。①

（4）对建议他人买卖证券的行为应如何处理

对此，一种观点认为，在证券市场上，大多数投资者都是通过对各种信息进行分析判断之后，作出自己的投资决定。因而，他人提供的对某种证券的评价对投资人决策的影响远远小于他人提供的对某种证券投资的信息，相应的，“建议他人买卖证券”的行为所造成的社会危害性也远远小于泄露证券内幕信息，所以 1997 年《刑法》没有将“建议他人买卖证券”纳入到泄露证券信息罪的客观行为之中。② 另一种观点则认为，我国《证券法》规定，泄露内幕信息的三种情况之中包括建议他人买卖证券的行为，而我国的刑法却没有规定这种行为方式。不同法律界定的行为出现构成违法行为和犯罪性行为的两种不同的性质类型。在实务中，建议他人买卖证券的行为在实质上仍是一种泄露信息的行为，其行为、性质和后果与刑法规定的两种行为无实质区别，在表现上更隐蔽，但效果相同。刑法将此行为排除在外，给此类违法犯罪分子以可乘之机，不利于打击证券犯罪。建议在刑法中补充规定“建议他人买卖证券罪”的规定。③

（5）本罪的成立是否以“利用内幕信息”为要件

对此，一种观点认为，利用内幕信息进行证券、期货交易是成立内幕交易并构成犯罪的必要条件之一。④ 另一种观点则认为，利用内幕信息并非构成内幕交易、泄露内幕信息罪的必要条件。⑤ 法律之所以处罚内幕交易行为，主要是处罚行为人在交易过程中，没有向交易对方告知自己所知道的内幕信息。当事人只要获悉内幕信息并从事相关证券、期货买卖，其行为就构成违法，而不必问其是否利用了内幕信息。⑥

---

① 参见岳平：《内幕交易、泄露证券内幕信息罪之认定与处罚》，载《上海大学学报》（社会科学版），2004（3）。

② 参见王阡：《论证券内幕交易、泄露证券内幕信息罪》，载《贵州警察职业学院学报》，2004（3）。

③ 参见岳平：《内幕交易、泄露证券内幕信息罪之认定与处罚》，载《上海大学学报》（社会科学版），2004（3）。

④ 参见周道鸾等主编：《刑法的修改与适用》，396 页，北京，人民法院出版社，1997；孙际中主编：《新刑法与金融犯罪》，115 页，北京，西苑出版社，1999；马克昌主编：《经济犯罪新论——破坏社会主义经济秩序罪研究》，292 页，武汉，武汉大学出版社，1998。

⑤ 参见庞良程：《证券内幕交易罪的构成及认定》，载《国家检察官学院学报》，1998（1）。

⑥ 参见邢怀柱：《证券犯罪及其立法评述》，载陈兴良主编：《刑事法评论》（第 3 卷），119 页，北京，中国政法大学出版社，1999。

3. **洗钱罪**

（1）本罪的主体是否包括上游犯罪的行为人

对此，肯定说认为，洗钱罪的主体与上游犯罪的主体是可以同一的。因为上、下游犯罪是两个独立行为，存在两个犯罪故意，因此，应构成两个犯罪。此外，对自己犯罪所得进行的洗钱行为，不同于一般的隐藏行为，立法已将其作了特殊规定，即这种行为不仅使“黑钱”非法持有，而且还增加了使其合法化这一行为。① 否定说认为，洗钱罪的主体只能是“上游犯罪”行为以外的、与之没有共犯关系的自然人或单位。因为从逻辑上讲，犯罪分子实施犯罪获得财产以后，自然要对之进行清洗，使之成为合法财产。这种“不可罚的事后行为”，从本质上讲具有阻却责任的性质，自然不能独立成罪。② 有论者从刑法条文表述的角度支持后一种意见。如有论者认为，从刑法条文表述分析看，立法者的原意是不主张上游犯罪的行为人成为洗钱罪的主体的。《刑法》第 191 条在列举具体的洗钱方式时，都分别使用的是“提供”、“协助”。这些用语只能是针对第三者而言的，而不可能针对自身；如果是为自己洗钱，就谈不上“提供”或“协助”了。虽然条文第 5 项内容没有加“协助”之类的词，但作为堵截式条款，其行为性质应与上述 4 项行为相当，即也只能是帮助他人掩饰、隐瞒犯罪的违法所得及其收益的性质和来源，而不能认为是为自己洗钱。③ 有的论者指出，《刑法》第 191 条所说的“明知”显然是针对他人而言的，只有他人才对财产是否是上游犯罪的违法所得及其产生的收益存在着明知和不明知的问题。若上游犯罪分子本人的行为构成洗钱罪的话，那么法律条文的“明知”也就没有什么意义了。④ 折中说认为，如果仅从解释学的角度出发，原生罪本犯不宜成为洗钱罪主体。就目前我国洗钱犯罪的实际情况看，原生罪本犯实施洗钱行为亦可构成洗钱罪。原因如下：第一，罪刑均衡原则的要求。尽管大陆法系刑法理论认为，洗钱行为衍生于传统意义上的赃物犯罪，实施洗钱行为是上游犯罪行为的自然延伸，属于不可罚的事后行为，具有阻却违法责任的性质。但是，传统的赃物犯罪只是以原始手段藏匿犯罪所得赃物，其危害性较小，而洗钱犯罪涉及面广、危害性大，而且极有可能成为其他新的犯罪的“生命线”。从罪刑均衡的角度看，以不可罚的事后行为论处显然有轻纵罪犯之嫌。第二，行使司法管辖权的需要。洗钱犯罪的跨国性决定了洗钱犯罪与上游犯罪往往不是在一国领域内完成的。如果将原生罪本犯排除在洗钱罪主体之外，一旦查明犯罪嫌疑人确属原生罪本犯，洗钱行为发生在我国并对我国造成实际危害却不能依据我国刑法处罚，按照国际性洗钱犯罪资产分割原则，势必导致我国无资格参与该犯罪资产的分割，这显然不利于维护我国的国家利益。

---

① 参见姜志伟：《洗钱罪比较研究》，载《现代法学》，1999（1）。

② 参见钊作俊：《洗钱犯罪研究》，载《法律科学》，1997（5）。

③ 参见王作富主编：《刑法分则实务研究》（上），469 页，北京，中国方正出版社，2001。

④ 参见李希慧：《论洗钱罪的几个问题》，载《法商研究》，1998（2）。

反之，将会使我国在打击跨国洗钱犯罪的资产分割中处于有利地位。①

（2）洗钱罪的主观方面

关于洗钱罪主体在主观上“明知”的内容，有两种不同的观点。一种观点认为，“只要行为人具有认识其所经手的资产是犯罪所得这种可能性，或者有足够的理由认为可能是犯罪所得就足以成立‘明知’。”② 另一种观点认为，明知的内容应仅限于上游犯罪的违法所得及其产生的收益。如果行为人误认为是合法的财产或收入而实施提供账户协助将资金汇往境外等行为的，则不构成犯罪；如果行为人明知是犯罪所得，但并不知道是上游特定犯罪所得而加以窝藏、转移、收购或代为销售的，则应以窝藏、转移、收购、销售赃物罪论处。③

关于洗钱罪主观上“明知”的程度，有五种不同的观点。一是确定说。该观点认为，“明知”就是行为人明白知道是上述特定三种犯罪的违法所得及其产生的收益，在法律含义上只能表现为行为人的确定性认识；对特定犯罪的违法所得及其产生的收益的不确定认识，不能视为“明知”。④ 二是可能说。该观点认为，“1997年《刑法》中规定的‘明知’当然不要求确知，即不要求行为人确定地、确切地、确实地知道是犯罪所得及其收益，只要有这种认识的可能性足可成立本罪的‘明知’。”⑤ 三是知道或应当知道说。该观点认为，“所谓‘明知’，是指知道或应当知道是他人从事毒品犯罪、黑社会性质的组织犯罪、走私犯罪的违法所得及其产生的收益而予以洗钱。”⑥ 这里的“知道”是指确定、明白知道，“应当知道”则是指有充足的理由和根据怀疑是犯罪所得。四是充足理由怀疑说。该观点认为，所谓“明知”，“只要有充足理由怀疑就可以构成。”⑦ 五是确定或可能说。该观点认为，洗钱罪主观上的“明知”，“不能理解为仅指确切地知道，而应理解为包括两种情况：行为人确切地知道他人的财产就是上述三类犯罪的违法所得及其产生的收益；行为人虽然不是确切地知道，但是知道他人的财产可能是上述犯罪的违法所得及其产生的收益”。⑧

关于洗钱罪是否为目的犯的问题，有以下两种观点。第一种观点认为，洗钱罪是一种目的犯。从法条的规范内在逻辑结构上看，“为掩饰、隐瞒其来源和性质”应当属于洗钱罪的主观构成要件，并且是目的要件；《刑法》第191条在“为掩饰、隐瞒其性质和来源”之前规定的“明知”是犯罪故意的认识因素，而“为掩饰、隐瞒其来源和性质”是意志因素。既然是意志因素，它就不可能是犯罪的“动机”而只

① 参见赵新彬：《洗钱罪主观问题研究》，载《河南师范大学学报》（哲学社会科学版），2007（4）。

② 钊作俊：《洗钱犯罪研究》，载《法律科学》，1997（5）。

③ 参见鲜铁可：《金融犯罪的定罪与量刑》，402页，北京，人民法院出版社，1999。

④ 参见陈明华：《洗钱罪的认定及处罚》，载《法律科学》，1997（6）。

⑤ 钊作俊：《洗钱犯罪研究》，载《法律科学》，1997（5）。

⑥ 曹子丹、侯国云主编：《中华人民共和国刑法精解》，174页，北京，中国政法大学出版社，1997。

⑦ 胡云腾：《论金融犯罪》，载《法学前沿》，第1辑，87页，北京，法律出版社，1997。

⑧ 李希慧：《论洗钱罪的几个问题》，载《法商研究》，1998（2）。

能是犯罪的“目的”。[①] 第二种观点认为，洗钱罪不是目的犯，“为掩饰、隐瞒其来源和性质”不是对洗钱罪目的的规定。主要理由是：其一，“为……行为的”这一表述不符合刑法对目的犯规定的表述方式；其二，洗钱犯罪本属赃物犯罪的范畴，理论和法律规定上从未将赃物犯罪作为目的犯，洗钱犯罪也不应该是目的犯；其三，故意实施洗钱行为就会危害社会，不会因目的不同而影响社会危害程度。洗钱行为的本意就是掩饰、隐瞒某种犯罪所得及其收益的性质和来源，掩饰、隐瞒行为不能既是行为又是目的。[②]

关于洗钱罪是否只能由直接故意构成的问题，有的论者指出，“行为人明知是毒品犯罪、黑社会性质的有组织犯罪、走私犯罪的违法所得及其产生的收益而实施洗钱行为，并且具有掩饰、隐瞒犯罪所得的财产的性质和来源的目的。所以严格地说，洗钱罪只能由直接故意构成，而间接故意是有意放任危害结果的发生，因而无犯罪目的，故间接故意不可能构成本罪。”[③] 有的论者则认为，洗钱罪可以由间接故意构成。从洗钱罪的行为方式看，洗钱大多数是通过金融机构进行，上游犯罪的犯罪分子勾结金融机构工作人员进行洗钱成为洗钱犯罪的重要手段，此行为在主观方面往往出于其他目的，对于其掩饰、隐瞒行为可能会发生使非法所得及其收益合法化的后果持听之任之的态度，并不积极追求危害结果的发生。例如，中国 2003 年金融立法规定了金融机构负有报告义务，那么，金融机构工作人员放任洗钱行为，未尽注意义务，或发现可疑线索而不报告，可认定其主观上放任危害，其仍应承担洗钱的刑事责任，在这种情况下的间接故意也可以构成洗钱罪。[④]

（3）“掩饰”、“隐瞒”的含义

《刑法》第 191 条规定了五种特定的洗钱行为方式。不同的行为方式都具有同一的本质属性，即“掩盖性”——“掩饰”、“隐瞒”。关于“掩饰”，理论上有几种不同的理解。有论者认为，所谓“掩饰”是指行为人明知犯罪分子的财物是出售毒品获得的，而故意捏造事实或者以其他弄虚作假的手法掩盖、粉饰其真实性质和来源的行为。[⑤] 有论者主张，所谓掩饰，即遮掩粉饰之意，其表现形式是多种多样的，但实质是向司法机关编造虚假情况，意图使司法机关相信出售毒品获得的财物的性质和来源是合法的。如明知某一犯罪分子的录像机是其贩毒后用赃款买的，却向司法机关谎称该录像机是朋友送的，或者是以其他合法途径得到的。[⑥] 另有论者认为，

---

① 参见阮方民：《洗钱罪比较研究》，231～232 页，北京，中国人民公安大学出版社，2002。

② 参见张翔飞：《洗钱罪构成要件探析》，载《宁波大学学报》（人文科学版），2001（3）。

③ 鲜铁可：《金融犯罪的定罪与量刑》，396 页，北京，人民法院出版社，1999。

④ 参见慎先进、王海琴：《我国洗钱罪的主观方面要件探析》，载《湖北经济学院学报》（人文社会科学版），2006（4）。

⑤ 参见崔庆森、陈宝树主编：《中外毒品犯罪透视》，225 页，北京，社会科学文献出版社，1993。

⑥ 参见杨聚章、沈福忠主编：《刑法新增罪名研究》，149 页，郑州，河南人民出版社，1992。

所谓掩饰，是指行为人以捏造事实或其他弄虚作假的手法进行遮盖。①

关于“隐瞒”的含义，也有几种不同理解。有论者主张，所谓隐瞒，是指司法机关调查核实时，对于毒品犯罪分子经过“洗钱”具有某种“合法形式”的财物的实际性质和来源加以谎告。② 有论者认为，所谓隐瞒，是指故意隐瞒不报，或称其不知其性质和来源，其实质是明知是出售毒品获得的财物，却不向司法机关提供真实情况。③

（4）行为人接受上游犯罪分子赠与的违法所得及其收益行为的定性

对此，有论者认为，应具体情况具体分析。倘若上游犯罪的犯罪分子是出于真心将“黑钱”赠与其亲友，允许其亲友随意支配和使用，这时“黑钱”的所有权就发生了转移，不再属于犯罪分子所有，此时便不宜以洗钱罪对接受人进行定性。这种情况下，亲友对接受赠与的赃物如遇司法机关的追查时予以转移、隐藏的，可按窝藏、转移赃物犯罪处理。当然，倘若上游犯罪的犯罪分子以“赠与”为名，让行为人为其窝藏赃款、赃物，而且行为人明知而有意为其保管、藏匿的，如果符合洗钱罪的构成要件，可按洗钱罪论处；如果不具有法律规定的洗钱行为方式之一的，可按窝藏、转移、收购、销售赃物罪处置；如果接受人确实不知赠与财物是犯罪所得，则不宜按犯罪论处。④

（5）洗钱罪的客体

对此，有以下几种不同的观点：其一，洗钱罪的客体是司法机关追究犯罪行为的正常管理活动；⑤ 其二，洗钱罪的客体是复杂客体，即司法机关的活动、公共治安秩序和经济金融秩序；⑥ 其三，洗钱罪的客体是国家对金融的管理制度和社会治安管理秩序；⑦ 其四，洗钱罪的客体为复杂客体，既破坏了国家的金融管理秩序，也妨碍了司法机关依法行使司法职权的正常活动，同时也侵犯了上游犯罪受害人的财产所有权；⑧ 其五，洗钱罪的客体是复杂客体，即国家的金融管理制度和司法机关的正常活动；⑨ 其六，洗钱罪的客体具有多重性和可变性。如果洗钱行为是通过银行或者其他金融机构进行的，则破坏了国家对金融活动的监管制度。如果洗钱行为是通过国家金融机构的周转活动以外的方式进行的，则未必构成对国家金融管理制度的破坏，所以大多数情况下，洗钱罪的客体是国家对金融活动的管理制度。此

---

① 参见欧阳涛、陈泽宪主编：《毒品犯罪及对策》，157页，北京，群众出版社，1993。

② 参见赵秉志、吴振兴主编：《刑法学通论》，742页，北京，高等教育出版社，1993。

③ 参见杨聚章、沈福忠主编：《刑法新增罪名研究》，149页，郑州，河南人民出版社，1992。

④ 参见赵新彬：《洗钱罪认定中存在的问题辨析》，载《铁道警官高等专科学校学报》，2008(2)。

⑤ 参见张翔飞：《洗钱罪构成要件探析》，载《宁波大学学报》（人文科学版），2001（3）。

⑥ 参见周振想主编：《中国新刑法释论与罪案》（下），861页，北京，中国方正出版社，1997。

⑦ 参见周道鸾等主编：《刑法的修改与适用》，411页，北京，人民法院出版社，1997。

⑧ 参见张顺荣：《我国反跨国洗钱的立法现状与完善》，载《社会科学》，1998（4）。

⑨ 参见高铭暄、马克昌主编：《刑法学》，3版，465页，北京，北京大学出版社、高等教育出版社，2007。

外，根据违法所得及其收益的来源，洗钱罪还分别侵犯了社会治安管理秩序（毒品犯罪、黑社会性质的犯罪）或国家的对外贸易管制（走私犯罪）。①

（6）洗钱罪的对象

《刑法》（《刑法修正案（三）》）第191条将洗钱罪的行为对象表述为“违法所得及其收益”。对此，争议问题主要集中在是否仅限于资金。对此，存在着两种不同的观点：一种观点认为，洗钱罪的对象仅限于资金；② 另一种观点认为，洗钱罪的对象不限于资金，可以包括任何形式的财产，如资金、外汇、贵金属、各种动产与不动产等。③ 此外，对这里的“违法所得”是否仅指犯罪所得，也存在争论：肯定说认为，“违法所得”就是犯罪所得，因为前置定语“毒品犯罪、黑社会性质的组织犯罪、走私犯罪”的规定用的都是“犯罪”二字，犯罪所产生的只能是犯罪所得，此处用“违法所得”纯粹是出于立法技术上的考虑。④ 否定说则认为，产生违法所得的行为并不要求已经达到实质的最后经司法机关依法定程序确定行为人构成该特定犯罪的程度。⑤

（三）金融诈骗犯罪

按照我国1997年修正后的《刑法》第3章第5节的规定，金融诈骗罪包括：集资诈骗罪（第192条）、贷款诈骗罪（第193条）、票据诈骗罪（第194条第1款）、金融凭证诈骗罪（第194条第2款）、信用证诈骗罪（第195条）、信用卡诈骗罪（第196条）、有价证券诈骗罪（第197条）和保险诈骗罪（第198条）。

1．金融诈骗罪中的一般性问题

（1）金融诈骗罪的概念

问题之一：金融诈骗罪的概念界定问题。

从金融学的角度看，关于金融诈骗罪的概念，颇有代表性的观点认为，金融诈骗罪，是指采取虚构事实或者隐瞒真相等方法，非法骗取金融机构资财或者信用致使金融秩序遭到破坏，国家资财受到损失的行为。⑥

从刑法学的角度看，关于金融诈骗罪的概念，有以下几种代表性观点：第一种观点认为，金融诈骗是指为了骗取财产或者银行信用而恶意利用来自被害人自身的弱点，通过虚构事实、隐瞒真相的各种方法，使金融机构或开户单位、个人陷于错

---

① 参见赵秉志主编：《新刑法教程》，493页，北京，中国人民大学出版社，1997。

② 参见康均心、林亚刚：《国际反洗钱犯罪与我国的刑事立法》，载《中国法学》，1997（5）。

③ 参见赵秉志主编：《中国刑法案例与学理研究》（分则篇）（二），224页，北京，法律出版社，2000。

④ 参见钊作俊：《洗钱犯罪研究》，载《法律科学》，1997（5）。

⑤ 参见赵秉志主编：《中国刑法案例与学理研究：破坏社会主义市场经济秩序罪》（上），226～227页，北京，法律出版社，2000。

⑥ 参见戴相龙主编：《领导干部金融知识读本》，311页，北京，中国金融出版社，1997。

误认识，自动向骗犯交付财产或者提供银行信用的行为。① 第二种观点认为，金融诈骗是指行为人为了骗取或者占有金融机构的财产，通过虚构事实、掩盖真相的各种方法，骗取金融机构财产数额较大的行为。② 第三种观点认为，金融诈骗是指在金融领域内，以非法占有为目的，采取虚构事实或者隐瞒真相的欺诈方法，骗取银行或者其他金融机构的贷款、保险金或者进行非法集资诈骗、金融票据诈骗和信用证、信用卡诈骗，数额较大的行为。③ 第四种观点认为，金融诈骗罪，是指以非法占有为目的，采用虚构事实或者隐瞒真相的方法，骗取公私财产或者金融机构信用，破坏金融管理秩序的行为。④ 第五种观点认为，金融诈骗罪，是指以非法占有为目的，采取法定的虚构事实或隐瞒真相的方式，进行集资、贷款、金融票据、金融凭证、信用卡、保险、有价证券诈骗，数额较大，或者进行信用证诈骗的行为。⑤

问题之二：金融诈骗罪与金融欺诈犯罪概念之异同。

有的论者指出，“欺诈”与“诈骗”虽然是近义词，但它们在词义所概括反映的侧重点方面以及词义的附加色彩方面有细微差别。欺诈的外延要大于诈骗的外延：欺诈强调行为的方式和性质，但不注重结果；诈骗虽表明了同样的行为性质和方式，但强调的是行为的结果和目的。对于欺诈来说，只要有虚构事实或隐瞒真相意图使人产生错误认识的行为就足够了，至于他人是否产生错误认识以及行为人非法占有目的的有无则不是“欺诈”所关心的，而“诈骗”则不仅强调行为人的非法占有目的，而且强调行为人造成他人的错误认识。正是在这种意义上，传统上对诈骗犯罪既遂形态都要求是结果犯。由此看来，“欺诈”包含了“诈骗”，亦即欺诈是诈骗的属概念。刑法学界一般认为，欺诈不仅包括以非法占有为目的的欺诈，还包括不以非法占有为目的的欺诈。对于刑事意义上的金融欺诈犯罪，严格地讲，应当区分为最广义的金融欺诈犯罪、广义的金融欺诈犯罪与狭义的金融欺诈犯罪。所谓广义的金融欺诈犯罪，是指我国刑法分则破坏社会主义市场经济秩序的犯罪一章中第四节“破坏金融管理秩序罪”中的含有欺诈内容（主要是手段、方法上的欺诈）的金融犯罪（例如，伪造货币罪、金融工作人员以假币换取货币罪、使用假币罪、擅自设立金融机构罪、编造并传播证券交易虚假信息罪、诱骗投资者买卖证券罪等）与第五节规定的金融诈骗罪。而最广义的金融欺诈犯罪，则不仅包括上述两种犯罪，而且包括实为金融诈骗但在目前刑法规定条件下只能以普通诈骗罪定性的犯罪，以及金融机构人员利用职务便利实施的其他腐败型犯罪，包括贪污、挪用公款、侵占等犯罪。狭义的金融欺诈犯罪就是《刑法》规定的金融诈骗罪。这些犯罪都以非法占有为其主观特征，都是从1979年《刑法》规定的普通诈骗罪中分解而来的新型金融犯

① 参见白建军：《金融欺诈及其预防》，2页，北京，中国法制出版社，1994。
② 参见舒慧明主编：《中国金融刑法学》，258页，北京，中国人民公安大学出版社，1997。
③ 参见陈兴良：《刑法疏议》，333页，北京，中国人民公安大学出版社，1997。
④ 参见孙军工：《金融诈骗罪》，4页，北京，中国人民公安大学出版社，1999。
⑤ 参见赵秉志：《论金融诈骗罪的概念和构成特征》，载《国家检察官学院学报》，2001（1）。

罪，其与普通诈骗罪之间具有特别法与普通法的关系，兼具金融犯罪与诈骗犯罪的双重特性。①

有的论者认为，虚假陈述的金融诈欺与非法占有的金融诈欺，是金融诈欺中两种性质有别而又互相联系的诈欺。从刑法理论上来说，虚假陈述的金融诈欺与非法占有的金融诈欺存在以下区别：其一，虚假陈述的金融诈欺是行为犯，而非法占有的金融诈欺是结果犯；其二，虚假陈述的金融诈欺是营利犯，而非法占有的金融诈欺是占有犯；其三，虚假陈述的金融诈欺是行政犯，而非法占有的金融诈欺是刑事犯。②

（2）金融诈骗罪的主体

有的论者认为，金融诈骗罪的主体有两种：一种是只能由自然人构成的金融诈骗罪；另一种是既可以由自然人构成也可以由单位构成的金融诈骗罪。具体而言，根据《刑法》第199条第3款、第200条的规定，可以由单位构成的金融诈骗罪有：保险诈骗罪、集资诈骗罪、票据诈骗罪、金融凭证诈骗罪和信用证诈骗罪；只能由自然人构成的金融诈骗罪则是：贷款诈骗罪、信用卡诈骗罪、有价证券诈骗罪。尽管刑法将这三种犯罪仅作为自然人犯罪加以规定的合理性尚值得推敲，但在现有刑法规定条件下，只能对实施上述五种金融诈骗罪的单位进行处罚，即判处罚金。现在的问题是，法律将信用卡诈骗罪、贷款诈骗罪及有价证券诈骗罪三种犯罪的主体限定在自然人，而实践中经单位集体决策，为单位利益，实施贷款诈骗、有价证券诈骗、恶意透支，将骗得的财产归单位所有的现象时有发生，单位实施的使用伪造的信用卡、作废信用卡以及冒用他人信用卡的犯罪也大量存在。对此，应如何处理？论者认为，在目前的立法、司法现状下，即使单位不构成贷款诈骗罪、信用卡诈骗罪、有价证券诈骗罪，但仍可以对单位直接负责的主管人员和其他直接责任人员追究刑事责任。不过，必须在实质上符合单位犯罪和本罪的构成条件的基础上才可追究其责任，而且，在起刑数额上也应与自然人犯罪有所不同，一般应比后者的起刑数额高。当然，该问题的最终合理解决有赖于立法的完善，即增设上述犯罪的单位犯罪主体，从而与其他金融诈骗罪相协调。③

（3）金融诈骗罪的主观特征

问题之一：关于金融诈骗罪主观故意中明知的理解。

《刑法》第194条第1款规定了票据诈骗罪，其中第1项和第2项明文规定了“明知是伪造、变造的汇票、本票、支票而使用的”，“明知是作废的汇票、本票、支票而使用的”，第3项则没有规定“明知”，只是规定“冒用他人的汇票、本票、支票的”。《刑法》第194条第2款只规定了“使用伪造、变造的委托收款凭证、汇款凭证、银行存单等其他银行结算凭证的”，第195条也只规定“使用伪造、变造的信

① 参见赵秉志：《论金融诈骗罪的概念和构成特征》，载《国家检察官学院学报》，2001（1）。

② 参见陈兴良：《金融欺诈的法理分析》，载《中外法学》，1996（3）。

③ 参见赵秉志：《论金融诈骗罪的概念和构成特征》，载《国家检察官学院学报》，2001（1）。

用证或者附随的单据、文件的；使用作废的信用证的”，第196条仅规定“使用伪造的信用卡的；使用作废的信用卡的；冒用他人的信用卡的”，第197条同样只规定了“使用伪造、变造的国库券或者国家发行的其他有价证券”。以上这些条款都没有规定“明知”。对此，有的论者认为，票据诈骗中对确定事实的明知，仅属构成该罪的选择性要件，即除第1、2项为明知故意型的票据诈骗罪外，第3、4项至少不是法定的明知故意犯。① 有的论者指出，立法既然对票据诈骗罪而不对其他金融诈骗罪规定对象明知的要求，用意是对前后两类犯罪加以区别。如果认为其他金融诈骗罪对犯罪对象的明知也是不言而喻的，那么对刑法唯独对前者规定明知就难以理解了。② 而有的论者则认为，行为人如果不明知自己所使用的金融票证、有价证券是伪造、变造的，即过失予以使用的，则不构成犯罪。③ 还有的论者指出，即使金融诈骗罪中的有些条文中没有明文规定明知是伪造、变造的金融票证及有价证券而使用的，行为人也必须明知这一客观事实，否则将阻却故意。因为根据故意犯罪的基本理论，行为人在故意实施犯罪时，对自己的行为和行为后果是有认识的，对行为的认识就包括对行为的性质及对行为客体即犯罪对象的认识。④

问题之二：金融诈骗罪能否由间接故意构成。

对此，有的论者提出，金融诈骗罪也可以由间接故意构成。论者认为，在认定金融诈骗罪特别是认定涉外金融诈骗罪的司法实践中，会遇到这样一种情况：行为人事中甚至事后才意识到自己的行为可能使对方陷入某种错误认识，随即起意，放任了对方由于自己的不实陈述而自动交付财产这一结果的发生；或者行为人事前对自己的履约能力并无把握，抱着侥幸的心理或者随机应变的态度，于事中或者事后放任危害结果的发生，对此种情况如果一定要求有直接故意才构成诈骗罪，不利于对金融诈骗的打击。⑤ 有的论者进一步举例说，在贷款诈骗罪中，行为人编造虚假的贷款理由，将贷款用于高风险的投资项目，如炒股、房地产开发等。如果从中获利，贷款大多如期偿还；如果亏损，则致使贷款有去无回，给银行或者其他金融机构造成巨大的财产损失。对这种行为，即持“放任危害结果发生”的心理态度的行为人实施的诈骗贷款的行为，也应以贷款诈骗罪定罪处罚。⑥

有的论者认为，上述观点值得商榷。首先，结合《刑法》规定的八种金融诈骗罪的具体行为方式来看，行为人往往是采取虚构事实的方式或者故意隐瞒事实真相的方式实施骗取行为，行为人对此也是明知的。虽然行为人并不能确定他人是否会

---

① 参见屈学武：《金融犯罪主观特征解析》，载《法学杂志》，2004（1）。

② 参见卢勤忠：《金融诈骗罪中的主观内容分析》，载《华东政法学院学报》，2001（3）。

③ 参见孙军工：《金融诈骗罪》，142页、172页、189页，北京，中国人民公安大学出版社，1999。

④ 参见单晓华：《金融诈骗罪基本问题研究》，64页，北京，中国法制出版社，2007。

⑤ 参见白建军：《金融欺诈及其预防》，14～16页，北京，中国法制出版社，1994。

⑥ 参见孙军工：《金融诈骗罪》，10页，北京，中国人民公安大学出版社，1999。

陷入错误认识而交付财产，但对他人陷入错误认识而交付财产却只能是积极追求的，否则也就不会采取欺骗的手段。其次，行为人在实施诈骗过程中，对他人是否会基于其欺骗行为而陷入错误认识从而交付财产可能并无把握，即对能否骗到财物持放任态度。但这种放任并非行为人诈骗的放任故意，不能将这一对他人行为的心理态度混同于诈骗犯罪的主观罪过。这种情况下，如果发生他人交付的结果，而行为人也非法占有了，则行为人对此非法占有应是直接故意，而非间接故意。最后，根据我国刑法学界的通说，在间接故意犯罪中不存在犯罪目的，而金融诈骗罪是目的犯。如果认为间接故意可以构成金融诈骗罪，则违背了犯罪目的只存在于直接故意中的基本原理。①

问题之三："非法占有目的"在金融诈骗罪犯罪构成中的地位。

对此，学术界主要存在以下几种观点。

第一种观点认为，对于刑法明确规定以非法占有为目的的，应当以此为要件；没有明确规定的，无须也不应以行为人主观上必须具有非法占有的目的为构成要件。其主要理由如下。第一，罪刑法定原则的体现。《刑法》第192条和第193条写明了以非法占有为目的，而在其他金融诈骗罪条文中未写明非法占有为目的，这不是立法的疏漏。相反，立法者的本意是否定其他金融诈骗罪要以非法占有目的作为各该罪的构成要件。第二，虽然金融诈骗罪是从普通诈骗罪中分离出来的，但不能用普通诈骗犯罪的主观特征来套金融诈骗犯罪的主观特征。我国刑法将金融诈骗罪归入"破坏社会主义市场经济秩序罪"一章中，表明了金融诈骗罪所侵犯的主要客体是金融管理秩序，而不是财产所有权。第三，从司法实践角度看，不将主观目的限定于以非法占有为目的，是有利于打击金融诈骗活动、维护国家的正常金融秩序的。②

第二种观点认为，以非法占有为目的并不是所有金融诈骗罪主观方面的必备要件，金融诈骗罪的构成一般应以非法占有目的为主观要件，但部分金融诈骗罪的构成不应以非法占有目的为构成要件，这主要取决于刑法的具体规定。比如，从《刑法》第198条对保险诈骗的条文规定中可以推断出投保人骗取保险金必须具有非法占有的目的。但"占用型"金融诈骗罪的构成无须具备非法占有的主观要件，如《刑法》第195条第3项规定的"骗取信用证的"行为。其理由如下。第一，金融诈骗罪中的"诈骗"与侵犯财产罪中的"诈骗"并不完全等同。我国金融诈骗罪中的诈骗包括骗取财物型诈骗和虚假陈述型诈骗两种情形。骗取财物型诈骗具有非法占有目的，而虚假陈述型诈骗则不必具有非法占有目的。第二，符合立法精神。我国刑法对金融诈骗罪的规定侧重于维护金融管理秩序。如果要求所有金融诈骗罪具备非法占有目的，则对于占用型的金融诈骗行为就不能以犯罪论处，这不符合立法

① 参见赵秉志：《论金融诈骗罪的概念和构成特征》，载《国家检察官学院学报》，2001（1）。

② 参见罗欣：《关于金融诈骗罪的两个问题》，载《法律研究》，2000（9）；顾晓宁：《简析票据诈骗罪的主观要件》，载《中国刑事法杂志》，1998（1）。

精神。①

第三种观点认为，金融诈骗罪都是以非法占有为目的的犯罪，刑法规定的八种金融诈骗犯罪无一例外地都必须以非法占有目的作为主观要件。理由如下。第一，金融诈骗罪是从传统诈骗罪中分离而来的，兼具金融犯罪和财产犯罪的双重属性。既然是诈骗，行为人当然具有非法占有的目的。第二，集资诈骗罪、贷款诈骗罪之所以规定以非法占有为目的，是为了与刑法规定的非法吸收公众存款罪和高利转贷罪划清界限，而其余金融诈骗罪对非法占有目的之所以不作规定，是因为其“不言自明”。对这些犯罪，条文都使用了“诈骗活动”一词，表明了非法占有的目的。第三，对于在法条上未规定以非法占有为目的的金融诈骗罪，并非不要求行为人主观上具有非法占有的目的，而是这种欺诈行为本身就足以表明行为人主观上的非法占有目的。第四，将以非法占有为目的解释为所有金融诈骗罪的主观要件，并不违反罪刑法定原则，它是系统解释论的当然结论，也是目的解释论的应有之义。正如不能因刑法未规定盗窃、诈骗等取得型犯罪的非法占有目的，而否认盗窃罪、诈骗罪等的非法占有目的这一“不成文的构成要件要素”一样，我们也不能因为刑法未规定某些金融诈骗罪的非法占有目的，而否认该主观要件在认定这些金融诈骗罪中的决定性意义。②

问题之四：“非法占有”内涵的理解。

在我国，学术界关于“非法占有”的内涵问题也有过激烈的论争。对此，主要有“非法占有说”、“非法所有说”、“非法获利说”、“非法控制说”、“不法所有说”（排除权利人意思说）等几种观点。其中对刑事司法影响较大的是“非法占有说”和“非法所有说”。“非法占有说”认为，民法上的所有权包括四种权能，即占有、使用、收益和处分，刑法上所谓非法占有中的“占有”就是指上述四项权能之一的占有。“非法所有说”则认为，上述理解不符合刑法理论上的通常解释，也不符合这类犯罪的实际情况。只有将不法占有理解为不法所有，才符合各类金融诈骗罪中“不法占有”的真正含义。③ 支持“非法所有说”的论者认为，刑法意义上的非法占有中的“占有”与民法上作为所有权四项权能之一的占有是不能等同起来的，这里的非法占有和非法所有在实际理解上是相通的。应将刑法上的非法占有与非法占用区别开来。占用并非占有。非法占有侵犯了财产所有权的全部权能，而非法占用只侵

① 参见卢勤忠：《金融诈骗罪中的主观内容分析》，载《华东政法学院学报》，2001（3）。

② 参见赵秉志主编：《金融诈骗罪新论》，16～18页，北京，人民法院出版社，2001；陈兴良：《论金融诈骗罪主观目的的认定》，载姜伟主编：《刑事司法指南》，2000（1），62页，北京，法律出版社，2000；马克昌：《金融诈骗罪的若干问题》，载赵秉志主编《新千年刑法热点问题研究与适用》（下），1068～1069页，北京，中国检察出版社，2001；孙军工主编：《金融诈骗罪》，10页，北京，中国人民公安大学出版社，1999。

③ 参见马克昌：《金融诈骗罪若干问题研究》，载《人民检察》，2001（1）。

犯了财产使用权。[①]

问题之五："非法占有目的"的产生时间。

有的论者认为，非法占有目的作为金融诈骗罪的主观要件要素，应与行为人的行为同时存在，这是行为与责任同在的原则所决定的。因此，只有行为人在实行行为当时或之前已具有非法占有目的，才能成立金融诈骗罪。[②] 以贷款行为为例，有观点认为，如果行为人在贷款时并无非法占有贷款目的，合法取得贷款后产生了非法占有目的，拒不归还贷款的，仍构成贷款诈骗罪，此即所谓事后故意。[③] 论者认为，这种观点不能成立。当行为人合法取得贷款后，才产生非法占有目的，以转移资金或携款潜逃等手段拒不归还贷款，而行为人在取得贷款时并未实施诈骗行为，其取得贷款后而非法占有贷款，并非是以欺骗手段使银行等金融机构陷入错误认识得以实现的，而是以逃避偿还义务的方式直接实现对财产的非法占有，因此不符合贷款诈骗罪的基本特征。同理，行为人非法吸收公众存款时，具有归还本息意图，但在取得了公众存款后，产生非法占有目的，直接实现对公众存款的占有，并未采取任何欺骗方法不归还本息，只能认定构成非法吸收公众存款罪，而不能认定为集资诈骗罪。[④]

问题之六：非法占有目的的证明。

关于非法占有目的的有无的证明，有论者提出，主观目的虽然是行为人主观心理活动，但它通过客观行为表现出来，因此在一般情况下，根据其客观行为就足以认定其主观目的的内容。在金融诈骗罪中，如果刑法条文未规定以非法占有为目的，则其客观行为本身就足以表明这种非法占有目的的存在，因而无须证明。[⑤]

有论者认为，运用推定来认定金融诈骗罪的"非法占有目的"可以发挥意想不到的效果。首先，推定通过对基础事实的证明来证明推定事实的存在，即"非法占有目的"的存在，符合辩证唯物主义认识论的要求。其次，在刑事审判中，司法人员对于被告人、犯罪嫌疑人的主观要件的证明上，始终贯彻主客观相一致原则，主观方面的内容只能通过客观的表现来认识，诉讼就是从已经发生的案件事实通过证据来发现犯罪嫌疑人、被告人，来认识他们实施犯罪行为的过程以及实施犯罪的主观心态，诉讼证明的过程就是通过已知事实发现未知事实的过程，同样对于主观目的的认识也只能通过对已经发生的客观事实和具体行为来加以把握。而推定则在其中发挥了重要作用。最后，推定可以有效地解决证明责任的承担问题，承担证明责

---

① 参见刘宪权、吴允锋：《论金融诈骗罪的非法占有目的》，载《法学》，2001（7）。

② 参见单晓华：《金融诈骗罪基本问题研究》，74页，北京，中国法制出版社，2007。

③ 参见周振想：《金融犯罪的理论与实务》，410页，北京，中国人民公安大学出版社，1998；游伟主编：《刑法理论与司法问题研究》，370～371页，上海，上海文艺出版社，2001。

④ 参见单晓华：《金融诈骗罪基本问题研究》，74～75页，北京，中国法制出版社，2007。

⑤ 参见陈兴良：《论金融诈骗罪主观目的的认定》，载姜伟主编：《刑事司法指南》，第1辑，63页，北京，法律出版社，2000。

任的一方只要证明基础事实的存在就可以推定出推定事实的存在，避免了由于推定事实本身证明的困难而浪费诉讼成本。①

有论者指出，可以从几个方面对行为人是否具有非法占有的目的进行推定。第一，看行为人取得他人财物是否使用了明显的欺诈手段；第二，看行为人的任意支配、使用行为是否给被害人造成了现实的巨额财产损失；第三，看行为人造成他人巨额财产损失有没有可以谅解的原因，或者能否作出合理辩解；第四，即使行为人骗取他人财物，造成了严重损失，也没有可以谅解的原因，这时还要综合评判一下，看能否通过民事诉讼等其他救济途径挽回被害人的财产损失。②

还有的论者指出，在司法实践中，在认定是否具有非法占有目的时，应当坚持主客观相一致的原则，既要避免单纯根据结果客观归罪，也不能仅凭被告人自己供述，而应当根据案件具体情况具体分析。③

（4）金融诈骗罪的客观特征

我国《刑法》对金融诈骗罪的规定，在罪状表述方式上除了集资诈骗罪，因很难对其诈骗的具体类型进行抽象概括而未予明确列举外，其他七种金融诈骗罪都采取了列举式或者列举＋概括式的罪状表述方式。有的论者认为，相比之下，兜底式条款无疑是目前立法、司法现状下立法者的明智之举。当然，在认定具体哪些情形属于“其他方法”时，应遵循立法精神，从同一法律条文内部的协调性出发，结合司法实践，综合加以考虑。论者还指出，从理论上讲，金融诈骗罪是可以由不作为构成的，这主要体现在行为人采取隐瞒真相这种欺骗方式上，而这种方式如果是行为人在金融交易关系发生之后才产生故意，对负有法定告知义务的事实故意隐瞒，而使对方陷于错误，从而交付财物，则可以构成不作为的金融诈骗罪。但从刑事政策上考虑，若把不作为的金融诈骗行为犯罪化，可能导致不适当地扩大犯罪圈，不利于交易自由的实现。因此，金融诈骗罪不应包括不作为的形式。④ 还有的论者认为，纯粹从理论上讲，不作为的金融诈骗罪是可能存在的。但如果进一步从刑事政策上考虑，把不作为的金融诈骗行为犯罪化则不利于交易自由这一现代商法原则的实现，也不合理地扩大了刑事责任的范围，使检察官承担过大的证明压力，容易出入人罪。故从刑法谦抑精神和刑事政策的要求出发，金融诈骗罪不应包括不作为的形式。⑤ 另有论者认为，在刑法对金融诈骗罪客观方面的表述中，有的属叙明罪状的形式，有的属详细且封闭式的列举，有的客观行为中还有兜底条款的规定。在适用刑法的过程中，对上述不同的条文规定进行科学合理的解读，是准确适用金融诈骗罪的关键。正确解释金融诈骗罪的客观要件，要遵循下列原则：其一，遵循特别

---

① 参见胡常龙：《从证据法学视角析金融诈骗犯罪》，载《河北法学》，2005（7）。

② 参见黄祥青等：《审理金融诈骗犯罪案件应注意的若干问题》，载《中国审判》，2007（5）。

③ 参见刘宪权、吴允锋：《论金融诈骗罪的非法占有目的》，载《法学》，2001（7）。

④ 参见赵秉志：《论金融诈骗罪的概念和构成特征》，载《国家检察官学院学报》，2001（1）。

⑤ 参见刘远：《金融诈骗罪研究》，234～235页，北京，中国检察出版社，2002。

法条与普通法条之间的关系，即对金融诈骗罪的客观解释要符合普通诈骗罪的要件；其二，遵循同类规则，即对条文中的“等”、“其他”等的解读必须作出与作列举的要素性质相同的解释。在金融诈骗罪的客观行为方式上，不作为应该属于客观行为表现之一。在保护法益与行为对象上，银行信用不宜作为保护法益，不应该成为金融诈骗罪的犯罪对象。①

（5）金融诈骗罪的客体和对象

关于金融诈骗罪的客体问题，有的论者认为，信用卡诈骗罪、信用证诈骗罪、集资诈骗罪等的主要客体是财产所有权，次要客体是金融秩序。② 还有的论者指出，金融诈骗罪归根结底是一种诈骗犯罪，行为人最终的犯罪目标是公私财产，对金融秩序的破坏也是通过使金融资产流失、公私财产所有权受到严重侵害得以体现的。即使刑法没有关于金融诈骗罪的特别规定，此类行为也可以依照诈骗罪定罪处罚。金融诈骗犯罪不仅破坏了金融秩序，更重要的是它是一种侵犯他人财产所有权的行为。如果金融诈骗罪的主要保护法益是金融秩序，那么只要行为人的行为破坏了金融秩序，即使不具有非法占有财产的目的，也应构成金融诈骗罪。因而，论者主张，金融诈骗罪侵害的根本法益是公私财产所有权，金融秩序是其间接侵害的法益，根本法益决定犯罪的本质。③ 还有一种观点认为，金融诈骗罪的客体就是复杂客体，其结构表现为：金融秩序是主要客体，公私财产所有权是必要的次要客体。金融诈骗罪既侵犯了金融秩序，又侵犯了公私财产所有权，在此种情况下重点保护哪一个客体，立法者无法摆脱市场经济条件下价值法则的左右。在市场经济条件下，金融秩序的重要性远远大于公私财产所有权。④

关于金融诈骗罪的对象问题，有的论者认为，金融诈骗罪的对象除了银行或者其他金融机构的有形资产（货币资金）外，还包括它们的无形资产（银行的信用和信用证明）。⑤ 有的论者指出，金融诈骗罪的对象是金融机构或者社会公众的金融财产，即货币或金融工具，但不包括财物。⑥ 有的论者主张，金融诈骗罪的对象仅仅是资金和财物，而不包括金融工具。⑦ 还有的论者认为，金融诈骗罪的犯罪对象包括资金、财物或者金融工具。这在不同的金融诈骗罪中有不同的体现，例如，在保险诈骗罪中，犯罪对象为保险金；而在信用证诈骗罪中，就骗取信用证而言，犯罪对象则为信用证这种金融工具。针对金融机构的信用可以作为金融诈骗罪的犯罪对

---

① 参见张明楷：《诈骗罪与金融诈骗罪研究》，343～364页，北京，清华大学出版社，2006。

② 参见胡云腾：《论金融犯罪》，载《法学前沿》，第1辑，81页，北京，法律出版社，1997。

③ 参见单晓华：《金融诈骗罪基本问题研究》，31～33页，北京，中国法制出版社，2007。

④ 参见刘远：《金融诈骗罪研究》，80～95页，北京，中国检察出版社，2002。

⑤ 参见王新：《金融刑法导论》，257页，北京，北京大学出版社，1998。

⑥ 参见王卫国：《金融欺诈对商事立法的挑战》，载《北京预防和控制金融欺诈国际研讨会论文》，1998。

⑦ 参见朱小涛：《信用证诈骗罪浅议》，载《东吴法学内刊》，1998（3）。

象的观点，论者指出，金融机构的信用是金融机构业务经营的基础，从而也只能是金融诈骗罪所侵犯的金融管理秩序这一犯罪客体内容的基础，但其本身并非是金融诈骗罪的犯罪对象。信用既非财富本身，也不能创造财富。如果将信用作为犯罪对象，则会导致无限制地扩大犯罪对象的研究范围，从而失去犯罪对象本身的应有意义。这种观点容易将犯罪对象与犯罪客体混同，因而并不可取。① 另有论者指出，信用和银行信用都是指一种借贷行为或关系，其本身并非财富，也不能创造财富。信用至多是金融诈骗罪所侵犯的客体，即金融秩序的基础，而不应是其犯罪对象。不能否认金融工具可以成为金融诈骗罪的对象。金融诈骗罪可以分为以金融工具为方法而实施的金融诈骗罪和以骗取他人金融工具为对象的金融诈骗罪。在以金融工具为方法而实施的金融诈骗罪中，其犯罪对象不仅包括他人的资金，还包括其他财物；而在以骗取他人金融工具为对象的金融诈骗罪中，被害人真实有效的金融工具必然是金融诈骗罪的对象。随着服务业在现代产业结构中的地位越来越重要，服务也日益成为金融诈骗罪的对象。这表现为提供服务一方应得的物质报酬因行为人的诈骗行为而没有得到，其实质仍然是被害人的财产遭受损失。因此，金融诈骗罪的对象是指被害人的财产，具体应包括资金、其他财物，甚至服务。具体而言，集资诈骗罪的对象是社会公众的集资款项；贷款诈骗罪的犯罪对象是银行的信贷资金；有价证券诈骗罪的对象是证券资金；保险诈骗罪的对象是保险金；票据诈骗罪、金融凭证诈骗罪、信用卡诈骗罪的对象较复杂，包括资金、其他财物和服务；信用证诈骗罪的对象，则不仅包括资金、其他财物和服务，还包括信用证本身。当然，上述财物，既可以是有形物，也可以是无形物；既可以是金融机构的财物，也包括其他交易主体的财物。②

（6）金融诈骗罪既遂与未遂的区分标准

对此，“占有说”认为，应以行为人是否控制和支配所骗财物为标准。③“损失说”（“侵害数额说”）认为，应以被害人所损失的财物的价值金额为标准。④“交付说”认为，应以被害人实际交付其财物为标准。⑤ 区别说认为，这类犯罪是从诈骗罪中分离出来的，具有财产犯罪的性质。一般而言，犯罪既遂的标准仍以实际骗取财物为标志。但是，如果行为人根据法律规定或合同的约定，先占有对方的财产，只是在履行合同过程中产生了诈骗的犯罪意图，进而将财物占为己有的，就不能以对财物的实际占有为犯罪既遂的标志，而应以他人的财产权实际受到损害时为既遂

---

① 参见赵秉志：《论金融诈骗罪的概念和构成特征》，载《国家检察官学院学报》，2001（1）。

② 参见于改之：《金融诈骗罪争议问题探究》，载《法学评论》，2004（1）。

③ 参见金泽刚：《犯罪既遂的理论与实践》，293页，北京，人民法院出版社，2001。

④ 参见赵秉志主编：《金融诈骗罪新论》，115页，北京，人民法院出版社，2001；单晓华：《金融诈骗罪基本问题研究》，87页，北京，中国法制出版社，2007。

⑤ 参见刘远：《金融诈骗罪研究》，228页，北京，中国检察出版社，2002。

标志较为妥当。①

支持“损失说”的论者认为，刑法是以保护合法权益为目的的，既遂与未遂的区分归根结底应是社会危害性的大小。就金融诈骗罪而言，其危害程度的大小不在于行为人是否实际控制了该财物，而在于被害人失去了对财物的控制。因此，即使行为人没有占有该财物的，但只要被害人失去了对财物的控制，就应成立金融诈骗罪既遂，没有理由以未遂论处。② 支持“损失说”的论者还就金融诈骗罪既遂的具体判断标志进行了讨论。论者认为，通常情况下，造成财产利益的实际损失的标志即是由于行为人的诈骗行为，被害人失去对自己所有财物的控制。但是，在行为人以伪造、变造、作废的票据或者冒用他人的票据抵偿债务，还有行为人以伪造、变造的有价证券抵偿债务的情形下，由于权利人对财物的失控是在犯罪行为发生之前，因此这类行为的既遂的表现形式显然不是被害人失去对自己所有财物的控制。这类犯罪行为的特点是，虽然行为人已经合法地占有了被害人的财产，但行为人应履行一定的给付义务，即被害人应从行为人那里得到相应的财产利益。这类犯罪的既遂标志即是被害人认可行为人的虚假给付。③

2. 金融诈骗罪中的个罪问题

(1) 集资诈骗罪

问题之一：集资诈骗罪概念的界定。

关于集资诈骗罪的定义，我国刑法理论界主要有以下几种代表性观点。一是集资诈骗罪是以非法占有为目的，使用欺诈的方法非法集资，数额较大的行为。④ 这是刑法学界的通说。二是集资诈骗罪是指违反国家金融管理规定，以非法占有为目的，采用虚构事实或者隐瞒真相的方法，非法向社会公开募集资金，骗取集资款的行为。⑤ 三是集资诈骗罪是公司、企业、个人或者其他组织，以非法占有为目的，未经批准，违反法律、法规，通过不正当渠道，向社会公众或者集体募集资金数额较大的行为。⑥ 四是集资诈骗罪是以非法占有为目的，使用非法集资方法进行诈骗，数额较大的行为。⑦

问题之二：非法集资行为是否以司法解释所规定的诈骗方法为必要？

有论者认为，就集资诈骗而言，只要某种行为足以使对方陷入“行为人属合法募集资金”、“行为人属正当募集资金”、“行为人的集资获得了有权机关的批准”、

---

① 参见李文燕主编：《金融诈骗犯罪研究》，51页，北京，中国人民公安大学出版社，2002。

② 参见于改之：《金融诈骗罪争议问题探究》，载《法学评论》，2004 (1)。

③ 参见单晓华：《金融诈骗罪基本问题研究》，89～92页，北京，中国法制出版社，2007。

④ 参见高铭暄、马克昌主编：《刑法学》，427页，北京，北京大学出版社、高等教育出版社，2000。

⑤ 参见赵长青主编：《新编刑法学》，538页，北京，法律出版社，1997。

⑥ 参见程小白、胡晓明主编：《经济诈骗罪及其对策》，204页，北京，警官教育出版社，1998。

⑦ 参见王幼章主编：《经济犯罪疑案评析》，49页，北京，人民法院出版社，2004。

“出资后会有回报”等认识错误，足以使对方“出资”，那么，这种行为就属于集资诈骗罪中的“诈骗方法”。至于行为人是就事实进行欺骗，还是就价值进行欺骗，均不影响欺骗行为的性质。因此，对集资诈骗罪中的“诈骗方法”只能进行实质的限定，而不可能穷尽其具体方法。可是，根据最高人民法院1996年12月24日《关于审理诈骗案件具体应用法律若干问题的解释》的规定，集资诈骗罪中的“诈骗方法”，是指行为人采取虚构资金用途，以虚假的证明文件和高回报率为诱饵，骗取资金的手段。这一解释将诈骗方法的外延限定为“虚构资金用途，以虚假的证明文件和高回报率为诱饵”。以此推论，如果行为人以除此以外的方法非法集资的，则不成立集资诈骗罪。这种解释不恰当地缩小了诈骗方法的外延。①

问题之三：关于“非法集资”的含义问题。

有的论者认为，“非法”，是指违反了法律、法规、规章等有关集资的实体规定或程序规定，而不限于“未经有关机关批准”。对“集资”应作出如下理解：一是仅限于募集资金；二是募集要面向不特定的多数人，不特定意味着出资人和被害人有随时增加的可能性，且并不以实际骗取了多少人的资金为限，而不是指非特定范围内的不特定人或单位；三是集资行为并没有公开性的限制；四是集资行为的承诺回报，应限于行为人承诺“只要出资即可通过出资行为获得回报”，而不是指承诺出资人在出资后通过生产等行为可以获得报酬；五是被害人的不法原因给付不影响犯罪的成立。②

问题之四：集资诈骗罪中的“非法占有目的”的认定。

刑法学界一般认为，根据最高人民法院1996年12月24日《关于审理诈骗案件具体应用法律的若干问题的解释》，行为人具有下列行为之一的，即认为是以非法占有为目的，使用诈骗方法非法集资：携带集资款逃跑的；挥霍集资款，致使集资款无法返还的；利用集资款进行违法犯罪活动，致使集资款无法返还的；具有其他欺诈行为，拒不返还集资款，或者致使集资款无法返还的。③

还有的论者结合近年来的司法实践，认为具有下列情形之一的，应当认定为属于“以非法占有为目的，使用诈骗方法非法集资”：使用诈骗方法非法募集巨额资金后，携带集资款逃跑的；肆意非法处置、滥用、变相占有集资款的；大肆挥霍集资款，致使大部分集资款无法返还的；以支付拉款人、中间人高额回扣、介绍费、提成等方法，非法募集资金，致使大部分集资款不能返还的；使用集资款进行违法犯罪活动，致使集资款无法返还的；将以诈骗方法非法集资来的大部分集资款用于归还债务，弥补亏空的；根本就没有经营条件和归还能力而大量骗取资金的；抽逃、转移隐匿所集资金，有条件归还而拒不归还的；隐匿销毁财务账目，或搞假破产、假倒闭逃避返还所集资金的；为继续骗取集资款，拆东墙补西墙，或将集资款用于亏损或不营利的生产经营项目的；具有其他欺诈行为，拒不返还集资款，或者致使

①② 参见张明楷：《诈骗罪与金融诈骗罪研究》，492～493页，北京，清华大学出版社，2006。

③ 参见赵秉志主编：《刑法新教程》，566页，北京，中国人民大学出版社，2001。

集资款无法返还的。①

（2）贷款诈骗罪

问题之一：单位贷款诈骗行为的处理。

根据《刑法》的规定，贷款诈骗罪的主体只能是自然人，单位不能构成贷款诈骗罪的主体。但是，从司法实践的实际情况看，向银行等金融机构申请贷款的主要是单位，单位贷款诈骗不仅客观存在，而且占有相当大的比例。对于以单位名义，经决策部门同意、授权、追认，为了单位利益进行贷款诈骗，确实属于单位贷款诈骗的，应当如何处理？对此，一种意见认为，应将诈骗行为视为单位直接责任人员所为，而贷款事实上为单位所占有，则视为行为人对所贷资金进行的直接处分。②另一种意见则认为，《刑法》中没有规定单位贷款诈骗犯罪，司法实践中对这种行为不能作为单位犯罪予以刑罚处罚，可以通过经济制裁、行政处罚等手段进行处理。理由是：《刑法》并未规定单位贷款诈骗罪，应严格按照罪刑法定的原则，既不能追究单位贷款诈骗犯罪的刑事责任，也不能追究单位内部直接负责的主管人员和其他直接责任人员的刑事责任。③ 而最高人民法院 2001 年 1 月 21 日《全国法院审理金融犯罪案件工作座谈会纪要》则指出，对于单位实施的贷款诈骗行为不能以贷款诈骗罪定罪处罚，也不能以贷款诈骗罪追究直接负责的主管人员和其他直接责任人员的刑事责任。但是，在司法实践中，对于单位十分明显地以非法占有为目的，利用签订、履行借款合同诈骗银行或其他金融机构贷款，符合《刑法》第 224 条规定的合同诈骗罪构成要件的，应当以合同诈骗罪定罪处罚。

问题之二：如何理解“以其他方法诈骗贷款的”内涵和外延？

对此，有的论者认为，所谓以其他方法诈骗贷款，是指采取刑法明确、具体规定的 4 种诈骗贷款方法以外的方法，骗取银行或其他金融机构贷款的行为。立法时之所以没有穷尽贷款诈骗罪的客观行为方式，完全是由立法本身的局限性所决定的。对于“其他方法”的理解，不能脱离刑法规定的贷款诈骗罪的根本特征，也不能脱离发展、变化着的社会实际。从司法实践中已经发生的情况看，“以其他方法诈骗贷款”主要有以下几种方法：伪造、盗用单位的公章、印鉴或者伪造、盗用他人印章骗取贷款；以虚假的货币、有价证券、银行存单等作抵押骗取贷款；与银行工作人员串通，以骗取的存单作抵押，骗取贷款；使用贷款过程中产生非法所有目的，拒不偿还贷款。总之，对“以其他方法诈骗贷款”的认定，不能离开贷款诈骗罪的本质特征；只要行为人不具备偿还能力或者超出其偿还能力，以非法占有为目的，采取捏造事实或隐瞒真相等不正当手段，骗取贷款，或者以非法占有为目的，采取欺

---

① 参见杨聚章、田力文：《论集资诈骗罪的司法认定》，载赵秉志主编：《新千年刑法热点问题研究与适用》（下），1144～1145 页，北京，中国检察出版社，2001。

② 参见赵秉志主编：《金融诈骗罪新论》，155 页，北京，人民法院出版社，2000。

③ 参见孙军工：《金融诈骗罪》，59 页，北京，中国人民公安大学出版社，1999。

诈手段拒不偿还所骗贷款的，即可构成本罪。① 而有的论者则认为，“其他方法”应与前面四项具有性质上的同一性，即行为人在申请贷款的过程中，未得到贷款之前采用上述方法以外的其他虚构事实，隐瞒真相的手段，将银行或其他金融机构的资金骗出来并非法据为己有。②

问题之三：如何认定贷款诈骗罪中的“非法占有目的”？

对此，有的论者认为，只要具备《刑法》第193条列举的5种情形之一，即构成贷款诈骗罪，而不应再去考虑其中的非法占有目的。③ 有的论者提出，对非法占有目的应从以下几个方面判断：申请贷款时是否使用刑法规定的诈骗手段；取得贷款后是否按贷款用途使用；是否使用贷款进行违法犯罪活动；是否携款潜逃；到期后是否积极准备偿还贷款等。对于具有下列情形之一的，应认定为具有非法占有目的：假冒他人名义贷款；贷款后携款潜逃的；未将贷款按贷款用途使用，而是用于挥霍致使贷款无法偿还的；改变贷款用途，将贷款用于高风险的经济活动造成重大经济损失，导致无法偿还贷款的；为谋取不正当利益，改变贷款用途，造成重大经济损失，致使无法偿还贷款的；使用贷款进行违法犯罪活动的；隐匿贷款去向，贷款到期后拒不偿还的；提供虚假的担保申请贷款，造成重大损失，致使贷款无力偿还的，等等。④ 还有的论者认为，根据最高人民法院《全国法院审理金融犯罪案件工作座谈会纪要》的精神，结合贷款诈骗罪的具体实际，可以从以下几个方面判断行为人主观上是否具有非法占有贷款的目的：申请贷款时行为人偿还贷款能力的情况；贷款到手后行为人对贷款处置的情况；贷款到期后行为人对归还贷款的态度。⑤另有论者指出，上述根据事实综合判断行为人主观心态的方法，只是一种事实推定，因而只能达到一定的盖然性，而不是只要有上述情形即认为其有非法占有的目的。在诉讼中，应允许被告人提出反证，反证成立的，应否定该目的的存在。对此，可以大概勾勒出一个判断体系：以行为人行为时的全部事实和行为后的相关事实为根据，从一般人的角度出发进行判断，在一般人看来行为人行为时具有“非法占有目的”的，初步肯定该目的的存在；允许被告人进行辩护和反证，被告人放弃对此进行辩护和反证的，则认定被告人具有此目的；被告人虽提出辩护和反证，但在一般人看来是不合情理的，仍认为被告人具有此目的；被告人提出辩护与反证在一般人看来是合理的，应当认为其不具有此目的。这实际上一定程度地采取了举证责任倒置的方法。尽管通常举证责任倒置不利于保护被告人的诉讼权利，但在本罪的证明中采取这种方式是恰当的。⑥

---

① 参见王晨：《贷款诈骗罪定性问题研究》，载《法律科学》，2004（2）。

② 参见赵秉志主编：《金融诈骗罪新论》，167页，北京，人民法院出版社，2000。

③ 参见詹复亮：《论贷款诈骗罪》，载《法学家》，2000（3）。

④ 参见鲜铁可：《金融犯罪的定罪与量刑》，170页，北京，人民法院出版，1999。

⑤ 参见王晨：《贷款诈骗罪定性问题研究》，载《法律科学》，2004（2）。

⑥ 参见赵秉志主编：《金融诈骗罪新论》，162页，北京，人民法院出版社，2001。

问题之四：事后故意的贷款欺诈行为是否构成贷款诈骗罪？

贷款诈骗罪的故意一般是事前故意，即行为人要签订贷款合同、取得贷款之前已具有骗取贷款的犯罪目的，签订贷款合同与取得贷款的行为在行为人非法占有贷款的犯罪目的支配下直接完成。但是，在有些情况下，行为人在签订贷款合同时并未抱有骗取贷款的目的，而是心存履行合同营利的愿望，但在取得贷款后，由于主客观情况的变化，行为人萌发了侵吞贷款的故意，有能力归还而不归还，并采取欺诈手段蒙蔽对方，以达到非法占有目的。对于这种事后故意的贷款欺诈行为是否应以贷款诈骗罪定罪呢？对此，有两种观点。一种观点认为，事后故意虽然产生在取得贷款以后，但行为人仍具备"非法占有贷款"的主观目的。另外，行为人客观行为方式符合《刑法》193条第5项规定的"以其他方法诈骗贷款"的情况，事后故意行为符合贷款诈骗罪的主客观构成要件，应以贷款诈骗罪处理。另一种观点则认为，事后故意的贷款欺诈行为虽具有相当大的社会危害性，其行为直接威胁到银行贷款的安全，但贷款诈骗罪的客观行为应当是先采用虚构事实、隐瞒真相等方法欺骗银行等金融机构，使其信以为真，从而骗取贷款。如果行为人在贷款到手后才使用欺骗手段非法占有贷款，不符合贷款诈骗罪的主观特征，因而，事后故意的贷款欺诈行为不构成贷款诈骗罪。①

问题之五：对贷款诈骗罪与贷款欺诈行为的界限应如何把握？

有论者认为，所谓贷款欺诈行为，是指借款人故意告知金融机构虚假情况，或者故意隐瞒真实情况，诱使金融机构作出错误的意思表示，以签订贷款协议或不正当履行贷款协议的行为。贷款欺诈行为在客观方面与贷款诈骗罪的表现类似，都是以虚构事实、隐瞒真相等手段骗取银行或其他金融机构的贷款。但是，二者有着实质的不同。其一，行为人主观故意的内涵不同。贷款诈骗罪的行为人主观上具有非法占有贷款的目的，并无履行贷款合同、归还贷款本息的诚意。而贷款欺诈行为人主观上只有骗用贷款、推迟归还贷款、不按规定用途使用贷款等谋取不当或不法经济利益的目的，并无非法占有贷款的目的。而且行为人具有履行贷款合同的诚意，希望通过履行贷款合同的方式达到谋取非法经济利益的目的。其二，采取欺诈手段的目的不同。贷款诈骗行为人实施欺诈行为的目的是诱使金融机构贷出款项或不能收回贷款，以便永久占有贷款。贷款民事欺诈中行为人实施欺诈行为的目的是遮掩自己的不足，诱使金融机构与自己签订贷款合同，但并无不履行合同的打算。其三，客观上有无为履约作出努力的行为不同。贷款诈骗行为人骗到贷款后，根本不归还贷款或千方百计制造借口不归还贷款，但在贷款民事欺诈中，行为人客观上必然会有积极的履行贷款合同、归还贷款的行为。②

还有的论者指出，对于以下几种贷款欺诈行为可以不作为犯罪处理：以虚假手

---

① 参见吕敏、王宗光：《浅议当前贷款诈骗罪的特征与认定》，载赵秉志主编：《新千年刑法热点问题研究与适用》(下)，1174～1175页，北京，中国检察出版社，2001。

② 同上书，1173页。

段取得贷款已经主动归还贷款本息的；以虚假手段取得贷款后拖欠未还，但具有偿还能力或基本具有偿还能力，且其并不躲避贷款人追索债务的；以虚假手段取得贷款后，拖欠未还且没有偿还能力，但造成这种原因是由于行为人因经营亏损或经营失误而导致无力偿还贷款的后果。①

问题之六：信用贷款与担保贷款条件下贷款诈骗罪认定的差异。

有的论者认为，在信用贷款与担保贷款的情况下，贷款诈骗罪的刑事司法认定存在差异。其一，非法目的评判依据的差异。在信用贷款条件下，非法占有目的的认定以危险犯为主，且非法占有目的的判断依赖于行为人行为的欺诈性；而担保贷款条件下则以结果犯为前提，非法目的的认定取决于担保贷款条件下担保的真实性。其二，具体行为认定的差异。在提供虚假财务报表的情况下，在信用贷款时，贷款前借款人只有出具了实质性的虚假财务报表，全面影响到银行方面对其信用等级的评定，并使银行据此作出贷款决定，且取得贷款后使贷款归还处于高度风险状态的，方能认定为贷款诈骗罪；在担保贷款时，出具虚假的财务报表仅作为衡量行为人非法占有目的的一个因素，而不具有能直接决定贷款诈骗罪构成的实质要件性质。②

（3）票据诈骗罪

问题之一：票据诈骗罪概念的界定。

对此，主要有如下几种表述方式。

第一种观点认为，票据诈骗罪是指行为人以非法占有为目的，用虚构事实或隐瞒真相的方法，使与其票据交易地位相对的票据关系主体陷入认识错误或持续陷于认识错误，因而自动地向行为人或其指定的第三人交付数额较大的资金或货物，从而主要侵犯了票据结算秩序并同时侵犯了公私财产所有权，触犯刑法并应负刑事责任的行为。③

第二种观点认为，票据诈骗罪是指以非法占有为目的，利用价值基础不真实之违法票据伪造给付，骗取他人财物或财产性利益，非法所得达到较大以上数额的行为。④

第三种观点认为，票据诈骗罪是指隐瞒票据权利的真实情况，使用票据非法获取经济利益，数额较大的行为。⑤

第四种观点认为，票据诈骗罪是指以非法占有为目的，利用金融票据进行诈骗

---

① 参见赵秉志主编：《金融诈骗罪新论》，175～176页，北京，人民法院出版社，2001。

② 参见张金海：《信用贷款和担保贷款诈骗罪刑事司法认定的差异》，载《人民检察》，2006（15）。

③ 参见高铭暄主编：《新型经济犯罪研究》，907页，北京，中国方正出版社，2000。

④ 参见李文燕主编：《经济诈骗犯罪证据调查与运用》，195～196页，北京，中国人民公安大学出版社，2002。

⑤ 参见崔志东、陈吉双：《票据诈骗罪研究》，载赵秉志主编：《新千年刑法热点问题研究与适用》（下），1225页，北京，中国检察出版社，2001。

活动，数额较大的行为。①

问题之二：票据诈骗罪中“使用”行为的界定。

对此，有论者认为，此处的“使用”，既应包括直接利用伪造、变造的票据骗取他人资金或财物，也应包括利用伪造、变造的票据作为担保骗取他人财物。② 也有论者认为，本罪的使用应限定为直接使用的情形。票据担保并不涉及票据关系和票据权利，其所指向的是被担保的经济关系。因为以伪造、变造的票据作虚假的产权证明提供担保的行为的实施，侵犯的并不是票据权利和正常的票据管理秩序这一票据诈骗罪的主要犯罪客体，而是票据担保的经济关系。行为人把伪造、变造的票据当作真票据使用，进行汇兑、支付、结算等，构成对票据管理秩序的破坏，因而构成票据诈骗罪。而把伪造、变造的票据作担保骗取他人财物尽管也是一种利用伪造、变造的票据进行欺诈的行为，但并不构成对票据管理秩序的侵犯，因此，这种行为不能以票据诈骗罪论处，只能以其实际侵犯的经济关系的性质和特征，结合具体情况予以分析认定。例如，以伪造、变造的票据作虚假的产权证明文件进行担保骗取银行贷款的，应以贷款诈骗罪定性处理；以伪造、变造的票据作虚假的产权证明为经济合同提供担保的，以合同诈骗定罪。③ 有的论者认为，“使用”应不限于所谓直接使用，但也不是意味着“使用”的范围毫无边际。“使用”是指按照汇票、本票、支票的功能及其通常的使用方式予以利用的行为。④

问题之三：关于作废票据的范围问题。

对此，第一种观点认为，作废的票据是指根据法律和有关规定不能使用的票据。从广义上理解，既包括无效的票据，也包括被依法宣布作废的票据。⑤ 第二种观点认为，作废的票据是指付款请求权已经实现、自始无效或者被宣布无效的票据。⑥ 第三种观点认为，作废的票据是指按照票据法律、法规规定不能使用的票据，包括已经实现付款请求权的票据、《票据法》规定的无效票据、银行宣布停止使用的票据和超过票据权利时效的过期票据四类票据。⑦ 第四种观点详细列举了作废票据的种类，认为应包括以下几种：无效的票据；过期票据；破产、倒闭、解散或被依法撤

① 参见高铭暄、马克昌主编：《刑法学》，431页，北京，北京大学出版社、高等教育出版社，2000。

② 参见马克昌主编：《经济犯罪新论——破坏社会主义市场经济秩序罪研究》，361页，武汉，武汉大学出版社，1998。

③ 参见秦法果、杨宏勇：《票据诈骗罪客观方面疑难问题探讨》，载《河南师范大学学报》（哲学社会科学版），2003（5）。

④ 参见张明楷：《诈骗罪与金融诈骗罪研究》，564页，北京，清华大学出版社，2006。

⑤ 参见刘生荣、但伟主编：《破坏市场经济秩序犯罪的理论与实践》，410页，北京，中国方正出版社，2001。

⑥ 参见邢志人：《票据犯罪研究》，载杨春洗、高格主编：《我国当前经济犯罪研究》，424～425页，北京，北京大学出版社，1996。

⑦ 参见刘华：《票据犯罪研究》，174页，北京，中国检察出版社，2001。

销的企业的本应及时上缴或销毁，但因种种原因而未被及时销毁，继续存留在有关人员手中的支票等票据；银行等金融机构根据国家规定予以作废的票据；依民事诉讼法中的公示催告程序作出除权判决的票据。① 第五种观点认为，作废的票据只能包括付款请求权已经实现的票据、过期的票据和被依法宣布作废的票据三类。至于《票据法》所规定的自始无效的票据，则不属于作废的票据之列；行为人如果使用此类票据进行诈骗活动，则不构成票据诈骗罪，而只能以诈骗罪定罪处罚。②

问题之四：冒用他人票据的认定问题。

对于这里的“他人”能否为死亡人的问题，有两种观点。一种观点认为，对于冒用他人票据的情形，刑法并没有规定他人的生命状况，而是强调被冒用人是票据权利人，所以在理论上“他人”应该包括有生命的票据权利人和无生命的票据权利人。③ 另一种观点则认为，冒用死亡人的支票，对于冒用票据行为的认定不产生影响，但此时，被冒用的票据权利人并非死亡人，而是死亡人的财产继承人。其理由是，票据行为作为一种商事行为，尽管有其不同于一般民事行为的特殊之处，但有一点却是共同的，那就是只要是参与票据行为的当事人，都必须具有票据权利能力和票据行为能力。由于票据权利能力始于自然人的出生，终止于自然人的死亡，一个死亡人的票据权利自其生命终结之时已经不再属于该死亡人，而是自然转归其财产继承人继受。④

关于冒用行为的本质和外延问题，有论者认为，冒用他人票据，即行为人擅自以合法持票人的名义，支配、使用、转让自己不具备支配权利的他人的票据，进行诈骗。“冒用”通常表现为以下几种情况：其一，行为人以非法手段获得票据而使用，如以欺诈、偷盗或胁迫等手段取得票据，或者明知是以上述手段取得的票据而使用进行诈骗活动；其二，没有代理权而以代理人的名义或代理人超越代理权限而使用他人票据进行诈骗；其三，用他人委托代为保管或捡拾的他人遗失的票据进行诈骗。票据的“冒用”与票据的合法取得往往是相对应的。票据的合法取得，通常是指经给付对价而有偿取得以及继承、赠与而依法无偿取得。冒用他人票据，实际上就是非法取得他人票据而使用。⑤ 另有论者主张，冒用是指无权利人在缺乏法律依据或者没有得到他人授权的情况下，利用真正票据权利人的票据，骗取票据资金和商品等财物。⑥ 还有论者认为，所谓冒用票据行为，是指非票据权利人假冒票据

---

① 参见王作富主编：《刑法分则实务研究》(上)，570～571页，北京，中国方正出版社，2001。

② 参见李文燕主编：《金融诈骗犯罪研究》，140页，北京，中国人民公安大学出版社，2002。

③ 参见刘华：《票据犯罪研究》，186页，北京，中国检察出版社，2001。

④ 参见李文燕主编：《金融诈骗犯罪研究》，145页，北京，中国人民公安大学出版社，2002。

⑤ 参见周振想主编：《金融犯罪的理论与实务》，423页，北京，中国人民公安大学出版社，1998。

⑥ 参见邢志人：《票据犯罪研究》，载杨春洗、高格主编：《我国当前经济犯罪研究》，425页，北京，北京大学出版社，1996。

权利人，行使其票据权利骗取其票据财产的行为。①

问题之五：盗窃支票使用行为的定性问题。

有的论者认为，对盗窃支票使用的行为应区分情况分别认定：对盗窃定额支票的，不管行为人盗窃后是否使用，均应认定为盗窃罪；行为人盗窃定额支票以外的不记名、不挂失的支票的，也应认定为盗窃罪；行为人盗窃空白支票，然后补记支票收款人或支票金额并使用的，应认定为票据诈骗罪；行为人盗窃记名支票的，无论在挂失之前或之后使用，均应认定为票据诈骗罪；盗窃格式票据（票据用纸）并偷盖印章或者伪造印鉴，记载相应事项，无论在挂失之前或之后使用的，都触犯了伪造金融票证罪与票据诈骗罪。②

（4）金融凭证诈骗罪

问题之一："其他银行结算凭证"的含义问题。

有论者认为，"其他银行结算凭证"，是指除刑法已经明确列举的可用于结算的各种结算凭证以外的实际用于金融结算活动的一切凭证。这些凭证应当具备以下特征：必须是用于金融结算的；必须是刑法的其他条文没有特别规定或应当包含的；必须是一种权利性凭证，而不是记录性凭证；必须是一种独立性凭证而不是附属性凭证。否则，不能将之视为"其他银行结算凭证"。③

问题之二："财产性利益"能否成为犯罪对象？

有论者认为，对本罪的犯罪对象应当作广义的理解，即不仅包括一般意义上的财物，而且也包括其他财产性利益，例如债权、劳务、服务等。如果行为人通过诈骗手段使本应由自己付出的财物没有付出，也就是说使自己本应减少的财产没有减少，也可以构成诈骗行为，成立本罪。④

问题之三：本罪中"使用"的含义问题。

有论者认为，本罪的"使用"应当要求将伪造、变造的金融凭证投入金融流通领域。换言之，即利用金融凭证所具有的信用，行使其作为结算工具的特殊的功能作用。⑤ 有论者在表述"使用"的时候，把"他人受到损失"作为使用的要素之一。该论者认为，所谓"使用"就是把伪造、变造的银行结算凭证充当真正的银行结算凭证交付他人以换取向自己交付财产、提供服务或者以该伪造、变造的银行结算凭证假意履行自己的义务从而使他人受到损失的行为。⑥

---

① 参见刘华：《票据犯罪研究》，178页，北京，中国检察出版社，2001。

② 参见张明楷：《诈骗罪与金融诈骗罪研究》，591～593页，北京，清华大学出版社，2006。

③ 参见赵辉：《金融凭证诈骗罪若干问题的思考》，载《河北法学》，2005（7）。

④ 参见邓宇琼、许成磊：《危害金融安全、利益和管理秩序犯罪司法适用》，300页，北京，法律出版社，2005。

⑤ 参见赵辉：《金融凭证诈骗罪若干问题的思考》，载《河北法学》，2005（7）。

⑥ 参见邓宇琼、许成磊：《危害金融安全、利益和管理秩序犯罪司法适用》，301～302页，北京，法律出版社，2005。

（5）信用证诈骗罪

问题之一：本罪是否以“非法占有目的”作为必备要件。

持“非法占有目的不要说”的论者一般认为，不以非法占有为目的的信用证欺诈行为同样具有严重的社会危害性。不以非法占有为目的的信用证欺诈行为，虽没有侵犯公私财产所有权，但这种行为对国家的金融管理秩序有着非常严重的危害，尤其是那些虚构基础交易，骗取信用证，然后取得非法融资的行为，行为人行骗的数额一般都是几百万、上千万，常常给国家造成严重经济损失。对这样的行为不以犯罪论处，是不利于保护银行的信用安全、不利于维护国家的正常金融秩序的。而有论者对此进行了有力的反驳，认为“非法占有目的不要说”值得商榷，其论证缺乏足够的说服力，不能成立。社会危害性的大小不能成为判断某一行为是否已构成犯罪的根据。在《刑法》正式、全面确立罪刑法定原则后，对某一种行为可不可以犯罪论处，与应不应以犯罪论处，是两个界限分明的、不同层面的问题。前者着眼于现行的立法规定，或者说，只能以既定的法律规定为依据；后者则侧重于行为的社会危害性大小，是立法完善所要考虑的问题。如果将两者混同，以社会危害性大小作为判断某种行为是否构成犯罪的根据，那么，罪刑法定原则就会被伤害得千疮百孔、体无完肤，其立法化的重大意义和价值就将丧失殆尽。① 还有论者提出，在强调非法占有目的属于信用证诈骗罪构成要件的同时，也应注意到，运用刑法武器惩治和防范金融领域中的形形色色的欺诈行为，是世界各国刑事立法的趋势。因此，我国可以借鉴欧美国家和其他地区的立法例，将一些危害严重的、不具有或难以认定具有非法占有目的的信用证欺诈等金融欺诈行为纳入刑法的调整范围。②

问题之二：“骗取信用证”的理解与认定问题。

对此，有论者认为，正确理解与认定“骗取信用证”行为的关键是：其一，就非法占有目的而言，《刑法》第195条虽然没有明确把“非法占有为目的”作为本罪的构成要件，但本罪的财产犯罪性质决定了该要件的必要性；其二，信用证诈骗罪与一般的诈骗罪之间是特别法条与一般法条的关系，这意味着信用证诈骗罪是结果犯而不是行为犯；其三，本罪虽有侵害金融秩序的本质，但不能否认财产犯罪的性质；其四，刑法分则规定的犯罪构成要件，并不是以既遂为模式，对“骗取信用证”应理解为“骗取信用证进行信用证诈骗活动”才符合体系性与协调性的要求；其五，刑法分则规定的行为，不少是预备行为与实行行为，而非一概规定实行行为。单纯骗取信用证的行为，并不能导致他人财产损失，更不具有使他人财产遭受损失的紧迫危险性。论者强调，单纯骗取信用证的行为，既不构成信用证诈骗罪的既遂，也不构成信用证诈骗罪的未遂，而是信用证诈骗罪的预备行为。但是，即便把“骗取信用证”的行为认定为预备行为，也不是意味着对行为人实施此种行为的，即按照

① 参见赵秉志、周加海：《论“以非法占有为目的”是信用证诈骗罪的必备要件》，载《人民检察》，2001（3）。

② 参见黄应生：《信用证诈骗罪中非法占有目的的认定》，载《人民司法》，2003（1）。

本罪的预备犯定罪处罚。如果把“骗取信用证”的行为理解为“通过骗取手段使银行或其他人开具信用证”和“通过欺骗手段骗取他人已经持有的信用证”两种情况，在前者的情况下，行为人骗开信用证的行为，就属于伪造金融票证中无形伪造的间接正犯。① 有的论者指出，所谓骗取信用证，是指行为人编造虚假的事实或者隐瞒事实真相，欺骗银行为其开具信用证的行为。只要虚构事实、隐瞒真相达到了足以骗取银行为其开具信用证时，就应当视为实施了信用证诈骗行为。至于银行是否为其开具了信用证，根据刑法的规定不影响对行为的认定。② 有的论者则认为，仅有“骗取信用证”的行为还不足以成立信用证诈骗罪，还必须存在利用所骗取的信用证实施骗取信用证下款项的行为。③ 还有的论者从“骗取信用证”的着手进行论证，认为在行为人实际骗取了信用证时才是信用证诈骗罪的着手。④ 另有论者从“骗取信用证”的性质出发，认为虚构交易骗取信用证的行为充其量只是一种信用证诈骗的预备行为，并主张将虚构交易骗取信用证的认定为伪造金融票证的行为。理由是：从合理性角度分析，将虚构交易骗取信用证的行为以《刑法》第 177 条处理，更符合章节安排；从《刑法》第 177 条与《刑法》第 195 条的法定刑比较来看，对虚构交易骗取信用证的行为不以后者处理而以前者处理，不会造成刑罚的大幅变动。此外，还有利于解决实践中的问题，如非法融资问题等。⑤

（6）信用卡诈骗罪

问题之一：信用卡诈骗罪概念的界定。

对此，代表性的表述有以下几种：第一，信用卡诈骗罪，是指以非法占有为目的，利用信用卡进行诈骗活动，数额较大的行为；⑥ 第二，信用卡诈骗罪，是指用虚构事实和隐瞒真相的方法，利用信用卡进行诈骗，骗取数额较大的公私财物的行为；⑦ 第三，信用卡诈骗罪，是指以非法占有为目的，使用伪造或者作废的信用卡，或者冒用他人信用卡，或者利用信用卡恶意透支，诈骗公私财物，数额较大的行为；⑧ 第四，信用卡诈骗罪，是指以非法占有为目的，违反信用卡管理法规，利用信用卡虚构事实或者隐瞒事实真相，骗取财物，数额较大的行为。⑨

问题之二：单位应否成为信用卡诈骗罪主体的问题。

---

① 参见张明楷：《诈骗罪与金融诈骗罪研究》，617～633 页，北京，清华大学出版社，2006。

② 参见利子平、胡祥福主编：《金融犯罪新论》，301 页，北京，群众出版社，2005。

③ 参见肖中华、程兰兰：《信用证诈骗罪新探》，载《政治与法律》，2005（4）。

④ 参见邓宇琼、许成磊：《危害金融安全、利益和管理秩序犯罪司法适用》，324 页，北京，法律出版社，2005。

⑤ 参见姚诗：《虚构交易骗取信用证行为性质分析》，载《中国刑事法杂志》，2005（3）。

⑥ 参见高铭暄、马克昌主编：《刑法学》，433 页，北京，北京大学出版社、高等教育出版社，2000。

⑦ 参见孙军工：《金融诈骗罪》，161 页，北京，中国人民公安大学出版社，1999。

⑧ 参见何秉松主编：《刑法教科书》，734 页，北京，中国法制出版社，1997。

⑨ 参见王晨：《诈骗犯罪的定罪与量刑》，188 页，北京，人民法院出版社，1999。

对此，一种意见认为，单位不应该成为本罪的主体。理由是信用卡存在使用限额度，一般单位不必冒风险去骗取如此小数额的财物。① 另一种意见则认为，单位应该成为本罪的主体。其主要理由是，虽然刑法对本罪没有规定单位犯罪的情形，但是在现实生活中却大量存在着单位持有和使用信用卡的情况，故不能排除单位实施这种犯罪的可能。②

问题之三：信用卡是否包括借计卡的问题。

根据中国人民银行1999年发布的《银行卡业务管理办法》规定，我国的银行卡包括贷记卡和借记卡两种。其中，信用卡包括贷记卡和准贷记卡。而在此之前，中国人民银行1996年发布的《信用卡业务管理办法》则将贷记卡和借记卡均归入信用卡范围之内。换言之，随着银行业务活动的不断拓宽，为了加强与国际接轨，在银行业务活动中，银行卡已经代替了原来的信用卡概念，并限定了信用卡的含义，仅指贷记卡，从而将借记卡从信用卡中分离出来。由于我国1997年《刑法》是在1997年10月1日正式生效的，而其规定的信用卡诈骗罪中“信用卡”的含义显然是秉承中国人民银行1996年发布的《信用卡业务管理办法》规定的内容，既包括贷记卡也包括借记卡。这就产生了一个问题：我国刑法中信用卡诈骗罪中“信用卡”的含义是否需要随着银行业务管理工作中“信用卡”含义的变化而变化？

对此，一种观点认为，不应将借记卡纳入到信用卡的范围。其一，从刑法的立法原意看，信用卡本身并不包括不具透支功能的银行卡。其二，将借记卡排除在信用卡犯罪的范围之外，不会轻纵犯罪。对伪造借记卡的行为，可以伪造金融票证罪处罚；对使用伪造、作废的借记卡的、冒用他人的借记卡的行为，可以《刑法》第194条第2款之金融凭证诈骗罪论处。其三，信用卡作为一种在国际范围内被广泛使用的支付手段与结算工具，有着国际社会普遍认同的基本含义或特征，即信用，这也是其与借记卡的本质区别。其四，从国际标准看，也不能将借记卡包括在信用卡的范围之内。③ 另一种观点认为，借记卡也应该包括在信用卡的范围内。首先，无论是从我国信用卡业务发展的实际情况来看，还是从法律法规的规定来说，我国刑法所指的信用卡不是狭义的信用卡，即贷记卡，而是包含着贷记卡、准贷记卡、借记卡在内的广义的信用卡。其次，从法秩序一致性角度而言，刑法是行政法、经济法、民商法的保障法，刑法具有第二位属性，在将违反行政法、经济法、民商法的行为直接予以犯罪规定时，其使用的概念因来源于上位法，其含义当然应与上位法的概念一致。由于信用卡与借记卡分野于1999年的《银行卡业务管理办法》，在此之前，商业银行系统内只有信用卡之称，而无银行卡之谓。故我国1997年《刑法》只能以1996年的《信用卡业务管理办法》所规定的信用卡（即广义的信用卡）为规

---

① 参见李邦友、高艳东：《金融诈骗罪研究》，321页，北京，人民法院出版社，2003。

② 参见姬广胜、范一鸣：《试论信用卡诈骗罪单位犯罪主体的完善》，载《中国信用卡》，2005（4）。

③ 参见施卫忠：《借记卡是信用卡吗？——兼论我国刑法信用卡犯罪相关问题》，载《南京审计学院学报》，2006（2）。

制对象。因此，刑法修订时立法本意上的信用卡是广义的信用卡，也即今天的银行卡，不能因为行政规范中有关名称的变更而改变刑法确定的内容。再次，信用卡的本质特征是一种信用支付工具，透支只是其众多功能中的一种，不能将功能与特征混淆。最后，既然法律上已明文规定了信用卡诈骗罪，就应充分有效地利用发挥其应有的功能，防止条文的虚置。① 后一种观点得到了司法解释的支持。2004 年 12 月 29 日全国人大常委会《关于〈中华人民共和国刑法〉有关信用卡规定的解释》指出，“刑法规定的‘信用卡’，是指由商业银行或者其他金融机构发行的具有消费支付、信用贷款、转账结算、存取现金等全部功能或者部分功能的电子支付卡。”该立法解释事实上将实践中引发颇多争议的借记卡诈骗案件纳入了刑法中有关“信用卡”犯罪的处罚范围。

问题之四：“恶意透支”问题。

恶意透支被《刑法》第 196 条列为信用卡诈骗罪的行为方式之一。对此，理论上存在不同的理解。

首先，关于“恶意透支”的成立条件问题，一种观点认为，恶意透支的成立要同时具备三个条件：非法占有为目的；透支超过规定限额或者是规定期限，二者是选择性要件；经过发卡行催收后拒不归还。② 另一种观点则认为，“恶意透支”同时所要具备的条件有以下三个：非法占有目的；超过规定限额或者规定期限，经发卡银行催收后仍不归还；达到数额限度。③

其次，关于善意透支与恶意透支的区分标准问题，一种观点认为，持卡人在自己存入的信用卡备用金余额不足的情况下，依照信用卡管理规则和信用卡章程，根据自己的实际经济状况，在一定限额内透支并于透支后在规定期限内偿还透支款并支付相应的透支利息，即属“善意透支”。与此相对，恶意诱支，就是合法持卡人利用银行授权限额，故意超出实际偿还能力取现消费，或以非法占有为目的，进行突击取现和消费并逃避偿还透支责任的行为。该观点把恶意透支分为违规型恶意透支和犯罪型恶意透支两类。违规型恶意透支是指不以非法占有为目的，但超过了银行规定限额或期限透支的行为，主观上持卡人并不想逃避偿还透支责任，客观上，透支由本人偿还，超过本人实际偿还能力时，由担保人予以偿还。犯罪型恶意透支则是指持卡人以非法占有为目的，拒绝偿还或变相拒绝偿还且数额较大的透支行为。④ 另一种观点则认为，善意透支与恶意透支的本质区别在于行为人的主观意志内容不

① 参见于天敏、张凤彬：《浅议信用卡诈骗罪的几个问题》，载赵秉志主编：《新千年刑法热点问题研究与适用》（下），1397～1398 页，北京，中国检察出版社，2001。

② 参见泽仁卓玛：《浅议恶意透支型信用卡犯罪的认定及立法完善》，载《西北民族大学学报》（哲学社会科学版），2005（4）。

③ 参见邓宇琼、许成磊：《危害金融安全、利益和管理秩序犯罪司法适用》，348～351 页，北京，法律出版社，2005。

④ 参见阿不都热依木·卡得尔、张国吉：《信用卡透支问题初探》，载《中外法学》，1995（3）。

同。具有非法占有银行资金的不法意图的，构成恶意透支；没有这一不法意图的，则为善意透支。善意透支应包括两种情况，即完全合法的善意透支和善意的不当透支，并且善意透支主要是指后者。恶意透支，根据危害性程度之不同，可分为违法型恶意透支和犯罪型恶意透支。前者是透支数额小，情节显著轻微，尚不够刑事处罚的情形；后者则是数额较大或情节恶劣，触犯刑律，应予刑事处罚的恶意透支。① 有的论者亦持同样观点，认为善意透支和恶意透支的本质区别就在于行为人的主观目的不同。前者是为了先用后还，届时将归还透支款和利息；后者则是为了将透支款占为己有，根本不想偿还。② 后一种观点是我国刑法理论界的通说。

再次，关于恶意透支行为的主体问题，第一种观点认为，恶意透支行为的主体只能是合法持卡人，在共同犯罪中还包括其同伙。有论者指出，从主体上看，透支是信用卡章程赋予持卡人信用借贷的一种权利，恶意透支的主体只能是信用卡合法持有人。如果非合法持卡人包括银行内部工作人员与持卡人合谋，互相串通勾结，为持卡人恶意透支活动提供帮助的，则是共犯。凡使用伪造或作废的信用卡、冒名使用拾得或窃得的信用卡进行“透支”（实谓诈骗或盗窃）的“行为人”和“持卡人”不是合法持卡人，不能成为恶意透支的主体。③ 第二种观点认为，恶意透支的主体包括两类人；一种是合法持卡人；一种是骗领信用卡的人。有论者认为，恶意透支的主体包括用骗取方法取得信用卡的人。主要理由是：其一，《刑法》第196条并没有规定恶意透支的主体必须是“合法持卡人”，而只是规定信用卡的“持卡人”；其二，骗领信用卡透支的诈骗行为与合法持卡人恶意透支一样，都存在催收难以实现的问题；其三，对“催收不还”这一要件只能作形式上的理解，即只要发卡行根据持卡人提供的资料发出催收通知，不管行为人是否收到，如果超过一定的期限没有归还透支款，就构成“催收不还”。由此，骗领信用卡透支的诈骗行为属于恶意透支。④ 第三种观点认为，恶意透支的主体既包括合法持卡人，也包括合法持卡人以外的人。有论者主张，恶意透支按持卡人是否具有合法资格分为纯正的信用卡恶意透支和不纯正的恶意透支。前者是指合法持卡人以外的人利用信用卡进行恶意透支的行为；后者是指合法持卡人利用发卡行提供的短期限额消费信贷业务，采用限额以下连续取现或财物的方式，蓄意恶意透支的行为。⑤

最后，关于利用信用卡恶意透支犯罪的定性问题，有论者认为，宜将恶意透支独立定罪。恶意透支犯罪与使用伪造、作废信用卡以及冒用他人信用卡的信用卡诈骗罪有不同之处，即后者是典型的诈骗行为，而恶意透支具有一定的背信性质。二

① 参见柯葛壮：《论利用信用卡恶意透支犯罪》，载《政治与法律》，1999（1）。

② 参见高铭暄、马克昌主编：《刑法学》（下编），752页，北京，中国法制出版社，1999。

③ 参见王建平：《信用卡恶意透支的界定及其审判原则》，载《法学》，1997（3）。

④ 参见赵长青、曹世海：《信用卡诈骗犯罪若干问题探析》，载《云南大学学报》（法学版），2005（1）。

⑤ 参见周仰虎、于英君：《论信用卡犯罪的立法完善》，载《法学》，1996（9）。

者的区别具体表现在：第一，犯罪主体的不同。恶意透支行为人主要是合法持卡人，而后者则是非法持卡人所为；第二，犯罪主观方面的不同。对恶意透支行为人在刑法上必须明确规定“非法占有”的目的要素，否则无法区分恶意透支和善意透支，后者从行为本身就可以体现非法占有的意图，无须特别规定非法占有的目的要件；第三，犯罪客观方面不同。恶意透支有一个从民事法律关系到刑事法律关系的转化过程，而后者则直接构成刑事法律关系。①

问题之五：盗窃信用卡并使用的理解问题。

根据《刑法》第196条第3款的规定，盗窃信用卡并使用的，以盗窃罪定罪处罚。对此，理论上存在不同的认识。

首先，关于盗窃信用卡并使用行为的定性问题，存在以下几种观点。第一种观点认为构成盗窃罪。有论者认为，盗窃信用卡并使用的行为与盗窃行为的社会危害性相当，故对这种行为以盗窃罪论处，具备法律拟制的实质理由。② 还有论者指出，行为人盗窃信用卡后又仿冒持卡人的身份，使用信用卡购物、消费的行为，是将信用卡本身所含有的不确定价值转化为具体财物的过程，是盗窃犯罪的继续，因此应以盗窃罪论处。③ 第二种观点认为构成信用卡诈骗罪。有论者认为，信用卡只是一种信用凭证，本身并非财物；作为一种金融财产，权利人即使丢失信用卡，也并未完全丧失对信用卡账户内所载明的财产的控制权，单纯盗窃信用卡的行为并不构成盗窃罪；行为人盗窃信用卡并使用的，其所侵犯的主要客体是国家对信用卡的管理秩序；同时，盗窃和使用是一个整体，不能分开使用。因而，刑法将盗窃并使用信用卡的行为以盗窃罪论处是不妥当的，应以信用卡诈骗罪论。④ 也有论者认为，行为人在窃取信用卡后，必须进一步采取欺诈方法，假冒持卡人，获得银行或特约商户的认可，才能达到非法占有财物的目的。盗窃信用卡并使用的行为应构成冒用他人信用卡性质的信用卡诈骗罪。但在立法尚未修改的情况下，只能以盗窃罪定罪处罚。⑤ 第三种观点认为，应区别两种情况分别而论。有论者认为，如果行为人利用盗窃而来的他人的信用卡哄骗特约商户或银行骗取钱财的，应定为信用卡诈骗罪。如果利用盗窃的信用卡在ATM机上取现，由于ATM机不具有人的灵性，只要行为人拥有信用卡和密码，就可以取到钱财，冒领只是实现其价值的手段而已，并不具有独立的价值，因而应定盗窃罪。⑥ 有论者指出，挂失生效后的信用卡属于作废的信用卡。行为人盗窃信用卡后，在信用卡挂失生效后使用的，按信用卡诈骗罪论处；

---

① 参见冯涛：《恶意透支信用卡诈骗罪的认定及立法完善》，载《中国刑事法杂志》，2004（1）。

② 参见张明楷：《诈骗罪与金融诈骗罪研究》，697页，北京，清华大学出版社，2006。

③ 参见孙利：《经济犯罪研究与刑法适用》，318页，北京，中国检察出版社，2001。

④ 参见施卫忠：《借记卡是信用卡吗？——兼论我国刑法信用卡犯罪相关问题》，载《南京审计学院学报》，2006（2）。

⑤ 参见徐林：《论信用卡犯罪的若干问题》，载《公安研究》，2006（8）。

⑥ 参见于英君：《银行信用卡犯罪的类型及定性研究》，载《法学》，1995（6）。

盗窃并使用挂失生效前的信用卡，按盗窃罪论处。① 第四种观点认为，此款涉及盗窃罪与诈骗罪的牵连关系，应具体问题具体分析。刑法没有必要对“盗窃信用卡并使用”的行为定性作硬性规定，而应当由法官根据案件的具体情况进行定罪，否则有失定罪量刑的公允性。② 第五种观点认为，信用卡不同于印鉴齐全的银行空白支票，使用盗窃的信用卡之行为难以归属于“不可罚的事后行为”，并且对盗窃信用卡并使用的行为不应适用牵连犯原则。对于盗窃信用卡并使用的行为，应该具体情况具体分析，不可一概而论。对于盗窃信用卡和密码后到 ATM 机上取款或采用其他非欺诈的方法进行消费或取现的行为，应该认定为盗窃罪；对于盗窃信用卡后采用欺诈的方法使发卡行或特约商户陷入错误而取得财物的行为，应该认定为构成信用卡诈骗罪。③ 第六种观点认为，应设立“滥用信用卡罪”或者设置专门的一体化定罪条款处理这一问题。理由如下。其一，盗窃并使用信用卡往往具有紧密关联；盗窃信用卡的行为同一般盗窃行为不同，所盗窃之信用卡并非直接的现实利益。如不经处理，比如转卖或者冒用，很难说其本身具有现实价值。因而，盗窃并使用信用卡的，不宜定盗窃罪。其二，若将盗窃并且使用信用卡的行为定为信用卡诈骗罪，又会出现使得盗窃信用卡行为无法入罪处罚的结果，无法将盗窃行为同其他信用卡诈骗行为分开对待，等于说放纵了盗窃信用卡的行为。其三，至于牵连犯，因为盗窃信用卡很难独立构成盗窃罪，所以牵连关系说也很难成立。现行立法将盗窃并且使用信用卡的行为定为盗窃罪，显然也是值得商榷的。因而只能通过立法加以完善。④

其次，关于行为对象的理解问题，一种观点认为，“盗窃信用卡”无论在逻辑上还是在事实上均可以包括盗窃“伪造的信用卡”和“作废的信用卡”的情形。但是，这样的事实并不能替代规范，不能认为刑法用语字面所能包括的事实皆属于规范可以包容的事实。《刑法》第 196 条第 1 款第 1、2 项的归责基础是，“行为人明知信用卡为伪造的或者作废的而使用”；第 3 项的归责基础是，“行为人明知是他人的信用卡而使用”。“盗窃信用卡并使用的”行为虽然按照盗窃罪处罚，但其本质上仍属于信用卡诈骗行为。所以，这里的信用卡只能是真实有效的。⑤ 另一种观点认为，在信用卡诈骗罪中，无论是使用伪造的信用卡还是使用作废的信用卡，都要求行为人对该事实明知，即只有行为人明知是伪造的信用卡、作废的信用卡而使用，才构成这里的信用卡诈骗行为。行为人盗窃他人的信用卡，一般情况下是真实有效的信用

① 参见薛瑞麟主编：《金融犯罪研究》，372 页，北京，中国政法大学出版社，2000。

② 参见王昭振：《论盗窃并使用信用卡行为的行为定性》，载《吉林公安高等专科学校学报》，2006（2）。

③ 参见张亚军：《盗窃信用卡并使用行为之定性探讨》，载《人民检察》，2006（8）。

④ 参见于改之、李川：《我国信用卡犯罪的立法缺陷及其完善》，载《云南大学学报》（法学版），2006（1）。

⑤ 参见肖中华：《如何理解“盗窃信用卡并使用”》，载《法学论坛》，2005（5）。

卡，但并不排除盗窃了伪造卡、废弃卡或止付卡。在后种情况下，行为人以使用的意思骗取财物的，行为人的故意仍然是“盗窃信用卡并使用”的故意，不能因事实上在使用作废卡、伪造卡、止付卡而认定行为人主观上具有使用伪造、作废的信用卡的犯罪故意，从而认为应以信用卡诈骗罪定罪而不以盗窃罪定罪，否则便割裂了行为主客观的有机联系。①

最后，关于“使用”的含义问题。

有论者认为，从刑法专业用语来源看，从日常生活用语的角度对作为刑法规范用语“使用”进行解释无疑是最合适的。但是，对刑法规范的解释，必须受刑法保护特定法益的目的内容的约束，同时还要考虑用语含义在刑法文本中的协调，即按照文义解释所得出的解释结论如果显然与刑法所要实现的目的相左，或者造成与其他规范的解释不相协调的结果，则该解释就值得怀疑，即目的解释应当制约文义解释，对用语的解释也要注意体系解释。对“盗窃信用卡并使用的”行为中“使用”的理解，显然要遵循该原则。现实中“使用”的含义很多，包括取现、刷卡购物、用作抵押、出售、转让或者出租获利，进行伪造、收藏等。但是，从目的论解释和体系论解释的角度看，原则上只有发挥信用卡功能的使用才是该罪所要求的行为方式。②

问题之六：盗划信用卡行为的定性问题。

盗划信用卡，是指特约商户从业人员利用工作之便，在顾客使用信用卡消费结算时，私下重复刷卡，侵吞信用卡资金的行为。对于盗划信用卡的行为应如何定性，理论上有不同认识。第一种观点认为，行为人实际上是以隐蔽方式直接窃取持卡人或发卡行的财产，符合盗窃罪的特征，情节严重的，应以盗窃罪论。③ 第二种观点认为，应定贪污罪或职务侵占罪。理由是：特约商户从业人员利用收银之便盗划信用卡，符合贪污罪或职务侵占罪中利用经手保管财物之便的条件；他人信用卡的资金是特约商户从业人员直接截留的，属于典型的侵吞行为，至于重复刷卡和模仿签名的行为只是其侵占行为的掩饰手法，这与冒用他人信用卡以假冒签名骗取财物的欺诈手法不同。④ 第三种观点认为，从行为特征上看，盗划信用卡是将他人的信用卡重复刷卡，并要模仿持卡人的笔迹签名，填签购单，其行为符合冒用他人信用卡的特征。即使盗划信用卡的行为完全符合职务侵占罪的构成要件，这种行为也属于

---

① 参见邓宇琼、许成磊：《危害金融安全、利益和管理秩序犯罪司法适用》，369页，北京，法律出版社，2005。

② 参见肖中华：《如何理解“盗窃信用卡并使用”》，载《法学论坛》，2005（5）。

③ 参见于英君：《银行信用卡犯罪的类型及定性研究》，载《法学》，1995（6）。

④ 参见刘华：《信用卡犯罪中若干疑难问题探讨》，载《法学》，1996（9）；阿不都热依木·卡得尔、张国吉：《信用卡透支问题初探》，载《中外法学》，1995（3）。

法规竞合，应按从一重处罚原则，选择信用卡诈骗罪定罪处罚为妥。①

问题之七：伪造信用卡后并使用的定性问题。

根据刑法的规定，对于伪造信用卡的行为，应当以伪造金融票证罪定罪处罚；对于使用伪造的信用卡，数额较大的行为，应当以信用卡诈骗罪定罪处罚。如果行为人仅仅实施了伪造信用卡的行为，或者仅仅实施了使用该信用卡的行为，那么，定罪处罚便是很明确的。但是，在行为人既伪造信用卡又使用该伪造的信用卡的情况下，则由于刑法未作出明确规定，在如何定罪处罚问题上便存在一定争议。一种观点认为，伪造信用卡和使用伪造的信用卡是两个独立的行为，因而应以伪造金融票证罪和信用卡诈骗罪实行数罪并罚。② 另一种观点则认为，伪造行为和使用行为具有牵连关系，因而应从一重罪处罚。③ 其中，在后一种观点的内部，在对所谓重罪的认识上又产生了分歧：有的论者认为，尽管两罪的法定刑完全一致，但是伪造金融票证罪是行为犯，而信用卡诈骗罪是结果犯，因此两罪在构成条件上的要求是完全不同且存在较大差异的。伪造金融票证罪的危害性重于信用卡诈骗罪，所以只能以伪造金融票证罪来定罪处罚。④ 另有论者则认为，由于伪造金融票证罪和信用卡诈骗罪的法定刑相同，故应以牵连犯中的目的行为（结果行为）即信用卡诈骗罪定罪处罚。⑤

问题之八：拾得信用卡并加以使用行为的定性。

对此，理论上存在不同理解。第一种观点认为，这种行为既不构成信用卡诈骗罪，也不构成诈骗罪。在这种情况下对拾得者来讲，其捡到信用卡和密码，完全等于获取了信用卡所含资金的使用权，这与捡到他人的活期存折而取款的行为性质是相同的。如果拾得者拒不交出所取款项的，可以考虑按侵占罪论处。⑥ 第二种观点认为，用拾得的他人信用卡在 ATM 机上取走大量现金的行为，既不能定盗窃罪，也不能定侵占罪，而应该定信用卡诈骗罪。以“机器不可能被骗”作为否定信用卡诈骗罪成立的理由不可靠。认为用拾得的信用卡在 ATM 机上取款，如同拾得他人的钥匙后用钥匙开门取走财物的观点，不符合客观事实。拾得信用卡并不等于拾得了信用卡上记载的现金，而信用卡本身也不能成为侵占罪的对象。信用卡诈骗罪具有不同于传统诈骗罪的特殊性，不能用传统的观念来解释。用拾得的信用卡在 ATM 机上取款是《刑法》第 196 条规定的信用卡诈骗罪中的“冒用他人信用卡”的行为；

① 参见侯放、柯葛壮主编：《信用证信用卡外汇违法犯罪的防范与处罚》，301～302 页，北京，中国检察出版社，1999。

② 参见王晨：《诈骗犯罪研究》，233 页，北京，人民法院出版社，2003。

③ 参见高铭暄、马克昌主编：《刑法学》，435 页，北京，北京大学出版社、高等教育出版社，2000。

④ 参见刘杰：《论信用卡诈骗罪的认定和完善》，载《湖南省政法管理干部学院学报》，1999(2)。

⑤ 参见李文燕主编：《金融诈骗犯罪研究》，327 页，北京，中国人民公安大学出版社，2002。

⑥ 参见黄祥青：《信用卡诈骗罪司法适用中的四个问题》，载陈兴良主编：《刑事法判解》，第 2 卷，135～136 页，北京，法律出版社，2000。

若按其他罪定罪，就违反了有法必依和罪刑法定的原则。① 第三种观点认为，ATM机内的现金由银行事实上占有，信用卡持卡人在法律上占有信用卡记载的现金，用拾得的信用卡在ATM机上取款的行为，不可能成立侵占罪；不能依照德国、日本刑法有关使用计算机诈骗罪的规定，解释我国刑法中的信用卡诈骗罪的构成要件；信用卡诈骗罪是诈骗罪的特殊类型，机器不能被骗；用拾得的信用卡在ATM机上取款的行为，不是成立信用卡诈骗罪，而是成立盗窃罪；此外，我国刑法没有必要增设使用计算机诈骗罪。②

问题之九：以诈骗、抢夺、侵占等手段获取他人信用卡并加以使用行为的定性问题。

对此，理论上存在不同的认识：大多数人认为，按照刑法有关盗窃信用卡并使用的，以盗窃罪定罪处罚的立法精神，对于上述行为理应以行为人的先前行为作为定性的依据。即如果行为人以诈骗、抢夺等方式取得他人的信用卡并加以使用的，应以诈骗罪或者抢夺罪论处；如果行为人使用他人委托保管的信用卡的，在“拒不退还”的情况下，应以侵占罪论处。对此，有论者认为，对于诈骗、抢夺或者侵占他人信用卡并使用的行为，应该以信用卡诈骗罪定性。③

(7) 有价证券诈骗罪

问题之一：以伪造、变造的有价证券作为权利质押的行为的定性。

有论者认为，有价证券诈骗罪中的使用伪造、变造的国库券及国家发行的其他有价证券进行诈骗活动，一般表现为行为人以伪造、变造的国家发行的有价证券向银行等金融机构兑付，或者用作抵消自己或他人的债务，或者购买一定物品，或者获得一定服务，以直接取得虚假的有价证券所代表的财产利益。以伪造、变造的国库券或者国家发行的其他有价证券作质押进行诈骗的，完全符合有价证券诈骗罪的构成特征。在将伪造、变造的国家发行的有价证券用于质押，诈骗银行等金融机构贷款的场合，只是由于有价证券诈骗罪与贷款诈骗罪的法定刑基本一致，考虑到这种情形的目的行为是诈骗贷款，故而以贷款诈骗罪论处更能准确反映这种行为的全部特征。④

问题之二：关于使用行为的认定问题。

有论者认为，所谓使用伪造、变造的国家有价证券，是指按照有价证券的功能与通常使用方式，将伪造、变造的国家有价证券作为真实有效的有价证券行使的行为。“使用”行为本身即是“欺骗行为”。欺骗行为可以是举动的虚假表示，包括明

---

① 参见刘明祥：《用拾得的信用卡在ATM机上取款行为之定性》，载《清华法学》，2007 (4)。

② 参见张明楷：《也论用拾得的信用卡在ATM机上取款的行为性质——与刘明祥教授商榷》，载《清华法学》，2008 (1)。

③ 参见刘宪权：《信用卡诈骗罪若干疑难问题研究》，载《政治与法律》，2008 (10)。

④ 参见徐谨、李成：《有价证券诈骗罪客观方面若干问题研究》，载《福建公安高等专科学校学报》，2006 (5)。

示的举动欺骗与默示的举动欺骗（默示的表示）。即使行为人一言不发，但其将伪造、变造的国家有价证券作为真实有效的国家有价证券行使时，就是以举动实施的欺骗行为。这种欺骗行为是作为，而非不作为。这种欺骗行为足以使对方陷入处分财产的认识错误。将伪造、变造的国家有价证券用于兑付或者置于流通，是常见的使用方式，除此之外，还包括其他使用方式。①

（8）保险诈骗罪

问题之一：保险诈骗罪主体的认定。

关于保险诈骗罪的主体是一般主体还是特殊主体的问题，有论者认为，本罪的主体为特殊主体，因为刑法明文规定本罪的主体是投保人、被保险人和受益人，而一般主体和特殊主体是有严格区别的，特殊主体是行为人除了具备一般主体的要件以外，还必须具有特定的身份。② 而有论者则认为，投保人、被保险人和受益人等均是由保险行为所产生的，也即是随着保险合同的存在而存在的，并非是刑法对本罪主体所规定的特定身份。刑法上某一犯罪的主体是否为特殊主体，关键是看刑法有无特别规定以及这种特定的身份是否会影响到此罪与彼罪的界限。就此而言，认为保险诈骗罪的主体为一般主体，并无不妥。③

关于保险人能否成为保险诈骗罪主体的问题，有论者认为，由于保险人在刑法中并未归入保险诈骗罪的犯罪主体之中，因而对保险人所实施的诈骗行为，尽管与保险业务直接有关，但仍然应该以一般诈骗罪定性。但基于现实中保险公司及其代理人诈取投保人保险费的行为屡见不鲜的情况，而且这些案件均发生在保险领域相关活动中，刑法完全有必要将保险人在保险业务活动中的诈骗行为归入保险诈骗罪中，也即将保险人列入保险诈骗罪的主体之中。④

关于单位实施保险诈骗行为的处理问题，有论者指出，当单位实施《刑法》第198条第1款第4项和第5项行为，即单位作为投保人，故意造成财产损失的保险事故，骗取保险金，或者单位作为投保人，故意造成被保险人死亡、伤残或疾病而骗取保险金时，根据该条第2款的规定，应依照数罪并罚的规定处罚。而在单位人员为本单位利益，以放火等单位不能成为主体的手段行为实施保险诈骗时，对单位应以保险诈骗罪定罪，同时追究单位与直接负责的主管人员和其他直接责任人员的刑事责任；而对放火等罪，尽管单位不能构成，但单位中直接负责的主管人员和其他

---

① 参见张明楷：《有价证券诈骗罪的疑难问题探讨》，载《政法论坛》，2005（6）。

② 参见李卫红：《保险诈骗罪研究》，载赵秉志主编：《新千年刑法热点问题研究与适用》（下），1435页，北京，中国检察出版社，2001。

③④ 参见刘宪权：《保险诈骗罪疑难问题的司法认定》，载《浙江大学学报》（人文社会科学版），2008（4）。

直接责任人员并不能免除对这些罪的责任。①

问题之二：保险诈骗罪实行行为着手的认定。

关于保险诈骗罪的实行行为的“着手”时期应如何判定的问题，理论上有不同的理解。第一种观点认为，实行行为“着手”的时期应是行为人开始实施刑法分则规范中具体犯罪构成客观要件的行为时期，而本罪的具体客观要件的行为是虚构保险标的、编造未曾发生的保险事故、夸大损失程度、制造保险事故以及骗取保险金的行为。本罪的实行行为是双重实行行为，应以开始实施第一行为，即手段行为为犯罪的着手。因此，认定本罪的着手应以行为人开始实施虚构保险标的、编造未曾发生的保险事故、夸大损失的程度、制造保险事故的行为为准。② 第二种观点认为，本罪的着手应以行为人开始向保险人申请给付保险金时为着手，而不是以开始制造保险事故等为着手，因为犯罪的本质是侵犯法益，没有侵犯法益的行为不可能成立犯罪，当然也不能成为实行行为。而且，实行行为只能是具有侵害法益的紧迫危险性的行为。具体到本罪，为骗取保险金而制造保险事故的行为，只是为诈骗保险金创造了前提条件；如果行为人制造保险事故后并未到保险公司索赔，则保险制度和保险公司的财产受侵犯的可能性就比较小，因而不应认为是保险诈骗罪的着手；只有开始实施索赔行为或者向保险公司提出支付保险金请求的行为，才是本罪的着手。③ 第三种观点认为，应将开始实行向保险人虚构事实或隐瞒真相的行为作为保险诈骗罪的“着手”，其具体标志是行为人以非法占有为目的开始把虚假的信息传递给保险人。换言之，没有行为人与保险人之间的这种实质的“信息传递”，就没有本罪的着手。根据金融交易关系的利用方式不同，着手的具体标志也有区别：在行为人为诈骗建立“金融交易关系”的场合，着手的标志是行为人虚构事实或隐瞒真相而与保险人建立金融交易关系的行为；在虚构保险标的骗取保险金的场合，行为人就虚构的保险标的与保险人订立保险合同的行为就是保险诈骗罪的着手；在行为人身居真实合法的金融交易关系后才产生诈骗故意的场合，其着手的标志就是行为人将虚假情况向保险人传递的行为。④ 第四种观点认为，认定保险诈骗罪实行行为的“着手”，应以行为人在非法占有目的的支配下开始实施向保险人虚构事实或隐瞒真相的行为为准，同时结合刑法条文对罪状的描述，具体认定每种保险诈骗行为的着手。在故意虚构保险标的，骗取保险金的情形下，应分为以下情况：虚构一个根本不存在的保险对象投保的，应以行为人开始实施就虚构的保险对象向保险公司投保

---

① 参见李亚飞、黄河：《保险诈骗罪刍议》，载赵秉志主编：《新千年刑法热点问题研究与适用》（下），1445页，北京，中国检察出版社，2001；张明楷：《保险诈骗罪的基本问题探究》，载《法学》，2001（1）。

② 参见赵秉志：《刑法总论问题研究》，414页，北京，中国法制出版社，1996。

③ 参见张明楷：《保险诈骗罪的基本问题探究》，载《法学》，2001（1）；张永红、姜国强：《保险诈骗罪停止形态研究》，载《山东警察学院学报》，2007（3）。

④ 参见刘远：《金融诈骗罪研究》，296～297页，北京，中国检察出版社，2002。

的行为为着手；事后投保的，应以行为人向保险公司投保为着手；在重复保险的场合，应以行为人开始实施向保险公司提出赔偿超过该保险公司应当承担的赔偿金额的请求的行为为着手；超额保险的，应以行为人开始实施向保险人申请按保险金额给付为本罪的着手；将不合格的保险标的充作合格的保险标的投保的，应以行为人开始向保险公司索赔时为着手；隐瞒保险危险骗取保险金的，一般也应从行为人开始实施索赔行为为着手，但对那些投保时即具有非法占有目的的，应从行为人开始投保为着手；将非保险标的物冒充保险标的物的，应以行为人开始向保险公司索赔时为着手。投保人、被保险人或者受益人对发生的保险事故编造虚假的原因或者夸大损失的程度，骗取保险金的，应以行为人开始实施向保险公司索赔的行为为本罪的着手；投保人、被保险人或者受益人编造未曾发生的保险事故，骗取保险金的，应以行为人开始实施向保险公司索赔的行为为着手；行为人故意造成财产损失、人身伤亡、疾病的保险事故，骗取保险金的，应以行为人开始实施向保险公司索赔的行为为着手。总之，认定各种保险诈骗行为的着手，一般应以行为人在非法占有目的和诈骗故意的支配下，开始对保险公司实施欺诈行为为准。①

问题之三：保险诈骗罪既遂与未遂的区分。

对此，首先涉及的是保险诈骗罪是行为犯还是结果犯的问题。一种观点认为，我国1997年《刑法》对保险诈骗罪采取了结果犯的立法模式，即本罪的既遂必须要求产生行为人骗取了“数额较大”财物的结果；如果行为人没有骗取到任何财物或者行为人所骗取到的财物没有达到“数额较大”的标准，那么对其行为只能以未遂论处。② 该种观点的支持者还阐述了以下理由：第一，从本罪的罪状表述来看，《刑法》第198条第1款在每一种具体的行为方式后都规定有“骗取保险金”，而且这一规定并非仅仅是为了说明行为人的犯罪意图，还应该是本罪既遂的一个构成要件要素；第二，保险诈骗罪是诈骗型犯罪的形式之一，而普通诈骗罪为结果犯乃学界共识，保险诈骗罪虽然在具体行为方式上有其特殊之处，但是其应该具有诈骗型犯罪乃结果犯的相同之处；第三，将1997年《刑法》中的保险诈骗罪认定为结果犯具有立法论上的依据，这可以进一步辅证前两个解释论上的理由。③ 另一种观点认为，我国1997年《刑法》中的保险诈骗罪是行为犯，即刑法所要求的“数额较大”并非指行为人已经骗取到的财物数额，而是指行为人实施保险诈骗活动所意图骗取的财物数额，至于行为人是否达到了犯罪目的，则在所不问。④

在将保险诈骗罪认定为结果犯的前提下，关于保险诈骗罪是否存在未遂形态，

---

① 参见周铭川、张泽吾：《保险诈骗行为着手的认定》，载《福建公安高等专科学校学报——社会公共安全研究》，2002 (6)。

② 参见陈兴良主编：《刑法新罪评释全书》，536页，北京，法律出版社，1997。

③ 参见张永红、姜国强：《保险诈骗罪停止形态研究》，载《山东警察学院学报》，2007 (3)。

④ 参见高西江主编：《中华人民共和国刑法的修订与适用》，472页，北京，中国方正出版社，1997。

理论上也有不同的认识。有的论者认为，如果保险诈骗行为已经导致了法定的危害结果的发生，那么就是保险诈骗罪的既遂；如果保险诈骗行为已经着手，但由于行为人意志以外的原因未得逞的，就是保险诈骗罪的未遂。这也是通说的观点。① 通说的观点得到了司法解释的认同。1998 年 11 月 27 日最高人民法院《关于保险诈骗未遂能否按犯罪处理问题的答复》指出，“行为人已经着手实施诈骗行为，但由于其意志以外的原因未获得保险赔偿的，是诈骗未遂，情节严重的，应依法追究刑事责任。”而有论者虽然承认保险诈骗罪是结果犯，但是并不承认其存在未遂形态，其理由在于，区别保险诈骗行为罪与非罪的一个重要标准是看其是否实际骗取了数额较大的保险金，诈骗犯罪要求以骗取一定的违法数额作为必要条件，缺少此条件，犯罪根本就不成立，而无所谓既遂、未遂的成立。②

在确定保险诈骗罪存在未遂形态后，接下来还需要考虑本罪既遂的标准问题。保险诈骗犯罪的既遂要求行为人骗取数额较大的保险金，那么何为“数额较大”呢？关于本罪既遂数额的“性质标准”，学界主要有以下三种代表性观点：其一为学界的通说，主张“占有数额”，即行为人非法占有保险金的数额，也称为犯罪所得数额；③ 其二，有论者主张“交付数额”，即保险人实际交付保险金的数额，也称为犯罪交付数额；④ 其三，也有论者主张“损失数额”，即保险人损失的结果数额，也称为犯罪损失数额。⑤ 对此，有论者认为，由于本罪为金融犯罪，犯罪的交付、占有、损失均是以金钱为依据的，通常的情况是保险人交付多少犯罪数额，就损失多少，行为人也就占有多少犯罪数额。因此，三种观点的争论就无多大意义。在这个意义上，相关司法解释是有其合理性的。根据 1996 年 12 月 16 日最高人民法院《关于审理诈骗案件具体应用法律的若干问题的解释》第 9 条的规定，金融诈骗按犯罪所得数额定罪量刑。如果出现了三种数额不一致的情况，基于刑法客观主义的立场，根据法益侵害说，应该以犯罪损失数额为既遂的标准。在这个意义上，前述司法解释也值得商榷。⑥

问题之四：保险诈骗罪共同犯罪的认定。

根据立法和司法实践，保险诈骗罪共同犯罪的成立，因参与共同犯罪行为人主体身份的不同，可分为无身份者与有身份者实施的保险诈骗共同犯罪和有身份者实施的保险诈骗共同犯罪。其中，一般主体与保险合同当事人实施的保险诈骗共同犯罪以及保险合同当事人共同实施保险诈骗，成立共同犯罪，在理论和实践中均无争

---

① 参见张永红、姜国强：《保险诈骗罪停止形态研究》，载《山东警察学院学报》，2007 (3)。

② 参见刘家琛主编：《新刑法条文释义》(下)，844 页，北京，人民法院出版社，1997。

③ 参见周道鸾、张军主编：《刑法罪名精释》，282 页，北京，人民法院出版社，2003。

④ 参见刘远：《金融诈骗罪研究》，241 页，北京，中国检察出版社，2002。

⑤ 参见赵秉志主编：《金融犯罪界限认定司法对策》，414～415 页，长春，吉林人民出版社，2000。

⑥ 参见张永红、姜国强：《保险诈骗罪停止形态研究》，载《山东警察学院学报》，2007 (3)。

议，存在较多争议的主要涉及两种情形。

其一，保险事故的鉴定人、证明人、财产评估人参与实施的保险诈骗共同犯罪。《刑法》第198条第4款规定："保险事故的鉴定人、证明人、财产评估人故意提供虚假的证明文件，为他人诈骗提供条件的，以保险诈骗的共犯论处。"在此，首先涉及该规定的性质问题。对此，一种观点认为，该条款属于对一般共同犯罪的提示性规定，即它是在刑法已有相关规定的前提下，提示司法人员注意，以免司法人员忽略的规定，它并没有改变相关规定的内容，只是对相关规定内容的重申或具体化。据此，保险事故的鉴定人、证明人、财产评估人故意提供虚假证明文件的行为，只有同时符合《刑法》第25条关于共同犯罪的规定，才能构成保险诈骗的共犯，即鉴定人等只有在与他人有诈骗保险金之共谋的前提下提供虚假证明文件时，才构成保险诈骗的共犯。① 另一种观点认为，该条款属于对片面共犯的特别规定。其特殊性在于：保险诈骗的共犯在鉴定人、证明人、财产评估人只具有单方面故意的情况下也可以成立。②

与上述问题相关的是该款与《刑法》第229条第1、2款规定的关系问题。对此，有论者认为，《刑法》第198条第4款的规定与《刑法》第229条第1、2款的规定实际上形成了法条竞合关系，但既然刑法明确规定对上述人员按本罪的共犯处理，显然是为了加重为保险诈骗人提供条件的上述人员的刑罚。所以，对保险事故的鉴定人、证明人、财产评估人故意提供虚假的证明文件为他人诈骗提供条件的，应适用《刑法》第198条的规定，而不得适用《刑法》第229条第1、2款的规定。③ 而有论者则认为，《刑法》第198条第4款与第229条第1款之间存在着法条的交叉竞合关系。在法条竞合的情况下，如何认定行为人的犯罪性质，存在两种具体情形。一是以保险诈骗罪定罪的情形。《刑法》第198条所规定的中介组织人员成立保险诈骗罪，是作为共犯形式予以规定的，其行为是否构成保险诈骗罪，取决于两个方面的因素：其所帮助或辅助的行为人实施的保险诈骗罪是否成立；鉴定人、财产评估人与保险诈骗的行为人是否存在共同的犯罪故意，是否明知虚假的证明文件是用于保险诈骗的。两者须同时具备，方成立保险诈骗罪。这种情形在理论上，符合特别法优于普通法的法条竞合一般原则。二是以提供虚假证明文件罪定罪的情形。保险事故的鉴定人、财产评估人故意提供虚假的证明文件，为他人诈骗提供条件，但保险诈骗罪未成立的；或者虽实施了故意提供虚假证明文件的行为，但与实施保险诈骗的行为人不存在共同的犯罪故意，仅是出于贪图小利甚至出于领导的授意而出具虚假证明的，若行为人故意提供虚假证明文件的行为，属情节严重，或者属于"虽未达到上述数额标准，但因提供虚假证明文件，受过行政处罚二次以上，又提供虚假证明文件"的，成立提供虚假证明文件罪。这种情形在理论上符合重法优于轻法的

① 参见张明楷：《刑法学》，2版，637～638页，北京，法律出版社，2003。

② 参见刘宪权、卢勤忠：《金融犯罪理论专题研究》，146页，上海，复旦大学出版社，2002。

③ 参见于改之：《保险诈骗罪的司法认定》，载《法律适用》，2003（7）。

法条竞合的补充原则。[1]

其二，保险公司工作人员与投保人、被保险人或受益人共同实施保险诈骗行为的定性。

对该行为的定性，实际上涉及无身份者与有身份者共同实施特定犯罪定性的刑法理论问题。对此，主犯决定说认为，定贪污罪、职务侵占罪还是保险诈骗罪，应根据保方人员和投保人等在共同犯罪中的作用确定。[2] 特殊身份说认为，应视具体情况依照保方人员利用职务或工作之便构成的犯罪即贪污罪或职务侵占罪论处。[3] 实行行为性质和行为人核心角色说认为，共同犯罪的性质大体上由实行行为的性质决定，但是由于从不同的角度看，各行为人都有自己的实行行为，所以，问题的关键在于考察共同犯罪的核心角色。对内外勾结骗取保险金的案件，除了考虑实行犯的犯罪性质外，还要考虑各行为人的行为所触犯的罪名，考虑谁是犯罪行为中的核心角色从而确定共同犯罪的性质。具体来说，投保人为了骗取保险金而与保险公司的工作人员相勾结时，投保人是核心角色，首先在保险诈骗罪的范围内成立共犯；在此限度内，投保人是实行犯，保险公司的工作人员是帮助犯；但是由于保险公司的工作人员另触犯了职务侵占罪或者贪污罪，故需要比较法定刑的轻重；如果保险公司的工作人员只触犯职务侵占罪，而保险诈骗罪的法定刑重于职务侵占罪，因此，对保险公司的工作人员以保险诈骗罪的共犯论处较为合适；如果保险公司的工作人员触犯的是贪污罪，而贪污罪的法定刑重于保险诈骗罪的法定刑，因此，对保险公司的工作人员以贪污罪论处较为合适。反过来也可以得出相似结论。[4] 区别对待说认为，投保人等与保方人员共同故意实施诈骗保险金的行为，若保方人员没有利用职务之便，实施保险诈骗行为的，构成保险诈骗罪的共犯。若其利用职务之便的，在保方人员是国家工作人员时，构成贪污罪；在保方人员不是国家工作人员时，构成职务侵占罪。[5]

三、整体评论

关于金融犯罪的研究，从总体上看可以分为：金融犯罪基本理论研究（这方面的研究主要包括金融犯罪的概念、特征、金融犯罪的分类、金融犯罪的罪数问题、金融犯罪的共同犯罪问题等）；金融犯罪的立法问题研究；金融犯罪的预防研究；具

---

① 参见钱小平、魏昌东：《保险诈骗罪疑难问题探析》，载《云南大学学报法学版》，2006（3）。

② 参见张冬霞：《保险诈骗罪若干问题研究》，载单长宗等主编：《新刑法研究与适用》，431页，北京，人民法院出版社，2000。

③ 参见赵秉志：《刑法各论问题研究》，527页，北京，中国法制出版社，1996。

④ 参见张明楷：《保险诈骗罪的基本问题探究》，载《法学》，2001（1）；参见张明楷：《诈骗罪与金融诈骗罪研究》，452页，北京，清华大学出版社，2006。

⑤ 参见江礼华、周其华：《保险诈骗罪的几点研究》，载单长宗等主编：《新刑法研究与适用》，439页，北京，人民法院出版社，2000。

体金融犯罪问题研究等。自中国确立社会主义市场经济体制的目标、金融成为重要的经济工具以来，理论界就开始了对金融犯罪问题的关注和研究。

在中国建立社会主义市场经济体制的过程中，金融部门已经成为经济犯罪的多发部门，金融工作人员利用职务之便所实施的犯罪案件在经济犯罪中所占比重越来越大。他们或者内外勾结，或者上下串通，大肆进行贪污、受贿和挪用公款等犯罪活动，严重破坏金融秩序，败坏金融声誉，直接危害社会主义市场机制的建立及正常运行。为此，全国人大常委会于1995年6月30日通过了《决定》。《决定》颁布的前后是刑法理论界对金融犯罪问题研究的第一个阶段，这一阶段金融犯罪作为当时社会条件下新型的犯罪而引起了民众、理论界和立法部门的关注。但由于当时金融犯罪属于新型的犯罪，对其研究尚处于起步阶段，因此这一阶段的研究主要集中在金融犯罪的基本概念和特征等问题的讨论上。金融犯罪的研究在此阶段处于新事物的发展阶段，尚有待于继续深入下去。

1995年以后，全国范围内金融犯罪案件上升的幅度大大高于其他经济犯罪案件和普通刑事案件。据不完全统计，1995年全国金融犯罪案件比1994年增加了23%，1996年又比1995年增加了57%；涉案金额也越来越大，1996年全国金融犯罪案件平均案额比1995年增加了5700元，涉案金额上升了27亿元。诸如中国农业银行河北衡水支行签发的100亿美元备用信用证诈骗案、无锡32亿元集资诈骗案，都是新中国成立以来十分罕见的特大金融犯罪案件，给我国国民经济的健康发展造成了难以估量的影响。同时，随着我国改革开放政策的深入实施和市场经济体制的建立与发展，在人们的经济生活中出现了许多新情况、新问题。面对新的形势和新的问题，1997年我国系统修订的《刑法》增加了许多金融犯罪方面的新罪名。立法部门首先对金融犯罪问题作出回应，在立法上对金融犯罪的规制实现突破。因此，1997年《刑法》颁布前后为金融犯罪研究发展的第二个阶段。在此阶段，刑法理论界对金融犯罪问题的研究主要是围绕《刑法》的修订展开的。这一阶段的研究主要集中在金融犯罪的立法问题、金融犯罪的分类、具体刑法罪名的介绍和司法适用上。

随着经济全球化、金融电子化的快速推进，我国加入WTO，又处于社会主义市场经济的初步确立和金融机构的改革这一特殊阶段。在我国金融事业蓬勃发展的同时，金融领域中各种新型犯罪也层出不穷，金融大案频发，危害极大。据最高人民法院统计，近年来金融犯罪的社会危害性主要体现在三个方面。第一，金融犯罪案件总体数量下降，但绝对数量大，发案率较高。2006年，全国各级法院审判破坏金融秩序犯罪案件1607件，金融诈骗犯罪案件1633件。第二，犯罪总额很大。金融诈骗犯罪，包括信用证诈骗、票据诈骗、贷款诈骗、集资诈骗等案件，犯罪总额都很大，动辄几百万、几千万甚至上亿。第三，金融犯罪不仅扰乱了金融秩序，而且往往导致国有资产大量流失，影响社会稳定。面对这种形势，2006年6月29日全国人大常委会颁布的《中华人民共和国刑法修正案（六）》对《刑法》中的金融犯罪进行了修改，这是历次刑法修正案中对金融犯罪修正最大的一次。《刑法修正案（六）》颁布前后是金融犯罪研究发展的第三个阶段。在这一阶段，刑法理论界对金融犯罪问题的研究主要是围绕着金融犯罪的预防机制、金融犯罪预防的国际合作、跨国金融犯罪问题以及《刑法修正案（六）》所引起的新变化展开的。金融全球化趋势是目前世界各国金融市场紧密联系并向一个整体市场发展的趋势。在实现经济市场化并成为WTO成员国之后，我国也加入了全球经济一体化的浪潮中，我国金融市场的国际化也就不可避免地发生，而我国目前的经济状况及金融全球化的趋势在客观上决定了我国金融犯罪的国际化趋势。2007年8月25日至26日，中国人民大学刑事法律科学研究中心主办的“全球化背景下的金融犯罪问题”国际学术研讨会在北京举行。来自司法界和学术界的中外专家论者100余人出席了本次会议。与会代表就刑法如何在化解全球化背景下的金融风险中发挥作用等问题展开了探讨。

《刑法修正案（七）》的讨论中，涉及金融犯罪的行为主要有：一些证券投资基金管理公司、证券公司等金融机构的从业人员，利用其因职务便利知悉的法定内幕信息以外的其他未公开的经营信息，如本单位受托管理资金的交易信息等，违反规定从事相关交易活动，谋取非法利益或者转嫁风险。这种“老鼠仓”行为也应当作为犯罪追究刑事责任。因此，理论界主张，基金管理公司、证券公司、商业银行或者其他金融机构的工作人员，利用因职务便利获取的内幕信息以外的其他未公开的经营信息，违反规定，从事与该信息相关的交易活动，或者建议他人从事相关交易活动，情节严重的，依照刑法相关规定处罚。“老鼠仓”行为当事人可被处5年以下有期徒刑或者拘役，并处或者单处违法所得1倍以上5倍以下罚金；情节特别严重的，将被处5年以上10年以下有期徒刑，并处违法所得1倍以上5倍以下罚金。

第八章

侵犯知识产权犯罪

一、研究概况

自1979年《刑法》规定假冒商标罪以来，我国知识产权刑事立法不断向前推进，目前已基本上形成了惩治侵犯知识产权犯罪的较为完整的法律框架。与迅猛发展的刑事立法相适应，我国关于知识产权刑法保护的学术研究也呈现出蓬勃开展之势。据统计，自1979年以来，我国共发表有关知识产权刑法保护的各类论文七百余篇，出版专著46部，举办专题学术会议20余次。侵犯知识产权犯罪已经成为1997年《刑法》颁布以来最热门的研究领域之一。上述著述和学术会议，既有对知识产权刑法保护基本理论的深刻阐述，也有对知识产权刑法条文如何具体适用的精辟分析；既有对中国知识产权刑法保护的本土资源的精心挖掘，也有对国际知识产权刑法保护的成熟经验的积极借鉴；既有对现行立法之规定进行全面阐释以求对司法实践提供理论指导，也有对现行立法之不足进行深刻剖析以为刑法完善建言献策。可以说，我国刑法学界关于侵犯知识产权犯罪的学术研究，既为刑法立法的完善提供了有益的参考，也为刑事司法实践提供了正确的指导，从而为中国知识产权的刑法保护乃至为创新型国家的建设作出了积极的贡献。

但是，我们也应该清醒地看到，在我国侵犯知识产权犯罪学术研究空前繁荣的背后，也出现了学术研究严重脱离司法实践，大多数论文低水平重复、学术含量不高等相当多的问题。上述问题的存在，制约着学术研究的进一步发展，影响着知识产权刑法保护的效果。因此，对侵犯知识产权犯罪学术研究所取得的成就进行总结，对其存在的问题进行反思，对于进一步繁荣我国侵犯知识产权犯罪的学术研究以及强化知识产权的刑法保护，均具有积极意义。

自1978年至2008年，我国刑法学界对侵犯知识产权犯罪的研究，以1997年《刑法》的颁布为界，大致可以分为两个阶段。

(一) 自1979年《刑法》颁行至1997年《刑法》颁布以前的阶段

在这一阶段，刑法学界对侵犯知识产权犯罪的研究主要是围绕着1979年《刑法》中的侵犯商标犯罪以及单行刑法、附属刑法规范中的侵犯知识产权犯罪而展开的。

在1979年《刑法》颁布之前，我国由于推行计划经济体制，经济基础公有，意识形态“大公无私”，没有知识产权可言，[①] 也没有知识产权制度，对知识产权的刑法保护无从谈起，更遑论对侵犯知识产权犯罪进行研究了。我国学术界真正对侵犯知识产权犯罪开展研究，是在1979年《刑法》规定假冒注册商标罪以后。著名知识产权法专家郑成思教授撰写的《专利侵权的刑事制裁问题》（载《专利与发明》1983年第3期）和南振华先生撰写的《关于认定假冒商标罪的几个问题》（载《法学研究》1984年第5期）是我国较早研究侵犯知识产权犯罪的论文。之后，关于侵犯知识产权犯罪的研究开始活跃起来，一部分学术论文得以相继发表。在1993年、1994年全国人大常委会相继通过了《关于惩治假冒注册商标犯罪的补充规定》、《关于惩治侵犯著作权的犯罪的决定》以后，围绕着这些单行刑法规范，学术界对我国侵犯知识产权犯罪的构成要件、刑罚适用以及立法完善等问题进行了详细而认真的探讨，侵犯知识产权犯罪的学术研究也达到了一个新的高度。

1. 关于侵犯知识产权犯罪的构成要件

在1997年《刑法》颁布之前，我国刑法规定的侵犯知识产权犯罪包括侵犯商标权的犯罪、侵犯专利权的犯罪和侵犯著作权的犯罪。对侵犯知识产权犯罪构成要件的研究也主要围绕上述三种犯罪而展开。其中，关于侵犯商标权犯罪的代表性论文有：南振华的《关于认定假冒商标罪的几个问题》（载《法学研究》1984年第5期）；高铭暄的《简析假冒注册商标犯罪》（载《中央政法干部管理学院学报》1993年第6期）；朱孝清的《略论假冒注册商标犯罪的几个问题》（载《法学》1994年第2期）。关于侵犯专利权犯罪的代表性论文有：郑成思的《专利侵权的刑事制裁问题》（载《专利与发明》1983年第3期）；徐火辉的《假冒专利罪的认定与处罚》（载《法律适用》1996年第3期）。关于侵犯著作权犯罪的代表性论文有：王光的《论侵犯版权行为的刑事责任》（载《政法丛刊》1989年第4期）；张智辉：《试论侵犯著作权的犯

---

① 这突出反映在1963年11月3日的《发明奖励条例》第23条之中。该条规定，“所有的发明都是国家的财产，任何人、组织都不能申请将其垄断。全国范围内的所有组织包括集体组织都可以使用它们。”

罪》（载《法学家》1995 年第 2 期）。

在这些论文中，论者们对上述几种犯罪的构成要件进行了深入探讨，在侵犯知识产权犯罪的概念、主体、主观方面、客观行为方式等方面基本上达成了共识。但是，学术界在一些具体问题上也有不同意见，例如，对于假冒专利罪的客观行为方式是否包括冒充专利、非法实施专利等行为，"相同的商标"是指完全相同还是基本相同，"违法所得数额"是指"销售金额"还是营利数额等，均有不小的争议。

2. 关于侵犯知识产权犯罪的立法缺陷及其完善问题

1997 年《刑法》颁布以前，1979 年《刑法》、1984 年《专利法》和 1993 年、1994 年全国人大常委会颁布的单行刑法规范规定了侵犯商标权、专利权、著作权的犯罪，但是，这些立法都存在一些缺陷，并由此影响到实践中对这些犯罪的打击。我国论者敏锐地看到了这些缺陷，并就其完善问题专门撰文予以探讨。这方面的代表性论文主要有：张智辉的《论知识产权刑法保护之立法完善》（载《法学》1995 年第 4 期）；董邦林的《关于在我国刑法中增设侵犯知识产权罪专章的构想》（载《法律适用》1996 年第 1 期）；周友苏、夏黎阳的《关于修改假冒商标罪的建议》（载《法学》1985 年第 8 期）；张迎春的《假冒商标罪主体应扩大为一般主体》（载《法学评论》1988 年第 3 期）；李本、高晓天的《〈著作权法〉的若干立法缺陷》（载《法学》1991 年第 10 期）；张振亮、刘权的《论侵犯著作权犯罪及其刑事立法完善》（载《社科纵横》1996 年第 1 期）。

在这些论文中，论者们结合惩治侵犯知识产权犯罪的需要，对我国侵犯知识产权犯罪刑事立法的缺陷进行了详细分析，并提出了具体的完善建议。比如，假冒商标罪的主体过于狭窄，应当扩展为一般主体；应增设侵犯著作权犯罪的规定；① 侵犯著作权犯罪要求以营利为目的，过于严格；应当在刑法中单独规定假冒专利罪；增设有关侵犯商业秘密的犯罪等。

3. 关于侵犯知识产权犯罪的基本理论问题

这一时期，虽然我国侵犯知识产权犯罪的刑事立法时间还不长，理论研究也不是很深入，但是，仍有一些论者高瞻远瞩，对侵犯知识产权犯罪的基本理论问题进行了初步探讨。这方面的代表性论文有：李本的《我国知识产权刑法保护的若干问题》（载《法学研究》1993 年第 1 期）；王作富、孙力的《科技进步之刑法保护》（载《法学家》1993 年第 1 期）。这些论者对知识产权刑法保护的意义、价值选择、理论体系等进行了深入研究，从而大大拓宽了侵犯知识产权犯罪的研究视野。

除上述研究内容之外，这一时期，已经有论者对外国以及我国港澳台地区知识产权刑法保护进行了研究，并提出要比较、借鉴国外以及我国港台地区知识产权刑事立法的先进经验。这方面的代表性论文有：赵秉志、刘志伟的《海峡两岸侵害商标犯罪立法之比较》（载《法学评论》1994 年第 5 期）；王良华的《中国区际商标侵

---

① 该观点出现在 1994 年《全国人大常委会关于惩治侵犯著作权的犯罪的决定》颁布以前。

权犯罪比较研究》(载《云南法学》1996年第4期)。

(二) 1997年《刑法》颁行后至今

在这一阶段,刑法学界对侵犯知识产权犯罪的研究主要是围绕着《刑法》的规定以及与有关国际公约相协调而展开的。我国1997年《刑法》充分吸收了1984年《专利法》、1993年《关于修改商标法的决定》、《关于惩治假冒注册商标犯罪的补充规定》、1993年《反不正当竞争法》、1994年《关于惩治侵犯著作权的犯罪的决定》中的合理规定,在分则第3章第7节用7个条文规定了侵犯知识产权犯罪。至此,我国初步形成了较为完善的知识产权刑法保护体系。新《刑法》通过以后,我国论者对侵犯知识产权犯罪的研究表现出极大的热情,先后发表了六百多篇学术论文,出版了三十余部专著,由此使得侵犯知识产权犯罪学术研究的深度和广度都有很大的提升。

1. 关于侵犯知识产权犯罪的基本理论问题

与第一个阶段的主要研究内容相比,本阶段的一个显著特点就是论者们日益重视侵犯知识产权犯罪基本理论问题的研究。代表性论文主要有:孙万怀的《侵犯知识产权犯罪刑事责任基础构造比较》(载《华东政法学院学报》1999年第2期);田宏杰的《论我国知识产权的刑事法律保护》(载《中国法学》2003年第3期);唐稷尧的《知识产权犯罪:利益背景与刑事控制》(载《中国刑事法杂志》2002年第3期);高艳东的《论TRIPS视野下刑法保护知识产权的必要性与限度性》(载《贵州警官职业学院学报》2003年第5期)。在上述论文中,研究者对知识产权刑法保护的必要性与限度、知识产权刑法保护的基本刑事对策、知识产权刑事法律保护的价值选择等进行了深入的研究,理论深度大大加强。通过研究,论者们揭示了为什么要加强、怎样加强知识产权刑法保护等侵犯知识产权犯罪中最基本的理论问题。

2. 关于侵犯知识产权犯罪的构成要件问题

刑法学学术研究的目的之一是为司法实践服务。在一项新的立法制定出来后,首先需要明晰其确切含义,这样才能方便司法操作。因此,在1997年《刑法》通过以后,对其规定的具体犯罪的构成要件进行解释就成了论者们研究的重点。对侵犯知识产权犯罪构成要件的解释也不例外。此方面的代表性论文不胜枚举,而代表性著作主要有:聂洪勇的《知识产权的刑法保护》(中国方正出版社2000年版);赵永红的《知识产权犯罪研究》(中国法制出版社2004年版)。经过论者们几年辛勤的努力,除了个别问题如侵犯商业秘密罪的主观罪过形式到底是仅限于故意,还是包括过失,违法所得数额到底是指销售金额还是指获利数额以外,我国侵犯知识产权犯罪构成要件中的大多数疑难争议问题都有了较为权威、通行的解释。比如,假冒专利罪的客观行为方式仅限于《专利法》明确规定的四种方式;复制发行包括既复制又发行、复制但没有发行、发行但没有复制三种情况;相同商标是指完全相同的商标与基本相同的商标,但不包括近似的商标;等等。

3. **关于司法解释问题**

在本阶段，我国最高司法机关针对办理侵犯知识产权犯罪中的具体问题发布了几个很有影响的司法解释，即1998年最高人民法院《关于审理非法出版物刑事案件具体应用法律若干问题的解释》、2004年最高人民法院、最高人民检察院《关于办理侵犯知识产权刑事案件具体应用法律若干问题的解释》、2007年最高人民法院、最高人民检察院《关于办理侵犯知识产权刑事案件具体应用法律若干问题的解释（二）》等。围绕着上述解释，论者们对我国刑法中规定的侵犯知识产权犯罪的具体适用进行了研究，并针对存在的问题提出了相应的完善建议。代表性论文有：游伟、尚爱国的《我国知识产权犯罪司法解释问题研究》（载《中国刑法学年会文集（2004年卷）》，中国人民公安大学出版社2004年版）；胡云腾、刘科的《知识产权刑事司法解释若干问题研究》（载《中国法学》2004年第6期）等。

4. **关于知识产权刑事立法的完善问题**

随着经济体制改革的不断深入和对外开放的逐步扩大，特别是为了适应加入世界贸易组织和经济全球化、信息技术产业化的需要，我国相继于2000年通过了《关于修改〈中华人民共和国专利法〉的决定》，2001年通过了《关于修改〈中华人民共和国著作权法〉的决定》、《关于修改〈中华人民共和国商标法〉的决定》，其中增加了许多保护知识产权的新内容，对知识产权的比较严密的法律保护体系由此得以形成，这为我国加入世界贸易组织、严惩日益严重的侵犯知识产权行为提供了有效的法制保障。通过知识产权专门立法的修改完善，一些侵权行为的内容得以扩大，由此引发了对《刑法》中规定的相关知识产权犯罪的客观方面特征进行调整和完善的需要；同时，我国于1992年发布了《中药品种保护条例》，1995年颁布了《知识产权海关保护条例》，1997年颁布了《植物新品种保护条例》，2001年通过了《集成电路布图设计保护条例》。由此，对严重违反这些知识产权保护条例的行为能否予以犯罪化的问题，也需要及时予以研究。在本阶段，刑法学界围绕着我国侵犯知识产权犯罪中存在的问题，结合有关国际公约和世界其他发达国家的规定，对我国侵犯知识产权犯罪的立法完善问题进行了详细的研究。其中，代表性著述有：赵秉志、田宏杰的《侵犯知识产权犯罪比较研究》（法律出版社2004年版）；杜国强、廖梅、王明星的《侵犯知识产权罪比较研究》（中国人民公安大学出版社2005年版）；廖中洪的《中美知识产权刑事保护的比较研究》（载《法律科学》1997年第3期）；陈东升的《TRIPS与我国知识产权保护的刑事立法完善》（载《政法论丛》2003年第1期）。除了发表论文与出版专著以外，刑法学界在本阶段还相继召开了一些学术研讨会，专门就知识产权刑法保护的立法完善问题进行研究。其中，具有代表性的是2006年8月19日北京师范大学刑事法律科学研究院在北京召开的“侵犯著作权犯罪立法问题研讨会”，该会集中探讨了我国侵犯著作权犯罪刑事立法中存在的问题及其立法完善。会后，北京师范大学刑事法律科学研究院又组织有关人员撰写了《中国著作权刑法保护的立法完善研究》的研究报告，该研究报告被提交给我国最高立法机关和有关主管部门，并产生了积极的影响。

二、观点综述

（一）侵犯知识产权犯罪的立法模式问题

世界各国有关侵犯知识产权犯罪的立法模式，大致可以分为以下几种方式或层次：第一种是散在型的立法模式，这是当今较为普遍的立法体例；第二种是集中型立法模式；第三种是结合型立法模式。我国刑法关于侵犯知识产权犯罪的立法模式的规定经历了一个变化过程。在1997年《刑法》颁布之前，侵犯知识产权犯罪分别见于1979年《刑法》、1984年《专利法》以及1993年《关于惩治假冒注册商标犯罪的补充规定》和1994年《关于惩治侵犯著作权的犯罪的决定》中，也就是说，我国刑法采用了散在型的立法方式。1997年《刑法》在第三章以专节的形式规定了侵犯知识产权犯罪，从而使得侵犯知识产权犯罪统一规定在《刑法》中。

上述侵犯知识产权犯罪立法模式的变化引起了学术界的广泛关注，并由此出现了两种不同的观点。

第一种观点认为，选择立法模式既要以现实立法为依据，又要为立法提供指导。立足于我国立法传统，相较而言，采取集中型的立法模式似乎更为合理。①

第二种观点主张采取结合型立法模式，以充分发挥附属刑法的作用。持该观点的论者认为，针对侵犯知识产权犯罪新情况、新问题层出不穷的特点，我国知识产权刑事法律保护模式应由集中型向结合型方向转变。②

（二）自然人侵犯知识产权犯罪与单位侵犯知识产权犯罪是否应当适用同一数额的问题

侵犯知识产权犯罪既可以由自然人构成，也可以由单位构成，但是，刑法并没有明文规定自然人犯罪与单位犯罪的具体定罪量刑的数额，刑法实施以后的相关司法解释则规定了不同的数额标准。③ 在我国最高司法机关起草、制定2004年《关于办理侵犯知识产权刑事案件具体应用法律若干问题的解释》（以下简称《知识产权刑事司法解释》）的过程中，学术界和实务界就自然人侵犯知识产权犯罪与单位侵犯知识产权犯罪是否应当适用同一数额的问题产生了争论，并由此主要形成了肯定说与否定说两种观点。

肯定说主张对单位犯罪和自然人犯罪应当适用同一数额标准，而不应当区别对

---

① 参见孙万怀：《侵犯知识产权犯罪刑事责任基础构造比较》，载《华东政法学院学报》，1999（2）。

② 参见田宏杰：《论我国知识产权的刑事法律保护》，载《中国法学》，2003（3）。

③ 参见最高人民检察院和公安部2001年发布的《关于经济犯罪案件追诉标准的规定》和最高人民法院1998年发布的《关于审理非法出版物刑事案件具体应用法律若干问题的解释》。在这些解释中，关于假冒注册商标罪、销售假冒注册商标的商品罪、侵犯著作权罪和销售侵权复制品罪的起点数额和加重数额，单位犯罪和自然人犯罪的标准相差较大，单位犯罪的数额一般高于自然人犯罪的数额达3～5倍。

待，适用不同标准。① 其理由主要是：区别对待的做法不符合平等原则；区别对待的做法容易使犯罪人规避法律；从刑法条文的规定看，并未从数额上对知识产权犯罪进行单位和自然人区分。

否定说认为，对单位侵犯知识产权罪和个人侵犯知识产权罪不适用同一的数额标准，仍有现实意义。因为从侵犯知识产权犯罪所在的刑法分则第三章的多数条文看，刑法对单位犯罪和自然人犯罪都实行区别对待的政策；对单位犯罪与自然人犯罪适用同一起点数额标准，在很多案件中可能会出现不合理的刑罚。②

最高人民法院、最高人民检察院在制定《知识产权刑事司法解释》时，考虑到区别对待是我国刑法处理单位犯罪和个人犯罪的基本精神，现有司法解释和有关文件对自然人与单位侵犯知识产权犯罪分别适用不同数额也是这一精神的体现，新的司法解释不宜根本否定立法的这一精神，同时考虑到单位犯罪的复杂性和严重性，单位犯罪和自然人犯罪的定罪量刑标准也不宜规定得过于悬殊，否则又会产生新的不公平，③ 因此，《知识产权刑事司法解释》综合上述两种观点中的合理因素，规定单位犯罪的起点数额按照个人犯罪起点数额的 3 倍执行。

《知识产权刑事司法解释》的通过，并没有平息理论界关于单位与自然人侵犯知识产权犯罪的定罪量刑数额标准的争议，仍有论者坚持认为应当适用统一标准。在实践中，单位侵犯知识产权犯罪的情况也越来越严重。在我国建设创新型国家的大背景下，进一步降低乃至取消单位与自然人侵犯知识产权犯罪的定罪量刑标准的差别是大势所趋。因此，2007 年最高人民法院、最高人民检察院《关于办理侵犯知识产权刑事案件适用法律若干问题的解释（二）》第 6 条规定，对单位犯罪按照 2004 年《知识产权刑事司法解释》和本解释相应个人犯罪的定罪量刑标准定罪处罚。这一规定，统一了单位侵犯知识产权犯罪与个人侵犯知识产权犯罪的定罪量刑标准。

（三）关于降低侵犯知识产权犯罪的起点数额与数量的问题

1. 关于降低侵犯知识产权犯罪的起点数额问题

这一问题是在最高司法机关起草、制定 2004 年《知识产权刑事司法解释》过程中提出来的。在这之前，最高司法机关和有关执法机关规定的侵犯知识产权犯罪的起点数额标准，有随着社会经济的发展而不断提高的趋向。在制定《知识产权刑事司法解释》时，学术界普遍认为，上述司法解释关于犯罪起点数额的规定明显偏高，远远超出了我国经济发展水平，不利于打击时下比较猖獗的侵犯知识产权犯罪，因此，应当降低侵犯知识产权犯罪的起点数额标准。④ 但对具体降低多少的问题，则众说纷纭。有些执法部门和代表知识产权权利人的组织希望降得低一些，以体现刑法重视保护知识产权的精神；有人则认为，当前侵犯知识产权的情况比较复杂，范

---

① 参见李晓、邰中林执笔的最高人民法院《知识产权刑法保护若干问题的调研报告》。

②③ 参见胡云腾、刘科：《知识产权刑事司法解释若干问题研究》，载《中国法学》，2004（6）。

④ 参见游伟、尚爱国：《我国知识产权犯罪司法解释问题研究》，载陈兴良、胡云腾主编：《中国刑法学年会文集》（2004 年度·第 2 卷），442 页，北京，中国人民公安大学出版社，2004。

围较广，降的幅度不宜过大，否则难以执行；也有人认为，当前对侵犯知识产权的犯罪行为打击不力，主要原因是执法不严而不是数额过高，仅仅降低数额不一定能够解决问题，因而主张可以不降或尽量少降。①

在充分听取各方面的意见后，最高司法机关出台了《知识产权刑事司法解释》。该解释规定，非法经营数额或销售金额以 5 万元为起点，违法所得数额以 3 万元为起点，从而在一定程度上降低了侵犯知识产权犯罪的起点数额。

2. 关于降低侵犯知识产权犯罪的起点数量问题

我国刑法规定的侵犯著作权罪的定罪量刑情节除了“违法所得数额较大”以外，还有“其他严重情节”，而行为人复制发行的侵权复制品的数量较大显然属于“其他严重情节”之一。因此，降低行为人复制发行的侵权复制品的数量标准，也能起到严厉打击侵犯著作权罪的效果。2004 年《知识产权刑事司法解释》第 5 条规定，以营利为目的，未经著作权人许可，复制发行其文字作品、音乐、电影、电视、录像作品、计算机软件及其他作品，复制品数量合计在 1000 张（份）以上的，属于《刑法》第 217 条规定的“有其他严重情节”；复制品数量在 5000 张（份）以上的，属于《刑法》第 217 条规定的“有其他特别严重情节”。根据司法实践中侵犯知识产权犯罪的实际情况，为加大对著作权的刑事保护力度，2007 年“两高”《关于办理侵犯知识产权刑事案件适用法律若干问题的解释（二）》第 1 条对 2004 年《知识产权刑事司法解释》的上述规定进行了修改，将“其他严重情节”的标准降低为 500 张（份），将“有其他特别严重情节”的标准降低为 2500 张（份），从而使得侵犯著作权罪的数量门槛较之 2004 年《知识产权刑事司法解释》降低了一半。

值得注意的是，在我国不断降低侵犯知识产权犯罪的门槛的情况下，仍有意见认为，为加大知识产权刑事保护力度，应当取消知识产权犯罪的数额或者数量门槛，从而更加彻底地对知识产权进行司法保护。② 对此，绝大多数论者不同意这种观点，认为在侵犯知识产权犯罪的刑事立法方面，不能照搬外国的做法。在犯罪的起刑点方面，中国刑法与其他一些国家的刑法不尽一致。其他一些国家通常是仅对行为定性评价，比如盗窃犯罪，其他一些国家的刑法认为只要实施盗窃行为即构成犯罪，而没有数量或情节上的要求；中国刑法对犯罪行为不仅定性，通常还要定量，即达到一定量的标准才能构成犯罪。相比而言，中国刑法既定性、又定量的模式更为可取。因此，彻底取消侵犯知识产权犯罪的定罪门槛，不符合中国刑法的规定。

（四）关于“违法所得数额”的认定和计算问题

在有关侵犯著作权罪、销售侵权复制品罪、非法制造、销售非法制造的注册商标标识罪和假冒专利罪的刑法条文和司法解释中，都把“违法所得数额较大”作为

---

① 参见胡云腾、刘科：《知识产权刑事司法解释若干问题研究》，载《中国法学》，2004（6）。

② 参见李洪江：《最高人民法院、最高人民检察院〈关于办理侵犯知识产权刑事案件具体应用法律若干问题的解释（二）〉的理解与适用》，载《中国检察官》，2007（5）。

认定犯罪的一个具体标准。但是，对于什么是违法所得，违法所得如何计算，违法所得数额与非法经营数额和销售金额如何区别，刑法和司法解释都没有明确，甚至过去的司法解释还出现了相互矛盾的情况。例如，1993 年最高人民检察院《关于假冒注册商标犯罪立案标准的规定》把“违法所得数额”理解为“销售收入”，而“销售收入”实际上就是“销售金额”。1997 年《刑法》修订后，最高人民法院《关于审理非法出版物刑事案件具体应用法律若干问题的解释》第 17 条第 2 款则规定，本解释所称“违法所得数额”，是指获利数额。

不仅司法解释对“违法所得数额”的认定和计算的规定出现矛盾，而且理论上一直也有不同的观点：第一种观点主张违法所得数额就是行为人非法获利的数额；第二种观点对第一种观点提出质疑，认为把违法所得数额理解为非法获利数额，既不符合立法原意，也不切合实际。

（五）侵犯注册商标权犯罪中的主要疑难、争议问题

1. 注册服务商标能否成为假冒注册商标罪的犯罪对象的问题

对此，理论上主要有肯定说和否定说两种观点。

肯定说认为，在同一种服务项目上使用与他人注册的服务商标相同的商标，也是假冒他人注册商标的行为，同样可能构成假冒注册商标罪。①

否定说认为，依据《刑法》第 213 条的规定，注册商品商标才是假冒注册商标罪的对象。② 其理由主要有：《刑法》第 213 条未规定假冒注册服务商标的实行行为。根据罪刑法定原则，注册服务商标不应成为本罪的犯罪对象；从商品商标和服务商标的区别上看，对商品进行扩大解释，将服务包含到商品的概念中是不正确的。

2.“相同的商标”是指“完全相同”的商标还是指“完全相同和基本相同的商标”的问题

在 1997 年《刑法》颁布之后，学术界曾围绕“相同的商标”是指“完全相同”的商标还是指“完全相同和基本相同”的商标展开了争议。“完全相同”的商标是指商标的读音、文字、名称和图形等要素均完全相同的商标；“完全相同和基本相同”的商标是指上述要素完全相同和基本相同的商标。③ 经过论者和广大司法实务工作者的不断探索与努力，到 2004 年《知识产权刑事司法解释》制定时，学术界和实务界对于“相同的商标”的含义基本上达成了共识，即“相同的商标”是指“完全相同和基本相同”的商标。

2004 年《知识产权刑事司法解释》基本上采纳了“完全相同和基本相同”的观点，不过将其中的“基本相同”改为“在视觉上基本无差别、足以对公众产生误

---

① 参见赵秉志主编：《侵犯知识产权犯罪研究》，92 页，北京，中国方正出版社，1999；徐国忠、梁洪行：《假冒注册商标罪若干问题探究》，载《同济大学学报》（社会科学版），2004（2）。

② 参见马克昌主编：《经济犯罪新论》，492 页，武汉，武汉大学出版社，1998；柏浪涛、谷翔：《假冒注册商标罪疑难问题研究》，载《法律适用》，2004（7）。

③ 参见赵秉志、田宏杰：《侵犯知识产权犯罪比较研究》，117 页，北京，法律出版社，2004。

导”。这主要是考虑到，这里的相同，不是哲学上讲的完全相同，也不是实际上的完全相同，而是在人的视觉上完全“相同”或基本无差别。

3. 行为人在生产、销售伪劣产品的同时，又假冒他人注册商标的，应当如何认定

对此，理论上存在着不同看法。

第一种观点认为，应该实行数罪并罚。因为从犯罪构成来看，行为人主观上既有假冒注册商标的故意，又有生产、销售伪劣产品犯罪的故意；客观上既实施了假冒注册商标的行为，又实施了生产、销售伪劣产品的行为；既侵犯了国家商标管理制度，又侵犯了国家产品质量管理制度，故符合两个独立的犯罪的构成要件。另外，刑事法律并未把假冒注册商标的行为纳入生产、销售伪劣产品犯罪的范畴，可见二者不是种属关系，而是并列关系。所以，应该分别定罪并实行数罪并罚。①

第二种观点认为，只能按一罪处罚，不应实行数罪并罚。这是我国刑法学界的主流观点。在这一观点的内部，认识也不一致。第一种意见认为，这种情况属于一行为既触犯假冒他人注册商标罪的法条，又同时触犯生产、销售伪劣产品罪的法条的法条竞合问题，应按重法优于轻法的原则处断，即应按生产、销售伪劣产品罪处罚；② 第二种意见认为，这样的行为属于想象竞合犯。因为行为人采取假冒注册商标的方法生产、销售伪劣产品时，实际上是一个以假充真的行为，只是由于这里的“以假充真”包含了在商标上以假充真和在产品质量上以假充真，所以使其行为符合两个犯罪的构成要件。对这样的行为应该从一重处断；③ 第三种意见认为，在实践中，有的假冒注册商标的行为成为生产、销售伪劣产品罪的一种手段，因而形成手段行为与目的行为同时触犯两个罪名的情形。这两种行为之间存在着紧密的牵连关系，属于牵连犯，只能择一重罪处罚，而不应实行数罪并罚。④

（六）假冒专利罪中的主要疑难、争议问题

我国 1979 年《刑法》没有规定假冒专利罪。本罪最早是由专利法以附属刑法规范的形式加以规定的。根据我国 1984 年《专利法》第 63 条的规定，假冒他人专利的，依照本法第 60 条的规定处理，情节严重的，对直接责任人员比照《刑法》第 127 条的规定追究刑事责任（即比照假冒注册商标罪处理）。之后，学术界对假冒专利罪展开了较为系统的研究。在 1997 年《刑法》第 216 条规定假冒专利罪以前，理论上对该罪的主体、客体、主观方面等构成要件的认识逐渐趋于一致。但是，对于该罪的客观行为方式到底包括几种行为，理论界则一直争论不休。概括起来，主要有以下几种观点。

第一种观点认为，在认定假冒专利罪时，应当注意划清假冒专利罪的行为与 1984 年《专利法》第 60 条规定的“未经专利权人许可，实施其专利的侵权行为”的

---

① 参见朱孝清：《略论惩治假冒商标犯罪的几个问题》，载《法学》，1994（2）。

② 参见赵秉志主编：《中国刑法特论》，348 页，北京，中国人民公安大学出版社，1997。

③ 参见张明楷：《市场经济下的经济犯罪与对策》，34 页，北京，中国检察出版社，1995。

④ 参见王作富主编：《刑法》，333 页，北京，中国人民大学出版社，1999。

界限。擅自实施他人专利行为不是犯罪行为，应当由专利管理机关处理。但是，对于假冒专利罪是否还有其他表现形式，该论者没有进一步予以论述。①

第二种观点认为，假冒他人专利的方式主要有两种：未经专利权人同意，在其制造、使用或者出售的产品上，标注、缀附或者在与该产品有关的广告中冒用专利权人的姓名、专利名称、专利号或者专利权人的其他专利标记；未经专利权人的许可，为生产经营目的而非法制造、使用或者销售其专利产品，或者使用其专利方法。但是，如果不是假冒他人专利，而是将非专利产品冒充专利产品或者将非专利方法冒充专利方法的，则不能构成本罪。②

第三种观点认为，假冒他人专利的行为方式表现为两种：在非专利产品或者其包装上标明他人的专利标记和专利号；以欺骗手段在专利局登记，冒充他人的专利等。③ 与上述第二种观点不同的是，这种观点认为的假冒专利罪的第二种表现形式实际上是骗取专利的行为。

第四种观点认为，假冒他人专利主要表现为三种形式：用欺骗手段在专利局登记为专利权人、专利受让人、专利许可证持有人；未经专利权人许可，制造、使用或者销售取得专利权的发明；在非专利产品或者其包装上标明某项专利的专利标记和专利号等。④

第五种观点认为，假冒他人专利的行为有：在非专利产品或者其包装上标明他人的专利标记和专利号；以欺骗手段在专利局登记，冒充他人的专利等；仿造他人专利、擅自实施他人专利；故意贩运仿造或者变造他人专利的产品、故意销售假冒他人专利的产品、故意销售仿造或者变造他人专利的产品；伪造或者擅自制造他人专利标记、故意销售伪造或者擅自制造的他人专利标记；进口假冒他人专利的产品；冒充专利；侵吞他人专利。⑤

上述几种观点都是在1997年《刑法》通过之前的主要不同观点。可以看出，除了个别观点以外，大部分论者都将假冒他人专利的客观行为方式解释得较为宽泛。概括起来，争议的行为方式主要有：非法实施他人专利的行为，包括伪造、仿造他人专利产品的行为是否属于假冒专利罪的客观行为方式；贩卖或者销售伪造、仿造他人专利产品的行为是否属于假冒专利罪的客观行为方式；冒充专利的行为，包括在专利权已经终止或者被宣告无效后，仍然使用原专利标记或专利号的，是否属于假冒专利罪的客观行为方式；骗取专利权的行为是否属于假冒专利罪的客观行为方式；假冒专利行为的周边行为，例如伪造或者擅自制造他人专利标记、故意销售伪

① 参见林准主编：《中国刑法教程》，414页，北京，人民法院出版社，1989。

② 参见高铭暄主编：《刑法学》，526页，北京，中央广播电视大学出版社，1993。

③ 参见马克昌等主编：《刑法学全书》，295页，上海，上海科学技术文献出版社，1993。

④ 参见《中国刑法词典》编委会编：《中国刑法词典》，570页，上海，学林出版社，1989。

⑤ 参见张国轩：《关于专利的几个刑事责任问题》，载杨春洗、高格主编：《我国当前经济犯罪研究》，555页，北京，北京大学出版社，1996。

造或擅自制造的他人专利标记、故意销售假冒他人专利的侵权产品等，是否属于假冒专利罪的客观行为方式。

1997年《刑法》将假冒专利罪从专利法中吸收进来，并规定了独立的法定刑。新《刑法》通过以后，理论界对假冒专利罪的客观行为方式仍有不同理解。但是，经过论者们的广泛讨论，逐渐取得了一致意见，这就是：对假冒专利罪的客观行为方式应当作严格解释，即行为人未经专利权人的许可，在非专利产品或者方法上标明专利人的专利号或者专利标记，使公众误认为是他人的专利产品或者专利方法的行为。至于《专利法》第60条规定的专利侵权行为、骗取专利行为、伪造或者擅自制造他人专利标记的行为、故意销售伪造或者擅自制造的他人专利标记行为、冒充专利行为等，都不属于假冒专利罪的客观行为方式。这种理论上的共识也得到了司法解释的支持。根据2004年《知识产权刑事司法解释》第10条的规定，实施下列行为之一的，属于《刑法》第216条规定的假冒他人专利行为：未经许可，在其制造或者销售的产品、产品的包装上标注他人的专利号的；未经许可，在广告或者其他宣传材料中使用他人的专利号，使人将所涉及的技术误认为是他人专利技术的；未经许可，在合同中使用他人的专利号，使人将合同涉及的技术误认为是他人专利技术的；伪造或者变造他人的专利证书、专利文件或者专利申请文件的。

（七）侵犯著作权犯罪中的主要疑难、争议问题

1. 销售侵权复制品罪的犯罪对象是否包括假冒他人署名的美术作品的问题

根据《刑法》第218条的规定，本罪的对象是侵权复制品。按照《著作权法》的规定，复制是指以印刷、复印、临摹、拓印、录音、录像、翻录等方式将作品制成一份或多份的行为。本罪所涉及的侵权复制品就是非法复制行为的产物。在我国刑法学界，对于《刑法》第217条规定的前三种行为方式中的复制品可以构成本罪的犯罪对象，没有争议。容易引起争议的是假冒他人署名的美术作品是否可以成为本罪的犯罪对象。对此，肯定说认为，假冒他人署名的美术作品可以成为本罪的犯罪对象。① 而否定说则认为，本罪之销售对象不包括“以假冒他人署名的方式制作的美术作品”，原因是《刑法》第217条第2款第（4）项已经将此类“出售”行为规定在侵犯著作权罪的犯罪构成客观要件之中。换言之，对出售假冒他人署名的美术作品的行为，应直接定性为侵犯著作权罪而不是本罪。②

2. 侵犯著作权犯罪中的“以营利为目的”这一主观要素是否应取消的问题

“以营利为目的”是侵犯著作权罪的成立必须具备的主观要素。理论上对于是否应取消这一主观要素的问题，存在不同意见：

主张废除该要素的论者提出的理由主要是：取消“以营利为目的”是适应现代

---

① 参见党建军主编：《侵犯知识产权罪》，128页，北京，中国人民公安大学出版社，2003。

② 参见屈学武：《销售侵权复制品罪疏议》，载陈兴良、胡云腾主编：《中国刑法学年会文集》，第2卷，445～446页，北京，中国人民公安大学出版社，2004。

科技的发展，加强对著作权保护的需要；取消“以营利为目的”是降低司法机关查处犯罪的证明难度，严密惩治侵犯著作权犯罪之刑事法网的需要；是与TRIPS协定第61条的有关规定相协调的需要。①

反对取消该要素的论者提出的理由主要有以下几点。①立法上对知识产权权利人的一般著作权法保护与刑法保护，应有其适度的配置比例。从刑法谦抑原则出发，对于非以营利为目的的侵犯著作权行为，应通过著作权法本身设定的一般侵权罚则来调控和处理。② ②著作权拥有更多的思想、精神方面的内容，与人类知识的传播宣传普及有着更多的关联，《著作权法》关于“合理使用”的限制也比专利、商标等规定得更多也更为具体。因此，刑法对著作权给予区别待遇，规定“以营利为目的”为该罪的主观构成要素，是适当的。③

3.“复制发行”中的“复制”与“发行”的关系问题

《刑法》第217条第（一）项规定，“未经著作权人许可，复制发行其文字作品……以及其他作品的”。在此，“复制”与“发行”之间并未用顿号隔开。该条第（三）项也是如此。但是，在该条第（四）项“制作、出售假冒他人署名的美术作品”中的“制作、出售”之间却用顿号隔开。于是，理论界和实务界对于如何理解复制与发行的关系产生了争议。

有的论者认为，构成侵犯著作权罪，必须同时具备复制行为与发行行为。因为这里的复制行为与发行行为不是刑法规定的两种并列的犯罪行为，而是一个犯罪行为的两个方面。如果行为人只实施了复制行为而没有实施发行行为，或者只实施了发行行为而没有实施复制行为，就不符合侵犯著作权罪的构成要件。④

但也有论者认为，构成侵犯著作权罪，并不需要同时具备复制行为与发行行为，复制与发行行为只要具备其一即可。⑤ 这种观点与司法解释的观点相一致。最高人民法院《关于审理非法出版物刑事案件具体应用法律若干问题的解释》第3条规定，复制发行是指行为人以营利为目的，未经著作权人许可而实施的复制、发行或者既复制又发行其文字作品、音乐、电影、电视、录像作品、计算机软件及其他作品的行为。也就是说，这里的复制发行行为包括了复制行为、发行行为以及既复制又发行的行为；复制与发行之间是相对独立的关系。

---

① 参见赵秉志等：《中国著作权刑法保护的立法完善研究》，北京师范大学刑事法律科学研究院研究报告。

② 参见屈学武：《销售侵权复制品罪疏议》，载《中国刑法学年会文集》，第2卷，449页，北京，中国人民公安大学出版社，2004。

③ 参见卢建平：《在宽严和轻重之间寻求平衡——我国侵犯著作权犯罪刑事立法完善的方向》，载《深圳大学学报》（人文社会科学版），2006（5）。

④ 参见刘方、单民：《侵犯知识产权犯罪的定罪与量刑》，218页，北京，人民法院出版社，2001。

⑤ 参见党建军主编：《侵犯知识产权罪》，100页，北京，中国人民公安大学出版社，2003。

4. **非法出租侵权复制品行为的定性问题**

销售本是处分财产所有权的行为，出租则是处分财产使用权的行为，二者在法律后果上有相当大的不同。但是，二者都是处分财产关系的行为，且都有交易性质和不同程度的社会危害性，因而在学理上对“销售”侵权复制品行为是否包括“出租”侵权复制品行为，就有肯定说、否定说和应然说三种不同观点。

肯定说认为，对于侵犯著作权犯罪来说，不管是销售侵权复制品还是出租侵权复制品，都造成了侵权复制品的传播和扩散，其行为性质在社会危害性上并无原则区别，因而从《刑法》第218条的立意看，“出租侵权复制品行为应该视同销售侵权复制品行为”①。也有人提出，销售是处分侵权复制品的所有权，而出租是处分侵权复制品的使用权，二者只是形式不同，并无实质差别，而且对著作权所造成的损害程度是相同的，因此，对于大量出租侵权复制品而非法营利的，应构成销售侵权复制品罪。②

否定说认为，销售指的是一种出卖行为，出租侵权复制品的行为不构成本罪。③

应然说也认为现行刑法中的销售侵权复制品行为本身并不包括出租侵权复制品行为。从这个意义讲，“应然说”可以说也是否定说。不同的是，应然说强调刑法上原本应当将出租侵权复制品行为设定成犯罪，因而在反对从刑法解释论的角度将本罪扩大解释为可包括出租行为在内的同时，主张通过立法完善的手段，将此类出租行为明文设定为本罪的行为形式之一。④

5. **侵犯著作权犯罪定罪情节的完善问题**

根据1997年《刑法》的规定，侵犯著作权罪的定罪情节是“违法所得数额较大或者有其他严重情节”，销售侵权复制品罪的定罪情节则为“违法所得数额巨大”，这显然不能充分反映侵犯著作权行为的社会危害性及其程度，因而应通过立法予以完善。至于如何完善，我国论者提出了下述三种观点。

第一种观点主张取消侵犯知识产权犯罪设置中的“违法所得数额”、“销售数额”或“情节严重”规定，直接按照TRIPS的要求，对但凡主观上出于故意、客观上具有商业规模的侵犯知识产权行为设定成刑事犯罪。理由是既可以避免放纵犯罪，也可以避免司法机关在数额、情节认定上的操作困难。⑤

第二种观点主张将侵犯著作权犯罪乃至所有侵犯知识产权犯罪的“违法所得数额巨大”修改为情节严重犯。基本理由是：唯有将“情节严重”作为所有侵犯知识产权犯罪的共同性定罪标准，才能“比较合理、科学地解决侵犯知识产权犯罪的刑

---

① 肖扬主编：《中国新刑法学》，442页，北京，中国人民公安大学出版社，1997。

② 参见马克昌主编：《经济犯罪新论》，536页，武汉，武汉大学出版社，1998。

③ 参见张穹主编：《修订刑法条文实用解说》，293页，北京，中国检察出版社，1997；党建军主编：《侵犯知识产权罪》，129页，北京，中国人民公安大学出版社，2003。

④ 参见田宏杰：《论我国知识产权的刑事法律保护》，载《中国法学》，2003（3）。

⑤ 参见韩志红：《对我国侵犯知识产权犯罪构成的思考》，载《知识产权》，2003（6）。

事立法、司法的统一性与协调性问题，维护法律公正”。至于何谓“情节严重”，该论者认为可以通过立法、司法解释、法官裁量等多种途径解决。①

第三种观点主张将侵犯著作权犯罪乃至所有侵犯知识产权犯罪改为侵权数额犯，即以“侵权数额巨大”取代刑法各本条的“违法所得巨大”。基本理由是：以行为人的获利数额作为犯罪成立标准，立法保护的重心在于市场竞争秩序而不是知识产权权利人的合法利益，而以侵权数额取代违法所得数额，则体现了我国知识产权刑事立法保护重心从对秩序的优先偏重向着权利优先、兼顾秩序的方向转变。②

对于上述三种观点，有论者认为都有值得商榷之处。第一种观点主张直接以TRIPS的“商业规模”规定，作为确认所有侵犯知识产权行为是否达到犯罪程度的客观标准。但是，“商业规模”与其说是一个刑事法律术语，莫如称其为特定的经济学用语。就刑法视角看，“商业规模”显然不能提供出一个确定的量化标尺——一个可用于衡量任何侵犯知识产权行为轻重的量化标尺。而且，不同的侵犯知识产权犯罪，显然也有不同的商业规模体现。第二种观点主张将“违法所得”修改为“情节严重”，并打算以立法解释、司法解释和法官自由心证裁量等多种方法来再解释何谓“情节严重”。但是，立法、司法解释或法官裁量中不可避免地会提出具体的、可以量化的“尺度”要求，而这一尺度，除了具体的数额，便是具体的情节。有鉴于此，此一主张难免会耗去更多的司法成本，而且，在兜一个大圈子之后，办案人员会发现仅凭“情节严重”，仍然欠缺那把可予衡量涉嫌事实与特定规范是否相符的法律天平。第三种观点主张“权利本位”优先，虽有其一定道理，但“侵权”的提法不免失诸笼统。关键在于：作为法律规范，此一“客观要件描述”法其实仍然没有为各类不同的侵犯知识产权犯罪指明其特定的侵权方式。③

（八）侵犯商业秘密犯罪中的主要疑难、争议问题

1. 侵犯商业秘密罪的主观方面

1997年《刑法》颁布以后，侵犯商业秘密罪的主观方面一直是论者们研究的重点，也是争论的焦点之一。④ 这种争议可以概括为以下两点：该罪的主观方面是否包括过失；该罪的主观方面如果包括过失，这样的立法规定是否合理，进而是否应当取消过失侵犯商业秘密罪的规定。这两点争议是互相关联的。正确分析第一点争议是正确分析第二点争议的前提和基础；只有认真解决好第一点争议，才能对第二点争议得出正确的结论。但是，学术界在探讨侵犯商业秘密罪的主观方面的争议问

---

① 参见梁华仁、朱平：《知识产权犯罪若干问题的探讨》，载《政法论坛》，2000（1）。

② 参见田宏杰：《论我国知识产权的刑事法律保护》，载《中国法学》，2003（3）。

③ 参见屈学武：《销售侵权复制品罪疏议》，载陈兴良、胡云腾主编：《中国刑法学年会文集》，第2卷，445～446页，北京，中国人民公安大学出版社，2004。

④ 参见李富友：《侵犯商业秘密罪的罪过形式探讨》，载《时代法学》，2003（2）。另据笔者统计，国内以该罪的主观方面为主题公开发表的学术论文就有数十篇。

题时，时常有意无意地将这两点混淆起来。①

（1）侵犯商业秘密罪的主观方面是否包括过失的问题

《刑法》第219条第1款规定的直接侵犯商业秘密犯罪的罪过形式是故意，对此并没有争议。② 引起争议的是该条第2款规定的间接侵犯商业秘密犯罪的主观方面是否包括过失。概括起来说，理论上主要有以下两派观点。

第一派观点可以概括为“故意说”。该派观点认为，间接侵犯商业秘密犯罪的主观方面只包含故意而不包含过失。根据其是否专门论述该款规定的“应知”，又可以区分为以下两种意见：一种意见是笼统地指出本罪在主观上是故意，过失行为不能以本罪论处，而没有对该款中的“应知”进行阐述，也没有进一步说明原因或者进行进一步的论证。③ 另一种意见则对间接侵犯商业秘密犯罪中的“明知”、“应知”进行了分析，认为将“应知”理解为过失是不合理的，并根据《反不正当竞争法》第10条的立法原意对刑法的立法本意进行了揣测。④

第二派观点可以概括为“故意、过失说”。该派观点认为间接侵犯商业秘密犯罪的主观方面既包含故意，也包含过失，这是大多数论者的观点，但在表述上则略有差异。有的表述为“一般是故意，少数情况下是过失”⑤；有的表述为“既可以是故意，也可以是过失”⑥；有的表述为“直接侵犯商业秘密的犯罪行为只能由故意构成，以侵犯商业秘密论的行为主观方面可以是故意或过失”。⑦

（2）应否取消过失侵犯商业秘密罪的问题

从上述论述可知，一部分论者认为侵犯商业秘密罪的罪过形式是包含过失的，也就是说，我国刑法中规定了过失侵犯商业秘密罪。由此就出现了第二个争议问题，

① 例如，经常有论者认为，本罪的主观罪过形式仅限于故意，不包括过失，但是在论述为什么不包括过失时，往往提出这样的理由：如果将刑法规定的“应知”理解为过失，则直接侵犯商业秘密的行为尚且只能由故意构成，轻于此的间接侵犯商业秘密的行为反而可以由过失构成，无异于说对较重的直接侵犯商业秘密的行为可以网开一面，而对较轻的间接侵犯商业秘密的行为要一网打尽，这显然是违背了立法之宗旨。参见何正泉：《论间接侵犯商业秘密罪的主观方面》，载《中南民族学院学报》（人文社会科学版），2001（5）。类似观点参见陈秋：《论过失不是侵犯商业秘密罪的罪过形式》，载《广西警官高等专科学校学报》，2006（1），等等。在笔者看来，这样的论证混淆了侵犯商业秘密罪主观方面是否包括过失和是否应当包括过失的问题，前者是实然性的问题，而后者则是应然性的问题。

② 参见刘强：《侵犯商业秘密犯罪主观要件研究》，载《福建公安高等专科学校学报》，2006(3)。

③ 参见郭自力：《商业秘密与保护》，载《当代法学》，2000（4）；龙洋：《侵犯商业秘密罪辨析》，载《西安政治学院学报》，1999（5）。

④ 参见何正泉：《论间接侵犯商业秘密罪的主观方面》，载《中南民族学院学报》（人文社会科学版），2001（5）。

⑤ 聂洪勇：《论我国新刑法中的侵犯商业秘密罪》，载《甘肃政法学院学报》，1998（3）；喻晓玲：《论我国商业秘密的刑事法律保护》，载《江西财经大学学报》，2001（3）。

⑥ 姜国锋、范洪华：《商业秘密的刑法保护》，载《山东省农业管理干部学院学报》，2001（3）。

⑦ 赵秉志主编：《侵犯知识产权罪研究》，308页，北京，中国方正出版社，1999。

即我国刑法中设置的过失侵犯商业秘密罪是否应当取消。对此，主要也有两种不同观点。

第一种观点认为，应取消过失侵犯商业秘密行为构成犯罪的规定。该观点认为，现行刑法对过失型经济犯罪的设立非常谨慎，只有对严重危害社会的过失行为才会规定为犯罪。刑法不追究过失直接侵犯商业秘密行为，却要追究过失间接侵犯商业秘密行为，这样的刑事追究既无合理性，也无必要性。①

第二种观点认为，应保留过失侵犯商业秘密犯罪行为的规定。该观点认为，将过失犯罪行为也列入侵犯商业秘密犯罪行为，可以扩大知识产权的保护范围和加强保护力度，可以顺应市场经济的发展要求；追究第三人过失侵犯商业秘密的行为，可以大大减轻司法机关的举证责任与证明难度②；追究过失侵犯商业秘密犯罪行为的刑事责任，在实践中可以保护信息转让方的利益，有利于规范人才的合理流动，防止企业员工跳槽时带走第一人的商业秘密，以切实保障公平合理的竞争秩序，同时使后雇主承担合理注意义务，不得以此来获取原雇主的商业秘密。③

2.“重大损失”的认定与计算问题

根据《刑法》第219条的规定，侵犯商业秘密罪的成立以给商业秘密的权利人造成“重大损失”为要件。因此，正确认定该罪，需要对重大损失做出正确的计算。至于如何计算重大损失，理论界和实务界一直有多种意见：第一种意见是成本说，即根据权利人研究该商业秘密所投入的开发费用、保密费用等成本来计算损失；第二种意见是价值说，即根据商业秘密的经济价值计算权利人的损失；第三种意见是损失说，即根据商业秘密被侵犯后权利人失去的利润来计算损失；第四种意见是获利说，即根据行为人侵犯商业秘密后实际获得的违法所得数额来计算损失。④

对于上述几种观点，有论者指出，在讨论重大损失的计算问题时，有三个问题必须明确：一是不论按照上述哪一种标准计算，都有不合理或不全面之处，有的只是相对合理，有的可能连相对合理也达不到；二是目前还难以找到一个完全合理的计算方法，也许永远都无法找到，或许完全合理的标准就是司法解释不确定标准，由各地的司法机关根据案件的具体情况认定；三是必须坚持具体案件具体分析，采取一种相对合理主义的态度。例如，行为人盗窃他人的商业秘密后卖给他人，获利100万元，虽然被及时发现后没有给权利人造成实际损失，但考虑到行为人获利的情节，就可以按照这一数额追究其刑事责任。相反，如果行为人盗窃他人商业秘密后没有获利，被及时发现后又没有给权利人造成实际损失的，就可以不视为犯罪。又如，行为人侵犯他人商业秘密后造成权利人的销售数额急剧下降，利润损失巨大并有证据证明的，就应当按照该利润损失计算重大损失的数额。因此，鉴于重大损失

---

① 参见胡建华：《浅析刑法设置第三人侵犯商业秘密罪》，载《宜宾学院学报》，2002（5）。

② 参见刘强：《侵犯商业秘密犯罪主观要件研究》，载《福建公安高等专科学校学报》，2006（3）。

③ 参见游伟、张本勇：《侵犯商业秘密罪的认定及诉讼问题》，载《人民司法》，2000（3）。

④ 参见胡云腾、刘科：《知识产权刑事司法解释若干问题研究》，载《中国法学》，2004（6）。

计算方法的多样性和复杂性，立法和司法解释不确定某一种计算方法，而是由司法人员根据立法的精神和案件的具体情况加以确定，是更为明智的。①

三、整体评论

在上述两个部分，笔者分别对自1978年至2008年我国刑法学界关于侵犯知识产权犯罪的研究历程进行了回顾，对其中的争议、疑难问题进行了剖析。可以看出，在30年间，我国刑法学界对侵犯知识产权犯罪的研究取得了丰硕的成果，并为我国知识产权刑法保护乃至创新型国家的建设作出了卓越的贡献。与此同时，我们也应当清醒地认识到，我国侵犯知识产权犯罪的研究还有许多不尽如人意而亟待改进的地方，例如，基础理论研究尚不够深入，有些重要而基本的领域尚未触及；学术研究低水平重复现象比较严重；对当代世界各国知识产权刑法保护的先进经验研究不够，尚未完全走出简单移植、生搬硬套的研究误区；等等。可以预见，随着世界范围内高新技术的飞速发展和知识产权经济价值的日益凸显，侵犯知识产权犯罪也将越来越严重，越来越复杂，这必将对侵犯知识产权犯罪的学术研究提出更高的要求。把握发展契机，迎接时代挑战，是时代赋予我国刑法学界的历史使命。

（一）研究的主要特点

1. 学术研究与立法、司法实践相互促进，相得益彰

在1979年《刑法》颁布之前，我国没有侵犯知识产权犯罪的刑事立法，也没有相关的学术研究。1979年《刑法》规定假冒商标罪和1984年《专利法》规定假冒专利罪以后，关于侵犯知识产权犯罪的学术研究也蓬勃开展起来。这些研究主要围绕假冒商标罪、假冒专利罪的构成要件及其在实践中的运用而展开，取得了丰硕的成果，并为司法实践提供了有力的指导。

在1979年《刑法》施行几年以后，在市场经济内生动力以及对外开放外在压力的双重冲击下，1979年《刑法》规定的假冒商标罪已经不能适应全面惩治侵犯知识产权犯罪的需要，因而亟须通过立法予以完善。论者们敏锐地认识到了上述问题，纷纷发表文章，对侵犯知识产权犯罪的立法完善进行了较为系统的研究。据统计，此类文章有近10篇。代表性文章如王作富、孙力所撰的《科技进步之刑法保护》（载《法学家》1993年第1期）等。在上述文章中，论者们提出，假冒商标罪的主体限于公司、企业单位的人员，无法涵盖实践中大量发生的个体工商户等实施的假冒商标行为；假冒商标罪的刑罚最高仅为3年有期徒刑，与这种犯罪的严重社会危害性不相符；实践中还出现了销售假冒注册商标的商品以及伪造、擅自制造假冒注册商标标识的行为。对此，都需要对我国刑法中的假冒商标罪通过立法进行完善。此外，鉴于侵犯著作权行为所具有的严重危害性，有必要增设关于侵犯著作权犯罪的有关规定。上述论者的研究成果被立法机关采纳，从而直接催生了1993年的《关于

① 参见胡云腾、刘科：《知识产权刑事司法解释若干问题研究》，载《中国法学》，2004（6）。

惩治假冒注册商标犯罪的补充规定》、1994 年的《关于惩治侵犯著作权的犯罪的决定》等单行刑事法律。这些单行刑事法律的规定又被 1997 年《刑法》吸收，成为该《刑法》中侵犯知识产权犯罪的重要组成部分。

1997 年《刑法》发布以后，学术界发表了大量的文章，掀起了一个学习、研究、普及和宣传刑法的高潮。这一时期，是我国侵犯知识产权犯罪学术研究最为活跃的时期。论者们对侵犯知识产权犯罪的构成要件及其刑罚适用问题进行了阐释，以进一步明确立法原意；也对侵犯知识产权犯罪的司法适用进行了研究，以更好地指导司法实践。经过论者们的努力，侵犯知识产权犯罪中的若干争议问题得到了较为统一的解释，例如假冒商标罪中“相同”是指“完全相同”和“基本相同”、“复制发行”是指只要具备复制或发行之一即可，等等。

2001 年我国加入了世界贸易组织。我国侵犯知识产权犯罪与相关的国际公约尤其是 TRIPS 的规定相协调遂成为学术研究的重点之一。论者们纷纷结合国际公约的规定，主张借鉴外国的先进经验，进一步完善我国侵犯知识产权犯罪的刑事立法。比如，取消侵犯著作权犯罪中的“以营利为目的”、增设服务商标为假冒注册商标罪的犯罪对象、增设反向假冒商标行为为犯罪行为，等等。这些完善建议借鉴了有关国际公约及有关发达国家侵犯知识产权犯罪的立法规定，又结合了中国惩治侵犯知识产权犯罪的现实需要，必将有力地促进我国侵犯知识产权犯罪的刑事立法完善。

2. 基础理论研究与构成要件阐释并重，共同促进了理论繁荣

在我国 1979 年《刑法》颁布之初，学术界主要侧重于对侵犯知识产权犯罪的构成要件的阐释，关于侵犯知识产权犯罪的基础理论研究比较薄弱，这大概与这一时期侵犯知识产权犯罪罪名较少、发案较少有关。但是，自 1990 年代以来，学术界对基本理论研究日益重视，先后对知识产权刑法保护的价值选择等进行了深入研究，并得出了许多有价值的学术成果。这些基础理论研究方面的学术成果，有利于指导刑事立法，比如知识产权刑法保护中应贯彻谦抑性的思想，这种思想要求知识产权刑事立法需要注意刑法只有在万不得已的时候才介入到侵犯知识产权行为的惩治中，从而没有必要把一切侵犯著作权的行为都列为犯罪行为予以刑罚惩治；同时，也有利于指导刑事司法，比如，胡云腾指出，办理侵犯知识产权犯罪案件中要注意人权保障与打击犯罪的统一，这就要求在刑事司法实践中，必须保持适当的比例，把大量的侵犯知识产权行为交给行政机关或者民事审判机关处理。① 有一些关于基本理论研究的文章，直接影响到我国的侵犯知识产权犯罪的刑事立法和司法活动。比如，王作富和孙立在 1993 年撰文提出，需要从科学技术是第一生产力这一高度强化刑法保护科技进步的功能，② 而要强化这一功能，需要树立公正与效益兼容的刑法价值观，在该价值观指导下，需要完善我国侵犯知识产权犯罪的刑事立法，规范刑事司

---

① 参见胡云腾：《正确理解知识产权刑法解释，充分发挥刑法的保护功能》，载《人民司法》，2005（1）。

② 参见王作富、孙力：《科技进步之刑法保护》，载《法学家》，1993（3）。

法活动。其中在完善立法方面，王作富和孙立提出：首先，加强对技术秘密的刑法保护，在刑法中增设专门条款，以便有力、及时地打击此类犯罪；其次，应当考虑以维护科技著作权、保护科学技术进步为出发点，在刑法、著作权法和计算机软件保护条例中专门规定严重侵犯著作权的行为的刑事责任；最后，对假冒专利罪用专门条款予以规定。在规范刑事司法活动方面，要严格区分罪与非罪的界限，保障科技人员的合法权益，并对涉及科技人员案件的几种典型情况加以分析。这篇文章是邓小平同志提出科技是第一生产力之后，我国刑法学界关于知识产权保护与科技进步的关系的研究中最为深入的文章之一，至今仍有较大的理论和实务价值。其所提出的立法建议，大部分都转化为1993年《全国人大常委会关于惩治假冒注册商标犯罪的补充规定》、1994年《全国人大常委会关于惩治侵犯著作权的犯罪的决定》和1997年《刑法》中的具体规定；其关于认定科技人员犯罪的若干原则及如何具体认定的观点，直接影响到了当时全国数万名利用业余时间兼职的科技人员的命运，为我国知识产权的刑法保护，进而为我国创新型国家的建设都作出了巨大的贡献。

在重视基本理论研究的同时，刑法学界对于侵犯知识产权犯罪构成要件及其适用的研究也取得了诸多进步，一些长期争论不休的问题得到了较为合理的解释。比如，在假冒专利罪的客观行为方式问题上，过去一直存在着非法实施专利行为、冒充专利行为是否属于假冒专利罪的行为方式的争议。经过多年的研究，学术界基本上达成了一致意见，即假冒专利罪仅限于假冒他人专利的行为，从而排除了非法实施专利行为、冒充专利行为构成假冒专利罪的可能性。这种理解，也得到了司法解释的认可。又比如，在假冒注册商标罪的“相同”含义的理解及认定问题上，过去一直存在着“完全相同”与“基本相同”的争议。经过研究，学术界普遍认为，这里的“相同”，是指“完全相同和基本相同”。有关司法解释又将“完全相同和基本相同”解释为“完全相同或者与被假冒的注册商标在视觉上基本无差别、足以对公众产生误导”。刑法学界对某些争议问题取得的一致意见，在被司法解释所采纳以后，就从学理解释转变为有权解释，从而有利于司法机关办案的统一，也有利于更加高效地打击侵犯知识产权犯罪的活动。

3. 综合运用多种研究方法，视野开阔，又有理论深度

对于刑法学研究来说，综合的方法才是最好的方法。① 侵犯知识产权犯罪的学术研究也是如此。我国论者在研究侵犯知识产权犯罪的过程中，广泛运用了比较分析、实证分析、逻辑推理等多种方法，有力地促进了侵犯知识产权犯罪学术研究的深入进行。

（1）关于实证分析方法

实证分析是研究侵犯知识产权犯罪的重要方法。恰当运用该方法，可以使研究结论建立在实实在在的数据之上，做到有理有据。比如，有论者运用实证分析方法，

---

① 参见王世洲：《刑法方法理论的若干基本问题》，载《法学研究》，2005（5）。

对知识产权犯罪人进行了研究，① 认为侵犯知识产权的犯罪人与侵犯知识产权犯罪的被害人之间具有互动关系，这突出表现在两者之间的同业关系和雇佣关系上。这对知识产权权利人而言意味着，保护好自己的知识产权，就要防范好来自两个方面的风险：一个是来自自身外部的风险，这种风险主要来自同一行业的竞争者；另一种风险则是来自自身内部的风险，这种风险的主要来源是“爱吃窝边草”的专业技术人员及其他高级管理人员。该研究结论，对于知识产权权利人而言，具有很深的提醒和防范风险的作用，可以有效地预防侵犯知识产权行为的发生；对于执法和司法机关来讲，可以提供侦查侵犯知识产权行为的线索和思路，从而使得研究成果具有重要的理论和实践意义。

（2）关于比较分析方法

运用比较方法研究侵犯知识产权犯罪问题，有助于拓宽研究的视野，增进对世界各国和国际公约中的侵犯知识产权犯罪的基本理论、刑事立法和司法实践的了解和掌握，并从中剖析是非优劣、评述利弊得失，吸取经验教训，从而对我国提高侵犯知识产权犯罪研究的水平，改善我国侵犯知识产权犯罪的刑事立法和司法状况，都有积极意义。在侵犯知识产权犯罪的研究中，我国论者广泛使用了比较分析的方法，不但有一系列的论文问世，还专门出版了几部以比较研究为主题的专著（代表性专著为赵秉志、田宏杰所著的《侵犯知识产权犯罪比较研究》，法律出版社 2004 年版；杜国强、廖梅、王明星所著的《侵犯知识产权罪比较研究》，中国人民公安大学出版社 2005 年版）。从比较的内容上来看，既有与相关国际公约，尤其是与《与贸易有关的知识产权协定》的比较（参见陈东升：《TRIPS 与我国知识产权保护的刑事立法完善》，载《政法论丛》2003 年第 1 期），也有与世界各发达国家的比较（代表性论文是任军民所撰的《法国信息网络刑事保护对我国有关立法的启示》，载《知识产权》2006 年第 5 期）；既有从总体上对侵犯知识产权犯罪的立法模式、刑罚配置等宏观问题进行比较的（代表性论述是田宏杰：《论我国知识产权的刑事法律保护》，载《中国法学》2003 年第 3 期），也有从单个罪名入手，对侵犯著作权罪、侵犯商业秘密犯罪等罪的构成要件等微观问题进行比较研究的（代表性论述是廖梅所撰的《中西著作权刑法保护的比较研究——兼谈我国侵犯著作权犯罪的立法完善》，载《华侨大学学报》（哲学社会科学版）2005 年第 1 期）。

通过比较研究，学术界比较一致的看法是，我国侵犯知识产权犯罪的刑事立法已经取得了巨大的进步，但是与各发达国家的规定和有关国际公约的要求来看，还有一些差距，主要表现在以下几方面。①保护客体不全面，首先表现为侵犯知识产权犯罪类型规定上的不完整，例如植物新品种、集成电路布图设计、地理标识专有权等，目前仍未得到相关的刑事司法保护；其次是在一些侵犯知识产权犯罪类型中还存在着保护客体不全面、犯罪行为方式规定不完整等问题，例如对 TRIPS 明确规

① 参见杜永浩：《知识产权犯罪人实证研究》，载《江苏警官学院学报》，2003（4）。

定的注册服务商标没有给予应有的保护。对于在类似商品上擅自使用与他人注册商标相同或近似的商标的行为以及在同种商品上使用与他人注册商标近似的商标的行为，在外国一般是作为犯罪处理的，而在我国则由《商标法》予以调整，不能追究刑事责任。②主观要件要求过严。我国刑法规定的七种侵犯知识产权犯罪，普遍要求具有“主观故意”，并且要“以营利为目的”。而TRIPS一般只要求以“商业规模的故意”实施侵权行为即可追究刑事责任，且当前世界上多数国家对构成知识产权犯罪主观要件的规定，也只要求有侵犯他人权利的故意即可，不要求同时具备出于商业利益或者个人经济利益目的，从而扩大了对知识产权的保护范围。③定罪标准不妥。我国刑法对于有些侵犯知识产权犯罪以违法所得数额作为定罪量刑标准，鉴于违法所得数额含义的不确定以及司法实践中不易认定，势必影响对侵犯知识产权犯罪的打击力度。④起刑点过高。与TRIPS要求相比，我国有关法律对侵犯知识产权犯罪行为人追诉标准的规定存在过高的问题，不仅不利于对权利人利益的保护，也给司法实践运用刑法救济手段造成了一定困难。① ⑤刑罚结构体系不完善，主要表现为刑罚种类的单一，仍以自由刑为主，罚金刑为辅，而资格刑和没收财产刑则没有得到运用。⑥对被侵害人的保护手段欠缺。针对这些问题，论者们都提出了相应的完善建议，从而深化了我国侵犯知识产权犯罪的学术研究。

(3) 关于逻辑推理方法

逻辑推理是刑法学研究的基本方法之一。论者们在研究侵犯知识产权犯罪时，也广泛使用了该方法。例如，在探讨侵犯著作权犯罪“以营利为目的”的主观要素的完善时，有论者提出，商标权、专利权、商业秘密权与著作权同属知识产权，同样具有财产内容，都是人身权利与财产权利的统一体，而立法者仅规定侵犯著作权犯罪须具有营利目的，对侵犯其他知识产权的犯罪行为则不作类似要求。这种对同类犯罪规定不同标准的做法令人难以理解，也显失公正。② 除此之外，在研究假冒专利罪法定刑的设置问题时，论者也大都使用了逻辑推理方法。③

(二) 研究中存在的主要问题

1. 基本理论研究尚不够深入，有些重要领域尚未触及

1997年《刑法》颁布以后，我国学术界加强了对侵犯知识产权犯罪基本理论的研究，深度与广度都有所增加。但是，仍有一些重要的基础理论问题没有引起论者

---

① 我国侵犯知识产权犯罪起刑点过高的问题在2004年最高人民法院、最高人民检察院《关于办理侵犯知识产权刑事案件具体应用法律若干问题的解释》颁布以前比较突出，《关于办理侵犯知识产权刑事案件具体应用法律若干问题的解释》适当降低了侵犯知识产权犯罪起刑点。所以，学术界关于我国侵犯知识产权犯罪起刑点过高的讨论主要是在《关于办理侵犯知识产权刑事案件具体应用法律若干问题的解释》颁布以前。

② 参见赵秉志等：《侵犯著作权犯罪立法完善研究》，北京师范大学刑事法律科学研究院研究报告。

③ 参见汤跃：《侵犯知识产权罪立法之疏漏》，载《贵州师范大学学报》(社会科学版)，2000 (4)。

的注意，有些基础理论问题研究深度不够。比如，为加大对知识产权的刑法保护，近年来立法上不断扩大侵犯知识产权犯罪的犯罪圈，司法上不断加大对侵犯知识产权犯罪的打击力度，这与刑法的谦抑性有无矛盾？如何在打击侵犯知识产权犯罪的过程中贯彻刑法的谦抑性？这是贯穿于我国知识产权刑法保护全局的重要而基本的理论问题，但是，迄今未见有论者对该问题展开充分的论述。

又比如，TRIPS 协定第 61 条是一个非常重要的条款，整个协定关于侵犯知识产权刑事责任的规定都体现在该条中。正确理解该条的含义，对于我国履行国际义务，完善知识产权刑法保护，具有极其重大的意义。但遗憾的是，除了个别论者对其有所提及以外，① 对于第 61 条的确切含义是什么，学术界一直没有统一的理解。例如，对于以“商业规模”实施的侵权行为到底是指具有营利目的的侵权行为，还是仅指数量较大的侵权行为？“商业规模”是否意味着 TRIPS 协定第 61 条规定的侵犯知识产权的犯罪也要求具有营利目的？上述问题直接关系到我国侵犯著作权犯罪“以营利为目的”主观要素规定是否与 TRIPS 协定相协调的问题。我国论者对上述问题研究得不充分，这可能会导致中国在与美国等发达国家就有关保护知识产权进行谈判时处于被动局面，并直接影响到我国知识产权刑法立法的完善。

2. 逻辑思辨较多，实证研究较少，使得学术研究缺乏实践的支持，有脱离实践的倾向

法律条文是相对静止不变的，而社会生活却经常变动不居。要切实地解决实际生活中的刑法问题，理性的思辨、逻辑的分析固然重要，但是，脱离现实、缺乏调查研究的思辨只能是抽象而又空洞的，所取得的研究成果也不可能是科学合理的。遗憾的是，我国论者对侵犯知识产权犯罪的研究，大都采取了逻辑思辨的方法，而很少采用实证研究的方法，这就使得学术研究缺乏实践的支持，有脱离实践的倾向。例如，在谈及我国知识产权刑法保护立法的完善问题时，大多数文章基本上都是主张借鉴国际公约与发达国家的规定，而较少考虑我国知识产权刑法保护的现实需要。又例如，关于侵犯商业秘密罪的研究，我国许多论者围绕着主观要件是否包括过失而展开，先后发表了几十篇论文。但是，在笔者所调查的所有侵犯商业秘密的犯罪案件中，几乎没有一件是因为本罪罪过形式而产生争议的。相反，在实践中，对于本罪犯罪对象即商业秘密的认定以及定罪情节即重大损失的认定则始终存在着争议。一方面是学术界对于该罪的主观罪过争论不休；另一方面，司法实践中为商业秘密及重大损失的认定问题而头痛不已。学术研究脱离司法实践由此可见一斑。

3. 大量的文章低水平重复，学术含量较低

30 年间，尽管我国已发表的侵犯知识产权犯罪的文章林林总总，多达几百篇，出版的专著也有十多部，但是内容单一、论证单调、千篇一律的现象非常突出。从

---

① 参见张志勋、黄淑彬：《TRIPS 协定与我国著作权的刑法保护问题》，载《南昌大学学报》（人文社会科学版），2004（6）。

整体上来看，大多数文章研究内容低水平重复，缺乏学术含量和法律底蕴，甚至在不同著述中有的论者的观点反反复复，由此让人根本就搞不清楚其学术观点是什么。

（三）侵犯知识产权犯罪研究之展望

针对我国侵犯知识产权犯罪的研究现状，笔者认为，未来的学术研究应当着重解决好以下几个方面的问题，以实现我国知识产权刑法保护的科学化、现代化和国际化。

1. 拓宽研究视野

由于本土知识产权法律资源的贫乏，我国侵犯知识产权犯罪的学术研究在一开始就比较注意借鉴与吸收发达国家以及国际公约的先进经验与做法。但是，相对于惩治侵犯知识产权犯罪的现实需要，仍有一些不足之处，需要在研究视野上加强以下几个方面的研究。

第一，在重视对发达国家和地区知识产权刑事立法的学术研究的基础上，加强对其知识产权刑事司法的研究。以往，由于种种原因，我国在对外国知识产权的刑法保护进行研究时，比较重视刑事立法的研究与借鉴，而忽视了刑事司法运作的借鉴与吸收。但是，纯粹地比较刑事立法，并没有太大的意义。知识产权刑事法治的关键在于严格执法。外国知识产权的刑法保护，往往是刑事立法、司法乃至行政执法协同一致的结果；有时候，司法起的作用甚至更大一些，尤其是在英美法系国家。正因为如此，英美法系与大陆法系虽然在对知识产权的刑法立法上有很多差异，但是由于其司法制度的良好运作，知识产权刑法保护都比较发达；我国知识产权刑事立法中的有些内容相对于外国的规定并不落后，但是，由于司法运作的问题，与发达国家的刑法保护相比，我国知识产权的刑法保护仍显落后。因此，为加强我国的知识产权刑法保护，我们在学习与借鉴外国知识产权刑事立法的先进规定的同时，更要结合中国的实际，研究其司法运作中的成功经验。

第二，加强对有关知识产权刑法保护的国际公约的研究。我国已经加入了TRIPS等有关知识产权保护的国际公约。根据“条约必须信守”的原则，我国有义务在国内全面履行该条约的义务；同时，随着经济全球化的发展，侵犯知识产权犯罪的国际化趋向也越来越明显。但是，目前我国学术界对有关国际公约的研究尚不充分，例如，对公约在国内的实施模式尚有不同见解，对公约中的一些关键的术语尚没有取得统一的解释，侵犯知识产权犯罪的刑事司法协助问题尚没有引起足够重视。上述问题都应成为我国侵犯知识产权犯罪学术研究亟待关注的问题。

第三，加强对外国知识产权刑法保护最新动向的研究。受技术发展变化的影响，新型侵犯知识产权犯罪活动不断出现。为惩治这些新型的犯罪，世界各国纷纷制定或修改现行法律。例如，2006年6月30日，法国审议通过了《在信息社会中的著作权及邻接权》的法案，以加强对互联网领域著作权的刑法保护。目前，我国融入国际社会的步伐越来越快，新型侵犯知识产权犯罪在我国也越来越突出。未雨绸缪，加强对外国知识产权刑法保护最新动向的研究，有助于完善我国的知识产权刑事立法，同时也可以节约我国稀缺的立法资源。

2. 改革研究方法

人类科学研究的历史证明，认识方法的变革会导致科学本身的变革，理论的创新往往来自于研究方法的创新。针对以往注重定性研究而忽视定量分析、重视逻辑思辨而忽视调查研究等问题，今后我国侵犯知识产权犯罪的学术研究应在继续坚持以辩证唯物主义和历史唯物主义的世界观和方法论为指导的基础上，着力改进研究方法。注意定性研究与定量研究的有机结合，尤其是在我国刑法既定性又定量的立法模式基础上，注意研究侵犯知识产权犯罪的罪与非罪的界限，做到既要保障人权，又要打击犯罪的有机统一；针对不同的课题与问题，注意逻辑思辨与实证研究的正确选择与合理结合，尤其是要加强实证研究，从司法适用的实务中发现新问题，总结经验和不足，为理论研究提供素材，同时理论研究又要为司法实务提供参考和指导价值；繁荣、优化比较研究，即不仅要注意对国外刑法、刑法学的介述和规范层面的研究，而且要注意对之进行经济、政治、文化等深层次的研究；从刑事法制的整体运行状况出发，根据某些问题的关联性质，加强对知识产权领域几大部门法甚至包括与其他相关部门法之间的相互关系的对比、综合和系统研究；除了利用外国立法与司法中的一手资料以外，还要注意译介和研究国际上知名知识产权法和刑法专家的研究著作和论文，以收他山之石可以攻玉之效，进而促进和提高我国的学术研究水平，力争在侵犯知识产权犯罪的学术研究中引领世界潮流。

3. 加强基础理论研究

刑法学的生命力不仅在于其应用性，关键还在于其科学性。而要维护刑法学的科学性，就必须进行刑法的基础理论研究，综合运用刑法学的理论和相关学科的知识来揭示刑事法治的内在客观规律，有意识地引导现行刑法的科学运作。侵犯知识产权犯罪的学术研究也应是如此。纵观近现代世界各国知识产权刑事法治发展的历史，基础理论均扮演着十分重要的角色。我国以往的侵犯知识产权犯罪的学术研究虽然关注了刑法的基础理论问题，比如科技进步与刑法保护、知识产权刑法保护的价值取向等，但缺乏突破性进展，使得至今在有些问题上仍然不能取得一致意见。今后，知识产权刑法保护的基础理论应当成为学界研究的重点之一，以有效地提升知识产权犯罪学术研究的科学性，加速我国知识产权刑法保护的现代化、国际化进程。

4. 加强对新型犯罪的研究

随着新技术尤其是数字技术、互联网以及信息经济的发展，我国新型的侵犯知识产权的违法犯罪活动不断增多，这给知识产权的刑法保护提出了新的挑战。因此，我国论者在不断跟踪国际知识产权法制的演进和发展、借鉴其最新研究成果的基础上，自身也应高瞻远瞩，加强对侵犯域名与商标、计算机软件的著作权和专利权、集成电路布图设计与专利、电子商务中的知识产权、植物新品种和新特药品等违法犯罪现象的研究，把握其发展规律，以弥补我国在此方面研究的空白，为我国侵犯知识产权犯罪的刑事立法完善和司法实践的正当适用提供学术支持。

第九章 故意杀人与故意伤害犯罪

一、研究概况

（一）故意杀人罪的研究概况

故意杀人罪是刑法中最为古老的犯罪类型之一，古今中外的论者对故意杀人罪都很关注，研究也比较透彻。由于有丰富的学术资源可以继承和借鉴，因此，相比较而言，自 1978 年至 2008 年，我国刑法学界关于故意杀人罪的研究主要集中在新时期出现的新问题上，所涉及的内容不是特别多。总体来看，20 世纪 80 年代，刑法学界主要围绕故意杀人罪的基本构成以及故意杀人罪与其他犯罪的区别和联系进行研究。到 20 世纪 90 年代，诸如安乐死、涉及自杀的行为等新鲜课题进入了论者的研究视野，在这方面有不少研究成果问世。进入 21 世纪，随着宽严相济刑事政策的提出和限制、废除死刑的观念得到推崇，逐渐有论者开始关注故意杀人罪死刑的适用问题，陆续提出一些具体的死刑适用标准和做法。此外，为了更好地处理实践中出现的形形色色的故意杀人情形，做到罪责刑相适应，也有论者主张在刑法中设置新的罪名，或者对故意杀人罪的条款进行重置，以细化其规定。

（二）故意伤害罪的研究概况

自 1978 年至 2008 年，我国刑法学界对故意伤害罪的研究大致可以分为以下两个阶段。

第一阶段是从1979年《刑法》颁布到1997年《刑法》颁布。

这一阶段的研究主要是围绕1979年《刑法》在司法实践中产生的疑难问题而展开的。从研究内容上看，主要集中在《刑法》第134条的适用基础问题，如故意伤害罪的犯罪构成、罪名的确定、罪与非罪的界限、故意伤害罪与其他犯罪尤其是与故意杀人罪的界限、故意伤害罪的犯罪未遂、重伤和轻伤的评定及刑事责任等。其中关于故意伤害罪与故意杀人罪区分标准问题的讨论，在20世纪80年代初期达到高潮。讨论最初发端于最高人民法院主办的刊物《人民司法》。该刊考虑到“不少审判人员对杀人罪与伤害罪的界限划分不清，致使对案件的定性与量刑受到影响”的现实情况，在1980年第1期开辟《问题讨论》一栏，刊登了赵嵬、郑魁林的《试谈杀人与伤害的区别》一文，倡议理论界和实务界“百花齐放、百家争鸣”，以加深对法律的理解，提高认识。这次讨论历时一年有余，研究景象可谓繁荣。这次讨论以周参文的《关于杀人与伤害的区别（七）——关于区别杀人罪和伤害罪的几个问题》的发表暂告一段落。但此后，刑法学界关于故意伤害罪与他罪尤其是与故意杀人罪的界限问题的研究却一直在继续，有的从刑法理论角度进行阐述，有的结合实际案例进行剖析。历经目的说、事实说、故意说三种观点的激烈论争，“故意说”最终得到学界的普遍认可，并逐渐在司法实践中确立了认定主观故意需要结合客观事实的原则，这对解决实践问题起到了重要指导作用。在这一时期，研究方法比较单调，更多的是采用法注释学的方法和案例分析法，并以明确1997年《刑法》第134条的内容、意义、适用条件和司法认定问题为目的。而法学的其他研究方法虽然也被采用，但并不普遍。从研究人员的阵容上看，司法工作人员占很大比例，尤其是在《刑法》颁布的初期，关于审判实务方面的研究非常热闹。相比之下，理论研究反而略显冷落。到80年代中期以后，与故意伤害罪有关的刑法理论问题受到刑法学界的关注。其中，最具有代表性的是赵秉志博士于1986年发表的《故意伤害罪的未遂初探》一文和1987年出版的《犯罪未遂的理论与实践》一书，这标志着刑法学界在关于故意伤害罪的研究方面开始了较为深入的理论探讨。虽然这一时期的理论研究算不上繁荣，但学界一直没有停止努力的脚步。

第二阶段是从1997年《刑法》颁布至今。

1997年《刑法》颁布之后，故意伤害罪呈现出多发且多样态的趋势，犯罪形式和手段也越来越复杂，随之而来的是司法适用中出现了诸多疑难问题。但在这一阶段的初期，刑法理论对故意伤害罪的研究却相对冷落，内容也很零散。有鉴于此，张明楷教授在《中国法学》2001年第3期发表的《故意伤害罪探疑》一文，以少见的大篇幅对“胎儿伤害的处理、伤害行为的性质、伤害故意的内容、犯罪形态的确定、连续伤害的罪数、相关条文的适用”等与故意伤害罪有关的若干问题进行了较为深入细致的探讨，由此引起刑法学界对故意伤害罪这一传统犯罪的重新审视和重视。之后，不断有论者对上述问题作出回应。同时，围绕故意伤害罪在刑法理论和司法实践中的许多争议问题如精神伤害、同意伤害、共同伤害、故意伤害罪与包含故意伤害内容的其他犯罪的适用及罪刑规范的协调、故意伤害罪的法定刑设置及量刑等的讨论也逐渐展开。时至今日，有的问题已得以圆满解决，而在有的问题上则仍然存在着理论上的分歧。总的来看，这一阶段的研究主要体现了以下特点。

第一，从研究内容上看，在原有研究脉络的基础上，研究触角更为细微，研究视野更为广阔。比如，关于故意伤害罪的犯罪构成，以往的论著只是对犯罪构成的四个方面要件进行笼统介绍，在这一阶段却开始条分缕析，扩展到对故意伤害罪的具体构成要素的分析论证，诸如精神权利是否是故意伤害罪的客体，胎儿伤害、同意伤害、同时伤害等行为如何定性等，凡是司法实践中遇到的争议问题，几乎都有论及。再如，关于故意伤害罪与他罪的界限等司法认定中的疑难问题，不仅延续以前故意伤害罪和故意杀人罪区分标准的讨论，还扩展到故意伤害致死与间接故意杀人、故意伤害致人死亡与过失致人死亡、一般殴打与故意伤害罪的界限，且侧重于以案释法、以案释理，在为司法认定提供理论支持的同时，给出了具体的判例参考。其次，这一阶段的研究更为深入，几乎每一个问题都触及刑法的共通理论，由此推动了对刑法基本精神和基本范畴的进一步研究。如对有的问题如精神伤害、胎儿伤害等上升到法学基本理论甚至哲学的高度进行论证。关于故意伤害罪犯罪形态等问题的分歧，导致学界对结果加重犯、转化犯、同时犯、想象竞合犯等刑法理论的再研究和新的论争。而法学理论永无止境的探索和创新，成为推动刑法学继续向前发展的直接动力和内因。另外，这一时期的学术研究和司法实践的结合更为紧密，刑法适用中面临的新问题成为刑法理论界新的研究热点。如特殊伤害行为的准确定性问题、故意伤害罪刑罚适用中的罪刑均衡问题、故意伤害罪与包含伤害内容的其他犯罪的罪刑规范的协调适用问题，不仅是司法人员在贯彻罪刑法定原则、罪责刑相适应原则时面临的困惑，也是刑法学界尚未圆满解答的刑法理论上的难题。

第二，从研究方法上看，不再是单一而是多种多样的。解释法的运用依然最为普遍，在现行立法还不够完善的情况下，用强大的解释力来满足社会实践对刑法的需求，无疑是最为现实可行的途径。当然，许多其他的论证方式也为刑法学研究所广泛采用。如比较研究法通过对不同国家、地区关于故意伤害罪的刑法规定和理论成果进行比较，借鉴他国先进的法学理论和法律经验，为我国法学理论的吐故纳新创造条件。历史研究法通过对故意伤害罪的产生、发展、演变过程的研究，总结以往的经验教训，预测未来的发展趋向。法经济分析的方法运用经济学的分析工具如效率、效益等评价故意伤害罪的适用效果。法社会学的方法运用社会学研究的方法如社会调查、分析统计等考察故意伤害罪的适用现状，为完善立法提供现实依据。《湖南公安高等专科学校学报》2006年第1期刊登的《故意伤害轻伤的经济分析——以对佛山市司法实践的调查分析为视角》一文，就兼采了上述后两种研究方法。可以说，刑法论者开始从不同的角度、以不同的思维来应对复杂多变的社会生活对刑法及刑法理论的挑战。

第三，从研究人员的范围上看，既有国内知名的刑法学家，也有知名度不高的青年论者，还有未出茅庐的刑法学子，更有刑事司法第一线的实务工作者，而且不分鸿儒白丁，彼此之间平等交流、理性论争，循序渐进地将故意伤害罪每一个问题的研究导向佳境。

总的来看，随着新情况、新问题的涌现和刑法理论的不断发展，刑法学界关于故意伤害罪的研究在不断扩展，既有纵向的深化，也有横向的延伸，并逐渐趋向理性、成熟和完善。但不可否认，故意伤害罪仍存在争议和疑难之处，继续研究和探讨故意伤害罪无论在理论上还是实践上均具有重要的意义。

二、观点综述

（一）故意杀人罪观点综述

1. 故意杀人罪中的“情节较轻”的理解

一种观点认为，“情节较轻的”故意杀人应包括：出于激愤或义愤杀人的、因不堪被害人长期迫害或虐待而杀被害人的、出于情有可原动机的杀害亲生婴幼儿行为、“大义灭亲”的故意杀人、防卫过当杀人。①

另一种观点认为，故意杀人罪中“情节较轻的”情形是指义愤杀人，因不堪被害人长期迫害或虐待的杀人，基于被害人请求或得其承诺的杀人，生母杀害亲生婴儿的行为，教唆、帮助自杀，“大义灭亲”杀人，不作为杀人等情形。②

2.“安乐死”问题

安乐死分为积极安乐死与消极安乐死。积极安乐死，是指医生为解除重病危死亡中的痛苦而采取某种措施加速病人死亡。消极安乐死，是指医生对身患绝症而濒临死亡的病人，中止其维持病人生命的措施，任病人自行死亡。

（1）关于实施“安乐死”的行为人是否需要承担刑事责任的问题

对此，刑法学界有两种观点。

其一，肯定说。

有论者认为，安乐死（至少是积极的安乐死）应当承担刑事责任。第一，从刑法的目的与刑法的规定来看，刑法保护一切人的生命，只要未犯死罪，任何人都不能结束他的生命。《刑法》第132条规定的“故意杀人罪”并没有排斥安乐死，实施安乐死与法不容。③ 第二，在现期安乐死尚未立法情况下实行所谓“安乐死”，其非法性不容否定，是一种故意杀人行为。从其实行的善良动机上考虑，处罚自应从宽，以明显区别其他形式的故意杀人。④ 第三，就缩短患者生命的积极安乐死而言，人为地提前结束患者的生命的行为，还难以得到一般国民的认同；即使被害人同意，这种杀人行为也是对他人生命的侵害。特别是在法律对实行积极的安乐死的条件、方法、程序等没有明确规定的情况下，实行积极的安乐死所产生的其他一系列后果

① 参见肖中华：《侵犯公民人身权利罪》，73～78页，北京，中国人民公安大学出版社，1998。

② 参见倪业群：《论故意杀人罪中“情节较轻的”情形》，载《广西师范大学学报》（哲学社会科学版），2007（3）。

③ 参见欧阳涛：《安乐死与立法》，载《政法论坛》，1996（6）。

④ 参见林亚刚：《关于安乐死的认识及立法思考》，载《法律科学》，1990（4）。

不堪设想。① 上述肯定说的立场在我国学界得到了广泛认同。②

另有的论者针对力主将安乐死行为定性为故意杀人罪的传统观点，基于犯罪客体理论的认识，提出安乐死行为构成犯罪，但不应定性为故意杀人罪。从侵犯的客体看，安乐死行为侵犯的不是他人的生命权，不同于故意杀人罪；从处罚角度来讲，以故意杀人罪定性有悖于罪刑相适应原则，易导致司法权的滥用，应将之纳入妨害社会管理秩序罪中，另立新罪名，并将之列于非法行医罪、非法进行节育手术罪之后，这样可以防止司法权的滥用，体现立法的预见性。③

其二，否定说。

有论者指出，安乐死虽然在法律上没有明确规定，但并不违背法律的精神。安乐死并不具备故意杀人罪的构成要件，不仅不应当以故意杀人罪论处，而且应当得到法律的允许。只是为了防止安乐死的滥用，应当对其规定严格的条件。④ 有论者认为，安乐死不构成犯罪，在刑法理论上应属于超法规的排除犯罪性行为。理由在于：第一，安乐死没有社会危害性，不符合犯罪的本质特征；第二，安乐死与故意杀人罪有着本质的区别，客观上安乐死是一种正当行为，主观上不存在犯罪目的与动机；第三，我国目前实际默许了消极安乐死；第四，对实施安乐死的医务人员判处刑罚不符合刑罚预防犯罪的目的。⑤ 有论者认为，安乐死不具有《刑法》第 13 条所规定的成立犯罪所需要的社会危害性、刑事违法性和应受惩罚性的定义，因而不构成犯罪。⑥ 有论者对我国司法实践中将安乐死认定为故意杀人罪的做法提出质疑，从我国刑法的基本原则、犯罪的本质特征、犯罪构成要件、患者死亡的原因等方面论证了安乐死不构成故意杀人罪。论者还提出绝症濒死患者应享有宁死不治权的观点，认为绝症濒死患者完全有权利选择安乐死方式来结束生命。在此基础上，论者认为我国应对安乐死单独立法，对其适用条件、程序、法律责任等作出全面而严格的规定。⑦

（2）关于安乐死应否合法化的问题

对此，同样存在肯定说与否定说之争。有论者从价值、法理、事实等层面进行了本体剖析。论者认为，在价值层面上，从一般法理上讲，生命权并不是当然可以由作为生命权主体的个体擅自进行积极处分，国家采取对个体生命权严格保护和严

---

① 参见张明楷：《刑法学》，3 版，637 页，北京，法律出版社，2007。

② 参见吴安清主编：《新编刑法学》（罪刑各论），152～153 页，北京，中国政法大学出版社，1990；王作富：《中国刑法研究》，511～512 页，北京，中国人民大学出版社，1988；何秉松主编：《刑法教科书》，657 页，北京，中国法制出版社，1994。

③ 参见韦加速：《“安乐死”立法的科学选择》，载《科学大众》，2006（6）。

④ 参见伍柳村主编：《杀人伤害罪个案研究》，84～92 页，成都，四川大学出版社，1990；赵秉志等：《中国刑法的运用与完善》，375～379 页，北京，法律出版社，1989。

⑤ 参见刘晓莉等：《安乐死探究》，载《内蒙古民族大学学报》（社会科学版），1998（4）。

⑥ 参见朱红梅：《安乐死的法学争议》，载《医学与社会》，2006（1）。

⑦ 参见牛秀兰：《安乐死与故意杀人罪之思考》，载《山西省政法管理干部学院学报》，2004(1)。

格限制个体擅自处分个体生命权的措施。安乐死涉及人的生命权，必须通过国家立法的认同才可以合法化。人具有相对意志自由，为了尊重人的这种自由，安乐死应当合法化，这也是人道主义的体现。将安乐死非犯罪化是刑法谦抑性的要求，这也体现了对个人价值的尊重。从法理上说，违法阻却事由、合法抗辩事由、排除社会危害性行为说是安乐死合法化的刑法理论基础。从国情上看，中国已具备安乐死的社会条件，安乐死合法化具有可行性。在此论述的基础上，论者认为，中国应当将安乐死进行“谨慎的有限合法化”，并在条件成熟时制定安乐死单行法，包括安乐死的正当目的和宗旨、安乐死的对象、安乐死的具体操作程序、违背安乐死操作程序的处罚措施等基本内容。① 有论者从人具有理性的经济学角度分析，认为对生命的尊重以及对生命权的保护决不能仅仅囿于对生存状态的支持。“安乐死”是“尊严的死亡”，是人格权的具体化。法律不仅应允许而且应尊重和保护公民的这种选择。应改变传统观念，在条件成熟时建立我国特有的“安乐死”法律规则。在确立规则时应考虑的因素有：严格确立实行“安乐死”的法律条件，在借鉴世界各国法律规定的基础上，结合我国国情，制定适合我国国情的法律条件；严格限制“安乐死”的范围，“安乐死”仅宜适用于“无独立意志者”；对残疾婴儿不能随意实行“安乐死”。② 另有论者认为，对刚出生患有严重的不可治愈的疾病或先天性严重缺陷的婴儿，无论是从尊重生命的层面，还是从社会以及伦理道德角度分析，积极安乐死比消极安乐死更为人道。对没有思想意识的婴儿，应借鉴荷兰的立法经验，对婴儿安乐死立法，使其尽早合法化。③ 而有的论者则认为，从社会宏观角度来看，我国安乐死实施的条件和时机还不成熟与完备，存在亟待解决和完善的诸多问题；安乐死立法缺乏宪法和法律依据，法制状况不完善；政治经济发展不平衡，医疗卫生与福利保健体系不健全，医疗科技水平和研究能力有限，死亡标准和安乐死判断标准难以确定；民众对安乐死的本质认识有待深入。从微观角度来看，安乐死实施存在安全隐患；患者意愿和自决权能否得到尊重不能确定；安乐死可能成为“合法杀人”的工具；实施安乐死的技术层面存在隐患；医务人员医学人道主义可能出现“滑坡”；患者家属同意安乐死的动机难以确定；医疗机构法律意识淡薄，管理体制不健全。④ 有论者基于如下理由反对将安乐死合法化：病人提出安乐死是迫于无奈；安乐死合法化与亲属间的伦理道德相悖；安乐死立法与中国医学界现实不符。⑤

（3）免除安乐死刑事责任的路径

我国刑法学界还对在我国免除安乐死刑事责任的路径进行了探讨。例如，有论

---

① 参见魏东、肖敏：《安乐死合法化：基本分析和立法建议》，载《国家检察官学院学报》，2004（3）。

② 参见公文卿：《“安乐死”的合法性分析》，载《江苏教育学院学报》，2006（3）。

③ 参见胡君菡：《关于“婴儿安乐死”的法律思考》，载《法制与社会》，2006（11）。

④ 参见赵雪莲、毛群安：《中国安乐死实施的不可行性分析》，载《中国医学伦理学》，2006(3)。

⑤ 参见张乐维：《安乐死问题之我见——中国：安乐死立法，非其时也》，载《当代经理人》，2006（5）。

者认为，我国目前尚不具备对安乐死予以法律上的非犯罪化的条件，对我国安乐死行为应予以事实上的非犯罪化处理。安乐死的事实上的非犯罪化，是在刑法规则没有正式将安乐死合法化的前提下，由司法者在适用解释刑法的过程中，运用经验知识与经验判断，对安乐死的个别申请或者安乐死个别案件进行具体审查，以决定是否签发法院许可令、是否进行司法干预或者是否阻却或减轻责任不予处罚或减轻处罚，从而达到事实上的不以犯罪论处的刑事政策效果。① 有的论者指出，考虑到我国四要件犯罪构成理论的特点，应当充分发挥《刑法》第13条但书在犯罪构成实质解释中的指导作用。安乐死出罪化的根本理由在于行为不符合刑法规定的故意杀人罪构成要件，有必要针对安乐死问题在司法审判中建立事实上的非犯罪化处理机制。② 另有论者认为，若依据我国现行刑法学"四要件说"犯罪构成理论，则安乐死行为符合故意杀人罪的构成要件。因此，提出应借鉴大陆法系犯罪构成论的违法阻却事由和期待可能性理论来解决安乐死行为的不为罪和不处罚问题。③ 还有论者认为，借鉴大陆法系的期待可能性理论，探讨安乐死在我国的非犯罪性问题，如果根据行为人的个人情况不能期待其为适法行为，则同时应考虑一般人在此情况下的态度。一般人在患有不堪忍受的肉体痛苦的不治之症且濒临死亡的情况下，不能期待其采取适法行为，唯一的选择是采取安乐死以结束其肉体痛苦，因此行为人无期待可能性，可以免责。④

3. 转化型故意杀人

根据我国《刑法》第238条第2款、第247条、第248条第1款和第292条第2款的规定，行为人实施某一犯罪之时或之后，如果又出现了使用暴力致人死亡或者致人死亡的情形，就不再以该罪定罪，而"依照本法第232条的规定定罪处罚"，即依照故意杀人罪定罪量刑。理论上通常将这种立法例概括为"转化型故意杀人罪"。

有论者否认上述"四个条文，五个罪名"属于"转化型故意杀人罪"。第一，《刑法》第238条第2款规定的是故意杀人罪独立的犯罪构成，与非法拘禁罪在构成要素上没有重合性和延展性，属于吸收犯的立法例；第二，《刑法》第247条规定的故意内容没有发生变化，无所谓成立不同的犯罪，不属于转化犯，法律拟制的说法也行不通；第三，《刑法》第248条第1款监管机构的监管人员明知殴打、体罚虐待行为可能造成被监管人死亡，却有意放任的情形下，完全符合故意杀人罪的犯罪构成，可以直接按照故意杀人罪定罪处罚，而无须借助转化犯的理论；第四，《刑法》

---

① 参见梁根林：《刑事政策视野中的安乐死出罪机制》，载《政法论坛》，2003（4）。

② 参见王志祥、姚兵：《安乐死出罪化路径研究——以我国首例安乐死案件为切入点的展开》，载赵秉志主编：《刑事法判解研究》（总14～15辑），106～116页，北京，人民法院出版社，2006。

③ 参见张爱艳：《非犯罪化与安乐死——以违法性阻却事由和期待可能性理论为视角》，载《政法论丛》，2005（2）。

④ 参见杨虹：《从期待可能性理论看中国安乐死的非犯罪性》，载《福州大学学报》（哲学社会科学版），2006（4）。

第292条第2款聚众斗殴行为本身就可能是故意伤害、杀人行为的一种客观表现形式，实施聚众斗殴的行为人本来就具有杀伤他人的故意，所以，“致人重伤、死亡”根本就没有超出行为人原来的故意内容之外。也就是说，行为人的主观故意内容没有发生变化，因而不符合转化犯的条件，而是属于一行为触犯数罪名的想象竞合犯。

论者认为，上述立法例存在现实困境。一是只要出现致人死亡的后果，即不考虑主观具体罪过，都按故意杀人罪处理，显然是有悖于主客观相统一原则的；二是如果不认真考虑行为人对“致人死亡”结果的主观罪过，仅仅只根据结果的出现就认定属于转化犯，那么在故意杀人罪还是故意伤害罪（致人死亡）的选择上就存在疑问。符合罪刑均衡原则有助于实现刑罚协调、有助于压缩死刑罪名两点理由难以成为支撑“转化型故意杀人罪”存在的辩解。理由在于：第一，当出现致人死亡的结果时，究竟是转化成故意杀人罪还是故意伤害罪难以确定，反而带来了选择适用故意伤害罪（致人死亡）和故意杀人罪的困难；第二，实际上，只要我国刑法保留故意杀人罪的死刑，只要行为人的行为符合故意杀人罪的犯罪构成，即使没有所谓转化条款的规定，我们同样可以直接适用故意杀人罪。这样，即使没有增加死刑的罪名，也能达到控制死刑罪名个数的目标。因此，论者主张抛弃“转化型故意杀人罪”这一理论，而将刑法的上述规定理解为注意规定。即使不存在这样的规定，也完全可以按照行为本身的性质处理。①

4. 以危险方法故意杀人行为的定性

实践中，有的人使用放火、投毒、爆炸等危害公共安全的方法，追求杀害某一具体人的目标。关于对这类行为如何定罪的问题，在1997年《刑法》颁布之前，理论上有四种不同的看法。①作为故意杀人罪客观方面的非法剥夺他人生命的行为，其手段可以是多种多样的，如投毒、爆炸、火焚甚至利用化学药品、放射性物质等方法杀人，其方法、手段不影响本罪的成立，即仍应定故意杀人罪。② ②以投毒等手段实现杀人目的而同时危害公共安全的，应以投毒等罪论处。因为在这类案件中，行为人的杀人行为构成典型的想象竞合犯；以投毒等危险方法杀人而危害公共安全的，比用一般方法杀人具有更大的社会危害性，定投毒等罪更能反映这类犯罪的社会危害性，因此按照想象竞合犯从一重罪处罚的原则，应定投毒等罪。③ ③如果行为人明知自己使用的方法会危害公共安全而执意实行，发生了危害公共安全的后果，按危害公共安全罪所列有关罪名定罪量刑；如果没有发生危害公共安全的结果，应定故意杀人罪，按既遂或未遂决定应当判处的刑罚。④ ④以放火等危险方法杀人并危害公共安全的，不能认定为故意杀人罪，只能认定为危害公共安全的犯罪。理由在于，行为人虽以放火为手段意图危害特定人，但同时已经或者可能引起火灾危害

---

① 参见利子平、詹红星：《“转化型故意杀人罪”立论之质疑》，载《法学》，2006（5）。

② 参见林准主编：《中国刑法教程》（修订本），363页，北京，人民法院出版社，1994。

③ 参见伍柳村主编：《杀人伤害罪个案研究》，204～205页，成都，四川大学出版社，1990。

④ 参见何秉松主编：《刑法教科书》，655页，北京，中国法制出版社，1994。

公共安全的，实际上是一个放火行为，同时触犯放火罪和故意杀人罪两个罪名，属于想象竞合犯。处理想象竞合犯应按照所触犯数罪名中最重的罪定罪量刑。根据《刑法》对这两种犯罪法定刑的规定，最低刑都是3年有期徒刑，最高刑均为死刑，难以分清孰轻孰重。故以放火罪论处也并无不妥。考虑到以放火的危险方法杀人，不仅侵害特定人的生命权利，而且在客观上危及不特定的多数人的人身安全和重大公私财产安全，比一般故意杀人罪更为恶劣。为此，以危害公共安全的放火罪处罚，更能显示出这种杀人的特殊危险性。如此处罚也不会轻纵犯罪。① 而如果以放火等危险方法杀人的行为不足以危害（不危及）公共安全，就只能定故意杀人罪。②

1997年《刑法》颁布后，理论上对于危险方法故意杀人行为的定性问题，又产生了新一轮的争论。一种观点认为，只要具有杀人故意并且实施了足以剥夺他人生命的行为，不管是否危害公共安全，均应认定为故意杀人罪。理由在于，通说观点将以危害公共安全的方法杀人的行为认定为危害公共安全的犯罪，具有三个缺陷：一是违背了故意杀人罪重于放火等危害公共安全的事实与法律规定；二是违反想象竞合犯罪的处理原则；三是导致处罚的不均衡。依照论者的观点，其一可以克服通说的缺陷；其二有利于正确区分故意杀人罪与放火等罪的界限；其三有利于处理《刑法》第17条第2款在适用中遇到的问题；其四有利于统一对结果加重犯的认识与处理；五是有利于将来削减死刑条款。③ 另一种观点则认为，如果认定为故意杀人罪，可能混同放火、爆炸、投毒等犯罪与故意杀人罪之间在犯罪构成上的区别，导致定罪量刑上的不统一。④

5. 涉及自杀的情形

(1) 致人自杀行为

理论上一般认为，司法实践中的致人自杀主要有以下三种情况。①行为人的合法正当行为引起他人自杀的，行为人不负刑事责任；②行为人的犯罪行为引起他人自杀的，这种情况下行为人主观上无杀人的故意，不构成故意杀人罪。根据具体情况，可以成为侮辱、诽谤等罪的定罪情节，也可以成为强奸、暴力干涉婚姻自由的量刑从重处罚情节；③行为人具有致他人死亡的故意，并凭借权势或以暴力、胁迫、诱骗等手段促使他人自杀的，应以故意杀人罪论处。⑤

关于逼人自杀行为的定性问题，有的论者认为，凭借某种权势或与他人的特殊关系，以暴力、胁迫或其他类似方法，故意造成他人心理和精神的极大恐惧，致其

---

① 参见马克昌等主编：《刑法学全书》，258页，上海，上海科学技术文献出版社，1993。

② 参见杨春洗、杨敦先主编：《中国刑法论》，358～359页，北京，北京大学出版社，1994。

③ 参见张明楷：《论以危险方法杀人案件的性质》，载《中国法学》，1999（6）。

④ 参见周振晓：《也论以危险方法杀人案件的定性》，载《政法论坛》，2001（2）。

⑤ 参见高铭暄、马克昌主编：《刑法学》，470页，北京，北京大学出版社、高等教育出版社，2000。

自杀的行为，是一种情节恶劣的故意杀人行为，应按故意杀人罪从重处罚。① 这种观点意味着，逼人自杀的，应一律按故意杀人罪论处。而有论者则指出，对于使用威胁手段迫使他人自杀的行为是否都要定故意杀人罪，值得探讨。如果使用的威胁手段能够给被害人造成重大危害，从而使被害人在自杀与否的选择上余地很小，只能走自杀之路的，应定为故意杀人罪；反之，如果威胁内容很一般，即使对方不自杀也对其形不成多大危害，因而在自杀与否问题上有较大选择余地的，即使对方选择了自杀，也不宜定故意杀人罪。②

关于诱人自杀行为的定性问题，有论者认为，应当以故意杀人罪论处。③ 这意味着，凡是诱骗他人自杀的，都构成故意杀人罪。而有论者则认为，应当对此作具体分析。只有当欺骗行为导致被害人对自杀行为产生了误解以致根本不知道自己是在自杀，或者欺骗行为所捏造的事实能使被害人精神上产生巨大的压力，足以导致其悲愤欲绝或完全丧失生活信心和勇气的，才能以故意杀人罪论处。如果所捏造的事实并没有使被害人误解自杀行为的性质或者不足以引起被害人完全丧失生活的信心，就不能以故意杀人罪论处。以封建迷信诱骗他人自杀的行为，并不会使被害人感到生活绝望，由此引起的自杀并不违背其本意，故对欺骗者不能定为故意杀人罪。④

（2）教唆、帮助自杀行为

所谓教唆自杀，是指行为人使没有自杀意图的人产生自杀决意，实施自杀行为。所谓帮助自杀，是指他人已有自杀意图，行为人对其在精神上加以鼓励，使其坚定自杀的意图或者给予物质上的帮助，使他人得以实现其自杀意图。理论上一般认为，对于教唆有责任能力者自杀的，应以故意杀人罪论处，但应按情节较轻的故意杀人罪从轻、减轻或免除处罚。对于教唆无责任能力人自杀的，对教唆者应以故意杀人罪的间接实行犯对待。对于精神上的鼓励，由于行为人对自杀死亡结果的原因力较小，可以不追究其故意杀人的刑事责任。对于提供物质帮助的，原则上应构成故意杀人罪，但可以从轻或减轻处罚。对于直接动手将自杀者杀死的，应当认定为故意杀人罪，但处罚时可以考虑从轻。⑤ 支持通说的论者指出，教唆、帮助他人自杀的行为不同于教唆、帮助他人犯罪的行为，不能用共同犯罪的理论来解释这种教唆、帮助行为，而应把这种行为理解为借被害人之手杀死被害人的故意杀人行为。刑法

---

① 参见马克昌等主编：《刑法学全书》，306页，上海，上海科学技术文献出版社，1993。

② 参见张绍谦：《略论教唆、帮助他人自杀行为的定性及处理》，载《法学评论》，1993（6）。

③ 参见赵长青：《自杀案件的因果关系与刑事责任》，载《法学季刊》，1984（1）；黄留群：《试论自杀案件的刑事责任问题》，载《法学研究》，1984（5）。

④ 参见张绍谦：《略论教唆、帮助他人自杀行为的定性及处理》，载《法学评论》，1993（6）。

⑤ 参见高铭暄、马克昌主编：《刑法学》，470页，北京，北京大学出版社、高等教育出版社，2000。

条文中规定的“故意杀人”包括了教唆、帮助自杀的行为。①

上述居于通说地位的观点在近些年来遭到了批判。在旧刑法时代，就有的论者认为，在教唆、帮助自杀的场合，毕竟是由被害人自己的意志决定自杀的，同违反自己意志被他人杀死有所不同。因此，定故意杀人罪是不妥当的。在必要时应采用类推的方法，比照故意杀人罪的规定定罪判刑。② 有的论者指出，教唆或帮助本身就不是实行行为，只有在被教唆或帮助的行为构成犯罪的前提下，教唆或帮助行为才具有可罚性，可按照共犯处理。但在教唆或帮助自杀的情况下，自杀本身并非犯罪，因而教唆或帮助自杀行为不能从自杀中获得犯罪性。而教唆或帮助自杀行为与杀人行为本身也不能等同，除了教唆或帮助自杀构成故意杀人罪的间接正犯以外，教唆或帮助自杀无论如何也是不能直接等同于故意杀人的。我国刑法未设立加功自杀罪，因此教唆或帮助自杀的行为属于法无明文规定的情形，根据罪刑法定原则，不应以故意杀人罪论处。③ 有的论者认为，在立法上应将教唆、帮助他人自杀的行为独立成罪。④ 还有的论者主张，以往理论界对教唆自杀行为定故意杀人罪，缺乏刑法条文的明确规定，不符合犯罪构成的理论，有类推之嫌；将教唆自杀行为完全按照故意杀人罪的间接正犯处理存在以偏概全的逻辑错误。从长远考虑，宜在厘清相关概念的基础上增设关联自杀罪（教唆、帮助他人自杀或者受嘱托获得其承诺而杀人）对教唆他人自杀行为进行刑法规制。⑤ 还有的论者指出，我国刑法对于教唆或帮助自杀的行为未作任何规定。在这种情况下，对于不成立故意杀人罪的间接正犯的教唆或帮助他人自杀的行为能否直接按照故意杀人罪的规定定罪处罚，确有疑问。一方面，刑法分则关于故意杀人罪的规定是针对该罪的实行行为而言的；另一方面，教唆或帮助自杀的行为也不可能解释为故意杀人罪的共犯行为。因而，在立法上将教唆、帮助他人自杀的行为独立成罪，似乎是解决这类行为的刑事可罚性问题的妥当做法。实际上，对于被教唆者的行为不具有刑事可罚性的教唆行为的入罪问题，在我国刑法中并不乏独立成罪的立法例，第353条关于引诱、教唆、欺骗他人吸毒罪的规定即是如此。⑥

（3）相约自杀行为

相约自杀存在以下几种具体情况：①双方相约共同自杀，一方未对他方实施教

---

① 参见吴安清主编：《新编刑法学》（罪刑各论），154页，北京，中国政法大学出版社，1990。

② 参见王作富：《中国刑法研究》，518页，北京，中国人民大学出版社，1988；张绍谦：《略论教唆、帮助他人自杀行为的定性及处理》，载《法学评论》，1993（6）。

③ 参见陈兴良：《教唆或者帮助他人自杀行为之定型研究——邵建国案分析》，载《浙江社会科学》，2004（6）。

④ 参见赵秉志主编：《侵犯人身权权利犯罪疑难问题司法对策》，31页，长春，吉林人民出版社，2001；冯凡英：《教唆、帮助自杀行为刍议》，载《人民检察》，2004（2）。

⑤ 参见沈玉忠：《教唆他人自杀行为的定性与理性分析》，载《黑龙江政法管理干部学院学报》，2006（4）。

⑥ 参见包雯主编：《刑法学》，604～605页，石家庄，河北人民出版社，2007。

唆、帮助或诱使行为。对此，自杀没有死亡的一方不应对他方的死亡负故意杀人的刑事责任。②双方相约自杀，一方要求对方先杀死自己，后者应对方请求先将对方杀死，然后自杀未成或放弃自杀念头的。这本质上是一种受托杀人，应按故意杀人罪论处，量刑时可从轻考虑。③双方相约共同自杀，一方为自杀提供条件，另一方利用此条件自杀身死，而提供条件者自杀未死。这是一种帮助自杀的行为，可以比照帮助自杀的原则处理。④一方诱骗对方相约自杀，而行为人根本没有自杀的意图，对诱骗者应以故意杀人罪定性。①

（4）夫妻一方对他方自杀而“见死不救”行为的定性

对此，理论上存在以下不同观点。

第一种观点认为，夫妻双方因为争吵、厮打，一方自杀，另一方见死不救，导致其死亡的案件都应以不作为的故意杀人罪追究不作为者的责任。因为我国婚姻法有关规定已包含夫妻双方具有救助义务的内容，这也是认定其作为义务的法律根据，而且不作为者的行为具有严重的社会危害性，所以构成不作为的故意杀人。②

第二种观点认为，从合理性来说，自杀一方本人才是实行自杀行为的主体，其依据本人的自由意志而实施的自杀行为是导致行为人死亡的原因，所以，自杀一方应当对其自杀行为的后果承担全部责任；再从合法性来说，在婚姻期间，夫妻一方自杀，他方并不负有刑法上的阻止、解救的特定法律义务，即缺乏构成不作为犯罪所必需的特定法律义务。所以，依据“罪刑法定原则”，夫妻一方自杀而他方“见死不救”的不应当承担刑事责任。当然，对另一方的“见死不救”行为应当给予道德上的谴责，但却不能被上升到刑法的层面给予刑事处罚。③

第三种观点通过引入犯罪的二次性违法理论，认为在夫妻关系存续期间，夫妻关系的一方自杀，他方在法律上并不负有防止和解救的特定义务，对这种行为的道德谴责不能上升到刑法的层面施以处罚加以解决；在现代婚姻法律关系上，夫妻应当是“同林鸟”，夫妻双方都应该把生命掌握在自己手中，生命永远属于我们每个人自己的，因此首先要由自己来珍惜。如果自杀者是女性的话，连这一点还不明白，那就永远谈不上妇女的解放。④

第四种观点认为，一般来说，存在自杀就不可能同时存在他杀，而杀人是他杀。自杀转化为他杀，需要严格的条件。除非逼迫他人自杀，表面上是自杀，实际上是

① 参见高铭暄、马克昌主编：《刑法学》，470～471页，北京，北京大学出版社、高等教育出版社，2000。

② 参见刘瑞瑞、陆小平：《夫妻间见死不救应当认定不作为杀人行为》，载《人民检察》，2006（15）。

③ 参见陈法：《夫妻一方对他方自杀而“见死不救”之刑事责任新探——从“宋福祥故意杀人案”之判决理由谈起》，载《西南政法大学学报》，2008（1）。

④ 参见杨兴培：《一起夫妻争吵引起自杀案的刑法思考和伦理思考》，载《华东政法学院学报》，2004（6）。

他杀，因此可以按照杀人来处理。在自杀是死者自己所为的情况下，不能把和自杀相关的行为，或者把阻止自杀义务的不履行，就看作杀人。不阻止自杀和杀人是两个概念。①

6. 故意杀人罪的量刑

(1) 从重和从轻的情节

有论者认为，故意杀人罪的从重情节主要有下列几种：杀害处于不能抗拒状态的人，如孕妇、老人、儿童、熟睡、重病或受重伤的人等；为掩饰或便利其他犯罪而杀人；杀人手段特别残酷的；杀人动机特别恶劣的。从轻的情节包括：由于长期受被害人迫害、打击、诬陷，产生极大痛苦而杀害被害人的；当场一时激愤或义愤杀人；符合被害人意愿的杀人行为；杀婴行为。②

(2) 死刑的适用

其一，被害人过错对死刑适用的影响。有论者认为，故意杀人罪是最典型意义上的有被害人的犯罪。1999 年 10 月 27 日最高人民法院颁布的《全国法院维护农村稳定刑事审判工作座谈会纪要》确立了以下规则：被害人一方有明显过错或被害人对矛盾激化负有直接责任的故意杀人罪的被告人，一般不应判处死刑立即执行。为了减少和限制故意杀人罪的死刑适用，在立法上有必要将被害人有过错这一酌定从轻情节法定化。③

其二，死刑适用的标准。有论者认为，当前故意杀人案件死刑适用中存在着适用理由不清、相似案件死刑适用不同、酌定情节作用认定不一以及适用过程模糊、方法含糊等问题。出现这些问题的原因在于刑事政策的影响、法官个人因素相异和适用标准不齐。因此，应当探索出一个相对确定的故意杀人罪死刑适用标准。论者主张对故意杀人罪应当适用二次量刑方法。首先，量刑基准选择标准。在具备以下情节时，应当选择死刑立即执行作为量刑基准：犯罪人动机卑劣的、犯罪人采取了分尸抛尸的手段的、犯罪人在故意杀人同时还实施了其他犯罪的、造成两人以上伤亡的危害结果的。在具备以下情节时，应当选择死刑缓期两年执行作为量刑基准：犯罪人一时激愤实施故意杀人行为的、犯罪分子为报复泄愤故意杀人的。其次，量刑情节适用标准。就单个情节而言，在死刑案件的量刑情节中，累犯、自首、认罪态度好以及因家庭、邻里及感情纠纷导致犯罪的量刑情节对于死刑适用的影响比较大，不仅具有这些情节的案件数量多，而且对于故意杀人罪死刑死缓的适用影响力较为明显。对多个量刑情节并存来说，当一故意杀人案中具有多个同向法定量刑情节时，一般遵循每个量刑情节均应得到实际评价原则，分别对每个量刑情节进行评价、适用。评价、适用各个量刑情节的先后顺序，应当以逐一评价量刑情节的实际

---

① 参见陈兴良：《口授刑法学》，143 页，北京，中国人民大学出版社，2007。

② 参见刘光显：《析故意杀人罪中的从重与从轻情节》，载《法学》，1985 (1)。

③ 参见陈兴良：《被害人有过错的故意杀人罪的死刑裁量研究——从被害与加害的关系切入》，载《当代法学》，2004 (2)。

需要为转移。在其中作用力最大的情节的从轻幅度以上、多个情节从轻幅度之和以下进行量刑。当一故意杀人案中具有多个逆向法定量刑情节时，评价、适用各个量刑情节的先后顺序，应当先以逐一评价每个量刑情节的实际需要为转移。如当从重与减轻处罚情节并存时，一般按照“先减后重”的顺序予以适用。在确有必要对两个以上的逆向量刑情节做出适当取舍时，一般以有利于被告人为取舍的依据。如当从重与从轻处罚情节并存时，一般按照“先重后轻”的顺序予以适用，以保证基础危害行为所对应的刑罚量接近法定刑幅度的下限时，从轻处罚情节有必要的裁量空间。如果基础危害行为所对应的刑罚量已经接近或位于法定刑幅度的上限，从重处罚情节的作用力又大于从轻处罚情节的，可以适用“轻重相抵”的方法，判处接近或等于法定刑幅度上限的刑罚。①

7. 故意杀人罪的立法完善

（1）设立杀婴罪

有论者分析了一起母杀婴案件，认为中国刑法在故意杀人罪的立法上存在不足：一是刑法关于故意杀人罪的立法过于笼统，不具有实际可操作性；二是在决定被告人的刑罚上，因刑法和司法解释对故意杀人罪并没有统一的适用标准，法官（院）不仅可以决定被告的量刑幅度，而且可以决定刑种的不同，法官（院）掌握着生杀予夺的权利，自由裁量权过大，欠缺立法和有效司法解释的规制。因此对刑法关于故意杀人罪的规定应该进行修改，有两种方案可供采纳：一是在第232条中单列一款规定，生母故意杀害自己不满一周岁的婴儿的，处一年以上五年以下有期徒刑、拘役或者管制；二是在刑法中单独制定一个条文，详细规定杀婴罪的犯罪构成和法定刑，并对具体的量刑情节作出规定。②

（2）重置故意杀人罪的规定

有论者建议对故意杀人罪的罪状和法定刑重新编排设置如下。

（故意杀人罪）故意杀人的，处死刑、无期徒刑或者十年以上有期徒刑；（加重杀人）有下列情节的，加重或者从重处罚：

①行为人系被害人直系亲属；②行为人动机卑鄙，行为恶劣，如以杀人为乐，或者折磨被害人以增加其痛苦的；③杀害多人的或者多次杀害一人的；④使用毒物、爆炸物等杀人的；⑤集团或者团伙杀人的；⑥买凶杀人的；⑦杀害孕妇的；⑧造成其他严重后果的。

（激情杀人）因情绪之激动、绝望、恐惧以及道德价值上之动机所支配的大义灭亲行为，处三年以上十年以下有期徒刑。

（生母溺婴）生母于产后受精神之刺激而杀婴的，处最高七年有期徒刑。

---

① 参见王非、张敏：《故意杀人案件死刑适用实证研究——以二次量刑理论为视角》，载《金陵科技学院学报》（社会科学版），2008（1）。

② 参见余行飞：《对故意杀人罪立法的再检视——以一起生母杀婴案为切入点》，載《社会科学论坛》（学术研究卷），2006（11）。

（受托杀人及安乐死）应被害人明确、坚决之书面请求而杀害被害人的，处最高五年有期徒刑。

（教唆自杀）教唆他人自杀，如他人系为已遂，处最高十年有期徒刑，如为未遂，处三年以上七年以下有期徒刑。如教唆未满十八周岁之未成年人自杀的，无论既遂、未遂，处最高刑为无期徒刑。

（相约自杀）对相约自杀者，如无教唆或者欺骗行为，处最高为三年有期徒刑。

（帮助自杀）无论精神或者物质上支持他人自杀者，处最高刑为三年有期徒刑。①

（二）故意伤害罪

1. 故意伤害罪的主观方面

有论者认为，故意伤害罪显然要求主观上出于故意。根据我国《刑法》总则第14条关于故意犯罪的规定以及故意伤害罪的客观要件，本罪的故意内容应当是：明知自己的行为会发生伤害他人身体健康的结果，并且希望或者放任这种结果发生。据此，伤害的故意既可以是直接故意，也可以是间接故意。至于行为人出于何种动机，则不影响故意伤害罪的成立。当然，如果行为人伤害他人是为了实施抢劫、强奸等犯罪行为，则另当别论。② 还有的论者认为，故意伤害罪之伤害故意特指对造成轻伤、重伤后果所持有的态度，且必须是行为人对自己的行为造成法定构成要件的危害结果所持有的心理态度，而不是泛指对任何损害他人健康结果所持的态度；刑法上所指伤害故意中认识因素、意志因素所指向的危害结果也绝对不能与日常生活意义上的损害相提并论，必须是属于构成要件内容的特定危害结果，即轻伤以上程度的损害。③

在大陆法系国家刑法中，大多设有暴行罪（或殴打罪），并且通说认为伤害罪是暴行罪的结果加重犯。我国刑法没有规定暴行罪，故意伤害罪不可能成为暴行罪的结果加重犯。因此，我国的通说认为，成立故意伤害罪要求行为人主观上具有伤害的故意，即对伤害结果具有认识和希望或放任的态度。这是我国理论界的通说。按照该说，如果行为人仅具有殴打的意图，只是希望或者放任造成被害人暂时的肉体疼痛或者轻微的神经刺激，则不能认定为有伤害的故意。因此，在仅出于殴打的意图而无伤害故意的情况下，造成他人伤害的，不宜认定为故意伤害罪。基于同样的道理，在殴打行为导致他人死亡的情况下，不得认定为故意伤害致人死亡。如果将出于殴打的意图造成他人伤害或者死亡的案件认定为故意伤害罪，则意味着在行为人没有刑法上的犯罪故意的情况下（殴打的意图不等于刑法上的伤害故意），也可以成立故意伤害罪，其对主客观相统一原则的违反至为明显。正确认识这一点，对于

---

① 参见王欣、陈晓波：《故意杀人罪法条设置检讨及完善》，载《人民检察》，2005（9）。

② 参见张明楷：《故意伤害罪探疑》，载《中国法学》，2001（3）。

③ 参见汪红飞：《故意伤害罪若干争议问题探讨》，载《浙江万里学院学报》，2006（4）。

合理区分故意伤害致死与过失致人死亡具有重要意义。详言之，过失致人死亡时，行为人主观上既无杀人的故意，也无伤害的故意。故意伤害致死显然以具有伤害的故意为前提；过失造成的死亡结果，则是故意伤害罪的加重情节。这就说明，不能将所有的“故意”殴打致人死亡的案件认定为故意伤害致死。换言之，殴打不等于伤害，一般生活意义上的“故意”不等于刑法上的故意。如果行为人只具有一般殴打的意图，并无伤害的故意，由于某种原因或条件引起了被害人死亡的，不能认定为故意伤害致死；如果行为人主观上对死亡结果具有过失，应认定为过失致人死亡罪。① 但在通常情况下，行为人对自己的伤害行为会给被害人造成何种程度的伤害，事先不一定有明确认识。因此，只要行为人主观上具有伤害他人的故意，实际造成轻伤结果的，就按轻伤害处理；实际造成重伤结果的，就按重伤害处理。这并不违背主客观相统一原则，因为无论是造成重伤还是轻伤，都包括在行为人的主观犯意之内。② 在故意伤害致死的情况下，行为人对伤害结果出于故意，而对死亡结果则出于过失，属于复杂罪过的情况。在间接故意伤害的情况下，只能是放任对他人身体健康损害结果的发生，而不能是放任死亡结果的发生，否则，应构成故意杀人罪。③

在具体案件中，对行为人是否具有伤害故意的判断有很大难度，应根据具体案情从客观到主观进行判断，即从行为是否构成伤害行为再反推行为人是否具有伤害故意。④

2. 故意伤害罪的客观方面

刑法理论一般认为，故意伤害罪在客观方面表现为非法损害他人身体健康的行为。首先，行为人必须实施了伤害行为，即必须有损害他人的身体健康的行为；其次，损害他人身体健康的行为必须是非法的；最后，伤害行为的对象是他人。对此，学界普遍认可，但在刑法适用中还存在许多值得研究的内容，其中主要涉及以下几个方面的问题。

（1）故意伤害罪中的“伤害”行为

关于伤害的含义，刑法理论上主要存在四种学说，即生理机能损害说、身体完整性损害说、折中说、健康状态恶化说。我国刑法学界的通说是“生理机能损害说”。⑤ 有论者提出，上述前三种观点在实际上的差异并不多见，因为破坏身体完整性的行为大多破坏了生理机能。例外的有两种情况：一是外形的完整性没有受到损害，但生理机能受到了侵害，如使人视力降低、听力减退；二是外形的完整性受到损害，但没有妨害其生理机能，典型的是去除他人头发与指甲。显然，如果行为侵

---

① 参见张明楷：《故意伤害罪探疑》，载《中国法学》，2001（3）。

② 参见张明楷：《刑法学》，2版，683页，北京，法律出版社，2003。

③ 参见张明楷：《故意伤害罪探疑》，载《中国法学》，2001（3）。

④ 参见卢建平、盛茵：《故意伤害致人死亡与过失致人死亡的界定》，载《检察日报》，2002-02-18。

⑤ 参见高铭暄主编：《刑法专论》，2版，641页，北京，高等教育出版社，2006。

害了生理机能，即使没有损害外形的完整性，也应当认定为伤害行为；反之，则没有必要认定为伤害。因此，原则上应当认为，只有侵害了他人生理机能的行为，才属于伤害。① 但也有论者认为，有必要将“生理机能损害说”与“健康状态恶化说”结合起来，把伤害解释为损害人的生理机能或使其健康状态恶化的行为。②

关于伤害的方法，法律未加限定。有论者认为，伤害行为既可以是作为，也可以是不作为。以不作为方式致人伤害构成故意伤害罪的，要求行为人负有特定的保护他人身体健康的作为义务，其义务来源应当根据确立不作为犯罪义务来源的一般原理予以确定。伤害行为既可以是暴力的、有形的，也可以是非暴力的、无形的。前者如使用暴力殴打、行凶等方法致人伤害；后者如故意以性行为等方式使他人染上艾滋病等严重性病，欺骗被害人服用毒药而造成生理机能损伤，以胁迫、恐吓等方法致使被害人精神严重失常，等等。③

关于利用恐吓、精神刺激的方法故意伤害他人身体健康的行为的定性，有论者认为，行为人的目的虽然不是追求有形的肉体伤害，但却是追求无形的精神伤害，而且，这种精神伤害不是单纯的感情伤害，而是神经上的伤害。因而，这类行为如果的确给他人精神上造成了严重的伤害，应当认定为成立故意伤害罪；但这种行为如并未给被害人造成任何精神上的伤害，由于我国目前没有设立恐吓罪，从罪刑法定原则的角度出发，则宜按照《治安管理处罚条例》的有关规定处罚。④

对于有传染病的人故意把病菌传染给他人由此使他人患病是否构成故意伤害罪的问题，学界有不同看法：肯定说认为，如果有充足的证据证明，行为人确有以此方式损害他人健康的故意，并且其行为与他人患上传染病确有直接因果关系，可以构成故意伤害罪。但这种情况涉及证据问题。某人患上传染病，要证明是由他人传染的，并非易事。⑤ 有论者以传染艾滋病病毒为例，对肯定说予以支持。论者认为，艾滋病病毒携带者故意伤害他人，意图使艾滋病传染他人，或者明知自己是艾滋病病毒携带者而故意实施有传染危险之行为的，应以故意伤害罪论处。当然，得被害人承诺的除外。依据我国《刑法》第95条以及最高人民法院、最高人民检察院、公安部、司法部《人体重伤鉴定标准》、《人体轻伤鉴定标准》的规定，伤害包括对于他人肢体完整性的损害，容貌的毁坏，听觉、视觉或者其他器官机能的损害以及对人体健康的其他损害。损害他人免疫系统不属于对人体器官机能的损害，却属于对人体生理健康的严重损害，属于“对人体健康的其他损害”的范围。所以，尽管《人体重伤鉴定标准》、《人体轻伤鉴定标准》没有明确地将损害他人免疫系统作为伤

① 参见张明楷：《刑法学》，2版，682页，北京，法律出版社，2003。

② 参见刘明祥：《伤害罪若干问题探究》，载《江海学刊》，2007（3）。

③ 参见张明楷：《刑法学》，2版，682页，北京，法律出版社，2003。

④ 参见田宏杰：《故意伤害罪若干疑难问题探讨》，载《法学家》，2001（4）

⑤ 参见王作富主编：《刑法分则实务研究》（上），2版，999页，北京，中国方正出版社，2003。

害结果加以规定，也没有将受到艾滋病感染作为伤害结果加以规定，但是，使他人遭受艾滋病感染，应当视为一种严重损害他人身体健康的情形。① 否定说则认为，行为人明知自己有传染病，且通过发生性关系等途径传染给他人并给他人造成了伤害，但依照现行人体轻伤和重伤标准，无法确定伤害程度。因此，法无明文规定不为罪，上述行为不构成故意伤害罪。②

（2）伤害胎儿行为的定性

故意伤害罪的行为对象是他人，即除行为人自身以外的有生命的自然人。而人的生命始于出生，终于死亡，故对死后的尸体进行伤害的，不能够构成故意伤害罪。他人是指已经出生并独立于母体的人，这似乎说明未出生的胎儿也不能成为故意伤害罪的对象。但实际上，对伤害胎儿行为如何定性，国内外刑法理论界存在较大争议，司法实践中的做法也有较大的差异。刑法理论一般认为，为了伤害胎儿而对母体实施伤害，达到犯罪的危害程度的，或者为了伤害母体，结果使胎儿出生后伤残的，可以视为对母体实施的故意伤害罪，从重处罚。③ 但就纯粹的对胎儿的伤害而言，即行为人故意使用药物或者其他器具伤害胎儿，旨在使该胎儿出生后成为严重精神病患者或者造成缺乏四肢等严重残疾，而未伤害胎儿的母体的情形，能否构成故意伤害罪，学界却有不同的看法。

第一，否定说。该说认为，对胎儿的伤害行为不能构成故意伤害罪。理由是：人的生命始于出生，终于死亡，胎儿不是人，对未出生的胎儿的伤害不属于对他人身体的伤害，因此，原则上对伤害胎儿的行为，不能以故意伤害罪论处。④

也有论者提出，伤害胎儿是对夫妻即胎儿父母生育权的侵犯，因此不构成故意伤害罪。该论者认为，出生后的“人”对于其胎儿时期的利益在我国刑法上并不享有法益，而伤害胎儿的行为，也不能说是对出生后的“人”的伤害行为，但“胎儿”这一实体属于父母所有，伤害胎儿的行为是对胎儿父母一定利益的损害，该利益的性质是夫妻的生育权，出生后“人”的残疾是生育权受侵犯的证明。至于这种利益是否需要利用刑法保护，须由立法者根据社会状况来确定，但夫妻可以生育权受到侵犯为由请求民事赔偿。该论者还提出，生育权是夫妻所享有的十分珍贵的一种人身权利。生育权的内容包括胎儿的正常生长，权利的实现是“人”的正常出生，即生命健康未受侵犯的人的出生。当“人”出生后，父母即不再拥有人的生命健康权这一权利，它已转归出生后的“人”所有。对胎儿的实体伤害紧紧依附于胎儿；一旦胎儿脱离母体，该伤害亦随之脱离母体，为“人”所独自享有，对该伤害的请求权亦应随同脱离母体而为“人”所继受。因此，出生后的“人”有权就在其身上之

① 参见曲新久：《毋需增设“传播艾滋病罪”》，载《人民公安》，2000（22）。

② 参见孙钧杰：《传染性病给男友不构成故意伤害罪》，载《法治快报》，2006-11-21。

③ 参见包雯主编：《刑法学》，608页，石家庄，河北人民出版社，2007。

④ 参见薛淑兰、叶良芳：《故意伤害疑难问题与损害赔偿新释解》，5页，北京，人民法院出版社，2004。

残疾向行为人行使赔偿请求权。①

第二，肯定说。该说认为，对胎儿的伤害行为构成故意伤害罪，但对于伤害行为所侵害的法益以及定罪理由，“肯定说”主要存在以下四种不同意见。

意见一认为，只要行为人实施了具有致人受伤的危险行为，并发生了致人伤害的结果，不管其结果是及于母体还是及于胎儿，都成立对人的故意伤害罪。论者认为，在行为人着手对孕妇及胎儿实行伤害行为之后，权衡是否有人受到了伤害（危害结果）时，仍然应当把孕妇与胎儿作为一个整体来看待。在判断伤害结果时，应当同时考察孕妇与出生后的婴儿，只要有一方受到损害，就应当承认伤害结果的现实存在。如果胎儿尚未出生，即使孕妇并没有流产、早产等情形，只要能够科学地证明胎儿已经受到了伤害，也应当承认有人受到了伤害，构成故意伤害罪。②

意见二认为，对胎儿伤害行为应认定为对出生后“人”的伤害，因此构成故意伤害罪。有的论者通过隔离犯理论来理解和认定伤害胎儿的着手，以说明胎儿伤害行为应认定为对出生后“人”的伤害。论者指出，当行为人实施胎儿伤害的行为时，由于该行为对“人”的伤害的危险并不紧迫，因而还只是一种预备行为；而当胎儿出生为“人”时，对“人”的伤害的危险便迫切起来，随之导致了对“人”的伤害结果。这意味着将伤害的身体动作时期与伤害的着手时期作分离的考察：行为人在实施胎儿伤害的行为时，由于伤害“人”的身体的危险还并不紧迫，尚不是伤害的着手。而胎儿出生为人时，便使先前的胎儿伤害行为现实转化为对“人”的伤害行为，因而才存在伤害行为的着手。于是，行为人在着手时便存在作为伤害罪对象的“人”。③

意见三认为，就伤害胎儿的行为来说，单纯伤害的后果不可能马上显露，要认定是否存在伤害，必须等到胎儿出生成为真正意义上的人之后。虽然行为针对的是胎儿，但是胎儿作为人的雏形，与出生后的人不能截然分开，既然这种伤害的状态一直延续到出生后，就可以认为伤害行为针对的也就是出生后的人。这并没有扩大伤害罪侵犯的对象，而只是在这种特殊情况下，忽略胎儿与人的区别，将对胎儿的伤害行为视为是在胎儿出生后实施的，从而对行为人以伤害罪论处。④

意见四认为，为了加强对生命健康权的保护，应顺应世界各国保护胎儿的发展趋势，把具有成活可能性的胎儿从解释论的角度认定为“人”，这并不违反罪刑法定

---

① 参见胡宇鹏：《伤害胎儿是侵犯生育权的行为——兼与张明楷先生商榷》，载《法学》，2002（3）。

② 参见王雨田：《刑法解释论上对伤害“胎儿”行为的探讨》，载《华中科技大学学报》（社会科学版），2004（3）。

③ 参见张明楷：《刑法学》，2版，681～682页，北京，法律出版社，2003。

④ 参见安翱、杨彩霞：《侵犯公民人身权利罪比较研究》，88页，北京，中国人民公安大学出版社，2005。

原则。①

第三，增设伤害或残害胎儿罪说。该说认为，胎儿并非权利主体，伤害胎儿的行为不可能构成故意伤害罪，按我国现行刑法的规定也无法处罚这种行为。为了切实保护胎儿的利益，应在我国刑法中增设伤害或残害胎儿罪。②

第四，赋予胎儿法律主体资格说。该说认为，针对胎儿的伤害案件增多，由于我国法律对胎儿权益保护的缺位，致使胎儿生命健康权的保护遭遇法律盲区。胎儿生命健康权的保护是一个边缘主体的定位与保护问题，为更好保护胎儿的合法权益，关键是要赋予胎儿法律主体资格，使其具有权利主体地位。③

（3）基于被害人承诺的伤害行为是否非法

故意伤害罪的伤害行为必须具有非法性，因正当防卫、紧急避险而伤害他人，因治疗上的需要为病人截肢，体育运动项目中规则所允许的伤害等，因不具有非法性，都不构成故意伤害罪。至于应他人承诺或要求而伤害他人身体的行为是否成立故意伤害罪，则是较有争议的问题。

对此，理论上主要有以下两种不同的意见。

一种意见认为，经被害人同意的伤害，无论造成轻伤还是重伤，均不构成犯罪。④ 从彻底尊重个人的意思自由决定权以及适应器官移植等现代医学需求等角度考虑，同意伤害的“不罚说”具有合理性。⑤

另一种意见则认为，得到被害人承诺后实施的伤害行为是否具有非法性，应当结合具体情况进行分析。基于被害者承诺造成重伤的，一般认为应定故意伤害罪，只是理由各异。而造成轻伤的，虽大多认为不宜定故意伤害罪，但仍存有不同的观点。有论者认为，在被害人承诺伤害的情况下，对造成重伤结果的，应当认定为成立故意伤害罪，这主要是考虑到故意伤害罪侵犯的法益是他人生理机能的健全性，而对于造成轻伤结果的，原则上不成立本罪。但是，如果伤害行为严重违反法规范或社会伦理，也可以成立故意伤害罪，例如出于骗取保险金的恶劣动机，行为人与被害人经共谋后对后者实施轻伤害的，也构成本罪。⑥ 有论者认为，从我国的国情与法秩序来看，似乎应当以结果无价值为基础，在此基础上兼顾行为无价值，即在被害者承诺伤害的情况下，对造成重伤的应认定为故意伤害罪。从与得承诺杀人的关联来考虑，造成重伤的行为通常是对生命造成了危险的行为，而经被害者承诺的

① 参见康伟：《罪刑法定原则下故意伤害胎儿行为定性研究》，载《法制与社会》，2008（21）。

② 参见王湛：《故意伤害胎儿行为探疑》，载《辽宁公安司法管理干部学院学报》，2006（2）；刘骁军、汪帆：《也谈残害胎儿行为的定性》，载《广西政法管理干部学院学报》，2003（4）。

③ 参见崔彩贤：《边缘主体的定位与保护——论胎儿生命健康权的法律保护》，载《法制与社会》，2006（8）。

④ 参见陈洪兵：《同意伤害不构成犯罪》，载《检察日报》，2007-02-12。

⑤ 参见陈洪兵：《同意伤害的可罚性检讨——以共犯的处罚根据为视角》，载《中国石油大学学报》（社会科学版），2008（1）。

⑥ 参见屈学武主编：《刑法各论》，255页，北京，社会科学文献出版社，2005。

杀人没有例外地构成故意杀人罪，故对造成重伤的同意伤害认定为故意伤害罪是合适的。对基于被害者承诺造成轻伤的，原则上不认定为故意伤害罪，但如果行为严重违反法秩序，也应认定为故意伤害罪。行为是否严重违反法秩序，要从行为的强度、持续时间、伤害地点、行为人的动机、被害者同意的原因等方面进行考察。① 有论者认为，人的生命权利固然是个人最重要的人身权利，是人享受生活和行使其他权利的客观基础，国家法律对其给予全面保护是必要的。但是，健康权利的保护也十分重要；没有良好的健康身体，人的生命价值也必然受到损害。因此，在刑法上禁止任何人借口被害人同意而对其造成严重伤害，同样是必要的。虽然我国大陆刑法没有对被害人同意作出专门规定，但是，从国家保护公民的健康权利、维护社会关系稳定、预防伤害案件发生的基本方针、政策考虑，也不能说上述行为合法。我国台湾地区刑法规定“受嘱托或者承诺而伤害被害人，致人重伤的，应追究刑事责任”，这是合理的，可以作为大陆刑事立法的借鉴。当然，处刑时要考虑案件发生的具体情节适当从宽。② 有论者认为，对现实生活中发生的基于被害人承诺的轻微伤害，即便是违反公序良俗，也不宜当犯罪处理。反过来，伤害行为违反公序良俗且后果严重，即便是有被害人的真诚承诺，也不能排除行为的违法性，而有必要当犯罪处理。具体说来，如果是轻伤害，又有被害人的同意，则无论具有何种严重情节，均不构成故意伤害罪。因为伤害罪是一种侵害人身的犯罪，如果认定行为人构成伤害罪，那就表明被害人的人身受到了侵害。但被害人同意他人伤害自己，这就意味着他放弃了自己的权益。只要这种权益是他有权处分的，就不存在侵权的问题，这也是被害人承诺阻却违法性的根据之所在。在强调尊重个人权利的现代社会，公民允许他人对自己造成轻伤，即放弃这部分健康权益，不会给社会或他人带来危害。因此，国家应当尊重个人的这种自我决定权。即使是这种同意的伤害违反善良风俗，有必要处罚，那也应该按其他罪名或依照其他法律来处罚，而不是按伤害罪定罪处罚。例如，战时经现役军人同意伤害其身体，以便其逃避军事义务。行为人就有可能构成战时自伤罪的帮助犯。又如，经被害人同意，行为人开车故意制造交通事故将其撞伤，以骗取保险金。行为人就有可能构成保险诈骗罪。对这类案件，如果按伤害罪定罪处罚，那就意味着同意者是被害人，但实际上他是共犯人，并非是被害人。司法机关追究行为人的刑事责任，也不是为了保护受伤者的健康权益，而是为了维护国家和他人的利益。但是，如果是重伤害，即便是有被害人的同意，除为了他人或社会的正当利益（如器官移植、紧急避险）的情形之外，也可能构成故意伤害罪。这是因为同意他人重伤自己，如果不是为了社会或他人的正当利益，那就会增添社会的负担（如残疾之后，要利用国家和社会为残疾人提供的设施等），对社会是有害的。因此，不能认为公民有同意他人重伤自己的权利。正是由于这种同意无

---

①　参见张明楷：《故意伤害罪探疑》，载《中国法学》，2001（3）。

②　参见王作富主编：《刑法分则实务研究》（上），2版，994页，北京，中国方正出版社，2003。

效，故基于被害人同意的重伤行为，可能构成故意伤害罪。① 还有的论者认为，从理论本身的比较而言，“善良风俗”比“重大伤害”更适合作为限制被害人同意伤害他人的界限。透过“以特别残忍的手段”解释出“违背善良风俗”的立法意思，既是脱胎于法律规定本身，但是又没有拘泥于字面本身的含义。该论者为身体伤害中的同意界限的标准设定了如下的操作性规则：规则 A. 得到被害人同意的身体伤害行为，原则上不构成故意伤害罪，除非行为是“以特别残忍的手段致人重伤造成严重残疾的”。规则 B. 除此之外，在得到被害人同意的情况下，以下行为均不构成故意伤害罪：①所有致人轻伤的行为；②致人重伤但伤害手段不是特别残忍的行为；③以特别残忍的手段实施的致人重伤的行为，但没有造成严重残疾的；④致人重伤且造成严重残疾的行为，但不是以特别残忍的手段实施的。规则 C. 在以特别残忍的手段致人重伤造成严重残疾的情况下，被害人同意不能作为出罪事由，但是可以考虑作为一种减轻或从轻处罚的事由。②

（4）故意伤害罪中的“伤害”结果

伤害行为可能造成的结果是多种多样的，就其程度而言，一般包括轻微伤、轻伤、重伤、伤害致死四种情况。一般认为，轻微伤不属于伤害罪的范围，对行为人应按《治安管理处罚法》处理。轻伤、重伤、伤害致死三种情况同属于伤害罪，直接反映伤害行为的罪行轻重，对量刑有重要影响作用。但也有论者认为，对所有故意伤害行为均可进行刑事追究，司法实践中将故意伤害致人轻伤结果的情况作为追究故意伤害罪的起算点缺乏根据。理由是刑法修改前后都未曾将故意伤害致人受轻伤以下伤害的情形排除在刑事追诉范围之外。③

关于伤害程度的评定标准，理论上存在着以社会上一般人的观念还是具体被害人的感觉为标准的争论。在我国，由于存在着鉴定标准（即《刑法》第 95 条之规定和《人体轻微损伤鉴定标准（试行）》、《人体轻伤鉴定标准（试行）》、《人体重伤鉴定标准》）以及“造成严重残疾”的参照标准（《职工工伤与职业病致残程度鉴定标准》），因此其标准相对而言更为客观。④ 但是，我国公布的鉴定标准均是针对伤害行为给他人生理健康造成的伤害而言的，对于伤害他人心理健康造成他人精神伤害的情形则未给予应有的关注。而损害他人精神健康的行为（如在睡觉的被子里放蛇造成被害人精神失常）同样可能对他人造成伤害。不过，《刑法》第 234 条中“故意伤害他人身体”这一规定说明，故意伤害罪规制的是对被害人造成物质性身体损害的行为，造成精神损害的行为未包含在本罪客观方面的内容之中。⑤

---

① 参见刘明祥：《伤害罪若干问题探究》，载《江海学刊》，2007（3）。

② 参见车浩：《论被害人同意在故意伤害罪中的界限——以我国〈刑法〉第 234 条第 2 款中段为中心》，载《中外法学》，2008（5）。

③ 参见陈灼华：《所有故意伤害行为均可进行刑事追究》，载《检察日报》，2001-03-26。

④ 参见陈兴良主编：《刑法学》，348 页，上海，复旦大学出版社，2003。

⑤ 参见包雯主编：《刑法学》，609～610 页，石家庄，河北人民出版社，2007。

在司法实践中，对于伤害结果的鉴定，是以被害人受伤当时的伤势为准，还是以治疗后的结果为准，有不同的见解。有论者认为，伤情的认定一般应当以伤害当时的伤势为主，结合审判时的治疗和恢复情况综合认定。例如，当场扎伤他人，致胃、肠穿孔大出血，即使经过手术治疗痊愈，也应定为重伤。在一般情况下，认定是否重伤，应当看伤害行为当时给被害人身体健康造成的实际损害的程度，不能因为抢救及时或医术高超而最终恢复健康，就否认致人重伤。对于当时造成的伤害结果，显示为非重伤，但是，事后发展为重伤的，是否应当以重伤论处，则必须注意分析伤害行为与重伤结果的因果关系。如果重伤是突发性的伤害行为自然发展的直接结果，即该伤害行为是重伤的决定性原因，应当以重伤论处。如果行为只造成轻伤，事后由于其他力量介入而造成重伤结果的，不能认定行为人对重伤后果负责。① 有论者认为，应依据人体损伤当时的伤情及其损伤的后果或者结局，全面分析，综合认定。② 还有论者认为，即便把受伤当时的伤势同治疗后的结果结合起来考虑，综合评定，对同一重伤害案件有时也会因为鉴定的依据不同而得出不同的结论。究其原因是不同的鉴定人"综合评定"的具体方法有别。因此，重伤鉴定应以上述综合评定的方法为原则，同时要根据《人体重伤鉴定标准》中对于多种重伤具体标准的内容，选择适当的医疗诊断为鉴定依据。例如，有许多重伤，本来就是要待治疗以后才能下结论的，如眼损伤或颅脑损伤后引起不能恢复的复视，影响工作和生活的，就是如此。有的重伤，则既可以受伤时的伤势为准，也可以治疗后的伤势为准，如缺失任何两指及相连的掌骨，缺失一足 50%或足跟 50%等。③ 还有的论者指出，轻伤和轻微伤的区分可以考虑根据健康损害的时间长短和功能障碍的程度去认定，同时以劳动能力丧失程度作为参考。④

3. 故意伤害罪的犯罪客体

对故意伤害罪的正确理解和准确适用，取决于对故意伤害罪的犯罪客体（侵害法益）的认识。因此，故意伤害罪的犯罪客体问题一直是刑法学界讨论的重点。许多论者通过对故意伤害罪客体的界定来区分故意伤害罪与非故意伤害罪的界限，来解释故意伤害罪的构成要件。

（1）故意伤害罪的直接客体

其一，他人的健康权利。我国刑法理论一般认为，故意伤害罪侵犯的直接客体是他人的身体健康权利，即保持肢体、器官、组织的完整性和正常机能的权利。理由在于：①故意伤害罪侵害的对象是他人的身体，行为人通过损害他人的身体达到

---

① 参见王作富主编：《刑法分则实务研究》（上），2 版，1000 页，北京，中国方正出版社，2003。

② 参见张明楷：《刑法学》，2 版，687 页，北京，法律出版社，2003。

③ 参见肖中华：《侵犯公民人身权利罪疑难解析》，85 页，上海，上海人民出版社，2007。

④ 参见牛秀兰：《故意伤害罪中的"伤害"理论探析》，载《山西财经大学学报》（高等教育版），2004（1）。

侵犯他人健康权利的目的。人的身体本身不是犯罪客体，把身体权作为故意伤害罪的客体，无法区分故意伤害罪与故意杀人罪之间的界限，因为故意杀人罪也通过人的身体侵犯人的生命。①②《刑法》第234条罪状的表述虽然是他人的身体，但故意伤害罪的犯罪客体是他人的身体健康。身体的质量表现为健康程度，人的肢体、器官和身体组织的完整性构成人的身体，但并不代表人的健康程度，身体是健康的载体，健康是身体质量的表现。在审判实践中，大多数伤害行为并不损害人的肢体、器官和身体组织的完整性，而是表现在损害人的生理机能的完整。例如毁人容貌的伤害行为是常见的伤害犯罪行为，这种行为并不损伤人的肢体、器官和身体组织的完整性，但损害了人的身体健康。容貌是人健康的外在重要表现，富足的生活使人们更加注意外在的健康，所以，毁人容貌可以构成故意伤害罪。致人患病行为侵害了人的健康权利，亦可以构成故意伤害罪。把健康权利作为故意伤害罪的客体，有利于全面、完整地保护公民的人身权利。②

持该观点的论者还认为，侵犯他人的身体健康权利是故意伤害罪区别于其他侵犯公民人身权利罪的本质特征。故意伤害，有时可能引起死亡，这无疑也对他人的生命权利造成了损害，但是，由于行为人的行为是故意伤害他人身体健康，并非指向他人的生命权利，因此，仍属于伤害罪的范畴，同杀人罪有原则上的区别。③

持该观点的论者普遍认为，故意伤害罪侵犯他人的身体健康权利，包括两种情形：一是对人体组织完整性的破坏，如砍断他人手臂，割掉他人外耳等；二是对人体器官正常机能的破坏，如致使他人肢体瘫痪、神经机能失常、听力减弱、双目失明等。如果虽以他人身体为伤害对象，但未造成他人肢体、器官、组织的完整和正常机能的损害，而是造成一定程度的肉体疼痛（如一般殴打），则不应以故意伤害罪论处。如符合其他犯罪的要件，应构成相应的犯罪。④ 如果行为人仅仅损害他人非身体的有机组成部分如损坏他人假肢、打掉假牙、隐形眼镜等，强行剪掉他人的毛发、指甲等，都谈不上对人体组织完整性的破坏，也谈不上对人体器官正常机能的破坏，因而不可能构成故意伤害罪。⑤ 如果假肢、假牙、隐形眼镜等的价值极高，毁坏行为可能构成故意毁坏财物罪；如果剪掉他人毛发、指甲等情节严重的，可以以侮辱罪论处。⑥

其二，他人的身体权利。有的论者提出，故意伤害罪侵犯的客体是他人的身体

---

① 参见陈立、黄永盛主编：《中国刑法》（分论），286页，厦门，厦门大学出版社，2000。

② 参见王明主编：《侵犯公民人身权利、民主权利犯罪的法律适用》，73页，北京，人民法院出版社，2002。

③ 参见王作富：《中国刑法研究》，526页，北京，中国人民大学出版社，1998。

④ 参见高铭暄、马克昌主编：《刑法学》，473页，北京，北京大学出版社、高等教育出版社，2000。

⑤ 参见肖中华、张建：《伤害犯罪的定罪与量刑》，35页，北京，人民法院出版社，2001。

⑥ 参见薛淑兰、叶良芳：《故意伤害疑难问题与损害赔偿新释解》，5页，北京，人民法院出版社，2004。

权利。该种观点认为，生命权、身体权、健康权作为人格权（一种民事权利）在民法学界已成通说。所谓身体权，是自然人以保持其肢体器官和其他身体组织的完整性为内容的人格权。所谓健康权，是自然人以保持其身体完整的生理机能和保持持续、稳定、良好的心理状态为内容的人格权。健康权与身体权虽紧密相连，但内容却非同一。身体权保护的是肢体、器官和其他身体组织的完整，而健康权保护的是生理机能的完整和心理的持续、稳定、良好的状态。因此，侵犯身体权的，不一定侵害健康权，如非法剪人头发；侵犯健康权的，也不一定侵害身体权，如致人患病。因此，身体权为独立的人格权。依据《刑法》第 234 条罪状的表述“故意伤害他人身体的”，故意伤害罪侵犯的客体应是他人的身体权利，而非他人的健康权利。①

其三，他人的身体权和他人的健康权。该种观点认为，故意伤害罪侵犯的直接客体是复杂客体，即他人的身体权和他人的健康权。身体权，是指自然人以保持其肢体器官和其他组织的完整性为内容的人格权。健康权，是指自然人以保持其身体的完整的生理机能和保持持续、稳定、良好的心理状态为内容的人格权。二者有明显的区别，也有重合交叉。损害他人健康的，不一定伤害他人身体，如致人患传染病、精神病等；伤害他人身体的，不一定损害他人健康，如打耳光等；有时二者兼而有之，如将某人截肢并造成该人心理障碍等。因此，根据我国现行法律的规定，故意伤害罪的客体还是以身体权和健康权的综合为宜。单一地以身体权或健康权为客体，至少目前还不适宜。②

其四，他人的“生理机能之健全”。论者通过对我国台湾地区论者林山田提出的“伤害罪章所要保护的法益乃是个人身体之法益，包括身体之完整性与身体之不可侵犯性（korperliche unversehrtheit）、生理机能之健全与心理状态之健康等”进行评析，认为我国应将生理机能之健全视为伤害罪的法益。

该论者指出，在刑法理论上，伤害罪一词有不同含义：广义的伤害罪包括各种故意伤害罪、各种过失致人伤害罪与暴行罪；中间意义的伤害罪是除暴行罪以外的伤害罪；狭义的伤害罪仅限于故意伤害罪。显然，台湾地区论者将“身体之不可侵害性”作为伤害罪的法益，主要是为了说明暴行罪的性质；我国大陆刑法没有规定暴行罪，故不宜将“身体的不可侵害性”视为伤害罪的法益。“心理状态的健康”是内容宽泛的概念，例如，行为人采取某种方法导致被害人长时期存在焦虑感，这可谓损害了被害人“心理状态的健康”，却不可能构成伤害罪。如果行为造成被害人精神失常，构成伤害罪无疑，但这种情形可以包含在损害“生理机能的健全”之中。可以肯定的是，人的生理机能的健全是伤害罪的法益。而“身体的完整性”是否属于伤害罪的法益，在一定程度上取决于如何理解“身体的完整性”。如果将“身体的完整性”理解为器官的完整性，那么，身体的完整性也无疑属于伤害罪的法益，但

① 参见王明主编：《侵犯公民人身权利、民主权利犯罪的法律适用》，73 页，北京，人民法院出版社，2002。

② 参见王仲兴编：《刑法学》（修订版），407 页，广州，中山大学出版社，2000。

人体的器官都有其机能，如果破坏了器官的完整性，必然也有损生理机能。故这个意义上的“身体的完整性”属于“生理机能之健全”。但是，如果将“身体的完整性”解释为身体外形的完整性，结论则迥异。人的头发与指甲是身体外形的一部分。如果将身体外形的完整性当作故意伤害罪的法益，那么，使用暴力或者其他方法去除他人头发或指甲的行为，便成立故意伤害罪。但从我国公民的容忍度考虑，从刑法控制处罚范围的精神出发，对这种行为不宜认定为故意伤害罪。因此，在我国，应将生理机能之健全视为伤害罪的法益。①

其五，他人的“身体不受伤害或健康不受损害”权利。正确理解伤害的具体含义，对认定故意伤害罪的客体（法益）有帮助。论者在剖析“伤害”的含义的基础上，提出对故意伤害罪的客体应理解为他人的“身体不受伤害或健康不受损害的权利”。

该论者指出，国外刑法理论关于伤害的含义主要存在四种不同的学说。一是认为伤害是引起人的生理机能的损害（或恶化）的“生理机能损害说”；二是认为伤害是对人身体的完整性予以损害的“身体完整性损害说”；三是认为伤害是引起人的生理机能损害和使身体外形发生重要变化的“折中说”；四是认为伤害是使人身体的健康状态恶化的“健康状态恶化说”。而我国刑法理论界的通说是“生理机能损害说”。毋庸置疑，现实生活中发生的大多数伤害案件，一般都是既损害他人的生理机能，也对其身体的完整性造成了破坏，同时还造成了其健康状态的恶化，因此，无论是按上述哪一种学说，大多会得出同样的结论。但是，如果出现三者不是同时具备的特殊情况，即①身体外形的完整性没有受到损害，但生理机能受到了损害，如使人视力降低、听力减退；②身体外形的完整性受到了破坏，但生理机能并未受损害，如剪掉头发、剃去眉毛；③身体的完整性和生理机能均未受损害，但健康状态受到了损害，如因不良心理影响而发生的反射性心理和神经状态，以不同的学说为标准则会得出不同的结论。因此，该论者认为，上述四种学说均有缺陷，无论是采用哪种学说，都不能完全包容现实生活中有可能发生的各种各样的损害他人身体健康的行为。但应当肯定的是，就对身体的伤害而言，“生理机能损害说”较为可取。因为如果对人的生理机能没有造成损害，即便是对人身体的完整性造成了破坏（如剪掉人的头发），并且对其心理健康造成不良影响，那也不能说是对其身体造成了伤害。但是，不伤害身体而有损健康的现象在现实生活中也会发生，而保护人的健康同保护其身体具有同样的意义。因此，有必要将“生理机能损害说”与“健康状态恶化说”结合起来，也就是把伤害解释为损害人的生理机能或使其健康状态恶化的行为。

该论者还认为，在没有损害生理机能的条件下，一般的损害他人健康的行为（如用言词刺激，导致他人心理健康受损），由于其社会危害性程度很低，因而不能动用刑罚来处罚，自然也就不能解释为伤害罪的伤害行为；只有严重损害他人健康

① 参见张明楷：《刑法学》，2版，680～681页，北京，法律出版社，2003。

的，才能视为伤害行为。如教师经常用尖刻的言词刺激自己所教的小学生，故意导致其心理变态，从而不能维持正常学业，就有可能构成伤害罪。另外，在通常情况下，人的生理机能受损，往往也就会使其健康状态恶化。但也有例外的情形，如用药物使人失去生育机能，而其健康状态并未受损。如果某人已生育了女或已过生育时期，已无生育的愿望，则非法使之丧失生育机能的行为，无论对其身体或心理健康都不会有影响，从而也就不能视为伤害行为；但如果某人处在尚未生育或正值生育并有生育愿望的时期，非法使其失去生育机能，尽管可能并不会使其健康状态恶化，但对其无疑是一种重大的精神上的打击，也是社会公众所不能容忍的，因而有必要将这种行为作为伤害罪来处罚。正因为如此，该论者认为，将伤害罪的犯罪客体（或侵害法益）表述为是他人的"身体健康权"的传统观点存在缺陷，有必要修改为是他人的"身体不受伤害或健康不受损害的权利"。①

（2）精神健康权利是否属于故意伤害罪的客体的内容（损害他人健康是否包括"精神损害"）

我国刑法理论一般认为，故意伤害罪是侵犯他人身体健康权利的犯罪。关于什么是健康，世界卫生组织章程规定，"健康不仅是没有疾病，而且是个体在身体上、精神上和社会上的完满状态。"但我国绝大部分论者认为，刑法理论上不能采用这一广义的、带有理想主义色彩的健康概念。

有论者认为，刑法上的所谓伤害他人身体健康，应指使他人的生理健康遭受实质的损害，具体表现在两个方面：一是破坏他人身体组织的完整性，以致健康受伤害。例如砍掉手指、割掉耳朵、刺破肝脏等；二是虽然不破坏身体组织的完整性，但使身体某一器官机能受到损害或者丧失，例如视力、听力降低或丧失、精神错乱等。②

有论者认为，对故意伤害罪中所谓"身体健康"遭到损害，应当从广义上进行理解。伤害结果，既可以是身体的损害，也可以是精神的损伤。③

有论者认为，伤害包括肉体伤害和精神伤害。对于损害他人健康是否包括"精神损害"，问题的关键在于什么是精神伤害。应当把思想心理范畴的精神与生理范畴的神经概念区别开来。人体的神经是与人体各器官的机能活动密不可分的物质，神经受到伤害会直接引起身体的病变，从而导致人体机能的不健全。而通常所说的精神，是指"人的意识、思维活动和一般心理状态"。国外论者在研究损害赔偿问题时，谈到伤害有三种：一是对肉体或器官的伤害；二是精神病学意义上的伤害（一般叫做"神经上的打击"）；三是单纯精神上的伤害，即感情上的伤害。对于前两种伤害，被害人有权要求行为人赔偿是无疑义的，对于第三种伤害可否要求行为人赔

① 参见刘明祥：《伤害罪若干问题探究》，载《江海学刊》，2007（3）。

② 参见王作富主编：《刑法分则实务研究》（上），2版，992～993页，北京，中国方正出版社，2003。

③ 参见肖中华：《侵犯公民人身权利罪》，109页，北京，中国人民公安大学出版社，2002。

偿则复杂得多。在19世纪英国的审判中，一般认为医学无法识别精神伤害。到了20世纪，有的则认为"医学能够令人满意地证实精神伤害的存在、它的严重程度及其后果"。由此，该论者认为，作为民事赔偿责任问题提出"精神伤害"是可以的。但是，在刑法上，所谓精神伤害，不在实质上损害身体健康，不能构成故意伤害罪。这完全是由故意伤害罪的客体的性质所决定的。扩大客体的范围，就意味着扩大惩罚面，导致混淆不同性质行为的界限，有违立法精神。①

有论者进一步明确提出，精神伤害实际上有两种含义：一是指精神病学意义上的精神伤害，一般叫做神经上的打击、神经伤害；二是单纯精神上的伤害即感情上的伤害。前者属于生理范畴，后者属于精神范畴。在刑法上，应当把两者区分开来。单纯思想心理范畴的精神伤害在实质上并未损害他人的身体健康，因而不能构成故意伤害罪。而生理范畴的精神伤害，由于损害了他人的身体健康，侵犯了故意伤害罪的客体，因而有可能构成故意伤害罪。②

但是，也有论者认为，精神健康权利与身体健康权利是每个公民必须具有的两项基本权利，应受到刑法同等的保护。但我国故意伤害罪的客体仅指身体健康权利。将精神健康权利排除在客体范围之外，导致被害人的精神健康权利受到恶意伤害时却得不到应有的保护。论者指出，英美刑法中的故意伤害罪是侵害他人人身健康或者自由的犯罪的总称，其客体既包括身体健康权利，也包括精神健康权利。我国现行刑法虽然没有明确提及对精神健康的保护，但是纵观我国刑法分则中各个犯罪的构成要件，有些犯罪如强制猥亵、侮辱妇女罪、诬告陷害罪、侮辱罪和诽谤罪等，从其特征、手段、目的和动机等方面来看，实际上类似于精神伤害的犯罪，或者其中包含精神伤害的内容。只是我国现行刑法规定的故意伤害罪的客体仅仅包括他人的身体健康权利，不包含他人的精神健康权利。论者认为，将精神健康权利纳入故意伤害罪客体的范围是存在理论基础和现实基础的。其理论基础首先表现为保障人权的需要。刑法的制定立足于人性，当然要保护人的精神健康权利。其次是维护自由的需要。精神自由作为人类精神权利的一部分，必须受到法律的良好的保护。最后是追求正义的需要。随着经济的发展和生活水平的提高，社会成员对自身的权利有了新的认识和要求，人们不再停滞和满足于法律对于财产权以及外部物质世界的保护，转而更注意人身权、人格权和其他精神健康权利的保护以及精神世界的安全，这就为现代刑法提出了一个更重要的方向，即必须注重对人的精神健康权利和精神生活的保护。因此，论者认为，我国应借鉴英美刑法故意伤害罪相关方面的规定，将精神健康权利纳入故意伤害罪的客体范围，同时将故意伤害罪的客观方面"损害

---

① 参见王作富主编：《刑法分则实务研究》（上），2版，993～994页，北京，中国方正出版社，2003。

② 参见田宏杰：《故意伤害罪若干疑难问题探讨》，载《法学家》，2001（4）；薛淑兰、叶良芳：《故意伤害疑难问题与损害赔偿新释解》，5页，北京，人民法院出版社，2004。

他人身体健康”扩大到精神伤害，以满足充分保障我国公民精神健康权利的现实需要。①

4. 故意伤害罪的既遂与未遂的区分

故意伤害罪的犯罪既遂形态属于结果犯，即必须给被害人造成轻伤害以上的伤害结果才能构成既遂。对此，学界没有异议。但对于故意伤害罪是否存在未遂形态，刑法理论界和司法实务界则均有争议。下面结合刑法关于故意伤害罪规定的几种情形予以介绍。

(1)《刑法》第234条第1款规定的故意伤害罪有无未遂

对此，存在肯定说与否定说之争。

肯定说认为，损害结果并非故意伤害罪的成立要件（当然，间接故意伤害由其主观特征决定，损害结果是必备的），而只是故意伤害罪的既遂要件。因此，在行为未致伤害的情况下，如果能够确凿地证明行为人具有伤害的故意，而且综合全部案情又不属于“情节显著轻微，危害不大的”，可以认定为《刑法》第234条第1款故意伤害罪的未遂，给予适当处罚或决定免予刑事处罚。② 有论者提出，在犯罪未遂理论上和《刑法》第234条第1款（1979年《刑法》第134条第1款）的法律规定上找不到否定这种伤害犯罪存在未遂的根据。之所以会否认轻伤害有未遂，首先是因为在未造成伤害的情况下，往往较难确认行为人是否具有伤害他人健康的故意，行为人可以根据客观上未造成伤害的情况辩解其根本无伤害故意。其次，即使证明了行为人主观上有伤害故意，客观上也有伤害行为，也往往因“情节显著轻微，危害不大”而不认定为犯罪。其实这两点，一是证据方面的问题，一是综合全部案情对罪与非罪的判定，它们并没有否定故意轻伤害存在犯罪未遂的可能性。③

否定说认为，故意轻伤的，不存在犯罪未遂问题，即行为人主观上只想造成轻伤结果，而实际上未造成轻伤结果的，不宜以犯罪论处。④ 理由主要为：①故意轻伤的情况下所成立的故意伤害罪属于轻罪，而对于轻罪的未遂行为，按照我国《刑法》第13条“但书”的基本精神，不宜承认其可罚性；⑤ ②从刑法的谦抑性来看，将不值得追究刑事责任的“未遂”行为也必须排除在犯罪构成之外。尽管我国刑法总则规定原则上处罚未遂犯，但事实上许多未遂行为并没有以犯罪论处。因为在刑事司法实践上，对于刑法分则所规定的各种不以危害结果为构成要件的具体故意犯罪必须进行实质性考察：什么样的危害行为在未遂（一般意义上的未遂，不是指未遂犯或犯罪未遂）情况下，其社会危害性没有达到应当承担刑事责任的程度，不应

---

① 参见李晓明：《论精神健康权利在我国刑法故意伤害罪中的立法缺陷及完善》，34页，吉林大学2007年硕士学位论文。

② 参见肖中华：《侵犯公民人身权利罪》，109页，北京，中国人民公安大学出版社，2002。

③ 参见赵秉志：《故意伤害罪的未遂初探》，载《法学》，1986（8）。

④ 参见张明楷：《刑法学》，2版，684页，北京，法律出版社，2003。

⑤ 参见王志祥：《危险犯研究》，287～293页，北京，中国人民公安大学出版社，2004。

当追究刑事责任；什么样的行为在未遂的情况下，其社会危害性也达到了应当承担刑事责任的程度，因而应当追究刑事责任。进行这样的考察后，必然出现以下三种情况：一是犯罪性质严重的未遂应当以犯罪未遂论处，如故意杀人未遂、抢劫未遂、放火未遂，等等；二是犯罪性质一般的未遂只有情节严重时才能以犯罪未遂论处，如盗窃未遂、诈骗未遂，等等；三是犯罪性质轻微的未遂不以犯罪论处。故意轻伤未遂便属于第三种情况，即既然行为人主观上原本只欲造成轻伤，而事实上又没有造成轻伤，那么，就不能认为这种行为值得追究刑事责任。从刑事立法来看，由于我国刑法不处罚单纯的暴行，而没有造成轻伤的行为在客观上只能认定为一种暴行，难以认定为伤害行为。如果将轻伤的未遂以犯罪论处，实际上形成处罚单纯暴行的局面，这与刑事立法精神相冲突。①

(2)《刑法》第 234 条第 2 款规定的故意伤害罪有无未遂

该款分为两段：前段的规定是“致人重伤的”，后段的规定是“致人死亡或者以特别残忍手段致人重伤造成严重残疾的”。对上述情形的未遂问题，学界主要有以下不同的看法。

第一，否定说。该说认为，故意伤害致人重伤和致人死亡，都是同条第 1 款故意伤害罪的结果加重犯，只有构成与否的问题，不存在既遂、未遂之分。理由如下。①基于新刑法重视行为的客观面尤其重视行为的结果的价值取向，采取以下处罚方法较为合适。其一，对于意图重伤但没有造成轻伤结果的，认定为故意伤害罪的未遂，适用第 234 条第 1 款的法定刑，同时适用关于未遂犯的规定；其二，对于意图重伤造成了轻伤结果的，不宜认定为故意重伤的未遂，而应认定为故意轻伤的既遂，直接适用第 234 条第 1 款的法定刑，不再适用关于未遂犯的规定。因为当行为人以重伤故意造成了轻伤结果时，在轻伤范围内实现了主客观统一，成立故意轻伤的既遂，根据故意轻伤的法定刑处罚是合适的。② ②从结果加重犯角度来看，因一个基本的犯罪行为，故意或过失地造成了加重结果，只要刑法有加重其刑的特别规定，就是结果加重犯。据此，故意致人重伤，是结果加重犯，而结果加重犯只有完整的形态即既遂问题，不存在任何未完成犯罪的形态。符合其条件的，便适用此款的法定刑；不符合其条件的，便不适用此款的法定刑。因此，故意重伤未遂的，不能适用《刑法》第 234 条第 2 款处罚。③ ③从区分犯罪既遂、未遂的标准看，既然应以是否具备刑法分则所规定的犯罪构成的全部要件为标准，那么，用以区分直接故意犯罪既遂与未遂形态的犯罪结果，应当是刑法分则作为犯罪构成要件所要求的结果，而不包括法定加重结果。因为法定加重结果不属于某种犯罪的构成要件。这种结果是否发生，只是在构成犯罪的基础上，对反映社会危害性大小起一定作用，因而影响量刑，刑法理论上又称之为“客观的加重处罚条件”。作为故意伤害罪加重处罚条件

---

①② 参见张明楷：《故意伤害罪探疑》，载《中国法学》，2001 (3)。

③ 参见王作富主编：《刑法分则实务研究》(上)，2 版，1004 页，北京，中国方正出版社，2003。

的“致人重伤、死亡”，不能作为区分故意伤害罪既遂与未遂的标准。①

第二，两分说。该说区分《刑法》第234条第2款规定的前后两段并分别进行阐述：对于该款后段的规定，学界一般认为，故意伤害“致人死亡”是结果加重犯，行为人对被害人死亡结果是出于过失，因而不存在未遂问题；“以特别残忍手段致人重伤造成严重残疾的”故意伤害罪，与致人死亡的故意伤害罪一样，属于结果加重犯，不可能存在未遂，只有成立或构成与否的问题。② 而对于该款前段规定的故意伤害“致人重伤的”情形，学界则又有不同的观点。

第一种观点认为，该款规定的伤害“致人重伤”包括两种情况：一是行为人以轻伤的故意而过失造成被害人重伤的；二是行为人以重伤的故意，实施了重伤行为，既可能发生重伤结果，也可能没有发生重伤结果。按照狭义的结果加重犯的概念，即因基本的故意行为而发生了超过其故意的加重结果时，刑法规定了加重其法定刑的情况，视为结果加重犯，则前一种情况属于结果加重犯，不存在未遂的问题；后一种情况不属于结果加重犯，存在未遂问题。如果行为人具有明显的重伤故意，已经着手实施了重伤的行为，由于犯罪分子意志以外的原因而未造成重伤（包括造成轻伤、轻微伤及未有任何损伤）的，应按故意重伤未遂论处。③

第二种观点认为，该款规定的伤害“致人重伤”的主观罪过形式只能是故意致人重伤，它不是结果加重犯并且有犯罪未遂存在的可能。主要理由有四。①从法理上分析，该款的致人重伤只能是出于故意，这种心理态度不符合结果加重犯的主观罪过形式。②该款的重伤害不符合结果加重犯的一般表现形态。我国刑法中的结果加重犯，从加重结果与基本犯罪构成条款的关系看，可以表现为基本构成无结果，加重构成有结果，如放火罪的未造成严重后果和遭受重大损失的，也可以表现为基本构成有犯罪结果，加重条款符合其他犯罪构成的结果，如抢劫过程中致人重伤、死亡。若认为致人重伤是结果加重犯，则只能属于上述后一种情况。但是重伤又不符合其他犯罪构成的结果，重伤结果和轻伤结果都可以包括在故意伤害的范畴中，是同一伤害性质的不同伤害程度。所以说，故意重伤害不符合结果加重犯的一般表现形态。③从司法实践看，确实存在着具有明确的重伤害故意和行为，只是由于意志以外的原因而未伤或轻伤的情形。如果认为“致人重伤”是结果加重犯而否认其未遂的存在，而把上述情形视为不构成犯罪或按轻伤害认定，就会导致定性上的主客观不相一致和量刑上的罪刑不相适应，甚至混淆罪与非罪的界限。④其他国家的立法例把普通伤害罪与故意重伤罪分条设立两个罪名，明文规定重伤未遂要处罚。把我国刑法故意伤害罪中的“致人重伤”理解为故意重伤罪，不是结果加重犯并且存在犯罪未遂，贯彻了我国刑法主客观相一致和罪刑相适应的基本原则。据此，可

---

① 参见丁能宝：《故意伤害不存在重伤害未遂》，载《人民检察》，1999（6）。

② 参见肖中华：《侵犯公民人身权利罪疑难解析》，102页，上海，上海人民出版社，2007。

③ 参见肖中华：《侵犯公民人身权利罪》，162～163页，北京，中国人民公安大学出版社，2003。

对故意伤害罪中的“致人重伤”作以下概括：其一，行为人在主观上具备包含轻伤和重伤在内的概括故意，或者对轻伤是直接故意，对重伤是间接故意，应以实际造成的伤害结果定罪，结果是轻伤就按第 1 款定罪，结果是重伤就按第 2 款定罪，这种情况下不存在故意重伤未遂的问题；其二，行为人主观上具有明确的重伤故意，客观上已开始实行故意重伤行为，只是由于犯罪分子意志以外的原因未能得逞的，不管是造成了轻伤还是没有造成伤害，只要不属于“情节显著轻微危害不大”的，都应认定为故意重伤害未遂。①

第三种观点认为，对于意图重伤但没有造成轻伤结果的，认定为故意伤害罪的未遂，适用第 234 条第 1 款的法定刑，同时适用关于未遂犯的规定。对于意图重伤造成了轻伤结果的，不宜认定为故意重伤的未遂，而应认定为故意轻伤的既遂，直接适用第 234 条第 1 款的法定刑，不再适用关于未遂犯的规定。因为当行为人以重伤故意造成了轻伤结果时，在轻伤范围内实现了主客观统一，成立故意轻伤的既遂，根据故意轻伤的法定刑处罚是合适的。② 还有的赞同该观点的论者指出，我国在故意伤害罪的立法上，将故意轻伤和故意重伤规定在同一条文的两款之中，并没有区分故意轻伤罪和故意重伤罪，而只是把重伤作为伤害的结果加重行为处理。因此，按照这种立法精神，《刑法》第 234 条第 2 款中的“致人重伤”，是指已经造成重伤结果的情况，而第一款则是对尚未造成重伤结果的规定。所以，无论行为人是出于轻伤故意，还是出于重伤故意，只要在客观上尚未造成重伤结果的，就应该适用《刑法》第 234 条第 1 款的规定量刑。③

第四种观点认为，行为人虽有重伤他人的故意，但行为结果只致人轻伤，按致人轻伤的规定从重处罚为宜。因为，我国刑法既未把轻伤和重伤分别规定为两个罪名，也未要求区别轻伤、重伤两种故意，而是规定在一个伤害罪之中。致人轻伤的，当然应当按轻伤处理。④

5. 故意伤害罪与故意杀人罪的界限

故意伤害罪与故意杀人罪的界限主要在以下两种情况下容易发生混淆：一是故意伤害致死与故意杀人既遂；二是故意伤害既遂与故意杀人未遂。故意伤害致死与故意杀人既遂不仅在主观上均出于故意，而且在客观上都造成了他人死亡的结果。故意伤害既遂与故意杀人未遂在主观上也均出于故意，客观上均未造成被害人死亡的结果。

其一，区分故意伤害罪与故意杀人罪的标准。

---

① 参见赵秉志：《故意伤害罪的未遂初探》，载《法学》，1986（8）。

② 参见张明楷：《故意伤害罪探疑》，载《中国法学》，2001（3）；杜文俊：《故意伤害罪的二重的结果加重犯性质探究——以故意伤害罪的比较法为视角》，载《政治与法律》，2008（9）。

③ 参见严茂丰：《对雇凶伤人而结果未遂是否构成犯罪问题的探讨》，载《公安学刊——浙江公安高等专科学校学报》，2005（6）。

④ 参见丁慕英主编：《伤害罪》，9 页，北京，中国检察出版社，1992。

对于如何区分故意伤害罪与故意杀人罪的界限，刑法理论上存在着不同观点。

目的说。该说认为，故意杀人罪与故意伤害罪的界限在于犯罪目的的不同：故意杀人罪的目的是非法剥夺他人的生命，故意伤害罪的目的是非法损害他人的健康。因此，要根据行为人的犯罪目的来认定、判断有关案件的性质。在判断某一案件是故意杀人还是故意伤害时，关键是确定行为人的犯罪目的是要置人于“死”还是置人于“伤”。凡是行为人的犯罪目的是要剥夺他人的生命，不论他出于何种动机，也不论他的行为方式、手段如何，也不论是既遂或未遂，他的行为性质就是杀人，构成故意杀人罪；凡是行为人的犯罪目的是要损害他人的健康，不管其他情况如何，也不论后果是致死还是致伤，其行为性质都是伤害，构成故意伤害罪。①

事实说。该说认为，区别故意杀人罪与故意伤害罪，应当以案件的客观事实为标准，而不能以行为人的主观故意内容为标准。只有客观存在的案件事实才是行为人无法抵赖的客观标准。犯罪人的犯罪行为（包括犯罪方法、手段）是他的思想与行动的具体化、表面化。因此，当伤害或是杀人的性质分不清、定性有困难时，就应当和必须客观地、深入细致地调查研究其犯罪行为，从调查研究其犯罪行为来认定其犯罪的性质。②

故意说。该说认为，故意伤害罪与故意杀人罪的根本区别在于故意内容的不同。只有根据犯罪故意的实际内容才能准确区分这两种犯罪。明知自己的行为会引起他人死亡的结果并且希望或者放任这种结果发生的，就具有剥夺他人生命的故意，不论是否造成被害人死亡的结果，行为的性质都是故意杀人；只具有伤害他人身体健康的故意，即使造成被害人死亡的结果，也只能认定为故意伤害（致人死亡）罪。③以故意内容区别这两种犯罪行为，行为人的犯罪目的是不可忽视的，但也存在着没有犯罪目的的间接故意的罪过形式，因此，仅凭有无杀人目的去判断而不考虑间接故意，同样会导致定性错误。④

在上述观点中，故意说属于通说。⑤ 有论者认为，目的说以有无杀人目的来区分故意杀人罪和故意伤害罪，固然摒弃了那种纯粹以客观事实为标准而不问行为人主观特征的观点的错误，但忽略了在间接故意杀人和间接故意伤害中不存在犯罪目的的情况，势必将一些间接故意杀人案件错误地定性为故意伤害致死。事实说主张以客观事实作为区分故意杀人罪和故意伤害罪的标准，看似公平合理，其实忽视了

---

① 参见赵长青：《试论杀人罪与伤害罪的区别》，载《青海社会科学》，1981（2）。

② 参见钟家光：《从犯罪行为来认定杀人罪与伤害罪》，载《人民司法》，1980（6）。

③ 参见中国人民大学法律系刑法教研室编：《刑法各论》（修订本），150～155页，北京，中国人民大学出版社，1985。

④ 参见黄泽林：《谈谈区别杀人罪和伤害罪的标准》，载《法学研究》，1984（1）。

⑤ 故意说也得到了最高司法机关的认同。1999年10月27日最高人民法院《全国法院维护农村稳定刑事审判工作座谈会纪要》指出，间接故意杀人与故意伤害致死，虽然都造成了死亡后果，但行为人故意的性质和内容是截然不同的。不注意区分犯罪的性质和故意的内容，只要有死亡后果就判处死刑的做法是错误的。

二者主观因素的差异，有悖于犯罪构成原理，会造成认定标准因人而异，带来很大的不确定性，在实践中势必造成错案。而故意说坚持以行为人主观上是杀人的故意还是伤害的故意来作为区分故意杀人罪和故意伤害罪的标准，揭示了故意杀人罪和故意伤害罪在本质特征上的区别，完全符合犯罪构成原理，因而是可取的。①

此外，还有的论者建议以辜期作为故意杀人罪与故意伤害罪区分标准的补充。我国古代的保辜制度将杀人与伤害区分的标准侧重于行为的结果而非行为的犯意，这样就为实践的操作提供了明确的尺度。②

其二，司法认定中应当考虑的因素。

有论者认为，只要查明以下情况，不仅能直接说明行为是杀人性质还是伤害性质，而且能说明行为人的故意内容：行为人使用的是何种犯罪工具？该犯罪工具的杀伤力如何？犯罪工具是预先选择的还是随手取得的？打击的部位是什么？是要害部位还是非要害部位？是特意选择要害部位打击，还是顺手可能打击什么部位就打击什么部位？打击的强度如何？行为人是使用最大力量进行打击还是注意控制打击力度？犯罪行为有无节制？在被害人丧失反抗能力的情况下，行为人是否继续打击？在他人劝阻的情况下行为人是否终止犯罪行为？犯罪的时间、地点与环境如何？是行为人特意选择的时间、地点还是随机的时间、地点？案发当时是否有其他人在场？行为人对被害人是否抢救？对死亡结果表现出何种态度？行为人有无犯罪预谋？行为人是如何预谋的？行为人与被害人平时是什么关系？是素有怨仇还是关系较好，是素不相识还是相互认识？也就是说，应当根据行为人与被害人的关系、案件起因、使用的工具或手段、打击的部位与力度、现场流露的语言、有无抢救的表示和行为等进行综合分析判断。对那些目无法纪、胆大妄为、动辄行凶、不计后果一类的侵犯人身权利的案件，应根据案情，区别对待：凡明显具有杀人故意，实施了杀人行为的，应按故意杀人罪论处；凡明显具有伤害故意，实施了伤害行为的，应按故意伤害罪论处；故意内容不很确定或不顾被害人死伤的，应按实际造成的结果确定犯罪行为的性质，因为在这种情况下，死亡和伤害的结果都在行为人的犯意之内；有些案件确实难以区分，意见分歧很大的，为了慎重起见，可以按较轻的犯罪处理。③

有论者认为，在具体案件中行为人故意内容难以确定的，应当首先判断行为人有无伤害故意。如果认定行为人连伤害故意都没有，那么造成他人重伤或死亡结果的，就只能根据行为人有无过失，以过失致人死亡罪或过失致人重伤罪论处，或者以意外事件或一般违法行为处理。如果可以认定行为人具有伤害故意，只是有无杀人故意难以认定的，基于慎重起见，应当以故意伤害罪论处。但是，既有伤害故意

---

① 参见肖中华：《侵犯公民人身权利罪疑难解析》，85～88页，上海，上海人民出版社，2007。

② 参见牛志民：《区分故意杀人和故意伤害的一种客观标准——从刑法史上的保辜制度谈起》，载《消费导刊》，2008（3）。

③ 参见张明楷：《刑法学》，2版，687页，北京，法律出版社，2003。

又有间接杀人故意的，应当按照实际造成的结果定罪，即造成死亡结果的，应按（间接）故意杀人罪定罪；造成伤害结果的，应按故意伤害罪定罪。在上述情况中没有造成伤害结果的，应以故意伤害（未遂）罪论处。因为间接故意犯罪的特殊性决定了它不存在未遂状态，只要没有出现间接故意所放任的犯罪结果，就不能以间接故意定罪。①

有的论者指出，从法医学视角，通过引入法医学概念——条件致命伤和绝对致命伤，有助于更好地把握（间接）故意杀人罪与故意伤害（致死）罪之间的区别。条件致命伤指在一定条件下，如延误抢救、医疗水平差、被害人患有疾病等，致人死亡的损伤；绝对致命伤指对于任何人、无论任何条件、在现有医疗水平下都会致人死亡的损伤。在主观故意无法查明的情况下，绝对致命伤可以认定为（间接）故意杀人罪的判断依据；条件致命伤区分情况作为故意伤害（致死）罪与（间接）故意杀人罪的判断依据。②

其三，临时起意、不计后果的突发性行凶案件中故意杀人罪与故意伤害罪的界限

对此，理论上曾进行过热烈的讨论，并提出过以下四种不同的观点。

结果说，即以实际发生的结果定罪。该说认为，凡突然持械行凶的，虽然并不像预谋杀人那样有明显的杀人目的，但其特点是不计后果，不顾被害人死亡。在这种情况下，如果被害人没有死亡，可按故意伤害论处；如果被害人死亡，则可按间接故意杀人论处。因为不论犯罪行为在客观上造成的是死亡的结果，还是伤害的结果，都在犯罪人的故意之中。如果间接故意杀人和故意伤害致死的界限确实难以分清的，可按故意伤害致死定罪。③

结果态度说，即在发生死亡结果的情况下区别故意杀人与故意伤害致死，应以行为人对死亡结果的态度为根本标志。该说认为，在这类案件中，从结果上看，二者都造成了被害人死亡的结果；从行为手段上看，二者使用的工具、打击的部位以及打击程度也不相上下。它们的根本区别，仅仅在于行为人的主观心理状态上。在伤害致死的场合，行为人除了有伤害的故意之外，还对他人的死亡具有过失；在间接故意杀人的场合，行为人除有伤害故意之外，还对他人死亡采取放任态度。因此，行为人对被害人死亡的态度是“过失”还是“放任”，是区别伤害致死与间接故意杀人的根本标志。④

---

① 参见赵秉志主编：《刑法争议问题研究》（下），240～241页，郑州，河南人民出版社，1996。

② 参见殷永军：《从法医学视角把握（间接）故意杀人罪与故意伤害（致死）罪的判断标准》，载《人民检察》，2008（3）。

③ 参见廖初文：《间接故意杀人宜独立论罪》，载《法学季刊》，1982（2）；何秉松主编：《刑法教科书》，662～663页，北京，中国法制出版社，1994。

④ 参见甘雨沛等主编：《犯罪与刑罚新论》，614页，北京，北京大学出版社，1991。

区别说，即根据不同情况区别对待。该说认为，对于动辄行凶、不计后果的案件，应当根据四种不同的情况实行区别对待。这四种情况是：具有明显的杀人故意的，按故意杀人罪论处，杀人未死的，属于故意杀人未遂；具有明显致人伤残的故意的，按故意伤害罪论处，造成死亡结果的，按故意伤害致人死亡处理；对于故意内容不确定或者由于行为人狡猾抵赖，难于认定的，一般按实际造成的结果论处，即造成死亡结果的，一般可定（间接）故意杀人罪，造成伤残结果的，一般可定故意伤害罪；对于斗殴致人死亡的案件，除对有明显杀人故意的应按故意杀人罪论处之外，一般应按故意伤害致死论处。①

综合说，即根据案件的全部事实进行全面分析、综合判断。该说认为，对动辄用刀子捅人的案件，只有通过查清发案的原因、过程、时间、地点、环境、作案的工具、手段、情节、行为的结果与行为的因果关系、行为人与被害人的关系、行为人与被害人平时的表现、行为人犯罪后的态度等问题，才能判断行为人作案的主观因素，并作出正确的结论。具体地说，要查清：行为人是否明知其行为会发生危害他人生命的后果；行为人对于自己所使用的工具的性能是否清楚；行为人对自己采用的行为手段和方式会致人死亡是否清楚；对被害人的一般状况和特殊条件是否有所了解；是否明知自己打击的是要害部位；行为人在使用该项致命的工具时是否有可能选择；行为人对打击对方的要害部位是否有选择的余地；打击的强度是否足以致人死亡；行为人对于可能发生的死亡结果持什么态度（包括在犯罪以前对可能产生的后果持什么态度、在打击对方时是否对可能致死对方的后果持放任态度以及对于已经出现的后果持什么态度）。②

6. 轻伤害案件的处理

有论者认为，轻伤害案件因其在现实生活中的多发性而必然耗费大量的司法资源。基于轻伤害的特点及诉讼效益的考虑，我国现行法律所规定的轻伤害案件的处理模式不利于司法资源的合理配置。我国应重构对轻伤害的处理机制，确立轻伤害案件的自诉制度、刑事和解制度以及社区矫正制度。这样既符合刑事法谦抑性原则，又避免了诉讼迟延，有利于及时对被告人实施教育改造，以较好地恢复被加害人所破坏的社会关系，且体现了刑事法律关系中的人文关怀。③

三、整体评论

（一）对故意杀人罪研究状况的整体评论

综观我国这些年关于故意杀人罪的研究，可以说体现出明显的时代特色。由于故意杀人罪是传统罪名，已经形成比较固定的基本观点，因此，自 1978 年至 2008

① 参见金子桐等：《罪与罚——侵犯公民人身权利、民主权利罪的理论与实践》，58～59 页，上海，上海社会科学院出版社，1986。

② 参见陈建国：《试论故意杀人罪的构成》，载《北京政法学院学报》，1981（2）。

③ 参见朱道华：《论轻伤害案件的处理机制重构》，载《公安学刊》，2006（1）。

年，我国刑法学界主要围绕实践中出现的新情况、新问题展开探讨。例如，20世纪80年代末90年代初，全国掀起过“安乐死”问题的大讨论，刑法学界自然不甘落后，也踊跃加入其中。对于安乐死是否应当承担刑事责任的问题，肯定说与否定说可谓各执一端。特别需要指出的是，否定说不仅阐述了无须承担刑事责任的事实理由，而且结合我国刑法基本理论，借鉴国外相关学术资源，提出了在我国当前实践中如何使安乐死行为出罪化的具体路径，实可谓用心良苦，也反映出我国在这一问题上的研究深度。进入21世纪，在废除和限制死刑呼声不断高涨的大环境下，有论者开始关注故意杀人罪的死刑适用问题，就具体的量刑情节和量刑标准提出了一系列建议。总体来看，我国30年间关于故意杀人罪的研究方向符合时代要求，研究思路不断拓展创新，研究内容丰富并不断深入。我们需要做的，就是在这一局面下继续紧密关注实践问题，同时努力完善故意杀人罪的立法规定。

（二）对故意伤害罪研究状况的整体评论

1979年《刑法》颁布后，我国刑法理论界和实务界就故意伤害罪展开了充分的研究，针对司法实践中遇到的实际问题进行了广泛、充分而深入的讨论。几乎在每一个问题上，论者们都有过不同的主张，在有的问题上至今还存在分歧，但成效还是显著的。许多问题，包括一些较为复杂深厚的理论问题，经过多人长期的不懈论争和思辨，观点逐渐趋于成熟，得到刑法学界的普遍认可而成为通说乃至共识。但是，随着刑法理论和刑事立法、司法实践的发展，不仅新的问题会不断涌现，本已达成的共识也有遭受被重新审视、质疑甚至颠覆的可能。而刑法理论的推陈出新，必将促进刑法学的繁荣。下面根据学界关于故意伤害罪的研究现状，对故意伤害罪的主要问题进行简要评论。

1. 故意伤害罪的犯罪客体

关于故意伤害罪的犯罪客体，我国出版的各种刑法论著一直把“他人的健康权利”作为通说，理论上也没有显见的激烈纷争。但实际上，波澜不兴只是表象，认识上的分歧一直存在。有的论者认为故意伤害罪的客体（法益）具有解释其他犯罪构成要件的机能，因此以解决司法实践中的新问题如精神损害、胎儿伤害等为切入点，通过介绍国外的学术观点开始立论，将故意伤害罪客体的研究提升到重要的层次。从现有论著关于故意伤害罪的表述看，身体权、健康权、身体的完整性（身体器官的完整性或身体外形的完整性）、身体权和健康权、生理机能之健全、身体不受伤害或健康不受损害的权利等，都曾经被作为故意伤害罪的客体而提出来。令人遗憾的是，虽然论者们反复地进行论证和研讨，但是，无论采用哪一种观点，似乎都不能完全包容现实生活中可能发生的各种各样的损害他人身体健康的行为，总会有一些例外的情况不能容纳进去。无奈之下，学界在认定复杂、特殊的伤害案件时，不得不同时采用多种观点，有时还要通过考察刑法的处罚范围和社会的容忍程度进行综合评判。另外，随着社会经济的发展和生活水平的提高，社会成员对自身的权利有了新的认识和要求，精神健康权利的保护以及精神世界的安全被纳入法律的视野。在刑法学领域，精神健康权利是否故意伤害罪的客体以及如何客观评价精神伤害程度的问题成为新的研究方向，只是这方面的研究才刚刚起步，还有待于进一步挖掘理论基础和法律依据。可以说，关于故意伤害罪客体的研究还将继续下去，并会不断地深入。

2. 故意伤害罪的客观方面

关于对“伤害”的理解，涉及伤害行为及其方法、伤害结果、伤害程度的评定标准及实际操作等内容。其中，关于伤害行为的诠释，因与故意伤害罪客体（法益）的理解紧密联系，很难达到完美。而且，随着新情况、新问题的出现，伤害的内涵和外延也应不断地予以调整。有论者认为，近年发生的一些案件，如出于报复等故意将甲肝、乙肝、艾滋病等传染病病毒传染给他人或者使他人患上毒瘾或嗜药成瘾等致人损害的情况，就应纳入故意伤害罪的评价范畴。笔者对此持赞同态度，认为在行为人明知自己患有传染病，却故意把病菌传染给他人并致使他人患病的情况下，其行为已经符合故意伤害罪中“伤害”行为的特征。至于对身体健康的损害结果，应该属于《刑法》第 95 条以及《人体重伤鉴定标准》、《人体轻伤鉴定标准》中所指的“其他对于人体健康的伤害”范围。只是上述标准中没有这方面的详细规定，难以比照认定损害程度，由此造成司法操作上的困难，但这并不能成为否定上述行为属于故意伤害罪的原因。其实，损害程度的认定问题完全可以通过修订、细化有关的伤害鉴定标准得以解决。实际上，《人体重伤鉴定标准》的原有条款确有许多缺憾之处，如程度描述词过多、不够严谨、条款之间不平衡、没有考虑某些“精神伤害标准”等，修订势在必行。由此可见，如何准确把握伤害的“程度”及其“范围”，将是今后故意伤害罪研究的内容之一。

关于伤害胎儿行为的定性问题，各国的立法规定和实践做法不一，理论上的解释也有较大的差异。在我国，法律更多关注的是孕妇自身的权益，而忽略了对“胎儿”这一特殊弱势群体的保护，故涉及“胎儿”的法律问题一直受到立法者的冷落。实践中，对于胎儿受到伤害的案例，更多的是在民法领域中进行探讨，而在刑法领域中则显得尤为冷清，直到近些年才有论者开始相关的研究。其中，关于“纯粹的胎儿伤害”（即行为人故意使用药物或者其他器具伤害胎儿，旨在使该胎儿出生后成为严重精神病患者或者造成缺乏四肢等严重残疾，而未伤害胎儿的母体的情形）能否构成故意伤害罪问题的讨论最为热烈，争议的焦点主要集中在以下几个方面：①成立故意伤害罪，是否要求伤害行为时作为侵害对象的“人”必须存在？②能否用隔离犯理论解释胎儿伤害行为时存在“人”？③能否肯定“伤害胎儿即伤害母体”？笔者认为，从现行立法来看，既然刑法明文规定故意伤害“他人”的才成立故意伤害罪，这就意味着在实施伤害行为时必须有人，或者说伤害行为所针对的必须是人。如果伤害行为时不存在作为行为对象的人，则难以认定为故意伤害罪。由于胎儿不是“人”，因此胎儿不是故意伤害罪的对象。但在胎儿伤害导致出生后的“人”严重残疾的情况下，如果不将此类社会危害性较大的行为认定为犯罪，又明显不公，恐难为社会一般人所接受。因此，如何合理解释胎儿伤害行为时存在作为犯罪对象的

"人"，成为问题的症结所在。但用隔离犯理论来解释行为人的着手是在行为完成之后"人"的出生之时，难免有些牵强：在胎儿出生为人的情况下，自然意义上的伤害行为已实行终了；如果认为在此时伤害行为才着手实行，便会使着手的认定与自然意义上的伤害行为相脱节，导致在危害行为实施终了的场合仍然存在着手的问题。在现行立法条件下，笔者赞同"伤害胎儿即伤害母体"的观点，认为不能忽略胎儿对母体的依赖性，应将孕妇与胎儿看作一个整体，胎儿只是这个整体组织的一部分，胎儿的健康即孕妇的健康，对胎儿的伤害即是对孕妇的伤害。据此，行为人对胎儿着手伤害时，伤害对象不仅仅只是胎儿，还应当包括孕妇。权衡是否有"人"受到伤害（危害结果）时，仍然应当把孕妇与胎儿作为一个整体来看待，即使孕妇并没有流产、早产等情形，只要能够科学地证明胎儿已经受到了伤害，也应当承认作为整体的"人"受到了伤害。当胎儿出生为人后，胎儿就具备了独立的人的资格，此时权衡是否有"人"受到伤害时，应同时考察孕妇与出生后的婴儿，只要有一方受到损害，就应当承认伤害结果的现实存在。因此，只要行为人实施了具有致人受伤的危险行为，并发生了致人伤害的结果，不管其结果是及于母体还是及于胎儿，都成立对人的故意伤害罪。从应然的角度看，鉴于胎儿具有既不能脱离母体又有一定独立性、既不同于刑法意义上的"人"也不同于普通的"物"的特性，刑法在兼顾其他合法权益的情况下单独立法对胎儿予以保护，才是解决问题的根本途径。当然，对于上述问题，尚需更多的理性思考和深入探讨。

关于基于被害人承诺的伤害行为是否非法的问题，笔者赞同我国学界的主流观点，即造成重伤结果的，应当认定为成立故意伤害罪；造成轻伤结果的，原则上不以故意伤害罪论处。但是，如果伤害行为严重违反法秩序或社会伦理，也可以成立故意伤害罪。对于该问题，学界虽也有不同的声音，但总体来看没有太多新意，基本上形成一边倒的现象。

3. 故意伤害罪的主观方面

刑法理论一般认为，成立故意伤害罪要求行为人主观上具有伤害故意，即明知伤害行为会造成伤害结果而希望或放任这种结果的发生。对此，学界没有太多异议。但在处理具体案件时，要准确判断行为人是否具有伤害的故意，仍有很大难度，这才是刑法理论界和实务界孜孜以求的关键所在。有人主张，应根据具体案情从客观到主观进行判断，即从行为是否构成伤害行为再反推行为人是否具有伤害故意，全面考察事件的起因、经过、结果，行为的手段和工具，打击的强度与部位，行为的时间、地点和环境，行为人与被害人的关系，行为后的表现与态度等，进行综合判断。但是，任何判断规则相对于复杂多样的社会现实来说都是抽象的，不可能解释所有实际发生的案件，也不可能一劳永逸，不仅需要对具体案件进行个别论证，而且应该用事实的观察或实验来验证，不断推陈出新。因此说，对具体个案的分析、论证和判断是永无止境的。

在能够判断行为人主观故意内容的情况下，如何针对行为实际造成的伤害结果来定罪量刑，是司法实践中的另一困惑，刑法理论上也存在分歧。有人根据行为人伤害故意的内容与实际发生的结果的关系，将实践中出现的故意伤害情况划分为故意轻伤致轻微伤或无伤、故意轻伤致轻伤、故意轻伤致重伤、故意轻伤致死、故意重伤致无伤、故意重伤致轻伤、故意重伤致重伤、故意重伤致死等类型。上述类型的划分是以行为人主观故意的内容确定作为前提的，但这似乎只是一相情愿的理想状态。实际上，在多数情况下，行为人对自己的伤害行为会给被害人造成何种程度的伤害，事先不一定有明确的认识。所以，《刑法》第 234 条的两款规定并不是以行为人主观上必须具有明确的轻伤、重伤故意分别作为各款的主观构成要素的，而是只要有概括的伤害故意就可以了。

在司法实践中，行为人在实施伤害行为时，伤害故意的内容事前往往是不确定的，可以说无论是造成轻伤还是重伤都包含在行为人的故意内容之中。因此，凡是伤害他人身体健康的案件，只要行为人主观上具有伤害他人的故意，造成轻伤的，就按故意伤害致人轻伤处理，造成重伤的，就按故意伤害致人重伤处理，这并不违背主客观相统一原则。在突发性犯罪中，行为人不顾被害人死伤而实施暴力行为，杀人故意或伤害故意并不明确。对于这种情形，被害人没有死亡但造成了实际伤害后果的，成立故意伤害罪；造成被害人死亡的，成立故意杀人罪。

4. 故意伤害罪的既遂与未遂

对于故意伤害罪的犯罪形态问题，从 20 世纪出版的刑法教材来看，几乎无人问津，偶有提及的，也未有深入的论述，实践中以故意伤害罪未遂定罪的案件也相当罕见，似乎不处罚伤害未遂，是理论上和实践中都已默认的。其实不然。早在 20 世纪 80 年代，就有论者开始关注这一研究领域，《法学》于 1984 年、1986 年刊登的两篇文章即《对故意伤害未遂的刑事责任认识》、《故意伤害罪的未遂初探》就是明证。近些年来，学界越来越重视对故意伤害罪犯罪形态的研究，而且许多著述从理论上进行了深入的论证，研究视野也相当开阔，既有对国外刑法理论的介绍和借鉴，也有对国内刑法理论的探索和创新，既涉及犯罪形态理论，还涉及刑法学的共通理论如犯罪构成、结果加重犯、刑法的谦抑性等，讨论的过程也足够热烈。但是，从当前的研究现状看，故意伤害罪的犯罪形态问题离一锤定音还有不小的距离。

笔者考量学界的各种观点，揣摩各种观点的立论依据，认为学界的分歧在于没有站在同一的起点或同一的立场上去探讨故意伤害罪的犯罪形态问题。笔者认为，犯罪形态是以刑法规定的具体犯罪的犯罪构成为基准进行判断的。因此，澄清故意伤害罪的犯罪构成要件，尤其是《刑法》第 234 条第 1 款、第 2 款的主客观构成要素，是解决故意伤害罪犯罪形态问题的先决条件，但恰恰在这个问题上，学界达不成一致的意见。这样，关于故意伤害罪犯罪形态问题的讨论便只能是结论各异、各说各话了。可以说，故意伤害罪的犯罪形态无论是从理论前途还是实践意义来看，都依然是一个值得认真思考、深入研究的问题。

笔者认为，故意轻伤的，不存在犯罪未遂的问题，即行为人主观上只想造成轻伤结果，而实际上未造成轻伤结果的，不以犯罪论处。这主要是考虑到：故意轻伤的情况下所成立的故意伤害罪属于轻罪，而对于轻罪的未遂行为，按照我国《刑法》

第 13 条但书的基本精神，不宜承认其可罚性。重伤意图非常明显，已着手实施重伤行为，由于意志以外的原因未得逞的，应按故意重伤（未遂）论处。在故意伤害致人死亡的场合，行为人对被害人的死亡结果出于过失，因而不存在犯罪未遂的问题。

5. 故意伤害罪与故意杀人罪的界限

关于故意伤害罪与故意杀人罪区分标准的讨论，由来已久。自 1979 年《刑法》颁布以后，几乎从未停止过，而且热情一直未减，可以说是故意伤害罪研究领域中讨论最为充分、最为热烈的问题之一。目前，学界基本上已经达成共识，认为应以行为人主观上是杀人的故意还是伤害的故意来作为区分故意杀人罪和故意伤害罪的标准。尽管理论上的争议已经平息，但是，在司法实践中判断行为人的主观故意内容是杀人还是伤害，并不是一件易事。而且，随着社会生活的发展，新现象、新情况不断出现，针对具体个案的单项论证也会一直进行下去。在这个过程中，知识不断积累，理论不断创新，也许还会有新的区分标准和判断规则被提出来。

笔者认为，目的说以有无杀人的目的区分故意杀人与故意伤害，忽略了在间接故意杀人和间接故意伤害中不存在犯罪目的，势必将一些间接故意杀人案件错误地认定为故意伤害致死。事实说以客观事实作为区分故意伤害罪与故意杀人罪的标准，忽视了二者主观因素的差异。致命的工具同样可以用来伤害他人；在打击致命部位的情况下，行为人也可能是在伤害故意的支配下明确追求打击某一非致命部位，却打偏正中要害部位，结果致人死亡。故意说正确地揭示了故意杀人罪与故意伤害罪的本质区别。故意伤害罪的故意内容是非法损害他人身体健康，不包含非法剥夺他人生命；故意伤害行为即使造成他人死亡，死亡结果也不属于行为人希望或放任的内容。故意杀人罪的故意内容是非法剥夺他人生命；在故意杀人未遂的场合，即使出现了非法损害他人身体健康的结果，也不能因此而改变行为人非法剥夺他人生命的故意内容。不过，行为人的故意内容是不可能脱离客观事实而予以认定的。就此而论，故意说与事实说并不相互排斥，二者应当而且能够统一起来。在司法实践中，认定行为人具有伤害的故意还是杀人的故意，应当根据行为人与被害人的关系、案件起因、使用的工具或手段、打击的部位与力度、现场流露的语言、有无抢救的表示和行为等进行综合分析，而不能仅凭行为人的口供定罪，更不能只依据行为或结果的某一方面定罪。

第十章 强奸犯罪

一、研究概况

从1978年至2008年我国刑法学界关于强奸犯罪的研究情况来看，应当说，关于强奸犯罪的研究成果还是较为丰富的。据不完全统计，期刊网上有关强奸犯罪的文章达三百多篇。但总体而言，国内关于强奸犯罪的专门著述较少。虽然在许多著述中都有关于强奸犯罪的论述，但是，专门论述强奸犯罪的著作并不多见。主要的著作有：阮方民、叶俊南所著的《强奸犯罪研究》（杭州大学出版社1989年版）；王然翼、张之又、崔进、万春所著的《强奸罪的认定与防治》（中国华侨出版社1990年版）；徐杰、侯建军主编的《强奸罪研究》（中国人民公安大学出版社1991年版）；欧阳涛、刘德法主编的《当代中外性犯罪研究》（社会科学文献出版社1994年版）；张光宇所著的《强奸罪的法律问题》（厦门大学出版社1999年版）；祝铭山主编的《强奸罪》（中国法制出版社2004年版）；王文生所著的《强奸罪判解研究》（人民法院出版社2005年版）；冀祥德所著的《婚内强奸问题研究》（人民法院出版社2005年版）。

从我国关于强奸犯罪的研究内容来看，应当说，1997年《刑法》出台后，有关强奸犯罪的研究较之以往，在研究的角度、深度等方面均发生了一些变化。由此，强奸犯罪的研究大致可以分为两个阶段。第一阶段是1979年《刑法》颁布至1997年《刑法》的颁布；第二阶段是1997年《刑法》的颁布至今。在这两个阶段中，我国《刑法》及司法解释关于强奸犯罪的规定均有一定的变化，并且，刑法基础理论的研究取得了突破性的进展，强奸犯罪的研究也随之有了较大的变化。

在第一阶段，关于强奸犯罪的研究主要集中于司法实践中所发生的一些典型的案件的处理，并就此结合强奸犯罪的一些基本理论问题展开论述，例如，强奸犯罪的犯罪客体是什么，强奸犯罪既、未遂的区分标准是什么，强奸犯罪与流氓犯罪的区别等。该时期的研究特点是：主要围绕着1979年《刑法》颁布后在司法实践中遇到的相关问题而展开，目的在于解决司法实践中遇到的问题。有的文章甚至直接就现实中案件进行评析，以阐明自己的观点。与1997年《刑法》颁布之后的研究态势相比，这一时期的研究比较粗疏，不太深入。

在第二阶段，关于强奸犯罪的研究成果较之前一阶段，无论是在深度还是广度上，均取得了突破性的进展。这其中的原因可以归纳为如下几点。①1997年《刑法》对强奸犯罪的规定更为细致。例如，在1997年《刑法》关于强奸犯罪的条文中，虽然基本的犯罪构成并没有变化，但是关于加重情节、加重结果的规定更为详细。②刑法基础理论所取得的成就对于强奸犯罪的研究起了重要的促进作用。有关强奸犯罪的研究并非是一个孤立的问题，其与刑法理论中的其他问题是密切关联的。例如，关于加重的强奸犯罪中的“致使被害人重伤、死亡或者造成其他严重后果的”情形是否存在犯罪既遂、未遂区分的问题，就在很大程度上受制于结果加重犯的研究成果，而有关结果加重犯研究的进展在很大程度上促进了该研究。③对于外国刑法理论的借鉴，在很大程度上促进了我国刑法基础理论及强奸犯罪研究的发展。此阶段的研究成果在深度与广度上之所以能取得突破性的进展，在很大程度上与对其他国家关于强奸犯罪及相关问题的研究成果的借鉴密不可分。具体而言，该阶段的研究具有如下特点。

第一，注重理论深度。同前一阶段的研究状况相比，此阶段的研究也大都是面向实践型的，但同时十分注重理论深度。如对于婚内强奸行为的定性问题，论者从各个角度加以论证，旁征博引，理论色彩十分浓厚。

第二，注重对外国刑法理论中相关研究成果的借鉴。这一时期我国关于强奸犯罪的许多研究成果在研究的视角、论证理由方面均在很大程度上借鉴了外国刑法的相关成果。

第三，关于强奸犯罪的系统化研究已经逐步展开，特别是奸淫幼女和婚内强奸的问题成为论者关注的重点。

第四，相关司法机关也十分注重对于强奸罪诸多问题的研究。应当说，刑法理论中对于强奸犯罪的诸多争论主要是源于司法实践中对于具体问题在定性处理上的困惑。最高司法机关已经注意到了这一问题，并为此出台了几个涉及强奸犯罪的司法解释。应当说，这些司法解释在很大程度上均是有较为完善的理论支撑的，也同时解决了理论中的一些疑问。

第五，研究的领域逐步细化。较之1979年《刑法》，1997年《刑法》关于强奸犯罪的规定更为细致，这也使得刑法理论上对于强奸犯罪的研究更为细化。例如，

1997 年《刑法》将 1979 年《刑法》关于强奸罪规定中的“情节严重”的情形具体化为 5 种情形。对于这些情形，刑法理论上的研究成果都有所涉及，并且研究得相当具体。

第六，研究的视角逐步与时俱进。在这一阶段，有关强奸犯罪的研究，已经不仅仅限于强奸犯罪本身的研究，而且结合最新的刑法理论与实践来展开。如关于婚内强奸的问题，论者们运用法理学、刑法解释学和法社会学的相关理论，结合交叉学科的特点，论证更充分，视角更新颖。

总体而言，刑法理论关于强奸犯罪的研究成果是令人可喜的，许多问题在充分的讨论中道理越辩越明。当然，其中所面临的问题仍然是不容忽视的。例如，即使最高司法机关就强奸犯罪的相关问题作了相应的解释，但这些解释的合理性、合法性仍然受到不少论者的质疑；在许多具体问题上还仍然存在诸多的争议，并没有取得统一的认识。

二、观点综述

（一）强奸犯罪的罪名

1. 1979 年《刑法》中的强奸犯罪的罪名之争

1979 年《刑法》第 139 条规定，“以暴力、胁迫或者其他手段强奸妇女的，处三年以上十年以下有期徒刑。奸淫不满十四周岁幼女的，以强奸论，从重处罚。犯前两款罪，情节特别严重的或者致人重伤、死亡的，处十年以上有期徒刑、无期徒刑或者死刑。二人以上犯强奸罪而共同轮奸的，从重处罚。”

对于该条究竟规定了几个罪名，理论上存在诸多争论。

第一种观点认为，该条规定的是“一罪名”，即强奸罪。第一，从刑法理论上分析，强奸妇女和奸淫幼女的基本性质是一致的，即行为人就是要强行与女性发生性交；第二，无论是从立法还是司法的本意看，都是把奸淫幼女作为强奸罪中的一种特殊情况。因此，该条规定的是一个罪名。①

第二种观点认为，该条规定的是“二罪名”，即强奸罪和奸淫幼女罪，轮奸行为是强奸罪的一种从重处罚情节，不必单列罪名。其理由有以下几点。第一，外国《刑法》立法的一种倾向是不把轮奸作为独立罪名。我国刑法在制定过程中，也借鉴了外国的立法经验。第二，从我国《刑法》制定过程来看，最初也曾将轮奸作为独立一条，并有单独的法定刑，后来又不作为独立一条加以规定，而改为《刑法》有关条文的一款。《刑法》正式颁布时同样只作为第 139 条第 4 款来规定。这种立法上的改变，绝不是偶然、随意的，它反映了我国《刑法》的立法原意，即不把轮奸作为独立罪名，而只是作为强奸罪的一种从重情节。第三，我国《刑法》设立第 139 条第 4 款的规定，目的在于强调要严厉打击共同强奸中的一种特殊形式——轮奸。

---

① 参见童道才：《强奸妇女和奸淫幼女应否并罚及其立法完善》，载《人民司法》，1997（3）。

第四，《刑法》第139条第4款指出了轮奸的本质和特征。轮奸的对象既可能是妇女，也可能是幼女。倘若把轮奸作为独立的罪名，势必由此还要分列出轮奸妇女和轮奸幼女两罪名。此外，司法实践中，一般也没有把轮奸作为一个独立罪名论处。①

第三种观点认为，该条规定的是“三罪名”。轮奸和奸淫幼女一样，是一种特殊的强奸罪，有其特殊的犯罪构成，应视为一个独立罪名。另外，轮奸行为后果严重，社会危害性大，不独立论罪，不足以惩罚实施轮奸行为的犯罪人。持这种观点的论者进一步认为，轮奸罪除了具有强奸罪的一切特征外，还具有两个特征：其一，犯罪主体必须是两个以上的男子，侵害对象必须是一个妇女；其二，二人以上的强奸行为必须具有时间上的连续性，即必须是同一时间内轮奸同一妇女的行为。②

两种观点经过激烈争论后，很长一段时间内，无论是刑法学教科书，还是司法实务部门在具体办理案件中都将该法条视为规定了两个罪名。③

2. 1997年《刑法》中的强奸犯罪的罪名之争

在对1979年《刑法》加以修订的基础上，1997年《刑法》对强奸犯罪的规定有了一些变化。虽然基本的犯罪构成并没有变化，但是关于加重情节、加重结果的规定更为详细。1997年《刑法》第236条规定，“以暴力、胁迫或者其他手段强奸妇女的，处三年以上十年以下有期徒刑。奸淫不满十四周岁幼女的，以强奸论，从重处罚。强奸妇女、奸淫幼女，有下列情形之一的，处十年以上有期徒刑、无期徒刑或者死刑：（一）强奸妇女、奸淫幼女情节恶劣的；（二）强奸妇女、奸淫幼女多人的；（三）在公共场所当众强奸妇女的；（四）二人以上轮奸的；（五）致使被害人重伤、死亡或者造成其他严重后果的。”

1997年《刑法》颁布之后，最高人民法院于1997年12月公布的《关于执行〈中华人民共和国刑法〉确定罪名的规定》中指出，第236条包括两个罪名：强奸罪和奸淫幼女罪。最高人民检察院在其公布的《关于适用刑法分则规定的犯罪的罪名的意见》中对此予以认可。至此，两罪名说成为理论界和实务界的通说。

2002年3月最高人民法院和最高人民检察院联合发布了《关于执行〈中华人民共和国刑法〉确定罪名的补充规定》，对以前的司法解释做了更正，即认为1997年《刑法》第236条规定了一个罪名，即强奸罪。据此，不论行为人侵害的对象是否年满14周岁，统一以强奸罪论处。在此前后，理论界展开了热烈的讨论。

一种观点认为，对奸淫幼女的行为应该单列为奸淫幼女罪。论者认为，奸淫幼

① 参见李光灿：《略论强奸罪》，载《现代法学》，1981（2）；高格：《对强奸罪的比较研究》，载《山西大学学报》（哲学社会科学版），1984（2）；周振想：《试论强奸罪的概念及其分类》，载《法律科学》，1984（3）。

② 参见王文生：《强奸罪判解研究》，201页，北京，人民法院出版社，2005。

③ 1984年，最高人民法院、最高人民检察院和公安部联合发布了《关于当前办理强奸案件具体应用法律的若干问题的解答》，其第一部分为“怎样认定强奸罪”，第六部分为“怎样认定奸淫幼女罪”。此后，理论界和实务界基本上遵照该解释，认为奸淫幼女罪是独立于强奸罪的罪名。

女罪的犯罪构成和强奸罪的犯罪构成明显不同，性质各异。如果按照一个罪名处理，有违立法原意，也不符合我国的汉语习惯。首先，强奸罪保护的客体是妇女的性权利，而奸淫幼女罪保护的是幼女的身心健康；其次，主观意志不一样；最后，既遂的标准不一样。① 还有论者认为：第一，二者的本质不一样，分开规定独立的罪名有利于揭示犯罪的特征；第二，把奸淫幼女的行为规定为独立的犯罪，在一定程度上可以避免引起是否要求明知奸淫的对象是幼女的争论；第三，把以暴力、胁迫等强制性手段奸淫幼女与不采用这样的手段奸淫幼女分别开来，将前者纳入强奸罪，后者单独规定为奸淫幼女罪，既能突出奸淫幼女罪的特殊性，又能更好地体现对幼女实行特殊保护的精神。②

另一种观点认为，应该取消奸淫幼女罪这一罪名，奸淫幼女只是强奸罪的法定从重情节。③ 论者认为：第一，将第236条第2款的罪名确定为强奸罪，符合法条的规定；第二，奸淫幼女与强奸妇女本质相同，这为奸淫幼女行为统一在强奸罪里提供了实质可能；第三，取消奸淫幼女罪，可以彻底解决相关司法解释的尴尬。④ 有论者结合国外的立法例进行探讨，认为奸淫幼女只是强奸犯罪的一种表现形式，不是独立的罪名。⑤ 此外，还有论者结合数罪并罚的理论加以阐释，认为最高人民法院在《关于审理强奸案件有关问题的解释》中对此做了明确解释：行为人既实施了强奸妇女又实施了奸淫幼女行为的，以强奸罪从重处罚，这有违数罪并罚理论，因此应取消奸淫幼女罪这一罪名，以期法律和实践更加统一和协调。⑥

（二）强奸罪的概念

对此，主要有以下几种观点。

第一种观点认为，强奸罪是指以暴力、胁迫或者其他手段，违背妇女意志强行与之性交的行为。而对于不满14周岁的幼女，不论采取何种手段，以及幼女是否同意而与之发生性交行为，也以强奸论处。⑦

第二种观点认为，强奸罪是指与违背意志或不能正确表达意志的妇女或幼女进行的婚外性交行为。⑧

---

① 参见张莉：《刑法重大疑难问题研究》，155～156页，北京，中国人民公安大学出版社，2004；都元龙：《奸淫幼女应独立成罪》，载《广西政法管理学院学报》，2005（6）。

② 参见刘明祥：《日本刑法中的奸淫幼女犯罪及对我国刑法的启示》，载《河南省政法管理干部学院学报》，2003（6）。

③ 参见李立众：《略论奸淫幼女罪的几个问题》，载《政法论丛》，2000（5）。

④ 参见苏彩霞：《“奸淫幼女”行为罪名之再确定——以现行相关司法解释的尴尬为视角》，载《法治论丛》，2002（3）。

⑤ 参见刘明祥：《奸淫幼女若干问题探析》，载《国家检察官学院学报》，2004（1）。

⑥ 参见周茜：《“奸淫幼女”不应成为单独罪名》，载《律师世界》，2000（2）。

⑦ 参见高格：《对强奸罪的比较研究》，载《山西大学学报》（哲学社会科学版），1984（2）；欧阳涛：《关于强奸罪的八个问题》，载《政法论坛》，1984（2）。

⑧ 参见夏诚华：《强奸罪基本问题研究》，载《法学研究》，1994（1）。

第三种观点认为，强奸罪是指违背女性意志，采取暴力、胁迫或其他手段，使女性与自己或他人性交的行为。①

第四种观点认为，强奸罪是指违背妇女意志，使用暴力、胁迫或者其他手段，强行与妇女发生性交，或者与不满 14 周岁的幼女发生性交的行为。②

（三）强奸罪的主体

1. 女子可否成为强奸罪的主体

对此，一种观点认为，强奸罪的主体应该是具有刑事责任的男子（真正身份犯），妇女不可以成为该罪的直接、单独正犯，但在和男子共同实施强奸行为的情况下，可以成为强奸罪的共犯（教唆犯、帮助犯）。③

另一种观点认为，妇女可以成为强奸罪的实行犯，因而可以独立成为强奸罪的主体。理由有三点：第一，强奸罪的实行行为是由两个方面构成的，即暴力、胁迫或者其他手段的实施以及强行与妇女发生性交行为，这也就意味着实施暴力、胁迫或其他手段的行为也是强奸罪的实行行为的一部分，而妇女完全可以实施这种行为，因此妇女也可以成为强奸罪的实行犯；第二，在某些场合下，妇女也可以独立成为强奸罪的主体，例如，妇女教唆男子实施强奸犯罪，但并未引起被教唆的男子的犯意，该男子并没有实施强奸行为，这种情况称为教唆未遂，妇女与男子不构成共犯，但妇女的行为独立构成强奸罪，或者妇女教唆没有达到法定刑事责任年龄的男子或者不具有辨认或控制能力的精神病人实施强奸犯罪时，由于被教唆的人没有达到法定刑事责任年龄或不具有刑事责任能力，该妇女便是强奸罪的间接正犯，该男子只是妇女犯强奸罪的工具；第三，目前学界的观点一方面认为妇女可以称为教唆、帮助男子实施强奸的共犯，另一方面又说强奸罪的主体只能是男子，也存在一些矛盾的地方。④

2. 已满 14 周岁不满 16 周岁的人能否成为强奸罪的主体

1979 年《刑法》第 14 条第 2 款规定，“已满十四周岁不满十六周岁的人，犯杀人、重伤、抢劫、放火、惯窃罪或者其他严重破坏社会秩序罪，应当负刑事责任。”由此，当时理论上对强奸罪主体的刑事责任年龄产生了争论。

---

① 参见周振想：《试论强奸罪的概念及其分类》，载《法律科学》，1984（3）。

② 参见肖中华：《侵犯公民人身权利罪》，184 页，北京，中国人民公安大学出版社，2003；王作富主编：《刑法分则实务研究》（中），886 页，北京，中国方正出版社，2006；周光权：《刑法各论讲义》，20 页，北京，清华大学出版社，2003。

③ 参见高格：《对强奸罪的比较研究》，载《山西大学学报》（哲学社会科学版），1984（2）；唐化勇：《关于认定强奸罪的初步探讨》，载《人民司法》，1981（5）；周光权：《刑法各论讲义》，24 页，北京，清华大学出版社，2003；王作富主编：《刑法分则实务研究》（中），896 页，北京，中国方正出版社，2006。

④ 参见张明楷：《浅论强奸罪的主体》，载《法学评论》，1988（5）；赵廷光主编：《中国刑法原理》（各论卷），515 页，武汉，武汉大学出版社，1992。

第一种观点认为，强奸罪的主体是年满16周岁，具有刑事责任能力的自然人；① 第二种观点认为，对于已满14周岁但不满16周岁的人实施了强奸行为或者奸淫幼女行为，情节恶劣，后果严重的，可按1979年《刑法》第14条规定的“其他严重破坏社会秩序罪”的精神，追究刑事责任，但是应该从轻或者减轻处罚；② 第三种观点认为，强奸罪的主体在通常情况下也可以是已满14周岁不满16周岁的人。论者认为，作出这种判断的关键有两点。一是弄清楚法条中的“其他严重破坏社会秩序罪”的内涵和外延。1979年《刑法》的条文并没有规定“严重破坏社会秩序罪”的具体罪状和法定刑，因此这并不是指某一个具体罪名，而应该是指和该法条前面所提及的犯罪行为危害性相当的故意犯罪。二是具体分析强奸罪的社会危害性。强奸行为侵犯了妇女性的不可侵犯的权利和人身权利，破坏了社会秩序。通过与其他犯罪的法定刑的比较，其危害性还是比较严重的，因此一般情况下可以成为强奸罪的主体。但是，该论者也认为，应该具体问题具体分析，对社会危害性小一些的强奸行为不应当追究行为人的刑事责任。例如，有的已满14周岁不满16周岁的人强奸妇女或少女，但强制手段不明显，也没有造成严重后果的，或者发生在早恋过程中、情节不严重、被害人要求不处理的。③

1997年《刑法》第17条第2款规定，“已满十四周岁不满十六周岁的人，犯故意杀人、故意伤害致人重伤或者死亡、强奸、抢劫、贩卖毒品、放火、爆炸、投放危险物质罪的，应当负刑事责任。”上述争论也随之平息了。

3. 婚内强奸行为的定性

在司法实践中，如果丈夫教唆或者帮助他人强奸妻子，则丈夫构成强奸罪；如果丈夫误将妻子当作其他妇女而进行强奸的，也应构成强奸罪。对此，在理论上并无异议。但对于丈夫违背妻子的意愿，以暴力、胁迫或者其他方法强行与之发生性交的行为（一般称为婚内强奸行为，也有的论者称之为婚内强迫性行为）能否构成强奸罪的问题，理论上则一直存在着较大的争议。

否定说认为，在婚姻关系存续期间，不存在丈夫对妻子的强奸犯罪。理由主要有以下几点。①基于“强奸”的含义考虑。有论者认为，夫妻之间具有性的权利和性的义务，根本不存在什么“奸”的问题。按照有关汉语词典的解释，所谓“奸”，是指奸淫，包括通奸和强奸，也即指非婚姻关系内的不正当男女之间的性关系。如果把夫妻之间的性生活也看做是“奸”的话，那么从逻辑上讲就必然会有“强奸”和“通奸”之分，也即如果“不违背”双方意志的夫妻间的性生活就是“通奸”，反之，则是“强奸”。这显然不仅与“奸”字的原意完全不符，而且与一般生活常理相差甚远。④ 有论者指出，据《辞源》，“奸”即“犯”的意思，夫妻在性关系上是

① 参见唐化勇：《关于认定强奸罪的初步探讨》，载《人民司法》，1981（5）。

② 参见高格：《对强奸罪的比较研究》，载《山西大学学报》（哲学社会科学版），1984（2）。

③ 参见张明楷：《浅论强奸罪的主体》，载《法学评论》，1988（5）。

④ 参见刘宪权：《婚内定强奸不妥》，载《法学》，2000（3）。

“合礼”的，不存在“犯”的问题。据《辞海》，“奸”的第二义项为“不正当的男女关系”，夫妻性关系当然在“不正当”之外。在中文里，“强奸”是与“和奸”、“通奸”、“诱奸”并列的，“和奸”、“通奸”、“诱奸”均发生于非夫妻关系的当事人间，它与强奸的区别在于是否双方自愿，自愿则为“和奸”或“通奸”，女方受骗同意则为“诱奸”。“奸”的本质特征为夫妻以外的男女关系，“奸”本身即将丈夫排除在外。[①] ②基于刑法调整范围的考虑。有论者主张应严格区分道德与法律的作用界域，认为婚内强奸是刑法不应干预的夫妻私生活冲突，主要还是感情与道德问题，充其量只是婚姻法调整的内容，即便婚内强奸具有社会危害性，与婚外强奸行为也不可同日而语。[②] 有论者指出，从法律上讲，在合法夫妻之间不存在丈夫对妻子性权利自由的侵犯。丈夫违背妻子意愿强行过性生活，只能表明丈夫在性问题上不尊重妻子，是严重的不道德行为。根据婚姻法离婚自由原则，如果妻子不能忍受丈夫这种不道德行为，可以解除婚姻关系。[③] ③从罪刑法定原则的角度考虑。有论者认为，我国新刑法明确将“罪刑法定”确立为刑法的基本原则，这就从根本上要求我们在定罪量刑时严格地依照刑法规定，凡刑法没有明文规定的，就不能定罪和量刑。就分析案件的思路而言，我们也应该作以下根本的改变：这就是不能因为刑法对某种行为未明确规定为不是犯罪，就可以认定为是犯罪，相反，对此情况只能不认为是犯罪。只有这样才符合罪刑法定原则的根本精神。对婚内有否强奸存在的问题，我们的分析思路应该是，既然刑法没有明文规定婚姻存续期间也有强奸问题存在，那么只要夫妻关系存在就不应存在强奸问题。那种认为刑法没有将婚姻存续期间的情况排除在强奸罪之外，即可认定婚内强奸的观点，显然是没有正确理解罪刑法定原则的真正含义，从而进行了逆向推论，由此得出的结论当然与罪刑法定原则相悖。[④] ④基于危害性未达到承担刑事责任程度的考虑。有论者认为，基于夫妻间性的权利义务的专属性，婚内强迫性行为即便具有社会危害性，这种危害性也很难构成行为人承担刑事责任的基础。婚内强迫性行为的危害性，主要表现在行为人为发生性行为而采取的暴力、胁迫或者其他手段上，而不表现在性行为本身。也就是说，丈夫强迫妻子性交，远远没有强奸其他妇女的社会危害性严重。对这两种不同危害性的违法行为设定相同的法律责任，是与法律的正义性相违背的。强迫性行为如果没有造成被害人身体上或精神上的其他伤害，这种行为的危害性是不可能达到承担刑事责任程度的。如果婚内强迫性行为涉及其他伤害或虐待行为，则另当别论。不过，对这些行为的追究也只能适用伤害罪或虐待罪条款来认定，而不应适用强奸罪条款。

---

① 参见周永坤：《婚内强奸罪的法理学分析》，载《法学》，2000（10）。

② 参见陈为民：《离婚判决生效前丈夫强奸妻子有罪吗?》，载《政治与法律》，2000（2）。

③ 参见石梅堂：《丈夫“强奸”妻子不能构成强奸罪》，载《法学》，2000（3）。

④ 参见刘宪权：《婚内定强奸不妥》，载《法学》，2000（3）。

除此之外，婚内强迫性行为在定性上不构成刑事犯罪。[①] ⑤基于婚姻的承诺与夫妻同居义务的考虑。有论者认为，既然婚姻是夫妻彼此向对方作出的一种受到法律保护并且在整个婚姻存续期间一直有效的性交的承诺，夫妻之间既有同居的权利，又有同居的义务，则丈夫依法就享有婚内与妻子求欢做爱的权利，合法婚姻关系存续期间的夫妻之间，不存在丈夫对妻子性权利自由的侵犯。丈夫不顾妻子的意愿而强行与其性交的，其行为虽然形式上符合强奸罪的构成要件，但由于婚姻关系的合法性以及夫妻同居法律义务的存在，而被阻却违法性。[②] ⑥基于社会效果的考虑。有论者认为，由于我国法律未明文规定丈夫强行与妻子发生性行为是否构成强奸罪，有权机关亦未作明确解释，因此，认定丈夫强行与妻子发生性关系能否以强奸罪论处，应特别注意研究在司法实践中的可行性及所产生的社会效果。如果将丈夫强行与妻子发生性行为认定为强奸罪，不仅会给司法机关的执法活动造成极大混乱，而且与我国现阶段的实际情况不相适应，必将产生不良的社会效果：第一，扩大刑事制裁范围，增加不安定因素；第二，有悖于伦理道德，容易造成家庭不幸；第三，与我国现实社会情况不相符合。[③] 有学者担心，如果将婚内强奸行为犯罪化，一方面可能使妻子不履行同居义务的行为合法化、正当化，另一方面则可能使控告丈夫强奸成为妻子要挟甚至报复丈夫的合法手段。这除了会导致丈夫人人自危外，只能驱使丈夫到婚外寻求性满足，保护婚姻及妻子权利的初衷反而导致破坏婚姻的和谐和家庭的稳定的后果，并从根本上危害社会秩序的和谐与稳定，而“无秩序胜于不公正”。[④] ⑦基于实践的取证以及操作性的考虑。有论者认为，婚内强迫性行为相当普遍，这种现象在国内国外均不鲜见。因为夫妻之间的性行为纯属合法的个人隐私，别人无权了解。即使确实有事实证明丈夫对其妻子实施了暴力并且双方发生了性行为，但不能证明暴力行为和性行为发生的先后顺序，因而不能证明该暴力行为的目的是实施性交。在这种有暴力（强奸罪最明显、最典型的手段）痕迹的情况下尚且无法证明，对以胁迫或者其他手段实施的强制性交行为将更加无法证明。并且，如果强迫妻子性交的丈夫必须为自己的这一行为承担刑事责任，那么监狱系统必将扩容。[⑤]

肯定说认为，在婚姻关系存续期间，存在丈夫对妻子的强奸犯罪。理由主要有以下几点。①以对“奸”的字面解释来否定婚内强奸显然牵强附会。在父权制社会

---

① 参见杨德寿：《婚内强迫性行为的法律责任论——由王卫民强迫妻子性交被判强奸罪说起》，载《中国刑事法杂志》，2001（5）。

② 参见邵世星：《夫妻同居义务与忠实义务剖析》，载《法学评论》，2001（1）。

③ 参见王世科：《对丈夫强行与妻子发生性行为以强奸罪论处的异议》，载《人民司法》，1992（4）。

④ 参见付立庆：《婚内强奸犯罪化应该缓行》，载陈兴良主编：《刑事法判解》，第4卷，425～426页，北京，法律出版社，2001。

⑤ 参见杨德寿：《婚内强迫性行为的法律责任论——由王卫民强迫妻子性交被判强奸罪说起》，载《中国刑事法杂志》，2001（5）。

里，丈夫对妻子具有支配权，同时更重要的是，为了保证宗族血统的纯洁性，妻子必须绝对忠贞于丈夫，婚姻以外的性行为绝对是不允许的，故古人将婚姻以外的性行为都称为"奸"。既然如此，则婚内自然无"奸"。然而，"现代妻子不再是丈夫手下逆来顺受的性奴隶，而是平起平坐的伙伴"。面对这一翻天覆地的身份巨变，传统意义上对"奸"的解释在今天显然已经不合时宜。从语义学上采用传统意义上对"奸"的理解来否定婚内强奸是苍白无力的，其回避了婚内强奸的要害——妻子应当扮演随时接受配种的老母鸡的角色。① ②婚内强奸不是一般的夫妻感情与婚姻道德问题，而是需要国家刑法强行干预的严重犯罪行为。如果将婚内强奸视为一个纯粹的伦理道德问题，排斥刑法的必要干预，必然削弱对妻子权利的应有保护，主张大男子主义，支持婚内性暴力倾向，降低婚姻家庭质量。② ③在我国，认为婚内强奸构成强奸罪并不违反罪刑法定原则。只要某一事项包含在刑法规范的文义射程范围内，即为刑法对该事项有明文规定。将刑法并没有禁止的事项类推为刑法所禁止的事项从而予以定罪量刑是绝对不允许的；同样，将刑法所禁止的事项仅因无显而易见的禁止字眼就轻率排除出刑法规范的适用范围之外，也是绝对不允许的。在我国，从社会主导文化来看，男女形式平等经过建国50年来的妇女解放运动已基本解决，男女实质平等（诸如夫妻性权利的平等）在今天也渐有达成共识之势，故可以认为丈夫强奸妻子的情形并没有超出《刑法》第236条的文义射程范围。因此，以《刑法》第236条认定丈夫构成强奸罪，并不违反罪刑法定原则。③ ④确认一行为构成犯罪的首要依据在于该行为具备了犯罪的本质特征——具有应受刑罚处罚的社会危害性。婚内强奸除了可能给妻子造成一定的生理损伤外，给妻子造成的心理损伤（如造成性的厌恶与冷淡，恐惧、震惊、屈辱、绝望）是难以估量的。医学认为，丈夫强迫过性生活，是造成女性性冷淡的重要原因，也是女性心理障碍、人性障碍、神经及精神疾患的重要原因。在那些感情已经破裂、毫无爱情可言的婚姻关系中，这种伤害将会更为严重。更致命的是，与婚外强奸不同，如果法律对婚内强奸袖手旁观，妻子将可能反复遭受丈夫的性摧残。可见，婚内强奸的社会危害性并不亚于婚外强奸。④ ⑤法律赋予婚姻关系的合法性，只是保护婚内基于夫妻双方合意与合法的性交，而绝不表示法律允许丈夫违背妻子的意志而为所欲为，甚至把妻子作为发泄性欲的工具。夫妻之间基于婚姻的性交承诺和同居义务不能成为婚内暴力强奸行为违法性的阻却事由。有人更提出所谓"耦合权利义务说"对抗婚姻承诺论，主张婚姻中的性权利不得滥用，性义务的履行不得无故拒绝，虽然性义务的违反可能导

---

① 参见李立众：《婚内强奸应构成强奸罪》，载《云南大学学报》（法学版），2001（4）。

② 参见冀祥德：《婚内强奸犯罪化研究——从客观事实到法律事实的演进》，载北京大学法学院编：《法学的诱惑》，201～202页，北京，法律出版社，2003。

③④ 参见李立众：《婚内强奸应构成强奸罪》，载《云南大学学报》（法学版），2001（4）。

致同居之诉或者精神赔偿，但并不能赋予性暴力行为以合法性。[①] 妻子作为独立主体，她是自己身体的主人，天然地享有性生活自由斟酌的权利，特别是当她们面临丈夫强暴之时，更有权决定是否同意做爱。婚姻并没有赋予丈夫可以强暴的特权。婚姻的确是肉欲的法律保障。然而要搞清楚的是，婚姻对肉欲的法律保障仅在于：对外而言保障已婚男女正常的性生活，反对他人任何形式的指责与干顶；对内限定双方性生活的范围，双方都要互相忠贞。婚姻对性生活的保障与妻子享有性的自主权并不矛盾。此外，同居义务也不是无论何时何地都必须履行的义务。首先，履行同居义务要合乎伦理，丈夫不能要求妻子与自己在公开场合发生性关系；其次，履行同居义务要合乎自然、合乎人道，遇有经期、疾病（如刚做完重大手术）等情形，丈夫不能要求妻子与自己过性生活；再次，由性的娱乐性所决定，没有感情的时候（比如一方正在殴打另一方）不能要求对方进行房事。总之，夫妻关系不等于性关系，性生活不是妻子对丈夫必须无条件履行的义务。丈夫享有性权利，并不能必然推导出妻子必须履行性义务的结论。[②] ⑥依赖暴力满足性需求的婚姻本来就名存实亡。对婚内强奸定罪处罚，只会加速这种丧失感情基础的不道德的婚姻的死亡进程，而绝不会破坏婚姻家庭结构的稳定。以牺牲弱势妻子的合法权益为代价来维护家庭与社会的稳定，更是典型的性别霸权主义，是大男子主义传统观念的体现。至于担心妻子会以婚内强奸要挟、报复、诬陷丈夫，则纯属杞人忧天。[③] ⑦取证困难不等于不能取证。婚内强奸行为必然会生成各种相关的证据材料。通过认真细致的勘查、调查和取证工作，即使丈夫拒不交代强奸事实，也能够根据足够的直接或者间接证据予以认定。婚内强奸犯罪化并不存在刑法适用上的不可克服的操作性障碍。如果顾虑取证难、缺乏可操作性而反对将其犯罪化，则是立法与司法中的右倾机会主义。[④] 即使在普通强奸案件中，证明性交违背了被害人的意志往往也是比较困难的，尤其是在被告人与被害人存在一定关系的案件中。然而从来都没有人因此而否定强奸罪。[⑤]

在肯定说的内部，关于婚内强奸可以在多大范围内成立强奸罪的问题，也有不同看法。有论者指出，构成强奸罪的时间情形主要有三种：一是男女双方已经登记结婚，但是尚未按照当地风俗习惯举行婚礼或同居，女方提出离婚的；二是夫妻感情确实已经破裂，并且长期分居的；三是一审法院已经判决离婚的。[⑥] 有论者认为，

---

① 参见冀祥德：《婚内强奸犯罪化研究——从客观事实到法律事实的演进》，载北京大学法学院编：《法学的诱惑》，203页，北京，法律出版社，2003。

② 参见李立众：《婚内强奸应构成强奸罪》，载《云南大学学报》（法学版），2001（4）。

③ 参见苏彩霞：《我国关于婚内强奸的刑法理论下现状之探讨》，载陈兴良主编：《刑事法判解》，第4卷，408～411页，北京，法律出版社，2001。

④ 参见冀祥德：《婚内强奸犯罪化研究——从客观事实到法律事实的演进》，载北京大学法学院编：《法学的诱惑》，203页，北京，法律出版社，2003。

⑤ 参见李立众：《婚内强奸应构成强奸罪》，载《云南大学学报》（法学版），2001（4）。

⑥ 参见冀祥德：《婚内强奸问题研究》，64页，北京，人民法院出版社，2005。

要通过具体情节的判断来认定是否构成强奸罪。丈夫违背妻子的意愿，采用轻微的暴力等手段强行与妻子发生性关系，情节轻微，社会危害性不大的，可不认定为犯罪。例如，妻子在月经期或情绪不佳时，丈夫强行进行性行为等。如果丈夫采用的是严重伤害妻子身体的暴力行为，且造成了严重的危害后果的；或者虽然没有造成严重人身伤害，但是有其他严重情节，如采用胁迫手段，当着第三者的面而行奸的，其对妻子造成的伤害在强奸的目的、手段、后果等方面，与一般意义上的强奸相比较，除了披上了婚姻的外衣以外，并没有本质区别，所以其行为当然构成强奸罪。① 有论者主张，作为应对婚内强奸问题的基本刑事政策，必须提高对婚内强奸行为进行正式刑法反应的门槛，降低刑事政策对这种行为进行正式刑法反应的强度，而赋予刑法反应以外的政治国家和市民社会的正式和非正式的反应以较大的调整和干预空间。刑法反应只能在上述正式或非正式反应方式干预无效时作为最后手段加以选择。具体而言，刑事政策作为一种公共政策，应当针对婚内强奸问题的不同情况予以不同的反应。首先，对情节、后果比较轻微，尚未超出婚姻道德范围内的婚内强奸行为，刑事政策应当将其视为不具有公共危害性质的夫妻私生活冲突；其次，对手段、情节、后果比较严重、具有一定公共危害性质的婚内强奸行为，刑事政策作为公共政策，应当予以适当的正式反应。对手段、情节、后果相对比较严重的婚内强奸行为，刑事政策在运用舆论谴责、道德制裁等非正式反应的同时，应当充分运用第一次法即婚姻法、家庭法、行政法等法律规范进行有效干预。民事警告、损害赔偿、赔礼道歉、善行保证乃至于解除婚姻，以及行政执法机关的警告、批评乃至于必要的强制措施如拘留等，都是作为第一次法的婚姻法、家庭法、行政法可能采取的适当的反应方式。最后，对手段、情节、后果严重的婚内强奸行为，刑事政策应当作出强有力的正式的刑法反应，将这些行为予以犯罪化，用刑法手段予以强制性干预和制裁。在婚姻关系合法、有效、正常存在的阶段，丈夫对妻子实施性暴力并且手段、情节、后果严重的，尽管是违法地行使其同居权，但是如果将其直接界定为强奸罪，则有违婚姻制度的本质。对丈夫的这种性暴力、性虐待行为，根据其行为的具体情况，应分别按虐待罪、侮辱罪或者故意伤害罪等相关罪名论处，不宜直接以强奸罪论处。如果现行刑法的相关罪名不足以涵盖有关性暴力、性攻击行为，不妨新增一个暴力攻击罪。而如果夫妻双方感情确已破裂、婚姻已经名存实亡，并因而发展到夫妻分居或者诉请离婚的阶段，则表明夫妻双方或一方已经中止了对婚内性关系的承诺，或者作出了具有法律意义的撤销婚姻的意思表示。此时，丈夫如果用暴力手段强行与妻子性交的，自然具有强奸罪的实质——违背妇女意志，因而构成了强奸罪的构成要件。②

（四）强奸罪的主观方面

关于强奸罪的主观方面，论者们一致认为是“故意”，但是对于是否“间接故

---

① 参见何懿甫：《配偶权与婚内强奸》，载《法律适用》，2001（4）。

② 参见梁根林：《刑事政策视野中的婚内强奸犯罪化》，载《法制与社会发展》，2003（4）。

意”也包括其中，则看法不一。

一种观点认为，强奸罪的主观方面是故意，并且只能是直接故意；① 另一种观点认为，强奸罪的主观方面既可以是直接故意，也可以是间接故意。② 有论者指出，在强奸犯罪中，主体在与患间歇性精神病的女性发生性行为时，其一方面不明知女方一定是在精神病发病期，但是另一方面主体又知道女方可能处于发病期，虽不希望在发作期，但以放任的态度仍打算与之发生性行为。这种心理状态完全符合间接故意的特征。③ 有论者认为，在通常情况下，强奸罪只能由直接故意构成，但在一些特殊情况下也可以由间接故意构成，这种间接故意表现为行为人对犯罪对象有无行为能力的认识只是一种或然性的认识；行为人主观上对于自己的行为能否发生违背妇女意志的结果呈现出放任的态度。④

（五）强奸罪的客观特征

1. 强奸罪的本质特征

对此，主要有以下几种观点。

第一种观点认为，强奸罪的本质特征是违背妇女的意志。论者认为，暴力、胁迫或者其他手段只是一种现象，是强奸罪客观方面的表现，是判明性行为是否违背妇女意志的必要标志。不论行为人采用的暴力、胁迫手段的程度如何，只要根据当时的具体情况，说明是违背妇女意志的，就应定为强奸罪。⑤

第二种观点认为，对强奸罪的本质特征从强奸行为本身去把握，应该是犯罪手段的强制性，即“以暴力、胁迫或者其他手段强奸妇女”，而不能从被害人的主观意志中探求。⑥

第三种观点认为，强奸罪的本质特征是妇女不能抗拒和违背妇女意志。⑦

第四种观点认为，强奸罪的本质特征是违背合法婚姻以外的妇女不同意发生性交的意志。论者认为，只有这样，才可以把夫妻间强行发生的性行为排除在强奸罪之外，才符合我国国情和刑事立法本意，也可以把强奸罪的违背妇女意志同强迫卖淫罪和拐卖妇女罪的违背妇女意志区别开来。⑧

---

① 参见王文生：《强奸罪判解研究》，123页，北京，人民法院出版社，2005。

② 参见王作富主编：《刑法分则实务研究》（中），896页，北京，中国方正出版社，2006。

③ 参见孙占隆：《关于强奸罪的两个理论问题》，载中国法学会刑法学研究会编：《刑法学论文集》，92～94页，1984。

④ 参见徐杰、侯建军主编：《强奸罪研究》，88～89页，北京，中国人民公安大学出版社，1991。

⑤ 参见吴安清：《论强奸妇女罪》，载《法律科学》，1984（1）；周柏森：《试论强奸罪的几个问题》，载《法律科学》，1985（1）；高铭暄主编：《新编中国刑法学》（下），690页，北京，中国人民大学出版社，1998；吴明夏等主编：《新刑法通释》（下），814～815页，北京，人民出版社，1998。

⑥ 参见郑大群：《强奸罪的基本特征和适用范围》，载《政治与法律》，1985（1）。

⑦ 参见刘光显：《试论强奸罪》，载《法学研究》，1982（5）。

⑧ 参见王文生：《关于强奸罪的本质特征的探讨》，载《法学家》，1996（5）。

第五种观点认为，在探讨强奸罪的本质特征时，应该把违背妇女意志和手段的强制性结合起来理解。违背妇女意志和手段的强制性是有机结合的，而不是相互割裂、对立的：正由于犯罪手段的强制性，决定了性行为是违背妇女意志的；也只有通过查明犯罪手段的强制性，才能正确认定性行为是违背妇女意志的。①

2. 如何理解和认定“违背妇女意志”

对此，一种观点认为，在性交过程中，如果妇女可以抗拒而不抗拒，或者不是真正的抗拒时，才构成强奸罪。如果行为人仅仅是一般的动手动脚，而妇女也是半推半就，一般说来不构成强奸。②

另一种观点认为，以妇女的不能反抗作为违背妇女意志的标准，是对妇女提出了过苛的要求，而忽略了妇女不反抗原因的复杂性。如果以此为标准，不利于对妇女性权利的保护。③ 明显的反抗固然是违背妇女意志的重要标志，而在没有反抗或在没有明显反抗的情况下，则应具体分析没有反抗的原因，判断在当时情况下妇女的真实心理。只有当妇女是基于同意或者无所谓的心态而没有反抗或者没有明显反抗时，才可以认定没有违背妇女意志从而排除强奸犯罪，否则就不能断然认定不构成强奸罪。④

3. “骗奸”的认定

“骗奸”，指即采用欺骗手段取得妇女同意而奸淫。对此，理论上有以下几种不同的观点。

第一种观点认为，强奸犯罪中的“其他手段”，包括用欺骗手段和妇女性交。论者认为，在这种情况下，性交行为实质上是违背了妇女意志的，符合强奸罪的根本特征。⑤ 例如，冒充国家工作人员，以执行公务为名，将被害人骗到孤立无援的地方进行奸淫的；冒充国家工作人员，以被害人或者其家属的某些缺点、错误相要挟，奸淫妇女的；以冒充的身份，采取体检、科学试验、治病等欺骗手段与妇女发生两性关系的，均应当视为构成强奸罪。⑥

第二种观点认为，欺骗手段不能成为强奸罪的犯罪手段，不能包括在1979年《刑法》第139条规定的“其他手段”之中。因为这种手段不符合强奸罪的本质特征。强奸罪的本质特征是违背妇女意志，强行与妇女发生性交行为。因此，实施奸淫的手段，必须足以使妇女处于不能反抗、不敢反抗的状态，或者利用妇女本身的

---

① 参见王作富：《中国刑法研究》，543页，北京，中国人民大学出版社，1988；高铭暄主编：《中国刑法学》，462页，北京，中国人民大学出版社，1989。

② 参见刘光显：《试论强奸罪》，载《法学研究》，1982（5）。

③ 参见王作富：《中国刑法研究》，544页，北京，中国人民大学出版社，1988。

④ 参见赵秉志主编：《刑法争议问题研究》（下），274～275页，郑州，河南人民出版社，1996。

⑤ 参见顾肖荣：《抢劫罪和强奸罪犯罪手段的比较》，载《法学》，1983（3）。

⑥ 参见索维东等：《谈谈强制和反抗不明显的强奸案件》，载中国法学会刑法学研究会编：《刑法学论文集》，115页，1984。

某些条件，使妇女处于不知反抗、不能反抗的状态，迫使妇女听其奸淫。而欺骗手段是指用花言巧语或虚构事实，以假说真，或掩盖事实，以有说无等手法，使被害妇女发生错觉，信以为真，因而自愿与之发生性交的行为。在这种情况下，行为人对被欺骗的妇女既没有采取身体上或精神上的强制，也没有利用妇女不知反抗、不能反抗的状态，妇女并没有丧失自己的意志自由，她可以对性交行为作出同意或不同意的选择。单纯的欺骗，如以恋爱为名骗取妇女的爱情和信任，一旦发生性的行为，即抛弃女方的行为，没有任何强制因素，女方可以自由地表达自己的意愿，作出选择。女方在恋爱过程中轻率地对自己性的权利作出决定，同意男方的要求，这种同意不能说是违背妇女意志的。特别是在各有所图的情况下，更不能说违背妇女意志。①

第三种观点认为，欺骗手段能否成为强奸犯罪的行为手段，取决于这种欺骗手段是否达到了妇女不敢反抗的程度。②

第四种观点认为，对“欺骗手段”应作具体分析。强奸罪的手段特征是一个“强”字，“其他手段”也离不开“强制”的性质，以恋爱、结婚、调职、出国等个人利益相欺骗，而妇女是在思维清醒、可以自由支配个人意志的情况下同意发生性关系的。这类欺骗手段既不包含“强制”的成分，也不一定违背妇女意志，因而不能作为“其他手段”而定为强奸罪。③

第五种观点认为，欺骗手段能否成为“其他手段”，关键取决于对受骗妇女承诺的效力如何认定。因欺骗而取得的妇女发生性交的同意，在下列两种情况下无效：一是妇女对男子身份发生错误认识，如将男子误认为是其丈夫或情人；二是对性交行为本身发生认识错误，包括对性交行为本身的性质及作用的认识错误。在上述两种情况下，由于被害妇女的承诺是无效的，性行为的实施便是以违背妇女真实意志为前提的。因此，在这两种情况下，欺骗手段可以成为强奸罪的“其他手段”。但在除此以外的其他情况下，妇女因受欺骗而作出的承诺应当视为有效。因为此时妇女对性交行为主体和行为性质以及作用均未发生错误认识，且未受到身体或精神上的强制，仍有选择是否发生性交的自由。受骗妇女之所以在完全可以拒绝与行为人发生性行为的情况下没有拒绝，往往是由于自己另有所图，或者对性生活的态度不够严肃，因此性行为的实施并不违背其意志。如在以恋爱为名骗奸多名妇女的情况下，妇女并没有丧失自己的意志自由，其可以自由地表达自己的意愿，对性交行为作出

---

① 参见曹子丹、罗瑛：《略论强奸罪的几个问题》，载中国法学会刑法学研究会编：《刑法学论文集》，74～75页，1984。

② 参见韩轶：《关于强奸罪中“胁迫手段”的理论思辨——兼评“隐形胁迫”提法之缺陷》，载《湖南省政法管理干部学院学报》，2000（5）。

③ 参见金子桐等：《罪与罚——侵犯公民人身权利、民主权利罪的理论与实践》，104～105页，上海，上海社会科学出版社，1986。

同意或不同意的选择。因而，这种情况下的欺骗手段不能够成为强奸罪的“其他手段”。①

（六）强奸罪的客体与对象

1. 强奸罪的客体

对此，主要有以下几种观点。

第一种观点认为，本罪的客体是妇女性的不可侵犯的权利。②

第二种观点认为，本罪的客体是妇女不实施性行为的自主权。③

第三种观点认为，本罪的客体是妇女的性自由权利，即妇女根据自己的意愿发生性行为的权利。④

第四种观点认为，本罪的客体是女性的性自由权利和幼女的身心健康权利。⑤

第五种观点认为，在被害人是妇女的场合，本罪的客体是妇女的性的不可侵犯的自由权利；在被害人是幼女的场合，本罪的客体是幼女的身心健康。⑥

第六种观点认为，本罪的客体是妇女对与之不具有婚姻关系的男子拒绝发生性交的权利，以及幼女的身心健康。⑦

第七种观点认为，本罪的客体是妇女（幼女）的性的自己决定权，其基本内容是妇女按照自己的意志决定性行为的权利。由于幼女缺乏决定性行为的能力，因此，与幼女发生性交的行为，即使征得其同意，也应认为侵犯了其性的自己决定权。⑧

2. 强奸罪的对象

对此，主要有以下两种观点。

一种观点认为，强奸罪的犯罪对象只能是女性，而不包括男性。⑨ 这种观点为大多数论者所接受。

另一种观点认为，男性也可能成为强奸罪的犯罪对象。⑩ 论者认为，目前人们对强奸的方式有所误解，强奸的方式除了身体强制，还应该包括心理强制，其特点是被害人对于性交根本不可能进行有效认识或是行为人凭借绝对优势对被害人拥有

---

① 参见赵秉志主编：《中国刑法典型案例研究》，第4卷，69～70页，北京，北京大学出版社，2008。

② 参见高格：《对强奸罪的比较研究》，载《山西大学学报》（哲学社会科学版），1984（2）；朱景哲：《论强奸妇女罪的客体和对象》，载《北京政法学院学报》，1994（2）。

③ 参见侯国云：《关于强奸罪直接客体的理论思辨》，载《现代法学》，1997（6）。

④ 参见周振想：《强奸罪侵害的客体是什么?》，载《河北法学》，1985（3）；高铭暄、马克昌主编：《刑法学》，476页，北京，北京大学出版社、高等教育出版社，2000。

⑤ 参见马克昌主编：《刑法学》，484页，北京，高等教育出版社，2003。

⑥ 参见屈学武主编：《刑法各论》，258页，北京，社会科学文献出版社，2005。

⑦ 参见王作富主编：《刑法分则实务研究》（中），887页，北京，中国方正出版社，2006。

⑧ 参见张明楷：《刑法学》，2版，691页，北京，法律出版社，2003。

⑨ 参见朱景哲：《论强奸妇女罪的客体和对象》，载《北京政法学院学报》，1994（2）。

⑩ 参见叶氢：《关于新刑法典强奸犯罪的立法缺陷及立法建议》，载《政法学刊》，1998（4）。

不可动摇的控制力，使其不得不就范。①

（七）强奸罪的司法认定

1. 强奸与通奸

通奸，一般是指双方或一方有配偶的男女，自愿发生不正当的性交行为。对于强奸和通奸的区别，司法实践和刑法理论中并无疑问。但是关于“先强奸后通奸”的行为（即第一次性行为违背妇女的意志，但事后并未告发，后来女方又多次自愿与该男子发生性行为的情形）如何认定，仍然存在一些争议。

一种观点认为，在先强奸后通奸的场合，对于先前的强奸行为不应该以强奸罪论处。论者认为，随着强奸后的性行为变成了双方之间的通奸行为，其性交的性质也随之改变了，矛盾的形式也就发生了变化。这种情况下不以犯罪论处，效果会更好。但是，这也并不意味着否定原来的犯罪事实，而是为了保护妇女和稳定社会关系。②

另一种观点认为，在先强奸后通奸的场合，对于先前的强奸行为仍然应该认定为犯罪。论者认为，先前的强奸行为一旦完成，就作为一种独立的客观现象存在并被固定下来，它既不能改变继起的通奸行为，继起的通奸行为也不能消除先前已经存在的强奸事实。两者由于妇女在行为之时所体现的意志性质不同而有差异。对先强奸后通奸的行为不以犯罪论处，在刑法理论和司法实践中，会产生一些问题：第一，这种做法可能会给人们造成一种误解，以为国家对这种具有严重社会危害性的行为予以默认或者放任不管；第二，按照强奸罪的性质和法律规定，不可以依被害人的意志而转移；第三，强奸和通奸是两种性质截然不同的行为，二者不能互相包容，不能互相代替；第四，这种做法会促使犯罪人利用既成事实，软硬兼施，恩威并用，腐蚀拉拢被害人，以躲避法律的惩处；被害人可能在遭受强奸后，慑于淫威或顾忌名声等原因而和犯罪人在一起；第五，如果对先通奸后强奸的案件以犯罪论处，而对先强奸后通奸的行为却不以犯罪论处，在刑罚的适用上也有失公正性，从而失去了刑罚的教育作用。③

根据1984年最高人民法院、最高人民检察院和公安部《关于当前办理强奸案件中具体应用法律若干问题的解答》的规定，第一次性行为违背妇女的意志，但事后并未告发，后来女方多次自愿与该男子发生性行为的，一般不宜以强奸罪论处。

有论者对上述规定提出了质疑。第一，从法理上讲，作为强奸行为的实施者应当得到法律的制裁，但在结果上却使犯罪分子逃避了法律的制裁，这样做有悖于法

---

① 参见华旭东：《女性可否成为强奸罪的直接正犯》，载《人民检察》，2005（9）；谢文婷：《论强奸罪的缺陷及其完善》，载《法制与社会》，2008（7）。

② 参见韩最钊：《先强奸后通奸不应以强奸罪论处——与许明华等同志商榷》，载《现代法学》，1981（1）；欧阳涛：《关于强奸罪的八个问题》，载《政法论坛》，1984（2）。

③ 参见杨新培：《“先强后通”不以强奸论处质疑》，载《法学》，1988（2）；许明华、傅登平：《先强奸后通奸应以强奸罪论处》，载《现代法学》，1985（3）。

理和法律的公平正义。第二，从法律上讲，刑法具有惩罚犯罪、保护人民的功能。强奸罪是严重的暴力性犯罪，具有严重的社会的危害性。只要有犯罪事实发生，法律就应该对其进行惩罚。但该规定使刑法的目的落空。第三，违背了罪责刑相适应原则和法律面前人人平等的原则。根据罪责刑相适应原则和法律面前人人平等的原则，对同样的犯罪行为应该给予相同的结果，但该规定却使实施同样犯罪行为的犯罪分子得到了不同的结果。① 还有论者就该规定的完善提出了看法，“为更好实现刑法对法益的动态保护机能，有必要在强奸罪中创设减免刑事责任的规定。一方面以立法的形式肯定被害人在强奸犯罪中对刑事实体法的影响力扩张，肯定其谅解行为可以作为减免刑事责任的根据；另一方面，将法院确认作为谅解行为生效的必经程序。具体做法是立法者在修订强奸罪时明确规定，被害人具有完全民事责任能力并表示对行为人谅解，被害人与行为人或行为人之一结婚的，可以减轻或者免除处罚。这样做的好处在于，一方面肯定被害人谅解对行为人刑事责任的巨大影响；另一方面将司法裁量权赋予法官。法官可以根据公平正义的理念考量行为人与被害人结婚等情节应否作为减免刑事责任依据，同时可以根据具体情况判断被告人是否利用这一情节逃避法律制裁或者在婚后对被害人造成更大的伤害，特别是对轮奸、多次强奸等性质最严重的强奸、已判刑者或主犯能否予以去犯罪化，保持慎重的态度。”②

2. 强奸罪的既遂与未遂的区分

对此，主要有以下三种观点。③

第一种观点认为，强奸罪的标准是射精说。此说以行为人的性欲得到了满足即以行为人在被害妇女阴道内射精为强奸既遂的标准。

第二种观点认为，强奸罪的标准是接合说，又称插入说。即以行为人生殖器插入妇女阴道为既遂标准。只要行为人阴茎有一部分插入妇女阴道，不管是否射精，也不论被害妇女处女膜是否因为奸淫而破裂，均视为强奸既遂。

第三种观点认为，强奸罪的既遂标准为接触说。该说主张仅仅以男女生殖器的表皮接触作为既遂标准。

这三种学说中，接触说主张仅仅以男女生殖器的表皮接触作为既遂，而依一般观念，妇女是否失去贞操，是以是否插入为标准的；仅仅是表皮接触，对妇女身体也无实际损害。因此，接触说未得到广泛认可。而射精说要求以行为人性欲的满足作为既遂，不利于被害妇女合法权益的保护，不利于对强奸这种严重侵犯妇女人身权利的犯罪的打击。中外刑法理论与司法实践一般都是采取接合说，即以男子生殖器插入女性生殖器为强奸既遂。

---

① 参见王永波、杨晓爽：《强奸罪之我见》，载《法制与社会》，2008（4）。

② 董晓松：《一个司法解释的困境与出路——“先强奸后通奸不宜以强奸罪论处”的再审视》，载《吉林省教育学院学报》，2007（4）。

③ 参见王作富主编：《刑法分则实务研究》（中），3版，896～897页，北京，中国方正出版社，2006。

（八）关于是否应将强奸罪设为亲告罪的问题

对此，一种观点认为，可以将强奸罪设为亲告罪。理由有以下几点。第一，强奸罪侵害的首先是被害妇女性权利。现在各国的立法趋势表明，强奸罪侵犯的是个人法益，因此妇女有权对告诉与否作出决定，尤其是在面临来自社会的嫌弃的压力时。中国是一个具有几千年封建文化传统、极端重视名誉、贞操的国度，妇女的贞节对妇女的一生尤为重要。强行将妇女的耻辱揭示于众，以求威慑、预防犯罪的做法，与当代注重保障公民个体利益的时代潮流不符。以被害妇女的名誉、尊严为代价来换取对犯罪的打击、预防和社会治安的好转，以极度牺牲个人利益来保全本可通过其他方式保护的社会利益，是没有益处的。第二，出于刑事政策的考虑，我国司法解释、司法实践都把“先强奸后通奸”作为无罪处理，进而理论界通说对此也做了阐述。但这些阐述显然是不充分的，因为根据现行刑法规定，只要行为人第一次强奸行为符合构成要件，就成立了强奸罪，就必须提起公诉，而不能因被害人的意志改变行为人强奸行为的性质。如果规定强奸罪为亲告罪，就可以解决这一刑事政策与犯罪理论的矛盾。第三，有利于解决承认“婚内强奸”所带来的问题，为“婚内强奸”的最终确定做准备。强奸罪如作为公诉罪，一旦发生强奸行为，公诉机关就必须立案、侦查、起诉、审判，追究行为人的刑事责任。而作为家庭共同生活成员的夫妻，其相互间关系随时可能发生变化，可能存在报案后又想销案的情况，于是将强奸罪规定为亲告罪，女方就可不起诉或起诉后自动撤诉，上述矛盾就自然迎刃而解。① 此外，也有论者认为，强奸罪涉及的是双方的名誉问题，尤其是受害方的名誉问题，采取私了或者双方当事人自行调节解决纠纷，既有利于保障被害人的合法权益，又有利于社会的安定团结，而且从法律层面来看，也有助于缩小刑法的适用范围，防止不必要的刑罚，有利于更好地实现法治，减少法律规避现象。②

另一种观点认为，只应该将“婚内强奸”行为设为亲告罪，对其余的强奸行为则不能这样做。论者认为，在我国，强奸罪作为一种重罪，不仅侵犯了女性的性权利，而且对正常的社会秩序造成冲击，对社会整体的性道德秩序造成威胁。并且，如果将强奸罪作为亲告罪，被害人将承受巨大的举证压力，不利于保护处于弱势地位的被害人的权利，与法律的公正价值相悖，故强奸罪不宜成为亲告罪。在男权主义贞操观之下，将强奸罪作为亲告罪会使女性的性权利无法得到刑法的有效保护。因此，将强奸罪设为亲告罪更不现实。但是，由于“婚内强奸”发生在夫妻之间，如果将其作为非亲告罪，有可能使司法机关处于进退维谷的尴尬局面，因此可以将“婚内强奸”行为设为亲告罪，以维护家庭的稳定和保障夫妻双方的权利。③

---

① 参见安翱：《论亲告罪的范围》，载《国家检察官学院学报》，2003（1）。

② 参见熊永明：《对强奸犯罪实行“亲告”罪的理性思考》，载《法学杂志》，2000（4）。

③ 参见张蓉：《对强奸罪应否作为亲告罪的思考》，载《东南大学学报》（哲学社会科学版），2008（1）。

（九）奸淫幼女犯罪

1. 奸淫幼女犯罪的罪过形式

对此，一种观点认为，奸淫幼女的犯罪在主观上只能是直接故意。① 另一种观点认为，奸淫幼女犯罪中存在着间接故意。论者认为，奸淫幼女犯罪的罪过内容的完整表述应该是：明知自己的奸淫行为会发生损害幼女身心健康的结果（这里当然包含着明知女方一定或者可能不满 14 周岁），并且希望或者放任这种结果的发生。1979 年《刑法》第 139 条将奸淫幼女的行为作为一款突出出来，表明了党和国家对祖国下一代的关怀和对幼女的特殊保护。如果认为只有直接故意才能构成奸淫幼女罪，否认间接故意也可以构成奸淫幼女罪，就不利于对幼女的特殊保护，会使一些真正的奸淫幼女的罪犯逃脱法网，不利于打击刑事犯罪。② 还有论者认为，如果行为人在预见到被奸淫的女子可能是幼女的情况下，行为人并不明确希望被奸淫者是幼女，也不打算查明女方的年龄，而是对此持随意、漠不关心的态度，不管被奸淫者是不是幼女，都打算与之发生性行为，在这种场合下，行为人对奸淫幼女这一危害结果持放任态度，即明知自己的行为可能发生危害幼女身心健康的后果而放任之，这也就是间接故意的存在场合。③

2. 奸淫幼女犯罪的成立是否以“明知”为条件

关于奸淫幼女犯罪的成立是否要求行为人在主观上明知被奸淫的对象是幼女的问题，在我国刑法理论界曾出现过激烈的争论。

第一种观点认为，奸淫幼女犯罪不要求行为人明知与其发生性行为者为幼女。即不论行为人是否知道被害人是幼女，只要在客观上与不满 14 周岁的幼女发生了性行为，就应该以奸淫幼女犯罪定罪。①从立法精神看，法律本身不要求“明知”。1979 年《刑法》第 139 条第 2 款没有把“明知”作为一个要件加以规定，并不是立法者的疏忽，或追求文字上的简练，而是从对幼女的特殊保护和有利于同犯罪分子作斗争的要求出发的。对奸淫对象是幼女而行为人并不明知的，是放纵还是“以强奸论，从重处罚”？法律正是考虑到这种情况，才没有把“明知”作为奸淫幼女罪的一个主观要件予以规定。④ 从刑法分则的条文看，对某些容易混淆罪与非罪的条文，往往用“明知”加以限制，而奸淫幼女犯罪并没有这样的限制，因而只要行为人具有与幼女发生性行为的不确定故意，就具备了奸淫幼女罪的主观条件。⑤ ②1997 年《刑法》第 11 条规定的“明知”是指行为人对自己的行为会发生危害社会结果而言

---

① 参见喻伟：《也谈奸淫幼女罪的主观要件》，载《法学评论》，1984 (4)。

② 参见张明楷：《间接故意也可构成奸淫幼女罪——与欧阳涛、陈泽宪同志商榷》，载《法学季刊》，1984 (3)。

③ 参见景双彬：《浅谈奸淫幼女罪中的间接故意》，载《法学评论》，1985 (2)。

④ 参见曹子丹、罗瑛：《略论强奸罪的几个问题》，载中国法学会刑法学研究会编：《刑法学论文集》，76～77 页，1984。

⑤ 参见许言等：《奸淫幼女罪不应以“明知”为条件》，载《法学》，1983 (10)。

的，把这一点引申到对幼女年龄上是不正确的。① ③对每一个幼女进行严格的特殊保护，是刑法1979年《刑法》第139条第2款的立法精神所在，也是社会主义法律本质特征的具体体现。区分是否构成该罪的标准，只能是法定年龄，而决不能是什么其他因素。② ④世界上大多数国家刑法对奸淫幼女犯罪都采取严格责任，强调对幼女给以特殊保护。③

第二种观点认为，奸淫幼女犯罪的成立，要求行为人明知与其发生性行为者为幼女。行为人确实不知对方是幼女，而在双方自愿的情况下发生性关系的，不构成犯罪。①1979年《刑法》第139条第2款不把暴力、胁迫等强奸手段和违背女方意志作为构成奸淫幼女犯罪的必备要件，体现了国家对幼女的特殊保护。但这并不意味着就可以抛开主客观要件统一的原则，进行“客观归罪”。因此，行为人的直接故意，乃是构成奸淫幼女犯罪必不可少的主观要件。明知自己行为的社会危害性，是直接故意的必要因素。这种直接故意体现在奸淫幼女犯罪中，就是行为人明知女方是幼女，并且希望与之发生性关系。④ ②我国刑法分则规定的犯罪，绝大多数是故意犯罪，而明确标明有“故意”或“明知”二字的却很少。一般说来，刑法条文只在下列两种情况下，才标明故意或明知：一是某种危害社会的结果，既可以由故意行为造成，也可以由过失行为造成，而我们只处罚故意行为时；二是某种危害社会的结果，故意和过失行为均可造成，刑法规定两者都要处罚，但处刑不同。除此之外，对明显只能由故意行为才能构成的犯罪，法条一般都没标明故意或明知，奸淫幼女犯罪就是如此。⑤ ③奸淫幼女犯罪的客体是未满14周岁幼女的人身权利，“未满14周岁的幼女”当然是“明知”的重要内涵。假如可以忽略这一点而不问，只要是主观上具有奸淫目的，就可以成罪，那么，强奸妇女罪、淫乱型流氓犯罪、通奸行为都具有奸淫目的这个主观要件，这就显示不出奸淫幼女罪主观要件上的特定内容，不仅混淆了上述诸罪与非罪的界限，而且反映不出奸淫幼女罪的社会危害性的严重性质。⑥

第三种观点认为，对奸淫幼女犯罪是否以明知对方是幼女为条件，不能一概而论，须做具体分析。实际上，在奸淫幼女的犯罪中对幼女的年龄，行为人可能是明知，也可能是不确知，甚至虽然不知但可能知。只要实施奸淫行为，这几种情况都

---

① 参见夏吉先：《奸淫幼女罪是否以“明知”为要件的剖析》，载《法学》，1984（10）。

② 参见黄文俊、刘杰：《认定奸淫幼女罪只能以法定年龄为标准》，载《法学季刊》，1984（1）。

③ 参见徐言、刘辰、吴振汉：《奸淫幼女罪不应以“明知”为条件》，载《法学》，1983（10）；冯亚东、黄维智：《论奸淫幼女罪的“明知”问题——兼论幼女标准的确定》，载《法学评论》，2000（2）。

④ 参见欧阳涛、陈泽宪：《如何正确认定奸淫幼女罪》，载《法学季刊》，1983（3）。

⑤ 参见段新安：《奸淫幼女罪必须以明知为条件》，载《法学》，1984（2）。

⑥ 参见金子桐等：《罪与罚——侵犯公民人身权利、民主权利罪的理论与实践》，113页，上海，上海社会科学院出版社，1986。

可以构成奸淫幼女罪。因此不能把对幼女年龄的主观状态限定为“明知”。①

3.《刑法》第236条第2款是否确立了严格责任

根据2003年1月17日最高人民法院《关于行为人不明知是不满14周岁的幼女，双方自愿发生性关系是否构成强奸罪的批复》的规定，行为人明知对方是不满14周岁的幼女而与其发生性关系，不论幼女是否自愿，均应依照《刑法》第236条第2款，以强奸罪定罪处罚；行为人确实不知对方是不满14周岁的幼女，双方自愿发生性关系，未造成严重后果，情节显著轻微的，不认为是犯罪。该司法解释出台后，在理论界又重新引起了一些争议。最主要的争论就是：《刑法》第236条第2款是否确立了严格责任？

第一种观点认为，《刑法》第236条第2款对于14周岁的规定是一种严格责任的体现。这一条实际上肯定了任何同14周岁以下幼女的性关系都违背了幼女的意志，也就构成了犯罪；行为人是否知道幼女不足14周岁，对定罪没有影响，而可能只对量刑有影响，因此，《刑法》第236条第2款的规定实际上是一种“严格责任罪”。同时，论者还认为，“最高人民法院的这一解释，至少改变了在这一《刑法》条款的三点：第一，把至少是隐含的严格责任的法定强奸擅自改变为某种程度的过错责任；第二，把‘自愿’和‘不自愿’这一同法定年龄相联系的立法推定擅自改变为一个司法上的事实判断；第三，把立法对同幼女发生性关系会对幼女造成伤害这一立法的事实判断置换成为一种可以由法官在司法过程中针对具体案件斟酌决定的司法事实判断。这三者都表明这一批复毫无疑问地僭越了立法权。还必须指出，这种僭越的结果，并不是法院自我限制了自己的司法权力，而是扩大了司法的裁量权。通过把规则改变为标准，把严格责任改变为过错责任，把立法事实改变为司法事实，最高人民法院因此大大扩张了司法的裁量权，因此也扩大了法官、律师的发挥作用的范围。这种僭越是很危险的。事实上，无意中侵犯了中国的根本宪政制度的权力安排，侵犯了全国人民代表大会的权力。”② 还有论者谈到，该“批复”在不经意间实际上已经确认了严格责任，并彻底颠覆了我国刑法学界通常所坚持的“主客观相统一”和“没有罪过就没有犯罪”的责任主义刑法原则。③

第二种观点认为，《刑法》第236条第2款并没有确立严格责任。理由如下。第一，简单以刑法分则条文的字面规定来确定具体犯罪的构成要件，不仅过于机械，而且也不合乎我国罪状的立法技术要求。具体犯罪构成须由刑法明确规定，但这并不意味着任何个罪的所有构成要件均须在《刑法》中得到明示，未予明确规定的就

---

① 参见马克昌：《论奸淫幼女罪》，载中国法学会刑法学研究会编：《刑法学论文集》，153页，1984。

② 苏力：《司法解释、公共政策和最高法院——从最高法院有关“奸淫幼女”的司法解释切入》，载《法学》，2003（8）。

③ 参见梁根林：《刑法适用解释的难题——以最高人民法院对奸淫幼女的“批复”为视角》，载《吉林大学社会科学学报》，2004（1）。

不是犯罪构成要件。从我国刑法中犯罪构成要件的规定方式上来看，除叙明罪状外，其他三种罪状对各罪具体构成要件的规定并不完整。其实，即便是叙明罪状，也并不是将某罪的具体构成要件一一列举出来，而只是列举其主要要件。所以，对奸淫幼女罪是否实行严格责任，不能以条文是否明确规定“明知”要件为论据来加以论证。第二，“奸淫”一词本身就是一个故意行为，奸淫幼女犯罪也只能是故意犯罪，这已为现行《刑法》的条文规定内容及其排列顺序所隐示。既然是故意犯罪，当然应该包括对法律所规定的对象的认识。其实，虽然《刑法》第 236 条第 2 款没有明确规定主观要件，但该条第 1 款对此也未作规定，可通常不会认为第 1 款的强奸罪是过失犯罪，因此也就无法认定奸淫幼女犯罪实行的就是严格责任。第三，刑法所规定的犯罪故意，是以“明知自己的行为会发生危害社会的结果”为前提的。这一规定应适用于刑法分则中所有的故意犯罪，包括奸淫幼女犯罪。对于具体犯罪而言，危害结果不是一个抽象的概念，而是一个包含具体内容的结果。在具体犯罪中所谈到的危害结果永远是具体的、个性化的。这种对危害结果的明知是通过行为人对具体犯罪构成要件的客观事实的认识表现出来的。如果行为人对客观事实没有认识或者认识错误，其结果要么导致犯罪未遂，要么不构成犯罪。具体到奸淫幼女来说，幼女是奸淫幼女犯罪得以成立的法定对象，属于犯罪构成的客观事实。如果有证据证明行为人确实不知对方是幼女，当然就不具有奸淫幼女的犯罪故意，就不能认定为奸淫幼女犯罪。对幼女的确应该进行特殊保护，但并不是只有采取严格责任才是特殊保护。不考虑手段的强制性，也不考虑幼女是否自愿，实际上已经体现了对幼女的特殊保护。① 有论者谈到，我们国家刑法中除了故意的责任、过失的责任，并没有严格责任，并且也没有实行的必要性和可行性。② 也有论者谈到，该“批复”符合现行刑法理论与有关司法解释。在我国刑法中，主张对奸淫幼女实行严格责任的观点，在理论上是不能成立的，在实践中是有害的。③ 还有论者认为，“虽然最高人民法院的此次司法解释不无瑕疵，但其对奸淫幼女主观过错的强调从根本上来说是正确的；我国刑法在保护幼女的问题上确实还存在一些不足，但努力的方向不应是严格责任，而是应在坚持过错责任的前提下，朝着对奸淫幼女实行过错推定的思路去进行；最高人民法院的批复虽然从表面看解决了奸淫幼女罪要求行为人对幼女的年龄必须明知的问题，但究竟何为‘明知’，何为‘确实不知’，这仍然需要司法实际工作者结合自己的法律知识、实务经验乃至良知和勇气来作出最后决断。”④

---

① 参见阴建峰：《主客观相统一原则岂能动摇——有关“奸淫幼女犯罪”司法解释专题研讨会纪要》，载《法学》，2003（10）。

② 参见曾粤兴：《从方法论角度评奸淫幼女犯罪司法解释》，载《法学》，2003（11）。

③ 参见李立众：《奸淫幼女的处罚：在法益保护与人权保障之间的抉择》，载《政治与法律》，2004（2）。

④ 刘仁文：《奸淫幼女与严格责任——就“两高”司法解释与苏力先生商榷》，载《法学》，2003（10）。

第三种观点认为，司法解释在奸淫幼女问题上采用了多种责任标准，如对于“明知”是不满14周岁的幼女而与其发生性关系的一律以强奸罪定罪处罚，实行的是一种过错责任；对于在“确实不知”对方为不满14周岁的幼女、双方自愿发生性关系，并且未造成严重后果、情节显著轻微的情况下，不以犯罪论处，实行的是一种程序性严格责任（由被告人自己证明“确实不知”）；如果造成严重后果且情节不属显著轻微，仍以强奸罪定罪处罚，则实行的是一种实体性严格责任（排斥年龄认识错误辩护）。对于同一个罪实行多种责任标准，在逻辑结构上显得混乱，在理论上也不能自圆其说。①

4. 奸淫幼女犯罪的既遂与未遂的区分

对此，一种观点认为，对奸淫幼女应当以“接触说”作为区分犯罪既遂和未遂的标准，即只要行为人的生殖器与幼女生殖器表皮接触就视为犯罪既遂。论者认为，这样做的目的，一方面是考虑到幼女年龄较小，缺乏性生活的适应能力，尤其在幼女为婴幼儿时，行为人难以实际插入这种情况，但主要目的是为了强调对幼女人身权利的特殊保护，强调对强奸幼女这种性质恶劣的犯罪的打击。② 另一种观点认为，奸淫幼女的，也应该以“插入说”作为犯罪既遂和未遂的标准。第一，就侵害的法益来看，强奸罪的法益是女性拒绝接受性交的自主权。对于幼女而言，只有行为人的生殖器已经插入幼女的阴道，才能够现实地实际侵犯幼女拒绝接受性交的自主权，此时认定构成强奸罪既遂才是合理的。第二，就强奸行为本身来看，强奸是一种违背女性意志的性交行为。仅有外部生殖器的接触，只是表明行为人已经着手强奸行为，但着手不等于犯罪既遂。只有存在插入行为，才能认定存在实际的性交行为，此时才属于强奸既遂。接触说显然将既遂时间过于提前。第三，就主观方面来看，在奸淫幼女的场合，行为人主观上追求插入的效果，并且也只有在已经插入的前提下，才能够说犯罪已得逞，从而认定行为人构成强奸既遂。第四，“插入说”并没有降低对幼女的特殊保护。虽然奸淫幼女的危害重于强奸妇女，但这已经在“从重处罚”中得到体现。在罪刑相适应原则之下，采取插入说不会影响（或减轻）行为人应承担的刑事责任，并没有轻纵犯罪人，不会妨碍对幼女的特殊保护。③ 还有的论者认为，把那些主观上不想与幼女性交、客观上只是用阴茎在幼女的外阴部摩擦或接触的行为定性为猥亵幼女，更符合行为的实质。④

---

① 参见沈海平：《严格责任抑或过错责任的追问——以奸淫幼女的司法解释为视角》，载《吉林大学社会科学学报》，2004 (1)。

② 参见王作富主编：《刑法分则实务研究》（中），3版，897页，北京，中国方正出版社，2006。

③ 参见李立众：《强奸罪既遂未遂标准应统一》，载《人民检察》，2002 (12)。

④ 参见刘明祥：《日本刑法中的奸淫幼女犯罪及对我国刑法的启示》，载《河南省政法管理干部学院学报》，2003 (6)。

三、整体评论

综观自1978年至2008年我国刑法学界关于强奸罪的研究状况，可以认为，对强奸罪的研究是较为深入的。这一方面是因为强奸罪在实践中具有常见、多发的特征，另一方面也是基于强奸罪侵犯的客体是女性的人身权利，危害性较大，而使得其在刑法理论中的意义凸显。应当说，关于强奸罪的诸多具体问题，刑法理论均进行了较为深入的研究。对于实践中诸多涉及强奸罪的案件，刑法理论上均进行了一些探索。

下面就目前强奸罪的研究现状进行简略分析，希望以此给后来的研究者提供进一步研究的线索。

第一，关于刑法条文中强奸罪的相关规定的研究。

1979年《刑法》颁布后，论者们对第139条包含的是一罪名、两罪名还是三罪名争论不休；1997年《刑法》颁布之后，最高人民法院于1997年12月公布的《关于执行〈中华人民共和国刑法〉确定罪名的规定》中指出，第236条包括两个罪名：强奸罪和奸淫幼女罪。最高人民检察院在其公布的《关于适用刑法分则规定的犯罪的罪名的意见》中对此予以认可。至此，两罪名说成为理论界和实务界的通说。

2002年3月最高人民法院和最高人民检察院联合发布了《关于执行〈中华人民共和国刑法〉确定罪名的补充规定》，对以前的司法解释做了更正，认为第236条只包含了一个罪名，即强奸罪。不论行为人侵害的对象是否年满14周岁，统一以强奸罪论处，由此奸淫幼女罪这一罪名得以取消。在这前后，理论界展开了热烈的讨论。有论者热烈赞成取消，也有论者强烈反对取消，但目前来说，学界还是接受了一罪名的观念，这方面的争论这几年已经波澜不兴了。

第二，关于强奸罪的定义。

对此，目前论者们达成了一些共识，基本都围绕着“违背妇女意志”、“暴力、胁迫或其他手段”以及“和幼女发生性行为”等内容展开。

第三，关于强奸犯罪的客体和犯罪对象的争论。

关于强奸犯罪侵犯的直接客体以及强奸犯罪的对象，在该罪的研究中，并不算是一个热门话题，但是也陆续有些文章有所涉及。在讨论的过程中，研究视野得以开阔，初论者的见识亦得以增长。并且，随着社会的发展，一些新情况、新问题不断涌现，因此，可以预言关于强奸罪的犯罪对象的探讨也会源源不断地出现，男性是否会成为强奸罪的受害者也会成为论者关注的一个问题。

第四，关于强奸罪的客观特征。

对此，论者们基本上还是倾向于认为强奸犯罪的本质特征是违背妇女意志。至于如何认定的问题，一般认为应当结合实际生活中，被害妇女在遭受侵犯时的具体情况，判断妇女是否是因暴力、胁迫或其他方法的实施而不知反抗、不能反抗还是不敢反抗。同时，对于骗奸的认定也是一样的，不能因为妇女没有反抗，就否定行为人行为的犯罪性，必须结合案情进行具体分析。

第五，关于强奸罪的主体。

关于女子是否可以成为强奸罪的主体，目前争论比较热烈。这几年，实践中的确出现了一些尴尬情形：女子使用一些药品诱引男性，或者利用自己的上级领导的地位迫使男性与其发生性关系。有些论者根据实践中出现的这些新问题和新情况，主张女子也可以成为强奸罪的主体，男子也可以成为强奸罪的受害者。但是，这可能是一个较为复杂的问题，通过一时的争论可能还不能形成定论，或者说达成共识，因为这对我们的传统观念冲击太大。

第六，关于强奸罪的主观方面。

对此，论者已经有所共识，那就是强奸罪的主观方面只能由故意构成。对于间接故意是否也可以构成的问题，目前学界较为一致的看法还是认为强奸罪的主观方面应该是直接故意。

第七，关于奸淫幼女的问题。

2003 年 1 月 17 日最高人民法院《关于行为人不明知是不满 14 周岁的幼女，双方自愿发生性关系是否构成强奸罪的批复》的出台引发了《刑法》第 236 条第 2 款是否确立了严格责任的激烈争论。这种争论涉及主客观相统一原则能否坚守的问题，不能不引起学界的足够重视。

第八，关于是否应将强奸罪设为亲告罪的问题。

虽然就此撰文的论者并不多，但是，毋庸置疑，这也是强奸罪研究的一个新领域。对将强奸罪设立为亲告罪的可行性的问题，还有待于进一步的深入论证。

第九，强奸与通奸的问题以及既遂与未遂问题。

对于强奸与通奸的问题，这几年关注的人已不太多，理论意义也不是太大，实践中也不是很重要，因此相关成果也寥寥可数。

关于既遂和未遂问题，还是老调重弹，无非是“射精说”、“插入说”、“接触说”的争论。不过，值得一提的是，对于是否可以尝试将奸淫幼女的既遂标准和强奸妇女的既遂标准加以统一的问题，已经有论者提出了自己的看法。

第十，关于“婚内强奸”问题。

“婚内强奸”问题是这几年讨论最为热烈的问题，发表的文章也最多，涉及的范围从刑法基础理论中的犯罪构成，到法理学、法解释学甚至社会学，论者们从不同角度论证自己的观点。无论是赞成还是否定“婚内强奸”问题犯罪化，大家都各执一词。在这个问题上，必将随着女性权利意识的觉醒与发展以及研究视角的不断扩大，出现新的成果，并出现新一轮的争论。但是，无论国外的关于“婚内强奸”的立法出现怎么样的新趋势，我们都应该冷静对待，结合本土的具体情况，加以科学分析。

第十一章

非法拘禁罪与绑架罪

一、研究概况

（一）非法拘禁罪的研究概况

非法拘禁罪是新中国第一部《刑法》——1979年《中华人民共和国刑法》所确立的14种侵犯公民人身权利的犯罪之一，① 也是受到刑法理论与实务界共同关注的重点罪名。1979年《刑法》颁布30年间，刑法学界对于非法拘禁罪的研究以合理协调理论创新与司法实践需要的关系为基本目标，重视刑事司法实践的迫切需要，在借鉴、吸收的基础上不断拓展对非法拘禁罪的研究范围，形成了一定规模的研究成果，为最高国家司法机关相关司法解释的通过与施行（特别是刑法立法的更新与完善）提供了决策依据。1997年《刑法》充分肯定了刑法理论界的研究成果，除保留1979年《刑法》关于非法拘禁罪规定的基本内容外，根据罪刑相适应原则的要求，兼顾刑法在实现社会保障与人权保护机能中双重作用发挥的需要，对“索债型”非法拘禁行为的刑法性质进行了立法确认，增加了不纯正的身份犯的规定。非法拘禁

① 据统计，1979年刑法分则第4章“侵犯公民人身权利、民主权利罪”共配置了19个条文，规定了19个具体罪名，其中，涉及公民人身权利的罪名为14个。非法拘禁罪被规定于第143条，该条共规定了两款，其中第1款是关于非法拘禁罪基本犯罪构成和情节加重构成的规定，第2款则规定了非法拘禁罪的结果加重构成。

罪理论研究的进一步深入将为非法拘禁罪立法的再次完善提供新的动力。

回顾自 1978 年至 2008 年我国刑法学界对非法拘禁罪的研究历程，我们可以在总体上将之划分为两个鲜明的研究阶段。

第一阶段：1979 年《刑法》颁布至 1997 年《刑法》颁布前。在这一过程中，理论与实务界重点关注的问题主要涉及两个方面。一是非法拘禁罪的构成要件。通过对《刑法》所规定的非法拘禁罪罪状的注疏性研究，重点关注了非法拘禁罪客观要件中的行为方式、行为对象、行为程度以及主观要件的内容，明确了成立非法拘禁罪所必须具备的构成要件内容。这项研究是非法拘禁罪研究的基础，对于明确非法拘禁罪犯罪构成的内容以及在司法实践中准确适用刑法奠定了基础。二是特殊类型非法拘禁行为的性质。20 世纪 80 年代末期，随着改革开放的逐步深入，中国开始由计划经济体制向市场经济体制过渡与转型，市场主体间债权关系无法得到有效而及时法律调整的现象十分严重。在这种情况下，一种经济权利自救行为——"索债型"非法拘禁行为开始大量出现，并成为国家与社会关注的焦点。对于司法实践中所亟待正确界定的"索债型"非法拘禁行为的性质以及其与绑架罪（最初为绑架勒索罪）的界限问题，刑法理论与实务界给予了高度关注。对"索债型"非法拘禁行为性质的研究，成为 20 世纪 90 年代非法拘禁罪研究的重点问题。通过激烈的争论与研讨，"索债型"非法拘禁行为的刑法性质得以明晰。

第二阶段：1997 年《刑法》颁布后至今。在这一阶段，理论与实务界重点关注的问题涉及三个方面。一是非法拘禁罪的罪质标准。关于非法拘禁罪构成要件的研究仍是这一时期重点关注的内容。二是"索债型"非法拘禁行为的性质。刑法理论界对"索债型"非法拘禁行为性质的研究，并未因 1997 年《刑法》的立法确认而告终结。秉承深入追问、高度负责的学术精神，论者们对 1997 年《刑法》将"索债型"非法拘禁行为规定为非法拘禁罪的正当性展开了深入研究，从而不断深化了对现行立法正当性的认识。认识的深化集中表现为：在 1997 年《刑法》颁布之初，理论界对立法的正当性仍存质疑，对立法适用中可能出现的因罪刑不相适应而产生的消极后果普遍存在担心与忧虑。随着刑法理论与实务界对"索债型"非法拘禁行为与绑架罪的关系、立法机理、刑罚配置原理研究的深入，逐步达成了统一的观点与认识。三是非法拘禁罪的加重构成。这一研究实际上是对自 1979 年《刑法》颁布以来始终重点关注的非法拘禁罪研究领域的拓展，非法拘禁罪加重构成的基本类型、适用条件、与相关犯罪的界限以及刑罚配置原则的合理性与均衡性成为重点研究内容，非法拘禁罪的研究领域由此得到深化。

（二）绑架罪的研究概况

刑法学界对绑架罪的研究始终是与中国社会发展的基本状况、基本阶段以及中国刑法发展与演进的基本方向与内在规律相联系、相适应的。在近 20 年的理论研究进程中，由于科学地把握了理论研究与社会需求的相互促进关系，绑架罪的理论研究呈现出鲜明的时代特色。理论研究的发展为刑法立法的完善奠定了扎实的基础，而刑法立法的发展又为刑法理论对绑架罪的研究提供了现实的动力，由此良性互动的局面得以形成。

我国绑架罪立法的发展在总体上经历了三个阶段，即立法缺失阶段、补充立法阶段以及立法完善阶段。与绑架罪刑法立法发展状况相对应，刑法学界对绑架罪的研究也明显呈现出三个阶段。一是立法颁布前的性质研析阶段。在这一阶段，刑法理论重点关注了绑架与“索债型”、“人质型”非法拘禁行为的性质判断标准与界限问题，明确提出应严格界分二者的关系。在相关司法解释出台后，对解释正当性与合理性的评析成为研究的重点，研究成果成为国家立法机关将绑架勒索罪确定为独立罪名的重要理论依据。二是单行刑法颁布至1997年《刑法》颁布前。在这一阶段，刑法理论关注了绑架犯罪的罪名确定、构成要件以及关于适用单行刑法的司法解释①的问题。绑架勒索罪的构成要件成为这一时期关注的重点，对于绑架罪构成要件中的犯罪客体、客观方面等均形成了争论性观点。此外，新型绑架类型（主要是偷盗婴、幼儿型绑架）、绑架勒索罪的法定刑配置与适用以及“人质型”非法拘禁与绑架罪的界限等问题的研究得到深化，这些研究为1997年《刑法》对单行刑法的修正与完善提供了全面的理论准备。三是1997年《刑法》颁布后至今。在这一阶段，刑法理论除继续深化对绑架罪罪质要件的研究外，将绑架罪的基本类型、法定刑配置（特别是绝对死刑配置）、包容犯规定模式以及“杀害被绑架人”的诸种类型与适用条件等作为重大理论问题加以关注，并在绑架罪构成要件行为的单复、构成要件行为方式的基本解释标准以及绝对死刑配置的正当性、刑罚具体适用上取得重大理论突破。这些理论突破，对于明晰绑架罪的基本构成要件、准确适用刑法规定、深化与拓展绑架罪的研究领域与层次，起到了十分重要的作用。

二、观点综述

（一）非法拘禁罪观点综述

1. 非法拘禁罪的罪名之争

对此，学界有两种观点。第一种观点主张将本罪的罪名概括为“非法拘禁罪”，② 主要理由是司法实践中本罪罪名已约定俗成，这种主张亦得到司法实务界的支持。第二种观点则将本罪的罪名概括为“非法剥夺他人人身自由罪”③。有论者赞同第二种观点，理由如下。首先，这符合罪名概括的原则。对罪名的概括和表述，应当符合以下几个原则：①简明、概括性；②科学性；③合法性。“非法剥夺他人人身自由罪”的概括同时符合以上三个原则，而“非法拘禁罪”则不符合科学性与合法性。其次，“非法拘禁罪”的罪名概括有以偏概全之嫌。最后，在其他国家和地区

---

① 即1992年12月11日最高人民法院、最高人民检察院《关于执行〈全国人民代表大会常务委员会关于严惩拐卖、绑架妇女、儿童的犯罪分子的决定〉的若干问题的解答》。

② 参见陈兴良：《刑法疏议》，404页，北京，中国人民公安大学出版社，1997。

③ 参见张明楷：《刑法学》（下），713页，北京，法律出版社，1997。

的刑法学界对本罪罪名一般概括为“剥夺他人自由罪”，这值得我们借鉴。①

2. **非法拘禁罪的基本构成要件**

(1) 非法拘禁罪的主观方面

非法拘禁罪是故意犯罪，对此刑法学界并无分歧。但对于非法拘禁罪可否由间接故意构成，刑法理论中则有不同的看法。一种观点认为，本罪的主观方面是故意，包括直接故意和间接故意。如仓库保管员下班锁门后发现有人误入仓库，而放任不管，径直离去，致使他人被关押多时。从意志因素考虑，行为人与被拘禁者素不相识，很难说是“希望”这种结果发生，即应属于间接故意的非法拘禁罪。另一种观点则认为，本罪在主观上出于故意，并且具有非法剥夺他人人身自由的目的。这也就意味着非法拘禁罪只能由直接故意构成，而不能出于间接故意。对此，有论者同意第二种观点。论者认为，在第一种观点所举的例子中，既然行为人明知自己的行为必然使他人人身自由受到剥夺，而径直离去，其实质就是积极追求他人人身自由被剥夺的结果，完全是出于希望的心态。事实上，刑法学界之通说即认为，如果明知行为必然发生危害结果而决意为之，就超出了间接故意认识因素的范畴，应属于直接故意。这种情况下根本不可能存在放任不管的意志因素。因而上例并不足以证明非法拘禁罪可以由间接故意构成。②

(2) 非法拘禁罪的行为方式

对此，有论者认为，非法拘禁罪的行为方式包括：其一，直接对被害人身体实施强制，足以使被害人失去行动自由的行为；其二，未直接对被害人身体实施强制，但足以使被害人失去人身自由的间接行为。非法拘禁行为的违法性在于非法限制他人人身自由，使之不能依其意思决定自由离去。因而，构成非法拘禁的行为，既不受剥夺他人行动自由时间长短的影响，也不以行为人与被害人之间有空间分离为必要。③ 有论者指出，本罪的行为可以直接针对人的身体而剥夺其身体活动自由，如捆绑；也可以是间接地针对人的身体而剥夺其身体活动自由，如将他人监禁于某一场所，使其不能或难以离开、逃出。无论直接针对还是间接针对人的身体的行为，均应考察该行为是否具有使被害人客观上无法自由行动的可能。因此，在行为人直接针对他人的身体实施一定行为的场合，如果被害人并未因此丧失行动自由的，该行为便不构成本罪。如在将被害人双手捆绑后即离开，被害人仍然可以步行的，便不能认定为本罪。非法剥夺自由的成立，并不以被害人脱离原居住地为条件，如将被害人关押在其自己家中的，可以构成本罪。行为人是否与被害人身居一处，拘禁场所是否豪华、广阔，或者被害人是否有娱乐活动，均不影响本罪的成立。非法剥

---

① 参见罗树志、陈小彪：《关于非法拘禁罪的几个问题》，载《中南大学学报》（社会科学版），2003 (5)。

② 参见赵秉志、阴建峰：《非法拘禁罪构成中若干问题研讨》，载《河南省政法管理干部学院学报》，2004 (2)。

③ 参见张旭：《关于非法拘禁罪的探讨》，载《当代法学》，1987 (4)。

夺他人人身自由的行为大多表现为作为，但也可以不作为的方式实施，如明知基于过失有人被误锁在某一房屋内，但房屋的主人却不愿开门而置之不理，司法工作人员对于被错误拘留或逮捕的人，在发现不应当拘留或逮捕时，仍然借故不予释放等。非法剥夺他人人身自由的行为还可以间接实行的方式实施，如利用不知情的第三者的行为实施监禁，或者诬陷他人有违反《治安管理处罚法》的行为，致使该人被公安机关予以行政拘留。在这种场合，实际上成立的是非法拘禁罪的间接正犯。但是，诬陷他人有犯罪行为而致使该人被予以刑事拘留或逮捕的，应以诬告陷害罪论处，而不应以本罪论处。① 还有论者认为，从1997年《刑法》第238条的罪状表述来看，其客观行为除了非法拘禁之外，还包括以其他方法非法剥夺他人人身自由的行为。拘禁侧重的是对被害人的关押、扣押。具体来讲，则是指使将被害人关押于一定的场所，从而剥夺其行动自由。此处所谓一定的场所，通常是指如房屋般被区划、包围了的处所。拘禁并不只限于有形的、物理的强制方法，采取无形的、心理的方法，诸如胁迫被害人、利用其恐怖心理或者利用被害人的羞耻心理，使其不敢逃亡，或者使用骗术、利用被害人的错误以妨碍其脱离等，同样亦可属于拘禁行为。经常举出的例子是：把正在洗澡的女性的衣服藏起来而妨害其从浴室出来的行为；或者当人登上建筑物的顶端或者高树上时，移开其梯子的行为等。“其他方法”，是指非法拘禁之外的方法，诸如逮捕、绑架、办所谓封闭式的“学习班”以及所谓“隔离审查”、“监护审查”等。②

（3）非法拘禁罪的时间限定问题

非法拘禁罪是一种典型的继续犯，其行为应在一定时间内处于持续状态，从而使被害人在一定时间内失去行动自由。我国1979年《刑法》第143条和1997年《刑法》第238条均未对非法拘禁罪的客观行为的持续时间作出明确限定。对此，理论上存在不同观点。第一种观点认为，时间持续的长短原则上不影响本罪的成立，只影响量刑。但时间过短、瞬间性的剥夺人身自由的行为，则难以认定为本罪。③ 第二种观点主张，剥夺自由行为的危害性是否达到构成非法拘禁罪的程度，需要结合该行为的时间、手段、危害后果、动机等多方面的因素加以综合考虑，不可片面夸大该行为持续的时间在本罪成立中的作用，毕竟应受刑罚处罚程度的社会危害性的影响因素是多种多样的。但由此不能认为，时间的长短对本罪的成立没有影响，而只对量刑有意义。应当看到，对于作为典型继续犯的非法拘禁罪而言，剥夺自由的行为持续一定的时间是当然的要求；没有一定的时间作基础，犯罪行为和不法状态的持续就无从谈起。在成立本罪所需要的时间已经得到保障的前提下，剥夺自由行为持续时间长短才属于影响量刑的重要因素。至于成立本罪所需要的时间究竟界

---

① 参见闫永安、王志祥：《非法拘禁罪若干问题研究》，载《河北法学》，2006（11）。

② 参见赵秉志、阴建峰：《非法拘禁罪行为构造研析》，载《河北法学》，2005（1）

③ 参见张明楷：《刑法学》，2版，702页，北京，法律出版社，2003。

定为多长，不可一概而论。① 第三种观点认为，对非法拘禁罪的客观行为是否有持续时间的要求，应从基本构成时间和从重或加重构成时间两个层次把握：作为典型的持续犯，非法拘禁罪应具备持续犯的基本特征，非法拘禁罪的客观行为及其所造成的被害人行动自由被剥夺的不法状态必须持续一定时间，否则，不能构成犯罪；但是，从重或加重构成时间是建立在基本构成时间基础之上的，是危害行为及其不法状态在持续一定时间因而构成犯罪之后所持续的时间。就非法拘禁罪而言，如果其客观行为在持续一定时间构成犯罪之后依然持续的，持续时间的长短是影响量刑的重要因素。②

（4）非法拘禁行为的前提条件

非法拘禁罪的客观行为必须以非法性为前提。也就是说，只有行为人所实施的拘禁或者其他行为，“非法”剥夺他人自由的，才能构成本罪。如果行为人所实施的拘禁或者其他行为有合法依据的，则阻却其行为的违法性，从而不能构成本罪。至于行为的非法性，则属于法律评价的范畴。它涉及非法性的评价标准、阻却情形等诸多问题。通常认为，拘禁行为是否非法，应主要参照宪法、民法、刑事诉讼法等法律来判定。这些法律从不同方面为认定行为的非法性提供依据。③ 据此，司法机关根据法律规定对于有犯罪事实或者有重大嫌疑的人采取拘留、逮捕等限制人身自由的强制措施的行为，不成立本罪。但是，在发现拘捕错误时，借故不予释放，继续羁押的，或者在依法采取拘留、逮捕等强制措施后，羁押时间超过刑事诉讼法规定的期限仍然予以羁押的，可能构成本罪。公民将正在实行犯罪或犯罪后被及时发觉、通缉在案、越狱逃跑、正在被追捕的人依法扭送司法机关的，父母依据社会习惯对子女实施正常性的禁闭性管教的，依法收容精神病患者的，卫生防疫部门对传染病人进行强制隔离的，以及将酒醉者约束至酒醒的，等等，亦不成立本罪。④ 阻却行为人剥夺他人自由行为的违法性事由主要包括：实施正当行为而拘禁他人的行为；合法扭送、拘留、逮捕行为；基于被害人承诺的行为。⑤

（5）非法限制他人人身自由行为的定性

对于非法限制他人人身自由的行为，我国 1979 年《刑法》在第 144 条规定了独立的犯罪，即非法管制罪，但 1997 年《刑法》则取消了这一罪名。由此引发的问题是，在 1997 年《刑法》施行后，对于非法限制人身自由的行为，能否以非法拘禁罪

---

① 参见闫永安、王志祥：《非法拘禁罪若干问题研究》，载《河北法学》，2006（11）。

② 参见赵秉志、阴建峰：《非法拘禁罪构成中若干问题研讨》，载《河南省政法管理干部学院学报》，2004（2）。

③ 参见赵秉志主编：《妨害司法活动罪研究》，202～204 页，北京，中国人民公安大学出版社，1994。

④ 参见闫永安、王志祥：《非法拘禁罪若干问题研究》，载《河北法学》，2006（11）。

⑤ 参见赵秉志、阴建峰：《非法拘禁罪构成中若干问题研讨》，载《河南省政法管理干部学院学报》，2004（2）。

论处？对此，有论者认为，就非法限制人身自由的行为而言，其与典型的非法剥夺人身自由的行为并无本质上的区别；可以认为，前者属于部分剥夺人身自由的行为，“限制”实质上便属于某种程度的剥夺。从扩张解释所应遵循的规则来看，将前者解释为1997年《刑法》第238条所规定的“以其他方法非法剥夺他人人身自由的”行为，并未超出刑法条文文字所可能具有的含义，因而属于一种合理的扩张解释。据此，对于非法限制他人人身自由的行为，如果其社会危害性达到应受刑罚处罚的程度，是可以按照非法拘禁罪论处的。①

（6）非法拘禁罪的客体和对象

第一，非法拘禁罪的客体是现实自由还是既包括现实自由也包括可能自由的问题。

刑法规定本罪，是仅保护现实的自由（限定说），还是既保护现实的自由也保护可能的自由（无限定说）？对此，限定说认为，只有当行为侵犯了他人的现实自由时，才宜认定为非法拘禁罪。换言之，本罪的对象必须认识到自己被剥夺自由的事实。首先，非法拘禁罪保护的是人的身体活动自由，只要在被害人意欲现实进行身体活动时进行刑法保护就已足够；在被害人未意欲现实进行身体活动时，没有必要提前进行刑法保护。其次，非法拘禁罪不是对人身自由的危险犯，而是侵害犯。侵犯“可能自由”的行为只有侵害身体活动的危险，而无现实的侵害，故不能成立非法拘禁罪。在此，由于非法拘禁罪是侵害个人法益的犯罪，且该法益可由个人处分，故应以违反被害人的意志为前提。侵犯“可能自由”的行为虽违反被害人的“推定的意志”，但这种“推定的意志”并非被害人的具体意志，只是一般人视角中的抽象意志；如果将违反抽象意志的行为认定为非法拘禁罪，则过于扩大非法拘禁罪的处罚范围。② 无限定说认为，对于醉酒、昏迷者或熟睡的人，采取非法关闭等行为的，同样构成非法拘禁罪。如果将熟睡的人反锁在房间，即使待其醒来时打开门锁，也属于非法拘禁。③

第二，精神病患者或者婴儿能否成为非法拘禁罪的犯罪对象。

对此，第一种观点认为，本罪的行为对象必须是有场所移动自由的自然人。婴儿、高度精神病人、麻醉药施用者等欠缺变更其所停留处所的意思决定能力，完全没有行动自由，不能成为本罪的行为对象。④ 第二种观点认为，人类从出生到死亡，不论老幼残疾以及意思活动能力之有无，均应享有行动自由，不应受年龄或者其他偶然事件的限制，即使是非法束缚精神病人或婴儿的手足，使其不能动弹的，也同

---

① 参见闫永安、王志祥：《非法拘禁罪若干问题研究》，载《河北法学》，2006（11）。

② 参见张明楷：《刑法分则的解释原理》，147～148页，北京，中国人民大学出版社，2004。

③ 参见肖中华：《侵犯公民人身权利罪》，249页，北京，中国人民公安大学出版社，2003。

④ 参见周光权：《刑法各论讲义》，29页，北京，清华大学出版社，2003。

样构成非法拘禁罪。① 第三种观点认为，由于生理或精神的原因而缺乏或丧失了自由支配自己行动能力的人有权通过获得其监护人或其他亲友的帮助，享受在一定的空间之内移动的自由。对此类人实施非法拘禁，无疑便剥夺了他们享有上述自由的可能，从而剥夺了他们的人身自由。如果否认此类人员可以成为本罪的犯罪对象，则意味着该类人员的人身自由权利处在刑法的保护范围之外，这显然是不可取的。在实践中，也经常发生为索取债务而非法扣押、拘禁与债务人具有特定亲属关系的婴幼儿或精神病患者的案件，对此当然可以按照本罪论处。需要强调的是，监护人对于不具有行动能力的人依法行使监护权的行为，属于维护其合法权益的正当行为，不得以本罪论处。②

3. 索债型非法拘禁罪

《刑法》第 238 条第 3 款规定，“为索取债务非法扣押、拘禁他人的，依照前两款的规定处罚。”根据本款规定，为索取债务而非法扣押、拘禁他人的，除了使用暴力致人伤残、死亡的，转化为故意伤害罪、故意杀人罪外，均构成非法拘禁罪。这就是所谓的索债型非法拘禁罪。

(1) 关于“债务”的理解问题

索债型非法拘禁罪的成立以债务关系的存在为前提。对于这里的“债务”的性质，一种观点认为，“行为人与被害人之间的债权债务关系应当是合法有效的，正是基于这种债务关系的合法性，使得为索取债务而非法拘禁他人的行为的危害性大大降低，其所应受到的刑事处罚也大大低于行为特征相似的绑架罪。不受法律保护的‘恶债’，如赌债、高利贷形成的债务等，不能构成非法拘禁罪中‘债务’的前提。”③ 另一种观点则认为，勒索型绑架罪的起刑点就是 10 年以上有期徒刑，其主要是为了对付那种绑架人质勒索巨额赎金的“绑票”行为而设立的，而为索取赌债、高利贷等非法债务而非法扣押、拘禁他人的行为毕竟事出有因，侵害的对象较为特定，被害人方面也有一定的过错，且行为人与被害人通常相识，不会轻易加害被害人，其危害性与处罚相对较轻的非法拘禁罪相当。如果对此以绑架罪论处，就意味着对强行索取非法债务的行为与强行勒索他人财物的行为没有实行区别对待。而且，从立法本意上看，既然为了索取正当、合法的债务也不得采取扣押、拘禁他人的非法方法，否则就构成非法拘禁罪，那么对为索取法律不予保护的债务而非法剥夺他人人身自由的行为以非法拘禁罪定罪处罚就更不成为问题了。④

根据 2000 年 7 月 13 日最高人民法院《关于对为索取法律不予保护的债务非法拘禁他人行为如何定罪问题的解释》的规定，行为人为索取高利贷、赌债等法律不

---

① 参见赵秉志主编：《妨害司法活动罪研究》，190～191 页，北京，中国人民公安大学出版社，1994。

② 参见闫永安、王志祥：《非法拘禁罪若干问题研究》，载《河北法学》，2006 (11)。

③ 刘家琛主编：《刑法新罪与疑难案例评析》，344 页，北京，中国民主法制出版社，1999。

④ 参见闫永安、王志祥：《非法拘禁罪若干问题研究》，载《河北法学》，2006 (11)。

予保护的债务，非法扣押、拘禁他人的，依照非法拘禁罪定罪处罚。针对这一规定，有论者认为，根据《刑法》第238条的规定，为了索债而扣押、拘禁他人的，以非法拘禁罪论处。对此，一般理解为行为人没有非法占有财物的目的，所以不成立绑架罪，其深层原因在于：索取的财物数额有限度（往往以债务为限），行为人与被害人相识且行为人往往需要告知被害人亲属绑架是谁所为，由于绑架者的身份是公开暴露的，所以通常不敢过分加害人质。这样的特性使其与典型的绑架犯罪对人身、财产的危害显然不相当，所以不能认定为绑架罪。最高人民法院将“债务”进行扩张解释，将不受法律保护的赌债、高利贷纳入其中，这种不合“常理”的司法解释，无非是从处罚的合理性考虑，通过扩大非法拘禁罪的范围以缩小绑架罪的范围。① 有论者指出，虽然对高利贷、赌债等非法债务法律不予保护，但它们确属现实中存在的债务，反映了行为人的行为与被害人的损害之间实际存在一定的关系。司法解释将高利贷、赌博等法律不予保护的债务放入第238条第3款的债务范围之中，无疑是符合立法原意的。②

关于债权债务关系不明确时，对非法拘禁罪应如何认定的问题，有论者认为，对于索取债权债务关系不明确的债务的行为人，应根据具体情况分别认定：行为人主观上认为其与被害人之间有合法债权债务关系存在，即使无明确证据证明，但因行为人主观上并无“勒索他人财物的目的”，不能以绑架罪论处；行为人的利益确实受到损失，但其结果与被害人或被索要财物之人的行为并无明确因果关系，双方不存在实际的债权债务关系，而行为人认错对象的，只构成“索债型”非法拘禁罪；行为人与被害人之间实际上并无债权债务关系，行为人误以为存在债权债务关系，并出于索债目的非法扣押他人的，应认定为非法拘禁罪；有充分证据表明行为人与被害人之间毫无债权债务关系，行为人以索取“债务”为名，绑架、拘禁他人，以索取实际上根本不存在的债务的，应以绑架罪论处。③

（2）关于非法扣押、拘禁的对象的理解

对此，实践中有种观点认为，勒索型绑架罪与索债型非法拘禁罪的区别之一是：勒索型绑架罪的对象是不特定的，犯罪人在实施绑架前可以任意选择欲绑架的对象，被绑架人没有任何过错。而索债型非法拘禁罪的对象应当是特定的，即犯罪人只能扣押、拘禁与之有债权债务关系的当事人本人，并向其本人或亲属索取债务，而不能扣押、拘禁其他与之无关的人包括当事人亲属等，并借此向与之有债权债务关系的当事人本人索取债务，否则就侵犯了无过错的他人的人身自由，应以勒索型绑架罪论处。针对上述观点，有论者认为，虽然一般而言，勒索型绑架罪中被绑架人与绑架人之间往往没有利害冲突，被绑架人是可以任意选择和不特定的，而在索债型

---

① 参见阮齐林：《绑架罪的法定刑对绑架罪认定的制约》，载《法学研究》，2002（2）。

② 参见刘宪权、钱晓峰：《关于绑架、拘禁索债型犯罪定性若干问题研究》，载《法学》，2001（9）。

③ 参见裴钟彧、刘根娣：《索债型非法拘禁罪的司法认定》，载《法治论丛》，2007（3）。

非法拘禁罪中，犯罪人所选择的被拘禁人常常就是与之有债权债务关系的存在一定过错的当事人本人。但是，一方面，法律没有明确限制索债型非法拘禁罪中非法扣押、拘禁的对象就是与行为人有债权债务关系的当事人本人；另一方面，在现实生活中，行为人欲扣押、拘禁当事人本人以索债，有时较为困难，故常常选择拘禁当事人的亲属特别是其幼年子女等，并以其为要挟来向当事人本人索债。因此，将索债型非法拘禁罪的对象仅限定于与行为人有债权债务关系的当事人本人，并以此作为与勒索型绑架罪的区别之一，既无法律根据，也不合乎现实情况。当然，这并不意味着索债型非法拘禁罪的对象不受任何限制；在行为人以债务人以外的“他人”为拘禁对象的场合，该人与债务人之间必须存在密切关系。①

(3)“索债型”非法拘禁罪的主观内容问题

对此，有论者认为，在“索债型”非法拘禁罪中，行为人有无违法性认识，并不影响行为人犯罪故意的成立。由于行为人采用拘禁他人这一非常规的手段以逼迫债务人或第三人偿还债务多是在以常规方式催还债务无果或通过诉讼难以实现债权的情况下实施的，属事出有因，债务人在一定程度上存在可责难性，这会影响行为人的违法性认识，尤其是行为人采用非暴力手段且无伤害被害人的违法性认识的情况下，行为人对自己行为的违法性认识是模糊的或根本就没有产生违法性认识。这可由行为人常以公开或半公开的方式实行此类行为得以证明。② 还有论者认为，对于行为人与他人具有债权债务关系而非法扣押、拘禁他人的案件，应认真考察行为人的真实意图。行为人以要求偿还债务为由非法扣押、拘禁他人后，向他人亲属或有关人提出明显超出债务数额的财物要求，或者提出要求满足其无法用财产数额来衡量的某种利益，或者提出其他与债务无关的不法要求，或者以伤害、杀害被害人为要挟等，在客观上足以造成他人亲属或者有关人对他人的安危感到担忧的，对行为人的行为应认定为绑架罪。③

(4) 索取债权的数额超过实际债务的认定

对此，有论者认为，如果行为人在追索债务的过程中，索取的财物数额大于实际存在的债务时，对行为性质的认定要具体分析，主要看行为人索取的数额与实际债权的数额之间的差价，这里既要考虑超过实际债务的绝对数，也要考虑超过实际债务的相对数，根据超过数额的大小，分别不同情况以非法拘禁罪或绑架罪定罪处罚。如果行为人索取财物数额大大超过实际享有的债权数额，则表明行为人的主观目的主要是非法占有他人财物，而索取债务显然已成次要目的，主观恶性变得更为恶劣，已同时触犯了索债型非法拘禁罪和绑架罪。根据想象竞合犯“从一重罪处断”的原则，应以绑架罪定罪处刑，其中合法债务应从犯罪数额中予以扣除。反之，如

---

① 参见闫永安、王志祥：《非法拘禁罪若干问题研究》，载《河北法学》，2006 (11)。

② 参见邓定远、邓定永：《索债型非法拘禁罪若干问题研究》，载《政法学刊》，2003 (6)。

③ 参见肖中华、薛林：《论非法拘禁罪适用中的几个问题》，载赵秉志主编：《刑法评论》，第1卷，158页，北京，法律出版社，2002。

果行为人索取财物数额与实际享有的债权数额相差不大，说明其主观目的主要是为了索取债务，而不是为了非法占有他人财物，行为人也许只是对债务范围、数目的理解、认定上存在误解、异议，其主观恶性并无实质性改变，所以，仍应认定为索债型非法拘禁罪，这也符合罪刑相适应原则。①

4. 非法拘禁罪的结果加重犯

依照我国 1997 年《刑法》第 238 条的规定，非法拘禁他人，致人重伤、死亡的，仍然认定为非法拘禁罪，这实际上属于非法拘禁罪的结果加重犯的情形。

（1）“致人重伤”、“致人死亡”的认定标准

司法实践中将“致人重伤”、“致人死亡”的认定标准，概括为三种情况。一是在非法拘禁期间内，因受到暴力摧残或其他虐待而致死的，应加重被告人的刑事责任。二是在非法拘禁期间，被害人自杀身死的，不论是由于受刑不过而自杀，还是由于无事受屈而自杀的，抑或是由于感到恐惧绝望而自杀的，加害人都应承担一定的责任。因为自杀虽然是死者本人的意志和行动，是意志薄弱的表现，但导致自杀的外因是非法拘禁，因而亦应适当加重被告人的责任。但在处刑上，应当轻于因暴力摧残而直接致死的行为。三是非法拘禁已被解除，又发生自杀身死的，应根据具体情况，具体分析是否与非法拘禁行为有直接的因果关系而定。② 而有论者则认为，非法拘禁致人重伤、死亡，是指非法拘禁行为本身致被害人重伤、死亡，重伤、死亡结果与非法拘禁行为之间必须具有直接的因果关系（直接性要件）。行为人在实施基本行为之后或之时，被害人自杀、自残、自身过失等造成死亡、伤残结果的，因缺乏直接性要件，不宜认定为结果加重犯。但是，由于非法拘禁会引起警方的解救行为，故正常的解救行为造成被害人伤亡的，因具备直接性要件，应将伤亡结果归责于非法拘禁者，成立结果加重犯。当然，如果警方判断失误，导致其解救行为造成被拘禁者伤亡的，则不能认定为结果加重犯。③

（2）“致人重伤”、“致人死亡”中行为人的主观罪过形式问题

对此，有以下不同的观点。

第一种观点认为，非法拘禁罪的加重构成虽然有致人重伤或者死亡的情节，但根据完全责任主义的主张，结果加重犯是故意的基本犯与过失的重大结果的结合犯。从该项构成的罚则内容也可分析出其加重构成不可能包括故意杀人或故意重伤的情况。④ 因而，行为人对重伤、死亡结果只能出于过失，不能出于故意。⑤

第二种观点认为，非法拘禁中的殴打显然是故意的。凡正常人均能知道自己殴打他人可能导致伤害他人的结果，无论这种结果是轻、是重，都是行为人预料之中

---

① 参见裴钟彧、刘根娣：《索债型非法拘禁罪的司法认定》，载《法治论丛》，2007（3）。

② 参见刘佑生：《谈依法认定和处理非法拘禁罪》，载《河北法学》，1988（2）。

③ 参见张明楷：《刑法学》，3 版，664 页，北京，法律出版社，2007。

④ 参见姜伟：《掳人勒赎行为定罪量刑问题的探讨》，载《西北政法学院学报》，1985（1）。

⑤ 参见张明楷：《刑法学》，2 版，703 页，北京，法律出版社，2003。

的，他放任或追求这种结果，都属于故意。这种心理属于我国刑法中规定的故意心理。但“致人死亡”却是过失心理导致的。如果行为人主观上是故意的致人死亡，那么，没有理由将这种故意杀人行为的法定刑规定得比单纯的故意杀人罪的法定刑要低。并且，行为人在非法拘禁他人时“致人死亡”往往指两种情况：由殴打而伤害致死，行为人对伤害他人是故意的，结果却引起他人死亡，但行为人对被害人的死亡抱否定态度；行为人侮辱他人，致使被害人不堪侮辱，自杀身亡。①

第三种观点认为，非法拘禁中“致人重伤”、“致人死亡”，不仅包括行为人在实施拘禁行为中过失引起重伤、死亡结果，也包括故意造成重伤、死亡结果。②

5. 非法拘禁罪的转化犯

依照我国1997年《刑法》第238条的规定，使用暴力犯非法拘禁罪，致人伤残、死亡的，应以故意伤害罪、故意杀人罪论处，这实际上属于非法拘禁罪的转化犯的情形。在此，对于行为人对被害人的伤害、死亡结果是否必须具有故意的问题，理论上有不同认识：一种观点认为，无论行为人主观上对重伤、死亡结果的发生是故意还是过失，只要行为人故意使用暴力犯非法拘禁罪，致人重伤、死亡的，就应当以故意伤害罪、故意杀人罪论处。③ 而有论者则认为，转化犯中的转化是有条件的转化，而不是无条件的转化；无条件地将一种犯罪转化为另一种犯罪，是违反罪刑法定原则的。正是由于一定条件的具备，此罪的构成要件发生根本性变化，原有的罪质发生实质性突破，彼罪的构成要件得以充足，犯罪的性质才由此出现转化。就非法拘禁罪向故意伤害罪、故意杀人罪的转化而言，如果行为人对被害人的伤害、死亡结果不具有故意，成立故意伤害罪、故意杀人罪所需要的主观要件就没有具备，犯罪性质的转化便无从谈起。而且，按照前一种观点的理解，就会形成如下结论：行为人故意实施某种犯罪，过失地造成一种严重的危害结果，则转化为一种更重的故意犯罪。这样的结论确有客观归罪之嫌。另外，按照前一种观点，非法拘禁罪的结果加重犯形态与转化犯形态之间的界限就被抹杀了。在非法拘禁罪的结果加重犯形态的场合，行为人对于被害人的重伤、死亡结果在主观上出于过失，否则其行为就应以故意伤害罪、故意杀人罪论处；在非法拘禁罪的转化犯形态的场合，行为人对于被害人的伤残、死亡结果在主观上只有出于故意，才能认为非法拘禁罪向故意伤害罪、故意杀人罪发生转化所需要的主观条件得以具备。④

---

① 参见桑红华：《认定非法拘禁罪应注意的问题》，载《法学杂志》，1987（4）。

② 参见郭立新、杨迎泽主编：《刑法分则适用疑难问题解》，139页，北京，中国检察出版社，2000。

③ 参见全国法律硕士专业学位教育指导委员会编：《全国法律硕士专业学位研究生入学联考考试指南》，6版，176页，北京，中国人民大学出版社，2005。

④ 参见闫永安、王志祥：《非法拘禁罪若干问题研究》，载《河北法学》，2006（11）。

（二）绑架罪观点综述

1. 绑架罪的基本构成要件

（1）绑架罪的主体

《刑法》第17条第2款明确规定了相对刑事责任能力人负刑事责任的范围，并将绑架罪排除于相对刑事责任能力人负刑事责任的范围之外。对于已满14周岁不满16周岁绑架并杀害被绑架人，应否及如何承担刑事责任的问题，在理论上存在分歧。

“否定说”认为，已满14周岁不满16周岁的人绑架并杀害被绑架人的，不应负刑事责任。其理由如下。一是已满14周岁不满16周岁的人绑架并杀害被绑架人的行为属《刑法》第239条规定的绑架行为。由于《刑法》第17条第2款的规定中不包括绑架罪，根据罪刑法定原则，行为人不负刑事责任。① 二是既然作为主行为的绑架行为不能构成绑架罪，更无理由认为能够将作为绑架罪情节的杀害被绑架人的从属行为确定为故意杀人罪。三是定罪与量刑两者的关系是，定罪在前，是一种原因，而量刑在后，是一种结果。只有定罪之后，才应考虑如何量刑。如果对已满14周岁不满16周岁的人在绑架过程中杀害被绑架人的情形因为定绑架罪太重，而改定处刑较轻的故意杀人罪，则显然颠倒了因与果两者之间的先后顺序关系。②

“肯定说”认为，对已满14周岁不满16周岁的人绑架并杀害被绑架人的行为应以故意杀人罪定罪处罚。其理由如下。一是依照《刑法》第239条的规定，绑架过程中杀害被绑架人只是绑架罪的一个情节，因此，对杀害被绑架人的行为不另行定罪，其前提是存在构成犯罪的绑架行为，而已满14周岁不满16周岁的人实施一般绑架行为尚不构成犯罪。二是如果对行为人定绑架罪，则依《刑法》第239条的规定，处刑太重，不利于贯彻对未成年人犯罪从宽处罚的原则。③ 三是应将犯罪行为与罪名区分开来。《刑法》第17条第2款中的故意杀人泛指一种犯罪行为，而不是特指《刑法》第232条故意杀人罪这一具体罪名。如将其理解为仅限于《刑法》第232条规定的故意杀人罪，而不包括杀害被绑架人的犯罪行为，则显然有悖立法本意。④ 四是不论是将《刑法》第17条第2款规定的8种犯罪理解为具体犯罪行为还是具体罪名，对于相对责任年龄者实施的绑架并故意杀害被绑架人的行为，均应以故意杀人罪论处。立法者将故意杀人等8种犯罪行为列入相对刑事责任年龄者应负刑事责任的范围，其意在表明处在这一年龄段的人对该8种行为具备承担刑事责任的能力，而对该8种行为以外的其他严重危害社会的行为不具有承担刑事责任的能力。相对刑事责任年龄者在绑架他人后实施的杀害被绑架人的行为与一般场合的杀

---

① 参见牟伦祥：《绑架罪条款有疏漏之处》，载《法律与监督》，1999（3）。

② 参见孟庆华：《关于绑架罪的几个问题》，载《法学论坛》，2000（1）。

③ 参见肖中华：《关于绑架罪的几点思考》，载《法学家》，2000（2）。

④ 《最高人民法院刑事审判第一庭审判长会议关于已满14周岁不满16周岁的人绑架并杀害被绑架人的行为如何适用法律问题的研究意见》，载南英、张军主编：《刑事审判参考》，第1辑，87～88页，北京，法律出版社，2001。

人行为在本质上没有区别。既然处在该年龄段的人对于一般场合的杀人行为具有刑事责任能力，那么便没有理由否认他们对绑架他人后实施的危害更大的杀害被绑架人的行为同样具备承担刑事责任的能力，因而应将杀害被绑架人的行为以故意杀人罪论处。如果对杀害被绑架人的行为不以犯罪论处，司法实践中相对责任年龄者为了实施杀人行为而又可以规避刑事责任，就可以先将被害人绑架，然后加以杀害。①

(2) 绑架罪的主观方面

绑架罪属于故意犯罪，且以勒索财物或获取其他非法利益为目的。关于犯罪目的的产生时间问题，受到了理论研究的关注。特别是对于司法实践中所出现的，出于其他动机或目的绑架他人后，才产生勒索财物目的，或者收买被拐卖、绑架的妇女、儿童后，对其施行非法拘禁或绑架，进行勒索财物的行为，是否应以绑架追究刑事责任的问题，在理论上存在分歧。一种观点认为，必须先有以绑架方法勒索财物或获取其他不法利益的目的，而后实施绑架行为的，才构成绑架罪。行为人本无绑架勒索之意，而是由于其他原因对他人身体实行控制，继而向被害人提出交付财物要求的，不能以绑架罪论处。② 另一种观点则认为，对上述两种行为原则上均可以绑架罪论处。③ 其理由在于，犯罪是主客观相统一的行为，但这并不意味着勒索财物的目的必须产生于绑架行为之前。行为人出于其他目的绑架或拘禁他人，被害人便处于行为人的实力支配下。在绑架行为未结束的情况下，行为人产生勒索财物的目的，并继续绑架或拘禁被害人的，符合绑架罪的构成要件。④

(3) 绑架罪的客观方面

第一，绑架罪的行为结构问题。对此，存在“复合行为说”与“单一行为说”之争。

“复合行为说”认为，绑架与勒索均为绑架罪的客观实行行为，两者相互依存，缺一不可。若仅绑架而无勒令交付财物赎人的行为，则属非法拘禁罪。⑤ 勒索财物只有与绑架相联系，才能成为绑架勒索罪客观要件的组成部分。⑥ 其理由如下。一是绑架勒索罪的罪名本身是对犯罪行为的概括和提炼。如果该罪客观行为仅指绑架这一单一行为，则罪名的确定就缺乏本源上的根据。二是虽然《刑法》第 239 条将勒索财物作为犯罪目的之内容，但根据主客观相统一的原理，勒索财物的目的决定了必须有与之相适应的勒索财物行为。三是如果将绑架勒索罪客观方面的行为理解为单一行为，就意味着只要实施绑架行为就成立犯罪既遂，是否实施勒索行为对犯罪既遂的成立没有影响，这样就无法正确处理本罪的犯罪中止以及共同犯罪的认定

---

① 参见王水明、王志祥：《绑架罪基本要件问题探讨》，载《河北法学》，2006 (8)。

② 参见高铭暄、马克昌主编：《刑法学》(下)，839 页，北京，中国法制出版社，1998。

③ 参见张明楷：《刑法学》(下)，716 页，北京，法律出版社，1997。

④ 参见肖俊德、樊洪：《略论绑架罪的几个问题》，载《中州学刊》，2000 (6)。

⑤ 参见马克昌等主编：《刑法学全书》，363 页，上海，上海科学技术文献出版社，1993。

⑥ 参见刘岩主编：《刑法适用新论》，146 页，北京，中国政法大学出版社，1993。

问题。只有将绑架勒索罪的客观行为理解为绑架与勒索行为，才能正确解决这一矛盾。①

“单一行为说”认为，绑架罪在客观方面仅由绑架他人的行为构成，无须具备勒索财物或提出其他不法要求的要件。其主要理由如下。一是绑架罪在客观方面包括对人质的绑架、对人质实施非法拘禁（对人质的拘禁仅是绑架勒索中的一个环节，而并非独立的行为）、以杀害或伤害人质相威胁向人质的监护人、家属等强索财物三个环节，但并非每一绑架勒索案件均须具备。犯罪人在绑架人质过程中或在绑架人质后，尚未实施勒索财物行为即被抓获的，仍属绑架勒索罪。② 二是法条表述的罪状是“以勒索财物为目的绑架他人”，这表明勒索行为并未被视为实行行为，没有理由认为罪名中的“绑架”与“勒索”均是指实行行为。③ 三是行为的性质不是仅由客观行为决定的，而是同时由客观行为与主观罪过决定的。既然行为人以勒索财物为目的绑架他人，就表明其行为的性质是绑架勒赎，而非单纯的非法拘禁。四是绑架勒赎罪是目的犯。勒索财物是目的，属于主观要件。目的犯中的目的与故意、过失不同，故意、过失本身均要求有与之相对应的客观事实，而目的犯中的目的则是“超过的主观要素”，在客观上不要求存在与之相对应的事实。由于勒索财物只是目的，故现实的勒索行为并非成立本罪的必要条件。④ 五是如将勒索财物行为视为客观行为就具有构成要件的意义，未实施勒索行为则意味着不完全具备绑架勒索罪的构成要件，这显然有悖立法的精神。⑤ 若将绑架罪客观方面的行为理解为“复合行为”，意味着只有既实施绑架行为，又使勒索财物或提出的其他非法要求得到满足才能构成犯罪既遂。若犯罪分子实施了绑架行为，并致使被绑架人死亡或杀害被绑架人，但自动放弃实施勒索或提出其他非法要求的，就应认定成立犯罪中止，这必然与“处死刑，并处没收财产”的法定单一刑种相抵触。⑥ 六是我国新刑法中有不少条款都规定以某种目的为犯罪构成要件，这些要件应属主观要件，其主要作用在于限定犯罪行为的构成，缩减刑法的适用范围。主观上的目的要件与客观上的行为要件截然不同，尽管彼此在犯罪构成中的地位与作用是相互依存、不可缺少的，但二者不可相提并论。绑架罪中的“以勒索财物为目的”理应为目的要件，因而在犯罪

① 参见孙光骏、李希慧：《论绑架勒索罪的几个问题》，载《法学评论》，1998（1）；严军兴、肖胜喜主编：《新刑法释义》，286页，北京，中共中央党校出版社，1997。

② 参见杨旺年：《试论绑架勒索罪》，载《法律学习与研究》，1992（3）。

③ 参见林亚刚：《绑架勒索罪若干问题的探讨》，载《法学家》，1996（4）；王作富主编：《中国刑法的修改与补充》，176页，北京，中国检察出版社，1997。

④ 参见张明楷：《论绑架勒赎罪》，载《法商研究》，1996（1）。

⑤ 参见林亚刚、贾宇：《关于绑架及相关犯罪的几点探讨》，载《国家检察官学院学报》，1997（4）。

⑥ 参见方益权：《论绑架罪罪名确定及其构成要件》，载《温州师范学院学报》（哲学社会科学版），1998（4）。

构成中自然应属主观要件，将其视为客观要件实属不妥。① 对犯罪目的的规定不等于对目的行为的规定；将刑法规定的绑架罪的犯罪目的理解为目的行为，无端地增加了绑架罪的客观方面的内容，缩小了绑架罪既遂的成立范围。② 七是绑架罪侵犯的客体是他人的人身自由权利；行为人一旦完成了绑架行为，就侵犯了被害人的人身权利，而无须在客观方面再附加提出不法要求的行为。③ 八是在行为人以满足不法要求为目的绑架他人并控制他人的人身自由后，如果自动放弃提出不法要求的行为且终止剥夺或限制被绑架人人身自由的状态的，属于自动放弃已经实施但仍处于继续状态的犯罪。此时被绑架人的人身自由已经遭受侵犯，犯罪已达到既遂状态；即使行为人自动放弃提出不法要求的行为，也仍应对其绑架行为承担既遂的刑事责任，而没有犯罪中止成立的余地。对于行为人放弃提出不法要求，提前结束犯罪的持续状态的行为，可以作为从轻情节在量刑时予以考虑。在行为人以实力控制被绑架人之后，虽然犯罪已达到既遂状态，但犯罪行为并未就此终结，其他人此时实施或参与实施提出不法要求的行为的，应属于绑架罪的共同犯罪中的帮助行为。④

第二，绑架罪的行为方式问题。对此，存在“扩张说”与“限定说”之争。

“扩张说”认为，绑架罪在客观上表现为使用暴力、胁迫、麻醉或其他方法绑架他人作为人质勒索财物的行为。绑架他人是本罪的手段行为，勒索财物是本罪的目的行为，绑架的手段主要是暴力、胁迫、麻醉等强制手段和其他非强制手段。⑤ 绑架的实质在于将他人掳走并置于自己的控制之下，使其失去人身自由，至于使用何种方法，则不应严格限制。以引诱、欺骗、揭发隐私相要挟、乘被害人昏迷不知反抗而将其掳走等将他人掳走的，也应认定为绑架。⑥ 从理论上讲，凡是非法拘禁可以使用的方法，没有理由不可以成为绑架罪的方法。⑦

“限定说”认为，全国人大常委会《关于严惩拐卖、绑架妇女、儿童的犯罪分子的决定》对绑架勒赎罪的手段作了明确限定，未规定“其他方法”。若在解释时随意添加“其他方法”，则属类推解释。对以使用欺骗、利诱等方法使被害人离开原来生活场所，或者利用被害人自身不知、不能抗拒的状态将其掳走，置于行为人实力支配下的，行为本身即属使用暴力绑架他人的方法。其理由如下。一是“暴力”的核心是行使有形力量。绑架勒赎罪中的暴力应属对人的身体行使有形力量并达到足以压制对方抗拒程度的暴力。将不知、不能抗拒的人掳走并置于行为人实力支配下的行为，本身就是对人的身体行使有形力量，符合“暴力”的要求。二是绑架是一种持续行为。认定行为是否属于暴力、胁迫，应从整个过程来分析。使用欺骗、利诱

---

① 参见孟庆华：《绑架罪若干问题探讨》，载《云南大学学报》（法学版），2000（4）。

②③④ 参见王水明、王志祥：《绑架罪基本要件问题探讨》，载《河北法学》，2006（8）。

⑤ 参见刘雅玲：《试论绑架勒赎罪》，载《河北法学》，1993（1）。

⑥ 参见陈小清：《试论绑架勒索罪》，载《中南政法学院学报》，1993（3）；肖俊德、樊洪：《略论绑架罪的几个问题》，载《中州学刊》，2000（6）。

⑦ 参见肖中华：《绑架罪略论》，载《山东法学》，1999（5）。

等方法使被害人离开原来生活场所并置于行为人的实力支配下的，就使被害人离开原来的生活场所而言，似乎没有暴力、胁迫，但行为人在此后却将被害人置于自己的实力支配下，拘禁本身又是一种暴力，它使被害人不能或者无法逃走，仍然属于暴力的方法。① “限定说”在严格限制解释绑架罪行为方式的同时，还对“扩张说”中将“欺骗”纳入到绑架罪行为方式的观点进行了批判，认为，行为人仅仅使用严格意义上的“欺骗”手段，即在欺骗被害人后未使用暴力、不违背被害人自由行动意愿的情况下，因这种“欺骗”方式并不足以侵犯人身自由，并不符合绑架罪的基本特征，对此不应做出成立绑架罪的评价。② 不仅如此，对于绑架罪行为方式的具体程度与内容还有进一步限制解释的必要。只有在具备使用手段的极端性和索取不法要求的重要性条件时，才可以成立绑架罪。能够与我国刑法规定的严峻刑罚相称的绑架罪仅有两种类型：①绑架勒赎，即以勒索巨额赎金为目的，绑架他人作为人质，使第三人为人质的安危担忧而迫使其交付财物；②有关国际公约中规定的“劫持人质”及与其严重性相当的行为，即绑架他人作为人质，使第三人（包括任何个人、组织、政府）为人质的安危担忧而迫使其满足重大不法要求。其理由在于，绑架罪的法定刑与罪状共同构成了绑架罪的现行立法模式，不能脱离法定刑孤立解释罪状。既然我国刑法对绑架罪规定了异常严厉的法定刑，那么在对绑架罪构成要件解释时就应作出与处罚相称的解释。③

第三，绑架罪行为方式的具体内涵。

一是绑架罪中“暴力”的程度与特征。对此，有论者认为，绑架罪中的“暴力”主要指行为人通过对被绑架人实施捆绑、殴打、推拉、伤害、强行架走等方式，抑制其反抗，达到实际控制被害人的目的。在暴力的程度上，可以是造成伤害（包括轻伤、重伤或者杀害被绑架人），也可以只是一般性的身体强制而未造成任何损害结果；绑架罪中的暴力应具有直接性和强制性。④ 有论者指出，绑架罪的基本行为（绑架行为）不可能包含故意杀人行为。⑤ 在绑架人质阶段，行为人使用暴力压制被害人的反抗以达到控制被害人人身自由的目的时，其暴力可以表现为故意致被害人轻伤、重伤，但不可能达到故意杀人的程度。其理由在于，绑架罪的实质是行为人通过暴力控制被害人的人身，利用其亲属或其他利害关系人对人质安危的忧虑达到勒索财物的目的或满足其他不法要求，而绑架人质阶段的故意杀人行为与绑架行为的本质不相吻合。若行为人在绑架人质阶段就针对人质实施杀人行为，则“以实力控制被害人的人身”以及利用人质的亲属或其他利害关系人对人质安危的忧虑以勒

① 参见张明楷：《论绑架勒赎罪》，载《法商研究》，1996（1）。

② 参见汤成军：《绑架罪实务研究》，17～18页，苏州大学2002年硕士学位论文。

③ 参见阮齐林：《绑架罪的法定刑对绑架罪认定的制约》，载《法学研究》，2002（2）。

④ 参见何俊：《关于绑架罪认定的几个问题》，载《广西警官高等专科学院学报》，2007（2）。

⑤ 参见张明楷：《绑架罪中“杀害被绑架人”研究》，载《法学评论》，2006（3）。

索财物或实现其他不法要求便无从谈起。①

二是绑架罪中"胁迫"的内容与特征。胁迫是绑架罪的又一方法行为。"胁迫"意味着通过对被绑架人实施精神强制进行控制。对于绑架罪"胁迫"的内容，第一种观点认为，绑架罪的胁迫只限于以暴力作后盾的威胁，即以加害被绑架人或者其亲属的人身健康或者生命安全为内容，如果其不服从将立即受到暴力侵害，而不是以其他间接方式转达或者要求被害人在一段时间以后屈从。② 第二种观点认为，"胁迫"是指对被绑架人以将要杀害、伤害进行威胁、恫吓，使其不敢反抗的精神强制行为。③ 其理由如下。①绑架行为是严重侵害人身权的犯罪行为。只有以暴力为内容进行胁迫，才能达到使被绑架人产生精神恐惧而不敢反抗的程度，而揭发隐私、毁坏名誉等，固然可以起到一定程度的精神强制作用，但通常只是作为以实力控制被绑架人的步骤，其本身并不能直接实现对被绑架人的实际控制。②由于"其他方法"的存在，导致非暴力的精神强制行为可以一并被包含，故从分类的合理性而言，宜将绑架中的胁迫限定在暴力胁迫。④ 第三种观点认为，绑架罪的最根本的特征在于违背被害人意志，使其身体被迫置于行为人的实力控制之下，无论是采用揭发隐私、毁坏名誉或其他方式实施精神强制，只要结果实现了对被绑架人身体的控制，并以此勒索财物，就构成本罪的胁迫。⑤

(4) 绑架罪的犯罪客体

总体而言，对具体犯罪的犯罪客体的研究属于纯粹理论推演的问题，然而，由于对绑架罪犯罪客体的认识和判断与作为犯罪客观方面构成要素重要内容的危害行为的判断以及犯罪既遂形态之间所存在的内在关系，因而，对这一问题的研究始终是贯穿于绑架罪研究过程的热点问题。在此问题上，相继形成了以下五种代表性观点。

绑架罪属侵犯财产权利的犯罪、侵犯复杂客体的观点。这一观点最早产生于单行刑法施行后。其代表性表述如下：绑架勒财是一种暴力侵犯财产的行为，侵犯的客体是公私财物所有权和公民的人身权利。⑥ 在这类犯罪侵犯的客体中，侵犯财产权利是主要的，侵犯人身权利是从属的。勒索他人财物是行为人唯一的目的，绑架人质只是行为人为了达到侵犯财产的目的所采取的手段，故应将本罪归在侵犯财产

---

① 参见王志祥：《绑架罪中"杀害被绑架人"新论》，载《法商研究》，2008 (2)。

② 参见赵秉志主编：《疑难刑事问题司法对策》，第6集，132页，长春，吉林人民出版社，1998。

③ 参见高铭暄、马克昌主编：《刑法学》，484页，北京，北京大学出版社、高等教育出版社，2000。

④ 参见何俊：《关于绑架罪认定的几个问题》，载《广西警官高等专科学院学报》，2007 (2)。

⑤ 参见王作富主编：《刑法分则实务研究》(上)，2版，940页，北京，中国方正出版社，2003。

⑥ 参见苏文昭：《对暴力绑架勒财行为定罪的探讨》，载《法学》，1983 (9)。

类罪中。[①] 在一般情况下，绑架他人的行为侵害了被害人的人身权利，而勒索财物的行为则侵犯了被害人家属的财产所有权。而本罪侵犯的客体主要是被害人家属的财物所有权。因而，本罪应归类在侵犯财产罪一章。[②]

绑架罪属侵犯人身权利的犯罪、侵犯复杂客体的观点。这一观点主张，绑架罪的客体是复杂客体，包括他人的人身权利和财产权利，但主要客体是人身权利，因而宜将之归于侵犯公民人身权利类罪中。理由是，本罪明显侧重于对人身权利的侵害。绑架人质的行为不仅剥夺了人质的人身自由，还使人质的亲属受到严重恐吓，使社会上的其他公民失去安全感，严重破坏社会治安与稳定，因此，这种犯罪对公民人身权利的侵害明显重于对财产所有权的侵害。[③] 虽然绑架勒索罪的手段行为是绑架，目的行为主要是勒索财物，但是，并非任何犯罪的性质都由目的行为决定。当手段行为重于目的行为时，就应肯定手段行为对犯罪性质的决定作用。[④] 绑架罪在任何情况下，都侵犯公民的人身权利和其他社会法益，故其客体应是复杂客体，只不过人身权利是绑架罪必然侵犯的客体，作为后一客体，即财产权利或其他的社会法益是不确定的被侵犯的客体，是可选择性的必然被侵犯的客体，而绝不是说是“可能的”被侵犯的客体。[⑤]

绑架罪属侵犯人身权利的犯罪、侵犯简单客体的观点。这一观点主张，绑架罪侵犯的客体是他人的人身权利。[⑥] 其理由如下。一是 1997 年《刑法》将绑架罪补充修订后，将其规定于侵犯公民人身权利罪一章中，旨在强调其保护重点是公民的人身自由权。[⑦] 二是从《刑法》的规定来看，绑架罪是目的犯的一种，以勒索他人财物或者提出其他不法要求为该罪的目的，那么该罪所侵犯的客体就不应是单纯的人身自由权利，还应包括财产权利或者其他法益在内。但由于绑架罪的目的并不确定，行为人实施绑架行为有时是为了勒索他人财物，有时可能与财物毫无关系，而只是绑架他人作为人质，以提出其他不法要求，从而公民的人身自由权利是绑架罪必然侵犯的客体，而财产权利或者其他合法利益仅是可能侵犯的法益。由于犯罪客体必

---

① 参见王淑华：《浅论绑架勒索罪》，载《人民司法》，1992（10）。

② 参见夏其淦：《试论绑架勒索罪》，载《甘肃政法学院学报》，1992（3）。

③ 参见徐东晖、潘家永：《试论绑架勒索罪》，载《法学论坛》，1995（3）；张明楷：《论绑架勒赎罪》，载《法商研究》，1996（1）。

④ 参见樊洪：《论绑架罪》，8～9 页，郑州大学 2000 年硕士学位论文。

⑤ 参见汤成军：《绑架罪实务研究》，12～13 页，苏州大学 2002 年硕士学位论文。

⑥ 参见周道鸾主编：《刑法罪名精释》，467 页，北京，人民法院出版社，1998；王作富主编：《刑法分则实务研究》（上），939 页，北京，中国方正出版社，2001；赵秉志主编：《中国刑法案例与学理研究·分则篇（三）侵犯公民人身权利、民主权利罪》，151～152 页，北京，法律出版社，2001。

⑦ 参见杨聚章、田立夫：《试论绑架罪》，载单长宗等主编：《新刑法研究与适用》，572 页，北京，人民法院出版社，2000。

须是实施某种行为所必然侵犯的社会关系，所以本罪的客体应是简单客体。[①] 三是分析一种犯罪侵害的客体，应首先从该罪的犯罪对象人手。绑架罪的犯罪对象为任何有生命的自然人。由于犯罪行为人控制人质后，会进一步提出勒索要求，本罪侵犯的公民人身自由权利中还应包含与被绑架人质有利害关系人的行为自决权，而行为自由权利恰恰是被勒索方人身权利的重要组成部分。[②] 四是在修订后的刑法中，立法者之所以将绑架罪列入侵犯公民人身权利的犯罪的范围，一方面是为了强调对公民人身自由权利的保护；另一方面是因为考虑到绑架罪包括了以勒索财物以外的满足其他不法要求为目的的绑架他人的行为，该行为并不侵犯他人的财产权。因而，将本罪的客体界定为复杂客体即他人的人身权利及公私财产所有权，并不妥当。需要强调的是，尽管在表述本罪侵犯的客体时将其限定为人身自由权利这种单一客体(在论及绑架罪的犯罪客体时，通常只是就该罪所必然侵犯的合法权益而言的，也即是就作为犯罪必备要件的直接客体来说的)，但这并不意味着绑架行为在客观上只能侵犯人身自由权利。毕竟绑架行为必须侵犯何种犯罪客体与绑架行为实际上侵犯了何种犯罪客体不可等同。事实上，绑架行为除了侵犯人身自由权利之外，还可能同时侵犯其他合法利益。[③]

绑架罪属于侵犯人身权利、侵害复杂客体的观点。根据客体内容的不同，这一观点又包括了两种基本类型。一种观点认为，绑架罪所侵犯的客体不仅包括被绑架人的人身自由权利，还包括对被绑架人以外的第三人的自决权。[④] 其理由如下。一是我国刑法对绑架罪规定了最为严厉的法定刑。如果本罪不要求以侵犯第三人的自决权为要件，则在社会危害性上与抢劫罪相当。这样，我国刑法对绑架罪规定如此严厉的刑罚就破坏了刑法分则各罪名间的协调与平衡，从而绑架罪的社会危害不仅在于侵犯了人质的人身权利，更在于侵犯了第三人的自决权。二是从绑架的规范意蕴来看，其并不限于“控制人身自由”。只要是能使第三人产生忧惧心理的控制方式，都属绑架的内容。三是从实践来看，认为绑架必须也只能侵犯人身自由的观点会导致极不合理的结论。[⑤] 另一种观点认为，绑架罪侵犯的客体不仅包括人身权利，还包括人身关系。其理由在于，绑架罪是利用他人对人质安危的忧虑，以勒索财物或满足其他不法要求为目的而实施的行为。第三人之所以会遭到行为人的勒索，是由于后者利用了其对人质安危的忧虑之情。由于忧虑产生的根本原因是出于第三人和被绑架人之间的人身关系，从而这种人身关系便成为绑架罪所侵犯的除人身权利

① 参见赵秉志主编：《海峡两岸刑法各论比较研究》(上)，696页，北京，中国人民大学出版社，2001。

② 参见孙庆宏：《绑架罪疑难问题研究》，9页，中国政法大学2003年硕士学位论文。

③ 参见王水明、王志祥：《绑架罪基本要件问题探讨》，载《河北法学》，2006 (8)。

④ 参见阮齐林：《绑架罪的法定刑对绑架罪认定的制约》，载《法学研究》，2002 (2)。

⑤ 参见刘凌梅：《绑架罪客观要件争议问题的再探讨》，载《郑州大学学报》(哲学社会科学版)，2003 (4)。

以外的又一犯罪客体。①

绑架罪属危害公共安全犯罪、侵犯简单客体的观点。这一观点认为，绑架罪的客体不是“侵犯公民人身权利、民主权利罪”意义上的公民人身自由权利，而是给不特定公众的安全带来的现实侵犯。从立法改革的角度而言，绑架罪应被置于“危害公共安全罪”中。我国现行刑法将绑架罪规定于侵犯公民人身权利、民主权利罪一章，说明立法者只注意到了绑架社会危害性的表面，而未真正把握该罪危害性的实质。只有将绑架罪定位为危害公共安全犯罪，才能合理解释绑架罪法定刑的严厉性，顺应国际社会严厉打击和防范恐怖主义犯罪的立法和司法潮流。②

（5）绑架罪的对象

对此，有论者指出，本罪中，绑架的对象与不法要求指向的对象不能是同一个人。具体说来，绑架的对象可以是任何他人，包括妇女、儿童和婴幼儿，甚至还包括行为人的近亲属等，而不法要求指向的对象则必须是被绑架者以外的其他人。这里的“其他人”，既包括有关的自然人（如被绑架人的近亲属或利害关系人），也包括单位乃至国家。例如，行为人绑架身居要职的高级领导人而向政府提出释放罪犯等不法要求的，不法要求所指向的对象就是国家。以当场直接向被绑架人索要财物为目的而实施绑架行为的，成立抢劫罪，而不构成本罪。③

2. 绑架罪的加重犯

《刑法》第 239 条第 1 款将“致使被绑架人死亡”与“杀害被绑架人”作为两种并列的加重事由。关于这两种加重事由，理论上存在着不同的看法。

（1）“致使被绑架人死亡”的理解

对此，第一种观点认为，“致使被绑架人死亡”属于结果加重犯，其罪过形式仅限于故意伤害致死和完全由于过失而致被绑架人死亡。由暴力、殴打、虐待等行为本身具有的特点所决定而出现的间接故意放任死亡结果的情况，从立法精神上看，应属于“杀害被绑架人”，而不属于“致使被绑架人死亡”。④ 第二种观点认为，“致使被绑架人死亡”主要包括四种情形：在实施暴力劫持过程中，因用力过猛伤及要害部位，或堵嘴捂鼻引起窒息等原因，过失致被害人死亡；在关押过程中，因被害人哭闹、挣扎，对其堵嘴捂鼻或者为其注射麻醉剂原因过失引起死亡；对被绑架人残酷殴打、折磨致使在关押期间因重伤死亡；被绑架人因不堪忍受折磨自杀死亡，等等。⑤ 第三种观点认为，对“致使被绑架人死亡”应予限制或严格解释，即只能是“故意伤害被绑架人致其死亡”，不包括对被绑架人不具有伤害故意的、纯粹出于

① 参见叶慧娟、曹俊金：《论绑架罪的犯罪既遂标准》，载《法治论丛》，2008（1）。

② 参见刘远、周海洋：《绑架罪新论》，载《山东警察学院学报》，2005（5）。

③ 参见王水明、王志祥：《绑架罪基本要件问题探讨》，载《河北法学》，2006（8）。

④ 参见林亚刚、贾宇：《关于绑架及相关犯罪的几点探讨》，载《国家检察官学院学报》，1997（4）。

⑤ 参见王作富主编：《刑法分则实务研究》（上），947 页，北京，中国方正出版社，2001。

过失的致被绑架人死亡。对“致使被绑架人死亡”的限制解释，不仅有助于妥善解决已满 14 周岁不满 16 周岁的行为人实施的绑架并致使被绑架人死亡的情形，也同样有助于妥善处理已满 16 周岁的行为人的刑事责任问题，保证对绑架人做到罪刑均衡，实现刑法的统一适用。①

（2）“杀害被绑架人”的理解与适用

一是“杀害被绑架人”的性质问题。对此，有以下看法。

第一种观点认为，“杀害被绑架人”属牵连犯或吸收犯。②

第二种观点认为，“杀害被绑架人”属包容犯。所谓包容犯，是指行为人在实施某一犯罪的过程中又实施了另一犯罪，但刑法明文规定将后一犯罪作为前一犯罪的加重处罚情节而不实行数罪并罚的情况。行为人在实施绑架罪过程中又实施了故意杀人罪，但是刑法明文规定不以绑架罪与故意杀人罪实行数罪并罚，而是将故意杀人罪作为绑架罪的加重处罚情节，直接以绑架罪论处，即绑架罪包含了故意杀人罪。③

第三种观点认为，“杀害被绑架人”属结合犯。结合犯在理论上涉及两种基本的形式，即：甲罪＋乙罪＝甲罪（或乙罪），或者甲罪＋乙罪＝丙罪（或甲乙罪）。据此，“杀害被绑架人”属于结合犯。④

第四种观点认为，“杀害被绑架人”属兼容犯。绑架罪与故意杀人罪在构成要件上存在交叉重叠关系，这种由部分犯罪构成要件的事实发生交叉重叠而形成的犯罪形态，为“兼容犯”。⑤

第五种观点认为，“杀害被绑架人”属合并犯。合并犯是指行为人在实施一个独立犯罪的过程中或者犯罪以后，又实施了另一独立犯罪，法律明文规定按照其中一罪定罪处罚的犯罪形态。依据《刑法》第 239 条的规定，行为人实施绑架行为，应构成绑架罪，而杀害被绑架人的行为，又构成故意杀人罪，刑法将其合并为一罪，即以绑架罪一罪定罪量刑。⑥

第六种观点认为，“杀害被绑架人”与“致使被绑架人死亡”显然都是作为结果加重犯来规定的，“杀害被绑架人”应属结果加重犯。⑦

第七种观点认为，“杀害被绑架人”属行为加重犯。所谓行为加重犯，是指以行为作为加重因素的犯罪形态。《刑法》第 239 条规定的绑架罪中的“杀害被绑架人”

① 参见付立庆：《已满十四周岁不满十六周岁的人绑架致使被绑架人死亡之法律适用》，载《人民检察》，2007 (9)。

② 参见林亚刚、贾宇：《关于绑架及相关犯罪的几点探讨》，载《国家检察官学院学报》，1997 (4)。

③ 参见初炳东等：《论新刑法中的包容犯与转化犯》，载《法学》，1998 (6)。

④ 参见刘宪权、桂亚胜：《论我国刑法中的结合犯》，载《法学》，2000 (8)。

⑤ 参见刘树德：《绑架罪罪数认定研究》，载《中国刑事法杂志》，2003 (3)。

⑥ 参见孙国祥：《合并犯综论》，载《江海学刊》，2004 (2)。

⑦ 参见王作富主编：《刑法分则实务研究》（上），930 页，北京，中国方正出版社，2007。

行为属于以行为为加重因素，以加重形式处罚的行为加重犯类型。①

第八种观点认为，“杀害被绑架人”属包容加重犯。包容加重犯是指行为人在实施某一犯罪过程中又实施另一犯罪，而刑法明文规定以其中一罪论处，并规定加重法定刑的特殊犯罪形态。就“杀害被绑架人”而言，行为人实质上实施了绑架和杀人两个行为，原本同时触犯绑架罪和故意杀人罪两个罪名，且两个行为之间也不存在主客观上的必然联系，然而《刑法》第239条却将其中的杀人行为作为绑架行为的加重构成事由予以规定，只以其中的绑架行为触犯的绑架罪定罪处罚，从而故意杀人罪被立法者作为加重构成的要素包容在绑架罪中予以评价，绑架罪包容了故意杀人罪。尽管“包容犯”很好体现了两罪之间的包容评价关系，但无法反映出被包容之罪作为包容之罪的加重构成事由的特点。以包容加重犯加以指称，不仅能够从罪的方面说明两种独立犯罪之间的包容关系，而且还能从刑的方面进一步体现被包容之罪属于包容之罪的法定刑升格事由，从而全面揭示这一特殊犯罪形态的特点。②

二是“杀害被绑架人”的具体表现形式问题。

对此，“不受限定说”认为，“杀害被绑架人”可以包括在实施整个绑架犯罪过程中所实施的所有杀人行为。具体包括：其一，先故意杀害人质，然后隐瞒被绑架人已死亡的事实向有关人员勒索财物或者要挟；其二，在勒索不成或非法要求得不到实现的情况下杀害人质，即所谓“撕票”；其三，被绑架人逃跑、反抗而招致被杀害或者行为人在逃避追捕过程中故意杀害人质，等等。只要属于故意杀害被绑架人的，即符合该规定。③相类似的观点认为，“杀害被绑架人”，是指在绑架过程中故意杀死被害人，杀害的时间可以是在着手实施绑架之时，因被害人坚决反抗而将其杀死，也可以是在拘禁期间发出勒索前后杀死被害人。如果是在绑架行为已经结束，将被害人释放以后，因为其他原因将被害人杀死，应独立构成故意杀人罪，实行数罪并罚。④行为人在绑架过程中包括绑架人质阶段采用暴力将被害人杀害的，属“杀害被绑架人”，应适用绑架罪一罪名。⑤

“限定说”认为，应将“杀害被绑架人”限定于一定的主客观条件之下。“限定说”包括“主观限定说”和“客观限定说”两种基本类型。“主观限定说”认为，应对“杀害被绑架人”的认定做主观条件的限定，即只有行为人未勒索到财物或其他不法要求得不到满足时杀害被绑架人的，才属于“杀害被绑架人”。其代表性表述是，“杀害被绑架人”是指行为人实施绑架后因勒索未逞或不法要求得不到满足而杀

---

① 参见楼伯坤：《行为加重犯研究》，198页，北京，知识产权出版社，2006。

② 参见王志祥：《绑架罪中“杀害被绑架人”新论》，载《法商研究》，2008（2）。

③ 参见林亚刚、贾宇：《关于绑架及相关犯罪的几点探讨》，载《国家检察官学院学报》，1997（4）。

④ 参见王作富主编：《刑法分则实务研究》，1069页，北京，中国方正出版社，2003。

⑤ 参见于国旦：《侵犯公民人身权利、民主权利罪重点疑点难点问题判解研究》，200～201页，北京，人民法院出版社，2005。

害被绑架人的行为。[①] 行为人在勒索财物成功以后，本拟释放人质，但又担心人质为破案提供重大线索，进而采用重伤或杀害办法来处理人质的，应按绑架罪与故意伤害罪或者故意杀人罪实行数罪并罚。[②]“客观限定说”认为，行为人是否勒索到财物或其他不法要求是否得到满足，不应影响“杀害被绑架人”的认定，“杀害被绑架人”显然是指绑架后故意杀人。其中的杀人，是指在绑架的犯罪中又独立于绑架之外的杀人。[③] 其理由如下。一是绑架罪的实质是行为人通过暴力控制被害人的人身，利用其亲属或其他利害关系人对人质安危的忧虑以达到勒索财物的目的或满足其他不法要求。不论以何种方法实施绑架行为，都必须是一种将他人置于暴力支配之下、使他人丧失人身自由的行为，这是绑架行为的本质。而绑架人质阶段的故意杀人则是一种使他人生命丧失的行为，这与绑架行为的本质不相吻合。二是立法者将“杀害被绑架人”规定为绑架罪的法定刑升格事由，其意图在于，针对“杀害被绑架人”的情况不实行数罪并罚，而是规定明确的法定刑，以避免因适用数罪并罚所可能导致的实际判处刑罚与该种情形的严重社会危害性不相适应，因而，刑法中的“杀害被绑架人”只能存在于非法控制人质阶段，具体表现为四种情形：①在非法控制他人以后因勒索财物未成或者其他不法要求未实现而杀害人质的；②在非法控制他人以后先故意杀害人质，然后再隐瞒人质已经死亡的事实而提出不法要求的；③人质在被控制以后，因反抗、逃跑而被绑架人杀害的；④行为人在绑架他人勒索到财物后，发现被勒索的财物已在自己的控制范围之内，出于灭口或防止人质向侦查机关提供破案线索而杀害人质的。[④]

三是“杀害被绑架人未遂”的刑罚适用问题。

根据《刑法》第239条的规定，绑架“致使被绑架人死亡或者杀害被绑架人的，处死刑，并处没收财产”。而在杀害被绑架人未遂的情况下应如何适用刑罚，则是司法实践中不得不认真面对的问题。对此，在刑法理论研究中形成了两种观点。

“死刑适用否定说”认为，“杀害被绑架人”是绑架罪的加重结果，只能是故意将被害人杀死的，方得适用死刑。绑架人故意杀害被绑架人而未致被害人死亡的，就不能适用死刑（包括死缓）。其代表性表述是：虽然条文上未写明“杀死被绑架人”，但是，与其前面的“致使被绑架人死亡”并列规定，显然都是作为结果加重犯来规定的，即都是以实际死亡结果为必要条件，因此，不能适用于杀人未遂和预备行为。[⑤] 行为人故意杀害被绑架人的（俗称“撕票”），处死刑，不按数罪处理，其

---

① 参见陈立、李兰英：《刑法分则的理论与实务》，191页，北京，科学出版社，2006。

② 参见郭立新、黄明儒主编：《刑法分则适用典型疑难问题新释新解》，312页，北京，中国检察出版社，2006。

③ 参见张明楷：《刑法学》，3版，667页，北京，法律出版社，2007。

④ 参见王志祥：《绑架罪中“杀害被绑架人”新论》，载《法商研究》，2008（2）。

⑤ 参见王作富主编：《刑法分则实务研究》（上），2版，1069页，北京，中国方正出版社，2003。

中的“杀害”应限于故意杀人既遂。① 其理由如下。一是在法律未对条文用语含义作特别规定时，解释“杀害”一词的含义不能随意脱离人们日常所能理解的范畴而滥作扩大或限制解释。“杀害”一词在日常用语中的含义不仅仅包括“杀”的行为，更强调出现“害”即“死”的结果。② 二是只有将“杀害被绑架人”理解为杀死被绑架人，才有利于实现罪刑相当原则；否则，由于《刑法》对“杀害被绑架人”规定了绝对确定的法定刑——死刑，如果将那些在绑架过程中杀害被绑架人未遂或只具有预备、中止等情形均以“杀害被绑架人”处理，必然导致轻罪重判的结果。③ 在绑架过程中杀害被绑架人，由于行为人意志以外的原因没有导致被绑架人死亡的，不能适用绑架罪的第二档法定刑。④ 三是我国《刑法》第 48 条规定“死刑只适用于罪刑极其严重的犯罪分子”，此规定明确体现了限制死刑适用的基本精神。对于在绑架过程中故意杀害被绑架人但未能既遂的，很难将之认定为罪行极其严重。四是若将“杀害被绑架人”理解为加重情节，就意味着只要行为人有杀害被绑架人的行为，即使是未造成损害后果的杀人中止行为也要格杀勿论，这势必会导致被绑架人的生命安全危险系数增大。⑤

“死刑适用肯定说”主张，根据罪责均衡原则，“杀害被绑架人”是加重情节而不是加重结果，只要行为人实施了故意杀害被绑架人的行为，即可适用死刑。在“死刑适用肯定说”中又存在两种观点。一种观点认为，对于故意杀害被绑架人未遂的，依然适用“杀害被绑架人”的规定，而不适用刑法关于未遂犯从轻、减轻处罚的规定。⑥ 其理由有以下几点。一是过失致人死亡罪的法定刑一般为“处三年以上七年以下有期徒刑”，情节较轻的“处三年以下有期徒刑”；而故意杀人罪的法定刑一般为“处死刑、无期徒刑或者十年以上有期徒刑”，情节较轻的“处三年以上十年以下有期徒刑”。从法定刑的配置轻重来看，故意杀害被绑架人的刑事责任，即使只是造成被绑架人轻微伤或者轻伤（在视为“情节较轻”的前提下），仍不会比过失致人死亡的轻。因此，在刑法将“致使被绑架人死亡”与“杀害被绑架人的”并列规定的情况下，对刑事责任较轻的“致使被绑架人死亡”应适用死刑，则对刑事责任重的杀害被绑架人（未致使被绑架人死亡）也应适用死刑。⑦ 二是“杀害被绑架人”就其实质而言就是故意杀人的行为，只不过是在绑架犯罪过程中实施而已，“杀害被绑架人”应指“杀害”的行为而非“杀死”的结果。三是“杀害被绑架人”属情节

---

① 参见张明楷：《刑法学》，2 版，705 页，北京，法律出版社，2003。

② 参见祝铭山主编：《非法拘禁罪·绑架罪》，96 页，北京，中国法制出版社，2004。

③ 参加宋翔、张太范：《“杀害被绑架人”不等于故意杀人行为》，载《人民法院报》，2005-03-23。

④ 参见刘树德：《绑架罪案解》，170 页，北京，法律出版社，2003。

⑤ 参见钱叶六：《绑架罪司法认定中的几个疑难问题探究——从陈某绑架、抢劫案开始谈起》，载《云南大学学报》（法学版），2007（3）。

⑥ 参见曾亚杰：《如何理解“杀害被绑架人”》，载《人民法院报》，2004-09-20。

⑦ 参见郎胜主编：《〈中华人民共和国刑法〉释解》，336 页，北京，群众出版社，1997。

加重而非结果加重，立法者评价“杀害被绑架人”的社会危害性并配置绝对死刑的基点是杀害被绑架人的行为危险性，而非杀害被绑架人结果的实害性。四是以“杀害被绑架人”为加重结果不利于对在绑架中杀害人质后毁尸灭迹的犯罪分子的打击。① 另一种观点认为，对于杀害被绑架人未遂的，应在适用《刑法》第 239 条“杀害被绑架人，处死刑”规定的同时，适用刑法关于未遂犯从轻、减轻处罚的规定。其理由在于：一是有利于实现罪刑相适用原则；二是有利于处理绑架杀人中止；三是有利于限制法官权力；② 四是我国刑法分则是以犯罪既遂形态为标准规定各个具体犯罪的，刑法总则只对犯罪的未完成形态规定了一般处罚原则，具体犯罪的未完成形态只能比照既遂犯的法定刑进行处理。如果不适用《刑法》第 239 条中“杀害被绑架人”的规定，而《刑法》又没有为“杀害被绑架人”的未完成形态规定单独的法定刑，那就意味着只能对此适用绑架罪基本罪的法定刑，这显然是缺乏正当性的。③

3. 绑架罪的犯罪形态

(1) 绑架罪的停止形态

第一，绑架罪既遂的认定标准问题。

“绑架行为完成说”主张，绑架勒索罪是由绑架与勒索两个行为结合而成的。本罪的既遂应以行为人以勒索财物为目的，实施绑架他人的行为，将被害人掳走，限制其自由，或将他人的婴幼儿偷到手，而置于行为人的控制之下为标准，至于行为人以杀害、重伤被害人，威胁被害人家属，迫使其交付赎金，是否取得财物，都不影响本罪既遂的成立。如果行为人着手实施绑架他人，由于遭到被害人的反抗，未掳走被害人或着手偷盗婴幼儿被当场抓获的，可视为未遂。④ 其理由如下。一是绑架罪的主要客体是他人的人身自由权利。行为人一旦完成绑架行为，即严重侵犯了被害人的人身权利，无须在客观方面再加上勒索等行为作为实行行为，勒索行为属犯罪客观方面中实行行为之外的超过要素，其实施与否不影响绑架罪的成立与既遂，只能作为量刑情节。⑤ 二是某罪的保护法益是行为成立该罪“必须”侵犯的法益。绑架罪虽较多表现为同时侵犯人身权利与财产权利，但不侵犯财产权利而仅侵犯人身权利的情形是客观存在的，财产权利只是绑架罪的随意客体，并非其保护法益(必要客体)。既然财产权利并不是绑架罪的保护法益，那么绑架罪在客观方面就不需要具有勒索财物的行为，更不需要实际获取财物，“勒索财物”只要作为一种主观要素存在于行为人的内心即可。⑥

---

① 参见曾亚杰：《如何理解“杀害被绑架人”》，载《人民法院报》，2004-09-20。

② 参见张明楷：《绑架罪中“杀害被绑架人”研究》，载《法学评论》，2006 (3)。

③ 参见王志祥：《绑架罪中“杀害被绑架人”新论》，载《法商研究》，2008 (2)。

④ 参见夏其淦：《试论绑架勒索罪》，载《甘肃政法学院学报》，1992 (3)。

⑤ 参见赵秉志、肖中华：《绑架罪适用中的疑难问题》(上)，载《检察日报》，2002-01-15。

⑥ 参见张永红：《绑架罪客观要件新解》，载《青海社会科学》，2008 (1)。

“勒索行为完成说”则以绑架罪客观行为结构中的“复合行为说”为立论依据，强调除绑架他人外，还要实施勒索财物或提出不法要求行为才成立犯罪既遂。① 其理由在于，绑架罪是一种目的犯，在德、日刑法理论中目的犯包括断绝的结果犯、缩短的二行为犯两种基本类型，而中国刑法中的绑架罪应属“缩短的二行为犯”，行为人勒索财物的目的单靠绑架行为是无法得以实现的，其目的最终达到尚须第三者或行为人本人实施勒索行为。从目前我国刑法的规定看，单纯勒索财物的行为没有独立的罪名适用，这实际造成对勒索财物行为刑法不予以规制的漏洞。从总体上看，行为人绑架他人并有勒索财物的要求或提出其他不法要求时，应认定为犯罪既遂；如果行为人仅仅实施了绑架行为而未实施勒索财物或提出不法要求行为的，应分别认定为犯罪中止或者犯罪未遂，而不应认定为犯罪既遂。②

“勒索结果发生说”则以绑架罪为刑法理论中的结果犯为基本理论依据，认为从绑架罪的结构看，绑架行为与勒索行为是不可分离的，缺一不能成立本罪。如果只考虑到绑架而不考虑勒索财物与否作为既遂的界限，实质上是将一个统一的绑架勒索行为肢解开来。从主观方面来看，犯罪人的最终目的是勒索财物，绑架人质只是手段，没有达到其目的便不能认为达到了既遂状态，因而在绑架人质之后，没有实施勒索行为或者实施了勒索行为而没有实际勒索到财物的，均不能认为是既遂。③ 行为人以勒索财物为目的，实施绑架他人的行为，迫使被绑架人的亲属或其他组织满足了其非法获得他人财物的要求，则构成了绑架犯罪的既遂；如果由于行为人意志以外的原因，仅仅对他人实施了绑架行为而并未实际取得财物的，则应为绑架罪未遂。④

第二，实施绑架行为后中途主动释放人质成立犯罪中止的论证问题。

有论者认为，对绑架罪犯罪中止的认定，应充分考虑处罚的合理性，适当从宽掌握。为了勒索财物而绑架他人后，尚未开始向与人质有关的人员勒索财物或提出其他不法要求之前主动释放人质的，应认定成立犯罪中止。其理由如下。一是如果从（自然观察的）行为人预定的犯罪过程看，对在绑架人质之后实施勒索以前自动释放人质的认定为犯罪中止符合法律规定。从自然的角度观察绑架罪的犯罪过程，应是犯罪人意图实施绑架犯罪预定的犯罪进程。犯罪人仅仅绑架了人质而尚未进一步实施勒索行为，对此可认定为在（犯罪人预定）的犯罪过程中。此时主动释放被绑架人的，符合法律规定的成立中止的时间条件。二是即使按照构成要件齐备说，也不能排除主动释放人质成立犯罪中止的可能性。采取构成要件齐备说可能出现犯

---

① 参见肖中华：《侵犯公民人身权利罪》，226页，北京，中国人民公安大学出版社，1998。

② 参见赵秉志主编：《刑法相临相近罪名定罪与适用》（下），722～723页，长春，吉林人民出版社，2000。

③ 参见杨旺年：《试论绑架勒索罪》，载《法律学习与研究》，1992（3）。

④ 参见马克昌等主编：《刑法学全书》，363页，上海，上海科学技术文献出版社，1996；刘培哲：《绑架勒索罪若干问题》，载《人民检察》，1996（9）。

罪既遂与犯罪过程的结束不一致的情况。根据构成要件齐备说，犯罪既遂以后并不当然意味着犯罪（自然）过程的结束，因而仍应存在犯罪中止的可能。三是对绑架人质以后有无成立中止的余地，要看对绑架罪结果的理解。若将“侵犯第三人自决权”作为绑架罪“行为人所追求的、行为性质所决定的危害结果”，那么也可以得出有成立中止余地的结论。四是从实质的角度考虑，在勒索之前主动释放人质的，无论是从犯罪人的主动恶性、人身危险性还是在客观危害上，与其他情形的犯罪中止相比，并无明显差别。①

（2）绑架罪的罪数形态

对此，一种观点认为，行为人绑架人质后，因被人质认出而将人质杀害后再向人质家属或利害关系人发出威胁、要挟勒取财物的意思表示，或者行为人已勒索到财物，但又惧怕事后人质向公安机关提供破案线索而将人质杀害的，均应认定为故意杀人罪和绑架勒索罪，实行数罪并罚。② 另一种观点认为，行为人在实施绑架行为的过程中，杀害被绑架人的，不应实行数罪并罚。其理由如下。一是我国刑法理论承认“数行为在处理时作为一罪的情况”，这便意味着即使是数个行为符合数个犯罪的构成要件，也有可能只认定为一罪。此时，往往是因为数行为之间具有密切联系，容易同时发生。绑架勒赎与“撕票”行为之间属于具有密切联系、容易同时发生的行为。二是对密切联系、同时发生的数行为并不必然以一罪论处。要决定以一罪论处还是以数罪论处，必须考虑罪刑的均衡性。法律对绑架勒赎罪规定了高于故意杀人罪的最低刑法定刑，这表明，对绑架勒赎并“撕票”行为以一罪论处，完全能做到罪刑均衡。三是对密切联系、同时发生的数行为是以一罪论处还是以数罪论处，还应考虑刑事司法的难易性。若以数罪论处过于复杂，不利于司法机关定罪量刑，则应主张以一罪论处。将绑架勒赎并“撕票”在许多情况下认定为数罪较为困难。绑架行为的实质是将被绑架人置于行为人或第三者的实力支配下，为了控制被绑架人，行为人通常实施拘禁、殴打等行为。在致人死亡的情况下，往往难以认定行为人对死亡结果是出于间接故意还是过失。而对上述行为以一罪论处，则避免了这一难题。刑法理论的通说认为，对死亡持故意态度的抢劫只构成抢劫罪。绑架勒赎罪的法定刑高于抢劫罪的法定刑，与故意杀人后当场劫走财物的只定抢劫罪相比，对绑架勒赎并“撕票”的行为更可以只定绑架勒赎罪，没有必要实行并罚。③

4．绑架罪法定刑配置的合理性

对《刑法》第239条法定刑配置合理性的关注始于1997年《刑法》颁布之后，源于《刑法》第239条对绑架罪的法定刑规定存在科学性不足、操作性不强的缺陷。1997年《刑法》对绑架罪规定了严厉的法定刑，但起点刑为10年，无选择判处死刑的规定失之于严。由于1997年《刑法》将犯罪分子虽无法定减轻处罚情节，但根据

① 参见阮齐林：《绑架罪的法定刑对绑架罪认定的制约》，载《法学研究》，2002（2）。

② 参见王淑华：《浅论绑架勒索罪》，载《人民司法》，1992（10）。

③ 参见张明楷：《论绑架勒赎罪》，载《法商研究》，1996（1）。

案件具体情节，可在法定刑以下判处刑罚的决定权收归最高人民法院统一行使，许多法院因怕麻烦，对司法实践中出现此类案件往往不予减轻，导致罚不当其罪的结果。《刑法》第239条对绑架罪法定刑规定的不合理性表现为：一是法定最低刑10年有期徒刑的规定未考虑绑架罪与其他犯罪同样存在犯罪情节较轻的情况；二是规定在致使被绑架人死亡或者杀害绑架人情形下一律无条件适用死刑，过于绝对，且未充分考虑两种情形的具体内容，失之于严；三是绑架罪存在致使被绑架人死亡和杀害被绑架人以外的诸多情节，应将绑架犯罪中的这些情节作为量刑情节，规定相应的量刑幅度，明确对这些情节如何量刑；四是刑法分则对个罪（即便是故意杀人、故意伤害致死、恶性抢劫、恶性强奸和严重危害公共安全的犯罪等）的法定刑一般都规定了一定幅度，以供司法机关在具体执法时在量刑幅度内作出合理适度的判决。①

三、整体评论

通过对自1978年至2008年我国刑法学界关于非法拘禁罪、绑架罪的研究成果的综述，我们认为，对非法拘禁罪、绑架罪这两种中国刑事司法实践中的高发犯罪，刑法理论研究的深入关注与广泛拓展，是促进刑法立法完善与更新、司法准确适用刑法的重要基础和前提，其积极意义值得充分肯定。

（一）非法拘禁罪、绑架罪理论研究的基本特点

1. 在研究基点的确立上，始终注重与中国社会发展阶段的联系，形成了科学的研究成果

犯罪是特定社会物质生活条件的产物。非法拘禁罪与绑架罪同属我国刑法所规定的侵犯公民人身自由权利的犯罪，两类犯罪的衍生与特定的社会发展条件、发展阶段具有内在联系。在改革开放以前的中国社会，由于法制观念与环境的缺失，导致社会中一定规模的非法拘禁犯罪行为的存在。在进入改革开放以后，基于社会经济活动的频繁而产生的“索债型”非法拘禁行为，进一步加剧了非法拘禁罪对社会危害的规模与程度。在这种客观形势下，刑法学界对非法拘禁罪的研究始终注重将研究的基点置于社会对犯罪的控制及其与人权保障关系的科学协调之上，理论研究所形成的成果为立法的发展和司法的准确适用提供了重要条件。特别值得提出的是，绑架罪衍生于20世纪90年代中国经济发展的转型时期。经济发展的不均衡以及财富占有与分配的现实状况，使得绑架犯罪成为一定时期中国最突出的犯罪类型之一。中国社会控制绑架犯罪的客观现实需要，成为论者承担社会责任的重要动力。展开对绑架罪的研究、提出完善的立法规制标准、建立科学的刑罚体系，被相继确定为理论研究的目标。刑法学界对绑架罪的研究，深刻反映了这一社会控制需要的要求，这为形成科学的研究成果奠定了客观基础。

---

① 参见戴长林、尧宇华：《论我国刑法中的绑架罪》，载《江西社会科学》，1999（5）。

2. 在研究重点的选择上，始终坚持与刑事司法实践需求的结合，解决了突出的现实问题

刑法学界对非法拘禁罪、绑架罪的研究，在研究重点的选择上，始终坚持以解决实践中的突出问题作为基本导向，以全面适应刑事司法实践的需要。在30年的历程中，通过长期而执著的研究，在两类犯罪的多个重点研究方面均取得了突破性进展。一是对于非法拘禁罪罪质标准的揭示。准确揭示非法拘禁罪构成要件的基本内容，是司法准确认定本罪的前提与关键。刑法学研究始终将之作为研究的重点，相继在行为方式、行为对象、违法性前提及阻却事由等方面达成基本共识。二是对于“索债型”非法拘禁行为的刑法性质确认。通过研究，明晰了此类行为与绑架罪以及其他财产犯罪的界限，在科学兼顾刑法谦抑性与刑法必要性关系的基础上，根据罪刑相适应原则的要求，确定了此类行为的刑法性质。三是对于非法拘禁罪加重构成适用条件与法定刑适用的厘定。非法拘禁罪加重构成的具体适用，关涉非法拘禁罪的罪质界限以及罪刑均衡目标的实现，刑法学界对此给予了重点关注，所形成的研究成果足以应对司法实践的需要。四是对于绑架罪构成要件的研究。刑法学界对于绑架罪独立进行刑法规制必要性的研究，成为绑架罪被纳入到刑法规制体系的重要原因。以绑架罪的立法规定为基础，相继形成的一大批研究成果，全面解析了绑架罪成立要件诸项要素的内涵，特别是对于绑架罪客观行为要件诸要素的研析，为准确认定绑架罪提供了全面的理论支撑。五是对于绑架罪加重构成的适用条件与刑罚适用原则的研究。对于准确适用刑法为本罪配置的绝对死刑，特别是在杀害被绑架人适用条件的研究为刑罚正当性的实现提供了必要的基础。

3. 在研究方法的选择上，注重注疏研究和比较研究的方法，促进了研究层次的深化

刑法学界在对非法拘禁罪、绑架罪研究方法的选择上，主要采用了注疏研究的方法，并妥善运用了比较研究的方法。注疏性研究始终将研究的重点聚集于两类犯罪刑法规范的完善与适用之上，坚持以挖掘既定刑法规范的内涵为基本研究内容，并在准确框定现行刑法规范内涵的基础上，根据刑法规范对犯罪构成要件诸要素所展开的注疏性分析，科学协调了刑法规范的稳定性与更新完善的关系。在比较研究方法的运用中，不仅注重中外刑法规范的比较，更注重两类犯罪与相关犯罪在罪质标准与刑罚配置上的关联性与差异性，这对科学配置两罪的条件起到了重要作用。不仅如此，注疏性研究还促进了研究层次的深化，这突出地表现为，在对《刑法》第238条第3款“债务”的内涵揭示、对《刑法》第239条所规定的“杀害被绑架人”的适用条件、绑架罪客观行为的内容以及绑架罪犯罪既遂认定标准等方面，取得了相当大的理论突破。

（二）非法拘禁罪、绑架罪研究之不足

1. 过分注重理论推演

这突出表现在：一是在非法拘禁罪的研究中，过分关注对本罪犯罪对象范围与

性质的判定，在解决问题的路径选择上未能准确把握行为的违法性评价与犯罪的社会危害性关系问题的分析，从而使现行的研究结论陷入简单的逻辑推理的怪圈，既无法有针对性地解决司法实践中迫切需要解决的现实问题，也未能切实推进对本罪研究的层次；二是在绑架罪构成要件的研究中，对绑架罪犯罪客体的研究投入了过多的精力，出现了文必论绑架罪客体、言必提出新论的研究窘境，过分夸大犯罪客体在绑架罪构成要件配置中的地位与作用，不仅不利于合理界定本罪的成立条件，对研究成果的深化亦无助益；三是对绑架罪刑罚配置的科学性欠缺正确的认识，盲目批评其刑罚的严厉性，忽视本罪与相关人身权利犯罪以及其他财产犯罪的界限，存在研究层次过于理论化的问题。

2. 亟待深化理论研究的层次

非法拘禁罪与绑架罪均属于司法实践中常见的犯罪。刑法理论研究以刑法规范为依据，不断深化对两类犯罪成立条件诸要素的研究层次，对于合理建构犯罪要件体系具有重要的作用。然而，刑法理论更应时刻关注司法实践中出现的新问题，以及时为司法实践提供有效的理论支持。而从目前的研究看，尽管两类犯罪的案例研究、实证研究已经开始受到理论界的关注，但其在研究中的重要地位尚未得以确立。

第十二章

抢劫罪

一、研究概况

从1978年至2008年我国刑法学界关于抢劫罪的研究情况来看，应当说，关于抢劫罪的研究成果是较为丰硕的。据不完全统计，期刊网上有关抢劫罪的文章达七百余篇。但总体而言，国内关于抢劫罪的专门著述较少。虽然在许多著述中都有关抢劫罪的专门论述，例如，赵秉志教授主编的《侵犯财产罪研究》（中国法制出版社1998年版）和《侵犯财产罪疑难问题司法对策》（吉林人民出版社2000年版）、赵秉志教授所著的《侵犯财产罪》（中国人民公安大学出版社1999年版）、金凯主编的《侵犯财产罪新论》（知识出版社1988年版）、刘明祥教授所著的《财产罪比较研究》（中国政法大学出版社2001年版）都对抢劫罪以一定的篇幅进行了论述，但是，专门论述抢劫罪的著作并不多见。国内第一本专门论述抢劫罪的专著是张国轩教授所著的《抢劫罪的定罪与量刑》（人民法院出版社2001年版），该书对于抢劫罪进行了较为系统、全面的论述，对以往关于抢劫罪的相关研究成果进行了分析、梳理，并提出了诸多合理的见解。之后，也陆续出版了其他的关于抢劫罪的专著，如沈志民所著的《抢劫罪论》（吉林人民出版社2005年版）。

从我国关于抢劫罪的研究内容来看，应当说，新刑法出台后，有关抢劫罪的研究较之以往，在研究的角度、深度等方面均发生了较大的变化。由此，可以将抢劫罪的研究大致地分为两个阶段：第一阶段是自1979年《刑法》的颁布至1997年

《刑法》的出台；第二阶段是1997年《刑法》的出台至今。在这两个阶段中，我国刑法及司法解释关于抢劫罪的规定均有一定的变化，并且，刑法基础理论的研究取得了突破性的进展，抢劫罪的研究由此也有了较大的变化。

（一）第一阶段：自1979年《刑法》的颁布至1997年《刑法》的出台

在此阶段，关于抢劫罪的研究主要集中于司法实践中所发生的一些典型的案件的处理，并就此结合抢劫罪的一些基本理论问题如抢劫罪的犯罪客体是什么、抢劫罪既未遂的区分标准是什么、抢劫罪的手段行为是否包括故意杀人行为等展开论述。具体而言，该阶段的研究具有如下特点。

1. 注重基础理论问题

该阶段关于抢劫罪的研究成果主要是围绕涉及抢劫罪的基本理论而展开的，即以抢劫罪为中心，结合刑法总则部分的相关内容而展开。例如，抢劫罪既遂、未遂的区分标准是什么，抢劫罪的手段行为是否包括故意杀人行为，抢劫罪的着手如何认定等。

2. 研究尚欠系统化、深入化

虽然在此阶段关于抢劫罪的研究成果不在少数，但较之下一阶段的研究成果而言，此阶段的研究成果尚欠系统化，不少研究成果均是围绕着抢劫罪中的某一部分进行研究，未能很好地展开系统化、全面性的研究，也未有关于抢劫罪的专著问世。此阶段研究的深度也显得不够。对于抢劫罪的一些争议，论者们均是站在各自的立场上进行论证，未能进行深层次的思考。即使有的论证是结合所谓“立法意图”、“立法目的”展开的，但对于这种抽象的“立法意图”、“立法目的”为什么是此而非彼，则没有进行更为深层次的论证。研究深度的不足，在很大程度上是由于我国当时对外国刑法的了解不够以及我国刑法基础理论研究不够深入。

3. 受1979年《刑法》规定之限制，此阶段研究的广度也受限

较之1997年《刑法》关于抢劫罪的规定，1979年《刑法》关于抢劫罪的规定较为简单。关于抢劫罪的研究，很大程度上是围绕着立法的规定而展开的。由于1979年《刑法》关于抢劫罪的规定相对简单，此阶段关于抢劫罪的研究也仅限于几个问题，而未能展开较为全面、系统的研究。

（二）第二阶段：自1997年《刑法》出台至今

这一阶段关于抢劫罪的研究成果较之前一阶段，无论是在深度还是广度上，均取得了突破性的进展。这其中的原因可以归结为如下几点。①1997年《刑法》对抢劫罪的规定较之1979年《刑法》，更为具体、细致。例如，1997年《刑法》第263条删去了1979年《刑法》第150条第2款中的“情节严重的”的表述，规定了8种加重情形的抢劫罪。关于这8种情形的抢劫罪如何认定的问题，刑法理论上结合立法目的、立法意图、人权保障与社会保护、罪刑法定与罪刑相适应原则等进行了较为深入的讨论。②刑法基础理论研究所取得的成就对于抢劫罪的研究起了重要的促进作用。有关抢劫罪的研究并非是一个孤立的问题，其与刑法理论中的其他问题是密切关联的。例如，关于加重构成的抢劫罪中的“抢劫致人重伤、死亡”是否存在犯罪既遂、未遂的区分，“致人重伤、死亡”中行为人的主观罪过形式是什么，就在很大程度上受制于结果加重犯的研究成果，有关结果加重犯研究的进展在很大程度上促进了该研究。③对于外国刑法理论的研究。对于外国刑法理论的借鉴、比较，在很大程度上促进了我国刑法基础理论及抢劫罪研究进展。此阶段的研究成果在深度与广度上之所以能取得突破性的进展，在很大程度上与对其他国家关于关于抢劫罪及相关问题的研究成果的借鉴密不可分。

具体而言，该阶段的研究具有如下特点。

1. 注重理论深度

同前一阶段的研究状况相比，此阶段的研究也是面向实践型的，但此阶段的研究成果十分注重理论深度。例如，刘艳红教授的《转化型抢劫罪主体条件的实质解释——以相对刑事责任年龄人的刑事责任为视角》（载《法商研究》2008年第1期），结合刑法的基本原则与机能、《刑法》第269条规定的精神实质及其法律拟制规定与转化犯的性质，根据《刑法》对未成年人犯罪刑事责任的规定以及刑法学界与司法实务部门对相关问题的一贯立场，从处罚的必要性与合理性的角度对于14至16周岁的人是否成立转化型抢劫展开了论述。又如，对于如何理解“入户抢劫”，已经不仅仅局限于通过模糊不定的“文义解释”、“立法意图”、“立法目的”等，而是在此基础上结合刑法的人权保障机能与社会保护机能、罪刑法定原则与罪刑相适应原则等进行实质合理性的解释。

2. 注重对外国刑法理论中相关问题的借鉴

这一时期对于抢劫罪相关问题的研究，已经开始注重对国外相关研究成果的借鉴。例如，刘明祥教授所著的《财产罪比较研究》，通过对国外关于抢劫罪及相关财产犯罪较为系统的研究，使我们进一步认识到我国目前刑法学理论关于抢劫罪研究的视角、方法所存在的诸多不足。张明楷教授所著的《外国刑法纲要》一书对于国外的刑法理论有较为系统的介绍，其中，对于抢劫罪及相关犯罪也作了较为详细的研究。在此基础上，国内关于抢劫罪的研究成果在研究的视角、论证理由方面，均在很大程度上借鉴了外国刑法理论的相关研究成果。

3. 关于抢劫罪的系统化研究已经逐步展开

应当说，在1997年以前，国内尚未有一本关于抢劫罪的专门著述，所有的研究均是围绕着抢劫罪的某一方面或某些方面零散地进行的。而在此阶段，有关抢劫罪的系统化、全面化的研究已经逐步展开，有不少关于侵犯财产罪的著述对于抢劫罪进行了较为系统、深入的论述。

4. 最高司法机关也十分注重对于抢劫罪相关问题的研究

应当说，刑法理论对于抢劫罪的争论主要是源于司法实践中对于具体问题在定性处理上的困惑。最高司法机关已经注意到了这一问题，并为此出台了几个涉及抢劫罪的司法解释。应当说，这些司法解释在很大程度上均是有较为完善的理论支撑的，有些司法解释的规定本身就带有说理的成分。例如，2005年6月8日最高人民法院《关于审理抢劫、抢夺刑事案件适用法律若干问意见解释》在对于“抢劫罪的既遂、未遂的认定”等的解释中，就列明了相关解释结论的理由。

5. 研究的领域也逐步细致化

较之1979年《刑法》，1997年《刑法》关于抢劫罪的规定更为细致，这也使得刑法理论上对于抢劫罪的研究更为细致。例如，1979年《刑法》将加重型抢劫罪的加重事由仅规定为“情节严重的或者致人重伤、死亡的”，而1997年《刑法》则将加重型抢劫罪的加重事由细化为8种情形。刑法理论上的研究成果已经涉及这8种情形如何具体认定的问题，研究的内容也相当具体，对于实践中的诸多疑难问题均有所涉及。例如，随着交通工具的多样化，围绕着“在公共交通工具上抢劫”如何理解的问题，研究的触角几乎涉及实践中所有的相关问题，如单位内部接送职工的班车是否属于交通工具，单位内部运行的、不在公共道路上行驶的汽车是否属于公共交通工具，从事营运的“黑车”是否属于“公共交通工具”，“小型出租汽车”是否属于“公共交通工具”，等等。

6. 研究的视角逐步与时俱进

在这一阶段，有关抢劫罪的研究，已经不仅仅限于抢劫罪本身的研究，而且结合最新的刑法理论与实践来展开。例如，随着当今世界限制、废除死刑的呼声日趋高涨，刑法理论上不少论者对于抢劫罪的死刑问题展开了较为深入的研究。例如，阴建峰、王玉涛的《论抢劫罪死刑的立法控制》一文（载《河北法学》2008年第2期）从立法的角度论证了在抢劫罪中如何限制死刑的适用。针对实践中新近出现的一些特殊类型的抢劫，李希慧的《抢劫罪的对象、标准及转化问题研究》（载《人民检察》2007年第18期）一文进行了研究。

总体而言，刑法理论关于抢劫罪的研究成果是令人可喜的。首先，关于抢劫罪的研究注重实践性。可以说，实践中涉及抢劫罪的一些争议问题，刑法理论均进行了研究。其次，关于抢劫罪的研究，具有较高的理论深度。再次，注重中外刑法理论的比较研究。在当今刑法理论中关于抢劫罪的研究成果中，许多均是在借鉴了国外已有的研究成果的基础上，结合我国的立法与实践而展开的。最后，目前关于抢劫罪的研究成果已经不仅仅局限于抢劫罪本身，而是涉及诸多的刑法基础理论的问题，例如，刑法的实质解释论、刑法的价值、理念等。当然，其中所面临的问题仍然是不容忽视的。还有，即使最高司法机关就抢劫罪的相关问题作了诸多的解释，但这些解释的合理性、合法性仍然受到不少论者的质疑；在诸多关于抢劫罪的具体问题上还仍然存在诸多的争议，并没有取得统一的认识。同德国、日本关于抢劫罪的研究水平相比较，我国对于相关问题的研究水平仍有待于进一步提高。

二、观点综述

（一）典型抢劫罪[①]的基本犯形态的客观特征

1. 典型抢劫罪是否只能由复合行为构成

对此，理论上的通说认为，抢劫罪客观上由目的行为和方法行为所构成。[②] 抢

① 典型抢劫罪，是指《刑法》第263条规定的抢劫罪。

② 参见高铭暄主编：《新编中国刑法学》（下），762页，北京，中国人民大学出版社，1998。

劫罪与敲诈勒索罪的区别实际上可以浓缩为一点：抢劫罪在客观上表现为必须具有两个“当场”，即作为威胁内容的暴力具有实现的当场性、劫取财物的当场性；而敲诈勒索罪在客观上只有一个“当场”，暴力威胁内容的实现和取得财物在时空上不能具有同时性，即或者以当场实施暴力相威胁要求被害人以后交付财物，或者以日后实施暴力相威胁要求被害人当场交付财物，总之两者不能同时发生，否则就不是敲诈勒索，而是抢劫。①

而有论者则认为，作为同时侵犯人身权和财产权的犯罪，抢劫罪当然可以由强制人身和强取财物两个相对独立的行为构成，但是不能因此认为抢劫罪就属于复合行为的犯罪，只能由两个行为构成。在论者看来，单一行为也可以构成抢劫罪，主要理由如下。①从我国刑法关于抢劫罪的规定来看，并不能得出其必须由复合行为构成的结论。“暴力、胁迫或者其他方法”在条文中是作为“抢劫”的方法加以规定的，理论界通常将其理解为“方法行为”或“手段行为”。但是，不能因为“胁迫”、“其他方法”是行为就得出“暴力”也必须是行为的结论，而应该承认其可以是指取财行为的性质，进而肯定抢劫罪可以由单一行为构成。②单一行为完全可以包含强制人身和获取财物两项内容，从而既侵犯人身权又侵犯财产权。③从我国刑法关于“携带凶器抢夺”的规定来看，抢劫罪可由单一行为构成。④认为抢劫罪可由单一行为构成，不会导致抢劫罪与抢夺罪界限的模糊。在单一行为强取财物并致人伤亡的情形中，认定行为人构成抢劫罪还是抢夺罪，只要根据行为的暴力程度即可加以区分，至于如何确定暴力是否足以抑制他人反抗，虽然有一定难度，但并非不可认定。⑤如果认为抢劫罪必须由复合行为构成，那么在实践中，行为人以严重危及人身安全的单一行为强行夺取财物的，定性则非常困难。②

2. 典型抢劫罪中“当场”的理解问题

有论者认为，对于“当场”的理解不能过于狭窄。暴力、胁迫等方法与取得财物之间虽然持续一定时间，也不属于同一场所，但从整体上看行为并无间断的，也应认定为当场取得财物。③ 有论者认为，“当场”不是一个纯粹的时空概念，而是一定物质内容的存在形式。脱离了物质内容的时间和空间是不存在的，也无从把握。对于在以暴力威胁实施的抢劫罪中，“当场”的认定，必须结合行为人的暴力威胁以及所形成的对被害人的身体和精神强制的方式和程度，针对具体案件予以具体分析认定。只要暴力威胁造成了强制，且该强制一直持续，即使时间延续较长，空间也发生了一定的转换，同样可以认定符合“当场”的要求。④ 对“当场”的认定要结

① 参见赵秉志主编：《中国刑法典型案例研究》，第4卷，227～228页，北京，北京大学出版社，2008。

② 参见张永红：《抢劫罪行为结构检讨》，载《中国刑事法杂志》，2008（6）。

③ 参见张明楷：《刑法学》，3版，711页，北京，法律出版社，2007。

④ 参见最高人民法院刑事审判第一庭、第二庭：《刑事审判参考》，2001年第12辑，31页，北京，法律出版社，2002。

合具体案件的具体情况进行分析是正确的。但是，“强制”的延续必须限于身体强制，精神强制的延续不能认定为符合抢劫罪“当场”的要求，否则，是没有办法区别抢劫罪与敲诈勒索罪的，因为敲诈勒索之所以能让他人在后来交出财物，其实就是精神强制延续作用的结果。如果认为抢劫罪中暴力威胁的精神强制可以延续至被害人交出财物，则所有的敲诈勒索都可能是抢劫了。①

我国刑法理论界的通说认为，抢劫罪的客观方面应符合两个“当场”的要求，即当场实施人身强制行为，当场劫取财物。而有论者则提出，如果行为人当场实施了足以抑制对方反抗的暴力，令对方事后交付财物的，也应认定为抢劫罪。因为抢劫与敲诈勒索的区别，既不在于是否当场实施了暴力行为，也不在于当场取得了财物；敲诈勒索也可能实施了轻微暴力，敲诈勒索也可能当场取得财物。在行为人当场实施了暴力的情况下，如果足以抑制对方的反抗，则应认定为抢劫；否则只能认定为敲诈勒索。所以，不能简单地以当场是否得到财物来区分抢劫罪与敲诈勒索罪。换言之，抢劫不一定要当场取得财物，只要当场实施暴力或者当场以暴力相威胁，并足以抑制对方反抗即可；暴力、胁迫或者其他强制方法应该当场实施，但取得财物不必具有当场性。② 有论者曾经主张，抢劫罪中的强制行为不应要求“当场”实施，取得财物则应具有当场性。③ 该论者后来认为，对于由复合行为构成的抢劫罪而言，既不应要求人身强制的行为“当场”实施，也不应要求行为人“当场”取得财物。一方面，抢劫罪不要求“当场”实施强制。“当场”的确定以一个特定的时空参照系为前提，而抢劫罪中的强制行为又不存在这样一个参照系，那么要求强制行为具有“当场性”（或“当场”实施）就令人无法理解。另一方面，只要行为人获得财物时被害人处于被抑制反抗的状态，强制行为与获得财物之间的因果关系就可以得到确认，而被害人是否处于被抑制反抗的状态，与财物是否当场获得并没有必然的联系。易言之，行为人当场获得财物，并不意味着强制行为与获得财物之间的因果关系就必然存在；行为人非当场获得财物，也并不意味着强制行为与获得财物之间的因果关系就必然不存在。④

3. 典型抢劫罪中手段行为与目的所指向的对象是否必须是同一个人的问题

对此，一种观点认为，抢劫罪与绑架罪的关键区别是：在抢劫罪中，侵犯人身权利的手段行为与劫取财物的目的行为所指向的对象必须是同一个人，且目的行为的实施具有“当场性”；在绑架罪中，绑架行为与勒索财物或其他不法要求所指向的对象不能是同一个人，不法要求只能向被绑架人的亲属或其他利害关系人提出，且

---

① 参见赵秉志主编：《中国刑法典型案例研究》，第4卷，228页，北京，北京大学出版社，2008。

② 参见张明楷：《抢劫罪中的疑难问题》，载顾军主编：《侵财犯罪的理论与司法实践》，12页，北京，法律出版社，2008。

③ 参见张永红、张鑫磊：《论抢劫罪中的“当场”》，载《福建公安高等专科学校学报》，2007（3）。

④ 参见张永红：《抢劫罪行为结构检讨》，载《中国刑事法杂志》，2008（6）。

勒索财物目的的实现不具有“当场性”。[①] 抢劫罪中取财行为的指向对象无须是人身被强制的对象，也可以是被强制者以外的第三人。理由如下。①在取财行为指向第三人的情形中，强制行为与获取财物的结果之间仍然可能存在刑法上的因果关系。行为人通过对被害人实施人身强制取得冒充被害人地位或身份的可能，进而利用这种地位或身份从第三人处取财的，其强制行为与获取财物结果之间的因果关系是十分明显的。②认为抢劫罪的取财行为可以指向第三人，仍然可以实现其与绑架罪的区分。理论上通常将取财行为指向对象的不同作为抢劫罪与绑架罪的重要区分标准。但是，抢劫罪与绑架罪区分的关键并不在于取财行为指向对象的差异，而在于它们取财方式的不同，所以在取财行为指向第三人的情形中，完全可以根据其取财方式的特征认定行为人构成抢劫罪还是绑架罪。具体来说，绑架罪的本质是以被绑架人作为人质要挟第三人，使第三人产生心理上的恐惧而被迫交付财物，所以其向第三人的取财行为具有胁迫性质，隐含着“若不交付财物，即杀伤被绑架人”的内容；而在抢劫罪取财行为指向第三人的情形中，行为人并非利用自己对被害人的控制胁迫第三人交付财物，而往往是通过冒充被害人来骗取第三人的财物，所以其取财行为具有欺诈性质，第三人是因为对行为人的身份或地位产生了错误认识“自愿”而非“被迫”交付财物。③如果认为抢劫罪中取财行为的指向对象必须是强制行为的对象，会出现重罪轻罚的现象，从而违背罪刑均衡的原则。[②]

4. 典型抢劫罪中“暴力”的理解问题

（1）暴力的含义问题

对此，有论者指出，“暴力”一词在不同的场合有着不同的含义。最广义的暴力是指一切有形力之不法行使。广义的暴力是指对人为一切有形力之不法行使。最狭义的暴力是指对人之身体且以足以抑制对方反抗之程度为有形力之不法行使。抢劫罪中的暴力应是最狭义的暴力，即指对人身实施强烈打击或强制，如殴打、捆绑、伤害、禁闭，等等。实施暴力的目的是为了排除或压制被害人的反抗，以便迫使他人当场交出财物，或者当场劫取他人财物。[③] 有论者主张，暴力应当是指直接作用于人体或物体的、足以抑制被害人反抗的物理性的强制力量。是否足以抑制被害人的反抗，应当以一般被害人的反应作为依据。[④]

（2）暴力行为所指向的对象问题

对此，一种观点认为，暴力方法，主要是指对人身实施强烈的打击或强制。根

---

① 参见赵秉志主编：《中国刑法典型案例研究》，第4卷，281页，北京，北京大学出版社，2008。

② 参见张永红：《抢劫罪行为结构检讨》，载《中国刑事法杂志》，2008（6）。

③ 参见梁展源、李登杰：《论抢劫罪之方法行为与目的行为》，载《中国人民公安大学学报》（社会科学版），2008（4）。

④ 参见曾粤兴、贾凌：《抢劫罪、抢夺罪若干问题研究》，载《中国人民公安大学学报》，2003（1）。

据《刑法》第289条的规定，在“聚众打砸抢”中，毁坏或者抢走公私财物的，除判令退赔外，对首要分子，以抢劫罪论处，这里包含了对财产的暴力。① 而另一种观点则认为，抢劫罪中暴力的对象只能是人，而不包括物。理由是：首先，抢劫罪的暴力是用来排除或压制被害人反抗的，而对财物实施暴力（如砸毁等），则并不能直接排除或压制被害人的反抗，如果行为人为使被害人产生恐惧心理而对物实施暴力，足以抑制其反抗的，其实质应是胁迫；其次，由抢劫罪的本质决定，抢劫行为除了侵犯财产之外，还侵犯被害者的生命、身体、自由，如果暴力不针对人身而仅针对财物实施，那就应该归属于毁坏型财产犯罪；最后，对聚众“打砸抢”中毁坏公私财物的行为以抢劫罪论处，不仅有损我国刑事立法的严肃性，也明显有违刑法的正当性要求。将毁坏财物与抢劫财物这样两个原本在主观与客观方面都存在重大差异的行为，予以等量齐观并配置同样的法定刑，这实在是让人百思不得其解。②

（3）暴力的对象除财物所有人、保管人或者持有人之外，是否包括其他在场人的问题

对此，有论者持肯定态度，认为暴力的对象并不限于财物所有人、保管人或者持有人；在某些情况下，暴力也可能施加于在场的与财物所有人或保管人有某种密切关系的人。③ 有论者则认为，将暴力的对象扩大至在场的“与其有着密切关系的人”，无助于对抢劫行为中暴力的正确认定。抢劫罪中的暴力是行为人为排除或压制被害人的反抗，以便当场劫取其占有的财物而实施的，而这种当着被害人的面对与其有密切关系的人实施暴力，并不能直接起到排除被害人反抗的强制效果，此时的暴力实质上是起到了对前者的胁迫作用。但暴力的对象不能由此限定为财物的所有人、保管人或者持有人等有权处分财物的人，还应当包括其他能妨碍劫取财物的人。④ 还有论者认为，如果行为人对于被害人以外的第三人当场使用暴力或威胁使用暴力，逼迫被害人本人当场交出财物，这实际上属于行为人通过针对第三人实施暴力或威胁使用暴力胁迫被害人本人的情形，是使财物所有人、保管人或持有人不敢反抗的一种方法，其本质上属于对被害人胁迫的一种表现形式。⑤

（4）暴力的程度问题

对此，理论上存在不同的理解。

第一种观点认为，只要犯罪人所采取的暴力行为是故意用来排除被害人的反抗

① 参见高铭暄主编：《新编中国刑法学》（下），763页，北京，中国人民大学出版社，1998。

② 参见梁晟源、李登杰：《论抢劫罪之方法行为与目的行为》，载《中国人民公安大学学报》（社会科学版），2008（4）。

③ 参见赵秉志：《侵犯财产罪》，52页，北京，公安大学出版社，2003。

④ 参见梁晟源、李登杰：《论抢劫罪之方法行为与目的行为》，载《中国人民公安大学学报》（社会科学版），2008（4）。

⑤ 参见赵秉志主编：《中国刑法典型案例研究》，第4卷，275页，北京，北京大学出版社，2008。

从而劫取公私财物的手段，则不论这一暴力行为是严重侵害被害人人身的殴打、伤害甚至杀害行为，还是仅属于扭抱、捆绑、禁闭等较轻的身体强制行为，均属于我国刑法中的抢劫罪的暴力行为。① 理由是：有时同样的暴力对不同的被害人可能产生不同程度的作用；要确定暴力是否达到了足以使被害人不能抗拒的程度，难以用具体的标准来掌握认定。②

第二种观点认为，只有足以危害被害人的生命与健康的暴力，才能构成抢劫罪的暴力行为；未达此程度的侵犯人身而非法占有财物的行为，只能构成抢夺罪。③

第三种观点认为，暴力必须达到抑制被害人反抗的程度，但不必达到危及被害人生命或健康的程度。④ 但是，如果由此得出结论说，要求暴力必须达到实际上抑制被害人反抗的程度，也是值得商榷的。因为，同样程度的暴力，对不同的人可能产生不同的作用。⑤

5. 典型抢劫罪中“其他方法”的理解问题

对于“其他方法”的争论，主要是围绕着劝酒或灌酒劫取他人财物的定性问题而展开的。对此，刑法理论上存在如下几种不同的观点。

第一种观点认为，劝酒或灌酒劫取他人财物的行为构成盗窃罪。⑥

第二种观点认为，对把被害人灌醉、乘其昏睡取其财物的行为，应认定为以其他侵害人身的行为实施的抢劫罪。⑦

第三种观点认为，如果被害人喝酒达到一定量后拒绝再喝，而行为人强行将其灌醉或者在不容易致醉的低度酒中掺进大量高度酒，在被害人不知情时骗其过量饮用致醉，并以此作为使被害人失去保护财物能力的方法，乘其昏睡拿走其财物的，这同强行使被害人服用安眠药或在其食物中秘密投放安眠药，致被害人昏睡后取财具有同样的性质，应该以抢劫罪论处。⑧

第四种观点认为，“劝酒”的原因决定着其取财行为的性质。基于活跃气氛等善意，乘被害人醉酒而取财当然属于盗窃；基于取人钱财的恶意，将“劝酒”作为实

---

① 参见陈兴良主编：《罪名指南》（上），778页，北京，中国政法大学出版社，2000。

② 参见高铭暄主编：《新编中国刑法学》（下），764页，北京，中国人民大学出版社，1998。

③ 参见赵秉志主编：《侵犯财产罪疑难问题司法对策》，36页，长春，吉林人民出版社，2000。

④ 参见刘明祥：《论抢劫罪的方法行为与目的行为》，载《河南省政法管理干部学院学报》，2005（1）。

⑤ 参见梁晟源、李登杰：《论抢劫罪之方法行为与目的行为》，载《中国人民公安大学学报》（社会科学版），2008（4）。

⑥ 参见冯亚东、刘凤科：《论抢劫罪客体要件之意义》，载《华东政法学院学报》，2003（2）。

⑦ 参见赵秉志主编：《侵犯财产罪研究》，62页，北京，中国法制出版社，1998。

⑧ 参见刘明祥：《论抢劫罪的方法行为与目的行为》，载《河南省政法管理干部学院学报》，2005（1）。

施取财行为的手段，乘被害人醉酒而取财的，属于抢劫。①

（二）典型抢劫罪的加重形态

1.“入户抢劫”

“入户抢劫”属于加重构成的抢劫，在实践中具有一定的典型性。围绕着如何认定“入户抢劫”，刑法理论上主要对如下问题产生了争议。

（1）关于“户”的理解

司法实践中由于现实案件的复杂性，对于单位集体宿舍、宾馆客房、临时搭建的工棚等是否属于“户”的范围仍存在分歧。关于“户”所包括的范围，主要存在如下理解。第一种观点认为，“户”是指供家庭生活居住的地方；② 第二种观点认为，对“户”的认定应当从严把握，以体现罪刑相适应原则，“户”一般是指住所，其具有供人家居生活使用的功能特征和与外界相对隔离的场所特征；③ 第三种观点认为，“户”指人长期或固定生活、起居或者栖息的场所，包括私人住宅以及宾馆房间、固定值班人员的宿舍等场所；④ 第四种观点认为，“户”是指公民生产、生活的封闭性场所，除了私人住宅之外，其他供人们生活、学习、工作的建筑物，如国家机关、企事业单位、人民团体、社会团体的办公场所、公众生产、生活的封闭性场所，也属于“户”的范围；⑤ 第五种观点认为，“户”是指允许特定人员出入、生活、工作的地方，既包括公民的住宅和院落，也包括机关、团体、企业事业等单位的院落和办公室，还包括以船为家的渔民的渔船以及旅客在旅馆居住的房间。⑥

（2）关于“入户”的理解

对此，存在以下不同的观点：第一种观点认为，只有“为了抢劫”而入户的，才可以认为是“入户”，其他情形下的虽然在“户”中抢劫，也不能认定为是“入户抢劫”；⑦ 第二种观点认为，只要是“非法入户”的，无论是否基于犯抢劫罪的目的，均可成立入户抢劫；⑧ 第三种观点认为，无论是基于何种原因“入户”，只要是

---

① 参见曾粤兴、贾凌：《抢劫罪、抢夺罪若干问题研究》，载《中国人民公安大学学报》，2003（1）。

② 参见顾保华：《〈关于审理抢劫案件具体应用法律若干问题的解释〉的解读与评析》，载《人民检察》，2005（8）；逄锦温：《抢劫罪司法认定中若干问题的探讨》，载《法学评论》，2002（1）。

③ 参见龚培华、张菁：《“抢劫犯罪法律疑难问题”研讨会综述》，载《法学》，2005（8）。

④ 参见周振想、林维：《抢劫罪特别类型研究》，载《人民检察》，1999（1）。

⑤ 参见肖中华：《论抢劫罪适用中的几个问题》，载《法律科学》，1998（5）。

⑥ 参见张凤阁主编：《最新刑法释义与适用指南》，427页，北京，中国检察出版社，1997。

⑦ 参见龚培华、张菁：《“抢劫犯罪法律疑难问题”研讨会综述》，载《法学》，2005（8）；肖中华：《论抢劫罪适用中的几个问题》，载《法律科学》，1998（5）。

⑧ 参见郭立新、杨迎泽主编：《刑法分则适用疑难问题解》，172页，北京，中国检察出版社，2000；刘明祥：《论抢劫罪的加重犯》，载《法律科学》，2003（1）；顾保华：《〈关于审理抢劫案件具体应用法律若干问题的解释〉的解读与评析》，载《人民检察》，2005（8）。

在“户”内实施抢劫行为，均可以成立“入户抢劫”；① 第四种观点认为，对“入户”应当予以区别对待。如有论者分别提出了如下四种情况：先有抢劫故意而后入户抢劫的，成立入户抢劫；为了盗窃、诈骗、抢夺而入户，因发现有人在家转而实施抢劫，或者骗局被揭穿或者抢夺不成，转而实施抢劫的，应当视为入户抢劫；出于其他动机、目的非法侵入他人住宅，之后起意进行抢劫的，成立入户抢劫；以合法理由进入他人住宅后突发犯意而抢劫的，不成立入户抢劫。②

(3) 关于“暴力、胁迫或者其他方法”实施的地点

在入户抢劫中，行为人实施了“暴力、胁迫或者其他方法”。关于这些手段行为是否应当在户内实施的问题，存在不同的观点。

一种观点认为，作为入户抢劫的“暴力、胁迫或者其他方法”的实行行为，必须在户内实施，才能成立“入户抢劫”。③

另一种观点认为，“入户抢劫”中的暴力、胁迫行为必须在户内发生，但如果行为人在户外对被害人使用暴力或以暴力相威胁后，又跟随被害人至家中取财，则应视作暴力从户外至户内的延伸。④

(4) 对户主以外的第三人实施抢劫的，能否认定为“入户抢劫”

对此，存在以下不同的观点。

第一种观点认为，对此种情形不能以抢劫罪论处。如有论者指出，“对户主以外的其他人实施抢劫，虽然也侵犯了户主的住宅安全，但没有侵犯户主的人身与财产权。尽管也侵犯了其他人的人身与财产权，但户保护的应该是户主本人的人身与财产权。所以对于上述情况不应认定为入户抢劫”。⑤

第二种观点认为，对此种情形应当以“入户抢劫”论处。如有论者指出，“入户抢劫的危害性在于行为人利用了被害人在住所内不易得到救助的状况，因此行为人入户对第三人实施抢劫系利用了户与外界相对隔离状况的，应认定为入户抢劫”。⑥

第三种观点认为，原则上不认定为是入户抢劫，但如果居民知道行为人是在实施犯罪行为，行为人所实施的行为因而也就给住户居民的人身和财产安全带来威胁，行为人若仍然继续实施抢劫犯罪的，应当认定行为人的抢劫行为是入户抢劫。⑦

---

① 参见熊洪文：《再谈对抢劫罪加重情形的认定》，载《人民检察》，1999 (7)；侯国云、么惠君：《“入户抢劫”与“在户内抢劫”区别何在》，载《人民检察》，2005 (11)。

② 参见王作富：《抢劫罪研究》，载姜伟主编：《刑事司法指南》，第1辑，19页，北京，法律出版社，2000。

③ 参见顾保华：《〈关于审理抢劫案件具体应用法律若干问题的解释〉的解读与评析》，载《人民检察》，2005 (8)。

④ 参见龚培华、张菁：《“抢劫犯罪法律疑难问题”研讨会综述》，载《法学》，2005 (8)。

⑤ 张永红：《“入户抢劫”新论》，载《河北法学》，2006 (11)。

⑥ 龚培华、张菁：《“抢劫犯罪法律疑难问题”研讨会综述》，载《法学》，2005 (8)；吴保宏：《如何认定“入户抢劫”?》，载《法学论坛》，2006 (5)。

⑦ 参见逄绵温：《抢劫罪司法认定中若干问题的探讨》，载《法学评论》，2002 (1)。

2.“在公共交通工具上抢劫”的认定

（1）关于“公共交通工具”的范围

第一，小型出租汽车是否属于“公共交通工具”。

对此，一种观点认为，小型出租汽车属于“公共交通工具”。如有论者指出，在小型出租车上抢劫的犯罪在一些城市呈现高发态势，犯罪分子大多手段残忍，既劫财又杀人的案件屡见不鲜，应当将小出租车列为“公共交通工具”。① 有的论者提出了如下理由：其一，出租车是一种面向公众的交通工具；其二，实践中，抢劫出租车司机是一种较为严重的犯罪行为。② 另一种观点则认为，小型出租汽车不属于“公共交通工具”。之所以对“在公共交通工具上抢劫”规定较重的刑罚，主要是由于此种情形下被害人一般来自四面八方，一旦遭抢，社会影响更广泛，而且对公共交通事业也会造成极大的破坏。③ 还有的论者认为，出租车属于私人用车，虽然谁都可以去租用出租车，但该出租车一旦被租出去，就具有排他性，即他人不能同时再来承租该车辆。④

第二，单位内部接送职工上下班的班车是否属于“公共交通工具”。

对此，存在以下不同的观点：一种观点认为，单位内部接送职工的班车不属于“公共交通工具”；⑤ 另一种观点则认为，单位内部接送职工的班车需要区别对待。如有论者指出，公共交通工具的行驶区间具有社会性，即必须是在城市或乡村公路上行驶。对于单位内部接送职工的班车是否属于“公共交通工具”，需要结合其行驶的区间来分别认定。⑥

第三，“黑车”是否属于“公共交通工具”。

对此，一种观点认为，“黑车”未经有关国家机关批准，不属于“公共交通工具”的范畴；⑦ 另一观点则认为，在“黑车”上抢劫属于“在公共交通工具上抢劫”。如有论者指出：首先，无论是刑法，还是《关于审理抢劫案件具体应用法律若干问题的解释》都未明确指出公共交通工具必须具备合法性；其次，“黑车”也具有公共交通工具的公共服务性和运输乘客的特定功能；最后，犯罪行为对象的不合法

---

① 参见项谷、曹坚：《抢劫罪的情节加重犯若干问题探讨》，载《华东政法学院学报》，2001（4）。

② 参见周道鸾等主编：《刑法的修改与适用》，574页，北京，人民法院出版社，1997。

③ 参见王作富：《抢劫罪研究》，载姜伟主编：《刑事司法指南》，第1辑，19页，北京，法律出版社，2000；李斌：《出租车乘客抢劫司机是否属于“在公共交通工具上抢劫”?》，载《法庭内外》，1998（2）。

④ 参见侯国云、陈丽华：《有关抢劫罪的几个问题》，载《中国刑事法杂志》，2000（3）；项谷、曹坚：《抢劫罪的情节加重犯若干问题探讨》，载《华东政法学院学报》，2001（4）。

⑤ 参见王作富：《抢劫罪研究》，载姜伟主编：《刑事司法指南》，第1辑，21页，北京，法律出版社，2000。

⑥ 参见刘明祥：《论抢劫罪的加重犯》，载《法律科学》，2003（1）。

⑦ 参见李华、绍民：《对抢劫“黑车”司机财物的行为如何适用法律》，载《上海检察调研》，2000（5）。

性并不能否定犯罪行为。①

（2）如何理解在公共交通工具“上”抢劫

对此，一种观点认为，在公共交通工具上抢劫，是指行为人本身就在交通工具上，或者拦截交通工具后上车抢劫；② 另一种观点认为，不论是在交通工具“上”还是“下”，其社会危害性是完全相同的，应一并认定。③

（3）在公共交通工具上对特定的人实施抢劫的，如何定性

对于在交通工具上所实施的针对特定的人实施的抢劫行为，如在公共交通工具上针对特定的乘客实施麻醉后劫取财物的，能否认定为“在公共交通工具上抢劫”的问题，存在以下不同的观点。一种观点认为，此种情形下的抢劫不具有“公然性”，不能认为是在公共交通工具上抢劫；④ 另一种观点认为，行为人只要主观上具有在运营中的公交工具上抢劫的故意，客观上实施了暴力劫财的行为，无论其具体的抢劫手段是公开还是秘密的，无论其行为是否被他人察觉，均可构成在交通工具上抢劫。⑤

3.“多次抢劫或抢劫数额巨大”的认定

（1）“多次”的认定

对此，存在以下不同的观点。一种观点认为，所谓“多次”，一般是指在不同时间、不同地点实施抢劫3次以上（包括对同一人实施）。在同一地点，不间断地对2个人以上依次实施抢劫，应视为一次。行为人预定计划要连续抢劫数户人家的，符合连续犯的概念，也应视为一次。⑥ 另一种观点对上述观点提出反对意见，认为应当将连续抢劫的行为作为多次抢劫罪处罚。此种情形如果只作为一次犯罪处理，势必得出行为人以概括的故意，在一段较长的时间内多次抢劫的行为，也只能作为一次犯罪处理的结论。⑦

（2）如何理解“多次抢劫”中的每次“抢劫”

对此，存在以下不同的观点。第一种观点认为，多次抢劫关注的是抢劫的次数，而不是关注犯罪形态，因此，抢劫预备、未遂等未完成形态并不影响“多次抢劫”

---

① 参见项谷、曹坚：《抢劫罪的情节加重犯若干问题探讨》，载《华东政法学院学报》，2001(4)。

② 参见周振想、林维：《抢劫罪特别类型研究》，载《人民检察》，1999（1）。

③ 参见熊洪文：《再谈对抢劫罪之加重情形的认定》，载《人民检察》，1999（7）；王作富：《抢劫罪研究》，载姜伟主编：《刑事司法指南》，第1辑，19页，北京，法律出版社，2000。

④ 参见龚培华、张菁：《“抢劫犯罪法律疑难问题”研讨会综述》，载《法学》，2005（8）。

⑤ 参见顾保华：《〈关于审理抢劫案件具体应用法律若干问题的解释〉的解读与评析》，载《人民检察》，2005（8）。

⑥ 参见王作富：《抢劫罪研究》，载姜伟主编：《刑事司法指南》，第1辑，21页，北京，法律出版社，2000。

⑦ 参见谢彤：《“多次抢劫或者抢劫数额巨大”的理解与适用》，载《福建政法管理干部学院学报》，2003（4）。

的认定；① 第二种观点认为，“多次抢劫”应当以每次抢劫均达到犯罪既遂为条件；② 第三种观点认为，“多次抢劫”以严惩惯犯、常习犯为旨意。对于多次抢劫预备行为，由于行为人尚未着手实行犯罪，惯犯、常习犯的客观特征并不明显或突出，况且多次抢劫的起点刑为10年有期徒刑以上的重刑，故不宜将社会危害性程度并非十分严重的多次抢劫预备行为纳入其中，多次抢劫未遂的，可以认为是“多次抢劫”；③ 第四种观点认为，只要有3次或3次以上的抢劫行为，不论每次抢劫行为是否构成犯罪，构成犯罪的抢劫行为是否达到既遂形态，都是“多次抢劫”。④

（3）“抢劫数额巨大”的认定

对此，存在以下不同的观点：第一种观点认为，对“数额巨大”的认定应坚持主客观相统一，⑤ 如果仅仅因为行为人未能实际获得该数额巨大的财物以普通抢劫罪论处，显然忽视了行为人主观恶性，会出现罚不当罪的结果；⑥ 第二种观点认为，“数额巨大”是一种客观标准，即以行为人实际抢得的数额作为抢劫罪的数额；⑦ 第三种观点认为，“数额较大”主要是一种客观评价，考量的是行为人抢劫所得的实际财物数额。但在特殊情况下，应以主客观相一致的原则去认定“抢劫数额巨大”。⑧

4. “抢劫致人重伤、死亡”的认定

2001年5月23日最高人民法院《关于抢劫过程中故意杀人案件如何定罪问题的批复》明确规定，“行为人为劫取财物而预谋故意杀人，或者在劫取财物过程中，为制伏被害人反抗而故意杀人的，以抢劫罪定罪处罚。行为人实施抢劫后为灭口而故意杀人的，以抢劫罪和故意杀人罪定罪，实行数罪并罚。”在该司法解释出台之前，刑法理论上对于抢劫“致人死亡”是否包括故意杀人就存在争议。即使在该规定出台后，争议仍未平息。

第一种观点认为，抢劫致人死亡包括故意杀人。⑨ 有论者列举了如下具体的理由：①结果加重犯并不排除对于加重结果存在故意的情况；②抢劫罪中的暴力行为决定了在逻辑上应当包容由此所导致的任何结果；③抢劫罪的结果加重犯与故意杀

① 参见万鄂湘、张军主编：《最新刑事法律文件解读》，第3辑，86页，北京，人民法院出版社，2005。

② 参见张国轩：《抢劫罪的定罪与量刑》，362页，北京，人民法院出版社，2001；刘明祥：《论抢劫罪的加重犯》，载《法律科学》，2003（1）。

③ 参见黄祥青：《抢劫罪情节加重犯的认定思路与方法》，载《政治与法律》，2005（6）。

④ 参见肖中华：《论抢劫罪适用中的几个问题》，载《法律科学》，1998（5）；郭立新、杨迎泽主编：《刑法分则适用疑难问题解》，177页，北京，中国检察出版社，2000。

⑤ 参见张国轩：《抢劫罪的定罪与量刑》，363页，北京，人民法院出版社，2001。

⑥ 参见谢彤：《“多次抢劫或者抢劫数额巨大”的理解与适用》，载《福建政法管理干部学院学报》，2003（4）。

⑦ 参见周振想、林维：《抢劫罪特别类型研究》，载《人民检察》，1999（1）。

⑧ 参见肖中华：《论抢劫罪适用中的几个问题》，载《法律科学》，1998（5）。

⑨ 参见杨敦先：《试论抢劫罪的几个问题》，载《法学研究》，1983（2）。

人罪的法定刑在主刑上并无实质区别，对抢劫故意杀人的行为以抢劫罪论处并不妨害罪刑相适应原则的实现；④无论是以吸收犯、牵连犯、结合犯甚至并罚数罪处理上述情形，均存在着将抢劫罪构成要件中作为手段的暴力行为进行重复评价的可能。① 有论者则提出了以下理由。一是完整的抢劫罪的实行行为是由暴力等手段行为和取财这一目的行为结合而成的。假如说把因暴力的行使而故意造成被害人死亡行为另定一个故意杀人罪，那么剩下的取财行为就不能构成抢劫罪，因此，在这种情况下对行为人以故意杀人罪和抢劫罪实行数罪并罚，就意味着杀人行为既作为定故意杀人罪的根据，又作为定抢劫罪的根据，“一事两头沾”，违反一行为不得重复评价的原则。二是刑法并未规定抢劫罪中的“致人死亡”不包括故意杀人的情况，而实践中故意杀人也常常被用作劫取财物的手段；将无论是出于间接故意还是直接故意杀人造成他人死亡的情况包括在抢劫罪的加重结果的范围内，与刑法的规定并不相违背，也与实际情况相吻合。“抢劫致人死亡”只是表明抢劫行为与死亡结果之间的因果联系，而并不能说明行为人对死亡结果只能出于过失。三是刑法对抢劫罪规定的最高刑和故意杀人罪一样，都是死刑，因此即便将行为人出于故意而杀死被害人的情况视为抢劫罪中的“致人死亡”，也不会产生处罚过轻而放纵犯罪的弊端。②

第二种观点认为，抢劫罪的暴力仅限于故意伤害或间接故意杀人，不包括直接故意杀人。其主要理由是：杀人罪是一般刑事犯罪中最严重的犯罪，刑罚最重。行为人以直接故意杀人为手段劫取财物的，实际上又触犯了另一更为严重的独立犯罪——故意杀人罪，因而应当以抢劫罪与故意杀人罪并罚。③

第三种观点认为，抢劫罪中的暴力不包括故意杀人。如有论者指出，以杀人为手段的劫财行为具备两个独立的犯罪构成，成立两个单独的犯罪。如果只以其中一罪处罚，则将另一罪抹杀了。而且，杀人与抢劫都是目的，不能将杀人作为抢劫的目的。④ 还有论者认为，对于抢劫过程中的故意杀人行为以抢劫罪而不以故意杀人罪进行评价，并不妥当。理由如下。①这违背了罪刑法定和罪刑相适应原则。在我国，抢劫过程中的故意杀人行为，既然完全符合故意杀人罪的构成要件，至少也应承认抢劫罪和故意杀人罪形成想象竞合，根据“从一重罪”的想象竞合处罚原则，

---

① 参见周振想、林维：《抢劫罪特别类型研究》，载《人民检察》，1999（1）。

② 参见赵秉志主编：《中国刑法典型案例研究》，第4卷，249页，北京，北京大学出版社，2008。

③ 参见林准主编：《中国刑法教程》，504～505页，北京，人民法院出版社，1989；冯春萍：《论抢劫罪的几个问题》，载赵秉志等编：《全国刑法硕士论文荟萃》（1981—1988届），672页，北京，中国人民公安大学出版社，1989；马克昌等主编：《刑法学全书》，345页，上海，上海科学技术文献出版社，1993。

④ 参见朱娱斋：《谈既杀人又抢劫的案件如何定罪问题》，载《法学》，1982（10）；阴建峰、王玉涛：《论抢劫罪死刑的立法控制》，载《河北法学》，2008（2）；肖开权：《也论抢劫中故意杀人的定罪问题》，载《法学研究》，1988（3）。

通常也应以《刑法》第232条故意杀人罪，而不是以《刑法》第263条的抢劫罪定罪处罚。既然如此，将抢劫过程中的故意杀人行为定性为抢劫罪，就明显违背了现行刑法第3条和第5条所明文规定的罪刑法定和罪刑相适应原则。②将抢劫过程中的故意杀人行为评价为抢劫罪，没有反映犯罪的本质，无助于满足报应的要求和一般预防与特殊预防的功利目的的实现。③将抢劫过程中的故意杀人评价为抢劫罪，无助于减少抢劫罪作为财产罪的死刑的适用。④将抢劫过程中的故意杀人行为以故意杀人罪论处，有助于减少结果加重犯的成立范围。⑤将抢劫过程中的故意杀人行为评价为故意杀人罪，有利于结果加重犯未遂的处理。综上，将抢劫过程中的故意杀人行为评价为故意杀人罪，更具有合理性。①

第四种观点认为，在将人杀死的情况下，应该定抢劫罪；而如果作为抢劫手段的杀人未能将人杀死，则应该以故意杀人罪（未遂）处罚。②

第五种观点认为，从立法原义来看，抢劫罪中的暴力手段包含故意杀人，但从立法完善的角度而言，不宜将杀人抢劫的行为以抢劫罪论处。③

5. “冒充军警人员抢劫”的认定

对于真正的军警人员实施抢劫的行为能否适用“冒充军警人员抢劫”的刑罚的问题，存在以下不同的观点：第一种观点认为，真正的军警人员实施抢劫行为的危害性较之冒充军警人员抢劫的危害性更为严重，应当以加重构成的抢劫罪论处；④第二种观点认为，真正的军警人员抢劫的，其社会危害性应当大于冒充军警人员抢劫的行为，但对于真正的军警人员，只能适用“三年以上十年以下有期徒刑”；⑤第三种观点认为，真正的军警人员抢劫的社会危害性小于冒充军警人员抢劫。对于真正的军警人员抢劫的，不应适用加重的刑罚。⑥

6. “持枪抢劫”的认定

对此，争议较多的是对于持假枪抢劫能否认定为持枪抢劫。刑法理论上存在以下不同的观点。一种观点认为，持假枪抢劫不能认定为是持枪抢劫。如有论者指出，“手持假枪进行威胁的，虽然可能和真枪一样对被害人起到精神强制作用。但是，毕竟其事实上不可能损害他人健康或生命”。⑦另一种观点认为，对持假枪抢劫的行为

---

① 参见陈洪兵：《抢劫杀人的应定故意杀人罪》，载《法律适用》，2007（9）。

② 参见王作富：《抢劫罪研究》，载姜伟主编：《刑事司法指南》，第1辑，17页，北京，法律出版社，2000。

③ 参见谢彤：《我国刑法中抢劫罪的暴力是否包括故意杀人》，载《华侨大学学报》（哲学社会科学版），2003（3）。

④ 参见刘宪权：《论罪刑法定原则的内容及其基本精神》，载《法学》，2006（12）。

⑤ 参见逄绵温：《抢劫罪司法认定中若干问题的探讨》，载《法学评论》，2002（1）；刘艳红：《冒充军警人员实施抢劫罪之法定刑设置疏漏》，载《法学》，2000（6）。

⑥ 参见刘明祥：《论抢劫罪的加重犯》，载《法律科学》，2003（1）。

⑦ 王作富：《抢劫罪研究》，载姜伟主编：《刑事司法指南》，第1辑，22页，北京，法律出版社，2000；刘明祥：《论抢劫罪的加重犯》，载《法律科学》，2003（1）。

也应当认定为是持枪抢劫。有论者指出，立法者将“持枪抢劫”明列为抢劫罪的严重情节之一，其意图也包括严惩那些携带假枪、足以给被害人造成巨大胁迫、产生巨大心理恐惧的抢劫行为。①

（三）“携带凶器抢夺”的认定

1.“凶器”的范围

对此，存在以下不同的观点。

第一种观点认为，凶器仅是指那些在通常情况下能瞬间致人伤害（轻伤以上）、死亡的，具有较大实际杀伤力和威慑力的器械。②

第二种观点认为，凶器只能是指枪支、弹药、爆炸物、管制刀具等明显可以用以杀伤人体的器械，以及通常用途不在于侵犯人身，但行为人将其使用明显意在作为抢夺后盾的物件，如菜刀、啤酒瓶、茶杯、小水果刀甚至钢笔等。③

第三种观点认为，“无论任何器具或工具，只有用于行凶时，才能叫凶器。换句话说，无论任何器具或工具，只要被人用于行凶伤人、杀人就成为凶器”。④

第四种观点认为，所谓凶器，是指在性质上或者用法上，足以杀伤他人的器物。某种器具是否为凶器，必须综合考虑以下几个方面的因素：第一，器具的杀伤机能的高低；第二，器具供杀伤他人使用的盖然性程度；第三，根据一般社会观念，该器具所具有的对生命、身体的危险感的程度。⑤

第五种观点认为，“凶器”是指用于行凶的，按照社会一般观念，在通常情况下，能够给人体带来严重威胁的器具。⑥

2. 关于“携带”的理解

对此，存在以下不同的观点。

第一种观点认为，携带是指行为人以某种方式显示所带的凶器，对被害人造成精神上的恐惧，从而更好地实施劫取财物的行为；⑦ 第二种观点认为，携带凶器是一种主客观统一的行为，⑧ 如有论者认为，“不仅要认定行为人携带凶器在客观上属于抢夺行为的伴随条件，而且要认定行为人携带凶器在主观上与抢夺行为有必然的

---

① 参见肖中华：《论抢劫罪适用中的几个问题》，载《法律科学》，1998（5）。

② 参见周加海、左坚卫：《浅谈“携带凶器抢夺”的理解和认定》，载《人民法院报》，2001-02-06。

③ 参见肖中华：《论抢劫罪适用中的几个问题》，载《法律科学》，1998（5）。

④ 王作富：《抢劫罪研究》，载姜伟主编：《刑事司法指南》，第1辑，20页，北京，法律出版社，2000。

⑤ 参见张明楷：《简论“携带凶器抢夺”》，载《法商研究》，2000（4）。

⑥ 参见张太范、王晓慧：《“携带凶器抢夺”之我见》，载《延边大学学报》（社会科学版），2001（4）。

⑦ 参见王作富：《抢劫罪研究》，载姜伟主编：《刑事司法指南》，第1辑，20页，北京，法律出版社，2000；周振想、林维：《抢劫罪特别类型研究》，载《人民检察》，1999（1）。

⑧ 参见张明楷：《简论“携带凶器抢夺”》，载《法商研究》，2000（4）。

联系”；① 第三种观点认为，携带有多种情况：一种是手持等明显显露式的携带，另一种是虽未明显显露，却向被害人暗示过的携带，还有一种是暗携，即携带凶器，但不为被害人所知；② 第四种观点认为，所谓携带，是指在从事日常生活的住宅或者居室以外的场所，将某种物品带在身上或者置于身边附近，将其置于现实的支配之下的行为。③

3. 行为人是否必须显示或使用所携带的凶器的问题

这一问题实际上与对“携带”的理解密切相关。对此，一种观点认为，携带凶器应具有随时能够使用或当场能够及时使用的特点，即具有随时使用的特点，但不要求行为人显示凶器（将凶器暴露在身体外部），也不要求行为人向被害人暗示自己携带着凶器。因为从用语来看，携带（物品）一词并不具有显示、暗示物品的含义；从构成要件符合性方面来看，显示或者暗示自己携带凶器进行抢夺的行为，本身可能完全符合普通抢劫罪的构成要件；从实质上看，这种行为比当场扬言以实施暴力威胁的抢劫行为，在危害程度上有过之而无不及。基于同样的理由，携带凶器更不要求行为人使用所携带的凶器。如果行为人使用所携带的凶器强取他人财物，则完全符合抢劫罪的构成要件，应直接适用《刑法》第263条的规定；行为人在携带凶器而又没有使用凶器的情况下抢夺他人财物的，才应适用第267条第2款的规定。所谓没有使用凶器，应包括两种情况：一是没有针对被害人使用凶器实施暴力；二是没有使用凶器进行胁迫。④另一种观点则认为，对于“携带凶器抢夺”以抢劫罪定罪量刑，应当限定为行为人为实施抢劫而明示或暗示携带有凶器的情形。这种行为并不是转化型抢劫罪，而仅仅是普通抢劫罪中的胁迫型抢劫罪。⑤

（四）《刑法》第269条所规定的转化型抢劫的认定

1. 转化型抢劫的成立是否要求作为前提的盗窃、诈骗、抢夺行为构成犯罪

根据《刑法》第269条的规定，成立抢劫罪的前提条件是“犯盗窃、诈骗、抢夺罪”。对于盗窃、诈骗、抢夺行为是否必须构成犯罪，才能向抢劫罪转化的问题，理论上存在以下观点。

第一种观点认为，作为前提条件的盗窃、诈骗、抢夺行为必须成立犯罪，才能向抢劫罪转化。有论者列举了具体的理由：①有法律依据。《刑法》第269条的表述为“犯盗窃、诈骗、抢夺罪”，立法本意要求先前的盗窃、诈骗、抢夺行为必须构成犯罪；②符合罪刑法定原则；③有关司法解释不能作为否定论的法律依据；④不能以抢劫罪没有规定数额较大的限制，就据此肯定转化前的行为也不需要数额较大；

① 参见肖中华：《论抢劫罪适用中的几个问题》，载《法律科学》，1998（5）。

② 参见姜翠玉：《浅谈“携带凶器抢夺”认定中应注意的几个问题》，载《山东法学》，1999（4）。

③④ 参见张明楷：《简论“携带凶器抢夺”》，载《法商研究》，2000（4）。

⑤ 参见谢彤：《携带凶器抢夺定罪问题的探讨》，载《广州市公安管理干部学院学报》，2003(2)。

⑤肯定数额较大的行为才能发生转化，不会造成放纵犯罪的结果。①

第二种观点认为，转化型抢劫的前提条件中的“盗窃、诈骗、抢夺”并不要求成立刑法上的犯罪。② 有论者指出了具体的理由：刑法既然不对抢劫罪的数额作出规定，当然对转化型抢劫的数额不能作限定；最高人民法院、最高人民检察院于1988年3月16日在《关于如何适用〈刑法〉第一百五十三条的批复》中规定：虽未达到“数额较大”，但为窝藏赃物、抗拒逮捕或者毁灭罪证而当场使用暴力或者以暴力相威胁，情节严重的，可按照《刑法》第153条的规定定罪处罚。③ 还有论者指出了如下理由：行为人是否构成盗窃罪、诈骗罪、抢夺罪，在法院没有作出判决之前，难以确定；如果要求前提行为构成犯罪，那么对被害人而言，难以实施正当防卫；抢劫罪本身没有数额要求，对转化刑抢劫要求数额就不合理；这将导致抢劫罪的既遂标准的差异。④

第三种观点认为，应该将盗窃、诈骗、抢夺的财物数额与行为人使用暴力或者暴力威胁的程度结合起来考虑。如有论者指出，“盗窃、诈骗、抢夺财物数额达到较大的，只要行为人实施的暴力或者暴力威胁不是显著轻微，就可以转化为抢劫罪；数额接近较大的，则要求行为人的暴力达到严重的程度，才能转化为抢劫罪；数额较小乃至很小的，则不能转化为抢劫罪。但如果行为人使用暴力造成被害人伤害或者死亡，构成故意伤害罪、故意杀人罪或者过失致人死亡罪的，则按相关犯罪定罪处罚”。⑤

第四种观点认为，尽管刑法的表述是“犯盗窃、诈骗、抢夺罪”，但并不意味着行为事实上已经构成盗窃、诈骗、抢夺罪的既遂，也不意味着行为人所盗窃、诈骗、抢夺的财物达到了“数额较大”的标准，而是意味着行为人有犯盗窃罪、诈骗罪、抢夺罪的故意与行为，这样理解，才能谈得上盗窃、诈骗、抢夺罪向抢劫罪的转化。一方面，明显的小偷小摸的行为，无论如何不能转化为抢劫，因为行为人没有犯盗窃罪的故意；另一方面，抢劫罪的成立也没有数额限制，故事后抢劫也不应有数额限制。因此，行为人以犯罪故意实施盗窃、诈骗、抢夺行为，只要已经着手实行，不管是既遂还是未遂，不管所取得的财物数额大小，都符合“犯盗窃、诈骗、抢夺

---

① 参见张国轩：《抢劫罪的定罪与量刑》，243～246页，北京，人民法院出版社，2001。

② 参见赵秉志：《侵犯财产罪》，111页，北京，中国人民公安大学出版社，2003；陈兴良：《刑法疏议》，441页，北京，中国人民公安大学出版社，1997。

③ 参见廖惠兰、潘伯华、邱利军：《从若干疑难案例谈转化型抢劫罪的认定》，载《人民检察》，1998（11）。

④ 参见曾粤兴、贾凌：《抢劫罪、抢夺罪若干问题研究》，载《中国人民公安大学学报》，2003（1）；李希慧：《抢劫罪的对象、标准及转化问题研究》，载《人民检察》，2007（18）；吴大华：《盗窃转化犯问题研析》，载《云南大学学报》（法学版），1999（2）。

⑤ 李希慧：《抢劫罪的对象、标准及转化问题研究》，载《人民检察》，2007（18）。

罪”的条件。①

2. 已满14周岁不满16周岁的人能否构成转化型抢劫罪

对此，理论上存在以下观点。

第一种观点认为，不宜认为已满14周岁不满16周岁的人能够实施转化型抢劫。如有论者认为，转化型抢劫罪的主体应当是年满16周岁的人，其理由在于：①在法律没有明确规定的情况下，确定刑事责任年龄起点应以总体认识能力基本成熟为准；②刑事责任年龄应以基本的危害行为作为确定的依据；③确定责任年龄起点并非只是看社会危害性大小，而更偏重于考虑行为人的认识能力是否成熟。② 有论者指出，已满14周岁不满16周岁的人不能够实施转化型抢劫罪，但对于未满16周岁的人在实施转化型抢劫行为时造成重大人身伤亡的，可以忽略抢劫这一转化行为，只追究其暴力行为，根据吸收犯之重行为吸收轻行为理论，以故意杀人罪或故意伤害罪对其定罪量刑，这比以转化型抢劫罪论处更为妥当。③ 还有的论者认为从缩小打击面、保护未成年人的角度认为，已满14周岁不满16周岁的人不能够成立转化型抢劫。④

第二种观点认为，已满14周岁不满16周岁的人可以成立转化型抢劫。⑤

第三种观点认为，前二种观点均仅仅是从形式上的构成要件出发得出结论，应当从实质解释的角度去看这个问题。已满14周岁不满16周岁的人可以成立转化型抢劫，同时只有在以“暴力或者以暴力相威胁”致人重伤或死亡时才能追究行为人的刑事责任。⑥

3. “盗窃、诈骗、抢夺罪”是否仅限于严格意义上的“盗窃罪”、“诈骗罪”、“抢夺罪”

对于转化型抢劫中的“盗窃、诈骗、抢夺罪”是指严格意义上的“盗窃罪”、“诈骗罪”、“抢夺罪”，还是亦包括盗窃、诈骗、抢夺类的犯罪，例如，合同诈骗罪、保险诈骗罪等的问题，理论上存在以下不同的观点。

第一种观点认为，只要实施了“盗窃、诈骗、抢夺”类的犯罪行为即可转化，而无须成立严格意义上的盗窃罪、诈骗罪、抢夺罪。⑦

第二种观点认为，成立转化型抢劫的前提条件是，行为人的行为应当成立侵犯

---

① 参见张明楷：《抢劫罪中的疑难问题》，载顾军主编：《侵财犯罪的理论与司法实践》，13页，北京，法律出版社，2008。

② 参见肖智川：《抢夺行为转化为抢劫犯罪刍议》，载《河北法学》，2002（9）。

③ 参见章惠萍：《论转化型抢劫罪成立的条件》，载《现代法学》，2004（1）。

④ 参见王小青：《转化抢劫罪的若干疑难问题探析》，载《政法学刊》，2003（2）。

⑤ 参见曾粤兴、贾凌：《抢劫罪、抢夺罪若干问题研究》，载《中国人民公安大学学报》，2003（1）。

⑥ 参见刘艳红：《转化型抢劫罪主体条件的实质解释——以相对刑事责任年龄人的刑事责任为视角》，载《法商研究》，2008（1）。

⑦ 参见肖中华：《抢劫罪适用中的几个问题》，载《法律科学》，1998（5）。

财产的盗窃、诈骗、抢夺类犯罪，而并非是实施盗窃、诈骗、抢夺行为所成立的犯罪，如盗窃汽车装置的行为，虽然属于盗窃行为，但属于危害公共安全罪中的破坏交通工具罪，不能转化为抢劫罪。有论者提出了如下理由：①从刑法技术上说，《刑法》第269条并没有规定犯第264条盗窃罪、第266条诈骗罪、第267条抢夺罪，而是仅仅泛指盗窃、诈骗和抢夺罪，这样就意味着只要犯罪的行为属于盗窃、诈骗和抢夺罪都可以成为转化型抢劫罪的前提条件；②从刑法理论上说，刑法中盗窃、诈骗和抢夺是一种类的行为，而不仅仅是一种具体的犯罪行为；③以合同诈骗罪为例，现行刑法规定的合同诈骗罪是以签订、履行书面合同的形式进行诈骗为限的，因此如果行为人以口头合同进行诈骗，依然只能以普通诈骗罪论处；④正因为盗窃、诈骗、抢夺犯罪在刑法上属于一种类的犯罪，在存在着法条竞合的情形下，其表面上的罪名有所不同，但究其犯罪性质而言，应当说仍然具有质的相同规定性。①

第三种观点认为，只有侵犯财产罪中的盗窃罪、诈骗罪、抢夺罪才能转化为抢劫。如有论者指出，从刑法关于转化型抢劫的规定来看，使用的是“犯盗窃、诈骗、抢夺罪”这种表述。因此，从罪刑法定的角度看，成立转化型抢劫的前提条件是行为人成立盗窃罪、诈骗罪、抢夺罪。②

4. 关于“当场”的理解

关于转化型抢劫中的“当场”如何理解的问题，刑法理论上存在以下不同的观点。

第一种观点认为，“当场”就是实施盗窃、诈骗、抢夺犯罪的现场。③

第二种观点认为，“当场”一指实施盗窃、诈骗、抢夺犯罪的现场；二指以犯罪现场为中心与行为人活动有关的一定空间范围。此外只要行为人尚未摆脱监视者力所能及的范围（包括各种仪器、工具的监测控制），都属于“当场”。如盗窃存折、支票，当场的范围应从盗窃的时间、场所扩大到兑换货币的时间和场所。④

第三种观点认为，“当场”是指实施盗窃、诈骗、抢夺行为的现场。在现场或者刚一离开现场就被人及时发觉而立即追捕的过程中，可以视为现场的延伸。⑤

第四种观点认为，“当场”是指与窝藏赃物、抗拒抓捕或者毁灭罪证有关的地方。从时间上看，可以是盗窃、诈骗、抢夺行为实施时或刚实施不久，也可以是数天后；从地点上看，可以是盗窃、诈骗、抢夺行为的犯罪地，也可以是离开盗窃、

---

① 参见杨兴培：《合同诈骗罪能否成为转化型抢劫的实例分析——兼论类行为的犯罪转化问题》，载《政治与法律》，2008（3）。

② 参见沈志民、高晓春：《论我国刑法中的非典型抢劫罪》，载《国家检察官学院学报》，2003（6）；李希慧：《抢劫罪的对象、标准及转化问题研究》，载《人民检察》，2007（18）。

③ 参见赵秉志主编：《侵犯财产罪疑难问题司法对策》，98页，长春，吉林人民出版社，2000。

④ 参见赵秉志主编：《侵犯财产罪研究》，129页，北京，中国法制出版社，1998。

⑤ 参见高铭暄主编：《新编中国刑法学》（下），768页，北京，中国人民大学出版社，1998。

诈骗、抢夺犯罪地的途中，还可以是行为人的住所地。①

此外，还有论者对于刑法条文的表述提出了修改建议，认为《刑法》第269条规定中的“当场”，可理解为是“盗窃、诈骗、抢夺”的当场，也可理解为是“窝藏赃物、抗拒抓捕、毁灭罪证”的当场，易产生歧义，建议进行立法修改。②

5. 在转化型抢劫的场合，是否可以成立加重形态的抢劫

对此，刑法理论上存在以下不同的观点。

第一种观点认为，转化型抢劫可以成立加重形态的抢劫。如有论者认为，“由于第263条有两个法定刑幅度，即对普通犯与加重犯要按不同的法定刑处罚，并且对加重犯明文规定了上述若干种严重情节，那么事后抢劫也就因而有普通犯与加重犯之分，凡具备第263条所规定的严重情节的，也就构成事后抢劫的加重犯”。③

第二种观点认为，行为人实施了入户盗窃、诈骗、抢夺行为的，只能转化成一般的抢劫罪，不能转化为入户抢劫。④

第三种观点认为，应当区分情况处理。⑤ 还有的论者区分了具有结果加重情节的转化型抢劫罪与具有其他加重情节的转化型抢劫罪，对于这些不同的情形如何转化为加重构成的抢劫罪作了具体的论述。⑥

6. 转化型入户抢劫中的“当场”

2001年11月22日最高人民法院《关于审理抢劫案件具体应用法律若干问题的解释》第1条第2款规定，“对于入户盗窃，因被发现而当场使用暴力或者以暴力相威胁的行为，应当认定为入户抢劫。”

关于转化型入户抢劫中的“当场”，有论者认为，实施暴力或者以暴力相威胁的行为必须严格限制在“户内”。⑦ 有的论者还提出了如下理由：一般入户抢劫的强制行为要求在户内实施；转化型入户抢劫包含两个转化，即不仅要由盗窃转化为一般抢劫，而且要由一般抢劫转化为入户抢劫。如果不将“当场”的空间范围限定在户内，那么入户盗窃转化为入户抢劫与其转化为一般抢劫的条件就没有任何区别了，显然有悖罪刑相适应原则。⑧

（五）关于“聚众打砸抢”以抢劫罪认定的理解

根据《刑法》第289条的规定，实施聚众打砸抢行为，毁坏或者抢走公私财物

---

① 参见赵秉志：《侵犯财产罪》，118页，北京，中国人民公安大学出版社，1999。

② 参见林必金：《对刑法转化型抢劫罪条文的反思与重构》，载《法律适用》，2003（6）。

③ 刘明祥：《论抢劫罪的加重犯》，载《法律科学》，2003（1）。

④ 参见龚培华、张菁：《“抢劫犯罪法律疑难问题”研讨会综述》，载《法学》，2005（8）。

⑤ 参见韩伟、刘树德：《准抢劫罪适用加重情节若干问题研讨》，载《中国刑事法杂志》，2001（2）。

⑥ 参见罗翔：《论转化型抢劫罪》，载《北京市政法管理干部学院学报》，2001（2）。

⑦ 参见刘明祥：《论抢劫罪的加重犯》，载《法律科学》，2003（1）。

⑧ 参见张永红、张鑫磊：《论抢劫罪中的“当场”》，载《福建公安高等专科学校学报》，2007(3)。

的，对首要分子以抢劫罪论处。对于该规定，有论者指出，“对聚众‘打砸抢’，毁坏公私财物的，也与抢劫公私财物一样，要依照抢劫罪定罪处罚，这显然是不合适的。因为定罪的前提是行为必须符合刑法规定的某罪的构成要件，而故意毁坏公私财物符合《刑法》第175条‘故意毁坏财物罪’的构成要件，并不符合抢劫罪的构成要件，对这种行为不按故意毁坏财物罪定罪处罚，反而按抢劫罪定罪处罚，无疑是有悖于定罪基本原则的。另外，从刑法理论而言，故意毁坏他人财物与采用强制手段夺取他人财物，虽然都可能构成侵犯财产的犯罪，但二者分属于不同的犯罪类型（前者是毁损罪，后者是夺取罪），在性质上有重要差别，法律规定的处刑标准也有很大差异，不能混为一谈”。①

（六）抢劫罪的对象

1. 不动产能否成为抢劫罪的对象

对此，刑法理论上存在以下不同的观点。

第一种观点认为，抢劫罪具有当场取得财物的属性，而能够当场取得的财物只能是动产，不动产则不能被当场取得。②

第二种观点认为，“当场取得”，不能狭义地理解为当场拿走，应该理解为财产所有权人当场失去了对财物的掌握控制。针对不动产的抢劫，只要犯罪行为人使用强制手段当场使房屋之合法所有权人失去占有，从而掌握和控制了该房屋，其行为就可定抢劫罪。将抢劫罪的对象仅限于动产的观点是不合理的。③

第三种观点认为，对于抢劫不动产的行为能否成立抢劫罪，应当区别对待。如有论者认为，“行为人使用暴力将房屋的所有人赶出房屋后，又使用暴力逼迫房屋所有人当场到房产登记部门办理了房产变更手续，使自己成为房屋的形式上的所有人的，成立抢劫罪。对于那些仅仅是使用暴力或者暴力威胁将房屋所有人赶走后自己控制占有房屋，但并没有通过强制手段（通常是一种暴力威胁）当场（即变更房屋所有权的当场）获得房屋形式上所有权的，则不能以抢劫罪论处”。④

2. 抢劫财产性利益的行为的认定

对于实践中出现的强迫他人写下欠条，或者强迫他人免除债务，或者抢劫欠条的行为，能否以抢劫罪论处的问题，刑法理论上有以下不同的观点。

第一种观点认为，此种情况不成立抢劫罪。如有论者指出，“欠条（借据）是债

---

① 刘明祥：《论抢劫罪的方法行为与目的行为》，载《河南省政法管理干部学院学报》，2005(1)。

② 参见赵秉志主编：《侵犯财产罪研究》，72～73页，北京，中国法制出版社，1998；王作富：《认定抢劫罪的若干问题》，载姜伟主编：《刑事司法指南》，第1辑，18页，北京，法律出版社，2000。

③ 参见李亮：《对不动产能否成为抢劫罪的对象探析》，载《河北法学》，2001（2）；高铭暄主编：《新编中国刑法学》（下），762页，北京，中国人民大学出版社，1998。

④ 李希慧：《抢劫罪的对象、标准及转化问题研究》，载《人民检察》，2007（18）。

权人与债务人之间以货币为标准的确认双方债权债务关系的凭证，欠条不是财物，抢劫欠条不等于抢劫财物，不应构成抢劫罪”。①

第二种观点认为，用暴力、胁迫等方法，使不欠自己债的人当场写下欠条，承诺日后归还的，其欠条无法律效力，行为人追求的只能是日后将获得的财物，对此只能以敲诈勒索罪论处。②

第三种观点认为，行为人使用暴力、胁迫或其他手段强迫他人写下本不存在的欠条的，成立抢劫罪；而对于强迫他人免除债务的行为，只有在将债务凭证予以销毁的情况下，才成立抢劫罪。③

3. 抢劫他人非法占有的违禁品的认定

对此，刑法理论上有以下不同的观点：一种观点认为，他人违法持有、占有的，在法律意义上属于国家所有的违禁品，本质上仍然属于“他人财物”的范畴，也应属于抢劫罪的对象；④ 另一种观点认为，违禁品既然是法律禁止持有的物品，不能体现所有权，合理的结论应该是不能成为财产罪的侵害对象。⑤

4. 无体物能否成为抢劫罪的行为对象

对此，刑法理论上有以下不同的观点：一种观点认为，抢劫罪的对象包括无体物。有论者提出了如下理由：无论是有体物还是无体物，只要其具有经济价值，能够为人所控制，一旦被他人占有能够给所有人造成财产损失，就应当纳入财产所有权保护的范围，这对于保护公私财产权利是有利的；⑥ 另一种观点认为，无体物不宜作为抢劫罪的行为对象。如有论者指出，对电力、煤气、天然气等的占有或控制，需要持续一定时间才能完成，因而不符合抢劫罪的当场取得财物的犯罪特征。⑦

（七）抢劫罪的既遂、未遂的区分

1. 基本构成的抢劫罪之既遂、未遂的区分

对此，刑法理论上有以下不同的观点。

第一种观点认为，应以是否获取被害人的财产作为既遂、未遂的区分标准。⑧

---

① 赵星、陈清浦：《抢劫罪行为对象若干问题研究》，载《政法论丛》，2002（4）。

② 参见王作富：《抢劫罪研究》，载姜伟主编：《刑事司法指南》，第1辑，21页，北京，法律出版社，2000。

③ 参见李希慧：《抢劫罪的对象、标准及转化问题研究》，载《人民检察》，2007（18）。

④ 参见顾保华：《〈关于审理抢劫案件具体应用法律若干问题的解释〉的解读与评析》，载《人民检察》，2005（8）。

⑤ 参见刘明祥：《财产罪比较研究》，32页，北京，中国政法大学出版社，2001。

⑥ 参见王作富：《抢劫罪研究》，载姜伟主编：《刑事司法指南》，第1辑，17页，北京，法律出版社，2000。

⑦ 参见赵星、陈清浦：《抢劫罪行为对象若干问题研究》，载《政法论丛》，2002（4）。

⑧ 参见胡显璧、江礼华：《也谈抢劫罪的既遂与未遂问题——兼与朱晓斌同志商榷》，载《法学》，1982（2）；杨敦先：《试论抢劫罪的几个问题》，载《法学研究》，1983（2）。

有的论者还指出了具体的理由，“以取得财物作为抢劫罪的既遂标准，可以克服其他观点的缺点，并且有很强的实践价值：简便易行、操作性强；使得法官可以根据案件的具体情况裁量适当的刑罚，有利于量刑的精确，更好地做到罪刑均衡；可以加大对特定情形抢劫罪打击的力度，更好地发挥刑法的打击犯罪、保护社会的功能；可以在打击犯罪、保护社会与保障被告人的权利之间寻求更好的平衡，实现刑法的公正”。①

第二种观点认为，“认定抢劫罪的既遂，犯罪分子是否取得财物并不是绝对的，只要犯罪分子在着手实行抢劫行为过程中，对被害人的人身权利，实施了暴力、胁迫或者其他方法加以侵犯，就应该认定为既遂”。② 另有论者从抢劫罪的双重犯罪客体同等重要的角度出发，认为凡是当面对被害人已经使用侵犯人身权利的手段行为的，原则上都已经成立抢劫罪的既遂；情节加重与结果加重均不影响该标准的确立，只决定着法定刑幅度的选择。③

第三种观点认为，抢劫罪既遂、未遂的区分标准应以被害人失去财产或行为人控制财产作为既遂、未遂的区分标准，这一标准不仅仅适用于一般构成的抢劫罪，而且适用于加重构成的抢劫罪。④

第四种观点认为，抢劫罪应当以抢劫犯罪的具体形态是否属于结合犯来分别认定既遂与未遂。不属于结合犯的抢劫罪，其既遂标准应当是行为人获取了财物；而属于结合犯的抢劫罪，即使行为人未能获得财物，但由于其暴力行为单独构成了犯罪，就应当以抢劫罪既遂论处。⑤

2. 加重形态的抢劫罪之既遂、未遂的区分

对于《刑法》第263条所规定的8种加重形态的抢劫罪的既遂、未遂之分，刑法理论上存在以下不同的观点。

一种观点认为，8种加重的抢劫罪，属于结果加重犯或情节加重犯。只要抢劫行为具有其中任何一情节，无论财物是否抢劫到手，都应视为既遂。⑥

另一种观点认为，8种加重的抢劫罪存在既遂、未遂的区分。但至于哪些情形存在既遂、未遂的区分，其标准是什么，则又存在不同的观点。有论者认为，抢劫致人重伤、死亡属于结果加重犯，不存在既遂、未遂的区分问题；其他7种加重抢劫罪存在既遂、未遂区分，其标准仍是行为人是否取得财物。⑦ 有论者认为，“在8种加重构成的抢劫罪中，第五项抢劫致人重伤、死亡的，第四项多次抢劫的只有既遂

---

① 米传勇：《法治视域下抢劫罪之既遂与未遂》，载《山东公安专科学校学报》，2003(6)。
② 朱晓斌：《抢劫罪中既遂与未遂的探讨》，载《法学》，1981年复刊号。
③ 参见冯亚东、刘凤科：《论抢劫罪客体要件之意义》，载《华东政法学院学报》，2003(2)。
④ 参见李希慧：《抢劫罪的对象、标准及转化问题研究》，载《人民检察》，2007(18)。
⑤ 参见杨敦先：《试论抢劫罪的几个问题》，载《法学研究》，1983(2)。
⑥ 参见高铭暄主编：《新编中国刑法学》(下)，769页，北京，中国人民大学出版社，1998。
⑦ 参见张国轩：《抢劫罪的定罪与量刑》，170～171页，北京，人民法院出版社，2001。

一种形态而没有未遂问题，其他6种加重抢劫罪是存在犯罪停止形态”。[①] 有论者认为，“《刑法》第263条所规定的8种法定刑升格的情形，也存在未遂的问题（或许抢劫数额巨大的应除外），不能认为，凡是属于入户抢劫等8种情形的，一旦着手实行均为抢劫既遂”。[②] 有论者提出了抢劫致人重伤、死亡这一结果加重犯存在未遂的理由“抢劫罪是财产罪中的一种取得罪，取得罪都是以行为人取得财物作为既遂的标志，抢劫致人重伤、死亡也不应该例外。再说，我国的通说也认为普通抢劫罪的既遂与未遂以行为人是否取得财物为标准，而对定同一罪名的抢劫致人重伤、死亡却又另立既遂与未遂的认定标准，这在理论上显然是矛盾的。固然，抢劫致人重伤、死亡所造成的后果特别严重，应该予以重罚，但即便是被害人死亡结果已经发生，如果行为人并未取得财物，这同既造成被害人死亡结果又取得其财物的情形相比，在危害程度上还是有差别，仍然有必要实行区别对待，对之以未遂论也无可厚非。况且，以未遂论并非就会出现轻纵罪犯的不良后果。因为我国刑法规定对未遂犯只是可以比照既遂犯从轻或者减轻处罚，对其中罪大恶极者，完全可以不从轻处罚”。[③] 还有的论者认为，无论是普通抢劫罪还是加重处罚抢劫罪，其既遂与未遂的区分标准原则上是以被害人是否失去对财物的控制为标准。例外的是在抢劫数额巨大、多次抢劫情况下，由于此时加重处罚条件与抢劫罪主要客体发生重合，其加重条件是否成立直接决定加重抢劫罪的成立，没有未遂。[④] 另有论者认为，应以是否劫取财物作为抢劫罪既遂的标准，但在行为人故意以重伤、杀人的手段抢劫时，只有在既抢得了财物又造成被害人重伤、死亡结果时才构成既遂。[⑤]

3.《刑法》第269条中的转化型抢劫的既遂、未遂之区分

关于转化型抢劫是否存在既遂、未遂的区分，存在以下不同的观点。一种观点认为，转化型抢劫不存在犯罪未遂形态。如有论者指出，转化型抢劫的“转化”，是指整个案件性质的改变。自“当场使用暴力或者以暴力相威胁”行为发生时，全案的性质即已发生改变。只要行为人“当场使用暴力或者以暴力相威胁”，即成立抢劫罪既遂。[⑥] 另一种观点认为，从立法目的、罪刑相适应原则的角度看，应当承认转化型抢劫存在未遂形态。[⑦]

即使承认转化型抢劫存在既遂、未遂的区分，对于二者的区分标准，仍然存在不同的观点。第一种观点认为，应以财物最终是否被他人夺去作为转化型抢劫既遂、

---

① 陈靖宇：《论抢劫罪八种情形的既遂与未遂》，载《人民司法》，2002（1）。

② 张明楷：《刑法学》，2版，757页，北京，法律出版社，2003。

③ 刘明祥：《财产罪比较研究》，171～172页，北京，中国政法大学出版社，2001。

④ 参见沈志民：《抢劫罪既遂与未遂区分标准新探》，载《当代法学》，2005（4）。

⑤ 参见米传勇：《法治视域下抢劫罪之既遂与未遂》，载《山东公安专科学校学报》，2003（6）。

⑥ 参见王世斌：《转化型抢劫不应当存在未遂形态》，载《人民检察》，2007（16）；甘雨沛等主编：《犯罪与刑罚新论》，655页，北京，北京大学出版社，1991。

⑦ 参见金坤：《转化型抢劫存在未遂形态》，载《人民检察》，2007（21）。

未遂的区分标准。[①] 第二种观点认为，应当以先行的盗窃、诈骗、抢夺罪是否既遂为标准。[②] 有论者提出了如下理由：①在事先的盗窃、诈骗、抢夺既遂的情况下，即使在被拦截过程中被抓捕而丧失所得财物的，因抢劫罪在使用暴力或以暴力相威胁时就已完成，因而也不发生未遂问题；②虽然抢劫罪的转化是行为犯，但抢劫罪本身仍然是结果犯，应当以财物的取得为既遂标准。在前行为并未取得财物时，转化为抢劫，则构成转化型抢劫罪的未遂。[③] 第三种观点认为，应以暴力、胁迫行为本身作为认定既遂、未遂的标准，即只要行为人基于刑法规定的三种目的而实施了暴力、胁迫行为，即使是盗窃未遂，事后抢劫也算既遂。[④] 第四种观点认为，在不同情形应适用不同标准进行判断。一是转化前行为已经取得财物后，使用暴力或以暴力相威胁的，构成抢劫罪既遂。在这种情况下可以认为此时的转化实际是一种行为犯，即只要实施暴力或以暴力相威胁，就构成抢劫罪。二是如果盗窃、诈骗、抢夺未遂后转化为抢劫，则只能构成转化为抢劫罪的未遂。因为抢劫罪的转化是行为犯，但抢劫罪本身仍然是结果犯，应当以财物的取得为既遂标准。[⑤]

（八）抢劫罪的刑罚

1. 抢劫罪的刑罚设置

对此，刑法理论上存在诸多不同的意见。如有论者指出，抢劫罪的刑罚设置存在如下问题。①我国现行刑法将抢劫致人死亡与抢劫致人重伤两种情况不加区分地设置同一档法定刑，无法突出对人的生命价值的保护，难以达到遏制更严重犯罪行为的效果。②抢劫犯罪中一旦出现“致人死亡”后果，法定刑就必然升级为“十年以上有期徒刑、无期徒刑或者死刑，并处罚金或者没收财产”；而直接剥夺生命的凶杀犯罪反而存在更轻缓的刑罚可能，“故意杀人的，处死刑、无期徒刑或者十年以上有期徒刑；情节较轻的，处三年以上十年以下有期徒刑”，这种状况是不协调的。③我国刑法在抢劫罪中同时规定了8种加重情节，把其他7种加重情节同“致人重伤、死亡”做一一列举，规定在同一档法定刑中，加重情节的选取缺乏统一的标准，多源于以往阶段性的预防犯罪需要，过于复杂且无法区分轻重层次。[⑥] 有的论者指出，“尽管1997年《刑法》出于罪刑法定原则中的明确性原则的考虑，对抢劫罪规定了具体的加重处罚的条件，但是在法定刑的配置上并没有很好地跟进，法定刑幅度过大。事实上，许多符合《刑法》第263条后半段规定的加重处罚条件的案件的

---

① 参见沈莺、王刚：《论转化型抢劫罪的犯罪形态》，载《铁道警官高等专科学校学报》，2003（1）。

② 参见戴有举：《转化型抢劫罪若干问题探讨》，载《人民检察》，2003（2）。

③ 参见周振想、林维：《抢劫罪特别类型研究》，载《人民检察》，1999（1）。

④ 参见甘雨沛等主编：《犯罪与刑罚新论》，655页，北京，北京大学出版社，1991。

⑤ 参见陈凌：《论事后抢劫的既遂与未遂》，载《人民检察》，2005（11）。

⑥ 参见赵国玲：《抢劫杀人犯罪的事实分析》，载《华东政法学院学报》，2005（1）。

社会危害性是有很大差异的，将它们置于同一量刑幅度下并不妥当”。① 有的论者认为，“我国对‘抢劫致人重伤、死亡’适用相同的法定刑，可能有失妥当性。因为重伤与死亡的后果毕竟有所不同，法定刑也应该有一定差别”。② 还有的论者认为，对于“冒充军警人员抢劫”适用加重的法定刑，难以实现罪刑相适应。③

2. 抢劫罪的死刑适用

关于抢劫罪的死刑适用问题，一致的意见应当是限制或废除死刑的适用。如有论者指出，在对于抢劫罪适用死刑时，应遵循如下要求：①对于抢劫致人死亡的被告人，由于其犯罪行为造成了被害人死亡的严重后果，因而一般都应考虑适用死刑，此时对人身权利的保护相对比财产权利的保护为重，一般可以不考虑抢得财物与否；②对于抢劫致人重伤的被告人，一般可以考虑适用死刑，此时虽以保护人身权利为主，但应同时考虑财产权利的侵害情况；③对于抢劫罪“情节严重”程度严重的，即“情节特别严重”，可考虑适用死刑；④对于转化型抢劫，主要看犯罪性质得以转化的暴力行为的严重程度及其对被害人人身权利和财产权利所造成的侵害后果，同时结合抢劫作案的手段、对象、场合等多种因素综合考虑，对于其中危害特别严重、罪大恶极者应依法判处死刑。④ 有论者认为，刑法关于加重抢劫的规定中，对如下情形是不应规定死刑的。其一，入户抢劫及在交通工具上抢劫。这种抢劫只揭示了犯罪地点的严重性，不足以配置死刑；其二，对银行或者其他金融机构实施抢劫的。此种情况虽然较之一般的抢劫严重，但如果没有造成巨大的财产损失或造成人员重伤、死亡的，不宜规定死刑；其三，多次抢劫或抢劫数额巨大的。多次抢劫并不能说明社会危害性极大，即使抢劫数额巨大，也可以及时追回被抢财产；其四，冒充军警人员抢劫或持枪抢劫，对此两种情况，如果没有造成人员伤亡，不应适用死刑；其五，抢劫军用物资或者抢险、救灾、救济物资的。此外，在抢劫致人重伤、死亡的情形下，对于死刑的适用也应当严格控制。⑤ 还有论者认为，对抢劫犯罪的刑事责任人（单独犯罪）、主要刑事责任人（共同犯罪）仅在特定情形下应当判处死刑。⑥ 还有论者指出，对抢劫罪适用死刑缺乏报应根据、功利根据，没有必要在立法上规定死刑。⑦

---

① 米传勇：《法治视域下抢劫罪之既遂与未遂》，载《山东公安专科学校学报》，2003（6）。

② 刘明祥：《论抢劫罪的加重犯》，载《法律科学》，2003（1）。

③ 参见宋歌：《“冒充军警人员抢劫”之立法缺陷及司法救济》，载《延边大学学报》（社会科学版），2004（3）。

④ 参见沈德咏、居国屏：《对抢劫罪适用死刑的探讨和建议》，载《法学评论》，1994（2）。

⑤ 参见阴建峰、王玉涛：《论抢劫罪死刑的立法控制》，载《河北法学》，2008（2）。

⑥ 参见朱华：《抢劫犯罪死刑适用实证研究》，载《河北法学》，2008（4）。

⑦ 参见李云龙、舒洪水：《抢劫罪适用死刑的立法完善》，载《江西社会科学》，2000（6）。

三、整体评论

综观 1978 年至 2008 年我国刑法学界关于抢劫罪的研究状况，可以认为，对抢劫罪的研究是比较深入的，这一方面是因为抢劫罪在实践中具有常见、多发的特征，另一方面也是基于抢劫罪自身的特征，使得其在刑法理论中的意义凸显。应当说，对于抢劫罪的诸多具体问题，刑法理论均进行了较为深入的研究。对于实践中诸多涉及抢劫罪的案件，刑法理论上均进行了较为深入的探索。

当然，在抢劫罪的研究中，也是存在一定的问题的。具体而言，主要表现在如下方面。

其一，对于部分问题仍缺乏研究。例如，对于抢劫罪的暴力、胁迫的程度如何理解的问题以及与其他犯罪中的暴力、胁迫之间是何种关系的问题，我国刑法理论对之研究较少。

其二，对于部分问题的研究有待于深入。理论上对于实践中发生的诸多抢劫行为是否构成 8 种加重的抢劫罪存在着一定的争议。对此，研究主要围绕着立法原意而展开，但何谓“立法原意”，并不是十分明确的，纠缠于抽象的“立法原意”将使问题变得更加复杂化。其实，不妨尝试进行实质化的思考，以使得问题深入并变得有意义。例如，对于某种情形是否应当认定为是“在公共交通工具上抢劫”，便可从处罚的合理性、罪刑法定的角度进行更深层次的、有实质意义的思考。

其三，对其他问题研究的不深入导致了对抢劫罪研究的成果难以深入。例如，关于加重的抢劫罪中的“抢劫致人重伤、死亡”是否存在犯罪既遂、未遂的区分，其区分的标准是什么，刑法理论上存在诸多不同的观点。而这些争议在很大程度上归结于结果加重犯是否存在犯罪未遂，其既遂、未遂区分的标准是什么。而我国刑法理论关于结果加重犯的研究相对滞后，这在一定程度上也制约了关于抢劫罪这一领域的研究。

以下，我们就当前刑法理论关于抢劫罪的研究成果观点作出自己的评价，对重要的几个问题展开论述，并发表自己的看法。

（一）关于“入户抢劫”中“户”的界定

司法解释已经对“户”作了较为具体的解释。根据 2000 年 11 月 22 日最高人民法院《关于审理抢劫案件具体应用法律若干问题的解释》第 1 条第 1 款的规定，“入户抢劫”，是指为实施抢劫行为而进入他人生活的与外界相对隔离的住所，包括封闭的院落、牧民的帐篷、渔民作为家庭生活场所的渔船、为生活租用的房屋等进行抢劫的行为。但实践中对于发生在一些场所如办公室、宾馆等的抢劫行为是否属于“入户抢劫”，从刑法及相关司法解释的字面含义中也难以得出明确的结论。刑法理论上也是结合立法者的“立法原意”来进行解释的，但由于“立法原意”并非是不言自明的，这也导致了不同论者基于对“立法意图”的不同理解，对具体问题得出了不同的结论。即使存在所谓“立法意图”，但对于民众而言，呈现在其面前的是具体的刑法规范，而并非是“立法意图”。况且，如何探寻漂浮不定的立法意图也是难事。基于此，笔者认为，对于实践中所发生的行为，应在探寻“立法原意”的同时，遵循罪刑法定原则，对“户”作出实质合理的解释，以期更好地实现罪刑相适应。对于一些特定情形下的抢劫行为，结合其行为所具有的社会危害性，并遵循宽严相济的刑事政策及刑罚轻缓化的大趋势，尽量对“户”作限制解释。当然，需要说明的是，随着社会生活方式的不断变化，“户”的外延应当是动态的，而并非是一成不变的。

（二）关于“公共交通工具”的范围

刑法规定了“在公共交通工具上抢劫”的情形属于加重的抢劫罪。“公共交通工具”的范围对于认定是否属于“在公共交通工具上抢劫”具有十分重要的意义。刑法理论上对于小型出租车、“黑车”、单位内部接送职工的班车是否属于“公共交通工具”进行了较为热烈的讨论。不同论者基于不同的观点得出了不同的结论，但其观点很大程度上是结合立法者的立法意图来进行的，即立法者规定“在公共交通工具上抢劫”作为抢劫罪的加重构成，其意图何在？但是，立法者的立法意图，显然是十分抽象并且捉摸不透的。仅仅从字面意义上来解释，应当认为，小型出租汽车属于“公共交通工具”。但从实质意义上看，由于刑法对“在公共交通工具上抢劫”规定了加重的法定刑，因此，对于“公共交通工具”是进行限制解释，由此将小型出租车排除在外，还是进行扩张解释，由此将单位内部接送职工的班车也包括进来，实际上涉及对在这些交通工具上抢劫的社会危害性的认识。对此，应当从罪刑相适应的角度进行实质合理的解释。根据最高人民法院《关于审理抢劫案件具体应用法律若干问题的解释》第2条的规定，“在公共交通工具上抢劫”既包括在从事旅客运输的各种公共汽车，大、中型出租车，火车，船只，飞机等正在运营中的机动公共交通工具上对旅客、司售、乘务人员实施的抢劫，也包括对运行途中的机动公共交通工具加以拦截后，对公共交通工具上的人员实施的抢劫。这一规定将“小型出租车”排除在“公共交通工具”的范围之外。应当说，这主要是考虑到：在“小型出租汽车”上抢劫的社会危害性较小，从罪刑相适应的角度出发，坚持实质合理性，没有必要对在小型出租汽车上抢劫的人适用加重的法定刑，因此，对“公共交通工具”作限制解释，以期得出实质合理的结论。而单位内部接送职工的班车在很大程度上履行了“公共交通工具”的功能，或者说，单位出于便利原则的考虑，对于需要乘坐“公共交通工具”的职工提供便利。并且，对于“单位内部接送职工的班车”，也是需要经过公共交通管理部门的审批的。因此，对于在“单位内部接送职工的班车”上抢劫的，其社会危害性同在其他“公共交通工具”上抢劫无异，并且，从字面意义上看，认为“公共交通工具”包括“单位内部接送职工的班车”也是没有疑义的。况且实践中，单位内部接送职工的班车，实际上也确实履行了“公共交通工具”的功能。因此，对于在单位内部接送职工的班车上抢劫的，宜认定为“在公共交通工具上抢劫”。

（三）关于“抢劫数额巨大”的理解

刑法以保护法益为最终的目的。对于其中的“数额巨大”，应当结合行为给具体的法益所造成的侵害或者威胁来认定；仅以行为人客观上所获取的财物数额为标准来认定抢劫的数额，显然是不利于保护法益的。例如，甲、乙二人分别以不同数额财物为抢劫对象实施抢劫行为，但实际所得的财物相同。在此种情形下，二者所造成的社会危害显然是不相同的。毕竟，由于针对的财物的数额不同，其所产生的社会危害性是不同的。如果仅仅以客观上所抢得的财物作为抢劫罪的数额，显然是客观归罪，不能充分反映出行为的社会危害性。当然，也并非是以行为人主观上所欲劫取的财物的数额作为抢劫罪的数额，这同样是违反主客观相统一原则的。我们认为，在主客观相统一原则之下，应当以行为对法益造成的侵害或威胁来认定抢劫罪的数额。实际上，从其他犯罪的相关规定来看，“数额巨大”也不是指实际上所得到的数额。例如，盗窃罪中的数额较大，并非指行为人所实际盗取的数额。例如，根据1997年11月4日最高人民法院《关于审理盗窃案件具体应用法律若干问题的解释》第1条的规定，盗窃未遂，情节严重，如以数额巨大的财物或者国家珍贵文物等为盗窃目标的，应当定罪处罚。按照该规定，即使客观上没有得到“数额巨大”的财物，也应当以盗窃罪论处。

（四）真正的军警人员抢劫的，是否应当适用加重的法定刑

我们认为，从实然性的角度看，由于《刑法》仅仅对加重构成的抢劫作了列举式的规定，将真正的军警人员抢劫的解释成为“冒充军警人员抢劫”，应当说是突破了“冒充”一词的字面含义的，违反了国民的预测可能性，是为罪刑法定原则所禁止的。

与此相关的是，真正的军警人员抢劫行为的社会危害性是否大于冒充军警人员抢劫呢？如果答案是肯定的话，则仅适用抢劫罪的基本刑罚，确实违背罪刑相适应原则。我们认为，真正的军警人员抢劫的社会危害性并非必然大于“冒充军警人员抢劫”。冒充军警人员抢劫的行为不但侵犯了抢劫罪的一般客体，而且还侵犯了军警人员的良好声誉。实际上，从我国刑法的其他规定来看，也能够说明这一点。对于真正的国家机关工作人员诈骗的，按我国刑法规定仅能以诈骗罪论处，情节严重的也仅处“三年以上十年以下有期徒刑，并处罚金”；对于冒充国家机关工作人员进行诈骗的，其处罚仅仅是“三年以上十年以下有期徒刑”。从这一规定来看，国家机关工作人员诈骗的社会危害性并非大于冒充国家机关工作人员诈骗。实际上，刑法之所以对于冒充军警人员抢劫规定加重的刑罚，就在于行为人不仅仅实施抢劫行为，而且还另外实施了“冒充军警人员”的行为，这一冒充行为显然是违法的。从这一意义上看，“冒充军警人员抢劫”的社会危害性要大于通常情形下的军警人员抢劫的

社会危害性。当然，在真正的军警人员抢劫的情形下，行为人可能会利用军警人员这一身份。在此种情形下，如果行为人向被害人显示其军警人员身份，会更容易地实施抢劫行为。应当说，此种情形下“军警人员的良好声誉”同样受到了破坏，但并不能就说此种情形下的行为的社会危害性就大于“冒充军警人员抢劫”。当然，不容否认的是，有的情形下，真正军警人员抢劫的社会危害性确实比冒充军警人员抢劫的社会危害性大，如真正的军警人员抢劫致人重伤、死亡的，但此种情形下，完全可以以抢劫致人重伤、死亡的法定刑论处。

（五）持假枪抢劫的，是否属于持枪抢劫

对此，刑法理论上的讨论均是结合立法者的立法意图展开的，但问题是，对于立法意图究竟是什么，肯定论者与否定论者得出了不同的结论。显然，仅仅通过刑法关于“持枪抢劫”的规定，难以探寻立法者的意图究竟是什么。我们认为，对于持假枪抢劫的，不宜认定为是持枪抢劫。首先，从文义解释的角度看，枪应当是不包括假枪的。从国民的预测可能的角度看，我们说的具体的物品，均不是指假的物品的。其次，从有利于被告人的角度看，由于刑法对加重的抢劫罪所规定的刑罚较之一般抢劫罪的刑罚要重很多，当出现不一致的解释结论时，应当坚持有利于被告人的解释结论。最后，持假枪抢劫虽然也会对被害人的心理造成一定的恐慌，但这种“侵害”或“威胁”较之真正的持枪抢劫行为而言，显然是“虚拟”的，而不可能现实地造成被害人的伤亡。

（六）关于“携带凶器抢夺”的理解

根据《刑法》第267条第2款的规定，携带凶器抢夺的，以抢劫罪论处。对于该规定应如何理解，存在不同的观点。我们认为，首先需要掌握的是关于“携带凶器抢夺”这一规定的存在意义。换一个角度看，如果没有刑法关于“携带凶器抢夺”的规定，司法实践中对于携带凶器抢夺是应当以抢夺罪处理还是以抢劫罪处理。针对这一问题，刑法理论上存在两种对立的观点：一种观点认为，这一规定属于法律拟制的规定。如果没有该规定，对于携带凶器抢夺的行为便只能以抢夺罪论处；另一种观点则认为，该规定是法律的注意规定，即提醒司法人员，对于此种情形应当以抢劫罪论处。上述不同的观点直接导致对“携带”的不同理解：持前一种观点的论者一般认为，只要行为人“携带”了凶器，无论是否对被害人造成了恐惧的心理，均可以抢劫罪论处；持后一种观点的人认为，只有“携带”的凶器实际上发挥了作用，即对被害人的心理造成了影响时，才能以抢劫罪论处。这也导致了持后一种观点的不少论者认为，刑法关于“携带凶器抢夺”的这一规定没有存在的意义，可以废止。

我们认为，从字面意义上来看，对于“携带”一词的理解可以有多种不同的解释结论：①行为人客观上携带了凶器，主观上有准备随时使用凶器的可能；②行为人客观上携带了凶器，主观上没有使用凶器的主观意识；③行为人客观上携带了凶

器，主观上也有使用凶器的故意，并且在客观上也使用了凶器，例如向被害人明示或暗示其所携带的凶器，使被害人不敢反抗，从而更为便利地获取财物。对于第③种情形，由于行为人所携带的凶器已经实际上对被害人发挥了作用，故此种情形完全符合抢劫罪的构成要件，应当属于“携带凶器抢劫”或者“持凶器抢劫”，而非“携带凶器抢夺”。换句话说，“携带凶器抢夺”这样的表述已经不能包含第③种情形。对于第②种情形，由于行为人主观上根本没有使用凶器的故意，此种情形下的“携带凶器”与行为人“未携带凶器”时对法益所造成的侵害或威胁并无二致。再者，对于行为人主观上没有任何意欲的行为追究过重的刑事责任，显然也是违反主客观相统一原则的。当然，不可否认，当行为人客观上“携带”了凶器，即使主观上没有使用凶器的意欲，也可能在客观上由于被害人看见了凶器而不敢反抗，进而较为顺利地劫取了财物，但此种情形下，如果追究行为人过重的刑事责任，是违反主客观相统一原则的。无论立法者在立法时的原意是如何的，但对刑法的解释结论应当具有实质的合理性。对于第①种情形，从形式上看，行为人客观上“携带凶器”进行抢夺，主观上也具有随时使用凶器的故意。从严格意义上来讲，行为人的此种行为的确是不符合抢劫罪的构成要件的，但从主客观相统一的原则上看，有必要追究行为人过重的刑事责任。刑事立法有必要、也有权力对该重行为规定过重的法定刑。因此，从这一角度看，立法者对“携带凶器抢夺”的行为规定以抢劫罪论处，应当说是立法者所设立的一种法律拟制的规定。基于此，关于“携带”的理解问题，应当认为，行为人客观上“携带”了凶器，主观上有随时使用凶器的故意，但“凶器”未实际上发挥作用。否则，如果“凶器”已经对被害人造成了胁迫或威胁的，就属于“携带凶器抢劫”，而非“携带凶器抢夺”。

（七）已满14周岁不满16周岁的人是否可以构成转化型抢劫罪

从实质合理的角度看，已满14周岁不满16周岁的人实施转化型抢劫的社会危害性较之实施一般抢劫的危害性并不小；从罪刑相适应的角度看，应当承认该类主体可以成为转化型抢劫罪的主体。实际上，这样解释也并非违反罪刑法定原则。对于刑法条文中的“罪”，并非仅指刑法学意义上的犯罪，而且通常情况下可以指犯罪学意义上的犯罪，即这种“罪”仅反映其客观上所造成的社会危害性，而并不说明其符合刑法中的犯罪构成而成立犯罪。

（八）关于抢劫罪的既遂、未遂之区分

抢劫罪侵犯的客体是双重的，既侵犯人身权，又侵犯财产权。并且，刑法又专门规定了加重的抢劫罪，其中又有结果加重犯、情节加重犯等。由此，对于抢劫罪是否存在既遂、未遂的区分，其区分的标准是什么，争议颇大。

我们认为，对于具体犯罪而言，其犯罪既遂的标准并不是以行为人的主观意志为转移的，而是一种立法规定。犯罪既遂与未遂的区分并非是自然意义上的犯罪行为的完成，而是立法上的犯罪的完成。区分犯罪既遂、未遂的最根本目的在于，在

刑罚的适用上对于不同的情形予以区别对待，以期更好地实现罪刑相适应。因此，对于犯罪既遂的标准，并非是一种确定的、绝对的、自然意义上的犯罪的完成。例如，对于同一犯罪，在不同的国家其犯罪既遂、未遂的区分标准并不是完全相同的。

对于基本的抢劫罪，2005 年 6 月 8 日最高人民法院《关于审理抢劫、抢夺刑事案件适用法律若干问题的意见》规定，抢劫罪侵犯的是复杂客体，既侵犯财产权利又侵犯人身权利，具备劫取财物或者造成他人轻伤以上后果两者之一的，均属抢劫既遂。而对于加重构成的抢劫罪，从更有利于实现罪刑相适应的角度出发，应当承认其存在既遂、未遂的区分。不少论者认为，在抢劫致人重伤、死亡的结果加重犯中，只要没有造成重伤、死亡结果，就不属于加重构成的抢劫罪。我们认为，这样处理，不利于更好地实现罪刑相适应，例如，甲欲以杀人为手段劫取他人的财物，但实际上并未造成他人的伤亡。此种情形下，如果仅以一般的抢劫罪论处，则显然是难以实现罪刑相适应的。

第十三章

盗窃罪

一、研究概况

从1978年至2008年我国刑法学界关于盗窃罪的研究状况来看，对盗窃罪的研究大致可以分为以下两个阶段。

（一）自1979年《刑法》颁行至1997年《刑法》出台以前

在这一阶段，刑法学界对盗窃罪的研究基本上以1979年《刑法》所规定的盗窃罪为中心作阐释性的探讨，专门的论著较少，而且论著大多出现于1990年前后。代表性论著有：李庆海、孙丕志编写的《浅谈侵犯财产罪》（黑龙江人民出版社1981年版）；金凯主编的《侵犯财产罪新论》（知识出版社1988年版）；赵永林的《我国刑法中盗窃罪的理论与实践》（群众出版社1989年版）；董鑫主编的《盗窃罪个案研究》（四川大学出版社1994年版）。但关注盗窃罪的论文则大量涌现。论文所研究的内容主要涉及以下几个方面。

一是盗窃罪的构成特征。这方面的论文主要有：黄子鸿的《对盗窃罪主观要件的不同看法》（载《法学》1981年第1期）；宋艾森的《盗窃罪中是否存在间接故意？》（载《法学》1982年第12期）；胡新的《盗窃罪构成的几个问题》（载《法学评论》1983年Z1期）；刘明祥的《试论盗窃罪犯罪构成中的主客观相统一问题》（载《法学评论》1985年第2期）；王礼仁的《盗窃罪主观内容之我见》（载《法学评论》1990年第3期）；等等。

二是盗窃罪的罪与非罪的划分、既遂与未遂的区分标准、此罪与彼罪的区别以及刑罚的适用。这方面的论文主要有：陈本智的《对构成盗窃罪数额的看法》（载《法学》1981年第1期）；刘潼福的《盗窃罪中数额较大与巨大的辩证划分》（载《法学》1981年第1期）；邓定一的《是窝赃，抢劫，还是盗窃?》（载《法学季刊》1981年第1期）；叶松亭的《是盗窃罪，还是抢劫罪?》（载《法学》1982年第9期）；吴培洪的《是盗窃还是诈骗?》（载《法学》1982年第10期）；马志标的《是盗窃、诈骗还是贪污?》（载《法学评论》1988年第3期）；左卫民、白宗钊的《黄某行为构成盗窃罪和故意毁坏财物罪》（载《人民检察》1995年第8期）；徐海风的《盗窃罪既遂、未遂问题之管见》（载《法学》1984年第2期）；罗振德的《也谈盗窃罪的既遂、未遂问题》（载《法学》1984年第9期）；赵秉志的《论盗窃罪的既遂未遂问题》（载《法律科学》1985年第3期）；吴朝生的《盗窃有价证券犯罪既遂未遂问题之我见》（载《人民司法》1992年第1期）；崔宏志的《“盗窃未遂”司法解释的缺陷与完善》（载《人民检察》1996年第4期）；刘明祥的《不宜把盗窃三万元以上财物的犯罪分子都判处死刑》（载《法学评论》1989年第1期）；张必佑的《当前盗窃案件量刑中应注意的几个问题》（载《现代法学》1989年第5期）；耿景仪的《论盗窃罪适用死刑的条件》（载《人民司法》1993年第7期）；李云龙、沈德咏的《盗窃罪适用死刑的比较研究》（载《法学研究》1996年第6期）；谭永多的《盗窃犯罪案件适用死刑的基准点》（载《人民司法》1996年第11期）；等等。

三是盗窃案件中的特殊情形，如盗窃自己家庭或近亲属的财产、盗窃假币、盗窃伪劣商品、共同盗窃、监守自盗、使用盗窃及破坏性盗窃等。这方面的论文主要有：朱孝清的《儿子盗窃父亲巨款是否犯罪?》（载《现代法学》1985年第1期）；赵长青的《家庭内部盗窃案件探析》（载《现代法学》1985年第3期）；焦向东的《浅议盗窃近亲属财物的定罪量刑》（载《人民检察》1996年第5期）；杨柏林的《浅议盗窃违禁品》（载《人民检察》1994年第1期）；宋宪德的《盗窃假烟行为应否定罪及数额确定》（载《人民司法》1995年第4期）；张庆生的《盗窃假烟的数额确定及处罚——与宋宪德同志商榷》（载《人民司法》1995年第7期）；包志荣的《盗窃、抢劫假币行为定罪问题探讨》（载《人民司法》1996年第7期）；刘先惠的《论盗窃共犯的刑事责任》（载《人民司法》1990年第9期）；龚培华的《盗窃共犯的认定及处罚》（载《法学》1993年第7期）；赵新河的《丁某是盗窃共犯还是同时犯》（载《法学》1996年第9期）；张琳珊的《监守自盗应以盗窃罪论处》（载《现代法学》1986年第1期）；王礼仁的《使用盗窃可以构成盗窃罪》（载《人民司法》1995年第6期）；姚军的《对盗窃犯罪中严重破坏公私财物的行为应单独定罪量刑》（载《人民司法》1992年第4期）；等等。

四是盗窃罪犯罪对象中的新问题。改革开放后，随着社会经济的发展，人民物质生活逐渐丰富，财产的种类日益增加，盗窃的对象相应的也越来越多，针对盗窃罪的犯罪对象的研究范围也不断扩大，如对偷开汽车、盗掘墓葬和尸骨、盗窃无形能源、盗捕鱼、盗窃树木、盗窃技术秘密、盗窃证券等行为的定性都有所讨论。这方面的论文主要有：陶积根的《探讨盗窃无形能源的犯罪》（载《法学》1984年第8期）；张瑞幸的《盗窃罪的几种特殊形式》（载《法律科学》1985年第3期）；柯兵的《盗窃货运单如何计算数额》（载《法学》1985年第7期）；王晨的《试论盗窃罪对象》（载《法学评论》1986年第4期）；顾肖荣的《窃取技术秘密与盗窃犯罪》（载《政治与法律》1987年第1期）；李伟铭的《审理盗窃有价证券案件几个问题的探讨》（载《人民司法》1989年第2期）；武永平的《盗掘文物案不应以盗窃罪论处》（载《现代法学》1989年第1期）；高憬宏的《关于盗窃罪的几个问题》（载《人民司法》1992年第12期）；黄荣康的《对盗窃罪对象的若干问题探讨》（载《人民司法》1993年第3期）；熊选国的《盗窃技术成果应以犯罪论处》（载《人民司法》1993年第7期）；陈昌华、徐平的《关于盗窃股权证几个问题的探讨》（载《人民司法》1994年第12期）；梁浩的《盗窃设密码的活期存折行为的认定》（载《人民检察》1996年第9期）；等等。

可以说，上述关于盗窃罪的成果的大量出现，说明我国刑法学界对盗窃罪这一常见个罪的研究取得了显著的进展。就总体而言，这些成果还只能说是处于探索阶段，在研究深度上还有所欠缺，真正的盗窃罪研究专著实际上只有赵永林所著的《我国刑法中盗窃罪的理论与实践》。不过，值得肯定的是，这一时期盗窃罪研究的广度较宽，其中，既有基础理论层面的思考，又有司法实践层面的反思，还有针对新的盗窃犯罪对象所进行的与时俱进的探讨。总之，这一阶段论者们对盗窃罪的理论探索为以后对盗窃罪问题的研究的进一步深化奠定了坚实的基础。

（二）自1997年《刑法》出台至今

尽管这一阶段时间相对较短，但研究成果无论是在数量上还是质量上，均较以往有显著提高。一方面，涉及盗窃罪的论著数量众多，其中比较有影响的论著有：赵秉志主编的《侵犯财产罪研究》（中国法制出版社1998年版）；赵秉志著的《侵犯财产罪》（中国人民公安大学出版社1998年版）；索维东主编的《新刑法与财产犯罪》（西苑出版社1998年版）；王礼仁著的《盗窃罪的定罪与量刑》（人民法院出版社1999年版）；刘明祥著的《财产罪比较研究》（中国政法大学出版社2001年版）；董玉庭的《盗窃罪研究》（中国检察出版社2002年版）；祝铭山主编的《盗窃罪》（中国法制出版社2004年版）。另一方面，关注盗窃罪的论文的数量非常丰富。论文所研究的内容主要涉及以下几个方面。

一是盗窃罪的基本理论问题，其中主要包括盗窃对象、数额标准、主观方面、客观方面、罪与非罪、既遂与未遂、单位盗窃、共同盗窃等问题。这方面的论文主要有：孙林森的《盗窃假货是否构成犯罪》（载《人民检察》1998年第4期）；孟庆龄的《盗窃、伪造军车号牌应以犯罪论处》（载《人民检察》1998年第11期）；胡爱斌的《盗窃违禁品定性探讨》（载《人民检察》1998年第12期）；邓由信的《盗窃体育彩票该如何定性》（载《人民检察》2001年第9期）；刘华蔚的《盗窃遗骨不构成盗窃尸体罪》（载《人民检察》2005年第17期）；虞雷的《盗窃（未遂）数额较大的是否定罪》（载《人民检察》1997 年第 10 期）；张飙的《对入户盗窃应取消数额限制》（载《人民检察》1998 年第 1 期）；陆诗忠的《试论盗窃罪的目的要件》（载《河南师范大学学报（哲学社会科学版）》2001 年第 1 期）；董玉庭的《盗窃罪客观方面再探》（载《吉林大学社会科学学报》2001 年第 3 期）；张明楷的《论盗窃故意的认识内容》（载《法学》2004 年第 11 期）；刘强的《合伙人盗窃合伙财物如何定性》（载《人民检察》1997 年第 5 期）；吴访非的《盗窃罪既遂与未遂界限研究》（载《社会科学辑刊》2006 年第 4 期）；江河的《以法益侵害说为视角论盗窃罪的既遂与未遂》（载《学术交流》2006 年第 7 期）；徐汉明等的《以单位名义、为单位利益实施盗窃是否构成犯罪》（载《人民检察》2006 年第 7 期）；张先良、张冬霞的《单位盗窃研究》（载《中国人民公安大学学报》2003 年第 5 期）；于逸生、董玉庭的《论盗窃共犯刑事责任认定》（载《学术交流》2002 年第 6 期）；等等。

二是伴随社会科技进步而来的新型盗窃现象。有论者特别研究了计算机网络和信用卡普及化社会背景下的盗窃犯罪的定性问题。这方面的论文主要有：张劲楠的《盗窃信用卡并使用行为罪名研究》（载《河南金融管理干部学院学报》2002 年第 6 期）；罗云的《网络游戏财产盗窃行为之法律分析》（载《理论导刊》2006 年第 1 期）；王晓兰的《浅议盗窃他人信用卡并使用的定性》（载《法律适用》2006 年第 3 期）；许富仁的《关于盗窃虚拟财产的价值及其行为本质的分析》（载《学术交流》2006 年第 5 期）；王永杰的《论盗窃并使用信用卡共同犯罪行为的认定》（载《政治与法律》2006 年第 6 期）；李永升、陈伟的《盗窃 GPS 财物既未遂问题探析》（载《人民检察》2007 年第 3 期）；等等。

三是司法实践疑难问题。这方面的论文主要有：冯治明的《关于正确掌握“多次盗窃”标准的几个问题》（载《公安大学学报》1998 年第 3 期）；唐福根的《“盗窃未遂须数额巨大才能定罪”质疑》（载《人民检察》1998 年第 9 期）；孙军工的《审理盗窃案件具体应用法律的几个问题》（载《人民司法》1998 年第 4 期）；蔡刚毅的《盗窃罪既遂未遂界定标准新探》（载《人民检察》2000 年第 1 期）；李忠诚的《多次盗窃的认定和盗窃数额的累计》（载《人民检察》2000 年第 8 期）；黄学冲的《盗窃近亲属财物“确有追究刑事责任必要”之认定》（载《人民检察》2004 年第 6 期）；于志刚的《关于“使用盗窃”行为在网络背景下入罪化的思考》（载《西南民族大学学报（人文社会科学版）》2006 年第 8 期）；张明楷的《盗窃与抢夺的界限》（载《法学家》2006 年第 2 期）；王志祥的《盗窃罪的既遂标准新论》（载《中国检察官》2007 年第 3 期）；丛修胜的《对象价值认识错误是否影响盗窃罪的构成》（载《人民检察》2007 年第 22 期）；胡东飞的《抢劫还是盗窃——“客观→主观”刑事案件分析思路之提倡》（载《中国刑事法杂志》2008 年第 3 期）；胡泰忠的《财产权利凭证的财产控制方式与盗窃数额的计算——兼论审理盗窃案件相关司法解释规定的完善》（载《法律适用》2008 年第 5 期）；黎宏的《出于侵占遗失物故意引起盗窃结果的该如何处理》（载《中国检察官》2008 年第 7 期）；等等。

四是对盗窃罪立法的理性反思和完善建议。这方面的论文主要有：丁中辉的

《对盗窃罪累犯处罚之我见》（载《人民检察》1999年第3期）；吴大华的《盗窃罪的刑罚适用问题研究》（载《法学家》1999年第4期）；胡乾辉的《盗窃犯罪累犯不宜加重处罚》（载《人民检察》2006年第7期）；李克非的《盗窃罪的立法沿革与比较研究》（载《政法论坛》1997年第3期）；陈然的《数字化时代盗窃犯罪对象的演变及对策》（载《人民检察》2004年第5期）；等等。

特别值得一提的是，对典型盗窃个案的讨论成为进入21世纪以来推动刑事法学理论研究和司法理念革新的不可或缺的助力，由此涌现了许多相关论文。比如，2003年8月发生在北京的"天价葡萄案"① 引发了法律界的大讨论。在4名男子有无犯罪故意、该不该给他们定罪、如何定罪等问题上，法律界人士众说纷纭，莫衷一是。这方面的论文主要有：莫晓宇的《对"天价"葡萄案的几个刑法问题思考》（载《江西公安专科学校学报》2004年第4期）；莫晓宇、刘健的《对"天价"葡萄案的若干思考》（载《中国刑事法杂志》2004年第3期）；周光权的《偷窃"天价"科研试验品行为的定性》（载《法学》2004年第9期）；李甘林的《有必要反思"天价葡萄案"》（载《出版参考》2004年第20期）；尚晓宇的《刑法学家王作富求解"天价"葡萄案定破坏生产经营罪符合法律和学理》（载《检察日报》2004年8月15日第3版）；陈咏梅的《"天价葡萄案"之刑法剖析》（载《天中学刊》2005年第4期）；朱孝清的《盗窃科研葡萄、豆角案定性探究》（载《中国刑事法杂志》2005年第1期）；等等。再如，2006年4月广州的"许霆案"，② 引起了社会公众的广泛关注，法律界对此案众说纷纭，争议的焦点主要有许霆行为的罪与非罪、此罪与彼罪、罪轻与罪重、罪刑是否均衡等问题。这方面的论文主要有：沈琪的《期待可能性与责任判断——由许霆案引发的刑法思考》（载《杭州师范大学学报》（社科版）2008年第2期）；张巍的《由"许霆案"看罪刑均衡》（载《福建警察学院学报》2008年第3期）；许光的《许霆超额取款是否构成犯罪》（载《西南交通大学学报》（社科版）2008年第3期）；高艳东的《从盗窃到侵占：许霆案的法理与规范分析》（载《中外法学》2008年第3期）；杨兴培的《"许霆案"的技术分析及其法理思考》（载《法学》2008年第3期）；谭志君、余阳的《利用ATM机故障非法提款行为的定罪与量刑——许霆案之再思考》（载《湘潭大学学报》（哲学社会科学版）2008年第4期）；李肖霖的《许霆案罪与非罪的标准》（载《法律与生活》2008年第6期）；赵秉志、张心向的《刑事裁判不确定性现象解读——对"许霆案"的重新解读》（载《法

---

① 该案的案情是：2003年8月6日晚，在北京务工的4名河南籍民工翻墙进入北京农林科学院林果所院内，在葡萄研究园猛吃一气，临走时还摘走一大袋葡萄。这些葡萄是林果所投资40万元、历经10年培育研制的新品种，一共种植110株，4名民工偷摘了其中20株果实，导致研究链断裂。其中一民工曾在林果所当过临时工。

② 该案的案情是：2006年4月21日晚，许霆到广州天河区黄埔大道某银行的ATM机取款。由于ATM机出现故障，在他取出1000元后，银行卡账户里只被扣了1元。许霆先后在这台ATM机上取款171笔，合计17.5万元。

学》2008年第8期）；张明楷的《许霆案减轻处罚的思考》（载《法律适用》2008年第9期）；黎丽的《许霆无罪——对三个国外相关刑法理论的探讨》（载《法制与社会》2008年第13期）；王志祥的《许霆案定性的理性思考》（载《山东警察学院学报》2008年第4期）；等等。此外，为了深入研究许霆案的相关法理问题，进一步促进我国刑事法学理论和刑事立法司法的发展，中国法学会刑法学研究会和北京师范大学刑事法律科学研究院在以往双方诸多合作的基础上，共同编辑出版了《许霆案件的法理争鸣》（北京大学出版社2008年版）这本论文集。

这一阶段，我国刑法学界对盗窃罪问题的研究呈现出三个特点。第一，关于盗窃罪基本理论的研究内容主要立足于原有研究的基础，但研究触角更为细微，研究水平更有深度。在此阶段，我国刑法学界不再局限于对盗窃罪的构成要件进行笼统阐释，而是深入分析、论证盗窃罪具体构成要素，如盗窃罪主观方面之故意的认识内容和目的要素等。第二，在盗窃罪的研究中特别注重根据司法实践的需要，对新问题、新情况作出及时的理论回应，研究视野更为广阔。如随着社会物质生活的不断丰富，盗窃对象的范围不断扩大，尤其是智慧财产、虚拟财产、电子商务等相继出现，这使得对刑法上传统的财物的概念不得不重新进行解释，刑法理论研究对此做了较好的跟进。第三，备受社会关注的特殊盗窃个案所引发的法学理论的大讨论，使盗窃罪的研究体现出明显的司法实践与刑法理论互动的特点。如"天价葡萄案"的争议焦点集中于科研葡萄的估价。被偷葡萄的价值从案发之初估价为科研投资40万元到后来评估金额为1.122万元，最后回落到376元，被告人由此最终被无罪释放。这一案件既激起学界对科研试验品估价和盗窃数额的标准的讨论，也促使论者对盗窃罪、破坏生产经营罪、故意毁坏财物罪进行细致的分析，还引起人们对司法鉴定程序公正与否的反思。"许霆案"的社会影响更为深远。许霆由一审被判无期徒刑到终审被判5年有期徒刑。学界对案件争议焦点——"ATM机是否是金融机构"、"许霆的恶意取款行为是否构成犯罪"、"许霆构成的是诈骗罪、侵占罪、信用卡诈骗罪还是盗窃罪"、"量刑是否均衡"等问题的大讨论，不仅加深了刑法理论对盗窃罪的罪与非罪、此罪与彼罪、量刑轻与重的研究，而且促使人们对盗窃罪的立法科学性以及包括刑事政策、量刑规则、司法独立、舆论监督、司法解释等在内的国家法治状况进行深刻的反思。这是司法实践反作用于法律理论研究的结果。

二、观点综述

（一）盗窃罪的主体

关于盗窃罪的主体，争议主要集中在对单位盗窃的问题上。为此，最高人民检察院早在1996年就做出了《关于单位盗窃行为如何处理问题的批复》，其中规定，"单位组织实施盗窃，获取财物归单位所有，数额巨大，影响恶劣的，应对其直接负责的主管人员和其他直接责任人员按照盗窃罪依法批捕、起诉。"最高人民检察院于2002年8月13日施行的《关于单位有关人员组织实施盗窃行为如何适用法律问题的批复》更加明确地规定，“单位有关人员为谋取单位利益组织实施盗窃行为，情节严重的，应当依照刑法第二百六十四条的规定以盗窃罪追究直接责任人员的刑事责任。”

理论上对此则有较大的分歧。有论者认为，对于单位有关人员为谋取单位利益组织实施的盗窃行为，依照《刑法》第264条的规定，以盗窃罪追究直接责任人员的刑事责任，难以做到罪刑相适应。对于单位有关人员为谋取单位利益组织实施盗窃行为，不通过追究刑事责任，而以民事、行政手段解决，并不会影响对公司财物的保护。① 有论者主张，在刑法没有规定单位可以成为盗窃罪的主体的情况下，将单位盗窃按自然人盗窃来处理，有违反罪刑法定原则之嫌。论者因而建议，应当规定单位可以成为盗窃罪主体。② 有论者指出，将单位盗窃以自然人犯罪论处，无法完全实现社会正义；从最终的效果来看，司法解释确立的处罚模式易侵犯公民权利，有损刑罚的公正性。论者进而认为，单位作为盗窃罪主体是刑事政策犯罪化的需要，是对罪刑相适应原则的贯彻。③ 有论者提出，以刑事立法形式增设单位盗窃罪、对单位盗窃实行双罚制、扩大单位盗窃的主体范围、规范单位盗窃的定罪和量刑标准是目前完善单位盗窃立法迫切要解决的问题。④ 而有论者则认为，单位犯罪的规定与自然人犯罪的制裁条款之间实际上是特别法与普通法的关系。当刑法规定了单位犯罪时，就应适用惩罚单位犯罪的特别规定，而不再按追究自然人犯罪刑事责任的普通法条处理。在不存在特别法的情况下，则应对实施单位盗窃的直接责任人员直接依照自然人盗窃罪的条文处罚。因此，刑法没有将单位规定为盗窃罪的主体，并不妨碍司法实践中对实施单位盗窃的直接责任人员以自然人盗窃追究刑事责任。⑤

（二）盗窃罪的主观方面

1. 盗窃罪的犯罪故意

（1）认识因素

其一，成立盗窃罪，是否要求行为人认识到所盗窃的是财物？

对此，有论者指出，盗窃罪的对象是财物，所以，财物是盗窃罪的客观构成要件要素。既然如此，盗窃罪的成立就要求行为人主观上认识到其盗窃的是财物。如果行为人没有认识到所窃取的是财物，当然不成立盗窃罪。表面上看，刑法分则条文没有对盗窃罪要求“明知是财物”，但这并不意味着盗窃罪的成立不要求行为人明

---

① 参见熊选国：《刑事审判中几个疑难问题的探讨》，载《人民司法》，2005（1）。

② 参见陈正沓：《罪刑法定及其明确性原则视野中的盗窃罪立法完善问题》，载《当代法学》，2003（7）。

③ 参见姜先良、张冬霞：《论单位盗窃》，载《中国人民公安大学学报》，2003（5）。

④ 参见姜涛：《单位盗窃的立法贫困与构建设想》，载《江南大学学报》（人文社会科学版），2005（2）。

⑤ 参见徐汉明等：《以单位名义、为单位利益实施盗窃是否构成犯罪》，载《人民检察》，2006（7）。

知是财物。因为总则指导分则、补充分则，如果分则没有例外的、特别的明文规定，就必须适用总则的规定。根据刑法总则的规定，任何故意犯罪的成立，都要求行为人认识到犯罪的客观构成要件要素（包括行为对象）。既然如此，只要分则没有特别规定，盗窃罪的成立就必须以明知是财物（行为对象）为条件。由于盗窃故意的认识内容首先是财物，所以，如果某种物质没有被刑法评价为财物，那么，行为人故意盗窃该物质的行为就不成立盗窃罪。明知是真币而盗窃，实际上窃取了假币的，不缺乏盗窃的故意，只是客观要件是否符合盗窃罪的问题。①

其二，成立盗窃罪，是否要求行为人认识到所盗窃的是他人占有的财物？

有论者指出，犯罪人必须明确认识到犯罪对象正处于他人的控制之下。对于他人控制的认识包括认识到处于他人的实际控制之下和处于他人的可能控制之下两种情况。因此，如果误认财物系他人抛弃或遗弃之物而占有的，主观上就缺乏侵犯他人所有权的故意。② 有论者认为，由于作为盗窃罪对象的财物必须是他人占有的财物，所以，盗窃故意的成立以认识到财物的他人占有性为前提。但盗窃故意不要求认识到财物的他人所有性。因为即使是自己所有的财物，但由他人合法占有时，也不排除盗窃罪成立的可能性。如若认识到自己所有的财物由他人非法占有，进而窃回该财物的，不成立盗窃罪；如若与上一种情形相反，明知自己所有的财物由他人合法占有，进而窃回该财物的，成立盗窃罪；如若明知窃取的财物既可能属自己所有也可能属他人所有，但事实上属于他人所有的，成立盗窃罪；如若将自己合法占有（所有）的财物，误认为是他人占有（所有）的财物而盗窃的，不宜认定为盗窃罪；如若误以为是遗忘物而转移占有的，不成立盗窃罪。③

其三，成立盗窃罪，是否要求行为人认识到所窃取的是数额较大的财物，或者明知自己的行为系“多次盗窃”？

关于对数额较大的认识问题，存在两种观点。

否定说认为，行为人不必认识到所盗窃的财物是否达到数额较大。因为所盗窃的是何物品及价值的多少，不是盗窃故意认识的内容，而是盗窃罪的客观要件和量刑所要考虑的。不能将客观要件与主观要件混为一谈。④ 刑法理论对盗窃罪行为的主观要件具体要求为行为人明知自己的行为具有非法地秘密窃取他人之物的性质，出于非法占有的目的仍决意实施，但在认识因素上又并非要求达到行为人对窃取对象的价值有所认识的程度。对盗窃财物价值的不知，不影响盗窃行为的性质，至于行为最终是否成立犯罪则依赖于对盗窃数额的认定。⑤ 在司法实践中，作为盗窃罪

---

① 参见张明楷：《论盗窃故意的认识内容》，载《法学》，2004（11）。

② 参见吴大华：《盗窃罪犯罪主观特征研究》，载《江苏公安专科学校学报》，1999（6）。

③ 参见张明楷：《论盗窃故意的认识内容》，载《法学》，2004（11）。

④ 参见宋艾森：《盗窃罪中是否存在间接故意》，载《法学》，1982（12）。

⑤ 参见莫晓宇：《对“天价”葡萄案的几个刑法问题思考》，载《江西公安专科学校学报》，2004（4）；莫晓宇、刘建：《对“天价”葡萄案的若干思考》，载《中国刑事法杂志》，2004（3）。

故意的“明知”，只需要行为人认识到盗窃他人财物会造成他人财物损失就够了，并不要求行为人当时明知所盗财物是否达到“数额较大”的标准，更不要求行为人对财物价值有准确认识，并且在许多情况下，要求盗窃犯认识到所盗财物价值已达“数额较大”的标准或对所盗财物价值有准确认识，也是不现实的。①

肯定说则认为，只有认识到所盗窃的财产数额较大时，才可能成立盗窃罪。有论者列出了以下理由。首先，构成要件的客观要素，原则上是故意的认识内容。数额较大是盗窃罪的重要客观要素，也是区别罪与非罪的关键因素，行为人对此必须有认识，否则不符合主客观相统一的原则。其次，行为人明知所盗财物价值微薄，与行为人明知所盗窃财物数额较大，明显反映出其可谴责性不同；前者的可谴责性小，后者的可谴责性大。因为后者明知是犯罪而实施，前者是明知违反治安管理而实施。因此，如果将明知所盗财物价值微薄而客观上盗窃了数额较大财物的行为，与明知所盗财物数额较大而客观上盗窃了数额较大财物的行为相提并论，就有违反刑法的公平正义之嫌。再次，如果不要求行为人明知所盗财物数额较大，就会导致由行为人不能预见的事由或某种机遇左右盗窃罪的成立与否的结果，这也不合适。最后，或许有人认为，如果要求行为人明知所盗财物数额较大，那么，盗窃犯人都会声称不明知所盗财物数额较大，因而不能以盗窃罪论处，从而导致放纵盗窃罪。其实并非如此。行为人是否明知所盗财物数额较大，除了根据证据能判断外，需要根据事实进行推定。② 有论者认为，根据我国《刑法》关于故意犯罪的规定，盗窃罪的故意是指行为人明知自己所实施的是秘密窃取公私财物的行为，且这种行为将会发生数额较大的公私财物被非法占有的危害后果，而仍希望这种结果发生的一种主观心理态度。③ 在法律对盗窃罪的成立没有数额要求的情况下，数额不属于客观构成要件要素，对数额的认识便当然不属于明知的范围。既然我国刑法将数额作为盗窃罪的客观构成要件要素加以规定，那么，要成立盗窃罪的故意，就必须要求行为人对数额有认识。在行为人对成立盗窃罪的数额没有认识的情况下，即使客观上具备了数额要素，也不得认为行为人具备盗窃故意，否则仅按照客观上盗窃的财物定罪量刑，便违背了主客观相统一的原则，难免导致客观归罪。当然，在实践中，行为人在实施盗窃行为时，大多具有“能偷多少算多少”的心态，无论数额多少都不违背行为人的本意。因此，在多数场合，对于行为人是否具有盗窃罪的犯罪故意，并不需要专门确认。④ 从实际效果分析，不要求行为人明知数额可能会给司法实践带来诸多不便。对于盗窃罪犯罪人实施行为时的主观认识加以分析，可以发现，包括三种情况。①犯罪人并没有针对特定财物进行盗窃，而是相机而动，偷到多少算

---

① 参见孟庆华：《犯罪构成适用重点疑点难点问题判解研究》，191～192页，北京，人民法院出版社，2006。

② 参见张明楷：《论盗窃故意的认识内容》，载《法学》，2004（11）。

③ 参见刘明祥：《试论盗窃罪犯罪构成中的主客观相统一问题》，载《法学评论》，1985（2）。

④ 参见王志祥：《数额犯基本问题研究》，载《中国刑事法杂志》，2007（2）。

多少。对于此种情况，由于行为人主观上的概然性认识，则以实际窃取的数额认定是较为合适的，因为实际窃取数额的多和少均与犯罪人的主观认识相一致。②犯罪人本意在于小偷小摸，但是意外地偷到大量财物，自己尚未发觉，或者发觉后马上送回失主手里。此种情况下，如果以实际盗窃数额来认定犯罪，则有客观归罪之嫌。③犯罪人本意在于盗窃巨款，而因为意外因素只窃取到很少的财物。此种情况下如果以实际盗窃数额来认定犯罪，则显然是轻纵犯罪人。①

对于多次盗窃情况下，行为人是否必须明知自己的行为达到"多次盗窃"的问题，也存在两种观点。一种观点认为，对于客观上是因为"多次盗窃"公私财物构成犯罪的，因这种情况构成犯罪客观上无须盗窃公私财物达到数额较大，所以行为人主观上也就无须对数额较大有所预见。这种情况下，行为人主观上只需明知盗窃行为达到了"多次盗窃"即可，这也是犯罪构成主客观相一致的要求。② 另一种观点认为，如果说"多次"盗窃是构成要件的客观要素，行为人必须认识到这一要素，那么，就必然出现以下局面：倘若A记得自己曾经实施了两次扒窃行为，进而认识到自己已经是1年内第3次在公共场所扒窃，那么，他便具备相应的主观要素，因此成立盗窃罪；倘若B不记得（忘记）自己已经实施过两次扒窃行为，进而误认为自己是第1次或第2次在公共场所实施扒窃行为，那么，他便不具备相应的主观要素，所以不成立盗窃罪。大概没有人会赞成这一结论。因为这一结论意味着记忆力的强弱可以直接决定是否成立犯罪：记忆力强的，可能构成犯罪；记忆力弱的，可能不成立犯罪。如果要得出A、B都成立盗窃罪的结论，那么，就只能认为，虽然要求行为人具有"盗窃"的故意，但不要求行为人认识到"多次"盗窃。果真如此，在现行犯罪论体系之下，不得不承认"客观的超过要素"。"多次"盗窃中的"多次"属于客观的超过要素，虽然是客观要件要素，但不需要行为人对此具有认识。③ "多次"只是一种客观上的表现形式和程度问题，它需要有权机关依据案情实际和相关证据来判定，并不需要行为人对该问题有认识，否则将导致根据行为人记忆力定罪处罚的不合理做法。④

其四，关于数额认识的标准问题。

对此，有论者认为，客观存在的公私财物在价值上从小到大有无限差别，其所体现出来的价值难以确切估计。因此，如果要求行为人确切知道其所窃取财物的准确价值，显然不现实。基于此，如果行为人对财物数额有比较明确的认识，当然属于明知；如果仅预见数额可能较大或巨大时，也应认为具有明知；如果对数额有相对确定的概括预见，那么，对于概括预见范围内的数额也都应认为存在明知；如果对所窃对象数额预见毫不确定，那么，无论客观上是否能盗到以及能盗到多少，都

① 参见吴大华：《盗窃罪犯罪主观特征研究》，载《江苏公安专科学校学报》，1999（6）。
② 参见董玉庭：《盗窃罪主观构成要件微探》，载《哈尔滨工业大学学报》（社会科学版），2003（1）。
③ 参见张明楷：《论盗窃故意的认识内容》，载《法学》，2004（11）。
④ 参见钟李钧：《盗窃罪研究》，12页，中国政法大学2007年硕士学位论文。

在其预料之内，因而可以将实际所窃财物价值看作其明知的数额。但是，预见数额较大或巨大，并不要求行为人一定要知道司法机关办案所掌握的具体标准，这个标准是司法机关在案发后用来评价盗窃行为危害性程度的尺度，是盗窃罪所招致的否定性评价在法律上的反映，是盗窃行为的社会危害性程度的司法价值表现。行为人对此不但事先难以了解，而且也没有必要要求他有所了解。只要他作案时所预见的数额客观上达到这个标准，就说明他对于自己盗窃行为会引起犯罪结果存在明知。①

（2）意志因素

犯罪故意分为直接故意和间接故意。那么，盗窃罪中是否存在由间接故意构成的情形呢？对此，肯定说认为，盗窃罪的法律条文中并没有规定盗窃罪的主观方面，更没有提及该罪只能由直接故意构成。因而，盗窃可以由间接故意的形式实施。比如，甲欲偷四五十元钱吃饭，为此偷了一个人的钱包，之后发现钱包内除了四十元钱以外，另有一条价值千元的项链并据为己有。甲盗窃四十元钱，系出于直接故意，对项链的盗窃是系出于间接故意。② 否定说。有论者指出在主体实施盗窃行为时，只要对所侵犯的对象在主观上持追求的希望的心理状态，便是直接故意。不能因为主体不能预见包内的物品及价值几何，而否定直接故意。因为主体在这一盗窃行为中，对自己行为的社会危害性是明知的，对盗窃行为和侵犯的对象是追求的、希望的。而是何物品及价值的多少，不是盗窃故意认识的内容，而是盗窃罪的客观要件和量刑所要考虑的。③ 有论者反驳肯定说的案例分析理由，认为甲已经具有盗窃的故意，并在此故意心态的支配下实施了偷钱包的行为，至于钱包中究竟装有多少价值的财物，法律上并不要求甲准确知晓，或者说，甲的行为也有可能属于刑法上的认识错误，所以上述甲的主观心态并不必然像该论者认为的那样，一个是“希望”的直接故意，一个是“放任”的间接故意。④ 另有论者持否定说，认为盗窃行为人明知自己的行为会发生非法占有公私财物的危害结果，并希望这种结果的发生。换言之，就是以非法占有数额较大的公私财物为目的，或者通过多次盗窃达到非法占有公私财物的目的。因此，盗窃罪在主观方面是积极追求危害结果的发生，不存在“放任”的问题。⑤

2. 盗窃罪的犯罪目的

（1）犯罪目的是否属于盗窃罪主观方面的必备内容

对此，我国刑法理论的通说认为，盗窃罪的主观必备要件应包括两个，即犯罪故意和犯罪目的。⑥ 而有论者则认为，把特定的犯罪目的作为盗窃罪的构成要件，

---

① 参见吴大华：《盗窃罪犯罪主观特征研究》，载《江苏公安专科学校学报》，1999（6）。

② 参见高一飞：《刑事法的中国特色研究》，166～167页，北京，中国检察出版社，2002。

③ 参见宋艾森：《盗窃罪中是否存在间接故意》，载《法学》，1982（12）。

④ 参见钟李钧：《盗窃罪研究》，13页，中国政法大学2007年硕士学位论文。

⑤ 参见赵秉志：《侵犯财产罪》，170页，北京，中国人民公安大学出版社，2003。

⑥ 参见高铭暄主编：《刑法学》（新编本），445页，北京，北京大学出版社，1999。

是不科学的（无论犯罪目的的内容是什么），其理由是：第一，将特定的犯罪目的作为盗窃罪的主观要件于法无据，有违立法规定；第二，将特定的犯罪目的作为盗窃罪的主观要件，不利于准确揭示盗窃罪的犯罪本质，反映其社会危害性；第三，将特定的目的作为盗窃罪的主观要件不利于本罪的司法认定；第四，盗窃罪的故意内容是能涵括犯罪目的内容的；第五，摒弃盗窃罪的目的要件，并不妨碍盗窃罪的认定。①

（2）盗窃罪的犯罪目的的表述问题

有论者指出，1979年《刑法》刚公布时，有人提出盗窃罪的主观特征表现为“据为己有”。随着刑法理论研究的不断深入和发展，今天中国刑法理论界已普遍认为，以“据为己有”作为盗窃罪的目的，范围过窄。“据为己有”只能是一部分盗窃犯对所窃财物抱的主观心理态度，不足以囊括所有盗窃犯的主观目的。因而有学者提出，非法占为己有的“己”并不一定是指犯罪人自己，而可能包括第三人以及小集体等。进而有学者提出，使用“占为己有”易使人对“己”产生疑问，显得范围太窄，建议改用“非法占有”来代替。1992年最高人民法院、最高人民检察院《关于办理盗窃案件具体应用法律若干问题的解释》正式采用了“以非法占有为目的”的提法。此种提法时至今日已经成为通说，1997年关于盗窃罪的司法解释沿袭这一提法。② 有论者认为，“以非法占有为目的”的表述不完整、不确切，不利于正确区分罪与非罪。应当增加“数额较大或巨大”的内容，表述为“以非法占有数额较大或巨大公私财物为目的”。③ 如果要更加准确地表述非法占有目的，就应表述为盗窃罪主观方面要求行为人以非法占有数额较大的财物为目的，或以多次盗窃非法占有公私财物为目的。④

（3）盗窃罪中的非法占有目的的界定问题

关于非法占有目的的含义，理论上存在以下三种不同的观点。

“非法占有说”认为，所谓非法占有目的，是指明知是公共或他人的财物，而意图把它非法转归自己或第三者占有。⑤ 持该种观点的论者指出，盗窃罪的犯罪目的在于非法占有他人财物，盗窃罪对他人财产所有权的侵犯首先表现为对他人财物占有权的侵犯。⑥

“非法所有说”认为，行为人盗窃财物不仅是为了控制、支配该物，而且是在此

---

① 参见陆诗忠：《试论盗窃罪的目的要件》，载《河南师范大学学报》（哲学社会科学版），2001（1）。

② 参见吴大华：《盗窃罪犯罪主观特征研究》，载《江苏公安专科学校学报》，1999（6）。

③ 参见王礼仁：《盗窃罪主观内容之我见》，载《法学评论》，1990（3）。

④ 参见董玉庭：《盗窃罪犯罪目的探微》，载《浙江省政法管理干部学院学报》，1999（4）。

⑤ 参见高铭暄主编：《中国刑法学》，502～503页，北京，中国人民大学出版社，1989。

⑥ 参见黄子鸿：《对盗窃罪主观要件的不同看法》，载《法学》，1981（1）；周欣：《试论我国盗窃罪中几个疑难问题》，11页，中国人民大学1988年硕士学位论文。

基础上使用、处分该物，以形成非法所有的事实状态。① 类似的观点认为，盗窃罪的实施，并不仅仅是为了占有或控制财物，而是为了使用或处分财物。也就是说，其目的是想得到所有权的全部内容，因此，应该把“非法所有目的”（而不把“非法占有目的”）作为盗窃罪的目的要件。②

“非法获利说”认为，盗窃罪的犯罪目的不是以非法占有或不法所有为目的，而是“非法获利”，即行为人具有非法为自己或第三人包括自然人与法人获取物质利益的目的。③ 另有论者从盗窃罪是图利性犯罪出发，也论证了此种观点。④

有论者认为，“非法占有”、“非法所有”或者“非法占为己有”在刑法上的实际结果（危害结果）是完全相同的，都表现为排除权利人对财产的合法控制，并以此为前提排除权利人对财产进行使用、收益和处分的权利，从而实际剥夺权利人对财产的所有权。⑤ 据此，“对非法占有与非法所有在刑法上做不同的理解是没有必要的”。⑥

关于“非法占有目的”含义的理解，有论者认为包括以下几个方面。第一，行为人非法占有的目的既包括将财物占为己有，也包括为第三人非法占有，不能将非法占有狭义地理解为占为已有。第二，非法占有的目的具有永久性。第三，非法占有目的的时间性问题。非法占有目的是指行为人实施秘密窃取财物时具有的主观目的；行为人窃取财物得手后，客观上无论非法占有的时间长短，即使行为人只占有很短的时间，就将财物交还权利人，均不影响盗窃罪的成立。第四，非法占有目的的转化问题。司法实践中常常出现犯意转化，这里有两种情况：一是行为人秘密窃取时以非法占有为目的，但事后放弃该目的；二是行为人秘密窃取时只有其他非法目的，事后有了非法占有目的。前者不影响盗窃罪的成立；后者同样应视为盗窃罪的主观目的。⑦ 另有论者对事后产生非法占有的故意而不返还的问题持不同看法，指出事后故意是对前一行为的追认，而非前一行为的故意，不能以事后故意追认事前行为成立犯罪，只能根据事后故意的内容另行论处。⑧

（4）非法占有目的与盗窃罪的故意的关系问题

非法占有的目的是盗窃罪的故意的内容之一，还是故意之外的独立的主观要件？对此，一种观点认为盗窃罪中的盗窃故意的认识因素的内容是“行为人明知自己的秘密窃取行为会造成公私财产受侵害的结果”，意志因素的内容是“希望通过秘密窃

---

① 参见张绍谦：《盗窃罪诸问题初步探索》，43～44页，华东政法学院1986年硕士学位论文。

② 参见刘白笔：《经济刑法学》，385～386页，北京，群众出版社，1989。

③ 参见孙力：《论盗窃罪的犯罪构成》，56页，西北政法学院1988年硕士学位论文。

④ 参见张瑞幸主编：《经济犯罪新论》，255～256页，西安，陕西人民教育出版社，1991。

⑤ 参见储槐植、梁根林：《贪污罪论要》，载《中国法学》，1998（4）。

⑥ 陈兴良：《盗窃罪研究》，载陈兴良：《当代中国刑法新境域》，674页，北京，中国政法大学出版社，2002。

⑦ 参见董玉庭：《盗窃罪研究》，72～76页，北京，中国检察出版社，2002。

⑧ 参见董鑫主编：《盗窃罪个案研究》，80～81页，成都，四川大学出版社，1994。

取手段使公私财产受侵害的结果发生”，而非法占有目的的内容则是“意图将财物据为已有”，亦即非法占有的目的就是不法所有的目的，意志因素与非法占有目的并不处于重叠状态。因此，非法占有目的超越了盗窃故意的范围，属于盗窃故意以外的主观要件要素。① 另一种观点则将非法占有目的包含在盗窃故意的内容之中加以论述。如有的论者将盗窃故意的内容理解为“行为人明知自己的行为会发生非法占有公私财物的危害结果，并希望这种结果的发生。换言之，就是以非法占有数额较大的公私财物为目的，或者通过多次盗窃达到非法占有公私财物的目的。”② 还有的论者指出，非法占有目的是盗窃罪的直接故意的重要内容，以危害结果为内容，是对危害结果发生的希望。③

3. 故意类型对盗窃罪成立的影响

有论者认为，根据行为人对所窃取财物的价值有无明确的认识，盗窃罪的故意可分为确定性故意和不确定性故意。成立盗窃罪有一定的数额要求，因此，行为人主观方面的故意类型直接影响着盗窃罪成立的标准。在确定故意的情况下，行为人意图窃取的数额将影响定罪，行为人主观上的认识错误可能导致成立以意图窃取的数额为标准的盗窃罪的未遂；在不确定性故意的情况下，应把行为人可能窃取的财物数额推定其为预见数额，再根据该预见数额确定能否成立盗窃罪。④ 只要客观上窃取的财物数额较大，就应认定为盗窃罪。⑤

4. 认识错误对盗窃罪的故意的影响

对此，有论者认为，盗窃犯罪是一种常见犯罪。实践中对盗窃犯罪存在一些价值认识错误，常把盗窃犯罪的“数额”作为认定盗窃行为罪与非罪、罪轻与罪重的关键因素，片面强调了犯罪认定的客观方面，忽视了行为人主观认识错误对犯罪构成的影响，从而背离了犯罪认定的主客观统一的原则。既然犯罪数额是作为盗窃罪的犯罪构成客观要件加以规定的，那么就应当明确其主观目的是非法占有数额较大的公私财物，这种定罪量刑方式才符合我国犯罪构成理论的要求。基于此，如果行为人对盗窃财物的价值无认识或低估其价值，则应当以其认识能力所能够认识的价值为限确定其盗窃财物的价值；如果行为人高估所盗物品的价值，则构成对象不能犯的未遂，定罪量刑确定的盗窃的数额不是实际窃取的数额，而是盗窃者主观上追求的数额。对于概括的故意，一般应以其实际占有的财产数额作为犯罪数额加以认

---

① 参见王志祥：《盗窃罪的既遂标准新论》，载《中国检察官》，2007（3）。

② 赵秉志主编：《侵犯财产罪研究》，153页，北京，中国法制出版社，1998。

③ 参见李贵臣、林卫星：《盗窃罪既未遂界定标准新探——从犯罪目的切入》，载《济宁师范专科学校学报》，2005（4）。

④ 参见董玉庭：《论盗窃罪既遂标准的实践把握》，载《国家检察官学院学报》，2004（2）。

⑤ 参见张明楷：《论盗窃故意的认识内容》，载《法学》，2004（11）。

定。① 有论者提出，如行为盗窃时对财物价值的认识与财物实际价值有较大差距，应认为行为人对事实产生认识错误，按事实认识错误的处理原则，在主客观相统一的范围内，综合考虑行为人主观恶性、财物价值等因素而处理。一般的，在行为人认为财物价值较小而盗窃但财物价值客观上较大或巨大时，应认为不构成犯罪；在行为人认为财物价值较大或巨大但财物事实上价值较小时，应认为构成犯罪未遂。②有论者指出，在行为人意图窃取价值巨大的特定财物，但由于主观错误认识，实际窃取了价值较小或价值较大的物品（如复制品）的场合，行为人具有盗窃数额巨大的财物的故意（数额加重犯的故意），客观上实施了盗窃行为，但由于行为人主观上的错误认识，而使得实际窃得的财物的数额没有达到盗窃罪的加重犯既遂形态的数额标准。这实际上属于行为人对其行为所指向的犯罪对象发生错误认识而未能达到既遂的情形，应以数额巨大的盗窃罪的未遂论处。在此，不得因为行为人实际窃取了价值较大的物品就以盗窃罪的基本犯的既遂论处，否则，便意味着抹杀了行为人窃取价值巨大财物的故意与盗窃数额较大财物的故意的差异。③

在行为人意图窃取数额巨大的公私财物，但由于意志以外的原因，其行为未能达到数额巨大的要求的场合，没有太大疑问的是，在行为人未窃得任何财物或窃得财物数额较小的情况下，应以数额巨大的盗窃罪的未遂论处。④ 但在窃得财物符合盗窃罪的基本犯既遂，即达到数额较大的情况下，是应以盗窃罪的基本犯的既遂论处还是以数额加重犯的未遂论处？对此，一种意见认为应以基本犯的既遂论处。支持这种意见的理由是：从犯罪构成要件讲，客观上行为人已经窃取了数额较大的财物，满足了盗窃罪客观方面的要求，主观上行为人意欲窃取数额巨大的财物，那么数额较大当然也不能不说在其意图范围内，数额较大的盗窃罪的主客观要件都具备，应定其盗窃罪既遂。至于行为人主观上超出实际窃取数额的那部分意图，应作为量刑的从重参考。⑤ 而另一种意见则认为在行为人意图窃取数额巨大的公私财物的场合，实际窃取的公私财物的数额达到数额巨大的标准的，数额加重犯达到既遂形态；由于意志以外的原因未达到数额巨大的标准的，“数额巨大”这一既遂条件没有具备，根据主客观相统一的原则，应认定为数额加重犯的未遂。而从逻辑上讲，未达到数额巨大的标准既包括未窃得任何财物或窃得财物数额较小的情形，也包括窃得财物数额较大的情形。这样，在行为人意图窃取数额巨大的财物且盗窃罪的数额加重犯出现未遂的场合，基本犯便既可能处在未遂状态（自然意义的未遂而非法律意

---

① 参见郑立功：《论盗窃犯罪中价值认识错误》，载《太原师范学院学报》（社会科学版），2004（1）。

② 参见黄丽勤、周铭川：《盗窃数额的若干问题》，载《吉林公安高等专科学校学报》，2005（5）。

③ 参见王志祥：《数额加重犯基本问题研究》，载《法律科学》，2007（4）。

④ 根据1998年3月10日最高人民法院《关于审理盗窃案件具体应用法律若干问题的解释》，盗窃未遂，情节严重，如以数额巨大的财物或者国家珍贵文物等为盗窃目标的，应当定罪处罚。

⑤ 参见董玉庭：《盗窃罪研究》，175页，北京，中国检察出版社，2002。

义的未遂），也可能处在既遂状态。但是，基本犯的既遂并不是对行为的法律性质的最终评价，而是被包容在数额加重犯的未遂中进行评价的。而如果根据盗窃数额达到数额较大的标准对行为人的行为最终以基本犯的既遂论，就不但与行为人的主观罪过心理相背离，而且还可能造成罚不当罪的局面。因为按照盗窃罪的基本犯的既遂论处，就只能在第一档次的法定刑幅度内处罚，而以数额加重犯的未遂论处，则显然有利于根据行为的具体危害程度作出灵活处理，即既可以在加重法定刑的幅度内从轻适用刑罚，也可以在加重法定刑的幅度以下减轻适用刑罚。①

5. 使用盗窃

使用盗窃是指以临时非法使用为目的，秘密窃取公私财物的行为，这也就是人们所说的盗用行为。

无论是各国的刑事立法，还是刑事司法实践，最为典型和受到最多关注的使用盗窃行为是偷开汽车的行为。理论上对该行为是否构成盗窃罪的问题，存在肯定说和否定说两种观点。

肯定说认为，对偷开汽车的行为应当以盗窃罪论处。持肯定说的论者们所持的理由不尽相同。第一，持“非法占有目的不要说”的论者认为，行为人以秘密方法将属于他人的汽车开走，就非法占有了公私财物，而且被盗的财物数额巨大，具备盗窃罪成立的全部构成要件。至于行为人后来又将所盗汽车遗弃，则属于盗窃行为实施完毕以后对被盗财物的处置问题，不应当影响盗窃罪的成立。如果行为人偷开汽车以后的行为又触犯了刑法中规定的其他罪名，应当对行为人实行数罪并罚。②第二，持“非法占有目的必要说”的论者认为，非法使用与非法占有的关系决定了能否将使用盗窃按盗窃罪处罚。非法占有与非法使用之间并非绝对对立，取得意图与使用意思并无明显界限，在一定的条件下可以相互转化。③ 第三，还有论者认为，原始财产和原始财产派生出来的可得收益，都是财产。盗用汽车实际上属于盗窃财产上的可得利益，同样侵犯了他人财产所有权，达到一定数额，就可以按盗窃犯罪处理。④

否定说认为，对偷开汽车等使用盗窃行为不能以盗窃罪论处。理由如下。其一，我国刑法中盗窃罪的成立，要求行为人不仅在客观上有盗窃公私财物的行为，而且在主观上必须具有非法占有公私财物的目的。这种目的的基本含义是行为人意图使被盗财物永久性地脱离所有人或合法占有人，进而为本人或者第三人非法占有。如果行为人只是暂时地对公私财物加以利用，而根本不具有非法占有之目的，就不具

---

① 参见王志祥：《数额加重犯基本问题研究》，载《法律科学》，2007（4）。

② 参见赵永林：《我国刑法盗窃罪的理论与实践》，25页，北京，群众出版社，1989。

③ 参见董玉庭：《浅论使用盗窃犯罪——以盗开汽车为参照》，载《行政与法》，2001（1）。

④ 参见王礼仁：《使用盗窃可以构成盗窃罪》，载《人民司法》，1995（6）。

备盗窃罪成立所要求的主观要件，显然也不能以盗窃罪论处。① 其二，如果主张对偷开汽车案件一律按盗窃罪处理，会导致某些驾车兜风后遗弃路边或停放远处的案件处刑过重，罪刑不相适应。② 其三，为练习开车、游乐等而偷开汽车的行为人，主观上只有非法占用汽车的目的，并不具有非法占有目的。对于偷开的车辆被丢失，充其量是持一种放任的心理态度。将这种行为以盗窃罪定罪处罚，违背了盗窃罪的基本构成要件。这种行为比较符合《刑法》第293条第3项的规定，即"……任意损毁、占用公私财物，情节严重的"，构成寻衅滋事罪。③

从相关司法解释来看，1984年、1992年和1998年的司法解释对此问题的规定有重大变化，前两个司法解释对非法占有限制较严，即为游乐而偷开机动车辆的，不以盗窃罪论处。而现行司法解释对非法占有则限制较宽，即为练习开车、游乐等目的，偷开汽车的，也可以构成盗窃罪，但强调多次偷开和将机动车辆丢失。此外，现行司法解释第12条第4款还规定，偷开汽车造成车辆损坏的，按故意毁坏财物罪定罪处罚。对此，有论者认为，1998年司法解释即现行司法解释对于偷开汽车的定性处理意见较为合理。④ 但是，也有论者指出，盗窃罪的必备构成要件之一是行为人主观上具有非法占有公私财物的目的。汽车属于价格较高的特殊物品。既然对偷开汽车行为以盗窃罪定罪处罚，而上述规定却又要求以"多次"为要件，这就比较令人费解。是否偷开汽车行为以盗窃定罪处罚的定罪数额有别于其他类型的盗窃犯罪，不得而知。⑤ 还有论者认为，规定偷开汽车造成车辆损坏的，按故意毁坏财物罪定罪处罚，并不十分恰当。既然是使用中的造成车辆损坏，显然行为人对车辆损坏的主观状态主要应属过失，定故意毁坏财物罪显然有失偏颇。在对窃得车辆使用的过程中，无论是将车辆丢失或是将车辆损坏，对于使用盗窃行为性质并无本质不同，两者都是使用盗窃的一个严重情节而已。对于这种行为性质基本相同的两种行为却规定了完全不同的处罚方式，显然有悖立法宗旨。因此，对于造成盗开车辆损坏的犯罪行为，也应定盗窃罪。⑥

另有论者认为，我国对使用盗窃持有限承认的态度，现行司法解释关于使用盗窃的处理存在自相矛盾的逻辑难点，根本解决途径是通过立法增设使用盗窃的新罪

---

① 参见于志刚：《关于"使用盗窃"行为在网络背景下入罪化的思考》，载《西南民族大学学报》（人文社会科学版），2006（8）。

② 参见陈兴良：《盗窃罪研究》，载陈兴良：《当代中国刑法新境域》，675页，北京，中国政法大学出版社，2002。

③ 参见王晨：《认定盗窃罪若干问题探析》，载《人民司法》，1998（11）。

④ 参见陈兴良：《盗窃罪研究》，载陈兴良：《当代中国刑法新境域》，675页，北京，中国政法大学出版社，2002。

⑤ 参见王晨：《认定盗窃罪若干问题探析》，载《人民司法》，1998（11）。

⑥ 参见董玉庭：《浅论使用盗窃犯罪——以盗开汽车为参照》，载《行政与法》，2001（1）。

名。① 有论者甚至提出了“使用盗窃”犯罪的立法设置方案。②

（三）盗窃罪的客观方面

1. 窃取行为

（1）窃取行为是否以秘密实施为必要

对此，我国刑法理论的通说认为，盗窃是指以非法占有为目的，秘密窃取公私财物数额较大或多次盗窃他人财物的行为。③ 秘密窃取的实质在于行为人自认为行为是隐秘的，暗中的，至于事实上是否隐秘、暗中，不影响行为的性质，所以，秘密窃取，不以必须在暗中窃取或在被害人不知晓的情况下取得财物为必要条件。④而有论者则认为，通说存在以下问题。首先，通说混淆了主观要素与客观要素的区别。因为通说都是在犯罪客观要件中论述盗窃罪必须表现为秘密窃取，但同时认为，只要行为人主观上自认为没有被所有人、占有人发觉即可，不必客观上具有秘密性。既然如此，就应当在盗窃罪的客观要件中承认盗窃行为可以具有公开性，在盗窃罪的主观要件中要求行为人认识到自己在秘密窃取。但许多教科书混淆了主观要素与客观要素。其次，根据通说，同样在客观上都是公开取得他人财物的行为，当行为人自认为所有人、占有人没有发觉时就成立盗窃罪；当行为人认识到所有人、占有人发觉时就成立抢夺罪。这实际上是仅以行为人的主观认识内容区分盗窃罪与抢夺罪：不管客观上是秘密取得还是公开取得，只要行为人自认为秘密取得他人财物就成立盗窃罪，只要行为人自认为公开取得他人财物就构成抢夺罪。再次，实践中完全可能存在这样的情形：行为人在以平和方式取得他人财物时，根本不考虑自己的行为是否被他人发觉。换言之，行为人既可能认为所有人、占有人等发觉了自己的非法取得行为，也可能认为所有人、占有人等没有发觉自己的非法取得行为。根据通说，便无法确定该行为的性质。最后，仅凭行为人“自认为”秘密或公开决定犯罪性质，必然导致盗窃罪与抢夺罪的区分不具有客观标准；在绝大多数情况下仅取决于被告人的口供，从而造成盗窃罪与抢夺罪区分的随意性。盗窃行为客观上不必具有秘密性，是由盗窃行为的本质决定的。盗窃行为的本质是侵害他人对财物的占有，即违反被害人的意志，将他人占有的财物转移为自己或第三者占有。而行为是否具有秘密性，并不直接决定是否存在排除占有与建立占有的事实。因此，盗窃是以非法占有为目的，违反被害人的意志，采取平和的手段，将他人占有的财物转移

---

① 参见杨世超：《“使用盗窃”行为之定性分析》，载《中共南昌市委党校学报》，2008（4）。

② 参见魏东：《论“使用盗窃”犯罪的立法设置方案》，载《中国刑事法杂志》，2006（4）；曾姗姗、王耀升：《关于使用盗窃行为入罪化的立法思考》，载《山西省政法管理干部学院学报》，2008（3）。

③ 参见高铭暄、马克昌主编：《刑法学》，2版，557页，北京，北京大学出版社、高等教育出版社，2005。

④ 参见马克昌主编：《刑法学》，530页，北京，高等教育出版社，2003。

为自己或者第三者占有的行为；盗窃行为既可以具有秘密性，也可以具有公开性。①

（2）秘密窃取的界定

从一些论者对秘密窃取的阐释来看，一般都认为，所谓秘密窃取，是指犯罪分子采取自认为不使财物的所有者、保管者发觉的方法，暗中窃取其财物。②

关于秘密的时间性问题，存在不同看法。一种观点认为，秘密性必须贯穿于行为人窃得财物的全过程。持该种观点的论者认为，“只有悄悄地离开现场”才是秘密窃取，“盗窃罪的作案手段从作案开始到离开现场都具有秘密性”。③ 另一种观点认为，盗窃行为的秘密性并不是贯穿于盗窃犯罪的全过程，其秘密性主要是针对实行行为而言，从着手实行窃取到行为人取得财物即可。④ 一般情况下，只要行为人对财物取得了控制，即使被控制人发觉而持物逃走，也不能否定秘密窃取行为的成立。⑤ 也有论者未区分盗窃预备、实行和逃离等阶段，而是笼统地指出，秘密性必须贯穿于行为人取得财物的整个过程，同时认为，行为人窃取的行为被财物控制人发觉，行为人马上公开夺取或使用暴力或以暴力相威胁的，就超出了秘密窃取的范围，应认定为抢夺罪或抢劫罪。⑥

关于秘密窃取的表现形式，理论上有两种分类标准：其一是按照盗窃行为的方式划分；其二是按照盗窃行为的对象划分。根据盗窃行为的方式进行划分，盗窃罪客观行为表现划分为八类：单纯窃取型，入室窃取型，破坏窃取型，杀生窃取型，信息窃取型，电信窃取型，计算机窃取型，扒窃窃取型。⑦ 依照盗窃行为的对象进行划分，秘密窃取包括对有体动产的窃取，对技术秘密等可复制性财物的窃取，对电、煤气、天然气等无体物的窃取，对通讯线路、电信码号等无形财物的窃取。⑧ 实际上，后一种分类标准与对作为盗窃对象的财物的划分标准有密切关系。

有论者认为，基于行为人的主观心理状态与客观事实的关系，对秘密窃取的认定在实践中一般有以下几种情况。第一，行为人在取走财物时自认为财物控制人没有发现其不法占有行为，而事实上控制人真的没有发现，此类行为是最典型的秘密窃取行为。第二，行为人在取走财物时自以为财物控制人没有发现其不法占有行为，而事实上控制者已经发现了行为人的行为，这就是通常所说的“掩耳盗铃”行为。此类行为仍为秘密窃取，控制者的发现对行为人的秘密窃取没有影响。第三，行为

---

① 参见张明楷：《盗窃与抢夺的界限》，载《法学家》，2006（2）。

② 参见金凯主编：《侵犯财产罪新论》，150页，北京，知识出版社，1988。

③ 参见罗振准、朱运钧：《对〈一驾驶员驱车攫取路旁财物应如何处理〉一文探讨》，载《法学》，1983（8）。

④ 参见陈靖麒：《盗窃罪若干问题研究》，20页，华东政法学院2006年硕士学位论文。

⑤ 参见董玉庭：《盗窃罪客观方面再探》，载《吉林大学社会科学学报》，2001（3）。

⑥ 参见董玉庭：《盗窃罪研究》，106页，北京，中国检察出版社，2002。

⑦ 参见陈兴良：《盗窃罪研究》，载陈兴良主编：《刑事法判解》，第1卷，26～34页，北京，法律出版社，1999。

⑧ 参见董玉庭：《盗窃罪研究》，58～62页，北京，中国检察出版社，2002。

人在取走财物时自认为财物控制人已经发现了其不法占有行为，而事实上控制者并没有发现其不法行为。此类行为尽管控制者没有发现，但已不再是秘密窃取；如果行为人没有使用暴力或暴力相威胁，这种行为是抢夺行为，应认定抢夺罪。第四，行为人在取走财物时自认为控制者发现了其不法占有行为，而事实上控制者真的发现了其不法行为，此类行为当然不是秘密窃取；如果行为人没有使用暴力或暴力相威胁，此行为是较典型的抢夺行为，应认定为抢夺罪。①

2. 盗窃数额

（1）盗窃数额在盗窃罪定罪量刑中的地位问题

盗窃数额是影响盗窃罪定罪量刑的重要因素。正确认识盗窃数额的地位和作用，具有重要的意义。1997 年《刑法》出台前，关于数额因素对盗窃罪定罪的影响，理论上大致有四种观点。第一种观点认为，“数额较大”是盗窃罪定罪的必备要件，是决定盗窃罪罪与非罪的一个绝对标准。不管其他情节如何，只要盗窃财物数额达不到数额较大的标准，就不能构成盗窃罪。该观点甚至进而认为，盗窃罪不存在未遂，因为未遂犯没有窃取具体财物，无法计算数额。第二种观点认为，盗窃数额较大不是盗窃罪定罪的必备要件，而是区分量刑幅度的界限。第三种观点认为，“数额较大”在盗窃罪中既影响定罪又影响量刑，但“数额较大”与否是区分罪与非罪的重要因素之一，不是决定是否构成犯罪的唯一因素和绝对标准。第四种观点认为，1979 年《刑法》确实将“数额较大”作为盗窃罪构成必备要件之一，但此规定不合理，应当把“数额较大”修改为“情节严重”。② 支持第四种观点的论者认为，以“数额较大”为成罪的唯一要件，实为罕见的立法例。根据犯罪构成理论，盗窃罪的成立必须主观上具有非法占有的目的，客观上实施秘密窃取他人财物的行为。盗窃罪的成罪与量刑取决于主客观要件诸种因素的综合规定。“数额较大”只是某个盗窃犯罪中诸多因素中的一个重要情节，它与其他情节一起，共同规定着盗窃犯罪的社会危害性及其程度。③ 针对上述争议，1992 年司法解释对盗窃罪中的数额问题作了较为明确的规定，肯定了盗窃数额是盗窃罪构成中的重要条件但不是唯一条件，淡化了数额的地位。1992 年司法解释规定，个人盗窃公私财物虽未达到“数额较大”的起点标准，但具有所列举的情节之一的，可以追究行为人的刑事责任，而个人盗窃公私财物虽已达到“数额较大”的起点标准，但具有所列举的情节之一的，也可不作犯罪处罚。④

---

① 参见董进宇：《盗窃犯罪再认识及延伸思考》，载《法制与社会发展》，1999（1）。

② 参见金凯主编：《侵犯财产罪新论》，157～158 页，北京，知识出版社，1988；王礼仁编：《盗窃罪定罪量刑案例评析》，184～187 页，北京，中国民主法制出版社，2003；张传先：《关于盗窃犯罪几个问题的辨析》，载《河南师范大学学报》（哲学社会科学版），1993（1）。

③ 参见金子桐：《完善盗窃罪立法的若干问题探讨》，载《政治与法律》，1990（6）。

④ 参见游伟：《研究解决盗窃罪实际执法中的“疑难杂症”——盗窃罪司法解释适用研讨会观点综述》，载《法学》，1993（7）。

1997年《刑法》出台后，由于立法变化，多数论者赞同前述第三种观点。实践中，盗窃罪作为侵财犯罪的一种，一般来说，只有盗窃财物数额达到法定数额标准，才能追究刑事责任。但也有论者对此提出异议。有论者认为，行为人主观上企图造成且客观上已实际造成了数额较大以上损失的盗窃案，当然构成盗窃罪的既遂；行为人主观上企图窃取数额较大的财物并已着手实行盗窃，由于行为人意志以外的原因，未能取得数额较大的财物（包括分文未得和取得的财物数额很小）时，应当认定为盗窃罪未遂，而不是不构成犯罪。① 有论者指出，“数额较大”是犯罪的客观处罚条件，它本身不是犯罪的构成要件，只是刑罚发动事由；缺乏“数额较大”这一条件，犯罪仍然成立，只是不能追究行为人的刑事责任而已。② 还有论者认为，就盗窃罪而言，即使在行为人实际窃得的财物数额较大的情况下，数额也不是决定盗窃罪危害大小的唯一因素；在情节轻微的情况下，同样可不作为盗窃罪处理。在行为人企图窃取数额较大的财物，基于意志以外的原因而未能实际取得数额较大的财物时，如果数额以外的其他情节能够反映出行为的社会危害性已达到应当追究刑事责任的程度，则同样可以追究刑事责任，只不过在犯罪停止形态上要认定为未遂而已。③

（2）盗窃数额的认定问题

对此，有论者认为，在司法实践中，盗窃数额的认定，往往是以失主的损失为准。失主的直接损失，在相当多的情况下，与犯罪分子意图通过盗窃行为所占有的公私财物的数额是一致的。但是，如果将其作为认定盗窃数额的标准，甚至是唯一标准，则有失偏颇。认定盗窃数额，必须坚持主客观一致，即盗窃数额应是指行为人主观上意图占有、客观上已经或可能给被害人（单位）所直接造成的损失。行为人因盗窃虽然造成直接损失巨大，但如果其主观上不具有非法占有其造成损失的全部财产的目的，则仍不能将全部直接损失都认定为盗窃数额。与此相反，行为人的盗窃行为即使未给失主造成直接损失，但其主观上意图占有的公私财物巨大，则盗窃数额仍应认定为巨大，只是按照犯罪未遂可以从轻或减轻处罚罢了。④ 有论者指出，尽管最高人民法院的司法解释为盗窃罪的数额确定了可供参考的具体标准，但必须注意数额的确定具有可变性与幅度性，盗窃数额不等于犯罪所得数额，不包括损坏数额。⑤ 有论者主张，根据相关司法解释，我国刑法中盗窃罪的数额一般是指非法占有数额，但在破坏性盗窃案件中，损失数额可作为量刑情节，也可能促成盗

---

① 参见赵秉志：《犯罪未遂的理论与实践》，285页，北京，中国人民大学出版社，1987；陈兴良主编：《刑事司法研究—情节·判例·解释·裁量》，73页，北京，中国方正出版社，1996。

② 参见赵秉志、肖中华：《数额较大在盗窃罪认定中的作用》，载《人民法院报》，2003-05-19。

③ 参见王志祥：《数额犯基本问题研究》，载《中国刑事法杂志》，2007（2）。

④ 参见熊选国：《认定盗窃数额要坚持主客观相一致》，载《人民司法》，1992（12）。

⑤ 参见赵秉志、吴大华：《论盗窃罪数额的认定问题》（上），载《法律适用》，1999（11）。

窃罪的追究或者他罪的构成。① 另有论者认为，虽然我国刑法规定盗窃公私财物数额较大的成立盗窃罪，但对该数额缺乏明确具体的规定，难以落实“罪刑法定”及“罪刑相适应”的基本原则。司法解释对此做了补充规定，但司法解释关于盗窃数额因地制宜的规定，又有悖于“适用刑法一律平等”和“罪刑相适应”的刑法基本原则，因此，建议立法机关制定在全国范围统一的盗窃罪数额的具体标准。②

（3）盗窃数额标准的调整问题

有论者通过对“许霆案”的定性进行理性反思，提出可以通过司法解释适时调整盗窃罪的“数额较大”、“数额巨大”、“数额特别巨大”的认定标准，以便使刑事审判结果能够与当代社会生活观念合拍，真正做到与时俱进。③

3. 多次盗窃

1997年《刑法》对1979年《刑法》关于惯窃的规定做了重大修改，即把原来的惯窃纳入“多次盗窃”行为中。要做到对盗窃罪的正确定罪，就需要对“多次盗窃”这一定罪情节有一个准确的把握。

（1）“多次盗窃”的含义

对于“多次盗窃”中“次”的含义，理论上存在一元论的主、客观标准说和二元论的主客观结合标准说。主观标准说认为，应以支配行为的行为人的主观意思作为次数的认定标准，即基于一个意思决定而实施的行为应认定为一次，基于多个主观意思而实施的行为应认定为多次；而客观标准说则认为，应以行为人客观方面的要件认定次数的多寡。具有一个客观要件的，认定为一次；具有多个客观要件的，成立多次。④ 二元论的主客观结合标准说充分考虑到犯罪的主、客观因素以及犯罪对象等诸多因素，认为不能过分或片面地强调一方面，“次”是基于一个概括的犯意，而完整地实施的一系列连贯的盗窃动作。⑤

关于“多次盗窃”的含义，1998年最高人民法院的司法解释第4条明确规定，对于1年内入户盗窃或者在公共场所扒窃3次以上的，应当认定为“多次盗窃”，以盗窃罪定罪处罚。论者们对此条规定存在不同的看法。有论者认为“1年”应指实际间隔一年，而非一年度。⑥ 也有论者认为，该司法解释对多次盗窃行为的起止时间作了规定，但对每次间隔时间未作规定，应增加间隔时间限制，如“每次间隔时间不超过六个月”。该论者还认为司法解释不应该只规定“入户”盗窃或“公共场所”

---

① 参见陈兴良：《盗窃罪研究》，载陈兴良主编：《刑事法判解》，第1卷，678页，北京，法律出版社，1999。

② 参见叶才勇：《论盗窃罪数额及其立法缺失》，载《江西教育学院学报》，2004（4）。

③ 参见王志祥：《许霆案定性的理性思考》，载《山东警察学院学报》，2008（4）。

④ 参见王飞跃：《论我国刑法中的“次”》，载《云南大学学报》（法学版），2006（1）。

⑤ 参见马家福、刘一亮：《刑法关于“多次盗窃”的重新解读》，载《福建公安高等专科学校学报》，2007（5）。

⑥ 参见朱建新、张志平：《多次盗窃若干法律问题探讨》，载《人民司法》，2000（7）。

扒窃两类，应当取消对多次盗窃的行为类型的限制，给司法机关以更大的灵活性。①而与此相反，有论者认为司法解释第4条并非是对“多次盗窃”的定义，只是列举规定最为常见的盗窃形式应当认定为1997年《刑法》第264条的“多次盗窃”，多次盗窃同样包括两类情形之外的针对第三类场所盗窃3次及以上且应当追诉的情形。②

（2）“多次盗窃”与盗窃数额的关系问题

对此，论者之间有不同的观点。有论者认为，根据盗窃罪的构成要件，数额较大不是罪与非罪的唯一标准，多次盗窃是否构成犯罪也与盗窃数额没有必然的关联，应根据行为人实施的犯罪手段、后果、犯罪的态度以及赃物追缴等情况综合分析行为人是否构成犯罪。③ 2005年《人民检察》期刊编辑部在回答读者“对多次盗窃行为定性时应否考虑数额大小”的提问时，认为对于一般的盗窃行为，刑法规定达到数额较大才能构成犯罪，而“多次盗窃”则不需要每次都达到数额较大的标准，只要累计起来达到数额较大即可。④ 有论者坚持数额标准和次数标准之间应具有排斥性，即只有当数行为中任一行为均未达到数额较大，而且数行为累计，数额亦未达到较大标准时，才以次数标准来认定数行为是否构成多次盗窃。⑤ 有论者主张，“多次盗窃”与“数额较大”之间是一种并列关系，但因先规定“数额较大”，后规定“多次盗窃”，表明“多次盗窃”的独立地位必须以多次盗窃的总和没有达到“数额较大”为前提。一旦其总和达到了“数额较大”，就不能成立“多次盗窃”，而应以数额标准处理。⑥ 与此针锋相对的是，有论者指出数额标准和次数标准之间不但不具有排斥性，且存在内在的等价性和统一性。理由是：从《刑法》第264条使用“或”一字可知，“数额较大”或“多次盗窃”是选择要件，它们具有等价性，即具有相当危险性，并无位阶关系。多次盗窃行为，应先进入“多次”评价范畴；如果符合司法解释或累加数额构成犯罪的，应以盗窃罪论处；单行为数额较大或“多次”中的单个盗窃行为数额较大的，应进入“数额较大”的评价领域，所以说，数额和多次之间有着内在的辩证统一性。⑦

---

① 参见张利兆：《谈“多次盗窃”的几个问题》，载《人民检察》，1998（12）。

② 参见马家福、刘一亮：《刑法关于“多次盗窃”的重新解读》，载《福建公安高等专科学校学报》，2007（5）。

③ 参见朱建新、张志平：《多次盗窃若干法律问题探讨》，载《人民司法》，2000（7）。

④ 参见本刊学习问答组：《对多次盗窃行为定性时应否考虑数额大小》，载《人民检察》，2005（10）。

⑤ 参见廖帅军：《“多次盗窃”若干问题初探》，载《上海市政法管理干部学院学报》，2000（1）。

⑥ 参见陈小清：《盗窃罪新探》，载《开放时代》，1997（5）。

⑦ 参见马家福、刘一亮：《刑法关于“多次盗窃”的重新解读》，载《福建公安高等专科学校学报》，2007（5）。

（四）盗窃罪的犯罪客体与犯罪对象

1. 盗窃罪的犯罪客体

对此，理论上存在着重大分歧。

第一种观点是理论界的通说即所有权说。该说认为，盗窃罪的客体是公私财产所有权。任何盗窃行为都是侵犯财产所有权的行为；即便是以赃物、违禁物为对象的盗窃行为，同样也侵犯到财产所有权，因为这些物品要么原来属于他人所有，要么应当依法予以没收归国家所有，故盗窃这些物品的行为与直接从财物所有人手中窃取财物并没有本质上的不同。换言之，盗窃赃物、违禁物的行为之所以构成盗窃罪，归根结底在于这类行为也侵犯到合法的财产所有权这一客体。①

第二种观点是占有权说。该说认为，盗窃罪的客体是他人对公私财产的占有权利而非所有权，因为所有权资格在法律上不可能被非法改变，盗窃行为所影响或者改变的，只是他人对财物的占有状态，不管他人对于财物的占有是什么性质的占有，盗窃犯罪都是对他人行使占有权的妨害。占有权能够直观反映出盗窃犯罪侵害的社会关系。②

第三种观点是新占有说。该说认为，盗窃罪的客体应当是对财物的他人占有，同时要求行为人在主观上具有“非法占有目的”。对于非法占有而言，承认其为盗窃罪的客体，并不是因为非法占有本身是一种合法权益，而是因为其代表了一种既存的将由法律予以规范的事实状态，任何第三人对之加以侵犯都有可能构成犯罪。在这里，作为盗窃罪客体要件的占有是一个事实上的概念，即对物的事实上的持有支配，它与民法上的占有概念不同。③

第四种观点是所有权加占有权说。有论者在否定所有权说的基础上提出了修正观点，认为盗窃罪的客体不仅仅指财物所有权，同时还应包括占有权。④

第五种观点是占有状态说。该说认为，从稳定现实的占有关系角度而言，无论基于善意的无本权占有，还是对基于恶意的无本权占有，都应毫无例外予以保护。与其说法律保护一种占有事实，毋宁说法律保护的是一种稳定的、静态的占有状态。这种对现实稳定的占有状态的保护，也意味着对社会经济秩序的维护。

第六种观点是控制权说。有论者提出，盗窃罪的客体是他人对财物的控制权。不论被盗财物的权源如何，只要被他人事实上占有支配，则这种事实上的占有支配

---

① 参见高铭暄主编：《中国刑法学》，500页，北京，中国人民大学出版社，1989；苏惠渔主编：《刑法学》，642页，北京，中国政法大学出版社，1997；赵秉志、吴振兴主编：《刑法学通论》，656页，北京，高等教育出版社，1993；董玉庭：《盗窃罪研究》，16页，北京，中国检察出版社，2002。

② 参见蔡英：《盗窃罪犯罪客体及对象研究》，载《西南政法大学学报》，2005（4）。

③ 参见齐文远、张克文：《对盗窃罪客体要件的再探讨》，载《法商研究》，2000（1）。

④ 参见赵永林：《我国刑法中盗窃罪的理论与实践》，4页，北京，群众出版社，1989。

现状就形成了一种控制权，此控制权就是盗窃罪的客体。①

第七种观点是公私财物所有权制度说。有论者指出，盗窃罪的客体一定要停留在抽象的意义上；如果具体到作为民事权利的所有权时，就不再是刑法上的犯罪客体。② 因此，后来有论者提出，盗窃罪侵犯的客体是公私财物所有权制度。③

第八种观点是所有权及其他本权或者需要通过法定程序恢复应然状态的占有说。有论者认为，盗窃罪的法益首先是财产的所有权及其他本权，其次是需要通过法定程序恢复应有状态的占有；但在相对于本权者的情况下，如果这种占有没有与本权者相对抗的合理理由，相对于本权者恢复权利的行为而言，则不是盗窃罪的法益。这里的本权是指基于一定法律原因而享有占有的权利，也即基于合法缘由占有的权利或者称占有权。"需要通过法定程序恢复应有状态"既包括根据法律与事实，通过法定程序恢复原状，也包括通过法定程序形成合法状态。④

2. 盗窃罪的犯罪对象

盗窃罪的犯罪对象是盗窃罪的犯罪客体的物质表现形式。深入研究盗窃罪的对象问题，对于准确认定盗窃罪具有非常重要的意义。根据我国刑法的规定，盗窃罪的犯罪对象是财物，因此，如何界定财物就成为盗窃罪对象理论中至关重要的问题。

（1）盗窃罪的对象的共性特征

对此，有论者认为，中外刑法理论对作为盗窃罪对象的财物的理解大致有四种学说。第一，有体性说。这种学说认为刑法上所指的财物必须是有具体形状的物体，无体物不是财物，所以无体物不能成为盗窃罪的对象。无体物一般包括电能、热能、煤气、核能等。第二，效用说。这种学说认为财物无须具备有体性，只要有经济价值、效能和用途的物质都可以是财物。第三，持有可能性说。这种学说认为只有事实上可以支配的财物才能成为盗窃罪的对象。第四，管理可能性说。管理可能性说又分为有体性管理可能性说和一般管理可能性说两种。有体性管理可能性说认为只有可以管理的有体物才可作为财物，而一般管理可能性说认为凡是有管理可能性者皆可为财物。根据我国刑法的精神，结合上述几种学说，论者主张，可以成为盗窃罪对象的财物必须同时具备可支配性、财产上的价值以及正被他人控制、支配三个基本特征。⑤ 有论者指出，从财物的经济属性、物理属性和法律属性来看，盗窃对象应当具备的三个特征是：有经济价值；能被人们通过秘密手段利用支配或转移的财产；未被法律除斥的他人财产。⑥ 有论者主张，盗窃罪侵害的对象必须是法律保

① 参见石玉颖：《论盗窃罪的几个问题》，78页，南开大学1990年硕士学位论文。

② 参见董进宇：《盗窃犯罪及延伸思考》，载《法制与社会发展》，1999（1）。

③ 参见董玉庭：《盗窃罪研究》，16页，北京，中国检察出版社，2002。

④ 参见张明楷：《论盗窃故意的认识内容》，载《法学》，2004（11）。

⑤ 参见董玉庭：《盗窃罪特殊对象问题研究》，载《长春理工大学学报》（社会科学版），2003（1）。

⑥ 参见王礼仁编：《盗窃罪定罪量刑案例评析》，51～52页，北京，中国民主法制出版社，2003。

护的属国家、集体、公民个人所有或占有使用的财物；必须是具有一定经济价值的物品；必须是能为人们实际控制的财物；必须是能够被转移的财物。①

（2）不动产能否成为盗窃罪的对象

对此，否定说主张盗窃罪的侵害对象不包括不动产。② 总体而言，持否定说的人占大多数。主要理由是：第一，盗窃罪客观方面表现为“秘密窃取”行为。只有动产因其可移动性才能被“秘密窃取”，而不动产因其不可移动性而不能被“窃取”，只能被“窃占”；第二，不动产所有权关系的转移或变更，必须通过严格的法律程序才能完成，因此窃占不动产与盗窃行为有本质区别；如果将其定位为盗窃性质，与社会一般价值观念所认同的“盗窃”很难吻合，民法与刑法难以衔接。对于近年来侵占不动产现象越来越严重的问题，只能以立法增设新的罪名来解决。③

肯定说坚持盗窃罪的对象除了动产之外，还可以是不动产。④ 如有论者指出，刑法规定的盗窃对象是公私财物，并没有限制为动产，并且盗窃罪的构成并不以财产的转移为必要条件；行为人窃取不动产后，虽然原物没有移动，但原物主实际上无法行使所有权，合法财产权利受到严重侵犯，这种秘密占有他人不动产的行为与一般盗窃动产的犯罪并无本质上的区别，应以盗窃罪论处。⑤ 肯定说的具体理由如下。第一，我国刑法规定盗窃罪的对象是公私财物，财物概念的外延自然包括不动产在内，把不动产排除在财物范围之外的解释是不尊重法条文义的做法。第二，“秘密窃取”动产常常伴随场所的转移，但并不是以动产发生位移为成立“秘密窃取”的绝对必要条件；无论是窃占不动产抑或是秘密窃取动产，都是行为人以秘密的方式非法控制支配他人财物而使他人无法实现自己的财产权利。在理论上完全应该把秘密窃取公私财物的行为理解为包括窃占不动产在内。第三，不动产变更登记与不动产能否被盗窃没有必然联系，秘密窃取动产同样不会取得动产的所有权，盗窃行为人对动产或者不动产能否有效控制支配与所有权无关。⑥

（3）无形财产能否成为盗窃罪的对象

对于电力、煤气、天然气等无体能源能否成为盗窃罪对象的问题，曾经一度存

---

① 参见黄荣康：《对盗窃罪对象的若干问题的探讨》，载《人民司法》，1993（3）。

② 参见金凯主编：《侵犯财产罪新论》，7页，北京，知识出版社，1988；龚培华、肖中华：《刑法疑难争议问题与司法对策》，502页，北京，中国检察出版社，2002；张明楷：《刑法学》，2版，749页，北京，法律出版社，2003；周光权：《刑法各论讲义》，89～90页，北京，清华大学出版社，2003。

③ 参见赵秉志：《侵犯财产罪》，150页，北京，中国人民公安大学出版社，2003；刘明祥：《财产罪比较研究》，26页，北京，中国政法大学出版社，2001。

④ 参见高铭暄、王作富主编：《新中国刑法的理论和实践》，588页，石家庄，河北人民出版社，1988；高铭暄主编：《新编中国刑法学》（下），772页，北京，中国人民大学出版社，1998。

⑤ 参见黄荣康：《盗窃罪的对象及若干相关问题的探讨》，载《政法丛刊》，1992（3）。

⑥ 参见董玉庭：《盗窃罪研究》，25～28页，北京，中国检察出版社，2002；林俊辉：《论不动产可以成为夺取罪的犯罪对象》，24页，厦门大学2006年硕士学位论文。

在过争论，但随着司法解释的出台，这些争论基本已成为过去。有论者认为，无形能源是一种具有一定经济价值的财物，可以为人力所控制和支配，能够利用设备和容器进行传输和移动。无形能源具备财物的全部特征，因此，它可以成为盗窃罪的对象。① 还有论者认为，电力、煤气、天然气等无形能源因其具有财产性，在其能被人力所控制且在他人的控制之下时，可以成为盗窃罪的对象，这一点得到了司法解释的认可，但司法解释没有把热能作为盗窃罪的对象，是不合理的。②

对于无形财产中的技术成果能否成为盗窃罪对象的问题，理论上存在否定说和肯定说，但无论是否定说还是肯定说所讨论的技术成果都是特指非专利的技术秘密。否定说认为，技术秘密不能成为盗窃罪的对象，理由是：技术秘密不是财物；技术秘密不可能被盗窃。③ 还有论者认为，对于这类案件是否定罪，不能一概而论。对于盗卖属于“机密级”以上技术资料，情节严重的，应当以泄露国家秘密罪论处；对于盗窃或泄露其他技术资料的，在立法尚未作出处罚规定之前，不宜以犯罪论处。这是因为，技术秘密属于知识产权范畴，并不是我国刑法规定的财物，它体现的不是财产所有权关系，而是知识产权关系。技术秘密具有较强的保密性，而盗窃罪的犯罪对象不具有这种特性；技术秘密一旦被窃取，虽然会造成所有人的经济损失，但他们并没有因此丧失对该技术秘密继续占有、使用、处分和收益的可能性。如果把技术秘密作为盗窃罪的犯罪对象，如何计算价值也是问题。④ 相反，持肯定说的论者认为技术秘密是具有明显的经济价值性的无形物，属于财物，并且能够通过复制的手段来窃取。⑤ 我国 1979 年《刑法》没有明确规定盗窃罪的对象包括技术秘密，但 1992 年司法解释规定盗窃罪的对象包括重要技术成果。司法实践认可了肯定说，只不过由于 1997 年《刑法》的排除性规定使得其不能成为盗窃罪的犯罪对象。根据 1997 年《刑法》第 219 条的规定，以盗窃、利诱、胁迫或者其他不正当手段获取权利人的商业秘密的，构成侵犯商业秘密罪。1998 年司法解释第 12 条第 6 款也明确规定，盗窃技术成果等商业秘密的，按照《刑法》第 219 条的规定定罪处罚。盗窃技术秘密的行为同时触犯盗窃罪和侵犯商业秘密罪两个条款，根据特别法优于普通法原则，因此，盗窃技术成果的，构成侵犯商业秘密罪。⑥

（4）长途电话账号及号码能否成为盗窃罪的对象

在 1997 年《刑法》颁行以前，对于窃用他人电话账号、号码给合法用户造成财产损失的行为应如何定性的问题，理论上存在三种观点。第一种观点认为，应按民事侵权行为处理。主要理由是，这种行为虽然造成他人钱财的损失，但一般危害程

---

① 参见李果：《盗窃罪的特殊对象问题新探》，载《法学家》，1996（5）。
② 参见董玉庭：《论盗窃罪特殊对象》，载《北方论坛》，2004（2）。
③ 参见陈新亮：《技术秘密不能成为盗窃罪的对象》，载《现代法学》，1988（2）。
④ 参见高憬宏：《关于盗窃罪的几个问题》，载《人民司法》，1992（11）。
⑤ 参见孙力：《技术秘密可以成为盗窃罪的对象》，载《现代法学》，1988（4）。
⑥ 参见赵秉志：《侵犯财产罪》，154～155 页，北京，中国人民公安大学出版社，2003。

度显著轻微，多数数额在几百元至上千元之间，且主观动机也是为了贪图方便、占小便宜，用经济赔偿的方法足以制止这种不法侵害。① 第二种观点认为，窃用长途电话账号、号码给用户公私财产造成严重损失的，应以诈骗罪论处。主要理由是，行为人采取的手段是“冒用”，欺骗的对象是电信部门，与盗窃的秘密窃取特征不相符。② 第三种观点认为，电话的号码、账号可以成为盗窃的对象，其中情节严重的行为，应以盗窃罪论处。③ 1997 年《刑法》的颁行，使上述问题在立法层面得到了解决。

（5）特定物能否成为盗窃罪的对象

从法条竞合的关系来看，对于以特定财物为盗窃对象的行为，如盗窃枪支、弹药，盗窃武装部队公文、证件等，根据特别法优于普通法的原则，应按照《刑法》中的盗窃枪支、弹药罪和盗窃武装部队公文、证件罪等定罪处罚。可见，盗窃罪的对象为除这些特定物品之外的公私财物。根据这样的分析，有观点认为司法解释中有关盗窃国家文物的行为，以特定财物——国家保护的文物为对象并且没有盗窃数额和次数的限制，显然与盗窃枪支、弹药罪等特别条款的机理相同，应由刑法规定为盗窃国家文物罪，而不应当由司法解释作出超越刑法的规定。④

（6）无直接经济价值的财物能否成为盗窃罪的对象

对此，有论者认为，作为盗窃罪所保护的财物，一般来讲，必须具有客观上的经济价值，即金钱上的交换价值。但是在现实生活中有些不具有客观上交换价值的物品，如情书、纪念照片等，是否可以作为盗窃罪的犯罪对象，从我国的刑法条文看，没有明确规定。这些物品尽管金钱价值不是非常明显，但是它们对于权利人主观的情感上的价值是金钱所无法衡量的。有些人甚至视这些物品比生命还重要。一旦这些物品被盗，权利人的痛苦是无法想象的。实际上这些物品虽然不具有传统意义上财物的直接经济价值性，但是也不能说这些物品一点财产性也没有，它仍然具有间接的财产利益性，尤其当权利人是很特别的人物时，这些物品如落到盗窃者手中进行一些其他活动，则该物品的财产性就比较明显了。实际上，这些物品能否成为盗窃罪保护的对象，关键在于刑法的价值取向。尽管在间接的意义上讨论盗窃罪中的财物，在逻辑上与传统盗窃罪的财物概念不太相一致。但这也并不能成为否定盗窃此类物品可以构成盗窃罪的足够充分的理由，这种情况完全可以作为很特殊的一类盗窃罪而存在。否定此类盗窃为盗窃罪者还可能提出诸如盗窃的金额无法准确

① 参见张泗汉、熊选国：《关于盗窃罪的几个问题》，载《中央政法管理干部学院学报》，1993（3）。

② 参见潘家永：《对窃用长途电话账号定性问题的探讨》，载《法学与实践》，1992（3）。

③ 参见张泗汉、熊选国：《关于盗窃罪的几个问题》，载《中央政法管理干部学院学报》，1993（3）。

④ 参见郑厚勇：《盗窃罪：司法解释与刑法规定之冲突——质疑司法解释［1998］第 4 号》，载《湖北社会科学》，2004（2）。

估计出来等问题。但是有些盗窃罪根本就用不着准确估计盗窃金额，而是根据犯罪的情节轻重来量刑。例如盗窃违禁品犯罪就是如此。① 而有论者则认为，盗窃罪的对象必须具有经济价值性；没有经济价值的物品，不能成为财物，不属于盗窃罪的对象。②

（7）他人占有的自有财物能否成为盗窃的对象

盗窃罪的对象是他人占有的财物。对秘密取回自己所有而被他人非法占有的财物的行为，通常认为因不具有非法占有他人财物的目的，不构成盗窃罪。但对秘密取回被他人合法占有的财物的行为能否构成盗窃罪，则存在争议：有论者基于占有说的观点，认为应当成立盗窃罪。③ 有论者认为，盗窃罪侵犯他人的财产所有权。而这种情况下，被害人对所盗财物并无所有权，因此不构成盗窃罪。如果索赔的赔偿金数额较大，则构成以赔偿金为对象的诈骗罪。④ 还有的论者认为，行为人明知自己所有的财物由他人合法占有，进而窃回该财物的，成立盗窃罪；明知窃取的财物既可能属于自己所有也可能属于他人所有，但事实上属于他人所有的，也成立盗窃罪。⑤ 还有论者指出，应当区分具体情形，区别对待：在盗窃本人所有而为他人无权占有的财物的场合，如果他人占有本人所有的财物缺乏各种法律认可的理由，那么由于占有人的占有没有合理理由对抗本人的所有权，行为人通过盗窃手段取回该财物的行为也不会侵犯到国家的财产制度和财产秩序，因此不构成犯罪。行为人基于不法原因给付财物后，又通过盗窃手段取回该财物的，一般应成立盗窃罪。因为，行为人参与不法行为，对所交付的财物已丧失所有权。行为人通过盗窃手段取回财物的行为就缺乏合法的抗辩理由。基于不法原因给付财物后，对方虽未取得该财物的所有权，但对财物的占有属于财产秩序的一部分，刑法应当予以保护。在盗窃本人所有而为他人有权占有的财物的场合，他人基于合法原因占有本人所有的财物，但他人对该财物只是单纯占有，或只是暂时使用，抑或仅享有某种担保利益，且并未针对该财物支付任何对价的，行为人窃回该财物且不提出索赔要求的行为一般不成立盗窃罪。因为此时行为人侵犯他人对财物的占有虽然损害了他人的利益，但尚未达到应受刑罚惩罚的程度，占有人完全可以通过行政手段要求相对人继续履行义务，或者通过民事手段要求对方承担违约或侵权责任，从而挽回损失，刑法没有介入的必要。他人基于合法原因占有本人所有的财物，同时他人对该财物还享有某种收益权利或已经为此支付对价的，行为人窃回该财物的行为实际上是意图剥夺

① 参见董进宇：《盗窃犯罪再认识及延伸思考》，载《法制与社会发展》，1999（1）。

② 参见赵秉志主编：《中国刑法典型案例研究》，第4卷，293页，北京，北京大学出版社，2008。

③ 参见陈增宝：《在景点捞取游客所抛硬币定性分析》，载《中国刑事法杂志》，2004（6）。

④ 参见潘星丞：《盗窃他人占有之本人财物的行为应如何定性？——基于刑法本土资源的检讨》，载《福建公安高等专科学校学报》，2004（5）。

⑤ 参见张明楷：《论盗窃故意的认识内容》，载《法学》，2004（11）。

他人对财物的合法正当的收益，或者无偿占有对方已支付的对价。如果达到数额较大的标准，应当成立盗窃罪。他人基于合法原因占有本人所有的财物，本人窃取该财物后又针对财物失窃一事向占有人索赔或接受对方赔偿。这种情形最为复杂。根据行为人主观犯意的内容和产生时间的不同，可能出现以下几种具体情况。其一，行为人意图通过盗窃手段取回他人合法占有的本人财物而后进行索赔，以此达到非法占有他人财物的目的。如果仅是侵犯他人对财物的单纯占有，或者只是剥夺他人对财物的暂时使用，抑或某种担保利益，对此盗窃行为还无须按盗窃罪论处。但是，财物的合法占有人如果因此需要承担赔偿责任，而行为人随即也确实利用财物被盗这一事实进行索赔的，则行为人主观上具有非法占有对方赔偿钱款的目的，而且其客观上实施了隐瞒真相骗取财物的行为。此时，从整体上可以将行为人的行为评价为诈骗罪一罪，诈骗数额以索赔数额为准。而如果行为人盗窃他人合法占有的财物的行为即已成立盗窃罪，则对之后索赔的行为也可一并纳入盗窃罪予以评价。因此，对行为人以盗窃罪定罪处罚即可，只是犯罪数额要以前一盗窃行为的数额与索赔数额合并计算。其二，行为人起初盗窃他人占有的财物时并无非法占有目的，且未对他人利益造成重大损害，但将财物窃回后又产生索赔意图。此时行为人实际上是意图利用财物被盗这一事实骗取对方的赔偿钱款，虽然前一盗窃行为不构成犯罪，但对其索赔行为应单独给予评价，行为人成立诈骗罪。其三，行为人主观上出于非法占有目的窃回被他人占有的本人财物，试图剥夺对方收益或已支付的对价，仅此行为即已成立盗窃罪；窃取成功后，行为人又临时起意，要求对方承担财物被盗的赔偿责任。在这种情况下，行为人主观上具有两个犯罪故意，客观上实施了盗窃和诈骗两个犯罪行为，而且二者之间既不存在牵连关系，也不存在吸收关系，因而应当以盗窃罪和诈骗罪数罪并罚。① 另有论者认为，所有权人盗窃自己所有而被他人占有的财物能否构成盗窃罪，与他人占有所有权人财物性质有直接的关系。第一，所有权人盗窃自己被他人非法占有的财物，一般不能构成盗窃罪，因为从行为人的主观目的看，其盗窃行为不是为了非法占有他人财物，而是恢复自己的权利，主观方面与盗窃罪构成不符。但是有一点是例外的，那就是如果所有权人实施盗窃行为时并不知道所要窃取的财物归自己所有，而是以非法占有他人财物的目的窃取，那么即使窃回的是自己所有的财物，仍然构成盗窃罪，这属于认识错误问题。第二，所有权人盗窃自己被他人合法占有的财物，要根据行为人盗窃的主观目的来决定是否构成盗窃罪。一般在正常情况下，所有权人的财物如被他人合法占有，则此时财物相对于所有人应被视为他人财物，尽管所有权仍在所有权人这里。如果所有权人以非法占有为目的窃取此类财物，应构成盗窃罪。但是，如果行为人盗窃自己所有财物并非是为了非法占有，而是因为行为人对于自己所有的财物无法通过正常的途径实现权利，才采用了秘密窃取的方式取回自己的财物，因这种盗窃行为人主观缺乏

① 参见赵秉志主编：《中国刑法典型案例研究》，第4卷，310～312页，北京，北京大学出版社，2008。

非法占有的目的，所以不能构成盗窃罪。①

（8）对窃取被公共机关扣留的财物的行为如何定性

对此，一种意见认为，要区分具体情况分别对待。秘密取回本人已被行政机关扣押的财物的，如果行为人未向行政机关主张权利，不能认定其具有非法占有他人财产的目的，不构成盗窃罪；如果行为人主张权利，则可以认定构成盗窃罪。被告人向行政机关主张财物权利的行为表明其主观上具有非法占有他人财物的目的，而且，其客观上秘密窃取的财物所有权虽可能属于其本人，但毕竟处在行政机关的管理中，该财产性质为公共财产。在其主张权利的情况下，行政机关可能需要照价赔偿，从而给国家造成损失，其行为因此可以认定属于侵犯他人财产权利的盗窃行为。被告人未向行政机关主张权利的情况下，一方面证明其主观上不具有非法占有之目的；另一方面也提示行政机关作相应的追查，进而免除行政机关的赔偿责任。② 另一种意见认为，《刑法》第 91 条的规定只适用于"本法所称的公共财产"而不适用于上述财物，上述财物只被公共部门控制或占有，而不是所有。既然《刑法》对此没有规定如何定罪，根据罪刑法定原则，就不宜犯罪化。但对于被司法机关扣押的财产，如果采用秘密窃取的方法取回的，则应当以非法处置扣押的财产罪论处。③

（9）违禁品能否成为盗窃罪的对象

违禁品，是指法律禁止的，除得到国家许可外的任何人不得制造、贩卖、运输、持有的特定物品，主要有毒品、淫秽物品、枪支、弹药、爆炸物等。对于违禁品能否成为盗窃罪对象的问题，理论上主要有三种观点。第一种观点认为，枪支弹药、鸦片烟毒、淫书淫画等违禁品可以成为盗窃罪的对象。④ 违禁品本身也是财物，是一种特殊的财物。对违禁品，虽国家法律明令禁止持有或流通，但事实上"地下流通"是很难禁绝的。法律越禁，利润越高。在利润原则的驱动下，违禁品的制造、贩卖已在我国泛滥成灾。从这个意义上讲，违禁品也是一种商品，是一种"黑色"的商品，并具有经济价值。犯罪分子在盗窃这类物品后通过贩卖，可以获得一定的非法利益。⑤ 没收违禁品需要通过法律程序，故对违禁品的占有也是刑法所保护的法益；明知是违禁品而盗窃的，原则上成立盗窃罪。如果违禁品存在通常交易价格的，可以按照通常交易价格计算盗窃数额。⑥ 对违禁品，虽然法律规定禁止私人占有或所有，即通常所说的不存在私人所有权，但是这并不等于否认国家对这些物品

---

① 参见董玉庭：《盗窃罪司法疑难问题研究——几种特殊行为罪与非罪的思考》，载《北方论丛》，2005（3）。

② 参见杨子良：《盗窃罪若干新型问题研究》，载《法学杂志》，2005（1）。

③ 参见潘星丞：《盗窃他人占有之本人财物的行为应如何定性？——基于刑法本土资源的检讨》，载《福建公安高等专科学校学报》，2004（5）。

④ 参见金凯主编：《侵犯财产罪新论》，11 页，北京，知识出版社，1988。

⑤ 参见李果：《盗窃罪的特殊对象问题新探》，载《法学家》，1996（5）。

⑥ 参见张明楷：《论盗窃故意的认识内容》，载《法学》，2004（11）。

可能会拥有所有权。国家所有权也能反映出这些物品的财物性。比如，毒品也有很重要的药用价值。从盗窃的角度分析，如果所窃违禁物品没有任何财物性，一般情况下盗窃人就不会实施秘密窃取行为，所以至少从盗窃人的角度看违禁品具有财物性。另外，盗窃违禁品能否构成盗窃罪与该违禁品客观上具体的所有权权属无必然联系。① 第二种观点认为，毒品、假币和淫秽物品不能成为盗窃罪侵犯的对象。因为毒品、假币和淫秽物品属于违禁品，个人不得非法持有、使用和流通，一经发现应当没收或销毁，不具有任何实际价值，无法计算数额，不能算是财物；如果依靠"黑市"交易价格确定数额，则是对非法交易的认可。而且，盗窃毒品、假币、淫秽物品侵犯的不是财产所有权，而是国家金融管理秩序和社会管理秩序。② 第三种观点认为，违禁品可以成为盗窃罪的对象，但应有一定的限制。理由有：其一，1998年的司法解释对违禁品可否成为盗窃罪的犯罪对象持肯定态度；其二，违禁品本身也是财物，具有经济价值；其三，违禁品虽然是违法物，但是不等于是非所有物，仍有合法的所有人。某些特定违禁品因刑法已做出排除性专门规定，就不能成为盗窃罪的对象。如对盗窃枪支、弹药、爆炸物就不应以盗窃罪论处，而应当按相应的刑法其他规定追究刑事责任。③ 另有论者持与第三种观点相同的意见，认为违禁品在特定条件下可以成为盗窃罪的对象，原因在于：根据法律规定，违禁品应当依法被没收，归国家所有。通过盗窃的方式取得违禁品，在根本上是侵犯了国家对违禁品的所有权，因而可以构成盗窃罪。④ 还有论者认为，对于淫秽物品、伪造的货币和用来非法吸食、注射的毒品而言，国家、集体和公民个人都没有合法的所有权和控制权，不能成为盗窃罪的犯罪对象。盗窃这些物品的，如构成犯罪，应当以非法持有伪造的货币或者非法持有毒品罪等罪名定罪处罚；而用于治疗和科学研究的毒品，因为国家、集体或者经合法程序批准的公民个人享有所有权和控制权，则可以成为盗窃罪的对象。⑤

（10）人体能否成为盗窃罪的对象

有生命的人体是法律上的主体，不是法律上的财物，自然不能成为盗窃的对象。对于人的肢体、脏器与人的身体分离后，能否成为盗窃罪对象的问题，理论上则存在不同看法。肯定说认为，人体的某一部分与人体分离后，可以成为财产罪的对象，因此自然可以成为盗窃罪的对象。⑥ 有论者进一步指出，活人的器官也可以成为盗

---

① 参见董进宇：《盗窃犯罪再认识及延伸思考》，载《法制与社会发展》，1999（1）。

② 参见胡爱斌：《盗窃违禁品定性探讨》，载《人民检察》，1998（12）。

③ 参见赵秉志：《侵犯财产罪》，159～160页，北京，中国人民公安大学出版社，2003。

④ 参见陈兴良：《盗窃罪研究》，载陈兴良主编：《刑事法判解》，第1卷，13页，北京，法律出版社，1999。

⑤ 参见郑厚勇：《盗窃罪：司法解释与刑法规定之冲突——质疑司法解释［1998］第4号》，载《湖北社会科学》，2004（2）。

⑥ 参见金子桐等：《罪与罚——侵害财产罪和妨碍婚姻家庭罪的理论与实践》，54页，上海，上海社会科学院出版社，1987。

窃罪的对象，因为随着医学的发展，人体器官的移植成为现实，因而具有了某种经济价值。[①] 持否定说的论者则认为，将与人体分离的脏器视为财物，有悖于国际社会公认的生命伦理原则。未经本人同意对其实施手术从其身体上摘取器官出卖牟利的，是一种严重侵害人身的伤害行为，而不是盗窃罪。[②] 还有论者认为，人的血液和器官具有双重性质。它们有经济价值，具有商品的属性，但同时更为重要的是，它们也是人体的组成部分，是人体健康和存活的条件。未经受害人本人同意而偷偷摘取，是对他人身体健康的严重侵害。这种行为构成了对健康的损害，是一种十分严重的故意伤害行为。[③] 另有支持否定说的论者认为，盗取他人体内活体器官或人体血液的情形，是一种典型的想象竞合犯。这是因为，行为人所实施的盗取他人体内活体器官的行为，显然符合盗窃罪的构成特征，应当成立盗窃罪；但同时，行为人对于自己盗取他人活体器官或人体血液会发生严重伤害他人身体健康的结果也是有着明确的认识的，但行为人不仅不采取措施防止这种危害结果发生，相反，对这种危害结果的发生持一种希望的态度，以实现其非法占有他人人体器官或者血液的目的。所以，这种情形还应当成立故意伤害罪。由于行为人只实施了一个行为，而故意伤害罪和盗窃罪的犯罪构成之间也不存在着包容与被包容的关系，因而这种情形既不成立牵连犯，也不属于法条竞合，而是典型的想象竞犯。根据想象竞合犯“从一重罪处断”的原则，最终应以故意伤害罪论处。[④]

（11）证券能否成为盗窃罪对象的问题

对此，第一种观点认为，对于不记名有价证券，因为其实质上已经与其所记载的权利相分离，具有相对独立的财产价值，因此可以成为盗窃罪的对象；对于记名的有价证券，因为窃得证券本身并不代表最终占有了证券所记载的财物，有价证券必须与证券中记载的财物结合起来才有意义。如果权利人通过挂失等方法避免了损失，则通过盗窃行为窃取的记名有价证券就是废纸一张。因此，对于窃取记名的有价证券的定性，还需进一步具体分析。[⑤] 第二种观点认为，对于活期存折等记名有价证券，储户是通过直接占有存折的方式间接控制存款。活期存款凭折取款，持有存折是支取存款的唯一形式要件，因而窃取活期存折的同时即取得对存款的实际控制，与此同时所有人则对存款失控。即使行为人盗窃活期存折后未予冒领而所有人及时挂失，因而避免了损失，也不能否认行为人曾经一度实际控制存款，而所有人曾经一度失控，这符合盗窃罪既遂“控制＋失控”的标准。因此，窃取活期存折就意味着盗窃行为既遂，而此后的冒领行为，可以构成诈骗罪，但被先前的盗窃罪吸

---

① 参见陈兴良等：《案例刑法教程》（下），296页，北京，中国政法大学出版社，1994。

② 参见刘明祥：《财产罪比较研究》，35～36页，北京，中国政法大学出版社，2001。

③ 参见游伟主编：《刑法改革与刑事司法新课题》，356～357页，合肥，安徽人民出版社，2000。

④ 参见田宏杰：《故意伤害罪若干疑难问题探讨》，载《法学家》，2001（4）。

⑤ 参见董玉庭：《论盗窃罪特殊对象》，载《北方论坛》，2004（2）。

收，最终以盗窃罪论处。① 第三种观点认为，盗窃可以即时兑现的活期存折、已到期的定期存折后，即使没有支取存款，也应按存折上的数额认定为盗窃罪；对盗窃或拾取未到期的定期存折或者其他不能即时支取存款的存折，然后欺骗银行职员支取存款的行为，根据《储蓄管理条例》的相关规定，行为人必须使用欺骗的方法才能支取存款，因此这种情况下构成三角诈骗，成立诈骗罪；盗窃或者拾取他人可以即时兑现的活期存折、已经到期的定期存折、储蓄卡后，通过银行职员取款的行为也应当成立三角诈骗，构成诈骗罪，因为根据《储蓄管理条例》的相关规定，银行职员支付给行为人钱款必然是基于错误。盗窃或者拾取他人的邮政汇款取款通知单，然后欺骗邮政人员，提取他人汇款的，根据《国内邮政汇兑业务处理规则》的相关规定，也属于三角诈骗，应认定为诈骗罪。② 第四种观点认为，有价证券可以成为盗窃罪的对象。无价证券虽然在票面上没有经济价值，但在购买特定商品时，不持票购买与持票购买在花费上存在很大差别，因此无价证券也具有代表差价的经济价值，可以成为盗窃罪的对象。③

（12）借条能否成为盗窃罪的对象

对此，肯定说认为，财产权利文书、证件系占有、取得某项财产的根据，丧失此证据会导致某项财产的丧失，因而，借条可以成为盗窃罪的对象。否定说主张，财产权利文书、证件不过是证明财产所有权关系、债权关系、继承关系的凭证，其本身不具有直接经济价值，不像国库券、股票等有价证券具有经济价值，因而盗窃财产权利文书、证件的，不构成盗窃罪。④ 有论者进一步指出，借条与有价证券相比，有明显差别。借条不像有价证券那样具有社会普遍意义的财物性，但是它是债权人实现对债务人的财产权的最重要的因素，因此，在特定时空环境下，即债务人以非法消灭债务为目的盗窃借条时，构成盗窃罪。⑤

（13）网络虚拟财产能否成为盗窃罪的对象

随着互联网网络服务成为一种新兴的商品，涉及互联网的盗窃现象越来越多。网络虚拟财产的范围较为广泛，主要包括：OICQ 和 ICQ 的号码、收费的 EMAIL 邮箱（如 VIP 电子邮箱）；网络实名、网络空间；虚拟金币，如腾讯 Q 币、新浪 U 币、网易 POPO 币、百度的百度币、酷币等；虚拟装备（武器、装甲、药剂等）；虚拟动植物；虚拟 ID 账号及游戏角色属性等。广义上讲，网络虚拟财产是在网络环境下，模拟现实事物，以数字化形式存在的，既相对独立又具独占性的信息资源。狭义上讲，网络虚拟财产即虚拟有形财产，或称虚拟物，是对现实环境中有形的物质

---

① 参见彭志娟：《伙同他人冒领盗窃存折行为的定性》，载《华东政法学院学报》，2004（2）。

② 参见张明楷：《论三角诈骗》，载《法学研究》，2004（2）。

③ 参见董玉庭：《论盗窃罪特殊对象》，载《北方论坛》，2004（2）。

④ 参见王礼仁：《盗窃罪的定罪与量刑》，45 页，北京，人民法院出版社，2001。

⑤ 参见董玉庭：《盗窃罪研究》，48 页，北京，中国检察出版社，2002；

财富的模拟，包括上述虚拟金币、虚拟装备（武器、装甲、药剂等）等。① 目前我国规制计算机和网络犯罪的法律是由《刑法》和专门法规共同构成的，但没有对侵犯网络虚拟财产等行为作出明确规定。司法实践部门对盗窃网络虚拟财产案件的认定一般有五种做法：给予批评教育；追究民事责任；认定为侵犯通信自由罪；认定为破坏计算机信息系统罪；认定盗窃罪。2005年宁波网游账号盗窃案和2006年全国首宗QQ盗号案都在一定程度上体现了国内司法实务界对网络虚拟财产的承认态度。②

能否在现行法律框架下对侵犯网络虚拟财产行为实现有效的规制，关键在于网络虚拟财产是否属于“财物”。对此，目前学界有否定说和肯定说两种针锋相对的观点。否定说认为，网络虚拟财产不是刑法意义上的财物。理由是：虚拟财产不具有普遍的价值。对于沉湎于游戏的玩家而言，虚拟财产可以价值千金，但对于局外人来说，价值连城的虚拟财产可能不值一文；虚拟财产是虚拟的，只能在特定游戏环境中存在，本身不具有价值；虚拟财产的财富无法回收。当游戏服务器关闭时，玩家无法将游戏中获得的虚拟财产现实回收。③ 肯定说认为，网络虚拟财产具有固定的价值，也是一种财物。有论者从多个方面对此进行了论证：网络虚拟财产的获得，主要是通过个人劳动，同时客观存在着伴随性的财产投入；网络虚拟财产可以通过实际购买的方式获得；网络虚拟财产和真实财产之间存在着市场交易；网络虚拟财产与真实货币之间的固定兑换方式已经存在；网络虚拟财产所有者对网络虚拟财产的重视性与日俱增。④ 有论者进而指出，网络虚拟财产已经具备财物的经济属性、物理属性和法律属性三大特征，能够成为盗窃罪的犯罪对象。从认识论和法律适用发展的角度看，传统司法观念与网络虚拟环境下出现的犯罪情况不相适应，必须革新司法理念。⑤ 另有论者认为，盗用互联网络的，可以构成盗窃罪，但应限定在广域网络，而对局域网内的该类行为可以不作为犯罪来处理。⑥

（14）盗窃自家或近亲属的财物的问题

我国现行《刑法》对盗窃自家或近亲属的财物没有明文规定，理论界和司法实践中存在不同意见：一种观点认为无论盗窃何人财产，只要符合盗窃罪的构成，均应成立盗窃罪；另一种观点认为盗窃自家或近亲属的财产毕竟不同于社会上的普通

---

① 参见李金华：《盗窃网络虚拟财产定性问题研究》，2页，上海交通大学2007年硕士学位论文。

② 同上书，7～9页。

③ 转引自赵秉志、阴建峰：《侵犯虚拟财产的刑法规制研究》，载《法律科学》，2008（4）。

④ 参见于志刚：《虚拟空间中的刑法理论》，91～104页，北京，中国方正出版社，2003；许富仁、庄啸：《传统犯罪对象理论面临的挑战——虚拟犯罪对象》，载《河北法学》，2007（2）。

⑤ 参见李金华：《盗窃网络虚拟财产定性问题研究》，11～14页，上海交通大学2007年硕士学位论文。

⑥ 参见董玉庭：《盗窃罪研究》，106页，北京，中国检察出版社，2002。

盗窃，其社会危害性也较普通盗窃小，除非情节特别严重，一般不应作为犯罪处理。① 1998 年施行的最高人民法院《关于审理盗窃案件具体应用法律若干问题的解释》第1条第 4 项规定，“偷拿自己家的财物或者近亲属的财物，一般可不按犯罪处理；对确有追究刑事责任必要的，处罚时也应与在社会上作案的有所区别。”该规定表明，目前我国处理亲属相盗问题的态度是：原则上不按犯罪处理，对确有必要的，也可追究刑事责任，并且在处罚上区别对待。学界普遍认为该规定是合情、合理、合法的，但必须把握好两方面。

一方面，近亲属的范围。我国刑法没有规定近亲属的范围，但是《刑事诉讼法》明确规定，近亲属是指夫、妻、父、母、子、女、同胞兄弟姐妹。目前，关于近亲属相盗中的近亲属的范围，有两种观点。一种观点认为，对近亲属的范围不应作扩大化解释。行为人在盗窃近亲属财物时，可能与该近亲属共同生活，也可能分居生活。根据 1998 年施行的司法解释的精神，盗窃近亲属的财物，既包括盗窃共同生活的近亲属的财物，也包括盗窃已经分居生活的近亲属的财物。② 另一种观点认为，亲属的范围应当有所扩大。考虑我国历史传统亲属道德的积淀影响，可按照亲疏远近关系扩大亲属的范围，即限定为家庭成员和亲属，其中，“亲属”既包括近亲属，也包括非近亲属的其他亲属，如叔侄、舅甥、曾祖父等等。有论者进一步指出，对于同居者一方窃取另一方财物的行为，应当区别同居者之间的财产所有权归属情况和同居行为的具体情况分别处理。窃取共同财物的，不构成犯罪。如果窃取的是明确界定为属于一方的财物，则应当区分是否属于事实婚姻（从刑法意义上讲）。属于的，不作为犯罪处理，或者在定罪的前提下从宽处理；不属于的，定盗窃罪，并适当从宽处理。③

另一方面，“确有追究刑事责任必要”的含义。按照多数论者的理解，这一般是指两种情形：其一，盗窃属于家庭中代管的或近亲属保管的公私财物，应以盗窃罪论处；其二，盗窃自家或近亲属财物且情节恶劣，亲属强烈要求追究刑事责任的，也可以盗窃罪论处。④ 有论者指出还有第三种情形，即家庭成员勾结外人盗窃家庭财产的案件。这种盗窃属于共同犯罪，社会危害性大于单纯的家庭成员间的盗窃。在处理时如无其他恶劣情节，对家庭成员可以酌情考虑从轻处罚。⑤ 另有论者指出，对盗窃家庭成员和亲属的财产的行为是否有必要追究刑事责任，要以盗窃数额、盗

---

① 参见董玉庭：《盗窃罪研究》，95 页，北京，中国检察出版社，2002。

② 同上书，97 页。

③ 参见杨子良：《盗窃罪若干新型问题研究》，载《法学杂志》，2005（1）。

④ 参见李果：《盗窃罪的特殊对象问题新探》，载《法学家》，1996（5）；赵秉志：《侵犯财产罪》，162 页，北京，中国检察出版社，2002。

⑤ 参见陈兴良：《盗窃罪研究》，载陈兴良：《当代中国刑法新境域》，691 页，北京，中国政法大学出版社，2002。

窃次数、主观恶性以及亲属的态度等方面进行综合分析判断。①

盗窃罪为公诉犯罪，但亲属间盗窃行为具有其特殊性。对此，一种意见是将亲属的求刑权还于被害人，实行“告诉才处理”的亲告罪模式，不应由司法机关认为“一般不以犯罪论处”或“特殊情况下确有必要追究刑事责任”。在亲属相盗的定性处罚方面应体现亲告罪的特殊性、可操作性。② 比如，有论者主张，对涉及家庭内部的盗窃案件，宜采取自诉原则，不告不理，并可以比照一般盗窃犯罪从轻、减轻处罚，调解和好的，可以免予处罚。当然，对于动机卑鄙，手段恶劣，影响极坏，数额巨大，并造成严重后果等，也可以不予从轻或减轻处罚。③ 一些论者建议，应当就盗窃亲属案件的具体数额标准作出明确规定，并可将内外勾结形式以外的这类盗窃罪案，明确列为由人民法院直接受理的“自诉案件”范围。这样处理，既能保持刑事执法的严肃性、统一性，也能较好地体现案件发生在“自己家里”或“近亲属”内部的特点。④ 另一种意见是在程序上，可以充分借鉴国外的有益经验，根据亲属间的不同关系和盗窃行为的危害性大小，规定被害人告诉处理和国家追诉的双重原则；在实体上，针对亲属间盗窃行为的实际危害性，并且考虑相关亲属的意愿，在定罪量刑上规定不予定罪、免除处罚或是从轻、减轻处罚几种模式，从而真正实现罚当其罪和罪刑相适应，最终有利于家庭内部的团结和社会的稳定。⑤

（五）盗窃罪的既遂与未遂

1. 盗窃罪是否存在未遂

1979 年《刑法》出台后不久，在刑法学界即出现了盗窃罪是否存在未遂的争议。有论者指出，根据 1979 年《刑法》第 151 条的规定，盗窃公私财物，数额较大的，才构成犯罪。这就表明法律要求把数额标准，即“数额较大”作为构成本罪的必要条件，以致数额大小成为区别罪与非罪界限的标准之一。基于此，如单从法律条文对数额规定本身来说，则无疑从构成犯罪数额标准上否定了盗窃罪存在犯罪未遂的可能性。但是，如从盗窃犯罪作为只能由直接故意构成并以非法占有为目的，要求结果出现才算成立犯罪既遂这一本质特征来说，又不可否认地存在着犯罪既遂未遂问题。⑥ 1984 年最高人民法院、最高人民检察院《关于当前办理盗窃案件中具体应用法律的若干问题的解答》曾谈道，按照我国 1979 年《刑法》第 57 条规定的精神，盗窃案件中，不仅应当根据盗窃财物数额大小，还应当根据犯罪的其他情节，如作

---

① 参见王礼仁：《盗窃罪的定罪与量刑》，211 页，北京，人民法院出版社，1999。

② 参见任泽亚：《亲属相盗窃定性处罚研究》，30～31 页，吉林大学 2007 年硕士学位论文。

③ 参见金子桐：《完善盗窃罪立法的若干问题探讨》，载《政治与法律》，1990 (6)。

④ 参见游伟：《研究解决盗窃罪实际执法中的疑难杂症——盗窃罪司法解释适用研讨会综述》，载《法学》，1993 (7)。

⑤ 参见赵秉志主编：《中国刑法案例与学理研究·侵犯财产罪》，166～167 页，北京，法律出版社，2001。

⑥ 参见郑有荣、吴维文：《关于盗窃罪的既遂未遂问题》，载《河北法学》，1984 (6)。

案的原因、地点、目标、手段、次数、结果，同时考虑犯罪分子的过去情况、认罪态度、退赔表现等，进行全面分析，正确量刑。同时还规定只对下列盗窃未遂进行处罚：对于潜入银行金库、博物馆等处作案，以盗窃巨额现款、金银或珍宝、文物为目标，即使未遂，也应定罪并适当处罚。有论者认为，弦外之音就是对于其他未遂情况无须处罚。①

1998年施行的最高人民法院《关于审理盗窃案件具体应用法律若干问题的解释》第1条第2项规定，“盗窃未遂，情节严重，如以数额巨大的财物或者国家珍贵文物等为盗窃目标的，应当定罪处罚。”该规定明确肯定了盗窃罪的数额加重犯存在未遂。而对于盗窃罪的基本犯是否存在未遂的问题，则未予以明确。对此，有论者提出，数额较大是盗窃罪的重要客观要素，也是区别罪与非罪的关键因素。② 有论者认为，根据《刑法》对盗窃罪的规定，数额是否达到较大，应是盗窃罪构成与否的绝对标准（先不考虑多次盗窃的情况）。因此，赃物数额未达盗窃罪的定罪起点，就不构成盗窃罪，更谈不上构成盗窃未遂。③ 有论者在分析上述关于盗窃罪未遂的司法解释规定时认为，解释通过举例方式，列举了数额巨大或特别巨大（珍贵文物等）为盗窃对象时发生的未遂才予以处罚，而对于“数额较大”的基本犯，司法机关不认为可以处罚其未遂行为。④ 而有论者则认为，上述认识显然是对司法解释规定的误读。盗窃“数额巨大”或“国家珍贵文物”只是对作为盗窃罪（未遂）定罪根据的“情节严重”的部分例示，二者并未穷尽“情节严重”的所有情形，其中的“如”、“等”字就表明不排斥其他情节严重的情形，因而也就没有排除对以数额较大的财物为目标的未遂行为定罪处罚的可能性。⑤ 而以盗窃数额较大为目标的未遂，情况比较复杂，从司法实践来看，多数不能以犯罪处理，只有少数情节严重的，才能以犯罪处理，因而，它不具有典型性和代表性，如果把这种情形作为例示，容易扩大犯罪打击面。⑥ 还有论者主张，盗窃未遂须达到数额巨大才能定罪的观点值得商榷。除了盗窃目标未被触及、价值不确定的特定的盗窃未遂案件外，一般的盗窃未遂案件仍应以数额较大作为定罪的起点。⑦

2. 司法解释所确立的盗窃未遂的定罪标准是否合理

上述司法解释将盗窃未遂的定罪标准规定为“情节严重”。对此，有论者提出质

---

① 参见徐逸仁：《论盗窃罪既遂与未遂》，载《上海大学学报》（社会科学版），1992（5）。

② 参见张明楷：《论盗窃故意的认识内容》，载《法学》，2004（11）。

③ 参见陈洪兵：《从我国犯罪概念的定量性探析犯罪未遂问题——兼谈知识产权犯罪未遂形态》，载《贵州警官学院学报》，2002（3）；赵永林：《我国刑法中盗窃罪的理论与实践》，66页，北京，群众出版社，1989。

④ 参见唐世月：《数额犯论》，126页，北京，法律出版社，2005。

⑤ 参见王志祥：《数额加重犯基本问题研究》，载《法律科学》，2007（4）。

⑥ 参见王礼仁：《对司法解释关于盗窃未遂罪与非罪标准的理解》，http://www.chinacourt.org/public/deai.1 phpid=170704。

⑦ 参见唐福根、李文军：《“盗窃未遂须数额巨大才能定罪”质疑》，载《人民检察》，1998（9）。

疑：将“情节严重”作为盗窃未遂构成犯罪的定量标准，同刑法的规定之间是存在出入的。按照刑法规定，盗窃罪在犯罪构成上的定量标准是盗窃数额较大或者多次盗窃，而非情节严重。这一规定不仅适用于盗窃既遂，也适用于盗窃未遂。① 而有论者则认为，就盗窃罪而言，“数额较大”在既遂的情况下是指行为人实际窃得的财物数额较大，而在未遂的情况下则是指行为人指向的财物数额较大。在既遂的情况下，盗窃行为的危害程度主要是由行为人实际窃得财物的数额决定的，因此，以数额作为盗窃罪（既遂）的定罪根据，是可取的。而在未遂的情况下，盗窃行为的危害程度则主要是由数额以外的其他情节决定的，因此，以情节作为盗窃罪（未遂）的定罪依据，是妥当的。②

3. 盗窃罪既遂与未遂的区分标准

在外国刑法理论中，关于划分盗窃罪既遂与未遂界限的标准，众说纷纭，有接触说、转移说、藏匿说、失控说、控制说、失控加控制说等观点。我国刑法理论关于盗窃罪既遂和未遂划分标准的争论主要在后三种观点之间展开。失控说认为，从对客体的损害着眼，以财物的所有人或持有人失去对被盗财物的控制作为既遂的标准，符合盗窃罪既遂的本质特征。至于行为人是否最终达到了非法占有并任意处置该财物的目的，不影响既遂的成立。③ 控制说认为，应以盗窃犯是否已获得对被盗财物的实际控制为标准，盗窃犯已实际控制财物的为既遂，盗窃犯未实际控制财物的为未遂。所谓“实际控制”，并非指财物一定在行为人手里，而是说行为人能够在事实上支配、处理该项财物。④ 失控加控制说认为，应当以被盗财物是否脱离权利人的控制，并且实际置于盗窃行为人的控制为标准。⑤

除了上述三种学说之外，刑法理论上还提出了以下观点。①损失说。该说认为，只要盗窃行为造成了被害人财物的损失，就应视为盗窃既遂。⑥ 其理由是：第一，以盗窃行为是否造成公私财产损失作为区分盗窃罪既遂与未遂的标准，在侧重强调对公私财产所有权保护的同时，同时兼顾了犯罪人的主观恶性应在盗窃既遂中得到较充分体现的要求；第二，能够更好地适应盗窃对象的变化。在盗窃无形财物的场合，原所有人、持有人并未完全失去对无形财物的占有和控制，盗窃分子也并没有完全占有和控制该无形财物，因而危害后果只能是经济上的损失，而不可能单纯地表现为犯罪对象在空间位置上的变化。因此，盗窃行为造成公私财物损失的，是既

---

① 参见刘之雄：《犯罪既遂论》，138页，北京，中国人民公安大学出版社，2003。

② 参见王志祥：《数额加重犯基本问题研究》，载《中国刑事法杂志》，2007（2）。

③ 参见高铭暄、马克昌主编：《刑法学》，2版，562页，北京，北京大学出版社、高等教育出版社，2005。

④ 参见赵秉志主编：《侵犯财产罪研究》，198～199页，北京，中国法制出版社，1998。

⑤ 参见高铭暄主编：《新中国刑法学研究综述（1949—1985）》，640页，郑州，河南人民出版社，1986。

⑥ 参见罗振德：《也谈盗窃罪的既遂未遂问题》，载《法学》，1984（9）。

遂；未造成公私财物损失的，是未遂。这种观点进一步认为，“未造成公私财物损失”是指作为盗窃罪构成要件的盗窃行为未直接造成公私财物损失，即盗窃行为没有造成公私财物数额较大、数额巨大或者数额特别巨大的直接损失。① ②处分说。该说认为，只要行为人对财物进行了实际处分，或虽未实际处分，但完全具体了处分的条件，即有可能改变该财物归属的，就认定盗窃既遂。该处分行为包括：自己使用、出卖、丢弃、送人、毁坏以及为处分创造条件的转移、藏匿或因盗窃行为造成财物的损坏、灭失等。② ③占有数额说。该说认为，法定数额是盗窃罪客观方面的一个要件，非法占有财物达到法定数额的为既遂，没有达到法定数额的则是当然的未遂，包括没有得到和已经得到但未达到法定数额。③ ④非法占有目的实现说。该说认为，盗窃犯罪未遂应当符合修正的犯罪构成，刑法总则的规定所修正的对象正是盗窃罪的非法占有目的，因而应当以非法占有目的的实现与否作为盗窃罪既遂未遂的区分标准，即当行为人明知他人财物数额较大或巨大而对其加以盗窃，并在行为展开后其非法占有目的完全实现的，构成盗窃既遂；当行为人明知他人财物数额较大或巨大而对其加以盗窃，因意志以外的原因未能实现或者未能全面实现其非法占有目的，则是盗窃未遂。④ ⑤混合标准说。该说认为，司法实践中盗窃犯罪的错综复杂性决定了采用一个统一的标准不能全面、科学地对盗窃罪既遂未遂加以客观界定。针对以上每种学说都存在一定的缺陷，学界很多人意识到单一的标准无法适应复杂的司法实践，因而提出混合标准说。但是，在混合标准说的内部，也有多种不同的意见。其一，有论者主张盗窃罪的既遂标准原则上应是失控说，即只要被害人丧失了对自己财物的控制，不管行为人是否控制了该财物，都应当认定为盗窃既遂。但是还必须进一步考虑被害人失控的财物是否达到了一定数额。因为刑法上作为构成要件的财产损失是比较严重的损失，同样，作为既遂标准的财产损失也必须是比较严重的损失。换言之，只造成价值低廉的财物损失的，只能认定为盗窃罪未遂。⑤ 其二，有论者从法益侵害说的视角出发，提出在区分盗窃罪的既遂与未遂时，对财产法益造成实害结果为既遂，对财产法益造成危险结果为未遂。具体来说，对盗窃有体动产的基本盗窃行为应适用失控说，盗窃无体财产的特殊盗窃行为应适用损失说。⑥ 其三，盗窃罪的既遂认定标准与盗窃行为的对象、盗窃行为的手段、盗窃行为时的环境及条件均有密切关系，司法实践中要正确把握盗窃既遂的认定标

---

① 参见曲新久、浦晔：《办理盗窃案件刑事司法解释的五大变化及其问题》，载《中国法学》，1993（5）。

② 参见高金岭、郭凤谭：《也谈盗窃罪的既遂与未遂》，载《河北法学》，1990（4）。

③ 参见薛进展、刘金泽：《论盗窃未遂的定罪处罚》，载《犯罪研究》，2003（3）。

④ 参见邓文莉、林卫星：《盗窃罪既遂未遂界定标准新探》，载《南都学坛》，2006（3）。

⑤ 参见张明楷：《刑法学》，2版，668页，北京，法律出版社，2003。

⑥ 参见江河、邓小俊：《以法益侵害说为视角论盗窃罪的既遂与未遂》，载《学术交流》，2006（6）。

准，还必须根据具体案件的不同情况进行分析：对盗窃有体动产行为的既遂标准应当采取“失控说”；对盗窃无形能源、电信服务行为的既遂标准应当采取“损失说”；盗窃有价证券行为的既遂标准则为失控说或损失说。①

（六）盗窃罪的死刑问题

1979年《刑法》对盗窃罪没有规定死刑，1982年全国人大常委会《关于严惩严重破坏经济的罪犯的规定》对盗窃罪规定了死刑，1997年《刑法》对盗窃罪的死刑进行了严格限制。关于盗窃罪的死刑问题，我国刑法理论上存在着保留论、彻底废除论、限制论之争。

保留论认为，对盗窃罪应当保留死刑，理由主要是：盗窃犯罪是一种多发性犯罪，其发案率和发案数长期以来位于各类刑事案件之首，且当前社会治安的形势严峻，人民群众的安全感下降，对盗窃罪废除死刑，不利于控制犯罪。对盗窃犯罪只有严惩，才能预防犯罪。保留论甚至主张对普通盗窃罪也应规定死刑，以保护公私财产不受侵害。②

彻底废除论主张，对盗窃罪应当彻底废除死刑的适用。其一，1997年《刑法》中盗窃罪适用死刑的规定是个案思维作用的结果，反映的是不合理性的立法思维。立法上是不可能实现每个个案的公正的，因为刑法是有限的，犯罪是无限的，立法只能提供一般公正的规则。立法如果过于追求个别公正，则势必在无形中提高法定刑。这里的“个别”是指发生概率极小的个案。如果所有犯罪的法定刑都以这种个案的公正作为设置标准，那么个别公正就会以牺牲一般公正为代价，这显然是得不偿失的。其二，盗窃罪属于侵财犯罪，不应分配死刑。人的生命是无价的，无论是政治家还是法学家都公认这一点，而财产是有价的，对盗窃罪这种纯粹以财产为侵害对象的犯罪适用死刑，显然不具有等价性与适度性而属重刑罚轻罪，有悖配刑的基本理性。其三，对盗窃罪适用死刑不能减少盗窃犯罪。我国1982年通过单行刑法对盗窃罪规定了死刑，但死刑并没有遏制盗窃犯罪增长的势头，反而盗窃犯罪成倍地增长。1997年《刑法》通过保留两种情形下适用死刑的可能性从而限制盗窃罪的死刑，也没有导致盗窃犯罪的猛增。其四，废除盗窃罪的死刑，能为广大群众认同。其五，废除、限制死刑是世界各国普遍奉行的刑事政策。废除盗窃罪的死刑，符合世界刑罚轻缓化的潮流，符合盗窃罪法定刑轻缓化的发展趋势。③ 还有论者则立足于死刑只适用于“罪行极其严重的犯罪”的标准和与同等危害性的其他犯罪的比较，论证对盗窃罪作为非暴力犯罪应当废除死刑。①从客观危害上来看，盗窃罪侵犯的法益是唯一的，即公私财物，因而盗窃罪属于纯粹的财产型犯罪。而且，盗窃罪采用的是秘密窃取的手段，并无暴力和以暴力相威胁的内容，所以并不危及人的生命

---

① 参见陈静麒：《盗窃罪若干问题研究》，31～33页，华东政法学院2006年硕士学位论文。

② 参见吕德虎：《对盗窃罪适用死刑范围的思考》，载《中国检察》，1998（3）。

③ 参见姚玉忠：《盗窃罪的法定刑研究》，35～39页，湘潭大学2003年硕士学位论文。

和健康。而财产犯罪的死刑适用条件——“罪行极其严重”的标准则要求犯罪在侵害财产法益的同时还要侵害人的生命和健康法益，所以盗窃罪并不符合这一标准。②立法者对盗窃金融机构和珍贵文物的情形配置了死刑，这主要是考虑由于其场所和对象的重要以及财产巨大的原因，该种行为造成的社会危害性较大。这里存在立法技术问题，造成法律面前不平等，因为在盗窃一般单位的场合，同样可能具有数额极其巨大的情形，不能说其危害性就不如盗窃金融机构和盗窃珍贵文物。③盗窃罪和诈骗罪、抢夺罪都侵犯了财产法益，其社会危害性是相当的，而且从害恶性上考察，可能后两种犯罪更为严重，但现行刑法却并未对其配置死刑，而仅对盗窃罪配置了死刑，这也违背了重罪重罚，轻罪轻罚，罪刑相当，罚当其罪的要求。①

限制论认为，死刑的存废与社会物质生活条件密切相关。当社会物质生活条件发展到一定程度时，废除死刑是必然的，但我国目前对盗窃罪不宜完全废除死刑。有论者指出，从我国社会的发展前景、犯罪的法益侵害性以及盗窃罪处罚轻刑化的趋势角度看，对盗窃罪的死刑可以被废除；联系当前的社会现实、法治状况以及国民的法律感情，盗窃罪的死刑目前不宜被废除，但是可以进一步合理地予以限制。理由有以下几点。①社会物质条件水平的高低是废除死刑的一个重要前提。我国目前的社会发展水平不高，远未达到废除死刑所需要的社会条件，因此，废除盗窃罪的死刑，不顾实际，也不合时宜。②死刑存废的重要基础体现在国民法律观念中的民族文化和时代精神，而目前我国国民的一般法律感情和观念还没有完全达到需要绝对废除死刑的地步，盗窃罪的死刑存废也是如此。③我国正致力于社会主义市场经济体系的建立和完善，其中社会正常财产秩序更是需要特别保护，而盗窃犯罪恰恰对他人合法财产权益造成了侵害，尤其是针对金融机构和国家珍贵文物的盗窃行为，更是严重侵害了他人甚至国家的合法利益。因此，鉴于盗窃罪的多发性、复杂性特点更为突出，保护公民和国家合法财产权的需要日益紧迫，盗窃罪死刑的威慑、预防功能目前不应被完全忽视和放弃。④我国现行的法律程序为死刑的审慎适用提供了有效保障。2007 年死刑核准权统一收归最高人民法院行使，说明死刑在程序上已经受到较为合理的限制。该论者进一步指出，以目前而言，我国盗窃罪的死刑还不宜被废除，但对此必须用发展的眼光看待，绝对不能就此停滞不前。随着实际情况的变化，可以而且有必要对盗窃罪的死刑适用在实体和程序上规定更为合理的限制性条件。②

三、整体评论

在对自 1978 年至 2008 年我国刑法学界关于盗窃罪的研究成果进行综述之后，我们试作出以下简要的评论。

---

① 参见郭菁菁：《财产犯罪配置死刑的反思》，39～40 页，吉林大学 2007 年硕士学位论文。

② 参见钟李钧：《盗窃罪研究》，45～47 页，中国政法大学 2007 年硕士学位论文。

（一）进展与成就明显

自1978年至2008年，是我国刑法学研究突飞猛进、成果迭出的重要历史阶段。与刑法学研究一样，盗窃罪的研究也是成就斐然的。从总体上说，在1979年《刑法》颁布到1997《刑法》颁布之前，对盗窃罪中许多问题的思考和研究还不够深入，有影响的文章和观点还不多。这一时期的学理探讨大都是围绕着我国司法实践中遇到的问题而展开的，具有较强的针对性和操作性，因而对司法实务部门适用法律和立法机构完善立法起到了积极的作用。1997年《刑法》出台以后，学术界对盗窃罪的诸多问题大都形成了相对成熟的观点。这一时期，理论研究的广度、深度都明显超过上一阶段，并且理论界与实践部门的合作也进一步加强，理论研究与实践操作呈现良好的互动状态。

30年间，盗窃罪的研究范围呈现出不断扩展的趋势。以盗窃对象为例，早期一般将其解释为能够移动的有形财物，随后将其扩展到不动产和具有财产价值的无形财物，后来又有论者提出在计算机普遍应用的背景下，应当进一步扩大盗窃罪的适用范围，非法使用计算机软件、网络服务的，也构成盗窃罪。① 有论者进一步指出，在网络社会中，非法使用网络资源的使用盗窃行为，危害巨大，而中国刑事司法实践中关于“使用盗窃”的司法解释多年来在不断出现，却一直在刑事立法上不承认“使用盗窃”构成盗窃罪，应当尽快通过立法将使用盗窃犯罪化。②

30年间，盗窃罪研究的深度不断加强，理论化色彩渐趋浓厚。如有关盗窃罪既遂、未遂问题的讨论，从早期纯粹通过解析现实案例进行归纳总结，逐渐发展到运用刑法理论中的目的犯、结果犯原理来解释盗窃未遂现象。根据刑法中犯罪目的之一般理论，盗窃罪具有双重犯罪目的。

（二）不足仍然存在

盗窃罪是典型的侵犯财产犯罪之一种。随着社会物质生活水平日益提高，财富类型日益丰富，盗窃的犯罪对象不断增加，盗窃的方式出现多样化，盗窃罪的研究呈现出繁荣景象，但毋庸讳言，在盗窃罪的研究内容方面还存在薄弱环节，在研究方法上也有不足之处。

从研究内容来看，30年间，我国刑法立法从粗到细，盗窃罪的研究也经历了从粗到细的过程，理论广度、深度都增加了，但是仍然存在一些薄弱环节。如在盗窃罪犯罪对象的研究中，在不动产能否成为盗窃罪对象的问题上一直存在着针锋相对的争议。相比较而言，肯定说更占上风，因为从纯理论的角度看，财产当然包括动产，也包括不动产，窃取和窃占的方式既可以适用于动产，也可以适用于不动产，

---

① 参见赵廷光、皮勇：《关于利用计算机实施盗窃罪的几个问题》，载《中国刑事法杂志》，2000（1）。

② 参见于志刚：《关于“使用盗窃”行为在网络背景下入罪化的思考》，载《北京联合大学学报》（人文社会科学版），2007（3）。

但是，研究成果缺乏足够多的实务佐证，没有很强的实用性。关于盗窃既遂未遂标准的讨论，仁者见仁，观点众多，其中不乏真知灼见。然而，实际上有的观点看似标新立异，但在本质上是相同的，比如损失说与失控说、失控加控制说与控制说以及非法占有目的实现说与控制说在实质上就没有多大差别。在单位盗窃问题的研究上，许多人批评单位盗窃现象客观存在，对之不按单位犯罪处理，不利于预防和打击犯罪。这种观点过于绝对化，也没有顾及当前单位犯罪研究的前沿成果和公司法的“刺穿公司面纱”及一人公司理论。在使用盗窃的问题上，有观点从财产性利益也属于财产的角度肯定使用盗窃也可按盗窃罪论处。这种观点的论述的确另辟蹊径，但是有违刑法理论和立法对财物的界定，有过分扩张解释之嫌。

从研究方法来看，一方面，方法比较单一，过分侧重传统注释研究方法，缺乏多向度、交叉学科的思考。在目前学界倡导刑事一体化的立体研究背景下，对盗窃罪不仅需要精细的罪名解析，也需要从犯罪学、刑事政策学甚至经济学、心理学等不同学科或领域的角度去拓展其理论与实践宽度，这样，就有利于突破研究局限，拓宽研究思路，丰富研究内容。另一方面，虽然有大量的文章探讨盗窃罪与其他罪名的界限，但是这种研究显得有些孤立，仅仅局限于我国刑法分则个罪比较的视阈，而且大都是围绕着构成要件进行分析。这种研究是必要的，但却是不够的，因为缺乏横向或者纵向的比较分析与考察。

第十四章

诈骗型犯罪

一、研究概况

诈骗型犯罪是古老而又常新的犯罪类型。关于诈骗型犯罪，我国1979年《刑法》仅规定了诈骗罪。为了有效惩治新型的诈骗犯罪，1995年6月30日全国人大常委会《关于惩治破坏金融秩序犯罪的决定》将金融诈骗罪从诈骗罪中分离出来，明确规定了集资诈骗罪、贷款诈骗罪、票据诈骗罪、金融凭证诈骗罪、信用证诈骗罪、信用卡诈骗罪、保险诈骗罪7种金融诈骗犯罪。1997年《刑法》在分则第三章第五节在上述7种金融诈骗犯罪之外，还规定了有价证券诈骗罪。同时，1997年《刑法》还把合同诈骗罪作为一种独立的犯罪从诈骗罪中分离出来，规定在分则第三章第八节。

自1978年至2008年，刑法学界对诈骗型犯罪①的研究大体可以呈现出以下几个阶段。

（一）起步阶段

这一阶段主要集中在20世纪80年代。随着1979年《刑法》的颁行，刑法学界

---

① 鉴于本书将“金融诈骗罪”纳入“金融犯罪”之中，本章以下所述的诈骗型犯罪仅包括诈骗罪和合同诈骗罪。

逐步展开了对诈骗罪的研究。一些刑法专家、学者通过编写教科书，阐释诈骗罪的基本问题；一些论者通过案例，开展对诈骗罪的个案研究；许多专家、学者在学术期刊上发表学术论文，对诈骗罪各方面的问题进行较为全面的分析。总的来说，在这一阶段，诈骗罪的研究尚处于初始阶段，无论研究成果的规模还是深度都处在较低的水平上。

这一阶段的诈骗犯罪研究具有以下几个特点。①注重注释性研究。在1979年《刑法》颁布的最初几年，诈骗罪研究基本上是围绕阐释诈骗罪的基本概念、构成要件、罪与非罪、此罪与彼罪等基本问题而展开的。这些注释性研究，为诈骗罪的司法适用奠定了坚实的理论基础，较好地指导了司法实践。②重视结合我国当时的经济体制改革和商品经济发展的情况和需要来研究诈骗罪。为有效打击当时经济体制改革和商品经济发展过程中花样不断翻新型诈骗犯罪，专家、学者围绕诈骗罪的新形式进行了探讨。③注意研究诈骗罪的立法完善问题。围绕诈骗罪的立法模式应如何设计、诈骗罪的罪名是否应予分解、单位可否成为诈骗罪的主体、对诈骗罪是否应规定死刑以及对诈骗罪是否适用罚金刑等问题所进行的探讨，为诈骗罪的立法完善提供了卓有成效的理论指导。

（二）深化阶段

这一阶段自20世纪80年代末起至1997年《刑法》颁行之前。在这一阶段，随着改革开放的逐步深入和社会主义商品经济的迅猛发展，诈骗手段不断翻新，新型诈骗犯罪如集资诈骗、贷款诈骗、票据诈骗、信用证诈骗、信用卡诈骗、保险诈骗、合同诈骗、骗取出口退税等不断出现，而且诈骗数额也越来越大。面对不断涌现的新的诈骗犯罪，1979年《刑法》对此已显得力不从心，对诈骗罪的立法修改迫在眉睫。为此，刑法学界紧紧围绕诈骗罪的立法完善、诈骗罪的分解、金融诈骗、合同诈骗等问题，相继出版了一些专著，发表了一系列论文。总的来看，与前一阶段相比，诈骗犯罪研究的广度和深度均有所拓宽。

这一阶段的诈骗犯罪研究具有以下几个特点。①重视刑法观念的更新。随着社会主义市场经济的确立和政治体制改革的逐步推进，社会观念发生剧烈变化，刑法观念也相应地进行了更新。刑法观念的更新，有助于诈骗犯罪的研究走出传统窠臼，迈上新的台阶。②加强对诈骗型犯罪司法实践问题的研究，有效地推动司法实践。当时我国社会主义市场经济方兴未艾，改革开放不断深化，经济发展势头良好，诈骗型犯罪也发生了巨大变化。针对司法实践中出现的大量新型诈骗犯罪，专家、学者进行了广泛研究和深入探讨。③注重诈骗型犯罪的立法完善。如前所述，随着社会的变迁，传统的诈骗罪立法模式已经滞后，无法适应打击新型诈骗犯罪的需要。司法界和理论界都在酝酿如何修改刑法。在这样的背景下，刑法学界密切关注立法动向，结合司法实践，围绕诈骗型犯罪的立法规定如何修改的问题出谋划策，从而对诈骗型犯罪的立法完善作出了重要的理论贡献。

（三）繁荣阶段

这一阶段始于1997年《刑法》颁行。在这一阶段，刑法学研究空前繁荣，诈骗型犯罪的研究也是如此。关于诈骗型犯罪的著作和论文的数量和质量均有大幅度的提升。总的来说，在这一阶段，对诈骗型犯罪的研究达到了前所未有的高度。

这一阶段的诈骗型犯罪研究具有以下几个特点。①全面宣传、阐释1997年《刑法》中诈骗型犯罪的规定。对诈骗型犯罪的全面宣传、阐释，为以后更好地研究这类犯罪打下了坚实的基础。②强化对新型诈骗犯罪的研究。刑法学界敏锐地把握了在司法实践中出现的诈骗型犯罪的新型形态问题，如三角诈骗、诉讼诈骗、破产诈骗等，从而更好地服务于司法实践。③加强对诈骗犯罪的比较研究，注重诈骗型犯罪的立法与国际接轨。为适应随经济全球化伴生的犯罪国际化的趋势，刑法学界积极借鉴国外、域外关于诈骗犯罪的先进立法，扬长避短，力争使我国诈骗型犯罪的立法与国际接轨。

二、观点综述

（一）诈骗罪

1. 诈骗罪的概念

关于诈骗罪概念的表述，理论上主要有以下几种观点。

第一种观点认为，诈骗罪，是用虚构事实或者隐瞒真相的欺骗方法将数额较大的公私财物非法占为己有的行为。①

第二种观点认为，诈骗罪，是指以虚构事实或者隐瞒真相的欺骗方法，骗取数额较大的公私财物的行为。②

第三种观点认为，诈骗罪，是指以非法占有为目的，用虚构事实或者隐瞒真相的欺骗方法，骗取数额较大的公私财物的行为。③

第四种观点认为，诈骗罪，是指以非法占有为目的，采用虚构事实或者隐瞒真相的欺骗方法，使财物的所有人或保管人信以为真，从而骗取公私财物数额较大的行为。④

第五种观点认为，诈骗罪，是指以非法占有为目的，采用虚构事实或者隐瞒真

---

① 参见高铭暄编：《中华人民共和国刑法的孕育和诞生》，207页，北京，法律出版社，1981。

② 参见王作富主编：《刑法各论》（修订本），223页，北京，中国人民大学出版社，1985。

③ 参见赵秉志主编：《刑法全书》，944页，北京，中国人民公安大学出版社，1997；王晨：《诈骗犯罪的定罪与量刑》，125页，北京，人民法院出版社，1999；高铭暄、马克昌主编：《刑法学》，517页，北京，北京大学出版社、高等教育出版社，2000；陈兴良：《规范刑法学》，523页，北京，中国政法大学出版社，2003；谢望原主编：《刑法学》，701页，北京，北京大学出版社，2003；等等。

④ 参见欧阳涛、王永昌：《诈骗罪的剖析与对策》，16页，北京，中国人民公安大学出版社，1988。

相的欺骗方法，使受害人陷于错误，骗取数额较大以上的公私财物的行为。①

第六种观点认为，诈骗罪，又称欺诈罪或诈欺罪，是指采用欺骗或欺诈手段骗取他人财物或财产上的利益，因而给他人造成财产损失的行为。②

第七种观点认为，诈骗罪，是指以不法所有为目的，使用虚构事实或者隐瞒真相的方法，骗取数额较大的公私财物的行为。③

第八种观点认为，诈骗罪，是指以非法占有为目的，采用虚构事实或者隐瞒真相等手段，使他人陷入错误，而骗得他人财物或者财产性利益，数额较大或者情节严重的行为。④

2. 诈骗罪的主观方面

（1）诈骗罪的故意是否包括间接故意的问题

对此，一种观点认为，诈骗罪只能由直接故意构成，间接故意不能构成诈骗罪。主要理由如下。其一，行为人预见到其诈骗行为会发生非法占有他人数额较大以上财物的结果，并希望这种危害结果的发生，这就显然是直接故意。其二，诈骗罪是一种智力性的犯罪；行为人要使对方产生错误认识并“自愿”地交付财物，必须采取有效的欺骗手段。在欺骗手段上采取漠不关心的放任态度，是不可能使人受骗的。因此，诈骗犯罪的行为人在主观心理态度上根本不存在放任诈骗结果发生的情况。其三，非法占有他人财物所有权的目的，决定了诈骗罪的罪过形式只能是直接故意。⑤

另一种观点认为，间接故意也可以构成诈骗罪。⑥ 间接故意构成诈骗犯罪的，大致有两种类型。一种是行为人根本没有履约能力，却通过诈欺手段与对方签订合同，然后怀着侥幸的心理去创造履约条件，条件成熟就履行合同，条件不成熟就不履行合同；另一种是行为人根本无履约能力，通过欺骗手段与对方签订合同，骗取对方货款，结果由于经营亏损，无法归还。⑦

（2）诈骗罪的非法占有目的

关于非法占有目的的含义，有论者认为，它既包括自己不法所有，也包括将公私财物置于自己的占有之下，进一步变为第三者不法所有。⑧ 有论者主张，“以非法

---

① 参见赵秉志主编：《侵犯财产罪研究》，225页，北京，中国法制出版社，1998。

② 参见刘明祥：《财产罪比较研究》，207页，北京，中国政法大学出版社，2001。

③ 参见张明楷：《刑法学》，2版，775页，北京，法律出版社，2003。

④ 参见张志勇：《诈骗罪研究》，21页，北京，中国检察出版社，2008。

⑤ 参见赵秉志主编：《侵犯财产罪研究》，235页，北京，中国法制出版社，1998。

⑥ 参见熊选国：《论合同诈骗罪》，载赵秉志等编：《全国刑法硕士论文荟萃》（1981—1988届），713～714页，北京，中国人民公安大学出版社，1989；张志勇：《诈骗罪研究》，81页，北京，中国检察出版社，2008；张明楷：《诈骗罪与金融诈骗罪研究》，276页，北京，清华大学出版社，2006。

⑦ 参见喻伟主编：《刑法学专题研究》，554～555页，武汉，武汉大学出版社，1992。

⑧ 参见高铭暄编：《中华人民共和国刑法的孕育和诞生》，106页，北京，法律出版社，1981。

占有为目的”其实就包括了非法所有的内容。因此，实践中将“非法占有”理解为“非法所有”，才更为准确。① 也有论者认为，不法所有他人财物的目的包括两种情况：一是使他人的财物转移为自己所有的财物（积极利益的增加）；二是使他人免除或者减少自己的债务（消极利益的减少）。② 另有论者在认识到目的犯中的犯罪目的并没有超过客观要素，而是被犯罪构成中的客观要素所涵盖的前提下，认为诈骗犯罪既是目的犯又是结果犯，并且犯罪目的和客观危害结果的内容应当是一致的，否则，就不能很好地解决诈骗犯罪的既遂标准是“所有”还是“控制”的争论。目的犯中目的规定的模糊性使得其具有一些固有的弱点，所以，应当限制其应用范围。可取消诈骗犯罪中关于目的的规定，而以对客观危害结果的描述来代替。③

3. 诈骗罪的客观方面

传统诈骗犯罪理论认为，诈骗罪的成立必须遵循以下模式：行为人以非法占有（所有）为目的实施欺骗行为——对方陷入错误认识——对方基于错误认识而“自愿”处分财产——行为人取得财产——被害人受到财产损失。

（1）欺骗行为

有论者指出，诈骗罪中的欺骗行为须满足三个条件：一是必须是使他人（受骗者）产生与客观真实不相符的观念（认识错误）的行为；二是必须是使他人（受骗者）陷入或者继续维持（或强化）处分财产的认识错误的行为；三是欺骗行为与受骗者的财产处分行为之间具有因果关系。④

关于欺骗行为的方式，有论者将其划分为举动的虚假表示和不作为的欺骗行为两种类型，并对不作为的欺骗行为进行了论证。论者提出，应肯定不作为的欺骗行为的存在。从欺骗行为的实质考察，如果相对方知道真相将不处分财产，而行为人具有告知义务却不告知，当然属于欺骗行为。从现实上考察，不告知真相的不作为，的确能够使他人陷入或者继续维持认识错误。“不作为的欺骗行为”应符合三个条件：一是大多表现为在他人事前已经陷入认识错误，或者基于欺骗行为以外的事实陷入认识错误的情况下，由于行为人没有履行说明真相的义务，导致他人继续或强化认识错误；二是不作为的欺骗要达到值得科处刑罚的程度，就必须与作为具有等价性；三是不作为成立欺骗，以行为人具有告知真相义务（或说明义务）为前提。⑤

关于欺骗行为的程度，有论者认为，某种行为是否属于诈骗罪中足以使一般人陷入或者维持错误的欺骗行为，要根据行为当时的各种具体情况判断，其中最重要的当然是虚假表示的内容。如果行为人对商品等只是进行极为抽象的夸张，通常不

① 参见陈瑞林：《诈骗罪若干问题探究》，载《汕头大学学报》（人文科学版），1999（3）。

② 参见张明楷：《刑法学》，2版，777页，北京，法律出版社，2003。

③ 参见刘传华、文姬：《诈骗犯罪中“以非法占有为目的”的思考》，载《甘肃政法学院学报》，2006（2）。

④ 参见张明楷：《诈骗罪与金融诈骗罪研究》，58～79页，北京，清华大学出版社，2006。

⑤ 参见张明楷：《论诈骗罪的欺骗行为》，载《甘肃政法学院学报》，2005（3）。

足以使一般人陷入认识错误。对于需要鉴别才能从事的交易，单纯的沉默不能认定为欺骗行为。行为人所实施的欺骗行为虽然能被具有社会经验的人识破，但由于具体的被害人缺乏社会经验因而陷入认识错误时，在与该受骗者的关系上，应当肯定达到了诈骗罪的欺骗程度。①

关于欺骗行为是否包含就将来事实进行欺骗的问题，有论者持肯定态度。其理由在于就将来事实所作的陈述或表示完全可能使他人陷入处分财产的认识错误。如果认为就将来事实进行的欺骗不属于诈骗罪的欺骗行为，就会因为界限不明确而导致不当缩小诈骗罪的处罚范围。另外，我国刑法关于诈骗罪的规定，并没有将欺骗行为限定为就将来或现在的事实进行欺骗。所以，对于就将来的事实进行欺骗持肯定态度，符合我国刑法规定。②

关于欺骗行为是否包含就价值判断进行欺骗的问题，有论者持肯定态度。论者认为，价值判断或意见表示可能构成诈骗罪中的欺骗。其理由在于：只要行为人表示的内容导致他人陷入或继续维持认识错误进而处分财产，就可以认定为欺骗。从社会关系的复杂化以及刑法对现实的适应性来考察，也应承认诈骗罪中的欺骗行为包括就价值判断进行欺骗。另外，《刑法》第266条并没有对欺骗方法进行特别限制，所以，坚持肯定态度，既不违反罪刑法定原则，也符合法益保护目的。③

（2）陷入错误认识

关于判断受骗人陷入错误认识的标准，理论上有主观说与客观说之分。主观说认为，在社会生活中，由于人的智能等存在差别，对欺骗行为达到何种程度才足以使人产生认识上的错误，难以确定一个统一的标准。客观说认为，对欺骗行为是否达到能使他人陷入认识错误，应当以客观标准为依据加以认定。能使社会上一般人陷于错误认识的，就是欺骗；反之就不是。有论者认为，主观说虽然存在判断困难和结果不一等弊病，但这种判断方法具体考虑了每一受骗人的特殊情况，符合社会生活中人们智力能力和认识能力千差万别的实践情况，不会导致轻纵罪犯或冤枉无辜的结果，因而较为可取。④ 但有论者认为，主观说缺乏统一的标准，不易于实践中具体操作把握；客观说忽略了不同受骗人的个体差异，也不尽科学、合理，有失刑法的公正。应当坚持以客观说为基础，并兼顾被害人的个人情况，这样则可以避免单纯的主观说与客观说的弊端，既考虑到行为人的个体差异，又注意了社会一般人的认识问题，能够做到不枉不纵。⑤

（3）交付（处分）行为

对于交付（处分）行为是否诈骗罪的成立所必备的构成要件要素的问题，通说认为，诈骗犯罪行为最突出特点，就是行为人设法使他人在认识上产生错觉，以致“自愿地”将自己所有或持有的财物交付给行为人，因此，被骗者的交付行为是成立

①②③ 参见张明楷：《论诈骗罪的欺骗行为》，载《甘肃政法学院学报》，2005（3）。

④ 参见王晨：《诈骗罪的定罪与量刑》，30页，北京，人民法院出版社，1999。

⑤ 参见王作富主编：《刑法分则实务研究》（下），1130页，北京，中国方正出版社，2001。

诈骗罪必不可少的条件。另外，在偷窃与欺骗交织的犯罪案件中，区分盗窃罪与诈骗罪的关键，就是看他人是否因受骗而自愿将财物交付行为人，只要不是他人因受蒙蔽而自愿交付财物给行为人，就不构成诈骗罪，而只能构成盗窃罪。①

另外，我国的通说强调诈骗罪的完成不仅必须要有被骗者的交付（处分）行为，而且还要求这种交付（处分）是在其错误认识的基础上“自愿地”进行的。强调这一点，有利于把诈骗罪中的交付（处分）行为与其他情形区别开来。因为抢劫罪、敲诈勒索罪中，行为人受到威胁后也会有交付（处分）财物的行为，但这种交付（处分）与违反被害人基于瑕疵意思而“自愿地”交付（处分）有比较大的差别。②对被害人自愿交付财产应从认识因素和意志因素两方面进行分析：在认识因素方面，被害人必须具有正常的认识能力并且具有认识的可能；在意志因素方面，被害人必须具有处分财产的自由意志，同时该处分财产的行为是为了实现被害人自身追求的特定目的，并且该特定目的与处分财产所涉财产权能具有直接的单一联系。只有同时具备了认识方面和意志方面的特征，才能认定被害人是出于自愿而交付财产，也才能认定诈骗罪的成立。③

关于诈骗罪中的处分行为与民法上的处分行为的关系，有论者认为，诈骗罪中的处分行为包括主、客观两方面的意义，即既包括处分意思，又包括处分行为，前者从主观方面限定处分行为，后者从客观方面限定处分行为。处分意思包括转移占有和民法上的处分的意思，不具有处分意思的行为不是处分行为。比如幼儿、精神病患者的“处分”行为。从客观面而言，处分行为在客观上表现为转移占有或者民法上的处分。民法上的处分行为可以导致所有权的变更乃至消灭，而诈骗罪中的处分行为并不与此意义相等。诈骗罪中的处分行为既包括民法上的处分行为，此外还包括单纯的转移占有的行为。从这个意义上来说，诈骗罪的处分行为外延更广，它包括了民法上的处分行为。④

（4）财产损失

对此，有论者指出，受骗者本人或第三人财产上的损失，是指受骗者对自己或第三人的财产作了错误处分，并造成了相应的损失。如果行为人采用诈骗术使对方陷于错误并交付财物，但行为人为接受这笔财物支付了相当的、对等的价格，就不能认为是诈骗取财的行为。⑤ 有论者则认为，诈骗罪的特点是制造并利用受骗者的认识错误侵犯被害人的财产。如果能够肯定受骗者因为行为人的欺骗行为产生法益

---

① 参见高铭暄主编：《新编中国刑法学》（下），783～784页，北京，中国人民大学出版社，1998。

② 参见刘明祥：《论诈骗罪中的交付财产行为》，载《法学评论》，2001（2）。

③ 参见王飞跃：《“被害人自愿”与诈骗罪认定》，载《黑龙江省政法管理干部学院学报》，2004（4）。

④ 参见杨柳、熊伟：《试论诈骗罪的处分行为》，载《云南大学学报》（法学版），2008（6）。

⑤ 参见《当前惩治经济违法违纪犯罪丛书》编委会编：《当前诈欺违法违纪犯罪的政策法律界限与认定处理》，16页，北京，中国方正出版社，1996。

关系错误，进而处分了财产，就表明造成了财产损失。如果受骗者就“财产交换”、“目的实现”具有认识错误，则应当肯定存在法益关系错误，即受骗者所认识到的“财产交换”是否已经实现、处分财产所欲实现的“目的”是否已经实现，是判断受骗者是否存在法益关系错误的基本标准，也是判断有无财产损失的基本标准。换言之，如果受骗者的财产交换失败、处分财产的目的没有实现，就意味着存在财产损失。在行为人提供了反对给付的情况下，反对给付的属性是财产交换的重要条件。如果行为人就反对给付的属性实施了欺骗行为，就表明受骗者具有法益关系的错误，行为人就所取得的财产成立诈骗罪。例如，行为人谎称某种商品具有特殊作用，受骗者以为该商品具有特殊作用才购买时，由于受骗者购入的商品并不具有特殊作用，受骗者的交换目的没有实现，即使行为人的出售价格与不具有特殊作用的同类商品价格相同，也应认定受骗者存在财产损失。①

4. 诈骗罪的犯罪客体

关于诈骗罪的犯罪客体的表述，主要有以下几种观点。

第一种观点是所有关系说。该观点认为，诈骗罪侵犯的客体是公私财产的所有关系。②

第二种观点是所有权说。该观点认为，诈骗罪侵犯的客体是公私财产所有权。③这是我国传统刑法理论的通行观点。

第三种观点是物权说。该观点认为，诈骗罪侵犯的客体应扩展为物权。物权作为法律范畴，是由法律确认的主体对物依法所享有的支配权利，即是指权利人在法定的范围内直接支配一定的物，并排斥他人干涉的权利。物权通常可以分为所有权和其他物权。所有权是指所有人依法可以对物进行占有、使用、收益和处分的权利。其他物权是指所有权以外的物权，其又可分为用益物权和担保物权。所有权只能作为普通的诈骗罪所侵犯的客体；如果将其作为所有诈骗行为侵犯的客体，则范围略显过窄。如果以物权作为诈骗罪的客体，就能基本上涵盖诈骗罪侵犯社会关系的情况，有利于廓清许多理论上产生争议与实践中亟须解决的问题，有效保护财产上的合法权益。④

第四种观点认为，诈骗罪等财产罪的法益首先是财产所有权及其他本权，其次是需要通过法定程序恢复应有状态的占有；但在相对于本权者的情况下，如果这种占有不存在与本权者相对抗的合理理由，相对于本权者恢复权利的行为而言，则不是财产罪的法益。论者强调，这里的“财产所有权”可以根据民法的规定来确定，即包括财产的占有权、使用权、收益权与处分权，而且应将其作为整体来理解和把

① 参见张明楷：《诈骗罪与金融诈骗罪研究》，247～248页，北京，清华大学出版社，2006。

② 参见高格：《对当前诈骗罪争论问题的浅见》，载《政法论坛》，1987（5）。

③ 参见高铭暄主编：《中国刑法学》，518页，北京，中国人民大学出版社，1989。

④ 参见熊正：《诈骗罪的犯罪客体应为物权——李某伪造国家机关印章罪》，载赵秉志主编：《刑事法判解研究》，2003年第4辑，98～99页，北京，人民法院出版社，2004。

握。这里的“本权”包括合法占有财产的权利（如他物权）以及债权。在合法占有财物的情况下，占有者虽然享有占有的权利，却没有其他权利尤其是没有处分权，否则即为所有权。主要理由如下：其一，刑法分则第五章在规定诈骗罪的对象时，使用的是“公私财物”一词，从词语上看，公私财物既可以理解为公私所有的财物，也可以理解为公私占有的财物；其二，随着社会的发展，财产关系日益复杂化，在如此复杂的财产关系面前，不能仅以所有权作为财产犯的法益，而应当将所有权以外的一些利益也作为法益予以保护；其三，根据《刑法》第 2 条与第 13 条的规定，刑法应当保护财产所有权，但是，保护财产所有权的前提，是有效地保护对财产的占有本身。①

第五种观点认为，诈骗罪的客体是所有权及其他本权即占有权或者占有事实本身。该论者认为，诈骗罪的客体不能一概而论，应当具体问题具体分析。通常而言，诈骗罪的客体是财产所有权，但在某些特殊诈骗的场合下，其侵犯的客体是由所有权派生的本权即占有权，甚至于占有事实本身。一言以蔽之，对于诈骗罪的客体，“占有说”是比较妥当的。②

第六种观点认为，诈骗罪不仅侵犯了公私财产所有权，同时还侵犯了社会主义经济秩序。对诈骗罪侵犯的客体之界定，既要尊重历史，也要重视现实。应把诈骗罪分为两种具体类型，即传统类型的诈骗罪和新型的诈骗罪，然后分别界定其犯罪客体之单复。传统类型诈骗罪所侵犯的客体是单一客体，即公私财物的所有权。新型诈骗罪侵犯的客体除公私财物所有权外，同时还侵犯了社会主义经济秩序。所谓新型诈骗，除 1997 年《刑法》中独立成罪的金融诈骗、合同诈骗等之外，还包括利用新的科学技术进行诈骗而刑法尚未将其独立成罪的情形。③

5. 诈骗罪的犯罪对象

对于诈骗对象是否仅限于他人的合法财物的问题，有论者认为，公民个人财物限于个人的合法财物，即公民个人的非法财物不能成为诈骗罪的对象。④ 但也有论者认为，公民个人的财物，无论是合法的还是非法的，均可以成为诈骗犯罪侵犯的对象。就财物的外形而言，作为诈骗犯罪的对象，不仅限于有体的财物，还包括无体的财物，如电力、煤气、热能等；既包括有形物，也包括无形物，如智力成果等。同时，该论者也认为，违禁品本身具有价值，私人不允许拥有违禁物品，但违禁物品应该上缴国库，亦即其所有权属于国家。以诈骗手段取得违禁物品的，同样侵犯了财产所有权。因此，违禁品也可成为诈骗犯罪的对象。⑤

关于诈骗罪的对象是否包括财产上的利益的问题，有论者认为，诈骗罪的犯罪

① 参见张明楷：《诈骗罪与金融诈骗罪研究》，53～57 页，北京，清华大学出版社，2006。

② 参见钱叶六：《诈骗罪客体新论》，载《广西社会科学》，2004 (11)。

③ 参见刘明祥：《侵犯财产罪比较研究》，210～211 页，北京，中国政法大学出版社，2001。

④ 参见欧阳涛、马长生主编：《经济犯罪的定罪与量刑》，348 页，南宁，广西人民出版社，1988。

⑤ 参见王晨：《诈骗犯罪的定罪与量刑》，24～28 页，北京，人民法院出版社，1999。

对象包括财产和财产性利益两种类型。作为诈骗罪对象的财物，一般都是具有客观的经济价值即金钱交换价值的财物，但是，下列两类财物也应属于“财物”的范围：一是作为诈骗罪对象的财物，并不要求具有客观的经济价值，只要所有人、占有人主观上认为该物具有使用价值（主观上的使用价值），即使它客观上没有经济价值，也不失为诈骗罪的对象；二是对于所有人、占有人来说没有积极的价值，但落入他人之手后可能被用来进行不正当活动，进而使所有人、占有人遭受财产损害，因而只能处于所有人、占有人支配下的物，也应认为是有价值之物（消极的价值）。财产性利益是指普通（狭义）财物以外的财产上的利益，包括积极财产的增加与消极财产的减少。认为诈骗罪对象包含财产性利益，具有合目的性与具体的妥当性。其理由在于：首先，财产是主体在物上的权利或加于其他人的非人身性权利，前者包括主体在物上的所有权或其他排他性权利，后者则包括债权和其他含有财产内容的请求权。既然如此，作为刑法分则第五章的保护法益，当然不能排除财产性利益。其次，财产性利益作为诈骗罪的对象，具有现实的妥当性。再次，当民法不足以保护所有权、债权及其他财产性利益时，就需要刑法保护。最后，刑法的相关规定表明财产性利益可以成为诈骗罪的对象。作为诈骗罪对象的财产性利益应符合以下条件：一是必须是财产权本身，即行为人通过诈骗行为取得他人的财产权或者使他人免除债务因而导致他人丧失财产权时，才可能成立诈骗罪；二是应限于具有管理可能性、转移可能性的情形；三是虽然能够满足人的需要与欲望，但不具有经济价值的利益，不能成为诈骗罪对象的财产性利益；四是取得利益同时导致他人遭受财产损失的，才能认定该利益为财产性利益。论者还对几种有关财产性利益的情况进行了定性分析：第一，债权凭证不都是诈骗罪对象的财产性利益；第二，返还请求权不是刑法上的财产性利益；第三，不能行使返还请求权的贷款请求权，属于财产性利益；第四，财物的交付“请求权”不属于财产性利益；第五，将债务的延缓履行本身作为财产性利益可能还存在疑问；第六，从我国的各方面现实考虑，使他人提前履行债务的，还不能认定为骗取财产性利益。① 而有论者则认为，从严格罪刑法定原则出发，财产性利益不是诈骗罪的对象。②

6. 诈骗罪认定中的主要问题

（1）诉讼诈骗

诉讼诈骗，是指行为人以提起民事诉讼为手段，通过提供虚假的陈述、出示虚假的证据，使法院获得有利于自己的判决，从而获得财产的行为。

关于诉讼诈骗的定性问题，理论上主要存在着以下不同的看法。

第一种观点认为，诉讼诈骗行为不成立诈骗罪，也不成立其他犯罪。主要理由在于诉讼诈骗的故意、行为与客体都不符合诈骗罪、合同诈骗罪的构成要件。由于

---

① 参见张明楷：《诈骗罪与金融诈骗罪研究》，13～36页，北京，清华大学出版社，2006。

② 参见陈洪兵、程兰兰：《诈骗罪疑难问题研究——对传统罪名的解读》，载《山西省政法管理干部学院学报》，2004（2）。

没有相应的刑事处罚，根据“法无明文规定不为罪”的原则，只能按无罪处理。①

第二种观点认为，诉讼诈骗行为不成立诈骗罪，但如果其行为符合其他犯罪的构成要件，则应以相应犯罪论处。②

第三种观点认为，诉讼诈骗行为成立敲诈勒索罪。把恶意诉讼看成敲诈勒索的一种特殊方式、方法，更为恰当。③

第四种观点认为，诉讼诈骗行为成立诈骗罪。诈骗罪的构成特征要求被骗者与处分财产者必须是同一人，而被骗者与损失者、行为人与获利人可以不是同一人。诉讼诈骗符合诈骗罪的构成特征。行为人用虚假证据欺骗法官，法官因受欺骗而做出错误判决处分被害人的财产，被害人受到财产上的损失，行为人或第三人获利。在此过程中，法官既是被骗者又是财产处分人，并且根据法律的规定，法官有权处分被害人的财产。因此，诉讼欺诈属于三角诈骗，构成诈骗罪。④ 但对于诉讼诈骗属于三角诈骗的提法，有论者提出了质疑，认为在典型的三角诈骗中，一般情况下被害人或者对自己的被害事实不知，或者虽知此事实但不知此事实的意义，而诉讼诈骗中的被害人明知行为人的欺骗事实，也明知法院受到了欺骗。因此，把诉讼诈骗归入三角诈骗，并不恰当。⑤

第五种观点认为，诉讼诈骗行为具有社会危害性。从应然的角度来看，它具有可罚性；从实然的角度看，它与诈骗罪之间存在包容关系。因而，对该行为以诈骗罪论处，有理论依据和法律依据，不会造成对罪刑法定原则的冲击和破坏。但是，诉讼诈骗行为的社会危害性具有独特性，对之以诈骗罪论处不足以全面和准确评价，因此，以诈骗罪论处诉讼诈骗行为是目前司法站在功利主义和社会本位立场上的无奈选择，是两害权衡取其轻的结果，最终还需要通过立法上的犯罪化来彻底解决。⑥

第六种观点认为，对诉讼诈骗行为，我国刑法应增设新的罪名。现行刑法无法准确评价诉讼诈骗的性质。我国刑法应增立诉讼欺诈罪，以保护裁判机关的正常裁判活动和他人的财物所有权或财产性利益。⑦

---

① 参见潘晓甫、王克先：《伪造民事证据是否构成犯罪》，载《检察日报》，2002-10-10。

② 参见何泽宏、余辉胜：《增设民事诉讼欺诈罪的立法思考——从三株质量风波案谈起》，载《云南大学学报》（法学版），2003（1）。

③ 参见王作富：《恶意诉讼侵财更符合敲诈勒索罪特征》，载《检察日报》，2003-02-10。

④ 参见张明楷：《论三角诈骗》，载《法学研究》，2004（2）。

⑤ 参见董玉庭：《论诉讼诈骗及其刑法评价》，载《中国法学》，2004（2）。

⑥ 参见李翔、黄京平：《论诉讼欺诈的可罚性及其立法完善》，载《云南大学学报》（法学版），2004（6）。

⑦ 参见张平：《增设“利用诉讼诈骗罪”之建言》，载《国家检察官学院学报》，1999（4）；何泽宏、余辉胜：《增设民事诉讼欺诈罪的立法思考——从三株质量风波案谈起》，载《云南大学学报》（法学版），2003（1）；张卫兵：《论诉讼欺诈之刑法调整》，载《国家检察官学院学报》，2004（5）；董玉庭：《论诉讼诈骗及其刑法评价》，载《中国法学》，2004（2）；刘远、景年红：《诉讼欺诈罪立法构想》，载《云南大学学报》（法学版），2004（2）。

（2）三角诈骗

在行为人实施诈骗行为时，如果被骗人与被害人不具有同一性，这种情况下的诈骗被称为三角诈骗。关于三角诈骗的定性问题，有论者认为，三角诈骗构成诈骗罪。理由是：三角诈骗与两者间的诈骗在侵害公私财产方面没有任何区别。三角诈骗符合诈骗罪的构成要件：行为人实施了虚构事实、隐瞒真相的行为；受骗人产生了认识错误，虽然不是受害人产生了认识错误，但刑法并没有要求一定由受害人产生错误；受骗人处分了财产，虽然不是由受害人处分财产，但刑法并未要求一定由受害人处分财产；受骗人基于认识错误处分财产的行为，使得行为人或者第三人取得了财产；被害人的财产损失归责于行为人的诈骗行为。① 另有论者认为，三角诈骗具备诈骗罪的本质特征，也完全符合诈骗罪的构成要件，因此，三角诈骗可以看作诈骗罪的特殊形态，对之应按照诈骗罪定罪处罚。②

（3）诈骗罪与招摇撞骗罪的竞合问题

对此，学界的主流意见是：当诈骗的对象是财物时，如果客观方面表现为冒充国家机关工作人员或者人民警察，就按招摇撞骗罪论处；如果诈骗财物的数额特别巨大，根据罪刑相适应的要求，可按法条竞合的原则，从一重罪处断，以诈骗罪定罪处罚。③ 有论者认为，这种处理方式不符合法理的基本原则。从罪刑法定原则、刑法总则和分则的关系以及法条竞合的角度对该问题进行分析，可以得出结论：当行为人的行为既满足诈骗罪的构成要件，又满足招摇撞骗罪的构成要件时，就应当依据特殊法优于一般法的原则，以招摇撞骗罪定罪处罚，这样更加合理。虽然在骗取数额特别巨大的情况下，招摇撞骗罪的量刑相比诈骗罪的量刑而言，是比较轻的，可能会造成事实上的不公平，但是，从刑罚的适当性的角度分析，由于诈骗罪的法定刑是比较严苛的，这种在事实上减轻了处罚的处理方式也未尝不是从一个方面让刑罚更加合理，使一部分犯罪人的合法权利得到保护。这样就为我国刑法从“从严从重”的酷法向保护人权的刑法的转化，打开了一扇尝试的大门。④

（4）诈骗罪与盗窃罪的界限

盗窃罪与诈骗罪是常见的两种犯罪，在一般情况下这两种犯罪不会发生混淆，但在某些复杂的案件中，既有诈骗因素又有盗窃成分，这两种犯罪之间的界限就难以区分。对此，有论者指出，诈骗罪与盗窃罪区分的关键不在于方法和手段，而在于他人是否基于认识错误而处分财产。如果行为人用欺骗的方法导致被害人对财物占有的松弛，从而乘机取走财物的，应当认定为盗窃，因为此时被害人没有处分财物的认识错误，也没有因认识错误而处分财物；如果行为人通过欺骗对财物没有处

---

① 参见张明楷：《论三角诈骗》，载《法学研究》，2004（2）。

② 参见张志勇：《诈骗罪研究》，96～97页，北京，中国检察出版社，2008。

③ 参见曲新久等：《刑法学》，270页，北京，中国政法大学出版社，2006。

④ 参见赵佳：《诈骗罪与招摇撞骗罪竞合问题分析》，载《天府新论》，2008（S1）。

分权的人而从被害人处取走财物的，也应认定为盗窃罪，因为被骗者无权处分该财物。三角诈骗属于诈骗罪，其与盗窃罪的区分特殊之处在于受骗人是否具有处分被害人财产的权限或地位。而具有处分被害人财产的权限和地位，不仅包括法律上的权限和地位，也包括事实上的权限和地位。受骗人事实上是否具有处分被害人财产的权限和地位，应根据社会的一般观念，以其事实上是否得到了被害人概括性授权为基准；至于是否得到了被害人的概括性授权，则应根据受骗人是否属于被害人阵营、是否为财物的占有者或辅助占有者、其转移财产的行为表面上（排除被骗的因素）是否得到社会一般观念的认可、受骗人是否经常为被害人转移财产等因素进行判断。① 有论者认为，在刑法理论上，盗窃罪与诈骗罪都属于占有转移的犯罪，即盗窃与诈骗是使财物占有关系发生转移的原因。但盗窃罪是违反对方意思的取得罪，而诈骗罪是基于对方意思的交付罪。也就是说，盗窃是在违反财物所有人意思的情况下使占有发生转移，而诈骗是因财物所有人受骗发生认识上的错误并主动交付财物，这里的交付必须是在处分意思支配下的占有转移。根据上述盗窃罪与诈骗罪的本质区分，就可以较为容易地将这两种犯罪加以区分。② 另有论者认为，在某些利用被害人的认识错误而乘机盗窃和抢夺的犯罪中，被害人错误认识的内容与财产权利的处分毫无关联，被害人根本没有考虑到处分财产权利的问题。只是被害人基于错误的认识而对财产失去控制或未能充分控制，从而给行为人实施盗窃、抢夺等行为提供了便利条件。而诈骗罪中，被害人因受蒙蔽而错误地认为其处分财产的条件已经成就，从而处分了财产。如果行为人通过实施诈骗行为，使被害人产生必须在两种或两种以上的利益之间进行抉择的错误认识或者使被害人以外的第三人产生错误认识，第三人以强力迫使被害人交付财产或者放弃财产时，由于在这两种情况下，被害人的意志缺乏自主性、自发性和自然性，意志自由受到了限制，从而不能称为自愿交付，因而不能构成诈骗罪。③

对于实践中发生的用拾得的储蓄卡在自动柜员机上取款的行为如何定性的问题，有论者认为，只要密码正确，其他虚构事实或隐瞒真相的方法对自动柜员机能否按指定的数额输出现金是完全没有作用的，这种情况只是储蓄卡的持卡人对所有权人的卡的代用行为，因此，不能定为诈骗罪。④ 另有论者认为，因为机器不可能被骗，将类似硬币的金属片投入自动售货机取走内存商品的行为以及将他人的信用卡插入自动取款机提取现金的行为，都只能成立盗窃罪。⑤

---

① 参见张明楷：《论三角诈骗》，载《法学研究》，2004（2）。

② 参见陈兴良：《盗窃罪与诈骗罪的界分》，载《中国审判》，2008（10）。

③ 参见王飞跃：《“被害人自愿”与诈骗罪认定》，载《黑龙江省政法管理干部学院学报》，2004（4）。

④ 参见杨斌、王冰：《对用拾得的储蓄卡在自动柜员机上取款的行为定性》，载《法律适用》，2004（9）。

⑤ 参见张明楷：《论三角诈骗》，载《法学研究》，2004（2）。

（二）合同诈骗罪

1. 合同诈骗罪的主体

有论者认为，在认定单位合同诈骗罪时，一般来说必须同时具备下列三方面要素：必须是经单位集体研究决定或者由负责人员决定实施的；必须是以单位名义实施的；必须是为单位谋取利益，并且非法所得基本归单位所有的。对于本罪的犯罪主体要件，还要注意以下具体情形。一是自然人“中饱私囊”行为的定性问题。如果主管人员和责任人员以单位名义实施合同诈骗行为，但行骗目的是为了自己个人或者少数几个人的利益，骗取的财物全部或者大部分归个人所有的，应当认定为自然人犯罪。反之，如果全部或者大部分归单位所有的，应当认定为单位犯罪。二是私营企业的合同诈骗行为的定性问题。如果该企业为法人单位，应视为单位犯罪；否则，应为自然人犯罪。三是“皮包公司”行为的定性问题。由于“皮包公司”不是法人单位，因此，“皮包公司”实施犯罪的，应当视为自然人犯罪。四是个人承包或者租赁经营国有或者集体所有的企业，并以单位名义实施的合同诈骗行为的定性问题。对于该行为，只要该企业是具有法人资格的单位，符合单位犯罪的特点的，就应当认定为单位犯罪；不具有法人资格的，才可以视为自然人犯罪。①

有论者指出，单位合同诈骗罪应具有两个基本条件：一是合同诈骗犯罪意志的单位性；二是利益归属的单位性。根据认定单位犯罪的基本条件及1999年6月25日最高人民法院发布的《关于审理单位犯罪案件具体应用法律有关问题的解释》的规定，对实践中较易混淆的情形，可作出如下具体认定：①个人为实施违法犯罪活动而设立的公司、企业、事业单位实施合同诈骗等犯罪的，或者公司、企业、事业单位设立后，以实施犯罪（含合同诈骗罪）为主要活动的，不以单位犯罪论处；②冒用、盗用单位名义实施合同诈骗，犯罪所得归属个人的，不以单位犯罪论处。但甲单位冒用、盗用乙单位的名义实施合同诈骗，犯罪所得归属甲单位的，甲单位则构成单位合同诈骗罪；③单位内部成员未经单位决策机构批准、同意或者认可而实施的合同诈骗行为，不以单位犯罪论处；④单位内部成员实施的与其职务活动无关的合同诈骗行为，不以单位犯罪论处；⑤虽以本单位名义实施合同诈骗，但犯罪所得主要或者全部由实施犯罪的行为人获得或者所有的，不以单位犯罪论处；⑥个人承包、租赁经营企业，如果承包人或者承租人以承包、租赁经营企业的名义实施合同诈骗，犯罪所得归属或者基本归属本单位的，为单位合同诈骗；犯罪所得归属或者基本归属本人的，为个人合同诈骗；⑦有限责任公司中实际出资股东仅为一人的情况较为常见。如果该公司经营者以本单位名义实施合同诈骗，犯罪所得归属单位的，仍应认定为单位犯罪，否则为个人犯罪。对于单位的分支机构或者内设机构实施的合同诈骗行为，应当根据以下情况确定犯罪主体：单位的分支机构具有法人

---

① 参见魏东：《合同诈骗罪的构成特征检讨》，载赵秉志主编：《刑法评论》，第5卷，北京，法律出版社，2004。

地位的，该分支机构为犯罪主体；单位的分支机构或者内设机构不具有法人地位，如果有相对独立的财产，此前能相对独立地承担民事责任的，该分支机构或者内设机构为犯罪主体；如果分支机构或者内设机构不具有法人地位，且没有相对独立的财产，则该分支机构或者内设机构所实施的合同诈骗行为，由其所属的单位作为犯罪主体；有证据证明不具有法人地位的分支机构或者内设机构的合同诈骗行为由其所属单位授意、指使的，即使其有相对独立的财产，有相应的刑事责任能力，也只能认定犯罪主体为其所属单位。因为在这种情形下，分支机构或内设机构成了单位实施合同诈骗的犯罪工具；子公司受母公司过度操纵或者联手实施合同诈骗的，子公司与母公司均构成合同诈骗罪的主体。①

有论者主张，下列几种情形应属于个人以单位名义实施的合同诈骗：个人为进行违法犯罪活动而设立的公司、企业、事业单位实施合同诈骗的，或者公司、企业、事业单位设立后，以实施合同诈骗犯罪为主要活动的，应认定为个人犯罪；国有或者集体企业租赁给个人经营的企业，承租人利用企业名义诈骗的，应认定为个人诈骗；国有或者集体企业为个人提供营业执照，名为集体实为个人的企业，企业人员以企业名义进行合同诈骗的，应以个人诈骗论；没有资金、场地、从业人员等有名无实的皮包公司，利用合同诈骗的，应以个人诈骗论；由被挂靠企业提供营业执照，而由挂靠人员自筹资金、自主经营、自担风险的挂靠企业，实施合同诈骗的，应认定为个人诈骗。因此，是否以单位名义签订、履行合同，不应成为区分个人合同诈骗与单位合同诈骗的标志。②

有论者提出，确立“单位”能否构成合同诈骗罪的一个重要标准，就是直接实施合同诈骗的“单位”是否具有承担刑罚即罚金刑的刑事责任能力（这种财产刑的承担能力也就是独立财产支配能力、民事责任能力），因为在我国刑法中，刑事责任能力是实施犯罪和承担刑事责任能力的统一。因此，对于单位的内部组织或分支机构实施的合同诈骗行为能否认定为单位犯罪，论者比较倾向的意见如下：①如果这些单位的内部组织或分支机构不具有相对独立承担民事责任的能力，则其所属单位应成为合同诈骗罪的主体；②如果单位的内部组织或分支机构是其所属单位违法设立的，则其所属单位也应成为合同诈骗罪的主体，对其下属的部门或分支机构直接实施的合同诈骗罪承担刑事责任；③如果内部组织或分支机构是合法设立的，又独立进行经济核算，能够以自己的名义相对地承担民事责任，则应进一步区别情况：如果其下属部门或分支机构以其责任能力能够承担相应的责任，则应直接将该部门或分支机构定为合同诈骗罪主体。否则，应将其所属单位作为单位犯罪主体。如果部门或分支机构的诈骗行为是其所属单位授意或在明知、放任的情况下实施的，则其所属单位作为合同诈骗罪主体。在实践中要注意，对于一些以本单位名义实施而实际上犯罪所谋取的利益根本不归属本单位而归属直接责任人员的合同诈骗行为，

---

① 参见段启俊：《单位合同诈骗罪若干问题研究》，载《中国刑事法杂志》，2005（2）。

② 参见钱艳梅：《合同诈骗罪认定中的若干问题》，载《检察实践》，2005（5）。

一律应以个人犯罪论处；是否以单位名义签订、履行合同，不应成为区分个人合同诈骗罪和单位合同诈骗罪的标志。在实践中，一些单位利用合同进行诈骗，其目的在于为其他单位甚至个人而非为本单位谋取非法利益。在论者看来，在对单位故意犯罪的利益归属上，不宜做机械的、过窄的理解；对这种情况不认为是该单位构成的犯罪，没有充足的道理，也没有法律根据。这一点，在道理上类似于“挪用公款归个人使用”，即可以是挪用给本人使用，也可以是挪用给他人使用；行贿罪之“为谋取不正当利益”，既包括为本人谋取不正当利益，也包括为他人谋取不正当利益。①

2. 合同诈骗罪的主观方面

（1）合同诈骗罪的主观方面是否包括间接故意的问题

对此，有论者认为，合同诈骗罪的主观方面可以由间接故意构成。理由是：行为人在签订合同时，对自己是否有履行合同的能力尚无把握，而把履行合同的能力寄托在将来的时运上。合同签订后，先将对方的定金、预付货款据为已有，然而对履行合同抱着漠不关心、听之任之的态度，有办法履行就履行，没有办法履行就不履行。如果实际上最后没有履行合同，而是把已得到手的财物非法占有，这种行为人的主观心理态度应属间接故意。② 有论者指出，根据传统理论，上述情况不符合间接故意犯罪的特征，仍属直接故意犯罪。因为行为人明知没有能力履约，却欺骗对方诱其签订合同，这时行为人的主观意念中虽还未决意实施诈骗的全部行为，但已表露出不良意图。签订空头合同先期占有对方的资金或财物，一旦违约必然给对方造成或大或小的损失，行为人在主观认识上对危害结果是明知的，由于其“内心存在着占有、支配对方财物的潜在欲求”，所以行为人的主观故意与危害结果之间存在着必然的联系。这种欺骗行为的结果早在行为人意料期待之中。一旦出现了犯罪结果，并不是出乎行为人的主观意料，有办法找到履约途径就赚一笔，没办法履约就捞一把。犯罪结果就是在这种犯罪故意的导向下发生的，这时行为人的心理活动的轨迹就很明显了，仍然是一种目的的行为。单从客观现实来看，合同诈骗行为中，对行为人主观上究竟是“有意占有他人财物”还是“能赚就赚，赚不着就骗”有时难以判定，但把主观故意和客观行为结合看还是能够得出结论的。合同诈骗罪侵犯的客体是公私财产和社会经济秩序，所造成的危害更主要的是社会经济秩序的破坏。有的行为人存在直接的非法占有目的，有的行为人只是想通过合同欺诈手段来赚取超额利润，“能赚就赚，赚不着就骗”，对别人的损失采取放任的态度。二种故意同样造成对社会经济秩序的严重危害，都是合同诈骗罪的主观罪过形式。为解决法律规定和传统理论与现实的矛盾，最好的办法就是修改立法的规定，不强调“以非法占有为目的”，从理论上也承认间接故意诈骗存在的现实，只要是“以获取不法经济利益为目的”，以虚构事实、隐瞒真相为手段，利用合同对他人财产造成严重危害

① 参见肖中华：《论合同诈骗罪认定中的若干问题》，载《政法论丛》，2002（2）。

② 参见夏朝晖：《试论合同诈骗罪》，载《法商研究》，1997（4）。

的，便可以合同诈骗罪论处。[①] 而有论者则认为，合同诈骗罪作为目的型犯罪，行为人主观上有非法占有的目的，客观上在该目的支配下积极选择合同这一手段，使相对人陷入错误而交出财物，从而达到非法占有的目的。行为人犯罪的全过程均是围绕非法占有这一目的而展开的，它表现为行为人有意识、有目的地积极选择的过程，对于诈骗的结果不可能持放任的态度。[②]

（2）合同诈骗罪主观方面的犯罪目的问题

其一，"非法占有目的"的含义问题。

对此，"不法所有说"认为，合同诈骗罪的"非法占有目的"体现了行为人意图排除对方当事人对其财物的所有权整体权能的行使，因此，它要求行为人在主观上必须具有将他人财物"非法据为己有"、侵吞的目的。[③]"非法占用说"认为，合同诈骗罪中的非法占有目的并不简单地等同于普通的侵犯财产犯罪的非法占有目的。作为合同诈骗罪目的的非法占有是指行为人违反法律规定或合同约定，全面剥夺他人的财产所有权，或者剥夺他人对财产的控制、使用和收益权，即合同诈骗罪的非法占有目的不要求对他人财产所有权权能的全面剥夺，行为人意图"非法所有"他人财产的，固然属于有非法占有目的，但即使行为人并不打算侵吞他人财产，而是打算在占用较长时间后予以归还的，也属于有非法占有目的。简单地说，合同诈骗罪的非法占有包括"非法所有"和"非法占用"，"非法占用"也属于"非法占有"。[④]"获取非法利益说"认为，合同诈骗罪中的"非法占有目的"是指行为人在利用合同手段从事诈骗行为时，主观上存在的意图使财物脱离合同关系人（包括对方当事人和与合同有关的第三人）的控制而进行非法支配以获取非法利益的心理状态。[⑤]

其二，"非法占有目的"的产生时间问题。

对此，理论上有以下几种观点。

第一种观点认为，本罪的故意只能产生在签订合同时或之前。如果行为人签订合同时并无非法占有的目的，也无任何欺诈行为，则合同是有效的。此时，行为人依有效合同取得相对人财物实际上是依合同而享有的权利，其取得财物为合法占有，行为人是不可能产生非法占有目的的。如果说有故意，那么它或是民法上不履行债的故意，或是侵占罪的故意，而不可能是诈骗的故意，因而不会构成合同诈骗罪。[⑥]

第二种观点认为，一般情况下，本罪的直接故意产生于签订合同前或者签订合同时，但也不排除在履行合同的过程中，为避免损失或觉得有机可乘，产生将对方

---

① 参见陈瑞林：《合同诈骗罪犯罪故意探析》，载《中国刑事法杂志》，1999（2）。

② 参见粱华仁、张先中：《略论合同诈骗罪的几个问题》，载《政法论坛》，1999（1）。

③ 参见沙君俊：《合同诈骗罪研究》，194页，北京，人民法院出版社，2004。

④ 参见李英才：《论合同诈骗罪的非法占有目的》，载《政法论坛》，2002（5）。

⑤ 参见林文生：《合同诈骗罪主观要件的解释和认定》，载《人民检察》，2000（2）。

⑥ 参见吴巍、黄河：《合同诈骗罪犯罪故意形式新论》，载《国家检察官学院学报》，2000（4）。

财物据为己有或归他人所有的犯罪意图，不履行或者不继续履行合同，骗取对方财产。①

第三种观点认为，合同诈骗的故意可以产生于事实行为之前（事前故意）、事实行为过程之中（事中故意）、事实行为过程后期（事后故意）三种场合。事后故意是指行为人处分了钱财后产生了非法占有的犯罪故意。②

第四种观点认为，非法占有目的产生的时间应以取得行为为标准，即在取得行为之前均可以产生本罪的非法占有目的，在取得行为之后不能产生本罪的非法占有目的，但可能产生他罪的非法占有目的。"非法占有目的"的产生存在四种情况：在合同签订之前产生非法占有目的；在合同签订过程中产生非法占有目的；在合同签订之后履行合同过程之中，取得对方当事人财物之前，产生非法占有目的；在合同签订之后履行合同过程当中，取得对方当事人财物之后，产生非法占有目的。前三种情况构成合同诈骗罪，第四种情况应视所有权是否转移而分别认定为侵占罪或民事违法、违约行为。③

其三，"非法占有目的"的认定问题。

有论者认为，非法占有目的是超过的、必备的主观要素，需要采用推定的方法加以确定。在合同诈骗犯罪的认定中，可根据刑法及司法解释列举的法定情形推定存在非法占有的目的，具体可以根据以下情况而确定非法占有目的的存在：行为人不具有主体资格；根本没有履行合同的能力或者故意夸大自己履行合同的能力，骗取对方当事人的信任与自己签订合同。合同签订后又不努力创造履约条件履行合同以避免对方经济损失的；在采取欺骗手段签约的起初只是为了解决一时的资金困难，以暂时获取周转资金，但在有能力归还资金的情况下却久拖不还；合同签订后，以支付部分货款、开始履行合同为诱饵，骗取全部货款后，在合同规定的期限内或者双方约定的付款期限内，无正当理由拒不支付其余货款；通过签订合同获取对方当事人交付的货物、货款、预付款、定金或保证金后，挥霍浪费，致使上述款物无法返还；在未履行义务前，将对方当事人货物、货款、预付款、定金或保证金加以使用、处分，进行违法犯罪活动；收到对方货款、预付款、定金或保证金后，不按合同约定内容履行合同，而是用于炒股或者其他风险投资；因违约给对方造成经济损失，被民事裁判确定继续履行合同义务或赔偿对方损失后，或者在人民法院强制执行其财产时，隐藏、转移财产或抽逃资金，以逃避债务；为应付对方当事人索取债务，采用"拆东墙补西墙"的方法又与他人签订合同筹措资金，以其后骗签的合同所获得的货物、货款、预付款、定金或保证金归还前次货款的；等等。④ 有论者指

---

① 参见王作富主编：《刑法分则实务研究》（上），814页，北京，中国方正出版社，2001。

② 参见陈瑞林：《合同诈骗犯罪故意初探》，载《中国刑事法杂志》，1999（2）。

③ 参见任海涛：《非法占有目的认定中的几个问题》，载《长春工业大学学报》（社会科学版），2006（1）。

④ 参见吴贵森：《非法占有目的推定解析》，载《黑龙江省政法管理干部学院学报》，2006（4）。

出，“非法占有”目的作为合同诈骗罪的主观要件，在具体认定上并非易事，必须结合客观行为的内容来综合分析。根据罪刑法定原则的要求，首先应当以《刑法》第224条所列举的五种情形为依据，在此基础上还应综合考虑以下因素来具体认定：行为人是否有履行能力；行为人是否采取了欺骗的手段；行为人有无履行合同的实际行为；行为人对财物的处置情况；行为人不履约的原因和事后的态度。① 有论者主张，参照1996年12月最高人民法院《关于审理诈骗案件具体应用法律的若干问题的解释》的有关规定，结合具体司法实践，可以从行为人的主体资格、履行合同的能力、担保真伪、履行合同的方式、有无实际履行合同的行为、对标的物处置情况、造成未履行合同的原因、违约后的态度等方面综合考虑，认定行为人主观上是否以非法占有为目的。②

3. 合同诈骗罪的客观方面

（1）合同诈骗罪中“合同”的界定问题

关于“合同”的含义或范围问题，理论上有以下几种观点。

第一种观点认为，正确界定“合同”之含义，首先需要从这样几个因素入手：结合合同诈骗罪的客体性质；在不违背罪刑法定原则的前提下考虑惩治犯罪的最大需要；考虑定罪证据的客观可见性。由于《合同法》的宗旨即在于维护正常的市场秩序，因而其第2条关于“合同”定义的规定，应当作为合同诈骗罪之中“合同”含义的重要参考标准。根据这一规定，并结合上述在界定“合同”之义时需要考量的三个因素，合同诈骗罪中的“合同”，应当包括所有书面形式的经济合同、民事合同。其中民事合同，既包括常见多用的债权合同，也包括抵押合同、质押合同、土地使用权转让合同等物权合同、不直接发生债权但确定共同投资、经营和分配盈余等方面关系的合伙合同、联营合同、承包合同。但是，有关身份关系的协议，以及行政法上的行政合同、劳动法中的劳务合同和国际法上的国家合同，不属于合同诈骗罪中的“合同”。③

第二种观点认为，市场经济秩序和当事人一方的财产所有权应是界定合同诈骗罪合同内容的根本依据。由于在现实生活中合同本身所包含的内容纷繁复杂，合意的内容多种多样，并且在理论和实践中都运用得十分广泛，所以，从适用范围上对合同有两种理解。广义的合同概念是以确定权利义务内容的协议，除了民法中的合同外，还包括行政法上的行政合同、劳动法上的劳动合同以及国际法上的国家合同，等等，也就是说，广义的合同概念是包括了所有法律部门中的合同。狭义的合同概

① 参见周友苏、许前川：《合同诈骗罪“非法占有”目的之研究》，载《社会科学研究》，2001（4）。

② 参见曹坚：《合同诈骗罪中“以非法占有为目的”的认定问题》，载《广州市公安管理干部学院学报》，2007（1）。

③ 参见肖中华：《论合同诈骗罪认定中的若干问题》，载《政法论丛》，2002（2）。

念则是指《合同法》中的概念。合同诈骗罪中的合同应是狭义上的合同。①

第三种观点认为，要界定合同诈骗罪之合同范围，首先要弄清合同诈骗罪的合同与其他法律规定的合同范围是否一致的问题。《合同法》明确规定了15种有名合同。在这15种有名合同中，并不是每种合同都涉及市场经济活动，其中赠与合同、民间的借贷合同、无偿的委托合同与保管合同都不涉及市场经济合同。因此，利用这些合同形式进行诈骗，没有扰乱市场经济秩序，不构成合同诈骗罪，只能以普通的诈骗罪定罪处罚。可见，合同诈骗罪的合同与《合同法》中的合同范围并不是一致的。对于利用劳动合同骗取对方当事人的财物是否构成合同诈骗罪的问题，应当看合同内容是否体现了财产内容，合同行为是否会扰乱市场经济秩序。利用劳动合同骗取他人财物的犯罪分子，以隐瞒真相或者虚构事实的方法，使他人“自愿”付出有偿劳动的，不但侵害了他人的财产权利，也严重扰乱了劳动力市场的经济秩序，从而扰乱了市场秩序，应以合同诈骗罪进行定罪量刑。②

第四种观点认为，合同诈骗罪的合同应当指经济合同，这与合同诈骗罪发生的领域、主体及其经济犯罪的属性都是一致的。③

第五种观点认为，合同诈骗罪中的“合同”不是民法意义上的全部合同，“经济合同”的提法也明显过时。对合同诈骗罪中的“合同”应根据合同诈骗罪的客体性质来确定。“合同”必须能够体现市场经济秩序，在外延上应包括所有经济合同、民事合同。其中民事合同既包括债权合同，也包括抵押、质押、土地使用权转让等物权合同、合伙合同、联营合同、承包合同。但是，其他有关身份关系的协议，如赠与、委托等单务的、无偿的合同以及行政法上的行政合同、劳务合同等不属于合同诈骗罪中的“合同”。④

第六种观点认为，合同诈骗罪中的“合同”是指犯罪行为人用以骗取他人较大数额财物，并扰乱市场秩序的合同，包括部分民事合同和劳动合同。⑤

第七种观点认为，对合同诈骗罪之合同，应以该罪的保护法益为标准进行解释。一方面，若侵害的法益主要为市场经济秩序，只要存在协议，不论其形式如何，均应定为合同诈骗罪，否则成立普通诈骗罪。另一方面，如果行为人侵害的法益不是

---

① 参见王勇杰：《论合同诈骗罪之合同》，载《郑州航空工业管理学院学报》（社会科学版），2007（1）。

② 参见蓝小燕：《论合同诈骗罪中合同范围之界定》，载《漳州师范学院学报》（哲学社会科学版），2008（2）。

③ 参见徐武生：《经济犯罪与经济纠纷》，175页，北京，法律出版社，1998。

④ 参见赵晓丽、马永涛：《合同诈骗罪认定的几个难点问题》，载《渤海大学学报》（哲学社会科学版），2006（1）。

⑤ 参见徐兴俊：《合同诈骗罪中的“合同”认定探析》，载《湖南财经高等专科学校学报》，2006（2）。

或主要不是市场经济秩序，则无论存在何种形式的协议，都不能定合同诈骗罪。①

关于“合同”形式，主要涉及口头合同能否成为合同诈骗罪中的“合同”的问题。对此，有论者持否定态度。理由有：将口头合同排除在合同诈骗罪的“合同”之外正是出于合同的客观性考虑；将口头合同排除在合同诈骗罪的“合同”之外，可以避免合同诈骗罪的条款架空诈骗罪条款的情况发生；将口头合同排除在合同诈骗罪的“合同”之外，并不等于口头合同没有被纳入国家对合同的管理制度范围之内，只是表明利用口头合同进行诈骗的行为被归属于普通诈骗罪更为妥当；将口头合同排除在合同诈骗罪的“合同”之外，不会因为诈骗罪的主体不包括单位而造成放纵单位利用“口头合同”诈骗的犯罪行为。② 有论者则认为，根据《刑法》第224条之规定，合同诈骗罪的诈骗行为发生在签订、履行合同过程中。虽然“签订”一词意指书面合同，但“签订”、“履行”属并列关系，在法律并未对履行行为所依据的合同的形式作出规定的情况下，被履行的合同可以是口头合同，也可以是书面合同。此外，在法条发生竞合时，按照特别法优于普通法的原则，应选择特别法。③有论者主张，口头形式和其他形式的合同与书面形式合同一样，都是当事人之间的意思表示一致的表现形式，都是反映当事人要约、承诺和权利义务内容的载体；不能以刑事诉讼程序中难以找到非书面形式合同内容的证据为由而将口头形式和其他形式的合同排除在合同诈骗罪的合同范围之外；不能因为《刑法》第224条使用了“签订”一词，就理解为合同诈骗罪的合同应限于书面形式的合同。④ 还有的持肯定态度的论者认为，仅仅因为证据的客观可见性，就将口头合同从合同诈骗罪中予以排除，未免理由不足。首先，《合同法》正式颁行后，口头合同明确成为合同形式之一，《刑法》对合同诈骗罪的条款中所涉及的合同概念自然也应该随之改变。如果将口头合同排除在合同诈骗罪的合同形式之外，似乎是在表明口头合同不在国家对合同的管理制度范围之内，这无疑不合乎逻辑；其次，从证据角度来看，口头合同证据的客观可见性确实较差，但并不是完全无法证实。如在有许多证人的情况下就完全能够证实。而且，如果因为不能证实口头合同的成立，而对犯罪行为以普通诈骗罪进行诉讼的话，通常同样也会面临证据不足的窘境；再次，从实践来看，交易中存在大量的口头合同，出于交易习惯等原因，几十万、数百万甚至更大的交易都有可能使用口头合同。如果将这些口头合同排除在合同诈骗的“合同”之外，无疑使一批破坏市场交易秩序的行为得不到应有的处罚。因此，口头合同应该能够成为合同诈骗罪中的合同形式。至于证据收集的问题，可以通过其他的立法、司法途径来

---

① 参见范红旗：《合同诈骗罪解析——以法益的解释论为视角》，载《政治与法律》，2007（4）。

② 参见喻贵英：《〈合同法〉与合同诈骗罪之“合同”》，载《河北法学》，2004（6）。

③ 参见喻美奇、陆晓伟：《利用口头合同诈骗如何定性》，载《法律适用》，2002（5）。

④ 参见沙君俊：《合同诈骗罪研究》，74页，北京，人民法院出版社，2004。

解决。[①]

（2）合同诈骗罪中“其他方法”的界定问题

《刑法》第224条在第（一）至第（四）项明确列举了四种合同诈骗方法后，第（五）项以“以其他方法骗取对方当事人财物的”概括性词语作出了规定。“其他方法”究竟是哪些方法呢？有论者认为，首先，作为合同诈骗罪的任何方法，都不能脱离该罪在客观上属于“利用合同诈骗”的本质特性去理解；也可以反过来说，只要符合“利用合同诈骗”这一客观本质特征，任何方法、手段都是可以成为合同诈骗罪的方法的。实践中，常见的与刑法明确列举的合同诈骗方法性质相同的大致可以归纳为：伪造合同骗取对方当事人及其代理人或者权利义务继受人财物的；虚构货源或其他合同标的，签订空头合同的；诱使、蒙蔽对方当事人违背真实意思签订合同，亦即行为人利用欺骗手段，诱使对方签订原本无意签订的合同（包括掩盖严重影响对方预期利益的事实而与对方当事人签订合同）的；利用虚假广告和信息，诱人签订合同，骗取中介费、立项费、培训费等费用的；假冒联合经商、投资、合作协作名义，签订、履行合同骗取对方当事人财物的；通过贿赂签订、履行合同，如实践中有的合同当事人采用贿赂手段与国家机关、国有公司、企业、事业单位签订、履行合同骗取国有资产的，就属于这种情况；作为债务人的行为人，向第三人隐瞒未经债权人同意的事实，将合同的义务全部或部分违法转移给第三人，从而逃避债务的。[②] 有论者指出，“其他方法”，是立法上的一种“兜底性”的规定。“其他方法”在司法实践中主要表现为虚构合同标的、利用合同制裁条款骗取定金、违约金以及拆东墙、补西墙、边骗边还式的诈骗。[③]

（3）合同诈骗罪中的数额问题

有论者认为，合同诈骗罪涉及的数额有五种：合同标的额，包括主合同的标的额与从合同（如担保合同）的标的额；被骗交出数额；犯罪造成的被骗方损失额，包括直接损失与间接损失；犯罪分子个人所得额；犯罪骗入数额。在单个人犯罪的情况下，犯罪分子个人所得额与犯罪骗入数额是相同的；在共同犯罪中，犯罪骗入额是共同犯罪总的骗入数额，犯罪分子个人所得额是指实际分得的数额。在这里只讨论使合同诈骗罪成立的数额的认定，而不是个人承担刑事责任的数额确定问题。因此，这里可将犯罪分子个人所得数额与犯罪骗入数额合称为犯罪所得数额。另外，犯罪造成的被骗方损失包括直接损失和间接损失，而被骗方交出的数额属于直接损失。所以，实际上只有三种数额：合同标的额、犯罪造成的损失额与犯罪所得额。在合同诈骗罪的未完成形态中，犯罪数额应依合同标的额来确定。在合同诈骗罪的

---

① 参见徐兴俊：《合同诈骗罪中的“合同”认定探析》，载《湖南财经高等专科学校学报》，2006（1）。

② 参见肖中华：《论合同诈骗罪认定中的若干问题》，载《政法论丛》，2002（2）。

③ 参见胡学相、黄保勇：《合同诈骗罪若干问题探究》，载《国家检察官学院学报》，2004（5）。

预备、未遂和中止形态中，被害人受损和犯罪人实际所得是不存在的，而只存在合同标的额。合同标的额最能反映犯罪分子主观上希望占有的数额，以此为依据来认定最科学。在合同诈骗罪的完成形态中，应以犯罪造成的直接损失为认定犯罪数额的标准。犯罪造成的直接损失额，在受骗方交付时，均是犯罪人所想获取的，体现了非法占有性；在交付过程中，由于受骗人以外的原因造成的损失，均是犯罪人的欺骗行为造成的，可归责于犯罪人；以直接损失为确定依据，也准确反映了行为的社会危害性的大小。因此，以犯罪造成的直接损失额为确定犯罪数额的依据是妥当的，在实践中也易操作。①

（4）合同诈骗罪的主体所违反的合同义务的问题

有论者认为，构成合同诈骗罪，所违反的合同义务只能是主合同义务，对从合同义务或者附随义务的违反不能构成合同诈骗罪。其一，从《刑法》第 224 条规定的合同诈骗罪的法定情形看，行为人违反的是给付义务，且在给付义务中违反的是主给付义务；附随义务是强制性法定义务，不需要对价而应履行。在违反后两种义务的场合，在民法救济领域内足以保护受害方的利益，因此它们与主给付义务相比，对当事人的利益影响较小，不需用公法进行调整。其二，合同诈骗罪中的“合同”一般为财产性合同。只有实现债的标的才能有财产价值的转移，也才能只在一方交付财物的情形下，而相应一方没有履行对价，并且加上主观上的非法占有为目的，可能构成合同诈骗。其三，从给付义务虽具有可诉性，但如单独违反从合同义务，其可诉性仅为合同纠纷，本身不具有独立的意义，其本身财产价值不大，不可能适用《刑法》第 224 条财产价值损失较大的规定，因而不需要上升到刑法调整的层次，对其他约定义务的违反也不应构成合同诈骗。②

4. 合同诈骗罪的客体和对象

关于合同诈骗罪的客体，理论上的共识是复杂客体，即市场交易秩序（有人称之为市场经济秩序，其实表述的内容没有什么不同）和合同当事人的财产所有权。对此，有论者认为，合同诈骗罪的本质是侵害财产所有权，应恢复其本来的面目，而不应在理论研究上由于立法价值取向错误而削足适履。事实上，合同诈骗罪与诈骗罪并没有本质的区别，只是在手段上不同而已；诈骗罪的手段具有多样化，而合同诈骗罪具有单一化；实质上合同诈骗罪完全可以包括于诈骗罪，但为了细化和认定犯罪的简便（立法原意是为了更有利于打击破坏市场经济秩序的犯罪）而从诈骗罪分离出来。换言之，诈骗罪是普通条款的罪名，合同诈骗罪是特别条款的罪名，显然二者是同质的。因此，应当以立法的方式使合同诈骗罪再重新归类于侵犯财产罪，这样更有利于促进本罪的刑法理论研究的科学性和司法实践的精确性、简便性，

---

① 参见梁华仁、张先中：《略论合同诈骗罪的几个问题》，载《政法论坛》，1999 (1)。

② 参见杜庆贵：《从“义务群”谈合同纠纷与合同诈骗》，载《临沂师范学院学报》，2006 (2)。

以便彻底消解关于合同诈骗罪的种种误区。①

关于合同诈骗罪的对象问题，有论者认为，合同诈骗罪的对象是各类受法律保护的经济合同，包括购销合同、借款合同、加工合同等。不属于经济合同的一般民事合同不在本罪的对象范围之内。② 有论者指出，合同仅仅是诈骗采用的手段形式，并非受犯罪行为侵害的具体物；合同诈骗罪的对象应当是财物，包括公私财物。③还有论者认为，根据《刑法》第224条的规定，我们容易得出这样的结论：合同诈骗罪的犯罪对象仅限于对方当事人的财物。但是，在不断发展的商业活动中，合同所涉及的标的物范围远远超过了传统意义上的“财物”的范围。按照《合同法》的规定，除了买卖合同可以认定为是典型的以“财物”为标的以外，其他如运输合同、加工承揽合同、建设工程合同以及技术合同等都分别以劳务、智力成果及其他财产性利益为标的物。司法实践中，犯罪分子不仅利用买卖合同进行诈骗，利用其他合同行骗的情况也时有发生；他们利用合同进行诈骗，所希望获得或能够获得的非法利益也绝非“财物”所能涵盖。由此可见，如果将合同诈骗罪的对象仅限于“对方当事人财物”，显然不足以解决现实中合同诈骗的犯罪问题，而且也不利于用刑法手段全面调控合同法律关系。因此，应将合同诈骗罪侵犯对象的范围扩大到“对方当事人财物及财产上的不法利益”。④

5. 合同诈骗罪的认定

（1）合同诈骗罪与经济合同纠纷的界限问题

对此，理论上一般认为，经济合同纠纷是指合同双方当事人本着履行合同的意图，签订合同后，在履行过程中，由于客观原因导致合同内容无法全部或部分履行，又无法归还对方当事人已经交付的财物的情况。合同诈骗罪与经济合同纠纷的区别主要有如下几点。其一，签订合同的目的不同。前者是以签订合同为手段，达到非法占有对方财物的目的；而后者不具有这种目的，而是为了履行合同。其二，采用的手段不同。前者是虚构事实，设置骗局，签合同是假，骗财是真；而后者签订合同则有一定的事实根据，具备一定的物质基础。其三，履行合同的能力不同。前者根本没有履行能力，也不想履行合同；后者则有全部或部分履行能力。其四，合同所得财物去向不同。前者往往将骗得的钱财大肆挥霍；后者则用于正常生产、经营。其五，未能履行合同的原因不同。前者是由于行为人根本不想履行合同而未履行；后者则是由于出现了行为人意料以外的原因而未能履行。⑤

有论者认为，是否具有非法占有的目的是合同诈骗罪和经济合同纠纷的根本区

① 参见许富仁：《合同诈骗罪的立法价值取向及其误区》，载《湖北社会科学》，2007（3）。
② 参见李文胜等：《扰乱市场秩序罪的认定和处理》，137页，北京，中国检察出版社，1998。
③ 参见王作富主编：《刑法分则实务研究》（上），799页，北京，中国方正出版社，2001。
④ 参见芦麦芳：《关于合同诈骗罪的几点思考》，载《人民检察》，2002（4）。
⑤ 参见高铭暄、马克昌主编：《刑法学》（下），796～797页，北京，中国法制出版社，1999。

别。但在认定该犯罪目的的问题上又认为，应从欺诈手段、犯罪前后表现等方面予以考察。① 有论者指出，这种论证方法存在着基本逻辑错误，即先下结论，再找论据。这样的做法不仅不能澄清问题，反而会误导司法实践。合同诈骗罪与经济合同纠纷的关键区别在于行为人是否采用了诈骗方法签订履行合同而非法取得财物。首先，行为人采用了欺骗方法与对方当事人签订、履行合同。这与以欺诈方法签订、履行合同的经济纠纷有相同之处。因而，单纯从这一点上看不出二者的根本区别。其次，行为人非法占有对方当事人的财物。这是合同诈骗罪中诈骗的含义所在。行为人在签订、履行合同中，通过采用诈骗方法使得对方当事人自愿交付了一定的财产。最后，在合同诈骗罪中，行为人占有该财产，采用逃匿、挥霍、还债等方法予以处分，并且继续采用虚构事实或者隐瞒真相的方法掩盖自己占有他人财物的情形。但是，在经济合同纠纷中，行为人对于合同义务还是能够积极承担和履行的；之所以没有履行合同义务，大多出于客观的原因，如资金周转困难、货物确实难以备好、信息障碍、自然条件变化等。对于已经占有的财物，行为人并不侵吞，而会想方设法偿还债务或者交货。②

（2）合同诈骗罪与民事欺诈行为的界限

民事欺诈行为，是指故意欺骗他人，使其陷于错误判断，并基于此错误判断而为意思表示之行为。关于合同诈骗罪与民事欺诈行为的界限问题，有论者指出，合同诈骗罪与民事欺诈行为的区别主要有以下几点。其一，主观目的不同。合同诈骗罪的行为人以签订合同为名行其诈骗之实，以达到非法占有他人财物的目的。民事诈欺行为的行为人在其主观上虽然也有诈欺故意，但不具有非法占有他人财物的目的，其目的只是为了用于经营，并借以创造履约条件等。其二，客观方面不同。具体表现在三个方面。第一，欺诈的内容不同。民事欺诈行为有民事内容的存在，行为人往往具有一定的履行合同的能力；而合同诈骗罪的行为人根本没有履行合同的能力和实际行动。第二，欺骗的程度不同。二者虽然都在客观上表现为虚构事实、隐瞒真相，但是民事欺诈行为仍在一定的限度内，应由民事法律、政策来调整；而合同诈骗罪发生了质的变化，应由刑法调整。第三，欺诈的手段不同。民事欺诈的行为人一般无须假冒合法身份；但合同诈骗罪的行为人多以假冒合法身份为手段。其三，受侵犯的属性不同。民事欺诈行为侵犯的是债权，合同诈骗罪侵犯的是正常的社会主义市场管理秩序和公私财产的所有权。其四，法律后果不同。民事欺诈行为可以形成民事法律关系；这种法律关系只要得到当事人的认可，其形成的权利和义务仍然有效。如果产生争议引起诉讼，由民事欺诈的行为人对其欺诈行为产生的后果承担民事责任。合同诈骗罪触犯刑法；行为人对诈骗的后果要负担刑事责任，

① 参见何燕萍：《论合同诈骗罪》，载《北京人民警察学院学报》，1999（5）。

② 参见赵秉志、于志刚：《合同诈骗罪犯罪目的之分析与认定》，载《黑龙江省政法管理干部学院学报》，1999（2）。

同时还要承担民事责任，返还受害人的财产和赔偿损失。① 有论者认为，两者的根本区别在于是否实际骗取了对方当事人数额较大的财物。如果采用《刑法》规定的欺骗方法实际骗取了对方当事人数额较大的财物，一般应当以合同诈骗罪论处；如果虽然实施了《刑法》规定的合同欺诈行为，但尚未骗取对方当事人的财物，或者骗取的财物尚未达到数额较大的程度，则不以合同诈骗罪论处，而以一般合同欺诈行为论处。② 也有论者指出，合同诈骗犯罪行为与合同欺诈行为之间存在转化关系，合同欺诈行为在一定条件下可以成为合同诈骗罪的一个发展阶段。③

（3）骗逃铁路运费行为的性质认定问题

对此，有论者认为，此类案件应构成合同诈骗罪。主要理由是：骗逃运费因其以直接损害对方为目的而不同于民事欺诈，尽管其中存在合同的形式，但它不同于在签订、履行合同过程中所产生的合同纠纷，其“骗”的性质和过程自始存在。因此，骗逃铁路运费的行为在客观上与合同诈骗罪一致，侵害的客体也一样，并具有重大的社会危害性，根据现实的需要，立法可以将其单独规定为一种犯罪，但在立法就这个问题作出明确规定之前，不能放弃对现阶段法律的适用，应以合同诈骗罪论处。④ 也有论者支持上述观点，认为骗逃铁路运费的行为具有自己的特殊性，即行为人在主观上具有使对方当事人上当受骗的故意和意图不交或少交运费的目的，在客观上通过采用欺骗手段，造成了铁路企业被骗，少收了应收的运费，自己从中获取了非法利益的危害结果。对骗逃铁路运费的行为，虽然刑法没有规定，也无相关司法解释，但对这种行为，只要不拘泥于刑法条文的文字表述，按照现行刑法关于合同诈骗罪的立法精神，完全可以按照合同诈骗罪追究刑事责任。⑤ 但另有论者则认为，这类案件属合同纠纷，不构成合同诈骗罪。主要理由是：行为人骗逃的是运费，不是劳务，而劳务不能成为诈骗对象；合同诈骗罪的客观表现为骗取财物，骗逃运费重在“逃”而非“取”；合同诈骗罪侵害的是物权，而骗逃运费侵害的是债权；运费在支付之前对于铁路部门而言是不确定的期权，不是铁路部门的财物所有权；合同诈骗罪的行为人没有履行合同的诚意，而骗逃运费只是合同内容的不当履行，骗逃者仍然有履行合同诚意；应当贯彻罪刑法定原则，在能用民事、行政方法补救时不能一味用刑法手段解决。⑥ 还有的论者对上述理由进行了商榷。第一，铁路运费是先付费后运输，所以，自行为人使用虚假的证明文件支付运费后，就已经“取”得财物。运输过程不是火车工作人员的劳务付出，而是铁路部门的财物付出。

---

① 参见马克昌主编：《经济犯罪新论》，590～591页，武汉，武汉大学出版社，1998。

② 参见赵秉志主编：《刑法新教程》，609页，北京，中国人民大学出版社，2001。

③ 参见王作富主编：《刑法分则实务研究》（上），809～810页，北京，中国方正出版社，2001。

④ 参见王作富等：《骗逃铁路运费是否构成合同诈骗罪》，载《人民检察》，2005（2）。

⑤ 参见魏德川：《浅谈骗逃铁路运费案件的定性与处理》，载《人民检察》，2003（1）。

⑥ 参见王作富等：《骗逃铁路运费是否构成合同诈骗罪》，载《人民检察》，2005（2）。

这些财物包括燃料、火车及路轨损耗、向工作人员支付的工资等部分，这些都是有形的财物损失。所以，铁路部门损失的不是不确定的期权，而是实实在在的财产所有权。事后行为人与铁路部门形成的债权是任何侵财型犯罪中都存在的，行为人也负有返还财物的义务。铁路部门享有的这种债权，是犯罪发生后的追索权，而不是被侵害的对象。第二，即使是债权，也可以成为犯罪的侵害对象，而且最终也体现为对物权的侵害。因为在债权人债权消灭后，行为人自然享有财物所有权，这与直接从被害人处“取”得物相比较而言，只是行为人非法占有的犯罪目的产生于持有财物之前还是之后的区别，对于侵害他人财产所有权而言并无本质区别。第三，合同诈骗罪与合同欺诈的根本区别不在于行为人是否有履行合同的诚意，而在于行为人是否具有非法占有的目的。第四，不能因为存在民事救济途径而排除刑法干预的必要。第五，社会危害性是犯罪的本质属性，骗逃铁路运费在给国家造成重大经济损失、扰乱铁路营运秩序、诱发腐败等方面的社会危害是不言而喻的，因此，骗逃铁路运费应当是犯罪，而不是合同纠纷。①

（4）合同诈骗罪与其他犯罪的竞合问题

对此，有论者认为，当行为人的一个行为同时符合合同诈骗罪和金融诈骗犯罪的构成要件时，就金融诈骗犯罪而言，其中许多犯罪需要以合同的形式体现，行为的实施也发生在合同的签订、履行过程中，因而在犯罪构成上与合同诈骗罪形成法条竞合，且包括包容竞合（如合同诈骗罪的内容包容保险诈骗罪的规定，两者存在普通法与特殊法的关系，对此应适用特别法，以保险诈骗罪定性）与交叉竞合（如合同诈骗罪的规定与票据诈骗罪的规定之间存在交叉关系，这种情况下应择一重罪适用法条）。② 而有论者则认为，行为人的一个行为同时符合合同诈骗罪和其他特殊诈骗犯罪的构成要件的，属于想象竞合犯形态。按照想象竞合犯的处罚原则，对行为人应当从一重罪从重处罚。考察刑法的规定，刑法对合同诈骗罪与其他各种特殊诈骗罪的法定刑设置，均以诈骗“数额较大”、“数额巨大或者有其他严重情节”和“数额特别巨大或者有其他特别严重情节”为各个量刑档次的依据。如果撇开各种犯罪中“数额较大”、“数额巨大”和“数额特别巨大”的具体标准不论，其中在“数额较大”、“数额巨大或者有其他严重情节”两个档次中，合同诈骗罪的法定刑比其他特殊诈骗罪的法定刑都要轻；在“数额特别巨大或者有其他特别严重情节”中，除了集资诈骗罪、票据诈骗罪和信用证诈骗罪规定有死刑外，合同诈骗罪与其他特殊诈骗罪的主刑相同。因此，对于合同诈骗罪和其他特殊诈骗罪的想象竞合犯，通常都应以相应的其他特殊诈骗罪定罪处罚，而不认定为合同诈骗罪。③

---

① 参见熊红文：《骗逃铁路运费应构成合同诈骗罪》，载《人民检察》，2005（9）。

② 参见胡学相、黄保勇：《合同诈骗罪若干问题探究》，载《国家检察官学院学报》，2004（5）。

③ 参见肖中华：《论合同诈骗罪认定中的若干问题》，载《政法论丛》，2002（2）。

三、整体评论

综观刑法学界关于诈骗型犯罪的研究成果，可以看出，对诈骗型犯罪的研究，经历了从起步发展到研究深化和繁荣的历程。到目前为止，刑法学界对于诈骗型犯罪的理论研究，已呈蔚为大观之势，有的论文和著作已具有相当高的水准。理论上所提出的修改诈骗犯罪立法规定的建言对于刑法中相关规定的完善具有重要的参考价值。研究成果中的真知灼见对于诈骗型犯罪的司法适用已发挥了并将继续发挥着积极的理论指导作用。

但是，毋庸讳言，诈骗型犯罪研究的内容还有重复、雷同现象，研究方法还比较单一，而且在一定程度上还存在着研究成果与我国司法实践相脱节的现象。对于这些不足，都有待在未来的研究中予以弥补。

第十五章
侵占型犯罪

一、研究概况

（一）侵占罪的研究概况

我国刑法学界对于侵占罪的研究，是与我国刑法中侵占罪的立法阶段相呼应的。总体上看，我国刑法中侵占罪的立法经历了两个阶段，即立法上的缺失阶段和《刑法》上的明确规定阶段。立法上的缺失阶段始于1979年《刑法》的颁行后，止于1997年《刑法》颁布之前。我国1979年《刑法》没有规定侵占罪这一罪名。这是因为，"……修订中考虑到，国家工作人员或受国家机关、企业、事业单位、人民团体委托从事公务的人员利用职务上的便利侵占公共财物的，要按贪污罪论处，剩下的其他侵占公私财物，数量一般比较有限，可以不作犯罪论处……"① 《刑法》上的明确规定阶段始于1997年《刑法》颁行后。1997年《刑法》顺应形势要求，适时地在第270条规定了侵占罪。

与立法上的缺失阶段和《刑法》上的明确规定阶段相对应，自1978年至2008年，刑法学界对于侵占罪的研究经历了起步阶段和繁荣阶段。在起步阶段，由于1979年《刑法》没有规定侵占罪，理论上也很少关注这一问题。理论研究成果主要

① 高铭暄编：《中华人民共和国刑法的孕育和诞生》，213页，北京，法律出版社，1981。

表现为少数几篇学术论文，如《应设立侵占公共财产罪》（载《法学》1984年第5期）、《建议我国刑法应规定侵占罪》（载《法学》1987年第4期）等。研究的重点主要是分析现实中发生的侵占财产行为的性质，并在此基础上提出立法建议。在繁荣阶段，刑法学界发表了大量的关于侵占罪的论文，出版了数部侵占罪的著作。可以说，关于侵占罪的理论研究，主要是在1997年《刑法》规定了侵占罪之后才展开的。

综观侵占罪的理论研究状况，可以发现以下几个基本特色。

第一，侵占罪的理论研究与现实情况的发展密不可分。侵占罪是一种财产犯罪，是经济发展到一定阶段的产物。随着社会经济和财产关系的复杂化，侵占公私财物的行为越来越多，社会危害性越来越大。为了有效保护公私财产权，维护社会经济秩序，理论上要求增设侵占罪的呼声越来越高，理论研究开始把现实中出现的侵占类犯罪作为研究的内容。

第二，侵占罪的理论研究与职务侵占罪的理论研究密不可分。由于侵占罪与职务侵占罪在客观方面、客体方面均有许多相同或相似之处，论者们常常把二者联系起来进行讨论。如刘志伟所著的《侵占犯罪的理论与司法适用》（中国检察出版社2000年版）以及逄锦温、臧冬斌合著的《侵占犯罪的定罪与量刑》（人民法院出版社2002年版）均将侵占罪与职务侵占罪置于同一著作中加以探讨。

第三，侵占罪的研究与刑事立法的完善密不可分。侵占罪的理论研究促进了侵占罪立法规定的增补；侵占罪立法规定的增补激发了论者们研究侵占罪的热情，从而反过来推动了侵占罪的理论研究；通过发现侵占罪立法规定的不足之处，对侵占罪立法规定的理论研究又会促进侵占罪立法规定的进一步完善。

（二）职务侵占罪的研究概况

与侵占罪的理论研究相类似，我国刑法学界对于职务侵占罪的研究，也是与我国刑法中职务侵占罪的立法阶段相呼应的。总体上看，我国刑法中职务侵占罪的立法经历了三个阶段，即立法上的包含阶段、单行刑法的确认阶段和《刑法》上的明确规定阶段。立法上的包含阶段始于1979年《刑法》颁行后，止于1995年全国人大常委会《关于惩治违反公司法的犯罪的决定》颁行之前。在这一阶段，职务侵占罪并未被作为独立的犯罪予以规定，而是寄宿在贪污罪之中。单行刑法的确认阶段始于1995年全国人大常委会《关于惩治违反公司法的犯罪的决定》颁行之后，止于1997年《刑法》颁行之前。1995年全国人大常委会《关于惩治违反公司法的犯罪的决定》对贪污罪作出了重大修改，将公司董事、监事或者职工利用职务或者工作上的便利，侵占本公司财物，数额较大的行为从贪污罪中分立出来，作为一个独立的罪名即公司、企业人员侵占罪予以专条规定。《刑法》上的明确规定阶段始于1997年《刑法》的颁行。1997年《刑法》顺应形势要求，适时地将1995年全国人大常委会《关于惩治违反公司法的犯罪的决定》中公司、企业人员侵占罪的内容移入第271条的规定之中。由此，职务侵占罪作为一个独立的罪名正式得以确立。

与单行刑法的确认阶段和《刑法》的明确规定阶段相对应，自1978年至2008

年，刑法学界对于职务侵占罪的研究亦经历了起步阶段和繁荣阶段。在立法上的包含阶段，职务侵占行为被包括在贪污罪之中，因而关于职务侵占罪的独立研究是不可能真正展开的。在单行刑法的确认阶段，刑法学界对职务侵占罪的研究是围绕着1995年全国人大常委会《关于惩治违反公司法的犯罪的决定》规定的公司、企业人员侵占罪而进行的。由此，在职务侵占罪的立法进入单行刑法的确认阶段时，刑法学界对于职务侵占罪的研究进入了起步阶段。在这一时期，有的论文虽冠以“侵占罪”之名，但实际上讨论的是公司、企业人员侵占罪的内容，如陈腊生的《略论侵占罪》（载《法律适用》1995年第6期）、张兆松的《侵占罪若干问题研究》（载《河南省政法管理干部学院学报》1996年第2期）以及陈兴良的《侵占罪与贪污罪之比较》（载《法学家》1996年第4期）等，均是如此。对于职务侵占罪的理论研究，主要是在职务侵占罪的立法进入《刑法》上的明确规定阶段后才展开的。在这一阶段，刑法学界发表了大量的关于职务侵占罪的论文，还出版了专著（如毕志强、肖介清合著的《职务侵占罪研究》，人民法院出版社2001年版）。这标志着职务侵占罪的研究进入了繁荣阶段。

综观职务侵占罪的研究状况，可以发现，除了与侵占罪的研究具有密切联系之外，职务侵占罪的理论研究的突出特点是：与贪污罪的研究密不可分。在1979年《刑法》中，职务侵占罪是包含在贪污罪之中的。1995年全国人大常委会《关于惩治违反公司法的犯罪的决定》设立了公司、企业人员侵占罪，这标志着贪污罪的部分内容已被分化出来。而公司、企业人员侵占罪实质上就是公司、企业人员贪污罪。1997年《刑法》设立了职务侵占罪，这标志着职务侵占罪已完全从贪污罪中独立出来。尽管如此，在1997年《刑法》颁行之初，有论者甚至将第271条第1款规定的职务侵占罪称为“公司、企业、单位人员贪污罪”。① 由此可见，职务侵占罪与贪污罪具有渊源关系；虽然职务侵占罪已被完全独立出来，但其与贪污罪的密切联系并不会由此自动消失。因而，职务侵占罪与贪污罪的联系与区别，始终是职务侵占罪理论研究的重点内容之一。

二、观点综述

（一）侵占罪

1. 侵占罪的概念

关于侵占罪的概念，理论上有以下几种观点。

第一种观点认为，侵占罪是“将代为保管的他人财物或者将他人的遗忘物、埋藏物非法占为己有，数额较大，拒不退还的行为”。②

---

① 参见张明楷：《刑法学》（下），785页，北京，法律出版社，1997。

② 王作富：《略论侵占罪的几个问题》，载《法学杂志》，1998（1）；吴学斌：《试析侵占罪行为客体的几个问题》，载《河南省政法管理干部学院学报》，1998（3）。

第二种观点认为，侵占罪是“行为人将代为保管的他人财物非法占为已有，数额较大，拒不退还，或者将他人的遗忘物、埋藏物非法占为已有，数额较大，拒不交出的行为”。①

第三种观点认为，侵占罪是“以非法占有为目的，将自己代为保管的他人财物非法占为已有，数额较大，拒不退还或者将他人的遗忘物、埋藏物非法占为已有，数额较大，拒不交出的行为”。②

第四种观点认为，侵占罪是“以非法占有为目的，将代为保管的他人财物，或者合法持有的他人遗忘物、埋藏物非法据为已有，数额较大，拒不退还或者拒不交出的行为”。③

第五种观点认为，侵占罪是“以非法占有为目的，将代为保管的他人财物占为已有，拒不退还，数额较大的行为”。④

第六种观点认为，侵占罪是“出于非法占有的目的，而将自己业已持有的公私财物非法据为已有，数额较大，拒不交出或有其他严重情节的行为”。⑤

第七种观点认为，侵占罪是“以非法占有为目的，将自己所持有的他人之公私财物非法占为已有或者为第三人所有，数额较大，情节严重的行为”。⑥

有论者指出，对于侵占罪的概念，理论研究中所存在的分歧具体表现在以下四个方面：一是“以非法占有为目的”是否应在概念中明确？二是《刑法》第 270 条第 2 款的内容是否应包括在侵占罪概念之中？三是侵占罪的对象是表述为“自己持有的他人之财物”还是“代为保管的他人财物和他人的遗忘物或埋藏物”？四是是否将“拒不退还”或“拒不交出”作为侵占罪构成的一个要件在概念中予以表述？⑦

2. 侵占罪的主体

关于侵占罪的主体是一般主体还是特殊主体的问题，有三种观点。第一种观点认为，本罪的主体是特殊主体，即持有他人财物的人；不具有这种身份的人，难以成为这种犯罪的直接实行犯。⑧ 第二种观点认为，本罪的主体是一般主体，即年满 16 周岁具有责任能力的自然人。⑨ 第三种观点认为，第 270 条第 1 款所规定的侵占

① 周光权：《侵占罪疑难问题研究》，载《法学研究》，2003（3）；李世军：《侵占罪浅析》，载《法学评论》，1998（6）。

② 王光华、刘锁民：《论侵占罪的构成要件》，载《现代法学》，1999（4）。

③ 叶高峰：《侵占罪若干问题研究》，载《郑州大学学报》（哲学社会科学版），1999（9）。

④ 王焰明：《盗窃罪与侵占罪的比较研究》，载《江苏公安专科学校学报》，1998（4）。

⑤ 沙君俊、龚卫：《论侵占罪》，载《新疆社会科学》，1998（4）。

⑥ 赵秉志、肖中华：《侵占财物犯罪立法完善之探讨》，载《人民检察》，1996（7）。

⑦ 参见刘宪权、杨兴培：《刑法学专论》，594 页，北京，北京大学出版社，2007。

⑧ 参见赵秉志主编：《新刑法教程》，649 页，北京，中国人民大学出版社，1997；党燕：《论我国刑法中的侵占罪》，载北京大学《刑事法学要论》编辑组：《刑事法学要论》，667 页，北京，法律出版社，1998。

⑨ 参见王作富主编：《刑法分则实务研究》（下），2 版，1312 页，北京，中国方正出版社，2003。

罪的主体是特殊主体，即代为保管他人财物的人；第2款所规定的侵占罪的主体是一般主体。①

3. 侵占罪的主观方面

关于侵占罪的主观方面，主要涉及“非法占为己有”在犯罪构成要件中的地位问题。对此，第一种观点认为，“非法占为己有”是主观要件。如有人认为，这里的“非法占为己有”，是指行为人意图使自己具有类似于所有人的地位，或者说有“归己所有”的非法意图。② 第二种观点认为，“非法占为己有”只是客观要件。“非法占为己有”仅仅是对侵占行为的规定，即只要行为人将其保管的他人财物加以扣留，应退还而不退还，就可能构成侵占罪。③ 第三种观点认为，“非法占为己有”既是主观要件，也是客观要件。这是因为：第一，刑法条文并没有将“意图”或“目的”与“非法占为己有”一起规定，“非法占为己有”是对侵占罪的客观要件的规定；第二，根据主客观相一致原则，“非法占为己有”必须是在“非法占为己有”故意支配之下实施的。④

4. 侵占罪的客观方面

(1) 侵占行为

侵占是易占有为不法所有的取得行为。不法所有，在我国刑法上规定为“非法占为己有”。

第一，侵占行为的性质。

关于侵占行为的性质，刑法理论上存在取得行为说与越权行为说。越权行为说认为，所谓侵占，是指破坏委托信任关系，对委托物实施超越权限的行为。取得行为说认为，所谓侵占，是指将占有变为不法所有的一种取得行为。⑤

在以下几种特殊情形下，按照取得行为说与越权行为说，会得出不同的结论。

其一，基于毁弃、隐匿的意思而处分委托物。越权行为说认为不法取得意图不是侵占罪的成立条件，因此基于毁弃、隐匿的意思而处分委托物的行为可以成立侵占罪；取得行为说认为成立侵占罪必须具有不法取得的意图，但像所有者那样处分的意思就包括了毁弃、隐匿的意思，因此基于毁弃、隐匿的意思而处分委托物的行为可以成立侵占罪。⑥

其二，基于挪用的目的而把委托物擅自拿出去使用。越权行为说认为，基于挪用的目的而把委托物擅自拿出去使用，成立侵占罪；取得行为说认为，基于挪用的目的而把委托物擅自拿出去使用，不成立侵占罪。但是，“如果是消耗性使用，又未

---

① 参见陈兴良主编：《刑法全书》，915页，北京，中国人民公安大学出版社，1997。

② 参见王光华、刘锁民：《论侵占罪的构成要件》，载《现代法学》，1999 (4)。

③ 参见刘家琛主编：《新刑法条文释义》(下)，1197页，北京，人民法院出版社，1997。

④ 参见刘明祥：《财产罪比较研究》，358页，北京，中国政法大学出版社，2001。

⑤ 张明楷：《刑法学》，2版，782～783页，北京，法律出版社，2003。

⑥ 参见刘明祥：《财产罪比较研究》，366页，北京，中国政法大学出版社，2001。

经委托者允许，使用的结果是导致物的价值大大降低甚至完全丧失”，则有可能成立侵占罪。①

其三，有今后补偿的意思而处分委托物。对于此种行为，越权行为说认为，有可能成立侵占罪。取得行为说对此有两种观点：认为成立侵占罪的理由是，取得是相对于被委托的财物而言的，行为人故意处分委托物的行为本身就表明其具有非法取得的意图。认为不成立侵占罪的理由是：有今后补偿的意思而处分委托物的，只是一种挪用行为，不能认为有非法取得的意图；财产罪的本质是侵犯财产所有权，用同种类物替代或支付相当数额金钱赔偿的，应该视为已“退还”或“交出”。②

其四，为了委托者本人的利益而处分委托物。对于此种情形，越权行为说认为，成立侵占罪；取得行为说认为，在这种情况下，不能认定行为人有不法所有的意图，不成立侵占罪。③

有论者认为，对“非法占为己有”的判断，应当坚持“取得行为说”而不是“越权行为说”。换言之，凡排除所有权人对物行使权利并以所有人之身份支配其物之行为是侵占罪之非法占有；凡不以为自己所有之目的而毁坏、抛弃财物的行为，以及违反委托趣旨、供一时使用之目的的“使用侵占”，都只是超越权限的行为，不能成立非法占为已有。据此，将代为保管的他人财物予以毁弃的，因没有遵从财物的经济用途将自己作为财物的所有人进行处分从而“享受物的效用”，非易他人财物为自己所有的行为，欠缺不法领得的意思，与“不法所有”的目的不符，不是非法占为己有，不成立侵占罪。④ 另有人提出，单纯的收益或使用行为，或者故意毁弃他人财物的行为，均不能成立侵占罪，因为在这种情况下，并不足以表明行为人具有将他人财物非法占为已有的意思，只能算是超越权限的行为，不能认为是非法占为己有的行为，因而也难以构成侵占罪。⑤

第二，占有的理解与认定。

其一，占有是否必须是合法占有？对此，有两种观点：事实说认为，不要求以合法占有为前提，只要是事实上的占有即可。⑥“持有”只是一种事实状态，无须对其进行合法或非法的价值判断。⑦ 合法说即主流观点认为，须是合法占有。至于合法性的含义，又有两种不同观点：第一种观点认为，合法持有是指行为人没有使用犯罪方法将他人的财物转移到自己控制之下。⑧ 第二种观点认为，只要行为人不以

---

① 参见刘明祥：《财产罪比较研究》，366页，北京，中国政法大学出版社，2001。

② 同上书，367～368页。

③ 同上书，366页。

④ 参见周光权：《侵占罪疑难问题研究》，载《法学研究》，2002（3）。

⑤ 参见刘宪权、杨兴培：《刑法学专论》，596页，北京，北京大学出版社，2007。

⑥ 参见张明楷等：《刑法新问题探究》，309页，北京，清华大学出版社，2003。

⑦ 参见杜国强：《关于侵占罪若干问题的思考》，载《法学评论》，2002（6）；逄锦温、臧冬斌：《侵占犯罪的定罪与量刑》，79页，北京，人民法院出版社，2002。

⑧ 参见王作富：《论侵占罪》，载《法学前沿》，第1卷，38页，北京，法律出版社，1997。

自己的违法行为而对他人之物取得持有，便是侵占罪中的合法持有。①

其二，对具有上下主从关系者的占有如何认定？这主要涉及在具有上下主从关系的人员之间是否会因为下位者占有财物而排斥上位者占有的问题。对此，有以下两种观点：通说认为，排除下位者构成侵占罪的可能。即上位者才享有专属占有权；属于从属者地位者，不具有独立性，因而，下位者非法占有财物的，构成盗窃罪。另一种观点认为，不排除下位者构成侵占罪的可能。即完全否认从业人员的现实占有，也可能过于绝对。②

第三，“非法占为己有”的理解与认定。

其一，如何理解占为己有中的“己”？对此，狭义说认为，这里的“己”就是指行为人本人，不能是行为人以外的其他人。③ 广义说认为，这里的“己”，既可以是行为人本人，亦可以是除行为人本人以外的第三人，但仅限于自然人，不包括单位。④

其二，“非法占为己有”是否等同于“非法占有”？对此，一种观点认为，“非法占为己有”就是“非法占有”，侵占罪客观方面必须具有非法占有的行为。所谓非法占有的行为就是据为己有。⑤ 另一种观点认为，侵占罪的实质内容——“非法占为己有”与“非法占有”是有重要差别的两个概念。其主要理由是：侵占罪是以事先已占有他人财物为成立前提的，这种占有本身不存在侵害委托者财产权的问题，所以在侵占罪中不存在“非法”占有；侵占罪的实质是把自己占有的他人财物非法变为己有，或者易持有为所有的取得行为。⑥

其三，“非法占为己有”的表现形式。有论者认为，非法占为己有在客观上必须有足以表示取得意思之行为，典型的行为有赠与、转让、消费、出卖、出借、交换、加工等。非法占为己有之行为，实际上有两种表现形式：一是易占有为所有的行为，即视自己成为所有人而使原财物的所有人丧失所有权的行为；二是处分行为，即将自己占有的他人之物，视为自己之物而进行处分。这种处分包括法律上的处分和事实上的处分。前者如不动产共有人将自己持有之不动产抵押、买卖等；后者如将他人寄存财物自行消费等。⑦

（2）拒不退还或拒不交出

成立侵占罪，在客观方面仅有“非法占为己有”还不够，还需要具备“拒不退还”或者“拒不交出”的要素。

---

① 参见周少华：《侵占埋藏物犯罪的若干问题探析》，载《法律科学》，1998（3）。

② 参见张明楷等：《刑法新问题探究》，305页，北京，清华大学出版社，2003。

③ 参见刘宪权、杨兴培：《刑法学专论》，605页，北京，北京大学出版社，2007。

④ 参见黄祥青：《职务侵占罪的立法分析与司法认定》，载《法学评论》，2005（1）。

⑤ 参见周其华：《新刑法各罪适用研究》，306页，北京，中国法制出版社，1997。

⑥ 参见刘明祥：《财产罪比较研究》，357页，北京，中国政法大学出版社，2001。

⑦ 参见周光权：《侵占罪疑难问题研究》，载《法学研究》，2002（3）。

第一，何谓“拒不退还或拒不交出”？对此，有人认为，拒不退还是指拒绝交还原财物给所有权人、原合法持有人或者委托保管人。① 有人认为，拒不退还或交出是指行为人将自己合法持有的他人财物非法占有后，经权利人要求其退还或交出，仍拒不退还或交出的行为。这里的权利人，不仅包括财物的所有权人，还可以是对财物享有权利的其他人，如所有人的代理人、占有人及其代理人、接受所有人或占有人请求的机关等，均可以要求行为人交出或退还财物。② 有人指出，拒不退还或交出有“公然拒绝、拒不承认、擅自处分”三种情形。③

第二，“拒不退还或交出”是侵占行为的要件还是犯罪的情节？对此问题有以下四种观点：第一种观点认为，“拒不退还或交出”是侵占行为的一部分；④ 第二种观点认为，“拒不退还或交出”是侵占行为的核心要素；⑤ 第三种观点认为，“拒不退还或交出”是侵占行为的实质，即不按权利人的要求返还财物或交出财物；⑥ 第四种观点认为，“拒不退还或交出”是侵占行为的一个情节。其主要理由是：“拒不退还或拒不交出”不能揭示侵占行为的本质；外国刑法大多没有把“拒不退还或交出”作为侵占罪的成立要件；我国《刑法》第 270 条已经将侵占行为作了完整描述，之后的“数额较大，拒不退还的”或“拒不交出的”只是限制侵占罪的处罚范围；“拒不退还”或“拒不交出”与“数额较大”相并列，已经表明其是一种犯罪情节。⑦ 承认“拒不退还”、“拒不交出”不是犯罪客观方面的条件，而只是证明“非法占为己有”是否存在的一个情节，就意味着，刑事司法并不是对所有的将代为保管物、遗忘物、埋藏物非法占为己有的行为都要追究刑事责任，而只是将直到某一特定时刻还拒不退还、拒不交出的这一部分作为侵占罪处理。换言之，自非法占为己有的意思和行为已经明确这一刻起，行为就已经属于拒不退还、拒不交出，但是对其还不作犯罪处理，只有拒不退还、拒不交出的行为“延续”到某一时段，非法占为己有的意图得到继续坚持的，实践中才给予处罚。这样，就通过合理的解释来软化了较为严厉的侵占罪立法。⑧

第三，“非法占为己有”与“拒不退还”、“拒不交出”是什么关系？对此，有并列关系说、包容关系说、同一关系说和递进关系说之争。并列关系说认为，二者之间是并列关系，各自具有独立的意义，需要相继判断：行为人主观上具有将持有的他人财物非法占为己有的目的，并以所有人的身份对该财物进行非法使用、收益、

---

① 参见赵秉志：《侵犯财产罪》，268 页，北京，中国人民公安大学出版社，1999。

② 参见刘宪权、杨兴培：《刑法学专论》，597 页，北京，北京大学出版社，2007。

③ 参见陈兴良、周光权：《刑法学的现代展开》，666～667 页，北京，中国人民大学出版社，2006。

④ 参见刘志伟：《侵占罪研究》，载高铭暄、赵秉志主编：《刑法论丛》，第 2 卷，129 页，北京，法律出版社，1999。

⑤ 参见刘辉：《侵占罪若干问题研究》，载《法律科学》，1999 (1)。

⑥ 参见陈明华主编：《刑法学》，617 页，北京，中国政法大学出版社，1999。

⑦ 参见刘明祥：《财产罪比较研究》，359～360 页，北京，中国政法大学出版社，2001。

⑧ 参见周光权：《侵占罪疑难问题研究》，载《法学研究》，2002 (3)。

处分，其行为就已经具有非法性，即使后来在他人的要求下返还或交出了占有物，其非法占有的性质也不能改变。但此时，行为人尚未构成侵占罪；只有在其行为具备拒不交出或拒不退还的特征时，侵占罪的构成要件才完全齐备。因此，对侵占罪的成立，需要先判断非法占为己有的事实是否存在，还要进一步判断持有人是否有拒不退还或者交出的意思。① 包容关系说认为，非法占为己有与拒不退还（交出）之间是包容关系，前者是主要的，能够包容"拒不退还（交出）"，即持有人以所有人自居，对财物加以处分，既表明了其非法占有持有物的意图，也说明了拒不退还、拒不交出事实的存在。② 同一关系说认为，"非法占为已有"与"拒不退还"或"拒不交出"表达的是一个含义：将自己占有的他人财物变为自己所有的财物。因为行为人非法占为己有，如将自己代为保管的财物出卖、赠与、消费、抵偿债务等，就充分表明他拒不退还。反之，行为人拒不退还时，也表明他"非法占为已有"。"拒不退还"或"拒不交出"只是对"非法占为已有"的强调，或者说只是对认定行为人是否"非法占为已有"的一种补充说明。③ 递进关系说认为，成立侵占罪，必须要求同时具备非法占为已有和拒不退还或交出两个方面的内容，这两个方面之间是递进关系。其中，非法占为已有是前提条件，拒不退还或拒不交出是核心条件。④

第四，对拒不退还或者拒不交出要不要设最后期限？通常认为，应该对拒不退还或交出有一个时间限制，但关于具体标准应如何设置的问题，则有不同观点。索要财物说认为，当财物所有人向非法占有人索要该财物或第一次索要财物，而非法占有人拒不退还或交出时，即可认定侵占罪成立。⑤ 被害人告诉说认为，被害人向法院提起自诉，法院正式立案前，是拒不退还或交出的时间限制。⑥ 立案标准说认为，法院是否立案受理是拒不交出或拒不退还的最后时限。⑦ 一审判决说认为，一审判决作出前为拒不退还或交出的时间限制。⑧ 一审终结说认为，应把一审审理终结前作为拒不退还或交出的时间限制。⑨

第五，拒不退还或拒不交出是否要求权利人有明示要求？对此，有论者认为，"拒不退还"或"拒不交出"是指被害人向行为人要求返还时遭拒绝。⑩ 有的论者则指出，如果行为人逃匿，则财物所有人或托管人无从表达请求退还或要求返还的意

---

① 参见刘志伟：《侵占犯罪的理论与司法适用》，111页，北京，中国检察出版社，2000。

② 参见张明楷等：《刑法新问题探究》，329页，北京，清华大学出版社，2003。

③ 参见张明楷：《刑法学》，2版，783页，北京，法律出版社，2003。

④ 参见刘宪权、杨兴培：《刑法学专论》，596～597页，北京，北京大学出版社，2007。

⑤ 参见赵秉志：《刑法分则问题专论》，381页，北京，法律出版社，2004；刘汝杰：《侵占案"拒不退还"或"拒不交出"的时间界定》，载《人民检察》，2001（1）。

⑥ 参见刘宪权、杨兴培：《刑法学专论》，597页，北京，北京大学出版社，2007。

⑦ 参见张明楷等：《刑法新问题探究》，331页，北京，清华大学出版社，2003。

⑧ 参见王钧柏：《侵占罪主要争议问题研究》，载《人民检察》，1999（4）。

⑨ 参见张明楷等：《刑法新问题探究》，331页，北京，清华大学出版社，2003。

⑩ 参见李世军：《侵占罪浅析》，载《法学评论》，1998（6）。

思，因此，只要行为人具有不予退还或者不予交出的事实即可，不要求财物所有人或托管人有要求退还或返还的意思表示。不论行为人采用公然的还是隐性的方式，只要其在行使处分行为时具有非法占有的目的，即可认定或推定其拒不返还或拒不交出。①

第六，拒不退还或拒不交出的表现形式。有论者指出，基于非法占为己有的意图，在权利人要求返还时公开表示拒不返还，或者故意编造各种借口或制造各种骗局以达到不返还的目的的，自然属于拒不退还、拒不交出。而将自己视作财物的所有人而对财物加以所有或者处分，即使从未作出拒绝退还或者交出的表示，仍然属于拒不退还、拒不交出。所以，拒不退还、拒不交出有“公然型”和基于不法所有的“推定型”。它们的实质都是相同的：行为人具有永久非法占有他人财物的目的。②

第七，对接受退还、交还的人是否应有限制？对此，有论者认为，拒不退还、拒不交出一般来讲是指侵占人有义务将财物退还、交还给合法所有人本人，但是又不限于退还、交还给本人。刑法在这里主要强调的是侵占人有义务退还、交出；在其执意不退还、交出时，应当加以刑罚处罚。所以，“拒不退还、拒不交出”侧重于义务方面，而对交还给谁，在所不问。这样理解拒不退还、拒不交出，就可以解释不法委托中持有人成立犯罪的问题。在不法委托的情形下，持有人没有权利对不法委托物行使所有权，而受托人应当交出，不是说他一定要把财物交还给委托人，委托人基于不法原因已经丧失所有权，而是说按照法律的规定不法持有人有义务将财物退出，交给有关机关或者合法所有人，即持有人此时有义务退还。如果他执意不退出，就是“拒不退还”。③

第八，持有人占有他人之物不交出，但是愿意给予适当价金予以赔偿的，是否属于“拒不退还”或者“拒不交出”？对此，有论者认为，按照中国大陆刑法，似乎行为人有不法所有的意图还不足以构成侵占罪，还要求行为人要有“拒不退还、拒不交出”的意思及行为。实质上，如果在理论上把拒不退还、拒不交出解释为从属于非法占为己有的情节，持有人基于不法所有的意图，占有他人之物不交出，只是愿意给予适当价金予以赔偿的，自然就属于“拒不退还”或者“拒不交出”，应当成立侵占罪。即使按照多数论者的观念，承认拒不退还、拒不交出的独立意义，将它们视为侵占罪客观要件的组成部分，占有他人之物不交出，只是愿意给予适当价金给予赔偿的，也应看作拒不退还、拒不交出，因为《刑法》第 270 条所规定的“拒不退还”和“拒不交出”都是针对原物而言的；交出替代物来取代原物，其实质就是没有退还和没有交出。不过，论者同时指出，当然，将持有物占为己有，愿意给予经济赔偿或者补偿，如果原物不具有特别特殊的性质，持有人的赔偿和补偿价额与原物价值相当的，一般可以不认为是侵占罪，通过民事上的途径就可以解决当事

---

① 参见郑丽萍：《侵占行为构成要件研究》，载《华东政法学院学报》，2004（3）。

②③ 参见周光权：《侵占罪疑难问题研究》，载《法学研究》，2002（3）。

人之间的冲突。①

第九，在财物部分或全部毁损，造成客观上返还不能时，如果此种情况下行为人拒不对财物所有者或托管人进行补偿的，是否存在拒不返还或拒不交出的问题？对此，有论者认为，要区分不同的情况。如果财物毁损是行为人为了达到不返还的目的故意造成的，损毁行为本身就可认定为拒不返还或拒不交出；如果财物毁损不是行为人为达到不返还目的故意造成的，则如果在财物所有人或托管人要求返还或交出之后损毁的，构成侵占罪，而如果是在要求返还或交出之前损毁的，则不构成侵占罪，应按照民法的规定处理。②

(3) 侵占行为是否限于不作为

对此，一种观点认为，合法的权利人提出交还要求，是本罪成立的必要前提；不按权利人要求交还财物的作为义务，是本罪客观方面的实质。从理论上讲，本罪只能由不作为构成。③ 另一种观点认为，侵占行为既可以是作为，也可以是不作为，具体表现为将自己代为保管的财物出卖、赠与、消费、抵偿债务等等。④ 之所以出现这样的分歧，有人认为是对“拒不退还”或“拒不交出”的不同认识。如果认为其是侵占行为的实质内容或表现形式，则会得出侵占行为是不作为的结论；如果认为其只是侵占行为的一种犯罪情节，则会得出侵占行为既可以是作为，也可以是不作为的结论。⑤

5. 侵占罪的客体

关于侵占罪的客体，主要有以下几种不同观点。

第一种观点认为，侵占罪的客体是“公民私人财产的所有权”，而不包括公共财产所有权。其理由是，本罪侵占的对象是代为保管的他人财物或他人的遗忘物、埋藏物。这里的“他人”仅指公民个人。⑥

第二种观点认为，本罪侵犯的客体是“公私财产所有权”。本罪中“他人”应包括自然人和单位，有时还可能是国家。他人财物可以是公共财产，也可以是私有财产，故本罪的犯罪客体应是公私财产的所有权。⑦

第三种观点认为，侵占罪侵犯的客体首先是财产所有权及其他本权，其次是需要通过法定程序恢复应有状态的占有。但在相对于本权者的情况下，如果这种占有没有与本权者相对抗的合理理由，相对于本权者恢复权利的行为而言，则不是财产

---

① 参见周光权：《侵占罪疑难问题研究》，载《法学研究》，2002 (3)。

② 参见郑丽萍：《侵占行为构成要件研究》，载《华东政法学院学报》，2004 (3)。

③ 参见陈明华主编：《刑法学》，617 页，北京，中国政法大学出版社，1999。

④ 参见张明楷：《刑法学》(下)，784 页，北京，法律出版社，1997。

⑤ 参见刘明祥：《财产罪比较研究》，361 页，北京，中国政法大学出版社，2001。

⑥ 参见肖扬主编：《中国新刑法学》，512 页，北京，中国人民公安大学出版社，1997。

⑦ 参见夏朝晖：《论侵占罪的司法适用问题——兼评侵占罪的立法不足与完善》，载《中国刑事法杂志》，1999 (5)。

犯的法益。①

第四种观点认为，侵占罪侵犯的客体是“他人财物的所有权”。这种观点认为，由于市场经济迅速推进，我国的财产所有制形式客观存在着公私合营的经济模式；对这种实体的财物，很难说是公有财物还是私有财物，因此不能简单地将侵占罪的客体称为公私财物所有权，而称为“他人财物的所有权”，则较为合适。②

6. 侵占罪的犯罪对象

侵占罪的犯罪客体与犯罪对象具有密切的联系。根据我国刑法的规定，侵占罪的犯罪对象是“代为保管的他人财物”以及“他人的遗忘物或者埋藏物”。

（1）代为保管的他人财物

对于“代为保管”的产生根据问题，有广义说与狭义说之争。狭义说认为，代为保管必须是基于明确的委托而产生的。③ 广义说认为，委托关系以外的其他原因也可以成为代为保管产生的依据。④ 占有事实可能因为多种原因而产生，具体说来有以下七种：基于委托关系、基于租赁关系、基于担保关系、基于借用关系、基于寄托关系、基于无因管理、基于发现并取得遗忘物或埋藏物（不当得利）。⑤ 有人从分类方面对“代为保管”产生的原因进行了论述。这些原因有两类，即法律行为与事实行为。前者从内容上看包括委托关系在内的各类合同关系，从性质上看包括合法行为与违法行为；后者包括无因管理和不当得利。⑥

对于不当得利是否成立侵占罪意义上的占有事实的问题，有论者持否定态度。论者指出，侵占罪的成立，一般以占有人有义务返还原物为必要。如果占有人可以返还金钱等替代物，则往往不属于刑法上的侵占，而是民事上的债权债务关系，其行为就不能用刑法加以评价。不当得利事实出现以后，不当得利人和受害人之间形成了债的关系，得利人负有将全部不当得利返还给受害人的义务，受害人享有请求返还的权利。而不当得利的返还，并不以返还原物为必要，返还其所领受的利益也可以。我国《民法通则》就使用了“不法利益”字样。该法第 92 条规定，不当利益应当返还给受损失的人。不当得利取得者除返还其领受的利益外，如果基于该利益还有所得，则应一并返还。如果依其利益的性质或者有其他情形不能返还者，则应返还其价额。不当得利人有义务返还他人之物，但在未返还前，其持有该利益，不能认定为持有他人之物。所以，应当充分看到侵占行为和不当得利行为之间的区别；在不当得利的情形下，不应当有侵占罪的成立。即使不当得利数额较大、受损人依民事程序主张债权被拒绝的情形下，受损人也不得向法院起诉要求追究侵占人的刑

---

① 参见张明楷：《刑法学》，2 版，745～747 页，北京，法律出版社，2003。

② 参见刘志伟：《侵占犯罪的理论与司法适用》，71 页，北京，中国检察出版社，2000。

③ 参见胡康生、李福成主编：《中华人民共和国刑法释义》，383 页，北京，法律出版社，1997。

④ 参见刘宪权、杨兴培：《刑法学专论》，598 页，北京，北京大学出版社，2007。

⑤ 参见张明楷等：《刑法新问题探究》，306～307 页，北京，清华大学出版社，2003。

⑥ 参见刘宪权、杨兴培：《刑法学专论》，598～599 页，北京，北京大学出版社，2007。

事责任。[①] 而有论者则认为，不当得利与财产犯罪不是对立关系，而是交叉关系（部分场合为特殊关系）。不能以某种行为属于民法上的不当得利为由，否认该行为构成财产犯罪。换言之，民法上的不当得利，也可能构成刑法上的侵占、盗窃、诈骗等罪。将自己占有的他人财物据为己有，或者将他人非基于本意而脱离占有的财物据为己有的行为，虽然在民法上属于不当得利，但在刑法上成立侵占罪。[②]

对“他人财物”理解上的分歧，主要体现在对于依附财物所体现的权利性质以及财物种类范围的争议上。

首先，他人财物的权利性质。

理论上对于他人拥有所有权之物可以成为侵占罪的对象，不存在争议。而对于他人只拥有占有权之物能否成为侵占罪对象的问题，则有肯定说与否定说之争。否定说也称民法从属说，认为从民法角度理解，只有他人拥有民法上的所有权之物才能称为他人之物，且由于民法对所有权已有系统规定，采此标准有利于操作，符合罪刑法定精神。肯定说也称独立说，认为从刑法自身的角度进行判断，即只要他人拥有社会观念上应予以尊重的经济利益，就可以认为是他人之物。[③] 与之相关的问题是占有物能否成为侵占罪对象的问题。占有物是相对于所有物而言的。买卖的标的物是占有物的一种基本形式。理论上对于买卖合同的标的物能否成为侵占罪的对象，有不同观点。第一种观点认为，只要买卖合同成立，标的物的所有权便属于买主。因此，卖主此时所占有的财物便属于“他人的财物”，可以成为侵占罪的对象。第二种观点认为，判断买卖的标的物是否属于“他人的财物”，应从刑法的立场按刑法独立的理论出发，只有在买主支付了货款或作了登记、交付了必要证书时，才能认为买卖合同的标的物相对于卖主而言成了他人的财物。[④] 第三种观点认为，对买卖合同的标的物能否成立侵占罪的对象，应从实质上进行认定。卖方将买卖的标的物卖给第三方，通常不会使买方遭受财产损失，不存在实质的侵犯财产权问题，难以成立侵占罪。[⑤]

其次，“他人财物”的特殊种类。

对于物，在法律上可以根据不同的标准进行不同分类，如流通物与违禁物、有体物与无体物、私有财物与公共财物、他人的财物与本人的财物、特定物与种类物、合法委托物与不法委托物、合法所得财物与违法所得财物等。对于各分类中的前一种类可以成为侵占罪对象的问题，理论上没有争议。对于各分类中的后一个种类能否成为侵占罪对象的问题，则分歧较大。

第一，违禁物。违禁物是相对于流通物而言的，是指法律禁止私人所有、占有

---

① 参见周光权：《侵占罪疑难问题研究》，载《法学研究》，2002（3）。

② 参见张明楷：《不当得利与财产犯罪的关系》，载《人民检察》，2008（13）。

③ 参见刘宪权、杨兴培：《刑法学专论》，600页，北京，北京大学出版社，2007。

④ 转引自刘明祥：《财产罪比较研究》，332页，北京，中国政法大学出版社，2001。

⑤ 同上书，333页。

的物品。关于违禁物能否成为侵占罪对象的问题，理论上有不同观点：一种观点认为，违禁物可以成为侵占罪的对象。具体理由又各有不同。有人认为，应分为两种情况区别对待。如果行为人的代为保管行为已经构成其他具体犯罪类型，则构成该具体犯罪，不再成立侵占罪；如果行为人的代为保管行为未构成其他犯罪，则应按侵占罪处理。① 有人认为，违禁物具有财物属性与财产价值，可以成为侵占罪的对象。② 另一种观点认为，违禁物不能成为侵占罪的对象。其理由是：法律规定违禁物的真正目的在于维护公共安全和社会秩序，不是保护违禁物所有人的财产利益；对侵占违禁物行为的制裁应从其对于危害社会安全和社会秩序的角度考虑，即如果构成相关违禁物犯罪，直接按该具体犯罪处理，而如果没有规定相应的犯罪，则不能定罪。③

第二，无体物。无体物也称无形物，是相对于有体物而言的。关于无体物能否成为侵占罪对象的问题，理论上有不同观点：一种观点认为，无体物可以成为侵占罪的对象。④ 只要是人可以管理控制的具有经济价值的无体物，都可以成为侵占罪的对象。⑤ 无体物是指本身不具有实体形态，但却依附于其他载体存在，并且具有实际财产性价值或者代表财产性利益的物品。此类物品凝聚有大量物化劳动以及潜在的、远期的价值，可以成为侵占罪的对象。⑥ 第二种观点认为，除极少数情况外，无形能源不能成为侵占罪的对象。⑦

第三，本人的财物。与“他人财物”相对应的“本人的财物”能否成为侵占罪的对象？对此，有人指出，根据我国刑法规定，侵占罪的对象是他人财物；一般情况下，本人财物是不能成为侵占罪的对象的。但在特殊情况下，本人财物也可以成为侵占罪的对象。如在公务机命令其保管下的本人财物，因为被侵占以后，公务机关负有赔偿义务，财产所有权会受到侵害。另外，共有物也可能成为侵占的对象。⑧

第四，公有财物。关于“他人财物”是否包括公有财物的问题，有两种观点：一种观点认为，作为侵占罪对象的“他人财物”，不包括国有财产，也不包括公司、企业及其他单位的财物，只限于公民私人所有的财物。⑨ 理由是：侵占罪是“告诉才处理”的犯罪，告诉者必须是被害人，而被害人又只能是自然人，单位不能成为告诉的主体，因此，公有财产不能成为本罪的对象；贪污罪、职务侵占罪中已经包

---

① 参见赵秉志：《侵犯财产罪》，259页，北京，中国人民公安大学出版社，1999。

② 参见刘志伟：《侵占犯罪的理论与司法适用》，15页，北京，中国检察出版社，2000。

③ 参见刘宪权、杨兴培：《刑法学专论》，602页，北京，北京大学出版社，2007。

④ 参见高铭暄主编：《新编中国刑法学》（下），789页，北京，中国人民大学出版社，1998。

⑤ 参见刘明祥：《财产罪比较研究》，320～321页，北京，中国政法大学出版社，2001。

⑥ 参见赵秉志：《侵犯财产罪》，257～258页，北京，中国人民公安大学出版社，1999。

⑦ 参见刘志伟：《侵占罪研究》，载高铭暄、赵秉志主编：《刑法论丛》，第2卷，113～114页，北京，法律出版社，1999。

⑧ 参见陈兴良、周光权：《刑法学的现代展开》，659页，北京，中国人民大学出版社，2006。

⑨ 参见张明楷：《刑法学》（下），783页，北京，法律出版社，1997。

括了侵占公有财产的行为，剩下的就只有侵占私有财物的行为才能作为侵占罪的内容，1997年《刑法》规定普通侵占罪的原因就是为了弥补立法上这一漏洞。① 另一种观点认为，作为侵占罪对象的“他人财物”包括国家、集体所有的公共财物和公民个人所有的财物。理由是：其一，“他人财物”中的“人”，应包括自然人和法人；其二，职务侵占罪的对象包括国有、集体所有的财物，但其犯罪主体只限于公司、企业、单位的人员，不包括除此之外人员侵占单位财物的行为；② 其三，非单位人员侵占公有财物的现象完全可能发生；其四，仅以财产犯罪的对象——“公私财物”与“他人财物”表述的差异来否认侵占罪的对象不含有公有财物的理由并不充分，但从完善刑法角度考虑，财产犯罪的对象应统一规定为“他人财物”；其五，告诉的主体通常是自然人，但也有例外的情况，单位也可以作为被害人提起刑事自诉。从立法完善的角度考虑，对侵占罪应实行公诉；③ 其六，将公有财物纳入到侵占罪对象之中，不会混淆侵占罪与职务侵占罪的界限。职务侵占罪的主体和客观表现与侵占罪都不同。前者要求是特殊主体，利用职务之便，后者则没有这样的要求。因此，根据行为主体与被侵占单位是否存在身份上的隶属关系，而不根据侵占对象，就可以区分侵占罪与职务侵占罪的界限。④

第五，种类物。种类物是相对特定物而言的。对于种类物在何种情形下可以成为侵占罪的对象，大陆法系刑法理论有五种学说：所有权转移说、处分权转移说、允许消费说、超越权限说、违背委托意旨说。⑤ 在我国，一种观点认为，种类物在某些场合可以成为侵占罪的对象。至于在哪些情况下不可以成为侵占罪的对象，应以所有权转移说为判断标准。可以将种类物分为两类：不可消费的种类物与可以消费的种类物。对于不可消费的种类物而言，一般不发生所有权转移问题，可能成为侵占罪的对象；对于可以消费的种类物而言，有可能出现所有权转移的现象，也有可能不出现所有权转移的现象。在后者的情况下，则可能成为侵占的对象。⑥ 另一种观点认为，大陆法系国家判断种类物成为侵占罪对象的五种刑法学说中，后两种失之过宽，前三种立意较为合理。侵占罪的实质是将自己占有下的他人财物据为己有，行为人占有的种类物的所有权如果还在他人的名义之下，就可能成立侵占罪；如果行为人占有的种类物已转至自己名下，或意味着行为人已经对其享有处分权、消费权，则不能成为侵占罪的对象。比如消费借贷与委托代管种类物情况下，前者

---

① 参见黄太云、滕伟主编：《中华人民共和国刑法适用指南》，386页，北京，红旗出版社，1997。

② 参见王作富：《略论侵占罪的几个问题》，载《法学杂志》，1998（1）。

③ 参见刘明祥：《财产罪比较研究》，330～331页，北京，中国政法大学出版社，2001；赵秉志：《侵犯财产罪》，258页，北京，中国人民公安大学出版社，1999。

④ 参见陈兴良、周光权：《刑法学的现代展开》，658页，北京，中国人民大学出版社，2006。

⑤ 转引自刘明祥：《财产罪比较研究》，335～336页，北京，中国政法大学出版社，2001。

⑥ 参见刘志伟：《侵占罪研究》，载高铭暄、赵秉志主编：《刑法论丛》，第2卷，110～111页，北京，法律出版社，1999。

不能成立侵占罪，后者则可能成立侵占罪。①

第六，不法原因委托物。理论上对于不法原因委托物能否成为侵占罪对象的问题，存在积极说与消极说之争。积极说认为，不法原因委托物可以成为侵占罪的对象。如有人认为，对基于不法原因而交付的财物而言，虽然交付人已无返还请求权，但并不意味着收受人就取得了该财物的所有权。该财物应依法收缴国家所有。因此，该财物对于收受人而言仍是他人之物，可以成为侵占的对象。而且，从民法上讲，由收受人将他人不法交付的财物占为已有也是非法的。② 另有人认为，因不法委托事实而占有财物的现象是客观存在的；民法上无保护与刑法上成立犯罪是两回事；就侵占罪的罪质与保护法益而言，肯定成立侵占罪的主张更有道理；在不法委托的情况下，仍然存在委托信任关系。③ 还有人认为，用于违法或犯罪目的的财物可以成为侵占罪的对象，但并不意味着委托人对该财物享有所有权或者返还请求权。因为在这种情况下，其一，受托人主观恶性是客观存在的，基于预防犯罪的需要也要对其进行处罚；其二，非法原因委托物，不管是委托人自己的，还是委托人以外的其他人的，对这些委托物，委托人都不享有所有权。对侵占这类财物的行为进行处罚，是为了保护国家或者其他人合法财产权不受侵犯。④

消极说认为，基于不法原因的委托物不能成为侵占罪的对象。如有人认为，不法原因委托物不属于“他人的财物”，并且委托人与受托人之间不存在法律上的委托信任关系。而不法委托人的委托与受托人的收受之间，并不存在一种法律上的委托信任关系。⑤ 另有人认为：其一，“代为保管”一般是指委托代为保管。从刑法规定侵占罪是为了保护合法财产和合法的委托信任关系来看，可以推出“代为保管”就是合法代为保管。因不法原因而产生的非法委托信任关系，不受法律的保护。其二，“他人财物”中的“他人”应是委托对方“代为保管”财物的人，这种委托者对财物应有所有权。在不法原因委托的场合，委托的非法性决定了委托者对交付给对方的财物已丧失了返还请求权，不再是财物的所有人。其三，“拒不退还”代为保管的他人财物，才有可能构成侵占罪。在不法原因委托的场合，委托者没有返还请求权，也就不存在行为人“拒不退还”的情况。其四，侵占罪是“告诉才处理”的犯罪。但在不法原因委托的场合，对委托者交付的财物应当追缴或没收，委托者不是财物的所有人，其他人也不是财物的所有人，因此无被害人，没有告诉者，侵占罪难以成立。其五，对不法原因委托物应收缴或没收归国家所有，但“收缴或没收归国家所有”并不代表“不法原因委托物”已经事实上归国家所有。只有在国家实施追缴

① 参见刘明祥：《财产罪比较研究》，337～338页，北京，中国政法大学出版社，2001。

② 参见刘志伟：《侵占罪研究》，载高铭暄、赵秉志主编：《刑法论丛》，第2卷，103～104页，北京，法律出版社，1999。

③ 参见张明楷等：《刑法新问题探究》，311页，北京，清华大学出版社，2003。

④ 参见赵秉志：《侵犯财产罪》，261～262页，北京，中国人民公安大学出版社，1999。

⑤ 参见张明楷：《刑法学》（下），784页，北京，法律出版社，1997。

或没收的情况下，才能现实地归国家所有。在此之前，国家是不享有所有权的。其六，对“侵占”不法原因委托物的行为，可以按其他犯罪处理或采取没收或追缴有关物品的措施。①

第七，犯罪所得的赃物。我国刑法理论界通说认为，赃物可以成为侵占的对象。其主要理由有两点：其一，赃物相对于受托人来说，仍然是“他人的财物”，侵吞赃物赃款实质上是侵犯了国家、集体、个人的合法财产所有权；其二，公民所有的财产无论是合法的，还是非法的，都应受法律的保护。② 另一种观点则认为，赃物能否成为侵占的对象，应视不同情况而定。如果行为人始终不知是犯罪所得赃物，善意接受犯罪人委托而代为保管或销售其赃物，之后侵吞的，这属于对侵占对象的性质缺乏认识的事实错误问题，阻却赃物罪故意的成立，不能构成窝赃、销赃罪，但可以构成侵占罪；如果行为人事先明知是犯罪所得的赃物，受犯罪人委托而代为保管或销售赃物，或者行为人事先不知但收受委托者交付的财物后发现是赃物，之后予以侵吞，则都只构成赃物罪。③

第八，包装物。对装入容器或加以特别包装（加锁或封固）的财物，在委托他人保管或运送后，其财产由谁持（占）有？对此，在日本刑法理论中有三种学说：分别占有说认为，整个包装物归受托人持有，但其容器或包装内之物体，归委托人所有。因为委托人对内容物特别加锁或包装后，对物之支配可能之手段犹存，支配可能性就存在，自然其具有现实支配力。委托人占有说认为，整个包装物及其内部财物均由委托人持有；受托人侵占包装物整体或抽取部分内容物，均构成盗窃。受托人占有说认为，整个包装物及其内容物均由受托人持有；受托人侵占包装物整体或抽取内容物，均只构成侵占罪。因为整个包装或加锁的财物既已交付受托人保管或运输，其能支配物之全体，自然就支配包装物内之内容物，这是合乎情理的。持有包装物之人，随时可能破坏包装或门锁取出内容物，处于可以自由支配其持有物内部物品的状态中。④ 有论者认为，“受托人占有说”最为妥当。“分别占有说”认为整个物体由受托人持有，个别内容物属委托人持有，这难以被人认同。对持有权的归属问题，应重点考察行为人对物的支配地位，不应过分强调包装物整体与个别内容物的区别，而应就其全体加以认定。如此说来，“委托人占有说”和“受托人占有说”均比“分别占有说”妥当。但委托人持有说的不足在于过于苛严，既忽视了我国刑法中盗窃罪的法定刑远重于侵占罪这一现实，也没有考虑受托人对物之持有这一事实，对占有包装物、内容物的，一律定盗窃罪，有失公允。“受托人占有说”则对事实上支配力的存在、行为人对物的实际地位等作了考虑，所以较为合理，应

---

① 参见刘明祥：《财产罪比较研究》，344～346页，北京，中国政法大学出版社，2001。

② 参见赵秉志：《侵犯财产罪》，260～261页，北京，中国人民公安大学出版社，1999。

③ 参见刘明祥：《财产罪比较研究》，350～352页，北京，中国政法大学出版社，2001。

④ 转引自周光权：《侵占罪疑难问题研究》，载《法学研究》，2002（3）。

当在司法实践中采纳。① 而有论者则认为，应当区别情况进行认定。例如，在公民将贵重财物交金融、保险机构保管，而自己持有所租用保险箱的门钥匙的情形下，虽然财物所有人并非每天直接控制财物，但他们握有保险箱钥匙，持有钥匙等于持有财物，所以，对箱内财物具有实际的支配、控制力，是箱内财物的持有人。保安人员尽管天天守护保险箱，但他们无力单独移动硕大的保险箱体，更不能实际支配保险系数极高的箱内财物，不是箱内财物的持有者，其通过破坏箱体盗取财物的行为，不是职务侵占这种广义上的侵占行为，而应构成盗窃罪，这体现了“委托人占有说”的立场。而对乘坐飞机交寄托运行李、租车托运包装好的货物且货主不跟车运送的情形，委托人虽然持有钥匙，但不是财产的实际持有人，这又体现了“受托人占有说”的立场。②

（2）他人的遗忘物或者埋藏物

第一，遗忘物的定义与特征。

对此，一种观点认为，遗忘物是指本应携带因遗忘而没有带走的财物。③ 另一种观点认为，遗忘物是指非出于占有人或所有人之本意偶然失去其占有之动产。④ 有人认为，遗忘物具有以下特征：须为动产；须财物所有人丧失对财物的控制；须非出于财物所有人之本意而丧失对财物的控制。⑤

第二，遗忘物与遗失物的区分。

对此，一种观点认为，遗忘物与遗失物有区别。具体理由包括：一是遗忘物概念的提出是经过立法的慎重选择的结果，并不是立法的失误；二是遗忘物的概念具有特殊的历史渊源，即遗忘物的提出是为了克服“把所有拾得遗失物的行为要么都不作犯罪处理要么都作犯罪处理”的不当；三是遗忘物的提出从立法精神上看是为了限制侵占罪的处罚范围；⑥ 四是从词义上讲，遗失物重在“失”，即已失去某物品，而遗忘物重在“忘”，指忘记某物品，但未必已经失去该物品。⑦ 至于区分遗忘物与遗失物的标准，有人以财物所有人对财物的控制能力是否完全丧失为标准，认为遗忘物是财物的所有人或持有人有意识地将所持财物放在某处，因一时疏忽忘记拿走，而遗失物是财物的所有人或持有人因为疏忽大意偶然将其财物失落在某处。⑧

---

① 参见周光权：《侵占罪疑难问题研究》，载《法学研究》，2002（3）；刘明祥：《财产罪比较研究》，53页，北京，中国政法大学出版社，2001。

② 参见黄祥青：《侵占罪适用问题探析》，载《人民司法》，2001（1）。

③ 参见黄太云、滕伟主编：《中华人民共和国刑法释义与适用指南》，386页，北京，红旗出版社，1997。

④ 参见陈兴良：《刑法疏议》，442页，北京，中国人民公安大学出版社，1997。

⑤ 参见陈兴良、周光权：《刑法学的现代展开》，663～664页，北京，中国人民大学出版社，2006。

⑥ 参见刘明祥：《财产罪比较研究》，379、380页，北京，中国政法大学出版社，2001。

⑦ 参见赵秉志：《侵犯财产罪》，263页，北京，中国人民公安大学出版社，1999。

⑧ 参见王作富：《论侵占罪》，载《法学前沿》，第1辑，45页，北京，法律出版社，1997。

有人以遗忘时间为标准，认为遗忘物一般脱离物主的时间较短，遗失物一般脱离物主的时间较长。① 有人以对物是否能够有效管理、控制为标准，认为遗忘物与遗失物最大差别在于财物是否遗留在属于管理者能有效管理、控制该财物的场所。遗忘物是持有者因疏忽未带走而遗留在他人能有效管理之场所的财物，而遗失物则是不慎丢失在无人管理之场所或有很多人进出、管理人不能有效控制之公共场所的财物。②

另一种观点认为，遗忘物就是遗失物。如有论者认为，侵占罪中的"遗忘物"，就是遗失物，是指非基于合法占有人抛弃的意思偶然丧失占有，现又无人占有之物。它具有以下特征：一是他人之物；二是须为动产；三是遗失人占有之丧失须出于偶然原因，并且非出于本意；四是非隐藏之物。取得遗失物并加以持有，拒不交出的，构成侵占罪。③ 具体理由包括：其一，把遗忘物的概念与外延限制得过死，不利于保护合法财产权益；④ 其二，将财物遗置的时间、场所、遗置人的记忆能力等作为区分遗忘物、遗失物的标准，并不科学，也不合理；⑤ 其三，从实质上讲，对侵占遗失物，数额较大的，也值得进行刑法规制；其四，对遗忘物宜理解为"非基于他人本意而失去控制，偶然由行为人占有或者占有人不明的财物"；⑥ 其五，我国民法与刑法分别采用"遗失物"与"遗忘物"这两个不同术语，不能成为二者区分的充足理由，而是立法语言不严谨的表现；其六，遗失物与遗忘物具有不可分性。遗失侧重于客观方面，遗忘侧重于主观方面，二者之间是一物二名、一体两面的关系；⑦ 其七，遗忘物与遗失物从词义和法律规定上讲确实都有差别，但是这种差别对于讨论遗失物能否成为侵占罪的对象没有实际意义。在权利人要求归还而拒不归还的情况下，行为人的主观恶意表露无遗，并不因行为对象是遗忘物与遗失物而反映出行为人主观恶性的有无与大小。⑧

第三，遗忘物的认识错误。

有论者认为，客观上被害人或者第三者对财物存在占有关系，但是行为人误将其作为遗忘物加以占有的，属于以侵占遗忘物的意思客观上实施了窃取行为，应当按照抽象事实错误进行处理。对此，按照主客观相统一的原则，也只能在侵占（遗

---

① 参见高铭暄主编：《刑法专论》（下），751页，北京，高等教育出版社，2002。

② 参见刘明祥：《财产罪比较研究》，377～380页，北京，中国政法大学出版社，2001。

③ 参见周光权：《侵占罪疑难问题研究》，载《法学研究》，2002（3）。

④ 参见陈运光：《关于侵占罪中遗忘物、埋藏物的探讨》，载《人民检察》，1998（9）。

⑤ 参见陈兴良：《侵占罪研究》，载陈兴良主编：《刑事法判解》，第2卷，19页，北京，法律出版社，2000。

⑥ 参见张明楷：《刑法学》，2版，784页，北京，法律出版社，2003。

⑦ 参见陈兴良、周光权：《刑法学的现代展开》，662～663页，北京，中国人民大学出版社，2006。

⑧ 参见宋豫：《论侵占罪与遗失物拾得制度之关联》，载《西南政法大学学报》，2000（5）。

忘物）罪的范围内承担刑事责任。①

第四，埋藏物的含义与范围。

对此，理论上的争议主要体现在以下几个方面。

其一，刑法上的埋藏物与民法上的埋藏物是否具有相同的含义。有论者认为，刑法上的埋藏物，应当与民法上的埋藏物具有相同的含义，即均是指埋藏于土地及他物中其所有权归属不能判明之动产。②而有论者则认为，刑法和民法对埋藏物的理解应当有所不同，刑法上的埋藏物应当是所有人明确的财物。③

其二，埋藏物的所有权性质对于埋藏物有无意义？对此，有三种不同观点：第一种观点认为，埋藏物是埋藏于地下，所有人不明，应归国家所有的财物；④ 第二种观点认为，埋藏物是指埋在地下的仅归个人所有的财物；⑤ 第三种观点认为，埋藏物既包括私人所有的埋藏物，也包括属于国家所有的埋藏物。⑥

其三，对埋藏物是否要求必须具有明确的所有人？对此，有以下不同观点。第一种观点认为，埋藏物是指可以查明合法所有人的财物，所有人不明的不在此列。⑦第二种观点认为，埋藏物应当是所有人不明的财物。如果某种埋藏物在被偶然发现时所有人不明，后来出现了明确的所有人，其自然可以依法主张所有权；行为人拒不交出的，构成侵占罪。埋藏物的所有人不明，不是就该物被发现以后的客观事实而论，而是就发现当时的客观情况而言的。⑧ 第三种观点认为，埋藏物应当包括所有人明确的埋藏物和所有人不明确的埋藏物两种类型。⑨ 第四种观点认为，埋藏物可以是有主物，也可以是无主物。⑩ 第五种观点认为，作为本罪对象的埋藏物应是埋藏于地下，属于国家所有的财物。⑪ 第六种观点认为，作为本罪对象的埋藏物既可以是私人所有的埋藏物，也可以是集体所有、国家所有的埋藏物。⑫ 第七种观点认为，应从两个不同角度进行分析：就埋藏物被发现以后的客观事实而言，埋藏物的所有人必须是明确的；就埋藏物被发现当时的客观情况而言，其所有人可以是明

①② 参见周光权：《侵占罪疑难问题研究》，载《法学研究》，2002（3）。

③ 参见周少华：《侵占埋藏物犯罪的若干问题探析》，载《法律科学》，1998（3）。

④ 参见陈兴良：《刑法疏议》，442页，北京，中国人民公安大学出版社，1997。

⑤ 参见黄太云、滕伟主编：《中华人民共和国刑法释义与适用指南》，386页，北京，红旗出版社，1997。

⑥ 参见赵秉志：《刑法分则问题专论》，378～379页，北京，法律出版社，2004。

⑦ 参见杜发全主编：《新刑法教程》，701页，西安，西北大学出版社，1997。

⑧ 参见张明楷等：《刑法新问题探究》，324～325页，北京，清华大学出版社，2003。

⑨ 参见赵秉志：《侵犯财产罪》，265页，北京，中国人民公安大学出版社，1999。

⑩ 参见陈兴良：《刑法疏议》，442页，北京，中国人民公安大学出版社，1997。

⑪ 参见张明楷：《刑法学》（下），785页，北京，法律出版社，1997。

⑫ 参见高西江主编：《中华人民共和国刑法的修订与适用》，610页，北京，中国方正出版社，1997。

确的，也可以是不明确的。①

其四，埋藏物是否仅限于埋藏在地下的财物？对此，有两种观点：一种观点认为，埋藏物是指埋藏于地下的财物，不包括隐藏物；② 另一种观点认为，应从广义上理解埋藏物，即埋藏物是指埋藏于地下或者他物之中的财物，应包含隐藏物。③

其五，埋藏物是否仅限于有意埋藏的财物？对此，有两种观点：一种观点认为，埋藏物是被所有人有意地埋藏于地下的财物；④ 另一种观点认为，只要物品被掩埋在地下，不论是否有意埋藏，还是因自然原因而被埋藏，均是埋藏物。⑤

其六，埋藏物的特征。有人指出，埋藏物具有三个特征：须为动产；须为埋藏之物；须为所有权归属不能判明之物。⑥ 有人指出，埋藏物具有四个特征：埋藏于他物之中，不易由外部窥视或目睹其实际状态；无他人持有；被偶然发现；与遗忘物不同。⑦

7. 侵占罪的认定

(1) 明知某地埋有他人的埋藏物而秘密窃取的，如何定性

对此，一种观点认为，对于明知是他人的埋藏物而秘密窃取，数额较大的行为，如果埋藏物的主人知道埋藏物被谁窃取，前去索要，行为人拒不交出，定侵占罪，而如果埋藏物的主人不知道埋藏物被谁窃取，便不具备“拒不交出”的情节，故不能定侵占罪，应定盗窃罪。⑧ 另一种观点认为，应定盗窃罪。区分侵占罪与盗窃罪的关键并不在于是否具备“拒不交出”的情节，而在于侵占罪是对自己已合法持有的财物进行非法占有，而盗窃罪是将他人持有的财物，通过秘密窃取的手段转移到自己的控制之下。因此，只有在并不知道某地有埋藏物的情况下，在对地面挖掘的过程中偶然发现埋藏物，才具备对埋藏物持有的合法性。如果明知某地有埋藏物，出于非法占有的主观目的前去挖掘，这种情况下对埋藏物的持有就不具有合法性；不论埋藏物的主人是否知道埋藏物被谁窃取，也不论是否具备“拒不交出”的情节，都不能认定为侵占罪，只能构成盗窃罪。⑨

(2) 占有遗忘物行为的认定问题

关于侵占遗忘物的行为人的认定标准，比较通行的观点是“二重控制说”。该说认为，人们遗忘在车站、饭店、邮局等特定场所的财物具有双重控制关系。一是财物所有人的控制；二是特定场所的有关人员的控制。在财物所有人对财物暂时失去

---

① 参见刘宪权、杨兴培：《刑法学专论》，604页，北京，北京大学出版社，2007。

② 参见王作富：《略论侵占罪的几个问题》，载《法学杂志》，1998 (1)。

③ 参见周少华：《侵占埋藏物犯罪的若干问题探析》，载《法律科学》，1998 (3)。

④⑤ 转引自陈运光：《关于侵占罪中遗忘物、埋藏物的探讨》，载《人民检察》，1998 (9)。

⑥ 参见陈兴良、周光权：《刑法学的现代展开》，666～667页，北京，中国人民大学出版社，2006。

⑦ 参见张明楷等：《刑法新问题探究》，324～325页，北京，清华大学出版社，2003。

⑧ 参见李世军：《侵占罪浅析》，载《法学评论》，1998 (6)。

⑨ 参见夏朝晖：《论侵占罪的司法适用问题——兼评侵占罪的立法不足与完善》，载《中国刑事法杂志》，1999 (5)。

控制的情况下，特定场所的有关人员（如门卫、保安人员等）便是财物的新的持有、控制人。① 有论者进一步指出，所有人的控制丧失以后，特定场所内的有关人员被认为有概括、抽象、持续的占有意识，占有、支配关系也在事实上存在。如乘客遗忘财物在出租车上，司机无所察觉，新的乘客将前一客人遗置的财物拿走，原则上也可以考虑成立盗窃罪。② 而有论者认为，上述主张只能适用于非公共空间或单独空间，而不能适用于公共空间。理由是：一方面，从生活实际来看，在有不特定多人同时流动的公共空间里，空间管理人或控制人的义务只是维持该空间内的最低活动秩序，而不能对进入该空间的每个人的具体财物进行具体的管理和控制，因此，该公共空间的管理人或控制人，不管是否委托给保安还是其他职员以管理权，都不可能做到对每个人的具体财物进行有效管理；另一方面，如果承认该公共空间对进入其内的不特定人的财物有管理义务的话，法律上的财物所有人，不管是因为遗忘还是因为被盗窃，都有权利向该空间的管理人主张赔偿，而该公共空间的管理人也有赔偿的义务。这显然是不合理，也是没有法律依据的，更不符合生活常识。因此，在有不特定多人同时流动的公共空间，在管理人或控制人对具体遗忘物没有控制或支配意思的时候，并不能形成对该遗忘物的有效控制，也没有管理义务。只有在该公共空间的管理人或控制人，包括受委托管理或控制的人，如保安、饭馆服务员等，对具体遗忘物有明确的、具体的控制意思或支配意思的情况下，才形成对遗忘物的第二控制。因此，在这种情况下，行为人非法占有遗忘物并拒绝返还的，构成盗窃罪，否则，只可能构成侵占（遗忘物）罪。在非公共空间或单独空间，管理人或控制人无须明确的控制意思或支配意思，只要对该空间内的所有财物有概括的、抽象的控制支配意思就对该空间内的财物，包括他人遗忘的遗忘物，形成有效的管理和控制，由此成为遗忘物的第二控制人。行为人非法占有该空间的他人遗忘物，就是对第二控制的排斥，应该定盗窃罪，而不是侵占罪。此外，对遗忘物的第二控制还存在两种例外情形：一是在公共空间里财物的合法所有人或占有人对自己财物表面上看没有控制力，实际上还存在控制的情况，也就是还有第一控制存在；二是遗忘物的第一控制人已经失去对自己财物的控制，但是第一控制人利益共同体内部的人非法占有财物，从而使财物所在空间的管理人基于对第一控制人利益共同体的信任而没有形成有效第二控制的情形。在前一种情形下，行为人非法占有财物的，属于秘密窃取他人的财物，使财物脱离合法占有人的控制，构成盗窃罪；在后一种情形下，基于对利益共同体给予必要信任的生活常理，阻却第二控制人的保管责任，对

① 参见陈兴良：《非法占有他人遗忘在特定场所之财物的定性》，载《法学前沿》，第1辑，180页，北京，法律出版社，1997；王作富：《中国刑法研究》，607页，北京，中国人民大学出版社，1988。

② 参见周光权：《侵占罪疑难问题研究》，载《法学研究》，2002（3）。

非法占有的行为人应该定侵占罪。① 还有的论者认为，特定场所之人（财产的第二重控制人）必须要有明确的持有意思，持有关系才能成立。②

（3）对在侵害他人人身权利之后，产生占有他人财物的故意并非法占有的行为如何定性的问题

对此，有观点认为，在伤害、强奸之后等被害人仍在场，对财物的控制依然存在的情况下，秘密取财的，应当定为盗窃罪；如果利用前面实施的暴力、胁迫所产生的不能抵抗的状态，即利用余势公开夺取财物的，定为抢劫罪。在被害人已经死亡的情况下取财的行为，由于被害人死亡之后已经丧失了对财物的控制，所有权虽然转移给继承人或者转归国有，但所有权的转移不等于控制关系的转移。在被害人的死亡场所，财物成为加害人的持有物，因此杀人后的取财行为应定性为侵占罪。但如果死亡场所在被害人家中，因为家中的财物处于家人的特殊控制之下，加害人此时并没有控制财物，因此，对杀人后在其家中取财的行为应认定为盗窃罪，与先前的故意杀人罪数罪并罚。③

8. “告诉才处理”规定的缺陷

不少论者认为，侵占罪中“告诉才处理”这一规定存在缺陷。有论者把这些缺陷概括为五个方面。第一，侵占所有人不明的埋藏物的诉讼主体不明。既然所有人不明的埋藏物归国家所有，则当该物被侵犯时，由哪个国家机关提起诉讼？第二，侵占公共财产的诉讼主体不明。第三，被害人在查明事实方面无法得到司法机关帮助，这不利于保护受害人的合法权益。第四，侵占情节严重时，如果不以国家公诉模式去追诉，则会打击不力。第五，《中华人民共和国民法典草案》中已明确规定：拾得财物等情况下的财物管理人有权要求所有人支付管理等性质的费用、酬金。由此就会出现拾得人以民法之规定对抗财物所有人的归还要求，双方无法协商一致时，财物所有人难以自诉并胜诉的情况。④ 有论者认为，将侵占罪设定为亲告罪，有如下弊端：忽略了被害人行使自诉权的局限性，不利于追诉；不利于国家利益的保护；不能有力惩治危害较大的侵占行为。⑤

9. 侵占罪的立法改进

有论者认为，《刑法》第270条第1款规定的“代为保管的他人财物”的范围广泛，因发现而取得的遗忘物、遗失物或埋藏物等都应包括其中。同时，对于该条第2款规定的“他人的埋藏物或者遗忘物”，司法人员从财物的存在状态上往往不易判

---

① 参见叶希善：《侵占遗忘物和盗窃遗忘物的区别新议——修正的二重控制论》，载《法学》，2005（8）。

② 参见黄祥青：《侵占罪适用问题探析》，载《人民司法》，2001（1）。

③ 参见陈兴良：《故意杀人后取财行为之定性研究——计永欣案分析》，载《法学杂志》，2004（25）。

④ 参见莫传明：《侵占罪告诉问题浅析》，载《成都行政学院学报》，2005（1）。

⑤ 参见李飞：《侵占罪之亲告罪定位反思》，载《福建公安高等专科学校学报》，2006（4）。

断，尚需根据原财物所有人或占有人的陈述认定，从而就存在此时对于认定构成侵占罪的行为究竟是依据《刑法》第270条第1款还是依据该条第2款的规定对行为人定罪判刑，其抉择权并不在于司法人员，而在于财物的所有人或占有人的问题，这是很不严肃的。对此，可通过引入国外刑法中涵盖遗失物、埋藏物、漂流物和走失的动物的“脱离持有物”的这一概念解决这个问题。①

有论者认为，从与盗窃罪的协调上看，侵占罪也应只将“数额较大”视为一个重要的定罪情节，而不应将其看做是构成要件。同时，可考虑借鉴日本刑法，将侵占行为分为三种，即侵占业务持有物的行为、侵占委托持有物的行为和侵占脱离持有物的行为。三者在社会危害程度上的差异是客观存在的：侵占业务持有物的行为不仅违背个人与个人之间的信任关系，也违背个人对社会的信任关系；侵占委托持有物的行为仅违背个人与个人之间的信任关系；侵占脱离他人持有物的行为则一般不具有违背他人信任的性质。三者的社会危害性依次减弱，在规定侵占罪的法定刑时也应明确体现其差异。对三种社会危害性不同的行为应分别规定不同的刑罚。②

（二）职务侵占罪

1. 职务侵占罪的主体

职务侵占罪的主体是公司、企业或者其他单位中的工作人员。

（1）“公司、企业或者其他单位”的理解与认定

职务侵占罪侵犯的是单位的财产，非公有制单位当然属于这里的“单位”，对此不存在争议。但对于本罪的“单位”是否也包括国有单位，则有不同观点。一种观点认为，从所有制性质上说，本罪的对象中的公司等单位，具有非国有性质，包括集体所有制企业、私营企业以及混合所有制企业等一切非国有的单位。③ 支持这种观点的理由是：我国1997年《刑法》仍规定有贪污罪，并且将国有公司、企业或者其他单位的工作人员以国家工作人员论；对于国有公司、企业或者其他单位的工作人员利用职务上的便利侵占本单位的公共财物的，应按贪污罪定罪处罚。因而，从所有制性质上讲，职务侵占罪中的公司、企业或者其他单位是指非国有性质的公司、企业或其他非国有单位。④ 另一种观点认为，我国刑法并未将职务侵占罪中的“公司、企业或者其他单位”限定为非国有公司、企业或者其他单位。如果将职务侵占罪的单位限定为非国有单位，则会使某些职务侵占行为得不到惩治。⑤ 支持该观点的论者指出，根据国有企业、事业单位、机关、团体的工作人员的特点，将他们排除出职务侵占罪的主体，似乎并不合理，因为在国有企业、事业单位、机关、团体中，除了存在依法执行公务的国家工作人员以外，还有非从事公务的其他人员，例

---

①② 参见张艳芳：《侵占罪的立法缺陷及完善》，载《法制与经济》，2006（12）。

③ 参见胡康生、李福成主编：《中华人民共和国刑法释义》，340页，北京，法律出版社，1997。

④ 参见苏惠渔主编：《刑法学》，669页，北京，中国政法大学出版社，1997。

⑤ 参见赵秉志：《侵犯财产罪》，280页，北京，中国人民公安大学出版社，1999；刘志伟：《侵占犯罪的理论与司法适用》，159～160页，北京，中国检察出版社，2000。

如直接从事生产、运输或者其他劳务性活动的工人、机关勤杂人员、个体劳动者、装卸工、国家机关的汽车司机、国有商店的售货员、国有企业的售票员、出租车司机等。他们显然不属于从事公务的人员，实践中不能排除这些非国家工作人员利用职务上的便利侵吞本单位的财物行为的发生。国有单位中非从事公务的其他人员利用职务的便利侵占本单位的财物的行为，毕竟也有别于一般的盗窃、诈骗或侵占行为，因为行为人客观上也是利用了职务的便利。如果将上述人员排除出职务侵占罪的主体范围，其侵吞本单位财物的行为之定性将会遇到窘境。从现实来看，国有单位中的非从事公务的其他人员虽然不依法从事公务活动，而仅仅是从事劳务或其他工作，但由于他们在国有单位所从事的工作本身的性质，使得其中一部分人具有一定限度的管理公共财物的职能。这部分人利用职务上的便利侵吞本单位财物的行为，完全符合职务侵占罪的构成特征，应以职务侵占罪定罪处罚。论者进一步指出，国有公司、企业、机关、团体中并不是所有的非国家工作人员都能成为本罪的主体，只有能够利用职务之便的人员即具有一定的管理权限，从事对于财物的管理性工作的人员，才能成为职务侵占罪的主体。这意味着，其他一般不具有管理职权的、从事一般事务的人员，将本单位数额较大的财物利用职务之便占为己有的，不构成职务侵占罪，而应根据其行为的性质分别构成侵占罪、盗窃罪或诈骗罪等。因为国有单位中不从事公务的人员，如果也没有一定的管理财物职能，其侵占本单位财物行为，往往是利用过手财物或工作的便利条件容易接近财物，谈不上利用职务之便的可能，对他们的行为以职务侵占罪定罪名不符实。①

关于《刑法》第 271 条第 1 款“其他单位中”的“单位”的范围是否与总则第 30 条单位犯罪中的“单位”范围一致的问题，有论者持否定态度。论者认为，两者区别之要义在于价值取向不同。第 271 条第 1 款中的“单位”只需要具备形式上的合法性即可成立，但是作为第 30 条单位犯罪中的“单位”不仅要具有形式的合法性，而且还需具备实质的合法性。因为从价值取向角度而言，作为犯罪主体的单位的认定，应从严掌握，否则，把所有大大小小的单位一律都认可具有作为单位的主体资格，就会把一些自然人犯罪作为单位犯罪论处，不仅放纵了罪犯，且有失公平。另外，从刑法的谦抑性以及刑法与经济发展保持相对张力的角度，对单位犯罪的单位的认定也应从严把握。而作为第 271 条第 1 款中的“单位”的确定，主要是解决其内部工作人员的犯罪问题，基于保护单位财产的角度，单位外延的认定可以适当放宽。故而，在一般情况下，只需具备形式的合法性，刑法上的单位即可成立。据此，为了犯罪而成立的单位可以成为第 271 条第 1 款中的“单位”。②

非法人企业能否纳入职务侵占罪的调整范围？有论者对此持否定态度。其理由如下。第一，将非法人企业纳入职务侵占罪的调整范围，不符合职务侵占罪设立的目的。因为职务侵占罪的设立目的在于保障法人企业财产的独立性，以避免他人利

①② 参见郭泽强：《关于职务侵占罪主体问题的思考——以对“利用职务上的便利”之理解为基点》，载《法学评论》，2008 (6)。

用法人企业形式规避市场交易中所承担的民事责任。而非法人企业不像法人企业可能存在企业本身财产担保作用问题，因而无必要由职务侵占罪来调整。第二，《合伙企业法》、《个人独资企业法》并没有对侵占企业所有财产的行为规定侵权责任，所以，刑法若将职务侵占罪的调整范围扩展到非法人企业，则有违刑法补充性原则。第三，从非法人企业利益的非独立性上可以看出职务侵占罪不能调整非法人企业。第四，肯定非法人企业纳入职务侵占罪调整范围，则合伙企业全体合伙人经协商占有本企业财产的，也构成犯罪。① 而有论者则认为，职务侵占罪中的单位应当包括具有独立财产的各类经济组织和非经济组织，与单位是否具有法人资格无关，也与单位的所有制性质无关（包括国有单位、非国有单位和集体经济组织），即一切合法的组织均属于职务侵占罪中的单位。②

正在筹备成立的公司、企业或其他组织能否视为《刑法》第 271 条第 1 款“其他单位”中的“单位”？对此，有论者指出，2000 年最高人民检察院《关于挪用尚未成立的公司资金的行为适用法律问题的批复》指出，筹建公司的工作人员在公司登记注册前，利用职务上的便利，挪用准备设立的公司在银行开设的临时账户上的资金……应当根据《刑法》第 272 条的规定，追究刑事责任，即以挪用资金罪论处。按照此司法解释的精神，正在筹备成立的公司、企业或其他组织应当视为第 271 条第 1 款“其他单位”中的“单位”，其筹备工作人员可以成为职务侵占罪的主体。但论者认为，上述解释存有一定问题。从实质合理的角度而言，上述解释是对《刑法》第 272 条第 1 款中的“单位”不当的扩大解释。因为公司尚未成立，只是计划中的，而不是现实的公司单位。筹备人员当然不能成为该公司的工作人员。③

私营企业能否成为《刑法》第 271 条第 1 款中的“单位”？在理论上，有一种观点认为，私营企业应以个人论，不能成为单位犯罪的主体。其主要理由是，它是个人投资、经营所得利益归个人所有。④ 有论者则认为，笼统说私营企业以个人论是不正确的。既然私营企业是依法成立的经济组织，是企业的一种，就不能否认它是第 271 条中所规定的“单位”。私营企业不等于个人所有。完全由私人资本组成的公司，可以取得法人资格；个人独资企业不能取得法人资格。但是，第 271 条第 1 款中的“单位”并非仅指法人。因此，不能因为企业性质的私有而否认其成为第 271 条第 1 款中的“单位”。况且，第 271 条第 1 款中的“单位”，并无所有制的限制。应当看到，由于私营企业财产所有权的私有性以及其内部雇员主体身份的特殊性，长期以来，法律、法规对私有企业财产利益的保护一直限于民事手段。为弥补以往刑事立法之不足，体现刑法对公有制经济和非公有制经济平等保护原则，加大对私

---

① 参见潘玉森：《论非法人企业不宜纳入职务侵占罪的调整范畴》，载《理论界》，2005（2）。

② 参见冯兆蕙：《职务侵占罪司法认定问题探究》，载《河北法学》，2008（9）。

③ 参见郭泽强：《关于职务侵占罪主体问题的思考——以对“利用职务上的便利”之理解为基点》，载《法学评论》，2008（6）。

④ 参见曹顺明：《论单位犯罪的主体范围》，载《河北法学》，1998（3）。

营企业财产利益的保护力度，将私营企业视为第271条第1款中的“单位”，可以更为有力地惩治职工雇员侵害本企业的财产利益的行为。①

个体工商户和个体经营户是否属于《刑法》第271条第1款中的“单位”？对此，有论者认为，尽管个体工商户和个体经营户在民法上的性质属于自然人范畴，但从刑法角度而言，则不能一概而论，有的个体工商户和个体经营户属于刑法中的特定单位的范畴。② 而有论者则主张，个体经济，指个人经营，包括个体工商户、农村的个体经营户。虽然法律规定，个体工商户可以请三个帮手，但一切都是由个人决定，谈不上组织性，故其不能成为第271条中所规定“单位”。此为其一。其二，按法律规定，个体工商户与私营企业受不同的法律调整（前者受《城乡个体工商户管理暂行条例》调整），二者性质有根本区别。个体工商户不属于企业范畴，财产是个人所有的，其一切活动均取决于一个人的意志，自负盈亏，不具有团体的特征，当然不能视为第271条第1款中的“单位”；其所请的帮手、学徒，自然也不能成为职务侵占罪的主体。③

（2）公司、企业或者其他单位中的人员的范围

对单位中正式在编的工作人员可以成为职务侵占罪的主体，没有争议。但对于单位合同工、临时工、实习生、兼职人员等非正式在编人员能否成为本罪主体的问题，实践中则有不同意见。对此，有论者指出，单位合同工、临时工、实习生、兼职人员等能否被认定为《刑法》第271条所规定的“公司、企业或者其他单位人员”，实际上涉及这样一个问题且值得研析：即当刑法上的某一犯罪构成要素出现形式与实质的评价差异时，应当依据什么规则作出取舍？就职务侵占罪的主体问题而言，从形式层面看，单位合同工、临时工、实习生、兼职人员等无疑不属于单位的在职、在编人员；但从实质层面看，这些人员在一定时期内实际履行着单位职责，甚至承担着与单位正式职工相同的工作任务。从刑法的基础立场来分析，相对于民商法注重形式合理性而言，刑法注重的是实质合理性。评判一个人是否“单位人员”，实质性的依据不是身份，而是是否单位职责或者业务活动的承担者。易言之，只要是持续、反复地履行单位职责或从事单位业务活动的人，在实质上就属于单位人员。至于是单位的正式职工还是临时工等，这些属于身份事项，一般只能表明在单位内部各个人承担的职责或从事的业务活动有所分工，对说明是否单位人员并无决定性意义。概言之，将与单位正式职工一道共同分担单位职责或业务活动的合同工、临时工、实习生、兼职人员等，一并认定为“公司、企业或者其他单位人员”，

---

① 参见郭泽强：《关于职务侵占罪主体问题的思考——以对“利用职务上的便利”之理解为基点》，载《法学评论》，2008（6）。

② 参见孙燕山、张可新：《以非犯罪主体为视角析刑法中的单位》，载李洁等主编：《和谐社会的刑法现实问题》（上），163页，北京，中国人民公安大学出版社，2007。

③ 参见郭泽强：《关于职务侵占罪主体问题的思考——以对“利用职务上的便利”之理解为基点》，载《法学评论》，2008（6）。

具有实质的合理性。从犯罪构成要素的遴选与设定依据层面作剖析，在界定职务侵占罪的主体内涵及外延时，应当关注的事实是，与侵占行为直接关联的因素是行为人的“职务”或“职责”，至于行为人是以正式职工、还是临时工的身份担负该项“职务”或“职责”并利用其便利，对侵占行为的实施、完成以及危害性大小来说，可谓并无大碍。质言之，诸如正式职工或者临时工这种单纯的身份事项，一般并无刑法意义；只有与一定的工作职责相联系的身份事实，才有作为犯罪构成之主体要素来规定的必要性。因此，把在一段时间内实际担负单位工作职责的人，解释、认定为“公司、企业或者其他单位人员”，应当讲这一结论契合犯罪构成要素的遴选与设定规则。①

关于个人挂靠集体的情况下职务侵占罪主体的认定问题，有论者认为，由个人出资，但挂靠集体组织，并领有集体企业营业执照的企业，即名为集体实为个人的企业，其法定代表人（即出资人）采取不正当手段提取企业的财物，是否构成职务侵占罪呢？一般来说，个人挂靠集体，集体单位一不投资，二不参与管理，三不承担企业风险，只按协议收取一定的管理费，企业资金及生产资料全部由行为人筹集。对于这种名为集体实为个人的企业，首先必须对其性质进行认定；如果确实不明确，可以要求工商行政管理部门对企业的经营性质予以重新核定，最后以工商行政管理部门的认定为准。若最后核定为集体企业，则对其法定代表人利用职务之便采取不正当手段提取企业财物的行为，只要数额达到，即可认定为职务侵占罪；若最后核定为个体私营企业，则其法定代表人不能构成职务侵占罪。当然该私营企业的职工可构成职务侵占罪的主体。②

私营企业主、股东是否可以成为职务侵占罪的主体？对此，有论者认为，私营企业主、合伙企业的合伙人不能成为职务侵占罪的主体。理由是：企业财产属于私营企业主他们本人，其在经济活动中依法负无限民事责任；合伙人之间依法对外负无限连带责任，对内可以相互追偿损失，且负无限赔偿责任。因此，他们即使实施了侵占行为，也只是侵犯了自己的财产所有权，所以不能成为职务侵占罪的主体。③而有论者则认为，对此不能一概而定，应视具体情况具体分析。如果私营企业是由一人出资成立的，那么该企业财产本身归他个人所有，当然也就不存在侵占的问题；如果私营企业是由二人以上共同出资成立的，其合伙人、合股人擅自利用职务上的便利，侵占本企业财物，实际上也同样侵犯了企业其他业主、股东的合法权益。如果企业是法人的，也同样侵犯了企业的法人财产权。如果只是因为他是企业的产权人之一而不追究、不处罚其侵占行为，对我国的市场经济秩序和企业合法权益的保

① 参见黄祥青：《职务侵占罪的立法分析与司法认定》，载《法学评论》，2005（1）。

② 参见杨毅军：《论职务侵占诸要素的认定》，载《佛山科学技术学院学报》（社会科学版），2001（4）。

③ 参见任剑：《侵占罪探讨综述》，载《人民检察》，1996（5）。

护都是不利的。①

关于公司或企业的实际控制人能否成为职务侵占罪主体的问题，有论者进行了论述。论者认为，对于实际控制人侵占公司或企业财产行为是否构成职务侵占罪的问题，应该结合其是否在单位任职和占有公司或企业财产的具体情形具体分析。其一，如果该实际控制人在公司、企业中任职，利用职务便利侵占单位财产，符合职务侵占罪的构成要件，适用本罪；其二，如果该实际控制人在公司、企业中并没有任职，而是借单位的工作人员之手实施对单位财产的侵占，应当认为与该工作人员一起构成职务侵占罪的共同犯罪；其三，如果该实际控制人是公司或企业的股东，将公司或企业的注册资本抽逃的，应以抽逃出资定罪量刑更为适宜。由此可见，对实际控制人以职务便利侵占公司或企业财产行为的定性，并不以其是否占有公司或企业的股份或占有股份的多少为判断依据，即便其实施了该行为，也应根据实际情况认真分析，根据刑法的具体规定准确定性量刑。②

2. 职务侵占罪的客观方面

职务侵占罪的客观方面表现为利用职务上的便利，将本单位财物非法占为己有，数额较大的行为。

(1)“利用职务上的便利”的界定问题

关于利用职务上的便利的含义问题，常见的理解有四种：第一种观点认为，利用职务上的便利，是指行为人利用自己在管理本单位经营、生产过程中所进行的领导、指挥、监督的职权；③ 第二种观点认为，利用职务上的便利，是指利用自己主管、管理、经营、经手单位财物的便利条件；④ 第三种观点认为，职务侵占罪中的职务上的便利是指根据自己工作或因为业务而合法持有、控制、管理、支配单位财产的便利；⑤ 第四种观点认为，利用职务上的便利，是指公司、企业或其他单位的人员利用在业务活动或工作中所拥有的对公司决策、企业经营管理的权利，或者其他单位中主管、管理、经手财物和其他事务的便利条件。⑥

关于职务侵占罪和贪污罪中“利用职务上的便利”含义是否相同，理论上有不同看法：肯定说认为，职务侵占罪和贪污罪中“利用职务上的便利”含义完全相同，即指利用自己主管、管理、经营、经手单位财物的便利条件。⑦ 支持肯定说的论者认为，从职务侵占罪的历史渊源以及《刑法》第 271 条第 1 款与第 2 款的逻辑关系

---

① 参见孙洪涛：《浅析职务侵占罪的主体》，载《河北法学》，2001 (1)。

② 参见肖芸：《职务侵占罪主体研究》，载《安庆师范学院学报》(社会科学版)，2008 (7)。

③ 参见张翔飞：《论职务侵占罪的几个问题》，载《现代法学》，1997 (4)。

④ 参见张明楷：《刑法学》(下)，785 页，北京，法律出版社，1997。

⑤ 参见赵永红、钱业弘：《试论职务侵占罪的几个问题》，载《人民检察》，2001 (4)。

⑥ 参见蔡兴教主编：《财产贪贿犯罪的疑难和辨证》，269 页，北京，中国人民公安大学出版社，1999。

⑦ 参见张明楷：《刑法学》，2 版，785 页，北京，法律出版社，2003。

看，贪污罪与职务侵占罪在“利用职务上的便利”的含义上没有实质区别。“利用职务上的便利”在功能上主要是为了区分不需要利用职务的便利实施的犯罪诸如盗窃罪、诈骗罪等。贪污罪与职务侵占罪中“利用职务之便”在本质上都是相同的，只是在具体表现形式上有所差异，需要结合“利用职务之便”中的职务的内容或者职务所存在的领域来进行分析。因此，职务侵占罪与贪污罪在逻辑上呈现并列的关系。职务侵占罪与贪污罪实质上都是一种广义的职务侵占行为，只不过，贪污罪的主体只能是公司、企业或者其他单位中的国家工作人员（或者其他国有单位委派到非国有公司、企业及其他单位从事公务的人员），而职务侵占罪的主体是公司、企业或者其他单位中的非国家工作人员。在这种意义上，论者赞同有些学者将《刑法》第271条的罪名归纳为公司、企业、单位人员贪污罪。① 还有的支持肯定说的论者认为，由于职务侵占罪是从贪污罪中分离出来的一种罪名，因而在客观方面侵占也是以侵吞、窃取、骗取或其他手段，与贪污罪的非法获取财物的手段有相同之处。但是，侵占行为比上述手段内容上要丰富得多。不仅包括作为，如擅自出卖、赠与、消费、隐匿、设立质权或抵押权、设立担保物权等，还包括不作为，如单位委托保管之物，拒绝返还，否认曾为其保管等。有些行为，虽然行为人没有直接侵占单位财物，但通过设立抵押权、担保权等行为，拿着单位的财物为自己获利，即“借鸡下蛋”，间接上获取了单位财物的孳息物，也应视为侵占行为，而且上述侵占行为是擅自行使单位财物所有权的行为，因而具有严重的危害性。② 否定说认为，由于贪污罪中的行为人是在行使国家公权力过程中利用职务上的便利，而职务侵占罪中的行为人是在实施行为过程中利用职务上的便利，这种客观领域的差别，决定了两罪中“利用职务上的便利”含义有别。③ 有的支持否定说的论者认为，与贪污罪的“利用职务便利”带有浓重的“官位和权力”之义相比，职务侵占罪的“利用职务便利”则带有强烈的“职责便利”之意。贪污罪的“职务”是“公务”，是指国家性质的公务，直接或间接地体现了国家对社会的管理职能，因而体现了其活动的国家性质。除此之外的所谓“职务”则应划归“私务”。这也是两者的本质区别所在。④

依据1995年全国人大常委会颁布的《关于惩治违反公司法犯罪的决定》（以下简称《决定》）第10条的规定，原来的职务侵占罪是公司董事、监事或者职工利用职务或者工作上的便利所实施的。而1997年《刑法》将“利用职务或者工作上的便利”修改为“利用职务上的便利”。这样，就产生了一个问题，即如何理解“利用职务上的便利”与“利用工作的便利”的关系。有论者从语辞的含义入手，认为不同

---

① 参见郭泽强：《关于职务侵占罪主体问题的思考——以对“利用职务上的便利”之理解为基点》，载《法学评论》，2008（6）。

② 参见于世忠：《职务侵占罪探微》，载《法制与社会发展》，2003（4）。

③ 参见贾凌、曾粤兴：《论侵占性质犯罪的立法完善》，载《湖南省政法管理干部学院学报》，2000（3）；杨立敏：《职务侵占罪特征的研究》，载《昌吉学院学报》，2004（3）。

④ 参见刘国森：《职务侵占罪的客观方面研究》，载《经济与社会发展》，2006（8）。

词典对职务虽有不尽一致的解释，但共同点都是将职务解释为“工作”。因此，职务即工作，职务上的便利也就是工作上的便利。① 有论者则认为，从立法变更的意图来看，“利用职务上的便利”应有别于“利用工作的便利”，“利用职务上的便利”与“利用工作的便利”在逻辑关系上应是并列的、不同的范畴，而不可能是简单的同义重合。诚然，“利用工作的便利”的含义很丰富，从广义上讲，甚至利用公务以及利用劳务的便利，都可以称得上是“利用工作的便利”。但从立法本意来看，《决定》中的“利用工作的便利”可能仅仅是在一个相对较窄的意义上使用的。正如有学者指出的那样，上述《决定》中的“利用工作的便利”，是指行为人因为工作关系熟悉作案环境，凭其身份便于进出某些单位，轻易接近作案目标等方便条件。在此意义上解析职务侵占罪的客观表现，显然是与设立职务侵占罪的初衷相背离的，它可能带来一个最大问题，就是将作为身份犯的职务侵占罪与非身份犯的如侵占罪、盗窃罪以及其他一般犯罪混同。正是基于这种考虑，立法者才将职务侵占罪中“工作上的便利”的规定取消。② 还有的论者认为，只有行为人利用本人职责范围内的、对单位财物的一定权限而实施的侵占行为，才属于“利用职务上的便利”而实施的侵占单位财物的犯罪，因而应当认定职务侵占罪。如果行为人与非法占有的单位财物没有职责上的权限或直接关联，仅仅只是利用了工作中易于接触他人管理、经手中的单位财物，或者熟悉作案环境的便利条件，则属于“利用工作条件便利”，由此实施的财产犯罪，应当根据行为人具体采用的非法占有单位财物的不同手段，分别认定为盗窃、诈骗或者侵占罪。③ 另有论者认为，在认定利用职务之便时，应将其与“利用工作之便”区别开。利用工作之便实际上是利用劳务即直接从事生产劳动和劳动服务活动的方便条件，如对工作环境的熟悉、对其他劳务者的熟识、有接触单位财物的机会等。对于因工作上的关系而把持单位的财物者，如集体所有制、私营企业的客运公司的售票员、货运公司的司机把持售票款、运输款等，如果他们将持有的单位财物非法据为己有，数额较大，且拒不归还的，应认定为侵占罪。对无机会把持单位财物的人员，如果利用对环境的熟悉，秘密窃取单位财物的，数额较大者，应认定为盗窃罪。④

关于“职务”内涵的理解问题，有的论者认为，从刑法解释角度看，这里有两个要点值得提及。其一，职务是一项工作，不能与“职权”画等号；亦即不能把“利用职务上的便利”仅仅解释为“利用职权便利”。因为，一般说来，“工作”的含义相对较广一些，既包括在一定单位中担当管理职责，也包括从事具体的业务活动。

---

① 参见王作富主编：《刑法分则实务研究》（下），2版，1327页，北京，中国方正出版社，2003；赵永红、钱业弘：《试论职务侵占罪的几个问题》，载《人民检察》，2001（4）。

② 参见郭泽强：《关于职务侵占罪主体问题的思考——以对“利用职务上的便利”之理解为基点》，载《法学评论》，2008（6）。

③ 参见黄祥青：《职务侵占罪的立法分析与司法认定》，载《法学评论》，2005（1）。

④ 参见于世忠：《职务侵占罪探微》，载《法制与社会发展》，2001（4）。

相对而言，“职权”的含义则窄一些，它容易仅与担负单位的管理职责相联系。如果把“职务”与“职权”相混同，则势必不当缩小职务侵占罪的认定范围。其二，职务是一项由单位分配给行为人持续地、反复地从事的工作，即担当职务往往具有相对稳定性的特点。如果是单位临时一次性地委托行为人从事某项事务，行为人乘机实施侵占行为的，一般不宜认定为“利用职务上的便利”而实施的职务侵占罪。如果忽视了担当职务应当具有相对稳定性之特性，将利用单位临时一次性地委托行为人从事某项事务的机会也视为“利用职务上的便利”，则难以划清职务侵占罪与侵占罪的界限。质言之，究竟行为人是利用持续地、反复地从事单位工作的便利，还是利用临时一次性地接受单位的委托从事某项事务的机会，这是职务侵占罪与侵占罪在客观方面的重要区别所在。由此可知，对于“职务”内涵的理解，既不能与“职权”画等号，从而导致失之过窄，以致混淆与盗窃等罪的界限；同时也不能与“临时一次性地接受委托从事某项单位事务的机会”相混同，从而导致失之过宽，以致混淆与侵占罪的界限。①

关于“职务”外延的理解问题，一般认为包括主管、管理、经手单位财物几种情形。详言之，“主管”是指行为人虽不具体管理、经手单位财物，但对单位财物的调拨、安排、使用具有决定权。如公司的总经理在一定范围内拥有调配、处置单位财产的权力。“管理”是指行为人对单位财物直接负有保管、处理、使用的职责，亦即对单位财物具有一定的处置权。如企业的会计负有管理单位财务的职责。“经手”是指行为人虽不负有管理、处置单位财物的职责，但因工作需要，单位财物一度由其经手，行为人对单位财物具有临时的实际控制权。②

关于职务是否包括公务或劳务的问题，有四种不同观点。

第一种观点认为，职务包括公务和劳务。理由是：①从汉语意思来讲，无论是公务还是劳务，都属于职务的范畴；②从法理来讲，公司、企业的工作人员无论是利用公务之便还是利用劳务之便实施的将本单位财物非法占为己有的行为，对公司、企业等单位所造成的危害是相同的；③我国刑法中没有其他的可以处罚利用劳务之便将本单位财物非法占为己有的罪名。③ 支持上述观点的论者认为，1997 年《刑法》规定有国家工作人员利用职务上的便利实施的犯罪，也规定了非国家工作人员利用职务上的便利实施的犯罪。而非国家工作人员可以利用从事公务活动的便利实施犯罪，也可以利用从事劳务活动的便利实施犯罪，将两者区分开来定罪没有必要。因此，职务侵占罪中的“利用职务上的便利”包括从事公务活动的便利和从事劳务活动的便利。《刑法》第 271 条第 1 款对职务侵占罪的主体规定为公司、企业或其他单位的人员，显然不仅包括其公司、企业或单位的董事、经理、领导，而且包括其他管理人员和劳务人员，而劳务人员利用劳务之便侵占本单位财物的行为，不可能归

---

① 参见黄祥青：《职务侵占罪的立法分析与司法认定》，载《法学评论》，2005（1）。

② 参见赵秉志主编：《侵犯财产罪研究》，347 页，北京，中国法制出版社，1998。

③ 参见唐战立：《浅析职务侵占罪及其立法完善》，载《东莞理工学院学报》，2004（1）。

入侵占罪或者其他罪名进行评价，所以，不仅在语言学角度可以、而且在解释意义上应当将该条规定的“利用职务上的便利”，理解为包括从事公务活动的便利和从事劳务活动的便利。① 还有的支持上述观点的论者认为，根据《现代汉语词典》对“职务”的解释，“职务”的本意是指“工作中所担任的事情”或者“职务所规定应该担任的工作”。“职务”既指公务又指劳务。当然，在职务侵占罪中，公务仅指集体性质的公务。在国有单位中具有管理本单位财物职务的人并非只能是具有国家工作人员身份的人员，还有从事劳务的人员，因为劳务活动也是工作。在国有单位中从事劳务活动的人员侵占自己所管理的本单位财物自然会侵犯本单位财物所有权，而且这些人员之所以能够管理本单位财物正是基于单位对自己的信任，其违背职责侵占单位财物的行为自然侵犯了诚实信用的委托关系。②

第二种观点认为，职务侵占罪中的职务不包括公务。论者从职务的内涵与外延两个方面对职务进行了探讨。就“职务”内涵而言，其基本含义是指职位规定应当担任的工作。职务是一项工作，是持续性反复进行的工作。就“职务”的外延来说，一般认为包括主管、管理、经手单位财物几种情形。但这里所讲的利用主管、管理、经手单位财物的职务便利，均不包含国家工作人员利用从事“公务”的职务便利在内。具体而言，国家工作人员利用在国有单位中从事主管、管理、经手单位财物的职务便利，或者利用被委派到非国有单位中从事管理工作的职务便利而实施的侵占行为，应当依法认定为贪污罪。只有国有单位中从事“劳务”的人员，或者非国有单位中除国有单位“委派人员”以外的其他工作人员，利用职务上的便利而实施的侵占单位财物的行为，才应当依法认定为职务侵占罪。简言之，贪污罪与职务侵占罪的客观方面均有“利用职务上的便利”的相同罪状表述，但二者的基本含义及认定范围却不尽相同。③

第三种观点认为，公司、企业或者其他单位人员的行为本质特征是从事劳务，而不是从事公务。公司、企业或者其他单位与从业人员按照劳动合同所确立的“劳务”具有被管理性、职务性和依法性等特点。国家工作人员的行为本质特征是从事公务，“公务”具有管理性、职能性和依法性等特点。④

第四种观点认为，职务侵占罪中的“利用职务上的便利”之“职务”，指的是管理性的活动，与此相对应，其主体必须是有资格从事管理活动的人员。并非所有的单位劳务人员都应排除在职务侵占罪的主体之外，其中从事管理性事务的劳务人员可能成为职务侵占罪主体。例如单位的货物押运员、仓库保管员、出纳、会计等，他们的活动是保管货款货物，具有管理性，但是对于像售货员、售票员之类的人，

① 参见肖中华、闵凯：《职务侵占罪认定中的三个争议问题剖析》，载《政治与法律》，2007（3）。

② 参见臧冬斌：《论职务侵占罪客体》，载《郑州大学学报》（哲学社会科学版），2002（1）。

③ 参见黄祥青：《职务侵占罪的立法分析与司法认定》，载《法学评论》，2005（1）。

④ 参见陶红卫：《论职务侵占罪的犯罪主体范围》，载《公安学刊——浙江公安高等专科学校学报》，2006（1）。

他们能否成为本罪的主体，还要具体分析。如果售货员拥有对商品价格在一定范围内的决定权，那么他实际上对货物就享有支配权，其工作就有一定的管理性，他就可以成为职务侵占罪的主体；而如果他对货物没有支配权，只是按照定价将货物销售，同时收取顾客的货款，每天关店盘点时如数将货款交到出纳那里，这种工作就属于纯粹的没有管理性的事务了，也就谈不上构成职务侵占罪。界定单位中的劳务人员能否构成职务侵占罪主体，就是要具体分析其是否组织、领导、协调、支配、经手某种事务、事物或财物。经手不能等同于过手，过手只是单纯对财物有接触，对财物并没有管理权，因此，过手不同于具有管理型的经手工作。①

（2）“非法占为己有”的理解与认定问题

与贪污罪法条中明确规定“侵吞、窃取、骗取或者以其他手段”不同，《刑法》第 271 条第 1 款对职务侵占罪的手段只是规定“非法占为己有”。由此在解释论上便有一个问题值得研究：职务侵占罪中的“非法占为己有”是否应与贪污罪中的“侵吞、窃取、骗取或者以其他手段”作一致理解？对此，有的论者认为，《刑法》第 271 条所规定的侵占行为不应包括盗窃、诈骗及其他非法方法。原因如下。其一，从立法规定上看，《刑法》第 271 条在对本罪罪状的规定中只规定了非法占有行为，未规定其他行为。这里所讲的“非法占有”行为只能理解为纯粹的侵占行为。如果立法需要将利用职务之便盗窃、诈骗或其他非法方法也作为本罪的客观行为，应该在立法中加以明确。在《刑法》第 382 条对贪污罪的规定中，就对贪污的方法作了明确的规定。可见，从立法规定上看，本罪客观方面不应包括盗窃、诈骗及其他非法方法。其二，从法定刑的规定看，《刑法》第 271 条规定本罪的最高法定刑为 15 年，而《刑法》第 265 条、226 条规定的盗窃罪、诈骗罪的法定刑最高是无期徒刑，其中特殊的盗窃罪可以判处死刑。从理论上讲，利用职务之便盗窃、诈骗与一般盗窃、诈骗在社会危害性上无明显差别，刑事责任应该大体相当。如果《刑法》第 271 条规定的职务侵占罪包括盗窃、诈骗行为，那就会出现单位的人员利用职务之便盗窃、诈骗比普通盗窃、诈骗行为处罚轻的现象，这显然有违罪刑相适应原则。因此，根据法律对本罪法定刑的规定，可以推断本罪客观方面不能包括盗窃、诈骗及其他非法占有的行为。据此，如果行为人利用职务之便盗窃、诈骗或用其他方法非法占有本单位财物，符合贪污罪构成要件的，按贪污罪论处；不符合贪污罪构成要件的，按盗窃、诈骗罪论处。② 有的论者则指出，多数学者认为，职务侵占罪的手段除侵吞外，还同时包括盗窃、诈骗等其他非法手段。从贪污罪与职务侵占罪立法演进过程来看，在刑法中，立法者已将相当一部分原为贪污罪的行为划归职务侵占罪的范围之内，并且对这些行为的方式未加任何限制，因此，应当认为其行为方式仍包括盗窃、侵吞、骗取等非法手段。如果认为职务侵占罪的行为方式除了侵吞外，不包

---

① 参见郭泽强：《关于职务侵占罪主体问题的思考——以对“利用职务上的便利”之理解为基点》，载《法学评论》，2008（6）。

② 参见张翔飞：《论职务侵占罪的几个问题》，载《现代法学》，1997（4）。

括盗窃、诈骗等非法手段，那么对采用盗窃、骗取等非法手段非法占有公司、企业或其他单位财物的，势必以盗窃罪、诈骗罪等犯罪定罪处罚。但是，由于《刑法》第 271 条第 2 款规定对国有公司、企业或其他国有单位中从事公务的人员和国有公司、企业或其他国有单位委派到非国有公司、企业和其他非国有单位中从事公务的人员利用职务上的便利非法占有本单位财物的应以贪污罪定罪，这就意味着，同是采用侵吞、盗窃、骗取等非法手段非法占有本单位财物，对上述人员定贪污罪，而对其他公司、企业或者其他单位的人员却分别定职务侵占罪、盗窃罪、诈骗罪等，显然不符合定罪的科学要求。将公司、企业或者其他单位人员利用职务上的便利实施的盗窃、诈骗等行为以盗窃、诈骗等罪定罪，也不利于职务侵占罪与侵占罪手段上的协调。不仅职务侵占罪中存在着采用盗窃、骗取等手段非法占有财物的问题，就是在侵占罪中也存在同样的问题。同样是将已持有的他人财物非法占为己有，手段也完全相同，却作不同的定性，显然有违定罪的科学原则。诚然，从职务侵占罪与盗窃、诈骗等罪的法定刑比较来看，前者的法定刑确实轻于后者，但这并不能说明就应该将利用职务上的便利实施的盗窃、诈骗等非法占有本单位财物的行为作为盗窃、诈骗等罪处理。这正说明刑法对职务侵占罪的法定刑规定的不合理之处。因为，虽然一般来说，侵占罪的危害社会严重程度明显轻于盗窃、诈骗等罪，但由于职务侵占罪与侵占罪相比，还存在着行为人渎职的一面，因而其危害社会程度要重于侵占罪，而与盗窃、诈骗等罪的危害社会程度几于接近。那么根据罪责刑相适应的刑法基本原则，立法者就应该使职务侵占罪的法定刑与盗窃、诈骗等罪的法定刑相协调。但是《刑法》第 271 条第 1 款对职务侵占罪规定的法定刑远轻于盗窃、诈骗等罪。那么，可以设想一下，如果仅因两者的法定刑轻重相差较大，即将利用职务便利盗窃、诈骗本单位财物的行为作为盗窃、诈骗等罪处理的话，结果势必使侵占犯罪变持有为非法占有的定型性受到损害，因而使侵占犯罪与盗窃、诈骗等罪的界限变得含糊不清，不仅易引起刑法理论上的混乱，也势必严重影响司法实践中对这些犯罪的科学定性和量刑。①

"非法占为己有"中的"己"，基本含义是"本人"、"自己"，所以，"非法占为己有"的字面含义就是行为人"本人"或"自己"非法占有。对此，有论者认为，根据《刑法》第 271 条第 1 款的规定，从文义上来看，职务侵占罪只限于"非法占为己有"的范围，而不应包括为他人占有的情况。在这点上，职务侵占罪的"非法占为己有"与民法上的占有"基于为自己的意思"应是相同的。由此可知，《刑法》第 271 条第 2 款以第 1 款为基础所定的贪污罪与纯正的贪污罪有所不同，因为前者的非法占有限于非法占为己有，而后者的非法占有则不以此为限，还包括为他人所占有的情形。这应是刑法中的缺陷，有待进一步的完善。② 但有论者认为，对于职务侵占罪中的"非法占为己有"，应该而且可能进行扩大解释，将其范围扩展至"本

---

① 参见肖中华、闵凯：《职务侵占罪认定中的三个争议问题剖析》，载《政治与法律》，2007 (3)。

② 参见刘国森：《职务侵占罪的客观方面研究》，载《经济与社会发展》，2006 (8)。

人”或“他人”占有，具体理由如下。首先，职务侵占罪属于刑法分则第五章的侵犯财产犯罪范畴，其保护法益是本单位财物的占有权，因此，只要使本单位财物永久脱离单位的控制就侵犯了本罪的保护法益，而不管行为人是将财物转归自己本人占有还是转归其他第三人占有。很明显，行为人将单位财物据为己有还是归其他第三人占有，都同样使单位丧失了对财物的控制，侵犯了单位对财产的占有权，本质上没有任何区别。其次，职务侵占罪与盗窃罪、诈骗罪一样，都属于侵犯财产的犯罪，它们主观上都以非法占有为目的，客观上都要实施非法占有的行为并达到非法占有他人财物的结果。而我国刑法学界又认为，盗窃罪、诈骗罪中的“非法占有”并不限于行为人“本人”占有，也包括“第三人”占有。既然如此，职务侵占罪中的“非法占为己有”也就同样不能限于行为人“本人”占有，否则可能导致极不协调的现象。再次，从实践的角度来看，如果认为职务侵占罪中的“非法占为己有”仅限于本人占有，则会导致放纵犯罪或处罚不公的现象。最后，从扩大解释的可能性来说，“非法占为己有”存在着解释为“包括他人占有”的可能性。① 有论者认为，和盗窃罪、各种诈骗罪一样，职务侵占罪的主观上都要求具有非法占有（不法所有）的目的，客观上具有非法占有的行为。刑法规定“非法占为己有”，不是为了区分被侵占的财物究竟是给了行为人本人还是他人，而是为了区分罪与非罪、职务侵占罪与挪用资金罪。比如，将本单位的资金转移给本人或他人使用，不具有永久占有的意图，显然不能认定为职务侵占罪，而属于挪用资金罪；将单位的财物单纯地破坏，没有转移给本人或他人，属于故意毁坏财物罪，也不能认定为职务侵占罪。但是，只要行为人具有永久性的剥夺单位财产的性质，就具备职务侵占罪的本质特征。本人占有是这样，将财产转移给他人所有也是这样；财产转移给他人时，单位的财产也被剥夺了。从主观故意上看，只要行为人明知自己的行为会侵害单位财产所有权即可，至于最后由谁非法取得，不影响罪过。所以，对“非法占为己有”必须进行合乎目的的扩大解释，解释为行为人实际上以财产所有人自居而“非法处分”财产，否则将可能导致刑法惩治犯罪功能的萎缩。②

3. 职务侵占罪的客体与对象问题

关于职务侵占罪的客体，理论上有不同观点。第一种观点认为，职务侵占罪的客体是单位的财产所有权。如有人认为，职务侵占罪所侵犯的客体是本单位的财产所有权。③ 第二种观点认为，职务侵占罪与贪污罪侵犯的客体在本质上相同，都侵犯了单位职务职责的廉洁性和财产所有权。其理由如下。首先，从职务侵占罪的定义来看是指公司、企业或者其他单位的人员，利用职务上的便利，将本单位财物非

---

① 参见张永红、曹跃良：《论职务侵占罪中的“非法占为己有”》，载《郑州航空工业管理学院学报》（社会科学版），2008（2）。

② 参见肖中华、闵凯：《职务侵占罪认定中的三个争议问题剖析》，载《政治与法律》，2007（3）。

③ 参见王作富主编：《刑法分则实务研究》（下），2版，1320页，北京，中国方正出版社，2003。

法占为己有，数额较大的行为。它与贪污罪除主体和犯罪数额要求不同外几乎没有什么区别，仅仅因为贪污罪主体是国家工作人员，所以它的犯罪客体是复杂客体。而职务侵占罪因其主体是公司、企业或其他单位的人员，便认定该罪是单一客体，有失偏颇。其次，两罪主体都是利用职务上的便利侵占单位的财产，认为贪污罪是对职务职责的廉洁性的破坏，而职务侵占罪则仅认为是对公司财产的侵占而否定其也有对职务职责廉洁性破坏的一面，这不符合逻辑，也不符合刑法关于客体的理论。最后，立法者对本罪归类的依据是将它侵犯的财产所有权作为主要客体来考虑的。但在极力倡导廉洁奉公的今天，本罪的归类更应从它侵犯的另一客体及单位职务职责的廉洁性来考虑，因此将它归入贪污贿赂罪中更为妥当。职务侵占罪的犯罪客体是公司、企业或其他单位人员职务行为的廉洁性和公私财产所有权，因此从法理上看，职务侵占罪本质上就是公司、企业工作人员贪污罪。① 第三种观点认为，职务侵占罪的客体是公私财产的所有权以及公司、企业或者其他单位的日常财务管理制度。② 第四种观点认为，职务侵占罪的客体是公司、企业或者其他单位的财产所有权以及社会主义市场经济秩序。③ 第五种观点认为，职务侵占罪侵犯的客体是公司、企业或者其他单位的财物所有权和诚实信用的信托关系。④

本罪的犯罪对象是“本单位的财物”。关于何为本单位财物的问题，有两种观点：一种观点认为，本单位财物是指归行为人所在单位“所有”的财物，即单位对财物具有所有权；另一种观点认为，本单位财物，既包括归本单位“所有”的财物，也包括由本单位“占有”的财物。⑤ 关于职务侵占罪的犯罪对象所包括的财物类型问题，有论者认为，动产与不动产、有形财产与无形财产均可成为职务侵占罪的对象。⑥

4. 职务侵占罪的归类问题

修订刑法时，有一种意见认为，职务侵占罪是从原刑法规定的贪污罪中分离出来的犯罪，应规定在贪污贿赂犯罪中。立法机关经过反复研究，将这种犯罪规定在侵犯财产罪中，其主要理由有：①这种犯罪的主体是公司企业或者其他单位的人员，不是从事公务的国家工作人员，放在国家工作人员贪污贿赂犯罪中不合适；②这种犯罪侵占的对象很大一部分不是国有财产或者公共财产，所以归在贪污贿赂罪中不合适。⑦ 有论者认为，应将职务侵占罪归并到贪污贿赂罪中，具体理由是：职务侵

① 参见杜文俊、尹俊：《职务侵占罪若干问题探析》，载《中共宁波市委党校学报》，2001（4）。

② 参见赵建平主编：《贪污贿赂犯罪界限与定罪量刑研究》，609页，北京，中国方正出版社，2000。

③ 参见陈广群等主编《新刑法释论》，342页，北京，中国书籍出版社，1997。

④ 参见臧冬斌：《论职务侵占罪客体》，载《郑州大学学报》（哲学社会科学版），2002（1）。

⑤ 参见黄祥青：《职务侵占罪的立法分析与司法认定》，载《法学评论》，2005（1）。

⑥ 参见毕志强：《论职务侵占罪的犯罪对象》，载《法律适用》，2001（10）。

⑦ 参见周其华：《新刑法各罪适用研究》，307页，北京，中国法制出版社，1997。

占罪的犯罪客体是公司、企业或其他单位人员职务行为的廉洁性和公私财产所有权，因此从法理上看，职务侵占罪本质上就是公司、企业工作人员贪污罪。职务侵占罪与贪污罪侵犯的客体在本质上相同，都侵犯了单位职务职责的廉洁性和财产所有权。认为职务侵占罪的主体是公司、企业或者其他单位的人员，不是从事公务的国家工作人员，放在国家工作人员贪污贿赂犯罪中不合适的理由也不充分。犯罪分类的主要依据是同类客体，而不是犯罪主体。事实上，在我国修订后的刑法中的贪污贿赂罪这一章，行贿罪、对单位行贿罪、介绍贿赂罪等犯罪主体就不一定都是从事公务的国家工作人员。认为职务侵占罪的对象很大一部分不是国有财产或公共财产，而不归入贪污贿赂罪的理由值得商榷。不能绝对地说职务侵占罪的对象很大一部分不是国有财产或公共财产，更不能以此为理由而将其排除在贪污贿赂犯罪之外。①

三、整体评论

在对自 1978 年至 2008 年我国刑法学界关于侵占型犯罪的研究观点进行综述的基础上，我们试图简要地对其作出以下评价。

（一）成就与进展

第一，研究范围广泛。综观理论界关于侵占罪、职务侵占罪的研究成果，可以发现，侵占罪、职务侵占罪的研究范围十分广泛。从侵占罪的立法沿革到 1997 年《刑法》关于侵占罪的规定，从侵占罪的犯罪构成要件到侵占罪的犯罪形态，从对侵占罪的立法规定的阐释到对侵占罪的立法规定的完善，从对侵占罪罪状的分析到对侵占罪的法定刑设置的质疑，论者们展开了深入全面的研讨。通过对大陆法系、英美法系、我国台湾、澳门等地区有关侵占罪规定的分析，不断加深了对我国侵占罪的理解。对于职务侵占罪，论者们主要从犯罪客体、犯罪客观方面、犯罪主体、刑罚配置、此罪与彼罪的区分等方面进行了深入的研讨。

第二，研究重点突出。论者们研究的重点是立足于我国关于侵占罪、职务侵占罪的法律规定，深入分析侵占型犯罪的构成要件，并客观地指出我国侵占罪、职务侵占罪立法的不足。例如，论者们从法律规定的“代为保管的他人财物”、“遗忘物”、“埋藏物”到法律没有规定的其他脱离占有物，从持有财物的性质（合法与非法）、持有财物的种类等各个方面，对侵占罪的犯罪对象进行了全面深入的研究。再如，关于职务侵占罪中的“侵占”问题，论者们结合与贪污罪以及侵占罪的客观行为的比较，也展开了深入的探讨。

第三，取得了一定共识。尽管理论上对于侵占罪、职务侵占罪的某些问题尚存在较多的争论，但在客观行为、法定刑协调等方面也取得了一定的共识。如就法定刑而言，虽然侵占型犯罪在客观方面都包含了侵占行为，但由于侵犯的客体不完全一致，发生的概率有高有低，不同侵占行为的危害性也相应的就有重有轻，法定刑

---

① 参见杜文俊、尹俊：《职务侵占罪若干问题探析》，载《中共宁波市委党校学报》，2001（4）。

设置也应有所区别。立法上对侵占罪、职务侵占罪的法定刑设置应严格与各罪的危害程度相一致。

（二）不足与缺憾

第一，需要进一步强化研究的力度。从现有的研究成果来看，无论是对于侵占罪还是职务侵占罪，都存在众多的理论争议。比如，“保管”是基于合法原因还是事实原因？遗忘物与遗失物有何不同？对侵占遗忘物、埋藏物的行为的法定刑如何援引？对拒不交出或拒不退还应如何认定？职务侵占罪侵犯的是简单客体还是复杂客体？职务侵占行为与贪污行为之间是怎样的关系？职务侵占罪的中的“单位”是否包含国有单位？临时聘用人员能否构成职务侵占罪的主体？职务侵占罪的刑罚设置如何与侵占罪、贪污罪保持协调？在这些问题上，无不存在激烈的对立。因此，必须加深对这些理论问题的研究力度。

第二，需要进一步改进研究的方法。从现有的研究状况来看，理论界对侵占罪、职务侵占罪的研究方法基本上还是停留在注释法律规定的层面上。但是，事实证明，仅凭注释式的解释，是无法弥补立法上的不足与漏洞的。实事求是地讲出立法不足，做一个“敢说皇帝没穿衣服”的诚实的小孩，要比作一个一味夸奖皇帝“新衣”如何漂亮的看客更有意义。不敢“轻言”对法律的批判，必将对学术研究的进展形成阻碍。

第三，对现象的探讨多于对本质的思考。对于侵占型犯罪，刑法学界尽管取得了一些共识，但是分歧远远多于共识。这种现象，一方面说明了论者们对侵占型犯罪的关注程度之高，但另一方面，也反衬出在研究的指导思想上存在一定的问题。我国侵占型犯罪的立法固然存在不当之处，但如果我们能够透过现象看本质，在理论研究中就可能会减少许多不必要的争论，形成更多的共识。比如，侵占的本质是变持有为非法所有。在牢牢地把握这一点的基础上，通过把外国立法的先进经验与我国现实情况有机地结合起来，我国关于侵占型犯罪的立法一定会变得更科学，理论研究也会更深入，且富有成效。

第十六章

黑社会性质犯罪

一、研究概况

黑社会性质犯罪是我国1997年修订《刑法》时新增的犯罪类型。1997年之前，我国刑法学界参考国外有关资料，结合我国改革开放过程中出现的新情况，从犯罪学角度对黑社会犯罪的概念、特征、危害以及对策等问题进行了一些研究。在此基础上，有论者提出应当在新刑法中增加规定黑社会犯罪，并论证了其必要性。立法者采纳了这一建议，在1997年《刑法》第294条规定了组织、领导、参加黑社会性质组织罪、入境发展黑社会组织罪和包庇、纵容黑社会性质组织罪这三个罪名。新刑法颁布后，刑法学界围绕这三个犯罪进行了大量研究，内容主要涉及概念特征、司法认定和立法完善三个方面。在概念特征方面，我国论者通过比较相关概念来界定黑社会性质犯罪，司法机关和立法机关也先后出台了司法解释和立法解释。在司法认定问题上，刑法学界主要对三个犯罪的犯罪构成要件进行了研究，并探讨了三个犯罪与其他相关犯罪的区别。关于黑社会犯罪的立法完善问题，我国论者主要研讨了增设新罪名、提高法定刑、增加财产刑等内容。

二、观点综述

（一）黑社会性质组织的界定

1. 黑社会性质组织与黑社会组织

有论者认为，我国大陆目前尚无典型的黑社会组织，只存在一些带有黑社会性质的犯罪组织。换言之，某些犯罪集团已经具有黑社会组织的某些痕迹和性质，但还不具备黑社会组织的完整特征，属于在犯罪集团之上，向黑社会组织过渡的一个中间形态。① 有论者指出，黑社会组织是由低级向高级逐步发展的，一般表现为：一般犯罪团伙（黑社会性质组织的基础或前身）→黑社会性质组织→黑社会组织→跨国黑社会组织。其中，黑社会性质组织，是黑社会组织的低级形态，或者说不成熟形态，黑社会组织是高级形态和成熟形态。它们之间的区别是同一事物的不同发展阶段的区别、不同成熟程度的区别。② 还有论者认为，黑社会组织，应为在一定地域内从事违法犯罪活动的、控制一定区域、形成与主流社会相对抗的、具有自己独立的文化制度的地缘组织。黑社会性质组织，是指组织的存在对外不公开、组织形式规模不大、组织程度不是很严密的黑社会组织。③

2.“保护伞”特征之争

2000 年 12 月 4 日最高人民法院《关于审理黑社会性质组织犯罪的案件具体应用法律若干问题的解释》认为《刑法》第 294 条规定的“黑社会性质的组织”，一般应具备以下特征：组织结构比较紧密，人数较多，有比较明确的组织者、领导者，骨干成员基本固定，有较为严格的组织纪律；通过违法犯罪活动或者其他手段获取经济利益，具有一定的经济实力；通过贿赂、威胁等手段，引诱、逼迫国家工作人员参加黑社会性质组织活动，或者为其提供非法保护；在一定区域或者行业范围内，以暴力、威胁、滋扰等手段，大肆进行敲诈勒索、欺行霸市、聚众斗殴、寻衅滋事、故意伤害等违法犯罪活动，严重破坏经济、社会生活秩序。

该司法解释将具备“保护伞”规定为黑社会性质组织的必备特征。对此，理论上存在不同意见。

其一，肯定说。

肯定说认为，黑社会性质组织必须具备“保护伞”这一基本特征。理由在于：①黑社会性质组织滋生的一个重要原因在于寻求社会权力的保护，没有“保护伞”的保护，这种组织也就失去了其生存和发展的社会环境。②引入“保护伞”特征后，有利于增加法律的确定性和稳定预期，保持对黑社会性质组织刑事、社会控制政策的连续性、统一性，可以缓解社会对于基层政权的认同感危机，增加法的内在服从

---

① 参见赵秉志、于志刚：《论我国新〈刑法〉对有组织犯罪的惩治》，载《法商研究》，1997 (1)。

② 参见何秉松：《犯罪团伙、犯罪集团、黑社会性质组织、黑社会组织、有组织犯罪集团辨析》，载《浙江师范大学学报》（社会科学版），2002 (2)。

③ 参见高克强、孙义刚：《黑社会犯罪概念辨析》，载《中国刑事法杂志》，1999 (3)。

性，同时切断黑社会性质组织同合法社会的沟通和联系途径，根治黑社会性质组织犯罪，还可以配合反腐败斗争，实现制度性反腐，抑制潜在职务犯罪人的机会主义倾向，加大腐败心理成本、行为成本和机会成本，加大法的指引作用。① ③黑社会性质组织的本质特征在于它的一定的社会控制性，即通过控制社会来达到反社会。而在社会主义制度下，要控制社会就必然要与掌握一定权力的国家工作人员结合，否则根本无法控制社会，从而也就很难建立所谓“黑社会性质组织”。因此，在我国，黑社会性质组织必然与腐败官员相勾结，并使腐败官员成为其保护伞。②

其二，否定说。

否定说认为，黑社会性质组织无须具备“保护伞”特征。理由在于，司法解释不恰当地提高了黑社会性质组织的认定标准，将黑社会性质组织的雏形——带有黑社会性质的犯罪组织排除在黑社会性质组织之外，导致许多应当作为严厉打击对象的带有黑社会性质的犯罪组织成为漏网之鱼，给社会安定、群众安全留下了后患，不符合党中央“严打”整治斗争精神的要求。③

其三，折中说。

折中说认为，从有利于打击犯罪和将那些正在朝黑社会性质组织转化的犯罪团伙消灭在这一发展阶段的角度考虑，只要该犯罪组织（或团伙）实施了以贿赂、威胁等手段，引诱、逼迫国家工作人员为其提供非法保护的行为的，无论是否查明有国家工作人员为其提供非法保护，均可认定其是黑社会性质的组织；对那些具有寻求黑保护伞的明确意图，有种种迹象表明该犯罪组织有黑保护伞，但犯罪嫌疑人拒不供认或难以查明的，只要其黑社会性质组织的另三个特征十分明显的，也应当认定为是黑社会性质组织。④

针对上述司法解释中提到的“保护伞”特征，以最高人民检察院为代表的相关部门提出了质疑。随后，2002年4月28日全国人大常委会《关于〈中华人民共和国刑法〉第二百九十四条第一款的解释》认为1997年《刑法》第294第1款规定的“黑社会性质的组织”应当同时具备以下特征：形成较稳定的犯罪组织，人数较多，有明确的组织者、领导者，骨干成员基本固定；有组织地通过违法犯罪活动或者其他手段获取经济利益，具有一定的经济实力，以支持该组织的活动；以暴力、威胁或者其他手段，有组织地多次进行违法犯罪活动，为非作恶，欺压、残害群众；通过实施违法犯罪活动，或者利用国家工作人员的包庇或者纵容，称霸一方，在一定区域或者行业内，形成非法控制或者重大影响，严重破坏经济、社会生活秩序。这

① 参见徐跃飞：《黑社会性质组织犯罪研究》，92～94页，北京，中国人民公安大学出版社，2007。

② 参见刘宪权、吴允锋：《黑社会性质组织犯罪司法认定中若干疑难问题探讨》（上），载《犯罪研究》，2002（1）。

③ 参见周蔚：《惩治黑社会性质组织犯罪的立法缺陷》，载《杭州商学院学报》，2002（1）。

④ 参见江礼华：《黑社会性质组织犯罪认定中的几个问题》，载《国家检察官学院学报》，2002（1）。

一立法解释实际上不再将具备“保护伞”作为黑社会性质组织的必备特征。

（二）黑社会性质犯罪的构成要件及其司法认定

1. 组织、领导、参加黑社会性质组织罪

（1）组织、领导、参加黑社会性质组织罪的客观方面

其一，关于组织黑社会性质组织行为与领导黑社会性质组织行为的区别。

对此，理论上有以下不同的观点。

第一种观点认为，所谓组织黑社会性质组织，是指倡导、发起、策划、组建黑社会性质组织的行为，具体表现为创建组织，确定其名称、宗旨、人员安排、活动方式、组织纪律、行为规则和发展组织成员等。所谓领导黑社会性质组织，是指在黑社会性质组织中处于领导地位，对组织的犯罪活动进行谋划、决策、指挥、协调的行为，以及协调处理组织内部重大问题等行为。前者的行为内容一般只涉及组织内部事务，其性质是组建、完善、扩大黑社会性质组织；而后者的行为内容主要涉及组织所实施的犯罪行为，其行为性质是策划、指挥、协调黑社会性质组织的犯罪行为。①

第二种观点认为，在黑社会性质组织建立以前为促使黑社会性质组织的建立而实行的所有组织、领导行为，均只能以组织黑社会性质组织行为论。在黑社会性质组织建立后对该组织进行管理，从事指挥、策划、安排、调配等事务的，应当认定为组织、领导黑社会性质组织，即同时认定组织黑社会性质组织和领导黑社会性质组织两种行为。②

第三种观点认为，应以黑社会性质组织建立前后为界，建立前为促使组织的建立而实施的组织、领导行为称为组织，建立以后的组织、领导行为称为领导。③

其二，积极参加和参加黑社会性质组织的区别。

对此，理论上有以下四种不同的观点。

第一种观点认为，两者的区别在于，“积极参加”不仅加入组织，而且参与该组织的具体违法犯罪活动；而“参加”则只参加了组织，但并没有进行具体的违法犯罪活动。④

第二种观点认为，《刑法》第 294 条规定的积极参加，是指明知是黑社会性质组织而以积极的态度加入该组织，或在成为该组织成员后积极参与该组织进行的违法犯罪活动。本罪中的“其他参加者”，是指除积极参加者以外的该组织的一般成员，

---

① 参见黄京平、石磊：《试论组织、领导、参加黑社会性质组织罪的几个问题》，载《法学论坛》，2002（6）。

② 参见李文燕、柯良栋主编：《黑社会性质犯罪防治对策研究》，171 页，北京，中国人民公安大学出版社，2006。

③ 参见李希慧主编：《妨害社会管理秩序罪新论》，124 页，武汉，武汉大学出版社，2001。

④ 参见高一飞：《有组织犯罪问题专论》，142 页，北京，中国政法大学出版社，2000。

包括随声附和者、消极对待者，以及被迫参加者。①

第三种观点认为，积极参加与参加黑社会性质组织的区别，在于行为人主观心理态度的差别。对于积极参加和参加的理解，不能仅仅局限于行为人加入黑社会性质组织，而应当包括两个方面的内容：行为人对加入黑社会性质组织的主观心理态度和行为人参加黑社会性质组织的违法犯罪活动的主观心理态度。因此，区别积极参加与参加黑社会性质组织两种行为，也应从这两个方面加以认定。积极参加者应当相当于犯罪集团中首要分子（犯罪集团的组织者、领导者）以外的在集团犯罪中起主要作用的主犯，因此，积极参加者不仅应当以积极的态度加入黑社会性质组织，而且还在黑社会性质组织的犯罪活动中起主要作用，即应当是黑社会性质组织所实施的具体犯罪的主犯。一般参加者是黑社会性质组织中的一般成员，其不仅在加入黑社会性质组织时的态度不是积极主动的，而且在参加黑社会性质组织的犯罪活动时，也只是起次要或者辅助作用的从犯。②

第四种观点认为，黑社会性质组织的积极参加者是对应于犯罪集团的骨干分子的、参与黑社会性质组织的违法犯罪活动并在活动中起主要作用的犯罪分子，包括在黑社会性质组织的结构中处于中间层（骨干和保护层）的成员以及处于底层（执行层）的在具体违法犯罪活动中起主要作用的成员。黑社会性质组织的其他参加者则是对应于在犯罪集团中只起到次要作用或辅助作用的成员、参与黑社会性质组织但没有实施其他任何违法犯罪活动或者虽然实施了违法犯罪活动，但仅起到次要或辅助作用的犯罪分子，包括在黑社会性质组织的结构中处于底层（执行层）的一般成员。③

（2）介绍、教唆、胁迫他人参加黑社会性质组织的处理

对此，有论者认为，对于介绍、教唆、胁迫他人参加黑社会性质组织的行为，虽然曾有论者建议修订刑法时应将其明确规定为犯罪，但立法时对此并未予以明确。在我国现有法律框架内，对于黑社会性质组织的组织者实施的上述行为，可以作为组织行为加以处罚；其他人教唆、胁迫他人参加黑社会性质组织的，可根据《刑法》第 294 条第 1 款、《刑法》第 29 条关于教唆犯的规定追究其刑事责任，但如果受到的胁迫是一种重大危险，被胁迫者为了保护较大利益而不得已参加了黑社会性质组织的，应以紧急避险论处，胁迫者胁迫他人参加黑社会性质组织的行为应以间接正犯论。对于其他人介绍他人参加黑社会性质组织的，根据罪刑法定原则，不能以犯罪论处。④

---

① 参见赵秉志主编：《扰乱公共秩序罪》，341 页，北京，中国人民公安大学出版社，1999。

② 参见黄京平、石磊：《试论组织、领导、参加黑社会性质组织罪的几个问题》，载《法学论坛》，2002（6）。

③ 参见卢建平主编：《有组织犯罪比较研究》，208 页，北京，法律出版社，2004。

④ 参见陈明华、王政勋：《组织、领导、参加黑社会性质组织罪研究》，载《中国刑事法杂志》，2000（4）。

（3）黑社会性质组织犯罪与强迫交易罪的区分

对此，有论者指出，强迫交易罪中强迫行为施加的对象是作为交易当事人的对方，这是强迫交易罪与黑社会性质的组织犯罪当中欺行霸市、控制或垄断某一行业的违法犯罪行为的根本区别所在。在后一行为中，行为人欺行霸市、控制或垄断某一行业的手段往往是借“防止滥价、共同获利”之名，迫使同行接受自己提出的价格或者达成所谓的价格联盟或协议，限制正当竞争，进行非法垄断，其强迫的对象不是民事交易的对方当事人，而是自己的同行，是迫使同行共同一致对付民事交易的对方当事人。同时，强迫交易罪的犯罪对象都是具体的单个的对方当事人，而作为黑社会性质的组织实施的欺行霸市、控制或垄断某一行业的行为对象则是确定或不确定的多数同行。①

2. 入境发展黑社会组织罪

（1）境外黑社会组织的认定

对此，理论上有以下两种不同的观点。

一种观点认为，在确定境外的黑社会组织问题上，无妨坚持境内外结合，以我为主，参照境外这样一个原则。换言之，以我国刑法关于认定黑社会性质组织的规定为主要依据，同时参照境外有关黑社会组织的法律规定，综合起来进行确定。当然，对此，在总结司法实践经验的基础上，有待权威的司法解释出台。②

另一种观点认为，我们不能机械地随其他国家的法律规定而动，因为我国对组织、领导、参见黑社会性质组织都作了入罪处理，可见立法者对此类犯罪持强烈的否定性评价，根据解释学“举轻明重”的原理，在不违反国民预测性的基础上，现阶段不妨参照全国人大常委会《关于〈中华人民共和国刑法〉第 294 条第 1 款的解释》的规定，按照黑社会性质组织的四个特征对境外组织是否为黑社会组织作出综合判断。③

（2）发展的对象

对此，理论上有以下两种不同的观点。

一种观点认为，本罪的行为对象限于中国境内的中国公民。如果在中国境内发展外国人、台、澳居民为其组织成员，不属于到中国境内发展组织成员的行为。④

另一种观点认为，发展的对象既可以是我国公民，也可以是因工作、探亲、生活、旅游等原因在我国境内居留的外国人或者无国籍人。⑤

---

① 参见贾凌：《黑社会性质的组织犯罪与强迫交易罪的关系辨析——以倪文跃案为视角》，载《政治与法律》，2003（6）。

② 参见杨方泉：《全国首例入境发展黑社会组织案评析——兼论刑法的当然解释》，载《政治与法律》，2004（3）。

③ 参见汪力等编：《有组织犯罪专题研究》，71 页，北京，人民出版社，2007。

④ 参见何秉松主编：《刑法教科书》，970 页，北京，中国法制出版社，2000。

⑤ 参见高一飞：《有组织犯罪问题专论》，146～147 页，北京，中国政法大学出版社，2000。

（3）入境发展黑社会组织罪的主体

对此，理论上有以下三种不同的观点。

第一种观点认为，本罪的主体只能是中华人民共和国境外的黑社会组织的人员，包括外国人和中国台、澳地区的黑社会组织人员，不包括具有中国国籍且永久属地在中国境内的人员，因而这些人参加了境外黑社会组织又在中国境内为其发展成员的，应以组织、领导、参加黑社会性质组织罪论处。①

第二种观点认为，无论是中国人、无国籍人还是外国人，只要符合其构成条件都可构成本罪。其理由是：一方面刑法对境外黑社会组织人员的国籍并没有限制；另一方面境内人员首先可能是境外黑社会组织的发展对象，但一旦自己成为境外黑社会组织的人员，而又实施发展他人成为境外黑社会组织的成员的行为的，他本人也可以成为本罪的主体。②

第三种观点认为，本罪主体原则上只能由境外人员，即境外黑社会组织成员构成。若我国公民在境外已经加入该黑社会组织，然后回国入境发展该黑社会组织成员的，可以成为本罪主体。我国境内公民受其委托为境外黑社会发展成员的，或者是境外黑社会组织在我国境内发展的人员接受境外黑社会组织的任务为其扩充组织、扩张势力，应当视为不同情况，按照入境发展黑社会组织罪的共犯，或者按照组织、领导、参加黑社会性质组织罪论处。③

3. 包庇、纵容黑社会性质组织罪

（1）包庇、纵容黑社会性质组织罪的客体

对此，理论上有以下五种不同的观点。

第一种观点认为，包庇是指行为人向有关机关提供虚假证明，掩盖黑社会性质组织的行为。④

第二种观点认为，包庇是指行为人利用其职权、地位、影响等条件庇护黑社会性质组织，掩饰黑社会性质组织的性质，阻挠查获黑社会性质组织的行为。⑤

第三种观点认为，包庇是指行为人帮助黑社会性质组织的犯罪分子隐匿罪证或者作虚假证明，为查处黑社会性质组织设置障碍，或者为犯罪分子通风报信、开脱说情，以使犯罪分子逃避法律制裁的行为。⑥

第四种观点认为，对于本罪中的“包庇”，应从广义理解，即泛指行为人积极实施的一切庇护黑社会性质组织的行为。其中，既应包括掩饰黑社会性质组织的性质，帮助其隐匿、毁灭违法犯罪证据或者作假证明的行为，还应包括为他们提供隐藏处

---

① 参见何秉松主编：《刑法教科书》，970页，北京，中国法制出版社，2000。

② 参见高一飞：《有组织犯罪问题专论》，146～147页，北京，中国政法大学出版社，2000。

③ 参见陈兴良主编：《罪名指南》（下），936页，北京，中国政法大学出版社，2000。

④ 参见李福成主编：《中华人民共和国刑法问答》，486页，北京，人民法院出版社，1997。

⑤ 参见张明楷：《刑法学》（下），816页，北京，法律出版社，1997。

⑥ 参见高一飞：《有组织犯罪专论》，148页，北京，中国政法大学出版社，2000。

所、财物、向他们通风报信、替他们说情等一切妨碍有关部门查办、惩处黑社会性质组织的行为，既应包括利用职权、地位、影响等国家机关工作人员身份条件实施的包庇行为，也应包括没有利用上述条件实施的包庇行为。①

第五种观点认为，凡是为了使黑社会性质组织及其成员逃脱法律制裁而实行的一切行为都属于包庇，其范围涉及对黑社会性质组织及其进行的违法犯罪行为的刑事和非刑事责任追究的全过程，其具体表现形式既包括刑法分则中规定的几乎所有妨碍司法活动犯罪的行为，也包括刑法分则规定之外的诸如说情、游说等妨害有关部门或机关追究黑社会性质组织及其成员法律责任的行为。据此，可将本罪中“包庇”的含义表述为：“采用各种方法妨碍、阻止司法机关和其他国家机关对黑社会性质组织及其成员追究法律责任的行为”。②

（2）包庇、纵容黑社会性质组织罪的客观方面

其一，包庇行为的认定。

对此，理论上有以下不同的观点。

第一种观点认为，包庇是指行为人向有关机关提供虚假证明，掩盖黑社会性质组织的行为。③

第二种观点认为，包庇是指利用职权，庇护黑社会性质的组织或者阻挠破获黑社会性质的组织。④

第三种观点认为，包庇是指行为人利用其职权、地位、影响等条件庇护黑社会性质的组织，掩饰黑社会性质组织的性质，阻挠查获黑社会性质的组织。⑤

第四种观点认为，包庇是指行为人帮助黑社会性质组织的犯罪分子隐匿罪证或者作虚假证明，为查处黑社会性质组织设置障碍，或者为犯罪分子通风报信、开脱说情，以使犯罪分子逃避法律制裁的行为。⑥

其二，包庇、纵容行为的着手。

有论者认为，包庇的着手，可以说是行为人为了使黑社会性质组织及其成员逃避法律追究而开始进行诸如作假证明、指使证人作伪证等各种行为之时。包庇行为必须开始于黑社会性质组织对某些特定违法犯罪行为实行完毕之后。纵容的着手，应当是自行为人知道是黑社会性质组织将要或正在实行违法犯罪并应当依法制止时，而不开始履行职责。纵容行为只能在黑社会性质组织实行违法犯罪行为之前或之中

① 参见赵秉志主编：《扰乱公共秩序罪》，359～360页，北京，中国人民公安大学出版社，1999。

② 刘志伟：《包庇、纵容黑社会性质组织罪客观要件中疑难问题研析》，载《政治与法律》，2002（4）。

③ 参见李福成主编：《中华人民共和国刑法问答》，486页，北京，人民法院出版社，1997。

④ 参见陈兴良：《刑法疏议》，475页，北京，中国人民公安大学出版社，1997。

⑤ 参见张明楷：《刑法学》（下），816页，北京，法律出版社，1997。

⑥ 参见高一飞：《有组织犯罪专论》，148页，北京，中国政法大学出版社，2000。

着手实行，而不能是之后。①

其三，包庇黑社会性质组织的违法犯罪行为的，是否构成本罪。

对此，有以下两种不同的观点。

一种观点认为，如果从行为人的立场来看，即使不对黑社会性质组织的违法犯罪行为进行包庇，也不会使黑社会性质组织的性质被揭露，就不宜将其行为认定为本罪。②

另一种观点认为，包庇黑社会性质组织的违法犯罪行为就是包庇黑社会性质组织，两者之间密不可分。在这里，根本不需要调查行为人是否认识到对黑社会性质组织的违法犯罪行为进行包庇，会不会使黑社会性质组织的性质被揭露的问题。③

其四，对包庇其他国家机关工作人员实施的包庇、纵容黑社会性质组织罪的行为，如何处理。

对此，有以下两种不同的观点。

一种观点认为，如果国家机关工作人员包庇其他国家机关工作人员实施的包庇、纵容黑社会性质组织罪，单纯是为了避免实施包庇、纵容黑社会性质组织罪的其他国家机关工作人员逃避法律制裁，且从行为人的立场来看，即使他不对其他国家机关工作人员进行包庇，也不会使黑社会性质组织的性质被揭露，那么由于其行为缺乏包庇黑社会性质组织的故意，就不能构成本罪。如果国家机关工作人员包庇其他国家机关工作人员实施的包庇、纵容黑社会性质组织罪，虽然单纯是为了避免实施包庇、纵容黑社会性质组织罪的其他国家机关工作人员逃避法律制裁，但是如果从行为人的立场来看，如果他不对其他国家机关工作人员进行包庇，就会使黑社会性质组织的性质被揭露，就可以构成本罪。④

另一种观点认为，国家机关工作人员包庇其他国家机关工作人员实施的包庇、纵容黑社会性质组织罪，虽然单纯是为了避免实施包庇、纵容黑社会性质组织罪的其他国家机关工作人员逃避法律制裁，但是，只要行为人知道他所包庇的是其他国家机关工作人员实施的包庇、纵容黑社会性质组织罪，就都可以构成本罪。⑤

其五，纵容黑社会性质组织罪的主体是否必须利用其特定的身份。

对此，有以下三种不同的观点。

---

① 参见刘志伟：《包庇、纵容黑社会性质组织罪客观要件中疑难问题研析》，载《政治与法律》，2002（4）。

② 参见刘志伟：《包庇、纵容黑社会性质组织罪中疑难问题研析》，载赵秉志主编：《刑事法实务疑难问题探索》，264页，北京，人民法院出版社，2002。

③ 参见吴平：《包庇、纵容黑社会性质组织罪若干疑难问题研究》，载《浙江工商大学学报》，2005（6）。

④ 参见刘志伟：《包庇、纵容黑社会性质组织罪中疑难问题研析》，载赵秉志主编：《刑事法实务疑难问题探索》，265～266页，北京，人民法院出版社，2002。

⑤ 参见吴平：《包庇、纵容黑社会性质组织罪若干疑难问题研究》，载《浙江工商大学学报》，2005（6）。

第一种观点认为，就本罪中的纵容行为而言，并不要求国家机关工作人员利用职务实施。①

第二种观点认为，纵容行为构成犯罪，必须以行为人担负一定的打击黑社会性质组织违法犯罪活动的职责并且没有履行这种职责为前提。②

第三种观点认为，对于上述问题应区分具体情况作不同的处理。①具有某种特定身份的国家机关工作人员没有利用自己担任的职务，实行包庇黑社会性质组织之行为的情况。由于该种情况与行为人的职务无关，所以只应以包庇黑社会性质组织罪定罪处罚。②具有某种特定身份的国家机关工作人员对于发生在自己职责范围外的黑社会性质组织进行的违法犯罪行为不予以制止的情况，也即行为人不予以制止的行为与其担负的职务或职责无关。对这种情况应做无罪处理。③具有某种特定身份的国家机关工作人员利用自己担任的职务包庇、纵容黑社会性质组织情况。这种情况一方面构成了包庇、纵容黑社会性质组织罪；另一方面可能构成了刑法分则中规定的渎职性犯罪。后种情况属于法规竞合现象，原则上按特殊法优于一般法的原则处理，但如果按特殊法处罚过轻的，则应按一般法处罚。③

（3）包庇、纵容黑社会性质组织罪的主体

关于本罪的主体能否是所包庇、纵容的黑社会性质组织的成员的问题，有以下三种不同的观点。

第一种观点认为，作为包庇、纵容黑社会性质组织罪的主体的国家机关工作人员必须为非所包庇、纵容的黑社会性质组织的成员。④

第二种观点认为，实践中确实可能发生本身是所包庇、纵容的黑社会性质组织的成员的国家机关工作人员实施本罪的包庇、纵容行为的情况。这种情况虽然属于本罪与组织、领导、参加黑社会性质组织罪的牵连犯，但是根据《刑法》第 294 条第 3 款的规定，应当实行数罪并罚，因此不能否认本罪的主体可以是所包庇、纵容的黑社会性质组织的成员的国家机关工作人员。⑤

第三种观点认为，就包庇黑社会性质组织罪而言，国家机关工作人员为了不使有关国家机关或者部门发现、处罚自己组织、领导、参加黑社会性质组织的犯罪或者参与本组织进行的其他违法犯罪活动，而实行包庇行为的，不能认定其构成了包庇黑社会性质组织罪。但是，如果在行为人主观上认为即使有关机关或者部门查获

---

① 参见高铭暄主编：《刑法学》，479 页，北京，北京大学出版社，1998。

② 参见吴平：《包庇、纵容黑社会性质组织罪若干疑难问题研究》，载《浙江工商大学学报》，2005（6）。

③ 参见刘志伟：《包庇、纵容黑社会性质组织罪主体与主观方面疑难问题研析》，载《国家检察官学院学报》，2002（1）。

④ 参见张明楷：《刑法学》（下），816 页，北京，法律出版社，1997。

⑤ 参见赵秉志主编：《扰乱公共秩序罪》，362～363 页，北京，中国人民公安大学出版社，1999。

了自己所属的黑社会性质组织，自己的罪行也不会暴露的情况下，而实行了包庇行为的，就应该以包庇黑社会性质组织罪论处。就纵容黑社会性质组织罪而言，如果行为人所属的黑社会性质组织进行违法犯罪活动和行为人无共谋的，应当将其与行为人纵容其他黑社会性质组织进行违法犯罪活动的情况作同样的处理，即认定为纵容黑社会性质组织罪。如果行为人所属的黑社会性质组织进行违法犯罪活动和行为人有共谋的（包括事前共谋和事中共谋），一方面行为人与其他参与违法犯罪的人构成共犯；另一方面其纵容行为也构成了纵容黑社会性质组织罪，对此应该作为想象竞合犯处理。①

（4）包庇、纵容黑社会性质组织罪的主观方面

对此，有以下两种不同的观点。

一种观点认为，本罪的主观构成要件为故意，即明知是黑社会性质的组织、黑社会性质的组织所进行的违法犯罪活动，而故意予以包庇、纵容，但不要求行为人像司法工作人员那样确切地认识到对方属于刑法意义上的黑社会性质的组织。②

另一种观点认为，包庇、纵容黑社会性质组织罪之包庇行为只能是出自故意，而纵容行为则可出自直接故意和间接故意。本罪并不以行为人主观上必须明确认识到包庇的对象是黑社会性质的组织、黑社会性质组织的违法犯罪活动为不可缺少的条件。只要行为人明知自己的行为是包庇、纵容犯罪的人（包括犯罪组织及成员）的违法犯罪活动，便具备本罪故意所必需的认识因素。③

（三）黑社会性质犯罪的立法完善

1. 在刑法中增设黑社会犯罪规定

1997年修订《刑法》前，有论者提议增设黑社会组织犯罪，立法上具体表述为：组织、领导黑社会组织的，处十年以上有期徒刑；情节特别严重的，处无期徒刑。积极参加黑社会组织的，或者国家工作人员利用职务包庇、袒护黑社会犯罪的，处五年以下有期徒刑、拘役；情节特别严重的，处五年以上十年以下有期徒刑。介绍、教唆、胁迫他人参加黑社会组织的，处五年以下有期徒刑或拘役。犯以上各罪的，可以单处或并处罚金或没收财产。在黑社会组织的犯罪活动中，构成其他犯罪的，数罪并罚。④ 增设黑社会组织罪的必要性表现在：第一，增设黑社会组织罪，是我国社会主义市场经济稳步发展的必然要求；第二，增设黑社会组织罪，是健全社会主义法制的需要；第三，增设黑社会组织罪，是实现国际社会共同打击有组织犯罪，对其予以司法合作的需要。⑤

---

① 参见赵秉志主编：《扰乱公共秩序罪》，257页，北京，中国人民公安大学出版社，1999。

② 参见张明楷：《刑法学》，3版，772页，北京，法律出版社，2007。

③ 参见杨忠民：《包庇、纵容黑社会性质组织罪之主观特征辨析》，载《中国人民公安大学学报》，2002（6）。

④ 参见刘守芬、王小明：《关于惩治黑社会组织犯罪的立法思考》，载《中外法学》，1996（6）。

⑤ 参见朱继良、雷东生：《试论黑社会组织罪》，载《法商研究》，1995（4）。

2. 制定单行反黑社会立法

有论者认为，应根据我国黑社会犯罪的现状及发展趋势，制定出适合我国反黑司法实践的单行刑事法律——《惩治黑社会犯罪法》。在单行反黑刑事法律中应明确使用法律名称“黑社会组织”。对现有罪名进行补充修改，增设“入境从事黑社会活动罪”和“资助黑社会组织罪”等罪名。从重惩治国家机关人员涉黑犯罪，进一步完善附加刑的适用，适用罚金和没收财产。规定涉黑犯罪的累犯不受五年限制。①

3. 修改现行黑社会性质犯罪的规定

有论者认为，应当修改现行《刑法》关于黑社会性质犯罪的规定。

其一，包庇、纵容黑社会性质组织罪侵犯的直接客体当属国家机关工作人员的职务正当性和国家机关的正常活动。因此，将该罪设置于渎职罪章中，更为妥当。此外，建议增设资助、操纵、利用黑社会性质组织罪等罪名，以弥补立法缺漏。②

其二，在《刑法》中启用“黑社会”概念，即规定组织、领导、参加黑社会组织罪，包庇、纵容黑社会组织罪。进一步严密刑事法网，增设其他黑社会犯罪罪名，主要包括“参加境外黑社会组织罪”、“自称属于黑社会罪”、“入境从事黑社会活动罪”、“包庇、纵容境外黑社会组织入境从事黑社会活动罪”、“介绍、教唆、胁迫、诱骗他人参加黑社会性质组织罪”等。将包庇、纵容黑社会组织罪的主体扩大为一般主体；对国家工作人员参与黑社会犯罪的，施以更重的刑罚；规定对黑社会犯罪不得适用缓刑。③

其三，对“单纯参加、没有实施其他犯罪活动又退出的”或“被胁迫参加黑社会性质组织、没有实施其他犯罪活动的”，增设免于追究刑事责任的规定，以分化瓦解黑社会犯罪组织。④

其四，应当考虑对《刑法》第 17 条第 2 款作出修改，增加“组织、领导黑社会性质组织”的行为，即“已满 14 周岁不满 16 周岁的人，犯故意杀人、故意伤害致人重伤或死亡、强奸、抢劫、贩卖毒品、放火、爆炸、投放危险物质、组织、领导黑社会性质组织罪的，应当负刑事责任。”⑤

其五，主张增设“帮助黑社会性质组织罪”，提高 1997 年《刑法》第 294 条的法定刑，增设财产刑。具体来说，建议将《刑法》第 294 条修改为：黑社会性质组织是指五人以上不特定多数人，用违法、犯罪的手段对社会进行控制，以获取非法

---

① 参见周心捷：《关于我国惩治黑社会犯罪法的立法思考》，载《政法学刊》，2007（6）；赵靖：《论我国黑社会性质组织犯罪的立法缺陷及其完善》，载《西南农业大学学报》（社会科学版），2007（6）。

② 参见刘莉芬、熊红文：《当前办理黑社会性质组织犯罪案件若干问题探讨》，载《江西公安专科学校学报》，2007（3）。

③ 参见房清侠：《关于“黑社会性质组织犯罪”法律适用的思考》，载《河南省政法管理干部学院学报》，2002（2）；张惠芳：《黑社会性质组织犯罪立法完善浅析》，载《时代法学》，2004（2）；李文燕、柯良栋主编：《黑社会性质犯罪防治对策研究》，159～160 页，北京，中国人民公安大学出版社，2006。

④ 参见于改之：《我国关于有组织犯罪的立法与司法完善》，载《法学论坛》，2004（5）。

⑤ 参见汪力等编：《有组织犯罪专题研究》，69～70 页，北京，人民出版社，2007。

的政治、经济利益为目的，按照企业或行帮方式组成的犯罪组织。（组织、领导、参加黑社会性质组织罪）组织、领导和积极参加黑社会性质组织的，处五年以上有期徒刑；情节特别严重的，处无期徒刑、或者死刑。其他参加的，处五年以下有期徒刑、拘役或者管制。（入境发展黑社会性质组织罪）境外的黑社会组织的人员到中华人民共和国境内发展成员的，处三年以上十年以下有期徒刑；情节严重的，处十年以上有期徒刑或者死刑。（包庇、纵容黑社会性质组织罪）国家机关工作人员包庇黑社会性质的组织，或者纵容黑社会性质的组织进行违法犯罪活动的，处五年以下有期徒刑、拘役或者管制；情节严重的，处五年以上有期徒刑；情节特别严重的，处无期徒刑或者死刑。（帮助黑社会性质组织罪）明知是黑社会性质组织而为其提供帮助的，处三年以下有期徒刑、拘役或者管制；情节严重的，处三年以上十年以下有期徒刑。单位犯前款罪的，对单位判处罚金，并对其直接负责的主管人员和其他责任人员，依照前款规定处罚。犯以上各罪的，可以单处或并处罚金或没收财产。①

三、整体评论

应当说，虽然我国刑法学界对黑社会犯罪的研究起步较晚，只是在新刑法颁布后才开始集中关注这类犯罪，但还是取得了比较丰富的研究成果。关于组织、领导、参加黑社会性质组织罪、入境发展黑社会组织罪和包庇、纵容黑社会性质组织罪犯罪构成的研究，以及在此罪与彼罪方面的探讨，为司法实践正确认定和处理该类犯罪提供了有力指导。关于修改黑社会犯罪的立法建议，为积极应对实践中黑社会性质犯罪的发展和演变、完善刑法的相关规定指出了明确的方向。需要指出的是，我国刑法没有使用“有组织犯罪”这一概念，但从出版著作和发表文章的数量来看，学术界对有组织犯罪的研究远远超过了对黑社会性质犯罪的关注。究其原因，与“有组织犯罪”这一概念在国际上的广泛应用和《联合国打击跨国有组织犯罪公约》的通过不无关系。当然，我国论者在研究有组织犯罪时，多数都将黑社会性质犯罪视为有组织犯罪的一种形态。现在看来，进一步厘清二者之间的关系并突出黑社会性质犯罪这一研究重点，应当是学界应当继续努力的方向。

① 参见周蔚：《惩治黑社会性质组织犯罪的立法缺陷》，载《杭州商学院学报》，2002（6）。

第十七章

妨害司法犯罪

一、研究概况

在20世纪90年代以前，妨害司法罪的理论研究发展较慢，仅有少量的论文、教材问世，直到1997年《刑法》颁布以前，只有一部专题著作，即赵秉志主编的《妨害司法活动罪研究》（中国人民公安大学出版社1994年版）。20世纪90年代以后，尤其是1997年《刑法》颁布以后，妨害司法罪的研究面貌发生了根本性的转变，300多篇学术论文、近20篇硕博学位论文和大量的著作问世，其中，比较有代表性的著作有：赵秉志主编的《妨害司法罪》（中国人民公安大学出版社1999年版）；鲜铁可的《妨害司法犯罪的定罪与量刑》（人民法院出版社1999年版）；赵秉志主编的《妨害司法罪疑难问题司法对策》（吉林人民出版社2000年版）；冯英菊的《赃物犯罪研究》（中国政法大学出版社2000年版）；鲜铁可的《妨害司法犯罪定罪量刑案例评析》（中国民主法制出版社2003年版）；刘杰的《典型包庇犯罪研究》（中国人民公安大学出版社2004年版）；吴占英的《妨害司法罪理论与实践》（中国检察出版社2005年版）。

1997年《刑法》颁布以前，妨害司法犯罪的研究主要围绕着这一类罪的犯罪构成以及包庇、窝藏罪、窝赃、销赃罪、脱逃罪、聚众劫狱罪、组织越狱罪等罪名展开，且研究深度有限。1997年《刑法》颁布以后，伴随着我国刑事立法的完善、外国法学理论的大量引进和研究生法学教育的繁荣，理论研究的广度和深度明显提高，研究的重点集中于伪证罪、辩护人、诉讼代理人毁灭证据、伪造证据、妨害作证罪、掩饰、隐瞒犯罪所得、犯罪所得收益罪、拒不执行判决、裁定罪。研究的问题也由犯罪概念、犯罪构成扩展到妨害司法犯罪的共犯形态、犯罪停止形态和罪数形态等方面。另外，理论研究也不再限于对我国国内法的研究，视角已经扩展到对我国国内法与外国、我国港澳台地区的立法和实务的比较研究层面。

二、观点综述

（一）妨害司法犯罪中的一般性问题

1. 妨害司法犯罪立法例的比较

有论者认为，综观外国各主要国家的刑事立法，对于妨害司法罪的立法基本上可以归纳为以下三种模式，即类型规定模式、种（个）罪单章（条）规定模式以及特定法规定模式。所谓类型规定模式，是指有关国家的立法将妨害司法方面的犯罪统归于专门的刑法章节中，并以妨害司法等有关用语作为章节的名称的模式。采用这种立法模式的国家主要有加拿大、意大利、瑞士、俄罗斯、法国、中国等。所谓种（个）罪单章（条）规定模式，是指有关国家的立法将妨害司法方面的犯罪中的有关种（个）罪以单章（条）的形式加以规定的模式。采用这种立法模式的外国国家主要有德国、日本、韩国等。所谓特定法规定模式，是指将关于妨害司法管理的犯罪大多分散在刑事法令或涉及刑事犯罪的其他法令中予以规定的模式。采用这种立法模式的国家主要有英美等国。各国关于妨害司法活动犯罪的一些基本的特点是：①不管采用何种规定模式的外国国家均将有关伪证、脱逃以及诬告方面的犯罪纳入妨害司法罪的范畴，而将有关赃物方面的犯罪无一例外地纳入侵犯财产方面的犯罪；②妨害司法罪是侵犯国家法益进而侵犯国家司法权的犯罪。①

2. 妨害司法罪的立法完善问题

有论者研究了中外妨害司法罪的立法模式以及妨害司法活动罪的罪种，指出了我国妨害司法犯罪立法方面存在的问题，并对此提出了立法完善的建议。①重构体系，改进条文。从宏观上，将妨害司法活动罪由妨害社会管理秩序罪中剥离出而置于侵害国家利益罪中，在有些学者建议的将我国分则体系分为侵犯国家利益、社会利益、个人利益三编的基础上，将此罪置于第一编中。从微观上，将诬告陷害罪由侵犯人身权利罪、洗钱罪由破坏金融管理秩序罪中移至妨害司法活动罪中，如此将使刑法分则体系结构更合理化，也突出对妨害司法活动罪的重视；同时增加“隐藏”、“隐匿”、“使用”为第 307 条第 2 款的行为方式，罪名确定为“妨害证据罪”，删除第 306 条第 2 款“辩护人、诉讼代理人提供、出示、引用的证人证言或者其他证据失实，不是有意伪造的，不属于伪造证据”的规定；将第 310 条规定的窝藏、包庇罪分解为两罪名，具体做法是在第 310 条后新设一条，规定“明知是犯罪的人

---

① 参见刘玉江：《妨害司法罪若干立法例比较要略》，载《江苏警官学院学报》，2003（3）。

而为其作假证明包庇的，处三年以下有期徒刑、拘役或管制；情节严重的，处三年以上十年以下有期徒刑”。删去第310条第2款“犯前款罪，事前通谋的，以共同犯罪论”的规定；在第316条第1款后设立二款，第2款规定：“有组织、有计划地犯前款罪的，处五年以下有期徒刑或拘役；首要分子和积极参加的，处五年以上有期徒刑。”第3款规定：“结伙使用枪械、棍棒等武器或以其他武力方法犯前款罪的，首要分子和积极参加的，处十年以上有期徒刑或者无期徒刑；情节严重的，处死刑；其他参加的，处三年以上十年以下有期徒刑。”在第313条、314条后分别设置第2款：“单位犯前款罪的，对单位判处罚金，并对其主管人员或直接责任人员依照前款的规定处罚。”②增设新的罪名。具体增加的罪名包括虚构犯罪罪、诉讼欺诈罪、律师、诉讼代理人背信罪以及知情不报罪。③增加减免刑事责任的条款。第一，单设XXX条，规定罪犯、被告人、犯罪嫌疑人的近亲属为了罪犯、被告人、犯罪嫌疑人的利益而有本节第307条（妨害作证罪、帮助毁灭、伪造罪）、310条（窝藏、包庇罪）、312条（窝藏、转移、收购、销售赃物罪）、316条第1款（脱逃罪）的行为构成犯罪的，可以从轻、减轻或免除处罚。第二，对于伪证罪的刑事责任，增设“在判决之前推翻伪证、提供真实证言时减轻或免除刑事责任”的规定；修改加重情节的规定，规定“伪证行为发生在刑事诉讼中或有其他严重情节的，处三年以上七年以下有期徒刑”。第三，对于诬告陷害罪的刑事责任，增设“在司法机关立案前，自行坦白的，可以从轻、减轻或免除处罚。”第四，拓宽罚金刑的适用范围，应将罚金刑的适用扩大到伪证罪、妨害作证罪、窝藏罪、包庇罪。①

有论者以“证人”概念为视角，分析了伪证罪及相关罪名体系的立法完善问题。①把伪证罪主体中的“证人”扩大为一般主体，行为人不管是否经历或者以其他途径知悉案情，只要在刑事诉讼中，对与案件有重要关系的情节，故意作虚假证明的，即构成伪证罪。理由如下：第一，伪证的字面意思为“提供虚假证明”，因此，作伪证的主体并非必须了解案情的人或证人。伪证的本质在于明知是虚假的证言而向司法机关提供，而不在于行为人是否了解案情的真实情况；第二，证人与非证人的界限不明显，对此区分无实质意义；第三，国外立法中也不要求作虚假证明的人必须是证人；第四，能有效区分伪证罪和诬告陷害罪，在刑事诉讼程序开始之前，行为人捏造犯罪事实，向司法机关告发，意图使他人受刑事追究的，是诬告陷害罪；在刑事诉讼过程中，行为人对与案件有重要关系的情节（当然也可以是整个犯罪事实）作虚假证明的，是伪证罪。②取消包庇罪的规定，保留窝藏罪。理由如下：第一，包庇罪同帮助毁灭、伪造证据罪的关系混乱，前者的最高法定刑远远高于后者，但却不具有较大的危害程度，对帮助毁灭、伪造证据的行为，如遵从“重罪优先于轻罪”原则按包庇罪论处，则后者无存在必要，且后者的行为有别于包庇罪中的“作假证明”，将此行为认定为包庇罪不恰当，因此取消包庇罪后则可避免此种混乱；第

① 参见刘凌梅：《妨害司法活动罪之比较研究—兼论我国妨害司法罪的立法完善》，载《郑州大学学报》（哲学社会科学版），2007（5）。

二，明知是犯罪的人而向司法机关作假证明包庇的，可认定为主体扩大为一般主体之后的伪证罪，而不再以包庇罪论处；第三，国外绝大多数国家也未规定包庇罪，即使有，其含义也超过了“作假证明”的范围。③补充辩护人、诉讼代理人毁灭证据、伪造证据、妨害作证罪的罪状，使之与妨害作证罪相协调，把“以暴力、威胁、贿买等方法阻止证人作证或者指使他人作伪证”补充到辩护人、诉讼代理人毁灭证据、伪造证据、妨害作证罪的罪状中。④把刑讯逼供罪、暴力取证罪和诬告陷害罪归入妨害司法罪。理由如下。第一，这符合以犯罪客体为标准的犯罪分类理论，这几种犯罪既侵犯公民的人身权利，又妨害司法机关的正常活动，既可归入侵犯公民人身权利、民主权利罪，又可归入妨害司法罪中，但这些罪名与伪证罪、妨害作证罪等罪名更为接近，因此归入妨害司法罪更为恰当。第二，是维护国家司法利益的需要。将这些罪归入到妨害司法罪中，则判断的重点就会转移到行为是否侵害了司法机关的正常活动，这就有利于发挥这些罪在维护司法机关正常活动中的作用。同时，刑讯逼供、暴力取证行为如果造成人身伤害，即使不构成刑讯逼供罪和暴力取证罪，也构成故意伤害罪，从而不会不利于保护公民的人身权利。而且刑法还规定，刑讯逼供、暴力取证致人伤残、死亡的，依照故意伤害罪、故意杀人罪从重处罚。就诬告陷害罪而言，由于现行刑法要保护的是被诬告者的人身权利，这就意味着受被诬告者之托而实施诬告陷害的行为不构成犯罪，而这种行为同样侵犯了司法机关的正常活动，如把诬告陷害罪调整到妨害司法罪中，这样的行为就当然构成诬告陷害罪。因此，把诬告陷害罪调整到妨害司法罪中，也有利于维护司法机关的正常活动。第三，多数国家也都采用如此归类方法。①

（二）伪证罪

1. 伪证罪的主体

（1）“证人”的含义

对此，有论者认为，证人是指与案件无直接利害关系的，向司法机关提供自己知道的案件情况的诉讼参与人。② 有论者指出，证人是指向司法机关陈述自己所知道的案件事实并且与案件事实没有切身利害关系的诉讼参与人。③ 有论者主张，证人是指向司法机关陈述自己关于某案件事实经历的人。④ 有论者提出，证人是指通过诉讼外途径了解案情并向司法机关陈述的第三人。⑤

---

① 参见何立荣：《论伪证罪及相关罪名体系的立法完善——以“证人”概念为视角》，载《江西社会科学》，2007（7）。

② 参见陈兴良：《刑法疏议》，486页，北京，中国人民公安大学出版社，1997。

③ 参见杨迎泽、郭立新主编：《刑法分则适用疑难问题解》，280页，北京，中国检察出版社，2000。

④ 参见赵秉志主编：《妨害司法活动罪研究》，46页，北京，中国人民公安大学出版社，1994。

⑤ 参见闵春雷：《伪证罪主体研究》，载《国家检察官学院学报》，2001（2）。

（2）同案被告人能否互为证人

对此，主要存在三种意见：第一种意见认为，同案被告人之间不能互为证人；第二种意见认为，同案被告人检举揭发彼此的犯罪事实，实际上他也是就自己所了解的有关案情事实向司法机关进行陈述，与其他证人的证言作用是一致的，故可视为证人；第三种意见认为，同案被告人原则上不能互为证人，但在特殊情况下或在一定条件下，可以成为证人。① 有论者基本上同意第三种观点，认为在此问题上应当具体分析，区别对待。证人是通过诉讼外途径了解案情的第三人，具有相对中立性。被告人之间能否成为证人，判别的关键，不是程序上是否同案审理，而应当看被告人在实体上是否存在共同犯罪关系，即被告人就其他犯共同犯罪的事实所作陈述时，由于共犯之间罪责相关，故他不具备案外第三人的客观立场，不能成为证人；其虚伪陈述亦不必负伪证罪之罪责。但若是被告人就其他共犯非共同犯事实所作的陈述，则应视为证言。这是因为被告人摆脱了实体上的共犯关系，其陈述的客观真实性较大，具备了证人的特点和要求。②

（3）共犯在分离程序中受审，已审结的被告人可否成为后受审的共犯的证人

对此，有论者认为，这种情况下已经过判决的共同被告人可以成为证人。③ 有论者则持否定态度。理由是：从实体法律关系看，前后受审的被告人之间共犯关系仍然存在，共犯关系并不因一方案件审结而消亡。只要存在着实体上的共犯关系，前后两被告人的罪责关系就无法解除。这种“剪不断，理还乱”的共犯关系，决定了前被告所作陈述虚伪的可能性较大。出于各种各样的动机，他或者会为后一被告人尽力开脱罪责，或者将自身的罪责推卸给对方。这时，尽管前被告在后一诉讼中所处的是证人的地位，但这只是表面上的，因其不具有案外第三人的客观立场，与证人有着实质性的差别（名为证人，实为当事人）。对这种特殊证人应特别对待，因不具有期待可能性，不能构成伪证罪。从诉讼程序上看，尽管前一被告的案件已审结，但伴随着后一共犯的审理，前被告渴望案情出现转机。因为共犯的一审、二审无可避免地要对前被告的罪行有所涉及，在这种情况下，前被告虚假陈述后有望通过申诉的机会改变生效的判决；指望他如实陈述是不现实的。故虽然在分离程序中已审结的被告人处于证人地位，但其特殊性决定了他不能构成伪证罪的主体。④

（4）共同犯罪中由于情节显著轻微不作犯罪处理的参与人能否成为伪证罪的主体

对此，有论者持否定意见。论者认为，虽然已经审判终结，但是由于不作犯罪

---

① 参见崔敏主编：《刑事证据理论研究综述》，141页，北京，中国人民公安大学出版社，1990。

② 参见闵春雷：《伪证罪主体研究》，载《国家检察官学院学报》，2001（2）。

③ 参见崔敏主编：《刑事证据理论研究综述》，141页，北京，中国人民公安大学出版社，1990。

④ 参见闵春雷：《伪证罪主体研究》，载《国家检察官学院学报》，2001（2）。

处理的参与人是同案被告人，与其他被告人之间还存在实体上的共犯关系，不能认定他们之间没有具体的利害关系，因此不能作为证人。①

（5）证人是否包括被害人

对此，有论者认为，诚然，刑事诉讼法明确区分了证人证言与被害人陈述两个概念，但是，这并不意味着刑法理论只能按照刑事诉讼法的规定解释刑法概念。被害人陈述与证人证言都属于证据，被害人完全可能做虚假陈述，事实上也不乏其例；这种行为也具有妨害司法客观公正的危险。因此，作为伪证罪行为主体的证人应当包括被害人。② 有论者指出，被害人为达到包庇犯罪分子或者陷害他人的目的，在刑事诉讼开始以后（区别于诬陷陷害罪）向司法机关作虚假陈述，情节严重的，应当以伪证罪论处。这是因为：第一，被害人陈述是揭露犯罪、证实犯罪的一种重要证据来源，与证人证言一样，属于人证的范畴。被害人有义务如实向侦查、检察、审判人员提供案件情况，不得作虚假陈述；第二，被害人在刑事诉讼中处于与证人相似的地位，除对案件处理结果享有某些特殊权利外，在揭露犯罪、证实犯罪方面，与证人并无不同。可以说，被害人在公诉案件中处于特殊证人的地位，其陈述实际上也是一种特殊证言。无论是从被害人的诉讼地位，还是从其陈述的证明作用上来看，被害人作虚假陈述包庇犯罪分子或者陷害他人，与证人作伪证的行为在性质、危害方面都是相同的。③ 有论者则认为，在确定《刑法》第305条伪证罪主体中证人的具体范围时，有必要采取体系解释的方法来加以分析。所谓体系解释，是指在解释具体法律规范的含义时，应从整个法律体系的角度，作出部门法之间协调一致的解释。特别是刑法作为其他部门法的保障法，刑法中有关术语的内涵确定，更有必要参照相关的部门法的具体规定及其含义。我国刑事诉讼法中已明确把被害人和证人作为平等的概念，从而彻底否定了二者种属相含的可能性。所以被害人并不属于证人范围，对证人的概念不应作扩大解释。④ 还有论者认为，在我国刑法中，被害人与证人也是作为两个不同的概念使用的，两者不存在一个包含另一个的问题。具体而言，《刑法》中共有5个条文所规定的犯罪涉及“证人”，它们是暴力取证罪、伪证罪、辩护人、诉讼代理人毁灭证据、伪造证据罪、妨害作证罪和打击报复证人罪。另有7个条文涉及“被害人”，主要涉及被害人经济损失赔偿、合法财产返还、追诉时效延长、告诉才处理等方面。对刑事法中的证人概念还是应做统一理解，否则，不利于司法活动的正常进行。因为，无论刑法还是刑事诉讼法，都是用来处置刑事案件的，二者之间在针对具体案件时关系十分密切。如果对相同字样的概念在刑法和刑事诉讼法中作不同理解，必然给刑事诉讼的正常顺利进行造成困难。从理

---

① 参见刘爱军：《伪证罪主体中证人范围的界定》，载《科技创业月刊》，2005（1）。

② 参见张明楷：《刑法学》，3版，779页，北京，法律出版社，2007。

③ 参见奎娜：《伪证罪辨析》，载《公安大学学报》，1986（4）。

④ 参见刘树德、王志勇：《伪证罪主体中证人范畴的解释》，载《法律适用》，2001（1）。

论研究角度看，对证人概念做统一理解，也有利于刑法和刑事诉讼法的沟通与交流。① 另外，有论者认为，由于我国刑法并未将被害人纳入伪证罪的犯罪主体当中，司法实践中对被害人捏造事实诬告陷害他人意图使他人受刑事处分的，一般是依照《刑法》第243条追究其诬告陷害罪的刑事责任。如果所谓的“被害人”完全是无中生有虚构事实向司法机关告发他人犯有针对自己的“罪行”，当然可以依照诬告陷害罪的规定定罪处罚，但是，此时的“被害人”并不是真正的被害人，只是为了达到诬告他人的目的而假装被害。与此不同的是，绝大多数情况下，被害人的虚假陈述往往并不是“无中生有”，而是“有中生多”，即出于自身被害的义愤或报复目的而对有关犯罪事实的夸大或对部分犯罪事实的虚构，这明显有别于凭空捏造。而且，这种行为侵犯的主要是司法机关正常的审判秩序，其次才是被告人的人身权利或民主权利；如果构成犯罪的话，也应当是构成伪证罪，而不应构成诬告陷害罪。诬告陷害罪的行为是可能引起刑事诉讼发生的行为，而刑事诉讼中的伪证行为则是可能导致错误审判的行为，二者所侵犯的法益是有所不同的。如果被害人违反如实向司法机关陈述案件事实的义务而作不实的陈述，其行为的性质与证人的虚假陈述并无不同，情节严重的，理应构成伪证罪。因此，在立法上，被害人应当纳入伪证罪的主体范围。②

（6）证人是否包括见证人

对此，有论者认为，证人不是见证人。见证人是被临时邀请到现场，就某一诉讼活动作证的人。在一个案件的诉讼过程中，证人不能更换，见证人可以更换。证人对案件事实作证，见证人只对被邀请证明的事实作证。见证人必须是与案件没有利害关系的人，对证人则不要求。③ 有论者则认为，刑事诉讼中的见证人，应视为“特殊的证人”。见证人，是指与案件无关，而仅在勘验、检查、搜查、扣押和侦查试验等诉讼活动中，被司法工作人员邀请在现场观察并为此作证的人。这种人被邀请到现场见证，是可以选择和代替的。这与证人具有差异。但是，一旦被邀请到现场见证之后，他就成为了解有关诉讼活动的特定人，具有不可代替性，这与证人又有相似之处。尤其是见证人与证人具有类似的诉讼权利和义务。因此，可将见证人视为“特殊的证人”。④

（7）记录人应否成为伪证罪的主体

对此，有论者认为，记录人不应成为伪证罪的主体。理由是：其一，记录活动属诉讼中的职务行为。记录人通过记录将证人证言等通过一定的载体固定下来，其本身不是形成证据的活动。虚假记录不具有伪证性质；其二，从外国立法例考察，

① 参见李和仁等：《被害人改变报案时陈述是否构成伪证罪》，载《人民检察》，2007（5）。

② 参见周少华、贾清波：《伪证罪主体问题探讨》，载《法学》，2005（6）。

③ 参见赵秉志主编：《妨害司法罪》，57页，北京，中国人民公安大学出版社，1999。

④ 参见陈光中主编：《刑事诉讼法学》，141页，北京，北京大学出版社、高等教育出版社，2002。

在日本、瑞士、韩国、俄罗斯等国立法中，伪证罪的主体均不包括记录人；其三，实践中，虚假记录行为应属毁灭、伪造证据的活动。① 有论者指出，记录人既不是诉讼中的当事人，也不是诉讼参加人，其在诉讼活动中的性质和作用也与证人、鉴定人、翻译人有较大的不同。基于以下的理由，记录人不应成为伪证罪的主体。第一，从行为的性质看，虚假记录是司法机关工作人员利用职务之便所实施的妨害证据的行为，这种行为与证人、鉴定人、翻译人故意所为的虚假的证明、鉴定、翻译行为有着本质的区别。就记录行为的性质来说，它是司法专职工作人员记载案件审理过程的一种活动，而且它是对案件审理全过程的客观记录，而并不是形成证据材料的活动，这种行为显然不具有作证的意义。因而，虚假记录也就不具有“伪证”的性质。第二，虚假证明、虚假鉴定、虚假翻译等行为是直接产生虚假证据的行为，而虚假记录却不是直接形成虚假证据的行为，而是毁灭、伪造证据的行为。第三，从国外的立法情况看，伪证罪的主体均不包括记录人在内。虚假记录是记录人在固定证据的过程中，对已有证据进行篡改的行为。如果构成犯罪的话，这种行为也应当是构成妨害证据的犯罪，而不应是伪证罪或者徇私枉法罪。② 还有论者认为，记录人作虚假记录的，应当构成徇私枉法罪，而不是伪证罪。③ 还有论者主张，对记录人的虚假记录行为可以以滥用职权罪论处，记录人的虚假记录行为完全符合该罪的构成要件。④

（8）对鉴定人员作虚假鉴定的行为应否规定为伪证罪

对此，有论者认为，司法机关中的鉴定人员在刑事诉讼的办案过程中故意对与案件有重要关系的情节作虚假鉴定的，应构成徇私枉法罪。⑤

（9）犯罪嫌疑人、被告人作虚假陈述的，是否构成伪证罪

关于犯罪嫌疑人、被告人作虚假陈述的问题，有论者认为，犯罪嫌疑人、被告人作虚假陈述的，由于缺乏期待可能性，没有被刑法规定为构成伪证罪。⑥ 有论者指出，犯罪嫌疑人不应成为伪证罪的主体。理由是：“如实回答的义务”的法理基础不足，其存在的合理性和公正性值得怀疑。该义务标准不确定，容易导致司法人员的主观臆断，产生刑讯逼供。⑦ 而有论者则主张，犯罪嫌疑人可以成为伪证罪的主体。理由是：其一，对犯罪嫌疑人的伪证行为不予定罪，有违法律面前人人平等的原则；其二，从对域外司法判例的考察看，美国前总统克林顿和菲律宾前总统埃斯

① 参见石梅兰：《我国伪证罪立法之不足与完善》，载《烟台职业学院学报》，2006（3）。

② 参见周少华、贾清波：《伪证罪主体问题探讨》，载《法学》，2005（6）。

③ 参见赵秉志主编：《妨害司法活动罪研究》，17页，北京，中国人民公安大学出版社，1994。

④ 参见鲁永峰：《伪证罪疑难问题研究》，24页，西南政法大学2007年硕士论文。

⑤ 参见赵新河：《妨害司法若干犯罪研究》，载《河南社会科学》，2002（1）；李国文：《论伪证罪》，38页，四川大学2007年硕士学位论文。

⑥ 参见张明楷：《刑法学》，3版，780页，北京，法律出版社，2007。

⑦ 参见谭志君：《论伪造证据的犯罪》，载《华南师范大学学报》（社会科学版），2006（1）。

特拉达均因被调查其他罪证时有不实陈述而被追诉伪证罪，这些外国案件证明犯罪嫌疑人可以成为本罪主体。①

（10）单位能否成为伪证罪的主体

有论者认为，司法实践中时常出现以单位名义提供证言的情况。我国《民事诉讼法》第 70 条规定，“凡是知道案件情况的单位和个人，都有义务出庭作证。”这一法律规定有欠科学。单位、团体不能作证人，当然也不能成为伪证罪的主体。一方面，从事实上看，由于单位、团体不具备只有自然人才有的对案情的感知力、记忆力和表达力，无法形成证言；另一方面，从法律上看，刑法中的单位犯罪不包括伪证罪在内，单位无法承担伪证罪的刑事责任。故实践中应避免单位的法定代表人或单位职工以单位名义作证的情况。谁了解案情，谁就应成为本案的证人；只有坚持这一点，才能尽可能地保证证人证言的真实性，不至于因证言的多次转述而失真。同时，也有利于伪证罪的查处。如果证人故意作虚伪证明，则应由其本人承担伪证罪的刑事责任。②

（11）警察能否成为伪证罪的主体

对此，有论者认为，在我国现行法律框架内，承办案件的警察并不具备伪证罪的主体身份。但在司法实践中确实存在警察在办理刑事案件中向检察院、法院提供虚假证明材料作伪证的情况。从理论和实践需要来讲，警察具备伪证罪犯罪主体身份，承办案件的侦查人员可以成为伪证罪的主体。其主要理由如下。首先，警察不参与审判，不会对案件公正审理产生实质影响。侦查人员作为证据的提供者，他在法庭上作证本质上是为了支持公诉人的控诉，或者是为了满足辩方质证权的需要，因此，不会损害审判的公正性。并且，它提供的证言与其他证据一样，也必须受到法庭的审查判断之后才能采信。其次，承办案件的警察以证人身份出庭作证是世界许多国家的惯例。③ 有论者指出，在现行法律中并不能直接找到警察作为伪证罪的犯罪主体的合理依据。不过，单从理论上讲，承办案件的警察具备证人资格，因而可以成为伪证罪的主体。其主要理由有以下几个方面：其一，承办案件的警察以证人身份出庭作证是世界许多国家的做法；其二，警察作证并不违反证人的不可替代性特征；其三，警察作证并非“自我证明”，对其作证就会影响案件的公正处理的担心是不必要的；其四，《刑事诉讼法》第 28 条关于警察回避的规定是不恰当的。④

2. 伪证罪的主观方面

（1）伪证罪的罪过形式问题

对此，有论者认为，《刑法》第 305 条对伪证罪的构成提出了明确的目的要件，

---

① 参见石梅兰：《我国伪证罪立法之不足与完善》，载《烟台职业学院学报》，2006（3）。

② 参见闵春雷：《伪证罪主体研究》，载《国家检察官学院学报》，2001（2）。

③ 参见刘爱军：《伪证罪主体中证人范围的界定》，载《科技创业月刊》，2005（1）。

④ 参见王超：《从一起案例看警察能否构成伪证罪的犯罪主体》，载《四川警官高等专科学校学报》，2003（1）。

而根据刑法理论，犯罪的目的只存在于直接故意犯罪之中，因此，伪证罪的罪过形式只能是直接故意。①

（2）伪证罪的犯罪目的问题

《刑法》第305条将伪证罪的犯罪目的明确限定为两种情形，即意图陷害他人和隐匿罪证。根据有的论者的归纳，关于伪证罪犯罪目的的认识，理论上主要存在以下三种观点。其一，保留说（但需要进行适当修改）。此观点认为，从实践中看，实施伪证行为几乎都是出自陷害他人或者包庇他人。但伪证罪条文中所说的“隐匿罪证”，从立法含义上说是包庇，与“陷害他人”相对应。然而，隐匿罪证的定义又不同于包庇的定义，后者的外延要比前者大，所以“隐匿罪证”一词的使用不够准确。也就是说，此观点认为给伪证罪规定两个犯罪目的是正确的，只是“隐匿罪证”一词的使用不够准确，需要在今后的立法中用一个恰当的词来代替“隐匿罪证”。其二，概括说。此观点认为，“意图陷害他人或者隐匿罪证”的犯罪目的，一方面容易使人误解为某些伪证罪的构成在伪证之外，还有隐匿罪证的行为；另一方面又未能全面概括司法实践中各种伪证罪故意内容的情形。如故意作伪证为犯罪人开脱罪责的情形，其主观目的与“陷害他人”恰恰相反，却同样干扰了司法机关在刑事诉讼中审查、判断和运用证据的正常活动，符合伪证罪的本质特征。鉴此，建议将伪证罪的主观目的修改为“意图使司法机关作出不公正之裁决”。其三，废弃说（对伪证罪的犯罪目的不作任何规定）。此观点不赞同给伪证罪规定特定的犯罪目的。理由主要有：伪证罪的行为人是否具有“陷害他人”的意图，并不影响行为的性质；“隐匿罪证”不可能成为作伪证的故意内容，“作伪证”也不可能成为“隐匿罪证”的方法行为；从伪证罪的性质来看，它所保护的法益是国家审判权的安全，而《刑法》第305条所要求的特定犯罪意图并未体现这一价值倾向；从国外的立法情况看，大多数国家的刑法并不要求伪证罪的行为人须有特定的犯罪意图。该论者认为，在伪证罪中没有必要明文规定其特定的犯罪目的，更没有将其犯罪目的予以成文化的必要；只要行为人在客观上具有向司法机关就与案件有重要关系的情节作虚假证明的行为，即构成伪证罪。②

3. 伪证罪的客观方面

（1）对伪证罪的行为应否限定在刑事诉讼中

对此，有论者认为，在大多数国家的刑法中，证人、鉴定人和翻译人都是伪证罪最基本的主体。我国《刑法》第305条虽然也明确将上述三类人纳入伪证罪的主体范围，但是，该条规定的伪证罪主体只包括刑事诉讼中的证人、鉴定人和翻译人，而并不包括行政诉讼和民事诉讼中的证人、鉴定人和翻译人。这样的规定留给人一个错误的印象，即似乎在国家司法权体系中，刑事审判权的地位比民事、行政等审判权更为重要。事实上，司法制度上的审判权划分主要是由于其各自的职能有所不

---

① 参见吴占英：《伪证罪若干疑难问题探讨》，载《法学杂志》，2006（3）。

② 参见徐立：《伪证罪犯罪目的浅析》，载《科技创业月刊》，2004（12）。

同，而并不存在何者更为重要的问题——如果说它们之间有差异的话，也只是发生在不同诉讼程序中的伪证行为所造成的间接的危害后果有所不同，而不是行为性质上的差异；这种不同在刑法评价上应当只是刑罚轻重的不同，而不应该是刑责的有无。把构成伪证罪的行为限定在刑事诉讼中，实际上是对同样性质的行为给以不同的法律处遇，显然有违现代法治的“平等原则”。如果认为伪证罪的客体是公民的人身、民主权利，将该罪的成罪行为限定在刑事诉讼中就具有一定的合理性；而如果伪证罪的客体被确定为国家的司法作用，其成罪行为自然不应该局限于刑事诉讼中。之所以认为伪证罪应当扩大到民事诉讼与行政诉讼中，还有一个很重要的理由就是，相对于刑事诉讼而言，民事诉讼中的伪证行为可能更为普遍地存在。[①] 而有论者则认为，不可否认，民事、行政伪证行为与刑事伪证行为都具有社会危害性，二者在社会危害性的质的方面是一致的，但在量的一方面是有区别的。从刑法谦抑性原则出发，对某一行为要动用刑罚手段予以惩罚，必须是其他手段用尽仍不能有效防止该行为的发生，也就是对该行为适用刑罚具有不可避免性。反之，如果对于某一行为，民事、行政制裁措施便足以预防和遏制，那么刑法便不应介入。对于民事伪证行为，《民事诉讼法》第 102 条规定了罚款、拘留等惩罚措施。在民事诉讼领域，伪证行为的直接受害方是个人，侵害的法益多为个人财产，法律责任也多为民事赔偿，因此，适用罚款、拘留等处罚措施应该说能够有效抑制民事伪证行为的发生。在行政诉讼中也有相似的规定。与之不同的是，刑事伪证行为不但直接侵害到国家法益，同时还可能严重威胁到个人利益——人身、民主权利，性质上远较民事、行政伪证要严重。这两者的危害性不同，处理的手段也相应不同。[②]

（2）伪证罪能否以不作为的形式构成

对此，理论上有以下观点。

第一种观点认为，行为人必须有积极提供虚假证明、鉴定、记录、翻译的行为，才能构成伪证罪。证人始终保持沉默，拒绝作证或者只提供部分证言，但在司法人员故意提出不利于被告人的问题时，表示默认的，都属于并未做出陈述，不构成本罪。[③] 据此，消极的不作为不构成伪证罪。[④]

第二种观点认为，虚假陈述包括“对应该积极提供或者反映的事实不提供、不反映。”[⑤]

第三种观点认为，证人在陈述时，对自己记忆中的事项全部或者一部分保持沉默，从而使整体上的陈述成为虚伪陈述时，就构成不作为的伪证罪。但是，单纯保

① 参见周少华、贾清波：《伪证罪主体问题探讨》，载《法学》，2005（6）。

② 参见鲁永峰：《伪证罪疑难问题研究》，4～5 页，西南政法大学 2007 年硕士论文。

③ 参见周光权：《刑法各论讲义》，415 页，北京，清华大学出版社，2003。

④ 参见陈兴良主编：《罪名指南》（下），981 页，北京，中国政法大学出版社，2000。

⑤ 参见黄京平主编：《以案说法·刑法篇》，252 页，北京，中国人民大学出版社，1998。

持沉默而不陈述时，不成立伪证罪。①

第四种观点认为，行为人自始至终纯粹地不作为不应当构成伪证罪，因为“伪证”是指“假造的证据”，而行为人自始至终纯粹地不作为不可能假造出证据。但是，在刑事诉讼中，如果行为人部分地作为、部分地不作为，如记录人故意地在记录中假造犯罪嫌疑人罪轻的证据而故意地不记录客观存在的其罪重的证据，翻译人故意地在翻译中捏造证明被告人无罪的证据，而有意隐瞒客观存在的证明被告人有罪的证据等，从而使整体上的陈述内容成为虚假的时候，则行为人的行为构成伪证罪。不过，需要指出的是，这种情况不可能由纯粹的不作为构成，而是由作为与不作为相结合而形成的一种“混合型”犯罪。如果行为人部分地作为、部分地不作为，但并未使整体上的陈述内容成为虚假的，则行为人的行为不构成伪证罪。②

（3）“虚假”的判断标准

根据《刑法》第305条的规定，伪证罪在客观上表现为行为人进行虚假的证明、鉴定、记录和翻译。虚假一般指内容不真实；虚假的证明、鉴定、记录和翻译，是指内容不真实的证明、鉴定、记录和翻译。由于产生不真实的证明、鉴定、记录和翻译的原因，既可能由客观情形所致，也可能由行为人主观原因而形成，因此在判断伪证罪的虚伪时，就产生了不同的标准，形成了客观说、主观说和折中说。客观说认为，应以证言和客观事实是否一致为标准。③ 据此，证人做出的与客观事实不同的陈述便是虚假的陈述。主观说认为，证人只要违反自己的记忆进行陈述，就是虚伪的陈述，而无论该陈述是否与客观情形相一致。④ 折中说认为，虚假的陈述是指违反证人的记忆所作出的不符合客观事实的陈述。如果所作陈述违反了证人的记忆但符合客观事实，就不能认为妨害了司法活动，因此不能认定为伪证罪；如果符合证人的记忆，但是与客观事实不相符合，由于行为人没有伪证罪的故意，也不可能成立伪证罪。⑤

对于上述三种学说，有论者认为，主观说更有道理。犯罪是一种主客观相统一的行为。从主观上看，实施犯罪的行为人具有罪过；从客观上看，行为人实施了严重危害社会的行为。具体到伪证罪来说，从主观上看，行为人意欲作伪证，其具有罪过性是不言而喻的；从客观上看，行为人所作的虚假陈述的内容如与客观事实不符，行为人的行为当然具有严重的社会危害性；即使阴差阳错而使其所作的虚假陈述的内容恰好与客观事实相符合，行为人的行为照样具有严重的社会危害性。只是

---

① 参见张明楷：《外国刑法纲要》，768～769页，北京，清华大学出版社，1999。

② 参见吴占英：《伪证罪若干疑难问题探讨》，载《法学杂志》，2006（3）。

③ 参见张全仁主编：《新编刑法学》，676页，北京，中国物资出版社，2001。

④ 参见曹子丹、侯国云主编：《中华人民共和国刑法精解》，283页，北京，中国政法大学出版社，1997。

⑤ 参见童德华：《伪证罪司法疑难问题研究》，载《湖北警官学院学报》，2004（1）；刘艳红主编：《刑法各论》，257页，北京，北京大学出版社，2004。

社会危害性的程度与前一种情况相比要低一些，但不能否认这种行为的刑罚可罚性。犯罪行为对犯罪客体的危害，既包括对客体的危害，也应包括对客体的威胁。否则，我们就无从理解刑法为什么追究预备犯、未遂犯以及危险犯的刑事责任。如果由于主客观条件的限制而导致行为人记忆错误，从而使其陈述的内容与客观事实不相符合，由于行为人主观上不具有伪证的意图，其行为不成立伪证罪；如若行为人故意作与其记忆不相符合的虚假陈述，即或偶尔符合客观真实，也应当构成伪证罪。①

4．伪证罪的客体

对此，理论上有以下几种观点。

第一种观点认为，伪证罪侵犯的是双重客体，即公民的人身权利和司法机关的正常活动。②

第二种观点认为，伪证罪的客体是国家司法机关的正常活动。“隐匿罪证”形式的伪证罪只是侵害了国家司法机关的正常活动，不可能侵害公民的人身权利。因此，将公民人身权利作为伪证罪的客体，既不符合该罪的性质及其特征，也不符合犯罪客体的要求。而无论哪一种形式的伪证罪都侵害了国家司法机关的正常活动，阻碍和干扰了司法机关在侦查、审判活动中正确执行自己的职能，并有可能导致司法机关重罪轻判、轻罪重判和无罪错判，从而损害法律的尊严和司法机关的威信。③

第三种观点认为，伪证罪侵犯的客体是司法秩序，而不是公民的民主权利或（和）人身权利，对后者的侵犯主要是间接性的。④

第四种观点认为，伪证罪侵害的客体是复杂客体，即除了妨害国家审判机关的正常的诉讼活动外，还侵犯了公民的人身权利。⑤

第五种观点认为，伪证罪侵犯的客体主要是司法机关的正常活动，同时，还危害公民的人身权利以及其他合法权益。⑥

第六种观点认为，伪证罪的客体是司法机关收集、审查、认定证据的刑事司法活动。⑦

5．伪证罪的认定

（1）犯罪嫌疑人、被告人教唆他人作虚假陈述的问题

对此，有论者认为，犯罪嫌疑人、被告人教唆证人等为自己作伪证的，虽然证人的谎言比犯罪嫌疑人、被告人的谎言更难识破，但由于犯罪嫌疑人、被告人自己

---

① 参见吴占英：《伪证罪若干疑难问题探讨》，载《法学杂志》，2006（3）。

② 参见奎娜：《伪证罪辨析》，载《公安大学学报》，1986（4）；苏长青等：《新刑法导论》（下），741页，北京，中国人民大学出版社，2000。

③ 参见王波：《伪证罪归类问题之管见》，载《当代法学》，1987（4）。

④ 参见杨斐：《浅析伪证罪》，载《法律科学》，1999（3）。

⑤ 参见李培泽等主编：《新刑法适用》，451页，北京，警官教育出版社，1997。

⑥ 参见何秉松主编：《刑法教科书》，904页，北京，中国法制出版社，1997。

⑦ 参见王昌学、范泳鸿：《对伪证罪客体的理论反思——兼谈该罪的立法完善》，载《甘肃政法学院学报》，1995（1）。

做虚假陈述的行为并不构成犯罪，而教唆是比实行更轻的参与形式，故教唆他人为自己作伪证的，不应以伪证罪的教唆犯论处（被教唆者作伪证的，成立伪证罪）。① 有论者主张，《刑法》第307条规定了妨害作证。如果犯罪嫌疑人、被告人教唆、帮助证人、鉴定人、翻译人和记录人为自己作伪证的行为符合妨害作证罪的构成要件，则可以按妨害作证罪处理，不宜认定为伪证罪的共犯。实践中对犯罪嫌疑人、被告人教唆、帮助他人为自己作虚假陈述的行为也一般是以妨害作证罪处理的。② 有论者指出，犯罪嫌疑人或者被告人教唆他人对自己的刑事被告案件作伪证的，不成立教唆犯。主要理由是：其一，由于犯罪嫌疑人或被告人本人进行虚假陈述不处罚，那么作为共犯使他人进行虚假陈述的罪责也应当不问，所以亲手教唆不得成立教唆犯；其二，从法理上看，类似教唆行为比实行行为轻，如果处罚的话，会丧失刑罚的协调性和正当性；其三，这种情形缺乏期待可能性；其四，如果惩治教唆伪证罪，可能导致打击范围扩大，这不符合立法的精神，也不为司法实践所支持。③ 有论者则认为，上述理由值得商榷。第一，对犯罪嫌疑人、被告人本人进行虚假陈述不处罚，并不能成为否定教唆共犯的成立理由。从形式上虽然可以否定犯罪嫌疑人或者被告人成为伪证罪的实行犯，但是作为教唆犯或者帮助犯，还是有可能的。第二，虽然犯罪嫌疑人或者被告人自己实施虚假陈述的行为并不受罚，但是教唆他人实施的行为性质，并不一定比实行者轻。第三，虽然法律不能强人所难，通常认为被告人自己进行虚假陈述没有期待可能性，但是，如果被告人为了自己的利益，使被教唆者陷入犯罪境地，这在国民的道义观念上是难以容忍的。第四，从有关国家和地区的判例看，教唆犯得以成立的主张更加有力。④

（2）伪证罪与诬告陷害罪的界限

有论者认为，在理论上，一般从犯罪构成要件的具体规定把握伪证罪与诬告陷害罪的界限，而司法实践中这样的区分标准并不足以将两罪完全区别开来。在许多情况下，伪证罪与诬告陷害罪之间并不存在明确的界限，而是处于法条竞合的状态；只有运用法条竞合理论，才能正确处理类似的案件。伪证罪的犯罪意图的外延显然大于诬告陷害罪，而在犯罪主体、对象以及实行行为的起止时间上，诬告陷害罪又大于伪证罪，因此，伪证罪和诬告陷害罪不可能是从属关系的法条竞合，只能是交叉关系的法条竞合。这种交叉关系的法条竞合常常发生于以下两种情况。其一，诬告陷害他人并作伪证。在这种情况下，行为人的犯罪意图只有一个，就是陷害他人、使他人受刑事追究，伪证行为是基于这个意图实施的，应当认为伪证行为是诬告陷害行为的一部分，因此，诬告陷害他人并作伪证，是一个行为，此行为既构成伪证罪，又构成诬告陷害罪，应按照重法优于轻法的原则，以伪证罪定罪量刑。其二，

---

① 参见张明楷：《刑法学》，3版，780页，北京，法律出版社，2007。

② 参见王岠：《伪证罪的共犯问题分析》，载《法制与社会》，2008（2）。

③ 参见黄祥青：《论不可罚的教唆行为》，载《法律适用》，2001（9）。

④ 参见童德华：《伪证罪的司法疑难问题研究》，载《湖北警官学院学报》，2004（1）。

诬告陷害他人并教唆、帮助证人作伪证。在这种情况下，虽然诬告陷害行为人不是证人，但可以构成伪证罪的共犯。在诬告陷害行为人教唆他人作伪证的情况下，还构成妨害作证罪，形成诬告陷害罪、伪证罪、妨害作证罪三罪的交叉竞合。伪证罪和妨害作证罪的刑罚都重于诬告陷害罪，且两罪的法定刑完全相同，但从整体的社会危害性上看，妨害作证罪包含了暴力手段的运用，而且既可能侵害刑事诉讼秩序，也可能侵害民事、行政诉讼秩序，相比之下，妨害作证罪是重法，应按妨害作证罪定罪。①

（三）辩护人、诉讼代理人毁灭证据、伪造证据、妨害作证罪

1. 辩护人、诉讼代理人毁灭证据、伪造证据、妨害作证罪的主体

（1）侦查阶段犯罪嫌疑人聘请的律师能否成为本罪的主体

对此，理论上有以下几种观点。

第一种观点认为，侦查阶段犯罪嫌疑人聘请的律师从事的是诉讼代理行为，其身份是诉讼代理人，可以成为本罪的主体。②

第二种观点认为，司法实践中律师在侦查阶段就已经在履行辩护人的职能，只不过立法尚没有明确的角色分配罢了，因而当然可以成为本罪的主体。③

第三种观点认为，侦查阶段犯罪嫌疑人聘请的律师不属于辩护人或者诉讼代理人，不属于该罪的主体。如果所聘请的律师在审查起诉、审判阶段进而被委托为辩护人后，继续实施毁灭、伪造证据等行为，当然可能构成该罪。即使后来没被聘请为辩护人，其实施的毁灭、伪造证据、帮助当事人毁灭、伪造证据、威胁、引诱证人违背事实改变证言或者作伪证的行为，也可以《刑法》第 307 条规定的妨害作证罪、帮助毁灭、伪造证据罪定罪处罚，因此，不把犯罪嫌疑人侦查阶段聘请的律师作为该罪的主体，并不会放纵犯罪。④

（2）附带民事诉讼的诉讼代理人能否成为本罪的主体

对此，一种观点认为，附带民事诉讼的诉讼代理人所实施的妨害证据的行为往往会直接地影响到刑事诉讼当事人的刑事责任，附带民事诉讼中使用的证据也完全可能就是刑事诉讼活动中所需加以证明的事实，因此，其所实施的妨害证据行为的危害性等同于其他主体所实施的妨害证据行为的危害性，能够成为本罪的主体。⑤另一种观点则认为，附带民事诉讼的诉讼代理人不能成为本罪的主体。主要理由是：

---

① 参见赖正直、黄书建：《法条竞合视野下的伪证罪与诬告陷害罪》，载《黑龙江省政法管理干部学院学报》，2004 (5)。

② 参见姜小川主编：《刑法学》，671 页，北京，中国政法大学出版社，2000。

③ 参见刘慧霞：《刑法第三百零六条犯罪主体之探析》，载《政法学刊》，2004 (3)。

④ 参见陈洪兵：《关于辩护人、诉讼代理人毁灭证据、伪造证据、妨害作证罪司法适用问题》，载《浙江海洋学院学报》(人文科学版)，2004 (1)。

⑤ 参见王丽、林维：《辩护人、诉讼代理人毁灭证据、伪造证据、妨害作证罪研究》，载陈兴良主编：《刑事法判解》，第 4 卷，54 页，北京，法律出版社，2001。

只有由刑事诉讼法具体规范和调整的活动才是刑事诉讼活动，而我国刑事诉讼法对附带民事诉讼仅规定了被害人的诉权和附带审理原则，当事人及法官在民事诉讼中的活动仍要受民事诉讼法的调整，遵循民事诉讼法的具体规定，因此其在本质上仍然是民事诉讼。①

2. 辩护人、诉讼代理人毁灭证据、伪造证据、妨害作证罪的主观方面

关于辩护人、诉讼代理人毁灭证据、伪造证据、妨害作证罪的罪过形式，有论者主张，本罪在主观方面既可以是出于直接故意，也可以是出于间接故意，即本罪在主观方面的故意内容是，行为人明知自己妨害证据的行为会发生影响、干扰司法机关正常活动的结果，并且希望或者放任这种结果发生的一种心理态度。② 但也有论者认为本罪在主观方面只能由直接故意构成。③ 针对以上观点，有论者指出，行为人对于其实施的毁灭证据、伪造证据或者妨害作证的行为的性质及其有可能产生的妨害刑事诉讼顺利进行的后果在主观上显然是明知的，而行为人既不是积极地采取措施来阻止这一危害结果的发生，也不是消极地听任这一危害结果的发生。恰恰相反，行为人竭尽所能，极力地促成危害结果的发生，也就是说，行为人是积极地追求妨害刑事诉讼顺利进行的结果的。既然如此，行为人对于其所实施的妨害刑事诉讼顺利进行的行为的心态就只能是出于直接故意，行为人对其行为不仅有着明确的目标，而且态度坚决，是一种典型的直接故意心态。所谓辩护人、诉讼代理人毁灭证据、伪造证据、妨害作证罪在主观方面可以是出于间接故意的观点，在理论上不符合故意犯罪的分类及其本质特征，在司法实践中则会不恰当地扩大刑事责任的范围。④

3. 辩护人、诉讼代理人毁灭证据、伪造证据、妨害作证罪的客观方面

（1）如何理解“在刑事诉讼中”

对此，有论者认为，所谓“在刑事诉讼中”，应是指刑事案件的立案侦查、审查起诉、审判、执行的整个过程。刑罚执行完毕后，律师代理刑事案件的申诉过程，也应属于“在刑事诉讼中”。⑤ 而有论者则认为，所谓在刑事诉讼过程中，是指在刑事案件的立案侦查、审查起诉和审判过程中，其中包括公诉案件、刑事自诉案件的诉讼过程。这是本罪行为实施的时间条件，也是本罪得以成立的前提条件。如果行为人不是在刑事诉讼过程中，而是在民事诉讼或者行政诉讼过程中，实施了毁灭证

---

① 参见刘慧霞：《刑法第三百零六条犯罪主体之探析》，载《政法学刊》，2004（3）。

② 参见高铭暄主编：《新编中国刑法学》（下），853页，北京，中国人民大学出版社，1998。

③ 参见张军等主编：《中国刑法罪名大全》，701页，北京，群众出版社，1997。

④ 参见田宏杰：《辩护人、诉讼代理人毁灭证据、伪造证据、妨害作证罪研究》，载《国家检察官学院学报》，2000（4）。

⑤ 参见陈洪兵：《关于辩护人、诉讼代理人毁灭证据、伪造证据、妨害作证罪司法适用问题》，载《浙江海洋学院学报》（人文科学版），2004（1）。

据、伪造证据或者妨害作证的行为，则不能以本罪追究行为人的刑事责任。①

（2）“引诱”的理解问题

对此，有论者认为，引诱证人违背事实改变证言或者作伪证，是指以金钱、物质利益等好处诱使证人改变过去按照事实提供的证言。② 有论者指出，引诱证人违背事实改变证言或者作伪证，是指以金钱、物质或者其他利益诱使证人违背事实改变自己已经作出的证言或者作虚假的证言。③ 有论者主张，引诱证人违背事实改变证言或者作伪证，是指以金钱等物质利益对证人进行收买，或者以女色等非物质性的利益对证人进行诱惑。为了帮助证人回忆经历的情况而作的一些提示甚至诱导，不能认为是引诱。④ 有论者强调，“引诱”，不能理解为诱导性询问，也不能按照诱供之引诱来理解，而必须是以诱使证人违背事实改变证言或者作伪证为目的，采取金钱、物质或者其他利益的方法，诱使证人违背事实改变证言或者作伪证的行为。在此，应当强调引诱必须是采取金钱、物质或者其他利益的方法诱使证人违背事实改变证言或者作伪证。因此，这里的引诱决不包括诱导性询问。⑤

（3）何谓“违背事实”

对此，有论者认为，构成“违背事实”，既需要和证人的记忆不一致，也需要和客观事实不一致。如果辩护人、诉讼代理人威胁、引诱证人改变后的证言恰与客观事实相一致，因为没有侵犯到该罪所保护的法益——司法机关的正常活动，故不构成犯罪。⑥

4. 辩护人、诉讼代理人毁灭证据、伪造证据、妨害作证罪的客体

关于本罪的客体，刑法理论上存在着以下几种比较具有代表性的看法：第一种观点认为，本罪的客体是司法机关的正常诉讼活动；⑦ 第二种观点认为，本罪侵犯的客体是司法机关的刑事诉讼活动；⑧ 第三种观点认为，本罪侵犯的客体应当是复杂客体，即司法机关刑事诉讼活动的正常顺利进行和刑事辩护制度。其中，司法机

---

① 参见田宏杰：《辩护人、诉讼代理人毁灭证据、伪造证据、妨害作证罪研究》，载《国家检察官学院学报》，2000（4）。

② 参见胡康生、李福成主编：《中华人民共和国刑法释义》，436页，北京，法律出版社，1997。

③ 参见周道鸾、张军主编：《刑法罪名精释》，2版，522页，北京，人民法院出版社，2003。

④ 参见何秉松主编：《刑法教科书》（据1997年刑法修订），906页，北京，中国法制出版社，1997。

⑤ 参见陈兴良：《辩护人妨害作证罪之引诱行为的研究——从张耀喜案切入》，载《政法论坛》，2004（5）。

⑥ 参见陈洪兵：《关于辩护人、诉讼代理人毁灭证据、伪造证据、妨害作证罪司法适用问题》，载《浙江海洋学院学报》（人文科学版），2004（1）。

⑦ 参见高铭暄主编：《新编中国刑法学》（下），852页，北京，中国人民大学出版社，1998。

⑧ 参见高铭暄、马克昌主编：《刑法学》（下），978页，北京，中国法制出版社，1999。

关刑事诉讼活动的正常顺利进行是主要客体，而辩护制度是次要客体。①

5. 辩护人、诉讼代理人毁灭证据、伪造证据、妨害作证罪的认定

（1）毁灭、伪造民事证据的行为是否构成本罪的问题

对此，有论者认为，构成该罪的前提要求是必须处于刑事诉讼中，这说明如不处于刑事诉讼中，毁灭、伪造证据的社会危害性就达不到该罪所要求的严重性程度。尽管附带民事诉讼也是在刑事诉讼部分一起解决的，但毕竟可以单独起诉、单独处理。辩护人、诉讼代理人毁灭、伪造附带民事诉讼部分证据，不会因为在刑事诉讼中进行处理就因此增大行为的社会危害性。但根据《刑法》第 307 条的规定，帮助当事人毁灭、伪造证据，只有情节严重的，才构成犯罪。构成辩护人、诉讼代理人毁灭证据、伪造证据罪的，却不要求达到情节严重的程度。因此，辩护人、诉讼代理人妨害证据，影响的只是民事部分的处理的，为体现罪刑相适应原则，不宜定辩护人、诉讼代理人毁灭证据、伪造证据、妨害作证罪。②

（2）辩护人、诉讼代理人毁灭证据、伪造证据、妨害作证罪的未遂形态的认定问题

对此，有论者认为，辩护人、诉讼代理人毁灭证据、伪造证据、妨害作证罪是行为犯，而对于行为犯来说，是存在着犯罪的未遂形态与既遂形态的，其犯罪未遂形态与既遂形态的区分，不是看是否发生了物质性的或者有形的犯罪结果，也不是以行为人的犯罪目的即包庇当事人，使其不受刑事追究的目的是否达到，而是以法定犯罪行为的是否完成作为标志的。如果行为人已经实施完毕辩护人、诉讼代理人毁灭证据、伪造证据、妨害作证罪的法定构成要件的实行行为，即毁灭证据、伪造证据或者妨害作证的行为，则构成辩护人、诉讼代理人毁灭证据、伪造证据、妨害作证罪的既遂；如果行为人未能将毁灭证据、伪造证据或者妨害作证的行为实施完毕，则只能论之以辩护人、诉讼代理人毁灭证据、伪造证据、妨害作证罪的未遂。③

（3）本罪与他罪的竞合问题

对此，有论者认为，辩护人、诉讼代理人教唆、帮助证人作伪证的，构成伪证罪的共同犯罪，同时，还应当成立辩护人、诉讼代理人毁灭证据、伪造证据、妨害作证罪。此种情形实际上属于刑法理论上的法条竞合。其中，伪证罪的法条是一般法条，辩护人、诉讼代理人毁灭证据、伪造证据、妨害作证罪的法条是特别法条。根据“特别法条的适用优先于普通法条”的法条竞合的一般处理原则，对于这种情

---

① 参见田宏杰：《辩护人、诉讼代理人毁灭证据、伪造证据、妨害作证罪研究》，载《国家检察官学院学报》，2000（4）。

② 参见陈洪兵：《关于辩护人、诉讼代理人毁灭证据、伪造证据、妨害作证罪司法适用问题》，载《浙江海洋学院学报》（人文科学版），2004（1）。

③ 参见田宏杰：《辩护人、诉讼代理人毁灭证据、伪造证据、妨害作证罪研究》，载《国家检察官学院学报》，2000（4）。

形，最终应以辩护人、诉讼代理人毁灭证据、伪造证据、妨害作证罪定罪量刑。①有论者则认为，辩护人、诉讼代理人威胁、引诱证人违背事实改变证言或者作伪证的，可能既构成辩护人、诉讼代理人妨害作证罪，又构成伪证罪的共犯，形成想象竞合。由于在前罪中，辩护人、诉讼代理人的行为是实行行为，而在后罪中是教唆行为，而非实行行为。根据刑法理论，在实行行为和非实行行为竞合时，通常用实行行为的罪名来进行刑法评价，即应以辩护人、诉讼代理人妨害作证罪对行为人定罪处罚。至于证人，应根据“从一重处断”的想象竞合的处理原则来进行处理。②

有论者认为，辩护人、诉讼代理人帮助当事人毁灭、伪造证据，威胁、引诱证人违背事实改变证言或者作伪证的，可能既构成辩护人、诉讼代理人毁灭证据、伪造证据、妨害作证罪，又构成帮助毁灭、伪造证据罪或者妨害作证罪，由此形成法规竞合。由于前罪的主体是辩护人、诉讼代理人这一特殊主体，故应以前罪对行为人定罪处罚。③

6. 本罪的存废之争

1997年《刑法》第306条新增加的“辩护人、诉讼代理人毁灭证据、伪造证据、妨害作证罪”自其孕育、诞生之日起就备受批评，有关该条之存废的争议始终不断。

关于本罪的存废问题，理论上有三种不同观点。

主张保留的观点认为，本罪不应该视为纯粹的职业歧视；本罪与“职业报复”现象没有必然的因果关系；律师办理刑事案件缺乏积极性和律师人均办理刑事案件数量下降与本罪的规定无直接联系；不能片面地认为本罪的规定导致司法人员与律师的不平等（第306条第3款规定对同等情形下的司法人员从重处罚）；本罪对于律师有一定的警示作用；第306条第2款是律师刑事辩护豁免权的实质体现。④

主张废止的观点认为，第306条第1款存在诸多弊端，立法机关应当予以废除，其主要理由如下。第一，从法学理论层面看，针对律师这一特殊主体设立单独的罪名有悖于诉讼法理，使控、辩的平衡无法维持，导致了整个控、辩、审三方诉讼模式的不均衡，致使辩护职能萎缩，从而违背了程序正义，最终将阻碍实体正义的实现。⑤ 第二，从立法技术层面看，《刑法》第306条所规定的行为方式基本上可以为《刑法》第305条和第307条规定的犯罪行为方式所包容，没有独立规定的必要；且该条某些用语的失范（如对“引诱”的理解就存在重大分歧）使得该罪的罪与非罪的界限模糊难定。⑥第三，从司法实务层面上看，《刑法》第306条之规定，助长了

---

① 参见田宏杰：《辩护人、诉讼代理人毁灭证据、伪造证据、妨害作证罪研究》，载《国家检察官学院学报》，2000（4）。

②③ 参见陈洪兵：《关于辩护人、诉讼代理人毁灭证据、伪造证据、妨害作证罪司法适用问题》，载《浙江海洋学院学报》（人文科学版），2004（1）。

④ 参见高娜：《律师伪证罪存废问题研究》，1～10页，吉林大学2007年硕士学位论文。

⑤⑥ 参见塔娜：《对〈刑法〉第306条之几点理性思考》，载《前沿》，2004（1）；袁剑湘：《从律师刑事责任的承担看刑法第306条的存在合理性问题》，载《湖北警官学院学报》，2004（3）。

职业报复，恶化了控辩双方的正常关系，增加了律师执业风险，挫伤了律师参与刑事辩护的积极性，阻碍了律师业的发展。①

主张修改的观点主张保留本罪，但应予以修改。至于如何修改，也存在不同的意见。有论者认为，首先应对本罪中的具体行为进行严格的界定，将以下五种行为排除在本罪之外：律师不将在办理刑事案件中收集到的不利于委托人的证据材料提交给法庭；律师向当事人、证人询问对其辩护或者代理影响较大的事实，并要求当事人、证人全面、准确地陈述有关事实，对当事人、证人不规范的陈述或者陈述与其辩护、代理无关的事实纠正的行为；律师在与当事人、证人的沟通中，引起当事人、证人的误解，即使当事人、证人作虚假陈述，因该事实不是出于律师的故意，亦不构成本条规定之罪；泄露案件秘密，但却未实施本条规定之行为；询问证人时，犯罪嫌疑人、被告人的亲友在场，并暗示证人作虚假陈述，律师将证人的陈述仍提交法庭的行为。其次，对“情节严重”作出明确解释。论者认为，根据刑事司法实践，第306条第1款中的“情节严重”，应当包含两个方面：一方面，因律师的犯罪行为，致使本应当对犯罪嫌疑人提起刑事诉讼而无法起诉的；另一方面，因律师的犯罪行为，致使有罪的人被判无罪，或者使无罪的人被判有罪，或者使人民法院的量刑畸轻畸重的。律师的行为只有具备这两个条件之一者，才能构成“情节严重”。最后，应建立起预防滥用律师伪证罪的程序性制约机制。② 还有论者主张应缩小犯罪主体范围，降低惩处程度。具体来说，只处罚辩护人而非诉讼代理人，因为诉讼代理人依附于被害人，不具有独立的诉讼地位，其对于证据和司法程序的妨害远不及辩护人。论者还主张律师触犯第306条，只有达到一定程度或造成一定危害结果才具有严重的社会危害性，因而本罪不应属于行为犯，应当属于程度犯或实害犯。③也有论者主张，通过刑法修正案的形式对第306条做出立法性限制，即首先将本罪的主体改为刑事诉讼中的司法工作人员和律师，其次将该罪由行为犯改为情节犯，只有情节严重时才构成该罪；最后将法条原来规定的两个量刑幅度改为一个。④

（四）妨害作证罪

1. 妨害作证罪的主体

关于当事人是否能成为妨害作证罪主体的问题，有论者认为，本罪的主体是一般主体。在司法实践中主要是与案件有利害关系的人，如犯罪嫌疑人、被告人的亲戚、朋友，或者行政案件中的当事人等。如果是犯罪嫌疑人、被告人本身采取非法

---

① 参见塔娜：《对〈刑法〉第306条之几点理性思考》，载《前沿》，2004（1）；袁剑湘：《从律师刑事责任的承担看刑法第306条的存在合理性问题》，载《湖北警官学院学报》，2004（3）；冀祥德、刘玥：《必须尽快取消〈刑法〉第306条》，载《中国律师》，2004（7）。

② 参见丁娟：《从实体到程序：律师伪证罪之新思考》，载《河南司法警官职业学院学报》，2007（2）。

③ 参见于克涛：《刑法第306条实体、程序的分析和完善》，载《重庆工商大学学报》，2005（3）。

④ 参见黄文臻：《律师伪证罪立法局现及完善探讨》，载《求索》，2005（8）。

手段妨害作证的，也构成本罪。① 有论者原则上赞成当事人可以构成妨害作证罪主体的观点，但同时认为，对此也不能绝对化。以刑事案件的被告人为例。被告人本人作虚假陈述的，不可能成立伪证罪，也不可能成立妨害作证罪。这是因为缺乏期待可能性，即不能期待被告人不作虚假陈述。所以，如果被告人采取一般的嘱托、请求、劝诱等行为阻止他人作证或者指使他人作伪证的，可以认为缺乏期待可能性，而不以妨害作证罪论处。但是，如果被告人采取暴力、威胁、贿买等方法阻却他人作证或者指使他人作伪证的，则因为并不缺乏期待可能性，而认定为妨害作证罪。②至于民事诉讼、行政诉讼的当事人实施本罪行为的，则应认为具有期待可能性，应以本罪论处。③

2. 妨害作证罪的主观方面

对此，有论者指出，妨害作证罪只能由故意构成。行为人明知自己妨害作证的行为会发生妨害司法活动的客观公正性的结果，并且希望或者放任这种结果发生。至于行为人是意图使当事人受到从宽处理、从轻处理，还是意图使当事人受到从严处理、从重处理，则不影响本罪的成立。行为人是否认识到诉讼性质，也不影响本罪的成立。行为人阻止他人作伪证的，当然不成立犯罪。行为人误以为他人作伪证，而阻止他人作证的，因为缺乏妨害作证罪的故意，也不成立本罪。行为人误将非证人作为证人而阻止其“作证”的，属于不可罚的不能犯，而不能以未遂犯论处。④

3. 妨害作证罪的行为对象

关于阻止证人作证中的“证人”，有论者认为，不应限于狭义的证人，而应包括被害人、鉴定人。诚然，我国刑事诉讼法将证人证言、被害人陈述、鉴定结论分为不同的证据种类，但是，这并不影响刑法将妨害作证中的“证人”作广义解释。从用语的本来含义来说，“证人”概念原本就可以包括狭义的证人、被害人、鉴定人等。将被害人、鉴定人等称为证人，不会侵犯国民的预测可能性。从实质意义而言，行为人以暴力、威胁、贿买等方法阻止被害人作出陈述、阻止鉴定人作出鉴定结论，与行为人以暴力、威胁、贿买等方法阻止狭义的证人作证，对司法活动客观公正性的妨害，没有任何实质区别。但是，对于行为人以暴力、威胁、贿买等方法阻止刑事诉讼中的勘验人、检查人依法进行勘验、检查的，不宜认定为本罪。因为刑事诉讼中的勘验人、检查人都是办案人员，属于司法工作人员，难以解释为“证人”。以暴力、威胁、贿买等方法阻止翻译人、记录人翻译、记录的，不属于“阻止证人作证”。⑤有论者则认为，在法律中，“证人”之含义与“当事人”、“鉴定人”之含义有着明确的区别；将“当事人”、“鉴定人”包括在“证人”一词中，有违罪刑法定原

---

① 参见周道鸾、张军主编：《刑法罪名精释》，524页，北京，人民法院出版社，2003。

② 参见张明楷：《论妨害作证罪》，载《人民检察》，2007（8）。

③ 参见张明楷：《刑法学》，3版，784页，北京，法律出版社，2007。

④⑤ 参见张明楷：《论妨害作证罪》，载《人民检察》，2007（8）。

则之嫌。①

关于指使他人作伪证中的“他人”，有论者认为，同样不限于狭义的证人；指使狭义的证人作伪证、指使被害人作虚假陈述、指使鉴定人作虚假鉴定的，都成立妨害作证罪。指使根本不了解案情的人作伪证的，也成立本罪。一般主体以暴力、威胁、贿买等方法指使作为司法工作人员的勘验人、检查人作虚假勘验笔录、虚假检查笔录的，如果司法工作人员因此而徇私枉法，则司法工作人员构成徇私枉法罪，一般主体构成徇私枉法罪的共犯（教唆犯）。如果司法工作人员没有接受指使，宜对一般主体的行为以妨害作证罪论处。一般主体指使翻译人、记录人作虚假翻译、记录的，应区分为二种情形考虑。情形之一：一般主体指使作为司法工作人员的翻译人、记录人作虚假翻译、记录，司法工作人员因接受指使而触犯徇私枉法罪的，在符合共同犯罪成立条件的前提下，一般主体与司法工作人员构成徇私枉法罪的共犯。情形之二：当翻译人、记录人不是司法工作人员时，对指使者应以妨害作证罪论处。②

4. 妨害作证罪的认定

（1）共犯人阻止同案犯作供述或者指使同案犯作虚假供述的行为是否属于阻止证人作证或指使他人作伪证的问题

对此，有论者认为，同案犯的供述，对于其他共犯人而言，就是证人证言。因此，共犯人以暴力、威胁、贿买等方法阻止同案犯作供述或者指使同案犯作虚假供述的，符合阻止他人作证、指使他人作伪证的条件，因而可能构成妨害作证罪。但如果采取一般的请求、利诱方法阻止同案犯作供述或者指使同案犯作虚假供述的行为，则因为缺乏期待可能性，而不宜以犯罪论处。所以，对于同案犯之间的串供行为，不宜认定为妨害作证罪。③

（2）妨害作证罪既遂的判断问题

对此，有论者认为，并非只要行为人以暴力、威胁、贿买等方法阻止他人作证或者指使他人作伪证，就构成妨害作证罪的既遂。行为人以暴力、威胁、贿买等方法阻止证人作证或者指使他人作伪证，但证人依然作证、他人未作伪证的，应认定为妨害作证罪的未遂；只有客观上阻止了证人作证或者使他人作出了伪证，才成立妨害作证罪的既遂。④而有论者则认为，妨害作证罪是行为犯；只要行为人实施了阻止证人作证或指使他人作伪证的行为，即构成犯罪既遂。至于证人被阻止后是否没有作证，或者他人被指使后是否作了伪证，均不影响犯罪既遂的成立。⑤

（3）妨害作证罪与伪证罪的界限

对此，有论者认为，这两罪一般不容易发生混淆，但对于下述两种情况的定性，却需要特别加以注意。其一，行为人在刑事诉讼活动过程之中，出于出入人罪的目

---

① 参见吴占英：《论妨害作证罪的客体特征与客观特征》，载《理论界》，2005（12）。

②③④ 参见张明楷：《论妨害作证罪》，载《人民检察》，2007（8）。

⑤ 参见周玫：《论妨害作证罪》，载《职业技术》，2007（8）。

的，采用强迫、威胁、唆使等方法使证人作伪证，且证人实施的行为构成伪证罪的，应当按照法条竞合的处理原则进行处断。根据“特别法条优先适用于普通法条”的法条竞合处理原则，对这种情形应当以特别法条所规定之罪即妨害作证罪论处，至于行为人所触犯的伪证罪法条就不再单独适用。其二，在刑事诉讼活动中，鉴定人、记录人等以暴力、威胁、贿买的方法，就与案件有重要关系的情节指使证人作伪证，并据此制作虚假的鉴定、记录，以使他人逃避法律制裁的，实际上构成刑法理论上的“牵连犯”。根据牵连犯“从一重罪处断”的处理原则，考虑到伪证罪和妨害作证罪的法定刑完全相同，最终以目的行为所成立的罪名即伪证罪对行为人定罪处罚，至于行为人牵连触犯的妨害作证罪的法条就不再单独适用。①

（4）妨害作证罪与辩护人、诉讼代理人毁灭证据、伪造证据、妨害作证罪的界限

对此，有论者认为，如果辩护人、诉讼代理人在刑事诉讼中，威胁、引诱（金钱引诱）证人作伪证，则既触犯了妨害作证罪，又触犯了辩护人、诉讼代理人毁灭证据、伪造证据、妨害作证罪。由于行为人只实施了一个行为，而触犯的这两个罪名的法条在内容上存在着包容与被包容的关系，因而成立法条竞合。其中，妨害作证罪的法条是普通法条，而辩护人、诉讼代理人毁灭证据、伪造证据、妨害作证罪的法条属于特别法条。按照“特别法条优先于普通法条适用”的法条竞合处理原则，对这种情况下的行为人应按照辩护人、诉讼代理人毁灭证据、伪造证据、妨害作证罪处罚。②

（5）妨害作证罪与行贿罪的界限

对此，有论者认为，只要把握了二者各自的构成特征，是不难分清二者的界限的。但是，需要注意的是，如果证人是国家工作人员，用贿买的方法妨害该证人作证的，从形式上看，与行贿罪似乎有相近似之处。行贿罪的根本实质在于利用国家工作人员职务上的便利条件为自己谋取不正当利益，而上述情况下，行为人贿买该国家工作人员的目的，是为了利用该国家工作人员的证人身份为自己谋取不正当利益，而不是利用其职务上的便利。因此，这种行为只能构成妨害作证罪，不可能成立行贿罪。③

（五）帮助毁灭、伪造证据罪

1. 帮助毁灭、伪造证据罪的主体

对此，有论者指出，当事人教唆他人为自己毁灭、伪造证据的，不成立犯罪。首先，就对司法活动的客观公正性的妨害而言，犯罪人毁灭、伪造证据与他人帮助犯罪人毁灭、伪造证据，并没有实质区别。既然犯罪人直接毁灭、伪造证据不成立犯罪，那么，教唆他人为自己毁灭、伪造证据的，更不应成立犯罪。从期待可能性的角度而言，如果认为犯罪人直接毁灭、伪造证据的行为缺乏期待可能性，那么，

---

①②③　参见汪汛：《妨害作证罪司法适用问题研究》，载《法学杂志》，2003（3）。

犯罪人教唆他人为自己毁灭、伪造证据的，也缺乏期待可能性。其次，与毁灭、伪造证据的行为相比，阻止证人作证和指使证人作伪证的行为，更为直接地妨害司法活动的客观公正性。所以，《刑法》第307条第2款以“情节严重”为要件，而第1款并不以“情节严重”为要件。因此，当事人阻止他人作证或者指使他人作伪证的行为构成犯罪，与当事人教唆他人为自己毁灭、伪造证据的行为不构成犯罪，完全是协调的。即就严重妨害司法的犯罪则言，当事人的教唆作伪证的行为成立犯罪；就相对轻微的犯罪而言，当事人教唆他人毁灭、伪造证据的行为不成立犯罪，具有实质的合理性。①

2. 帮助毁灭、伪造证据罪的主观方面

关于本罪主观方面的罪过形式，理论上存在着两种意见：一种意见认为，本罪的主观罪过形式只能是直接故意；② 另一种意见认为，帮助毁灭、伪造证据罪的故意，无论是从概念的外延上，还是从概念的内涵上，均应理解为包括间接故意。理由是：在司法实践中，有些帮助毁灭、伪造证据的行为是采用非明显、非暴露的方式来实施的，故公诉机关对这类行为面临着直接故意的证明困难。另一方面，犯罪嫌疑人必以自己的行为非出自直接故意而为自己辩护而逃脱罪责。总之，把本罪的故意仅限于直接故意，不利于打击和预防妨害司法犯罪。③

3. 帮助毁灭、伪造证据罪的客观方面

（1）“帮助”的理解问题

对此，主要涉及帮助方式的界定问题。第一种观点将帮助与共同犯罪中的帮助等同，认为应将帮助限定于为当事人毁灭、伪造证据创造便利条件的行为。④ 第二种观点认为，对帮助应作广义理解，既包括为当事人出谋划策、提供各种便利条件，也包括伙同当事人共同实施毁灭、伪造证据的行为。⑤ 第三种观点认为，所谓帮助，实质上是指一切替当事人毁灭、伪造证据的行为，包括受当事人指使而毁灭、伪造证据的行为，教唆、指使当事人毁灭、伪造证据的行为，为当事人毁灭、伪造证据提供各种便利条件或者伙同当事人共同实施毁灭、伪造证据的行为，向当事人教唆毁灭、伪造证据方法的行为，等等。换言之，这里的帮助仅仅意味着不包括当事人本人的毁灭、伪造证据的行为。⑥ 第四种观点认为，本罪中的“帮助”是一种实行行为。刑法条文使用“帮助”一词，主要是为了说明诉讼活动的当事人毁灭、伪造

---

① 参见张明楷：《论帮助毁灭、伪造证据罪》，载《山东审判》，2007（1）。

② 参见赵秉志主编：《妨害司法罪》，98～99页，北京，中国人民公安大学出版社，1999。

③ 参见马荣春：《论帮助毁灭、伪造证据罪》，载《福建政法管理干部学院学报》，2004（1）。

④ 参见邓又天主编：《刑法释义与司法适用》，597页，北京，中国人民公安大学出版社，1997；赵长青主编：《新编刑法学》，758页，重庆，西南师范大学出版社，1997。

⑤ 参见赵秉志主编：《妨害司法罪》，113页，北京，中国人民公安大学出版社，1999。

⑥ 参见何秉松主编：《刑法教科书》（据1997年刑法修订），909页，北京，中国法制出版社，1997。

证据的，不成立本罪，同时表明行为人是为当事人毁灭、伪造证据。所以，下列行为均属于帮助毁灭、伪造证据：行为人单独为当事人毁灭、伪造证据；行为人与当事人共同毁灭、伪造证据。在这种情况下，行为人与当事人并不成立共犯；行为人为当事人毁灭、伪造证据提供各种便利条件。在这种情况下，行为人并不是帮助犯，而是正犯；行为人唆使当事人毁灭、伪造证据。在这种情况下，行为人并非教唆犯，而是正犯。①

（2）隐匿、变造证据的行为是否属于毁灭、伪造证据的问题

对此，理论上有以下两种观点。

一种观点认为，对本罪中的毁灭、伪造应作扩大解释，即隐匿证据属于毁灭证据，变造证据属于伪造证据。《刑法》第 307 条第 2 款设立帮助毁灭、伪造证据罪，其立法目的在于确保证据功能的真实、充分发挥，以保障司法活动的正常进行。其中的“毁灭”、“伪造”二词，在该刑法规范中的实际含义是指一切严重妨碍证据功能发挥的行为。而帮助当事人隐匿、变造证据，只要情节严重，同样严重妨碍证据功能的发挥。因此，对该刑法规范中的“毁灭”、“伪造”二词应作扩大解释，以反映立法的本意，而不是机械生硬地局限于其字面含义。② 隐匿证据的行为与毁灭证据的行为没有实质区别；伪造概念具有相对性，即伪造既可能是指变造之外的伪造，也可能包含变造。③

另一种观点认为，隐匿证据的行为属于毁灭证据，但变造证据的行为不属于伪造证据。因为在刑法中，伪造与变造是两个不同的概念。④

有论者主张从实质上解释毁灭与伪造行为，因而赞成上述前一种观点。首先，使证据不能被司法机关发现的行为，与使证据从物理上灭失的行为，在性质上没有任何区别。作为法律用语，“毁灭”原本就是指使对象丧失或者减少应有的功能。如同财物没有受到物理上的毁损，但事实上导致被害人不能利用的行为也属于毁损、毁坏财物一样，导致司法机关不能发现、利用证据的行为，也可以解释为毁灭行为。这一解释并不是类推解释，只是一种规范性的解释，因而不违反罪刑法定原则。当法律将毁灭与隐匿并列规定时，当然没有必要将隐匿归入毁灭；但是，当法律没有将毁灭与隐匿并列规定时，完全可能将隐匿归入毁灭。其次，伪造具有多种含义。在刑法条文将伪造与变造并列规定时，伪造当然不包括变造。但是，当刑法条文没有将伪造与变造并列规定时，完全可能将变造归入伪造。⑤

（3）本罪的成立是否以当事人构成犯罪为前提的问题

对此，一种观点认为，帮助行为以存在被帮助人的犯罪事实为前提条件。若无

---

① 参见张明楷：《论帮助毁灭、伪造证据罪》，载《山东审判》，2007（1）。

② 参见陈正沓：《帮助毁灭、伪造证据罪认定中的疑难问题探析》，载《政治与法律》，2003(4)。

③ 参见彭峰：《帮助毁灭、伪造证据罪客观要件再探》，载《前沿》，2006（4）。

④ 参见陈洪兵：《帮助毁灭、伪造证据罪探析》，载《四川警官高等专科学校学报》，2004（3）。

⑤ 参见张明楷：《论帮助毁灭、伪造证据罪》，载《山东审判》，2007（1）。

被帮助人犯罪的前行为，则无所谓帮助行为，因此帮助行为具有从属性特点。① 另一种观点认为，当事人是否具有犯罪事实，并不影响本罪的成立。理由如下。首先，根据《刑法》第 307 条第 2 款的规定，本罪的帮助对象只能是当事人，至于是何种诉讼的当事人，刑法则未作任何限制规定。这意味着当事人既可以是刑事诉讼的当事人，也可以是民事、行政诉讼的当事人。在后一种情况下，一般不存在当事人犯罪这一前行为。即使在前一种情况下，当事人也可能是被害人，其自身当然谈不上有犯罪事实。因此，要求本罪的帮助以存在被帮助人的犯罪事实为前提，实无法律依据。其次，刑法规定本罪旨在保护诉讼活动的正常、顺利进行。当事人实施了犯罪行为后帮助其毁灭、伪造证据的，固然侵害了法益；当事人没有犯罪事实而帮助其毁灭、伪造证据的，同样侵害了法益。从行为的客观危害上看，没有理由将后一种行为排除在外。最后，要求帮助行为的成立以被帮助人存在犯罪事实为前提，可能来源于论者对客观事实的归纳，即现实生活中发生的帮助毁灭、伪造证据行为几乎都是为了使犯罪的人逃避法律制裁。但是，刑法学是规范学科而非事实学科；什么样的事实或情节能够成为定罪的条件，只能通过解释刑法来确定，而不能根据已经发生的事实来确定。总之，当事人是否具有犯罪事实，并不影响本罪的成立。②

（4）帮助毁灭、伪造证据罪与诉讼活动性质的关系问题

对此，理论上有以下三种不同的观点：第一种观点认为，本罪只能发生在刑事诉讼中；③ 第二种观点认为，本罪可能发生在刑事诉讼过程中，但不限于刑事诉讼；④ 第三种观点认为，从“当事人”这个概念的习惯语境看，帮助民事、行政案件的当事人毁灭、伪造证据的行为构成帮助毁灭、伪造证据罪；帮助刑事案件的当事人毁灭、伪造证据的，构成包庇罪或诬告陷害罪。这样才能贯彻罪责刑相适应原则，体现司法公平，符合立法目的。本罪和辩护人、诉讼代理人毁灭证据、伪造证据、妨害作证罪中都包括了毁灭、伪造证据行为。之所以会重复规定同种行为，不仅因为犯罪主体不同，还因为其适用范围也不同。⑤

（5）本罪是否只能发生在诉讼过程中的问题

对此，有论者指出，与伪证罪和辩护人、诉讼代理人毁灭证据、伪造证据、妨害作证罪不同，刑法相关条款并未明文规定帮助毁灭、伪造证据行为只能发生在诉讼过程中。特别是就公诉案件而言，其正式启动的标志固然是侦查机关的立案活动，但在认定帮助犯罪的人毁灭、伪造证据行为的性质时，却不能以是否已立案作为判断标准。这是因为，首先，实践中帮助毁灭、伪造证据行为大多发生于犯罪行为实施之后侦查机关立案之前，行为的目的就是湮灭罪证，使犯罪的人逃脱刑事责任的

---

① 参见鲜铁可主编：《妨害司法犯罪的定罪与量刑》，62 页，北京，人民法院出版社，1999。

② 参见彭峰：《帮助毁灭、伪造证据罪客观要件再探》，载《前沿》，2006（4）。

③ 参见陈正云主编：《中国刑法通论》，582 页，北京，中国方正出版社，1997。

④ 参见鲜铁可主编：《妨害司法犯罪的定罪与量刑》，65 页，北京，人民法院出版社，1999。

⑤ 参见赵敏：《帮助毁灭、伪造证据罪研究》，1～27 页，郑州大学 2006 年硕士学位论文。

追究，这种行为与在诉讼过程中发生的同类行为都侵犯了诉讼活动的正常、顺利进行。如果在定性上区别对待，则有悖刑法的公平和正义。其次，本罪中的当事人的确是一个诉讼概念，但这并不表示帮助犯罪的人毁灭、伪造证据的行为只有发生在刑事诉讼过程中才能构成本罪。《刑法》第307条第2款所使用的“当事人”概念，仅是为了明确帮助的对象范围，即明确帮助哪些人毁灭、伪造证据的行为才能构成犯罪。在刑事诉讼开始之前实施了犯罪的人，只要通过后续的诉讼程序进行了确认，就应该被认为属于刑事诉讼中的当事人。最后，在侦查机关立案之前，涉嫌作案的人即可被认为是犯罪嫌疑人，或者说犯罪嫌疑人并不一定必须经立案程序确认，这也意味着帮助毁灭、伪造证据行为可以发生在诉讼活动开始前。有必要指出的是，虽然诉讼活动是否开始不影响本罪的成立，但在追究行为人帮助毁灭、伪造证据的刑事责任之前，必须已经启动针对原案的诉讼程序。如果原案的诉讼程序一直未启动，那么，帮助当事人毁灭、伪造证据行为对司法机关正常诉讼活动的侵犯就无从体现，没有被侵犯的犯罪客体，犯罪自然不能成立。①

4. 帮助毁灭、伪造证据罪的认定

（1）自己的刑事被告案件的证据，同时也是共犯人的刑事被告案件证据时，行为人实施毁灭、伪造行为的，是否成立本罪

对此，有论者认为，当行为人与其他人均为案件当事人时，如果行为人所毁灭、伪造的证明在客观上仅对（或者主要对）其他当事人起作用，或者行为人主观上专门（或者主要）为了其他人而毁灭、伪造证据，则由于存在期待可能性，应认定为毁灭、伪造其他当事人的证据。反之，如果专门为本人或者既为本人也为其他共犯人而毁灭证据，则不成立本罪。② 有论者指出，帮助同案犯毁灭、伪造证据实际上应分为两种情况：一是帮助同案犯毁灭或伪造同案犯在共同犯罪之外的犯罪事实的证据，二是帮助同案犯毁灭或伪造共同犯罪的证据。对第一种情况，只要达到情节严重的程度，定帮助毁灭、伪造证据罪应无争议；对第二种情况，可能会出现定该罪和不定该罪两种对立观点。论者认为，对第二种情况不能也不应定帮助毁灭、伪造证据罪，理由是：在共同犯罪中，各个行为人的行为是整个共同犯罪行为的有机组成部分，各个行为人的刑事责任也是整个共同犯罪的刑事责任的有机组成部分。故各个行为人帮助同案犯毁灭或伪造有关共同犯罪的证据，实质就是毁灭或伪造本人犯罪的证据，而行为人毁灭或伪造自己犯罪的证据因是出自自我保护的本能，即缺乏刑法上的期待可能性而不可罚。③

（2）经当事人同意，帮助当事人毁灭有利于当事人的证据时，是否成立本罪

对此，有论者认为，应区分刑事诉讼与其他诉讼进行讨论。在刑事诉讼中，由于举证责任在公诉一方，而公诉方也负有收集被害人无罪、罪轻的证据的义务。因

---

① 参见彭峰：《帮助毁灭、伪造证据罪客观要件再探》，载《前沿》，2006（4）。

② 参见张明楷：《论帮助毁灭、伪造证据罪》，载《山东审判》，2007（1）。

③ 参见马荣春：《论帮助毁灭、伪造证据罪》，载《福建政法管理干部学院学报》，2004（1）。

此，即使经过犯罪嫌疑人同意，帮助其毁灭无罪证据，也妨害了刑事司法的客观公正性，应当认定为帮助毁灭证据罪。但是，在民事诉讼、行政诉讼中，由于举证责任在当事人，当事人放弃自己的利益，法院作出了不利于当事人的判决裁定时，法院的判决、裁定也是客观公正的。另一方面，由于毁灭证据的行为得到了当事人的同意，也没有侵害当事人的利益。所以，在民事诉讼、行政诉讼中，帮助当事人毁灭有利证据，或者伪造不利证据的，不宜认定为帮助毁灭、伪造证据罪。①

（3）当事人以外的其他人在当事人唆使或诱使之下被动地与当事人共同毁灭、伪造证据的定性问题

对此，有论者认为，在上述情况之下，当事人使其他人与自己共同毁灭、伪造证据，是在使其他人陷入犯罪，不能认为不存在刑法上的期待可能性，即当事人完全可以选择不教唆其他人，因而其构成帮助毁灭、伪造证据罪的共犯。② 有论者则认为，当事人教唆他人为自己毁灭、伪造证据的，不成立犯罪。首先，就对司法活动的客观公正性的妨害而言，犯罪人毁灭、伪造证据与他人帮助犯罪人毁灭、伪造证据，并没有实质区别。既然犯罪人直接毁灭、伪造证据不成立犯罪，那么，教唆他人为自己毁灭、伪造证据的，更不应成立犯罪。从期待可能性的角度而言，如果认为犯罪人直接毁灭、伪造证据的行为，缺乏期待可能性，那么，犯罪人教唆他人为自己毁灭、伪造证据的，也缺乏期待可能性。其次，与毁灭、伪造证据的行为相比，阻止证人作证和指使证人作伪证的行为，更为直接地妨害司法活动的客观公正性。所以，《刑法》第307条第2款以“情节严重”为要件，而第1款并不以“情节严重”为要件。因此，当事人阻止他人作证或者指使他人作伪证的行为构成犯罪，与当事人教唆他人为自己毁灭、伪造证据的行为不构成犯罪，完全是协调的。即就严重妨害司法的犯罪则言，当事人的教唆作伪证的行为成立犯罪；就相对轻微的犯罪而言，当事人教唆他人毁灭、伪造证据的行为不成立犯罪，具有实质的合理性。③

（4）本罪是否存在未遂的问题

对此，一种观点认为，本罪属于情节犯，只有构成与否的问题，不存在犯罪未遂形态；④ 另一种观点认为，本罪属于危险犯，只要产生妨害司法活动的客观公正性的现实危险就既遂。从理论上说，本罪也可能存在未遂形态，但是，由于本罪以情节严重为前提，如果行为人已经着手实施帮助毁灭、伪造证据的行为，但由于意志以外的原因未能毁灭、伪造证据的，很难认定为情节严重。⑤

（5）本罪与包庇罪的竞合问题

对此，有论者认为，行为人帮助犯罪人伪造无罪、罪轻的证据的，同时触犯了

---

① 参见张明楷：《论帮助毁灭、伪造证据罪》，载《山东审判》，2007（1）。

② 参见马荣春：《论帮助毁灭、伪造证据罪》，载《福建政法管理干部学院学报》，2004（1）。

③ 参见张明楷：《论帮助毁灭、伪造证据罪》，载《山东审判》，2007（1）。

④ 参见陈正沓：《帮助毁灭、伪造证据罪认定中的疑难问题探析》，载《政治与法律》，2003（4）。

⑤ 参见张明楷：《论帮助毁灭、伪造证据罪》，载《山东审判》，2007（1）。

包庇罪与帮助伪造证据罪。如果认为二者属于法条竞合关系，应认为包庇罪的法条属于特别法条，应按包庇罪处理。如果认为二者属于想象竞合犯，由于包庇罪的法定刑重于帮助毁灭、伪造证据罪的法定刑，也应按包庇罪论处。①

(6) 本罪与徇私枉法罪的界限问题

对此，有论者认为，徇私枉法罪的主体应限于具体承办案件和指示、指挥承办案件的司法工作人员。因此，未具体承办案件和指示、指挥承办案件的司法工作人员，帮助当事人毁灭、伪造证据的，应认定为帮助毁灭、伪造证据罪。具体承办案件和指示、指挥承办案件的司法工作人员通过毁灭、伪造证据的方法实施枉法行为的，同时触犯了徇私枉法罪与帮助毁灭、伪造证据罪。但由于只有一个行为，应认定为想象竞合犯，从一重罪（徇私枉法罪）论处。司法工作人员与非司法工作人员通谋，承办案件的司法工作人员徇私枉法，非司法工作人员帮助毁灭、伪造证据的，应认定为重罪（徇私枉法罪）的共犯。②

（六）打击报复证人罪

1. 打击报复证人行为发生的时间

对此，理论上有以下三种观点。

第一种观点认为，打击报复行为可能实施在诉讼活动过程中，也可以发生在诉讼活动结束之后；③ 第二种观点认为，打击报复的行为可以在诉讼活动开始之前，也可以在诉讼活动进行之中，甚至可以在诉讼活动终结以后以及犯罪分子刑满释放以后；④ 第三种观点认为，本罪发生的时空条件一般是在证人作证之后，案件是否审结并无影响，但也不排除在庭审过程中。⑤

2. 本罪中“证人”的外延

对此，理论上有以下三种观点。

第一种观点认为，《刑法》第308条规定的“证人”与诉讼法相关条文中规定的“证人”含义完全相同，即证人是知道案情并具有辨别是非和正确表达能力的自然人，是区别于被害人、被告人、鉴定人等其他诉讼参与人的一类诉讼参与人。⑥

第二种观点认为，本罪中的“证人”属于广义上的证人，包括刑事诉讼中的被害人、民事、行政案件的原告、第三人以及鉴定人、勘验人，而不仅仅是向司法机关提供书面或口头证言的人。⑦

第三种观点认为，《刑法》第308条规定的“证人”包括大陆法系传统意义上的证人，也包括当事人、鉴定人、刑事诉讼中的侦查人员和民事诉讼中依职权进行勘

---

①② 参见张明楷：《论帮助毁灭、伪造证据罪》，载《山东审判》，2007 (1)。
③ 参见周光权：《刑法各论讲义》，423页，北京，清华大学出版社，2003。
④ 参见周振想主编：《刑法学案例》，395页，北京，中国人民公安大学出版社，1999。
⑤ 参见苏长青、章志祥：《新刑法导论》（下），749页，北京，中国人民大学出版社，2000。
⑥ 参见王兆峰：《打击报复证人罪新探》，载《国家检察官学院学报》，1999 (1)。
⑦ 参见吴小英：《打击报复证人罪》，载《中国刑事法杂志》，1999 (3)。

验检查的人员以及上述活动中的见证人等其他诉讼参与人。其理由为：首先上述人员具有证人的两大特点，即了解案情和具有不可替代性；其次，我国立法并未将证人限定为狭义的证人。我国刑事诉讼法、民事诉讼法均规定，凡是知道案件情况的人，都有作证的义务。据此，将证人理解为知道案件情况且依法具有作证能力的人，并无不妥；再次，和狭义的证人一样，其他种类的证人对于诉讼正常秩序的维护，对于案件事实的认定，对于程序正义和实体正义的维护，也起着举足轻重的作用；最后，将证人作广义的理解符合证人保护制度的国际发展趋势。①

3. 打击报复证人近亲属的，能否构成本罪

对此，有论者认为，尽管行为人出于报复证人的目的，但其打击的直接对象如果是证人的近亲属，从根本上讲仍然是不符合《刑法》第308条的规定的，所以，是不能定打击报复证人罪的。② 有论者指出，对证人的亲友进行报复不成立本罪的观点具有合理性，理由在于：①刑法未明确规定亲友可以成为本罪对象；②尽管《刑事诉讼法》第49条有“对证人及其近亲属进行威胁、侮辱、殴打或者打击报复，构成犯罪的，依法追究刑事责任”的规定，但现行《刑法》在《刑事诉讼法》修改之后，根据后法优于前法的原理，无法适用《刑事诉讼法》的有关规定。论者同时认为，从应然性而言，适当扩大本罪犯罪对象的范围具有合理性，但从实然角度看，将对亲友的打击报复归入本罪不符合刑法规定。③ 有论者则认为，证人的亲友不是本罪的犯罪对象，但打击报复证人近亲属的，也应构成本罪。原因在于：从犯罪客体上看，二者侵犯的都是司法机关的正常活动秩序；从犯罪对象上看，打击报复证人近亲属，实质上也是对证人本身的一种间接打击报复；从主观上看，两者都有打击报复证人、妨害司法机关正常活动秩序的目的。④ 还有论者认为，本罪的客观方面是打击报复证人的行为，这种行为与以证人为犯罪对象是不同的两个问题。虽然在很多情况下打击报复证人的行为是以证人为犯罪对象的，但在许多情况下，不以证人为直接犯罪对象，也可以达到打击报复人的目的，如毁坏证人的财产。在这种情况下，犯罪对象是证人的财产，实施的行为是打击报复证人的行为。同理，以证人的近亲属为犯罪对象，如殴打、恐吓证人的近亲属，如果其目的在于打击报复证人，其行为性质也是打击报复证人。从立法的角度上讲，打击报复证人罪是一个罪名，并不意味着犯罪对象仅限于证人。将打击报复证人罪的犯罪对象限于证人本人的观点是机械的、形而上学的，与法理不符。⑤

4. 打击报复证人罪与报复陷害罪之界限

司法实践中，常常有控告人、举报人在控告、举报之后又在相关诉讼中作为证

---

① 参见郝胡兰、那娜：《论打击报复证人罪中“证人”的界定》，载《人民检察》，2004（2）。

② 参见王兆峰：《打击报复证人罪新探》，载《国家检察官学院学报》，1999（1）。

③ 参见吴占英：《打击报复证人罪若干问题新解》，载《法学论坛》，2006（3）。

④ 参见赵新河：《妨害司法若干犯罪研究》，载《河南社会科学》，2002（1）；里强：《打击报复证人近亲属也应构成犯罪》，载《人民检察》，1998（4）。

⑤ 参见郝胡兰、那娜：《打击报复证人罪中“证人”的界定》，载《人民检察》，2004（2）。

人的情况。那么，如果国家机关工作人员滥用职权、假公济私，对这种既是控告人、举报人又是证人的人进行打击报复，是以打击报复证人罪还是报复陷害罪处罚？或者两罪并罚？对此，有人认为，上述情况属于牵连犯的情形，不能数罪并罚，只能从一重罪处断，以报复陷害罪论处。① 另有论者认为，上述情形下两罪之间发生了法条竞合。在这种情况下，应依照特殊法优于普通法的原则，按打击报复证人罪定罪处罚。②

（七）扰乱法庭秩序罪

对于冤、假、错案的被告人因不服审判而严重扰乱法庭秩序的行为是否构成扰乱法庭秩序罪的问题，有观点认为，构成本罪。原因在于：是否有罪，只能由人民法院根据事实依法而断，而不能由刑事被告人自己来判断。③ 另一种意见则认为，如果不是以聚众的方式实施的，则不应以扰乱法庭秩序罪论处。④

对于因司法工作人员未依法履行职责而引发当事人及其亲友实施严重扰乱法庭秩序的行为是否构成扰乱法庭秩序罪的问题，一种观点认为，不宜作为犯罪处理。其理由是：司法工作人员对扰乱法庭秩序的行为负有一定责任；如果这时对行为人定罪量刑，有失公允，也难以实现刑罚的教育功能。⑤ 另一种观点认为，应当定罪，这是罪刑法定的要求。即使司法人员存在过错，也只是从宽处罚的情节；当事人应当依照法律程序维护自身的合法权益。⑥

（八）窝藏、包庇罪

1. 窝藏、包庇罪的主观方面

根据《刑法》第 310 条的规定，构成窝藏、包庇罪，行为人在主观方面必须“明知”是犯罪的人。关于这里的“明知”的理解，理论上有以下不同观点。

“明确说”认为，只有在明知是犯罪的人并基于自己的意愿对其实施窝藏、包庇的，才具备本罪的主观方面。这里的“明知”，是指认识到自己窝藏、包庇的人实施了刑法规定为犯罪的行为。⑦

“可能说”认为，所谓“明知”，是指行为人确切知道或者可能知道对方是犯罪的人，并不要求行为人对对方犯了罪主观上确知，只要根据具体情况推定他可能知

---

① 参见刘永桂主编：《刑法学论纲》，262 页，北京，中共中央党校出版社，2000。

② 参见吴振兴主编：《刑法新立罪的理论与实务》（下），60 页，长春，吉林大学出版社，1998。

③ 参见邓又天、李永升：《扰乱法庭秩序罪研究》，载《西南政法大学学报》，1999（1）。

④ 参见吴占英：《妨害司法罪理论与实践》，114 页，北京，中国检察出版社，2005。

⑤ 参见李希慧主编：《妨害社会管理秩序罪新论》，304 页，武汉，武汉大学出版社，2001。

⑥ 参见李峰：《论扰乱法庭秩序罪的现状及完善》，14 页，中国政法大学 2007 年硕士学位论文。

⑦ 参见赵秉志主编：《刑法新教程》，731 页，北京，中国人民大学出版社，2001。

道就可认定是明知。①

2. 窝藏、包庇罪的客观方面

（1）窝藏罪罪状中的“提供隐藏处所、财物”与“帮助其逃匿”的关系问题

对此，理论上有两种观点：一种观点认为，两者之间是递进关系；窝藏罪的客观方面只能表现为为犯罪的人提供隐藏处所和提供财物两种；② 另一种观点认为，两者之间是并列关系；帮助犯罪的人逃匿的方法行为，不限于为犯罪的人提供隐藏处所或者财物。③ 立法者实际上将窝藏行为分成了两类：一类是为犯罪的人提供隐藏处所、财物之行为；另一类是其他帮助犯罪的人逃匿的行为。第一类行为是窝藏行为的常见形式，所以立法者首先将其列举出来；但实践中，窝藏行为的表现形式多种多样，立法者不可能在法条中一一列举，所以用“帮助其逃匿”的兜底式表述予以概括。④

（2）窝藏行为之理解

对此，有论者认为，窝藏行为具体可分为：①提供隐藏处所，通常表现为将犯罪人留宿于家中，也包括为犯罪人包用客房、借赁房屋、介绍至亲友处隐藏；②提供财物，资助或协助犯罪人逃匿，如提供路费、宿费，给隐藏起来的犯罪分子送水、送饭等；③帮助其逃匿，主要是指提供便利条件帮助逃匿，如为犯罪分子带路、指示逃匿的方向、路线、地点，提供交通便利等。⑤ 有论者指出，窝藏行为的特点是，妨害公安、司法机关发现犯罪的人，或者说使公安、司法机关不能或者难以发现犯罪的人。因此，除提供隐藏处所、财物外，向犯罪的人通报侦查或者追捕的动静、向犯罪的人提供化装的用具等，也属于帮助其逃匿的行为。⑥

（3）是否存在不作为形式的窝藏罪

对此，有肯定说和否定说之分。在肯定说中，有观点认为，负有保管财物义务的人，当他人拿走该财物而不予阻止时，构成不作为的窝藏罪；⑦ 还有观点认为，不如实提供追捕线索的行为可以构成窝藏罪。⑧ 否定说认为，刑法学界一方面认为单纯的知情不举不构成犯罪；另一方面，在理论和实践中又肯定不提供追捕线索、不阻止犯罪结果发生以及明知他人犯罪后不报案的行为构成窝藏、包庇罪。世界范围内的共识是，刑法处罚不作为犯罪只能是例外，处罚不真正不作为犯的前提是存

---

① 参见李希慧主编：《妨害社会管理秩序罪新论》，259页，武汉，武汉大学出版社，2001；赵秉志主编：《妨害司法罪》，178页，北京，中国人民公安大学出版社，1999。

② 参见邵敏：《论窝藏罪》，10页，中国政法大学2007年硕士学位论文。

③ 参见张明楷：《刑法学》，3版，789页，北京，法律出版社，2007。

④ 参见吴占英：《论窝藏、包庇罪的几个问题》，载《法学杂志》，2007（5）。

⑤ 参见何秉松主编：《刑法教科书》（据1997年刑法修订），912页，北京，中国法制出版社，1997。

⑥ 参见张明楷：《刑法学》，3版，789页，北京，法律出版社，2007。

⑦ 参见吴学斌、田期智：《不作为形式窝藏罪的司法认定》，载《人民检察》，2006（10）。

⑧ 参见周宁：《不如实提供追捕线索的行为应如何定性》，载《中国刑事法杂志》，2001（2）。

在作为的义务。现在德国和日本对不真正不作为犯的作为义务来源的探讨已从传统的形式意义上的探讨转向作为义务的实质内容方面的探讨，即保证人地位以及不作为与作为的构成要件上的等价值性的探讨。如果开始不知道对方是犯罪的人或保管的对象系赃物，中途知情后继续保持原有的状态，由于不能认为行为人这时产生了将犯罪的人或者赃物解送司法机关或者向司法机关举报的义务，所以对于行为人来说还只是消极的不作为，不应评价为窝藏罪。持有型犯罪的对象是毒品、假币、枪支这些特定的违禁品；中途知情后继续持有的，构成持有罪。但犯罪的人和赃物显然不是“违禁品”，所以不宜将窝藏罪和窝藏赃物罪理解为持有型犯罪。①

3. 窝藏、包庇罪的行为对象

(1)“犯罪的人”的含义问题

对此，理论上有以下几种观点。

第一种观点认为，“犯罪的人”必须是触犯刑法实施了犯罪行为的人，既包括犯罪之后潜逃在外，尚未被司法机关发觉的人或未缉拿归案的犯罪分子，也包括已被拘留、逮捕、判刑劳改，而后越狱逃跑的犯罪分子。至于他们犯的是什么罪，可能判处或已经判处什么刑罚，则不影响本罪的成立。但在量刑时，可以作为重要情节给予考虑。如果窝藏、包庇的对象不是实施了犯罪行为的人，而是只有一般违法行为、尚不构成犯罪的人（如劳教人员和行政拘留人员），不构成本罪。②

第二种观点认为，“犯罪的人”应包括真正的犯罪人和正在受侦查、追诉的犯罪嫌疑人、被告人，不以经过有效判决确定有罪为必要。③

第三种观点认为，对“犯罪的人”应在普通用语的意义上理解。已经被法院作出有罪判决的人，已被公安、司法机关依法作为犯罪嫌疑人、被告人而成为侦查、起诉对象的人（即使事后被法院认定无罪），暂时没有被司法机关作为犯罪嫌疑人但确实实施了犯罪行为因而将被公安、司法机关作为犯罪嫌疑人、被告人而成为侦查、起诉对象的人以及实施了符合客观构成要件的违法行为但没有达到法定年龄、不具有责任能力的人均属于“犯罪的人”。但联系本罪的法益考虑，如果行为人确定、案件事实清楚，公安、司法机关不可能介入刑事司法活动，对这类“犯罪的人”实施所谓的窝藏、包庇行为，不成立犯罪。④

第四种观点认为，对于窝藏、包庇罪条文中规定的“犯罪的人”，应当做更为广泛的解释，不仅包括犯罪之后潜逃在外，尚未被司法机关发觉的人或未缉拿归案的犯罪分子，以及已被拘留、逮捕、判刑劳改，而后越狱逃跑的犯罪分子，还应当包

---

① 参见杜文俊、陈洪兵：《不作为的窝藏、包庇否定论》，载《河南社会科学》，2008（4）。

② 参见高铭暄、马克昌主编：《刑法学》，985页，北京，中国法制出版社，1999。

③ 参见李朝晖、陆诗忠：《论窝藏、包庇罪的行为对象——“犯罪的人”含义辨析》，载《河南师范大学学报》（哲学社会科学版），2002（1）。

④ 参见张明楷：《刑法学》，3版，789页，北京，法律出版社，2007。

括被判决不负刑事责任的人和因证据不足被判无罪的人。①

（2）被宣告缓刑的犯罪之人以及被假释的犯罪分子可否成为本罪的行为对象

对此，有论者指出，应作具体分析：如果其在缓刑、假释考验期间未被发现有漏罪、也未涉嫌新罪，行为人对其予以窝藏、包庇的，不构成窝藏、包庇罪，因为窝藏、包庇此类犯罪分子虽然会妨害公安机关对他们的"考察"、"监督"活动，但由于此类"考察"、"监督"活动不具有刑罚执行的性质，因而对此类犯罪分子予以窝藏、包庇，不会侵犯本罪的客体，从而也就不构成本罪。如果其在缓刑、假释考验期间被发现有漏罪或者涉嫌新罪，行为人明知此情况而对其予以窝藏、包庇的，构成窝藏、包庇罪，因为会妨害司法机关对所漏之罪以及所犯新罪的追诉活动。②

4. 窝藏、包庇罪的认定

（1）被窝藏、包庇的犯罪人教唆他人对自己实施窝藏、包庇罪时，是否成立本罪

对此，一种观点认为，成立本罪。其理由是，刑法不处罚犯罪人自身的隐藏、逃匿行为，是因为没有期待可能性；但教唆他人窝藏、包庇自己行为的主观恶性与教唆行为，已经远远超出了行为人自我逃避处罚的本能而具备了刑罚的当罚性，不缺乏期待可能性，故成立犯罪。③ 另一种观点认为，犯罪人自己窝藏、逃匿不构成犯罪的情况下，教唆他人对自己实施这种行为的，也不应成立犯罪。④

（2）犯罪的人窝藏、包庇共犯的，如何定性

对此，一种观点认为，从表面看，共同犯罪人窝藏、包庇同案犯是为了"他人"，但从实质上讲，由于共犯的刑事案件也是他们自己的刑事案件，他们窝藏、包庇同案犯实质上是为了他们自己。当然，如果共同犯罪人中的某人除了实施共同犯罪之外，还实施了其他犯罪行为，则可以成为被窝藏、包庇的对象。⑤ 另一种观点认为，如果专门为了使共犯人逃避法律责任而窝藏、包庇的，成立本罪；反之，倘若专门为了本人或者既为本人也为共犯人逃避法律责任而窝藏、包庇共犯人的，则不宜认定为本罪。但是，如果明知共犯人另犯有其他罪而窝藏、包庇的，应认定为本罪。⑥

（3）"明知"的认定

对此，有论者认为，基于本罪的特点，被窝藏和包庇的对象大多是尚未经过法

---

① 参见苏凯：《窝藏、包庇罪若干问题探析》，载《武汉公安干部学院学报》，2007（1）。

② 参见吴占英：《论窝藏、包庇罪的几个问题》，载《法学杂志》，2007（5）。

③ 参见郭立新、杨迎泽主编：《刑法分则适用疑难问题解》，296页，北京，中国检察出版社，2000。

④ 参见张明楷：《刑法学》，3版，790页，北京，法律出版社，2007。

⑤ 参见周光权著：《刑法各论讲义》，426页，北京，清华大学出版社，2003；吴占英：《论窝藏、包庇罪的几个问题》，载《法学杂志》，2007（5）。

⑥ 参见张明楷：《刑法学》，3版，790页，北京，法律出版社，2007。

院判决而潜逃在外的犯罪嫌疑人，在行为人对其实施窝藏或包庇前，往往只能根据自己所能感知的客观事实，判断他人是否为犯罪的人。至于认知标准，不应过分苛求人们达到公安机关的警觉程度，而应当以一般人的认识能力为标准，适当考虑行为人本人的认知能力，从行为人所感知的事实的角度，对行为人是否明知作出“不枉不纵”的判断。①

（4）毁灭、伪造证据的行为是否属于包庇行为

在1997年《刑法》颁布前，因法律上没有规定帮助毁灭、伪造证据罪，故当时理论界普遍认为作假证明以及帮助犯罪人湮灭罪迹、毁灭罪证，都是包庇的行为方式。② 1997年《刑法》增设了帮助当事人毁灭、伪造证据罪。那么，毁灭、伪造证据的行为是否还应当包含于包庇行为中？对此，一种观点认为，包庇罪仍应包括湮灭罪迹和毁灭罪证的行为；③ 另一种观点认为，包庇罪应当局限于作假证明包庇的行为，而不包括帮助犯罪人毁灭或者伪造证据的行为。因为在1997年《刑法》以前，把帮助毁灭、伪造证据等行为类推解释为包庇行为，这在当时的刑法理论和司法实践的大背景下是正确的。然而，1997年《刑法》废除了类推制度，并且新增了帮助毁灭、伪造证据罪，从个罪上填补了法律的空白；为了帮助犯罪分子逃避制裁而毁灭、伪造证据的行为，不宜再以包庇罪论，否则就违背罪刑法定原则。④

（5）“私了”行为能否构成包庇罪

私了一般发生在犯罪人与被害人之间；犯罪人满足被害人提出的一定要求，而被害人答应不再对犯罪人予以举报或者追究。违法的私了行为实际上属于一种广义上的包庇。那么，这种行为能否构成包庇罪。对此，有观点认为，考虑到被害人在案件中的特殊地位，这种私了不应作为包庇罪来处理。⑤ 也有观点认为，单纯的私了行为虽然从广义上说是包庇行为，但严格地讲，这种行为并不是包庇罪中的“作假证明包庇”，因为被害人不对犯罪人予以举报或者追究，实际上是一种不作为，而包庇罪中的“作假证明包庇”是一种作为。当然，在案件私了后，被害人在司法机关向其了解案情时，故意作假证明袒护犯罪人的，则构成包庇罪。⑥

（6）包庇罪与伪证罪的竞合问题

对此，有论者指出，在以伪证为手段达到包庇之目的的行为的场合，伪证罪与包庇罪出现法条竞合。就此种情形，在有关立法修改之前，应严格按照《刑法》第3

---

① 参见苏凯：《窝藏、包庇罪若干问题探析》，载《武汉公安干部学院学报》，2007（1）。

② 参见高铭暄主编，《中国刑法学》，551页，北京，中国人民大学出版社，1989。

③ 参见陈兴良：《刑法疏义》，492页，北京，中国人民公安大学出版社，1997；肖扬主编：《中国新刑法学》，558～559页，北京，中国人民公安大学出版社，1997。

④ 参见张明楷：《刑法学》（下），831页，北京，法律出版社，1997。

⑤ 参见陈兴良、曲新久：《案例刑法教程》（下），438页，北京，中国政法大学出版社，1994。

⑥ 参见吴占英：《论窝藏、包庇罪的几个问题》，载《法学杂志》，2007（5）。

条所确立的罪刑法定原则来进行具体分析：对以包庇为目的的作虚假的证明的行为认定为伪证罪的，仅限于该种虚假证明是为案犯隐匿犯罪证据之一种包庇情形，而对以包庇为目的的作虚假的证明的其他情形，如掩盖案犯的作案时间、真实身份、个人形体特征、生活习性、嗜好、经济状况等，则应认定为包庇罪。①

5.“亲亲相隐”原则与窝藏、包庇罪的立法完善

对此，有论者认为，《刑法》第310条不区分行为人与犯罪人之间的身份关系，不论是犯罪人的亲属还是其他一般人，只要实施了隐匿罪犯、包庇罪行的行为，都以窝藏、包庇罪定罪处罚，这是不够科学的。亲属之间基于护亲心理而实施的窝藏、包庇行为与其他普通的窝藏、包庇犯罪具有本质上的不同。从犯罪论的角度看，就亲属间的容隐而言，行为人主观的心理态度是护亲而不是危害社会，不具备犯罪主观方面，因而这种容隐行为也就不具有构成犯罪的条件；从刑罚论的角度来看，由于亲属容隐行为产生的特殊原因，对其进行刑罚处罚无论在特殊预防还是一般预防方面都达不到刑罚应有的效果，无以实现刑罚之目的。处罚亲属间的容隐行为既不公正也无效果。因此，论者建议对《刑法》第310条进行修改完善，在保留关于窝藏、包庇罪一般规定的基础上，参照《德国刑法》第258条，增加一款：“为使家属免于刑罚处罚而为上述行为的，不处罚。”这样既不损害国家对犯罪活动的追究，也充分照顾了人的天性，更有助于维护家庭、社会关系的和谐，保护国家更为长远的利益。② 有论者主张，在中国这个极重人伦关系和人情浓厚的社会中，一味追究近亲属的窝藏、包庇责任，适用刑罚予以惩罚，恐怕很难收到良好的效果。可以参照《刑事诉讼法》中关于近亲属范围的规定（包括夫、妻、父、母、子、女、同胞兄弟姊妹），在《刑法》第310条中加上一款：“近亲属犯第一款罪的，可以从轻或减轻处罚。”这样使从宽处罚成为近亲属犯窝藏、包庇罪的一项法定量刑情节，既能够维护法律的权威，又能体现刑法的人伦精神和刑罚的伦理性，也更加符合和谐社会的要求。③ 有论者指出，在现行刑法规定的框架下，应从解释论上解决问题。具体有三。一是，除法律规定亲属有作为的义务外，其他由亲属实施的不作为都不能评价为窝藏、包庇的犯罪行为。换言之，亲属单纯的不作为不能构成窝藏、包庇罪，中途才发现是犯罪的人或赃物而继续保持原有状态的，只能评价为不作为，不宜作为窝藏罪论处。二是，亲属帮助犯罪嫌疑人清洗衣物、打扫自家院落，即使客观上起到了帮助毁灭证据的作用，也应认为是日常生活行为，属于中立的帮助行为，不宜评价为帮助毁灭证据罪；为涉嫌犯罪的亲属提供食宿或少量钱物的，同样属于日常生活行为，应认定为不可罚的中立的帮助行为，不宜以窝藏罪论处。三是，从共犯处罚根据的修正惹起说和混合惹起说来看，处罚共犯的前提，是正犯的行为必须违

---

① 参见邓文星：《浅谈伪证罪与包庇罪的竞合及立法探讨》，载《中国司法》，2003（10）。

② 参见汪钧：《从“亲亲相隐”原则谈对窝藏、包庇罪的立法完善》，载《河南省政法管理干部学院学报》，2006（2）。

③ 参见苏凯：《窝藏、包庇罪若干问题探析》，载《武汉公安干部学院学报》，2007（1）。

法。既然本犯自己作虚假供述、毁灭、伪造自己刑事案件的证据、犯罪后逃匿、转移赃物的行为，都不构成犯罪，亲属教唆本犯实施这些行为的，也不应以犯罪论处。①

（九）拒绝提供间谍犯罪证据罪

关于本罪中“间谍犯罪”的理解问题，一种观点认为，间谍犯罪仅指《刑法》第110条规定的间谍罪。② 另一种观点认为，从刑事立法沿革的角度看，间谍犯罪除间谍罪外，其还包括《刑法》第111条规定的为境外窃取、刺探、收买、非法提供国家秘密、情报罪。③

关于本罪中拒绝的对象，有论者认为必须是国家安全机关。如果是公安机关、人民检察院、人民法院或者其他单位或个人调查他人间谍犯罪的情况、收集有关的证据的，行为人的拒绝行为不构成犯罪。构成本罪只限于调查情况、收集证据阶段，而不包括法庭审理阶段的出庭作证。④

关于故意向国家安全机关提供假证以掩饰间谍犯罪事实的行为如何处理的问题，有以下不同观点：第一种观点认为，应视为情节严重的情况，按伪证罪的严重情节处刑；⑤ 第二种观点认为，构成拒绝提供间谍犯罪证据罪；⑥ 第三种观点认为，如果行为人在国家安全机关向其调查有关情况、收集有关证据时，以提供虚假的证言或者假证据的形式包庇间谍犯罪分子的，应构成包庇罪。⑦

（十）掩饰、隐瞒犯罪所得、犯罪所得收益罪

1. 掩饰、隐瞒犯罪所得、犯罪所得收益罪的主体

有论者指出，本罪的主体仅限于本犯以外的人。一方面，本犯的行为人实施窝藏、转移赃物等行为的，或者没有侵害新的法益，或者不具有期待可能性，不成立赃物罪；另一方面，刑法关于“明知”是犯罪所得及其产生的收益的规定，也将本犯排除在本罪行为之外。这里的本犯，包括获取赃物的原犯罪的正犯、教唆犯与帮助犯。⑧

2. 掩饰、隐瞒犯罪所得、犯罪所得收益罪的主观方面

（1）“明知是犯罪所得的赃物”中“明知”程度的理解问题

对此，确定说认为，明知就是行为人清楚地知道是赃物，在法律含义上只能表

---

① 参见文武、陈洪兵：《对刑法规范拒绝“亲属”概念的检讨与反思——以窝藏、包庇罪的实证分析为视角》，载《社会科学》，2008（8）。

② 参见胡康生、李福成主编：《中华人民共和国刑法释义》，441页，北京，法律出版社，1997。

③ 参见陈兴良主编：《刑法全书》，1021页，北京，中国人民公安大学出版社，1997。

④ 参见刘树德、王志勇：《论拒绝提供间谍犯罪证据罪》，载《法律适用》，2001（6）。

⑤ 参见赵新河：《妨害司法若干犯罪研究》，载《河南社会科学》，2002（1）。

⑥ 参见李三宝主编：《罪名适用新解》，665页，北京，中国人民公安大学出版社，2003。

⑦ 参见吴占英：《论拒绝提供间谍犯罪证据罪的争点问题》，载《法学论坛》，2007（3）。

⑧ 参见张明楷：《刑法学》，3版，792页，北京，法律出版社，2007。

现为行为人对赃物的确定性认识；对赃物的不确定性认识，不能视为明知。[①] 可能说认为，明知有确知与不确知之分。确知是对赃物确定性的认识，这种认识可能是由本犯或他人明确告知，也可能是行为人自己亲眼所见。不确知是对赃物可能性的认识，即行为人不能完全确定本犯的行为性质，但行为人已经清楚地认识到财物来源不清；存在不法可能性而予以窝藏、转移、收购或代为销售的，也应视为明知。[②]

（2）"明知是犯罪所得的赃物"中"明知"的判断基准问题

对此理论上有三种观点。其一，主观说。该说认为，判断对赃物是否有明知，应当以行为人自身情况为依据，根据其年龄、知识水平、社会阅历等主观能力进行判断。在当时的条件下，行为人完全能够认识，不可能认识不到是赃物的，就认为具有"明知"。其二，客观说。该说着眼于犯罪人客观环境，认为在当时的条件下，根据一般的经验和常识，通常的人都能够确切认识到赃物的性质，就可以认定行为人具有"明知"，而不考虑行为人自身的实际认识能力。其三，折中说。该说主张应根据主客观相统一的原则认定明知，既要考虑到案件发生时的具体情况，又要考虑到行为人自身内在的认识能力。对于以上三种观点，有论者认为，客观说忽略了行为人自身内在的认识能力上的差异，主观说忽视了客观环境对行为人能力的影响，二者的缺陷都十分明显。所以，在认定行为人的"明知"时，既要考虑到行为人自身内在认识能力的特点，又要考虑案件发生时的具体情况。[③]

（3）"明知"是否包括"应当知道"的问题

对于涉及赃物犯罪的司法解释所规定的"应当知道"[④] 是否属于"明知"的问题，理论上有分歧。第一种观点认为，从心理结构上看，"应当知道"属于无认识的范畴，由此形成的犯罪应是过失犯罪。而从法律规定的角度看，我国现行刑法关于赃物犯罪的规定只要求行为人"明知"是赃物，《刑法》并没有规定"过失"赃物犯罪的情况。因此，"明知"不应包含"应当知道"。[⑤] "应当知道"是赃物，无论如何

---

① 参见史赞文：《对窝赃销赃罪几个问题的探讨》，载《法学内参》，1988（3）。

② 参见赵秉志主编：《妨害司法活动罪研究》，297～298页，北京，中国人民大学出版社，1994。

③ 参见郭毅涛、杨新娥：《窝藏赃物罪中的"明知"应如何认定》，载《人民检察》，2005（18）。

④ 1992年12月11日最高人民法院、最高人民检察院《关于办理盗窃案件具体应用法律的若干问题的解释》第8条规定："'明知'不能仅凭被告人的口供认定，而应当根据案件的客观事实予以分析，只要证明被告人知道或者应当知道是犯罪所得的赃物而予以窝藏或者代为销售的，就可以认定。"1998年5月8日最高人民法院、最高人民检察院、公安部和国家工商行政管理局联合发布的《关于依法查处盗窃、抢劫机动车案件的规定》第17条规定："本规定所称的'明知'，是指知道或者应当知道。有下列情形之一的，可视为应当知道，但有证据证明确属被蒙骗的除外：（一）在非法的机动车交易场所和销售单位购买的；（二）机动车证件手续不全或者明显违反规定的；（三）机动车发动机号或者车架号有更改痕迹，没有合法证明的；（四）以明显低于市场价格购买机动车的。"

⑤ 参见吴占英著：《妨害司法罪理论与实践》，170页，北京，中国检察出版社，2005。

不属于“明知”是赃物，否则便否认了过失与故意的区别。① 第二种观点认为，“明知”包括行为人知道和应当知道两种情况。如果行为人供述其实施犯罪时已经知道行为对象的性质，那么主观上无疑是“明知”的；司法机关证实行为人“应当知道”是赃物，采用的是刑事推定的证明方法。推定以客观事实为依据，并且允许反驳；当行为人以事实证明自己不“明知”时，推定结论则不成立。根据这种推定的方法所证明的“明知”就是“应当知道”。② 有论者认为，产生上述分歧的原因在于两种观点是从不同的角度来理解司法解释中“应当知道”的内涵。第一种观点是从行为人是否具有“应当知道”的注意义务的角度来理解的。如果这样理解的话，“应当知道”就是“应当预见”，属于无认识的范畴，显然就不能被本罪的故意所包容。第二种观点从司法人员判断的角度来理解，即司法人员根据一定的客观事实能够推定行为人知道的，就认定为“明知”。其实，司法解释的本意并不是赋予行为人“应当知道”的注意义务，也不是表明本罪的主观方面包括无认识的过失，不管是“只要证明被告人应当知道就可以认定‘明知’”，还是“可视为应当知道”的表述，它们表达的意思实质上是相同的，都是一种推定的“明知”，即只要具备一定的客观事实，就可以直接推定行为人具有“明知”的心理。第一种观点实际上误解了司法解释的本意。当然，司法解释关于“‘明知’是指知道或者应当知道”的表述也容易使人将“应当知道”误解为无认识过失中的“应当预见”。③

3. 掩饰、隐瞒犯罪所得、犯罪所得收益罪的客观方面

（1）掩饰、隐瞒犯罪所得、犯罪所得收益罪的具体行为方式的界定

有论者认为，本罪的行为方式，概括地讲，就是“窝藏、转移、收购、代为销售或者以其他方式掩饰、隐瞒”。就法条表述来说，“窝藏、转移、收购和代为销售”都是“掩饰、隐瞒行为”。“掩饰和隐瞒”是“窝藏、转移、收购和代为销售”的上位概念。“掩饰”和“隐瞒”是两种不同的行为方式。前者包括加工；后者包括法律规定的“窝藏、转移、收购和代为销售”以及其他隐瞒行为。所谓“加工”，就是改变犯罪所得及其收益的表现形式，是对犯罪所得及其收益的外观或者内在性质进行改变，致使失去原形原质而转化成他物。“加工”的具体表现形式有化整为零、化零为整、改变形状等。所谓“窝藏”，就是行为人明知是他人犯罪所得及其产生的收益，而将其藏匿于隐蔽场所，以逃避司法机关的侦查打击。所谓“转移”（运输），就是将实物犯罪所得及其产生的收益进行空间位置转换，或者是将货币形式的犯罪所得及其产生的收益在银行之间、账户之间转换。所谓“收购”（购买），是指以支付对价的方式取得犯罪所得及其收益，而不管行为人出于“自用”还是“出卖”购买的犯罪所得及其收益。所谓“代为销售”，是指接受其他犯罪人的委托，帮助其他

---

① 参见张明楷：《刑法学》，3版，794页，北京，法律出版社，2007。

② 参见张丽华：《对“明知犯罪所得赃物”的理解》，载《法制与社会》，2007（8）。

③ 参见刘雪梅、刘丁炳：《掩饰、隐瞒犯罪所得、犯罪所得收益罪新析》，载《法学评论》，2008（5）。

犯罪人销售其犯罪所得及其产生的收益。代为销售既可以是在接受委托后独立地进行销售，也可以是在接受委托后和其他犯罪人共同销售。其他隐瞒行为包括居间买卖行为、典当拍卖抵押、用犯罪所得及其收益抵债、收受以及行纪行为。① 有论者指出，“窝藏”是指秘密而不合法地将犯罪所得及其收益加以藏匿的行为。其常见的行为方式有：其一，隐藏，即为本犯提供藏匿犯罪所得及其收益的场所或条件，使司法机关不能或难以发现的行为。如藏匿在地窖中或者将犯罪所得的现金以自己的姓名存入银行；其二，保管，即接受本犯的委托而代为保管，至于有偿还是无偿则在所不问。“转移”是指将犯罪所得及其收益改换位置，从一个地方移到另一个地方。转移应达到足以妨害司法机关追缴的程度，在同一房间将犯罪所得及其收益加以转移的，不宜认定为转移。具体的转移方式包括搬动、运输、邮寄和通过合法金融机构或非法地下钱庄等以转账或者其他结算方式将资金转移。“收购”是指以支付对价的方式取得犯罪所得及其收益。“收购”并不要求必须是大量买进，并且也不要求必须以出卖为目的，“收购”本身可以包容通常所说的“买赃自用”。“代为销售”是指受本犯的委托，帮助本犯出售犯罪所得及其收益的行为。“代为销售”具体表现为与本犯共同销售和受本犯的委托独立为本犯销售。代为销售不一定是有偿的，也不一定亲自接触犯罪所得及其收益。“其他掩饰、隐瞒方法”，是指法条列举的四种方式以外的其他能够起到“掩饰、隐瞒”犯罪所得及其收益作用的方法。从司法实践来看，常见的“其他掩饰、隐瞒方法”除了典当、拍卖、抵押或者用于抵债等方法以外，主要还包括收受、加工、介绍买卖等方法。“收受”是指不支付对价而取得犯罪所得及其收益的行为，包括作为赠物予以接受、无利息的消费借贷等。“加工”，就是改变犯罪所得及其收益的表现形式的行为，是对犯罪所得及其收益的外观或者内在性质进行改变，致使失去原形原质而转化成他物。“加工”的具体表现形式有拆整为零、拼零为整、改变形状等。“介绍买卖”是指在本犯或其代理人与买主之间进行联络，充当买卖的中介人的行为。介绍买卖行为本身是有偿还是无偿，是直接与买主见面介绍还是通过第三人与买主见面介绍，均不影响“介绍买卖”行为的成立。“介绍买卖”通常表现为以下两种形式：一是受买主之托，为其物色犯罪所得及其收益，将买主引见给卖主，向卖主传达买主的要求；二是受本犯或其代理人之托，为其寻找买主，转达犯罪所得及其收益的性能、新旧程度、价格等信息，替卖主转交犯罪所得及其收益等。②

（2）收购赃物的含义

对此，有以下几种不同的观点。

第一种观点认为，收买赃物是指有偿地购买赃物，既包括为他人使用而买赃，

---

① 参见刘德利：《掩饰、隐瞒犯罪所得及其收益罪的行为样态分析》，载《甘肃警察职业学院学报》，2008（2）。

② 参见刘雪梅、刘丁炳：《掩饰、隐瞒犯罪所得、犯罪所得收益罪新析》，载《法学评论》，2008（5）。

也包括买赃自用情节严重的情形。①

第二种观点认为，所谓收购，是指有偿取得赃物然后加以出卖的行为，一般是低价买进，高价卖出。②

第三种观点将“买赃自用”作广义和狭义区分，认为狭义的买赃自用是买赃供本人消费使用，广义的买赃自用还包括收购赃物供自己生产经营使用。狭义的买赃自用，不属于本罪的收购行为；大量购买赃物供自己生产经营使用的，应属于本罪的收购行为。③

4. 掩饰、隐瞒犯罪所得、犯罪所得收益罪的客体

关于本罪的客体问题，理论上主要有两种观点。一种观点认为，这类犯罪侵犯的客体是复杂客体，包括妨害司法机关的正常活动和本罪之被害人的财产的追索权利。其中，司法机关的正常活动是本罪的主要客体，而对被害人追索权利的侵害则是间接的、派生的、次要的客体。④ 另一种观点则认为，这类犯罪侵犯的客体是单一客体。至于对单一客体的具体表述，则不尽一致：有的表述为“国家司法机关打击犯罪的正常活动”；⑤ 有的表述为“司法机关的正常活动”；⑥ 有的表述为“司法机关追索赃物的正常活动”。⑦ 至于被害人对财物的追索权则不能成为这类犯罪的客体的内容。有的论著提出如下理由：第一，这种社会关系并不是这类犯罪行为直接侵犯的，而是通过妨害司法机关对本犯的侦查、起诉、审判等正常活动，使犯罪逃避刑事侦查而间接受到影响的，因而不符合犯罪客体受到侵犯“直接性”的要求；第二，并非所有的赃物犯罪都会侵害被害人的财产追索权。因此，将这种不一定会被犯罪侵犯的社会关系当作犯罪客体，也不符合犯罪客体的特征；第三，这样做，对于实际上并没有侵犯被害人请求权的危害行为能否认定为犯罪以及如何确定犯罪完成形态，也会造成困难。因此，将被害人对财物的追索权也视为赃物犯罪的次要客体的主张，不但于法无据，而且也于理不通。⑧

---

① 参见高铭暄主编：《新编中国刑法学》（下），861页，北京，中国人民大学出版社，1998。

② 参见高铭暄、马克昌主编：《刑法学》（下），988页，北京，中国法制出版社，1999。

③ 参见何秉松主编：《刑法教科书》（据1997年刑法修订），917页，北京，中国法制出版社，1997。

④ 参见赵秉志主编：《妨害司法活动罪研究》，287～288页，北京，中国人民公安大学出版社，1994；何秉松主编：《刑法教科书》（据1997年刑法修订），916页，北京，中国法制出版社，1997。

⑤ 赵秉志主编：《刑法争议问题研究》（下），490页，郑州，河南人民出版社，1996。

⑥ 高铭暄、马克昌主编：《刑法学》，560页，北京，北京大学出版社、高等教育出版社，2000；李希慧主编：《妨害社会管理秩序罪新论》，262页，武汉，武汉大学出版社，2001。

⑦ 赵秉志主编：《新刑法教程》，687页，北京，中国人民大学出版社，2001；高铭暄主编：《新编中国刑法学》（下），861页，北京，中国人民大学出版社，1998。

⑧ 参见赵秉志主编：《刑法争议问题研究》（下），490～491页，郑州，河南人民出版社，1996。

5. 掩饰、隐瞒犯罪所得、犯罪所得收益罪的犯罪对象

(1) 犯罪所得和犯罪所得收益的含义问题

关于犯罪所得的含义，有论者指出，犯罪所得应理解为犯罪行为人所直接得到的原物等有形东西。① 有论者认为，“犯罪所得”是指他人既遂犯罪行为之直接所得。具体来讲，应当从以下两个方面予以把握：第一，“犯罪所得”是他人既遂犯罪行为之所得；第二，“犯罪所得”是犯罪行为直接之所得，既非“因犯罪之所得”，亦非“犯罪所生之物”或者“犯罪工具”。② 有论者主张，“犯罪所得”是通过犯罪所得的赃物（狭义的赃物），故犯罪工具不是赃物。③ 有论者提出，所谓“犯罪所得”，是指通过犯罪行为直接获取的财产及财产性利益。④

关于犯罪所得收益的含义，有论者认为，犯罪所得收益应当理解为将犯罪所得进行处理后产生的利润。⑤ 有论者主张，“犯罪所得收益”可以理解为“犯罪所得所产生的孳息”。具体而言：其一，“犯罪所得收益”是由犯罪所得所产生的收益，而非犯罪所获得的收益；其二，“犯罪所得收益”是犯罪所得所产生的孳息（包括天然孳息和法定孳息）。⑥ 有论者指出，“犯罪所得收益”，是指由犯罪所得产生的孳息以及通过利用犯罪所得投资、经营获得的财产和财产性利益。⑦ 有论者提出，“犯罪所得收益”，是指利用犯罪所得的赃物获得的利益（广义的赃物），如贿赂存入银行后所获得的利息，利用走私犯罪所得投资房地产所取得的利润。⑧

(2) 犯罪所得及其收益中的“犯罪”的理解

相对于本罪而言，犯罪所得及其收益中的“犯罪”是前罪即上游犯罪（亦称本犯）。本罪派生于前罪，又独立于前罪，因而本罪与前罪具有密切联系。

问题之一：上游犯罪行为是否以构成犯罪为必要条件。

对此，理论上存在着以下不同的观点。

第一种观点认为，从罪刑法定原则出发，应以本犯行为人构成犯罪为前提。未达到刑事责任年龄或者没有刑事责任能力的人实施不法行为所取得的财物，不能认

---

① 参见郑艳萍、刘子婵：《掩饰、隐瞒犯罪所得、犯罪所得收益罪浅析》，载《中国检察官》，2008 (8)。

② 参见张永红、徐锐：《掩饰、隐瞒犯罪所得、犯罪所得收益罪的行为对象》，载《河南科技大学学报》（社会科学版），2008 (6)。

③ 参见张明楷：《刑法学》，3版，794页，北京，法律出版社，2007。

④ 参见阮齐林：《刑法学》，689页，北京，中国政法大学出版社，2008。

⑤ 参见郑艳萍、刘子婵：《掩饰、隐瞒犯罪所得、犯罪所得收益罪浅析》，载《中国检察官》，2008 (8)。

⑥ 参见张永红、徐锐：《掩饰、隐瞒犯罪所得、犯罪所得收益罪的行为对象》，载《河南科技大学学报》（社会科学版），2008 (6)。

⑦ 参见阮齐林：《刑法学》，689页，北京，中国政法大学出版社，2008。

⑧ 参见张明楷：《刑法学》，3版，792页，北京，法律出版社，2007。

为是犯罪所得的赃物。[①]

第二种观点认为，本犯的行为不要求完全符合犯罪成立条件。在本犯是无刑事责任能力的精神病人或者年幼者而不具有可谴责性的场合，对其利用盗窃、抢劫、抢夺等方法所获得的财物仍然应当认为是赃物。[②]

第三种观点认为，犯罪所得不宜理解为犯罪行为所得，而应理解为用犯罪方法所获得。其理由是：一方面，把这里明知是犯罪所得的赃物理解为行为人必须明知与赃物有关的本犯已经达到犯罪程度，实在强人所难；另一方面，实践中往往有这种情况，即有的案件行为人一次或者相加收购的被盗物品数额很大，但盗窃行为人未被及时查获，或每起盗窃行为人均因数额不足较大而不按犯罪处理。[③]

第四种观点认为，构成本罪并不要求本犯成立犯罪。只要本犯符合犯罪客观方面构成要件就可以了，未必要求本犯完全具备犯罪的全部成立条件。本犯符合犯罪客观方面构成要件包括两方面内容：一方面，在形式上，本犯行为应当符合犯罪客观方面要件；另一方面，在实质上，本犯行为应当具有违法性即社会危害性。以下几种情况可以成为本罪前提：没有达到法定年龄，没有辨认控制能力的人实施的不合法行为取得财物的情况；具备犯罪主体条件的人实施刑法所禁止的行为，但没有达到成立犯罪所需数额财物的情况；数人单独盗窃均未达到数额较大标准，但窝藏、转移、收购或者代为销售以及其他行为所掩饰隐瞒的数额超过盗窃数额较大起点的情况等。[④]

第五种观点认为，没有达到法定年龄、没有责任能力的人，实施符合客观构成要件的违法行为（如盗窃）所取得的财物，原则上应认定为“犯罪”所得。但是，如果行为人确定、案件事实清楚，窝藏等行为并不妨害刑事司法活动的，则不宜认定为犯罪。[⑤]

问题之二：本犯是否限于财产犯罪。

对此，有论者认为，本犯包括侵犯财产的犯罪和由其中获得不法财产的其他犯罪。[⑥] 有论者认为，本犯既包括财产犯罪、经济犯罪，也包括其他可能获得财物的犯罪。[⑦]

问题之三：上游犯罪的形态是否只限于既遂。

---

① 参见郭立新、杨迎泽主编：《刑法适用疑难问题解析》，98 页，北京，中国检察出版社，2000。

② 参见周光权：《刑法各论讲义》，430 页，北京，清华大学出版社，2003。

③ 参见吴占英：《析窝藏、转移、收购、销售赃物罪的构成特征》，载《怀化师专学报》，2001 (3)。

④ 参见杨金彪：《掩饰隐瞒犯罪所得及其收益罪犯罪构成中本犯的作用》，载《江西财经大学学报》，2008 (2)。

⑤ 参见张明楷：《刑法学》，3 版，792 页，北京，法律出版社，2007。

⑥ 参见阮齐林：《刑法学》，689 页，北京，中国政法大学出版社，2008。

⑦ 参见张明楷：《刑法学》，3 版，792 页，北京，法律出版社，2007。

对此，有论者认为，成立本罪必须以本犯的行为已经既遂为要件。如果本犯尚未完成犯罪，在本犯犯罪的过程中，行为人掩饰、隐瞒犯罪所得及其收益的，与本犯构成共犯。①

问题之四：本犯处罚与否与本罪成立的关系。

对此，有论者认为，在亲属之间相盗的场合，虽然盗窃犯人与被害人之间具有亲属关系，但这只能阻却国家刑罚权的适用，而并不否定亲属相盗行为仍然具有违法性，能够成立犯罪，因此，亲属相盗行为可以成为本罪的前提。②

（3）犯罪所得的范围

问题之一：犯罪所得是否包括违禁品。

对此，一种观点认为，违禁品都不能成为赃物犯罪的对象；另一种观点认为，部分违禁品可以成为赃物犯罪的对象。③ 有论者赞成后一种观点，理由是：其一，我国刑法并没有明确规定"犯罪所得"仅限于合法财物，而不能是违禁品，所以该违禁品只要是本犯行为人以犯罪手段获得的，就应当属于"犯罪所得"的范围。其二，对于掩饰、隐瞒某些违禁品的行为，我国刑法设置了专门的罪名，但对于掩饰、隐瞒其他违禁品的行为，刑法并没有设置独立的罪名。因此，如果认为违禁品都不属于"犯罪所得"的范围，那么对于那些刑法没有特别设定罪名的违禁品，则可能出现刑法打击的"真空地带"。④

问题之二：犯罪所得是否包括转化形态的财物（主要是指对原有财物进行加工而得来的财物）。

对此，理论上存在着以下不同的观点。

第一种观点认为，赃物不是某种物品的物理属性，它表明取得该物品行为的可谴责性，因此这种社会属性不应因赃物表现形式发生改变而消失。⑤

第二种观点认为，赃物经过使用，致使失去原形原质，从而导致失去了其赃物的同一性时，即认为丧失赃物性。⑥

第三种观点认为，不改变原财物自身性质的转化物在实质上并没有改变原财物的自身属性。对原财物所实施的"转化行为"，只不过是一种对赃物进行掩饰或隐瞒

---

① 参见刘雪梅、刘丁炳：《掩饰、隐瞒犯罪所得、犯罪所得收益罪新析》，载《法学评论》，2008（5）。

② 参见杨金彪：《掩饰隐瞒犯罪所得及其收益罪犯罪构成中本犯的作用》，载《江西财经大学学报》，2008（2）。

③ 参见马克昌等主编：《刑法学全书》，388页，上海，上海科学技术文献出版社，1993。

④ 参见张永红、徐锐：《掩饰、隐瞒犯罪所得、犯罪所得收益罪的行为对象》，载《河南科技大学学报》（社会科学版），2008（6）。

⑤ 参见魏红江：《论窝藏、转移、收购、销售赃物罪》，1～15页，中国政法大学2005年硕士学位论文。

⑥ 参见郭立新、杨迎泽主编：《刑法分则适用疑难问题解》，301页，北京，中国检察出版社，2000。

的手段罢了，这并不影响其“犯罪所得”的性质。因此，不改变原财物性质的转化物仍属于“犯罪所得”的范围。改变原财物自身性质的转化物虽然改变了原财物的性质，但是这并不能否定转化物的赃物属性。因此，改变了原财物性质的转化物也应当属于“犯罪所得”的范围。①

问题之三：犯罪所得是否包括财产性利益。

对此，有论者认为，犯罪所得不仅包括财物，而且包括财产性利益，如通过犯罪行为强占的承包经营权、公司、企业的股权、租赁权、矿山开采权、土地开发权等。② 有论者则认为，一般来说，窝藏、转移、收购和代为销售的“犯罪所得”通常都是有形的财物，不包括财产性利益。但是，如果是具有有形载体的财产性利益，例如证券、支票等则可以对其予以窝藏、转移、收购或代为销售，应当属于“犯罪所得”的范围；相反，如果是不具有有形载体的财产性利益，例如提供旅游或出国的机会等，由于不能被窝藏、转移、收购或代为销售，故不能成为赃物犯罪的对象。③

问题之四：犯罪所得是否包括交易物。

交易物是指通过钱物交易或物物交易而得来的财物。对于犯罪所得是否包括交易物的问题，有论者认为，用窃取的钱款购买的商品，由于已经完全失去了同一性，则也就丧失了赃物性。④ 有论者则认为，交易物是由原赃款或赃物通过交易、交换而得来的。虽然交易物在外形上已经与原财物截然不同，但是其仍然体现着原赃款赃物的经济价值。⑤

6. 掩饰、隐瞒犯罪所得、犯罪所得收益罪的认定

掩饰、隐瞒犯罪所得、犯罪所得收益罪与洗钱罪之间虽然存在特别与一般的关系，但并非完全的包容与被包容的关系，而是有交叉的竞合关系。当交叉部分竞合时，可以按照特别法条优于普通法条的原则，优先以洗钱罪处理。在司法实践中具体认定犯罪时，还应注意以下几点：其一，当掩饰、隐瞒的是“法定七类犯罪”的犯罪所得及其收益除来源和性质以外的其他情况如处所、数量（数额），就不能认定为洗钱罪，而应认定为本罪；其二，当掩饰、隐瞒的是“法定七类犯罪”以外的犯罪之犯罪所得及其收益的来源和性质，应认定为本罪，而不应认定为洗钱罪；其三，当不能证明行为人知道自己掩饰、隐瞒的对象是或者可能是“法定七类犯罪”的犯

---

① 参见张永红、徐锐：《掩饰、隐瞒犯罪所得、犯罪所得收益罪的行为对象》，载《河南科技大学学报》（社会科学版），2008（6）。

② 参见阮齐林：《刑法学》，689页，北京，中国政法大学出版社，2008。

③ 参见张永红、徐锐：《掩饰、隐瞒犯罪所得、犯罪所得收益罪的行为对象》，载《河南科技大学学报》（社会科学版），2008（6）；张阳：《对“窝藏、转移、收购、销售赃物罪”的再认识》，载《吉林公安高等专科学校学报》，2005（4）。

④ 参见程兰兰、陈洪兵：《赃物犯罪探析》，载《河南科技大学学报》（社会科学版），2004（3）。

⑤ 参见张永红、徐锐：《掩饰、隐瞒犯罪所得、犯罪所得收益罪的行为对象》，载《河南科技大学学报》（社会科学版），2008（6）

罪所得及其收益，而只能证明行为人概括地知道自己掩饰、隐瞒的对象是或者可能是犯罪的所得及其收益时，按照主客观相统一原则的要求，不能认定为洗钱罪，而只能认定为本罪。①

（十一）拒不执行判决、裁定罪

1. 拒不执行判决、裁定罪的主体

关于本罪主体的范围，理论上存在着以下几种观点。

第一种观点认为，本罪的主体只包括案件的当事人；有义务协助执行法院裁判的人和案外人都不能成为本罪的主体。其理由是：判决、裁定是针对案件的当事人作出的，当事人执行判决、裁定的义务与其他单位及个人的协助执行义务是不同的，他们同案件的利害关系也根本不同。有协助义务的人如果采取暴力、威胁的方法阻碍判决、裁定的执行，应以妨害公务罪论处。②

第二种观点认为，本罪的主体一般是指有履行判决、裁定义务的当事人。对判决、裁定有协助执行义务的人，也可以构成本罪。③ 这种观点为立法解释所认可。

第三种观点认为，本罪的主体是一般主体，包括当事人在内的一切诉讼参与人，也可能是并未参与诉讼的案外人。因为裁判文书不仅要求有执行义务的人为一定行为，也同时要求无任何执行义务的所有案外人不为一定行为，即不得阻碍人民法院裁判目的的最终实现。④

2. 拒不执行判决、裁定罪的客观方面

有论者认为，本罪只能发生在判决、裁定的执行过程中，主要理由是：在人民法院的判决、裁定未进入执行程序前，败诉的当事人是否要履行判决、裁定的义务尚不确定。⑤

构成本罪，是否要求行为人必须实施暴力行为？对此，一种观点认为，构成本罪，必须是当事人以强暴的方法，公然抗拒对法院裁判的执行。“强暴”的方法和“公然”的方式是构成本罪的必要客观要件。⑥ 另一种观点认为，本罪不应仅限于暴力、威胁的方法；本罪的客观行为，并没有暴力与否与公然与否的限制。⑦

---

① 参见刘雪梅、刘丁炳：《掩饰、隐瞒犯罪所得、犯罪所得收益罪新析》，载《法学评论》，2008（5）。

② 参见王作富：《中国刑法研究》，654页，北京，中国人民大学出版社，1988。

③ 参见阮齐林：《刑法学》，689页，北京，中国政法大学出版社，2008。

④ 参见赵秉志主编：《妨害司法活动罪研究》，368页，北京，中国人民公安大学出版社，1994；王武国：《拒不执行判决、裁定罪研究》，28页，兰州大学2007年硕士学位论文。

⑤ 参见温春岭：《拒不执行判决、裁定罪论要》，1～11页，中国政法大学2007年硕士学位论文。

⑥ 参见林准主编：《中国刑法教程》，600页，北京，人民法院出版社，1989；李俊杰：《论拒不执行判决罪的犯罪构成》，载《河北法学》，1992（1）。

⑦ 参见王作富主编：《刑法分则实务研究》（下），1398～1399页，北京，中国方正出版社，2001；赵秉志主编：《中国刑法实用》，1154页，郑州，河南人民出版社，2001。

3. 拒不执行判决、裁定罪的行为对象

（1）错误判决、裁定是否本罪的行为对象

对此，一种观点认为，即使事后证明裁判确系错判，但在它未被撤销之前，仍然具有法律效力，行为人不履行的，应该治罪。对那些抗拒它的人免除刑事追究，实际上是把国家的司法判断权交给个人，甚至等于是赋予人们对司法的抵抗权，这在理论上是难以成立的，在实践上是非常危险的；法律并未赋予当事人对错误裁判采取抗拒的自力救济的权利；对于那些被错误裁判所损害了合法利益的人们，只能以国家赔偿来救济，不应当以刑事豁免来救济，否则，司法权威和法治秩序就会面临"明显而即刻的危险"。① 另一种观点认为，行为人被错误裁判施予的是不合法的义务，是"假义务"；行为人不履行"假义务"，不能构成"拒不执行判决、裁定罪"。②

（2）调解书、命令、决定、通知等，能否成为本罪的对象

对此，肯定论认为，对本罪的犯罪对象应作广义的理解，应当是指人民法院就有关具体案件的实体或程序问题作出的具有法律效力并且具有执行内容的一切裁决决定，具体包括判决、裁定、调解书、决定、通知、命令等。③ 否定论则认为，对本罪的犯罪对象不宜做广义的解释，相反，立足于罪刑法定原则从观念层面向实践层面渗透乃很长过程的主张，对拒不执行判决、裁定罪的犯罪对象应作狭义的严格解释。也就是说，调解书、决定、通知（函件）以及命令不宜解释为本罪的犯罪对象。④

（十二）脱逃罪

1. 脱逃罪的主体

（1）事实上无罪的人能否成为本罪的主体

对此，肯定说认为，只要是被司法机关依法关押的罪犯、被告人或犯罪嫌疑人，即使实际上无罪，也能成为本罪的主体。⑤ 基本理由在于：司法机关监押活动是依照法律决定进行的。被监押的人如果认为自己无罪，可依法进行申诉或声辩，但绝不允许采取脱逃的方式。否则，必然会给司法机关监管秩序造成危害。所以，凡从强制监押状态中逃跑的人都构成本罪。⑥ 否定说认为，实际上无罪的人，即使被司法机关依法关押，也不能成为本罪的主体。⑦ 折中说认为，原则上只要司法机关在

---

① 参见张英霞：《妨害司法权威典型犯罪研究》，125 页，吉林大学 2004 年博士学位论文。

② 参见王作富主编：《刑法分则实务研究》（下），1402～1403 页，北京，中国方正出版社，2001。

③ 参见赵秉志主编：《妨害司法罪》，270 页，北京，中国人民公安大学出版社，1999。

④ 参见王作富主编：《刑法分则实务研究》（下），1397 页，北京，中国方正出版社，2001。

⑤ 参见郎胜主编：《〈中华人民共和国刑法〉释解》，421 页，北京，群众出版社，1997。

⑥ 参见行知：《关于脱逃罪的几个问题》，载《劳改劳教理论研究》，1988（2）。

⑦ 参见高铭暄、马克昌主编：《刑法学》，666 页，北京，中国法制出版社，2007。

关押的当时符合法定的程序与实体条件，就应认为是依法关押，能够成为本罪的主体；但在行为人原本无罪，完全由于司法机关的错误导致其被关押的情况下，如果行为人只是单纯脱逃的（即没有使用暴力、胁迫、毁坏监管设施等方式脱逃），不宜认定为脱逃罪。① 还有持折中说的论者认为，只要是依法被关押的罪犯、被告人、犯罪嫌疑人，无论事实上有罪无罪，都可以成为本罪主体。当然，在具体认定时要考虑期待可能性的问题。在某些特殊情况下，法律不能期待行为人不作脱逃这种选择的，如事实上无罪而被错判死刑立即执行的人在刑罚执行前脱逃，只要未造成其他严重后果，就不宜认定为脱逃罪。②

（2）被超期羁押的犯罪嫌疑人、被告人能否成为本罪的主体

对此，肯定说认为，尽管超期羁押是违法现象，但是不能成为行为人逃避刑罚的借口。③ 否定说认为，这种脱逃行为是发生在司法机关先前违法的情况下；如果定罪，不仅会使刑事诉讼法的尊严受到侵犯，而且还会人为地助长超期羁押现象的蔓延，因此不能构成脱逃罪。④ 折中说认为，对被超期羁押的未决犯与已决犯能否成为脱逃罪的主体，应区分两种不同的情况分别予以认定。其一，对于犯罪嫌疑人、被告人在刑事诉讼过程中因种种原因被超期羁押而脱逃的，应当认定为脱逃罪的主体。因为在刑事诉讼中被超期羁押的人如果最终被认定为有罪并处刑的，其先前的羁押期可以折抵刑期。如果最终判决认定为无罪的，可依法获得国家赔偿，即有司法救济手段。因此，被超期羁押的犯罪嫌疑人、被告人应当成为脱逃罪的主体。其二，对于超期羁押的服刑犯，则不能认定为脱逃罪的主体。因为服刑犯刑满后即具有依法获得释放的权利。司法机关除指控其另有犯罪外，不再具有继续羁押的权利。服刑犯在超期羁押（服刑）期间脱逃的，不应当认定为脱逃罪的主体。至于其另行犯有其他罪行，则依法以其他罪行论处。⑤

（3）违反法定程序逮捕、拘留的被告人、犯罪嫌疑人能否成为脱逃罪的主体

对此，有论者认为，被非法逮捕、拘留而被关押的被告人、犯罪嫌疑人脱逃的，不能成为脱逃罪之主体。非法逮捕、拘留包括执行逮捕、拘留的主体非法、执行逮捕、拘留的程序非法和执行逮捕、拘留的内容非法。⑥ 而有论者则认为，只要被告人、犯罪嫌疑人符合逮捕、拘留的条件，逮捕、拘留是由有权机关作出的，就应当认定被逮捕人、被拘留人是“依法被关押的被告人、犯罪嫌疑人”，从而可以成为脱

---

① 参见张明楷：《刑法学》，3版，798页，北京，法律出版社，2007。

② 参见郭立新、杨迎泽主编：《刑法分则适用疑难问题解》，306页，北京，中国检察出版社，2001。

③ 参见王作富主编：《刑法分则实务研究》（下），1422页，北京，中国方正出版2001。

④ 参见鲜铁可主编：《妨害司法犯罪的定罪与量刑》，206页，北京，人民法院出版社，1999。

⑤ 参见龚培华、肖中华：《刑法疑难争议问题与司法对策》，540页，北京，中国检察出版社，2002。

⑥ 参见齐文远、刘代华：《论脱逃罪的主体》，载《中国刑事法杂志》，1998（3）。

逃罪的主体。①

(4) 擅自外出、超期不归的保外就医罪犯是否构成脱逃罪

对此，否定说认为，刑法规定的脱逃罪的主体是“依法被关押的罪犯、被告人、犯罪嫌疑人”，这里的“关押”只能是指剥夺人身自由而予以羁押、监禁。保外就医罪犯在保外期间，不能仍将其视为“依法被关押的人”，否则属于类推解释。② 肯定说认为，保外就医的期间计入刑期，应视为正在服刑，保外就医罪犯是广义的被“关押”的人，因而可以成为脱逃罪的主体。③ 折中说认为，此类处于保外就医的人员，一般不宜列入脱逃罪的主体，但对于那些超出保外就医期限，长期不归，且有其他严重情节的，可以考虑认定为脱逃罪。④

(5) 依法被关押的罪犯，乘合法探家之机脱逃的，是否构成脱逃罪

对此，理论上有以下几种观点。

第一种观点认为，行为人尽管有摆脱管束的行为，但不是从羁押和改造场所逃走，也不是在押运途中逃跑，不能认定构成脱逃罪。⑤

第二种观点认为，乘探假之机逃走，其目的是逃避刑罚执行，本质上仍是从羁押和改造场所逃走，应当以脱逃罪追究其刑事责任。⑥

第三种观点认为，应以脱逃是否为行为人所追求的结果，还是仅仅是作为达到实现其他目的的手段为标准，将非永久地脱离监管的行为加以区分，从中划分出部分行为作为犯罪论处。⑦

(6) 被限制人身自由的行为人能否成为脱逃罪的主体

对此，有论者认为，脱逃罪的实质是为了表明在刑事诉讼程序中，国家根据一定的事实和法律对行为人的人身自由进行限制或剥夺，行为人逃避这种限制或剥夺状态的行为是错误的。“被关押”应理解为：在刑事诉讼程序中被限制或被剥夺人身自由的状态，而不是在物质性的关押场所被羁押。脱逃罪的危害性不在于行为人逃避了对他适用的强制措施或执行的刑罚，而在于行为人的行为违反了那些关于限制或剥夺违反或涉嫌违反社会规范的人的人身自由的规范。已被宣布人身自由在时空上受到限制，行为人却逃离了这种限制，这种逃离同从物质性的羁押场所逃离没有质的区别。只要在刑事诉讼程序中，依照实体法和程序法的规定，行为人被限制或剥夺人身自由，却实施了逃避这种限制或剥夺状态的脱逃行为，就构成脱逃罪。⑧

---

① 参见孟伟：《论脱逃罪的主体》，载《杭州师范学院学报》(社会科学版)，2005 (5)。

② 参见刘晓娟：《逃离管制行为构成脱逃罪》，载《政法论丛》，2004 (1)。

③ 参见鲜铁可、杨泽华：《脱逃罪的认定》，载《中国刑事法杂志》，2000 (2)；陈军：《保外就医罪犯可成为脱逃罪主体》，载《检察日报》，2003-08-14。

④ 参见龚培华：《论脱逃罪认定中的几个问题》，载《政治与法律》，2002 (6)。

⑤ 参见孟伟：《论脱逃罪的主体》，载《杭州师范学院学报》(社会科学版)，2005 (5)。

⑥ 参见龚培华：《论脱逃罪认定中的几个问题》，载《政治与法律》，2002 (6)。

⑦ 参见宣炳昭主编：《刑法各论的法理与实用》，298页，北京，中国政法大学出版社，2002。

⑧ 参见吕晓华、孙开元：《脱逃罪主体问题之我见》，载《新乡教育学院学报》，2007 (2)。

有论者则认为，刑法规定的脱逃罪的主体是“依法被关押的罪犯、被告人、犯罪嫌疑人”，这里的“关押”只能是指剥夺人身自由而予以羁押、监禁。将限制人身自由纳入“关押”范畴，很明显，已经超出了“法律条文原来的普通语言意思界限”，因而属于类推解释。①

2. 脱逃罪的主观方面

关于本罪主观方面的目的问题，理论上有三种观点。第一种观点认为，脱逃罪的行为人主观上应具有“永远逃避关押”的目的。② 只是为了满足某种暂时的需要，逃出后又迅速返回的，就不宜以脱逃罪论处。③ 第二种观点认为，不需要有永久脱逃目的，凡从强制监押状态中逃跑的人都可以构成脱逃罪。④ 第三种观点则认为，上述两种一概否定和一概肯定的观点过于绝对，应该以犯罪的本质——严重的社会危害性为指导确定脱逃罪的犯罪目的。因此，对于暂时脱逃行为应区分具体情况：犯罪分子出于摆脱继续关押目的而脱逃的，无论是否暂时摆脱监管，均可以犯罪论处，因为这种目的支配下的行为的社会危害性已达到应受刑罚处罚的程度；而如果行为人不具有摆脱继续关押的目的，只是由于合理原因暂时脱离监管的，或由于特殊原因超期未归的，不能定为脱逃罪。⑤

3. 脱逃罪的既遂与未遂的区分

对此，理论上有以下五种不同的观点。

第一种观点认为，应以行为人是否脱离监管场所这一特定范围⑥，或脱离监管机关和监管人员的控制范围为标准。⑦

第二种观点认为，应以是否逃出监管机关和监管人员的实力支配为标准。⑧

第三种观点认为，应以脱逃行为是否达到刑法限定的完成程度为标准，也就是说，凡达到了逃避羁押、监管程度的是既遂，未达到这种程度的是未遂。⑨

第四种观点认为，仅仅脱离监管场所或脱离监管人员的控制，都不能构成既遂；只有既脱离了监管人员的控制，又逃出了监管场所，才构成脱逃罪的既遂。⑩

第五种观点认为，是否已脱离监管人员的监视与控制是判断的基本标准，但是

① 参见孟伟：《论脱逃罪的主体》，载《杭州师范学院学报》（社会科学版），2005（5）。

② 参见王作富主编：《刑法分则实务研究》（下），1422页，北京，中国方正出版社，2001。

③ 参见行知：《关于脱逃罪的几个问题》，载《劳改劳教理论研究》，1988（2）。

④ 参见郎胜主编：《中华人民共和国刑法释解》，421页，北京，群众出版社，1997。

⑤ 参见赵秉志主编：《刑法争议问题研究》（下），468～471页，郑州，河南人民出版社，1996。

⑥ 参见高铭暄等编：《中国刑法词典》，704页，上海，学林出版社，1991。

⑦ 参见何秉松主编：《刑法教科书（据1997年刑法修订）》，922页，北京，中国法制出版社，1997。

⑧ 参见张明楷：《刑法学》，3版，798页，北京，法律出版社，2007。

⑨ 参见赵秉志：《犯罪未遂理论与实践》，290～291页，北京，中国人民大学出版社，1987。

⑩ 参见李希慧主编：《妨害社会管理秩序罪新论》，278页，武汉，武汉大学出版社，2001。

应分具体情况：第一，对被关押于具体的有明确的控制空间范围的罪犯，判断脱逃的既、未遂标志是其是否已逃出这一特定的空间范围；第二，在没有特定控制设施的场所被监禁的犯罪分子实施脱逃的，应以监管机关临时划定的警戒线作为监管范围标志；第三，如果罪犯所处之地既无固定监禁设施，也没有明确的警戒线作为划定监控范围的标志，这种情况下就需以是否脱离监管人员的监视与控制这一基本标准为指导，结合个案的具体情况判断既、未遂。①

三、整体评论

在对自1978年至2008年我国刑法学界关于妨害司法犯罪的研究观点进行综述的基础上，我们试作出以下简要的评论。

（一）刑法理论与立法和司法实践实现良性互动

论者们通过借鉴其他国家和地区的刑事立法、司法实践和刑法理论，为完善我国关于妨害司法犯罪的刑事立法积极建言献策。不少真知灼见得到实务部门的有效反馈，刑法理论与立法和司法实践的良性互动由此得以实现。

（二）在部分问题上，过分注重国家利益和防卫社会，对人权保障和个人自由关注不够

比如，在事实上无罪的人或被非法关押的人能否成为脱逃罪主体的问题上，不少论者持肯定说。而肯定说则显然是站在国家权威主义立场上的，没有意识到国家过错或国家专横对个人权利的压迫是行为人脱逃的前提和根本原因。不探求脱逃的真正原因，反而对无辜受害者追究刑事责任，这不但有失公平，也偏离了刑法应有的基本立场。同样，对包庇、窝藏事实上无罪的人应当定罪处罚的观点以及支持单独设立辩护人、诉讼代理人毁灭证据、伪造证据、妨害作证罪的观点，也反映出类似的问题。

（三）部分论者在宏观上赞成法益侵害说的立场，但在处理具体问题上却背离了这一立场

例如，有观点认为，被害人可以毫无障碍地成为伪证罪的主体；部分司法人员和论者甚至主张，被害人“私了”的行为构成不作为形式的包庇罪。依照这种逻辑，刑法不但不能有效地保护被害人，反而对被害人自力救济的行为也要进行惩处，这实际上颠覆了法益侵害说的基本立场。如何在妨害司法犯罪的惩治中，对被害人作出必要和有限的豁免，是刑法学者需要考虑的一个重大问题。

（四）将熟悉与必须相混淆

通过事实解释规范，与将某些事实强加于规范、以某种事实限制规范大相径庭。

---

① 参见赵秉志主编：《刑法争议问题研究》（下），476～477页，郑州，河南人民出版社，1996。

“将熟悉与必须相混淆”是人们常犯的错误。[①] 比如，有观点认为，打击报复证人近亲属的，不能构成打击报复证人罪；还有观点把拒不执行判决、裁定罪的主体不适当地缩小为败诉的当事人。这些观点都存在“将熟悉与必须相混淆”的问题。

（五）形式解释与实质解释的限度模糊

罪刑法定原则具有形式和实质的双面性。实质解释在一定限度内是被允许的；当形式解释范围过宽或者模棱两可时，实质解释是必需的；当不能确定何者是正确的时候，实质解释应本着有利于行为人的原则。“总之，追求实质的合理性、实质正义价值观念的实质犯罪论，其提出不是针对西方禁止入罪的罪刑法定原则，而是针对我国禁止出罪的所谓罪刑法定原则。”[②] 然而，在妨害司法犯罪的部分问题上，有论者在作出实质解释时严重背离了保障个人自由的基本立场。比如，有观点认为侦查阶段的律师，甚至申诉中的律师都可能构成辩护人、诉讼代理人毁灭证据、伪造证据、妨害作证罪，这显然过分地突破了形式解释，是对行为人明显不利又缺乏足够合理性的实质解释，为罪刑法定原则所排斥。在脱逃罪中，有观点把被限制人身自由的管制犯解释为被关押的人，这也是对实质解释的滥用。

---

① 参见张明楷：《刑法分则的解释原理》，前言第Ⅳ页，北京，中国人民大学出版社，2004。

② 刘艳红：《刑法的目的与犯罪论的实质化——“中国特色”罪刑法定的出罪机制》，载《环球法律评论》，2008（1）。

第十八章

医事犯罪

一、研究概况

（一）医事犯罪基本理论的研究概况

我国刑法学界关于医事犯罪的概念、特征、种类、构成要件等基本理论的研究还十分薄弱，可以说仍处于起步阶段。这主要表现在：第一，研究成果偏少。据笔者所收集的资料，有关医事犯罪基本理论的研究散见于赵秉志主编的《海峡两岸刑法各论比较研究》（下）（中国人民大学出版社 2001 年版）、臧冬斌所著的《医疗事故罪研究》（武汉大学 2002 年博士学位论文）、臧冬斌所著的《医疗犯罪比较研究》（中国人民公安大学出版社 2005 年版）、虞凯所撰的《浅议医疗犯罪的含义及特征》（载《中国卫生法制》2006 年第 6 期）等少量著作和论文中；第二，研究起步较晚。有关医事犯罪基本理论的代表性研究成果都是 2000 年以后才出现的；第三，争议问题仍然很多。对于医事犯罪的概念等基本问题尚未形成居于通说地位的观点。

（二）医事犯罪个罪的研究概况

1. 医疗事故罪的研究概况

自 1978 年至 2008 年，我国刑法学界对本罪的研究大致可以分为三个阶段。①

① 参见卢有学编：《医疗事故罪专题整理》，7～8 页，北京，中国人民公安大学出版社，2007。

第一阶段：从1978年到1987年国务院《医疗事故处理办法》的颁布。在此阶段，涉及本罪研究的论文极少。研究焦点主要有两个：一是发生医疗事故后，是否应追究医务人员的刑事责任，是否应在刑法分则中增设重大医疗责任事故罪；二是应该以何种罪名追究医疗事故的刑事责任。

第二阶段：从1987年国务院《医疗事故处理办法》的颁布到1997年《刑法》的颁布。从时间上看，国务院《医疗事故处理办法》和最高人民检察院《关于正确认定和处理玩忽职守罪若干意见（试行）》的颁布是本罪研究的分水岭；在此之后，更多的人主张应追究医疗事故的刑事责任。① 到1994年前后，发表的论文逐步增多，研究的重点集中在三个方面：一是应否追究医疗事故的刑事责任；二是对重大医疗责任事故应定何罪；三是对本罪的刑法条文应如何表述。②

第三阶段：从1997年《刑法》颁布至今。在此阶段，刑法学界对本罪的研究十分活跃。在涉及本罪的研究成果中，绝大多数是在我国1997年《刑法》颁布后才问世的。与前二个阶段相比，在这一阶段，不仅研究成果的数量较多，研究范围得到很大拓展，而且论者们注重运用比较研究的方法，注意对国外立法和理论成果的借鉴和吸收。

2. 非法行医罪的研究概况

自1978年至2008年，刑法学界对非法行医罪的研究大致可以分为两个阶段。

第一阶段：从1994年到1997年。我国1979年《刑法》没有规定非法行医罪，这主要是因为当时缺乏惩治非法行医罪的社会环境。首先，当时我国整个卫生管理体制处于计划经济体制之下，医疗机构由国家包办，农村中普遍实行“合作医疗”，在社会上个体行医现象并不普遍；其次，作为法定犯，非法行医罪是以有关的卫生管理法律法规的规定为前提的，而当时我国关于规范和管理医疗机构和医疗行为的法律法规尚未制定，当时的立法任务是首先制定医疗机构管理法律法规，而非在《刑法》中规定非法行医罪。③ 与这种立法现状和社会现实相对应，在1979年至1994年期间，在刑法学界，尚未产生非法行医罪的研究成果。随着我国改革开放事业的逐步推进，中国社会发生了翻天覆地的变化。就卫生管理方面而言，主要体现在卫生事业社会化程度的不断加深：一方面，医疗机构逐渐由原来的行政机关的附属物演变为独立的社会实体；另一方面，各种社会力量也开始越来越多地涉足于医疗卫生领域。因而，通过法律手段规范医疗行为成为社会所必需。1994年，我国《医疗机构管理条例》和《医疗机构管理条例实施细则》先后颁布，非法行医问题也逐渐受到理论界的重视。在1994年至1997年间，已经有少量的研究成果产生。

第二阶段：从1997年至2008年。1997年《刑法》颁布后，非法行医罪的研究

---

① 参见曾朝晖：《医疗事故罪研究》，载高铭暄、赵秉志主编：《刑法论丛》，第2卷，179页，北京，法律出版社，1999。

② 参见卢有学编：《医疗事故罪专题整理》，8页，北京，中国人民公安大学出版社，2007。

③ 参见黄京平主编：《危害公共卫生犯罪比较研究》，252页，北京，法律出版社，2004。

成为热点问题，一大批研究成果纷纷涌现。在这一阶段，除了研究成果的数量与上阶段相比有大幅度增加之外，研究内容也更加细致、深入，贴近司法实际。

3. 非法进行节育手术罪的研究概况

虽然自20世纪70年代开始，我国就决定大力推行计划生育政策，1982年我国还把实行计划生育、控制人口数量、提高人口质量确定为一项基本国策，并把这项基本国策在《宪法》中作了明确规定。但是，关于非法进行节育手术罪的研究是在1997年我国1997年《刑法》颁布后才起步的，并且在目前也还处于不温不火的状态，没有像医疗事故罪和非法行医罪那样随着1997年《刑法》的颁布而成为刑法学研究的热点。因此，对于非法进行节育手术罪的研究还有待加强。

二、观点综述

（一）医事犯罪的一般性问题

1. 医事犯罪的概念和种类

（1）医事犯罪的概念

关于“医事”的含义，有论者认为，在我国大陆，“医事”作为一个词汇是不存在的，只能从字的含义的角度去推断这一组合所包含的意义。通过对“医”和“事”的含义的考察，“医事”二字具有以下含义：第一，治病的人的职业；第二，人类生活中治病、治疗活动和所遇到的一切现象；第三，医学事业；第四，治病、治疗或医术的才能；第五，治病、治疗、医术、医学实践。总之，与广义的“卫生”一词的含义来对比，“医事”只具有治疗、治病的含义，它只是广义“卫生”的一部分。①

尽管国外的刑法和境外的“刑法”并无医事犯罪的专章或专节规定，但有关理论研究还是比较深入的。比如，在我国台湾地区，有论者提出了“医事刑法”的概念，认为“医事刑法”可谓结合医学与刑法学双方之知识，以检讨医疗犯罪之刑法，但目前并无为医疗犯罪而制定的专法，故所谓“医事刑法”非指特别刑罚法律，而系刑法学的一个分野，即针对医疗犯罪而探讨其相关法律问题。② 日本学者则明确将医疗犯罪称为医事犯罪。③ 我国大陆学者一般也认为医事犯罪就是医疗犯罪，比如有论者认为，医事犯罪与医疗犯罪，“只不过是名称不同而已，并无实质上的区别，两者在外延上基本上是相同的”。④有论者则更明确地指出，“医事犯罪系指医疗犯罪。”⑤ 但也有论者认为，医疗仅仅是医事中所包含的部分活动的总称，因此，医事犯罪与医疗犯罪也是包含与被包含的关系，医疗犯罪是医事犯罪的一个组成部分，

---

① 参见赵秉志主编：《海峡两岸刑法各论比较研究》（下），432～433页，北京，中国人民大学出版社，2001。

② 参见蔡墩铭：《医事刑法要论》，3页，中国台北，台湾景泰文化事业有限公司，1995。

③④ 参见臧冬斌：《医疗犯罪比较研究》，3页，北京，中国人民公安大学出版社，2005。

⑤ 赵秉志主编：《海峡两岸刑法各论比较研究》（下），435页，北京，中国人民大学出版社，2001。

包含于医事犯罪之中。①

（2）医事犯罪的种类

我国台湾地区学者将医疗犯罪分为三种：第一种是狭义的医疗犯罪，具体包括医疗过失犯罪和医疗故意犯罪；第二种是广义的医疗犯罪，具体还包括具备合法医师资格的医师利用医疗机会实施不当之医疗行为、利用医疗技术实施尚未被法律所许可的医疗行为、滥用医疗权实施不法行为以及违反医学伦理实施不法行为；第三种是最广义的医疗犯罪，还包括非法行医犯罪。②

从上述我国台湾地区论者对医事犯罪概念的界定来看，无论从哪一个层面看，其中主要的具体犯罪在我国1997年《刑法》中均有明确规定。在我国的刑事立法中，医事犯罪属于危害公共卫生罪的范畴，一般认为其范围包括我国刑法规定的危害公共卫生罪中的医疗事故罪、非法行医罪和非法进行节育手术罪。③ 本章也仅就此三罪的研究状况进行述评。

2. 医事犯罪与相关概念的联系和区别

（1）医事犯罪与卫生犯罪

卫生犯罪的范围有广义和狭义之分。④ 狭义的卫生犯罪仅指我国《刑法》中规定的“危害公共卫生罪”中的11种犯罪。广义的卫生犯罪，除此之外，还包括生产、销售伪劣商品罪等中的部分犯罪。医事犯罪只是卫生犯罪的一个组成部分。医事犯罪与卫生犯罪最主要的区别在于：前者违反的是卫生管理法律、法规、规章、制度中的医疗规章制度，以过失犯罪为主，而后者违反的是公共卫生管理的法律与卫生制度，且其中大多数是故意犯罪。⑤

（2）医事犯罪与危害公共卫生罪

我国1997年《刑法》第六章“妨害社会管理秩序罪”第五节“危害公共卫生罪”共规定了11个具体犯罪。我国刑事立法中，医疗犯罪属于危害公共卫生罪的范畴，二者具有包容和被包容的关系，有一定的相似性但又不完全相同。从法律上讲，所谓公共卫生，是指不特定或者多数人的人体健康与生命安全，是公共安全的重要组成部分。⑥ 但医疗犯罪行为则未必会侵犯到公共安全，因为医疗犯罪的犯罪对象一般情况下往往是确定的。

---

① 参见虞凯：《浅议医疗犯罪的含义及特征》，载《中国卫生法制》，2006（6）。

② 参见臧冬斌：《医疗犯罪比较研究》，3～5页，北京，中国人民公安大学出版社，2005。

③ 参见赵秉志主编：《海峡两岸刑法各论比较研究》（下），435页，北京，中国人民大学出版社，2001；臧冬斌：《医疗犯罪比较研究》，18～23页，北京，中国人民公安大学出版社，2005。

④ 参见朱新力、王国平主编：《卫生法学》，496页，北京，人民出版社，2000。

⑤ 参见臧冬斌：《医疗犯罪比较研究》，6页，北京，中国人民公安大学出版社，2005。

⑥ 参见刘远主编：《危害公共卫生罪》，3页，北京，中国人民公安大学出版社，1998。

（二）医疗事故罪

1. 医疗事故罪的罪名及归类

（1）本罪的罪名之争

在我国1997年《刑法》颁布前，理论上关于本罪罪名界定的主要观点如下。

第一种观点认为，对其处罚只需适用1979年《刑法》条文中比较合适的罪名即可。但是具体应定何罪，则有过失杀人罪或过失伤害罪、重大责任事故罪、玩忽职守罪、重大医疗责任事故罪等不同主张。①

第二种观点认为，应在刑法中增设重大医疗责任事故罪。②

第三种观点认为，应在刑法中增设医疗事故犯罪。③

1997年《刑法》颁布后，最高司法机关有关司法解释将我国《刑法》第335条规定本罪的罪名确定为"医疗事故罪"，但仍有论者对此司法解释的科学性提出质疑，并认为应将其界定为"重大医疗责任事故罪"。④ 也有论者认为，最高司法机关确定的"医疗事故罪"的罪名是科学的。⑤

（2）本罪的归类问题

对此，在1997年《刑法》颁布前，理论上有将本罪归入"渎职罪"、"危害公共安全罪"以及"侵犯公民人身权利、民主权利罪"等不同主张。⑥ 但1997年《刑法》将其归入"妨害社会管理秩序罪"。有论者认为这并不妥当，因为本罪的主要客体是就诊人的生命和健康权利，因而将其归入我国刑法分则第四章"侵犯公民人身权利、民主权利罪"中较之于现行的归类更加合理。⑦

2. 医疗事故罪的构成特征

（1）本罪的主体特征

第一，本罪主体特征的一般表述。

刑法学界一般认为，本罪的主体是自然人且是特殊主体，且主要是医务人员。

---

① 参见梁华仁：《医疗事故的认定与法律处理》，359～361页，北京，法律出版社，1998。

② 参见赵秉志主编：《刑法修改研究综述》，750页，北京，中国人民公安大学出版社，1989；贾石红：《关于设重大医疗责任事故罪的构想》，载《法律科学》，1994（2）；李宝珍：《建议增设重大医疗责任事故罪》，载《中外法学》，1994（2）。

③ 参见曾朝晖主编：《危害公共卫生犯罪疑难问题司法对策》，166页，长春，吉林人民出版社，2001。

④ 参见沈曙铭：《医疗事故罪罪名界定的探讨》，载《中华医院管理杂志》，2003（3）；达庆东：《新刑法重大医疗责任事故罪刍议》，载《中国卫生事业管理》，1998（3）。

⑤ 参见卢有学编：《医疗事故罪专题整理》，62页，北京，中国人民公安大学出版社，2007。

⑥ 参见田兴洪：《医疗事故罪的构成特征及法定刑配置研究》，3页，湖南师范大学2001年硕士学位论文。

⑦ 参见卢建平、田兴洪：《论医疗事故罪的几个问题》，载《甘肃政法学院学报》，2003（2）；臧冬斌：《医疗事故罪研究》，27页，武汉大学2002年博士学位论文；卢有学编：《医疗事故罪专题整理》，63页，北京，中国人民公安大学出版社，2007。

具体包括医疗与防疫人员、护理人员、药剂人员和其他卫生专业技术人员。①

有论者认为，本罪主体应当具备两方面的要件：一是形式要件，一是实质要件。② 有论者认为已经结束医学理论知识教育，成绩合格，经所在医学院校与实习单位联系后派往实习单位的实习生也属于医务人员。③ 也有论者强调，实习生能否成为本罪的主体，要看其进行诊疗活动是否经过指导教师的允许，得到允许的，可能构成本罪，否则，就可能成为非法行医罪的主体。④

第二，本罪主体的争议问题

其一，关于医疗单位从事工作的其他人员，如党政人员、后勤人员等能否成为本罪主体的问题，理论上主要有以下三种观点。

第一种观点认为，应对医务人员作广义解释将党政、后勤等人员包括在内。⑤

第二种观点认为，医务人员范围仅限于前述卫生技术人员，其他党政、后勤人员等，均不能成为本罪的主体。党政干部或后勤人员因严重不负责任，造成病人死亡或严重损害病人的身体健康的，可以区别情况，按其他过失犯罪处理。⑥

第三种观点认为，党政、后勤人员在一般情况下不能成为本罪的主体，但这部分人在特定情况下因严重不负责任，造成就诊人死亡或严重损害就诊人身体健康的，应以本罪追究刑事责任。⑦

其二，关于医疗机构能否成为本罪主体的问题，理论上主要有两种观点。

一种观点认为，单位可以成为本罪的主体。⑧ 比如有论者建议，“应承认医疗机构也可以成为医疗事故罪的主体”，原因如下。⑨ ①医疗机构成为本罪主体具有可能性。根据我国单位犯罪的理论和立法，将本罪规定为单位犯罪并不违反任何原则或规定，相反，本罪完全符合单位犯罪的构成要件。②医疗机构成为本罪主体具有必要性。本罪有时只能由医疗机构构成，如不将本罪增补为单位犯罪，则医疗机构将会逃避应负的刑事责任，这不符合现代刑法的公平原则和罪责自负原则。③医疗机

---

① 参见曾朝晖：《医疗事故罪研究》，载高铭暄、赵秉志主编：《刑法论丛》，第2卷，187页，北京，法律出版社，1999；崔正军：《论医疗事故罪的犯罪主体》，载《法学评论》，2001（6）。

② 参见崔正军：《论医疗事故罪的犯罪主体》，载《法学评论》，2001（6）。

③ 参见臧冬斌：《医疗事故罪研究》，91～93页，武汉大学2002年博士学位论文。

④ 参见卢有学编：《医疗事故罪专题整理》，68页，北京，中国人民公安大学出版社，2007。

⑤ 参见侯国云：《过失犯罪论》，421页，北京，人民出版社，1993。

⑥ 参见崔正军：《论医疗事故罪的犯罪主体》，载《法学评论》，2001（6）；单长宗等主编：《新刑法研究与适用》，670页，北京，人民法院出版社，2000。

⑦ 参见曾朝晖：《医疗事故罪研究》，高铭暄、赵秉志主编：《刑法论丛》，第2卷，198页，北京，法律出版社，1999；赵秉志主编：《新刑法教程》，701页，北京，中国人民大学出版社，1997；沈曙铭：《医疗事故罪犯罪主体认定的探讨》，载《中华医院管理杂志》，2003（4）。

⑧ 参见刘强：《医疗事故罪研究》，20页，吉林大学2005年硕士学位论文。

⑨ 参见秦红文、田兴洪、肖卫：《论医疗机构应可以成为医疗事故罪的主体》，载《长沙电力学院学报》（社会科学版），2003（3）。

构成为本罪主体具有合理性。美国的“上级责任原理”以及日本的“过失推定说”等都说明了上级（医疗机构）对其本身的犯罪承担刑事责任的合理性。所以，该论者建议，应在我国《刑法》第335条中增加一款，“单位犯前款罪的，对单位判处罚金，并对其直接负责的主管人员和其他直接责任人员，依照前款的规定处罚。”

另一种观点认为，单位不能成为本罪的主体。① 比如，有论者针对学界“应承认医疗机构也可以成为医疗事故罪的主体”的观点，有针对性地提出了“医疗机构不能成为单位犯罪的主体”的观点。理由是：单位虽有构成本罪主体的可能性但不具有必要性；“上级责任原理”不适用于本罪；“过失推定说”一般只能适用于企业法人，而不能适用于作为特殊行业的医疗单位。②

（2）本罪的主观特征

第一，本罪主观特征的一般表述。

理论上一般认为，本罪的主观方面只能是过失，故意不构成此罪。如果医务人员在诊疗护理过程中，故意造成病人死亡、残废，应按故意杀人或故意伤害罪论处。③

第二，本罪主观特征的争议问题。

其一，关于本罪的主观方面是否可以是间接故意的问题，理论上主要有两种观点。一种观点认为，本罪的主观方面可以是间接故意；④ 另一种观点认为，本罪的主观方面只能是过失；如果医疗事故责任人在导致医疗事故发生时，主观方面有间接故意，就不能再定医疗事故罪，而应定故意杀人罪或者故意伤害罪。⑤

其二，关于本罪主体的注意义务的内容与根据。有论者认为，从一般意义上讲，医务人员的注意义务的内容是“最善的注意义务”，并列举了常见的违反结果注意义务的情形；注意义务的根据在于卫生法律、规章制度的规定与诊疗护理常规以及医学文献的记载。⑥ 关于作为医疗过失判断标准的医生注意义务，是否应当包括医生的职业道德规范的要求的问题，有论者认为，作为医疗过失判断标准的医生注意义务的来源应是一个相当广泛的法的范畴。只有上升为法律规范的医生的职业道德规范，才能成为医生注意义务的来源。⑦

其三，关于本罪主体注意能力的判定标准。有论者认为，在注意能力的判断上

① 参见卢有学编：《医疗事故罪专题整理》，68页，北京，中国人民公安大学出版社，2007。

② 参见鲁利敏：《论医疗事故罪的主体》，载《河南公安高等专科学校学报》，2005（2）。

③ 参见臧冬斌：《医疗事故罪研究》，95页，武汉大学2002年博士学位论文；史羊拴：《也谈医疗事故罪》，载《中国卫生事业管理》，1999（2）。

④ 参见曾朝晖：《医疗事故罪研究》，载高铭暄、赵秉志主编：《刑法论丛》，第2卷，210页，北京，法律出版社，1999；周伟：《医疗过失行为与医疗事故罪之主观要件研究》，载《人民检察》，2005（3）。

⑤ 参见卢建平、田兴洪：《论医疗事故罪的几个问题》，载《甘肃政法学院学报》，2003（2）；臧冬斌：《医疗事故罪研究》，96～98页，武汉大学2002年博士学位论文。

⑥ 参见臧冬斌：《医疗事故罪研究》，99～107页，武汉大学2002年博士学位论文。

⑦ 参见陈辉：《医疗事故过失论》，11～12页，中国政法大学2005年硕士学位论文。

采用客观标准，以相同的医疗业务中一般医务人员为判断标准，当行为人的注意能力高于此标准时即采用主观标准。① 也有论者认为，从合理的角度说，主观说是恰当的，但是考虑到当前采用这个标准难度较高，因而折中说中“以客观说为基础，而兼顾医务人员的个人情况”的主张具有很强的可操作性。② 还有论者认为，医疗过失的一般认定的研究，重点在于对作为医疗过失抽象判断标准的医疗水准的研究，以在实践中已经普遍化了的医疗水准作为医疗过失的抽象判断标准，并主张在进行医疗过失抽象认定时应区分不同的医疗机构、医务人员及医疗业务等情形。③

其四，有论者对医疗过失认定过程中的一些问题进行了研究，认为医务人员不履行转医说明义务或转医义务，超出自己的医疗能力对就诊人实施医疗行为的，构成“超越承担过失”，可以运用允许的危险理论与信赖原则减轻或免除医务人员的过失责任，在理论上引入医疗共同过失，几个医务人员在相同的医疗行为中共同导致危害结果的发生时，这些医务人员均对此危害结果承担医疗事故罪的刑事责任。④

（3）本罪的客观特征

第一，关于本罪的客观特征，理论上主要有以下观点。

第一种观点认为，本罪的客观方面表现为，在诊疗护理工作中违反规章制度和诊疗护理常规，因而发生了病人死亡、残废的严重后果。⑤

第二种观点认为，本罪的客观方面表现为，医务人员在合法的诊疗护理工作的过程中，违反规章制度和诊疗护理常规，严重不负责任，造成就诊人死亡或者严重损害就诊人身体健康的行为。⑥

第三种观点认为，本罪的客观方面表现为，医务人员严重不负责任，造成就诊人死亡或者严重损害就诊人身体健康的行为。⑦

第四种观点认为，本罪的客观方面表现为，医务人员在医疗行为中，由于严重不负责任，造成就诊人死亡或者严重损害就诊人身体健康。⑧

第二，本罪客观方面的构成要素。

其一，医务人员在正常的诊疗护理的职务工作中有严重不负责任的行为。这一要素包括以下要点。①只有具备合法性与执业性的医疗行为中的医疗过失行为才是本罪的犯罪行为，这也是与非法行医罪中的医疗行为相区别的关键。对合法性的认定应采取就特定的医疗行为具体认定的方法；执业性是指医务人员实施医疗行为时

---

① 参见臧冬斌：《医疗事故罪研究》，107～111页，武汉大学2002年博士学位论文；周伟：《医疗过失行为与医疗事故罪之主观要件研究》，载《人民检察》，2005（3）。

② 参见卢有学编：《医疗事故罪专题整理》，69页，北京，中国人民公安大学出版社，2007。

③ 参见臧冬斌：《医疗事故罪研究》，111～117页，武汉大学2002年博士学位论文。

④ 同上书，117～127页。

⑤ 参见侯国云：《过失犯罪论》，423页，北京，人民出版社，1993。

⑥ 参见梁华仁：《医疗事故的认定和法律处理》，265页，北京，法律出版社，1998。

⑦ 参见刘远主编：《危害公共卫生罪》，188页，北京，中国人民公安大学出版社，1998。

⑧ 参见臧冬斌：《医疗事故罪研究》，32页，武汉大学2002年博士学位论文。

必须是在履行其所在的医疗机构赋予自己的业务。① ②医疗行为的定义和特征。我国大陆地区无论是在立法上还是在学术界，一般的将医疗行为称为诊疗护理。② 但是，目前，大陆刑法学界也有论者对医疗行为的概念作出了界定，其中，代表性的观点有二。一种观点认为，“医疗行为应当是指对疾病的预防、诊断、治疗、护理、对身体之矫正、助产、堕胎等以医学知识与医学技术为行为准则，直接作用于人体导致人体的形态和/或功能发生一定变化或恢复的医学行为的总称。”③ 另一种观点认为，“医疗行为是指医务工作者出于正当目的，经就诊人或其监护人、亲属、关系人同意，对其进行身体健康检查、疾病治疗或进行计划生育手术的行为”。④

其二，由于严重不负责任而导致就诊人死亡或者严重损害就诊人身体健康的后果。对于这一要素，存在以下主要争议问题。①关于就诊断人死亡的认定标准。对此，学界主要有两种观点：一种观点认为，立法应当确立“脑死亡”标准与传统“呼吸与心跳停止”死亡标准并存的制度，即当人的循环和呼吸功能或脑功能不可逆地停止，均可宣告死亡；⑤ 另一种观点认为，受制于我国医疗技术的整体水平及社会传统的死亡观念，短期内确立“脑死亡”标准并不现实。⑥ ②关于“严重损害就诊人身体健康”的认定。对此，在《医疗事故处理条例》发布以前，理论上的主要观点如下：

第一种观点认为，“严重损害就诊人身体健康”就是指《医疗事故处理办法》第6条所称的二级医疗事故和三级医疗事故。⑦

第二种观点认为，“严重损害就诊人身体健康”一般是指按人体伤害标准，经鉴定属于轻伤害以上结果的。⑧

第三种观点认为，“严重损害就诊人身体健康”一般是指造成病人残废、组织器官损伤导致功能障碍，或者某些病情未被及时发现而导致无法治愈的。⑨

第四种观点认为，“严重损害就诊人身体健康”主要指造成就诊人残疾、组织器官损伤，丧失劳动能力等后果。⑩

在国务院《医疗事故处理条例》实施后，对于该问题的研究朝着深入化的方向

---

① 参见臧冬斌：《医疗事故罪研究》，32～39页，武汉大学2002年博士学位论文。

② 参见刘志伟、聂立泽主编：《业务过失犯罪比较研究》，205页，北京，法律出版社，2004。

③ 臧冬斌：《医疗事故罪研究》，42页，武汉大学2002年博士学位论文。

④ 王政勋：《正当行为论》，346页，北京，法律出版社，2000。

⑤ 参见吴崇其、达庆东主编：《卫生法学》，500页，北京，法律出版社，1999。

⑥ 参见屈茶民：《专家民事责任论》，89页，长沙，湖南人民出版社，1998。

⑦ 参见曹子丹、侯国云主编：《中华人民共和国刑法精解》，305～306页，北京，中国政法大学出版社，1997。

⑧ 参见樊凤林、周其华、陈兴良主编：《中国新刑法理论研究》，779页，北京，人民法院出版社，1997。

⑨ 参见赵秉志主编：《新刑法教程》，70页，北京，中国人民大学出版社，1997。

⑩ 参见何秉松主编：《刑法教科书》，953页，北京，中国法制出版社，1997；周道鸾等主编：《刑法的修改与适用》，680页，北京，人民法院出版社，1997。

发展。有论者认为，该问题的解决应从“认定依据”和“认定标准”两个方面进行把握：① 对“严重损害就诊人身体健康”之认定依据，在实践中应采用医学依据，而不应采用刑法学依据；“严重损害就诊人身体健康”之认定标准由两个维度，即事故等级和事故参与度构成。第一维度：事故等级为一级乙等和二、三级医疗事故②；第二维度：事故参与度为50%以上（不含50%）。③ 但是，也有论者认为，在认定“严重损害就诊人身体健康”时应采用刑法学标准，并且不需要考虑所谓“事故参与度”。④

其三，医务人员严重不负责任的行为，与就诊人死亡或身体健康严重受损的结果之间，具有刑法上的因果关系。

有论者对医疗不作为犯罪、数个医疗过失行为中不能确定哪个医疗过失行为造成危害结果的发生等情况中因果关系的认定进行了研究。关于就诊人特异体质对因果关系的影响，论者认为，在即使不存在医疗过失行为，只要有医疗行为，其特异体质就会引起结果发生的情形下，医疗过失行为与结果之间不存在刑法上的因果关系；因特异体质的存在使医疗过失行为造成的危害结果较之对一般就诊人所造成的危害结果扩大化时，医疗过失行为与扩大化的危害结果之间存在因果关系；可以运用医学方法论认定本罪中的因果关系。⑤

（4）本罪的客体特征

对此，理论上存在着以下不同的观点。

第一种观点认为，本罪侵害的客体是公民的人身权利，即病人的生命和健康。⑥

第二种观点认为，本罪侵犯的客体是复杂客体，即病人的生命和健康权利以及医疗单位正常的管理活动。⑦

第三种观点认为，本罪侵犯的客体是复杂客体，其主要客体是国家对医疗机构的管理制度，次要客体是公共卫生。⑧

---

① 参见卢建平、田兴洪：《论医疗事故罪中“严重损害就诊人身体健康”之认定》，载《湖南社会科学》，2003（2）。

② 参见叶高峰：《略论医疗事故罪》，载《郑州大学学报》（哲学社会科学版），2000（2）。

③ 事故参与度，是由日本著名法医学家渡边富雄于1984年提出的，是为解决道路交通事故受害人死亡、伤残等后果和事故本身之间因果关系而设定的一个标准。因为交通事故与医疗事故在认定和处理方面有某些相似之处，我国论者把渡边的事故参与度理论用于解决医疗事故中医疗过失行为和其他中介因素对事故原因力的大小（改称为事故参与度），并将认定指标划分为五级。参见田兴洪等：《医疗事故的认定及法律责任研究》，42～46页，北京，中国经济出版社，2004。

④ 参见卢有学编：《医疗事故罪专题整理》，66～67页，北京，中国人民公安大学出版社，2007。

⑤ 参见臧冬斌：《医疗事故罪研究》，64～81页，武汉大学2002年博士学位论文。

⑥ 参见侯国云：《过失犯罪论》，421页，北京，人民出版社，1993。

⑦ 参见梁华仁：《医疗事故的认定和法律处理》，264页，北京，法律出版社，1998；卢建平、田兴洪：《论医疗事故罪的几个问题》，载《甘肃政法学院学报》，2003（2）；曾朝晖：《医疗事故罪研究》，载高铭暄、赵秉志主编：《刑法论丛》，第2卷，230页，北京，法律出版社，1999。

⑧ 参见刘远主编：《危害公共卫生罪》，187页，北京，中国人民公安大学出版社，1998。

第四种观点认为，本罪不仅侵犯了就诊人的生命与健康权利，同时还侵犯了正常的医疗秩序。①

3. 医疗事故罪的法定刑配置问题

（1）1997年《刑法》颁布前学界关于本罪法定刑配置的设想

比如，有论者认为，本罪的法定刑幅度似应规定为3年以下有期徒刑、拘役或者管制，情节特别严重的，规定为3年以上7年以下有期徒刑。②

（2）本罪法定刑配置存在的问题及完善对策

刑法学界普遍认为，本罪法定刑配置主要存在刑罚种类单一、法定刑幅度偏低等问题。③ 对此，有论者认为，应从以下三个方面完善本罪的法定刑：第一，增加罚金刑；第二，增加资格刑；第三，提高法定刑幅度。论者并建议将现行《刑法》第335条修改为，“医务人员由于严重不负责任，造成就诊人死亡或严重损害就诊人身体健康的，处三年以上七年以下有期徒刑，并处罚金；情节恶劣的，处七年以上十年以下有期徒刑，并处罚金；情节较轻的，处三年以下有期徒刑或者拘役，并处罚金。可并处剥夺医务人员的从业资格”。④ 但是，也有论者认为，在我国目前的体制下，没有必要给本罪增设资格刑，因为由行政机关决定并进行资格罚也能达到同样的效果。⑤

（三）非法行医罪

1. 非法行医罪的构成特征

（1）本罪的主体特征

第一，关于本罪主体的一般表述。

本罪的主体是未取得医生执业资格的人员。⑥ 所谓“未取得医生执业资格的人员”，既包括未取得医生技术资格的人员，也包括虽具有医生技术资格，但未取得医生执业资格的人员。即使过去曾取得过医生执业资格，但后来被有关部门撤销的，也应属于未取得医生执业资格的人员。⑦

第二，关于本罪主体的争议问题。

---

① 参见臧冬斌：《医疗事故罪研究》，24页，武汉大学2002年博士学位论文；卢有学编：《医疗事故罪专题整理》，64页，北京，中国人民公安大学出版社，2007。

② 参见贾石红：《关于设重大医疗责任事故罪的构想》，载《法律科学》，1994（2）；李宝珍：《建议增设重大医疗责任事故罪》，载《中外法学》，1994（2）。

③ 参见田兴洪：《医疗事故罪的构成特征及法定刑配置研究》，35～37页，湖南师范大学2001年硕士学位论文。

④ 同上文，37～45页。

⑤ 参见卢有学编：《医疗事故罪专题整理》，61～62页，北京，中国人民公安大学出版社，2007。

⑥ 参见田兴洪、许永丽：《非法行医罪相关争议的解决路径》，载《中南林业科技大学学报》（社会科学版），2007（3）。

⑦ 参见梁华仁：《医疗事故的认定与法律处理》，282页，北京，法律出版社，1998；刘志伟主编：《刑法学的新动向》，561页，北京，中国人民公安大学出版社，2005。

其一，已经取得医师执业资格，但不按照注册的执业地点、执业类别、执业范围执业的人，是否可以成为本罪的主体？对此，有论者认为主要应把握两点：①医师仅超越注册的执业地点从事医疗业务的，不构成刑法意义上的非法行医，不能成为本罪的主体；②医师超越执业类别和执业范围从事医疗业务的，原则上可以成为非法行医罪的主体，但是经有关部门批准或在紧急情况下实施的除外。①

其二，乡村医生是否可以成为本罪的主体？对此，有论者认为，未取得执业医师资格或者执业助理医师资格的乡村医生，在乡村从事国务院管理办法允许从事的一般医疗服务的，不能按非法行医处理。②

其三，单位能否成为本罪的主体？我国《刑法》第336条将“未取得医生执业资格的人”规定为非法行医罪的主体。一种观点认为，此处的“人”仅限于自然人；另一种观点认为，对此处的“人”应扩大解释为除自然人外包括法人等单位。③ 也有论者对此采取折中的态度。④

其四，本罪的主体是一般主体还是特殊主体？对此，有论者认为，“未取得医生执业资格”是刑法所要求的法定身份，具备这一身份才成立本罪，因而，应当将本罪的主体归入特殊主体，但与一般的特殊主体要求具有积极的身份不同，本罪的特殊身份是一种消极的身份。⑤

（2）本罪的主观特征

对此，理论上存在着以下不同的观点。

第一种观点认为，本罪的主观方面为直接故意，即行为人明知自己没有取得医生执业资格，为了牟利而非法行医。但对非法行医所造成的危害结果，一般是出于过失。⑥

第二种观点认为，本罪的主观罪过只能是间接故意。本罪行为人对于其不具备医生执业资格往往是明知的，对其不符合行医条件也是明知的，但为了牟利，仍然对就诊人进行治疗，对其行为的结果是放任的。⑦

第三种观点认为，本罪的主观罪过必须是过失。⑧

第四种观点认为，本罪基本犯罪的主观方面是故意，结果加重犯的主观方面可

---

①② 参见马章民、刘江格：《非法行医罪的认定及立法完善》，载《河北法学》，2005（8）。

③ 参见丁巍：《单位应作为非法行医的犯罪主体》，载《检察日报》，2003-05-28；冷继林：《医疗单位也可成为非法行医罪主体》，载《检察日报》，2005-11-11；刘长秋：《单位非法行医罪刍论》，载《四川警官高等专科学校学报》，2005（6）。

④ 参见马章民、刘江格：《非法行医罪的认定及立法完善》，载《河北法学》，2005（8）。

⑤ 参见张明楷：《刑法学》，2版，855～856页，北京，法律出版社，2003；马章民、刘江格：《非法行医罪的认定及立法完善》，载《河北法学》，2005（8）。

⑥ 参见高铭暄、马克昌主编：《刑法学》（下），1209页，北京，中国法制出版社，1999。

⑦ 参见王作富主编：《刑法分则实务研究》（下），2版，1691～1692页，北京，中国方正出版社，2003。

⑧ 参见邓又天主编：《刑法释义与司法适用》，655页，北京，中国人民公安大学出版社，1997。

以概括为“过失+间接故意”。①

（3）本罪的客观特征

一般认为，本罪的客观方面包括以下要素：第一，行为人有非法行医的行为；第二，非法行医行为必须达到“情节严重”的程度；第三，造成就诊人死亡或者严重损害就诊人身体健康的后果。②

关于“非法行医”的含义问题，有论者认为，非法行医，是指未取得医生执业资格的人，擅自开展以实施医疗行为为内容的医疗职业或医疗业务的行为。③也有论者认为，所谓非法行医，是指未取得医生执业资格，擅自从事医疗业务活动，借用公式形式来表示非法行医，即为：非法行医=非法主体+行医。④

（4）本罪的客体特征

对此，理论上存在着以下不同的观点。

第一种观点认为，本罪侵犯的直接客体是国家对医疗工作的管理秩序和就诊人的生命安全和健康权利。⑤

第二种观点认为，本罪侵犯的主要客体是国家对医疗卫生工作的管理制度，侵犯的次要客体是就诊人的身体健康和生命安全。⑥

第三种观点认为，本罪侵犯的主要客体是就诊人的人身权利，次要客体是国家医务工作管理秩序。⑦

第四种观点认为，本罪基本犯罪构成的客体为单一客体，即国家正常的医疗管理秩序，而加重犯罪构成的直接客体为双重客体，即破坏国家正常的医疗管理秩序和侵犯特定公民的健康和生命权利。⑧

2. 本罪的立法完善

有论者建议从两个方面对本罪条文进行完善：第一，删除《刑法》第336条第1款对本罪主体的限制性规定，将该罪主体设置为一般主体；第二，将本罪客观方面

---

① 参见梁华仁：《解析非法行医罪》，载《中国商法》，2000（2）；马章民、刘江格：《非法行医罪的认定及立法完善》，载《河北法学》，2005（8）；安军：《略论非法行医罪的主观方面》，载《海南大学学报》（人文社会科学版），2006（1）。

② 参见马章民、刘江格：《非法行医罪的认定及立法完善》，载《河北法学》，2005（8）。

③ 参见石磊：《试论非法行医罪中的非法行医行为》，载《政治与法律》，2002（6）。

④ 参见黄京平主编：《危害公共卫生犯罪比较研究》，265页，北京，法律出版社，2004

⑤ 参见高铭暄、马克昌主编：《刑法学》（下），1028页，北京，中国法制出版社，1999；赵秉志主编：《新刑法教程》，745页，北京，中国人民大学出版社，1997；薛满果：《试论非法行医罪》，载单长宗等主编：《新刑法研究与适用》，692页，北京，人民法院出版社，2000。

⑥ 参见马章民、刘江格：《非法行医罪的认定及立法完善》，载《河北法学》，2005（8）；姬广军：《试论非法行医罪》，载《中州大学学报》，2004（3）。

⑦ 参见田兴洪、许永丽：《非法行医罪相关争议的解决路径》，载《中南林业科技大学学报》（社会科学版），2007（3）。

⑧ 参见黄京平主编：《危害公共卫生犯罪比较研究》，261页，北京，法律出版社，2004。

的表现明确化，并将非法为孕妇进行胎儿性别鉴定的行为纳入其中。①上述论者还主张取消非法进行节育手术罪这一罪名，将有关行为也按本罪论处。②

（四）非法进行节育手术罪

1. 本罪的罪名界定

关于本罪的罪名界定，理论上主要有以下观点。

第一种观点认为，本罪罪名应定为“非法进行节育手术罪”。这是1997年《刑法》颁布后最高司法机关关于罪名的司法解释中的规定。

第二种观点认为，本罪罪名应定为“破坏节育手术罪”或者“破坏节育罪”。③

第三种观点认为，本罪罪名应定为“破坏计划生育罪”。④

2. 本罪的构成特征

（1）本罪的主体特征

第一，本罪主体特征的一般表述。

本罪的主体是未取得医生执业资格的人。关于“未取得医生执业资格的人”应如何理解的问题，理论上主要有两种观点：一种观点认为，所谓未取得医生执业资格的人，是指根据《医疗机构管理条例》的规定，未取得医疗机构执业许可证的人；⑤另一种观点认为，刑法规定的非法进行节育手术罪的主体是未取得医生执业资格的人，而不是未取得医疗机构执业许可证的人。⑥

第二，刑法将已经取得医生执业资格证的人排除在本罪主体之外，这样的规定是否是科学的？

对此，理论上有两种截然相反的观点：一种观点认为，这样规定是不科学的，这会使已经取得医生执业资格证的人实施上述破坏计划生育的行为无法得到惩处；⑦另一种观点则认为，这样规定是科学的，本罪立法的本意除维护国家的计划生育管理制度外，还在于维护国家的医疗卫生管理秩序和保护公民的身体健康与生命安全。⑧

（2）本罪的主观特征

对此，理论上存在着以下不同的观点。

第一种观点认为，本罪的主观方面是故意，且多为间接故意。⑨

---

①② 参见赵秉志、左坚卫：《试论非法行医罪的立法完善——以非法鉴定胎儿性别和人工终止妊娠行为为视角》，载《人民检察》，2005（5）。

③ 参见黄京平主编：《危害公共卫生犯罪比较研究》，307页，北京，法律出版社，2004。

④ 参见田兴洪：《非法进行节育手术罪的立法缺陷与完善》，载《求索》，2007（8）；黄明儒：《简论破坏计划生育罪》，载《法商研究》，2000（2）。

⑤ 参见梁华仁：《医疗事故的认定与法律处理》，288～289页，北京，法律出版社，1998。

⑥ 参见曾朝晖主编：《危害公共卫生犯罪疑难问题司法对策》，310页，长春，吉林人民出版社，2001。

⑦ 参见田兴洪：《非法进行节育手术罪的立法缺陷与完善》，111页，载《求索》，2007（8）。

⑧ 参见黄明儒：《简论破坏计划生育罪》，载《法商研究》，2000（2）。

⑨ 参见马登民、王东主编：《新刑法精解与适用》，428页，天津，南开大学出版社，1997。

第二种观点认为，本罪的主观方面是故意，即行为人明知自己无权为他人实施计划生育手术，但为了牟取不法利益或者出于其他私利考虑而实施这种行为。①

第三种观点认为，本罪的主观方面是直接故意，即明知自己的行为会破坏计划生育政策而有意为之。但在进行各种手术时，严重损害就诊人身体健康或造成就诊人死亡的，对于上述结果则只能为过失。②

第四种观点认为，本罪的行为人对非法实施节育手术所造成的不良后果的心理态度包括过失与间接故意。③

第五种观点认为，本罪的罪过形式只能是直接故意，对危害结果的认识态度应当包含在直接故意的意志因素内，不可能是单独的过失与间接故意。④

（3）本罪的客观特征

第一，关于本罪客观特征的一般表述。一般认为，本罪的客观方面表现为行为人擅自为他人非法进行计划生育手术的行为。本罪客观要件成立的一般条件包括：①必须实施了非法进行节育手术的行为；②非法进行节育手术的行为必须达到“情节严重”。⑤有论者认为，本罪的客观方面是由行为的非法性、危害行为的选择性以及危害程度上必须达到情节严重这三个方面构成的。⑥

第二，关于本罪客观特征的争议问题。

其一，如何理解“终止妊娠手术”的含义。

对此，理论上存在着以下不同的观点。

第一种观点认为，“终止妊娠手术”是指没有医师执业资格的人，私自为孕妇进行手术，使母体内正发育的胚胎停止发育的行为，如进行流产或引产手术。⑦

第二种观点认为，“终止妊娠手术”主要指因受性别歧视思想影响而为性别选择的终止妊娠手术，而非指一切终止妊娠手术。⑧

第三种观点认为，本罪的终止妊娠手术仅指为选择胎儿性别的妊娠妇女而实施的终止妊娠的这一特定情形。⑨

其二，对“非医学需要的胎儿性别鉴定并导致选择性别的人工终止妊娠”应如何定性的问题。

---

① 参见腾伟、黄太云主编：《中华人民共和国1997年〈刑法〉实务全书》，396页，北京，警官教育出版社，1997。

② 参见周振想、李汝川主编：《刑法各论》，327页，北京，当代世界出版社，2000。

③ 参见曾朝晖主编：《危害公共卫生犯罪疑难问题司法对策》，321页，长春，吉林人民出版社，2001。

④⑤ 参见孟庆华：《非法进行节育手术罪的构成要件问题探讨》，载《南都学坛》，2005（3）。

⑥ 参见黄明儒：《简论破坏计划生育罪》，载《法商研究》，2000（2）。

⑦ 参见孟庆华：《非法进行节育手术罪的构成要件问题探讨》，载《南都学坛》，2005（3）；胡康生、李福成主编：《中华人民共和国刑法释义》，479页，北京，法律出版社，1997。

⑧ 参见周振想主编：《中国刑法释论与罪案》（下），1389～1390页，北京，中国方正出版社，1997。

⑨ 参见高铭暄、马克昌主编：《刑法学》（下），485～486页，北京，中国法制出版社，1999。

对此，一种观点认为，应将其纳入非法进行节育手术罪中，具体的做法是在《刑法》第336条第2款中增加胎儿性别鉴定行为的规定，把它作为非法进行节育手术罪的客观行为之一。①

另一种观点认为，应将其纳入非法行医罪之中。非医学需要的鉴定胎儿性别行为隐含着危及孕妇人身安全的因素，因而成为一种危害公共卫生的行为，可以归入非法行医罪的行医行为之列，对情节严重的这种行为可以非法行医罪论处。②

（4）本罪的客体特征

对此，理论上存在着以下不同的观点。

第一种观点认为，本罪侵害的是复杂客体，其主要客体是国家的计划生育政策和制度，次要客体是公共卫生。③

第二种观点认为，本罪侵犯的客体是他人的身体健康和计划生育的正常秩序。④

第三种观点认为，本罪侵犯的直接客体是国家的计划生育制度和就诊人的身体健康和生命安全。⑤

第四种观点认为，本罪的客体是国家的医疗卫生制度、国家的计划生育政策和公民的生命健康权利。⑥

第五种观点认为，本罪侵害的客体是国家计划生育、人口控制的制度。⑦

第六种观点认为，本罪侵犯的客体是国家的计划生育制度。⑧

3. 本罪的立法完善

对此，理论上主要有两种观点。

一种观点认为，将我国《刑法》第336条第2款单列为一条，条文内容修改为："有下列破坏计划生育行为之一，情节严重的，处二年以下有期徒刑、拘役或者管制，并处或者单处罚金：（一）擅自为他人做节育复通手术的；（二）为育龄者做假节育手术的；（三）为他人做非医学需要的胎儿性别鉴定并导致选择性别的人工终止妊娠的；（四）私自为绝育者摘取宫内节育器的。犯前款罪，致人重伤、死亡的，依

---

① 参见田兴洪：《非法进行节育手术罪的立法缺陷与完善》，载《求索》，2007（8）；陈世伟：《非医学需要鉴定胎儿性别等行为犯罪化分析》，载《中国青年政治学院学报》，2005（5）。

② 参见赵秉志、左坚卫：《试论非法行医罪的立法完善——以非法鉴定胎儿性别和人工终止妊娠行为为视角》，载《人民检察》，2005（5）。

③ 参见刘远主编：《危害公共卫生罪》，249页，北京，中国人民公安大学出版社，2003。

④ 参见何秉松主编：《刑法教科书》，956页，北京，中国法制出版社，1997。

⑤ 参见高铭暄、马克昌主编：《刑法学》（下），1031页，北京，中国法制出版社，1999。

⑥ 参见李希慧主编：《妨害社会管理秩序罪新论》，485页，武汉，武汉大学出版社，2001；黄明儒：《简论破坏计划生育罪》，载《法商研究》，2000（2）。

⑦ 参见欧阳涛等主编：《中华人民共和国1997年刑法典注释与适用》，645页，北京，人民法院出版社，1997。

⑧ 参见肖扬主编：《中国新刑法学》，588页，北京，中国人民公安大学出版社，1997；田兴洪：《非法进行节育手术罪的立法缺陷与完善》，载《求索》，2007（8）。

照本法第二百三十三条、第二百三十五条的规定定罪处罚。”①

另一种观点认为，应及时在立法上对非法进行节育手术罪给予完善。一是在现定罪名不变的情况下，将条文表述修改为：“非法为他人进行节育复通手术、终止妊娠手术、摘取宫内节育器，或者为他人进行假节育手术以及其他违反计划生育政策的手术，情节较重的，处三年以下有期徒刑、拘役或者管制，并处或者单处罚金；情节严重的，处三年以上十年以下有期徒刑，并处罚金；情节特别严重的，处十年以上有期徒刑，并处罚金。”二是将此罪规定从《刑法》第336条中剥离出来，单独成条。②

三、整体评论

在对自1978年至2008年我国刑法学界关于医事犯罪的研究观点进行综述之后，我们试作出以下简要的评论。

（一）成就与进展

1. 注重理论研究的实用性

许多涉及具体医事犯罪的研究成果注重解决司法实践中的热点、难点问题，贴近我国司法实际，由此为1997年《刑法》颁行后相关犯罪的司法适用提供了切实而有效的理论指导。比如，医疗事故罪中“严重损害就诊人身体健康”的认定问题，既是理论研究中的重要问题，更是司法实践中迫切需要解决的难点问题。一些论者对此问题展开了多角度的深入研究，得出了扎实可靠并有可操作性的结论。

2. 对某些理论问题的深入探讨，为我国刑事立法提供了必要的理论支撑

不少研究成果都对具体医事犯罪的立法缺陷进行了客观而中肯的分析，并提出了切实可行的完善建议。比如，在《刑法修正案（六）》（草案）拟将“非医学需要的胎儿性别鉴定并导致选择性别的人工终止妊娠”入罪化之后，对该行为应否犯罪化的问题引起了刑法学界的热烈讨论。最终通过的《刑法修正案（六）》并未将该行为规定为犯罪，这与相关研究成果所提供的理论支持是分不开的。

3. 具体医事犯罪的研究日趋深入和细致，研究范畴和领域得到较大拓展，研究视野更为开阔

比如，臧冬斌所著的《医疗事故罪研究》（武汉大学2002年博士学位论文）和《医疗犯罪比较研究》（中国人民公安大学出版社2005年版）对于医疗犯罪中医疗行为、危害结果、医疗过失、因果关系、医师说明义务与刑事责任等专题的研究具有较强的理论性和思辨性，反映出较高的研究水平。黄京平主编的《危害公共卫生犯罪比较研究》（法律出版社2004年版）注重运用历史研究和比较研究的方法，比较

---

① 参见田兴洪：《非法进行节育手术罪的立法缺陷与完善》，载《求索》，2007（8）。

② 参见罗志坚：《非法进行节育手术罪探析——兼论维护刑事立法观的统一》，载《求实》，2000（6）。

详细地介绍了具体医事犯罪的立法沿革和国外的立法、理论研究状况，由此使得研究成果具有较强的立体感，并显得厚重而有深度。

（二）缺憾与不足

毋庸讳言，刑法学界在医事犯罪的研究方面取得了显著成绩，但其中的缺憾与不足之处也不容忽视，其中，较为突出的是：在医事犯罪的诸多问题上还存在着较大争议，通说性的观点少，不少观点还值得继续商榷。比如，关于在认定医疗事故罪中的“严重损害就诊人身体健康”时应否考虑“事故参与度”的问题，有观点认为不需要考虑，这就是值得商榷的。在医疗事故犯罪中，有一因一果、多因一果、多因多果等不同情况；在后两种情况下，各个原因对于事故发生所起的作用可能是不相同的；若要对各原因公平分配结果责任，就必须区分原因力的大小。《医疗事故处理条例》第 31 条规定，医疗事故技术鉴定书应当涉及“医疗过失行为在医疗事故损害后果中的责任程度”；卫生部《医疗事故技术鉴定暂行办法》第 36 条也规定，医疗事故中医疗过失行为的责任程度分为四级，即完全责任、主要责任、次要责任和轻微责任。① 这些规定实际上都体现了事故参与度理论在医疗事故认定中的具体运用。再比如，关于是否对医疗事故罪增设资格刑的问题，有观点认为没有必要，这也是值得商榷的。医疗行业是一种高风险、需要从业者具有高度责任心的行业；对于确实不适合从事该业务者，应当剥夺其从业资格，这是很容易理解的道理。我国行政法中的资格罚属于行政制裁，并不能替代刑罚处罚。尽管我国刑法中规定的资格刑还只有剥夺政治权利和驱逐出境，但这并不妨碍为本罪增设资格刑的建议的提出，因为随着我国刑罚体系的逐步完善，剥夺从业资格等资格刑必将增补进来。

---

① 参见田兴洪等：《医疗事故的认定及法律责任研究》，219 页，北京，中国经济出版社，2004。

第十九章

环境犯罪

一、研究概况

自 1978 年至 2008 年，我国刑法学界对环境犯罪的研究经历了从无意识零碎研究到有意识系统研究的过程。这一过程大体上可以分为以下四个阶段。

第一阶段为萌芽阶段，即从 20 世纪 80 年代初至 80 年代中期。这一阶段的研究带有很大程度的无意识性。在这一阶段，一方面，我国的刑法等重要法律才刚刚开始实施，刑法学的研究也才刚刚兴起，对许多问题仅仅止于表面而肤浅的论述，对于环境犯罪几乎没有涉及；另一方面，我国改革开放的方针刚刚确立，这一时期强调的是“发展就是硬道理”，对于环境保护的重要性并无深刻认识。在这样的指导思想下，环境犯罪的研究没有得到应有的重视。

第二阶段为形成阶段，即从 20 世纪 80 年代中期至 90 年代初期。在这一阶段，通过争鸣，环境犯罪的观念逐渐确立，但讨论内容仅限于环境犯罪是否成立、应以何种形式追究环境犯罪的刑事责任等问题。以 1987 年《中国环境报》自 3 月 11 日开始连续刊登数十篇关于危害环境犯罪是否成立的争鸣文章为契机，在国内掀起了环境刑法的讨论高潮，由此极大地提高了人们对环境的刑法保护的重视程度。1988 年、1989 年出版的几本国内较早的环境法教材、专著中以专节论述的形式对环境犯罪的刑事责任等问题进行了探讨，同时，各种期刊杂志上相关的论文也有所增加。

第三阶段为发展阶段，即从 20 世纪 90 年代初期至 1997 年《刑法》颁布以前。

在这一阶段，研究的内容涉及环境犯罪的客体、环境犯罪的客观特征、主体特征及主观方面的确定等。这一阶段的研究受到了国内国际形势的大力推动。一方面，在国内，随着市场经济的发展，环境污染事故时有发生，由此给国家、集体、个人的财产造成了重大损失，甚至危害公众的健康和生命，影响社会的安定。环境状况的恶化及其所造成的危害和损失引起了国家的高度重视，环境和资源的刑法保护迫在眉睫。另一方面，国际社会对环境保护日益关注，国内经济与国际接轨的趋势也促使环境保护被提上议事日程。1992 年 11 月在加拿大召开的第 15 届国际刑法学大会预备会议和 1994 年 9 月在巴西召开的第 15 届国际刑法学大会都专门对环境的刑法保护问题进行了充分的、深入的探讨，各国刑法学者进行了多方面的学术交流，在许多领域达成了共识，并通过了有关决议或文件。我国也有学者参加了上述两次会议。在这两次会议的前后，刑法学界对环境犯罪及有关问题进行了广泛的学术探讨，公开发表的文章大量涌现。

第四阶段为成熟与完备阶段，即从 1997 年《刑法》修订至今。这一阶段的研究主要是围绕 1997 年《刑法》专节规定的破坏环境资源保护罪的有关内容而展开的，以注释法条为主要的研究方法，对刑法规定的各法条进行了解读，对存在的不足进行了反思，并提出了相应的完善措施。在这一阶段，有关环境犯罪的专门著作大量问世。其中，有代表性的专著包括：王秀梅、杜澎合著的《破坏环境资源保护罪》（中国人民公安大学出版社 1998 年版）；付立忠的《环境刑法学》（中国方正出版社 2000 年版）；赵秉志、王秀梅、杜澎合著的《环境犯罪比较研究》（法律出版社 2004 年版）；郭建安、张桂荣合著的《环境犯罪与环境刑法》（群众出版社 2006 年版）；杨兴、谭涌涛合著的《环境犯罪专论》（知识产权出版社 2007 年版）；蒋兰香的《环境犯罪基本理论研究》（知识产权出版社 2008 年版）。

二、观点综述

（一）环境犯罪的概念

关于环境刑法的概念的界定，理论上一直存有分歧。以 1997 年《刑法》的修订时间为界，可以将这些分歧意见所依存的时期划分为《刑法》修订前的学理探索期和《刑法》修订后的实然注释期。

1.《刑法》修订前的学理探索期

1979 年《刑法》没有对环境犯罪专门加以规定。由于法律上没有明确的环境犯罪概念，因而对环境犯罪概念的界定没有形成一个统一的标准，这便为学界解释环境犯罪的概念提供了足够的空间。大体而言，在这一时期，有关环境犯罪的概念可以分为以下几类。

第一类是指包含“无过失责任”的环境犯罪概念。这类概念的特点在于，在借鉴国外环境刑事立法及审判实务的经验的基础上，将“无过失责任”引入环境犯罪的定义，认为在环境犯罪的场合，行为人主观上的罪过不仅具有故意、过失两种形态，还包括无过失的情形。例如，有论者认为，环境犯罪，是指自然人故意或过失、法人（包括特殊法人——国家）无过失地污染、破坏环境及自然资源，从而严重损害环境要素及人类健康和生命或损害巨额公私财产的行为。①

第二类是指限于惩治结果犯的环境犯罪概念。此类概念将环境犯罪的处罚限定在“实害犯”的范围内。例如，有论者认为，环境犯罪，是指自然人、法人故意或过失地违反环境保护法和有关刑事法律的规定，造成环境严重污染或破坏，导致人身伤亡或公私财产重大损失的行为。② 有论者指出，环境犯罪，是指行为人实施的违反环境保护法规，损害了法规保护的对象，并且后果严重，依照法律应该受到刑罚处罚的行为。③

第三类是指既惩罚结果犯又惩罚危险犯的环境犯罪概念。与上一类概念相比，此类概念显然扩大了环境犯罪的处罚范围。例如，有论者认为，环境犯罪，是指违反国家环境资源保护法律，造成或者足以造成环境资源受到污染或者破坏，或者致使他人生命健康或公私财产遭受重大损害的行为。④ 有论者指出，环境犯罪，是指违反环境、资源保护法规，故意或过失地对国家保护的环境、资源加以污染或者破坏，引起或者足以引起环境、资源以及人们生命健康或公私财产重大损害的行为。⑤

2.《刑法》修订后的实然注释期

1997 年《刑法》修订后，刑法分则在“妨害社会管理秩序”这一章的第 6 节专门规定了“破坏环境资源保护罪”，环境犯罪的概念由此在立法上得到了确认。从注释法学的角度而言，理论上对环境犯罪概念的解释各有侧重。大体而言，在这一时期，有关环境犯罪的概念可以分为以下两类。

第一类是概括式的概念，即采用概括的方式将刑法分则第 6 节规定的 14 种破坏环境资源保护的犯罪进行总结分析，提炼出上述 14 种犯罪的本质特征。例如，有论者认为，环境犯罪，是指违反环境保护法规，破坏自然环境和自然资源，情节严重的行为。⑥ 有论者指出，环境犯罪，是违反环境资源保护法规和刑法规定，破坏人类环境和其他生态环境，构成犯罪的行为。⑦

第二类是列举式的概念，即采用列举的方法，列举出破坏环境资源保护的犯罪所指向的对象。例如，有论者认为，破坏环境资源保护罪，是指自然人或单位违反国家法律、法规的规定，故意或者过失地实施的污染土地、水体、大气等生态环境，

---

① 参见陈明义等编：《环境保护法规与论文选编》，694 页，武汉，武汉大学出版社，1989。

② 参见王秀梅：《关于环境犯罪刑事立法的思考》，载《河北法学》，1996（1）。

③ 参见王力生：《环境犯罪及其立法的完善》，载《当代法学》，1991（3）。

④ 参见王秀梅：《破坏环境资源保护罪的定罪与量刑》，62 页，北京，人民法院出版社，1999。

⑤ 参见魏平雄主编：《市场经济条件下犯罪与对策》，511 页，北京，群众出版社，1995；陈兴良主编：《刑法新罪评释全书》，558 页，北京，中国民主法制出版社，1995。

⑥ 参见陈兴良：《刑法疏议》，533 页，北京，中国人民公安大学出版社，1997。

⑦ 参见蒋兰香：《环境犯罪基本理论问题研究》，29 页，北京，知识产权出版社，2008。

或者非法开发破坏矿产、耕地、森林或者其他林木，危害野生动物、植物、水产品等自然资源，情节严重的行为。① 有论者主张，破坏环境资源保护罪，是指自然人或单位违反国家法律、法规规定，故意或过失实施的污染土地、水体、大气等生态环境或者破坏森林、珍贵树木、濒危动物、野生动物、水产品、耕地、矿产等自然资源，情节严重的行为。② 还有论者认为，破坏环境资源保护罪，是指违反环境资源保护法规，污染环境、破坏矿产、森林、野生珍贵动植物资源的行为。③

（二）环境犯罪的犯罪构成

1. 环境犯罪的主体

环境犯罪的主体可分为自然人主体和非自然人主体。对于自然人作为环境犯罪的主体，是无可争议的。对于单位能否成为环境犯罪的主体，在 1997 年《刑法》修订前曾一度存有争议，但随着单位可以成为环境犯罪主体的问题在 1997 年《刑法》上得到确认，这样的争议已不存在。

关于国家是否能成为环境犯罪主体的问题，有论者认为，危害环境犯罪的主体不仅包括实施危害行为的自然人主体和非自然人主体，也包括特殊法人——国家。因为在跨国境的环境污染案件中国家应负国家责任。④ 有论者持反对观点，认为就国家内部环境立法而言，根本不存在国家成为国内规定的犯罪主体问题，而且世界各国的环境刑事法中也不存在将国家作为犯罪主体的规定。⑤ 还有持反对观点的论者指出，尽管有人认为在跨国境的环境犯罪中国家应该而且也可以成为环境犯罪的主体，但在实践中，对跨国污染国家实行无过失责任原则，其具体履行方式包括金钱赔偿、正式道歉、做出民事补偿等。这些责任主要是民事责任，而并非刑事责任。因此，应区别情况而论，国家可以成为国际环境犯罪主体的理由绝不能成为国家可以成为国内环境犯罪主体的理由，因为国家不能进行自我处罚。国家不能成为国内环境犯罪的主要理由是，国家虽然可以成为某些国际犯罪（如战争罪）的主体，但这并不等于说它就可以成为环境犯罪的主体，正如法人可以构成某些犯罪（如贿赂罪）的主体，但并不能成为强奸罪的主体一样，因为国家机关或代表国家的人并不直接从事开发、利用环境的活动，因而不可能成为环境犯罪的主体。⑥

2. 应否对环境犯罪确立严格责任或无过错责任

一般而言，“无罪过即无犯罪及刑事责任”，犯罪的成立需要有罪过。但是由于

---

① 参见樊凤林等主编：《中国新刑法理论研究》，786 页，北京，人民法院出版社，1997。

② 参见高西江主编：《中华人民共和国刑法的修订与适用》，719 页，北京，中国方正出版社，1997。

③ 参见曹子丹、侯国云主编：《中华人民共和国刑法精解》，307 页，北京，中国政法大学出版社，1997。

④ 参见陈明义等主编：《环境保护法规与论文选编》，694 页，武汉，武汉大学出版社，1989。

⑤ 参见赵秉志、王秀梅、杜澎：《环境犯罪比较研究》，72 页，北京，法律出版社，2004。

⑥ 参见付立忠：《环境刑法学》，212 页，北京，中国方正出版社，2000。

环境犯罪的特殊性，为弥补对环境污染和破坏造成的损害，威吓和惩罚此类犯罪，有论者提出危害环境罪的成立仅仅以过错责任为依据已不足以严格控制由于现代化生产建设高速发展所引起的对环境空前加剧的严重危害。因此，在采用过失责任制的同时，还应该考虑采用无过失责任制，即有权利用环境的法人和行为人，有义务保证该行为不危害环境，一旦发生危害就应当承担其应负的责任，直至刑事责任。① 围绕着对环境犯罪是否实行严格责任的问题，理论上存在着三种不同的观点。

第一种观点对严格责任在环境犯罪中的引入持全盘的支持态度。该观点认为，在以后的环境刑事立法中可以参考借鉴西方国家的立法例，将严格责任引入环境犯罪中。具体理由如下。一是符合罪刑相适应的原则。如果认为环境犯罪主观方面难以认定，就不追究刑事责任，或是以其他处罚代之，就不仅违背刑法的基本原则，也使被害人的权益失去法律保障。二是有助于加强排污者的责任感。从渊源上看，严格责任是工业革命的产物。我国目前同样也面临西方工业化时期所遇到的环境问题，因此，对环境犯罪规定严格责任，有助于司法机关解决实际问题。三是符合刑罚目的。实行严格责任，不仅有助于特殊预防，而且还能起到一般预防的作用。②

第二种观点主张引入有限的严格责任，即认为严格责任只在某些范围内适用或在解决好相关问题的情况下才能适用。例如，有论者将无过失形态限制于对内水的污染犯罪行为，而污染海洋等其他七种环境犯罪不存在这种形态。理由是：内水与海洋、大气、土地相比而言，其净化能力较小，易被污染，且多与人类生活密切相关，如仅以过错为限，不足以对危险行业、企业的严重污染行为及时预防和有效惩治，因而应设定无过失责任。③ 还有论者认为应区别严格责任的内涵而做不同处理。如果认为严格责任是无过错责任，则并不主张对环境犯罪实行严格责任。因为实行无过错严格责任确实会混淆刑事责任与民事责任、行政责任的界限，会导致对环境违法行为的谴责度过高，会违反主客观相一致的刑事归责原则，导致打击面过宽，会对经济发展造成一定的负面影响，会给我国司法实践带来颠覆性的冲击。在已经实行严格责任的国家，严格责任的立法和司法适用逐渐显现萎缩趋势，学界对严格责任的批评之声不绝于耳。但是，如果基于严格责任是无须证明罪过的责任或者是过错推定责任的理论基础，论者则赞成对环境犯罪实行严格责任。④

第三种观点对严格责任的引入持完全否定的态度，即认为我国刑法坚持主客观一致的原则，反对客观归罪，因此，我国 1979 年《刑法》和 1997 年《刑法》都不承认无过错责任，而以故意和过失作为犯罪成立的必要要件。环境犯罪与其他犯罪相比，虽有其特殊性，但在主观方面必须以故意或过失为要件上，则是相同的。我国刑法之所以不承认无过错责任原则，是基于以下几点的考虑。其一，我国对环境

---

① 参见赵秉志主编：《刑法修改研究综述》，358 页，北京，中国人民公安大学出版社，1990。

② 参见杨春洗：《论环境与刑法》，载《法律科学》，1996 (1)。

③ 参见付立忠：《环境犯罪新论》，载《法律科学》，1995 (2)。

④ 参见蒋兰香：《环境犯罪基本理论问题研究》，216～222 页，北京，知识产权出版社，2008。

危害行为进行的处罚采取以行政制裁和民事制裁为主，以刑事处罚为辅的原则。对于大量的一般危害环境行为都采取行政处罚和民事处罚措施，刑法只对那些严重危害和破坏环境资源的行为定罪量刑，“情节显著轻微危害不大的，不认为是犯罪”。对环境犯罪规定无过错责任的国家，往往在刑法中规定有微罪、违警罪等犯罪种类，对微罪和违警罪都只能判处罚金。无过错责任主要是对这两类罪而言的。而我国对犯罪并无微罪和违警罪的划分。因此，在他国被认定为微罪或违警罪的环境犯罪行为，在我国一般不认定是犯罪，而只构成一般环境违法行为。其二，刑罚作为最严厉的惩罚措施，对环境资源的保护确实具有重要的、独特的作用。但是，在规定刑罚时应讲求经济效益，尽量将刑罚的使用控制在最低限度。对无过错行为人处以刑罚，不仅会给刑法的威慑力带来消极影响，还会给国家带来无谓的负担，给公司、企业等带来诉讼之累，不利于国家的经济建设。其三，那些对环境犯罪规定无过错责任的国家，同时还规定了对无过错责任的限制。如在英国，对无过错责任的限制，主要有“无过失辩护理由”和“第三者辩护理由”。英国 1968 年《贸易种类法》就规定了“无过失辩护理由”，即如果被告能够证明他触犯该法的犯罪是由于认识错误、意外事故或他不能控制的其他原因，并且他曾作出了适当的努力来避免发生该项犯罪，就可以免责。“第三者辩护理由”要求被告人不仅要证明自己方面没有过失，而且需要证明该违法事实是由于第三者的行为或过错引起的。在美国，法院对无过错责任的限制则是宪法上的“正当法律程序条款”。对无过错责任的限制十分重要，它可以减少由于对有过错的人与无过错的人都同样处以刑罚而导致的不公正。但是，在我国并未规定相应的权利保障和程序限制。其四，美国等国家对环境犯罪规定无过错责任而导致的“超犯罪化”倾向，已引起本国学者的批评。①

3. 环境犯罪的客体

对此，理论上有以下几种不同的观点。

环境权说认为，环境犯罪的客体是国家、法人、公民的环境权。环境权是法律赋予关系主体（包括自然人、法人和国家）在其生存的环境中享有良好环境的权利。环境权分为国家环境权（表现为环境资源权和环境管理权）、法人环境权和公民环境权。②

环境保护制度说认为，环境犯罪的客体是国家环境保护管理制度。为了保护人民的生命、健康和财产，为了维护自然资源、生态平衡，为了科学、合理地发展生产满足人民的物质与文化需求，国家制定了一系列环境保护法律、法规来调整人们的行为，在此基础上确定了国家环境保护管理制度。环境犯罪所侵犯的客体便是上述制度。③

环境法律关系说认为，环境犯罪的客体是环境违法行为所侵害的特殊社会关系，

① 参见曹子丹、颜九红：《关于环境犯罪若干问题的探讨》，载《法制与社会发展》，1998（4）。

② 参见高铭暄、王作富主编：《中国惩治经济犯罪全书》，655 页，北京，中国政法大学出版社，1995。

③ 参见刘宪权：《污染环境的刑事责任问题》，载《环境保护》，1993（10）。

即环境保护法律关系。①

环境社会关系说认为，环境犯罪往往同时侵犯两种或两种以上的具体社会关系，如人身关系，财产关系等，但其侵犯的同类客体应该是环境社会关系。环境社会关系是人们在开发、利用、保护和改善环境的过程中形成的社会关系，环境的范围直接制约着环境社会关系的范围。我国《环境保护法》第 2 条在规定了环境的定义以后，还列举了我国法律保护的主要环境要素。因此，所有严重污染和破坏这些要素的行为，便是侵犯环境社会关系的犯罪行为。②

双重客体说认为，环境犯罪的客体为刑法所保护的，而为环境犯罪所直接侵犯的人与自然之间的生态关系以及为环境犯罪所间接侵犯的人与人之间的社会关系。③

（三）环境犯罪的基本形态的设定

关于环境犯罪的基本形态应设定为危险犯还是结果犯的问题，理论上存在着激烈的争论。

危险犯说认为，并非必须有具体直接的被害人和有害后果发生时才构成危害环境罪；如果违反环境保护法律的行为对不特定的多数人的生命、健康和大量的物质财富造成了威胁，同样能构成危害环境罪。刑事制裁不仅应针对已经给环境带来特别严重危害的行为，而且应针对具有侵害环境的特别危险的行为。理由如下。其一，从刑罚的目的看，当今社会较为认可刑罚目的“二元论”，即对犯罪分子施以刑罚既是出于报应，又是出于预防。如果刑事立法只处罚实害犯或情节犯，则只能起到惩罚犯罪的目的；如果刑事立法处罚将环境和生态安全置于危险状态的人，则更有助于达到预防犯罪的目的，满足刑罚目的“二元论”的要求。④ 其二，由污染环境犯罪自身发生的机理所决定，污染环境行为与危害后果之间缺乏一种明确的表面联系，而且危害结果的出现一般需要较长的时间，因此，处罚危险犯就显得尤为重要。其三，我国环境刑法中危险犯的规定已见端倪，将危险犯引入环境刑法不存在理论上的障碍。如《刑法》第 339 条第 1 款规定，“违反国家规定，将境外的固体废物进境倾倒、堆放、处置的，处 5 年以下有期徒刑或者拘役，并处罚金……”⑤ 其四，确立环境犯罪之危险犯是环境立法的价值取向由“人类中心主义”向“人与自然的和谐发展”转变的必然要求。由此体现在现代环境刑事立法中，一方面对严重危害人的生命、健康和财产利益的环境犯罪行为仍应运用刑事手段予以有效规制；另一方面更应承认环境所具有的独立价值，将那些对环境形成潜在威胁的、虽尚未出现明

---

① 参见王秀梅：《环境犯罪刑事立法》，载《河北法学》，1996（1）。

② 参见吴志良、李永生：《环境犯罪的构成要件》，载《中国环境科学》，1998（1）。

③ 参见付立忠：《环境犯罪新论》，载《法律科学》，1995（2）。

④ 参见陈靖：《对完善我国环境犯罪立法的思考》，载《新疆大学学报》（哲学人文社会科学版），2006（5）。

⑤ 参见王玉杰：《犯罪构成的重塑——污染环境犯罪若干问题研究》，载《河南省政法管理干部学院学报》，2005（5）。

显危害后果但可能出现严重污染、破坏环境后果的行为也纳入环境刑法调整的范围。那么，环境犯罪的犯罪形态，不仅包括行为犯与实害犯，而且包括危险犯，这样，既适应了环境立法的价值取向由“人类中心主义”向“人与自然和谐发展”转变的客观需要，有利于实现人与自然的双重和谐，同时，又有利于环境刑事立法中“预防为主”原则之贯彻、“保护环境”目的之实现，可谓一举多得。① 其五，危险犯的规定，既可修正行为犯的不足，又可防止结果犯的滞后，是积极、合理和有效的措施。如果规定行为犯过多，则失之过宽。而仅处罚结果犯，则失之过窄。立法规定危险犯，就可弥补二者的缺陷，有效地防止环境犯罪的发生。② 其六，规定环境犯罪危险犯是立法逻辑的要求。我国的环境刑事立法规定了行为犯。对于环境犯罪行为犯而言，只要实施危害环境的行为，无须其他任何结果即构成犯罪，而危险犯则不仅要求实施危害环境犯罪的行为，而且要求这种危害行为造成某种危害结果的危险状态才构成犯罪既遂。应该说环境犯罪危险犯要求的危害性程度比行为犯更高。既然作为危险性程度更低的行为犯在环境立法中有所体现，那么对作为危险性程度更高的危险犯更应规定。③ 其七，确立环境犯罪危险犯，有利于环境刑事司法。环境犯罪因果关系的查处是一个难度很高的技术问题。如果不要求环境危害后果的出现，只要存在损害的危险性就可以定罪，便可以避免因待其危害结果发生造成的时过境迁所导致的取证困难和复杂的环境犯罪因果关系认定环节，从司法的角度看这可以节省司法资源，提高司法效率，方便环境刑事诉讼。④ 其八，规定环境犯罪危险犯符合刑法谦抑性原则。⑤

有部分持危险犯说的论者主张将造成环境危险状态的过失行为也纳入环境犯罪的处罚范围。论者认为，过失危险犯对环境治理有特殊的价值。设置过失危险犯，一方面是对行为人实施危险行为的惩罚；另一方面，它也着眼于在科技革命条件下刑法的预防作用的功利性考虑，促使相关人员以更高的要求对自己的行为负责，减少事故的发生。⑥

结果犯说认为，构成环境犯罪，必须具有现实的污染结果；如果不具有这种结果，可以采取其他方法制止或预防，但不能予以刑事处罚。理由如下：第一，污染行为有其不同于其他犯罪行为的特殊性，它对社会的危害主要是实际的污染所带来的后果，如果没有实际的污染，就谈不上“情节严重”；第二，既然承认环境的损害是一系列污染行为累积的结果，那么就说明污染行为已经是现实的，污染结果是已

① 参见胡隽：《环境犯罪之危险犯形态探析》，载《襄樊职业技术学院学报》，2002（6）。

② 参见王玉杰：《犯罪构成的重塑——污染环境犯罪若干问题研究》，载《河南省政法干部学院学报》，2005（5）。

③ 参见蒋兰香：《环境犯罪基本理论问题研究》，279页，北京，知识产权出版社，2008。

④⑤ 同上书，280页。

⑥ 参见李希慧、冀华锋：《关于在我国环境犯罪中设立过失危险犯的探讨》，载《环境保护》，2008（6）。

经造成了的；第三，预防环境污染当然是刑事立法希望达到的目的，但是，这一目的并不是通过惩罚“危险行为”能达到的。刑法只能以犯罪的实际行为为尺度，唯此才可能公平、准确，才可能产生刑罚应有的预防犯罪心理效应，进而达到预防目的。以惩罚“危险行为”、扩大刑事责任的范围来预防犯罪，势必使惩罚丧失客观标准，如此预防环境污染的犯罪是相当危险的。①

（四）刑法在保护环境中的介入程度

大多数论者对刑法在保护环境中的作用是持肯定态度的，但在刑事措施的运用程度问题上，则存在分歧。

一种观点认为，应扩大刑事责任在环境保护方面的适用范围。环境保护是对人类赖以生存的整体环境的保护，包括对大气、水、土地、矿产、森林、草原、海洋、野生动植物、自然保护区、风景名胜和城市、乡村等各种自然环境因素和人为环境因素的保护。危害环境的犯罪行为涉及所有这些方面，刑事责任也应当随之适用于这些方面。我国刑法中涉及环境犯罪的规定覆盖面不广，这将导致我国刑法惩治环境犯罪的广度、深度不够且超前性不强，将导致我国刑法稳定性、包容性不强、严密性不够，将导致我国刑法在司法实践中操作性不强。这些不足都可能导致我国环境资源状况进一步恶化，也可能使我国环境保护工作功亏一篑。为了扭转这种趋势，就必须正视这些不足，弥补这些不足。而弥补不足的唯一办法是增设相应犯罪的规定，这些犯罪应包括污染海洋罪、排放环境噪声危害人体健康罪、破坏自然保护区罪、破坏国家重点保护野生植物罪、破坏草原罪、损坏土地质量罪、非法研制、进口、释放有害人类的转基因生物罪、拒不执行环境保护禁令罪。②

另一种观点认为，刑法对环境保护的作用毕竟是有限的，也并非唯一的、万能的，不应过分估计刑法对于保护环境的作用。因为，我国环境污染日益严重，根本原因在于管理不善、经济技术落后和宣传教育不够。刑法不能根除产生危害环境行为的根源。因而它的威慑性也是有限的。过分强调刑法的作用，会使我们忘记采用行政手段。应多采用行政手段来惩处轻微犯罪。③ 因此，在严格区分危害环境的违法行为与犯罪行为界限的基础上，对那些污染破坏环境行为构成犯罪的适用刑罚处罚，而对未达到犯罪程度或犯罪情节显著轻微不需要刑罚处罚的，则依民事的、行政的强制措施予以处罚，诸如公开悔过、责令补救、限制活动、限期治理和勒令停产或解散。④

（五）环境犯罪的立法模式

环境犯罪的立法模式，是指环境犯罪在立法上的表现形式。其主要受制于一国

---

① 参见付立忠：《环境刑法学》，69页，北京，中国方正出版社，2000。

② 参见王蓉：《我国应当规定而尚未规定的环境犯罪》，载吕忠梅主编：《环境资源法论丛》，第3卷，152页，北京，法律出版社，2003。

③ 参见付立忠：《环境刑法学》，70页，北京，中国方正出版社，2000。

④ 参见赵秉志、王秀梅、杜澎：《环境犯罪比较研究》，94页，北京，法律出版社，2004。

现有法律体系和立法习惯、立法进程以及政治、经济等多方面因素。当前，世界各国对环境犯罪的立法主要有以下四种模式。第一种是日本模式，即以特别立法形式，对危害环境罪及其处罚作出规定。这种模式集程序法与实体法为一体。第二种是德国模式，即以修改《刑法》的形式，将散见于各种单行法律、法规中的有关刑罚的规定，择其要者，集中规定在《刑法》中，并设立专章，章名即为“危害环境罪”。第三种是英美模式，即将危害环境罪的罪名及应处的刑罚规定在环境法中。第四种是苏联模式，即类推适用模式，该模式是指在《刑法》中不直接规定危害环境罪，在环境法律、法规中不具体规定刑事处罚的条款，而只规定某些危害环境罪的构成要件，具体的刑事处罚需采用《刑法》中类似的条款，或者原则上规定“依法追究刑事责任”。在我国，第三种和第四种模式已被大多数论者所否定。理论上对我国环境犯罪立法模式的选择问题的讨论主要是围绕着第一种模式和第二种模式而展开的。

对此，一种观点认为，特别立法模式是四种模式中最科学的。因为环境刑事法律不仅要调整人与人之间的社会关系，更主要的是要解决人与自然之间的生态平衡关系。以特别立法模式规定环境犯罪，可以解决犯罪客体分类、环境犯罪特殊处罚及因果关系推定等《刑法》所无法解决的难题。因此，我国应将特别立法模式作为环境犯罪立法的目标模式。① 我国 1997 年《刑法》摒弃了原有的“类推适用”模式，采用了在《刑法》设专节规定环境犯罪的形式，这虽然在某种程度上有利于保持我国刑事法制的统一和稳定，但在一定程度上难以适应我国制裁环境犯罪的现实需要。这种立法模式仍具有如下不易克服的弊端：①修改《刑法》常常会牵一发而动全身，于无形中破坏其原有体系之严谨；②以《刑法》设专节规定环境犯罪，很难体现该类犯罪与其他犯罪的本质区别，适用起来很难发挥其作用；③刑法为实体法，无法对环境犯罪的因果关系作出规定，这样还要涉及刑事诉讼法的修正，未免牵涉面广。此外，采用专节形式，罪名、个罪虽然明确具体，但不免挂一漏万，如《刑法》就未对破坏草原、噪音污染等犯罪作出规定。②

另一种观点认为，我国现在仿效的是第二种模式。我国的环境犯罪立法模式不宜做质的变动，应仍沿用此模式。但环境犯罪在刑法中是一类比较特殊的犯罪，有其独特的构成特征和处罚原则，从长远的观点来看，将其单独作为一类犯罪是势在必行的。在将其单独作为一类犯罪规定时，应该将现行立法中分散在其他章节的有关环境犯罪纳入到“环境犯罪”一章。③

（六）重大环境污染事故罪

1. 重大环境污染事故罪的分立问题

我国 1997 年《刑法》将污染大气、污染水体和污染土地三类性质不同的污染环

---

① 参见邵道萍：《论我国环境犯罪的立法模式》，载《甘肃政法成人教育学院学报》，2005（9）。

② 参见陈泉生：《环境法原理》，12 页，北京，法律出版社，1997。

③ 参见李振聪：《浅论我国环境犯罪规定的现状》，载《森林公安》，2005（4）。

境行为聚合规定为重大环境污染事故罪。对此，有论者认为，对于性质不同，危害程度也不同的犯罪行为不宜规定在同一法律条款中。其主要理由如下。①对象差异很大，不宜规定为一个罪。从污染行为直接作用的对象看，污染大气行为、污染水体行为、污染土地行为所作用的领域是显然不同的，各自产生危害的机理也不大一样。②社会危害性程度有所不同，法定刑也应有所不同。就一般情况而言，污染水体的社会危害性要大于污染土地的社会危害性，而污染大气的可能大于、也可能小于污染土地的社会危害性。③实施方式或中介物质不同，行为特征也不同。[①]

2. 重大环境污染事故罪与过失投放危险物质罪的界限

根据《刑法》第338条的规定，违反国家规定，向土地、水体、大气排放、倾倒或处置有害废物的行为，必须造成重大环境污染事故和致使公私财产遭受重大损失或人身伤亡严重后果这两个结果，才能构成重大环境污染事故罪。但后一结果的规定，使该罪容易与过失投放危险物质罪相混淆，因此，将二者区分开来是理论与实践中面临的一个重要问题。有论者认为，二者的区别在于：①本罪行为是通过污染环境进而造成公私财产的重大损失或人身伤亡结果；而后者是直接造成人身伤亡等结果；②本罪在客观上表现为向土地、水体、大气排放、倾倒或者处置有放射性的废物、含传染病病原体的废物、有毒物质或者其他危险废物；后者在客观上表现为将毒害性、放射性、传染病病原体等物质投放于供不特定或者多数人饮用的食品或者饮料中，供人、畜等使用的河流、池塘、水井中或者不特定、多数人通行的场所；③在本罪的场合，所排放、倾倒或者处置的是因产品的生产、加工等而产生的危险废物，而后者对此并无要求。[②]

（七）非法处置进口的固体废物罪

有论者认为，本罪的主观方面表现为故意，包括直接故意和间接故意。所谓故意，即行为人明知将境外固体废物进境倾倒、堆放、处置是违反国家有关规定而故意为之。这里的明知包括如下内容：一是明知所进口的物品是国家禁止进口或者限制进口的固体废物；二是明知所进口的固体废物进境或者在境内任意倾倒、堆放、处置是违反国家有关规定的。[③] 另有论者认为，本罪主观方面表现为故意和过失两种形式。[④] 还有论者认为，行为人对实施进境倾倒、堆放、处置的行为是出于故意，但是对于所造成的重大环境污染事故以及致使公私财物遭受重大损失或者人身伤亡的严重后果，是出于过失的心理态度。[⑤]

（八）非法占用农用地罪

关于非法占用农用地数量的认定问题，有论者认为，对于非法占用耕地改作他

---

① 参见付立忠：《环境刑法学》，279～280页，北京，中国方正出版社，2000。

② 参见张明楷：《刑法学》，3版，818页，北京，法律出版社，2007。

③ 参见付立忠：《环境刑法学》，521页，北京，中国方正出版社，2000。

④ 参见张穹主编：《刑法适用手册》(下)，1203页，北京，中国人民公安大学出版社，1997。

⑤ 参见陈正云主编：《中国刑法通论》，612页，北京，中国方正出版社，1997。

用“数量较大”的衡量标准，一般参照《土地管理法》有关征用土地数量批准权限的精神，以毁坏耕地 3 亩以上作为数量较大的标准。① 亦有论者认为，这种以《土地管理法》（1996 年）征用最低审批权限确定基准占用数量的论点，虽然言之有据，但不乏商榷之处。2000 年 6 月 16 日最高人民法院《关于审理破坏土地资源刑事案件具体应用法律若干问题的解释》第 3 条规定，非法占用耕地“数量较大”，是指非法占用基本农田 5 亩以上或者非法占用基本农田以外的耕地 10 亩以上。②

关于农地的大量破坏的认定，有论者认为，农田破坏的结果在短期内往往难以确定，通常需要经过一段相当长的时间才会显现，因而，对本罪结果的判定，不应当以实际产生的具体结果来判断，而是要综合非法占用耕地改作他用的状态和数量来判断：实际造成耕地毁坏的，无疑构成本罪；足以造成耕地大量毁坏的，也应以本罪论处。③ 此外，还有论者提出，只要非法占用耕地数量较大，就以本罪论处，而不应以“造成耕地大量破坏”作为构成犯罪的条件。④

（九）非法采矿罪

1. 非法采矿行为方式的界定问题

关于《刑法》第 343 条第 1 款规定的非法采矿罪的行为方式，理论上有不同的理解。

第一种观点认为，行为的具体方式有四种表现：未取得采矿许可证擅自采矿的；擅自进入国家规划矿区、对国民经济具有重要价值的矿区和他人矿区范围采矿的；擅自开采国家规定实行保护性开采的特定矿种；经责令停止开采后拒不停止开采，造成矿产资源破坏的。⑤

第二种观点认为，行为的具体表现有以下几种：无证开采矿产资源，即没有取得采矿许可证而擅自进行采矿；越界开采矿产资源，即擅自进入国家规划矿区、对国民经济具有重要价值的矿区和他人矿区范围进行开采；擅自开采特定矿种资源，即擅自开采国家规定实行保护性开采的特定矿种，经责令停止开采后拒不停止开采的行为。⑥

第三种观点认为，本罪有三种表现形式：无证采矿，即未经法定程序取得任何

---

① 参见丁慕英等主编：《刑法实施中的重点难点问题研究》，814 页，北京，法律出版社，1998；樊凤林等主编：《中国新刑法理论研究》，801 页，北京，人民法院出版社，1997；高江西主编：《中华人民共和国刑法修订与适用》，721 页，北京，中国方正出版社，1997。

② 参见赵秉志、王秀梅、杜澎等：《环境刑法比较研究》，第 1 版，178 页，北京，法律出版社，2004。

③ 参见赵秉志主编：《新刑法全书》，1146 页，北京，中国人民公安大学出版社，1997。

④ 参见侯国云、白岫云：《新刑法疑难问题解析与适用》，372 页，北京，中国检察出版社，1998。

⑤ 参见张穹主编：《修订刑法条文实用解说》，444 页，北京，中国检察出版社，1997。

⑥ 参见王作富主编：《中国刑法的修改与补充》，267 页，北京，中国检察出版社，1997。

采矿许可证而擅自采矿；擅自进入国家规划矿区、对国民经济具有重要价值的矿区和他人矿区范围采矿；擅自开采国家规定实行保护性开采的特定矿种。这三种情况只要具备其一，即构成非法采矿行为。但是上述非法采矿行为必须“经责令停止开采后拒不停止开采”，并且“造成矿产资源破坏”，才构成犯罪。①

2. “经责令停止开采后拒不停止开采”这一要素应否删除的问题

有论者认为，《刑法》将“经责令停止开采后拒不停止开采”作为构成非法采矿罪的必要要素，极不合理。不利于保护宝贵的矿产资源；极易使犯罪分子钻空子、找关系，有关部门及人员就会对非法采矿的行为不管，这样，即使造成了矿产资源破坏甚至严重破坏的，刑法也没办法，因为该行为不具备构成非法采矿罪所需的“经责令停止开采后拒不停止开采”的必要要素；有关部门在制止非法采矿行为时可能采取口头的形式，甚至是独自一人制止非法采矿行为。这种情况下，如果造成矿产资源破坏甚至严重破坏的，要证明行为人的非法采矿行为曾经被制止过，有时可能很困难。基于上述考虑，论者建议将“经责令停止开采后拒不停止开采”从非法采矿罪的构成要件中删除，而只将其作为量刑情节予以考虑。②

但有人对上述观点提出质疑，认为其将直接导致扩大非法采矿罪惩处范围的后果。根据《刑法》第343条规定的立法精神，在非法采矿行为中加入“经责令停止开采后拒不停止开采”的内容，这属于客观方面的限制性构成要件，它表明并非所有非法采矿的行为都要作为犯罪来处理。一般情况下，如果行为人非法采矿不属于“经责令停止开采后拒不停止开采”，就可以按照《中华人民共和国矿产资源法》第39条规定，作出“责令停止开采赔偿损失、没收采出的矿产品和违法所得，可以并处罚款”的处理；但是，如果行为人“经责令停止开采后拒不停止开采”而“造成矿产资源破坏”后果的，就应以非法采矿罪论罪处罚。③

3. “造成矿产资源破坏”的界定问题

“造成矿产资源破坏”是本罪构成的法定结果。只有破坏行为，而无破坏结果，则无以构成犯罪。关于“造成矿产资源破坏”的理解，理论上主要有以下三种观点。

第一种观点认为，“造成矿产资源破坏”是指由于不合理的开采方法造成矿产资源的开采回采率下降，本来可以利用的共生矿、伴生矿和发展矿遭到破坏等情形。④

第二种观点认为，有下列情形之一的，可以视为“造成矿产资源破坏”：①在矿区乱采滥挖，使整个矿产及依据矿产设计的采矿方法受到破坏，造成矿产品不能充分开采的；②在储存共生、伴生有矿产的矿区采取采主矿弃副矿的采矿方法，对应综合开采、综合利用的矿产不采，使矿产不能充分合理利用的；③对暂不能综合开

---

① 参见陈广君主编：《中华人民共和国刑法释义》，446页，北京，人民出版社，1997。

② 参见吴占英：《论非法采矿罪》，载《河北法学》，2002（3）。

③ 参见孟庆华：《非法采矿罪的几个构成要件问题探讨》，载《淮北煤炭师范学院学报》（哲学社会科学版），2003（6）。

④ 参见胡康生、李福成主编：《中华人民共和国刑法释义》，91页，北京，法律出版社，1997。

采或必须同时采出而暂时还不能综合利用的矿产以及含有有用成分的尾矿，不采取有效的保护措施，造成损失破坏的；④不按合理的顺序采矿，采富矿弃贫矿、采厚层矿弃薄层矿、采易采矿弃难采矿、采大矿体弃小矿体而失去大量矿产资源的；⑤不按合理的开采方法采矿，造成开采回采率低，采矿贫化率高，与设计指标相差甚多，造成资源浪费的；⑥不按合理的选矿工艺，造成选矿回收率低，与设计指标相差甚多，造成资源浪费的；⑦对一些特殊矿产，不按有关部门颁发的技术规范中规定的方法采矿，造成资源破坏、浪费的。①

第三种观点认为，尽管上述两种观点在解释“造成矿产资源破坏”的内容上有全面与否之别，但两者共同的不足就是都欠缺量化的因素，而最高人民法院《关于审理非法采矿、破坏性采矿刑事案件具体应用法律若干问题的解释》第 3 条则规定了量化的具体内容，即非法采矿造成矿产资源破坏的价值，数额在 5 万元以上的，属于《刑法》第 343 条第 1 款规定的“造成矿产资源破坏”。应当说，适用具体数额的量化内容来界定“造成矿产资源破坏”的法定结果，对司法人员处理案件是极为便利的。但是，由于该解释仅以 5 万元数额作为认定“造成矿产资源破坏”的标准，而不考虑或不采用其他的因素，这必将导致认定上的问题。例如“造成矿产资源破坏”的面积广泛、非法开采的次数多或在多个地方开采的等情形显然也属于“造成矿产资源破坏”的范围，但对此却很难采用具体的数额标准来判定，以致无法予以定罪量刑。②

三、整体评论

在上述两个部分，笔者分别对自 1978 年至 2008 年我国刑法学界关于环境犯罪的研究历程进行了回顾，对环境犯罪中争议、疑难问题的研究观点进行了综述。由此可以看出，刑法学界在环境犯罪的研究方面取得了相当丰硕的成果，这些成果对于环境资源的刑法保护起到了重大作用。但是，我们也应当清醒地认识到，在我国环境犯罪的研究中还有许多不尽如意而亟待改进的地方，例如，基础理论研究尚不够深入，有些重要而基本的领域尚未触及；学术研究低水平重复现象比较严重；对当代世界各国环境刑法保护的先进经验研究不够，尚未完全走出简单移植、生搬硬套的研究误区；等等。可以预见，伴随着经济的进一步发展，环境犯罪会越来越严重、复杂，这必将使环境犯罪的学术研究面临更高的要求。

（一）研究的主要特点

1. 研究范围日益广泛，研究内容日益精深，研究方法日益多样

我国环境刑法经历了从萌芽、形成、发展到成熟完备的阶段，环境犯罪的研究

---

① 参见曾芳文、段启俊：《个罪法定情节研究与适用》，853～854 页，北京，人民法院出版社，2002。

② 参见孟庆华：《非法采矿罪的几个构成要件问题探讨》，载《淮北煤炭师范学院学报》（哲学社会科学版），2003（6）。

范围也相应的经历了一个不断扩展的过程。到目前为止，在环境刑法学作为一个分支学科所应该包括的所有范围中，环境犯罪的研究成果都有所涉及。

在研究范围不断拓展的过程中，研究内容亦日益精深。比如，关于环境犯罪的客体，有论者将之归于公共安全，即环境犯罪侵犯的是不特定的多数人的生命、健康和重大公私财产的安全。① 显然，这种观点不能满足惩治日益严重的环境犯罪的需要。后来，有论者认为，环境犯罪所侵犯的客体是环境权。② 与前一观点相比，这一观点凸显了环境犯罪所保护的客体的重要性，因而更有利于环境的刑法保护。

从研究方法上看，除了主要运用注释方法之外，实证研究法、个案剖析法、历史分析法、比较研究法等方法也有所运用。

2. 研究的理念从传统的人本主义转向现代的人本主义

关于环境刑法的立法理念问题，存在着传统的人本主义与现代的人本主义之争。在环境犯罪的研究理念上，也相应的实现了由传统的人本主义向现代的人本主义的转变。

传统的人本主义认为，人类能够挣脱大自然的束缚，认识自然，改造自然，征服自然，做自然的主人，人类之外的客体的价值取决于它们对人的需要价值的满足。人是最高级的存在物，因而他的一切需要都是合理的，他可以为满足自己的任何需要而毁坏或灭绝任何自然存在物，只要这样做不损害他人的利益。如果地球上只剩下最后一个人，那么，即使他在死亡之前使地球爆炸，他的行为也是合乎道德的。因而，人类对非人类存在物的关心只应限于那些对人类有用的自然物，而且对这些自然物的义务只是对人的一种间接义务。人类只要根据“开明自利”的原则来指导和调节人与自然的关系，环境危机和生态失调问题就可迎刃而解。③ 而现代的人本主义则是伴随着20世纪六七十年代全球环境生态危机的凸显而产生的，其核心思想是：为了解决环境生态危机问题，人类必须保护自然资源环境，与大自然和谐相处。

传统的人本主义向现代的人本主义的过渡影响到环境犯罪研究的诸多层面。在概念层面上，前者认为，应从保护人的生命健康和财产功能出发，通过对人的基本利益的保护达到保护环境的目的；而后者则认为，危害环境犯罪是指危害生态系统自身的犯罪。在客体层面上，前者认为，环境犯罪侵犯的是不特定的多数人的生命、健康、重大公私财产的安全或经济秩序等；后者则认为，破坏环境资源保护罪的客体从义务的角度看是国家环境资源保护制度，从权利的角度看是国家、法人和公民的环境权。在立法思想层面上，前者持后果本位的结果无价值论的立场，主张将严重危害环境的行为规定为犯罪，要受“量”的要素的制约，没有达到一定量的不严重的危害环境的行为不应被视为犯罪，而应采用非刑罚方法处理；后者持规范本位主义的立场，主张将违反环境保护法律规范作为犯罪的基础要件，而忽视危害行为

① 参见王力生：《环境犯罪及其立法完善》，载《当代法学》，1991（3）。

② 参见李卫红：《环境犯罪论》，载《烟台大学学报》，1996（2）。

③ 参见章海荣：《生态伦理与生态美学》，106页，上海，复旦大学出版社，2005。

和结果的量化指标。

现代的人本主义已成为我国环境犯罪研究的主流指导思想，这反映出刑法学界在环境犯罪的研究方面接纳了合乎潮流的先进的理念。

（二）研究中存在的问题

1. 重复研究的现象十分严重

30 年间，尽管我国已发表的环境犯罪方面的论文林林总总，数量可观，出版的相关专著也达十多部，但是，千篇一律的现象非常严重。比如，很多论文对于所支持的观点没有综合采用各种研究方法进行充分的论证，以力求见解独到，这就导致百文一面，缺乏创新。

2. 逻辑思辨过多，实证研究匮乏

法律条文是相对静止不变的，而社会生活却是经常变动不居的。要切实地解决实际生活中的刑法问题，理性的思辨、逻辑的分析固然是重要的，但是，脱离现实、缺乏调查研究的思辨只能是抽象和空洞的，所取得的研究成果也不可能是科学合理的。遗憾的是，我国目前关于环境犯罪的成果大多采用了纯粹的逻辑思辨的方法，而较少采用实证研究的方法。这固然与实证研究需要投入大量的人力、物力、财力以及资料难于收集有关，但论者们多年养成的长于思辨、不求实效的惰性而导致其缺乏直面现实的勇气也是重要的因素。

（三）环境犯罪研究的展望

1. 加强环境犯罪的基础理论研究

刑法学的生命力不仅在于其应用性，还在于其科学性。而要维护刑法学的科学性，就必须进行刑法的基础理论研究，综合运用刑法学的理论和相关学科的知识来揭示刑事法制的内在客观规律。环境犯罪的学术研究也理应如此。纵观近现代世界各国环境刑法发展的历史，基础理论研究在其中均扮演着十分重要的角色。我国以往关于环境犯罪的研究虽然关注了基础理论问题，但仍存在着理论研究的死角。由此可见，环境犯罪的基础理论研究仍然是环境犯罪研究中的重点之一。

2. 加强实证研究

人类科学研究的历史表明，认识方法的变革会导致科学本身的变革，理论的创新往往来自于研究方法的创新。针对以往刑法学界注重定性研究而忽视定量分析、重视逻辑思辨而忽视调查研究等问题，笔者认为，尤其应加强关于环境犯罪在司法实践中存在的问题、环境犯罪的危害、环境刑法的实效等方面的实证研究。

第二十章
毒品犯罪

一、研究概况

新中国成立后，毒品基本上在中国内地销声匿迹，所以，1979 年《刑法》只对毒品犯罪用一个条文加以规定。随着改革开放的不断推进，受国际毒品犯罪形势的影响，毒品问题在我国也悄然出现，并且呈现出上升的势头。这样，1979 年《刑法》中有关毒品犯罪的规定在新的毒品犯罪形势下便显得力不从心。我国最高立法机关为了遏制毒品犯罪上升的势头，通过制定单行刑法或者附属刑法修改第 171 条的罪状、罪名与法定刑。比如，1982 年《关于严惩严重破坏经济的罪犯的决定》将贩毒罪的处刑修改为最高可判处死刑，1987 年《海关法》增加规定了走私毒品罪，1988 年《关于惩治走私罪的补充规定》明确了走私毒品罪的最高刑是死刑。最高司法机关则通过司法解释的形式对毒品犯罪的量刑标准、类推适用等作出规定。比如，1987 年最高人民法院《关于〈贩卖毒品死刑案件的量刑标准〉的答复》对云南省高级人民法院拟定的贩卖毒品死刑案件的量刑标准作了批示，1990 年最高人民法院、最高人民检察院《关于非法种植罂粟构成犯罪的以制造毒品罪论处的规定》对非法种植罂粟的犯罪行为以制造毒品罪定罪作了规定。1990 年 12 月 28 日全国人民代表大会常务委员会《关于禁毒的决定》是对现实中毒品违法行为犯罪化要求的一次集中回应。由此，毒品犯罪所包括的行为类型明显增多，除了制造、贩卖、运输毒品的行为外，还包括走私毒品、非法持有毒品、包庇毒品犯罪分子、窝藏转移隐瞒、掩饰隐瞒毒赃的性质和来源、运输携带制毒原材料进出境、非法种植毒品原植物、引诱、教唆、欺骗、容留、强迫他人吸食、注射毒品等多种行为。《关于禁毒的决定》为1997《刑法》中毒品犯罪的规定奠定了基础。1997年《刑法》第6章第7节专门规定了“走私、贩卖、运输、制造毒品罪”。从内容上看，该节的规定很大程度上吸纳了1990年全国人大常委会《关于禁毒的决定》，并对具体个罪的构成要件和法定刑作了一定的调整。

结合自1978年至2008年我国毒品犯罪的立法发展变化，可以将毒品犯罪的研究分为三个阶段。以下就各个阶段研究的概况作一简要介绍。

第一个阶段：1979年《刑法》颁行后至1990年《关于禁毒的决定》颁行以前。

这一阶段基本上属于毒品犯罪研究的萌动期。在这一阶段，由于毒品犯罪的立法相对简单，因此，研究成果的数量较少，代表性的论文只有数篇，且没有关于毒品犯罪的专著。

第二个阶段：1990年《关于禁毒的决定》实施后至1997年《刑法》实施之前。

这一阶段属于我国毒品犯罪研究的发展期。《关于禁毒的决定》围绕着毒品犯罪的各种各样的行为类型，作了较为详细的规定。因而，《关于禁毒的决定》的问世，在相当程度上填补了我国毒品犯罪立法的空白。由于立法内容上的充实，在这一阶段，毒品犯罪的研究无论是在数量还是在质量上都较前一个阶段有了极大的提高。据粗略统计，在这一时期，关于毒品犯罪的专题著作主要有：桑红华的《毒品犯罪》（警官教育出版社1992年版）；王永成主编的《打击毒品犯罪实用》（人民法院出版社1992年版）；欧阳涛、陈泽宪主编的《毒品犯罪及对策》（群众出版社1993年版）；赵秉志主编的《毒品犯罪研究》（中国人民大学出版社1993年版）；云南省高级人民法院编撰的《惩治毒品犯罪理论与实践》（中国政法大学出版社1993年版）；崔庆森、陈宝树主编的《中外毒品犯罪透视》（社会科学文献出版社1993年版）。围绕毒品犯罪进行研究的论文有近百篇。研究的主要问题包括：毒品的概念和范围；毒品的特征；毒品犯罪的种类；毒品犯罪的一般构成要件；毒品犯罪的特点；毒品犯罪的认定与处罚；毒品数量的认定；毒品犯罪共犯的法律适用；对制造、购买假毒品或者掺入少量真毒品出售的行为的定性；具体毒品犯罪个罪的概念和构成要件、罪与非罪、此罪与彼罪的区别。这一阶段的研究既丰富了我国毒品犯罪领域的相关研究，同时也为1997年《刑法》的修订奠定了坚实的理论基础。

第三个阶段：自1997年《刑法》颁行后至今。

这一阶段属于我国毒品犯罪研究的繁荣期。随着1997年《刑法》的问世，刑法学界有关毒品犯罪的研究如火如荼地展开。据粗略统计，在这一阶段，关于毒品犯罪的专著主要有：赵秉志主编的《现代世界毒品犯罪及其惩治》（中国人民公安大学出版社1997年版）；于志刚的《毒品犯罪之理论问题研究》（时事出版社1997年版）；邱创教主编的《毒品犯罪惩治与防范全书》（中国法制出版社1998年版）；赵长青、苏智良主编的《禁毒全书》（中国民主与法制出版社1998年版）；何颂跃编著的《冰毒危害与毒品犯罪法律惩罚》（人民法院出版社1999年版）；邹伟主编的《毒品犯罪的惩治与防范》（西苑出版社 1999 年版）；于志刚的《毒品犯罪相关犯罪认定处理》（中国方正出版社 1999 年版）；赵秉志、于志刚主编的《毒品犯罪疑难问题司法对策》（吉林人民出版社 2000 年版）；蔺剑的《毒品犯罪的定罪与量刑》（人民法院出版社 2000 年版）；郑蜀饶的《毒品犯罪的法律适用》（人民法院出版社 2001 年版）；杨鸿的《毒品犯罪研究》（广东人民出版社 2002 年版）；赵秉志、于志刚合著的《毒品犯罪》（中国人民公安大学出版社 2003 年版）；张凤忠主编的《公安机关办理毒品犯罪案件实务全书》（甘肃文化出版社 2003 年版）；郦毓贝主编的《毒品犯罪司法适用》（法律出版社 2005 年版）；杨忠民编著的《查办毒品犯罪案件实用指南》（中国人民公安大学出版社 2007 年版）等。有关毒品犯罪的学术论文（包括博士论文、硕士论文）更是数不胜数。在这一阶段，毒品犯罪研究的主要内容包括毒品犯罪的概念、构成特征、刑罚适用，毒品犯罪的特点，毒品犯罪案件的评析、实务对策，等等。

二、观点综述

（一）毒品犯罪的一般性问题

1.《关于禁毒的决定》所规定的毒品犯罪的罪名问题

对此，刑法理论界有三种观点。

第一种观点认为，《关于禁毒的决定》除了保留原来刑法规定的走私、贩卖、运输、制造毒品外，还增加了以下毒品犯罪的罪名：非法持有毒品罪，包庇毒品犯罪分子罪，窝藏毒品罪，窝藏毒品犯罪所得财物罪，走私制造麻醉药品、精神药品的物品罪，非法种植毒品原植物罪，引诱、教唆、欺骗他人吸食、注射毒品罪，强迫他人吸食、注射毒品罪，非法提供毒品罪。①

第二种观点认为，《关于禁毒的决定》新增加的罪名有 10 种：走私毒品罪，非法持有毒品罪，包庇毒品犯罪分子罪，窝藏毒品罪，窝藏毒品犯罪所得财物罪，走私用于制造麻醉药品、精神药品的物品罪，非法种植毒品原植物罪，引诱、教唆、欺骗他人吸食、注射毒品罪，强迫他人吸食、注射毒品罪，非法提供毒品罪。②

第三种观点认为，《关于禁毒的决定》规定的毒品犯罪共有 12 种：走私毒品罪，贩卖、运输、制造毒品罪，非法持有毒品罪，包庇毒品犯罪分子罪，窝藏毒品罪，窝藏毒品犯罪所得的财物罪，掩饰、隐瞒出售毒品获得财物的非法性质和来源罪，非法运输、携带制毒物品进出境罪，非法种植毒品原植物罪，引诱、教唆、欺骗他人吸食、注射毒品罪，强迫他人吸食、注射毒品罪，非法提供毒品罪。③

2.《刑法》第 356 条规定的理解问题

对此，理论上有两种观点。

① 参见张杰炜：《关于毒品犯罪法律规定的研究》，载《甘肃政法学院学报》，1992 (2)。
② 参见邓又天、邓纲：《论毒品犯罪》，载《现代法学》，1993 (2)。
③ 参见高铭暄、赵秉志、李希慧：《论毒品犯罪的罪名与刑罚适用》，载《中国法学》，1992 (3)。

一种观点认为，《刑法》第356条的内容实质是累犯制度中的特殊累犯。《刑法》第356条与累犯制度之间存在一种竞合关系。对此，应适用累犯制度的规定，相比较累犯制度属重法。①

另一种观点认为，《刑法》第356条规定的是毒品再犯而非累犯制度。②

关于毒品犯罪再犯与累犯制度竞合时的处罚问题，有论者认为，最高人民法院2000年《全国法院审理毒品犯罪案件工作座谈会纪要》中“关于同时构成再犯和累犯的被告人，今后一律适用《刑法》第356条规定的再犯条款从重处罚，不再援引刑法关于累犯的条款”的规定值得商榷。对毒品再犯中符合累犯条件的，均应按照累犯进行处理。理由是：第一，上述规定会导致对毒品累犯的犯罪人适用缓刑；第二，上述规定会导致对毒品累犯的犯罪人适用假释；第三，上述规定会导致处罚后果上的严重失衡；第四，对毒品再犯中符合累犯条件的适用累犯的规定进行处罚不违反刑法的规定。③

3. 毒品犯罪的共犯问题

有论者认为毒品犯罪的共同犯罪主要有以下类型：第一种是走私、贩卖、运输、制造毒品的犯罪集团；第二种是共同策划、共同集资、共同分利的一般共同犯罪；第三种是多人帮助“货主”走私、贩卖、运输毒品，或介绍买卖毒品的一般共同犯罪。④

有论者认为，在认定毒品犯罪的共同犯罪人之间的犯意联络时应注意：一是并不要求所有参与共同犯罪的行为人之间都必须存在犯意联络，只要实行犯或组织犯与其他共同犯罪的行为人之间存在犯意联络就足以构成共同犯罪；二是各共同犯罪人之间的犯意来源同一，但途径并非都是单向的。无论是从刑法理论层面，还是从司法实践层面，均有肯定毒品犯罪片面共犯成立共同犯罪的合理性与必要性。⑤

4. 毒品含量的认定问题

毒品的含量与毒品的数量密切相关，而毒品的数量多寡，直接影响着行为人的刑罚轻重，甚至可能决定对行为人是否适用死刑。关于毒品含量的认定问题，理论上主要有以下观点。

第一种观点认为，一定种类的毒品，其中真毒品含量不同，可能造成的社会危害性大小也不同。如果把不同含量的毒品总量都作为量刑的数量依据，那就是把非毒品当成毒品来对待，就会造成罚不当罪。⑥

第二种观点认为，如果犯罪人能够提出证据证明其走私、贩卖、运输的毒品当

---

① 参见马克昌主编：《刑罚通论》，416页，武汉，武汉大学出版社，1999。

② 参见李海滢：《毒品再犯之我见》，载《当代法学》，2002（2）。

③ 参见朱建华：《毒品犯罪再犯与累犯竞合时的法律适用》，载《人民检察》，2006（9）。

④ 参见马骊华：《毒品犯罪案件中的共同犯罪问题分析》，载《犯罪研究》，2000（3）。

⑤ 参见徐新彦：《毒品案件中共同犯罪的认定》，载《河南公安高等专科学校学报》，2006（2）。

⑥ 参见张华封：《如何确定毒品犯罪中量刑的毒品数量标准》，载《人民司法》，1991（12）。

从他人手中获得时纯度较高，而自己为降低纯度加以稀释或者掺杂掺假，从而导致毒品纯度下降而数量上升的，则应考虑适用原来的毒品数量。①

第三种观点认为，毒品犯罪之所以以毒品数量的多少作为量刑的重要基点，其中主要原因是毒品数量越多，扩散的范围就越广，导致吸食毒品的人就越多，对社会带来的危害就越大，所以，毒品数量的多少是决定毒品犯罪社会危害性大小的决定性因素，而毒品纯度大小一般并不能影响到毒品扩散面的大小，也不必然影响吸食毒品的人数多少，所以毒品的纯度大小并不是决定毒品犯罪社会危害性大小的主要因素。对于查获的毒品有证据证明大量掺假，经鉴定查明毒品含量极低，确有大量掺假成分的，在处刑时应酌情从轻。特别是掺假之后毒品数量才达到判处死刑标准的，若无其他严重情节的，原则上可不判处死刑立即执行。②

5. 毒品犯罪的死刑适用问题

有论者认为，对毒品犯罪的死刑要全面地、辩证地看，不搞一刀切、绝对化。罪大恶极是我国刑法规定适用死刑的前提条件（1979 年《刑法》的规定——笔者注）。只有数量、情节合起来达到法律规定的死刑标准，才适用死刑。③ 有论者认为，对于毒品犯罪的死刑适用标准，应严格依照以下原则进行：第一，就死刑存在的范围而言，只限于走私、贩卖、运输、制造毒品罪，其他类型的毒品犯罪均不能适用死刑；第二，就死刑适用的情节而言，只限于《刑法》第 347 条所规定的五种情节；第三，在行为人具有上述情节的情况下，也不能不分轻重就一律适用死刑，而是应当在 15 年有期徒刑、无期徒刑及死刑之间恰当选择，以做到罪刑相适应。④还有论者认为，死刑无论是对走私、贩卖毒品的人员，还是对“以贩养吸”的吸毒人群或者其他毒品犯罪分子来说，其威慑力都没有一般认为的那么大。因为毒品犯罪作为贪利型犯罪，具有贪利型犯罪的一般特点，其犯罪目的不是为了侵害他人的生命或健康，而是为了暴利。尽管毒品犯罪是一种公认的国际犯罪，且 1988 年联合国《禁止非法贩运麻醉药品和精神药物公约》要求各缔约国采取必要措施使这类犯罪受到充分顾及其严重性质的制裁，但该公约并不主张对严重的毒品犯罪适用死刑。事实上，世界上绝大多数国家在运用刑罚打击毒品犯罪时都没有动用死刑，即使在毒品的最大消费国——美国，对毒品犯罪最严厉的刑罚也仅仅是 3 年监禁。对毒品犯罪规定死刑的国家在世界上占极少数，多为亚洲的一些发展中国家，如越南、老

① 参见赵秉志、于志刚：《毒品犯罪疑难问题司法对策》，100 页，长春，吉林人民出版社，2000。

② 参见汪敏、任志中：《毒品犯罪案件中毒品数量的认定》，载游伟主编：《华东刑事司法评论》，第 5 卷，159 页，北京，法律出版社，2003。

③ 参见王树良、张晋明、李宁：《谈毒品死刑案件中情节的理解与掌握》，载《法律适用》，1994 (1)。

④ 参见赵秉志、于志刚主编：《毒品犯罪》，115～117 页，北京，中国人民公安大学出版社，2003。

挝、泰国、中国等。论者主张通过增加财产刑的适用来限制对毒品犯罪的死刑适用。① 也有论者认为，对贩卖毒品行为，不应当再适用死刑。个人消费毒品及为个人消费而持有毒品的行为不应受到惩罚；成年人之间无偿提供毒品的，也不应受到处罚。② 有的论者甚至主张，出于现实中打击毒品犯罪的需要，我国现行《刑法》对毒品犯罪仍然保留了死刑。但是，从司法实践角度看，我们应当严格限制毒品犯罪死刑的适用；从立法论角度看，出于对人权的保护和尊重，以及受到毒品合法化等因素的影响，我们应当力争废除我国刑法中毒品犯罪保留的死刑。③

6. 毒品犯罪刑罚适用中的刑事政策问题

有论者认为，从我国刑事立法看，对毒品犯罪的刑罚适用经历了一个从严趋缓再转严的发展过程。然而，随着我国刑事政策由“惩办与宽大相结合”向“宽严相济”的转变，对毒品犯罪的刑罚适用也应充分体现刑事政策的这种变化。我国现行《刑法》对毒品犯罪适用刑罚的规定，应当根据“宽严相济”刑事政策理论的要求，作出必要的完善：可以通过提高死刑标准来限制死刑的适用，特别是对于弱势群体中的贩卖、运输毒品行为，可以从宽处理，严格限制死刑的适用，而对于制造和走私毒品犯罪则可以从严处理；扩大财产刑的适用范围；正确把握毒品数量这一适用刑罚的标准。④ 还有论者指出，从刑法及实践层面来看，我国对毒品犯罪无疑持严惩的态度，但毒品犯罪问题并没有在严刑峻法之下灰飞烟灭，反而有越演越烈之势。实践证明，“严打”并不能从根本上解决毒品犯罪问题，“宽严相济”的刑事政策在现阶段也许是一个正确的选择。⑤

（二）毒品犯罪个罪的主要问题

1. 贩卖毒品罪

（1）贩卖毒品罪的成立是否要求必须具备牟利目的

对此，理论上有两种观点。

第一种观点认为，本罪主观上除了具有对构成要件事实的认识外，还必须具有牟利目的。以牟利为目的是贩卖毒品罪的主观要件必备的内容。⑥ 单纯从刑法分则没有明确规定就推断出贩卖毒品罪不需要有牟利的目的，过于武断；单纯从客观社会危害方面无法解释贩卖毒品行为之犯罪性基础，也无法推断出贩卖毒品罪不应以

---

① 参见梅传强、徐艳：《毒品犯罪的刑罚适用问题思考——兼论毒品犯罪限制适用死刑》，载《甘肃政法学院学报》，2006（3）。

② 参见桑红华：《毒品犯罪》，52页，北京，警官教育出版社，1992。

③ 参见陈世伟：《毒品犯罪死刑问题研究》，载《西南政法大学学报》，2006（2）。

④ 参见梅传强、张异：《毒品犯罪刑罚适用中的宽严相济》，载《重庆工学院学报》（社会科学），2008（2）。

⑤ 参见马骊华：《宽严相济刑事政策在毒品犯罪案件中的应用》，载《云南大学学报》（法学版），2008（4）。

⑥ 参见于志刚：《毒品犯罪及相关犯罪认定与处理》，107页，北京，中国方正出版社，1999。

牟利为目的。理由是：首先，刑法之所以把贩卖毒品行为犯罪化并予以规制，乃着眼于贩卖毒品行为之社会侵害性以及贩卖毒品行为人之主观恶性；其次，贩卖毒品行为应该具备牟利目的也是罪刑均衡原则与谦抑原则的必然结论；最后，从社会评价的角度看，贩卖毒品罪也应该具有牟利目的。① 第二种观点认为，贩卖毒品罪的主观方面不需要具备牟利的目的，原因在于：首先，从构成要件角度说，牟利是行为人的一种动机而不是本罪的目的。《刑法》第 347 条未规定牟利目的，恰恰是因为立法者认为本罪不应以牟利为构成要件；其次，从犯罪现状与危害性角度来看，贩卖毒品罪不属于经济犯罪，也不属于营利性犯罪；最后，增加牟利目的，会在司法实践中产生诸多混乱与矛盾。②

（2）贩卖毒品罪的客观方面

对此，理论上有五种观点。

第一种观点认为，贩卖毒品是指有偿转让毒品或者以贩卖为目的而非法收购毒品。③

第二种观点认为，贩卖毒品，是指非法的有偿转让，既包括买进毒品后再卖出的行为，也包括单纯出卖毒品的行为。把购买解释为贩卖，超出了普通公民的理解、预测能力。④

第三种观点认为，我国贩卖毒品罪中的贩卖是指非法的有偿转让，包括买卖、交换、批发和零售，该罪中的贩卖不宜仅按通常的含义如“转手倒卖”来理解。⑤

第四种观点认为，贩卖毒品包括三个方面的内容：一是行为人具有流通毒品的目的；二是行为人事实上拥有对毒品的控制权和处分权，并可以按照自己的意志处分毒品；三是客观上有毒品的控制或者失控行为。下列行为均属于贩卖毒品：以流通为目的的买入毒品，如非法收购毒品；以流通为目的且对毒品有事实上的所有权而持有毒品，如行为人持有的虽然是继承的毒品，但有明显的流通转让目的；以流通为目的而转让毒品事实上的所有权。贩卖毒品强调的是卖出行为。贩卖的成立不需要具备牟利目的，无偿赠与行为同样可以构成贩卖毒品罪。只要行为人以流通为目的将其控制的毒品处分给他人，即属于贩卖毒品行为。理由如下：其一，基于有效控制毒品、防止立法漏洞出现的需要。如新型毒品开发后，为打开市场，由毒贩免费发放品尝的行为即属于贩卖毒品行为；其二，贩卖毒品行为的多样性使本罪无须具备牟利性，对将毒品无偿转让赠与给对方的行为不定罪，未免放纵了罪犯；其三，国际公约的规定和各国立法趋势的必然要求。任何给予毒品的行为具有同样的

---

① 参见谢秋凌、高巍：《论贩卖毒品罪之目的》，载《云南大学学报法学版》，2006（1）。

② 参见高艳东：《贩卖毒品罪基本理论问题探析》，载《云南警官学院学报》，2004（1）。

③ 参见张明楷：《刑法学》（下），866 页，北京，法律出版社，1997。

④ 参见戴有举：《如何理解贩卖毒品罪中的“贩卖”》，载《人民检察》，2006（3）。

⑤ 参见梅咏明：《试论贩卖毒品罪的若干法律问题》，载《武汉科技大学学报》（社会科学版），2002（2）。

危害。扩大对贩卖的解释，将赠与行为视为一种特殊贩卖行为是一个司法捷径。①

第五种观点对第四种观点进行了批驳。首先，该观点将实践中司法机关对单纯的赠与行为不以贩卖毒品罪定罪处罚与这种行为不受处罚相混淆；同时，将单纯赠与毒品视为贩卖毒品行为违背了罪刑相适应原则。行为人持有赠与的毒品完全可能构成非法持有毒品罪，因此不会出现论者所担心的立法疏漏。其次，对于实践中出现的行为人开发新型毒品的行为，完全符合制造毒品罪的构成而应当认定为制造毒品罪。对于行为人制造毒品后发放毒品的行为实际上可以被其制造毒品的行为所吸收，所以不会轻纵犯罪分子。最后，该观点是对国外刑法特别是英国刑法相关规定的极大误解，也是对我国刑法现行相关规定的忽略。实际上我国 1997 年《刑法》对于“故意给予毒品的行为”有着明确的规定，如引诱、教唆、欺骗他人吸食、注射毒品罪与强迫他人吸食、注射毒品罪。②

（3）贩卖毒品罪的既遂标准

对此，理论上有四种观点。

第一种观点认为应采取契约说，即买卖双方当事人就毒品交易事项达成一致，便构成既遂，而不管毒品是否交付。③

第二种观点认为，应采取进入交易说，即以毒品是否进入交易为准，至于是否已实际成交、是否获利，不影响既遂之成立。④

第三种观点认为，贩卖毒品行为通常包括两个阶段，第一个阶段为购买毒品即先低价买入毒品；第二个阶段为将低价买入的毒品高价抛出，从中获利。因此，无论是买入还是卖出，只要买或卖的行为实施完毕，两者只居其一，就应构成本罪既遂，而无须卖出获利。⑤

第四种观点认为应以毒品的实际交付为既遂标准。即使达成了买卖协议，只要尚未实际交付毒品，就不是既遂；即使交易款尚未支付，只要毒品已交付，也构成既遂。⑥

2. 运输毒品罪

（1）运输毒品罪的特征

有论者对运输毒品罪的特征进行了剖析：法域限制——运输必须发生在同一个法域内；地域限制——改变毒品空间所在地不是运输毒品的必要条件；认识限制——认识到是毒品但没有认识到毒品的用途；目的限制——运输毒品必须以流通毒品为目的；关键特征——运输人对毒品无所有权且不按照自己意志处分毒品；结

① 参见高艳东：《贩卖毒品罪基本理论问题探析》，载《云南警官学院学报》，2004（1）。
② 参见陈世伟：《对贩卖毒品罪基本理论问题的若干思考》，载《云南警官学院学报》，2005(2)。
③ 参见于志刚：《毒品犯罪及相关犯罪认定与处理》，132 页，北京，中国方正出版社，1999。
④ 参见蔺剑：《毒品犯罪的定罪与量刑》，174 页，北京，人民法院出版社，2000。
⑤ 参见蒋莺：《贩卖毒品罪的认定与处罚》，载《中央政法管理干部学院学报》，1997（5）。
⑥ 参见韩建设、陈洪兵：《试析毒品犯罪》，载《甘肃行政学院学报》，2003（4）。

局特征——运输使毒品在不同控制者间流通，“运输”与“转移毒品”不同。①

（2）运输毒品罪的主观方面

有论者认为，运输毒品罪的主观方面包括“概括性认识”。关于“概括性认识”的判断，可以从10个方面来分析：一是获得了“常人不会给予的劳动报酬”；二是东西“放在常人不会放的地方”，采取“常人不会采取的包装方式”；三是采取“常人一般不会采取的交接方式”；四是走“常人一般不会走的行程路线”；五是行为人的职业或经历；六是嫌疑人对行为发生地的毒品的了解程度或经验；七是嫌疑人与同案人的交往及对其的了解；八是共同犯罪人的口供及其他证人证言；九是缉毒人员对嫌疑人进行检查、盘问、抓获时，嫌疑人采取将所携带物品抛掷车外逃跑等惊慌举动；十是不讲真实姓名，经反复核查查无此人的，也可以证明其具有逃避法律制裁的故意。②

（3）运输毒品罪的既遂标准

对此，理论上主要有三种观点：③ 第一种观点认为，对于运输毒品者来说，其开始运输毒品之时是犯罪的着手；由于行为人意志以外的原因没有到达目的地的，是犯罪未遂；毒品被运抵目的地时，是犯罪既遂。第二种观点认为，运输毒品罪的既遂与否，应以毒品是否起运为准。毒品一旦进入运输途中，就构成本罪的既遂。第三种观点认为，只要行为人实施了运输毒品行为，无论其是否运达目的地，均应定为运输毒品罪的既遂。

（4）运输毒品罪独立存在的必要性问题

有论者认为，运输毒品罪并没有独立存在的必要，因而主张废除运输毒品罪。司法实践中对于走私、贩卖、制造毒品的运输者，应以走私、贩卖、制造毒品罪定罪处罚；对于帮助走私、贩卖、制造毒品的犯罪分子运输毒品者，以走私、贩卖、制造毒品罪的从犯，从宽处罚。④

3. 制造毒品罪

关于制造毒品罪中的“制造毒品”的理解问题，理论上有三种观点。

第一种观点认为，制造毒品是将毒品原植物、制毒原料、制毒配剂等经过生产制作、提炼、配制成毒品，或将一种毒品加工、精炼转换成为另一种毒品的行为。如果行为人只是对毒品的形态、包装加以变换，例如将糊状的鸦片通过干燥处理使其成为固态，将粉状海洛因压缩成块状等，并没有改变毒品的性质，也不能生产出新的毒品，其行为则不属于制造毒品的行为。⑤

---

① 参见高艳东：《运输毒品罪疑难问题研究》，载《广西政法管理干部学院学报》，2004（6）。

② 参见李士勇：《运输毒品罪主观要件研究》，载《铁道警官高等专科学校学报》，2005（3）。

③ 参见肖敏：《运输毒品罪既遂、未遂问题探析》，载《现代法学》，2007（1）。

④ 参见赵秉志、肖中华：《论运输毒品罪与非法持有毒品罪之立法旨趣与隐患》，载《法学》，2000（2）。

⑤ 参见郑蜀饶：《毒品犯罪的法律适用》，97页，北京，人民法院出版社，2001。

第二种观点认为，制造毒品，是指利用毒品原植物和制毒材料，依一定方法非法加工、提炼、配置毒品的行为。它包括利用毒品原植物做原料，提炼或者制造成毒品，或者利用化学合成方法将粗制毒品精练、加工、合成为精制毒品等行为方式。如果行为人明知他人制造毒品而为其提供用于制造麻醉药品和精神药品的化学物品的，应以制造毒品行为论处。同时，应注意不能简单地将分装毒品一概以制造毒品论处，而应当具体分析。如果分装毒品是在制造毒品的过程中进行的，则应视为制造毒品的一个必要组成部分；如果是在贩卖、走私、运输过程中分装毒品，则应视为上述行为的具体表现；如果是在犯罪集团中专门从事这一活动，则视这类活动是在哪一个阶段进行以及犯罪人在整个犯罪中的作用而定，这并不导致分装毒品仅是一种帮助行为的必然结论。①

第三种观点认为，制造通常是指使用原材料而制作成原材料以外的物。制造毒品一般是指使用毒品原植物制作成毒品。它包括以下几种情况：一是将毒品以外的物品作为原料，提取或者制作成毒品，如将罂粟制成鸦片；二是毒品的精制，即去掉毒品中的不纯物，使之成为纯毒品或者纯度更高的毒品，如除去海洛因中所含的不纯物；三是使用化学方法使一种毒品变成另一种毒品，如使用化学方法将吗啡制作成海洛因；四是使用化学方法以外的方法使一种毒品变成另一种毒品，如将盐酸吗啡加入蒸馏水，使之成为注射液；五是非法按照一定的处方针对特定人的特定情况调制毒品。②

4. 非法持有毒品罪

（1）增设非法持有毒品罪的必要性问题

非法持有毒品罪在1979年《刑法》中没有规定。在1990年《关于禁毒的决定》出台之前，有观点认为应该将非法持有毒品的行为作为犯罪处理。论者指出，联合国《1961年麻醉品单一公约》第361条第1款第1项将“持有”与“种植、生产、制造、贩卖、运输”等行为并列，要求各缔约国应采取措施，对这些行为出于故意者悉受处罚；其情节重大者，科以适当刑罚。许多国家贯彻公约精神，单独规定非法持有毒品罪。国外法律对非法持有毒品罪的规定大致可分为三种类型：不区分持有毒品的动机，处罚任何形式的非法持有毒品行为；只处罚为非法交易而持有毒品的行为；根据持有毒品的动机不同，区别对待。从我国毒品危害行为的实际情况看，规定非法持有毒品罪有两点好处。第一，有利于对非法持有毒品而又拒不说明来源和用途的行为依法惩处。实践中，有些行为人非法持有毒品，但司法机关进行调查时拒不说明毒品的来源或用途，司法机关难以对这种行为作出处理。而非法持有毒品的行为有可能使毒品得到流转，危害人民身体健康，应作为犯罪处理。规定这一行为成立犯罪，可以于法有据地惩罚这种行为。第二，有利于对为个人吸食而非法持有较大数量毒品的行为进行惩处。我国刑法（指1979年《刑法》——笔者注）未

① 参见刘艳红主编：《刑法学各论》，288页，北京，北京大学出版社，2004。

② 参见张明楷：《刑法学》，2版，870页，北京，法律出版社，2003。

规定吸食毒品罪，司法实践中对为个人吸食而购买、运输、走私少量毒品的行为一般不宜以犯罪论处，因而为个人吸食而非法持有少量毒品的行为也不宜以犯罪处理，但是现实生活中也存在一些为个人吸食而非法持有较大数量毒品的行为。这种行为具有一定的社会危害性。非法持有较大数量的毒品，会造成吸毒者长期滥用或大量吸食，严重损坏吸食者的身体健康并导致一系列社会问题，同时非法持有较大数量毒品的吸食者，有可能以卖养吸，既吸又卖，所以对非法持有较大数量毒品供个人吸食的行为应该作为犯罪处理，这样有利于防止因大量滥用毒品造成较大的社会危害。①

（2）已满14周岁不满16周岁的人对其非法持有毒品的行为应否承担刑事责任的问题

《关于禁毒的决定》出台后，理论上对非法持有毒品罪的讨论集中在已满14周岁不满16周岁的人对其非法持有毒品的行为应否承担刑事责任的问题上。对此，理论上有三种观点。第一种观点认为，已满14周岁不满16周岁的人能否成为本罪的主体，不能一概而论。这部分人非法持有大量毒品的，可按犯罪处理。因为非法持有毒品对社会治安秩序具有破坏性。当非法持有大量毒品时，就属于1979年《刑法》第14条规定的“其他严重破坏社会秩序罪”。② 因此，已满14周岁不满16周岁的人非法持有大量毒品时，就应当负刑事责任。如果已满14周岁不满16周岁的人非法持有毒品的数量不大，那就不宜按照犯罪处理，可由公安机关给予行政处罚。③第二种观点认为，在审理毒品案件时，如果不考虑1979年《刑法》第14条规定的精神，是不妥当的。该观点偏向于认为，凡年满14岁不满16岁的人持有毒品的，一律按照犯罪处罚。④ 第三种观点认为，非法持有毒品的数量是本罪严重与否的一个客观标准。非法持有鸦片200克以上不满1000克、海洛因10克以上不满50克或者其他毒品数量较大的，处7年以下有期徒刑、拘役或者管制，可以并处罚金。这种情况显然不属于严重的犯罪。非法持有鸦片1000克以上、海洛因50克以上或者其他毒品数量大的，处7年以上有期徒刑或者无期徒刑，并处罚金，这属于严重的犯罪，但是不能把严重的犯罪与1979年《刑法》第14条第2款规定的“其他严重破坏社会秩序罪”相等同。后者有两个特点：一是属于严重的犯罪；二是行为本身具有明显的直接的社会危害性。由于非法持有毒品的行为方式的特殊性，就不满16周岁的人的辨认能力而言，非法持有毒品的社会危害性没有杀人、放火等罪那样明

---

① 参见曹子丹、白山云：《完善禁毒立法运用法律武器惩治毒品犯罪》，载《政法论坛》，1990（6）。

② 1979年《刑法》第14条第2款规定，“已满十四岁不满十六岁的人，犯杀人、重伤、抢劫、放火、惯窃罪或者其他严重破坏社会秩序罪，应当负刑事责任。”由此可见，该款对于已满14岁不满16岁的人应当负担刑事责任的犯罪的种类采取了“兜底”式的规定。

③ 参见李希慧：《浅论非法持有毒品罪的两个问题》，载《河北法学》，1991（3）。

④ 参见卯时耀、李宁：《认定非法持有毒品罪之我见》，载《人民司法》，1992（5）。

显，所以已满14周岁不满16周岁的人不能够成为本罪的主体。① 当然，上述问题随着1997年《刑法》的颁行已经不再成为问题了。

（3）非法持有毒品罪的主观方面

关于非法持有毒品罪的主观方面的争议，主要涉及是否要求行为人主观上具有违法性认识的问题。对此，一种观点认为，在非法持有毒品罪中，行为人的违法性认识程度直接影响到犯罪之成立与否及刑罚之轻重。② 另一种观点认为，非法持有毒品罪的主观方面不应包括违法性认识。主要理由是：第一，从罪过理论来看，犯罪故意的成立只需对事实有认识，违法性认识属于刑法自身的评价，通常情况下不属于阻却刑事责任的事由，仅在违法性认识是因为不可抗力或权力机关怠于履行告知义务而缺乏时才能免责；第二，要求行为人对各种刑事法律、毒品法规、毒品种类与质量等方面具有主观上的认识，是苛刻的，因为行为人通常情况下并不具有毒品鉴定的知识；第三，如果要求行为人确知其持有行为违法，会给司法认定带来困难。③

（4）非法持有毒品罪是否严格责任犯罪的问题

关于对非法持有毒品罪是否实行的是严格责任的问题，一种观点认为，非法持有毒品罪是一种严格责任犯罪，理由是"该条只规定非法持有一定数量的毒品即构成犯罪，并未强调持有人对毒品的持有状态具有明知的罪过，只要客观上持有而不考虑有罪过即可定罪"。④ 另一种观点认为，非法持有毒品罪不是严格责任犯罪。理由是：第一，从实证角度看，近年来各国毒品犯罪呈上升趋势。如果对其适用严格责任，势必损害刑法的谦抑价值；第二，严格责任多适用于恐怖型、暴力型重罪和违警型轻罪。在持有毒品罪上适用绝对的严格责任已经很难达到刑事犯罪控制与预防的要求，甚至于违反程序公正；第三，不能因为司法机关对犯罪目的举证不足就否定行为人对其持有毒品的"明知"。⑤

（5）对吸毒者持有毒品的行为如何定性的问题

《关于禁毒的决定》出台和1997年《刑法》颁行后，对于吸毒者持有毒品的行为如何定性的问题，理论上存在着争议。有论者认为，《关于禁毒的决定》所规定的非法持有毒品罪并不排斥为了个人使用毒品而购买、持有较大数量毒品的情况；将吸毒者持有较大数量毒品的行为认定为非法持有毒品罪，对于预防和严厉打击这类犯罪具有积极的现实意义。⑥ 有论者指出，对吸毒者为了自己吸食、注射而持有毒

① 参见孙力：《非法持有毒品罪初探》，载《法律科学》，1992（4）。

② 参见赵秉志、肖中华：《运输毒品罪和非法持有毒品罪之立法旨趣与隐患》，载《法学》，2000（2）。

③ 参见陈姗姗：《论非法持有毒品罪》，载《江西公安专科学校学报》，2002（2）。

④ 冯亚东：《理性主义与刑法模式》，105页，北京，中国政法大学出版社，1999。

⑤ 参见陈姗姗：《论非法持有毒品罪》，载《江西公安专科学校学报》，2002（2）。

⑥ 参见李培泽：《析毒品犯罪认定中的几个问题》，载《现代法学》，1992（1）。

品的，不能一概以非法持有毒品罪定罪处罚，比如，吸毒者异地购买毒品在运输当中被查获的，即就是为了自己吸食需要而运输的，也应当以运输毒品罪定罪处罚。①还有论者认为，我国刑法并没有吸食毒品罪的规定，对于吸食、注射毒品的只能由公安机关予以行政处罚，这在人大常委会《关于禁毒的决定》中早有明确规定；实践当中，对于吸食、注射毒品的也是按照治安案件给以行政处罚的。这表明，以现行的法律和司法实践，吸食注射、毒品是不被刑法所谴责的，然而，设立非法持有毒品罪后，就不可避免地会对吸食、注射毒品行为作了刑事追究。在这种情况下，如何达成立法与司法的平衡，不无问题。②

（6）运输毒品罪与非法持有毒品罪的区别

对此，有观点认为，运输毒品的吸毒者和移动状态下的非法持有毒品的吸毒者的行为均表现为“以个人携带毒品位移”的相同方式，但是他们所追求的毒品位移的目的是不同的：一个携带毒品是为了使毒品从一地转移到另一地；另一个携带毒品则是为了自己吸食。正是因为主观方面的特点不同，才能使我们把这两种罪从性质上区分开来。如果只看到运输毒品罪客观方面的特点，忽视对行为人主观目的的分析，就很可能导致客观归罪，也难以将以个人携带方法运输毒品罪与移动状态下的吸毒者个人非法持有毒品罪区别开来。因为根据《刑法》第 348 条关于非法持有毒品罪的规定，个人携带毒品是非法持有毒品罪的一种，它可以表现为两种形态：一是固定状态下的个人持有毒品；二是移动状态下的个人持有毒品。第二种类型的非法持有毒品罪在客观表现形式上与以个人携带的方法运输毒品基本相同。③

5. 包庇毒品犯罪分子罪

关于包庇毒品犯罪分子罪的客观方面是否包括帮助毒品犯罪分子毁灭、伪造罪证的问题，有论者认为，《刑法》第 307 条第 2 款明确规定了“帮助当事人毁灭、伪造证据，情节严重的，处三年以下有期徒刑或者拘役”，这使得帮助毁灭、伪造证据的行为被排除在一般的包庇罪范围之外，但是就包庇毒品犯罪分子罪而言，应当包括帮助毒品犯罪分子毁灭、伪造罪证的行为。理由如下。第一，做这样的理解没有超出“包庇”一词的通常含义。根据《现代汉语词典》对“包庇”一词的解释，所谓包庇是指“袒护或掩护的意思”，而袒护是指“对错误的思想行为无原则的支持或保护”，掩护是指“采取某种方式暗中保护”。第二，与我国包庇犯罪的立法并不矛盾。从包庇犯罪这一类型犯罪的立法规定来看，1997 年《刑法》第 310 条对包庇罪的规定是“作假证明包庇……”，而第 294 条第 4 款对包庇黑社会性质组织罪及本罪的规定是“包庇……”。很明显，对于前者，《刑法》在包庇行为前加上“作假证明”

---

① 参见姚慧祥：《吸毒者携带毒品运输行为的定性》，载《上海市政法管理干部学院学报》，2005（3）。

② 参见赵秉志、肖中华：《论运输毒品罪和非法持有毒品罪之立法旨趣与隐患》，载《法学》，2000（2）。

③ 参见张旭：《关于运输毒品罪认定的法律思考》，载《中国刑事法杂志》，2001（5）。

进行限制，而对后者则并没有限制。这种规定上的差异表明，对于普通包庇罪的行为，应只限于作假证明包庇这一种行为方式，而对特殊的包庇犯罪，由于《刑法》没有限制，因而其行为方式比包庇罪的行为方式更为广泛。第三，从司法机关对已有的特殊包庇犯罪的司法解释，可以推定本罪应包括上述行为方式。在1999年最高人民检察院《关于人民检察院直接受理立案侦查案件立案标准的规定（试行）》中对于帮助犯罪分子逃避处罚罪的解释以及2000年最高人民法院《关于审理黑社会性质组织犯罪的案件具体应用法律若干问题的解释》中对包庇黑社会性质组织罪规定的“包庇”行为的解释都将“毁灭、伪造证据行为”作为此两罪的行为表现之一，这说明司法机关认为，在这两种特殊包庇犯罪中，行为人实施此种行为比在普通的包庇犯罪中实施此种行为具有更大的社会危害性。由于本罪也属于特殊的包庇犯罪的范畴，且《刑法》规定对实施本罪行为的缉毒人员和其他国家机关工作人员实行从重处罚，因此，从罪刑均衡方面考虑，可以推定本罪理应包括该行为方式。①

6. 非法种植毒品原植物罪

（1）增设非法种植毒品原植物罪的必要性

在1990年《关于禁毒的决定》颁行之前，立法上没有规定非法种植毒品原植物罪。最高人民法院、最高人民检察院《关于非法种植罂粟构成犯罪的以制造毒品罪论处的规定》指出，“为了杜绝制造毒品的原料来源，依法惩处非法种植罂粟的犯罪行为，特规定如下：一、非法种植罂粟500株以上不满3000株的，依照《刑法》第一百七十一条第一款规定，以制造毒品罪论处；非法种植3000株以上的，依照《刑法》第一百七十一条第二款规定惩处……”这一规定成为当时处罚非法种植毒品原植物行为的根据，但将非法种植的行为解释成制造行为，有类推解释之嫌。

关于我国是否有必要增设非法种植毒品原植物罪的问题，理论上看法不一。第一种观点主张处以行政处罚，不规定为犯罪，理由是种植毒品原植物的行为主要发生在缺医少药的边远地区和有吸食毒品传统的地区，种植数量一般较小，主要是为了自用，采取强制铲除和教育、罚款乃至拘留等行政措施足以制裁这种行为。第二种观点主张对种植毒品原植物的行为以制造毒品罪论处。第三种观点主张为使毒品从种植、制造到贩运整个过程中的每一个环节都处在刑法的监督、约束之下，我国刑法有必要增设非法种植毒品原植物罪。有论者进一步主张如下。第一，行政处罚不足以制裁某些情节严重的种植毒品原植物的行为。事实表明，对某些情节严重的种植毒品原植物的行为，仅给予行政处罚不足以制裁和震慑，同时与这种行为的社会危害性也不相适应。欲惩治毒品犯罪，追根溯源，首先应惩罚种植毒品原植物的犯罪。第二，对种植毒品原植物的行为以制造毒品罪论处不妥。制造指用一定的原料进行加工、配制，使之成为可使用的物品的行为，而种植指播种、插苗、移栽、

① 参见王燕飞：《包庇毒品犯罪分子疑难问题探讨》，载《湖南大学学报》（社会科学版），2008（1）。

施肥、灌溉、收获等行为，二者有明显的区别。至于种植毒品原植物后又加工、提炼成毒品，以制造毒品罪论处，那是一行为吸收另一行为的问题，不意味着制造包括种植。第三，增设种植毒品原植物罪，有利于制裁这种危害行为。目前我国对处理情节严重的种植毒品原植物的行为没有统一标准，对性质、情节相当的行为，给予不同性质的法律制裁，有损于法律的严肃性。而且，世界上许多国家和地区的法律都把种植罂粟、古柯、大麻植物的行为规定为犯罪。①

（2）关于“非法种植”的理解问题

对此，理论上有三种观点。

第一种观点认为，从字面上看，种植包括从播种、插苗、施肥、灌溉到收获割浆的生产过程的种种行为。根据这样的理解，只要是为种植毒品原植物而播下种子，即使尚未实施管理和收割，就可以认定为实施了种植毒品原植物的行为。但是，根据《关于禁毒的决定》第6条的规定，非法种植毒品原植物，除有特定情节外，罂粟达到500株以上不满3000株或者其他毒品原植物达到数量较大时，才能构成犯罪。法律规定的“500株以上”应指的是查获时已经成型的罂粟，而不是指只撒下种子尚未出苗。否则，无法计算非法种植毒品原植物的数量。所以，一般来说，只有在行为人实施了非法种植毒品原植物的行为，且已经见苗，可以计算数量时，行为才能作犯罪处理。②

第二种观点认为，播种前的开垦土地、购买化肥、准备农具等一系列准备工作也应纳入“种植”的范围。③

第三种观点认为，种植行为从播种到收获的全过程共分为三个时段，依次是：播种后到出苗前的行为、出苗后到收获前的行为和收获成熟的毒品原植物的行为。第二时段中的任何行为均属于非法种植行为。在第一时段被查获的，可以根据单位面积正常情况下的出苗成活率算出具体株数；达到刑法规定的起刑标准的，应以非法种植毒品原植物罪（未遂）处理。在第三时段，只要行为人明知是毒品原植物而非法种植，不论出于何种目的，即使尚未制造毒品，只要情节严重，均可构成非法种植毒品原植物罪。④

（3）在“经公安机关处理后又种植的”情形下，是否有种植数量上限制的问题

对此，理论上有三种观点。

第一种观点认为，对前后两次种植行为所种植的毒品原植物的株数，均不应当

---

① 参见曹子丹、白山云：《完善禁毒立法运用法律武器惩治毒品犯罪》，载《政法论坛》，1990（6）。

② 参见桑红华：《论非法种植毒品原植物罪》，载《法学》，1992（8）。

③ 参见彭慧：《浅析认定非法种植毒品原植物罪的几个问题》，载《检察实践》，2004（6）。

④ 参见薛正俭：《对非法种植毒品原植物罪几个主要问题的探讨》，载《宁夏社会科学》，1999（6）。

进行数量上的限制。①

第二种观点认为，被公安机关处理前后两次种植罂粟应累计达到500株以上。②

第三种观点认为，从法律规定来看，并没有要求被公安机关处理前后两次种植的罂粟应累计达到500株以上，或者其他毒品原植物数量较大的，才能构成非法种植毒品原植物罪，这说明法律注重行为人再次种植毒品原植物的主观恶性。同时，将已作处理的毒品原植物数量作为第二次惩罚的依据，不符合法律规定。然而，非法种植毒品原植物的社会危害性主要是通过种植毒品原植物的数量来表现的；如果行为人种植罂粟50株，经公安机关罚款后又种植40株，就认定构成非法种植毒品原植物罪，则失之过重。在认定非法种植毒品原植物罪时，既要考虑行为人再次种植的主观恶性，同时也要考虑再次种植的数量。具体可以分两种情况处理：对以营利为目的，种植罂粟等毒品原植物，经公安机关处理后，又有种植行为，再次种植的数量罂粟达到250株以上，大麻达到100株以上的，可以构成非法种植毒品原植物罪；对落后地区，缺医少药，民间素有鸦片作药用的地区，没有营利目的，对种植罂粟，经公安机关处理后又有种植行为，再次种植数量可规定为罂粟300株以上，大麻150株以上。③

（4）对“经公安机关处理后又种植的”情形是否有时间上限制的问题

对此，理论上有两种观点。

一种观点认为，两次非法种植毒品原植物的行为之间间隔期限长短，反映出行为人的人身危险性和行为的社会危害性程度的不同。基于刑罚目的的要求，对两次行为之间应当有一个适当的期限限制。考虑到该罪的社会危害性和我国法律规定的精神，对这一期限宜掌握在10年以内。④

另一种观点认为，可以比照累犯的有关法定期限的规定，将间隔期界定为5年。⑤

（5）“抗拒铲除”的理解问题

其一，关于铲除机关的问题。

对此，一种观点认为，根据《关于禁毒的决定》第6条的规定，非法种植罂粟、大麻等毒品原植物的，一律强制铲除。据此，“抗拒铲除”正是针对公安机关的强制铲除行为而实施的。被抗拒的对象，必须是公安机关的执法人员，其他人员不能作

---

① 参见薛正俭：《对非法种植毒品原植物罪几个主要问题的探讨》，载《宁夏社会科学》，1999（6）。

②③ 参见桑红华：《论非法种植毒品原植物罪》，载《法学》，1992（8）。

④ 参见邹世发：《论非法种植毒品原植物罪——从“冰岛罂粟花是不是毒品”谈起》，载《贵州警官职业学院学报》，2003（3）。

⑤ 参见薛正俭：《对非法种植毒品原植物罪几个主要问题的探讨》，载《宁夏社会科学》，1999（6）。

为被抗拒的对象。① 另一种观点认为，凡涉及禁毒管理的其他机关也能成为强制铲除的主体，如林业、农业主管部门等。②

其二，关于抗拒手段的问题。

对此，一种观点认为，可以是足以妨碍铲除目的实现的抗拒，如用暴力抗拒或以现实的暴力相威胁，或聚众侮辱执行铲除人员的人格，情节严重的情况，也可以是采用不足以妨碍铲除目的实现，不致造成执行铲除人员人身伤害、人格侮辱的轻微的抗拒形式，如采用软磨硬泡或者其他方法无理取闹。③ 另一种观点认为，应理解为以暴力手段。对于那些不足以妨碍铲除目的实现的轻微的"抗拒"，不应轻率地以犯罪来处罚。④

(6) 非法种植毒品原植物罪既遂的标准

对此，有论者认为，如果行为人实施了播种行为后，罂粟、大麻等正常生长成苗，就构成既遂，而不能以是否收获果实作为区分既遂与未遂的标准。⑤ 有论者则认为，针对非法种植毒品原植物罪的数额犯而言，其既遂应以收获毒品原植物为标准；针对非法种植毒品原植物罪的情节犯而言，只要行为人实施了经公安机关处理后又种植的行为或抗拒铲除的行为，就成立既遂。⑥

(三) 毒品犯罪的立法缺陷及其完善

在《关于禁毒的决定》出台之前，毒品犯罪的立法相对处于空白状态，那时围绕立法完善的讨论主要集中在增加毒品个罪的规定上。如有论者认为应该增加种植毒品原植物罪、非法持有毒品罪和引诱、唆使未成年人吸毒罪。⑦ 关于是否应增设非法使用毒品罪的问题，理论上有两种观点：一种观点认为应当增设非法使用毒品罪。鉴于我国非法使用毒品的情况及其危害性，没有设立非法使用毒品罪是我国刑事立法的缺陷。从非法使用毒品犯罪的特殊性和刑法预防、警戒、教育的功能上来看，应该使非法使用毒品的行为入罪化，这样才能保护人民生命健康权不受侵犯，维护社会正常秩序。同时，该观点还认为，对非法使用毒品的行为可以分情况作犯罪化处理，只处罚其危害严重的行为，对自己吸食、注射毒品而成瘾、成癖者以教育为主，不宜处罚过重，对情节较轻的，可以不定罪处罚；但对引诱、容留、教唆

---

① 参见桑红华：《论非法种植毒品原植物罪》，载《法学》，1992 (8)。

② 参见薛正俭：《对非法种植毒品原植物罪几个主要问题的探讨》，载《宁夏社会科学》，1999 (6)。

③ 参见桑红华：《论非法种植毒品原植物罪》，载《法学》，1992 (8)。

④ 参见苏雍：《试论非法种植毒品原植物罪》，载《法学》，1992 (8)。

⑤ 参见蔺剑：《毒品犯罪的定罪与量刑》，189 页，北京，人民法院出版社，2000。

⑥ 参见彭凤莲：《非法种植毒品原植物罪的犯罪形态研究》，载《贵州警官职业学院学报》，2007 (3)。

⑦ 参见曹子丹、白山云：《完善禁毒立法运用法律武器惩治毒品犯罪》，载《政法论坛》，1990 (6)。

他人非法使用毒品以及用欺骗、强迫等手段使他人使用毒品的，应该处以较重的刑罚。① 除了上述几点理由外，有论者还援引其他国家和地区的立法规定作为依据，如《日本刑法典》第139条、《韩国刑法典》第201条第1项、我国台湾地区“刑法”第262条都将吸食鸦片或者注射吗啡等毒品的行为规定为犯罪。② 另一种观点则认为，吸食、注射毒品的行为不具有直接危害他人和社会的性质，对这部分人主要是责令其限期戒除的问题，而且只要把制造、运输、贩卖毒品的行为制止了，吸食或者注射毒品就失去基础。这样，本来我国1979年《刑法》第22稿、第33稿中吸食、注射毒品属于犯罪行为的规定最终在1979年《刑法》条文中就去掉了。③

1997《刑法》颁行后，有论者认为毒品犯罪的立法存在如下技术缺陷：①标题和规定内容不符。《刑法》第六章第七节专门对有关毒品犯罪做了规定，而本节的标题是“走私、贩卖、运输、制造毒品罪”，这无法包括本节规定的其他毒品犯罪。将本节标题改为“违反毒品、制毒物品及毒品原植物管理秩序罪”，更为贴切；②“毒品”的概念不周延。在毒品概念的表述上，列举法和概括法同时交叉、重合并用，导致法律上的逻辑混乱；③对“毒品”的界定有悖于1997年《刑法》所确定的罪刑法定原则。④

有论者认为，从中国目前毒品犯罪的罪名体系来看，对生产型、经营型以及消费型毒品犯罪的规定还有待完善，国外及国际禁毒立法中规定的非法购买、吸食、注射毒品罪等在中国毒品犯罪立法中未能全面体现，对制造、运输、贩卖制毒设备的行为以及出售毒品配方的行为也未能予以犯罪化。从中国毒品犯罪的实际情况出发，在毒品犯罪的罪名上，应增设与非法持有毒品罪相关联的非法购买毒品罪、与禁毒治安行政立法相衔接的非法使用毒品罪以及与非法买卖制毒物品罪相一致的非法提供制毒设备、出售制毒配方罪。对我国刑事立法中有关从重处罚的范围应参照公约加以修改补充，使我国的禁毒刑事立法与国际公约规定的精神更趋一致。应该在《刑法》第81条第2款所列举的不得假释的罪名中增加严重的毒品犯罪，对毒品犯罪严格控制假释或减刑。有必要在立法和司法解释上对毒品犯罪判处死刑的政策界限有一个更明确的具体规定。应增设没收毒资的立法，完善防治毒品犯罪的行政立法。⑤

有论者认为，应将运输毒品罪取消，对帮助走私、贩卖、制造毒品的犯罪分子运输的行为人应以该罪的从犯论处；对窝藏、转移、隐瞒毒品罪，应增设为非法持有毒品的犯罪分子而窝藏、转移、隐瞒毒品的行为方式；应增设非法制造、运输制毒物品罪；引诱、教唆、欺骗他人吸毒罪中的欺骗吸毒行为应归入强迫他人吸毒罪。《刑法》第356条应取消，应在刑法总则中增设毒品犯罪累犯。⑥

---

① 参见赫兴旺：《增设非法使用毒品罪的建议》，载《法学杂志》，1991（2）。

② 参见杨正根：《制造、贩卖、运输毒品罪的立法完善探索》，载《法学家》，1990（3）。

③ 参见高铭暄编：《中华人民共和国刑法的孕育和诞生》，232页，北京，法律出版社，1981。

④ 参见杨经德：《新刑法关于毒品犯罪立法的技术性缺陷》，载《云南法学》，1998（2）。

⑤ 参见丘志馨：《关于完善毒品犯罪立法的思考》，载《政法学刊》，2002（6）。

⑥ 参见丁友勤：《关于毒品犯罪立法完善的几点思考》，载《湖北行政学院学报》，2005（2）。

有论者认为，应当增设抢劫、抢夺、盗窃、诈骗毒品罪和介绍买卖毒品罪，扩大非法提供毒品罪的主体范围，提高强迫他人吸毒罪的法定刑，降低非法持有毒品罪的法定刑，采取以日常生活中吸食毒品的通常最低含量折算的办法，完善毒品犯罪的减刑与假释程序。①

三、整体评论

在对自1978年至2008年我国刑法学界关于毒品犯罪的研究观点进行综述的基础上，我们试图简要地对其作出以下评价。

（一）毒品犯罪研究多集中于注释性研究

从三个阶段的毒品犯罪研究成果可以看出，多数论者的研究都是围绕着新出台的法律条文而展开的：在《关于禁毒的决定》出台之前，研究大都集中在对1979《刑法》第171条的注释性研究上；在《关于禁毒的决定》出台之后，很多研究成果就该决定的条文如何理解的问题进行了分析；1997年《刑法》出台后，研究的重点自然又落在对《刑法》第六章第七节所规定的具体毒品犯罪的解释上。上述现象的出现，与刑法学所具有的规范法学的属性是分不开的；规范法学的首要研究任务就是通过对规范进行注释，阐明规范所具有的含义。不过，在早期的研究中也存在由于过分偏重注释学研究，以致研究的质量、水平欠佳的问题。比如，有的论文在分析个罪时，不论问题是否有讨论的价值，一概按个罪的四个构成要件展开论述，这使得论文呈现出浓厚的“教材化”倾向。

（二）毒品犯罪研究在总体上呈现出刑事一体化的特点

总体来看，毒品犯罪研究比其他个罪研究体现出更强的刑事一体化特点，其中，既有围绕着全国或地区毒品犯罪现象、原因、打击防范的犯罪学意义上的实证研究，也有侧重于注释的实体规范学意义上的研究，还有围绕着证据运用的程序法学上的研究。赵秉志教授主编的《毒品犯罪研究》（中国人民大学出版社1993年版）就是对毒品犯罪进行刑事一体化研究的力作。

（三）对毒品犯罪刑事政策的研究较为欠缺

从历次毒品犯罪的立法可以看出，每一次立法的巨变都是在变动的刑事政策的推动下完成的；对毒品犯罪的法律适用在很大程度上也有赖于正确合理的刑事政策的指导。如果说在20世纪90年代，毒品犯罪的学术研究实现了从刑法学向犯罪学的第一次转向，那么，在21世纪，我们将迎来从犯罪学到刑事政策学的第二次转向。刑事政策学作为目前国内方兴未艾的新兴学科，有着极为广阔的学术前景。但由于刑法学界对实体规范学意义上的注释性研究过分关注，对毒品犯罪的刑事政策的研究自然显得有所不够。

---

① 参见苑民丽：《遏制毒品犯罪的刑法完善探讨》，载《政法学刊》，2008（4）。

第二十一章

贪污罪

一、研究概况

贪污罪是公职人员利用职务上的便利实施的一种严重的职务犯罪。由于贪污罪的严重社会危害性、高发案率，严惩贪污犯罪一直是中国社会备受关注的重大问题之一。刑法学界也一直将贪污罪作为重点研究的对象，并取得了丰硕的研究成果，这为贪污犯罪的惩治提供了坚实的理论基础。

自1978年至2008年，伴随着我国政治、经济体制改革的不断深入，贪污罪的立法经历了一个发展变化的过程。相应的，伴随着贪污罪立法的发展变化，我国刑法学界对贪污罪的研究也经历了一个变化的过程。以1988年1月全国人大常委会颁布《关于惩治贪污贿赂罪的补充规定》这一单行刑法和1997年3月《刑法》系统修订两个时间点为界，可以将自1978年至2008年我国刑法学界对贪污罪的研究分为三个阶段，每一个阶段研究的重点不同，因而其研究特点也有区别。

第一阶段：自1979年7月《刑法》颁布到1988年1月全国人大常委会通过《关于惩治贪污贿赂罪的补充规定》。

1979年7月，新中国第一部《刑法》通过，这标志我国刑事立法正式进入法典化阶段。该法典第155条规定，“国家工作人员利用职务上的便利，贪污公共财物的，处五年以下有期徒刑或者拘役；数额巨大、情节严重的，处五年以上有期徒刑；情节特别严重的，处无期徒刑或者死刑。”“犯前款罪的，并处没收财产，或者判令退赔。”“受国家机关、企业、事业单位、人民团体委托从事公务的人员犯第一款罪的，依照前两款的规定处罚。”

1979年《刑法》颁行初期，国家实行单一的生产资料的社会主义公有制（包括全民所有制和劳动群众集体所有制），实践中所发生的贪污犯罪不仅数量不多，而且司法认定问题相对简单。因而，在相当长一段时间内，刑法学界对贪污罪的研究并没有给予足够的重视，与贪污罪这一主题相关的研究成果的数量也很少。

20世纪80年代初，国营企业通过放权让利、承包制等措施进行改革，非公有制企业等非国有经济开始发展，国民经济体系逐步复杂化，我国经济体制的结构和模式逐步产生变化，贪污贿赂犯罪呈逐步上升的趋势，贪污犯罪的认定也趋向复杂化。鉴于贪污贿赂犯罪的多发趋势以及惩治贪污贿赂犯罪司法实践中遇到的实际问题，最高人民法院、最高人民检察院于1985年7月联合制定的《关于当前办理经济犯罪案件中具体应用法律的若干问题的解答》对惩治贪污贿赂犯罪中的若干司法问题联合进行了解释。这一司法解释对于惩治贪污犯罪的司法实践起到了巨大的推动和指导作用，并对贪污罪的研究工作也起到了促进作用。这一时期，贪污犯罪的研究也逐步得到重视和加强，一系列有关贪污罪的论文得以发表，其中，代表性论文有：陆林的《当前贪污犯罪若干问题的探讨》（载《法学》1985年第1期）；王刚平的《关于贪污罪主、客体的两个新问题的探讨》（载《人民检察》1985年第1期）；金凯的《试论贪污罪主体》（载《法学研究》1985年第6期）；梁瑞琴的《浅谈农村专业联合承包组织中贪污罪的认定》（载《法学杂志》1986年第1期）；王昌学的《关于认定贪污罪的几个问题》（载《西北政法学院学报》1987年第1期）。在这一时期，有关贪污罪的专著仍然缺乏。对贪污罪的研究主要集中在以下方面：贪污罪的主体范围问题；怎样理解“利用职务上的便利”问题；数额在贪污行为定罪量刑中的作用问题。

纵观第一阶段刑法学界对贪污罪的研究，可发现其具有以下特点：重视联系我国经济体制改革的情况和需要，紧密结合该阶段各种经济成分的特点，围绕贪污罪的形式、特征和种类等问题进行探讨；从整体上看，其研究的广度和深度还比较粗浅，主要侧重于对1985年最高人民法院、最高人民检察院的司法解释规定进行阐释以及对实践中的案例进行分析；从研究人员的阵容上看，司法工作人员占有很大比例，尤其在《刑法》颁行的初期，关于审判实务方面的研究非常热烈，而相比之下，理论研究反而略显冷清。这种研究特点，是与当时的刑事法制建设的客观需要相适应的。

第二阶段：自1988年1月全国人大常委会通过《关于惩治贪污贿赂罪的补充规定》到1997年3月《刑法》全面修订。

20世纪80年代中后期，我国改革开放进入新的历史阶段，经济体制处于转型过程中，各种制度尚未完全定型，国家工作人员、集体经济组织工作人员和其他经手、管理公共财物的人员的贪污行为频发，且数额越来越大，社会危害性极为严重，因而亟须强化刑法的调控功能，以有效遏制此类犯罪行为。为此，在总结多年司法经验的基础上，1988年1月21日，第六届全国人大常委会通过了《关于惩治贪污贿赂罪的补充规定》（本章以下简称《补充规定》）。《补充规定》明确规定：国家工作人员、集体经济组织的工作人员或者其他经手、管理公共财物的人员，利用职务上的便利，侵吞、盗窃、骗取或者以其他手段非法占有公共财物的，是贪污罪。由此，贪污罪的概念和构成要件在立法上得以修改。针对《补充规定》在适用时所出现的新问题，最高人民法院、最高人民检察院于1989年11月6日联合发布的《关于执行〈关于惩治贪污贿赂罪的补充规定〉若干问题的解答》对贪污罪的主体范围、共同贪污数额以及多次贪污数额的认定等问题作了具体解释，这使得贪污罪的内涵和外延得以进一步明确。1995年全国人大常委会《关于惩治违反公司法的犯罪的决定》根据主体身份的不同，在对贪污罪进行分解后，增设了公司、企业人员侵占罪，由此使得贪污罪的内涵、外延更加明确，而且打击重点也更加集中。

上述立法规定及相关司法解释为贪污罪的研究拓展了新的空间，提供了新的素材。由此，贪污罪的研究开始进入了全面深入阶段，并取得了较大的进展。与前一阶段相比，学术成果在数量有了明显的增多，在质量上也大有提高。据统计，在这一阶段共发表学术论文160多篇，其中，代表性论文有：胡启忠的《内外勾结的行为应定贪污罪》（载《现代法学》1988年第1期）；区明生的《浅析企业承包租赁经营体中贪污罪的认定》（载《法律科学》1988年第2期）；张穹的《论经济承包活动中贪污罪的认定》（载《现代法学》1988年第3期）；秦新民的《对承包组织中贪污罪认定的探讨》（载《法学家》1989年第1期）；赵耀的《谈中外合营企业中贪污罪主体的认定》（载《法律科学》1989年第5期）；徐海风的《贪污罪的主体已变成不是特殊主体》（载《法学》1990年第3期）；石竹的《贪污罪主体实质并无扩大》（载《法学》1990年第3期）；张铁军的《贪污罪的主体仍是特殊主体——兼与徐海风、辛方铃两同志商榷》（载《法学》1990年第7期）；樊凤林的《论贪污罪的立法完善》（载《法学家》1991年第1期）；陈建国的《关于构成贪污贿赂罪的几个问题》（载《中国法学》1991年第6期）；费勤的《租赁经营中贪污罪构成浅析》（载《政治与法律》1991年第6期）；陈辉的《承包企业中贪污罪、挪用公款罪的界定》（载《政治与法律》1992年第2期）；何建明的《贪污罪以实得论质疑》（载《现代法学》1994年第4期）；韦良平的《股份制经济实体贪污罪主体的认定》（载《法学》1994年第8期）；王作富的《论贪污罪的立法完善》（载《人民检察》1995年第11期）；王作富的《贪污罪主体、客体立法完善》（载《法学研究》1996年第2期）；张兆松的《市场经济条件下完善贪污罪立法的若干思考》（载《法商研究》1996年第2期）；陈兴良的《侵占罪与贪污罪之比较》（载《法学家》1996年第4期）；张建军的《关于贪污罪客观要件之探讨》（载《法学家》1996年第3期）；黄荣康的《我国有关贪污罪立法存在的缺陷及完善》（载《法学家》1996年第3期）；胡波的《略论承包经营企业中贪污罪的主体、对象认定问题》（载《中国刑事法杂志》1996年第3期）；韩耀元的《贪污罪面临的困惑及立法完善》（载《中国刑事法杂志》1996年第2期）；曹子丹的《我国刑法中贪污贿赂罪法定刑的立法发展及完善》（载《政法论坛》1996

年第2期）；朱建华的《分解与吸纳：贪污罪名再探讨》（载《现代法学》1996年第5期）；张兆松的《贪污罪新探》（载《人民检察》1996年第10期）；刘选的《贪污罪法律规定中几个亟待解决的问题》（载《法学评论》1997年第1期）等。在这一阶段，还出版了有关贪污罪的论著，其中，代表性著作有：宣炳昭主编的《贪污贿赂犯罪的理论与实践》（陕西人民教育出版社1992年版）；钟澍钦主编的《新中国反贪污贿赂理论与实践》（中国检察出版社1995年版）；刘光显、张泗汉主编的《贪污贿赂犯罪的认定与处理》（人民法院出版社1996年版）等。在上述论文和著作中，论者主要针对市场经济条件下贪污罪的司法认定进行了较为深入的研讨。比如，针对贪污罪的主体究竟是特殊主体还是一般主体的问题，1990年《法学》杂志连续刊发多篇论文，进行专门的讨论；由于当时很多国营企业进行租赁、承包、股份制改革，因此，租赁经营、承包经营企业、股份制企业中的贪污罪认定问题成为这一时期的研究热点，刑法学界对此给予了重点关注，《法学研究》、《中国法学》、《法学家》、《现代法学》、《法律科学》、《法学》等法学类核心刊物都连续刊发此类主题的论文，使这一问题的研究达到了高潮。同时，贪污罪的立法完善问题也成为较多论者关注的对象。

在这一阶段，贪污罪的研究具有以下特点：一是研究的广度和深度有更大的提高。一些论文对贪污罪的热点、难点问题进行了非常有深度的探讨，分析透彻，论理充分；二是观点新颖。一些研究极富探索、创新精神，提出了许多大胆和新颖的见解，其中不乏合理之处；三是研究内容紧密结合实践，极具务实性。论者的研究不再局限于对贪污罪的某些问题进行简单的阐释和理论上的论述，还对办理贪污罪案件中存在的问题进行了探讨，进而提出完善建议，其中，有的建议被立法机关和司法机关采纳。

第三阶段：自1997年3月《刑法》系统修订至今。

1997年3月14日第八届全国人大第五次会议对1979年《刑法》进行了全面修订。修订后的《刑法》吸收了《补充规定》和《关于惩治违反公司法的犯罪的决定》的内容，仍然将贪污罪作为一个独立的罪名加以规定，并作了补充和完善。随着1997年《刑法》的通过，刑法学界掀起了一个普及和宣传《刑法》的高潮，由此，大量阐释1997年《刑法》的学术成果得以问世。相应的，刑法学界对贪污罪的研究也空前活跃，贪污罪研究的广度和深度有了更进一步的拓宽和提升。据不完全统计，到目前为止，共发表学术论文近220篇，其中代表性论文有：陈航的《贪污罪若干问题新论》（载《甘肃政法学院学报》1998年第3期）；孙谦、陈凤超的《论贪污罪》（载《中国刑事法杂志》1998年第3期）；储槐植、梁根林的《贪污罪论要——兼论〈刑法〉第394条之适用》（载《中国法学》1998年第4期）；储槐植、杨书文的《公务活动中单纯受贿行为之贪污罪处理——兼论〈刑法〉第394条之适用及修改》（载《国家检察官学院学报》1999年第1期）；李恩慈的《论贪污罪共犯》（载《中外法学》1999年第6期）；唐世月的《贪污罪犯罪对象研究》（载《中国法学》2000年第1期）；唐世月的《贪污罪犯罪对象新解》（载《中国刑事法杂志》2000年第1期）；

龚培华的《贪污罪立法模式及司法认定》（载《政治与法律》2001 年第 2 期）；周其华的《贪污罪几个问题研究》（载《国家检察官学院学报》2002 年第 2 期）；王作富、唐世月的《贪污罪定义辨析》（载《国家检察官学院学报》2002 年第 3 期）；钊作俊的《贪污罪要件及共同贪污定性新论》（载《郑州大学学报（哲学社会科学版）》2003 年第 4 期）；阮世能的《贪污罪主体和共犯问题研究》（载《现代法学》2003 年第 6 期）；黄祥青的《略论贪污罪与近似职务犯罪的界限》（载《政治与法律》2004 年第 1 期）；董邦俊的《两大法系贪污罪立法评析》（载《武汉大学学报（人文科学版）》2004 年第 5 期）；董邦俊的《贪污罪概念重构》（载《河北法学》2004 年第 4 期）；龚培华的《贪污罪对象认定中争议问题研究》（载《法学》2004 年第 12 期）；董邦俊的《贪污罪数额解释》（载《法学论坛》2006 年第 3 期）；肖中华的《也论贪污罪的“利用职务上便利”》（载《法学》2006 年第 7 期）；周光权的《贪污罪与侵占罪的界限》（载《江海学刊》2006 年第 5 期）；孙国祥的《论企业改制中贪污罪的司法认定》（载《江海学刊》2007 年第 2 期）。在这一阶段，还有两部针对贪污罪的专著问世，即唐世月的《贪污罪研究》（人民法院出版社 2002 年版）和董邦俊的《贪污罪新论》（中国方正出版社 2004 年版）。另外，很多论著把贪污罪的研究作为其主要部分或重要章节，其中，代表性作品有：赵秉志主编的《贪污贿赂及相关犯罪认定与处理》（中国方正出版社 1999 年版）；王作富主编的《刑法分则实务研究（下册）》（中国方正出版社 2001 年版）；刘生荣、但伟主编的《腐败七罪刑法精要》（中国方正出版社 2001 年版）；孟庆华、高秀东合著的《贪污罪的定罪与量刑》（人民法院出版社 2001 年版）；孟庆华的《贪污罪定罪量刑案例评析》（中国民主法制出版社 2003 年版）；高铭暄主编的《刑法专论》（高等教育出版社 2002 年版）；李文燕主编的《贪污贿赂犯罪证据调查与运用》（中国人民公安大学出版社 2002 年版）；杨兴国的《贪污贿赂罪法律和司法解释应用问题解疑》（中国检察出版社 2002 年版）；于志刚主编的《多发十种职务犯罪的定罪与量刑》（中国方正出版社 2001 年版）；李希慧主编的《贪污贿赂罪研究》（知识产权出版社 2004 年版）；孙国祥的《贪污贿赂犯罪疑难问题学理与判解》（中国检察出版社 2004 年版）。在这一阶段，贪污罪的研究重点仍主要集中在贪污罪构成要件的认定、共同贪污的性质认定及贪污罪与其他相类似犯罪的区分等问题上。

在这一阶段，刑法学界对贪污罪的研究进入了蓬勃发展时期；无论从研究的广度还是深度以及参与度上，均达到了前所未有的程度。这主要体现在：①研究范围进一步拓宽。如有论者对两大法系贪污罪立法进行了比较研究，有论者对贪污罪的立法模式进行了探讨；②研究深度进一步提升。在贪污罪的研究成果中，除了一些高质量论文外，还有不少有关贪污罪的专著；③研究主体广泛。其中，既有刑法理论界的专家、学者，也有司法实务界的法官、检察官和律师，尤其是检察部门由于特定的业务工作关系，对贪污罪的研究颇为重视；④实务性突出。这一阶段的贪污罪的研究，延续了前一阶段注重服务司法实践的特点，不搞纯理论研究，而是针对实践中出现的问题，对症下药，有的放矢，由此给司法实践提供了有力的理论指导。

二、观点综述

（一）贪污罪的概念界定

由于论者对我国贪污罪立法的理解不同以及定义的方式、方法不同，关于贪污罪的概念界定也不完全统一。对此，理论上主要存在以下几种观点。

第一种观点认为，贪污罪，是指国家工作人员利用职务上的便利，侵吞、窃取、骗取或者以其他手段非法占有公共财物的行为。受国家机关、国有公司、企业、事业单位、人民团体委托管理、经营国有财产的人员，利用职务上的便利，侵吞、盗窃、骗取或者以其他手段非法占有国有财物的，也以贪污罪论。①

第二种观点认为，贪污罪，是指国家工作人员以及受国家机关、国有公司、企业、事业单位、人民团体委托管理、经营国有财产的人员利用职务上的便利，侵吞、盗窃、骗取或者以其他手段，非法占有国有财物的行为。②

第三种观点认为，贪污罪，是指国家工作人员或者受国家机关、国有公司、企业、事业单位、人民团体委托管理、经营国有财产的人员，利用职务上的便利，侵吞、盗窃、骗取或者以其他手段非法占有公共财物的行为。③

第四种观点认为，贪污罪，是指国家工作人员利用职务上的便利，侵吞、窃取、骗取或者以其他手段非法占有公共财物的行为和受国家机关、国有公司、企业、事业单位、人民团体委托管理、经营国有财产的人员，利用职务上的便利，侵吞、盗窃、骗取或者以其他手段非法占有国有财物的行为。④

第五种观点认为，贪污罪，是指国家工作人员、在国有公司、企业、事业单位中工作的人员及其受委派、委托从事公务或者管理、经营国有财产的人员，利用职务之便，侵吞、窃取、骗取或者以其他手段非法占有公共财物、本单位财物以及依法应当交公的礼物，数额较大的行为。⑤

第六种观点认为，狭义贪污罪是指国家工作人员利用职务上的便利，侵吞、窃取、骗取或者以其他手段非法占有数额较大的公共财物的行为。广义贪污罪是指国家工作人员及其他管理、经营国有财产的人员，利用职务上的便利，非法占有所在单位的公共财物或其他财物或者依法应当交公的礼物，数额较大的行为。⑥

第一种观点对贪污罪的定义主要是对《刑法》第382条两款内容的简单合并，认为贪污罪的主体可以是国家工作人员，也可以是受国家机关、国有公司、企业、事业单位、人民团体委托管理、经营国有财产的人员。第二种观点将贪污罪的犯罪

---

① 参见刘生荣、但伟主编：《腐败七罪刑法精要》，23页，北京，中国方正出版社，2001。

② 参见高铭暄主编：《新编中国刑法学》（下），972页，北京，中国人民大学出版社，1998。

③ 参见赵秉志主编：《新刑法教程》，779页，北京，中国人民大学出版社，1997。

④ 参见孙谦、陈凤超：《论贪污罪》，载《中国刑事法杂志》，1998（3）。

⑤ 参见董邦俊：《贪污罪概念重构》，载《河北法学》，2004（4）。

⑥ 参见王作富、唐世月：《贪污罪定义辨析》，载《国家检察官学院学报》，2002（3）。

对象仅仅限于国有财物。第三种观点认为贪污罪存在两种犯罪主体，犯罪对象也包含两种：一种是公共财物，另一种是国有财物，不同的犯罪主体侵害的犯罪对象具有不一致性，因为国有财物的范围小于公共财物，受国家机关、国有公司、企业、事业单位、人民团体委托管理、经营国有财物的人员，非法占有国有财物以外财物的行为就不构成犯罪。第四种观点是对《刑法》第382条第1款和第2款的相加，克服了犯罪主体与犯罪对象不对应的缺陷。第五种观点关于贪污罪概念的界定，除了体现《刑法》第382条第1款和第2款的内容外，还概括了《刑法》第271条第2款、《刑法》第183条第2款、《刑法》第394条的规定的情形。第六种观点认为，《刑法》第382条第1款的规定并没有完全概括我国刑法中的所有贪污罪情况。该款只是规定了我国贪污罪的典型情况，也是司法实际贪污罪的主要部分。由于该款在立法方式上采取的是定义方式，可以称之为狭义贪污罪（普通贪污罪）定义。其他四个条款（第183条第2款和第271条第2款、第382条第2款和第394条）规定的贪污罪可以称为准贪污罪（特别贪污罪）。广义贪污罪应当包括狭义贪污罪（普通贪污罪）和准贪污罪（特别贪污罪）。刑法理论应当对狭义贪污罪和广义贪污罪分别进行定义。

（二）贪污罪的主体

1. “从事公务”的含义

根据1997年《刑法》第93条的规定，“从事公务”是国家工作人员的本质特征。关于“从事公务”的含义问题，理论上存在着三种不同的观点。

第一种观点认为，“从事公务”就是“依法履行职责的职务行为以及其他办理国家事务的行为”。①

第二种观点认为，“从事公务”是指“依法所进行的管理国家、社会或集体事务的职能活动”。②

第三种观点认为，所谓从事公务，就是指“在国家机关、国有公司、企业、事业单位、人民团体等单位中履行组织、领导、监督、管理等职责”。③

第四种观点认为，“从事公务”，应当是指代表国家对公共事务所进行的管理、组织、领导、监督等活动。它具有两方面的特点：一是具有管理性，即对公共事务进行管理。这里的公共事务比较广泛，既可以是国家事务，也可以是社会事务和集体事务，其范围涉及政治、经济、文化、军事、文体、卫生、科技以及同社会秩序有关的各种事务的管理；二是具有国家代表性，即这种活动是代表国家而进行的，它是一种国家管理性质的行为，而不是代表某个人、某个集体、团体的行为。④

---

① 参见张穹主编：《修正刑法条文实用概说》，111页，北京，中国检察出版社，1997。

② 参见刘家琛主编：《新刑法条文释义》（下），1660页，北京，人民法院出版社，1997。

③ 参见赵秉志主编：《新刑法教程》，780页，北京，中国人民大学出版社，1997。

④ 参见赵秉志、于志刚、孙勤：《论国家工作人员范围的界定》，载《法律科学》，1999（5）。

2. 国家机关工作人员的范围

关于国家机关工作人员范围的界定问题，关键的问题是弄清何为“国家机关”。对此，理论上主要存在着以下几种观点。

其一，认为“国家机关”就是指从事国家管理和行使国家权力，以国家预算拨款作为独立活动经费的中央和地方各级组织，具体包括权力机关、行政机关、检察机关、审判机关以及军队系统的各级机构。①

其二，认为国家机关除上述权力机关、行政机关、司法机关及军队机关以外，还应包括中国共产党的各级机关以及政协的各级机关。②

其三，主张国家机关应当包括中国共产党的各级机关、国家各级权力机关、行政机关、审判机关、检察机关、军队中的各级机关、中国人民政治协商会议的各级机关以及一些名为总公司但实为国家行政部门的机构（如石油天然气总公司、电力总公司等）。这种观点认为，根据我国的具体国情，中国共产党作为执政党，所从事的管理活动事关国家的大政方针，所以不能把中国共产党的组织排除在国家机关之外。至于那些名为总公司但实为国家行政部门的机构，并不适用企业的经营机制，而是依靠国家行政拨款，从事行政管理的职能部门，所以其本质上仍属于国家机关。③

其四，国家机关不仅包括中国共产党的各级机关、国家各级权力机关、行政机关、审判机关、检察机关、军队中的各级机构、政协的各级机关以及一些名为总公司但实为国家行政部门的机构，还包括工会、共青团、妇联等群众性组织、部分行政机关的直属事业单位等。④

3. 国有公司、企业、事业单位、人民团体从事公务人员的理解

（1）国有公司的范围

对此，理论上存在着两种观点。

狭义说认为，随着市场经济体制的建立，公司制的规范运作，在由国有、集体或者私人共同出资组建的有限责任公司或者股份有限公司中，不同性质的资产在公司一旦成立后，均转化为公司的资产，其财产的性质并不因为谁占有股份多，就属于谁所有，而应属于公司独立的财产。因此，所谓“国有公司、企业”应该是指公

① 参见敬大力主编：《刑法修订要览》，148页，北京，法律出版社，1997。

② 参见参见赵秉志主编：《新刑法教程》，780页，北京，中国人民大学出版社，1997；孙廉、尹伊君：《国家工作人员职务犯罪论》，载《法学研究》，1998（4）；高铭暄、马克昌主编：《刑法学》（下），1159页，北京，中国法制出版社，1999；江礼华：《论国家工作人员范围的界定》，载胡驰主编：《刑法问题与争鸣》，第1辑，314～315页，北京，中国方正出版社，1999。

③ 参见侯国云、白岫云：《新刑法疑难问题解释与适用》，184、187页，北京，中国检察出版社，1998。

④ 参见宋长春：《论渎职罪主体的界定》，载《人民检察》，2000（11）

司、企业资产全部由国家所有的公司、企业。①

广义说认为，国有公司是指在公司的股份结构中，国有经济成分占控股地位的公司。控股地位包括绝对控股和相对控股两种情况。即国有资产持股比例在51%以上或者国有资产持股比例在51%以下，但国家处于相对控股地位的股份或者有限责任公司，都应属于国有公司。②

（2）国有公司、企业或者其他国有单位由个人承包、租赁后，上述单位的其他人员能否成为贪污罪主体的问题

对此，理论上也存在着两种观点。

否定说认为，国有单位被承包后，原来在该单位工作的人员或者承包人、租赁人新聘用的人员，不管他们是否从事管理活动，都不属于在国有单位从事公务的人员，不能成为贪污罪的主体。③

肯定说认为，无论何种承包、租赁形式，都改变不了该单位的国有性质，单位的资产也属于国有资产的性质。本罪设立的立法理由是保护国有资产的安全，侵吞由个人承包、租赁的国有单位资产，同样是对国有资产所有权的侵犯，其危害的实质与受委托经营、管理国有资产的人员侵吞国有资产没有什么区别，只要具有国家工作人员身份的，就可以成为贪污罪的主体。④

（3）售货员、售票员的工作性质问题

对国有商店售货员、国有运输公司售票员所从事的工作是公务还是劳务的问题，理论上历来有争议。对此，大致可分肯定说、否定说和折中说三种观点。

肯定说认为，这些人所从事的售货、售票工作是劳务，但他们还兼作管理公共财物的工作，以劳务为主，以公务为辅。如果他们利用这一便利条件，贪污自己管理的商品和货款，其行为就是贪污。⑤

否定说认为，售货员、售票员都是企业中的劳动服务人员，不是公务人员，他们经手、经营单位的财物本身就是其劳务活动的一部分。不能笼统地认为经手或过手公共财物就是从事公务。⑥

折中说认为，这类人员属不属于国家工作人员，要具体分析，也就是说根据他们对公有财产有没有实际的支配权而有所不同。国有商场的售货员，如果拥有对商

---

① 参见孙国祥：《贪污贿赂犯罪疑难问题学理与判解》，59页，北京，中国检察出版社，2004。

② 参见孙国祥：《关于国家工作人员的几个问题》，载《南京大学法律评论》，1998年春季号。

③ 参见王作富、唐世月：《贪污罪若干问题研究》，载姜伟主编：《刑事司法指南》，11～12页，北京，法律出版社，2002（4）。

④ 参见孙国祥：《贪污贿赂犯罪疑难问题学理与判解》，95～96页，北京，中国检察出版社，2004。

⑤ 参见杨兴国：《贪污贿赂罪法律和司法解释应用问题解疑》，49页，北京，中国检察出版社，2002。

⑥ 参见王作富主编：《刑法分则实务研究》（下），1695页，北京，中国方正出版社，2001。

品价格在一定范围内的决定权，那么他就实际上对货物享有支配权，其工作就属于公务，行为人采取高价销售、低价核销的办法谋取差价利润，就构成贪污罪。如果他对货物没有支配权，只是按照定价销售货物同时收取顾客的货款，每天关店盘点时如数将货款交至出纳那里，这种工作就属于纯粹的劳务了。①

4. 国家机关、国有公司、企业、事业单位委派到非国有公司、企业、事业单位、人民团体从事公务人员的理解

（1）被委派的人员在委派前是否须具备国家工作人员身份

对此，理论上主要有以下两种观点。

一种观点认为，只要存在着委派关系，不论该被委派者之前是否具有国家工作人员的身份，均应按国家工作人员对待。② 有论者进一步指出，实践中，这些人既可能是原单位现有人员中所派出的，也可能是从外单位调入，或者从社会上聘用后委派到非国有单位从事上述公务活动。③

另一种观点则认为，被委派的行为人在委派前必须具有国家工作人员的身份，在委派以后实施非法占有公共财物的，才能成为贪污罪的主体；否则，在被委派前不具有国家工作人员身份，而在委派以后实施了非法占有所有单位财物的，则应构成职务侵占罪。④

（2）委派的形式

委派是否需要具备特定的程序？有观点认为，为了明确个人与国有单位之间的委派关系，委派应有特定的手续，应有正式的书面文件。书面材料中必须明确这类人员的职权范围、任职年限等能够明确被委派人享有管理监督职权的文字。⑤ 另有观点则认为，在由国有公司、企业改制的合资、股份制公司、企业中从事公务的原国有公司、企业的人员，即使不办理专门的委派手续，其原有的国家工作人员的身份依然保持，仍然可以成为贪污罪的主体。⑥

5. 其他依照法律从事公务人员的范围

对此，理论上存在着以下几种观点。

其一，认为此类人员是指“依照法律规定选举或者任命产生，从事某项公共事务管理的人员，包括农村村民委员会，城镇居民委员会的组成人员”以及“受国家机关、国有公司、企业、事业单位、人民团体委托，管理、经营国有财产的人员”。⑦

---

① 参见赵秉志、肖中华：《贪污罪中“从事公务”的含义（中）》，载《检察日报》，2002-03-29。

② 参见杨敦先主编：《新刑法施行疑难问题研究与适用》，357页，北京，中国检察出版社，1999。

③ 参见于志刚主编：《多发十种职务犯罪的定罪与量刑》，72页，北京，中国方正出版社，2001。

④ 参见孟庆华、高秀东：《贪污罪的定罪与量刑》，173页，北京，人民法院出版社，2001。

⑤ 参见于志刚主编：《多发十种职务犯罪的定罪与量刑》，71页，北京，中国方正出版社，2001。

⑥ 参见张穹主编：《贪污贿赂渎职“侵权”犯罪案件立案标准精释》，35页，北京，中国检察出版社，2000。

⑦ 参见赵秉志主编：《新刑法教程》，780页，北京，中国人民大学出版社，1997。

其二，认为这类人员指除国有公司、企业、事业单位中从事公务的人员和国有机关、国有公司、企业、事业单位、人民团体委派到非国有公司、企业、事业单位、社会团体从事公务的人员以外的，其他根据法律规定对公共事务承担组织、领导、监督、管理职责的人员，如党务人员、人大代表及人民代表大会常务委员会委员等。①

其三，认为所谓其他依照法律从事公务的人员，应当是指受委托在国家机关、国有公司、企业、事业单位、人民团体中，依法从事组织、监督、管理工作的人员。该主张强调了四个条件，即必须从事公务；必须在国有单位中从事公务；必须是受委托从事公务；必须是依法从事公务。根据这个定义，这种主张进而具体列举了其他依法从事公务的人员的范围，即各级人民代表大会代表、人民陪审员、受委托在国家机关、国有公司、企业、事业单位、人民团体中从事公务的人员。从农村村民委员会和城市居民委员会作为基层群众自治性组织的性质及其所从事的事务只是一种集体事务的情况出发，村民委员会和居民委员会的成员无论如何都不能以国家工作人员论。党务人员应当视为国家机关工作人员，而不应视为以国家工作人员论的人员。②

6. 村民委员会、居民委员会的工作人员能否成为贪污罪的主体

对此，理论上主要有两种观点。

一种观点认为，应当从该委员会成员是否依法从事公务这一国家工作人员的本质特征出发来判断。详言之，如果其从事的仅是本集体组织的事务，如管理村中或者社区居民的集体财产，就不能以国家工作人员论。但是，如果其受行政机关委托，代替行政机关从事一定的行政管理事务（如管理计划生育、发放救灾、救济款物等），在这种情况下，其实际上是依法受委托在从事公务，对其就应视为 1997 年《刑法》第 93 条规定的“其他依照法律从事公务的人员”，应以国家工作人员论。③这种观点可以说是通行观点。

另一种观点则认为，村民委员会的工作人员不具备贪污罪的主体资格，因为他们是农村集体组织管理人员，不属于国家工作人员；不具备《刑法》第 93 条所规定的国家工作人员的条件；不具备《刑法》第 382 条规定的条件。④

7. 受国家机关、国有公司、企业、事业单位、人民团体委托，管理、经营国有财产的人员的理解

（1）受委托管理、经营国有财产的人员是否属于国家工作人员

对此，理论上存在两种观点。

肯定说认为，受委托管理、经营国有财产的人员是国家工作人员的一种，属于

① 参见张穹主编：《修订刑法条文实用解说》，112 页，北京，中国检察出版社，1997。

② 参见侯国云、白岫云：《新刑法疑难问题解析与适用》，190～200 页，北京，中国检察出版社，1998。

③ 参见赵秉志、于志刚、孙勤：《论国家工作人员范围的界定》，载《法律科学》，1999（5）。

④ 参见孙国强：《农村干部不具备贪污罪的主体资格》，载《河北法学》，1999（2）。

其他依法从事公务人员。[①] 有论者经分析后认为，无论是从文字上，还是从本质上，“受委托管理、经营国有资产”都应当属于“受委托从事公务”，从而属于“其他依照法律从事公务”的一种情形，这样的人员应当具备国家工作人员的身份。[②]

否定说认为，受委托管理、经营国有资产的人员不属于国家工作人员，挪用公款、受贿等犯罪主体都不包括这类人员。只有在贪污罪的情况下，这些受委托管理、经营国有资产的人员才能成为犯罪主体。[③] 有论者指出，受“委托”人员应当是指本不具有国家工作人员身份而由于受国有单位委托才具有管理、经营国有财产便利条件的人。如果将他们视为“其他依照法律从事公务的人员”，则第 382 条第 2 款的规定就是多余的，这类人员完全可以包括在该条第 1 款规定的贪污罪主体中。将受“委托”人员理解为“其他依照法律从事公务的人员”，会使“受国家机关、国有公司、企业、事业单位、人民团体委托，管理、经营国有财产的人员”成为挪用公款罪、受贿罪的犯罪主体，从而扩大了这些人的刑事责任范围。[④] 还有的论者认为，1997 年《刑法》修订前曾有一个刑法修订草案报告指出：有的代表提出，贪污罪的主体中未能包括受国家机关、国有公司、企业、事业单位委托管理、经营国有财产的人员，不利于对国有财产的保护。因此，建议在贪污罪中增加一款规定：受国家机关、国有公司、企业、事业单位、人民团体委托，管理、经营国有财产的人员，利用职务上的便利，侵吞、窃取、骗取或者以其他手段非法占有国有财物的，以贪污罪论。这一立法背景资料充分说明，受国有单位委托管理、经营国有财产的人员作为贪污罪的主体被规定下来，是出于严惩贪污犯罪、更为广泛地保护国有财产的目的。显然，这类人员不属于国家工作人员。[⑤]

（2）委派和委托的区分

有论者认为，刑法规定的“委派”主体属于国家工作人员，必须具备国家工作人员的国家性和公务性这两个属性，而被委派人在被委派到非国有单位从事公务后，仅具备了公务性，并未具备国家性，这就要求其本身就具有国家性，或本身是国有单位的人员（可以是委派单位的，也可以是其他国有单位的），或本身虽不在国有单位，但具有国家干部身份，如人事部门分配到非国有企事业单位从事公务的大、中专毕业生。由非国有单位主管部门任命的非国有单位的厂长、经理（本身不具备国家干部身份）等从事公务的人员则不属贪污罪主体。对“委托”主体，《刑法》规定为非国家工作人员，因此不要求受委托人本身具备在国有单位工作的身份，只要求受国有单位委托从事管理、经营国有财产的活动。这类主体主要包括国有单位的承

---

① 参见赵秉志主编：《新刑法教程》，780 页，北京，中国人民大学出版社，1997。

② 参见何秉松主编：《刑法教科书》（下），1039 页，北京，中国法制出版社，1997。

③ 参见孙国祥：《贪污贿赂犯罪疑难问题学理与判解》，83 页，北京，中国检察出版社，2004。

④ 参见王作富、唐世月：《贪污罪定义辨析》，载《国家检察官学院学报》，2002（3）。

⑤ 参见黄俊平：《论“受委托”型贪污罪主体》，载《江西公安专科学校学报》，2003（4）。

包人、租赁人，国有单位聘用或临时委托管理、经营国有财产的人员。①

有论者则主张，委派主要是指派遣委任，是国有单位通过任命、提名等方式派遣某人到股份有限公司从事公务。被委派者将担任一定的职务，获得一定的授权，在职权范围内以股份有限公司的名义从事公务，因此委派往往会产生人事上的任免或变动。委托则是国有单位将一定的事务交给某人管理，被委托者需要以委托者的名义在委托的权限内进行活动，而其活动的结果由委托者承担。委托一般不会产生人事上的任免和变动，被委托人只能在授权范围内从事活动。一旦委托事项完毕或者委托期限届满，被委托人便自动丧失处理相关事务的权利。因此，以谁的名义活动和权利人的权力来源的依据，是区别“委派”和“委托”的主要标准。②

（3）关于受委托的方式

对此，理论及实践上存在两种观点。一种观点认为，“委托”的方式只包括对国有资产的“承包”和“租赁”两种。“受委托人员”是指以承包、租赁等方式管理、经营国有财产的人员。这是大多数教科书的观点。③ 另一种观点则认为，“委托”的方式不仅限于对国有企业、公司的承包经营或租赁经营这两种方式，还包括国有单位聘用或临时委托管理经营国有资产的情形。最高人民检察院《关于人民检察院直接受理立案侦查案件立案标准的规定（试行）》基本上持后一种观点，即将受“委托”的情形解释为“主要是指以承包、租赁、聘用等方式从事国有财产管理、经营的人员”。有的教科书也采纳了这一观点。④

（4）承包人能否成为贪污罪主体的问题

对此，理论上存在着两种观点。

一种观点认为，国有企业的承包者、经营者通过合同的法律形式取得了国家或上级主管机关的委托授权，经营者不仅要对企业和职工负责，还要对上级主管部门负责，并有义务接受检查和监督，经营者承包、租赁的对象是企业的经营权，其经营活动也不是劳务活动，经营者已由劳动者变为企业的管理者。基于上述情况，承包、租赁经营的承包人、承租人及其经手、管理公共财物的人员属于受委托从事公务的人员，可以成为贪污罪的主体。⑤

另一种观点认为，对承包人能否成为贪污罪主体的问题，应根据承包形式的不同区别对待。承包有经营权式承包和劳务型承包两种形式。在经营权式承包中，承

---

① 参见丁旬、袁晓云：《略论贪污罪主体之重构》，载《政法论丛》，1998（2）。

② 参见王群智：《正确把握“委派”之内涵》，载《法治论丛》，2003（1）。

③ 参见高铭暄、马克昌：主编《刑法学》，629页，北京，北京大学出版社、高等教育出版社，2000；高铭暄主编：《新编中国刑法学》（下），974页，北京，中国人民大学出版社，1998；赵秉志主编：《新刑法教程》，780页，北京，中国人民大学出版社，1997。

④ 参见王作富主编：《刑法》，503页，北京，中国人民大学出版社，1999。

⑤ 参见杨兴国：《贪污贿赂罪法律和司法解释应用问题解疑》，46页，北京，中国检察出版社，2002。

包实体的生产资料仍属于国有资产，承包人利用经营、管理之便，以侵吞、窃取、骗取等手段非法将单位的生产资料、资金、上缴利润等占为己有的，应以贪污罪论；对劳务型承包，承包人在生产经营过程中，通过各种手段侵吞发包企业交付其经营的固定资产、运转资金等国有资产，不以贪污罪论为妥。对此类人员侵占国有资产视具体情况以盗窃罪、诈骗罪论处较宜。① 还有的论者进一步指出，并非所有的经营型承包都属于刑法意义上的"委托"，只有具有承包实质的才属于受委托方式中的"承包"。实践中，有不少单位或个人为了便于经营和减少纳税，挂靠在国有企业名下，向挂靠单位交纳一定的管理费后，从事个人经济活动。国有单位一般只提供银行账户、代办各种营业手续等生产经营条件，至于生产资金的筹集、生产场地的确定、生产人员的雇请等都由承包者个人完成。这种承包不是以"两权"分离为基础，承包者的经营权与财产所有权是一致的，承包者并未实际履行管理、经营国有资产的职责，承包合同关系双方也没有行政上的隶属关系，因此只是形式上的国有财产的承包经营。在这种承包形式中，不存在贪污犯罪问题。只有那些作为发包方的国有单位提供全部或部分生产资料、资金、场地和生产经营条件，交由个人或若干人承包经营，且委托方的国有单位在一定程度上对承包方具有行政上的监督和管理功能的，才是实质上的承包。只有实质的承包人才可以成为贪污罪的主体。②

(5) 聘用人员能否成为贪污罪的主体

对此，有论者指出，聘用所依托的法律形式是聘用合同。聘任制尽管也是我国当今改革中出现的一种新型制度，但从性质上看，聘任制的推行是一种人事制度的改革方式，不是国有公司、企业经营体制的改革方式。聘用所依托的理论基础与承包、租赁这两种国有财产经营方式根本不同，前者是基于人事用人制度观念的转变，后者则是基于"两权分离"理论；聘用关系是一种单一的法律关系，而承包与租赁经营这两种委托关系则具有双重性质的法律关系，既具有民事经济法律关系成分，又具有行政关系色彩。"聘用"和"委托"完全是两码事。被国有单位聘用管理、经营国有财产的人员，也不存在再被委托的问题了。由此可见，"聘用"与以经营管理合同为法律形式的"承包"、"租赁"在性质上截然相异，将"聘用"作为刑法意义上的"委托"方式之一是欠妥的。因此，《刑法》第382条第2款中的"委托"，应当只包括对国有公司、企业的承包经营与租赁经营两种方式。③

（三）贪污罪的主观方面

1. 贪污罪主观方面的认识因素

一般认为，构成贪污罪，行为人应对贪污的对象即公共财产的性质有认识。但对于受委托管理、经营国有资产的人来说，是否需要认识到其占有的资产是国有资产，理论上有不同的观点。

---

① 参见孙谦、陈凤超：《论贪污罪》，载《中国刑事法杂志》，1998 (3)。

②③ 参见黄俊平：《论"受委托"型贪污罪主体》，载《江西公安专科学校学报》，2003 (4)。

第一种观点认为，对于受委托管理、经营国有资产的人来说，不需要认识到其占有的资产是国有资产，只要行为人明知是单位的公共财产，不是自己或者其他个人的资产，即可构成本罪。①

第二种观点认为，受委托管理、经营国有资产的人，只有认识到其占有的财产是国有财产，才能构成贪污罪。②

第三种观点认为，行为人既然是受委托管理、经营国有资产，在受委托时对单位和财产的性质已经清楚，一般不会发生认识上的错误，即使推托不知情，也应推定知情。③

2. 非法占有目的的理解

有论者认为，根据《刑法》第382条的规定，贪污罪的目的是非法占有公共财物。这里的非法占有，既包括贪污者个人非法占有，也包括贪污者共同占有，同时也包括贪污者将公共财物占为他人所有，如将贪污的公共财物送给朋友、同学、情人。如果没有非法占有公共财物的目的，不能构成贪污罪。司法实践中，有些人用虚假的手段骗出公款用于公益活动，个人没有占有公共财物的目的，这类行为不能认定为贪污罪。④ 有论者指出，非法占有，不能狭义地理解为占为己有，而应作广义的解释。尽管出于非法占有目的的犯罪中，绝大多数犯罪分子是为了将非法攫取的公私财物占为己有，自己非法行使他人财产所有权的全部权能，但也应看到，有些行为人可能将非法取得的财物转为第三人持有甚至单位持有，这都不应影响非法占有的目的的认定。因为刑法所要惩处的是非法占有，一般不问是谁最终占有，只有这样，才能借助刑法的力量保护公共财物不受侵犯。只要是国家工作人员利用职务便利，采取各种非法手段将公共财物控制在个人手中后，使财产所有权事实上发生转移的，无论是据为己有还是转送他人，均应视为对公共财产进行了非法处分，给公共财物所有权造成了实质性侵犯，构成犯罪的，依法应以贪污罪定罪处罚。⑤还有的论者主张，“非法占有”、“非法所有”或者“非法占为己有”在刑法上的实际结果（危害结果）是完全相同的，都表现为排除权利人对财产的合法控制，并以此为前提排除权利人对财产进行使用、收益和处分的权利，从而实际剥夺权利人对财产的所有权。据此，贪污罪的主观方面应不以行为人主观上具有将公共财物非法占为己有或非法取得公共财物的所有权的犯罪目的为必要条件；只要行为人具有非法占有公共财物的犯罪目的，换言之，只要行为人具有非法排除权利人对公共财物的所有权而将公共财物置于自己的非法控制的意图，即已充足了贪污罪的主观要件。作为贪污罪主观要件的意图非法排除权利人对公共财物的所有权必须是意图非法永

---

① 参见周道鸾、张军主编：《刑法罪名精释》，913～914页，北京，人民法院出版社，1998。

② 参见孟庆华、高秀东：《贪污罪的定罪与量刑》，198页，北京，人民法院出版社，2001。

③ 参见孙国祥：《贪污贿赂犯罪疑难问题学理与判解》，99页，北京，中国检察出版社，2004。

④ 参见周其华：《贪污罪几个问题的研究》，载《国家检察官学院学报》，2002（2）。

⑤ 参见孙国祥：《论企业改制中贪污罪的司法认定》，载《江海学刊》，2007（2）。

久排除权利人对公共财物的所有权，而不是意图暂时非法排除权利人对公共财物的所有权。这是贪污罪与挪用公款罪的基本界限所在。①

（四）贪污罪的客观构成要件

1.“利用职务上的便利”的界定

关于如何理解“利用职务上的便利”，理论上主要存在着以下不同的观点。

第一种观点认为，利用职务上的便利，是指利用职务范围内的权力和地位形成的便利条件，即管钱管物的职权之便，而不是指与职权无关仅因工作关系熟悉作案环境、凭工作人员身份便于进出某些单位、较易接近作案目标等方便条件。② 这是多数论者的观点。

第二种观点认为，利用职务上的便利，是指行为人在其职权、职责范围内，在合法的经营活动掩盖下而非法占有公共财物，并且行为人非法占有的对象恰恰是自己所直接、实际经营的公共财物。③

第三种观点认为，利用职务上的便利所非法占有的对象，并不限于“自己合法管理的公共财物”。如果利用职权吞没本单位但不属于直接管理下的公共财物，或者只有利用职权的特殊条件，才能捞到非自己经营的公共财物的，也可以贪污罪定性。④

第四种观点认为，利用职务上的便利，通常是指利用主管、经管公共财物的职务所提供的便利条件，但也不排除在某些情况下与公共财物暂时联系的便利，既不主管也不经管公共财物的国家工作人员利用其职务上的便利进行贪污的情况。⑤

第五种观点认为，凡是利用工作上的机会和条件，窃取自己经管、控制的公共财物的，都应视为利用了职务之便。⑥

第六种观点认为，利用职务上的便利，不仅是指直接利用自己主管或者分管某项工作的职权，还包括有凭借自己职务的间接影响，通过人情、人事关系等实施贪污的情形。⑦

第七种观点认为，利用职务上的便利，是指行为人利用其职责范围内主管、经手、管理公共财物的职权所形成的便利条件，假借执行职务的形式非法占有公共财产。⑧

---

① 参见储槐植、梁根林：《贪污罪论要——兼论〈刑法〉第394条之适用》，载《中国法学》，1998（4）。

② 参见赵秉志、吴振兴主编：《刑法学通论》，691页，北京，高等教育出版社，1993。

③ 参见杨春洗等主编：《刑事法学大辞书》，355页，南京，南京大学出版社，1992。

④ 参见赖宇、陆德山主编：《中国刑法之争》，274～275页，长春，吉林大学出版社，1989。

⑤ 参见郝力挥、刘杰：《贪污罪主体特征》，载《政治与法律》，1985（5）。

⑥ 参见张穹主编：《职务犯罪概论》，275页，北京，中国检察出版社，1991。

⑦ 参见郝力挥、刘杰：《贪污罪主体的特征》，载《政治与法律》，1985（5）

⑧ 参见张穹主编：《职务犯罪概论》，126～127页，北京，中国检察出版社，1991。

2. 贪污罪的犯罪手段

根据《刑法》第 382 条的规定，贪污行为的手段包括侵吞、窃取、骗取以及其他手段。

（1）侵吞的含义问题

对此，理论上存在着以下不同的观点。

第一种观点认为，侵吞，是指贪污罪主体利用职务之便，将自己管理或经手的公共财物非法据为私有或者转归他人所有的行为。①

第二种观点认为，侵吞，是行为人利用职务上的便利，将暂由自己合法管理、使用的公共财物，非法据为己有。②

第三种观点认为，侵吞型贪污罪只能由不作为方式实施。其基本表现形态为行为人基于合法管理、经手或者使用公共财物的前提，违反法律规定或职务要求，对其控制或持有的公共财物，应上缴而不上缴、应支付而不支付、应入账而不入账，或者对追缴的赃款、赃物或罚没款物应报告上缴而不报告上缴，从而变合法持有为非法占有。侵吞型贪污罪的这种不作为具有两个前提：一是行为人必须已经合法持有公共财物，即依照规定或因职务关系而合法控制或持有公共财物。如果行为人没有合法持有公共财物，未将公共财物置于自己实际控制之下，则不可能以不作为的方式非法占有公共财物。二是行为人必须负有限时交还公共财物的义务，如将合法持有的公共财物限期上交、限期支付、限期入账或者限期上缴。③

（2）窃取的含义问题

通行观点认为，所谓“窃取”是指行为人利用职务上的便利，采取秘密方式将自己合法管理的公共财物占为己有，也就是通常说的“监守自盗”。④ 另一种观点则认为，窃取是指行为人利用职务上的便利，用窃取的方法，将自己与他人共同合法管理、使用的公共财物，窃为己有的行为。财会制度以及财产保管制度的特点决定窃取的对象应当是行为人与他人共同管理的，而非行为人单独管理的财物。⑤

（3）骗取的含义问题

一般认为，作为贪污罪手段的骗取，是指行为人利用职务上的便利，以虚构事实、隐瞒真相的方法非法占有公共财物的行为。但关于所骗取的财物的范围问题，理论上有不同的观点。

---

① 参见张穹主编：《职务犯罪概论》，126 页，北京，中国检察出版社，1991。

② 参见高铭暄主编：《中国刑法学》，526 页，北京，中国人民大学出版社，1989。

③ 参见储槐植、梁根林：《贪污罪论要——兼论〈刑法〉第 394 条之适用》，载《中国法学》，1998（4）。

④ 参见高铭暄、马克昌主编：《刑法学》，628 页，北京，北京大学出版社、高等教育出版社，2000。

⑤ 参见于志刚主编：《多发十种职务犯罪的定罪与量刑》，47 页，北京，中国方正出版社，2001。

一种观点认为，所谓骗取，是指利用职务之便，采用虚构事实或者隐瞒真相的方法，将其他工作人员管理之下的公共财物骗取到手，非法据为已有。①

另一种观点则认为，不论是本人主管或经手的公共财物，或者是他人经手的公共财物，都可以成为骗取的对象。② 有论者进一步认为，所谓“自己骗自己”的说法是成立的，因为行为人即使是管理公共财物，但管理权并不等于所有权；行为人要想获得所有权，即使在其享有管理权的情况下，也可以采取虚构事实、隐瞒真相的欺骗方式获取。③

(4) 其他手段所包含的内容的问题

对此，有论者认为，“其他手段”包括：利用职权巧立名目，大量私分公款、公物；冒名借出公款，存入银行，获取利息归已；在外事活动中接受礼物，应交公而不交公，数额较大的。④ 另有观点认为，下列几种形式应属于贪污罪中的“其他手段”：利用计算机贪污；收受礼物拒不交公据为已有的；携带挪用的公款潜逃的；私分公款、公物的。以单位的名义私分国有资产的，可构成私分国有资产罪；但如果私分国有资产以外的财产，则属于贪污罪中的“其他手段”。⑤

(五) 贪污罪的犯罪客体和犯罪对象

1. 贪污罪的犯罪客体

随着刑事立法对贪污罪不断地修改，刑法理论对贪污罪客体的认识也在不断地发生变化。关于贪污罪犯罪客体的观点，归纳起来有以下几种。

第一种观点认为，贪污罪侵害的是单一客体，即公共财物的所有权。⑥ 在 1997 年《刑法》修订前，这一观点曾是刑法学界的传统主张。

第二种观点认为，贪污罪的客体是国家机关的正常活动及公共财产的所有权。⑦

第三种观点认为，贪污罪的客体是复杂客体。其犯罪行为既侵犯了公共财物所有权，同时也破坏了国家的财经管理制度，又破坏国家机关及其工作人员的职能形象。但主要客体是公共财物所有权。⑧

第四种观点认为，贪污罪的客体是复杂客体，即公共财物的所有权和国家机关

---

① 参见王作富主编：《刑法分则实务研究》(下)，1707 页，北京，中国方正出版社，2001。

② 参见赵秉志、吴大华主编：《新刑法罪名及司法解释要义》，477 页，北京，中国人民公安大学出版社，1998。

③ 参见孟庆华、高秀东：《贪污罪的定罪与量刑》，145 页，北京，人民法院出版社，2001。

④ 参见赵秉志、吴大华主编：《新刑法罪名及司法解释要义》，477 页，北京，中国人民公安大学出版社，1998。

⑤ 参见孟庆华：《贪污贿赂罪重点疑点难点问题判解研究》，27～28 页，北京，人民法院出版社，2005。

⑥ 参见廖福田：《刑法的理论与实践》，731 页，北京，法律出版社，1993；林准主编：《中国刑法教程》，538 页，北京，人民法院出版社，1989。

⑦ 参见陶驷驹主编：《中国新刑法通论》，983 页，北京，群众出版社，1997。

⑧ 参见张明之主编：《中国罪名要论》，457 页，北京，中国言实出版社，1997。

等的正常职能与威信。①

第五种观点认为，贪污罪的客体是复杂客体，即国家工作人员职务行为的廉洁制度和公共财物的所有权。②

第六种观点认为，贪污罪的客体是复杂客体，即职责的廉洁性和公共财产关系。③

第七种观点认为，宜将贪污罪的客体表述为国家工作人员职务行为的廉洁性和公共财物的所有权，并且此两者具有两层基本关系：一是层次递进关系，第一层次是公共财产所有权，第二层次是国家工作人员职务行为的廉洁性；二是因果关系，公共财物的所有权与国家工作人员职务行为的廉洁性之间存在原因与结果的关系。④

第八种观点认为，贪污罪所侵犯的客体是国家工作人员职务行为的廉洁性及其所在单位的财物所有权。有论者认为，就基本的贪污罪来说，其侵犯的客体确实是国家工作人员职务行为的廉洁性和公共财产所有权；就特殊的贪污罪来说则有所不同，例如受国有单位委派在国有控股、参股的股份有限公司从事公务的管理人员贪污的，所侵犯的客体就是国家工作人员职务行为的廉洁性和含有国有股权的公司、企业的法人财产所有权。因此，贪污罪的客体应该是国家工作人员职务行为的廉洁性及其所在单位的财物所有权。⑤

2. 贪污罪的犯罪对象

关于贪污罪的犯罪对象，传统的观点一般认为是仅仅局限于公共财产。但1997年《刑法》颁行后，关于本罪的对象，多数论者的认识已发生了变化，认为贪污罪对象只能是公共财产的观点已落后于现实司法，《刑法》正式确立了混合型财产可以独立成为贪污罪的对象，贪污罪对象的范围应当包括：公共财产、混合型财产、应当交公的礼物三种对象。⑥ 还有的论者指出，理论上改变贪污罪对象只能是公共财产这一传统观念，不仅是正确理解1997年《刑法》贪污罪法条规范的需要，而且也是为新经济形势下打击贪污犯罪提供更具有指导意义的刑法理论所必需的。贪污罪不是单纯财产犯罪而主要是职务犯罪，侵犯的客体主要是国家工作人员职务活动的廉洁性。只要国家工作人员利用职务非法占有职务监控之下的财物，不论财物所有权归谁，不影响贪污作为一种腐败行为的本质。⑦ 但在对贪污罪犯罪对象的具体认定方面仍存在着许多争议。

---

① 参见赵秉志主编：《新刑法释义与应用》，738页，长春，吉林人民出版社，1997。

② 参见杨春洗、杨敦先主编：《中国刑法论》，2版，619页，北京，北京大学出版社，1998。

③ 参见张凤阁主编：《新刑法理论与实务》，574页，北京，警官教育出版社，1997。

④ 参见孟庆华：《贪污罪侵害客体问题评析》，载《开封大学学报》，2004（1）。

⑤ 参见董邦俊：《贪污罪新论》，60页，北京，中国方正出版社，2004。

⑥ 参见杨毓显、苏庆源：《贪污罪对象范围新认识》，载《法学》，2002（6）；唐世月：《贪污罪犯罪对象研究》，载《中国法学》，2000（1）。

⑦ 参见刘金锋：《贪污罪与职务侵占罪之比较——兼论贪污罪的犯罪对象》，载《胜利油田党校学报》，2002（2）。

(1) 国家参股或国有公司、企业参股的公司财产是否属于国有财产或公有财产的问题

对此，理论上主要有以下几种观点。

第一种观点认为，对此应作具体分析：以国有股份为基础的公司，即国家控股的公司的财产，应统一视为国有财产。所谓国有股份为基础的公司，是指国有财产股的股权代表可以在该股份制企业中对生产、经营活动起支配、决定作用，而无须考虑国有资产股所占股份的大小比例；对于国有资产未达到公司控股地位的财产，其中国有资产的认定只能按照出资股份的额度认定。①

第二种观点认为，在混合型经济体中，只要有公有资本存在，就应全额认定为公有财产。理由是：法律规定的是有终极所有权的公共财产，但在经营方式多样化的形式上，执法者必须敢于面对实际，从经营方式和法人财产权角度认定公共财产。在公有资本投入的情况下，法人财产权使企业成了公共财产的责任机构和责任人，公共财产的命运如何，是保值增值，还是亏损灭失，完全取决于法人财产权的行使。因此，建立在公有制为主体、各种所有制并存的基础上的法律，必须对公有资本的法人财产给以特殊的关注和保护。②

第三种观点认为，除国有独资公司的财产属于单一的公共财产外，有限责任公司、股份有限公司、外国公司的财产属于法人财产，法人财产是一种不同于公民的私人财产和公共财产的新型财产所有形式。③

第四种观点认为，应以是否控股来划定混合型经济体的财产性质，即国有、集体控股或投资比例占多数的企业的财产，应全额认定为公共财产，不控股或投资比例占少数的企业的财产，一律不认定为公共财产。④ 有论者指出，如果从严格解释的角度出发，混合所有制性质的公司、企业，与国有公司、企业完全是两个概念。但是，从客观实际出发，将此类混合所有制性质的公司、企业一概排除在刑法意义上的国有公司、企业之外则又是不适宜的。此时，就需要进行合理性解释。以国有投资占绝对控股，即占51%以上，作为认定多元化投资公司、企业的性质是相对合理的，也是符合客观现实的。对此类公司、企业，可理解为准国有性质。⑤

第五种观点认为，国家参股或国有公司、企业参股的公司财产，不可能是国有资产。其理由是：国家（通过国有资产经营机构）将国有资产作为股本投入到公司、企业以后，国家也只是一个投资者，享受的是公司法和其他相关法律所规定的股东权利，而公司、企业则享有公司法和其他相关法律所规定的企业法人的全部财产所

---

① 参见祝铭山主编：《中国刑法教程》，696～697页，北京，中国政法大学出版社，1998。

② 参见朱孝清：《论贪污罪的几个问题》，载《人民检察》，1998 (3)。

③ 参见陈兴良：《贪污罪受贿罪疑难问题探讨》，载张凤阁主编：《刑法新罪名若干问题研究》，北京，中国人民公安大学出版社，1996。

④ 参见严恒：《贪污罪、职务侵占罪之辨析》，载《中国刑事法杂志》，2000 (1)。

⑤ 参见龚培华：《贪污罪立法模式及司法认定》，载《政治与法律》，2001 (2)。

有权，它是由企业出资者的资本权益和借贷形成的企业法人的全部财产权利，是无法进行分割的。①

（2）无形财产能否成为贪污罪对象的问题

在传统的刑法观念中，贪污罪的对象是有形财产。而随着科学技术的商品化，无形技术成果能否成为贪污罪对象的问题引起了刑法学界的争论。

肯定说认为，从现代刑法理论看，刑法所保护的所有权对象并不拘泥于有形物。贪污罪对象的界定标准侧重于其有无经济价值、能否移动或能否被人们所支配和控制。技术成果具有一般财物的基本特征，因此，可以成为贪污罪的犯罪对象。②

否定说则认为，对侵犯技术成果的行为不宜以贪污罪处理。其理由是：贪污犯罪出于非法占有他人财物之目的，其行为本质在于永久性地排除财物所有权人对财产行使所有权而将该财产非法据为己有，使财产所有人完全失去对该财产的占有、使用、收益和处分的诸项权能。而技术成果、秘密技术等被他人窃取（包括利用职务之便的窃取），所有权人所失去的仅是技术的秘密性和独占性，而对于技术成果本身而言，并未失去占有、使用、收益和处分四项权能中的任何一项，所遭受到的损失主要表现在由于他人利用其具有独占性技术成果、技术秘密进行不正当竞争所造成的收益的减少以及优势地位的失去；从行为的危害程度方面分析，贪污、盗窃等侵犯财产犯罪的社会危害程度一般以其犯罪对象即财物价值的大小为主要标准，是可以比较准确计算出来的，且比较客观，目前司法解释中也已经作出了比较详细的具体规定和要求；而窃取技术成果、技术秘密的行为，其侵害的并非是技术之本身，而是其秘密性、独占性，这种行为的社会危害性程度难以用简单、客观的方式予以计算，只能结合其他多种市场因素加以综合测量。③

还有观点认为，智力成果本身不能成为贪污罪的对象，但作为智力成果的载体可以成为贪污罪的对象。④

（3）不动产能否成为贪污罪对象的问题

对此，理论上也存在着肯定说和否定说这两种不同的认识。

否定说认为，不动产不能移动，其所有权的转移必须经过法定的登记程序，因而贪污不动产是不可能实施的。⑤

肯定说认为，贪污罪的行为方式可以是侵吞、窃取、骗取等。如果国家工作人员利用职务上的便利，采用欺诈手段，将原本属于本单位所有的不动产变更登记，

① 参见孙国祥：《贪污贿赂犯罪疑难问题学理与判解》，8页，北京，中国检察出版社，2004。

② 参见孙国祥：《经济刑法原理与适用》，567页，南京，南京大学出版社，1995。

③ 参见李文燕主编：《贪污贿赂犯罪证据调查与运用》，27～29页，北京，中国人民公安大学出版社，2002。

④ 参见唐世月：《贪污罪研究》，93页，北京，人民法院出版社，2002。

⑤ 参见孙国祥：《贪污贿赂犯罪疑难问题学理与判解》，19页，北京，中国检察出版社，2004。

使其“合法”地转变为个人的私有财产，这实际上完全符合贪污罪的构成特征。贪污罪的对象可以是不动产（建筑物、种植物等）。①

（六）贪污罪的共同犯罪问题

1. 不具有贪污罪特殊主体身份的人应否成为贪污罪共犯的问题

《刑法》第 382 条第 3 款规定，“与前两款所列人员勾结，伙同贪污的，以共犯论处。”根据这一规定，非国家工作人员可以构成贪污罪的共同犯罪。

对此，有论者提出质疑，认为国家工作人员的身份资格是权利与义务相统一的反映，这一特殊身份表明依照这一身份条件可以取得特殊的权利，同时也负有因这一身份条件而产生的特殊义务。非国家工作人员没有国家工作人员的特殊权利，也就不能担负只有国家工作人员才能承受的特殊义务。因此，非国家工作人员不能与国家工作人员构成共同的贪污犯罪。② 还有的论者指出，非国家工作人员因其不具有特殊身份，既不可能单独构成贪污罪，也不能构成贪污罪的共犯。贪污罪属于特殊主体的犯罪。特殊主体的特殊之处在于，凡一般主体所能构成之犯罪，特殊犯罪主体都能构成。但特殊犯罪主体所能构成的犯罪，一般犯罪主体却不能构成。对于非国家工作人员利用国家工作人员的职务便利共同秘密窃取公共财物的行为，完全可以对其分别定罪量刑，即对国家工作人员定贪污罪，对非国家工作人员定盗窃罪，非国家工作人员并不因为利用国家工作人员的身份和职务便利与其共同窃取公共财物的犯罪意图和行为而具有构成贪污罪这一犯罪的特殊身份资格条件。据此，《刑法》第 382 条第 3 款将其再作为贪污共犯来处理，是有违共犯原理的。③ 而有论者则认为，《刑法》第 29 条第 1 款、第 27 条第 1 款、第 28 条的规定足以表达：一般主体教唆、帮助特殊主体实施以特殊主体为构成要件的犯罪的，以共犯论处。进一步而言，即使没有《刑法》第 382 条第 3 款规定，对于一般公民与国家工作人员相勾结、伙同贪污的，也应当根据刑法总则的规定，以贪污罪的共犯论处。因此，《刑法》第 382 条第 3 款只是重申了刑法总则关于共犯的规定，或者说只是将刑法总则关于共犯的规定具体化于贪污罪的规定之中，并没有增加新的内容，只能视为注意规定。④

2. 不具有特殊身份者与特殊主体内外勾结的共同贪污行为的定性问题

对此，在理论上也存在较多争论。归纳起来，主要有以下几种观点。

第一种观点是主犯决定说。该说认为，对内外勾结的混合主体共同贪污行为，应以共同犯罪中主犯的性质定性，即如果主犯是特殊主体，各共同犯罪人均按主犯所实施的贪污犯罪认定；如果主犯是不具有身份者，各共同犯罪人应按主犯所实施

---

① 参见董邦俊：《贪污罪特殊对象研究》，载《湖北社会科学》，2005（10）。

② 参见杨兴培、何萍：《非特殊身份人员能否构成贪污罪的共犯》，载《法学》，2001（12）。

③ 参见于洪建：《非国家工作人员能否构成贪污罪主体的共犯——以特殊身份资格为视角》，载《黑龙江省政法管理干部学院学报》，2006（1）。

④ 参见张明楷：《刑法分则的解释原理》，277～278 页，北京，中国人民大学出版社，2004。

的非贪污犯罪之罪认定。① 该观点的根据是最高人民法院、最高人民检察院1985年7月18日《关于当前办理经济犯罪案件中具体运用法律的若干问题的解答（试行）》中“内外勾结进行贪污或者盗窃活动的共同犯罪（包括一般共同犯罪和犯罪集团）应按共同犯罪的基本特征定罪。共同犯罪的基本特征一般是由主犯犯罪的基本特征决定的”这一规定。

第二种观点是分别定罪说。即对内外勾结的混合主体实施的共同贪污行为，应当对特殊主体按照贪污罪论，对不具有身份者按照普通犯罪论。至于分别定罪说所依据的理由，论者间则存在着不同的认识。有论者认为，“利用职务上的便利”是以行为人具备一定的身份为前提的。如果没有一定身份，就不存在利用职务上的便利问题。因此，没有国家工作人员身份的人，不可能实施这样的实行行为。如果国家工作人员和非国家工作人员共同盗窃，虽然构成共同犯罪，但应分别定为贪污罪与盗窃罪。② 有论者指出，就非国家工作人员与国家工作人员相勾结，使国家工作人员的贪污得以完成来说，非国家工作人员的行为具有帮助贪污的性质，是国家工作人员贪污罪的帮助犯，但由于非国家工作人员的盗窃行为本身构成盗窃罪，因此，其行为又具有盗窃的性质。在这种一行为触犯两个罪名的情况下，按照以重罪名定罪的原则，盗窃罪（实行犯）重于贪污罪的帮助犯，因此应以盗窃罪论处，即对国家工作人员与非国家工作人员分别定罪。③

第三种观点是实行行为决定说。该说认为，对内外勾结的混合主体的共同贪污行为应按照共同犯罪中实行犯的实行行为的性质来认定。如果特殊主体是实行犯，构成贪污罪，则其他无身份者无论是教唆还是帮助均构成共同贪污犯罪。反之，特殊主体与无身份者不能定贪污罪。④

第四种观点是共同犯罪性质决定说。该说认为，对这一共同贪污行为应按共同犯罪的整体性质来定性，即只要共同犯罪人的整体行为符合贪污罪的构成要件，不论主犯是否是特殊主体，每个共同犯罪人都应以贪污罪定罪处罚。这是目前我国刑法学界的通说。其所依据的主要理由有：一是依照共同犯罪的性质确定罪名，符合刑事立法精神；二是依照共同犯罪的性质确定罪名，符合共同犯罪的基本理论；三是从司法实践来看，主犯决定说很难具体适用。在内外勾结的共同犯罪案件中，在国家工作人员和非国家工作人员均为主犯的情况下，如果主犯取决于主犯的行为性质，则可能根据主犯身份特征的不同构成不同的罪名，适用刑罚尺度也会不一致，这样将给司法实践带来混乱，不利于打击贪污犯罪。因此，在国家工作人员与非国家工作人员相勾结的共同犯罪中，只要具备了共同贪污犯罪的构成要件，不论主从，

---

① 参见孟庆华：《贪污共犯中主从犯的认定问题探讨》，载《烟台大学学报》（哲学社会科学版），2004（3）。

② 参见陈兴良主编：《经济刑法学》（总论），331～332页，北京，中国社会科学出版社，1990。

③ 参见杨敦先、谢宝贵主编：《经济犯罪学》，261页，北京，中国检察出版社，1991。

④ 参见高铭暄主编：《中国刑法学》，205～206页，北京，中国人民大学出版社，1989。

对所有共同犯罪人均应以共同实施的贪污罪定罪处罚。①

第五种观点是利用职务便利决定说。该说认为，应当以是否利用了职务上的便利，作为确定这种混合主体共同犯罪的性质是否为贪污罪的重要标准。对于内外勾结进行贪污或者盗窃的共同犯罪，只要其中的国家工作人员在实施犯罪过程中利用了职务上的便利，无论其本人是主犯还是从犯，该共同犯罪的性质就是贪污。如果国家工作人员虽然参与了共同犯罪，但并没有利用职务上的便利，或者仅仅利用了熟悉单位环境等条件，勾结社会上的人员到自己单位行窃，即使国家工作人员是主犯，该共同犯罪的性质也不是贪污，而是盗窃。②

第六种观点是折中说。该说认为，实行行为对决定共同犯罪的性质有决定性意义，因而应根据不同的情况区别对待：若有身份者与无身份者同为实行犯，由于身份犯的实行行为只能由身份犯实行，所以有身份者构成身份犯罪，无身份者只能构成普通犯罪；若无身份者教唆、帮助身份者犯罪，则以身份犯罪论。③

3. 特殊主体与具有特定身份的人的共同贪污行为的定性问题

特殊主体与具有特定身份的人的共同贪污行为，是指特殊主体和具有特定身份的人相互利用彼此的职务便利或分别利用各自的职务便利，共同实施侵占本单位财物的行为。此时，共同犯罪人都具有特殊的身份，但各自的身份又有所区别，单独都能构成身份犯。在这两种不同身份者共同实施侵占本单位财物的犯罪行为的场合，对于究竟是按照共同贪污犯罪处罚，还是按照职务侵占罪的共犯处罚，或者是根据各自的身份分别定罪的问题，理论上存在以下不同的观点。

第一种观点是从重处罚说。该说认为，对于两个以上不同身份的人共同犯罪的，应当坚持从重处罚的原则，按照重罪定罪处罚。④

第二种观点是从轻处罚说。该说主张，特殊主体与具有特定身份的人同时利用职务便利占有本单位财物的，应当从有利于被告人的原则考虑，按照职务侵占罪的共同犯罪处理。⑤

第三种观点是主犯决定说。该说主张，在两者分别利用各自的职务便利共同侵占本单位财物的案件中，根据主犯犯罪的基本特征来决定，主犯的身份决定该行为的性质。主犯是国家工作人员的，应认定为贪污罪，对其他共同犯罪人也按贪污定罪判刑；主犯是公司、企业或其他单位中的非国家工作人员的，应认定为职务侵占

---

① 参见孙谦：《国家工作人员职务犯罪研究》，76～77页，北京，法律出版社，1998。

② 参见赵秉志主编：《贪污贿赂及相关犯罪认定与处理》，102页，北京，中国方正出版社，1999。

③ 参见周红梅：《职务犯罪中的共同犯罪》，载《法律科学》，1991（4）。

④ 参见赵秉志主编：《疑难刑事问题司法对策》，第1卷，102页，长春，吉林人民出版社，1999。

⑤ 参见高铭暄主编：《新编中国刑法学》（下），976页，北京，中国人民大学出版社，1998。

罪，对其他共同犯罪人也按职务侵占罪定罪判刑。① 该观点得到了司法解释的支持。2000 年 6 月 30 日最高人民法院《关于审理贪污、职务侵占案件如何认定共同犯罪几个问题的解释》第 3 条规定，“公司、企业或者其他单位中，不具有国家工作人员身份的人与国家工作人员勾结，分别利用各自的职务便利，共同将本单位财物非法占为己有的，按照主犯的犯罪性质定罪。”

第四种观点是分别定罪说。该说主张应根据各自不同的身份分别定罪。有论者认为《刑法》第 271 条第 2 款和第 183 条第 2 款的有关规定实际上已经明确对此采取了“分别定罪说”，即对受委派到非国有单位中的特殊主体应以贪污罪论，而该非国有单位中的工作人员应定职务侵占罪。②

第五种观点是资产性质说。该说主张根据资产的性质决定共同犯罪的性质。如果这两种具有特殊身份的主体共同侵占的是国家机关、国有公司、企业、事业单位、人民团体的财产，则双方都以贪污罪论；如果他们共同侵占的是非国有单位的财产，则应对特殊主体定贪污罪，对其他工作人员定职务侵占罪。③

第六种观点是身份犯说。该说认为，对于两种不同特定身份之人共同犯罪，以共同犯罪的完成是利用何等身份之人的职务便利为依据；当两种特定身份和职务之便均被利用时，则按照更为特定之身份的真正身份犯之罪处罚。④

第七种观点是特殊主体优先说。该说认为，当两个以上不同身份者实施共同犯罪时，应当以更为特定的身份之纯正身份犯定罪处罚。⑤

（七）企业改制中贪污罪的认定

1. 将公共财物转给改制后的公司所有能否构成贪污罪的问题

企业改制中贪污案件认定的一大难点，就是行为人利用企业改制之机，采取隐匿资产等手段将公共财物转为改制后公司享有，能否认定为行为人非法占有，进而对行为人作贪污罪认定的问题。理论上对此主要有肯定说和否定说两种主张。

否定说认为，如果行为人出于非法占有的目的，利用国有公司、企业改制之机，故意隐匿资产，之后以其个人名义据为己有的，应认定为贪污罪。如果行为人将该资产转为改制后的公司、企业享有，因其主观目的是为改制后的公司、企业谋取利益，不宜认定为贪污罪。但此种情况可认定为国有公司、企业人员滥用职权罪。⑥

---

① 参见张凤阁主编：《最新刑法释义与适用指南》，459 页，北京，中国检察出版社，1997。

② 参见杨辉忠、华丽：《职务犯罪中的混合身份共犯》，载《南京大学法律评论》，2001 年春季号；杨兴国：《贪污贿赂罪法律和司法解释应用问题解疑》，71 页，北京，中国检察出版社，2002。

③ 参见张穹主编：《贪污贿赂渎职“侵权”犯罪案件立案标准精释》，45 页，北京，中国检察出版社，2000。

④ 参见肖中华：《犯罪构成及其关系论》，325 页，北京，中国人民大学出版社，2000。

⑤ 参见毕志强、肖介清：《职务侵占罪研究》，190 页，北京，人民法院出版社，2001。

⑥ 参见胡敏、曹坚：《如何认定贪污债权行为》，载《检察日报》，2005-01-10。

肯定说认为，在改制的过程中，只要财产所有权事实上已经发生了转移，财产的公共性质受到实质性侵犯，且处于行为人的永久控制之下，即使行为人将部分公共财物处置给新成立的公司或者其他股东，也应当视为其非法占有公共财物后的一种处置方式，不影响对其行为性质的认定。①

2. 债权能否成为贪污罪对象的问题

对此，否定说认为，债权属于民法上的请求权。实现债权有赖于债务人履行债务，所以，仅仅取得债权，并不等于取得财物，只能说取得了财物的请求权。而贪污罪的犯罪对象必须是公共财物，故债权不应成为贪污罪的犯罪对象。肯定说认为，应收款虽从法律关系上讲是一种民法上的债权，但这种包含财物内容的权利又可以通过债务履行转化为债权人的实际财产利益，而且数额确定，也包含了财物的内容。犯罪嫌疑人隐匿属于国有公司的应收款（债权），使国有公司失去了其预期应得的财产，应认定为贪污罪。② 还有论者认为，贪污债权，有可能进而贪污到实际的财产，也有可能仅仅是贪污一种空有虚名的“财产权”。如果是前一种情况，可将贪污债权的行为直接认定为贪污罪的既遂犯；如果是后一种情况，表明行为人无法占有到实际财产，其行为的实质是刑法理论上的对象不能犯，可将其行为认定为贪污罪的未遂犯。③

3. 串通拍卖改制企业的行为是否构成贪污罪的问题

通过推行国有资产公开拍卖的制度，可以形成国有资产转让中买者和卖者之间的公开公平竞争局面，在买者和卖者的竞争中实现国有资产的市场价格。不过，一些地方的企业改制形式上是按照拍卖程序进行的，实际上则是竞买人之间、拍卖人与竞买人之间相互串通，导致国有资产低价成交。对此种串通拍卖行为应如何定性，理论上主要存在以下观点。

第一种观点主张定串通投标罪。该观点认为，拍卖就是一种招标投标活动，拍卖活动中的拍卖人就是招标人，竞买人就是投标人，故串通拍卖可以构成串通投标罪。④

第二种观点认为串通拍卖的行为应构成合同诈骗罪，因为拍卖是合同缔结的一种特殊形式，属于买卖合同的一种特殊形式，完全符合合同诈骗罪中“合同”的含义。⑤

第三种观点主张该行为无罪。该观点认为，拍卖和招投标行为法律性质不同，

---

① 参见最高人民法院刑事审判第二庭：《利用企业改制侵吞公共财物构成贪污罪》，载《人民法院报》，2004-01-07。

② 参见万海富等：《认定新型贪贿行为难在何处》，载《检察日报》，2005-03-09。

③ 参见胡敏、曹坚：《如何认定贪污债权行为》，载《检察日报》，2005-01-10。

④ 参见曲新久：《拍卖会上假竞价算不算串通投标》，载《人民公安》，2001 (14)。

⑤ 参见安文录：《国企转制中串通拍卖国有资产行为定性研究》，第 1 卷，载刘宪权主编：《刑法学研究》，27 页，北京，北京大学出版社，2005。

不能混为一谈；在1997年《刑法》中，串通拍卖行为无法以犯罪论处。故建议通过增设串通拍卖罪解决对这类行为的规制。①

第四种观点主张构成贪污罪。该观点认为，投标和拍卖、拍卖与签订合同，都是性质不同的民事活动；试图作法律上扩张解释，有违罪刑法定原则。在1997年《刑法》的语境中，竞买人相互串通损害转让人的利益，尚无法入罪，表现出来的立法漏洞，应通过立法解决。不过，转让人出于非法占有的目的，与竞买人相互勾结，损害国家与集体的利益，并且通过串通拍卖实际占有公共财产的，可以构成贪污罪。②

（八）《刑法》第394条之适用问题

根据《刑法》第394条的规定，国家工作人员在国内公务活动或对外交往中接受礼物，依照国家规定应当交公而不交公，数额较大的，应当以贪污罪定罪处罚。

对此，有论者认为，国家工作人员在国内公务活动或对外交往中接受礼物，按照国家规定应当交公而不交公，数额较大的，完全符合贪污罪的主客观构成要件，应当以贪污罪论处。一方面，这种行为符合贪污罪的主观要件。贪污罪主观方面的内涵在于意图排除国家对公共财物的所有权。国家工作人员在国内公务活动或对外交往中接受的礼物应当交公而不交公的具体表现形式具有多样性。有的表现为以直接的非法所有的意思而实施了将应当交公的礼物非法占为己有的行为，如将应当交公处理的珍贵礼物在下班时秘密夹带回家据为己有；有的则表现为擅自以所有人的身份处分应当交公处理的礼物，如将应当交公处理的礼物私自赠送给亲朋好友或者擅自变卖将所得据为己有；也有的则仅仅表现为不按照国家规定限期上交应当上交的礼物，如明知是应当交公处理的礼物，逾期拒不交公处理，存放在办公室予以非法持有的行为。在前两种情况下，行为人已经将应当交公归国家所有的礼物非法据为己有或者非法处分，其剥夺国家对应当交公的礼物的所有权的犯罪意图昭然若揭。在后一种情况下，除非有相反的证据，只要行为人明知是在国内公务活动或对外交往中因公务关系而接受的礼物，并且也明知按照国家规定应当将所收礼物交公处理，仍然故意非法将礼物扣留不交公，就可以推定行为人具有排除国家对这些礼物行使所有权而置于自己的非法控制之下的犯罪目的，从而符合贪污罪的主观要件。所谓除非有相反的证据，是指有相反的证据证明行为人主观上确实不具有非法排除国家对礼物的所有权而置于自己的控制之下的意图，如行为人确实不知道该礼物按照国家对礼物的管理规定应当交公，或者因为出差在外来不及在规定的时间内将所收礼物交公处理，或者虽然未按照国家规定交公处理，但也没有非法据为己有，没有将礼物私自藏匿，而将礼物公开存放在办公室或单位集体公用的，等等。而故意将所收礼物私自藏匿在办公室，逾期拒不交公处理的，或者国家高级领导干部将收受的

① 参见严尚军：《建议增设“串通拍卖罪”》，《检察日报》，2005-05-19。

② 参见孙国祥：《论企业改制中贪污罪的司法认定》，载《江海学刊》，2007（2）。

礼物私自藏匿在个人专用、他人不得随便进出的办公室、休息室的柜子、抽屉内，逾期仍然拒不交公处理的，则表明其具有隐匿应当交公的礼物而置于自己的非法控制之下的意图，即变合法持有为非法占有的犯罪意图，因而符合贪污罪的主观要件。另一方面，这种行为符合贪污罪的客观要件。贪污罪客观方面的实质在于利用职务上的便利，实施了排除国家对公共财物所有权的行为，在表现形式上贪污罪是不纯正不作为犯，既可以由作为方式构成，也可以由不作为方式构成。国家工作人员隐匿不交应当交公的礼物的行为完全符合贪污罪的行为实质和行为形式。国家工作人员隐匿不交应当交公处理的礼物的行为符合贪污罪客观方面利用职务上的便利的前提条件。国家工作人员在国内公务活动或对外交往中接受的礼物本应属于国家所有，只是因其公务关系而暂时合法地为国家工作人员所合法地持有。国家工作人员隐匿不交应当交公处理的礼物也符合侵吞型贪污罪的行为形式。国家工作人员对其在国内公务活动或对外交往中接受的礼物在一定时间内可以合法地持有，但按照国家规定，又应当限期交公处理。如果违背国家规定拒不交还，其对礼物的事实控制的性质则由合法持有变为非法占有，因而完全符合以不作为的方式构成的侵吞型贪污罪的特征。①

（九）贪污罪的既遂与未遂

1. 贪污罪有无未遂

对此，理论上有三种不同的观点。

否定说认为，贪污罪无未遂，理由是贪污罪为结果犯，非形式犯，没有“结果”，何来犯罪？行为人利用职务便利非法占有公共财物，“占有”必须是非法占有的意图直接表现为占有的事实，一旦“占有”即为既遂，不存在未完成犯罪的问题。从现行的法律条文来看，贪污罪是根据实际取得公共财物的多少来处罚的，无实得额就无处罚依据。②

肯定说认为，贪污罪有未遂，理由是贪污罪既然是一种故意犯罪，刑法总则规定的构成犯罪预备、未遂或者中止的一般原则，同样也应当适用于贪污罪。③ 肯定说是刑法理论上的通说。

区别对待说认为，贪污未遂中往往存在两种情况：一种情况是行为人虽然贪污未遂，但贪污的数额可以确定，这种情况应按贪污罪追究刑事责任；另一种情况是行为人着手实施了贪污行为，但数额尚未确定，无法认定具体数额，此种情况就无

---

① 参见储槐植、梁根林：《贪污罪论要——兼论〈刑法〉第394条之适用》，载《中国法学》，1998（4）。

② 参见刘光显、张泗汉主编：《贪污贿赂犯罪的认定与处理》，158～159页，北京，人民法院出版社，1996。

③ 参见王福波、李成：《贪污罪既遂与未遂若干问题研究》，载《江南大学学报》（人文社会科学版），2006（1）。

法追究刑事责任。①

2. 贪污罪既遂、未遂的区分标准

对此，理论上存在着以下不同的观点。

其一，失控说。该说主张应以公共财物的所有人、持有人或者保管人是否丧失了对公共财物的实际控制，即以实际失去了支配权为标准。凡实施贪污行为致使公共财物的所有人、持有人或者保管人已经丧失了对公共财物的实际控制的，即为贪污罪既遂；反之，公共财物尚未最终脱离所有人、持有人或者保管人控制的，属于贪污未遂。其主要理由是：财物的所有主要表现为对财物的占有，没有占有就不会有所有，财物一旦失去控制，所有权被转移，所有人的占有就不复存在。因此，所有人财物的失控与否，即为衡量财物是否丧失、犯罪结果是否发生的客观标志。这种观点的实质在于以对公共财物的实际控制，作为财物所有权转移的标志；既然丧失了控制，所有权当然发生转移，而侵犯公共财物的所有权又是贪污罪的本质特征。

其二，控制说。该说认为应以行为人是否对公共财物取得了实际控制为标准，实际控制的，是贪污既遂；没有实际控制的，是贪污未遂。主要理由是：贪污是否既遂是就犯罪主体的贪污行为完成与否而言的，这是构成本罪客观方面的主要条件。因此，衡量的基点，应着眼于犯罪主体的实行行为，而不能仅以客体是否受到侵犯而论。只有对公共财物取得了实际控制，才能表明贪污犯罪结果的发生，由此视为贪污既遂；反之，没有实际控制公共财物的，是未完成贪污罪。而失控虽在一定程度上意味着所有权的转移，但并不当然地反映犯罪结果的特征，只有同时兼顾行为人对公共财物是否达到实际控制，才能正确地认定贪污罪的既遂。这种观点的实质在于将衡量贪污罪既遂的着重点放在犯罪主体一面，以其实行行为作为认定贪污罪既遂的关键，而不是单单考虑公共财物的所有人、持有人或保管人是否失去了控制。

其三，占有说。该说主张应以行为人是否实际占有了公共财物为标准，凡已实际取得财物，为既遂；尚未实际取得，是未遂。其主要理由是：贪污罪是一种结果犯，而贪污罪的犯罪结果只能以公共财物是否已实际转移到行为人手中，被行为人所占有来体现。非法据为已有是犯罪分子追求的目的，最直接的反映是贪污结果的存在；如果脱离了结果的发生，实际占有就难以判断。这种观点的实质在于强调占有的形式特征，以行为人是否形式上获取公共财物作为认定贪污罪既遂与未遂的标准。②

3. 贪污罪既遂与未遂的具体认定

有论者指出，控制说在区别既遂与未遂中，考虑了两个因素，既考虑所有人对财产的失控，又考虑行为人对财产的控制，是比较全面的。至于行为人控制财物后，是否将财物占为已有，不影响既遂的认定。比如行为人将其贪污的公款从其单位转

① 参见孙谦、陈凤超：《论贪污罪》，载《中国刑事法杂志》，1998（3）。

② 以上三种观点，均参见刘光显、张泗汉主编：《贪污贿赂犯罪的认定与处理》，165～166页，北京，人民法院出版社，1996。

入朋友在银行的账户，尚未提取而案发，亦构成既遂。《全国法院审理经济犯罪案件工作座谈会纪要》也采取了控制说。对于行为人利用职务上的便利，实施了虚假平账等贪污行为，但公共财物尚未实际转移，或者尚未被行为人控制就被查获的，应当认定为贪污未遂。但对行为人贪污房屋等不动产和汽车、船舶、航空器等特定的动产、知识产权之类的无形资产的行为，需要履行特殊的法律手续或法律行为。对汽车、房屋等诸如此类的特殊物，法律规定其转让必须办理登记过户或完成特定行为。行为人占有特殊物，不同于对一般物的占有。认定行为人非法占有特殊物，不仅要考虑对物的本身控制，还必须满足特殊物转让的法律手续或法律行为条件。比如行为人占有了公房，但并未办理登记过户手续，只说明行为人拥有了该房屋的占有权、使用权，更有甚者，其已拥有了收益权，却不表明其拥有了房屋的处分权，也就是说，单位并未从法律上丧失对该房屋的所有权，行为人并未取得完全的物权，其贪污行为系未遂。只有行为人将该房产办理登记过户手续后行为人才真正取得了该房屋的完全物权，有任意处分的权利，才能以贪污罪既遂论处。同样，国家工作人员将单位公车开回家长期私用，只反映行为人非法使用了公车。如果行为人不把车过户到他的名下或卖掉，就不能认定其非法占有了公共财物而以贪污既遂处理。若行为人实施了贪污行为，即将车过户或卖车而因故未得逞，可以贪污罪未遂处理。但是，在另外一种情况下，行为人占有特殊物，单位已完全丧失对该特殊物的所有权，行为人已取得该物的完全物权，拥有了实际控制权，只是因其他因素的介入，至案发尚未具备取得完全物权的法律形式要件。如果行为人没有其他意外因素的介入（非因受害单位的原因）可以完成法律手续，只因意外因素的介入而未能适时完成法律手续，而该法律手续并不影响行为人对房屋的实际控制权时，也应认定为贪污既遂。比如，行为人利用职务便利，在公房拆迁时，采取欺骗的手段将单位的公房变为个人私房，以个人名义与开发商签订了房屋补偿合同，并已实际取得拆迁补偿房，但由于开发商方面的问题，至案发尚未办理房产证（但行为人以个人名义取得房产证只是早晚的问题）。此种情况下，应以贪污既遂论处。①

（十）贪污案件中此罪与彼罪的界限

1. 贪污罪与为亲友非法牟利罪的区分

有论者认为，为亲友非法牟利罪与贪污罪两罪之间容易发生定性之争的行为主要有两种：一种是国有公司、企业、事业单位的工作人员利用职务便利，采用过度抬高或压低商品价格的手法，向自己亲友个人经营管理的单位高价购进或低价销售商品，使亲友从中牟取非法利益的行为。另一种是上述国有单位人员利用职务便利，人为地将其亲友或亲友个人经营管理的单位设置为国有单位购销活动的中介，使亲友从中牟取非法利益的行为。以上两种行为之所以发生为亲友非法牟利罪与贪污罪

① 参见山东省高级人民法院刑二庭：《惩治贪污贿赂犯罪热点难点问题研究》，载《山东审判》，2007（6）。

的定性之争，原因在于：从形式上的构成特征分析，上述国有单位人员利用职务便利向其亲友个人经营管理的单位高价采购或低价销售商品，或者人为地在国有单位的购销活动中设置中介，使亲友从中非法牟利的行为，与为亲友非法牟利罪的客观表现具有符合的一面；上述两种行为与贪污罪的主客观事实特征在实质上具有该当性。为亲友非法牟利罪以上述国有单位人员利用职务便利让亲友实施一定的经营行为赚取非法利润为特点；相对而言，贪污罪则以国有单位人员利用职务便利直接让亲友非法占有公共财物为特征。与此相应，为亲友非法牟利罪的罪质主要表现为侵犯国家对国有公司、企业的监督管理制度；贪污罪的罪质则主要表现为侵犯公共财物的所有权。①

2. 贪污罪与职务侵占罪的区分

关于贪污罪与职务侵占罪的区分，多数论者认为二者的区别在于主体的范围不同，如有论者认为，职务侵占罪的主体是除国家工作人员以外的在公司、企业或其他单位主管、经手、管理本单位财物的人员，不具有从事公务的特征。② 还有论者认为，职务侵占罪只发生在非国有单位里。但也有论者则认为，职务侵占的主体包括所有公司、企业或其他单位的成员，无论是否从事公务。职务侵占罪与贪污罪是法条竞合的关系。当国家工作人员利用职务上的便利，侵吞、窃取、骗取或者以其他手段非法占有公共财物的，既符合贪污罪的规定，也符合职务侵占罪的规定，是独立竞合，适用特别法优于普通法的原则即以贪污罪定罪，但当属于以下几种情形之下的，犯罪行为的内容已超出外延窄的罪名概念（贪污罪）的，属于包容竞合，适用全部法优于部分法的原则，即以职务侵占罪定罪处罚。具体而言，这些情形有以下几种。①非国有公司、企业或其他单位中的非国家工作人员包括董事、监事、负责人、职工、工人利用职务之便非法占有本单位财物，数额较大的。②国家机关、国有公司、企业、事业单位中的非国家工作人员即不从事公务，只从事劳务的一般工人等非法占有单位财物，数额较大的。职务就是工作中所担任的事情。不能以“利用职务上的便利”为由，将一般从事劳务的工人等排除在职务侵占罪主体之外。如果一般工人利用工作便利，侵占本单位财物，被定为盗窃罪的话，将会导致罪与罪之间刑罚的不协调，因为盗窃罪比职务侵占罪的处罚要重。③国有公司、企业或事业单位中的国家工作人员利用职务之便侵占非公共财物的情形下，也以职务侵占罪论处。③

3. 贪污罪与侵占罪的区分

有论者对贪污罪和侵占罪的界限进行了探讨，认为二者的区别主要表现在两方面：一是行为方式。贪污罪在客观方面表现为利用职务上的便利，非法占有公共财物的行为；侵占罪是将已经占有的财物变为自己所有的行为，行为人并不利用职务便利就可以实施侵占行为。所以，是否利用职务上的便利，成为区别贪污和侵占的

---

① 参见黄祥青：《略论贪污罪与近似职务犯罪的界限》，载《政治与法律》，2004（1）。

② 参见李世军：《侵占罪浅析》，载《法学评论》，1998（6）。

③ 参见严恒：《贪污罪、职务侵占罪之辨析》，载《中国刑事法杂志》，2001（1）。

一个关键点。二是侵害法益。贪污罪侵害的法益是双重的：一方面是国家工作人员职务行为的廉洁性；另一方面是公共财物的所有权，而侵占罪所侵害的法益只是财物所有权。①

4. 共同贪污罪与私分国有资产罪的区分问题

根据《刑法》第396条的规定，私分国有资产罪，是指国家机关、国有公司、企业、事业单位、人民团体，违反国家规定，以单位名义将国有资产集体私分给个人数额较大的行为。关于多人共同实施的贪污犯罪与私分国有资产罪的界限如何区分的问题，有论者主张以分得赃款的人数多寡为界限，即对于集体决定把公款私分给单位所有成员的行为，认定私分国有资产罪；对于仅将国有资产私分给单位少数成员的行为，认定共同贪污犯罪。有论者主张根据分配行为的特点作区分，即凡是分配行为在单位内部相对公开的，认定为私分国有资产罪；反之，分配行为秘密进行，明显具有隐蔽性的，认定共同贪污犯罪。对于以上两种观点，有论者提出，参与分赃的人数多寡不是区分两罪的确切界限，有些贪污犯罪可以表现为由多人（三人以上）实施；有些私分国有资产犯罪也可能仅仅发生在五、六人之间。至于分配行为的公开性或者隐蔽性，也是相对的概念。分配行为对于共同贪污者来讲，可谓是公开的；分配行为对于参与私分者之外的人来讲，则具有隐蔽性。可以说，这些表象特征只是综合分析贪污罪与私分国有资产罪的区别的参考因素之一，但均未涉及两罪的罪质区别所在。立法者之所以给私分国有资产罪设定比贪污罪明显趋轻的法定刑，主要原因还是在于两种犯罪的行为表现及其社会危害性程度存在显著差异性：从本质方面看，私分国有资产罪的特点是有权决定者（即上述国家工作人员）利用职权便利非法为“大家”谋利益，因此，其主观恶性程度相对较轻；贪污罪的特点则是有权决定者（即国家工作人员）利用职权便利单纯为自己或极少数人谋私利，由此显现出较深的主观恶性程度。从客观行为表现方面来看，私分国有资产罪就是少数人为多数人非法谋利益；共同贪污犯罪的基本特点就是各个共犯人系彼此利用、共同以权谋私。②

5. 挪用公款罪转化为贪污罪的问题

1997年《刑法》修改前，单行刑事法律和司法解释将挪用公款不退还的情形规定以贪污论处，这在当时被理论界认为是客观归罪，有悖定罪的主客观相统一原则。1998年4月29日最高人民法院《关于审理挪用公款案件具体应用法律若干问题的解释》将《刑法》第384条“挪用公款数额巨大不退还”解释为“因客观原因在一审判决前不能归还”，由此将挪用公款后主观上不想退还、客观上没有退还的情形排除在挪用公款罪之外，转而以贪污罪论处。一般认为，这是挪用公款罪向贪污罪的转化，并认为符合刑法的立法精神。但仍有论者认为上述司法解释将挪用公款后客观上有能力退还、主观上不想退还的情形排除在挪用公款罪之外，转而以贪污论处，是以不退还、拒绝退还等客观结果推定贪污目的的存在，仍然是一种客观归罪。能

① 参见周光权：《贪污罪和侵占罪的界限》，载《江海学刊》，2006（5）。

② 参见黄祥青：《略论贪污罪与近似职务犯罪的界限》，载《政治与法律》，2004（1）。

够证明挪用公款主观目的向贪污公款主观目的转化的事实不是非法占有公款的客观结果，而是非法占有公款的行为和过程。具体而言，有两种情形：第一，行为人挪用公款后，想方设法从账面上消除挪用的痕迹，将原来只要一经财务核对就能发现挪用行为和责任人的财务会计资料改变成具有贪污特征的虚假的财务会计资料，从而逃避归还所挪用公款的责任，这是挪用行为转化成侵吞方法的贪污行为；第二，行为人挪用公款后，采取虚报开支的手段，用假发票冲抵所挪用的公款，从而逃避归还所挪用公款的责任，这是挪用公款行为转化成骗取方法的贪污行为。①

（十一）贪污罪的立法完善

2006年2月12日，《联合国反腐败公约》在我国正式生效。有论者认为在我国实施《联合国反腐败公约》的情况下，我国现行有关贪污罪的刑事立法存在以下的问题：①对腐败行为定罪的刑事立法与《联合国反腐败公约》的规定存在明显差距，主要表现为：将“国家工作人员”界定为贪污罪的主体，缺乏科学性；在犯罪对象上，强调贪污罪的犯罪对象为“财物”型物质性利益的特征，忽视了其他非物质性利益成为贪污行为对象的可能性；对腐败犯罪采取结果犯的立法模式，不利于严格惩治腐败犯罪；②以犯罪数额作为贪污罪定罪量刑的主要标准缩小了惩治腐败犯罪的范围；③对贪污犯罪的惩治呈现重刑化倾向；④对贪利性贪污犯罪所规定的财产刑和资格刑不够全面；⑤法定的追诉时效制度不利于对在逃犯罪嫌疑人进行刑事追究。

对上述刑事立法缺陷，论者提出应该从以下方面加强完善：①根据罪刑法定原则调整我国贪污罪定罪条件，如将贪污罪的犯罪主体的“国家工作人员”统一改为“公职人员”或“公务员”，使其更具有法律属性；②对贪污犯罪的定罪量刑情节作概括性的规定，删除具体的数额标准；③合理调整贪污犯罪的主刑，纠正其重刑化倾向；④对贪污犯罪全面、合理地设置财产刑和资格刑；⑤对贪污犯罪设置更为严格的追诉时效制度。②

还有论者从非公有制经济刑法平等保护的角度探讨了贪污罪立法完善问题。论者认为，非公有制经济的发展、社会结构的变迁呼唤刑法对公有经济与非公有经济的平等保护。然而贪污罪的规定表明，非公有经济的保护处于弱势地位，我国应淡化将“贪污罪”当作国家工作人员“专利”的观念，改革贪污罪立法，扩大贪污罪的主体和对象范围，实现公有经济与非公有经济的刑法平等保护。贪污行为的本质特点在于行为人违背职务上的诚信义务，出于一己之私利而侵犯财产所有权。我国刑法中的贪污罪与职务侵占罪的行为特征都符合这一本质特点，而刑法将二者分别立法的做法，不仅不利于公有、非公有经济的平等保护，也违背了适用刑法人人平

---

① 参见郑厚勇：《挪用公款罪转化为贪污罪的条件》，载《武汉大学大学学报》（哲学社会科学版），2005（4）。

② 参见赵秉志、黄风等：《我国实施联合国反腐败公约刑事政策调整研究》，载赵秉志主编：《刑事法治发展研究报告》（2006～2007年卷），112～134页，北京，中国人民公安大学出版社，2008。

等的基本原则。鉴于此，论者建议，应取消刑法中贪污罪与职务侵占罪的区分，将二者合并规定为新的职务侵占罪或者贪污罪。①

三、整体评论

自1978年至2008年，我国刑法学界对贪污罪研究经历了一个与时俱进、不断进步的历史过程。在简要地对我国刑法学界关于贪污罪的研究观点进行综述的基础上，在此我们试对30年间贪污罪的研究状况作一个整体的评论。

（一）进展与成就

第一，研究的范围较广，理论深度较深。论者围绕贪污罪的概念、构成要件、相似罪名之间的区分及贪污罪的立法完善等问题进行了深入的研究。这些研究涉及范围广，既有从理论的高度对宏观问题的探讨，也有对微观问题的具体分析。其中，一些研究成果分析得比较透彻，论证充分，言之有据，具有很强的说服力。

第二，研究内容的务实性较强，研究成果为立法、司法实践提供了重要理论指导。在30年间，贪污罪研究的一个特别鲜明特点是，重视联系我国经济体制改革的情况和需要，紧密结合各阶段各种经济成分的特点，对贪污罪的形式、特征和种类等问题进行探讨，注重服务于司法实践，而不搞纯理论研究。由此，研究成果对贪污罪的立法完善和司法适用都起到了积极作用。

（二）缺憾与不足

毋庸讳言，30年间，刑法学界在贪污罪的研究方面取得了显著成绩，但其中的不足之处也不容忽视。

第一，对贪污罪的基本理论研究不够深入，对某些基础性、规律性的内容关注不够。从现有的研究成果来看，其研究内容大多集中在两方面：一是对现行立法规定、司法解释的阐释、评析；二是对实践中的案例进行分析、探讨。而关于贪污罪的基本理论研究则相对欠。

第二，对与国外有关贪污罪立法的比较研究重视程度不够。贪污罪是一种世界性的犯罪，具有普遍性，而大多数论者对贪污罪的研究仅仅立足于中国刑事立法的视野，对国外有关贪污犯罪的刑事立法缺乏必要的关注。

第三，对以《联合国反腐败公约》为背景下的贪污罪相关研究的重视程度不够。2006年2月12日，《联合国反腐败公约》在我国正式生效。为了做好该公约与我国反腐败刑事立法、司法的衔接工作，实现其高效而有力地预防和打击腐败的宗旨，积极地履行我国有关反腐败国际合作方面的法律义务，有必要深入研究我国反腐败刑事政策领域存在的问题。但目前为止，虽然有论者对此进行了一定程度的研究，但总的看来，对此项研究尚缺乏重点关注，研究的深度不够。

---

① 参见张蓉：《非公有经济的刑法平等保护——以贪污罪立法为视角》，载《现代法学》，2006（4）。

第二十二章 挪用型犯罪

一、研究概况

挪用犯罪是《刑法》所规定的挪用资金罪、挪用特定款物罪与挪用公款罪的总称。对于挪用犯罪，中华人民共和国建立初期的各种刑事法律均没有作出明确的规定。在实务中，对挪用犯罪活动也主要是根据财经纪律作为违纪进行处理的。① 直到1979年的改革开放初期，中国1979年《刑法》还只是对挪用特定款物的犯罪作出了规定，而没有规定挪用公款的犯罪。在司法实践中，往往将挪用公款、长期不予归还的行为认定为贪污罪。② 但这种做法在理论上常常受到强烈的质疑乃至彻底的否定。1988年1月全国人大常委会《关于惩治贪污罪贿赂罪的补充规定》第3条对挪用公款罪作出了明确规定。出于对非公有制经济的保护，1995年2月全国人大常委会《关于惩治违反公司法的犯罪的决定》第11条规定了挪用单位资金的犯罪。1997年《刑法》基本上吸纳了上述规定。鉴于司法实践部门对挪用公款罪中“归个人使用”的含义理解不一致，2002年4月28日，全国人大常委会通过了《关于〈中华人民共和国刑法〉第三百八十四条第一款的解释》。根据上述挪用犯罪的立法以及立法解释的发展过程，可将刑法学界自1978年至2008年对挪用犯罪的研究大致分

① 参见卢建平等编：《挪用公款罪专题整理》，1页，北京，中国人民公安大学出版社，2007。

② 参见叶清水：《哪些“挪用”公款的行为应定为贪污罪》，载《法学》，1982（6）。

为以下四个阶段。

（一）萌芽阶段：从1979年《刑法》的颁布至1988年《关于惩治贪污罪贿赂罪的补充规定》的颁布

在建国之初，国家没有将挪用行为规定为刑事犯罪，因而，刑法学界对挪用型犯罪缺乏基本的研究。直到改革开放政策开始实施，各种挪用国家财产的活动不断出现，国家才逐步重视对挪用犯罪的惩治与预防。但是，如前所述，1979年《刑法》仅对挪用特定款物的犯罪行为做出了规定，对挪用公款的行为则没有涉及。为了弥补这种漏洞，最高司法机关颁布了司法解释，① 规定对挪用公款的严重违法行为按照贪污罪追究刑事责任。

基于挪用型犯罪的实际立法状况，理论上对挪用型犯罪的研究并不是很充分的，研究成果主要体现为少量的学术论文。就具体的研究对象而言，主要表现为对挪用公款可否按照贪污罪处理、挪用公款行为具备哪些主客观条件才能认定为贪污罪等极具实务性的问题。尽管以现在的眼光审视，当时的研究主要是针对实务问题而展开的，研究的范围和内容有一定的局限性，但是，不能否认当时研究的实际意义。关于对挪用公款可否按照贪污罪处理、挪用公款行为具备哪些主客观条件才能认定为贪污罪的研究，大大推动了当时的司法实践活动，也促进了最高司法机关的司法解释工作。其中，关于挪用公款行为可否认定为贪污罪的讨论，使得由挪用公款行为认定为贪污罪的做法所带来的种种不妥更为明显，因而对于后来挪用公款罪的立法规定的增补有着直接的影响。不过，应该承认，在这一阶段，可能是因为挪用特定款物罪本身不存在复杂和疑难的问题，理论上对挪用特定款物罪的研究几乎没有涉足。

（二）发展阶段：从1988年《关于惩治贪污贿赂罪的补充规定》的颁布到1997年《刑法》的颁布

鉴于挪用公款行为并不符合贪污罪的基本特征，且以贪污罪惩处这种行为有过于严苛之嫌，再加上挪用公款行为在经济活动中屡屡出现，国家颁布了专门的法律来惩治此类行为，这就是前述的《关于惩治贪污罪贿赂罪的补充规定》。该规定对挪用公款罪做出了专门的规定，这适应了当时刑事司法实践的迫切需要。随之，挪用公款罪的理论研究的主题不仅得以扩大，而且在深度上也有所拓展。而且，在这一阶段，国家也颁布了《关于惩治违反公司法的犯罪的决定》。刑法理论上对挪用资金罪也展开了研究。至此，挪用型犯罪在立法上均有了相应的规定。这些规定为刑法

---

① 即最高人民法院、最高人民检察院于1985年7月18日联合发布的《关于当前办理经济犯罪案件中具体应用法律的若干问题的解答（试行）》与最高人民法院、最高人民检察院于1987年3月14日联合发布的《“关于挪用公款归个人使用或者进行非法活动以贪污论处的问题”的修改补充意见》。

学界对挪用型犯罪的研究提供了新的素材和研究对象。①

在这一阶段，从挪用犯罪研究成果的形式来看，不仅有大量论文涌现，而且也出现了专题著作，甚至也有以此为主题的硕士学位论文问世。就研究的对象来说，此阶段对挪用犯罪各种问题的研究大大超过第一个阶段，且同样具有很强的实践品性。难能可贵的是，尽管立法上对挪用公款罪、挪用资金罪都做出了规定，但理论上并没有满足于这种进步，而是通过继续深入研究，发现当前立法规定的不足，以求挪用公款罪、挪用资金罪之罪状的进一步完善。尽管此阶段刑法学界对挪用特定款物罪仍未进行大量的研究，但是，这在很大程度上是由挪用特定款物罪本身的犯罪特征所致。所以，从整体上看，此阶段对挪用犯罪的研究将第一阶段的研究活动大大推向前进。

（三）成熟阶段：从1997年《刑法》的颁布到2002年全国人大常委会《关于〈中华人民共和国刑法〉第三百八十四条第一款的解释》的颁布

1997年《刑法》分则将贪污贿赂犯罪规定为单独的一章，挪用公款罪也是其中的一种具体犯罪。而挪用资金罪、挪用特定款物罪则被规定于《刑法》分则第五章“侵犯财产罪”中。这种立法格局结束了过去三种挪用型犯罪分别由三部法律规定的状况。与1988年《关于惩治贪污贿赂罪的补充规定》中的挪用公款罪相比较，1997年《刑法》对挪用公款罪的规定有如下明显变化：①将挪用公款罪的主体限定为国家工作人员；②提高了挪用公款罪的法定刑，最高可判处无期徒刑；③扩大了“挪用特定款物归个人使用以挪用公款论处”的犯罪对象，增加了“扶贫款物”和“移民款物”；④明确规定国有单位中从事公务的人员和国有单位委派到非国有单位中从事公务的人员，挪用单位资金的，按挪用公款罪论处。随后，为正确适用刑法，最高人民法院和最高人民检察院先后颁布了数个有关挪用公款案件的司法解释。

在这一阶段，刑法理论上对挪用型犯罪的研究仍然主要是针对挪用公款罪和挪用资金罪而展开的，但是，与前两个阶段相比，此阶段的研究范围大大扩展，如挪用公款罪的数额计算、共同犯罪、罪数等问题均被纳入了研究视野。尤其值得一提的是，对于“挪用公款归个人使用”这一规定，理论上进行了相当长时间的争论；尽管最高司法机关做出了司法解释，但并没有平息争论。研究范围的大大扩展，争论的不断展开，使得此阶段对挪用犯罪的研究日趋成熟。在一定意义上讲，最高司法机关所颁布的有关挪用公款罪、挪用资金罪的司法解释都难以抛开理论界对这两种犯罪的激烈争论。因此，理论界对挪用公款罪的研究也空前活跃。②

（四）深化阶段：从2002年全国人大常委会《关于〈中华人民共和国刑法〉第三百八十四条第一款的解释》的颁布至今

如前所述，为解决司法实务部门在理解“挪用公款归个人使用”这一规定上所

---

①② 参见卢建平等编：《挪用公款罪专题整理》，2页，北京，中国人民公安大学出版社，2007。

存在的分歧，全国人大常委会颁布了《关于〈中华人民共和国刑法〉第三百八十四条第一款的解释》。该立法解释的颁布尽管不是对挪用公款罪罪状的直接修改，但也间接地说明挪用犯罪在罪状上仍存在不完善之处。虽然国家立法机关没有对挪用犯罪进行直接的修正，但并不能表明挪用犯罪在罪状上不存在不足和缺陷。相反，经过上述第三阶段的研究，挪用犯罪（尤其是挪用公款罪）所存在的立法缺陷在司法实践中日益凸显。而且，在前三个阶段，理论界对挪用犯罪进行了相当广泛和深入的研究，而在这一阶段则有必要对上述研究活动进行总结和回顾。

从实际研究情况来看，虽然上述立法解释本身并不能说明此前此后对挪用犯罪的研究有很大的不同，但在2002年之后，刑法理论界对挪用型犯罪尤其是挪用公款罪的研究有了很大的变化，即通过从解决司法认定疑难问题转向思考挪用犯罪本身的罪状完善问题，考察和研究挪用型犯罪的立法技术问题。而且，在这个时期，对刑法理论界研究挪用犯罪的状况进行总结和分析的著作也已问世，挪用型犯罪的完善问题也在其中占有重要地位。所以，从整体上看，与前一阶段相比，此阶段关于挪用型犯罪的研究更为深入。

二、观点综述

（一）挪用特定款物罪

1979年《刑法》第126条、1997年《刑法》第273条都对挪用特定款物罪作出了明确的规定。不过，有关该罪的研究成果的数量非常有限。仅以论文为例，据中国期刊网的不完全统计，从1978年至今，仅有四篇文章对挪用特定款物罪的相关问题进行了研究。而且，这四篇文章都是在1997年《刑法》颁行后才公开发表的。其中，两篇文章主要探讨挪用特定款物罪的司法适用问题，另外两篇文章则主要讨论了挪用特定款物罪立法完善的问题。

关于挪用特定款物罪的主体问题，有论者认为，该罪的主体是特殊主体；① 有论者则认为，该罪的主体是有权管理特定款物的人员，但不能认为是特殊主体。② 关于该罪的客体问题，有论者认为，该罪的客体是公共财产所有权、特定款物专用制度与特定款物管理制度；③ 而有论者则认为，该罪的客体是公共财产所有权与国家财经管理制度。④ 对于行为人编造虚假理由，夸大损失，骗取更多救济、抚恤的

---

① 参见晓英：《谈挪用特定款物罪的有关规定》，载《行政与法》，1998（6）。

② 参见张成法、徐庆勋：《挪用特定款物罪与挪用公款罪比较研究》，载《辽宁公安司法管理干部学院学报》，2001（3）。

③ 参见晓英：《谈挪用特定款物罪的有关规定》，载《行政与法》，1998（6）。

④ 参见张成法、徐庆勋：《挪用特定款物罪与挪用公款罪比较研究》，载《辽宁公安司法管理干部学院学报》，2001（3）。

款项，并用于其他公用活动的情形，有论者指出，应该按照挪用特定款物罪来认定。①

关于挪用特定款物罪的立法完善问题，理论上存在以下意见：② ①有论者认为，将该罪规定于贪污贿赂罪这一章中，更为合适，因为其主体主要是国家工作人员或者受国家机关委托的人员；②应该将挪用特定款物的行为规定为行为犯，即只要有挪用行为，就认定为犯罪；有严重情节或者严重后果的，则认定为加重犯。《刑法》对挪用资金罪、挪用公款罪就是这样规定的；③对于该罪的处罚，应该采用双罚制，即既要处罚直接负责人员，又要处罚有关的单位；④取消《刑法》第384条第2款的规定，对于挪用特定款物的，不管其用途为何（是公用还是私用），均应按照挪用特定款物罪来认定处罚；⑤提高挪用特定款物罪的法定刑，同时，增设罚金刑。

（二）挪用资金罪

比较而言，刑法学界对挪用资金罪的研究多于对挪用特定款物罪的研究，但又远远少于对挪用公款罪的研究。据中国期刊网的不完全统计，涉及挪用资金罪问题的学术论文仅有21篇（其中以挪用资金罪为专题的学术论文仅有14篇），挪用资金罪方面的硕士论文也仅有6篇，对挪用资金罪作专题研究的专著尚未问世。

关于挪用资金罪的司法适用问题，理论上主要就以下问题进行了研究。①关于私营企业主能否成为挪用资金罪主体的问题，有论者认为，该问题没有太大意义。私营企业仅仅是经济学概念。从法律上讲，公司对公司财产拥有独立的所有权，任何人包括公司的投资者都不得擅自使用公司资金，否则可能构成挪用资金罪或者挪用公款罪。合伙企业的财产由全体合伙人共同管理和使用，即合伙企业有独立的财产权，合伙人不得擅自处置，所以，合伙人擅自挪用企业资金的，也可构成挪用资金罪。在个人独资企业中，若管理者本身又是投资者，他就不存在挪用或侵占企业资金的问题；若投资者委托或聘用的管理人员挪用企业资金归个人使用或者借贷给他人，则可构成挪用资金罪。③ ②关于受委托管理、经营国有资产的非国家工作人员挪用国有资金的行为如何定性的问题，有论者认为，不宜将此类人员视为国家工作人员，因而此类行为不构成挪用公款罪，相反，应构成挪用资金罪。但是，对基于授权性质的委托而管理、经营国有财产的人员挪用国有资金的行为，应认定为挪用公款罪。④ ③有论者认为，挪用资金用于购买彩票的，由于不涉及市场机制的运作，无经营的过程，且福利彩票、体育彩票更多的意义在于献爱心，因而，该行为

① 参见张成法、徐庆勋：《挪用特定款物罪与挪用公款罪比较研究》，载《辽宁公安司法管理干部学院学报》，2001（3）。

② 参见晓英：《谈挪用特定款物罪的有关规定》，载《行政与法》，1998（6）；谢治东：《关于挪用公款罪立法完善的思考》，载《行政与法》，2002（7）；罗朝辉：《完善侵占、挪用特定款物罪的立法思考》，载《湖南公安高等专科学校学报》，2003（2）。

③ 参见洪波：《挪用资金罪若干问题研究》，载《同济大学学报》（社会科学版），2002（5）。

④ 参见郭理蓉：《挪用资金罪若干疑难问题探讨》，载《山东公安专科校学报》，2003（6）。

不属于刑法意义上的获利行为。[①] ④关于挪用资金的数额计算问题，有论者指出：其一，行为人多次挪用本单位资金，用后一次挪用的资金归还前一次挪用的资金的，则其数额应以最后一次未归还的实际数额计算；其二，行为人多次挪用本单位资金，进行营利活动或者非法活动的，应当分别将多次挪用的数额相加来计算挪用数额；其三，行为人多次挪用本单位资金，并将挪用的资金用于多种用途的，如果其中只有一种行为构成了犯罪，则应以构成犯罪的该次挪用的数额来认定犯罪数额，对其他的数额作为量刑情节予以考虑；如果几种行为都构成了犯罪，则依照同种数罪的处罚原则，认定成立一罪，但应将各次挪用的数额相加来认定其挪用资金的数额。[②] ⑤关于挪用资金罪的客体问题，有论者认为，该罪的客体是非国有公司、企业财产的所有权，[③] 有论者则认为，该罪的客体是公司、企业或其他单位的财产所有权。这里的公司、企业既可以是国有的也可是非国有的；其他单位则是指公司、企业以外的事业单位、社会团体或经济组织。因为在国有单位中也有非国家工作人员。[④] ⑥关于本罪的犯罪对象问题，有论者指出，并不限于人民币这种资金形式，外币以及公司、企业或其他单位所有的股票、支票、国库券、债券等有价证券也可以成为本罪的犯罪对象。单位的物资设备和处于实物形态的财产一般不包括在本罪的犯罪对象范围之内。[⑤] ⑦关于挪用资金罪的共同犯罪问题，有论者有如下几点认识。其一，挪用本单位资金给他人使用的，使用人是否必然与挪用人共同构成挪用资金罪？对此，需要分析这些人员与挪用资金罪的特殊主体之间是否具有共同犯罪的故意和行为。其二，挪用资金给他人使用，但挪用人与使用人对所挪用资金的具体用途的认识并不一致的，如何认定？一般来说，按照挪用人的认识状况与其行为定罪，但其事后得知使用人的真实意图或者有概括故意的，则认定为相同情形的共同犯罪。其三，公司、企业或其他单位中不具有国家工作人员身份的人与具有国家工作人员身份的人共同挪用本单位资金的，如何认定？二者都构成想象竞合犯，依据想象竞合犯的处断原则，应当从一重罪处断，均应以挪用公款罪定罪处罚。[⑥]

关于挪用资金罪的立法完善问题，有论者观点如下。其一，在挪用资金罪的现有法定刑中缺少财产刑，这不能达到从经济上有力打击、预防犯罪的目的。应通过立法明确规定没收犯罪行为人牟取的违法所得。违法所得是行为人从其犯罪中得到的利益。通过没收违法所得，能够使行为人不能从犯罪中获取任何利益。其二，对挪用资金罪分两档处罚，过于简单，这使得法定刑幅度过宽，法官自由裁量度过大。

---

① 参见洪波：《挪用资金罪若干问题研究》，载《同济大学学报》（社会科学版），2002（5）。

② 参见张海翔、夏芳：《关于挪用资金罪的几个问题》，载《检察实践》，2001（2）。

③ 参见苏惠渔主编：《刑法学》，368页，北京，中国政法大学出版社，1997。

④ 参见洪波：《挪用资金罪若干问题研究》，载《同济大学学报》（社会科学版），2002（5）。

⑤ 参见雷山漫：《挪用资金罪构成要件若干问题研析》，载《武汉船舶职业技术学院学报》，2006（6）。

⑥ 参见郭理蓉：《挪用资金罪若干疑难问题探讨》，载《山东公安专科校学报》，2003（6）。

根据被挪用资金的数额、用途及是否退还等具体情况，立法上对挪用资金罪的处罚至少应分为三档，即在原有规定的基础上，再加一档“情节特别严重的，处十年以上有期徒刑”的规定。“情节特别严重”，是指挪用资金数额巨大且拒不退还的，或挪用资金数额巨大进行非法活动的，或挪用资金数额巨大且手段恶劣造成单位严重损失的。① 另外，还有论者通过对大股东、券商挪用资金的行为应否追究刑事责任的问题所作的探讨，认为对挪用资金罪应增加规定单位犯罪。②

（三）挪用公款罪③

早在1979年《刑法》颁行后不久，就有很多论者对挪用公款应否按照贪污罪论处的问题进行了研究。在1988年《关于惩治贪污贿赂罪的补充规定》对挪用公款罪做出明确规定后，刑法学界对该罪的研究进入了新的阶段，不仅研究的范围扩大，而且深度也有很大的进展。总体来看，在关于挪用犯罪的研究成果中，关于挪用公款罪的研究成果占据了绝大部分。仅以论文为例，据中国期刊网收录的学术论文统计，自1978年至2008年，涉及挪用公款罪的期刊论文达200篇以上，而此方面的硕士学位论文则有约70篇。

1. 挪用公款罪的主体

有论者认为，“身份+职责说”主张在合法取得身份之后从事公务的行为人才具有国家工作人员的性质。此种观点在注重国家工作人员特定身份的同时，又给予从事公务的性质特殊的关注，为科学合理地界定“国家工作人员”的范围提供了理论支持。在具体认定“国家工作人员”这一身份时，应注意两个问题。第一，身份问题。在认定国家工作人员时不能仅仅考虑从事公务因素，而应当以合法取得国家工作人员的身份为前提条件。这种身份可以是任命的，也可以是聘请、选举、委任或派出的；可以是长期的，也可以是临时的，但这种身份必须是以合法的方式取得的。第二，职责问题，亦即从事公务问题。刑法上的公务强调只能是国家管理范围之内的事务，包括国家机关依其自身的职责进行的管理、国家对其投资所成立的具有国家所有性质的单位进行的管理，以及其他由国家性质的权力介入行使的社会性的管理，具有代表国家性、职务活动性、管理而非劳务性的特点。④

---

① 参见洪波：《挪用资金罪若干问题研究》，载《同济大学学报》（社会科学版），2002（5）。

② 参见赵维加：《大股东、券商挪用资金的刑事责任思考》，载《中国人民公安大学学报》，2005（2）。

③ 2004年12月，北京大学出版社出版了孟庆华博士编著的《挪用公款罪研究新动向》；时隔近三年之后，2007年10月，中国人民公安大学出版社出版了卢建平教授、叶希善博士、叶良芳博士编著的《挪用公款罪专题整理》。这两本著作对2004年10月之前关于挪用公款罪的理论研究作了较为全面的观点综述与理论述评。为避免不必要的重复，此处对挪用公款罪的研究观点所作的综述仅涉及2004年至今的理论研究成果。

④ 参见林肃娅、闫永哲：《论挪用公款罪构成要件之相关问题》，载《西南民族大学学报》（人文社科版），2006（6）。

关于对受委托管理、经营国有财产的人员挪用国有资金的行为如何定性的问题，有论者认为，应以挪用公款罪定罪处罚，主要理由是这类人员可视为国家工作人员。① 有论者则主张，受委托经营、管理国有财产的人员不是“依法从事公务”，而是依合同约定从事经营、管理活动。所以，其不具有国家工作人员的身份，其挪用国有资金的行为也不能构成挪用公款罪。②

关于国有企业承包人能否成为挪用公款罪主体的问题，有论者认为，应具体问题具体分析，关键是看承包人是否损害承包企业的利益。若承包合同规定，双方每年按比例分配企业的利润，则承包人挪用资金归个人使用，某种程度上便会影响到企业的正常经营，发包单位的经济利益会受到损害，行为人挪用资金归个人使用的，应构成挪用公款罪；若承包合同规定，承包人每年向发包单位上交固定的承包费，无论是否盈利，那么，在承包期间，承包人将部分资金归个人或者他人使用，但按合同规定履行义务的，则不构成挪用公款罪。③

关于单位挪用公款归他人使用情况的定性问题，有论者认为，不能以犯罪处理。理由是：从立法的意图来看，“利用职务上的便利”的“挪用”行为是一种“擅自挪用”行为或者“私自挪用”行为；如果有关人员经过单位同意并为了单位利益挪用公款归他人使用，就不能将行为人的行为认定为私自挪用行为，因此，行为人的行为就不符合挪用公款罪的构成要件，不应该对其定罪处罚。④

2. 挪用公款罪的主观方面

有论者认为，挪用意图表现为暂时非法动用，并不具有非法占为己有的目的，而是准备以后归还。概括地讲，挪用公款罪的主观方面具有违法性、非法使用公款或使用并获取公款带来的收益以及不侵吞拟归还的特点。⑤

3. 挪用公款罪的客观方面

关于挪用公款罪的立法解释⑥中的“以个人名义”和“个人决定以单位名义”的理解问题，有论者认为，以“个人名义”将公款供其他单位使用，不仅应包括单纯以个人名义将公款供其他单位使用，而且也应包括出借人超越本人职权范围或者

---

① 参见林志标、苏志强：《受委托人员挪用国有资金应以挪用公款罪定罪处罚》，载《人民检察》，2007（14）。

② 参见邵维国：《论挪用公款罪的客体规定性及故意内容》，载《河北法学》，2005（11）。

③ 参见田立文等：《挪用犯罪司法实务中若干疑难问题的探讨》，载《河南省政法管理干部学院学报》，2006（6）。

④ 参见王兰玉：《挪用公款罪若干争议问题研究》，载《中国刑事法杂志》，2005（5）。

⑤ 参见林肃娅、闫永哲：《论挪用公款罪构成要件之相关问题》，载《西南民族大学学报》（人文社科版），2006（6）。

⑥ 即2002年4月28日全国人大常委会《关于〈中华人民共和国刑法〉第三百八十四条第一款的解释》。根据该立法解释的规定，有下列情形之一的，属于挪用公款“归个人使用”：①将公款供本人、亲友或者其他自然人使用的；②以个人名义将公款供其他单位使用的；③个人决定以单位名义将公款供其他单位使用，谋取个人利益的。

故意逃避财务监管而虚假地以单位名义将公款供其他单位使用；“个人决定以单位名义”将公款供其他单位使用，主要是指根据法律、法规以及单位的有关章程和规定，对单位的公款具有决定权和支配权的个人，直接违反法律、法规的有关规定或者单位的章程、规定，擅自决定将公款予以出借的行为。① 有论者指出，“以个人名义”是相对于一般人而言的，即一般人认为犯罪人以个人名义将公款供其他单位使用的，就属挪用公款归个人使用；使用公款的单位是否知道该款项为公款，不影响对挪用公款归个人使用的认定。如果挪用人偷盖单位公章或伪造单位公章以单位名义将公款供其他单位使用的，应认定为以个人名义将公款供其他单位使用。“个人决定”，既包括行为人超越职权决定，也包括在职权范围内决定；其意义在于排除单位集体讨论决定以单位名义将公款供其他单位使用的情形。“以单位名义”，是指排除行为人偷盖或伪造单位公章，以单位名义将公款供其他单位使用。②

关于挪用公款罪的立法解释中的“谋取个人利益”的理解问题，有论者指出，“谋取个人利益”首先，指的是为个人谋取利益，而不是为单位谋取利益，个人的利益，不限于行为人本人的利益，行为人的亲友或与行为人有特殊关系的其他自然人的利益也属于个人利益；其次，这里的“利益”不仅指物质性、财产性、有形的利益，同时也包括非财产性、非物质性、无形的利益；最后，谋取个人利益中的“谋取”，既包括“取”也包括“谋”，两种行为只要具备其一，就可认定为“谋取个人利益”。③ 有论者指出，“谋取个人利益”是指谋取个人利益，既包括行为人与使用人事先约定谋取个人利益实际尚未获取的情况，也包括虽未事先约定但实际已获取了个人利益的情况。此处的利益，不应加任何限制，既包括不正当利益也包括正当利益，既包括物质性利益也包括非物质性利益。非物质性利益有：女色，安排子女入学、提干、就业等。因立法解释用的是“利益”而不是“财物”，对之限制既不符合立法解释原意，也不利于反腐败斗争。④

关于立法解释的缺陷问题，有论者认为，根据该解释，行为人将公款挪用给亲友或者其他自然人，或者以个人名义将公款供其他单位使用的，均属于挪用公款归个人使用的情形。但是，如果行为人将公款“挪用”给其他自然人使用，但是为了单位的利益，而且是单位集体讨论通过的，这一行为与正当的借贷行为没有什么本质的区别。行为缺乏社会危害性是行为阻却犯罪的根本的原因。将单位闲置的资金用于为国有资产增值，显然是缺乏社会危害性的行为。立法解释仍然带有计划经济

---

① 参见冯兆蕙：《挪用公款罪司法适用问题研究》，载《河北法学》，2007（7）。

② 参见郭晓伟：《对“挪用公款归个人使用”的反思》，载《河南财政税务高等专科学校学报》，2005（4）。

③ 参见冯兆蕙：《挪用公款罪司法适用问题研究》，载《河北法学》，2007（7）。

④ 参见姚志荣：《挪用公款罪若干问题探析》，载《漳州师范学院学报》（哲学社会科学版），2005（4）。

体制下严格区分单位所有性质的烙印。①

关于“归个人使用”应否规定为挪用公款罪的客观构成要件的问题，有论者认为，将“归个人使用”规定为挪用公款罪的构成要件，存在以下几个问题。①符合犯罪构成的原理。挪用公款的社会危害性主要是挪用数额的大小和挪用时间的长短上，而对社会危害性有无起决定作用的是挪用公款数额的大小，至于挪用公款后究竟归个人使用还是归单位使用，反映的只是公款的去向问题，与挪用行为本身并无直接联系。决定挪用公款行为的社会危害性程度的，依然主要是挪用数额的大小。至于非法活动的危害性的大小，则是挪用行为以外的问题，是与挪用公款罪无关的否定性评价。②不符合刑法以犯罪目的行为定罪的理论。挪用公款中行为人的挪用是目的行为，挪用公款后具体使用行为是动机行为。③破坏了刑法条文之间的内在协调。在贪污、贿赂罪中，贪污、贿赂钱款的使用用途不是这些犯罪必备的构成要件，而挪用公款的使用用途却是挪用公款罪构成的必备要件。从刑法条文体系来看，挪用公款罪与其他相关罪在构成要件上不相协调，条文之间缺乏应有的内在协调。②

关于挪用公款罪的犯罪数额，有论者分析了挪用积数的问题。该论者认为，在挪用公款行为中，数额和时间是统一的，两者不可分离，且均与公款使用权的被损害程度直接成正比例关系。一定时间内挪用公款的数额越大，则危害后果越大，同样，一定数量的公款被挪用的时间越长，危害的后果也越大。因而，可使用“挪用积数”作为挪用公款罪定罪量刑的依据和标准。“挪用积数”是挪用公款数额和挪用公款时间的乘积，它包含了“挪用时间”和“挪用数额”的任何变化，反映了挪用公款犯罪危害后果的整体和全部。③ 还有论者分析了多次挪用公款用于不同种用途时的数额计算问题。根据论者的归纳，关于多次挪用公款用于不同用途时的数额计算方法，理论上存在如下几种观点。①相同用途说。该说认为，挪用公款后使用方式不同，成罪起点不同。不能将行为人挪用公款的数额简单相加，应当区分不同的使用方式分别相加。对于每一种用途都达到成罪的标准的，若符合连续犯的条件，则按连续犯处理；不符合连续犯特征的，则按多次挪用公款情节严重处理。对于既有构成犯罪，又有不能构成犯罪的情况，按多次挪用公款情节严重处理。对于各用途均不构成犯罪的，则不按犯罪处理。②分别计算说。该说认为应采取将一般性使用、营利活动的数额相加，然后与挪用公款进行非法活动的数额相累计的分别计算的方法，即如果用于一般性使用、营利活动的数额相加没有达到数额较大的，可以不计算在犯罪总额中，而作为量刑的从重情节；反之则应计算在犯罪总额中。③主要用途说。该说认为，行为人多次挪用公款用于两种或者三种活动不还的，应当首先判断每种活动是否达到立案标准。对于达到立案标准的，以其累计数额定罪；其

---

① 参见吴学斌：《论挪用公款罪在司法认定中的几个难题》，载《江苏工业学院学报》，2005(4)。

② 参见鲁忠、石来：《论“归个人使用”在挪用公款罪中的定位》，载《咸宁学院学报》，2008 (5)。

③ 参见金建文、李根福：《“挪用积数”在挪用公款罪认定中的运用》，载《人民检察》，2005(7)。

他未计入犯罪数额的，作为量刑参考。如果均未达到立案标准的，可以综合具体案情判断行为人多次挪用累计数额的主要用途来适用法律；无法确定主要用途的，则按有利于被告的原则，以一般活动的用途来适用刑法。④折中说。该说认为，若挪用期限未超过3个月且两种或者三种用途均未达到构成犯罪标准，以从事非法活动、营利活动部分的公款数额之和作为挪用数额，并按照挪用公款数额较大进行营利活动的标准判断是否构成犯罪；若挪用期限超过了3个月且每一部分单独均不构成犯罪的，以所有挪用的公款数额，按照挪用公款数额较大超过3个月未还的标准认定是否构成犯罪；若其中的某一部分或者各部分均单独构罪，认定挪用公款的数额的意义不在于定罪而在于量刑。⑤全额累计说。该说认为，如果行为人多次挪用公款分别用于非法活动、营利活动或者其他活动，即使其中用于某项活动的数额未达到该项的立案标准，或者分别来看各项用途都未达到各项的立案标准，但总和达到了某项的立案标准，从有利于保护公款所有权出发，应将用于各项活动的数额累计计算。累计数额达到任何一项立案标准的，都应当以该数额为标准进行处理。论者在对以上观点进行评析后认为，对上述问题，应当根据“举轻以明重”的刑法解释原理予以解决。认定重行为的数额，可以计入轻行为的数额，但轻行为的数额，不能计入重行为的数额；超过3个月未还的数额，可以计入3个月内归还的数额，而3个月内归还的数额，则不能计入超过3个月未还的数额中。①

4. 挪用公款罪的犯罪客体和犯罪对象

关于挪用公款罪的犯罪客体问题，有论者认为，挪用公款罪的客体是国家工作人员职务廉洁性和公款使用权。② 有论者指出，挪用公款罪的客体是国家工作人员职务行为的廉洁性和完整意义上的公共财产所有权。尽管挪用公款罪不以获取公共财产所有权为目的，犯罪行为直接针对的是占有、使用、收益权，但使所有权处于风险之中，即对所有权构成了威胁。这种对所有权的威胁才是本罪主要的危害性所在，它预示着公共财产所有权因挪用行为极可能遭到实际的损害。挪用公款罪与贪污罪在侵犯公共财产所有权这一客体上是一致的，只不过前者对所有权构成威胁，而后者是直接指向所有权，对所有权构成实际损害。③ 有论者主张，挪用公款罪的犯罪客体首先是国家财经管理制度和“公款”的占有和使用权，其次才是国家工作人员职务的廉洁性。④

关于挪用公款罪的犯罪对象问题，有论者认为，刑法不应将挪用一般公物的行为纳入调整范围。理由在于：表现为货币形式的公款是种类物，一旦挪用人将公款

---

① 参见马顺成：《多次挪用公款用于不同种用途的数额计算问题研究》，载《四川警察学院学报》，2008（3）。

② 参见邵维国：《论挪用公款罪的客体规定性及故意内容》，载《河北法学》，2005（11）。

③ 参见孙谦、熊劲松：《挪用公款罪的客体与对象新论》，载《孝感学院学报》，2007（1）。

④ 参见李先龙、李先赋：《挪用公款罪中的“公款”及相关几种“挪用”行为性质的认定——兼与熊选国博士商榷》，载《广西大学学报》（哲学社会科学版），2006（3）。

挪出置于自己或他人的占有之下，实际就产生了处分公款的效果，使单位丧失了对公款的所有权。不记名的金融凭证和有价证券属于挪用公款罪的犯罪对象，记名的金融凭证和有价证券则不属于本罪的犯罪对象。挪用公物或公有有价证券用以担保的行为，在没有实际履行担保义务时，不应以挪用公款罪论处。① 有论者指出，挪用公款中的“公款”，是指公共财产中的货币以及用来获取货币或者被用作为结算、支付手段的其他公共财产。除“挪用救灾、抢险、防汛、优抚、扶贫、移民、救济款物归个人使用”所构成的挪用公款罪的犯罪对象包括公物以外，公物不能成为挪用公款罪的犯罪对象。② 有论者主张，“公款”应当限于“具有直接支付功能的公共财产”。“挪用”有价证券、定期存单和作为结算依据的金融凭证等均不属于挪用公款。“国库券被司法解释拟制为公款”的观点值得商榷。“以使用变价款为目的挪用公物的行为以挪用公款罪定罪处罚”以及“从实质上把握‘公款’的内涵”的观点不宜推广。③

5. 挪用公款罪的犯罪形态

关于挪用公款罪的既遂问题，理论上主要是围绕着对“挪而未用”的认定而展开的。对此，有论者指出，只要公款一经挪出，其他成立挪用公款罪的必备要件（即依公款用途的不同而确立的数额、未还时间等因素）同时具备时，就成立挪用公款罪的既遂。原因在于，挪用公款的本质是利用职务上的便利改变公款的正确使用形式和用途，公款私用，以图私利。刑法设立挪用公款罪的宗旨在于保障国家工作人员职务的廉洁性和保护公款的使用权不受侵犯，因此注重的是公款是否被挪出，至于公款是否被实际使用，不是刑法关心的重点。公款一经挪出，国家工作人员的廉洁性和公款的使用权均受到侵犯。④ 有论者认为，本罪的实行行为并不是复合行为，而是单一行为。只有“挪”才是本罪的实行行为，“用”只是“挪”的后续行为。如果站在法益侵害的角度来看，本罪侵犯的主要客体是单位对公款的占有、使用、收益权。不管公款是否被实际使用，只要行为人利用掌管单位财物的职务之便，将本单位的公款擅自转移到自己的实际控制之下，使单位完全脱离对该项公款的控制，不论其是否使用，对单位财产权利危害的结果就已经产生，本罪的客体就已经遭到侵害；如果挪用公款的数额和时间符合了立案标准，行为人的行为就完全齐备了挪用公款罪的全部构成要件，就应该将其行为认定为既遂行为。在实践中，从行为的表现形式上看，“挪而未用”包括以下四种情况：一是“挪”时尚未明确用途，挪而备用；二是“挪”时已有明确用途，但因使用条件尚不具备，暂时未用；三是

---

① 参见孙谦、熊劲松：《挪用公款罪的客体与对象新论》，载《孝感学院学报》，2007（1）。

② 参见王飞跃：《挪用公款罪若干疑难问题研究》，载《云南大学学报法学版》，2005（2）。

③ 参见李先龙、李先赋：《挪用公款罪中的“公款”及相关几种“挪用”行为性质的认定——兼与熊选国博士商榷》，载《广西大学学报》（哲学社会科学版），2006（3）。

④ 参见黄维智：《挪用公款罪罪状考评》，载《法学》，2005（6）；马长生、辜志珍：《挪用公款罪客观方面若干问题探讨》，载《湖南公安高等专科学校学报》，2007（3）。

“挪”时有明确的用途，但因惧怕被追究责任一时没敢使用；四是“挪”后又突然醒悟，主动停止了使用。对于以上行为如何定性，还是应该以行为人是否具有进行非法活动、营利活动与其他个人用途三个不同的目的来对行为人进行定性。具体地讲，尽管行为人尚未使用已经挪用的款项，只要行为人主观上具有进行非法活动的目的，或者已经挪用的公款数额较大，主观上具有进行营利活动的目的，就应按照挪用公款罪的既遂进行量刑。对于“挪”时尚未明确具体意图，挪而备用的，只要达到数额较大，并且超过三个月未还的，也应按照挪用公款罪的既遂处罚。① 有论者则认为，现行《刑法》第 384 条明确将挪用公款归个人使用的具体用途规定为该罪的构成要件，那么该罪就应以行为人将公款挪出并实际使用（包括达到一定的数额和时间要求）为既遂。至于行为人挪而未用的分两种情况。其一，行为人挪用公款意图进行营利活动和非法活动，如果挪用公款后出于本人的意志放弃犯罪意图而未继续使用的，符合犯罪中止的特征，应以犯罪中止论；如果出于意志以外的原因未能使用的，应属犯罪未遂。其二，行为人挪用公款归个人进行一般性使用的，主要应考虑挪用的时间，不论行为人出于本人的意志还是意志以外的原因，只要挪用公款未超过三个月的，就不构成犯罪；如果挪用公款已超过三个月的，应根据是否出于行为人本人的意志分别定犯罪中止或犯罪未遂。②

关于挪用公款罪的共同犯罪问题，理论上的认识如下。①关于非国家工作人员与国家工作人员分别利用职务便利共同挪用本单位资金的行为如何定罪处罚的问题，有论者认为，应采用部分犯罪全部责任的共犯理论，考察谁是共同犯罪的核心角色来确定共同犯罪的性质，然后再考虑是否需要分别定罪量刑。当国家工作人员与非国家工作人员各自利用职务便利相互勾结共同挪用公款（资金）时，如果主要利用国家工作人员的职务便利且国家工作人员处于核心角色时，那么以挪用公款罪定罪处罚；如果主要是利用非国家工作人员的职务便利且非国家工作人员为核心角色时，这时的情形就复杂一些。此时，首先，非国家工作人员与国家工作人员在挪用资金的范围内成立共犯。其次，由于挪用公款罪的法定刑重于挪用资金罪的法定刑，因而要比较：如果对国家工作人员定挪用资金罪的法定刑重于挪用公款罪的法定刑，全案就以挪用资金罪定罪处罚；反之，则应对其以挪用公款罪定罪处罚。③ 也有论者认为，这种情况属于想象竞合犯，由于挪用公款罪的法定刑重于挪用资金罪，因而应认定挪用公款罪的共同犯罪。④ ②对于挪用人不明知而使用人明知公款目的的情形是否成立共犯的问题，有论者认为，不成立共同犯罪，对使用人以挪用公款罪

---

① 参见王兰玉：《挪用公款罪若干争议问题研究》，载《中国刑事法杂志》，2005（5）。

② 参见杜国强：《挪用公款罪的犯罪形态》，载《江苏警官学院学报》，2005（2）。

③ 参见荆忠：《挪用公款罪共犯认定的疑难问题研究》，载《北京政法职业学院学报》，2005(2)。

④ 参见张扬：《挪用公款罪共犯问题研究》，载《理论界》，2006（4）。

的间接正犯追究其刑事责任。① ③关于单位是否构成挪用公款罪的共同犯罪的问题，有论者认为，单位可以成立挪用公款罪的共犯，此时因为刑法没有将挪用公款规定为单位犯罪，应对其中自然人按共同犯罪加以处罚。② ④关于共同犯罪人的范围，有论者认为，不限于使用人，还包括挪用人、使用人之外起到帮助、教唆作用的人，以及其他共同使用公款的人。③ 有论者指出，最高人民法院《关于审理挪用公款案件具体应用法律若干问题的解释》第 8 条规定④的意图在于解释使用人在何种情况下能够成立共犯，而不是把共犯仅仅限定为使用人。⑤ 有论者则主张，公款使用人的帮助犯不能成立共犯。⑥

关于挪用公款罪的罪数问题，针对最高人民法院《关于审理挪用公款案件具体应用法律若干问题的解释》第 7 条关于对挪用公款索取、收受贿赂构成犯罪的实行数罪并罚的规定，有论者认为，行为人挪出公款给他人使用，同时收受贿赂的情形，属于单纯的一罪，而非牵连犯。在因受贿而挪用公款的犯罪中，将挪用公款行为独立出来另行治罪，缺乏应有的合理性，因这属于挪用公款罪的一个方面。⑦ 有论者则认为，在受贿罪与挪用公款罪是否构成牵连关系的问题上，争议的关键在于挪用公款罪中的挪用行为与受贿罪中的受贿行为和谋利行为相结合后是两个行为还是一个行为。受贿罪中的利用职务便利已在根本程度上失去其行为性，只对索取或收受钱财本身起着一种条件说明作用，因而利用职务便利行为本身成为其他渎职罪的表现时，便已超出受贿罪所要求的行为界限而成为其他渎职罪构成之一部分。当利用职务便利的行为本身构成犯罪时，便超出受贿罪之范围，不能再为受贿罪所评价。基于这一点，受贿罪便具有和其他犯罪构成牵连犯之可能性。当这种渎职行为表现为挪用公款行为时，作为一种故意犯罪的挪用公款行为，就满足了牵连关系的可能，可以与受贿行为成立手段与目的类型的牵连犯。⑧

6. 挪用公款罪的立法完善

关于挪用公款罪的立法完善，理论上的认识主要有以下几点。①将犯罪对象扩展到公物。有论者对《联合国反腐败公约》有关规定、其他国家在禁止私用公款公物方面的规定与中国《刑法》中有关挪用公款罪之规定的差异作了分析，认为认定挪用公款罪的根本依据是国家工作人员利用职务上的便利，而财物的性质并不重要，

①② 参见荆忠：《挪用公款罪共犯认定的疑难问题研究》，载《北京政法职业学院学报》，2005 (2)。

③ 参见张建勇：《挪用公款罪的共同犯罪问题》，载《河南公安高等专科学校学报》，2005 (5)。

④ 该条规定，使用人与挪用人共谋，指使或者参与策划取得挪用款的，成立挪用公款罪的共犯。

⑤ 参见张扬：《挪用公款罪共犯问题研究》，载《理论界》，2006 (4)。

⑥ 参见荆忠：《挪用公款罪共犯认定的疑难问题研究》，载《北京政法职业学院学报》，2005 (2)。

⑦ 参见邓祥瑞、陈旎：《挪用公款受贿量刑不应数罪并罚》，载《长沙理工大学学报》(社会科学版)，2006 (2)。

⑧ 参见李杉杉：《挪用公款罪的牵连犯问题》，载《黑龙江省政法管理干部学院学报》，2007 (5)。

因此，应将挪用公款罪的犯罪对象扩展到一切资金、财物。① ②删去“归个人使用”这一要素。有论者认为，应将“归个人使用”从挪用公款罪中删去，并将“为个人利益”作为主观的超过要素规定在挪用公款罪之中，以便将单位排除在挪用公款罪的主体范围之外。修订后的挪用公款罪的条文如下：国家工作人员利用职务上的便利，为了谋取个人利益，非经单位批准擅自动用公款，且数额较大、时间较长的，是挪用公款罪。② ③挪用公款的数额和挪用时间应作为挪用公款罪犯罪构成的必要要件。有论者认为，挪用公款的数额大小是其社会危害性的重要标志，而挪用时间长短也影响社会危害性，不过，“未还”实属多余。③ ④增加财产刑的规定。有论者指出，挪用公款罪是一种贪利性的犯罪，行为人一般是为了某种个人利益才实施挪用公款行为的，因而必须从经济上对其惩罚和剥夺，应重视财产罚金刑的适用，明确规定可单处或并处罚金，并明确规定罚金刑的标准。④

三、整体评论

关于挪用犯罪研究的现实特点，有论者已经做出了初步的分析。⑤ 笔者对此也深表赞同。但是，近年来对于挪用犯罪的研究已由成熟阶段进入深化阶段，因而在对研究特点进行分析时，应该注意近几年的研究进展情况，并且也应以此为基础分析挪用犯罪理论研究的未来走向。

首先，研究活动以立法完善与司法操作为基本导向。刑法学界对挪用犯罪的研究，具有很强的务实特色，以促进立法完善和司法认定的合理化为基本目标。例如，在2004年之后关于挪用公款罪的研究中，有10篇论文关注挪用公款罪的立法完善，其余均是对挪用公款罪之具体司法认定的研究，内容涉及挪用公款罪的构成要件认定、犯罪特殊形态以及追诉时效的确定等。这些研究活动的效果确实是很明显的，最高人民法院、最高人民检察院所颁布的关于挪用公款罪的司法解释以及全国人大常委会颁布的关于挪用公款罪的立法解释即汲取了这些研究活动的精髓。

其次，研究主题并不均衡，且涉及很多问题的研究成果虽然数量可观，但重复性严重，缺乏精品，浅尝辄止的论述也屡屡出现，因而只是呈现出表面繁荣的景象。在关于挪用犯罪的研究中，对挪用公款罪的研究不管是在理论品性还是在研究广度乃至在成果数量上都独占鳌头；相比之下，对挪用资金罪、挪用特定款物罪的研究

---

① 参见苏彩霞：《论我国惩治腐败犯罪刑事立法的完善》，载《法商研究》，2005（5）；何承斌：《挪用公款罪的立法比较研究》，载《河北法学》，2005（2）；黄维智：《挪用公款罪罪状考评》，载《法学》，2005（6）。

② 参见鲁忠、石来：《论“归个人使用”在挪用公款罪中的定位》，载《咸宁学院学报》，2008（5）。

③ 参见许海波：《关于挪用公款罪立法完善的几点思考》，载《政法论坛》，2005（4）。

④ 参见倪惠华：《挪用公款罪立法缺陷及完善建议》，载《犯罪研究》，2006（5）。

⑤ 参见卢建平等编：《挪用公款罪专题整理》，2页，北京，中国人民公安大学出版社，2007。

就逊色得多，这具体表现在：不仅研究成果屈指可数，而且也没有出现特别值得关注和重视的学术成果和重要观点。对挪用公款罪的研究可谓比较昌盛，但是，通过仔细阅读就可以发现，发表在高级别法律核心期刊上的学术论文却不多见，很多论文都是对相同的问题进行分析研究，思路和方法几乎如出一辙，甚至某些论文还存在抄袭他人作品的痕迹，因而存在大量重复现象，值得推崇和重点关注的精品凤毛麟角，因此，不能不说其繁荣只是表面现象。

最后，挪用犯罪在《刑法》分则中有着重要的地位，对其的研究活动并不能因为过去存在一定的问题而予以放松或者停滞不前，相反，应当努力改变目前的现实情况，开辟新的研究领域，引入新的研究方法，深化研究内容。以笔者浅见，在未来关于挪用犯罪的研究中，似乎有必要关注挪用犯罪的刑事政策的探讨，并注意汲取国际公约、其他国家相关立法例和司法实践活动的重要经验。

第二十三章 贿赂型犯罪

一、研究概况

自 1978 年至 2008 年，刑法学界对于贿赂型犯罪的研究是与刑事立法、司法实践同步进行的，呈现出循序渐进、成果丰富的特点。从研究的状况和深入程度来看，贿赂型犯罪的研究大体上可以分为两个阶段。

（一）自 1979 年《刑法》颁行至 1997 年《刑法》颁布以前

在这一时期，比较有影响的专门研究贿赂犯罪的著作有：伍柳村主编的《贿赂罪个案研究》（四川大学出版社 1991 年版），魏平雄、王然冀主编的《贪污贿赂罪的认定与对策》（群众出版社 1992 年版），刘光显、周荣生著的《贿赂罪的理论与实践》（人民法院出版社 1993 年版），单民著的《贿赂罪研究》（中国政法大学出版社 1993 年版），肖扬主编的《贿赂犯罪研究》（法律出版社 1994 年版），刘光显、张泗汉主编的《贪污贿赂罪的认定与处理》（人民法院出版社 1996 年版），刘立宪主编的《贿赂罪》（中国检察出版社 1996 年版）等等。同时，由于在 1979 年《刑法》之中，贿赂犯罪被规定在渎职罪一章，有关贿赂犯罪的观点还常常散见于研究职务犯罪的专著或者其他著作之中，比如钱大群、孙国祥主编的《职务犯罪研究》（南京大学出版社 1996 年版），赵秉志主编的《刑法争议问题研究》（下）（河南人民出版社 1996 年版）。

总体而言，这一时期有关贿赂型犯罪的理论研究呈现出以下两个特点。

其一，在研究广度方面明显受到当时立法状况的限制（即法律规定的贿赂型犯罪罪名比较少），学界的目光比较集中于受贿罪的研究。

其二，贿赂犯罪立法的笼统粗略，使得学界对贿赂犯罪（主要是受贿罪）的罪名及概念、犯罪构成要件、罪与非罪的区分、受贿罪的主体范围和行为形式等基本理论问题给予了很大关注，出现了一批具有理论意义和实践价值的论文。其中具有代表性的有：刘辰的《试论收受贿赂罪》（载《人民检察》1981年第5期），郑大群的《浅谈索贿受贿罪》（载《上海司法》1982年第5期），刘立宪的《受贿罪的罪名没有改变》（载《人民检察》1982年第9期），刘龙培的《贿赂罪的犯罪构成》（载《法学》1982年第6期），龚明礼的《论贿赂罪》（载《内蒙古社会科学》1982年第3期），柯葛壮的《受贿罪构成要件问题讨论综述》（载《政治与法律丛刊》1983年第5期），高宏的《论受贿罪的犯罪构成》（载《西北政法学院学报》1984年第3期），邢雯的《试论受贿罪利用职务上的便利》（载《法学研究》1988年第6期），张忠德的《对以回扣、手续费名义收受贿赂犯罪问题的探讨》（载《当代法学》1989年第3期），黄晴苏的《经济往来中的应酬与贪污贿赂犯罪》（载《法治论丛》1992年第5期），等等。

根据有的论者的归纳，这一时期受贿罪研究涉及的主要争议包括：索贿是否独立的罪名及其含义、受贿罪的客体、如何理解“利用职务上的便利”、贿赂的范围、受贿罪的主体、“为他人谋取利益”在受贿罪犯罪构成中的地位、回扣等问题。①

（二）1997年《刑法》颁布以后

从1997年至今，尽管时间较短，但研究成果无论是在数量上还是质量上，均较以往有显著提高。一方面，研究贿赂型犯罪的专著数量众多，比较有影响的著作如：赵秉志主编的《贪污贿赂及相关犯罪认定处理》（中国方正出版社1998年版）；刘立宪主编的《贿赂罪》（中国检察出版社1998年版）；康均心的《贪污贿赂的惩治与预防》（海南出版社2000年版）；肖介清的《受贿罪的定罪与量刑》（人民法院出版社2000年版）；赵建平的《贪污贿赂犯罪界限与定罪量刑研究》（中国方正出版社2000年版）；范春明的《贪污贿赂犯罪的法律适用》（人民法院出版社2001年版）；刘生荣、但伟的《腐败七罪刑法精要》（中国方正出版社2001年版）；王俊平、李山河的《受贿罪研究》（人民法院出版社2002年版）；杨兴国的《贪污贿赂罪法律与司法解释应用法律问题解疑》（中国检察出版社2002年版）；孙国祥的《贪污贿赂犯罪疑难问题学理与判解》（中国检察出版社2003年版）；李希慧主编的《贪污贿赂罪研究》（知识产权出版社2004年版）；林亚刚主编的《贪污贿赂罪疑难问题研究》（中国人民公安大学出版社2005年版）；孟庆华的《贪污贿赂罪重点疑点难点问题判解研究》（人民法院出版社2005年版）；孟庆华的《受贿罪研究新动向》（中国方正出版社2005年版）；李伟迪的《国家工作人员与亲属共同受贿犯罪的理论与实务》（中国方

① 参见赵秉志主编：《刑法争议问题研究》（下），600～627页，郑州，河南人民出版社，1996。

正出版社 2005 年版）；廖福田的《受贿罪纵览与探究》（中国方正出版社 2007 年版）；吕天奇的《贿赂罪的理论与实践》（光明日报出版社 2007 年版）；秦瑞基、胡常龙主编的《商业贿赂犯罪问题研究》（山东大学出版社 2007 年版）；等等。

与 1997 年《刑法》颁布以前相比，1997 年《刑法》颁布以后，刑法学界对贿赂犯罪的研究呈现出以下几大特点。

其一，研究广度明显因立法内容的丰富而大大拓宽。虽然普通受贿罪依然吸引了学界较多的目光，但是研究对象已经增加了许多，诸如行贿罪、单位受贿罪、对单位行贿罪、介绍贿赂罪、单位行贿罪、非国家工作人员受贿罪等等均进入了研究者的视野。

其二，商业贿赂成为新的研究重点和热点。为了满足司法实践的需要，理论界加大了对商业贿赂的研究；在短短的几年间，关于商业贿赂的文章已经发表了数百篇，而且商业贿赂还成为 2006 年度中国刑法学年会的主要议题之一，对其研究成果以一整卷论文集即《和谐社会的刑事法治》（下卷：商业贿赂犯罪研究）的形式汇集出版。如此高的研究热度是贿赂犯罪研究中前所未有的。研究内容非常广泛而深入，涉及商业贿赂和商业贿赂犯罪的概念、商业贿赂犯罪的主体范围、构成要件要素、与国家工作人员贿赂犯罪的界限、医药等特定行业的商业贿赂行为、商业贿赂立法模式选择及其与现行贿赂犯罪立法的协调等等。

其三，对于贿赂犯罪的研究渐趋全面和深入。具体表现在：不仅立足于构成要件分析了贿赂型犯罪的疑难问题，还对现行立法的疏漏提出了许多完善意见。论者们还纷纷涉足贿赂型犯罪的一些新领域、新问题，如贿赂罪的本质及其既遂认定、性贿赂是否应当入罪、家属共同受贿犯罪问题、贿赂型犯罪的刑事政策、商业贿赂与公职贿赂的立法分立、增设影响力交易罪、贿赂犯罪的死刑废除和刑罚改革，等等。

二、观点综述

（一）贿赂犯罪的共性问题

1. 贿赂问题

贿赂是所有贿赂型犯罪的共同要素，也是连接受贿人与行贿人的媒介。我国对于贿赂的立法经历了几次变化。首先，在 1979 年《刑法》中，贿赂犯罪中的行为对象被直接表述为“贿赂”。这种规定在赋予法律用语以弹性和包容性的同时，也使得贿赂犯罪构成要件的明确性受到了某种程度的损害。于是，1988 年《关于惩治贪污罪贿赂罪的补充决定》对此进行了修改，将“贿赂”明确限定为“财物”。这在一定程度上满足了构成要件明确性的要求，但因范围过窄而不符合贿赂犯罪的实际情况。之后，1993 年《反不正当竞争法》在肯定“财物”属于贿赂的同时，还承认了采用“其他手段”而成立贿赂行为的可能。但是，1997 年修订刑法时并未在刑事法领域采用经济法的这一立场，而是沿用了 1988 年《关于惩治贪污罪贿赂罪的补充决定》的提法。当时的立法意图是在于限定处罚范围，还是认为“财物”一词在社会生活上已发生了某种语言学上的变化，尚不得而知。①

(1) 关于贿赂范围的争论

关于贿赂的范围，理论上有以下几种观点。

财物说。持该观点的论者认为，贿赂仅指金钱或者可以用金钱计算的财物，不包括其他不当利益。其论据如下。第一，现行《刑法》第385条明文规定“国家工作人员利用职务上的便利，索取他人财物的，或者非法收受他人财物，为他人谋取利益的，是受贿罪”。将贿赂的范围扩大，于法无据。第二，从历史上关于贿赂的规定来看，贿赂均指财物。“赇，以财物枉法相谢也。”赇，即指贿赂，也就是以财物相酬谢。第三，1997年《刑法》对受贿罪的定罪量刑以当事人收受财物的货币数量为标准。如果认为贿赂应当包括其他利益，那么在司法实践中应如何计算贿赂数额？又如何定罪量刑？第四，如果不将贿赂的范围限定在财物的范围内，当国家工作人员互相利用本人的职权为对方谋取财物以外的利益，则无法认定谁是受贿者。第五，扩大贿赂的范围，将会使受贿罪成为口袋，什么都往里装，势必混淆罪与非罪、此罪与彼罪的界限。②

财产（物质）利益说，即认为贿赂包括财物及其他可以用金钱计算的物质利益，如设定债权、免除债务、免费旅游、提供住房等，但不包括其他非物质利益。理由如下。第一，财产利益说更有利于反受贿斗争。物质性利益虽然不同于财物，但在实质上是一致的，并且都可以用金钱来衡量。司法实践中行为人为了逃避法律的制裁，采用隐蔽手段以物质性利益作为贿赂的情况极为普遍，这种行为的危害性与以财物为对象的受贿罪的危害性在程度上没有区别。“从严格的语义上讲，财物是金钱和物品，但是，无论从现实需要，还是根据扩张解释的自身要求，将财物扩张解释为包括财产性利益，都应该认为是恰当的。”③ 第二，采用财产利益说，在国外和某些地区的立法中不乏立法先例，并且各国对受贿对象的规定有扩展的趋势，反映出严惩贿赂犯罪的立法倾向，这值得我国学习和借鉴。第三，财产利益说更能体现市场经济的时代特点。市场经济体制下，商品交换的领域扩大，一切具备财产性质的利益都可以进入市场，用价值衡量。而且，受贿罪的典型特征是权力和金钱的交易。以可以用金钱计算的物质利益作为贿赂，完全符合受贿罪的特征，也不会造成定罪

---

① 参见赵军：《论我国刑法贿赂罪贿赂范围的重新定位——以〈联合国打击跨国有组织犯罪公约〉的要求为标准》，载《中国刑事法杂志》，2003 (6)。

② 参见赵秉志主编：《刑法争议问题研究》（下），611页，郑州，河南人民出版社，1996；于志刚主编：《多发十种职务犯罪的定罪与量刑》，181～193页，北京，中国方正出版社，2001；高铭暄主编：《中国刑法学》，604页，北京，中国人民大学出版社，1989。

③ 赵秉志主编：《刑法争议问题研究》（下），612页，郑州，河南人民出版社，1996。

量刑的困难。①

利益说（需要说），即认为凡是能满足人的物质和精神需求的一切利益，无论是有形还是无形、物质或者非物质、财产或者非财产的利益，都应该视为贿赂。非财产性利益，包括安排子女就业、解决招工指标、提职晋级乃至提供色情服务等等。其主要理由在于：第一，贿赂从字面讲是贿赂，但在法律中是刑事规范化的概念，不应限于从一般文字意义上理解；第二，非物质性利益同样可以作为肮脏的“以权换利”交易的手段，其诱惑力、社会危害性有时更甚于金钱财物；第三，借鉴外国立法，从贿赂犯罪的实际情况出发，贿赂包括非物质性利益，就可避免对犯罪分子网开一面，强化打击各种形式的贿赂犯罪的斗争。②

财产性利益和部分非财产性利益说。有论者认为，贿赂不仅应包括财产性利益，也应包括一部分非财产性利益。随着我国市场经济的成熟以及人们多元化衡量价值观念的形成，我国刑法理论对财物的外延也在与时俱进地进行着扩张性解释。在目前，把财产性利益纳入“贿赂”之中不成问题，但问题在于非财产性利益在什么情况下可以成为“财物”？如女色、招工指标、迁移户口等。这涉及对现代市场经济中衡量价值的标准问题。在市场经济中，衡量价值实际有两个路径：一是公开合法市场的价值衡量，即官方市场；二是秘密非正规市场的价值衡量，即民间（或黑道）市场。凡是以第二种标准可进行价值衡量的财物，亦应属于“财物”之范畴，如女色，以第二种标准衡量，与财产性利益无实质区别。反之，以这两种标准均无法衡量价值的，则属于“贿赂”范围之外的非财产性利益。③ 有的论者提出，为适应社会不断发展的需要，把贿赂的范围扩张解释为可以用确定的金钱计算的利益（包括雇佣性工作者进行的“性贿赂”行为中的性服务），不仅符合贿赂的本质和刑法的罪刑法定原则，而且满足了刑法解释的正义性要求，应该为我国刑法采纳。④

总体来说，目前多数论者主张财产利益说，但近年来随着贿赂犯罪手段的多元化和隐蔽化，灰色收入的问题、非物质性利益尤其是“性贿赂”立法的必要性得到了有力的提倡，利益说的市场有扩大的趋势。例如，有论者认为，若从改进现行立法，满足实践需求，加速与国际接轨，尤其是履行《联合国打击跨国有组织犯罪公约》义务的角度看，在贿赂的范围问题上，立法者应采取“利益说”的立场。⑤

（2）灰色收入是否属于贿赂的问题

有论者主张扩大贿赂的范围，从淡化谋取利益在贿赂犯罪中作用的角度提出，

---

① 参见崔正军：《浅谈受贿罪的立法完善》，载《法商研究》，1994（4）；肖扬主编：《贿赂犯罪研究》，173页，北京，法律出版社，1994。

② 参见魏平雄、王然冀主编：《贪污贿赂罪的认定与对策》，50～51页，北京，群众出版社，1992。

③ 参见高艳东：《“贿赂”范围的比较研究与新探》，载《河北法学》，2004（2）。

④ 参见李买生：《贿赂范围界定的再界定》，载《内蒙古农业大学学报》（社会科学版），2007（6）。

⑤ 参见赵军：《论我国刑法贿赂罪贿赂范围的重新定位——以〈联合国打击跨国有组织犯罪公约〉的要求为标准》，载《中国刑事法杂志》，2003（6）。

灰色收入当属贿赂犯罪的隐蔽形式。其一，国家公职人员除领取国家给予的工资以外，不因职务收受任何利益。如果国家机关工作人员因职务而得到其他利益，则具有收买性，违背了刑法保护国家工作人员职务行为的不可收买性的目的，属于贿赂行为。其二，“灰色”收入名为接受赠与，但因具有单向性和数额大特征，实为收受贿赂。这样的赠与并非不求回报，但其回报不是表现在金钱的回报，而是作为感情投资，适时由国家机关工作人员在其权力范围内给予关照，其实质是要用金钱换取国家工作人员手中权力所制约的与自己有关的利益。只是这种感情投资的实际性质没有典型的钱权交易那样明显，其周期长，投资时没有要换取何种具体利益的表示，交易性很隐蔽。其三，收受这样的“灰色”收入的人明知这种赠与并非不求任何回报，即如果自己不具有特定的职务，他人就不会向自己赠与钱财，赠与者肯定有所求，只是双方心照不宣而已。对于赠与者来说，只要国家机关工作人员收受了自己的赠与，就意味着有可能在一定的时候得到一定的回报，意味着收买成功，国家机关工作人员职务行为的廉洁性已不复存在，刑法设定受贿罪所要保护的客体已经受到了侵害。为打击此种贿赂犯罪，应该修改受贿罪的规定方式，将为他人谋取利益的规定取消。在法律没有修改之前，应对为他人谋取利益的规定作广义解释，包括以下几种情况：一是已为他人谋取了具体的利益；二是正在为他人谋取具体利益；三是将来为他人谋取不确定的利益。换言之，淡化谋取利益在受贿罪定罪中的作用，使因职务而收受钱财的行为均纳入受贿罪的范围，这样在司法实践中也不会因对是否有为他人谋取利益的行为难于认定而给诉讼带来困难，从而加强对贿赂犯罪的惩治，加大反腐败的力度。①

有论者则认为，从目前的法律中找不到对灰色收入进行刑事处罚的依据；在今后的法律中，也没有必要对灰色收入犯罪化。这实质上是我国的公务员管理法规滞后，致使“黑色”收入和“白色”收入之间的灰色地带过大而产生的问题。这一问题需要通过完善行政立法、加大行政反腐的力度来解决。②

（3）性贿赂应否入罪的问题

“性贿赂，是指利用女色贿赂国家工作人员，以使其利用职务之便，谋取不正当利益的行为。”③ 早在20世纪80年代中期，我国刑法学者就曾对性贿赂是否予以立法规定的问题展开过激烈的争论。2000年江苏省刑法学研讨会上，南京大学法学院金卫东撰文呼吁立法制裁“性贿赂”，这引起众多知名刑法学家的表态。对于性贿赂应否入罪的问题，主要有肯定论和否定论两种观点。

肯定论主张性贿赂行为犯罪化。主要理由是：第一，性贿赂具有严重的社会危害性，且实践表明性贿赂行为在严重危害社会行为中所占比重呈上升之势；第二，1997年《刑法》无明文规定使得性贿赂成为惩治的空当与死角，不利于反腐倡廉；

---

① 参见李洁：《灰色收入当属贿赂犯罪隐蔽形式》，载《检察日报》，2004-01-13。

② 参见莫洪宪、叶小琴：《贿赂的范围——以“性贿赂”为视角》，载《当代法学》，2006（3）。

③ 刘晓峰：《论性贿赂》，载《经济与法》，2002（12）。

第三，性贿赂行为可以满足人的需要，侵犯国家工作人员职务行为的不可收买性，完全符合贿赂犯罪的本质；第四，性贿赂不仅是道德调整范围，也是法律调整的对象；第五，性贿赂有其历史和现实渊源。通过对中国传统法律、国外有关法律及《联合国反腐败公约》的规定的分析，可以为我国性贿赂立法提供刑法学理上的解释；第六，惩罚性贿赂犯罪不违背刑法的谦抑性；第七，对性贿赂治罪不会侵犯妇女权益；第八，实证调查显示，性贿赂入罪达到了现实的社会关系所能接受的程度以及普通社会成员的道德观念所能接受的程度。①

否定论坚持“性贿赂”犯罪化不足取，认为“性贿赂”的称谓本身并不准确，其本质内容是权色交易。否定论的理由如下。第一，性贿赂行为犯罪化不符合刑法的谦抑性原则。性行为传统上属于道德范畴，所以法律对卖淫嫖娼只作为严重违反治安管理的行为而不是犯罪行为处理。如果性贿赂入罪，则破坏刑罚均衡性，也难以界定卖淫嫖娼、不正当的性行为及以换取权力为目的的“性贿赂”，还可能扩大死刑的适用。第二，犯罪主体难于确定；对于提供色情服务的人如何治罪，无法律可比照。第三，性非赃物，无法定罪。第四，“性贿赂”的取证和定罪量刑缺乏可操作性。对“性贿赂”定罪的证据采集，在法律上就形成一个瓶颈，很难收集证据，一旦为不法分子收买女色或拼接有关性贿赂行为的视听资料用于报复诬陷，所谓“受贿人”又很难辩白，易形成错案。“性”无法量化，难以计算。第五，实际案件中单纯的“性贿赂”还极少，“性贿赂”只能附属于财物贿赂，它不是定罪量刑的主要因素。不设立“性贿赂罪”也不会放纵犯罪。第六，对于某一些性贿赂行为，现行法律可以给予行政处罚。②

（4）回扣问题

问题之一：对回扣应如何界定。

对此，有以下几种观点。

第一种观点认为，回扣是卖主或者买方付给替其“出力”的人的钱。③

第二种观点认为，购销双方在成交付款过程中，卖方为了肯定和发展这种关系，讨好买方，按照成交约定或惯常作法，以折扣名义退还给买方部分货款的行为，由于这笔款是从已付的货款总额中折扣出来，并且又回到买方手中，所以叫回扣。④

第三种观点认为，回扣是指在商品交易中，卖方支付给买方代理人即经办人一

① 参见魏东：《刑法各论若干前沿问题要论》，399～402页，北京，人民法院出版社，2005；王友明：《“性贿赂”的法理分析》，载《杭州商学院学报》，2002（4）。

② 参见魏东：《刑法各论若干前沿问题要论》，402～404页，北京，人民法院出版社，2005；刘宪权、阮传胜：《“性贿赂”行为犯罪化不足取》，载《法治论丛》，2003（2）。

③ 参见黄正学：《关于回扣、佣金等问题的来由、现状与对策》，载《法讯》增刊。

④ 参见吴保魁：《不能使回扣合法化》，载《人民检察》，1988（10）。

定数额的金钱。[①]

第四种观点认为，回扣是指在商品或劳务购销业务中，买卖双方商定由卖方从其卖得的价款中按比例或不按比例返还给买方的一部分款项。[②]

第五种观点认为，回扣是指在商品交易中，卖方从收取的价款中扣出一部分返还回送给买方或其委托代理人（经办人）的财物。[③]

第六种观点认为，回扣是指在商品或劳务买卖中，卖方从买方支付的价款中退还给买方或者买方经办人的款项。[④]

第七种观点认为，回扣是指在商品交易中，卖方在收到的价款中扣除一部分送给买方或其委托代理人（经办人）的金钱、实物或其他物质性利益。[⑤]

第八种观点认为，回扣是指商品购销活动中，买卖双方按价成交后，卖（买）方不仅交付货物（货币），而且账外暗中给予买（卖）方钱物或其他利益的行为。[⑥]

上述定义从各自的角度对回扣做了界定，揭示了回扣的一些合理内涵，但也存在分歧点，这些分歧点主要有：一是，付回扣方应该是买方还是卖方，还是双方皆可；二是，收回扣方是买方或买方的代理人，还是卖方或卖方的代理人，能否是居间人；三是，回扣发生的领域是仅限于商品购销交易，还是包括劳务买卖的一切购销交易；四是，回扣的表现形式是仅指金钱，还是包括实物及其他物质性利益。前四种观点和第六种观点认同回扣表现为金钱，第五种观点将回扣的范围拓展到实物，即“财物说”，这是通说，但第七种观点有了突破，认为回扣还包括物质性利益。第八种观点基本上源自《反不正当竞争法》。《反不正当竞争法》规定回扣的收受方可以是买卖中的任何一方，对回扣的范围也没有做出限定。

还有论者特别对回扣与折扣、佣金等相关概念做了比较研究，认为回扣与后两个概念最重要的区别在于合法与否。回扣是一种账外暗中的不正当竞争手段，是不合法的，折扣则是公开的、入账的、典型的让利销售的行为，佣金是卖方或者买方或者买卖双方支付中间人的报酬，它们是合法的。[⑦]

问题之二：给予、收受回扣行为的性质问题。

对此，存在以下主要观点。

---

① 参见韩美秀：《回扣新议》，载杨敦先等主编：《改革开放与刑法发展》，322～323页，北京，中国检察出版社，1993。

② 参见曹子丹等：《新形势下的回扣、手续费问题新探》，载杨敦先等主编：《改革开放与刑法发展》，315页，北京，中国检察出版社，1993。

③ 参见肖扬主编：《贿赂犯罪研究》，219页，北京，法律出版社，1994。

④ 参见张明楷：《论市场经济条件下的回扣》，载《法商研究》，1994（3）。

⑤ 参见陈兴良主编：《刑法全书》，1317页，北京，中国人民公安大学出版社，1997。

⑥ 参见刘德法：《论回扣》，载高铭暄主编：《刑法学研究精品集锦》，504页，北京，法律出版社，2000。

⑦ 参见陈忠槐：《关于对回扣以贿赂定罪的几个问题》，载《现代法学》，1994（1）；周庭芳：《商业贿赂、回扣、折扣以及佣金的法律特征》，载《中国水运》，1997（6）。

第一种观点认为，回扣是商品经济的必然产物，具有很强的生命力，是商品流通的“催化剂”，竞争的“高强手段”，获胜的“秘密武器”，有存在的合理性，因此，应该将其从“地下请出来”，使其“公开化”、“合法化”。① 这是一种对回扣全面肯定的态度，当然也是对给予、收受回扣行为的肯定性评价。

第二种观点认为，回扣既破坏正当竞争，阻碍和破坏正常的商品交易和商品经济秩序，又腐蚀干部队伍，破坏党风和社会风气，弊端很大，因而不能使其合法化。② 这种观点对回扣持全面否定的态度，当然也就对给予、收受回扣的行为持否定性评价。持相同观点的论者还从我国刑法和其他法律、行政法规禁止回扣的规定出发，认为任何个人或单位在经济往来中给予或收受回扣的行为都是违法的，符合行贿罪、受贿罪构成特征的，按行贿罪、受贿罪处理。③ 还有论者认为既然没有任何法律、法规肯定某种回扣的合法性，这就说明，任何回扣都不是合法的。换言之，任何回扣（指任何严格意义上、真正意义上的回扣）都是违反国家规定的。佣金、奖金不是回扣，因而不是符合国家规定的回扣。将佣金、奖金等合法报酬归入回扣，进而认为存在符合国家规定的回扣的观点，是明显不当的。④

第三种观点认为，回扣具有双重性，对于社会经济活动既有一定的积极作用，也有一定的消极作用。回扣的双重性决定了对回扣既不能一律禁止，也不能不加以区别而一概提倡。因而，给予、收受回扣的行为有的属于合法，有的属于违法犯罪。⑤ 还有持类似观点的论者认为，根据国外立法以及我国政策、法律的规定，回扣行为有合法性、违法性之分。合法性回扣通常发生在国际贸易中，即单位按惯例接受外方给予的回扣。国务院办公厅在1986年作出过一个规定，即任何单位、个人在国际贸易等活动中，根据国际惯例收取的回扣必须按照财会制度全部列入单位收入，不准归个人所有。在国内的商业活动中，少数领域内回扣也是合法的。例如，为使某些生产经营类事业单位维持日常经营，国家允许其在采购物品的过程中收受一定比例的回扣。单位之间以合同形式规定卖方应给予买方多少回扣，双方都如实入账，依法纳税。违法性回扣是指行为人账外暗中收受的意在获取非法经济利益的回扣。⑥ 另有论者认为，综观国内外立法规定以及经济活动中的实际情况，应当将回扣分为合法回扣与非法回扣两种。凡违反国家规定，或者在账外暗中给予或者收受回扣的，均属于非法回扣；凡不违反国家规定，并且在账上加以反映的回扣，即

---

① 参见中国高级检察官培训中心1989年编印：《贪污贿赂罪论文集》，745页。

② 参见吴保魁：《不能使回扣合法化》，载《人民检察》，1988（10）。

③ 参见赵秉志主编：《刑法争议问题研究》（下），626页，郑州，河南人民出版社，1996。

④ 参见张明楷：《商业贿赂、回扣及相关条款的法律性质》，载《法律适用》，2006（9）。

⑤ 参见韩美秀：《回扣新议》，载杨敦先等主编：《改革开放与刑法发展》，322～323页，北京，中国检察出版社，1993。

⑥ 参见赵冬燕：《回扣详议——以商业贿赂罪为视角》，载《河南社会科学》，2007（4）。

属于合法回扣，应当受到法律保护。①

（5）手续费问题

手续费在一般意义上是指因办理一定事务或付出一定劳动而收取的费用。手续费还有“好处费”、“辛苦费”、“介绍费”、“活动费”、“信息费”等多种说法。② 手续费的特征主要有：第一，支付手续费的一方是接受劳务的一方，既可以是单位，也可以是个人；第二，接受手续费的一方是提供劳务的一方，既可以是单位，也可以是个人；第三，手续费既可以表现为金钱，也可以表现为实物，或其他物质性利益。

关于手续费的性质，有论者指出，就本质而言，手续费是一种劳务报酬，只有在接受了对方付出的一定劳动后，才能向其支付手续费。就此而言，手续费是按劳分配原则的具体体现，本身并无非法性可言。然而，当前有些犯罪分子并未付出劳动，而是履行其职务行为，利用接受手续费的名义大行受贿之实，应严加禁止并予以处罚。③ 有论者则认为，国家工作人员在经济往来中付出一定劳动或办理一定事务，属于其本职工作，其工作的报酬应该是本单位给付的工资、奖金等收入，而不能是由对方业务单位给付的所谓的手续费。1997 年《刑法》在第 385 条第 2 款“回扣”之外再规定“手续费”，是因为“手续费”与“回扣”的形式不同，而非性质不同。各种名义的手续费都是工作人员职务行为的对价，性质都是贿赂。所以，只要国家工作人员在经济往来中收受各种名义的手续费，不论是未付出劳动而收受财物，或者以少量劳动换取高额报酬，还是等额劳动收取等额报酬，都成立经济受贿。④ 也有论者持不同看法，认为手续费的法律性质不是很明确的，根据其给予和收取手续费的程序是否合法或者合乎国家规定、给予和收取手续费的原因是否正当，可以将手续费分为贿赂性的和劳务性的两大类，前者属于商业贿赂，后者属于合法收入。⑤

2. 贿赂犯罪的刑罚改革问题

我国刑罚体系是以自由刑为中心，以生命刑、财产刑和资格刑为辅的。就受贿罪而言，刑法几乎在各个量刑档次上都规定了自由刑，即无期徒刑、有期徒刑和拘

---

① 参见赵秉志：《试论商业贿赂的认定》，载《中国刑法学年会论文集（2006 年度）——和谐社会的刑事法治（下卷：商业贿赂犯罪研究）》，1035 页，北京，中国人民公安大学出版社，2006。

② 参见吴仁碧：《论回扣、手续费、折扣、佣金的概念与法律性质》，载《现代法学》，1994（6）。

③ 参见陈兴良：《受贿罪研究》，载陈兴良：《当代中国刑法新境域》，777 页，北京，中国政法大学出版社，2002；于志刚主编：《多发十种职务犯罪的定罪与量刑》，359～360 页，北京，中国方正出版社，2001。

④ 参见李希慧主编：《贪污贿赂罪研究》，150 页，北京，知识产权出版社，2004。

⑤ 参见赵秉志：《试论商业贿赂的认定》，载《中国刑法学年会论文集（2006 年度）——和谐社会的刑事法治（下卷：商业贿赂犯罪研究）》，1036 页，北京，中国人民公安大学出版社，2006。

役3个刑种，这是受贿罪刑罚体系的中心。对于受贿数额10万元以上并且情节特别严重的，我国刑法规定判处死刑。有论者指出，1997年《刑法》对受贿罪与贪污罪配置相同的法定刑，这没有顾及受贿罪与贪污罪犯罪构成的不同特点，是不够科学的。①

不少论者认为，贿赂犯罪刑罚配置存在明显的不合理之处，即死刑过重，财产刑和资格刑不足或者缺席。有论者指出，1997年《刑法》规定了对盗窃、诈骗犯罪要并处罚金，但对贪污、贿赂犯罪却没有相应规定，实际上一般的贪污、贿赂案件都是以盈利为目的的，犯罪分子也有个人财产可供执行，有时其无合法来源的收入还是非常巨大的，建议在修改刑法时，增加单处、并处罚金的规定。② 资格刑的法律效果在于通过剥夺资格从而剥夺犯罪分子的再犯能力。遗憾的是，对于依赖国家工作人员这一资格实施的受贿犯罪，刑法并没有规定剥夺政治权利。有论者在主张改良死刑的基础上，提出贿赂犯罪刑罚结构的重构：增加刑种，资格刑、财产刑配合适用；改革自由刑，延展刑期，具体是要适当延展有期徒刑的最高刑期，提高死缓、无期徒刑减为有期徒刑后的实际执行期限。比如将有期徒刑的最高年限延长至20～25年，合并执行的最高期限可至30年。对死缓减为有期徒刑的，建议实际执行期限应不少于20年；无期徒刑减为有期徒刑的，实际执行期限应不少于15年。为避免以确定数额入刑与经济发展不相适应的弊端，建议不引入具体数额，可考虑依附某种动态的经济指标来确定具体数额。③

目前，在贿赂犯罪的死刑适用问题上主要有两种观点。

肯定说。该观点肯定了死刑对惩治贿赂犯罪的积极意义，认为对贿赂犯罪不能废除死刑的适用。在该观点内部，不同的论者论证角度有所不同：有的论者认为对贿赂犯罪等职务犯罪的处罚应重于普通犯罪；④ 有论者认为我国目前对职务犯罪惩治的刑事政策是“从重从严”的政策；⑤ 也有论者坚持认为，对贿赂犯罪不能废止死刑的适用。⑥

否定说。该观点否定死刑对贿赂犯罪的存在价值，认为我国应废止对贿赂犯罪的死刑适用。在该观点内部，不同论者由于论证角度不同，也存在以下不同见解：有论者提出贿赂犯罪的死刑规定，从特别预防的角度分析，其必要性值得探讨。但是，中国历来有从严治吏的传统，而目前在腐败现象比较严重的情况下，短时间内废止死刑，会与国家的基本政治形势和刑事政策不相吻合，因而对废除贪污罪、受

---

① 参见李希慧主编：《贪污贿赂罪研究》，208页，北京，知识产权出版社，2004。

② 参见中国政法大学刑事法律研究中心主编：《中英量刑问题比较研究》，343页，北京，中国政法大学出版社，2001。

③ 参见余捷：《贪污贿赂的死刑改良及刑罚结构调整》，载《人民检察》，2007（21）。

④ 参见高铭暄、姜伟：《职务犯罪的刑法对策》，载《中国人民大学学报》，1991（5）。

⑤ 参见马克昌主编：《中国刑事政策学》，387～397页，武汉，武汉大学出版社，1992。

⑥ 参见刘守芬、方泉：《罪刑均衡的立法实现》，载《法学评论》，2004（2）。

贿罪的死刑规定应当保持相当的理性并采用科学合理的步骤与方法，可以考虑目前先在立法与司法上提高其适用死刑的条件，再逐步过渡到废止死刑。① 另有论者认为，暂时保留贿赂犯罪的死刑是必要的，是符合国情和民意的。关键问题是，在保留死刑的前提下应如何实现对贿赂犯罪的死刑改良，以弥补存在的不足。建议对死刑暂时保留、控制适用、逐渐废除，严格死刑裁量标准，尽量适用死缓执行方式，对外逃犯坚持不用死刑，以此清除国际刑事司法协助障碍，促成外逃腐败分子成功引渡和遣返，有效地震慑和控制外逃贪污贿赂犯罪分子。② 有论者在对贿赂犯罪死刑适用的司法效果分析后认为，死刑对于贿赂犯罪并无有效的威慑力；贿赂犯罪死刑的适用具有失当性：缺失功利根据，缺失报应根据，背离刑法发展趋势；短时间内贿赂罪死刑废止具有可行性：在国际上有例可循，在国内不会激起"民愤"，有完善的刑罚体系予以保障。因此，我国目前完全可以在短时间内废止贿赂犯罪的死刑适用。③ 有论者在对我国贿赂犯罪中的死刑设置问题进行研究后认为，在贿赂犯罪中设置死刑，违反了罪责刑相适应原则和刑法面前人人平等原则，对"反腐"并无有效的威慑力，难以达到刑罚的目的，不完全符合我国民众的呼声，也不符合国际社会死刑发展的立法趋势。因此，应当废止我国刑法中贿赂犯罪的死刑设置，拓展思路，在民法中建立反贿赂犯罪的赔偿机制，鼓励受到贿赂等腐败行为伤害的自然人和法人对这些贪官污吏提起诉讼，迫使他们为其贿赂等腐败行为而产生的损害或债务向国家、法人或自然人进行个人赔偿，把腐败损害转变成个人责任。④

（二）受贿罪

1. 受贿罪的主体

（1）国家工作人员的家属能否单独成为受贿罪主体

对此，有两种不同意见。肯定说认为，受贿罪的利用职务上的便利，不仅指利用本人职务上的便利，还应包括利用第三人（主观上缺乏共同故意，而在客观上起了帮助作用的人）职务上的便利，因此国家工作人员家属利用家庭关系的特殊性，利用国家工作人员职务上的便利为他人谋取利益，本人又背着国家工作人员收受财物的，该家属应单独构成受贿罪。⑤

否定说则认为，把国家工作人员家属视为受贿罪主体，于法无据。第一，国家工作人员家属并不是法律规定的从事公务的人员，不具备独立构成受贿罪的主体资格。第二，通过第三者的行为为他人谋取利益，而构成受贿的，其行为人只能是国

---

① 参见赵秉志：《论中国非暴力犯罪死刑的逐步废止》，载《政法论坛》，2004（1）。

② 参见余捷：《贪污贿赂的死刑改良及刑罚结构调整》，载《人民检察》，2007（21）。

③ 参见栾莉：《贪污贿赂犯罪死刑废止刍议》，载《中国刑法学年会文集》（下），2004年度第1卷，880页，北京，中国人民公安大学出版社，2004。

④ 参见但伟等：《贪污贿赂犯罪中的死刑设置问题研究》，载《中国刑法学年会文集》（下），2004年度第1卷，890页，北京，中国人民公安大学出版社，2004。

⑤ 参见李丹、陈锡镇：《国家工作人员与其家属共同受贿如何处理》，载《法学季刊》，1987（2）。

家工作人员，并且以本人的职务为基础。如果国家工作人员家属与国家工作人员之间不存在职务上的制约关系，就不能独立构成受贿罪。①

（2）假国家工作人员能否成为受贿罪的主体

假国家工作人员是指通过欺骗手段获得有关组织的信任，使不具备国家工作人员条件的人被正式录用为国家工作人员，或者是国家工作人员通过欺骗手段得到更高职务等情况的人员。行为人行为时的身份取得形式上合法，实质上非法。关于此类假国家工作人员能否成为受贿罪主体，理论界有两种不同意见。②

肯定说认为，假国家工作人员的身份虽是行为人通过欺骗手段获得的，但其经过有关组织的正式任命，社会公众对此并不知晓，也无从知晓。因此行为人利用"假国家工作人员"的身份所实施的受贿行为，必然对国家工作人员的职务行为在群众心目中的廉洁性造成破坏，这完全符合受贿罪的本质特征。受贿罪的主体是国家工作人员，而国家工作人员的实质关键在于行为人是否从事公务活动，至于行为人国家工作人员身份怎样取得，是否采取欺骗手段取得，于国家工作人员身份的认定不产生影响。假国家工作人员的受贿行为与其职务存在密切关系。如果否认其国家工作人员的身份，将使得其利用特殊身份而为的许多活动无法受到制裁。

否定说认为，假国家工作人员的职务虽然经过正式任命，但是由于其手段的非法而导致了其职务的非法，其利用职务所为的活动仅是欺骗活动的继续，而不是公务活动。如果认定其可以成为受贿罪的主体，则无异于承认其骗取的国家工作人员的身份是合法的。因此，假国家工作人员不能成为受贿罪的主体。

（3）记者、医生、律师可否成为受贿罪的主体

有的论者认为，以受贿罪构成要件为视角，撰稿记者以批评报道要挟取财的，不宜以受贿罪论处，应构成敲诈勒索罪；临床医生收受红包或回扣的行为不符合受贿罪特征，如果情节严重的，宜以偷税罪论处；执业律师在正常费用之外收受他人财物，也不能构成受贿罪，视情节当以诈骗或偷税罪论处。③ 有的论者则认为，记者应当归入《刑法》第93条规定的国家工作人员范围中的"国有事业单位中从事公务的人员"，因而记者可以成为受贿罪的主体。④

（4）体育裁判能否成为受贿罪的主体

对此，肯定说认为，从刑事政策的视角看，刑法对体育裁判受贿行为的规制具有必要性和正当性。在中国社会转型期，体育协会的性质具有复杂性，其对竞技体

① 参见肖扬主编：《贿赂犯罪研究》，162～163页，北京，法律出版社，1994年。

② 参见孙力主编：《公务活动中犯罪界限的司法认定》，76～77页，北京，中国检察出版社，2000；王作富主编：《刑法分则实务研究》（下），1813页，北京，中国方正出版社，2007。

③ 参见张忠斌：《受贿罪语境中的记者、医生和律师的疑罪行为》，载《三峡大学学报》（人文社会科学版），2005（2）。

④ 参见孟庆华：《受贿罪主体构成中的几个问题探讨》，载《北京化工大学学报》（社会科学版），2005（3）。

育进行的管理活动属于具有国家公务属性的社会公务，受体育协会委派执法比赛的裁判应属于“其他依照法律从事公务的人员”。因此对于执法比赛的体育裁判受贿的行为，构成犯罪的，应以受贿罪追究刑事责任。① 否定说则认为，龚建平案件的起诉审理是社会危害性中心论的集中体现，破坏了罪刑法定原则。对裁判员作“国家工作人员”解释就有类推解释之嫌。在现行立法下，龚建平“黑哨”行为不构成犯罪。为惩治这种具有严重危害性的行为，应在刑法中单独设立“社会团体、中介组织人员受贿罪”的罪名，将国家工作人员、公司企业人员外的以社会权力从事公共事务管理的人员纳入刑法规范的视野中。②

2. 受贿罪主观方面的问题

(1) 关于受贿罪主观方面的罪过形式

对此，主要有三种观点，即直接故意说、包含间接故意说和包含过失说。直接故意说认为，受贿罪在主观方面只能由直接故意构成，即行为人明知自己利用职务之便索取或收受他人财物为他人谋利以及在经济往来中违反国家规定收受回扣、手续费归个人所有是不正当的，但出于贪欲动机实施了这一违背国家对其职责要求、有损公务人员廉洁形象的行为。③ 包含间接故意说认为，受贿罪主观方面的罪过形式也可以是间接故意。具体表现为：认识因素上，受贿人认识到自己的受贿行为可能会侵犯国家机关的正常活动；意志因素上，受贿人放任这种危害结果的发生。实际生活中，由于行贿人软磨硬泡，受贿人万般无奈只好接受的事例屡见不鲜。受贿人处于被动、任其受贿行为的危害后果发生，其罪过形式属于间接故意。④ 包含过失说认为，受贿罪还存在过失的情形。所谓过失受贿，即国家工作人员利用职务之便为他人谋取利益，本人没有索取、收受贿赂，但对自己的行为可能导致其亲属(或其他人)从中索取、收受贿赂的结果，应当预见而没有预见或轻信可以避免，但最终结果是其亲属(或其他人)客观上实施了索取、收受贿赂的行为。认为在过失的情况下也可以成立受贿罪的观点的理由是：从客观行为看，国家工作人员与其亲属(或其他人)的行为互相联系，不可分割，构成了犯罪行为的整体；从主观方面看，国家工作人员为他人谋取非法利益时，对危害结果的发生已经预见，或者应当预见。因此，国家工作人员应当负过失犯罪的刑事责任。当然，论者也提出构成过失受贿罪要受一定条件的限制：一是国家工作人员为行贿人谋取的是非法利益；二是国家工作人员对其亲属索取、收受财物的行为至少是应当预见的；三是亲属(或他人)索取、收受的贿赂数额较大，给国家造成严重的经济损失，或者受贿数额虽

① 参见贾学胜：《体育裁判受贿的刑法分析——考察体育裁判受贿的新视角》，载《山东警察学院学报》，2005 (3)。

② 参见聂颖、孟红石：《龚建平“黑哨”案无罪辩——从刑事立法、司法的多元视角分析》，载《红河学院学报》，2005 (1)。

③ 参见赵秉志主编：《新刑法全书》，1259 页，北京，中国人民公安大学出版社，1997。

④ 参见魏平雄、王然冀主编：《贪污贿赂罪的认定与对策》，56 页，北京，群众出版社，1992。

然小，但给国家造成恶劣的政治影响。三个条件必须同时具备，才构成过失受贿罪。①

（2）关于转化型受贿故意

所谓转化型受贿故意，是指国家工作人员接受他人财物时并没有不法所有的意思，并承诺还款，后来对财物产生不法所有的意思，从而具备受贿故意的情况。有论者认为，对于转化型受贿故意的认定，应当确立推定性的技术规则，即原则上按照一般的社会生活经验，从客观事实推定行为人的主观心态。为此可确立如下规则：如果超过行为人允诺的还款期，案发时尚未还款的，应认定有受贿故意；如果行为人承诺还款，但在相当短的时期内案发时，一般不能认定有受贿的故意；虽然超过行为人承诺的还款期，到案发时行为人尚未还款，但有行为人提供的确凿证据证明其准备还款时，不能认定有收受的故意；行为人没有承诺还款期，但在合理的期限和案发时都没有还款，应认定行为人有受贿的故意。②

（3）关于事后受贿故意

事后受贿，是指行为人在现实地为他人谋利后受贿。事后受贿有两种情况：一是受贿人与行贿人约定在为行贿人谋利益后收受他人贿赂；二是行为人先为他人办事，当时没有约定受贿，事后收受他人财物。在第一种事后受贿的情况下，由于双方都有约定，行为人的受贿故意是很明显的。而在第二种事后受贿的场合，能否认定受贿故意的存在，理论上就存在争议。对此，有的论者认为，“收受他人财物的故意”必须先于“为他人谋取利益之故意”，前者为因，后者为果，具有因果性。否则，就没有受贿的故意。③ 而有的论者则指出，就主观故意而言，只要行为人认识到他人交付的财物是对自己职务行为的不正当报酬，就完全可能成立受贿罪。换言之，当国家工作人员事前实施某种职务行为，客观上为他人谋取了利益时（后），他人向国家工作人员交付的财物，就是对国家工作人员职务行为的不正当报酬；国家工作人员明知该财物是对自己职务行为的不正当报酬而收受，就具有受贿罪的故意。理由在于：就故意的认识因素而言，核心的内容是认识到行为的危害结果，而受贿罪的本质是侵犯了职务行为的不可收买性，危害结果表现为职务行为的不可收买性受到了损害；如果形成了职务行为与财物的对价关系，就表明产生了危害结果；而职务行为与财物的交换，意味着财物成为职务行为的不正当报酬。所以，只要国家工作人员认识到他人交付的财物是自己职务行为的不正当报酬，就意味着认识到了自己行为的危害结果。就故意的意志因素而言，由于收受职务行为的不正当报酬的行为，必然侵害职务行为的不可收买性，故当国家工作人员认识到他人交付的财物

① 参见刘家琛主编：《刑法（分则）及配套规定新释新解》（下），2708页，北京，人民法院出版社，2002。

② 参见李希慧、童伟华：《受贿罪主观方面研究》，载赵秉志主编：《刑法评论》，第5卷，204～206页，北京，法律出版社，2004。

③ 参见陈大平：《浅谈环境对职务犯罪的影响》，载《人民司法》，2000（2）。

是自己职务行为的不正当报酬而仍然收受时，就表明行为人具有受贿故意的意志因素。① 还有的论者指出，受贿的故意可以产生于为他人谋取利益之前，也可以产生于其后。行为人先产生受贿故意再为他人办事，还是先为他人办事，才产生接受他人的酬谢的故意，在权钱交易问题上并无本质的不同。只要行为人认识到他人交付的财物是对自己职务行为的不正当报酬，就具备受贿故意。②

3. 受贿罪客观方面的问题

(1)“利用职务上的便利”的理解

1982 年全国人大常委会《关于严惩严重破坏经济的罪犯的决定》第 1 条第 2 项规定，将《刑法》第 185 条第 1 款和第 2 款受贿罪修改规定为：国家工作人员索取、收受贿赂的，比照《刑法》第 155 条贪污罪论处。修改后的条文没有写明“利用职务上的便利”，因而对于“利用职务上的便利”是否仍是受贿罪成立的必要条件的问题，曾经有过争论。否定论认为，立法者根据受贿罪的新特点，取消了“利用职务上的便利”这一要件。③ 不过，多数论者还是持肯定意见，认为从 1979 年《刑法》第 185 条到 1988 年的《关于惩治贪污罪贿赂罪的补充规定》，再到 1997 年 3 月颁行的 1997 年《刑法》第 385 条，都把“利用职务上的便利”规定为受贿罪的要件。从表明受贿罪的渎职性考虑，强调受贿与职务的联系是必要的。④

围绕对“利用职务上的便利”的理解，存在以下问题。

其一，关于利用职务上的便利是否包括利用工作上的便利的问题。

1985 年 7 月 18 日最高人民法院、最高人民检察院《关于当前办理经济犯罪案件具体应用法律的若干问题的解答（试行）》（以下简称《1985 年解答》）明确指出：“利用职务上的便利，是构成受贿罪的不可缺少的要件。”但是，《1985 年解答》在谈到这一要件的具体表现时，又使用了“利用职权或者工作便利”这样的表述，由此引起了理论和实践中激烈的争论。

肯定说认为，职务上的便利包括工作上的便利。有论者指出，职务包括职权与工作，因此，利用职务上的便利，就是利用职权与工作的便利。⑤ 在肯定说的内部，对“工作便利”的解释也并不一致。如有人认为，利用工作便利，是指利用工作所涉及的范围内的一切便利。⑥ 有人指出，在利用工作便利的场合，虽然不存在行政上的隶属关系和领导关系，却存在业务上的往来关系、横向的经济合作关系或工作上的相互制约关系。行为人虽不能以行政领导的身份对第三者发号施令，但其担任的职务所具有的地位对第三者存在着现实的影响力，这种影响力就是行为人得以利

---

① 参见张明楷：《论受贿罪中的“为他人谋取利益”》，载《政法论坛》，2004 (5)。

② 参见陈兴良主编：《刑法学关键问题》，466 页，北京，高等教育出版社，2007。

③ 参见刘光显：《略论索贿受贿罪》，载《民主与法制》，1982 (9)。

④ 参见刘亚丽：《对受贿罪“利用职务上的便利”的探讨》，载《中国刑事法杂志》，2000 (5)。

⑤ 参见赵庆国：《对受贿罪中“利用职务便利”的理解》，载《人民检察》，1989 (3)。

⑥ 参见陈立：《受贿罪利用工作便利新论》，载《政治与法律》，1988 (4)。

用的工作便利。还有人主张，“利用职务上的便利”，包括利用职权范围内的权力所造成的方便条件，也包括利用与工作相联系的便利所造成的方便条件。前者指国家工作人员本身职务所具有的在一定范围内直接起作用的条件，后者是指国家工作人员在工作中与本单位或者其他单位发生联系的情况下而产生的一切便利条件，它不像职权便利的范围、内容那么确定、具体。大体上可分为两种基本类型：①内部勾结型，即行为人利用同一单位人员和自己职权的合力而进行犯罪的情形；②内外勾结型，即行为人属于两个或者两个以上单位的人员，或者单位人员与社会人员合谋的情形。①

否定说反对将利用职务之便扩大解释为利用包括工作便利在内的方便条件。有论者指出，职务与工作不是同一个概念，后者的外延比前者宽，后者可以包容前者。利用工作之便的外延缺乏明确性，可作任意解释，在司法实践中容易引起混乱。②也有论者认为，所谓利用职务上的便利，是指行为人利用自己职权范围内的方便条件，即利用自己职务上主管、经营、经手的便利条件，而不是熟悉工作环境的条件，也不是指利用他人职务的方便或影响等条件。③ 还有论者指出，“利用职务上的便利”，不应包括与工作相关联的便利所造成的方便条件。“工作便利”是一个很不准确的概念，把工作便利作为受贿罪的构成要件，不仅没有立法依据，在实践中也会混淆罪与非罪、此罪与彼罪的界限。④ 否定说已成为刑法理论的通说。

其二，关于利用职务之便是否包含利用他人职务之便的问题。

在1997年修订《刑法》以前，关于利用职务之便是否包含利用他人职务之便的问题，存在三种观点。

否定说认为，利用职务上的便利，仅仅是指利用本人职务范围内的权力所造成的方便条件，去为行贿人谋取私利，而不包括受贿者职务范围以外的方便条件。⑤持此观点的论者提出的理由有：行为人对自己的职务不依法正确履行，即不是利用职务为党和人民工作，而是利用职务谋取非法利益，正因此受贿罪才成其为渎职罪。⑥

肯定说认为，根据审判实践的经验总结，利用职务上的便利包括利用本人职务或利用他人职务所造成的有利时机和条件。⑦ 持此观点的论者认为，利用职务上的

---

① 参见赖宇、陆德山主编：《中国刑法之争》，373页，长春，吉林大学出版社，1989。

② 参见徐蓝巧：《试论受贿罪中的几个问题》，载赵秉志等编：《全国刑法硕士论文荟萃（1981届～1988届）》，793页，北京，中国人民公安大学出版社，1989。

③ 参见高铭暄主编：《中国刑法学》，60页，北京，中国人民大学出版社，1989。

④ 参见高铭暄：《刑法问题研究》，362页，北京，法律出版社，1994。

⑤ 参见高铭暄主编：《新中国刑法学研究综述（1949～1985）》，694页，郑州，河南人民出版社，1986。

⑥ 参见朱孝清：《关于受贿罪认定中的三个问题》，载《人民检察》，1988（4）。

⑦ 参见高铭暄主编：《新中国刑法学研究综述（1949～1985）》，694页，郑州，河南人民出版社，1986。

便利受贿，包括利用本人职务范围内的权力，以及利用本人的职务和地位形成的便利条件，通过第三者的职务行为为他人谋取利益而从中受贿。① 肯定说曾经为司法解释所肯定。1989 年 11 月 6 日最高人民法院、最高人民检察院《关于执行〈关于惩治贪污罪贿赂罪的补充规定〉若干问题的解答》（以下简称《1989 年解答》）第 3 条第二项指出，“受贿罪中‘利用职务上的便利’，是指利用职权或者与职务有关的便利条件。‘职权’，是指本人职务范围内的权力。‘与职务有关’，是指虽然不是直接利用职权，但利用了本人的职权或地位形成的便利条件。”

折中说认为，对利用第三者的职务之便要作具体的分析，不能一概认为都属于利用职务上的便利或者都不属于利用职务上的便利。受贿人利用第三者的职务之便受贿，如果认定为职务上的便利，必须具备两个条件：一是利用第三者的职务之便，必须是以自己的职务为基础的，或者利用了与本职务活动有紧密联系的身份便利；二是行贿人通过行贿所得到的利益，无论是非法利益还是合法利益，都是由于受贿人利用其职务从中斡旋的结果。②

其三，关于利用职务之便是否包括“利用本人职权或者地位形成的便利条件”的问题。

1997 年《刑法》除了在第 385 条规定了“利用职务上的便利”而构成的受贿罪外，还在第 388 条规定了“利用本人职权或者地位形成的便利条件”而构成的斡旋受贿犯罪。由此产生了关于利用职务之便是否包括“利用本人职权或者地位形成的便利条件”的问题。对此，存在两种观点。

肯定说认为，对“利用职务上的便利”应当作广义的解释，即“利用职务上的便利”，一般情况下是指利用本人因现有职务而主管、负责某种公共事务的便利条件，也包括虽然没有直接利用本人职权，但却利用了与自己职务有直接关系的便利条件，即自己职权与地位形成的便利条件。③

否定说认为，根据《1989 年解答》，受贿罪中“利用职务上的便利”是包括“利用本人职权”，以及“利用本人职权或地位形成的便利条件”在内的。应当说，这一司法解释的规定，是在当时刑法没有规定间接受贿行为而司法实践又迫切需要惩治这种受贿犯罪的情况下作出的，实为权宜之计。从科学性的角度出发，所谓“利用职务上的便利”仅仅是指利用本人职务范围内的权力，而不应包含“利用本人职权或地位形成的便利条件”。1997 年《刑法》实施以后，“利用职务上的便利”和“利用本人职权或者地位形成的便利条件”是并列关系而非包容关系。④

其四，关于利用职务之便是否包括利用过去职务之便的问题。

---

① 参见蒋无清：《利用第三人职务之便收受财物的行为定性问题探讨》，载《人民检察》，1989 (4)。

② 参见张穹：《论“利用职务上的便利”的法律含义》，载《法制日报》，1988-08-02。

③ 参见祝铭山主编：《中国刑法教程》，710～711 页，北京，中国政法大学出版社，1998。

④ 参见潘爱民、许建琼：《受贿罪认定中的几个疑难问题》，载《人民检察》，2001 (11)。

对此，存在两种观点。

肯定说认为，“利用职务上的便利”包括利用过去职务之便。有的论者指出，当国家工作人员离、退休后，虽然职权丧失了，但因原有职权而形成的地位和便利条件不会即刻消失。这就为该类人员变成受贿罪主体提供了可能的条件。因此，离、退休的国家工作人员利用过去职务上的便利可以成立受贿罪。① 还有论者甚至认为，国家工作人员离、退休后仍然享受国家工作人员待遇，与在职国家工作人员并无本质区别；有的虽然不再担任原来的职务，但原职务的影响仍然存在，实际上还有“余权”，甚至它比某些现任的职权还管用。② 肯定说是有一定的行政解释和司法解释依据的。1989 年 9 月 8 日监察部《关于国家行政机关工作人员贪污、贿赂行政处分暂行规定实施细则》第 3 条规定，利用本人现任或曾任职务地位形成的便利条件收受财物的，也是受贿行为，《1989 年解答》也对此予以肯定。《1989 年解答》指出，“已离、退休的国家工作人员，利用本人原有职权或地位形成的便利条件，通过在职的国家工作人员职务上的行为，为请托人谋取利益，而本人从中向请托人索取或者非法收受财物的，以受贿论处。”

否定说认为，“利用职务上的便利”不包括利用过去职务之便。有的论者认为，已经离、退休的国家工作人员不能成为受贿罪的主体。主要理由是：国家工作人员离退休后，不再是国家工作人员，不符合受贿罪的主体特征；法律只规定“利用职务上的便利”，而没有规定“利用过去职务的影响”，对前者不能随意扩大解释；受贿罪的客体是国家机关的正常活动和信誉，离退休的国家工作人员不再从事公务活动，不可能给上述客体造成损害；如果扩大受贿罪的主体，不仅会牵扯到其他人（如干部家属）是否也可以成为受贿罪主体的问题，而且行为要件也必定扩大，容易成为随意解释的“大口袋”。③ 有论者赞成否定说，并认为肯定说所谓的司法解释依据随着《关于惩治贪污罪贿赂罪的补充规定》的失效而失效了，而且如果已经不具备某一职务，也就不存在出卖职务的问题，当然也就不会侵害受贿罪的客体即国家工作人员职务的不可收买性。2006 年 6 月 30 日最高人民法院《关于国家工作人员利用职务上的便利为他人谋取利益退休后收受财物行为如何处理问题的批复》针对的是事后受贿的情形。在这种情况下，行为人还是利用了担任国家工作人员时的职务便利而不是离退休人员的身份，因为受贿发生在离退休前，所以理当以受贿罪处罚。④ 还有论者认为，肯定离退休国家公职人员可以构成受贿罪，无异于否认受贿罪必须以利用职务上的便利为要件。正因为如此，已经有人建议从立法上去掉利用职务上便利的限制。但这显然是不能接受的。否认离退休国家公职人员能构成受贿

① 参见刘家琛主编：《刑法（分则）及配套规定新释新解》（下），2702 页，北京，人民法院出版社，2002。

② 参见杨敦先、谢宝贵主编：《经济犯罪学》，404 页，北京，中国检察出版社，1991。

③ 参见唐伯荣：《离退休干部不能单独成为受贿罪的主体》，载《人民检察》，1998 (3)。

④ 参见李希慧主编：《贪污贿赂罪研究》，134 页，北京，知识产权出版社，2004。

罪，不意味着可以对这种现象放任不管，应该给予相应的行政处分或党纪处理。①

其五，关于利用将来职务的便利是否属于“利用职务上便利”的问题。

对于“利用职务上的便利”是否包括利用本人将要担任的职务上的便利的问题，也存在肯定说与否定说两种观点。

肯定说认为，“利用职务上的便利”包括利用本人将要担任的职务上的便利。有的论者认为，虽然行为人在索取或者收受财物的当时并未担任某项职务，但其行为是凭借即将担任该职务为前提而实施的。从行为的关联性看，虽然行为人索取或者收受此财物的行为是在任职之前，而为他人谋利是约定在任职之后，但是行为人如果不具有即将担任该职务的条件，他也不会约定为行贿人谋取利益。因此，这种行为也侵害了职务行为的廉洁性。从这个角度看，如果不以受贿罪追究行为人的刑事责任，实际上是放纵了一种社会危害性不低于典型受贿罪的行为。② 有论者指出，在职前受贿情况下，请托人已经送出贿赂，受贿人也已经将贿赂索取或收受，而且答应将来担任某职务时为请托人谋利，请托人与受贿人之间已经存在“权钱交易”的不法行为，而不是什么单纯的权钱交易“约定”了。行为人索取或收受贿赂的行为与为他人谋利的行为是密切相连、作为一个整体的。从实质上讲，利用将来职务上的便利与利用现在职务上的便利没有任何区别。③

否定说认为，“利用职务上的便利”不包括利用本人将要担任的职务上的便利。有的论者认为，根据我国刑法的规定，是否可以受贿罪追究行为人的刑事责任，前提必须是国家工作人员，而在职前受贿情况下，在行为人实施索贿或者收受行为之时，他并不是国家工作人员。如果以受贿罪追究其刑事责任，在理论上有一定的矛盾和困难。因此，“利用职务上的便利”是指利用“现任职务”而非“将来职务”上的便利。④ 有论者指出，职前受贿不能成立受贿罪。理由是：首先，我国刑法对此无规定。从文理解释角度讲，利用职务之便通常指利用现在的职务之便，不能解释为利用将来的职务之便，否则就超出了国民的预测可能性，有违罪刑法定原则之保障人权的宗旨；其次，职前受贿是在担任职务前，普通受贿则是在担任职务之后，客观方面区别较大；最后，即使在规定职前受贿的国家，也是将其与普通受贿分别规定，这也说明普通受贿不包含职前受贿。⑤ 从法律规范层面的实然性分析，尚未担任一定职务的主体，没有国家工作人员的身份，而受贿罪的成立要求主体必须具有这种身份。因此，在 1997 年《刑法》中，利用将来职务之便受贿的，不构成犯

---

① 参见陈兴良：《受贿罪研究》，载陈兴良：《当代中国刑法新境域》，755 页，北京，中国政法大学出版社，2002。

② 参见肖介清：《受贿罪的定罪与量刑》，125～126 页，北京，人民法院出版社，2000。

③ 参见肖中华：《论受贿罪适用中的几个问题》，载《法学评论》，2003 (1)。

④ 参见肖介清：《受贿罪的定罪与量刑》，125～126 页，北京，人民法院出版社，2000。

⑤ 参见李希慧主编：《贪污贿赂罪研究》，136 页，北京，知识产权出版社，2004。

罪，但在理论应然性层面上，这一行为应当被犯罪化。①

其六，关于受贿罪中的“利用职务上的便利”与非国家工作人员受贿罪中的“利用职务上的便利”的区别问题。

有论者指出，后者中的“职务”普遍具有“职业”性，而前者中的“职务”普遍带有“公务”性。在国有公司、企业或者其他国有单位中从业的非国家工作人员，他们的职务不是从事公务，而是在自己从事的职业上提供劳务。如果他们利用本职工作岗位上处理事务的便利条件，索取他人财物或者收受他人财物。为他人谋取利益，数额较大的，只能构成非国家工作人员受贿罪而非受贿罪。②

（2）索贿问题

其一，关于索贿型受贿罪是否应以“为他人谋取利益”为要件的问题。

根据1997年《刑法》第385条规定，国家工作人员利用职务上的便利索取他人财物的，无论是否为他人谋取利益，均构成受贿罪。③ 对此，在学理上存有争议。

肯定说认为，索贿型受贿罪也应以“为他人谋取利益”作为构成要件。把“为他人谋取利益”排除在索贿型受贿罪的构成要件之外，是不科学的。主要理由是：受贿罪是一种以权易利的渎职犯罪，利用职务之便为他人谋取利益是行为人获取财物的交换条件，二者不可分割。受贿罪的成立虽不要求实际是否为他人谋取了利益，但必须有为他人谋利的故意。“为他人谋取利益”是收受型受贿罪的构成要件，也是索取型受贿罪的不可或缺的主客观条件。另外，如果排除了为他人谋取利益的要件，就把索贿与敲诈勒索罪混为一谈了。④

否定说认为，索贿型受贿罪不要求以“为他人谋取利益”作为构成要件。这是目前的通说。⑤ 否定说得到了司法解释的确认。1999年9月16日最高人民检察院《关于人民检察院直接受理立案侦查案件立案标准的规定（试行）》规定，“索取他人财物的，不论是否‘为他人谋取利益’，均可构成受贿罪。非法收受他人财物的，必须同时具备‘为他人谋取利益’的条件，才能构成受贿罪。但是为他人谋取的利益是否正当，为他人谋取的利益是否实现，不影响受贿罪的认定。”

其二，关于“索贿”中的“索取”与“勒索”的关系问题。

对此，存在三种观点。

等同说认为，通行观点认为索贿就是“行为人主动向他人索要财物”。把“索

---

① 参见于宏、范德繁：《刑法中“利用职务之便”研究》，载赵秉志主编：《刑法评论》，第5卷，174页，北京，法律出版社，2004。

② 参见孙力主编：《妨害对公司、企业的管理秩序罪》，150～156页，北京，中国人民公安大学出版社，2003。

③ 参见何秉松主编：《职务犯罪的预防与惩治》，498页，北京，中国方正出版社，1999。

④ 参见肖介清：《受贿罪的定罪与量刑》，173～174页，北京，人民法院出版社，2000。同样观点见储槐植：《完善贿赂罪立法》，载《中国法学》，1992（5）；郭立新等主编：《刑法分则适用疑难问题解》，440页，北京，中国检察出版社，2000。

⑤ 参见高铭暄主编：《新编中国刑法学》（下），981页，北京，中国人民大学出版社，1998。

贿”理解为“主动索要”，是不准确、不全面、有悖于规定的。《刑法》第 385 条明确规定索贿就是“索取他人财物”的行为，索取包括“索”与“取”两个方面，而所谓“索”也就是勒索之意。《刑法》第 389 条第 3 款规定：“因被勒索给予国家工作人员以财物……不是行贿。”既然财物给予者是被勒索，索取者当然是“勒索”。具体说，索贿是国家工作人员利用职务之便，乘他人请托谋利之机，勒索他人财物的行为。勒索性是索贿的基本特征，主动性是次要特征，是勒索性派生出来的。勒索具体表现为两种形式：一是当他人请托谋利之时，行为人用语言文字主动直接向请托人勒索，请托人因请托之事项，被迫交付财物；二是对他人请托之事，故意拖着不办、拒办，以此相要挟，施加精神压力，迫使其交付财物。①

包含说认为，索取与勒索是两个不同的概念，它们的内涵与外延有着重大差别：索取只是“向他人要财物”的意思，而勒索则是“以威胁手段向他人要财物”的意思；索取的外延大于勒索，勒索包容于索取之中，是索取的子概念。在勒索的情况下，对方交付财物是被迫的，而在索取时，对方交付财物并不一定是被迫，有时候是心甘情愿甚至求之不得的。②

无关说认为，“索取”中的“索”与勒索有所区别，仅仅是指要求。③

(3) 斡旋受贿问题

其一，斡旋受贿的独立成罪问题。

有论者认为，虽然根据《刑法》第 388 条的规定，斡旋受贿是受贿罪的形式之一，而不构成独立的斡旋受贿罪，但有必要规定为独立的犯罪。理由如下。①斡旋受贿与普通受贿犯罪构成的要件有所不同，如不是利用自己职务之便，而是利用他人职务之便；不是谋取任何利益，而是谋取不正当利益。②中日刑法关于斡旋受贿犯罪的构成要件虽然不尽相同，但基本上是一致的，日本可以单独规定为犯罪，我国也可以规定为犯罪。③斡旋受贿的行为人毕竟不是利用自己职务之便，社会危害性相对要小于普通受贿罪，法定刑应轻于普通受贿罪，因而有必要规定为独立的犯罪。④ 另有论者认为，斡旋受贿是《联合国反腐败公约》规定的影响力交易犯罪在我国刑法中的部分对应行为。基于对《联合国反腐败公约》的分析，斡旋受贿犯罪与普通受贿罪具有本质上的差异，应独立成罪，且其犯罪主体应扩大至具有影响力的非国家工作人员。⑤

其二，斡旋受贿中“利用本人职权或者地位形成的便利条件”的理解问题。

---

① 参见刘光显：《简论索贿的几个问题》，载《求实》，1999 (10)。

② 参见邹志宏：《论索贿犯罪》，载《中国刑事法杂志》，2001 (4)。

③ 参见陈兴良：《受贿罪研究》，载陈兴良：《当代中国刑法新境域》，757 页，北京，中国政法大学出版社，2002。

④ 参见马克昌：《论斡旋受贿犯罪》，载《浙江社会科学》，2006 (3)。

⑤ 参见李居全、何琳：《关于斡旋受贿犯罪独立性的立法思考——与〈联合国反腐败公约〉接轨》，载《肇庆学院学报》，2006 (6)。

对此，主要有以下几种观点。

制约关系说。该观点认为，斡旋人与被其利用的国家工作人员之间存在着职务上的制约关系。这种制约关系包括两类：一类是纵向的制约关系，即上级领导人员对下级国家工作人员在职务上的制约关系；另一类是横向的制约关系，即不同部门、不同单位的不存在领导关系的国家工作人员之间在职务上的制约关系。① 有的论者在 1997 年《刑法》修订之前即已指出，利用与职务有关的便利条件，一般只能发生在职务上存在制约关系的场合，这种制约关系可以表现为两种情况：一是从纵的方面看，存在职务上的上下级领导和被领导关系，也就是职务上的从属关系；二是从横的方面看，有关工作人员在执行职务过程中存在着制约关系。对于与职务有关的便利条件的认定，必须立足于职务上的制约性，包括纵向制约与横向制约。没有这种制约性，就不存在利用职务上的便利问题。②

横向制约关系说。该观点认为，斡旋受贿中国家工作人员职务之间的制约关系，只能是横向的制约关系，即不同部门、不同单位之间，这一国家工作人员与那一国家工作人员之间存在着职务上制约关系，一方可以凭借自己的职权或地位，左右或影响另一方，使其利用职权为他人办事。③

制约关系否定说。该观点认为，斡旋人与被其利用的国家工作人员之间不存在着职务的制约关系。如果存在职务上的制约关系，就构成普通受贿，而不是间接受贿。④ 有论者认为，由于“制约关系说”不能成立，“非制约关系说”就符合法条原意。但是，“非制约关系说”仅从反面对“制约关系”作了排除，而未能从正面阐明行为人与第三人职务之间究竟是什么关系。从正面来理解，斡旋受贿的职务要件具有职务的非制约性、职务行为的依赖性、第三人意志自由的不完全性和权力可交换性的特点。⑤ 还有的论者认为，在理论上，“利用本人职权或者地位形成的便利条件”是指行为人虽未利用本人职务范围内的权力，但因为其本人职权或所处地位能对其他国家工作人员的职务产生一定非制约作用，其利用这种非制约作用而通过其他国家工作人员为请托人谋取利益，而自己向请托人索取贿赂或者收受请托人贿赂。这种非制约关系包括四种情形：同一系统内，上级单位的国家工作人员利用下级单位的国家工作人员的职务行为为请托人办事；不同系统之间，上级单位的国家工作人员利用下级单位的国家工作人员的职权行为为请托人谋取不正当利益；相互有协作关系的单位之间，行为人利用与其有工作联系的其他单位的国家工作人员的职务行为为请托人谋取不正当利益；同一单位内部，行为人利用与其无隶属关系的其他国家工作人员的职务行为为请托人谋取不正当利益。论者强调，在审判实践中认定

---

① 参见何秉松主编：《刑法教科书》（下），1134 页，北京，中国法制出版社，2000。

② 参见陈兴良：《受贿罪“利用职务上的便利”之探讨》，载《中国人民大学学报》，1994（1）。

③ 参见赵秉志、肖中华：《间接受贿之认定》，载《检察日报》，2002-07-30。

④ 参见陈兴良：《刑法疏议》，635 页，北京，中国人民公安大学出版社，1997。

⑤ 参见朱孝清：《斡旋受贿的几个问题》，载《法学研究》，2005（3）。

"利用本人职权或者地位形成的便利条件"时，要全面、客观考察行为人与第三人之间的关系。一要准确界定职权范围。职权包括法定职权和实际职权；二要区分狭义领导与广义领导。前者是指直接领导，领导与下属之间存在职务范围内的上下隶属关系；后者是因级别差异形成的上下级关系。与之相对应，"利用职务上的便利"针对的是狭义上的领导，但不局限于行为人的职责分工。担任领导职务的国家工作人员通过不属于自己分管的下级部门的国家工作人员的职务为他人谋取利益，也应认定为"利用职务上的便利"。狭义以外的广义上的领导关系属"本人职权或者地位形成的便利条件"。"利用本人职权或者地位形成的便利条件"应与"利用亲友关系之便"区别开来，要与国家工作人员共同受贿犯罪行为区别开来。①

综合关系说。该观点认为，斡旋人与被其利用的国家工作人员之间存在着一种"特殊关系"。这种特殊关系具体表现为三种，即职务上的制约关系（包括横向和纵向制约关系）、影响关系（如首长的秘书对首长的影响）和协作关系。②

影响关系说。该观点认为，斡旋受贿行为人与被其利用的国家工作人员之间须有职务上的影响关系。依据该说，斡旋受贿犯罪中"利用本人职权或者地位形成的便利条件"具有以下特征：一是行为人的职权和地位对其他国家工作人员是否做出行为仅仅具有影响作用不具有制约作用；二是其他国家工作人员是否依照行为人的要求或者请求做出某种行为，在意志上具有相对的自由选择余地；三是如果其他国家工作人员违背了行为人的意志或者要求不会也不可能立即带来不利的后果。据此，斡旋受贿犯罪中的"利用本人职权或者地位形成的便利条件"的具体表现形式可以归纳为三种：第一，上级单位的工作人员对下级单位的非制约性的影响关系；第二，利用下级对上级职务上的影响关系；第三，某职能部门的国家工作人员对其他职能部门之间非制约性的影响关系。③ 还有的论者认为，所谓影响关系，主要表现为斡旋人与被斡旋人不处于同一职能部门，两者的职责范围不具有直接上下级关系，其他国家工作人员若不依该国家工作人员要求实施职务行为，对其以后的工作、协作等可能会带来一些不利影响。但不利影响与不依要求实施职务行为之间缺乏必然联系。④ 另有论者认为，综合文义、目的两个维度的解读可知，《刑法》第388条中的"本人职权或者地位形成的便利条件"与第385条中的"职务上的便利"之内涵并不重合，它的真实含义是行为人与其他国家工作人员之间因职权或者地位存在的事实上或法律上之特定利益影响关系。这种特定利益关系既不包括职务制约关系，也不

---

① 参见蒋超、艾军：《间接受贿罪"便利条件"的司法认定》，载《长沙铁道学院学报》（社会科学版），2006（3）。

② 参见刘光显：《论间接受贿》，载《中国刑事法杂志》，1998（5）。

③ 参见李向前：《斡旋受贿犯罪若干问题探析》，载《河南省政法管理干部学院学报》，2005（6）。

④ 参见游伟、谢锡美：《斡旋受贿罪司法认定的理论展开》，载《法学》，2001（1）。

包括仅因过去职位或私人情感形成的利益影响关系。①

职务的依赖性与权力的互换性说。该观点认为，斡旋人与被斡旋人必须存在以下两种关系才构成斡旋受贿：一是执行职务活动的依赖性，即作为被斡旋人的国家工作人员职务活动的顺利高效完成有赖于行为人的职务活动的积极有效展开；二是权力上的互相交换关系，即斡旋人虽然与被斡旋人之间不具有职务活动的相互依赖性，但行为人的职务行为的开展可为被斡旋人谋取利益。②

身份或面子说。该观点认为，既不能将“利用本人职权或者地位形成的便利条件”理解为利用制约关系，也不能将其理解为利用影响关系，否则，刑法就没有必要增加第 388 条了。刑法正是针对那些不具有制约、影响关系，但是利用了自己的身份或面子，通过第三者为请托人谋利，有社会危害性而《刑法》第 385 条又不能涵盖的行为，才增加了第 388 条。同时，为避免扩大打击面，又增加了“谋取不正当利益”的要件。因此，行为人利用了自己的身份、面子通过第三者为请托人谋取不正当利益的，构成斡旋受贿。③

其三，斡旋受贿中的利益应否限定为“不正当利益”的问题。

有的论者认为，从实践出发考虑，一个人为了得到应当得到的利益，向国家工作人员甲行贿，甲利用自己职务之便，为请托人谋得利益，而收受其财物，构成受贿罪；但如果甲利用自己的地位形成的便利条件通过其他国家工作人员职务上的行为，为请托人谋得利益，而收受其财物，则不构成受贿罪。两者同样损害国家工作人员职务的廉洁性，却作出不同处理，实在令人遗憾。因而，《刑法》第 388 条的规定不应将行为人为请托人谋取的利益仅仅限定为“不正当利益”。④

4. 受贿罪的客体

关于受贿罪的客体问题，存在单一客体说和复杂客体说的争论。

（1）单一客体说

该说认为受贿罪的客体只有一个，但对于这一客体的内容则存在分歧。

第一种观点认为，受贿罪的客体是国家机关的正常活动，即正确执行国家机关对内对外职能任务的一切活动。这种观点是传统刑法理论上的通说，为不少刑法教科书所采用。⑤

第二种观点认为，受贿罪的客体是国家工作人员职务行为的廉洁性。⑥ 这种观

---

① 参见马革联：《受贿罪中“职权或者地位形成的便利条件”之解析》，载《湘潭大学学报》（哲学社会科学版），2005（S1）。

② 参见朱本欣：《斡旋受贿若干争议问题刍议》，载《云南大学学报》（法学版），2003（2）。

③ 参见赵秉志主编：《中国刑法实用》，1470 页，郑州，河南人民出版社，2001。

④ 参见冀建峰：《论间接受贿犯罪的客观方面》，载《山西高等学校社会科学学报》，2003（7）。

⑤ 参见高铭暄主编：《中国刑法学》，601 页，北京，中国人民大学出版社，1989；赵秉志、吴振兴主编：《刑法学通论》，778 页，北京，高等教育出版社，1993。

⑥ 参见郝力挥、刘杰：《对受贿罪客体的再认识》，载《法学研究》，1986（2）。

点是我国刑法学界目前最有代表性的观点。① 该观点认为，受贿罪是腐败行为的一种主要表现形式，禁止受贿是我国廉政建设的基本内容。受贿行为严重腐蚀国家机体，妨碍国家职能的正常履行。因而将受贿罪的直接客体界定为国家工作人员的职务廉洁性，更有利于把握受贿罪的本质。

第三种观点认为，受贿罪的客体应是国家工作人员职务行为的不可收买性。②

第四种观点认为，受贿罪的客体是国家的廉洁制度。其中，索贿的，还会侵犯他人（包括个人或单位）的财产所有权。③

第五种观点认为，受贿罪的客体是廉政制度。④

（2）复杂客体说

持复杂客体说的论者在犯罪客体的内容的认识上差异更大。

双重客体说认为受贿罪的客体是双重客体。在双重客体说内部也有多种意见：

第一种观点认为，受贿罪不仅侵犯了国家机关的正常活动，而且侵犯了国家经济管理的正常活动。⑤

第二种观点认为，受贿罪侵犯的客体是复杂客体，不但侵害了国家机关的正常活动，而且侵犯了公私财物的所有权。⑥

第三种观点认为，受贿罪既侵犯了国家机关的正常活动，又侵犯了社会主义经济秩序。⑦

第四种观点认为，受贿罪的客体既包括国家和社会管理公务的正常活动，又关系到国家公务活动的声誉。⑧

三重客体说认为，受贿罪的客体，包括国家机关的正常活动、公私财产的所有权关系以及社会主义经济秩序。⑨

选择客体说认为，受贿罪客体的特点在于它由基本客体和选择客体两部分组成，并且是以基本客体为核心选择性地与其他客体相结合。选择客体说内部也有分歧：

---

① 目前，国内最有影响力的刑法教科书都采纳了这一观点，如高铭暄、马克昌主编的中国法制出版社出版的1999年版《刑法学》教科书；苏惠渔主编的中国政法大学出版社出版的1999年版《刑法学》教科书；高铭暄、马克昌主编的北京大学出版社、高等教育出版社出版的2000年版《刑法学》教科书；王作富主编的中国人民大学出版社出版的1999年版《刑法》教科书。

② 参见张明楷：《刑法学》（下），918页，北京，法律出版社，1997。

③ 参见赵长青主编：《刑法学》（下），955页，北京，法律出版社，2001。

④ 参见肖介清：《受贿罪的定罪与量刑》，82页，北京，人民法院出版社，2000。

⑤ 参见陈裕厚：《论受贿罪的认定》，载《河南法学》，1986（2）；张穹主编：《中国经济犯罪刑论》，486页，北京，大地出版社，1989。

⑥ 参见刘白笔、刘用生：《经济刑法学》，504页，北京，群众出版社，1989；钱大群、孙国祥主编：《职务犯罪研究》，199页，南京，南京大学出版社，1996。

⑦ 参见肖介清：《受贿罪的定罪与量刑》，77页，北京，人民法院出版社，2000。

⑧ 同上书，78页。

⑨ 同上书，80页。

有论者主张受贿罪侵犯的客体是多方面的，除包括国家机关、企业事业单位和集体经济组织的正常发展外，还可能包括公私财产所有权以及社会主义经济的正常发展，受贿罪的客体为“综合性客体”，但并非每一种受贿行为都必然地同时侵犯多方面的客体，侵犯其中任何一种都可以构成受贿罪。① 有论者认为受贿罪的客体可以概括地表述为国家机关、集体经济组织和其他社会团体公务活动的正常进行以及公务的声誉这一基本客体与社会经济管理秩序和公私财产所有权的选择组合。基本客体是犯罪行为当然侵犯的具体社会关系，选择客体是犯罪行为可能侵犯的具体社会关系。② 还有论者指出，受贿罪的基本客体是国家工作人员职务行为的廉洁性，选择客体是国家经济管理的正常活动。③

5. 受贿罪中“为他人谋取利益”的问题

我国刑法将“为他人谋取利益”规定为收受型受贿罪的构成要件。理论上围绕此要件进行了大量的探讨。

（1）“为他人谋取利益”是客观要件还是主观要件

对此，有以下三种观点。

客观要件说。该观点认为，“为他人谋取利益”是受贿罪的客观要件。该观点属于通说。④ 但在该观点的内部，亦存在不同的意见：①“许诺说”认为，不能将“为他人谋取利益”简单地理解为已经为他人谋取到了利益。一般而言，“为他人谋取利益”包括四种情况：其一，已经许诺为他人谋取利益，但尚未实际进行；其二，已经着手为他人谋取利益，但尚未谋取到任何利益；其三，已经着手为他人谋取利益，但仅仅是局部利益，行为人意图达到的利益尚未完全实现；其四，为他人谋取利益，已经完全实现。“为他人谋取利益”仍然是受贿罪的客观要件，但对其内容应重新界定，即只要国家工作人员有为他人谋取利益的许诺即可，而不要求客观上有为他人谋取利益的实际行为与结果。故只要收受了财物就构成受贿罪的既遂，而不是待实际上为他人谋取利益之后才是既遂。另外，为他人谋取利益的许诺可以是明示的或暗示的；许诺可以是直接对行贿人做出，也可以是通过第三者转达给行贿人；许诺可以是真实的，也可能是虚假的。虚假许诺构成受贿，必须具备以下条件：收受财物后作虚假许诺的才构成受贿罪。如果是事先作虚假许诺并要求他人交付财物的，则是索贿或者诈骗行为；许诺的内容与国家工作人员的职务有关联；许诺行为导致财物与所许诺的职务行为之间形成了对价关系，使财物成为国家工作人员所许

① 参见黄海龙：《当前我国刑法中受贿罪若干问题研究》，载赵秉志等编：《全国刑法硕士论文荟萃》，788页，北京，中国人民公安大学出版社，1989。

② 参见韩建国、韦亚力：《受贿罪客体新论》，载《法学研究》，1991（3）。

③ 参见陈兴良主编：《刑法全书》，1298页，北京，中国人民公安大学出版社，1997。

④ 参见高铭暄主编：《中国刑法学》，604页，北京，中国人民大学出版社，1989；张明楷：《刑法学》（下），921页，北京，法律出版社，1997；高铭暄、马克昌主编：《刑法学》，636页，北京，北京大学出版社、高等教育出版社，2000。

诺的为他人谋取利益的不正当报酬。① 2003 年《全国法院审理经济犯罪案件工作座谈会纪要》第 3 条指出：为他人谋取利益包括承诺、实施和实现三个阶段的行为。由此可见，“许诺说”得到了司法实践的认同。②“准备说”认为，“为他人谋取利益”虽然是收受型受贿罪客观方面的必备要件，即必须有为他人谋取利益的行为，但也并非是像有的论者所说的那样，只能理解为实施了为他人谋取利益的实行行为，相反，可以将“为他人谋取利益”的行为解释为包含准备为他人谋取利益的行为。②“行为说”认为，不论谋取的利益是合法还是非法，或为他人谋取的利益是否实现，均不影响受贿罪的成立，但至少必须要有为行贿人谋取利益的行为。无此种行为，即便是非法收受了他人财物，也不能构成受贿罪。③

主观要件说。该说认为，“为他人谋取利益”不是受贿罪的客观要件，而是主观要件。有论者认为，为他人谋取利益只是受贿人的一种心理态度，属于主观要件的范畴，而不像通行观点所说的那样是受贿罪的客观要件。④ 有论者指出，将“为他人谋取利益”理解为受贿罪的主观要件，更符合刑法理论和司法实践的实际，其理由如下：反映了行、受贿者之间的心理沟通；避免了在刑事领域中对同一行为重复评价；为他人谋取利益是受贿人主观上的一种故意内容；符合强化同受贿罪作斗争的需求。⑤ 还有论者主张，“为他人谋取利益”在语法上应该理解为受贿罪的客观要件，因为“谋取利益”是对客观行为描述的动宾结构短语，是指“谋求并取得了利益”，但是，这样一来就会导致司法实践对大量受贿罪的放纵。为了克服此弊端，产生了主观要件说。从刑法解释角度看，客观要件说是文理解释，而主观要件说是论理解释。在文理解释与论理解释相冲突的情况下，应取论理解释之结论。因此，将“为他人谋取利益”作为受贿罪的主观要件，比较合适。⑥

主客观要件统一说。该说认为，“为他人谋取利益”应是受贿罪主观、客观共同具备的要件的有机统一，即“为他人谋取利益”既是受贿罪主观构成要件，又是受贿罪的客观构成要件。理由如下。①“主观要件说”和“客观要件说”均有偏颇。如果国家工作人员没有为他人谋取利益的行为，仅有为他人谋取利益的主观故意，受贿罪何以属于“权钱交换”的渎职犯罪？反之，如果“为他人谋取利益”仅仅属于客观要件，而不考虑其主观态度，事实上就成为客观归罪的反映。②“为他人谋取利益”是刑法明文规定的构成要件，必然要求行为人在主观上有所认识，在客观

① 参见张明楷：《论受贿罪中的“为他人谋取利益”》，载《政法论坛》，2004 (5)。

② 参见刘明祥：《也论受贿罪中的“为他人谋取利益”》，载《华中科技大学学报》(社会科学版)，2004 (1)。

③ 参见肖扬主编：《中国新刑法学》，664 页，北京，中国人民公安大学出版社，1997。

④ 参见王作富、陈兴良：《受贿罪若干要件之研讨》，载杨敦先等主编：《廉政建设与刑法功能》，136 页，北京，法律出版社，1991。

⑤ 参见余捷：《论受贿罪余“为他人谋取利益”的关系》，载《探索》，1997 (2)。

⑥ 参见赵秉志主编：《刑法争议问题研究》(下)，620～621 页，郑州，河南人民出版社，1996。

上有所行动，必然要求这一构成要件在主观、客观上有机统一，而不能将二者割裂开来。③“为他人谋取利益”作为受贿罪主观构成要件，要求为他人谋取利益是真实的意思，虚假的承诺不包括在内，且行为人必须有为他人谋取利益的可能性，但如果具备为他人谋利的真实意思和可能性，最后由于情况变化，未能为他人实际谋取利益，则不影响为他人谋取利益之受贿罪的主观要件的成立。④受贿人是否已经为他人谋取利益，对受贿罪的成立不发生影响，但对量刑具有一定的意义。⑤“为他人谋取利益”是行贿人与受贿人之间以财物与权力进行交换所要求的必要条件。⑥受贿罪虽然是结果犯，但并不是把为他人谋取利益的实现视为受贿罪的结果要件来要求，否则既与刑法理论相悖，又与司法实践中所坚持的标准不一。刑法的规定表明，把“为他人谋取利益”视为受贿罪的客观要件，那么受贿罪则具有双重行为和一个结果：一是索取或者非法收受贿赂的行为和结果；二是为他人谋取利益的行为。受贿罪的既遂只要求索取或者收受行为必须产生一定的结果，因为只要这样就可以认定是齐备了受贿罪的构成要件，满足了既遂的构成要求。①

（2）是否应当把“为他人谋取利益”规定为收受型受贿罪的构成要件

对此，有以下两种观点。

肯定说认为，把“为他人谋取利益”规定为收受型受贿罪的构成要件，是妥当的。有论者认为，仅有收受财物的行为，还很难认定财物与国家工作人员的职务行为之间具有对价关系。例如，他人事前主动向国家工作人员交付财物，但没有任何请托事项，难以认定财物与职务行为的对价关系。因此只有具备其他要素，使国家工作人员收受的财物与其职务行为之间具有对价关系，才能认定其行为侵犯了受贿罪的法益。于是，刑法条文在“非法收受他人财物”之后，添加了“为他人谋取利益”的要件。由于“为他人谋取利益”显然是基于国家工作人员的职务行为，所以，这一要件旨在说明国家工作人员收受的财物与其职务之间具有对价关系。② 有论者指出，把“为他人谋取利益”规定为受贿罪的要件，确实会增加认定受贿罪的难度，对国家的廉政建设会有负面影响，因而取消“为他人谋取利益”作为受贿罪成立要件的观点有一定的合理性。但是，应当看到把“为他人谋取利益”作为收受型受贿罪的要件，在现实条件下利大于弊，原因如下：把“为他人谋取利益”作为收受型受贿罪的要件有其历史原因；“为他人谋取利益”并非是“利用职务的便利”所能包容的；把“为他人谋取利益”作为受贿罪的要件，具有限制受贿罪处罚范围的功能；把“为他人谋取利益”作为受贿罪的要件，对预防受贿犯罪的发生，也具有一定的积极作用。③

否定说认为，应把收受型受贿罪的“为他人谋取利益”这一构成要件取消。有

① 参见肖介清：《受贿罪的定罪与量刑》，65～66页，北京，人民法院出版社，2000。

② 参见张明楷：《论受贿罪中的“为他人谋取利益”》，载《政法论坛》，2004（5）。

③ 参见刘明祥：《也谈受贿罪中的“为他人谋取利益”》，载《华中科技大学学报》（社会科学版），2004（1）。

的论者指出，“为他人谋取利益”在立法和司法上存在缺陷，不符合受贿罪的本质；该规定造成法律条文之间的冲突；该规定割裂了“利用职务上的便利”的本身性质；在现实生活中容易给犯罪分子以可乘之机，束缚了司法机关的手脚，造成了对受贿罪的打击不力。因此，我国刑法应取消“为他人谋取利益”这一规定，可以考虑将其作为一个量刑情节，法定刑应重于没有为他人谋取利益的受贿罪。① 有的论者认为，受贿罪中的“为他人谋取利益”既不属于客观要件也不属于主观要件，在理论上既无法解释，又造成实践中对受贿犯罪的放纵。由于“为他人谋取利益”已经被“利用职务上的便利”所包含，建议取消“为他人谋取利益”的规定，在取消该规定后可以从赠与物的价值、赠与人与受赠人之间的关系等方面区分行贿和馈赠。②

6. 受贿罪既遂与未遂的区分标准

对此，主要有以下几种观点。

承诺说。该观点认为，只要受贿人承诺为他人谋取利益，无论其贿赂是否已经接受，均应视为受贿罪的既遂。只有在承诺以前，才存在受贿罪的未遂问题。

实际受贿说。该观点认为，应以行为人实际收取了贿赂作为既遂标准。司法实践中，在认定构成受贿罪的前提下，都是以是否实际获得财物作为区分受贿既遂与未遂的标准的。因为获得贿赂是行为人的犯罪目的，收取贿赂是受贿罪客观方面的主要行为和根本内容，而为他人谋取利益只是行为人为了实现收取财物的目的而实施的手段行为。③

谋得利益说。该观点认为，以受贿人的承诺作为受贿罪既遂的标准，确实比较难以区分犯罪的预备行为、未遂与既遂的界限。然而，以收受贿赂为准，又极易将事后收受贿赂的犯罪行为排除在受贿罪既遂之外，不利于打击、惩罚受贿的犯罪活动。所以，以为行贿人谋得私利作为受贿罪的既遂标准为当。④

谋得利益与实际受贿结合说。该观点认为，行为人既为他人谋得利益又实际取得贿赂的，才构成既遂；因意志以外的原因而缺乏任何一方面条件的，均为未遂。⑤

索贿与受贿分别说。该观点认为，索贿的，只要实施了索贿行为即为既遂，不存在未遂；收受贿赂的，必须同时实际获得财物和为他人谋取利益的，才构成既遂。⑥

事实上，在索贿型受贿罪的情况下，对于是否存在未遂的问题，理论上有否定

---

① 参见朱景晖：《论受贿罪中的“为他人谋取利益”》，载《鄂州大学学报》，2004（3）；方明：《“为他人谋取利益”在受贿罪中的定位》，载《人民检察》，2002（10）。

② 参见藏冬斌：《试析受贿罪中的“为他人谋取利益”》，载《中共郑州市委党校学报》，2004（3）。

③ 参见陈正云、钱舫：《国家工作人员职务经济犯罪的定罪与量刑》，306页，北京，人民法院出版社，2000。

④ 参见高铭暄主编：《新中国刑法学研究综述（1949～1985）》，695页，郑州，河南人民出版社，1986。

⑤⑥ 参见周振想主编：《公务犯罪研究综述》，214页，北京，法律出版社，2005。

说和肯定说的分歧：否定说认为，索取贿赂是行为犯，行为实行完毕后就是犯罪既遂，不存在未遂问题；肯定说认为，索贿犯罪也是结果犯，同样有未遂。如果只有索取贿赂的行为，但是由于意志以外的原因而未取得贿赂的，是未遂。因此，在索贿的情况下存在未遂问题，并且也是以是否收到财物为认定既遂与未遂的标准。肯定说得到了大多数论者的赞同。①

7. 受贿罪的共同犯罪问题

就受贿罪的共同犯罪而言，既有一般共同犯罪所共有的特征，又有其特殊性。

(1) 非国家工作人员能否构成受贿罪共犯

修订后的1997年《刑法》保留了1988年全国人大常委会《关于惩治贪污贿赂罪的补充规定》中关于内外勾结伙同贪污的以共犯论处的规定，取消了关于内外勾结伙同受贿的以共犯论处的规定。如何看待刑法的这一修改？是否意味着刑法已经取消了内外勾结的受贿罪共犯？非国家工作人员能否构成受贿罪共犯？对此，存在两种观点：

否定说认为，非国家工作人员不能构成受贿罪的共犯。有的论者认为，修订后的刑法已取消内外勾结的受贿罪共犯。修订后的刑法施行后，对非国家工作人员勾结国家工作人员，伙同受贿的，不能以受贿罪共犯追究其刑事责任。其具体理由主要有：受贿罪的主体是特殊主体，即必须是国家工作人员。不具有这一特定身份的人不能与国家工作人员构成共犯，除非法律有特别规定。非国家工作人员不具有特定身份，没有职务的便利可以利用，虽然有收受他人财物的故意和行为，但由于构成要件的缺失，就不能适用共同犯罪的规定，不构成受贿罪。刑法保留内外勾结的贪污罪共犯的规定，取消内外勾结的受贿罪共犯的规定，是因为两罪侵犯的客体有区别。②

肯定说认为，非国家工作人员能够构成受贿罪的共犯。有的论者认为，1997年《刑法》虽然对内外勾结伙同受贿问题没有保留1988年《补充规定》的相关规定，但并不意味着取消内外勾结的受贿共犯。非国家工作人员勾结国家工作人员伙同受贿的，对非国家工作人员仍应以受贿共犯论处。具体理由如下。其一，从刑法理论上讲，普通人员不能单独构成特殊主体才能构成的犯罪，这是正确的，但是刑法理论也认为，普通人员可以与特殊主体共同构成特殊主体才能构成的犯罪。这是共同犯罪与单独犯罪的区别所在。因为共同犯罪是两人以上共同故意支配下实施的共同犯罪行为。因此，一般人员可以与特殊主体互有分工、互相配合、互相利用，从而更加顺利地完成该罪。这与特殊主体犯罪只能由特殊主体单独构成的刑法理论并不矛盾。以受贿罪主体为国家工作人员为由，否定非国家工作人员能成为受贿罪的共犯，显然是不能成立的。其二，共犯理论的核心是两人以上在主观上具有共同故意，

---

① 参见陈正云、钱舫：《国家工作人员职务经济犯罪的定罪与量刑》，306页，北京，人民法院出版社，2000。

② 参见王发强：《刑法是否取消了内外勾结的受贿罪共犯》，载《人民法院报》，1998-08-13。

在客观上具有共同犯罪行为。就普通人员构成身份犯罪的共犯而言，要求至少有一个符合身份犯罪的主体资格。要求所有共犯都必须具备特定的身份，从而才能构成身份犯罪的共犯，不符合刑法基本理论，也会造成实践定罪困难。其三，1997年《刑法》对内外勾结贪污共犯作明确规定是起提示强调作用，不在于否认其他犯罪可以由特殊主体和一般主体构成共同犯罪。① 有的论者指出，因为贪污罪包含了利用职务之便的盗窃、骗取、侵占等行为，而一般主体与国家工作人员相勾结、伙同贪污时，一般主体的行为也符合盗窃罪、诈骗罪、侵占罪的构成要件；《刑法》第382条第3款的注意规定，是为了防止司法机关将贪污共犯认定为盗窃、诈骗、侵占等罪。刑法就受贿罪取消注意规定，是因为基本上不存在将受贿共犯认定为其他犯罪的问题；刑法对其他特殊主体的犯罪没有设置类似的注意规定，也是因为基本上不存在类似问题，因而没有提醒的必要。由于教唆或者帮助受贿的行为不可能构成其他犯罪，不会引起误会，故立法者删除了原有的注意规定。② 还有的论者认为，立法者之所以在上述《补充规定》中作出受贿共犯的明确规定，并非创制了新的共犯适用原则，而只是将刑法总则关于共犯的规定具体化，起到一种强调和宣传的作用。这种类似的规定在其他单行刑事法律中也有体现。但修订后的统一的《刑法》在总则已经对共同犯罪问题作出明确规定的情况下，由于在内外勾结共同受贿的案件中不存在需要法律特别提醒司法人员注意的情况，因而不需要再独立规定，以保持刑法总则与分则的协调一致性。这正是单行刑事法律不同于《刑法》的表现之一。③

（2）关于国家工作人员家属收受财物构成受贿共犯的问题

在共犯的情况下，不具有国家工作人员身份的人包括国家工作人员的家属，可以和国家工作人员构成受贿罪的共犯。但对于在何种情况下国家工作人员的亲属可以构成受贿罪的共犯的问题，学界有不同观点。④

第一种观点认为，家属对国家工作人员收受贿赂而与其共享或明知是贿赂而加以收受的，就构成受贿罪的共犯。

第二种观点认为，家属对国家工作人员收受贿赂知情不举的，就和国家工作人员构成受贿罪共犯。

第三种观点认为，国家工作人员的家属，不管他是否事先与国家工作人员通谋，只要他接受行贿人的财物，由国家工作人员利用职权为行贿人谋取利益的，就构成受贿罪的共同正犯。

第四种观点认为，国家工作人员的家属可能构成受贿罪的教唆犯和帮助犯。前

① 参见陈正云、钱舫：《国家工作人员职务经济犯罪的定罪与量刑》，308～311页，北京，人民法院出版社，2000。

② 参见张明楷：《受贿罪的共犯》，载《法学研究》，2002（1）。

③ 参见赵秉志、许成磊：《贿赂罪共同犯罪问题研究》，载《国家检察官学院学报》，2002（1）。

④ 参见陈兴良主编：《当前贪污贿赂、非法所得违法违纪犯罪的政策法律界限与认定处理》，218～224页，北京，中国方正出版社，1995。

者一般表现在开导、劝说、指使，甚至胁迫国家工作人员利用职务上的便利收受贿赂并为他人谋取利益。后者则主要表现在，用各种方法为国家工作人员收受贿赂创造必要的便利条件，如为国家工作人员受贿积极出谋献策；事先与国家工作人员通谋，事后帮助国家工作人员转移赃物等。

第四种观点得到了大多数论者认同。当然，有论者基于公职人员与家属关系的特殊性，也提出了一些不构成受贿罪共犯的情形：家属不知情而替国家工作人员接受了贿赂，或者国家工作人员将贿赂带回家，家属知情后不加以制止；① 家属接受财物后，仅仅将行贿的财物和请托事项告知公职人员，后者默认或认可的；公职人员知悉家属接受财物后表示返还，其家属消极对待，公职人员也听之任之以致未能退回的；公职人员许诺或实际为他人谋利之后，告诉或暗示家属，可以接受请托人财物的。②

（3）国家工作人员与公司、企业人员共同受贿的，应如何定性

对于这两类主体共同实施受贿行为时，应如何定性处理的问题，理论上存在激烈争论。

分别定罪说认为，由于身份犯是刑法对具有特定身份的人构成犯罪所作出的特殊规定，法律对不同的身份所构成的犯罪已经作出明确规定，应当严格依照刑法的规定定罪处罚。③

主犯决定说是源于司法解释的观点。而该司法解释的理论渊源可追溯到就无特定身份与有特定身份共同犯罪如何定罪问题上刑法学界曾经存在的“主犯决定说”。2000 年 6 月 27 日最高人民法院《关于审理贪污、职务侵占案件如何认定共同犯罪的几个问题的解释》第 3 条规定：“公司、企业或者其他单位中，不具有国家工作人员身份的人与国家工作人员勾结，分别利用各自的职务便利，共同将本单位财物非法占为己有的，按照主犯的犯罪性质定罪。”虽然这一司法解释只是就贪污、职务侵占案件作出的，但依照同样的道理，对发生在不具有国家工作人员身份的公司、企业人员与国家工作人员之间，各自利用职务便利，共同受贿的案件，也要按照主犯的犯罪性质定罪。

从一重处断说认为，对于混合特殊身份主体相勾结实施职务犯罪应当坚持从一重处断的原则。因为共同犯罪的社会危害性决定了从一重处断原则的合理性，符合刑法对混合主体勾结实施职务犯罪从重处罚的立法价值取向，可以保证刑法的平衡

① 参见孙力主编：《公务活动中犯罪界限的司法认定》，87 页，北京，中国检察出版社，2000。

② 参见刘光显、张泗汉主编：《贪污贿赂罪的认定与处理》，318 页，北京，人民法院出版社，1996。

③ 参见最高人民法院刑事审判一庭主编：《刑事审判参考》，第 4 辑，39 页，北京，法律出版社，1999。

要求，并且操作简便易行。①

社会危害性说认为，对于有一定职务者和无特定职务者一起利用各自的职务之便共同实施犯罪的定性，应该按照行为的社会危害性来确定。社会危害性是一个综合指标. 对上述情形既要考虑行为者实施行为时本身的主客观因素，又要考虑行为者的行为对整个社会的客观影响及人们对这种行为的评判。②

综合说认为，对于这个问题应当区分不同的情况加以分析。①国家工作人员和公司、企业人员共同受贿，其中一方没有利用本人职务之便，虽然行为人具有特定身份，但对于共同犯罪的性质没有影响，此时应以上述人员中利用职务便利实施的犯罪的性质定罪。②如果各自利用其职务上的便利，为他人谋取利益的，这种情况下应分别定罪为宜。因为这种各自利用自己职务便利实施的共同犯罪实际上与有身份者与无身份者同为实行犯但没有利用有身份者的身份或职务便利的犯罪情形并无本质的不同。而对于后者分别定罪是妥当的。但应在各自的法定刑幅度内结合刑法关于共同犯罪处罚原则的规定，予以适当处理。③行贿人请托的事项需要公司、企业人员和国家工作人员不仅利用各自的职务便利，而且需要利用对方的职务便利予以协同，而公司、企业人员和国家工作人员不仅各自利用自己职务上的便利，而且还利用对方职务上的便利。这种情况下符合一行为触犯数个罪名之想象竞合犯的情形，应根据想象竞合的从一重处断的原则，适用刑罚较重的罪名。③

(4) 关于特定关系人与国家工作人员构成受贿罪共犯的问题

2007 年 7 月 8 日最高人民法院、最高人民检察院《关于办理受贿刑事案件适用法律若干问题的意见》(以下简称《2007 年意见》) 就特定关系人收受贿赂问题作出了规定。

问题之一：特定关系人的范围。

《2007 年意见》第 11 条称：本意见所称“特定关系人”，是指与国家工作人员有近亲属、情妇（夫）以及其他共同利益关系的人。关于特定关系人的范围，第一种意见认为，“特定关系人”包括受贿人和行贿人之外的所有其他人；第二种意见认为，“特定关系人”包括国家工作人员的近亲属以及其他与之有共同经济利益关系的人；第三种意见认为，“特定关系人”包括国家工作人员的近亲属以及其他与之有特殊关系的人。有论者认为，如果将“特定关系人”解释为包括受贿人和行贿人之外的所有其他人，势必不恰当地扩大打击面。而且实践中，国家工作人员利用职务便利为请托人谋利后，却要求请托人将财物送给与本人没有什么共同利益关系的第三人的情况不符合逻辑，也极为罕见。《2007 年意见》第 11 条的规定是明确的。④ 有

---

① 参见潘伯华：《混合主体勾结职务犯罪处断原则探讨》，载《人民检察》，2000 (2)。

② 参见杨辉忠、华丽：《职务犯罪中的混合身份共犯》，载《南京大学法律评论》，2001 春季号。

③ 参见赵秉志、许成磊：《贿赂罪共同犯罪问题研究》，载《国家检察官学院学报》，2002 (1)。

④ 参见陈国庆等：《〈关于办理受贿刑事案件适用法律若干问题的意见〉的解读》，载《人民检察》，2007(14)。

论者则认为，“特定关系人”是非规范术语，内涵不清、外延不周，应该直接使用“第三人”这一称谓。事实上既然国家工作人员要求或授意请托人向第三人提供贿赂，该第三人必定与该国家工作人员具有某种密切关系。无论是何种关系，在构成受贿的本质问题上没有区别，刑法无必要也无法对所有的关系进行列举。第11条对“特定关系人”的界定显然无法穷尽和预见所有类型。无论是近亲属还是情人，都属于“第三人”；用“第三人”这一规范的法律术语显然更加合理。①

问题之二：特定关系人何种情况下收受贿赂构成受贿罪的共犯。

《2007年意见》第7条第2款规定，“特定关系人与国家工作人员通谋，共同实施前款行为的，对特定关系人以受贿罪的共犯论处。特定关系人以外的其他人与国家工作人员通谋，由国家工作人员利用职务上的便利为请托人谋取利益，收受请托人财物后双方共同占有的，以受贿罪的共犯论处。”一种意见认为，只要特定关系人明知是国家工作人员利用职务上的便利为请托人谋取利益，授意请托人将财物直接或者采取交易方式交给自己的，都可认定为受贿共犯。另一种意见认为，能否认定为受贿共犯，既要考虑国家工作人员和特定关系人是否通谋，还要强调特定关系人的积极主动行为，例如特定关系人提议国家工作人员实施前述行为的，应当认定为共犯。有论者认为，第一种意见容易造成打击面过宽的不良后果，第二种意见则存在放纵犯罪的可能。因此，只要能证明国家工作人员与特定关系人有通谋的，就可认定为受贿共犯。《2007年意见》也基本采纳了这一态度。② 但是，另有论者批评这一规定至少有以下两点违背共同犯罪基本理论：首先，不宜将通谋作为共同犯罪的主观必备要件。根据共犯理论，共同犯罪的形式从学理上可以分为事前通谋的共同犯罪与事前无通谋的共同犯罪。事前无通谋的，也可以构成共犯。其次，受贿罪没有必要要求各共犯人必须共同占有财物才构成共同犯罪。《2007年意见》规定特定关系人以外的人必须“共同占有”收受的财物，才构成共犯，这是不正确的。③

8. 受贿罪的罪数问题

在受贿罪的罪数问题中，主要涉及的是牵连犯如何处罚的问题。对此，主要有两种观点。

(1) 择一重罪从重处罚

有论者认为，在受贿人为行贿人谋取利益的行为又触犯了其他罪名的情况下，行为人的受贿行为和谋利行为存在刑法上的牵连关系，应适用从一重处断原则。同时，《刑法》第399条的规定虽然针对的是受贿行为与徇私枉法行为、民事、行政枉法裁判行为、执行判决、裁定滥用职权行为存在牵连关系时的处理，而非一种普遍原则，但在其他情况下，行为的构造是类似的。根据适用刑法平等原则，也应该参

① 参见薛薇：《特定关系人收受贿赂问题初探》，载《人民检察》，2007（16）。

② 参见陈国庆等：《〈关于办理受贿刑事案件适用法律若干问题的意见〉的解读》，载《人民检察》，2007（14）。

③ 参见薛薇：《特定关系人收受贿赂问题初探》，载《人民检察》，2007（16）。

照这个原则处理。①

(2) 数罪并罚

有论者认为，只要国家工作人员就其职务行为收受了他人的财物，许诺为他人谋取利益的，就已经使职务行为的不可收买性受到了实际侵犯，因此，如果行为人由此进一步实施的为他人谋取利益的行为构成犯罪，则说明其行为已经侵犯了另外的不同于受贿罪的法益。换言之，此时行为人的行为完全符合两个罪的构成要件，对此理当数罪并罚。否则，如果只认定为受贿罪，一方面会导致罪刑不相适应；另一方面会使得受贿罪负担的内容过于庞大，使大多数数罪变成一罪，这显然是不合适的。《刑法》第 399 条第 4 款只能在个别的特殊场合适用，而不能普遍推广适用；必须对该款的适用范围做出严格限制。② 还有的论者指出，如果国家工作人员所实施的为他人谋取利益的行为构成犯罪的，除刑法有特别规定的以外，应当认定为数罪，实行并罚。原因如下。首先，受贿罪的法益是职务行为的不可收买性，而“为他人谋取利益”的最低要求是只要许诺为他人谋取利益即可，而且包含一定的虚假许诺，所以客观上的为他人谋取利益的行为，是超出受贿罪构成要件之外的行为。也就是说，国家工作人员收受财物，客观上实施了为他人谋取利益的行为，并且后一行为也构成犯罪的，完全符合两个犯罪的构成要件。其次，受贿罪是比较严重的犯罪，其法定刑主要是根据受贿数额设定的，各种情节只能在相应的数额范围内起作用，而国家工作人员收受贿赂为他人谋取利益的行为所构成的犯罪均属于罪质严重的渎职犯罪，如果对构成犯罪的为他人谋取利益的行为不另认定为犯罪实行并罚，往往做不到罪刑相适应。最后，德国、日本刑法中有加重受贿罪的规定，尽管如此，如果公务员就其职务上已经实施不正当行为或者没有实施适当行为，收受、要求或约定贿赂时，其先前的不正当行为或没有实施适当行为的不作为构成犯罪的，按照并合犯处理。而我国刑法中没有加重受贿罪的规定，对于为他人谋取利益构成其他犯罪的，更应实行数罪并罚。此外需注意，《刑法》第 399 条第 4 款规定“司法工作人员收受贿赂，有前三款行为的，同时又构成本法第三百八十五条规定之罪的，依照处罚较重的规定定罪处罚”，该规定仅是一种特别规定，不具有普遍性，除了该规定以外，对国家工作人员收受他人财物为他人谋取利益的行为构成犯罪的，均应当实行数罪并罚。③

9. 受贿罪的其他问题

(1) 新型受贿形式：约定受贿和期权受贿

有论者认为，现行《刑法》第 385 条第 1 款和第 388 条规定了直接受贿罪、居间受贿罪和索取贿赂罪三种类型，现在司法实践中又出现了两种新的受贿犯罪形式，

---

① 参见莫洪宪、叶小琴：《论贿赂犯罪形态》，载《甘肃政法学院学报》，2005 (5)。

② 参见胡东飞：《论受贿罪中“为他人谋取利益”构成犯罪的罪数问题——兼论〈刑法〉第 399 条第 4 款的性质及其适用范围》，载《中国刑事法杂志》，2006 (1)。

③ 参见张明楷：《论受贿罪中的“为他人谋取利益”》，载《政法论坛》，2004 (5)。

即约定受贿和期权受贿。所谓约定受贿，主要是指国家公务人员利用职务之便为他人谋取利益，从中约定索取或收受贿赂，但并不直接、立即交付贿款，而是约定将来收受和交付，或者将约定的贿款由行贿方长期保存或保管，给人制造一种没有收受贿款也没有转移财产所有权和控制权的假象。由于这种受贿形式是一种私下约定，预期交易，所以将其称之为约定受贿罪。《2007年意见》第10条规定的情况也是约定受贿的一种，即国家工作人员在职时为请托人谋利，离职前后连续收受财物的，应认定为受贿。所谓期权受贿，是指不直接地现实收受贿赂，而是通过一种看似正当的方式间接地收受预期财物的行为。对此，《2007年意见》规定了以下几种形式，即以交易形式收受贿赂，收受干股，以开办公司等合作投资名义收受贿赂，以委托请托人投资证券、期货或者其他委托理财的名义收受贿赂，以赌博形式收受贿赂等。①

（2）受贿款物用于公务（公益）行为的定性

对于受贿案件中收受他人财物后用于公务或者捐赠福利院、希望工程、用于扶贫等公益事业的，能否从受贿总额中加以扣减的问题，理论上存在广泛争议。②

否定说认为，用于公务（公益）的款项不能从受贿的总数额中加以扣减。理由是：根据《刑法》第385条第1款的规定，国家工作人员利用职务上的便利，只要索取或非法收受了他人财物，为他人谋取利益，就构成受贿罪。至于将受贿款用于“公”或“私”，对犯罪的构成是否有影响，法条中没有明示，通常的理解是受贿款一旦到手，犯罪行为即告完成。

否定说还认为：其一，任何犯罪，都不能因为犯罪成立后行为人的表现而被改变；其二，从民事法律关系上看，擅自将受贿款进行捐赠或公务支出的行为，应当视为在处分自己的财产。受贿人事后处分受贿所得是不应当影响受贿罪认定的；其三，受贿罪所保护的客体是国家工作人员职务行为的廉洁性，并不是为了保护财产所有权关系。因此，事后的财物处理行为，不影响犯罪客体被侵犯的事实。

肯定说认为，用于公务（公益）的款项可以从受贿的总数额中加以扣减。在肯定说看来，刑法打击的重点是那些将公权变为私利、受贿据为己有的行为。对于将受贿款用于捐赠或公务开支而言，虽然它的起始行为——受贿是违法的，但整体上它的社会危害性已经被捐赠、用于公务活动的积极意义所抵消，可以免除或不予惩罚。理由如下：其一，将受贿款用于捐赠或公务开支是将公权与私欲的交易物回归于公，与将受贿款据为己有存在本质区别；如果不加区分，难以正确适用刑事政策；其二，行为人受贿后将款物用于捐赠或公务开支，证明其缺乏非法占有的故意，即使有也属于无实质后果，社会危害性明显不大，不应追究。

折中说认为，不能一概而论；部分案件中的捐赠款，是可以从受贿总额中扣减的。折中说认为，肯定说和否定说各有缺陷，应加以综合互补，区别对待。理由如

① 参见贺恒扬：《受贿犯罪及司法认定》，载《河南社会科学》，2007（6）。

② 参见于志刚：《受贿款物用于公务（公益）问题的思考》，载《人民检察》，2007（7）。

下。其一，《刑法》第 385 条第 1 款对受贿款的去向是否影响定罪没有明示，这不是立法上的疏忽。而《刑法》第 385 条第 2 款规定，“国家工作人员在经济往来中违反国家规定收受各种名义的回扣、手续费，归个人所有的，以受贿论处”。这说明了受贿罪打击的重点是将公私财物据为己有的行为。另外，《刑法》第 386 条规定，“犯受贿罪的，根据受贿所得数额及情节，依照本法第三百八十三条规定处罚”，而第 383 条中所列条款均以“据为己有”为条件，那么以第 383 条处罚亦须具有确定性前提——“据为己有”。从这一点可以看出，赃款去向对于定罪量刑虽不是决定因素，但可以具体情况具体对待。其二，肯定说和否定说从法理的角度看各有其合法性，从实践的角度看各有其合理性。持折中说的论者还对用于公务、公益的前提、标准提出了一些考量指标。

（3）单纯受贿问题

所谓单纯受贿行为，是指仅仅因职务关系，而收受他人财物，不以实施职务行为作为犯罪构成要件。对此，有论者认为，单纯受贿行为不符合受贿罪的构成要件，主要在于没有利用职务上的便利为他人谋取利益，只能当作一般违纪行为予以政纪处分，接受的财物可以予以没收，但不能当作受贿罪来处理。① 有的论者主张，对于公务活动中的单纯受贿行为，依照《刑法》第 394 条处理，即以贪污罪论处；对于非公务活动中的单纯受贿行为，在 1997 年《刑法》修改之前，可依相关法规、文件予以非刑罚处理。当然，如果受贿人的行为构成其他犯罪，比如巨额财产来源不明罪，则依刑法的相关规定论处。② 有的论者提出，关键看是否与行为人的职务因素有关。如果送礼者是因有求于对方利用职务之便为之谋利益而送，收礼者是因承诺（明示或暗示）利用职务之便为送礼者谋取利益而收，即使是以拜年、祝寿、贺喜、给压岁钱等名目所收、所送的，也是形礼而实贿；反之，如果双方是基于亲情、友情等真实的感情因素而收受礼物，即使数额再大，也是礼物而非贿赂。③ 还有的论者认为，单纯受贿行为具有严重的社会危害性和侵害国家工作人员职务行为廉洁性的实质，对其予以刑法规制具有现实意义。论者建议设置单纯受贿罪名，并明确司法认定的要件。④

（4）受贿罪的法定刑问题

有论者指出，近年来，受贿犯罪呈高发趋势，但与反腐败形势不协调的是，我国 1997 年《刑法》中对受贿罪没有一个单独的量刑标准，而是依附于贪污罪的量刑

---

① 参见蔡兴教主编：《财产贪贿犯罪的疑难和辨症》，507 页，北京，中国人民公安大学出版社，1999。

② 参见储槐植、杨书文：《公务活动中单纯受贿行为之贪污处理》，载《国家检察官学院学报》，1999（1）。

③ 参见赵长青主编：《经济刑法学》，510 页，北京，法律出版社，1999。

④ 参见张浪：《对单纯受贿行为的刑法规制》，载《淮阴师范学院学报》（哲学社会科学版），2004（4）。

标准。受贿罪与贪污罪虽同是职务犯罪行为，但却是两种截然不同的犯罪，不能将受贿罪和贪污罪的社会危害性简单等同，受贿罪不应与贪污罪适用同一罚则，刑法对受贿罪应规定独立的量刑标准。具体理由如下。其一，受贿罪与贪污罪有明显差异。从侵犯的客体上看，受贿罪侵犯的客体是国家工作人员职务行为的廉洁性，贪污罪虽然也侵犯了国家工作人员职务行为的廉洁性，但更偏重于侵犯公共财产的所有权。从主观恶意上看，贪污罪的主观恶意在于利用自己的职权侵占公共财物，有滥用职权之恶意；受贿罪的主观恶意则在于利用自己的职务之便向他人收取或索取财物，不能确认其是否滥用职权。从客观行为上看，受贿罪是犯罪主体利用本人职务或地位形成的便利条件而进行的权钱交易行为，而贪污罪是犯罪主体利用职务之便盗窃、侵吞、骗取或者以其他手段非法占有公共财物的行为。从社会危害性上看，犯罪嫌疑人贪污后如果把所贪财物退出或司法机关及时追赃，贪污罪对公共财物造成的直接或间接损失就相对减少，社会危害性就明显降低。受贿罪则不同。即便将贿款退出，也难以消除其因受贿而对职务不正当行使行为所造成的不良影响，其社会危害性依然存在。其二，对受贿罪与贪污罪适用同一罚则，违背罪刑相适应的刑法基本原则。受贿罪不同于贪污罪，并且受贿罪所造成的社会危害性和社会影响要比贪污罪严重，因此对受贿罪比照贪污罪来量刑，这是不合理的，在一定意义上讲是对受贿犯罪的放纵，没有体现罪刑相适应这一刑法基本原则，难以有针对性地惩治受贿犯罪，难以对受贿犯罪进行有效的震慑和预防。其三，以犯罪数额为标准的罚则忽略了受贿犯罪中为他人谋取利益的社会危害性。虽然在受贿罪中，为他人谋取利益是否正当或是否实现，不影响受贿罪的成立，但它在一定意义上反映了受贿犯罪的社会危害性。受贿数额只是受贿犯罪社会危害性的一个情节。因此，对于受贿罪，刑法应单独设立罚则，对受贿行为的不同情节及后果作出明确区分，从而确立轻重不同的法定刑档次，做到罚当其罪。具体可以以受贿数额为主要标准，并将“为他人谋取利益”的情况作为法定的定罪量刑情节，确定受贿罪的刑罚。①

（三）单位受贿罪

1. 国有单位的内设机构作为单位受贿罪主体的问题

2006年9月12日最高人民检察院研究室《关于国有单位的内设机构能否构成单位受贿罪主体问题的答复》指出，“国有单位的内设机构利用其行使职权的便利，索取、非法收受他人财物并归该内设机构所有或者支配，为他人谋取利益，情节严重的，依照《刑法》第三百八十七条的规定以单位受贿罪追究刑事责任。上述内设机构在经济往来中，在账外暗中收受各种名义的回扣、手续费的，以受贿论。”这种非正式的司法解释对于司法实践中认定单位贿赂犯罪具有直接的指导意义，但并没有完全平息刑法学界关于单位内设机构能否成为单位贿赂犯罪主体的争论。有论者对解释的合理性和科学性提出质疑：首先，把单位的内设机构作为单位对待，不符合

① 参见李积国：《受贿罪不应与贪污罪适用同一量刑标准》，载《人民检察》，2008（11）。

刑法用语的逻辑含义；其次，单位的内设机构通常并不具有承担法律责任的能力，难以成为单位犯罪的主体；再次，对单位内设机构受贿不以单位受贿罪论处，并不意味着对这种行为不能追究。从实质上看，内设机构受贿，实际上是一种自然人共同受贿的行为。①

2. 单位受贿罪的客体

关于单位受贿罪的客体问题，理论上存在不同看法。

第一种观点认为，单位受贿罪的客体是国家机关、国有公司、企业、事业单位、人民团体的正常活动。②

第二种观点认为，单位受贿罪的客体为国家廉洁制度。其中，索贿的，还会侵犯他人（包括个人或单位）的财产所有权。③

第三种观点认为，单位受贿罪的客体是国家机关、国有公司、企业、事业单位、人民团体职务活动的廉洁性和公私财产所有权。④

第四种观点认为，单位受贿罪的客体是国家机关、国有公司、企业、事业单位、人民团体的正常管理活动。⑤

（四）行贿罪

1. 行贿罪中的“为谋取不正当利益”

(1)“不正当利益”的界定

对此，存在以下几种观点。

第一，非法利益说。该观点认为，不正当利益就是指非法利益，即违反法律、法规和政策所取得的利益。⑥ 此观点源自 1985 年《关于办理经济犯罪案件具体应用法律若干问题的解答（试行）》。该司法解释明确规定行贿罪的构成要件之一就是行为人“为谋取非法利益”。

第二，手段不正当说。该观点认为，对于不正当利益应从广义的角度去解释，它只是区别于国家、集体、他人利益的中性概念。只要是采取行贿手段谋取的利益，无论是合法利益还是非法利益，都可以认定为“不正当利益”。⑦ 据此，不正当利益不仅指非法利益，而且包括采取不正当的手段获得的利益以及不确定的合法利益。

第三，受贿人是否违背职务说。该观点认为，不正当利益应从受贿人为行贿人

---

① 参见张智辉：《单位贿赂犯罪之检讨》，载《政法论坛》，2007 (6)。

② 参见杨春洗、杨敦先主编：《中国刑法论》，2 版，631 页，北京，北京大学出版社，1998。

③ 参见赵长青主编：《刑法学》(下)，961 页，北京，法律出版社，2000。

④ 参见孙力主编：《公务活动中犯罪界限的司法认定》，532 页，北京，中国检察出版社，2000。

⑤ 参见于志刚主编：《多发十种职务犯罪的定罪与量刑》，352 页，北京，中国方正出版社，2001。

⑥ 参见赵长青主编：《贿赂罪个案研究》，191 页，成都，四川大学出版社，1991。

⑦ 参见张穹主编：《职务犯罪概论》，186～187 页，北京，中国检察出版社，1991；陈兴良：《刑法疏议》，639 页，北京，法律出版社，1997。

谋取利益是否违背职务加以限定。①

第四，不应当得到的利益说。该观点认为，不正当利益是非法利益或其他不应当得到的利益。非法利益，即违反法律、法规和政策所取得的利益；其他不应当得到的利益，主要是指违反社会主义道德而取得的利益。②

1999 年 3 月 4 日最高人民法院、最高人民检察院《关于在办理受贿犯罪大要案的同时要严肃查处严重行贿犯罪分子的通知》将“不正当利益”分为以下两种情况：一是“违反法律、法规、国家政策和国务院各部门规章规定的利益”；二是“国家工作人员或者有关单位提供违反法律、法规、国家政策和国务院各部门规章规定的帮助或者方便条件”。显然，这里在一定程度上采纳了前述的“受贿人是否违背职务说”。

（2）“经济行贿”是否以“为谋取不正当利益”为构成要件

《刑法》第 389 条第 2 款规定：“在经济往来中，违反国家规定，给予国家工作人员数额较大的财物或者各种名义的回扣、手续费的，以行贿论处。”该款是关于经济行贿的规定。由于“经济行贿”在字面上并无“不正当利益”之限制，有论者认为经济行贿不以“为谋取不正当利益”为构成要件，不论利益是否正当都可以构成行贿罪。③ 而有的论者则认为，一般行贿发生于国家管理活动中，经济行贿发生于经济来往中。显然，前者的危害性远大于后者。但一般行贿尚且必须以“不正当利益”为限制，而经济行贿却反而不受此限制，这在法理上是无论如何也说不通的，立法也决不会出现如此明显、荒唐的疏漏。原因只有一个：经济行贿所要谋取的利益，除少部分如推销假冒伪劣产品属于非法利益以外，其他绝大多数都属于需要依靠竞争才能取得的“不确定利益”，而在立法者看来，以行贿手段取得“不确定利益”，其性质当然就是不正当利益。实际上，立法者的这种逻辑思路已经在条文中明显地体现出来了，“违反国家规定”，给予国家工作人员回扣等，就是意图谋取不正当利益，因此应以行贿论处。④

（3）“为谋取不正当利益”是否应规定为行贿罪的构成要件

对此，有以下两种观点。

肯定说认为，将“为谋取不正当利益”规定为行贿罪的构成要件，是妥当的。其理由是：首先，贿赂犯罪的本质特征就是“权钱交易”。如果行为人给予国家工作人员财物是为了满足自己的合法利益，那么就不存在“权钱交易”的性质，因为该利益是行为人本来就应该得到的。其次，将“为谋取不正当利益”作为行贿罪的必

---

① 参见肖扬主编：《贿赂犯罪研究》，273 页，北京，法律出版社，1994。

② 参见尉文明：《经济犯罪新论》，251 页，青岛，海洋大学出版社，1991。

③ 参见冯菁：《行贿罪若干问题的探讨》，载《社会科学》，2000（11）；黄道城等：《论行贿罪》，载《河北法学》，1998（3）。

④ 参见邹志宏：《以行贿手段谋取的“不确定利益”属于不正当利益——兼评关于不正当利益的司法解释》，载《国家检察官学院学报》，2001（3）。

备要件符合刑事立法的谦抑性原则。虽然为了谋取正当利益而行贿也具有违法性，但其社会危害性尚未达到必须动用刑罚的程度。最后，“为谋取不正当利益”作为行贿罪的必备要件也是出于刑事政策的考虑。①

否定说认为，“为谋取不正当利益”不应规定为行贿罪的构成要件。在否定说的内部，也存在不同的认识：有的论者指出，行贿人为谋取正当利益而行贿的，也应构成行贿罪。行贿者具有谋取利益的目的，利益既包括不正当利益，也包括正当利益；谋取利益的性质不影响行贿罪的构成。行贿人行贿的目的往往是为了获取非法的或者不正当的利益，明知通过正常途径无法实现，但巨大的利益又诱惑着行为人，使其不惜付出一定代价，以给付财物为手段，贿赂权力人以达到获取非法利益的目的。实践中也存在行为人需要实现正当的、合法的利益但唯恐相关权力人设置障碍，不能顺利实现其应得的利益，便向特定的国家工作人员给付财物的情形。在这种情形下行贿人并非心甘情愿，但无论如何行贿行为都损害了国家及国家机关的荣誉和威信，破坏了社会主义公务活动的廉洁性。因此，为实现正当利益而行贿的，也应构成行贿罪。但是，如果国家工作人员利用职务上的便利勒索财物，行贿人被迫交付财物的，不构成行贿罪。② 还有的论者主张，我国刑法把“为谋取不正当利益”规定为行贿罪的构成要件之一，是不科学的。是否为谋取不正当利益可以作为处罚时考虑主观恶性大小、刑罚轻重的一个量刑情节，但不宜作为是否构成犯罪的一个必备要件。主要理由是：行贿行为的危害性不应取决于行贿人有无谋取不正当利益，而在于它是否破坏了国家工作人员职务行为的廉洁性；“为谋取不正当利益”在司法实践中难以认定；从文字表述上看，外国刑法中几乎都未将“谋取不正当利益”作为行贿罪的构成要件。③

2. 行贿罪的客观方面

根据我国刑法规定，行贿罪在客观方面具体表现为给予国家工作人员财物和在经济往来中违反国家规定给予国家工作人员回扣、手续费。所谓给付，只能是实际交付，即将财物提交给国家工作人员。有的论者认为，行贿并非某一具体的自然动作，而是一系列行为的过程，包括行求、期约、交付三个阶段，当然对于某一具体行贿行为来说不一定都具备三者。在确定行贿行为所处阶段时，应以高度行为吸收低度行为。行贿人未交付财产，但有行求或期约行为的，也可构成行贿罪。④ 而有的论者则认为，给予只能是实际交付，不包括行求或期约，后者只是两种程度不同的犯罪预备行为，这是我国刑法不同于某些国家或地区刑法规定的地方。从完善立法，更全面地惩治行贿犯罪的角度，今后将行贿行为具体规定为行求、期约和交付

---

① 参见李希慧主编：《贪污贿赂罪研究》，245～246页，北京，知识产权出版社，2004。

② 参见周振想主编：《公务犯罪研究综述》，236页，北京，法律出版社，2005。

③ 参见袁力：《浅论行贿罪的立法完善》，载《上海公安高等专科学校学报》，2004 (1)。

④ 参见吕继贵：《罪与罚——渎职罪的理论与实践》，29页，上海，上海社会科学院出版社，1988。

也是可行的。①

3. **行贿罪的客体**

关于行贿罪的客体，存在以下几种观点。

第一种观点认为，行贿罪侵犯的客体是国家机关的正常活动。理由是，行贿人为谋取不正当利益而用钱财收买、腐蚀国家工作人员，必然干扰和破坏国家机关的正常管理活动（包括国家正常的经济管理活动）。②

第二种观点认为，行贿罪侵犯的客体是社会管理秩序。理由是，从立法技术角度看，我国刑法对犯罪客体同为国家机关正常活动的犯罪在归类上是有区别的，除复杂客体按其主要客体归类外，又分为两类：一是国家工作人员职务上侵害国家机关正常管理活动的犯罪，归于渎职罪；二是一般主体侵害国家机关正常管理活动的犯罪，归于妨害社会管理秩序罪一类。行贿罪是一般主体犯罪，因而其侵害的是国家的社会管理秩序。③

第三种观点认为，行贿罪侵犯的客体是复杂客体，而且具体案件不同，其侵犯的直接客体也不同。理由是：行贿人对客体的侵犯通过受贿人来加以实现。在受贿人违背职务的情况下，行贿罪主要侵犯国家机关的正常活动；不违背职务的情况下，则主要侵害社会风尚。1982年全国人大常委会《关于严惩严重破坏经济的罪犯的决定》把贿赂犯罪列为严重破坏经济犯罪之一，所以行贿罪又是一种经济犯罪，其侵害的客体是社会主义经济秩序。在有些情况下，行贿人往往以小钱收买国家工作人员以换取更大的利润，化国家、集体财产为私有，这时，行贿罪侵犯的客体是公私财产所有权。④

第四种观点认为，行贿罪侵犯的客体是国家工作人员职务的廉洁性和国家机关的正常活动。理由是：行贿者以财物收买国家工作人员，目的是以钱换权，使国家工作人员能用权力为自己某私利，这直接构成对国家工作人员职务行为廉洁性的侵犯，也同时妨害了国家机关的正常活动。⑤

第五种观点认为，行贿罪的直接客体是国家工作人员职务行为的廉洁性。理由是：行贿罪对公务人员予以贿赂收买，引诱其违背职责为行贿人谋取不正当利益。这种行为一经实施，不管公务人员是否接受贿赂，或是否为行贿人谋利，其思想都会不同程度地受到腐蚀和影响，其职务行为的廉洁性也受到侵害。至于其他各种后果，均是公务人员的职务廉洁性受到侵害后所造成的间接损失，而非直接客体。⑥

---

① 参见李希慧主编：《贪污贿赂罪研究》，257～258页，北京，知识产权出版社，2004。

② 参见张穹主编：《职务犯罪概论》，185页，北京，中国检察出版社，1991。

③ 参见陈为：《对贿赂罪的两点立法建议》，载《山东法学》，1990（2）。

④ 参见梁彤：《行贿罪侵犯的客体和主观要件》，载《法学》，1988（9）。

⑤ 参见郑广宇：《贪污贿赂渎职侵权罪案定罪证据解析》，100页，北京，中国检察出版社，2002。

⑥ 参见刘佑生主编：《职务犯罪研究综述》，100～101页，北京，法律出版社，1996。

该观点也是目前理论界的通说。

第六种观点认为，行贿罪所侵犯的客体是国家的廉政制度。①

第七种观点认为，行贿罪所侵犯的客体是国家工作人员职务行为的不可收买性。理由是：职务行为的廉洁性主要包括职务行为的不可收买性和职务行为的公正性两个方面。行贿罪应当只侵犯职务行为的不可收买性，并不一定侵犯职务行为的公正性。②

4. 行贿罪的既遂与未遂

关于行贿罪的既遂与未遂的标准，在刑法理论上认识不一，主要存在以下观点。

第一种观点认为，应以行为人实施给付财物的行为作为既遂的标志，但不要求对方实际接受贿赂。即行为人只要是为了使特定对象为其谋取不正当利益，而将一定数额的财物送给该特定对象，就成立行贿既遂，而不论对方是否实际接受所送财物。

第二种观点认为，应以行贿人实际给付财物，并请求受贿人为其谋取不正当利益，作为行贿罪既遂的标准，但不要求谋取不正当利益的目的一定达到。理由是：行贿罪具有诱惑性和腐蚀性的特点，而国家工作人员职务上必须保持廉洁。行贿人以财物收买国家公职人员使之丧失原则性，败坏党风和社会风气，客观上起到破坏国家机关正常活动的作用。因此，即使行贿后尚未从中谋取不正当利益，仍应以行贿罪既遂认定。

第三种观点认为，应以受贿人实际为行贿人谋取不正当利益作为行贿罪既遂的标准。理由是，构成行贿罪的法定条件，一是给付受贿人财物；二是为谋取不正当利益。这里给付财物并非行贿人的最终目的，其目的是通过受贿人渎职为其谋取不正当利益，而使国家机关的正常活动受到侵害。因此，应以行贿人谋取不正当利益的目的是否达到作为对行贿罪既遂与未遂的标准，达到目的的为既遂，反之为未遂。

第四种观点主张对行贿罪既遂与未遂，应分不同情况来处理。对为今后获取不正当利益而预先给付财物的，以是否给付财物为既遂、未遂的区分标准；对先已获取不正当利益，然后给付财物的，以是否获取不正当利益为行贿罪既遂、未遂的区分标志。理由是，行贿罪侵犯的客体不仅仅是国家机关等的正常活动，同时还包括社会风尚。行为人不论是给付财物，还是获取不正当利益，都属于行贿罪的客观要求，都侵害行贿罪的客体，因而只要其中一个行为实施完毕，就应视为既遂；因行为人意志以外的原因未得逞的，为未遂。③

（五）介绍贿赂罪

1. 介绍贿赂罪的主观方面

关于介绍贿赂罪是否以谋取非法利益为犯罪目的的问题，学界存在不同认识。

---

① 参见苏惠渔主编：《刑法学》，877页，北京，中国政法大学出版社，1999。

② 参见李希慧主编：《贪污贿赂罪研究》，240页，北京，知识产权出版社，2004。

③ 参见刘佑生主编：《职务犯罪研究综述》，104页，北京，法律出版社，1996。

肯定说认为，促使行贿与受贿的实现，仅仅是介绍人获取非法利益的手段；通过撮合从中获取非法利益，才是介绍贿赂的根本目的。① 还有的支持肯定说的论者认为，介绍贿赂罪介于行贿罪与受贿罪之间，在犯罪构成及社会危害性程度上，三者皆紧密联系，构成一个阶梯性的犯罪体系。尽管刑法明文规定了行贿罪的犯罪目的，受贿罪的立法规定中也隐含着犯罪目的，而对介绍贿赂罪的犯罪目的刑法既未作明文规定，从语义上也看不出有所隐含，但从法律解释学的角度出发，介绍贿赂罪也应该具有犯罪目的才是正确地反映了立法原意和这三罪的构造关系层次。同时，将介绍贿赂罪的犯罪目的界定为谋取经济利益，并将该目的解释为情节严重之情形之一，较为科学。② 否定说则认为，是否具有为本人牟取私利的目的，不是构成本罪的必备要件，有时候行为人可能是出于亲友情面或者讨好他人等原因而居间介绍。③ 有论者支持否定说，提出如下理由：无论 1979 年《刑法》还是 1997 年《刑法》都未将“为谋取非法利益”规定为本罪的必备要件。虽然 1985 年最高人民法院、最高人民检察院《关于当前办理经济犯罪案件具体应用法律的若干问题的解答（试行）》中曾规定此目的，但是该司法解释的合法性本身是值得怀疑的，因为刑事立法并没有规定本罪要求具备“为谋取非法利益”，司法解释却擅自添加这一构成要件，显然属于越权解释，当属无效。随着 1997《刑法》出台，该解释也就失效了。在司法实践中，介绍贿赂的动机、目的多种多样，如巴结权势、联络感情、讲情义、贪财牟利等等。④

2. 介绍贿赂罪与行贿罪、受贿罪的共犯

（1）介绍贿赂罪与行贿罪、受贿罪共犯的关系

对此，理论上有不同认识。

“同一论”认为，介绍贿赂罪实际上就是行贿、受贿的帮助行为。在行贿、受贿之间，行为人总是倾向性地帮助某一方，进而或者成立行贿罪的共犯，或者成立受贿罪的共犯。⑤

“区别论”认为，介绍贿赂行为的目的本身不是行贿也不是受贿，而是旨在帮助行贿、受贿双方建立贿赂联系，其结果是不仅对行贿的实现起促成作用，同时对受贿的实现也起促成作用，既不能将其单纯地看成是行贿罪的帮助犯、教唆犯，也不能单纯地看成是受贿罪的帮助犯、教唆犯。介绍贿赂人主观上有独立的故意即介绍

① 参见伍柳村主编：《贿赂罪个案研究》，223 页，成都，四川大学出版社，1991。

② 参见赵香如：《介绍贿赂罪应为目的犯——兼谈受贿罪的犯罪目的》，载《湖南第一师范学报》，2004（3）。

③ 参见陈正云、钱舫：《国家工作人员职务经济犯罪的定罪与量刑》，351 页，北京，人民法院出版社，2000。

④ 参见李希慧主编：《贪污贿赂罪研究》，269～270 页，北京，知识产权出版社，2004。

⑤ 参见朱铁军：《介绍贿赂罪与行贿、受贿共犯界限之分析——由浙江腐败“名托”被判刑所引发的思考》，载《中国刑事法杂志》，2003（1）。

贿赂的故意，客观上具有独立的行为即介绍贿赂行为。因此，对于行为人与行贿人、受贿人没有形成共同故意的，即使行为人因介绍贿赂得逞而从行贿方或者受贿方接受一定中介费用，也只能以介绍贿赂罪论处，而不能以行贿罪或受贿罪的帮助犯或教唆犯论处。但是，对于有些人既是行贿或受贿犯罪的帮助者、教唆者，又在行贿人与受贿人之间起牵线搭桥的促成作用，具有行贿或受贿的共同故意的，应以行贿罪或受贿罪的共同犯罪论处。①

（2）介绍贿赂罪与行贿罪、受贿罪共犯的区别

对此，理论上有不同观点。

第一种观点认为，是独立的介绍贿赂行为还是行贿、受贿的帮助犯，应根据主观目的的不同分析。介绍贿赂的行为人主观目的只是为行贿、受贿的实现沟通关系、撮合条件，他本身没有行贿、受贿的目的，如有此目的就成了行贿、受贿的共犯了。②

第二种观点认为，介绍贿赂的特殊性表现在，介绍贿赂者不是在帮助行贿或受贿一方，而是在帮助行贿、受贿的双方，是一种双向的帮助犯。行为人如果依附于一方，纯粹是为一方出谋划策的，则构成受贿或行贿的共犯。可见，抓住双向帮助还是单向帮助这个关键，介绍贿赂与行贿、受贿的一般帮助犯是可以区分的。③

第三种观点认为，帮助受贿并参与分赃（实际分得受贿款物）的，成立受贿罪的共犯；帮助行贿并为了谋取自己的不正当利益的，成立行贿罪的共犯；帮助受贿但没有分赃、帮助行贿却不是为了谋取自己的不正当利益的，成立介绍贿赂罪。④

第四种观点认为，根据刑法分则关于行贿罪、受贿罪的规定以及刑法总则关于共同犯罪成立条件的规定，凡是行贿罪、受贿罪的帮助行为，都是行贿罪、受贿罪的共犯行为，理当分别认定为行贿罪与受贿罪，而不得认定为介绍贿赂罪。如果某行为同时对行贿、受贿起帮助作用，则属于一行为触犯数罪名，应从一重处罚，也不宜认定为介绍贿赂罪。根据刑法的规定，只有情节严重的介绍贿赂行为，才成立本罪。而刑法之所以要求情节严重，显然是因为介绍贿赂行为本身对法益的侵犯性还没有达到应当追究刑事责任的程度；否则立法者不会设置“情节严重”的规定。既然如此，介绍贿赂行为本身应当仅限于相对轻微的行为。因此，所谓“向国家工作人员介绍贿赂”，是指行为人明知某人欲通过行贿谋求国家工作人员的职务行为，

---

① 参见陈正云、文盛堂主编：《贪污贿赂犯罪认定与侦查实务》，119～120页，北京，中国检察出版社，2002。

② 参见杨兴国：《贪污贿赂罪法律与司法解释应用问题解疑》，283～284页，北京，中国检察出版社，2002。

③ 参见孙国祥：《贪污贿赂犯罪疑难问题学理与判解》，469～470页，北京，中国检察出版社，2003。

④ 参见周道鸾、张军主编：《刑法罪名精释》，927页，北京，人民法院出版社，1998。

而向国家工作人员提供该信息；在此基础上，情节严重的才成立介绍贿赂罪。①

3. 介绍贿赂罪的既遂与未遂的区分标准

对此，存在以下几种不同观点。

建立联系说认为，介绍贿赂的既遂应以行贿与受贿双方之间建立了贿赂的联系为标准，而不论行贿与受贿行为所追求的结果是否达到。只有当被介绍贿赂的行贿方或受贿方拒绝了贿赂介绍，才是介绍贿赂未遂。②

贿赂实现说认为，介绍贿赂罪的既遂标准是行贿、受贿得以实现。因为介绍贿赂罪是行为犯，行为犯的既遂以行为的实施完毕为标准。介绍贿赂行为的完成自然是以贿赂的实现为结束。当然，这里的行贿、受贿得以实现，不是指行贿罪和受贿罪的成立，而是指行贿者送出财物，受贿者得到财物。③

谋取非法利益说认为，行为人只要客观上为行贿、受贿极力沟通、撮合，并从中获取了数额较大的非法所得，就完全具备了介绍贿赂罪的主客观要件，应构成介绍贿赂罪的既遂。④

4. 介绍贿赂罪的存废

对此，存在以下两种不同观点。

保留说认为，虽然介绍贿赂罪有依存于行贿罪或受贿罪的特点，但它并不因之失去自己的个性和存在的根据。将介绍贿赂行为独立成罪，主要有如下理由。①从共同故意犯罪来看，介绍贿赂罪不是贿赂犯罪中的共同犯罪。因为介绍贿赂罪与行贿罪或者受贿罪的主观目的和故意内容是不同的，贿赂双方是为了谋取不正当利益或者非法利益；介绍贿赂行为本身也不是行贿或受贿行为，而是促成贿赂行为进行的中介活动。②从介绍贿赂罪的具体构成来看，它也是独立于行贿罪和受贿罪的。③立法上已将介绍贿赂行为规定为独立罪名。④将介绍贿赂行为作为贿赂共犯处理，会产生难以定性、难以区别主从犯、难以正确适用刑罚、受贿主体上的混乱等弊端。⑤

废除说实际上可以细分为两种意见。第一种意见是非犯罪化思路，即不将介绍贿赂行为作为犯罪处理。理由是：实践中很少将介绍贿赂行为作为犯罪处理；介绍人对贿赂犯罪所起的作用很小；社会危害性小；难以与居间活动分开；国外绝大多数立法没有设立该罪。第二种意见是贿赂共犯思路，即认为介绍贿赂行为可以根据

---

① 参见张明楷：《受贿罪的共犯》，载《法学研究》，2002（1）。

② 参见刘光显、张泗汉主编：《贪污贿赂罪的认定与处理》，410页，北京，人民法院出版社，1996。

③ 参见赵秉志主编：《疑难刑事问题司法对策》，第2集，345页，长春，吉林人民出版社，1999。

④ 参见伍柳村主编：《贿赂罪个案研究》，224页，成都，四川大学出版社，1991。

⑤ 参见刘光显：《贪污贿赂罪的认定与处理》，407～408页，北京，人民法院出版社，1996；王礼仁：《我国贿赂犯罪的立法现状与完善》，载《法学评论》，1997（1）。

刑法总则关于共同犯罪的规定以行贿罪或受贿罪的共犯处罚，根本没有必要单独设定介绍贿赂罪。主要理由有：①介绍贿赂罪在司法实践中几乎没有实例，罪名不切实际；②介绍贿赂的行为实质上是共同犯罪的一种形式，在受贿与行贿之间，总是有倾向性地代表某一方，或者是受某一方的委托进行活动。对介绍贿赂的，根据其具体活动，按照受贿或者行贿的共犯处理。① 有的支持第二种意见的论者指出，介绍贿赂罪这一罪名的存在与我国严厉打击贿赂犯罪的刑事政策相矛盾，也与罪责刑相适应这一刑法基本原则相违背，现行标准也无法明确划清本罪与贿赂犯罪共犯的界限，设立本罪还使刑法中同类行为在刑法上得到不同处理。从国外刑事立法看，绝大多数国家刑法中均无此罪名。从刑事立法的科学性上看，应当取消介绍贿赂罪的罪名，对其以贿赂犯罪的共犯论处。

（六）非国家工作人员受贿罪

1.《刑法》第163条第3款、第184条第2款的价值

《刑法》第163条第3款规定，国有公司、企业中从事公务的人员和国有公司、企业委派到非国有公司、企业从事公务的人员有前两款行为的，依照本法第385条、第386条的规定定罪处罚。《刑法》第184条第2款规定国有金融机构工作人员和国有金融机构委派到非国有金融机构从事公务的人员有前款行为的，依照本法第385条、第386条的规定定罪处罚。上述两条款的本质就是公司、企业中的具有国家工作人员身份的人不能成为非国家工作人员受贿罪的主体，只能成为受贿罪的主体。有的论者建议，在修订《刑法》时删去上述类似条款，因为《刑法》第163条第3款、第184条第2款的规定不符合刑法简洁性原则，没有必要予以规定。②

2.非国家工作人员受贿罪的主体

（1）主体范围的扩大问题

非国家工作人员受贿罪是《刑法修正案（六）》对1997年《刑法》第163条公司、企业人员受贿罪的主体范围加以扩大后所形成的罪名。在修改以前，有论者提出原第163条仅将犯罪主体规定为公司、企业的工作人员，而没有将其他单位的人员（如事业单位及社会团体中不属于国家工作人员的人员、村（居）民委员会等基层组织人员）包括在内，因此会导致非公司、企业的单位人员利用职务上的便利收受贿赂的行为无法处理。这一漏洞需要通过修改刑法对公司、企业受贿罪的规定，扩大其犯罪主体的范围来解决。③ 还有的论者认为，应修改《刑法》第163条的公司、企业人员受贿罪这一罪名，设立公司、企业、其他组织人员受贿罪。法条如此修改以后，最高人民检察院关于“佛教协会工作人员能否构成受贿罪或者公司、企业人员受贿罪主体问题的答复”等也都应相应作出修正，佛教协会工作人员的收受

---

① 参见肖扬主编：《贿赂犯罪研究》，330页，北京，法律出版社，1994。

② 参见陈炜、刘期湘：《论公司、企业人员受贿罪的若干问题》，载《法学评论》，2005（2）。

③ 参见朱建华：《论公司、企业人员受贿犯罪主体的立法完善》，载《现代法学》，2005（6）。

贿赂行为，也就相应的成立其他组织人员受贿罪。同时，这样，足球裁判的受贿行为则也可以以其他组织人员受贿罪处理。①

（2）公司、企业的工作人员的内涵

对此，主要有狭义说和广义说之争。狭义说主张，这里的“工作人员”不是泛指一切工作人员，而是指公司、企业内部的具有某些管理地位的工作人员。广义说认为，本罪中的“工作人员”包括一切工作人员，并不限于具有管理地位的人。有的论者赞同狭义说，理由如下。第一，本罪的客体是公司、企业的管理秩序。单纯从事劳务的工作人员的受贿行为并不能侵犯公司的管理秩序。第二，只有采用狭义主体说，才可能合理解释《刑法》第163条规定的“利用职务便利”。如果说本罪的主体可以包括公司、企业的所有工作人员的话，刑法就根本没有必要设立“利用职务便利”的规定。单纯从事劳务的人根本没有“职务”可以利用。第三，从历史上看，我国1997年《刑法》对该罪确立的前身——1993年12月29日通过的《中华人民共和国公司法》第214条规定和《关于惩治违反公司法的犯罪的决定》第9条规定都要求该罪的主体具有一定的身份。② 有的论者认为，本罪的主体不是经济组织中所有的工作人员，而是在经济组织中享有一定权利和承担一定义务的工作人员，如管理人员和业务人员等。单纯从事劳务性质的人员显然不属于“工作人员”的范围。③

（3）“其他单位”的理解问题

《刑法修正案（六）》在《刑法》第163条的犯罪主体中增加了“其他单位”的规定，以概括类似的犯罪主体。有的论者认为，“其他单位”至少应该包括以下市场主体：非营利性社会组织；社会事业单位；承担资产评估、验资、验证、会计、审计、法律服务职责的中介组织。④

3. 非国家工作人员受贿罪的既遂与未遂的区分标准

关于公司、企业或者其他单位人员受贿罪的既遂与未遂问题，刑法理论上主要有三种观点⑤。

第一种观点认为，本罪的既遂应从受贿人作出承诺时算起。行为人一旦作出承诺为他人谋取利益，即构成本罪的既遂；反之，构成本罪的未遂。

第二种观点认为，本罪的既遂应以受贿人是否为行贿人谋取利益为标准。如果行为人已为行贿人谋取了利益，行为人即构成本罪的既遂；反之，如果行为人只是承诺为他人谋取利益但尚未实际实施具体行为，或者未能实际为他人谋取利益，就

---

① 参见阮传胜：《建议设立公司、企业、其他组织人员受贿罪》，载《法学》，2003（10）。

② 参见陶峰：《公司、企业人员受贿罪主体的界定》，载《郑州航空工业管理学院学报》（社会科学版），2007（6）。

③④ 参见周茂玉：《“公司、企业人员受贿罪”有关问题探讨》，载《理论探索》，2008（1）。

⑤ 参见赵秉志主编：《犯罪停止形态适用中的疑难问题研究》，317页，长春，吉林人民出版社，2001。

被司法机关查处的，构成本罪的未遂。

第三种观点认为，本罪的既遂与未遂应当取决于受贿人是否实际收受了财物。行为人只有在已经实际收受了行贿人数额较大的财物的情况下，才能构成本罪的既遂；如果行为人只是承诺为他人谋取利益或者虽已为他人谋取了利益，但并未实际取得行贿人事先所答应给予的财物的，构成本罪的未遂。

4. 非国家工作人员受贿罪与非罪的界限

我国论者一般认为，非国家工作人员受贿罪与非罪的区分关键，一方面是要把握行为人索贿或者非法收受贿赂是否达到数额较大。如果数额尚未达到较大，则不能以犯罪论处。另一方面，是要划清受贿罪与接受合理报酬、礼节性馈赠的界限。区分合理报酬与受贿的关键在于是否为政策、法律所许可。区分礼节性馈赠与受贿的关键则在于查明送、收双方当事人的主观意图、行为人是否利用职务上的便利为他人谋取利益、数额是否达到较大的程度。在一些经营活动中，有些公司明确准许其工作人员收取一定比例的回扣、手续费。只要这些规定不违反国家有关规定，则其工作人员的收受回扣、手续费的行为，就不应以公司、企业人员受贿罪论处。①

还有的论者列举了下列行为不构成本罪：受人请托为其办事，没有利用自己的职权的；接受亲友馈赠，而没有利用职权为其办事的；在业余时间，利用自己的知识、技能为他人服务，接受合理的劳务报酬的；在业余活动中收受折扣、手续费交单位入账，未占为己有的；收受贿赂数额未达到较大的。②

5. 非国家工作人员受贿罪与受贿罪的界限

有的论者指出，两者的区别主要表现在犯罪主体上。本罪的主体是公司、企业或者其他单位的工作人员，是非国家工作人员；受贿罪的主体是国家工作人员。由于行为主体的不同身份所带来的两者的另外一个区别就是行为人利用职务上的便利的内容不同：受贿罪的行为人所利用的职务上的便利带有某种国家意志，在更大程度上是一种职权的便利；而本罪的主体所利用的职务上的便利则是本职工作岗位上处理事务的方便条件，不具有国家意志性。③

（七）对非国家工作人员行贿罪

理论界一般认为，认定本罪，要注意区分两方面的界限。一是要区分行贿与正常的馈赠的界限。这里的关键在于判明行为人主观上是否具有谋取不正当利益的目的。如果行为人主观上具有谋取不正当利益的目的，并且给予了公司、企业人员数额较大的财物，则构成向公司、企业人员行贿罪。如果行为人主观上不具有谋取不正当利益的目的，或是出于恳求对方为其办理政策、法律许可的范围内的事情，或

---

① 参见赵秉志主编：《刑法新教程》，529页，北京，中国人民大学出版社，2001；高铭暄、马克昌《刑法学》（下），706页，北京，中国法制出版社，1999。

② 参见王作富主编：《刑法》，298～299页，北京，中国人民大学出版社，2000。

③ 参见王海涛主编：《刑法修正案（六）罪名图解与案例参考》，88页，北京，中国法制出版社，2006。

是出于答谢对方为其办理了政策、法律许可的范围内的事情，或是出于联络感情、增加友谊的目的，而给予公司、企业人员一定数量财物的，则不构成向公司、企业人员行贿罪。二是要严格区分行贿罪与一般行贿行为的界限，其关键在于数额是否达到较大的程度。①

还有的论者指出，因被公司、企业人员勒索给予财物而没有获取不正当利益的，不能视为行贿。对此，虽然《刑法》第 164 条未作明确规定，但是按照《刑法》第 389 条第 3 款关于“因被勒索给予国家工作人员财物，没有获得不正当利益的，不是行贿”之规定及其精神，因被公司、企业人员勒索而给予其财物并没有获取不正当利益的，同样不构成犯罪。②

（八）商业贿赂犯罪

1. 商业贿赂犯罪的概念界定

对此，存在以下主要观点。

第一种观点认为，商业贿赂犯罪是指发生在商品购销过程中的犯罪。商业贿赂犯罪是一种新型经济犯罪，具有严重的社会危害性。1979 年《刑法》尚未对此做出专门规定，1993 年《反不正当竞争法》将商业贿赂作为一种不正当竞争行为明确予以禁止，1995 年《关于惩治违反公司法的犯罪的决定》第 9 条规定了公司董事、监事、职工受贿罪，但这并不能完全涵括商业贿赂。③

第二种观点认为，商业贿赂犯罪是经营者在账外暗中给付交易对方一定财物或其他利益的行为，因此在外延上只包括《刑法》第 163 条规定的公司、企业人员受贿罪和第 164 条对公司、企业人员行贿罪。④

第三种观点认为，只要是以贿赂手段得到获取商业利益的机会，不管贿赂主体或对象是谁，都应视其为商业贿赂，所以商业贿赂犯罪所涉罪名包括《刑法》第 163、第 164 条规定的罪名，也包括刑法分则第八章“贪污贿赂罪”中规定的各种贿赂犯罪的罪名。⑤ 这种观点在实务中是多数说，目前各种媒体、党政文件以及刑事追诉程序中所使用的“商业贿赂”就是广义的商业贿赂。

论者们大多承认商业贿赂犯罪并非规范的法律术语，也非规范的法定罪名，因此，对商业贿赂犯罪的概念存在多种归纳与解释。有论者提出，在犯罪名称内涵层面上对商业贿赂犯罪的概念作出明确的界定，既是困难的，也是没有必要的，重要

---

① 参见赵秉志主编：《刑法新教程》，530～531 页，北京，中国人民大学出版社，2001。

② 参见黄京平主编：《破坏市场经济秩序罪研究》，272 页，北京，中国人民大学出版社，1999。

③ 参见李卫红、张国宏：《论商业贿赂犯罪》，载《中外法学》，1996（2）。

④ 参见陈家林：《日本刑法中的商业贿赂犯罪及对我国的启示》，载《山东警察学院学报》，2006（3）。

⑤ 参见童德华：《完善商业贿赂犯罪立法之思考》，载《山东警察学院学报》，2006（3）；柳忠卫：《商业贿赂罪之刑法本体界定》，载秦瑞基、胡常龙主编：《商业贿赂犯罪问题研究》，41 页，济南，山东大学出版社，2007。

的是明确商业贿赂犯罪的范围，明确商业贿赂成立条件与商业贿赂犯罪构成要件的区别。①

2. **商业贿赂犯罪的构成要件**

由于理论上对商业贿赂犯罪的概念本身还存在争议，所以对于商业贿赂犯罪的构成要件也有不同观点。

第一种观点认为，立足于《反不正当竞争法》的规定，商业贿赂犯罪是指在商品购销活动中账外暗中给予或收受回扣，依法应受刑罚处罚的行为。其犯罪构成表现在：①客体：同类客体是社会主义经济秩序，直接客体是市场管理秩序，即商业公平竞争秩序；②主体：依照《反不正当竞争法》的规定，任何从事商品经营或营利性服务的单位和个人均可成为商业贿赂罪的主体；③客观特征：依照《反不正当竞争法》的规定，无论经营者给予或收受回扣的形式如何，必须是账外暗中进行才以商业贿赂行为对待；④主观方面表现为直接故意。行贿人和受贿人都有明确的犯罪目的，即为了销售或者购买商品。②

第二种观点认为，对商业贿赂犯罪作广义的理解，因而其存在于1997年《刑法》所规定的第三章和第八章的贿赂犯罪之中，所以，商业贿赂罪的构成要件是：①客体：在现行立法例下分为两种，即在私营部门的商业贿赂犯罪的客体是公司、企业的管理秩序，在公务部门中的商业贿赂犯罪的客体是国家工作人员职务的廉洁性。但这都无法囊括商业贿赂犯罪所侵犯的市场交易秩序，应该单独设立商业贿赂罪，其客体是复杂客体，包括等价交换、公平竞争的市场交易秩序这一主要客体和消费者的人身、财产权益，或者公司、企业管理秩序，或者国家工作人员职务的廉洁性等其他客体。②主体应该是一般主体，包括自然人和单位。③客观要件是指发生在商业活动领域中，为销售或购买商品，利用工作中的便利，违反国家规定，收取或者给予各种名义的回扣、手续费的行为。④主观方面，无论商业受贿还是商业行贿都须出自故意。③

关于商业受贿罪是否要把“利用职务之便”作为必要条件的问题，理论上有两种不同观点：④

肯定说认为，凡未利用职务上的权利和地位，即使在市场交易中获得了额外报酬的，也不能以收受回扣和按受贿论处。否定说认为，我国刑法中规定的“利用职务之便”中的“职务”具有特定的内涵，它的基本特点在于具有公务性。而商业贿

---

① 参见龚培华：《商业贿赂与商业贿赂犯罪概念界定》，载赵秉志主编：《中国刑法学年会文集（2006年度）和谐社会的刑事法治》（下卷：商业贿赂犯罪研究），1044页，北京，中国人民公安大学出版社，2006。

② 参见张兆松等：《商业贿赂罪初探》，载《中外法学》，1995（2）；李卫红、张国宏：《论商业贿赂犯罪》，载《中外法学》，1996（2）。

③ 参见吕天奇：《贿赂罪的理论与实践》，161～191页，北京，光明日报出版社，2007。

④ 参见张兆松等：《商业贿赂罪初探》，载《中外法学》，1995（2）。

赂行为是发生在商品交易中的一种不正当竞争行为，只要双方完成了账外暗中给予或收受回扣的行为，就具备了犯罪的客观要件，它不要求行为人必须利用职务上的便利，必须具有公务性。

3. 商业贿赂犯罪治理模式与立法完善

有论者指出，当前治理商业贿赂违法犯罪现象的思路是采取专项斗争模式，效果明显，但具有暂时性，而商业贿赂违法犯罪现象可能伴随我国经济的发展长期存在，因而有必要采取综合治理的模式，即通过根据依法治国的原则构建完善的法律制度来进行，建议在宏观层面建构反腐败的统一法律，在微观层面对商业贿赂犯罪的概念和构成要素进行重构。①

关于商业贿赂犯罪的立法完善，目前理论上存在以下观点。

第一种观点是制定专门的《海外反商业贿赂法》。有论者认为，我国加入世贸组织后，对外开放在深度和广度上都有前所未有的发展，为适应经济发展国际化的要求和确保我国企业在跨国经营中公平竞争，应该借鉴美国《反海外腐败法》为我国制定一部《海外反商业贿赂法》。②

第二种观点是修改和完善1997年《刑法》。在此种观点内部存在不同的修改意见。其一是将商业贿赂独立成罪。有论者认为，长期以来人们将1997《刑法》第163条和第164条规定的业务贿赂罪等同于商业贿赂罪，以为《刑法修正案（六）》第7条、第8条是对商业贿赂罪的立法完善。这种误识导致刑法对商业贿赂的规制能力不足，也造成刑法与《反不正当竞争法》之间的断层，还破坏了刑法编撰体系的逻辑性。当下应在刑法中确立商业贿赂罪，在严格区分本罪与1997年《刑法》普通贿赂罪和业务贿赂罪的本质差异的基础上确立具体的犯罪构成要件，将该罪名规定于刑法分则第三章第八节“扰乱市场秩序罪”之中，并分别设立商业受贿罪和商业行贿罪的罪名。③ 其二是立足商业贿赂分散于1997年《刑法》有关贿赂的各个罪名之中的现状，通过重构现有罪名和增设新的罪名来更全面地涵盖商业贿赂犯罪现象。有论者指出，对现行反商业贿赂法网必须尽快加以严密，以堵塞漏洞，对比《联合国反腐败公约》，修改受贿罪、行贿罪的构成要件，增设对外国公职人员、国际公共组织官员行贿罪，外国公职人员、国际公共组织官员受贿罪，对有影响力人

---

① 参见黄晓亮：《当前治理商业贿赂模式的理论反思》，载《中国刑法学年会论文集（2006年度）和谐社会的刑事法治》（下卷：商业贿赂犯罪研究），1106～1113页，北京，中国人民公安大学出版社，2006。

② 参见汪闻锋、向开林：《关于制定〈海外反商业贿赂法〉的思考》，载《中国刑法学年会论文集（2006年度）和谐社会的刑事法治》（下卷：商业贿赂犯罪研究），1664～1671页，北京，中国人民公安大学出版社，2006。

③ 参见魏昌东、钱小平：《商业贿赂独立成罪论》，载《中国刑法学年会论文集（2006年度）和谐社会的刑事法治》（下卷：商业贿赂犯罪研究），1672～1679页，北京，中国人民公安大学出版社，2006。

员行贿罪，有影响力人员受贿罪四个新罪名。① 还有论者建议，适当借鉴《联合国反腐败公约》，把贿赂犯罪这一上位概念细分为商业贿赂罪、公职贿赂罪、影响力交易罪、事业单位及其工作人员贿赂罪。②

第三种观点是，先利用刑法修正案及时补充商业贿赂犯罪的规定，充分利用1997年《刑法》和《反不正当竞争法》等法律法规严厉查处严重的商业贿赂行为，在积累足够的经验且条件成熟时，制定专门的《反商业贿赂法》。③

第四种观点是，修订和完善现有的《反不正当竞争法》和《刑法》，加快制定《反垄断法》，同时制定专门的《反商业贿赂法》，明确商业贿赂的界定，集刑事、民事、行政责任于一体，整合统领现有的反商业贿赂法律体系，消除立法空白，与《联合国反腐败公约》相衔接。④

第五种观点是，刑法规范可以刑法典、特别刑法和附属刑法的形式加以表现；对于我国商业贿赂的立法模式，可以通过在《反不正当竞争法》中设置附属刑法规范的方式加以规定。⑤ 也有论者通过中日在商业贿赂犯罪立法模式上的比较，建议我国抛弃“大而全的刑法”的指导思想，合理地采用日本式的实质刑法的规定方式。⑥

三、整体评论

总体来讲，自1978年至2008年，刑法学界关于贿赂型犯罪的研究呈现出一个循序渐进的深入过程，并取得了巨大的成就。

成就之一：从研究内容上讲，贿赂型犯罪的研究总体体现出明显的与时俱进的色彩。

各种不同的学说、观点之所以前后不断涌现，与当时的社会经济文化背景是密

① 参见周恩深、费贵廉：《商业贿赂犯罪法网的漏洞及其补救完善建议》，载《中国刑法学年会论文集（2006年度）和谐社会的刑事法治》（下卷：商业贿赂犯罪研究），1459～1465页，北京，中国人民公安大学出版社，2006。

② 参见贾凌：《商业贿赂立法模式选择》，载《中国刑法学年会论文集（2006年度）和谐社会的刑事法治》（下卷：商业贿赂犯罪研究），1488页，北京，中国人民公安大学出版社，2006。

③ 参见刘流：《简论商业贿赂》，载《中国刑法学年会论文集（2006年度）和谐社会的刑事法治》（下卷：商业贿赂犯罪研究），1509～1510页，北京，中国人民公安大学出版社，2006。

④ 参见金瑞锋、吴亿萍：《禁止商业贿赂的立法不足与完善》，载《中国刑法学年会论文集（2006年度）和谐社会的刑事法治》（下卷：商业贿赂犯罪研究），1497～1503页，北京，中国人民公安大学出版社，2006。

⑤ 参见赵芳芳：《完善刑事立法，加大惩治商业贿赂犯罪力度——访北京大学法学院周密教授》，载《人民检察》，2006（4）。

⑥ 参见陈家林：《中日商业贿赂犯罪比较研究》，载《中国刑法学年会论文集（2006年度）和谐社会的刑事法治》（下卷：商业贿赂犯罪研究），1119页，北京，中国人民公安大学出版社，2006。

不可分的。随着社会经济的发展、人们生活水平的不断提高和需求的多样化，贿赂犯罪手段花样迭出，越来越隐蔽，刑法理论对此予以了相当的回应。论者们对贿赂的概念、回扣的表现形式解释不断更新，对贿赂范围的界定不断扩展，从最早的"财物说"拓展到"物质利益说"再到"利益说"，许多新形势下出现的手段、方式常常被解释进已有的立法中。"法律的生命在于解释。"学理上的解释虽然没有法律效力，但却有助于加深法官承办具体案件时对适用法律的理解，也有助于推动最高司法机关及时出台相关的司法解释。同时，精彩纷呈的解释观点在一定程度上也是学界研究成果丰富的体现。

成就之二：贿赂型犯罪的研究对贿赂犯罪立法中的典型事件给予了相当的关注；通过对典型案件或事件的大讨论，理论研究与司法实践形成良性互动关系。

在 30 年惩治贿赂犯罪的过程中，一些案件引发了罪与非罪、此罪与彼罪的激烈争议，受到了社会各方的高度关注，有些典型事件还引发了学界大讨论。20 世纪 80 年代韩琨案件主要涉及受贿罪与取得合法报酬的界限问题。经过本案罪与非罪的讨论，理论与实务界达成共识：科技人员在做好本职工作的前提下，利用业余时间，以自己的知识和技能，为其他企业事业单位提供有益于社会生产的劳动和服务，取得适当的报酬，不能认为构成犯罪。① 龚建平"黑哨"案系我国司法介入足球腐败的"第一案"，从侦查、起诉到审判都受到法学界、体育界乃至全社会的广泛关注，② 争议的焦点在于国家工作人员的界定及体育裁判能否构成贿赂犯罪主体，虽然最终以构成受贿罪作出判决，但 1997 年《刑法》对贿赂犯罪主体规定不周延的问题得到了《刑法修正案（六）》一定程度的纠正，公司、企业人员受贿罪的主体由此得以扩大至包括其他单位的工作人员在内。2000 年以来，学界对"廉政账户"制度所引发的"收受财物后退还与上交的行为"应如何认定以及将受贿款物用于公务（公益）行为应如何定性的问题均给予了高度关注。社会普遍关注的性贿赂入罪之争，也引起了学界对贿赂内容界定的广泛探讨，而且争论还在继续，这对我国刑法的修改不能不产生积极的影响。

成就之三：从研究方法上看，注释方法仍然是使用最多的研究方法，但近年来也开始注重比较研究方法的运用。

注释方法在有关本专题的个人专著中特别常见，多数专著主要针对贿赂犯罪的概念、构成要件、罪与非罪的界限、此罪与彼罪的区分、犯罪形态、罪数形态、刑罚适用等问题结合相应法条进行阐释，其中不乏对疑难问题的探究。注释研究法是必要的，可以有助于准确把握犯罪的定性和量刑。当然，也有不少研究成果运用了比较分析的方法，其中既有纵向的比较，也有横向的比较。事实上，在我国古代和

---

① 参见人民司法编辑部：《韩琨受贿罪不能成立》，载《人民司法》，1983（2）。

② 参见王作富、田宏杰：《"黑哨"行为不能以犯罪论处》，载《政法论坛》，2002（3）；曲新久：《"黑哨"行为已构成受贿罪》，载《政法论坛》，2002（3）等；卢建平：《刑事政策视野中的"黑哨"问题》，载赵秉志主编：《刑法评论》，第 1 卷，9～15 页，北京，法律出版社，2002。

近代刑法以及国外刑法中都有贿赂犯罪的内容。开展比较研究，不仅拓宽了我们研究的视野，而且丰富了贿赂犯罪理论研究的内容。应当说，在全球化的当今世界，尤其在我国签署《联合国反腐败公约》后，立足于中国的实践，同时批判继承国际上一切法治文明优秀成果，是建设社会主义法治国家的必由之路。发达国家在刑事法治的理论和实践中积累了不少经验。我们可以从我国当前的国情和社会制度的特点出发，对其进行甄别、吸收，为我所用。

成就之四：关于贿赂型犯罪基本理论的研究深度日益增加。

30 年来，贿赂犯罪罪名增多，条文细化，立法技术日趋成熟。与此同时，学界从开始热衷探讨贿赂犯罪发生发展的原因与对策，后来更注重对其作基础理论研究，且研究不断加深，研究触角更为细微。对于部分问题研究十分深入和精细，比如关于利用职务之便的理解，就被分解为四个小问题：职务便利是否包括工作便利；利用职务之便是否包含利用他人职务之便，以及本人职务与他人职务是否存在制约关系；利用职务上的便利是否包括利用过去职务之便；利用职务上的便利是否包括利用将来职务的便利。但是其中有些争论并非必要，而是由于没有对某些概念如“职务”、“职权”、“工作”、“公务”、“业务”等做准确理解而造成的分歧。比如对不正当利益的理解，存在四种不同的说法，即“非法利益说”、“手段不正当说”、“受贿人是否违背职务说”、“不应当得到的利益说”，它们涵盖了对利益本身的合法性和合道德性考察，也关注取得利益的渠道的正当性评价。综合考虑，笔者更倾向于这样一种观点，即不正当利益应当包括两个方面：非法利益和要求他人提供违法帮助或者方便条件所取得的利益。① 还比如对受贿罪客体的研究，先后共出现了多种观点，并且在单一客体说和复杂客体说的内部还有不同的意见。这些争论看似是论者们抠字眼或者在做短语的自由组合游戏，而实际上通过不同的观点之间的争论，使该罪客体的研究更加接近于本罪作为典型的渎职罪的实质特征。

除了以上成就，刑法学界对贿赂型犯罪的研究仍然存在不足之处，比如对贿赂犯罪构成要件基础理论的研究就没有很好地吸收大陆法系目的犯的刑法理论作为分析工具。有论者认为，1997 年《刑法》将“为他人谋取利益”以及“为他人谋取不正当利益”分别规定为受贿罪和斡旋受贿罪的构成要件，这对查处和追究现实生活中的许多腐败交易设置了人为的障碍，扭曲了受贿罪的本质，实属画蛇添足，与国家惩治腐败、肃清贪贿的基本国策背道而驰。② 还有论者认为，应重构受贿罪条文，以利用职务上的便利索取或者非法收受他人财物作为受贿罪的定性要件，把“为他人谋取利益”作为量刑情节，这样既增强了刑事立法的科学性，又符合刑法理论，更有利于打击和预防受贿犯罪。③ 从立法应然的立场出发，这些观点都很有道理，但是在 1997 年《刑法》框架内排除其为构成要件的特征，显然是违背罪刑法定原则

① 参见孙国祥：《贪污贿赂犯罪疑难问题学理与判解》，349 页，北京，中国检察出版社，2003。

② 参见梁根林：《受贿罪法网的漏洞及其补救》，载《中国法学》，2001 (6)。

③ 参见方明：《“为他人谋取利益”在受贿罪中的定位》，载《人民检察》，2002 (10)。

的。当然，学界也试图在肯定“为他人谋取利益”是受贿罪构成要件的基础上对其作出合理理解，由此出现了客观要件说、主观要件说、主客观要件统一说等不同的观点。笔者认为，主客观要件统一说看似全面实则没有意义；客观要件说虽成为1997年《刑法》颁行后学界的通说，但其中存在许诺说、准备说、行为说等不同观点，实践中采用承诺说（或者叫许诺说）。然而，对于许诺说到底应归属于客观构成要件论还是主观构成要件论的问题，争论仍将继续。笔者认为，可以用目的犯的理论解释其为主观构成要件，即“为他人谋取利益”是超越客观要素的犯罪目的，不要求有相对应的客观行为，只要具备为他人谋利的主观意图，便可以构成受贿，这样就可以解决实践中所谓“合法受贿”的疑惑。

另外，贿赂犯罪的主体范围虽然经过《刑法修正案（六）》的修正有所扩大，但仍然是不周延的，尤其涉及单位作为犯罪主体的情形中，有些实践疑难问题并未得到刑法理论足够的关注，诸如不具有法人资格的合伙企业、私营企业的行贿受贿行为可否定罪；单位受贿罪的主体是否包括国家参股、含有其他经济成分的混合制公司企业；没有合法经营资格的单位在市场经济活动中更倾向于诉诸商业贿赂来竞争，刑法如何应对其中特别严重的贿赂行为，等等，相关的研究成果比较稀少。单位犯罪最大的特点就是法定性。在立法规定阙如时，实务界更需要理论界提供理论支持。

第二十四章

渎职犯罪

一、研究概况

自1978年至2008年，我国刑法学界对渎职犯罪的研究可以分为以下两个阶段。

（一）起步与初步发展阶段：自1979年《刑法》的颁布至1997年《刑法》的颁布

囿于当时的犯罪情势、“宜粗不宜细”的立法思想、立法技术粗糙和立法者认识等历史局限性，1979年《刑法》中涉及渎职犯罪的一些条文在表述上缺乏明确性和科学性，相关规定弹性大、可操作性差。此外，对部分渎职犯罪而言，还存在法定刑明显偏轻的问题。在司法实践中，渎职犯罪立法不完善的问题逐渐暴露出来，这引起了论者们的关注，关于渎职犯罪立法适用与完善的研究由此成为这一阶段渎职犯罪研究的主要内容。

受整体刑法学研究刚刚起步、基础薄弱的影响，在这一阶段，涉及渎职犯罪的论文及论著的数量不是很多，其中，较有代表性的论文有：长青的《论渎职罪》（载《学习与探索》1981年第2期）；剑山的《谈谈渎职罪》（载《法学》1985年第1期）；李前斌的《应追究国家工作人员的不作为责任》（载《法学》1986年第9期）；钟斌的《浅议我国刑法中的“国家工作人员”》（载《法律科学》1992年第2期）；朱孝清的《在企业中划分国家工作人员质疑》（载《人民检察》1996年第6期）等。

在这一阶段，渎职犯罪研究的显著特点是：①研究成果数量不多，研究内容不很深入。这是由当时整个刑法学研究还处于初创或者恢复建设时期所决定的；②研究方向比较集中，主要是围绕1979年《刑法》中渎职犯罪的立法规定及其完善进行阐释和研讨。1979年《刑法》是在百废待兴的前提下应时而生的。受历史的局限性的影响，对渎职犯罪的认识不足，刑法规定存在过于原则、笼统的问题，这给司法适用带来了很多困难，也导致渎职罪的司法适用常常陷入窘境之中。因而，在这一阶段，渎职犯罪研究的焦点是1979年《刑法》中渎职犯罪规定的修改与完善。如有论者通过对海峡两岸关于渎职犯罪特别是徇私舞弊罪规定的比较研究，指出我国1979年《刑法》中相关规定的不足之处，进而对修改与完善提出个人见解；也有论者结合司法实践，指出《刑法》中渎职犯罪的规定存在过于原则、笼统，对玩忽职守犯罪等的处罚偏轻等问题，进而就修改与完善提出了个人见解。

（二）繁荣发展阶段：自1997年《刑法》颁行至今

1997年《刑法》所规定的渎职犯罪罪名的数量，已经远远超过了修订前的刑法，这对惩处渎职犯罪起到了重要作用。伴随着社会经济的飞速发展，渎职犯罪的发案率不断攀升，手段愈加隐蔽，案情纷繁复杂，后果日趋严重。同时，1997年《刑法》中有关渎职罪的某些规定与我国一贯奉行的从严治吏的刑事政策也不尽协调，如对渎职犯罪的成立条件设定得过高，过轻的刑罚难以发挥刑罚的震慑作用。这为渎职罪的进一步探讨提供了良好的契机。而第一阶段中渎职犯罪研究的学术积累也为渎职犯罪研究繁荣阶段的到来打下了坚实的基础。

在前一阶段渎职犯罪研究的理论积淀的基础上，在这一阶段，刑法学界对渎职犯罪的研究更加广泛和深入，达到了一个新的高度，呈现出欣欣向荣的态势。其中，尤为突出的是一些较有理论深度和学术含金量的涉及渎职犯罪的著作得以出版，其中，代表性的著作有：韩耀元的《渎职罪的定罪与量刑》（人民法院出版社2000年版）；周其华的《玩忽职守罪的立法与适用》（中国检察出版社2000年版）；胡弛主编的《国家工作人员失职犯罪界限与定罪量刑研究》（中国方正出版社2000年版）；张俊霞、郝守财主编的《渎职罪的理论与司法适用》（中国检察出版社2002年版）；敬大力主编的《渎职罪》（中国人民公安大学出版社2003年版）；蒋小燕的《渎职罪比较研究》（中国人民公安大学出版社2004年版）；贾济东的《渎职罪构成研究》（知识产权出版社2005年版）；张兆松等的《渎职犯罪的理论与实践》（中国检察出版社2008年版）。

在这一阶段，渎职犯罪研究的主要特点如下。①研究的方法或角度更加多元化。比如，用比较的方法进行研究，是当今自然科学和社会科学研究中广泛采用的一种科学的研究方法。不同国家的刑法立法、理论既存在很多相同或相似的地方，也存在很多的不同和差异。与国外关于渎职犯罪的刑法立法、理论的比较及对其的借鉴，对于正在逐渐成熟的我国刑法学研究而言，是大有裨益的。这一阶段，有些论者对多个国家关于渎职犯罪的立法及研究成果进行了探讨和借鉴。再如，不同学科、部门法之间的相互交流，能够促使学科、部门法向更深层次、更广范围发展。刑法及刑法学的发展也不例外。在这一阶段，有些论者在渎职罪研究的过程中，引入了民法、行政法等部门法及学科的理念和观点等，并以此作为自己观点的支撑点之一。②研究内容既全面系统又有所侧重。在这一阶段，渎职犯罪的研究对渎职犯罪领域的主要问题都有所涉足。其中，既有对渎职犯罪共性问题的讨论，也有对相关罪名的具体问题的针对性研究；既有对渎职犯罪相关规定的解读，也有对渎职犯罪立法不足及完善的探讨。研究的重点集中在渎职犯罪主体要件等共性问题及渎职犯罪主要罪名相关要件的不足与完善上。③理论探讨与司法实践紧密结合，并对司法实践产生了重要影响。例如，从新旧刑法的比较来看，渎职罪的主体经历了从"国家工作人员"到"国家机关工作人员"的演进。虽然仅两字之差，却使得渎职犯罪的主体范围大为缩小。随着最高人民法院、最高人民检察院的司法解释和全国人大常委会的立法解释的陆续出台，渎职罪主体的外延又呈现出逐渐扩大的趋势。这一变化一方面是形势的发展以及惩治渎职犯罪的需要所致；另一方面也与论者们对渎职犯罪主体要件的持续不断的理论探讨不无关系。

二、观点综述

（一）1979 年《刑法》中的渎职犯罪规定的修改与完善

1. 玩忽职守罪

有不少论者指出，1979 年《刑法》实施以来，随着改革开放的发展和社会的变迁，渎职犯罪的严重性和危害性日益突出，其形式也呈多样化，远远地超出刑法分则第八章所规定的内容。为了打击犯罪的需要，在立法和司法领域，玩忽职守罪的适用范围大大地突破了传统观点的限制。玩忽职守罪实际上成了刑法分则第八章中的一个"大口袋"，这使得玩忽职守罪超出了固有的内涵和外延，呈现出牵涉面广、包容量大、罪名宽泛以及界限模糊等特征，也给司法实践带来许多问题。针对以上问题，应对玩忽职守罪作修改与完善。有论者所提出的修改与完善意见具体包括以下几个方面。第一，立法体例的变动。由于《刑法》对滥用职权和放弃职权罪没有规定，所以有关的刑事性补充规定和其他单行立法均将滥用职权和放弃职权行为"比照"或"按照"玩忽职守罪处理。这种做法有明显的缺陷与不足，应该缩小玩忽职守罪的概念和适用范围，把滥用职权行为与放弃职权行为分立出去，另立罪名，分别量刑，从而提高刑事立法的科学性，且消除学理上的纷争和适用上的混乱。因此，建议将玩忽职守罪一分为三，具体"破解"为玩忽职守罪（传统意义上的）、滥用职权罪和放弃职权罪。第二，应将"国家工作人员"一词统一置换为"公务员"一词，并应明确刑法上的"公务员"概念和范围。刑法上的公务员不仅包括一切国家机关、企业、事业单位和其他依照法律从事公务的人员，而且还包括受委托从事公务的人员。刑法上的公务员不同于行政法上的公务员，不以具有正式公务员身份为要件，不一定经过正式任用，只要其系依法从事公务，即可视为公务员。同时，公务员不限于本国公民担任，外国人亦可成为刑法上的公务员。公有资本（国有或集体）占多数出资额（51%以上）的联营或合资企业的负责人员及管理工作人员，也应被视为刑法上的公务员。玩忽职守罪、滥用职权罪、放弃职权罪的主体均应限定为公务员。第三，量刑幅度和刑种的多样化。本罪的量刑幅度应比《刑法》第187条所规定的幅度有所扩大和提高。且这种渎职犯罪本身就是对所负职务的一种亵渎，因此还应当附加剥夺政治权利或并处罚金。再者，1987年最高人民检察院《关于正确认定和处理玩忽职守罪的若干意见（试行）》所确定的“重大损失”标准，是立案和区别罪与非罪的标准。鉴于这种渎职犯罪所造成损失的严重性，还应当将“重大损失”划分为不同的等级，在法定最高刑提高的情况下，与刑幅内的不同档次建立起一一对应关系，从而根据所造成损失的大小，并参照其他情节，准确地量刑。① 还有论者认为，刑法修改时，应将玩忽职守罪的法定刑提高到15年，以解决实践中量刑不统一和罪刑不相适应的矛盾。②

2. 滥用职权罪的增设

有论者认为，民事、行政法律法规对滥用职权行为的处罚都有较为系统的规定；相比而言，刑法对严重滥用职权的犯罪行为却未作为普通条款规定，而是将某些表现形式用特别条款加以规定，但由于受适用对象和范围的限制，特别条款难以囊括所有的严重滥用职权行为，且大多数国家都有滥用职权罪的类似规定。③ 论者建议，在刑法渎职犯罪中增加滥用职权罪，采用叙明罪状的形式，并建立以自由刑、财产刑、资格刑有机组成的刑罚体系，从而达到控制滥用职权犯罪的目的。④

3. 徇私舞弊罪

有论者认为，1979年《刑法》第188条规定的徇私舞弊罪的主体是司法工作人员。《刑法》颁行后，全国人大常委会通过的《关于严惩严重破坏经济的罪犯的决定》、《关于严禁卖淫嫖娼的决定》、《关于惩治假冒注册商标犯罪的补充规定》、《关于惩治生产、销售伪劣商品犯罪的决定》、《专利法》、《海关法》和《反不正当竞争法》以及全国人大通过的《民事诉讼法》等一系列法律将徇私舞弊罪的主体扩大到包括司法工作人员在内的一切国家工作人员，将国家工作人员滥用行政权的严重行为也纳入了徇私舞弊罪的处罚范围。把一切国家工作人员都列入徇私舞弊罪的主体范围，从根本上消除了徇私舞弊罪作为司法工作人员渎职犯罪的本质特征，不利于司法实践操作。因此，建议在修改有关立法时重新调整徇私舞弊罪的主体范围，将其限制在有枉法裁判、仲裁和滥用追诉处罚职权行为的司法工作员范围内，且以公、检、法工作人员为主。我国台湾地区“刑法”中对徇私舞弊罪主观方面的规定比我国大陆地区的刑法宽，并不要求“徇私”，只要求主观上有枉法和滥用司法职权的故

---

① 参见侯建：《略论玩忽职守罪的修改与完善》，载《法学天地》，1996（4）。

② 参见周瑞杰：《严惩玩忽职守罪需提高法定刑》，载《人民检察》，1996（4）。

③ 参见钟良生：《设立滥用职权罪初探》，载《法律适用》，1995（9）。

④ 参见洪波、丁玉娟：《浅谈滥用职权的犯罪》，载《行政与法》，1996（1）；陈素珍：《对增设滥用职权罪和放弃职权罪的初探》，载《法治论丛》，1994（3）。

意。对于徇私舞弊这种侵害国家司法权的纯洁性、公正性的严重渎职犯罪，这样规定似乎更妥当些。如果大陆立法借鉴这种规定方式，现行司法实践中关于“徇私”的争论将随之自灭。大陆立法中国家工作人员滥用职权徇私舞弊的行为应按其犯罪构成归入相应犯罪中从重处罚，对现有法律没有规定的滥用职权构成犯罪的行为，建议增设滥用职权罪予以抗制。此外，对国家司法工作人员犯徇私舞弊罪的，剥夺其从事司法工作乃至担任任何公职的资格，对于警戒和震慑犯罪，维护国家司法活动的纯洁和公正，当会收到更好的效果。①

4. 司法人员失职罪的增设

有论者提出，1979年《刑法》对国家工作人员渎职犯罪，既规定有故意犯罪又规定有过失犯罪，但对司法工作人员的渎职行为没有规定过失犯罪，这在立法上显然是不协调的，也使得惩治司法失职犯罪的立法存在“空当”。论者建议在刑法上增设“司法失职罪”，从而促进惩治司法工作人员犯罪立法的完善。对本罪罪状的设计是：司法工作人员违反职责义务，不履行或不正确履行职务，过失造成严重后果的，处……对法定刑的设计要体现从重处罚精神，并根据危害后果的程度，设计不同的量刑单位，还要设立资格刑附加适用的规定。②

（二）1997年《刑法》中的渎职犯罪

1. 渎职犯罪的共性问题

（1）渎职犯罪的主体

第一，渎职犯罪主体的缺陷和完善问题。

1997年《刑法》颁行后，很快就有论者提出了渎职罪主体完善的初步设想。修订后的《刑法》从突出打击重点的角度出发，将国家机关工作人员的渎职犯罪主要归在第九章渎职罪中，并采取一般规定与特殊规定相结合的方式以防止遗漏。而对国家机关工作人员以外的其他国家工作人员的滥用职权、玩忽职守等渎职犯罪则分别规定在破坏社会主义市场经济秩序罪与妨害社会管理秩序罪等章中。这就使得许多国家机关工作人员以外的国家工作人员因玩忽职守或滥用职权而给公共财产、国家和人民利益造成重大经济损失的行为，因法无明文规定而不能受到应有的追究。修订后的《刑法》对渎职罪的规定本身处于失衡状态。③

为此，有人提出扩大国家机关的外延，认为不论是行政性公司，还是行政性事业单位，或是经法律或政府机关授权行使部分政府职权的企业，都具有国家机关最

---

① 参见张巍：《海峡两岸徇私舞弊罪比较研究——兼论大陆徇私舞弊罪的立法完善》，载《检察理论研究》，1995（2）。

② 参见王作富、党剑军：《关于在刑法中增设“司法失职罪”的构想》，载《现代法学》，1995（2）。

③ 参见陈文飞：《渎职罪几个问题的探讨》，载《学习与思考》，1998（11）；卢纯根、沈建勇：《浅议渎职罪的主体》，载《学习与思考》，1998（12）；温军：《渎职罪的法律规定中存在的问题》，载《人民司法》，1999（10）。

本质的特征，即行使国家对社会的管理职能，同时，它们行使职权的资格又是合法取得的。因此，它们在行使这部分职权时均应被视为国家机关，具体行使这部分职权的工作人员也应被视为国家机关工作人员。① 有人主张针对不同主体实施的渎职犯罪在第九章等不同的章节分别规定，以使刑法规定更全面，更切合实际。② 有人主张以立法形式扩展渎职罪主体，将渎职罪主体由国家机关工作人员改为国家工作人员。③ 还有人主张在《刑法》第397条前两款之后加一款规定："其他国家工作人员犯前两款罪的，依照前两款的规定酌情处罚。"④ 有人主张将渎职罪的犯罪主体规定为"国家机关工作人员及其他从事公务的人员"。即只要是依法从事公务，不论是否具有国家机关工作人员的正式身份，均可成为渎职犯罪的主体。这里的"国家机关工作人员"包括国家权力机关工作人员、国家行政机关工作人员、国家司法机关工作人员、国家军事机关工作人员四类人员；其他依法从事公务的人员包括法律、法规授权的组织中的工作人员、依法受委托的组织的工作人员、执政党和参政党组织工作人员、人民政协及工、青、妇组织的工作人员。⑤ 有人主张对渎职罪的主体规定不做修改，但将国家机关工作人员分为纯正的国家机关工作人员（即依照我国宪法在国家机关中从事公务的人员，这类人员是传统意义上的国家机关工作人员，包括国家权力机关、行政机关、司法机关、军事机关及中国共产党的机关、政协机关共6类机关中从事公务的人员）和非纯正的国家机关工作人员（即纯正国家机关工作人员之外的渎职犯罪主体，也就是依照法律、法规或受委托从事公务的人员，包括依照法律、法规规定行使行政管理职权的组织中从事公务的人员、受国家机关委托代表国家机关行使职权的人员以及虽未列入国家机关人员编制，但依法受聘任在国家机关中从事公务的人员）。⑥ 还有人主张将渎职罪的主体界定为公务员，以便使刑法与行政法规相一致，维护法制的统一和规范公务员的行为，实现惩处渎职犯罪的目的。⑦ 还有人建议将关于渎职罪的主体修改为公务人员，即管理国家事务、公共事务和社会事务的国家工作人员。⑧

第二，关于国家机关工作人员的内涵问题。

对此，理论上形成了以下几种学说："身份说"（"血统论"）认为，渎职罪的主体

---

① 参见温军：《渎职罪的法律规定中存在的问题》，载《人民司法》，1999（10）。

② 参见卢纯根、沈建勇：《浅议渎职罪的主体》，载《学习与思考》，1998（12）。

③ 参见王志祥：《关于渎职罪主体有权解释的思考及立法建议》，载《法商研究》，2005（6）；房栋：《渎职罪在立法、司法上存在的问题与建议》，载《检察实践》，1999（5）；高亮：《关于职务犯罪立法的一点看法》，载《政法论丛》，2004（1）。

④ 参见孔凡平、周蕊：《浅议渎职罪的立法完善》，载《人大建设》，1999（10）。

⑤ 参见陈智元：《国内外渎职罪犯罪主体比较》，载《国际关系学院学报》，2007（1）。

⑥ 参见钟莉、范冬明：《"公务"视角下的渎职犯罪主体之认定》，载《政法学刊》，2007（5）；巫建忠：《渎职犯罪主体的适用探析》，载《社科纵横》，2008（5）。

⑦ 参见刘传华：《关于渎职罪主体的思考》，载《企业家天地》（理论版），2007（1）。

⑧ 参见李希慧等：《渎职罪主体解释回顾及立法建言》，载《国家检察官学院学报》，2003（4）。

必须具备国家机关工作人员的资格身份；“公务说”（“职能说”）认为，衡量是否为国家机关工作人员，应当以是否从事国家机关公务为标准；身份与公务兼具说认为，“身份”是从事公务的资格，而“从事公务”则是国家机关工作人员的本质属性。“身份”和“公务”是相辅相成、密不可分的有机整体；“三位一体的‘新公务论’”认为，关于渎职罪主体的本质特征，应坚持以具备资格为前提，以拥有职责和职权为基础，以职务名义从事国家管理、公共管理和社会管理等公务为核心的三位一体的“新公务论”。“新公务论”将其学说概括为“‘三三’模式”。模式一：法定身份＋职责权限＋以职务名义从事国家管理、公共管理或社会管理等公务；模式二：经合法授权＋职责权限＋以职务名义从事国家管理、公共管理或社会管理等公务；模式三：受有权机关委托＋职责权限＋以职务名义从事国家管理、公共管理或社会管理等公务。三者合一，即为“资格＋职责权限＋以职务名义从事国家管理、公共管理或社会管理等公共事务”。① 根据“新公务论”，刑法中的国家机关工作人员包括五类人员：国家机关工作人员；法律授权规定在某些领域行使国家行政管理职权的非国家机关组织中从事公务的人员；在机构改革中从国家机关调整为事业单位但仍然保留某些行政管理职能的单位中从事公务的人员；受国家机关委托行使国家职权的组织中从事公务的人员；国家机关根据工作需要聘用的从事公务的人员。②

第三，关于对 2002 年 12 月 28 日全国人大常委会《关于〈中华人民共和国刑法〉第九章渎职罪主体适用问题的解释》（本章以下简称《解释》）的理解与评价问题。

有论者指出，刑法解释不能超出国民的预测可能性而在条文文义可能涵盖的范围之外进行解释。《解释》将某些“以国家工作人员论”的人员规定为国家机关工作人员，事实上改变了渎职罪的犯罪主体构成要件，违反了罪刑法定原则，是刑法解释权侵夺刑法立法权的表现。③ 有论者认为，立法机关虽然对渎职罪主体的适用问题作了解释，扩大了适用的范围，但回避了渎职罪的主体仍然是“国家机关工作人员”的命题，造成了理解上的困难和解释上的混乱，因此该解释具有很大的局限性。④ 还有论者认为，刑法立法解释不等于刑法修正案。既然刑法规定渎职罪的主体是国家机关工作人员，立法机关又没有对此予以修正，那就表明，渎职罪的主体仍应被解释为“国家机关工作人员”，只不过对这里的“国家机关工作人员”应采广义说，即囊括了新增加的四类人员（可称之为“准国家机关工作人员”），与传统的“国家机关工作人员”概念即在国家权力机关、行政机关、审判机关、检察机关和军事机关中从事公务的人员这一狭义概念显然有别。也就是说，关于渎职罪主体适用问题的立法解释实质上是对“国家机关工作人员”的外延作了广义的解释，从而扩

---

① 参见张兆松等：《渎职犯罪的理论与实践》，1～4 页，北京，中国检察出版社，2008。

② 参见张胜英：《渎职罪主体探析》，载《濮阳职业技术学院学报》，2006（4）。

③ 参见王志祥：《关于渎职罪主体有权解释的思考及立法建议》，载《法商研究》，2005（6）。

④ 参见贾济东：《渎职罪构成研究》，215 页，北京，知识产权出版社，2005。

大了渎职罪主体的适用范围。这一解释的必然后果是对国家机关工作人员的理解必须刷新，而刷新的后果是对国家机关工作人员的理解更趋复杂，这无疑是将简单问题复杂化了。①

（2）渎职罪中的“重大损失”

关于渎职罪中的“重大损失”是否包括非物质性损失的问题，有论者主张，“重大损失”在通说上一般都与一定的财产灭失和财物损毁相关联；作为构成要件的危害结果，应该是物质性的、可以具体测量的有形的损害结果。② 还有论者从规范学、解释学和权益保护的角度，论证了将渎职罪构成要件中的“重大损失”作更宽泛解释的不合理性。③ 有论者则认为，将非物质性损失排除出重大损失的范围，不符合危害结果多样性的特征，也不符合司法解释的规定和司法活动的实际情况。1999年最高人民检察院《人民检察院直接受理立案侦查案件立案标准的规定（试行）》规定，国家机关工作人员滥用职权、玩忽职守，严重损害国家声誉或者造成恶劣社会影响的，应予立案。可见，非物质性损失也是重大损失的应有之义。④

关于间接经济损失是否属于重大损失的问题，一种观点认为，经济损失是指直接经济损失。间接损失不能作为定罪量刑的直接依据，只能作为一种情节在量刑时考虑。⑤ 另一种观点则认为，重大损失包括直接经济损失和间接经济损失，间接经济损失可以在一定情况下作为立案标准。⑥

（3）渎职罪的“前案”问题

刑法规定的某些渎职犯罪，如徇私枉法罪、徇私舞弊不移交刑事案件罪、放纵走私罪、放纵制售伪劣商品犯罪行为罪和帮助犯罪分子逃避处罚罪等，涉及“前案”问题。“前案”并不是一个法律概念，而是一个习惯称谓，是指检察机关在查处国家机关工作人员渎职犯罪过程中必须要查清的其他相关案件，它与本案（渎职案）相对应。本案的成立，必须以存在前案为基础。原案的事实是认定渎职类犯罪的重要证据。前案是否存在，直接关系到渎职类犯罪行为是否成立。关于“前案”的确定标准问题，理论上主要有以下几种观点。

“司法裁判说”，又称“法院判决说”，认为“前案”是否构成犯罪，应以最终司法裁判为准，在此之前，任何人都不得将其确定为罪案。如果原案没有判决，那么渎职行为便成为无源之水，无本之木。“立案侦查说”认为，“前案”只要被司法机关立案侦查，进入实质性刑事追究程序，即可认为该“前案”属刑事罪案，不必以

---

① 参见李希慧等：《渎职罪主体解释回顾及立法建言》，载《国家检察官学院学报》，2003（4）。

② 参见高铭暄、马克昌主编：《刑法学》（下），265页，北京，中国法制出版社，1999。

③ 参见王安异：《论滥用职权罪的“重大损失”》，载李希慧、刘宪权主编：《中国刑法学年会文集（2005年度）》，第2卷，588页，北京，中国人民公安大学出版社，2005。

④ 参见贾济东：《渎职罪“重大损失”结果的司法认定》，载《人民检察》，2005（3）。

⑤ 参见白春华：《试论玩忽职守罪的客观方面》，载《河南省政法管理干部学院学报》，2000（5）。

⑥ 参见敬大力主编：《渎职罪》，57页、61页，北京，中国人民公安大学，2003。

最终司法裁判确定。"刑事受案说"认为，"前案"只要经有管辖权的司法机关以刑事案件正式受理，就国家公务人员一般的分辨能力、认识水准就能判明"该前案"为刑事犯罪案，应依法追究刑事责任即可，不一定要经立案程序或以最终司法裁判为准。"材料反映说"认为，只要有报案、举报、自首及其他材料，便可据以认定。①"充足证据证明说"认为，"前案"的认定以"有证据证明有犯罪事实"为标准。②即"前案"只要有充足的证据加以印证，无须法院判决便可认定，本案便可据此立案。③如徇私枉法罪的构成，只要求有证据证明前案犯罪嫌疑人涉嫌犯罪，而作为司法工作人员的行为人又明知这种事实，却故意予以包庇即可。如果非待前案经法院判决确定有罪之后才对渎职罪进行查处，只会徒增诉讼成本。④"刑法规范符合说"认为，某一行为是否犯罪行为，应以刑法总则相关条文及分则规定的具体犯罪构成来衡量；符合就是犯罪，反之则不是。⑤

（4）"徇私"的性质和范围界定

1997年《刑法》第九章"渎职罪"中共有13条17个罪名将"徇私"直接规定在罪状中。从渎职罪中关于徇私情节的罪状规定看，除《刑法》第399条第1款规定为"徇私枉法、徇情枉法"外，多数只是简单地表述为徇私舞弊，而没有明确规定徇私的法定含义。

关于徇私的性质，刑法理论上存在着不同观点。"动机与行为说"认为，徇私既是客观的构成要件要素，也是主观的构成要件要素；⑥"行为说"认为，徇私是客观的构成要件要素；⑦"目的说"认为，徇私是犯罪目的；⑧"动机说"认为，徇私属于犯罪动机。⑨"动机说"的支持者认为，刑法分则条文要求部分渎职罪出于徇私动机，是为了将因为法律素质、政策水平、技术能力不高而造成差错的情形，排除在渎职罪之外；换言之，当国家机关工作人员不是因为法律素质、政策水平、技术能力不高造成差错，而是基于徇私的内心起因违背职责时，便以渎职罪论处。所以，将徇私解释为犯罪的动机，是比较符合刑法规定与现实情况的。⑩

关于徇私的范围，首先涉及徇私是否包括徇私情的问题。一般认为，徇私包括

---

① 参见蔡先初、胡金国：《渎职罪中"前案"的确定标准》，载《人民检察》，2002（9）。

② 参见刘海斌：《查办徇私舞弊罪的法律难点》，载《人民检察》，1998（5）。

③ 参见张鹏：《查处徇私舞弊类案件中的问题及原因》，载《人民检察》，2001（11）。

④ 参见赵秉志、肖中华：《渎职罪认定中的共性问题中"前提罪"的认定》，载《检察日报》，2001-12-25。

⑤ 参见张杰：《渎职犯罪构成中的前罪后罪问题》，载《中国刑事法杂志》，2000（1）。

⑥ 参见李文生：《关于渎职罪徇私问题的探讨》，载《中国刑事法杂志》，2000（4）。

⑦ 参见王福生：《谈徇私枉法罪客观方面的认定》，载《人民检察》，2001（3）。

⑧ 参见刘生荣主编：《施刑范典》（下），1243页，北京，中国方正出版社，1998。

⑨ 参见王作富主编：《刑法分则实务研究》（下），3版，1901页，北京，中国方正出版社，2007。

⑩ 参见张明楷：《渎职罪中"徇私"、"舞弊"的性质与认定》，载《人民检察》，2005（23）。

徇私情，如亲情、友情，也包括徇私利，如财物和其他好处。① 虽然《刑法》第399条将徇私与徇情分开规定，但这并不意味着其他条文所规定的徇私不包括徇情。除《刑法》第399条之外，徇私舞弊型渎职罪中的徇私应包括徇私情。② 也有人认为，徇私是指徇私利，不包括徇私情。如果徇私包括徇私情，《刑法》第399条第1款就不会分别规定“徇私枉法、徇情枉法”，而应当统一规定为“徇私枉法”。因此，从严格法律条文用语的统一性出发，应认定徇私不包括徇私情。③

此外，关于徇私的范围，还涉及徇私利除了徇个人之私的含义之外，是否还包括徇单位、集体和小团体之私的问题。对此，一种观点认为，徇私仅指徇个人私情、私利，即徇一己之私；私情、私利与单位利益相对应，徇单位之私不能理解为徇私。主要理由在于：从文义解释的角度界定，徇私应指徇个人私情、私利；从体系解释的角度出发，徇私不包括徇单位之私。例如，若将徇私解释为包括徇单位之私，那么，《刑法》第169条规定的徇私舞弊低价折股、出售国有资产罪在逻辑上便无法说通；为了单位利益实施的渎职行为，有相应的罪名予以规制。④ 另一种观点认为，徇私不仅包括徇个人之私，而且包括徇单位、集体之私。理由是：渎职罪的主要特征是渎职，而不在于贪利，其个人没有贪利并不能说明没有渎职，也不能说明没有侵犯刑法所保护的社会关系；犯罪的本质特征是行为的社会危害性。因此，不管是徇个人之私的渎职行为，还是徇小团体之私的渎职行为，只要渎职行为与危害后果有刑法意义上的因果关系，就应处罚。⑤

（5）渎职罪既遂与未遂的区分

对此，有论者认为，凡是刑法未对情节或者结果进行规定的渎职犯罪，其成立实际上不但要求行为人实施相应行为，同时还要求这些行为对合法权益应有抽象危险性。至于既遂，更是犯罪成立以后进一步导致一定后果时，才需要考虑的问题。因此，在这些渎职犯罪中，危害结果的产生仍是其构成既遂的条件。⑥ 有论者指出，凡是刑法在罪状中规定特定结果或情节严重要素的渎职罪，特定结果或情节严重都应当解释为犯罪成立必备的要素；没有发生特定结果或达到情节严重标准的，不应当认定成立犯罪，在故意犯罪中也不应存在成立犯罪而构成未遂犯的余地。在罪状中于客观行为之外未规定任何特定要素的9种故意的渎职罪属于行为犯，存在成立

---

① 参见张穹主编：《贪污贿赂渎职侵权犯罪案件立案标准精释》，131页，北京，中国检察出版社，2000。

② 参见张明楷：《渎职罪中“徇私”、“舞弊”的性质与认定》，载《人民检察》，2005（23）；侯启舞：《渎职罪中的徇私概念问题探讨》，载《黑龙江省政法管理干部学院学报》，2006（3）。

③ 参见黄明儒：《论我国刑法中“徇私”的含义》，载《法学家》，2006（6）。

④ 参见牛克乾、阎芳：《试论徇私枉法罪中“徇私”的理解与认定》，载《政治与法律》，2003（3）。

⑤ 参见张明楷：《渎职罪中“徇私”、“舞弊”的性质与认定》，载《人民检察》，2005（23）。

⑥ 参见周光权：《危害结果仍是区分渎职罪未遂与既遂标志》，载《检察日报》，2003-10-21。

未遂犯的可能。①

（6）渎职罪牵连犯的处罚

故意的渎职罪，特别是徇私动机的渎职犯罪，往往和受贿行为交织在一起。如果受贿罪达不到定罪的数额标准，则易于处理。但如果有关国家机关工作人员的受贿行为符合受贿罪的构成，而有关渎职行为也达到了定罪标准的，对行为人应从一重罪认定还是以数罪认定，理论上存在不同认识。

有论者主张，对于牵连犯，法律或司法解释对处罚原则有明确规定的，应当依照法律或司法解释的规定；法律或司法解释没有明确规定的，应当按照刑法理论通说的观点，即从一重处断。所以，对于渎职罪中的牵连犯，无论是《刑法》第 399 条第 3 款明确规定的徇私枉法、枉法裁判与受贿的牵连犯，还是其他没有规定的渎职罪与受贿罪的牵连犯，都应当从一重罪处罚。《刑法》第 399 条第 3 款的规定虽然不是普遍适用的原则，但是，对其他渎职罪与受贿罪的牵连犯的处罚，完全可以而且应当比照这款规定实行从一重处断。②

有论者主张对渎职罪中的牵连犯原则上一律实行数罪并罚。理由如下：在刑法渎职罪这一章的罪名当中，只有第 399 条第 1 款、第 2 款规定的徇私枉法罪、枉法裁判罪和受贿罪牵连时适用“依照处罚较重的规定定罪处罚”的原则。由此可以推断，修订后的刑法的立法原意，就是除第 399 条第 1 款、第 2 款规定的徇私枉法罪、枉法裁判罪以外，对于渎职罪这一章规定的其他各罪，行为人由于贪赃枉法，又构成受贿罪的，均应以所触犯的渎职罪名和受贿罪实行数罪并罚。而且，1996 年最高人民检察院《关于办理徇私舞弊犯罪案件适用法律若干问题的解释》第 6 条也曾规定：“犯徇私舞弊罪并有受贿、刑讯逼供等行为构成犯罪的，应当依法按数罪并罚原则追究刑事责任。”③

也有论者主张，如果考察的“牵连犯”中数个犯罪构成之间不符合想象竞合犯或吸收犯的特征，则对行为人应当实行数罪并罚。这是对国家机关工作人员犯渎职罪和受贿罪的情形应当实行数罪并罚（《刑法》第 399 条第 3 款的规定是法定例外）的理论依据。④

2. 滥用职权罪

（1）滥用职权罪的主观方面

滥用职权罪是从 1979 年《刑法》的玩忽职守罪分离而来的。1997 年《刑法》以

---

① 参见肖中华：《渎职罪法定结果、情节在构成中的地位及既遂未遂形态之区分》，载《法学》，2005（12）。

② 参见王作富、刘志远：《论徇私舞弊不移交刑事案件问题之探讨》，载《中国刑事法杂志》，2000（3）。

③ 参见张穹主编：《贪污贿赂渎职“侵权”犯罪案件立案标准精释》，263～264 页，北京，中国检察出版社，2000。

④ 参见肖中华：《渎职罪认定中的几个共性问题探析》，载《法学论坛》，2001（5）。

一条两款之形式（第397条第1、2款）规定了玩忽职守罪与滥用职权罪的基本犯和加重犯的情形。关于滥用职权罪的罪过形式，存在单一罪过说与复杂罪过说的尖锐之争。

单一罪过说依具体内容不同分为故意说与过失说两种主张。故意说主张滥用职权罪的主观方面为故意，即滥用职权罪是故意犯罪。这是大多数论者的观点，其又分为行为故意论和结果故意论。行为故意论，即把故意内容理解为对危害行为本身的故意。如有论者认为，本罪主观上具有犯罪故意，即明知是逾越其职权的行为而为之或明知是依照职务应当履行的义务而不为之。① 结果故意论，即明知自己的行为会发生危害社会的结果而希望或放任这种结果发生。其中，持结果故意论的论者在对该罪故意的意志因素的理解上分别出现了三种意见。一是直接、间接故意论，即认为本罪既可由直接故意构成，也可由间接故意构成。② 主要理由是：从“滥用职权”的字面意义来看，“滥用”本身就含有主观上故意的成分，具有很强的主观故意色彩。主观上若是过失，则谈不上“滥用”的问题了；从行政法上滥用职权的构成来看，“主观上必须有违法故意”是其要件之一，滥用职权罪与行政法上的滥用职权的主观方面应是一致的；从滥用职权行为人的动机来看，有的是出于报复陷害，有的是营私图利，有的是逞威风、耍特权等等，而且行为人对自己的行为违反法律、法规或者规章制度都有着明确的认识。在不良动机的驱使下，行为人明知违法而为一定行为，不能说他对自己行为可能造成的危害社会的结果没有认识，只不过有的对这种结果是持希望并积极追求的态度，有的则是放任这种结果的发生而已。③ 二是间接故意论，即滥用职权罪的罪过应限于间接故意，也就是说，在对“重大损失”结果发生可能性有预见的前提下，对该结果持放任的心理态度。直接故意为渎职罪罪过所不容。国家机关工作人员在从事公务活动中享有一定的职权，并负有一定的职责，尽管滥用职权或玩忽职守，但从主观方面分析，对可能造成的危害社会的结果，并不具有积极追求或希望这种结果发生的心理态度。若出于直接故意滥用职权，则可能构成他罪而非滥用职权罪。同时，将滥用职权罪的罪过形式扩大到过失，势必模糊玩忽职守罪与滥用职权罪的界限，这不仅不符合一般公众的观念，而且与立法原意相悖，不利于司法实践中对滥用职权罪与玩忽职守罪的正确认定。④ 三是直接故意论，即滥用职权罪的罪过只能是直接故意。⑤

过失说主张滥用职权罪主观方面为过失。至于过失说的具体理由，有的论者认为，本罪以“致使公共财产、国家和人民利益遭受重大损失”为条件，属于结果犯，

① 参见陈兴良：《刑法疏议》，650页，北京，中国人民公安大学出版社，1997。

② 参见赵秉志、吴大华：《新刑法罪名及司法解释要义》，503页，北京，中国人民公安大学出版社，1998。

③ 参见陈儒：《试析滥用职权》，载《中国刑事法杂志》，1998（1）。

④ 参见蒋熙辉：《滥用职权罪相关问题之思考》，载《中国刑事法杂志》，2000（2）。

⑤ 参见刘家琛主编：《新刑法新问题新罪名通释》，1087页，北京，人民法院出版社，1997。

一般应以行为人对该结果的心态作为确定罪过形式的根据，而不是以对行为本身的心态作为确定罪过形式的根据。由于滥用职权行为本身的不法程度低，反伦理道义性不明显，只有对行为所造成的严重后果的意思，才是确定罪过形式的根据。此外，由该罪的法定刑分析，其罪过形式只能是过失，否则便难以达到刑法分则个罪在罪刑关系上的协调。换个角度，若行为人明知自己的滥用职权行为会造成“重大损失”，并且希望或放任“重大损失”发生，法律只规定其最高法定刑是7年有期徒刑，则显然不符合立法精神。① 有论者指出，犯罪故意是对结果的发生有认识，然后希望或者放任结果的发生；过失对于结果的发生则不存在这种希望或者放任。刑法总则对故意与过失的规定充分表明，立法是以对行为可能造成的危害社会结果的认识与意志划分罪过形式的。因此，滥用职权罪的罪过内容也应以行为人对危害社会的结果的认识与意志来认定。在行为人对于结果的发生不存在希望或者放任时，只能成立过失犯罪。滥用职权罪的危害结果是对“公共财产、国家和人民利益”造成重大损失；行为人对于这种结果，只能是过失。滥用职权罪的法定刑与刑法规定的其他过失犯罪的法定刑完全一致，而且《刑法》将滥用职权罪和明显属于过失的玩忽职守罪规定在同一条文中，说明立法者认同滥用职权罪属于过失犯罪这种主张。滥用职权的法定最高刑为7年有期徒刑。如果行为人明知自己的滥用职权行为会造成重大损失，并且希望或放任重大损失发生，法律只规定其法定最高刑为7年，则显然就是立法有问题。②

复杂罪过说依具体主张又有不同观点。有论者认为，滥用职权罪的主观方面可以是间接故意或过失，多为间接故意。③ 理由如下。其一，间接故意，在认识因素上是明知自己的行为可能会造成危害结果。在实践中，滥用职权案件的行为人，在认识因素上往往并非不知道自己违反职责义务的行为会造成危害结果，而是明知自己违反职责义务的行为会造成危害结果，但为了某种利益而对自己行为的结果不管不顾，采取漠不关心的心态。如果将这种心态说成过失，显然有悖于刑法中的罪过理论。其二，否认间接故意可以构成滥用职权罪，不利于打击和预防本罪。如果将滥用职权罪的罪过形式仅限于过失，那么，客观上就会形成一种不正常的状况，即主观恶性大的故意渎职行为不是犯罪，而主观恶性小的过失渎职行为却构成犯罪，这有悖于情理，也不符合立法精神。对滥用职权罪也不能排除其可以由过失构成。理由是：滥用职权罪以“致使公共财产、国家和人民利益遭受重大损失”为必要条件，属于结果犯。按照我国刑法理论，对于结果犯一般应以行为人对该结果的心态作为确定罪过形式的根据，而不是以对行为本身的心态作为确定罪过形式的根据；滥用职权罪与玩忽职守罪规定在一个条文中，其构成条件是一致的，都是行为加严

① 参见李洁：《论滥用职权罪的罪过形式》，载《法学家》，1998（4）。

② 转引自周光权：《滥用职权罪的罪过形式辨析》，载《检察日报》，2006-04-11。

③ 参见黄太云、滕炜主编：《中华人民共和国刑法释义与适用指南》，596页，北京，红旗出版社，1997；储槐植、杨书文：《滥用职权罪的行为结构》，载《法学杂志》，1999（3）。

重后果才构成犯罪，规定的法定刑也是完全一致的。为什么玩忽职守罪可以由过失构成，滥用职权罪就只能由故意构成呢？这就为滥用职权罪也可以由过失构成提供了又一根据。① 还有论者主张滥用职权罪主观上既可以是间接故意，也可以是过失，其大致理由如下。其一，滥用职权罪的主观罪过不包括直接故意。直接故意，是指行为人明知自己的行为会造成危害社会的结果，而且希望这种结果的发生。在滥用职权的场合，很难判断行为人是否希望公共财产、国家和人民利益重大损失的发生。其二，我国刑法对罪过的区分采用结果标准说。滥用职权罪的行为人对滥用职权行为是故意，对于滥用职权行为造成的重大损失结果则有可能是过失，所以可以认为滥用职权罪主观上是间接故意，也可以是过失。其三，《刑法》第 397 条对滥用职权罪和玩忽职守罪规定的构成条件、处罚标准完全一致，两罪主观罪过应当相同。玩忽职守兼有玩弄职权、对职责事项疏忽之意，因此，玩忽职守罪的主观方面可以由间接故意或过失构成。同样，滥用职权罪也是既可由过失，又可由间接故意构成。② 另有论者主张滥用职权罪的基本犯形态的罪过形式为过失，加重犯形态的罪过形式为间接故意。③ 还有论者主张，应重构我国刑法理论中的罪过形式，创设复合罪过形式。所谓复合罪过形式，是指同一罪名的犯罪心态既有故意（限于间接故意）也有过失的罪过形式。如 1997 年《刑法》规定的滥用职权罪和玩忽职守罪，其主观罪过既可能是故意，也可能是过失。④

除了上述单一罪过说与复杂罪过说的尖锐之争外，还有的论者引入“行为故意”理论对滥用职权罪的主观罪过形式进行考察。所谓行为故意，是指明知自己的行为属于违法的构成要件的事实，而决意并以意志努力支配实施该种行为的心理状态。行为故意以行为人对构成要件行为的明知及意志为主要内容，具备之则构成犯罪故意，并不要求行为人对行为的结果有所认识，也不必考察行为人对于行为结果的意志态度。行为故意理论的提出，使罪过形式有了新的表述：就行为人的行为而言，其主观心态是故意；就结果而言，其主观心态或是故意（包括直接故意和间接故意），或是过失（包括疏忽大意的过失和过于自信的过失）。单纯地以行为人对危害结果的心理态度来认定其罪过形式，是不能够解决关于滥用职权罪主观罪过的争议的，而行为故意理论的提出恰好可以弥补这一缺陷。就滥用职权罪而言，行为人对其滥用职权行为本身就是一种行为故意。同时，依照传统的罪过理论可知，行为人对于其实施的滥用职权行为导致的危害结果则可能是出于故意或者过失的心态。据此，滥用职权罪的主观罪过形式可以表现为以下三种情形：其一，行为故意＋间接故意。即行为人对其行为持故意的心理态度，而对其行为导致的危害社会结果则是

---

① 参见何苏民、姚澜：《对滥用职权几个问题的探讨》，载《法学杂志》，1999（2）。

② 转引自周光权：《滥用职权罪的罪过形式辨析》，载《检察日报》，2006-04-11。

③ 参见张兆松：《滥用职权罪主观要件浅析》，载《人民检察》，1998（4）。

④ 参见储槐植、杨书文：《复合罪过形式探析——刑法理论对 1997 年〈刑法〉内含的新法律现象之解读》，载《法学研究》，1999（1）。

抱着放任的心态；其二，行为故意＋过于自信的过失。即行为人对其行为持故意的心理态度，而对其行为造成的结果则出于过于自信的过失心态；其三，行为故意＋疏忽大意的过失。即行为人对其行为的主观心态是故意，而对结果则持疏忽大意的过失心态。①

此外，还有论者指出，滥用职权罪的罪过形式应为故意说之下的“主要罪过说”。对于滥用职权罪，可以认为行为人对于任意行使职权、超越职权行事是故意的，对于特定危害结果的发生是过失的。但是，在滥用职权和造成损害后果之间，滥用职权行为是具有决定性意义的行为，危害结果是滥用职权必然产生的结果，与滥用职权相关联的罪过属于“主要罪过”或者“罪过的主要方面”，对于结果发生有认识的过失心态具有从属性。也就是说，在对行为人的罪过进行具体的、最终的评价时，将有意滥用职权的意思评价为“基础罪过”，将对结果发生的心态评价为过失，同时认为由于滥用职权的意思实质地支配了结果的发生，从而将滥用职权罪总体上定性为故意犯罪。换言之，行为人故意犯罪，但只是过失地造成危害结果的，由于故意属于多个罪过中“主要罪过”，该犯罪总体上被认为是故意犯罪。②

（2）滥用职权罪的行为方式

关于滥用职权行为的方式，主要的争议问题是：滥用职权行为是否仅限于作为，不作为能否构成滥用职权？对此，理论上存在两种不同的观点：

一种观点认为，不作为即故意放弃职守的行为是滥用职权的一种表现形式。理由如下。其一，故意放弃职守本质上是一种滥用职权的行为。国家机关工作人员依法代表国家行使国家管理职能，因而其履行职责既是一种权力也是一种义务。如果行为人能够履行职责而故意放弃，实际上就是以不作为的方式运用了自己的职权，只不过这种职权的运用背离了国家机关工作人员职务行为的宗旨，因而构成滥用职权。滥用职权从本质上讲是对行为性质的描述，至于行为人采用何种方式滥用职权，是作为还是不作为，并不影响对其性质的认定。在我国刑法中，许多犯罪既可由作为构成，也可以由不作为构成。其二，虽然从行政诉讼的角度看，滥用职权与行政不作为（含故意放弃职守）案件的争议焦点和司法审查结果完全不同，但这并不意味着在刑法中不能将故意放弃职守的行为看做是滥用职权。因为刑法与行政法是不同的法律部门，其立法目的、作用及法律责任并不相同，因此对于不同行为出现的不同处理结果，是很自然的事情。即使是对同一行为，不同的法律部门予以不同的对待也是正常的现象，因而不能以行政诉讼法中滥用职权行为与故意放弃职守的行为存在区别就否定刑法中故意放弃职守的行为是滥用职权行为。其三，从犯罪特征上看，虽然玩忽职守罪中也可以存在故意放弃职守的行为，但与滥用职权罪中故意放弃职守的行为并不相同。对于前者，行为人故意放弃职守时对于危害结果是持否

---

① 参见利子平、郭芾：《滥用职权罪罪过形式新探——以行为故意为视角》，载《江西师范大学学报》（哲学社会科学版），2006（1）。

② 参见周光权：《滥用职权罪的罪过形式辨析》，载《检察日报》，2006-04-11。

定态度的，属于过于自信的过失；而对于后者，行为人故意放弃职守时对于危害结果是持希望或放任态度的，属于故意犯罪。二者在性质上并不相同，因而难以兼容于玩忽职守罪中，只有将之归入滥用职权罪才符合犯罪构成的基本要求。其四，认为滥用职权只能由作为构成，不符合刑法的规定。在渎职罪一章中，滥用职权与玩忽职守是两个基本渎职类型。立法在细分滥用职权犯罪与玩忽职守犯罪之后，仍然保留了对这两种犯罪的一般性规定，因而在法条关系上形成了一般法与特别法的关系。除第 397 条外，渎职罪这一章中的其他各条皆为滥用职权罪与玩忽职守的特别规定（故意泄露国家秘密罪是个例外，其主体为一般主体，但从国家机关工作人员故意犯本罪的情况看，仍不失为滥用职权的特别规定），《刑法》第 404 条规定的徇私舞弊不征、少征税款罪，第 416 条第 1 款规定的不解救被拐卖、绑架妇女、儿童罪等都是不作为滥用职权犯罪，因而，认为滥用职权只能由作为构成，是没有法律依据的。①

另一种观点认为，滥用职权行为只能是作为，故意放弃职守的行为不属于滥用职权。理由如下。其一，滥用职权与放弃职守具有不同的含义，前者是已经行使了职权，即作为；而后者则是未履行职责，即不作为。既然有职不守，有权不用，何来滥用之说？其二，从行政诉讼的角度看，在滥用职权案件中，双方当事人争议的焦点是被诉具体行政行为是否合法或适当；在行政不作为（含放弃职守）案件中，双方当事人争议的焦点是被告是否具有相应的法定职责和是否存在不履行或拖延履行法定职责的事实。对于滥用职权的行为，人民法院应当判决撤销或者部分撤销，并可以判决被告重新作出具体行政行为，对于行政不作为人民法院应当判决被告在一定期限内履行。根据我国行政诉讼法的有关规定，将故意放弃职守的行为确认为滥用职权，既不合法，也不科学。其三，从犯罪特征看，故意放弃职守与过失放弃职守同属于玩忽职守的行为，不应将犯罪客观方面特征迥异的滥用职权行为与故意放弃职守的行为合二为一，硬性结合为一个罪名。②

（3）“重大损失”在滥用职权罪中的地位

关于滥用职权罪中“致使公共财产、国家和人民利益遭受重大损失”在滥用职权罪中的地位问题，理论上存在着激烈争论。其一，有论者将“重大损失”作为滥用职权罪的结果，并以对此结果的态度判断本罪的罪过形式。但结论却并不相同：有人认为，滥用职权罪的罪过形式是故意，其故意的内容就是：行为人明知自己滥用职权的行为会发生公共财产、国家和人民利益遭受重大损失的结果，而希望或放任这种结果发生。③ 有人则认为，滥用职权罪的罪过形式只能是过失，即滥用职权

---

① 参见李希慧、逄锦温：《试论滥用职权罪的客观行为》，载《湘潭工学院学报》（社会科学版），2001（4）。

② 参见李永鑫、吴步钦：《滥用职权罪散论》，载《人民检察》，1998（3）。

③ 参见赵秉志主编：《刑法修改研究综述》，407 页，北京，中国人民公安大学出版社，1990。

的行为过失地造成了国家和人民利益的重大损失。① 其二，有论者则认为国家机关的正常管理活动（或者是国家公职人员职务行为的正当性）是滥用职权罪的结果，其故意内容就是明知自己的行为会产生破坏国家机关正常管理活动（或国家公职人员职务行为的正当性）的结果，而希望或放任这种结果发生。在这种情况下，“重大损失”只能是客观处罚条件，即侵害犯罪客体的行为同时造成了“重大损失”时，才具有可罚性。② 有的论者则认为，“致使公共财产、国家和人民利益遭受重大损失”的结果，虽然是本罪的构成要件，但宜作为客观的超过要素，不要求行为人希望或者放任这种结果发生。③ 其三，有论者认为，“重大损失”不能作为认定滥用职权罪罪过形式的危害结果，也不是“客观的处罚条件”和“客观的超过要素”，而只能是说明滥用职权社会危害程度、限制处罚范围的定罪情节。据此，论者认为，滥用职权罪的罪过形式是故意，这种故意具体是指国家机关工作人员明知自己滥用职权的行为会有损职务行为的正当性要求，破坏国家机关的正常管理秩序，并且希望或放任这种结果发生。法条中所列的“重大损失”不是判断滥用职权罪罪过形式的危害结果；直接以“重大损失”作为判断标准，势必造成滥用职权罪罪过判断结论的两难境地。公共财产、国家和人民利益的重大损失并非行为人积极追求或放任的危害结果，它不过是说明了行为人滥用职权行为的社会危害程度达到了应受刑罚处罚的程度要素。对于这样的要素，不要求行为人有具体的认识和预见，它不过是从整体上说明犯罪构成事实状况和深度的具体事实而已。不要求行为人对这些事实状况的认识、预见以及意志选择，亦并不违反主客观相统一的原则，因为主客观相统一原则要求行为人认识和预见的是客观危害结果的事实有无问题，而不是要求行为人认识和预见说明危害程度的具体事实。④

3. 玩忽职守罪

(1) 玩忽职守罪的主观方面

对于玩忽职守罪的主观方面，理论上也存在单一罪过说和复杂罪过说之争。在单一罪过说中，一种观点认为，玩忽职守罪是职务过失犯罪，其主观方面只能是由过失构成。主要理由是：第一，从立法和司法解释的原意上看，玩忽职守罪是过失犯罪；第二，认为玩忽职守罪的罪过形式包括过失和故意，不符合刑法学原理；第三，认为玩忽职守罪可以由过失也可由故意构成，否定了两种罪过形式的主观恶性程度的区别，不符合贯彻罪责刑相适应的基本原则的要求。⑤ 另一种观点认为，滥

---

① 参见张智辉：《论滥用职权罪的罪过形式》，载赵秉志主编：《刑法评论》，第1卷，142页，北京，法律出版社，2002。

② 参见李洁：《论滥用职权罪的罪过形式》，载《法学家》，1998（4）。

③ 参见张明楷：《刑法分则的解释原理》，215页，北京，中国人民大学出版社，2004。

④ 参见邓文莉：《〈刑法〉第397条中的“重大损失”在滥用职权罪中的地位》，载《政治与法律》，2006（1）。

⑤ 参见张雅维：《玩忽职守罪与滥用职权罪辨析》，载《中华女子学院山东分院学报》，2001(3)。

用职权罪与玩忽职守罪在主观方面均是故意。①

复杂罪过说认为，玩忽职守既可以由过失构成，也可以由故意构成。其中，有论者认为，玩忽职守罪的主观方面可以是过失和间接故意，但不可能是直接故意。②也有论者认为，玩忽职守罪不仅可以由过失和间接故意构成，而且可以由直接故意构成。理由如下。其一，从法律规定看，徇私舞弊与不履行职责直接联结在一起，表明不履行职责的行为不仅可以出自故意，而且可以出于徇私动机。而按照刑法学界的通说，犯罪目的和犯罪动机只存在于直接故意犯罪之中，间接故意犯罪不存在犯罪目的和犯罪动机。因此，玩忽职守罪（或行为）完全可以由直接故意构成。其二，从行政法学角度看，根据行为人的主观心理态度，行政失职可以分为故意行政失职与过失行政失职。其三，在民法领域，不履行或者不正确履行也可以由故意构成。③

（2）玩忽职守罪的行为方式

理论上通常认为，玩忽职守罪在客观方面的表现可以归结为不履行职责和不正确履行职责两种形态。但在对行为方式的认识上，则存在分歧：一种观点认为，玩忽职守罪只能表现为不作为，滥用职权罪只能表现为作为，这是两者的本质区别之所在。④另一种观点认为，玩忽职守罪既可以表现为不作为，也可以表现为作为。理由是：第一，不能根据行为人在行为上的消极与否，认定行为人的行为是不作为，还是作为；第二，玩忽职守行为人基于对工作不负责任的心理态度，其客观方面的表现是比较复杂的。通常所说不履行和不正确履行职责，是对玩忽职守行为的高度概括，需要具体分析。但玩忽职守行为既可以是作为，也可以是不作为。其中，作为形式的玩忽职守是指行为人过失地逾越职权，积极地实施与其职务或者职责相背离的行为，致使国家、人民利益和公私财产遭受重大损失；不作为形式的玩忽职守，是指行为人故意消极地不履行职责或者职务，致使国家、人民利益和公私财产遭受重大损失。⑤

4. 私放在押人员罪

关于本罪既遂、未遂的区分问题，有的论著认为，本罪既遂与未遂的界限因私放的场所不同而有异：在设有警戒线场所私放在押人员的既遂与未遂的区分，应以被私放者是否超越警戒线为标准，即被私放者已经超过警戒线的，行为人的行为构成犯罪既遂，反之，构成未遂。在未设有警戒线的场所私放在押人员的，应以被私放者是否脱离监管人员的控制范围为标准，即被私放者已经脱离监管人员控制范围的，成立既遂，反之，属于未遂。在押解途中私放在押人员，如果在押人员已经逃

---

① 参见赵长青主编：《新编刑法学》，917、919页，重庆，西南师范大学出版社，1997。

② 参见李希慧：《关于玩忽职守罪几个问题的思考》，载《湖北警官学院报》，2003（2）。

③ 参见吴步钦：《论玩忽职守罪之特征》，载《人民检察》，2001（2）。

④ 参见李永鑫、吴步钦：《滥用职权罪散论》，载《人民检察》，1998（3）。

⑤ 参见张礼萍：《浅谈玩忽职守罪与滥用职权罪的区别》，载《河南社会科学》，2006（6）。

离到不能被及时抓获的地方，则成立既遂；如果行为人让在押人员逃走，但后者未来得及走远就被有关人员及时抓获，则行为人的行为属于未遂。① 有的论著认为，本罪的既遂应以被私放人员逃脱司法人员有效监管为标准。逃脱司法人员有效监管，即使之后又被抓获的，也属于既遂；反之，如果没有逃脱司法人员的有效监管，则属未遂。②

5. **徇私枉法罪**

（1）徇私枉法罪的主体

在司法机关（部门）实施徇私枉法、徇情枉法，以获取单位利益的情况下，"对明知是无罪的人而使他受追诉"或"对明知是有罪的人而故意包庇不使他受追诉"，或者"刑事审判活动中故意违背事实和法律作枉法裁判的"，该如何处理？对此，有论者认为，对于单位不能以徇私枉法罪论处。理由如下。第一，《刑法》第 399 条明确规定，徇私枉法罪的主体是司法工作人员，司法机关没有被规定为本罪的主体。"法无明文规定不为罪。"如果将司法机关作为徇私枉法罪的犯罪主体，显然违背刑法"罪刑法定"的根本原则。第二，司法机关"徇私"，似乎于理不通，追究司法机关的刑事责任也无法实现。至于司法机关在司法、执法工作中的一个时期出现的某些偏向，如以罚代拘、以罚代刑等，只能靠政策来调整，用刑罚的手段是无济于事的。但是，在这种情况下，对于单位的直接负责的主管人员和其他的直接责任人员应当以徇私枉法罪论处。③

（2）徇私枉法罪的主观方面

对此，一种观点认为，本罪的主观方面不存在间接故意的情况，只能是直接故意。④ 行为人所实施的徇私枉法行为必然会发生冤枉好人或者放纵罪犯的危害结果，而作为司法工作人员的行为人对此当然是明知的，并有意为之，故本罪的故意只能是直接故意，间接故意没有存在的余地。⑤ 另一种观点认为，本罪的主观方面的犯罪故意，包括直接故意和间接故意两种形式。⑥ 行为人实施枉法行为时在对其行为的渎职性有认识的前提下有可能对行为结果发生与否不能确定。在这种情况下，如果他对案件侦诉工作听之任之，可认定其对可能出现的结果是持放任态度的。⑦

（3）"有罪的人"的判断标准问题

对此，存在以下四种观点。

第一种观点是"前罪确认说"，即"有罪的人"的判断标准是徇私枉法罪涉及的

---

① 参见赵秉志主编：《新刑法教程》，867 页，北京，中国人民大学出版社，1997。

② 参见韩耀元：《渎职罪的定罪与量刑》，208 页，北京，人民法院出版社，2000。

③ 参见陆中俊：《对徇私枉法罪一些问题的思考》，载《法学杂志》，2000（2）。

④ 参见赵秉志主编：《中国刑法实用》，1501、1505 页，郑州，河南人民出版社，2001。

⑤ 参见马松建：《徇私枉法罪主观方面研究》，载《河南省政法管理干部学院学报》，2004（4）。

⑥ 参见马长生主编：《渎职犯罪的定罪与量刑》，102 页，北京，人民法院出版社，2000。

⑦ 参见高兵：《徇私枉法罪疑难问题分析》，载《人民检察》，2003（1）。

前案行为人构成犯罪并经人民法院判决生效而确认有罪。

第二种观点是“被决定或批准逮捕或者决定拘留说”，即“有罪的人”的判断标准是徇私枉法罪涉及的前案行为人必须已经因为前案被决定或批准逮捕或被决定拘留。

第三种观点是“实际归案说”，即“有罪的人”的判断标准是徇私枉法罪涉及的前案中的犯罪嫌疑人已经归案（已被采取了刑拘、逮捕或监视居住、取保候审等措施）。

第四种观点是“涉嫌犯罪说”，即“有罪的人”的判断标准是有证据能够证实徇私枉法罪涉及的前案中的犯罪嫌疑人的行为达到了法律规定的刑事案件的查处标准，即“有证据证明犯罪事实存在”。①

6. 民事、行政枉法裁判罪

关于枉法调解能否被枉法裁判所涵盖的问题，理论上有三种不同的观点。

否定说认为，枉法裁判仅指枉法裁定和判决，不包括枉法调解。理由如下：首先，调解主要体现的是当事人对自己权利的一种处分，以当事人的自主、自愿为原则，而判决和裁定代表的是国家意志，不以当事人的意志为转移；其次，枉法调解与枉法裁判虽然都具有社会危害性，但两者的危害性毕竟是不同的；再次，把枉法调解排除在民事枉法裁判之外，有利于保障在我国有着优良传统并且行之有效、普遍而又十分重要的法院调解制度；最后，枉法调解行为应是一种滥用职权行为，构成犯罪的理应以滥用职权罪论处。②

肯定说认为，枉法裁判不仅是指枉法裁定和判决，还应包括枉法调解。理由如下。其一，法院调解是人民法院的诉讼活动。法院调解与判决、裁定一样，是人民法院依照法律规定行使审判权的一种方式，是人民法院的一种诉讼活动。其二，枉法调解的本质是司法渎职。一方面，枉法调解的本质与枉法裁判的本质相同，都是审判机关的工作人员滥用职权的司法渎职行为；另一方面，枉法调解与枉法裁判一样，都侵犯了当事人的合法权益。其三，枉法裁判涵盖枉法调解，是罪刑法定的题中应有之义。枉法调解与枉法裁判的本质相同，社会危害性相当，故将其扩张解释在枉法裁判的行为方式之内，既符合立法的意图和精神，也不违背罪刑法定的刑法基本原则，因而是合理的。③

折中说认为，按照对“合法、自愿”的调解原则的违反程度，可将枉法调解分为两种情形：一是违背法律但不违背当事人意愿的；二是既违背法律，又违背有关当事人意愿的。对于第一种情况，不能适用该法条。因为，民事权利是可以放弃的，

---

① 以上四种观点，均参见王爱东：《徇私枉法罪中“有罪的人”辨析》，载《中国刑事法杂志》，1999（6）。

② 参见刘志高：《司法工作人员渎职犯罪基本问题研究》，293～295页，上海，上海社会科学院出版社，2008。

③ 参见蒋兰香：《枉法裁判罪应涵盖枉法调解》，载《湖南商学院学报》，2002（1）。

如果在调解过程中双方当事人取得了充分的谅解，权利方表示自愿放弃权利，往往是部分权利。审判人员据此进行调解，制作协议书，虽然违反了有关民事法律规定，但是，不能追究审判人员的刑事责任。这种情形相当于当事人主动撤诉，是没有社会危害性的。对于第二种情形，原则上可以民事枉法裁判罪定罪量刑。①

7. 徇私舞弊不移交刑事案件罪

(1) 徇私舞弊不移交刑事案件罪的主体

其一，“行政执法人员”的范围问题。

根据《刑法》第402条的规定，徇私舞弊不移交刑事案件罪的主体是行政执法人员。关于这里的“行政执法人员”范围的问题，理论上有不同的认识：“身份论”认为，本罪所说的行政执法人员，实际上也仅指行政机关中从事执法的人员。②“职能论”认为，行政执法人员就是指代表国家依法行政并具有行政处罚权的工作人员，既包括行政执法机关中从事执法的人员，也包括法律、法规授权的组织中从事执法的人员，同时，还包括行政机关委托的组织中从事行政执法的人员以及直接受行政机关委托从事行政执法的人员。③“职权享有论”认为，“身份论”对行政执法人员范围的界定失之于狭窄，“职能论”对行政执法人员范围的界定失之于宽泛。行政执法人员是指享有和行使行政职权的人员，包括行政机关中从事执法的人员以及法律、法规授权的组织中从事执法的人员。行政机关委托的组织中从事行政执法的人员以及直接受行政机关委托从事行政执法的人员不享有行政职权，只具有行政职权的使用权或行使权，因而不能被包括在行政执法人员的范围内。④

其二，公安机关的执法人员能否成为本罪主体的问题。

对此，肯定说认为，所谓行政执法人员，既可以是公安机关、安全机关工作人员，也可以是工商、税务、海关等机关的执法人员。⑤否定说认为，随着公安体制的改革，公安机关内部行政执法部门和刑事司法部门并不能截然分开，有的行政执法部门也行使刑事司法职能。要准确划分公安人员哪些属于行政执法人员，哪些属于刑事司法人员，将非常困难。对公安人员徇私舞弊不移交刑事案件的行为，应当按照《刑法》第399条第1款规定的徇私枉法罪追究刑事责任。《刑法》第402条所规定的行政执法人员一般应认为是司法机关以外的行政执法人员。公安人员在大多数情况下将被排除在行政执法人员范围之外。⑥折中说认为，对公安人员不移交刑

---

① 参见郑洪武：《枉法调解是否构成枉法裁判罪》，载《检察实践》，1999（4）。

② 参见赵秉志主编：《中国刑法案例与学理研究·分则篇（六）》，258页，法律出版社，2001。

③ 参见李保唐等：《认定徇私舞弊不移交刑事案件犯罪若干问题研究》，载《中国刑事法杂志》，2003（1）。

④ 参见于改之：《徇私舞弊不移交刑事案件罪若干问题探究》，载《河北法学》，2007（8）。

⑤ 参见高铭暄、马克昌主编：《刑法学》，661页，北京，北京大学出版社、高等教育出版社，2000。

⑥ 参见敬大力主编：《渎职罪》，257～258页，北京，中国人民公安大学出版社，1999。

事案件的行为应具体分析，不能一概而论。就公安机关中的刑事侦查部门的工作人员而言，其身份属于司法工作人员。这些人员如果在办案中对构成犯罪的刑事案件，因徇私舞弊而不向检察机关移送审查起诉，或非法撤案或擅自予以处罚了结，属于《刑法》第399条规定的“明知是有罪的人而故意包庇不使他受追诉”的情形，应以徇私枉法罪论处；如果公安机关中治安部门的工作人员在管理社会治安工作中发现犯罪，却徇私擅自放人或仅作行政处罚，不作为刑事案件移交刑侦部门，宜以徇私舞弊不移交刑事案件罪查处。① 还有人认为，公安人员不可能成为本罪的主体，但从我国目前实际情况出发，公安机关内部仍没有严格的分工，其中的一些部门仍承担着行政执法的职责，这部分从事行政执法职责的公安机关工作人员可以成为本罪的主体，其他的公安机关工作人员则不能成为本罪的主体。②

其三，纪检、监察人员能否成为本罪主体的问题。

对此，有人认为，纪检、监察人员是执行党的纪律和政府行政纪律的人员，并不属于《刑法》第402条所规定的行使国家行政管理职权并具有行政处罚权的行政执法人员，因此不能成为徇私舞弊不移交刑事案件罪的主体。也有人认为，纪检、监察人员在查处党政干部违法、违纪案件过程中，也存在发现被查处的党政干部违法、违纪行为构成犯罪而徇私舞弊不予移交的情况，对此应适用《刑法》第402条以徇私舞弊不移交刑事案件罪追究刑事责任。还有的人认为，监察人员属于国家行政监察机关的工作人员，应认为属于行政执法人员，而纪检人员属于党的机关工作人员，不应认为属于行政执法人员。③

此外，关于徇私舞弊不移交刑事案件罪的主体，还有论者提出，从行政执法人员的外延来说，其本身就包括从事行政执法的具有行政管理职能的事业单位的工作人员。所以，对具有行政管理职能的事业单位的工作人员应以国家机关工作人员论，也可以构成本罪。④ 还有论者认为，从司法实践来看，许多应当追究刑事责任的案件之所以未移交司法机关，往往是由于行政执法主体为了本单位或部门的利益，搞以罚代刑造成的，其最终结果同行政执法人员徇私舞弊不移交是一样的，都放纵了犯罪。而且这种行为隐蔽性更强，社会危害性更大，严重败坏了国家机关的声誉和形象，是人民群众反映强烈的一种行政执法腐败现象，应予以严厉打击。但由于1997年《刑法》对单位犯罪通常采取明示的方式，而《刑法》第402条对此并未予以明确规定，故单位不能成为本罪的主体，考虑到只追究单位正职负责人或主持工

---

① 参见孙力：《徇私舞弊不移交刑事案件罪的司法认定》，载《中国刑事法杂志》，2000（2）。

② 参见竹怀军、张春和：《徇私舞弊不移交刑事案件罪构成特征的若干问题》，载《韶关学院学报》，2002（7）。

③ 以上三种观点，均参见景大俊：《徇私舞弊不移交刑事案件罪司法适用的若干问题研究》，20页，吉林大学2006年硕士学位论文。

④ 参见李保唐、徐全兵、田书彩：《认定徇私舞弊不移交刑事案件犯罪若干问题研究》，载《中国刑事法杂志》，2003（1）。

作的负责人的刑事责任显失公平，因而建议在修改刑法时，对本罪应增加追究单位刑事责任的条款，以严厉打击这种为了本单位小团体的利益而破坏国家法律实施的行为，达到特殊预防及一般预防的目的。①

（2）徇私舞弊不移交刑事案件罪的行为方式

对此，理论上存在不同的观点：有论者认为，“不移交”确实是不作为，但构成本罪，还需要具备一个构成要件行为，即“伪造材料、隐瞒情况、弄虚作假”的舞弊行为，而这些行为是以作为的形式表现出来的，需要行为人积极的身体动作，所以此罪的行为是由作为和不作为构成的复杂实行行为。但是，居于核心地位的是“不移交”这一构成要件行为。虽然有“伪造材料、隐瞒情况、弄虚作假”的行为，而无“不移交”的行为，就不能按本罪论处，但可能构成其他犯罪。② 有论者则认为，本罪的行为方式是典型的不作为。不作为的主要特征有二：一是行为人负有实施某种积极行为的特定的法律义务；二是行为人能够履行特定法律义务而没有履行。在本罪中，行政执法人员负有应当将刑事案件移交司法机关追究刑事责任的积极的法律义务，这符合不作为的第一个特征。当行政执法人员为徇私情、私利，而伪造材料、隐瞒情况、弄虚作假，对依法应当移交司法机关追究刑事责任的刑事案件不移交时，属于能够履行移交义务而不履行的情形，又符合了不作为行为的第二个特征。③

三、整体评论

在对自1978年至2008年我国刑法学界关于渎职犯罪的研究观点进行综述之后，我们试作出以下简要的整体评论。

首先，30年间，刑法学界对渎职犯罪进行了深入、广泛的研究，提出了诸多有价值的观点和见解，这些观点和见解对司法实践产生了重要影响。具体说来，刑法学界在渎职犯罪的共性问题及具体罪名的立法、司法现状和完善等方面都进行了卓有成效的探讨。其中，在共性问题中，对主体要件的探讨是最多的。通过持续的研究，尤其是1997年《刑法》修订之后的深入探讨，逐渐形成了比较系统、成熟的观点，这为渎职犯罪的主体要件的外延和内涵的厘清打下了坚实的基础，对渎职犯罪的司法适用也起到了积极作用。论者们还就我国渎职犯罪规定的进一步完善进行了有益的探讨。特别是对象滥用职权罪、玩忽职守罪等具体罪名的部分构成要件，不少论者纷纷结合司法实践，站在理论的高度分析相关规定的不足和缺陷，并积极提出完善之策。学界的努力促成了渎职犯罪研究的繁荣之势。

其次，不容否认的是，学界对于渎职犯罪的研究也还存在着一些缺憾和不足。

---

① 参见杜国强、贾济东：《徇私舞弊不移交刑事案件的几个问题》，载《人民检察》，2002（7）。

② 参见龙在飞、李军：《析徇私舞弊不移交刑事案件罪的若干问题》，载《娄底师专学报》，2003（3）。

③ 参见徐全兵等：《徇私舞弊不移交刑事案件罪客观行为解析》，载《检察实践》，2005（4）。

理论研究是为实践服务的。而一些论者在提出关于渎职犯罪的观点时，大量地参考、借鉴了以前及国外的相关成果，这导致研究成果的现实可行性远远不够。尽管中国古代及外国关于渎职犯罪惩处、治理的法律规定和研究成果对于我国的理论研究具有借鉴意义，但大量的借鉴、搬用是不可行的。

最后，可以预见的是，随着我国经济的发展和社会的进步，渎职犯罪规定的地位在刑事立法中必将越来越重要，司法机关也会相应的加大对渎职犯罪的惩治力度，这给渎职犯罪的研究向纵深发展亦带来了新的动力和机遇。渎职犯罪的研究工作依然任重道远，需要我们付出坚持不懈地努力。